L'UNIVERS.

HISTOIRE ET DESCRIPTION
DE TOUS LES PEUPLES.

ALLEMAGNE.

TYPOGRAPHIE DE FIRMIN DIDOT FRÈRES,
RUE JACOB, n° 56.

ALLEMAGNE,

PAR

M. Ph. LE BAS,

MEMBRE DE L'INSTITUT (ACADÉMIE DES INSCRIPTIONS ET BELLES-LETTRES),
MAÎTRE DE CONFÉRENCES A L'ÉCOLE NORMALE.

TOME DEUXIÈME.

PARIS,
FIRMIN DIDOT FRÈRES, ÉDITEURS,
IMPRIMEURS-LIBRAIRES DE L'INSTITUT DE FRANCE,
RUE JACOB, n° 56.

M DCCC XXXVIII.

L'UNIVERS,

ou

HISTOIRE ET DESCRIPTION

DE TOUS LES PEUPLES,

DE LEURS RELIGIONS, MOEURS, COUTUMES, etc.

ALLEMAGNE,

PAR M. LE BAS,

MAÎTRE DE CONFÉRENCES A L'ÉCOLE NORMALE.

CINQUIÈME PÉRIODE.

DEPUIS L'ÉLECTION DE RODOLPHE DE HABSBOURG JUSQU'A LA RÉFORMATION.

RODOLPHE DE HABSBOURG.

(1273-1291.)

Nous avons laissé l'histoire de l'Allemagne à la fin du grand interrègne. Dans cet espace de vingt-deux ans, l'Allemagne avait été comme un monde livré au chaos, où tous les éléments combattaient les uns contre les autres, les villes contre les princes, les évêques contre les seigneurs. Cependant, malgré le désir universel d'arriver à l'indépendance, l'équilibre nécessaire pour trouver la paix et la sécurité n'avait pu s'établir entre tous ces pouvoirs rivaux et ennemis, et l'on avait senti la nécessité de continuer à placer un titre et une autorité au-dessus de tous les titres et de toutes les ambitions individuelles. Il est vrai que cette dignité suprême on ne l'avait confiée qu'à des princes qui ne pouvaient en abuser, à un roi de Castille, Alphonse le Sage, grand ami des lettres et de l'alchimie, mais qui ne sortit pas de son royaume pour aller prendre la couronne impériale; ou bien encore à un prince anglais, Richard de Cornouailles, qui ne fit que se ruiner au profit de ses électeurs, et ne laissa d'autre souvenir de son règne qu'une ballade, où il est représenté s'enfermant dans un moulin durant une bataille.

PUISSANCE DES ARCHEVÊQUES DE MAYENCE.

Cependant les princes ecclésiastiques, exposés pendant l'interrègne aux attaques des seigneurs féodaux, avaient grand intérêt à faire élire un empereur qui mît un peu d'ordre en Allemagne, qui défendît l'Église et protégeât les villes et leur commerce; l'archevêque de Mayence surtout désirait une élection nouvelle et sérieuse. Ce prélat était pour l'Allemagne une sorte de patriarche, surtout depuis que la France avait confisqué la papauté et la tenait prisonnière à Avignon. Son importance politique égalait et surpassait même celle des plus puissants princes séculiers. L'un des archevêques de Mayence, Siegfrid, était représenté, sur son tombeau, entre Henri Raspon et Guillaume de Hollande, la main sur leurs couronnes. Plus tard, une ligue secrète s'étant formée contre Albert Iᵉʳ, il arriva qu'un jour l'archevêque de Mayence, qui en faisait partie, chassa avec ce prince : « Je n'ai besoin, lui dit-il, que « de sonner du cor pour faire sortir de « terre un autre roi des Romains. »

Celui qui occupait en 1273 le siége archiépiscopal de Mayence, Werner, s'était autrefois, dans un voyage à Rome, fait accompagner d'un petit seigneur d'Alsace renommé pour sa probité et son courage. Rodolphe escorta ce prélat avec tant de zèle et de fidélité que Werner lui en garda reconnaissance, et lorsque, sur les instances du pape, l'archevêque de Mayence eut indiqué une diète à Francfort, il y proposa Rodolphe pour empereur.

ÉLECTION DE RODOLPHE DE HABSBOURG.

Ce candidat était un simple comte de Habsbourg, qui avait fait ses premières armes sous Frédéric II. C'était un prince actif, depuis longtemps célèbre par son courage et son équité. Toujours il avait les armes à la main; mais, à la différence des autres seigneurs, il ne s'en servait jamais pour piller les habitants des campagnes; il avait même accepté l'avouerie de plusieurs villes de la Suisse. Schwitz, Uri et Unterwalden s'étaient mises sous sa protection. Zurich lui avait confié le commandement de ses troupes; et, pour défendre ses intérêts, Rodolphe avait eu à soutenir de rudes combats contre toute la noblesse voisine. Ces faits sont importants à constater, car ils montrent que la maison d'Autriche justifia, au moins à l'origine, par des services réels, sa suprématie sur les cantons helvétiques.

Cependant Rodolphe avait un compétiteur redoutable dans le puissant Ottocar, roi de Bohême et maître de l'Autriche, de la Styrie, de la Carniole et de la Carinthie. Mais Ottocar appartenait à une race ennemie de l'Allemagne, aux Slaves; d'ailleurs sa puissance effrayait les électeurs : ils craignaient que dans ses mains le titre d'empereur ne devînt une autorité réelle; aussi sa candidature fut-elle unanimement repoussée. On remit l'élection à l'arbitrage du comte palatin Louis de Bavière, qui proclama Rodolphe de Habsbourg. Rodolphe lui en témoigna plus tard sa reconnaissance dans un diplôme où l'on trouve ces mots : « L'opposition du roi de Bo« hême n'ayant point été reçue par les « princes électeurs ecclésiastiques ou « séculiers, ils convinrent de mettre « un compromis entre les mains de « Louis comte palatin, notre très-cher « fils, d'accord avec tous les autres « princes qui nous destinaient leurs suf« frages; et Louis se chargeant de cette « commission, nous élut solennelle« ment roi des Romains, en son nom « et en celui des autres princes qui de« vaient concourir à l'élection. »

Ce choix répondait parfaitement aux vues politiques des électeurs; ils désiraient un chef, et craignaient de se donner un maître. Rodolphe leur avait paru propre, par son activité, à maintenir l'ordre dans l'empire, tandis que le peu d'étendue de ses domaines leur faisait espérer de n'être point inquiétés dans leurs usurpations par le nouvel empereur, simple comte de Souabe, issu d'une famille presque inconnue hors de ses domaines. Un autre motif qui ne fut pas sans influence sur le choix des électeurs, c'est que Rodolphe avait sept filles en âge d'être mariées, et que chacun d'eux espérait, en devenant le gendre du nouvel empereur, gouverner sous son nom; on assure même que Louis de Bavière ne proclama Rodolphe qu'après s'être assuré d'obtenir la main de l'une d'entre elles.

La couronne de Charlemagne fut posée, à Aix-la-Chapelle, sur la tête du nouveau roi des Romains, le 24 octobre 1273. La cérémonie fut suivie d'une contestation au sujet de l'investiture qu'il était dans l'usage d'accorder aux princes. Comme il n'y avait point de sceptre, on prétendit que Rodolphe ne pouvait investir. Ces puissants seigneurs se sentaient humiliés d'être contraints à plier le genou devant un simple comte; mais Rodolphe saisissant le crucifix sur l'autel : « Ceci,

« qui est l'image de Dieu, votre maître et le mien, dit-il, peut bien servir de sceptre. » Les investitures furent données.

Rodolphe prouva bientôt qu'il était digne du rang suprême. Il s'empressa de demander au pape la confirmation des droits qui lui avaient été conférés par son élection et son couronnement. Ses ambassadeurs obtinrent facilement l'approbation de Grégoire X, en souscrivant aux conditions qui avaient été imposées à deux de ses prédécesseurs ; ils promirent qu'il s'abstiendrait de toute intervention dans les lieux soumis à l'autorité du souverain pontife, particulièrement à Rome, ratifièrent toutes les donations faites au profit du saint-siége, tous les droits de l'Église romaine sur le temporel du clergé d'Allemagne, promirent qu'il aiderait la maison d'Anjou dans la jouissance des royaumes de Naples et de Sicile qu'elle possédait à titre de fiefs de l'Église, et enfin qu'il entreprendrait en personne une croisade dans la terre sainte. Ces préliminaires achevés (1274), le pape prêta son appui au nouveau roi des Romains, refusa d'écouter les propositions d'Ottocar, qui avait protesté contre l'élection, et, après beaucoup de difficultés, obtint le désistement d'Alphonse, roi de Castille.

Tranquille désormais pour son autorité, Rodolphe s'appliqua sans relâche à faire cesser les pillages et les massacres qui se commettaient encore impunément par tout l'Empire, et à ramener la paix et la sécurité. Suivi d'un grand nombre de petits seigneurs qui s'attachèrent à sa fortune, il fit, si je puis le dire, la police sur tous les chemins de l'Empire, veillant partout à l'exécution des lois, et méritant de ses contemporains le surnom glorieux de *Lex animata*. Dans une seule de ses expéditions, il força, dit-on, et rasa soixante-six châteaux. Toujours un pont de bateaux suivait dans ses bagages, afin que sa marche ne fût point arrêtée par le passage des fleuves. Tel fut le rôle de Rodolphe : « Courir l'Empire, vêtu comme un simple chevalier et souvent les coudes percés, comme dit un vieil historien, pour rétablir partout la paix et l'ordre. » Quant à l'Italie, Rodolphe n'y songe pas ; l'Allemagne pour le moment a oublié ses prétentions de ce côté : aussi Rodolphe accorde au pape tout ce qu'il lui demande ; il donne même à Charles d'Anjou le titre de vicaire impérial. C'est qu'en effet Rodolphe a assez d'affaires en Allemagne pour assurer sa puissance et établir sa maison. Ottocar y pourvoira.

GUERRE CONTRE OTTOCAR.

Ce prince avait protesté contre l'élection de Rodolphe, et il songeait à soustraire ses États à la suzeraineté de l'Empire. Le nouvel empereur le prévint ; il accueillit les plaintes que lui adressèrent les États d'Autriche, et fit citer Ottocar à la diète d'Augsbourg, pour qu'il eût à rendre compte de sa conduite et à faire hommage pour ses fiefs. Ottocar répondit avec dédain à cette sommation, traitant Rodolphe de simple comte de Habsbourg. Une seconde sommation demeura sans réponse. A la troisième, le roi de Bohême envoya l'évêque de Sekau, en qualité d'ambassadeur, à la diète d'Augsbourg, et son exemple fut suivi par le duc de Bavière. L'évêque harangua l'assemblée avec violence contre le chef de l'Empire. Comme il s'exprimait en latin, Rodolphe lui dit avec dignité : « Si vous haranguiez dans un consistoire, vous pourriez employer la langue latine ; mais en discourant sur mes droits et sur ceux des princes de l'Empire, vous ne devez pas vous servir d'un idiome que ne comprennent point la plupart de ceux qui vous écoutent. » A ces paroles, la diète, irritée de l'insulte qu'on lui avait faite, somma Ottocar de restituer l'Autriche, la Carinthie et la Carniole, et de faire hommage pour la Bohême et le reste de ses États, menaçant, en cas de refus, de le mettre au ban de l'Empire. Des ambassadeurs lui furent inutilement envoyés, et il viola même le droit des nations en faisant mettre à mort les hérauts qui lui notifièrent le décret de la diète.

Rodolphe, pour exécuter la sentence prononcée contre le puissant roi de Bohême, eut besoin de mettre en usage tout ce qu'il possédait de talents, de courage et d'expérience militaire. Ottocar était un vieux guerrier qui devait sa puissance à son épée autant qu'à son adresse. Ses États s'étendaient des confins de la Bavière aux bords du Raab en Hongrie, et de la Baltique à l'Adriatique. Les États de Rodolphe, peu considérables en eux-mêmes, étaient épars au pied des Alpes, en Souabe et en Alsace, et par conséquent éloignés des lieux qui devaient être le théâtre de la guerre. Quoique l'Empire eût voté des secours, un grand nombre d'États ne tinrent pas leurs promesses. Les mesures d'une équitable sévérité, que déjà le roi des Romains avait prises pour modérer l'esprit licencieux des barons et recouvrer les fiefs dont divers princes s'étaient emparés, avaient fait de nombreux mécontents. Rodolphe cependant tira de puissants secours de l'électeur palatin, des électeurs de Saxe et de Brandebourg, du burgrave de Nuremberg, de la noblesse d'Alsace et de Souabe, et des cantons suisses; il entama des négociations avec Ladislas, roi de Hongrie, et avec Meinhart, comte du Tyrol; mais il fut secondé plus efficacement encore par le mécontentement qui agitait tous les États autrichiens, et par la sentence d'excommunication fulminée contre Ottocar par l'archevêque de Salzbourg. Ce prélat, après avoir relevé de leur serment de fidélité les peuples de son diocèse, et les avoir exhortés à secouer le joug d'un tyran et à recevoir en amis le chef de l'Empire, employa toute son éloquence pour engager le roi des Romains à envahir les États autrichiens : « Je vois, lui dit-il, vos ennemis frap-« pés de terreur; ils ont perdu tout leur « courage; votre nom seul les fait trem-« bler, et ils ne vous connaissent point « encore ! Que deviendront-ils quand « ils entendront gronder la foudre, et « qu'ils verront les aigles impériales « fondre sur eux avec la rapidité de « l'éclair? »

CONQUÊTE DE L'AUTRICHE.

Animé par ces paroles qui flattaient son ambition, Rodolphe marcha d'abord contre Henri, duc de Bavière, qu'il contraignit de renoncer à l'alliance du roi de Bohême. Ce succès lui ouvrit l'entrée de l'Autriche, et il put considérer son expédition, commencée sous de si heureux auspices, comme terminée presque à son début. Accompagné de son nouvel allié le duc de Bavière, qui était à la tête de dix mille chevaux, il traversa la basse Bavière et s'avança sans résistance contre Vienne. Ottocar qui, plein d'un mépris superbe pour son adversaire, avait, au premier instant, cru qu'il serait inutile d'exciter par sa présence le courage de ses troupes, accourut, à travers les montagnes et les forêts de la Bohême, au secours de la capitale de l'Autriche; mais la fatigue et le manque de vivres ne permirent pas à ses troupes de passer Drossendorf, tandis que Rodolphe, après avoir longé la rive méridionale du Danube, vint camper sous les murs de Vienne. La garnison et les citoyens tinrent six semaines. A la fin, la famine et la menace faite par Rodolphe d'arracher toutes les vignes excitèrent un soulèvement et le gouverneur capitula (1276).

Après la reddition de Vienne, le roi des Romains, se disposant à porter la guerre en Bohême, fit construire sur le Danube un pont de bateaux qui excita l'admiration générale. Entouré d'ennemis, délaissé par la noblesse, et apercevant des symptômes de révolte dans ses États héréditaires, le fier Ottocar se vit réduit à demander la paix. Il fut stipulé que la sentence d'excommunication fulminée contre lui serait révoquée, qu'il renoncerait à tout droit sur l'Autriche et sur ses dépendances, qu'il ferait hommage entre les mains du chef de l'Empire, et qu'il en recevrait l'investiture pour la Bohême, la Moravie et les autres fiefs qui lui restaient. Une alliance de famille devait avoir lieu entre les deux princes, par le double mariage d'un fils et d'une fille de Rodolphe avec une fille et le fils d'Ottocar.

SOUMISSION D'OTTOCAR.

Le roi de Bohême, forcé de se soumettre à ces conditions humiliantes, passa le Danube avec un cortége de sa noblesse. Le roi des Romains le reçut dans son camp, en présence de plusieurs princes de l'Empire. Ottocar ne put cacher le sentiment pénible qu'il éprouvait. Cependant il confirma le traité; ployant ensuite le genou, il fit l'hommage, et reçut l'investiture.

Voltaire et d'autres historiens prétendent que, pour ne pas rendre public l'acte d'humiliation auquel il se soumettait, Ottocar avait demandé que le roi des Romains fût seul dans sa tente lorsqu'il recevrait l'hommage, et que Rodolphe y avait consenti; ils ajoutent que la cérémonie eut lieu, non dans son camp, sous les murs de Vienne, mais dans l'île de Camberg, au milieu du Danube. « Ottocar, dit l'auteur de l'*Essai sur les mœurs*, s'y rend couvert d'or et de pierreries. Rodolphe, par un faste supérieur, le reçoit avec l'habit le plus simple, sous un pavillon dont les rideaux tombent et laissent voir, aux yeux du peuple et des armées qui bordaient le Danube, le superbe Ottocar à genoux, tenant les mains jointes entre les mains de son vainqueur. »

Cette version, pour mériter d'être adoptée, est trop en opposition avec ce caractère de modération et de prudence, si remarquable dans Rodolphe. Et d'ailleurs, ni les auteurs contemporains, ni même les historiens bohémiens, qui ont montré tant d'animosité contre cet empereur, et tant de partialité pour Ottocar, ni les annalistes autrichiens et allemands, quoiqu'ils rapportent minutieusement tous les détails de la cérémonie, ne parlent de ce fait.

NOUVELLE GUERRE CONTRE OTTOCAR.

Rodolphe prit immédiatement possession des provinces conquises, et transporta sa cour à Vienne. Mais le roi de Bohême ne put supporter longtemps l'humiliation de sa défaite, que lui reprochait sans cesse Cunégonde, son épouse. Pour mieux assurer sa vengeance, il s'était ligué de nouveau avec Henri, duc de Bavière. Il avait obtenu de la Pologne, de la Bulgarie, de la Poméranie, de Magdebourg et de l'ordre teutonique, des troupes auxiliaires. Enfin il s'était fait un parti en Hongrie, et il fomentait le mécontentement de la noblesse d'Autriche, dont Rodolphe s'était d'abord concilié l'affection en confirmant ses priviléges et en lui permettant de relever les châteaux qu'Ottocar avait fait raser; affection toutefois qu'il perdit aussitôt que, pour récompenser ceux qui avaient suivi ses drapeaux, il se vit dans la nécessité d'imposer de fortes contributions, et de demander un subside au clergé. Ottocar commença donc par opposer des obstacles à l'exécution du traité qu'il avait souscrit. Rodolphe, désirant éviter une lutte qui pouvait le dépouiller de sa couronne impériale, fit partir pour Prague Albert, son fils. Ottocar renouvela, par serment, la promesse d'exécuter tous les articles du traité. Mais, à peine le jeune prince se fut-il éloigné, que le roi de Bohême, ne pouvant plus dissimuler son ressentiment, fit prendre le voile à celle de ses filles dont il avait promis la main à un fils de Rodolphe, et écrivit au roi des Romains une lettre où il lui prodiguait les plus sanglants outrages. Le chef de l'Empire répondit avec dignité, et se prépara à soutenir une lutte où il avait à combattre tout autant pour sa vie, que pour venger l'outrage fait à la couronne de Charlemagne (1277).

Le roi de Bohême, ayant fait sa jonction avec ses alliés, parut subitement en armes sur les frontières de l'Autriche, emporta d'assaut Drossendorf, et investit la forteresse de Laa. Rodolphe, abandonné cette fois des États de l'Empire, réduit à ses seules forces, et ne voyant pas arriver un corps de troupes qu'Albert, son fils, devait lui amener d'Alsace, tomba dans l'abattement et la consternation; mais les habitants de Vienne lui ayant demandé à capituler, cette proposition lui rendit toute son énergie; il leur communiqua son courage, et obtint d'eux qu'ils défendraient la place jusqu'à l'extrémité.

Trois jours après, il passa le Danube, et alla jusqu'à Marckhegg, sur la Marck, où les Styriens, les Carinthiens et les troupes que lui amena Ladislas, roi de Hongrie, avec qui il avait conclu une alliance offensive et défensive, vinrent se réunir à ses troupes. Les deux armées se trouvèrent en présence à Weissendorf. Des traîtres vinrent alors proposer à Rodolphe l'assassinat d'Ottocar; il rejeta leur offre avec indignation, en instruisit le roi de Bohême, et lui offrit une réconciliation; mais Ottocar la refusa dédaigneusement, persuadé que l'avis était une ruse, et la proposition une marque de faiblesse.

DÉFAITE ET MORT D'OTTOCAR.

Le 26 août 1278, à la pointe du jour, le roi des Romains range son armée en bataille, ordonnant à ses troupes de former le croissant, et d'attaquer en même temps le front et les flancs de l'ennemi. La mêlée fut sanglante, et Rodolphe fut sur le point de perdre la vie. Ayant à lutter corps à corps avec plusieurs chevaliers qui s'étaient engagés à le prendre mort ou vif, il fit mordre la poussière aux premiers qui se présentèrent; mais un chevalier thuringien, d'une taille gigantesque, perça au poitrail le cheval du monarque, le blessa lui-même, et le désarçonna. Son casque tomba du coup. Le poids de son armure l'empêchant de se relever, le roi des Romains se couvrit le visage de son bouclier. Berthold Capillar, qui commandait le corps de réserve, vit le danger qui menaçait son prince; il se fit jour à travers les rangs ennemis, et Rodolphe étant remonté sur un autre cheval, revint à la charge avec une ardeur héroïque, et remporta une victoire décisive.

Ottocar, quoiqu'il eût vu la déroute complète de ses troupes, ne voulut point battre en retraite. Après avoir signalé son intrépidité par des efforts de courage prodigieux, il fut enveloppé, et tomba blessé à mort.

Rodolphe s'empara de la Moravie sans coup férir, et pénétra dans la Bohême, à la prière de Cunégonde, mère de Venceslas, fils d'Ottocar; il prit sous sa protection ce jeune prince et ses États. Othon, margrave de Brandebourg, s'étant avancé à la tête d'une armée considérable, pour mettre à profit l'état de troubles et de dévastation où la mort d'Ottocar avait laissé son royaume, s'empara de la personne de Venceslas, et marcha contre l'empereur.

RODOLPHE PREND POSSESSION DE L'AUTRICHE.

Affaibli par le départ des belliqueux Hongrois, qu'il avait congédiés après la victoire de Marckfeld, Rodolphe ne voulut pas s'exposer à de nouveaux hasards, et écouta les propositions de paix qui lui furent faites. On lui abandonna les provinces autrichiennes; Venceslas fut reconnu roi de Bohême, et la régence déférée à Othon. Délivré de ses ennemis les plus redoutables, Rodolphe s'occupa principalement d'assurer à sa maison la possession des États autrichiens; mais il eut bien des obstacles à vaincre pour y parvenir.

Comme nous l'avons déjà dit, le roi des Romains, pour faire sanctionner son élection par le pape, s'était engagé à ne point s'opposer aux prétentions de Rome; mais la mort de Grégoire X, et la succession rapide de trois pontifes qui eut lieu en quelques mois, le portèrent à tenter de faire revivre l'autorité impériale en Italie. Il somma les villes de la Romagne et de la Toscane de lui faire hommage. Peu d'entre elles y consentirent. La chaire de saint Pierre était alors occupée par Nicolas III. C'était un homme d'un caractère hardi et décidé. Il accusa Rodolphe d'avoir violé ses engagements, et le menaça de l'excommunication, s'il n'accomplissait le vœu qu'il avait fait de combattre les infidèles. Le roi des Romains, alors engagé dans la seconde guerre de Bohême, crut devoir renoncer à ses prétentions, et garantir au pape la jouissance des provinces qu'il possédait. Quelques-uns le pressaient d'aller à Rome mettre le pape à la raison. « Rome, répondit-il, « est semblable à l'antre du lion. Je « reconnais les traces des princes qui « s'en sont approchés, et non celles des « princes qui en sont revenus. »

Le roi des Romains put alors s'appliquer avec une nouvelle ardeur à rétablir la paix publique dans ses États. Il engagea tous les membres du corps germanique à ne pas décider leurs différends à la pointe de l'épée, mais à s'en rapporter à des médiateurs. Le point le plus important était d'assurer l'exécution des lois qui défendaient d'élever et d'entretenir des forteresses particulières. Convaincu que la sécurité du pays ne serait pas durable, s'il n'usait de la plus extrême rigueur, Rodolphe condamna à mort vingt-neuf seigneurs des premières maisons de la Thuringe, et répondit aux sollicitations qui furent faites en leur faveur : « Ce ne sont point des nobles, ce sont « d'exécrables voleurs, ceux qui oppriment le pauvre et troublent la « paix publique. La vraie noblesse est « loyale et juste; elle n'offense personne et ne fait aucune injure. » Enfin il fit raser soixante et dix châteaux qui étaient de véritables repaires de brigands.

La célèbre bataille de Marckfeld avait valu à Rodolphe la possession de plusieurs provinces grandes et fertiles, qui, sous le nom de duché d'Autriche, passèrent à sa longue postérité. En Helvétie, il avait ajouté à ses biens héréditaires, soit par succession, soit par achat, soit par la force des armes, un grand nombre de seigneuries et de villes. Mais ses projets d'agrandissement devenant plus vastes et plus assurés, il avait eu l'idée de rétablir l'ancien royaume d'Arles et de Bourgogne, et d'en faire l'apanage de Hartman, son fils chéri. La mort prématurée de ce jeune prince vint renverser tout à coup de si belles espérances. Hartman se noya près du village de Rheinau, en passant le Rhin, pour aller joindre son père.

GUERRE CONTRE LA SAVOIE.

Cependant la domination de Philippe, comte de Savoie, s'étendant chaque jour davantage dans l'Helvétie bourguignonne, Rodolphe réclama plusieurs fiefs de l'Empire, que son prédécesseur s'était appropriés durant les troubles. Sur le refus du comte, il entra à main armée dans ses possessions. Il y eut, sous les murs de Morat, une action très-chaude, où le roi des Romains courut de nouveau le plus grand danger. Démonté, et entouré d'un grand nombre d'ennemis ; il s'élança dans le lac, et, saisissant une branche d'arbre d'une main, il se défendit de l'autre, jusqu'à ce que les siens fussent venus à son secours. Le comte de Hohenberg, son beau-frère, à qui avait été remis le commandement des troupes, prit Morat, et s'avança jusqu'à Payerne. Mais tout fut concilié par l'intervention du pape Martin IV. Le comte de Savoie abandonna au roi des Romains Morat, Payerne et Gummenen.

GUERRE CONTRE LA BOURGOGNE.

Ce fut avec la même ardeur que Rodolphe tourna ensuite ses armes contre les comtes de Bourgogne, qui avaient cessé de reconnaître les droits de l'Empire, et avaient fait hommage au roi de France. Il entra dans la province de Bourgogne avec une armée, et mit le siége devant Besançon. Là, les ambassadeurs de Philippe le Bel vinrent lui déclarer que, s'il ne retirait ses troupes, leur maître marcherait contre lui. « Annoncez à votre maître, répondit le belliqueux Rodolphe, que « nous l'attendons ; il reconnaîtra que « nous ne sommes point ici pour nous « livrer aux plaisirs, mais pour dicter « la loi à la pointe de l'épée. » Le comte de Bourgogne se vit contraint à rompre ses liaisons avec la France; il se rendit à Bâle, et fit hommage entre les mains du roi des Romains.

Nous avons déjà dit que, pour rétablir la paix publique, Rodolphe s'était vu dans la nécessité d'adopter des mesures vigoureuses qui avaient excité le mécontentement de la plupart des barons de l'Empire. Un homme de basse extraction, nommé Tile Kolup, tenta de mettre à profit ce mécontentement, en se faisant passer pour Frédéric II. L'imposture était grossière, mais les mécontents sont aveugles. Il convoqua une diète, requit Rodolphe d'abdiquer, et même il réunit une troupe assez nombreuse pour assiéger Colmar. Le roi des Romains, ayant reconnu que les provinces situées sur le Rhin étaient disposées à le favoriser, marcha contre lui en personne, le poursuivit jusqu'à Wetzlar, attaqua cette ville, et la contraignit à lui livrer le faux empereur qu'il fit mettre à mort.

GUERRE AVEC BERNE.

Rodolphe avait à cœur d'étendre encore son influence en Suisse. Il résolut de s'emparer de Berne, dont les habitants, lorsqu'il avait porté la guerre chez le comte de Savoie, ne l'avaient servi qu'avec répugnance, et s'étaient trouvés quelquefois dans les rangs de ses ennemis : il en avait été profondément irrité et n'attendait qu'un prétexte pour les châtier. Les juifs, à cette époque, faisaient un commerce considérable en Allemagne et en Italie. Il est assez remarquable que, malgré le mépris dont les chrétiens se croyaient en droit de les abreuver, ils jouissaient d'une prérogative que toutes les villes et tous les seigneurs recherchaient avec empressement, celle de relever immédiatement de l'Empire : ils avaient ainsi, sur la moitié des chrétiens de ce temps, l'avantage de naître libres. Quelques juifs avaient été accusés, à Berne, d'avoir fait mourir un enfant; ceux qui avouèrent dans les tortures le crime qu'on leur imputait furent suppliciés, et le conseil bannit de la ville, à perpétuité, tous les individus de cette religion. Le roi des Romains, qui ne cherchait qu'une occasion d'humilier les Bernois, s'empara de celle qui se présentait (1288), cassa l'arrêt du conseil, et condamna la ville à une forte amende. Mais les Bernois n'eurent aucun égard à cette décision, laquelle fut bientôt suivie d'une seconde, qui leur enlevait toutes leurs franchises, et qui ne fut pas plus respectée que la première. Le roi des Romains vint alors à la tête de trente mille hommes mettre le siège devant Berne, et essaya inutilement de s'en emparer. L'Aar, qui l'entoure presque de tous côtés, ses murailles, et surtout la valeur de ses citoyens, la défendirent si bien, que Rodolphe, qui avait anéanti le redoutable Ottocar et humilié l'orgueil des puissantes maisons de Bourgogne et de Savoie, fut contraint de céder devant la fermeté d'une république naissante.

RODOLPHE PRÉPARE LA GRANDEUR DE SA MAISON PAR DES ALLIANCES.

Rodolphe, renonçant à de nouvelles tentatives contre une ville qui défendait ses droits avec tant d'héroïsme, accourut en Bohême délivrer le jeune roi Venceslas, que Othon de Brandebourg retenait captif dans une forteresse; et comme l'art de contracter des alliances fut toujours un des principaux moyens que Rodolphe sut habilement employer pour l'établissement de sa maison, il donna sa cinquième fille, Judith, à Venceslas, à qui il restitua la Moravie. Ce fut sur ce mariage que se fondèrent les prétentions des successeurs de Rodolphe à la couronne de Bohême. Une autre fille de l'empereur épousa Charles Martel, fils de Charles II, roi de Naples, et de Marie, sœur de Ladislas III, roi de Hongrie. Ce mariage prépara les événements qui mirent la Hongrie sous le gouvernement des princes autrichiens. La Hongrie, continuellement en proie aux factions civiles, ou victime des déprédations de ses souverains, ne pouvait acquérir la force à laquelle la nature l'avait destinée. Ladislas III, qui s'était aliéné par ses vices le cœur de ses sujets, périt misérablement, après avoir fait assassiner son frère, André d'Esclavonie. Comme ce roi ne laissait pas de postérité mâle, sa couronne fut disputée par André, dit le Vénitien, par Charles Martel et par Rodolphe, qui, considérant ce royaume comme fief de l'Empire, en conféra l'investiture à Albert d'Autriche, son fils aîné. Mais André, ayant pour lui le vœu et l'appui de la nation, contraignit Rodolphe et Albert à se désister de leurs prétentions.

MORT DE RODOLPHE.

Pliant alors sous le poids de l'âge, Rodolphe convoqua, en mai 1290, une diète à Francfort, dans l'espoir qu'elle transmettrait la dignité impériale à Albert, le seul fils qui lui restât. Mais son espérance fut déçue, et il en ressentit une douleur profonde, qu'il tenta de dissiper en voyageant dans ses États héréditaires. Il se disposait à se rendre en Autriche; mais ses médecins l'invitant à prendre du repos, Rodolphe, comme s'il présageait son sort, leur dit : « Laissez-moi aller à Spire « visiter les monarques mes prédéces- « seurs. » Il descendit le Rhin, mais il ne lui fut pas possible de passer Germsheim. Il mourut le 15 janvier 1291, dans la soixante-quatrième année de son âge. Son corps fut transféré à Spire, et déposé dans le tombeau des empereurs.

PORTRAIT DE RODOLPHE.

« Rodolphe, dit un annaliste contemporain, avait sept pieds de haut, la taille déliée, la tête petite, le nez grand et aquilin, le visage pâle; il était presque chauve. » Dans ce siècle de rudesse féodale, de mœurs grossières et de discordes civiles, il se fit remarquer par une âme bienveillante, un esprit éclairé, des manières pleines de grâce et d'affabilité. Des soldats, un jour, écartaient de lui des pauvres : « Laissez-les approcher, dit-il, je n'ai « pas été nommé chef de l'Empire pour « être séquestré du reste des hommes. » Il était simple en ses vêtements, et avait une religion éclairée. Un jour, étant à la chasse, il rencontra sur son passage un prêtre qui portait le viatique. Le chemin était bourbeux; l'empereur mit pied à terre et donna son cheval au prêtre, en disant qu'il lui siérait mal de s'en servir, tandis que celui qui portait le corps de Jésus-Christ serait à pied. En même temps, il exprima sa gratitude et son amour envers le Dieu qui l'avait tiré du chaume de ses ancêtres pour le placer sur le trône de l'Empire. Élevé dans les camps, il fut un habile capitaine. La dignité impériale avait été avilie: les efforts et la sagesse de Rodolphe lui rendirent son éclat. Brave, prudent, politique, versé dans les affaires, jaloux de la distribution de la justice, il ne recula devant aucun moyen pour maintenir la paix et la sûreté publique. « Enfin, dit un historien, si l'on examine la situation où était l'Allemagne lorsqu'il monta sur le trône impérial, et celle où il laissa cette vaste contrée, si l'on oppose ses actions à la faiblesse de ses moyens, si l'on considère sa rare prudence, son habileté, son ardeur pour la gloire des armes, et cependant son amour pour la paix, sa modération dans la prospérité, sa constance dans l'infortune, ses talents dans l'art de gouverner, et enfin les qualités aimables qui le distinguaient comme homme, on doit compter Rodolphe au nombre des meilleurs et des plus grands princes qui aient porté la couronne. »

ADOLPHE DE NASSAU.
(1292-1298.)

A la mort de Rodolphe, Albert, qui avait hérité des qualités belliqueuses de son père, mais non de ses principes d'équité et de justice générale, vit se soulever contre lui ses États héréditaires, l'Autriche et la Styrie, qu'il avait déjà gouvernées avec le plus violent despotisme du vivant même de Rodolphe. A l'aide de renforts puissants tirés de Souabe et d'Alsace, il parvint à étouffer cette révolte, et, dans son ressentiment, ayant forcé les insurgés à venir nu-pieds et tête nue lui

ÉLECTION D'ADOLPHE DE NASSAU.

Cependant on se disposait à donner un nouveau chef à l'Empire germanique. Les talents d'Albert, les grandes alliances et le souvenir de la gloire de son père, semblaient devoir lui mériter la couronne impériale; sa confiance à ce sujet était si grande, que, sans attendre la décision de la diète qui se tenait à Francfort, il s'était emparé des ornements impériaux. Cette arrogante présomption, jointe au souvenir du despotisme avec lequel il avait gouverné ses fiefs patrimoniaux, ruina ses prétentions dans l'esprit des électeurs. Adolphe de Nassau fut élu (1er mai 1292).

C'était un gentilhomme d'une bravoure éprouvée, mais sans autre patrimoine que son épée. Au reste, ce ne fut pas seulement à la haine profonde que le fils de Rodolphe avait soulevée contre lui qu'Adolphe dut son élection; les électeurs suivirent en cette occasion la politique qu'ils avaient adoptée lorsqu'ils décorèrent un simple comte de Souabe de la couronne de Charlemagne. Dans la première ardeur de son ressentiment, Albert témoigna le désir de s'opposer à cette nomination; mais des troubles ayant éclaté contre lui dans ses possessions de Suisse, il se vit obligé d'ajourner toute tentative de résistance, pour se rendre à marches forcées dans l'évêché de Constance. C'était là le foyer de l'insurrection. Albert y promena sans pitié la dévastation et l'incendie. Cependant, craignant au milieu de cette guerre contre ses propres sujets d'attirer encore sur lui les forces de l'Empire, et se rappelant d'ailleurs la misérable destinée d'Ottocar, Albert reconnut l'élection d'Adolphe, livra les ornements impériaux, et reçut des mains du nouvel empereur l'investiture de ses fiefs. Une maladie violente, qui le mit sur le bord de la tombe, et dont il ne guérit qu'après qu'elle l'eut défiguré et privé d'un œil, rendit sans doute cette résignation moins douloureuse à son orgueil. Mais il eut bientôt de nouveaux démêlés avec ses peuples d'Autriche et de Styrie, et surtout avec l'archevêque de Salzbourg, qui, sur le bruit de sa mort, avait fait une invasion dans ses États, et détruit une ville nouvellement bâtie sur ses frontières. Le duc de Bavière ayant paru vouloir embrasser la cause de cet archevêque, Albert conclut avec ce dernier une trêve, que des événements importants transformèrent ensuite en une paix durable.

CONDUITE ARBITRAIRE D'ADOLPHE DE NASSAU.

Cependant Adolphe de Nassau, qui régnait depuis six ans, avait, par ses actes arbitraires autant que par ses vices, indisposé contre lui tous les esprits, même celui des électeurs qui avaient concouru avec le plus de zèle à son élévation. Né loin du trône comme Rodolphe de Habsbourg, il n'avait aucune des qualités morales qui avaient aidé celui-ci à s'y maintenir. Faible, il appela au secours de sa faiblesse la duplicité et l'injustice. Engagé dans cette route, il ne put s'arrêter; il alla d'erreurs en erreurs, de crimes en crimes, jusqu'à ce qu'il en reçût la punition. L'exemple de Rodolphe lui devint funeste; pauvre comme lui, il avait comme lui à créer la fortune de sa maison. Il essaya donc de faire, dans le nord-ouest de l'Allemagne, ce que Rodolphe avait exécuté dans le sud-ouest, c'est-à-dire, de se former une principauté importante. D'abord il vendit son alliance à Édouard d'Angleterre pour trente mille marcs d'argent, ou, selon d'autres, pour cent mille. Avec cet argent, Adolphe songea à agrandir ses domaines.

On se rappelle la destinée de cette fille de Frédéric II, qui, mariée au margrave de Misnie, Albert le Dénaturé, avait été contrainte de fuir du château d'Eisenach pour échapper aux desseins coupables de son mari.

Après sa fuite, Albert avait eu de sa concubine, Cunégonde d'Issembourg, un fils qu'il résolut de déclarer son héritier, au détriment de son premier né, Frédéric le Mordu. Mais, sachant l'opposition des seigneurs de l'Empire et de ses vassaux à reconnaître ce fils bâtard, il mit ses fiefs en vente pour lui en donner au moins le prix. Un seul acheteur se présenta, et ce fut le chef de l'Empire qui obtint le landgraviat de Thuringe pour douze mille marcs.

Une telle conduite indigna toute l'Allemagne; Frédéric le Mordu et ses frères légitimes trouvèrent partout des partisans et des secours. Ils protestèrent contre le marché passé par leur père; et, durant trois années, leurs efforts, soutenus par l'affection de la population des provinces disputées, empêchèrent Adolphe de se mettre en possession de la Thuringe.

GRIEFS ALLÉGUÉS CONTRE ADOLPHE.

Cependant l'empereur, au lieu de faire oublier cette malheureuse affaire par une conduite sage et habile, mécontentait chaque jour les princes allemands, qui se réunirent enfin à Prague après le couronnement du roi de Bohême, Venceslas, et dressèrent une liste de griefs qui, selon eux, nécessitaient la déposition de l'empereur. Ces articles portaient 1° qu'Adolphe avait laissé périr honteusement les droits de l'Empire en Italie et en Lombardie; 2° qu'au lieu d'établir l'union et la paix dans les provinces d'Allemagne, il y avait fomenté la division et les guerres civiles; 3° que, sans jugement et sans discrétion, il avait prodigué les revenus de la couronne, et donné les charges de l'État à des gens sans expérience et mal intentionnés, et cela au grand détriment du corps germanique; 4° que, de sa seule autorité, il avait imposé des charges exorbitantes sur les sujets de l'Empire; 5° qu'il avait assuré que toutes les lois résidaient dans sa tête, et qu'en conséquence de cette maxime, il avait ruiné un grand nombre de vassaux;

6° qu'il avait reçu d'Édouard d'Angleterre une somme considérable d'argent, après lui avoir promis, par serment, qu'il lui enverrait du secours, et qu'ensuite il lui avait manqué de parole et avait retenu l'argent; 7° qu'il avait méprisé les avis des princes, de la noblesse et du clergé; qu'il ne les avait pas consultés sur les grandes affaires, et que tout s'était fait par sa seule autorité; 8° qu'il avait permis les brigandages; que les grands chemins n'étaient pas sûrs; que ses officiers opprimaient les pauvres, et qu'il avait laissé ses soldats commettre toutes sortes de violences; 9° qu'enfin il avait abusé par force d'un grand nombre de femmes, filles, veuves et religieuses, et qu'il en avait fait mourir plusieurs après avoir satisfait sa brutalité. Albert, qui épiait l'occasion favorable pour ressaisir le sceptre que son père avait si glorieusement porté, mit tout en œuvre pour se concilier les nouveaux ennemis de son rival. Une diète fut convoquée à Mayence, le 23 juin 1298, à la suite de laquelle Adolphe fut déposé, et Albert nommé à sa place.

GUERRE D'ADOLPHE CONTRE ALBERT.

L'Allemagne se divisa. Adolphe parvint à réunir une armée supérieure à celle de son compétiteur, et la chance semblait être en sa faveur. Les deux rivaux se rencontrèrent à Gelheim, entre Worms et Spire. Le combat fut acharné. Le fils de Rodolphe, qui avait formé le projet d'éteindre la guerre civile dans le sang de celui dont il avait fait prononcer la déposition, arma une troupe d'élite d'une espèce de poignards d'invention particulière, avec ordre d'en frapper les chevaux, et de se faire jour jusqu'à Adolphe. Ce moyen réussit : la cavalerie d'Adolphe fut dispersée; lui-même fut démonté, et reçut à la tête un coup si terrible, qu'il fut obligé d'ôter son casque. Alors s'élançant sur un nouveau cheval, il parcourut les rangs, la tête découverte, et se fraya un passage vers Albert qui animait ses troupes du geste et de la voix. « Tu vas, s'écria-t-il en l'aperce-

« vant, quitter à la fois la couronne et
« la vie. — Le ciel en décidera, » répondit Albert, en lui portant un coup de lance au visage. Adolphe tomba mourant, et les partisans d'Albert l'achevèrent (2 juillet 1298).

ALBERT Ier.
(1298-1308.)

ÉLECTION D'ALBERT.

Victorieux et tout-puissant, trop circonspect d'ailleurs pour monter sur le trône, en vertu d'un titre dont on contestait la validité, Albert sentit que c'était le cas de se montrer magnanime; il renonça à toute prétention à la couronne impériale; et, comme on peut le prévoir, il fut réélu par les suffrages unanimes de tous les membres du collége électoral. Son couronnement eut lieu à Aix-la-Chapelle le 24 août 1298; et sa première diète se tint à Nuremberg, avec une magnificence inaccoutumée. Les électeurs et le roi de Bohême le servirent à table; son épouse fût reconnue reine des Romains, et il donna à ses fils Rodolphe, Frédéric et Léopold, l'investiture de l'Autriche, de la Carniole et de la Styrie.

Cependant l'élection d'Albert avait allumé le courroux du fougueux Boniface VIII, qui occupait alors la chaire de saint Pierre. Ce pape avait de la hardiesse dans les vues, et de la ténacité dans les résolutions. Il menaçait les souverains d'une domination temporelle; et, depuis son exaltation, il marchait avec audace dans ce système. La nomination d'Albert lui parut donc illégale, comme blessant les justes prérogatives de la cour de Rome. Le chef de la chrétienté était, disait-il, le véritable roi des Romains. Se répandant en amères invectives contre Albert, il alla jusqu'à représenter sa victoire sur Adolphe de Nassau comme un lâche assassinat. L'orgueil d'Albert fut profondément blessé; mais, ayant senti qu'avant tout il fallait détourner l'orage, il s'empressa d'envoyer à Rome, avec de riches présents, des ambassadeurs qu'il chargea de protester de son dévouement filial envers le chef de l'Église. Boniface reçut les ambassadeurs d'Albert, assis sur le trône pontifical, la couronne au front, l'épée de Constantin au côté; et, prenant le titre de vicaire général de l'Empire, il somma le prétendu roi des Romains de comparaître devant lui, pour se justifier du crime de trahison envers Adolphe de Nassau, pour demander pardon au saint-siége, et pour subir la pénitence qui lui serait imposée.

ALBERT TRAITE AVEC PHILIPPE LE BEL.

Les États d'Allemagne s'émurent à ces paroles. Déliés par le pape du serment de fidélité qu'ils avaient prêté au nouvel empereur, ils se liguèrent pour le détrôner. L'archevêque de Mayence, qui d'abord avait fait élire Adolphe de Nassau au préjudice d'Albert, et qui ensuite, offensé par ce même Adolphe, avait été le premier moteur de la révolution qui l'avait chassé du trône, se trouvait à la tête de la ligue. Avant de recourir aux armes pour défendre ses droits, Albert, combinant ses ressources avec habileté, adressa à Philippe le Bel, roi de France, non moins menacé que lui par Boniface, des propositions qui furent acceptées. Albert et Philippe s'engagèrent, par un traité, à faire cause commune contre quiconque entreprendrait sur les droits de l'Empire et de la France. Cette union fut scellée par le mariage de Rodolphe, fils d'Albert, avec Blanche, sœur de Philippe. Albert, s'étant ensuite assuré de la neutralité des électeurs de Saxe et de Brandebourg, fondit sur l'électorat de Mayence avec une armée formidable, en prit les principales forteresses, et contraignit l'archevêque non-seulement à renoncer à l'alliance du pape, mais à prendre l'engagement de servir l'empereur dans toutes les guerres qu'il entreprendrait pendant cinq ans.

RÉCONCILIATION AVEC BONIFACE VIII.

Ce succès amena une réconciliation entre Albert et Boniface. La querelle du saint-siége avec le roi de France, relativement aux dîmes à lever sur le clergé, était alors arrivée au plus haut degré. Boniface, n'ayant pu détrôner le roi des Romains, entama avec lui des négociations dans lesquelles Albert montra toute la duplicité de son caractère. Il rompit ses traités avec Philippe, reconnut formellement que l'empire d'Occident avait été transféré des Grecs aux Allemands en la personne de Charlemagne; que le droit des électeurs à choisir un roi des Romains dérivait du saint-siége, et que les rois et les empereurs recevaient du souverain pontife la puissance du glaive matériel. Enfin il s'engagea par serment à défendre les droits de l'Église contre tout ennemi, fût-il roi, et à lui faire la guerre dès que le pape l'exigerait. En récompense, Boniface, par la plénitude de son pouvoir, rectifia toutes les irrégularités de l'élection du roi des Romains, et le qualifia de fils soumis de l'Église. En même temps, il fulmina une sentence d'excommunication contre Philippe; et, le déclarant déchu de tout droit à la couronne de France, il en investit Albert. On ne peut savoir jusqu'à quel point l'avide empereur aurait profité, contre son ancien allié, de cette libéralité pontificale, si Philippe n'avait mis un terme à la longue querelle du sacerdoce et de l'Empire, par une scène de violences et d'humiliations envers le souverain pontife, où la force triompha sans danger et sans gloire, et où la victime ne sut pas honorer son malheur.

GUERRES D'ALBERT POUR LA POSSESSION DE LA BOHÊME, DE LA HONGRIE, DE LA MISNIE ET DE LA THURINGE.

A peine couronné roi des Romains, Albert avait mis à découvert toute son ambition. Après avoir forcé, les armes à la main, les princes du bord du Rhin à lui céder certains droits importants, il attaqua la Hollande, la Zélande et la Frise, les réclamant comme des fiefs de l'Empire; mais une défaite complète l'obligea d'abandonner cette entreprise. Il se rejeta sur la Bohême, dont le souverain lui avait refusé le dixième du produit des mines de Kuttenberg, et il ne fut pas plus heureux. Cependant la puissance et la prospérité toujours croissantes de la Bohême irritaient sa cupidité. Jaloux d'ailleurs de réparer son dernier échec, il marcha de nouveau en Bohême à la tête d'une nombreuse armée; mais son agression fut encore repoussée. Sur ces entrefaites, Venceslas IV mourut. Son fils, âgé seulement de dix-sept ans, obtint la paix moyennant quelques cessions au profit de l'empereur, et en rendant hommage pour ses deux souverainetés de Bohême et de Pologne. Ce jeune prince mourut assassiné quelques mois après, et Albert parvint à faire élire, par les États du royaume, son fils Rodolphe. Une conduite modérée aurait comblé le vœu des Bohémiens. Rodolphe était d'un naturel juste et doux; mais son père, lui dictant des mesures tyranniques, les coutumes du pays furent violées, les églises dépouillées, le clergé proscrit. Le mécontentement se propagea rapidement, et toute la nation se leva pour renverser le despotisme autrichien. Rodolphe entra en campagne pour soumettre les rebellions, mais il mourut de maladie devant Horadowitz, dont il formait le siége. Albert prétendit le remplacer par son second fils Frédéric; les États s'y refusèrent avec force, et choisirent Henri de Carinthie. L'orgueil d'Albert fut profondément blessé. Des troupes impériales s'avancèrent vers Prague, mais elles furent battues et repoussées.

Dans le même temps, Othon, duc de la basse Bavière, se vit appelé au trône de Hongrie. Une armée d'Albert, munie de bulles fulminantes du pape, parut sur les frontières, et n'osa rien entreprendre, car Othon, bien secondé par les magnats, la tint habilement en échec. L'empereur échoua aussi dans les tentatives qu'il fit pour s'emparer de la Misnie et de la Thuringe (1307). Les légitimes possesseurs de ces deux provinces défirent complètement les troupes envoyées contre eux. L'empereur se préparait à marcher en personne pour laver cette honte, mais le soulèvement de l'Helvétie demanda toute son attention, et lui fit remettre à une époque ultérieure l'invasion de la Thuringe et de la Bohême.

INSURRECTION DES SUISSES.

A la mort de l'empereur Rodolphe, l'alarme s'était répandue dans toute la Suisse, divisée alors en un grand nombre de petites souverainetés, de villes indépendantes, de domaines ecclésiastiques, et de cantons qui se gouvernaient démocratiquement. Le caractère d'Albert, si éloigné de la sagesse et de la modération de son père, avait donné à ces montagnards, jaloux de leur indépendance, des craintes sérieuses pour la conservation de leurs priviléges que Rodolphe de Habsbourg avait solennellement reconnus. De toutes parts, on chercha à se mettre à l'abri des envahissements dont on se voyait menacé. Uri, Schwitz et Underwald renouvelèrent leur ancienne alliance. Aussi quand Adolphe fut élu empereur, les Suisses embrassèrent-ils son parti. Albert, pour se distraire du déplaisir que lui avait causé l'élection de son rival, et se venger des villes et seigneurs de la Suisse qui s'étaient prononcés contre ses intérêts, vint, comme nous l'avons déjà dit, porter la guerre et la désolation dans ce pays. Adolphe de Nassau rétablit la paix, et confirma les priviléges et immunités des villes impériales et des vallées libres. Mais ce malheureux empereur ayant été déposé, Albert, qui le remplaça sur le trône impérial, ne dissimula plus son désir de former dans la Suisse une principauté pour un de ses nombreux enfants. En conséquence, on le vit empiéter continuellement sur les immunités des habitants (1304 et suiv.); il pensa qu'en leur donnant des gouverneurs impériaux, durs et cruels, qui leur prodigueraient sans cesse l'insulte et les vexations, il pousserait le peuple à la révolte et trouverait ainsi un prétexte pour motiver l'oppression qu'il méditait, ou bien, que ces pauvres paysans se détermineraient volontairement à rechercher la domination de la maison d'Autriche. De cette manière, il espérait atteindre son but en conservant les apparences de la justice.

ASSASSINAT D'ALBERT.

Mais les cœurs étaient profondément ulcérés, et le jour de la vengeance ne devait pas tarder à luire. Ce fut le 13 janvier 1308 qu'éclata la glorieuse révolution qui donna la liberté à la Suisse. Les gouverneurs furent tués ou chassés; tous les châteaux tombèrent entre les mains des insurgés; la plupart furent rasés, et il n'en resta que quelques débris pour attester seulement que là avaient été *les nids de la tyrannie*. Albert jura d'exterminer les paysans rebelles à sa volonté, et il se disposait à marcher contre eux à la tête d'une armée nombreuse et d'une foule de chevaliers de la Souabe et de l'Helvétie. Mais son injustice lui avait suscité d'ardents ennemis chez les grands et dans la noblesse; sa vie était menacée par une conjuration. Déjà, à Bâle, l'évêque Othon de Grandson, à qui il refusait l'investiture de plusieurs fiefs attachés à son siége, s'était rendu auprès de lui, et avait fait briller un poignard à ses yeux, en le menaçant de le tuer s'il ne lui donnait pas une satisfaction immédiate. Albert, seulement accompagné de quelques chevaliers, promit tout; mais, pour ne rien tenir, il s'échappa pendant la nuit, et alla rejoindre son armée en Argovie.

Il avait près de lui son neveu et pupille, le duc Jean de Souabe, dont il retenait le patrimoine, quoique ce jeune seigneur eût atteint sa majorité. Jean avait jusqu'à ce jour inutilement pressé l'empereur de le mettre en possession de ses États; cette fois, il crut l'occasion favorable pour renouveler ses réclamations. Albert, joignant l'insulte à la spoliation, se fit apporter des guirlandes de fleurs, et, les présentant à son neveu : « Prends ces fleurs, lui dit-il ; « cela sied bien à ton âge, et laisse-moi « le soin de gouverner tes États. » Jean se retira, l'indignation dans le cœur, et méditant une horrible vengeance. Son gouverneur, Walter d'Eschenbach, et trois de ses amis, Rodolphe de Wart, Rodolphe de Balm, et Conrad de Tegenfeld, s'associèrent à son injure.

L'empereur se rendait de Baden à Rheinfeld où était l'impératrice. Arrivés sur les bords de la Reuss, les conjurés passèrent le lac les premiers. Ils furent suivis d'Albert, qui n'avait avec lui qu'un seul officier, ayant laissé sur l'autre rive son fils Léopold et le reste de sa suite. L'empereur traversa lentement les campagnes qui se déroulent au pied des montagnes que couronne le château de Habsbourg; et il était à converser avec l'officier qui l'accompagnait, lorsque le duc Jean lui enfonce son poignard dans la gorge, en s'écriant: « Reçois le prix de l'injustice. » Au même instant, Rodolphe de Balm lui traverse la poitrine de son épée, et Walter d'Eschenbach lui fend la tête. C'est ainsi que périt le fils de Rodolphe de Habsbourg (1er mai 1308). Une pauvre femme, que le hasard avait amenée là, recueillit le dernier soupir du monarque, et étancha son sang avec des haillons.

PORTRAIT D'ALBERT.

Une chronique contemporaine représente ce prince comme un homme grossier, ignoble et presque féroce, *homo grossus, aspectu ferox, rusticanus in persona.* Que le soldat soit brave, le prêtre dévot, la femme soumise, le paysan laborieux et rien de plus, était une maxime qu'il avait rendue proverbiale à force de la répéter. Aveuglé par l'ambition, il dédaignait ce pouvoir que donnent aux chefs des États l'affection et la confiance des peuples. Il ne voyait que deux moyens, les moins sûrs et les moins nobles, de gouverner et de conquérir: les armes et l'argent. Les moindres bornes que l'on voulait mettre à son autorité allumaient en lui cette indignation féroce qui n'a rien de commun avec l'instinct de supériorité d'un homme fait pour commander aux autres. Sa cupidité lui coûta la vie, et à sa maison l'Empire, qui n'y rentra que cent trente ans après, dans la personne d'Albert II, gendre et successeur de Sigismond.

HENRI VII.
(1308-1314.)

PRÉPONDÉRANCE MENAÇANTE DE LA FRANCE.
ÉLECTION DE HENRI VII.

La mort d'Albert fut suivie d'un interrègne de sept mois, pendant lequel l'Empire et le saint-siége furent effrayés par la candidature menaçante du roi de France. Philippe le Bel, qui venait de confisquer la papauté à son profit, en forçant Clément V de fixer sa résidence en France, voulait obliger le pape à user de son influence sur les électeurs pour le faire élire; mais s'il eût été nommé empereur, la liberté, non-seulement de l'Allemagne, mais de l'Europe, aurait été singulièrement compromise. Maître presque absolu de la France et de ses immenses ressources, disposant à son gré du pape comme les premiers sultans turcs du califat de Bagdad, il aurait menacé d'une manière sérieuse l'indépendance des autres États. Aussi, les électeurs n'eurent garde de le proclamer. Désespérant de vaincre leur opposition, il proposa à sa place son frère le comte de Valois. Mais ce prince n'aurait été, pour ainsi dire, que le lieutenant de Philippe le Bel en Allemagne; aussi, le pape effrayé fit avertir secrètement les électeurs de se hâter s'ils voulaient se soustraire à l'influence de la France. Dans sa lettre, il leur indiqua comme l'homme le plus digne d'arrêter leur choix le comte Henri de Luxembourg, prince peu riche et peu puissant, quoique d'une ancienne famille, mais qui réunissait la prudence au courage et à la justice. Juge intègre, défenseur des pauvres et des orphelins, il avait toujours à la bouche ces paroles de l'Écriture: *Fils des hommes, jugez en toute justice.* L'élection fut publiée, le 25 ou le 27 novembre 1308, au grand étonnement de toute la chrétienté, et le pape s'étant hâté de la confirmer le jour de l'Épiphanie de l'année suivante, Henri VII fut couronné à Aix-la-Chapelle.

NOUVEAUX PRINCIPES DE CONDUITE ADOPTÉS PAR LES ÉLECTEURS.

Ainsi, à la place de ces grands empereurs de la maison de Souabe ou de Franconie, au lieu de ces princes puissants, avant comme après leur couronnement, on ne nomme plus que des hommes obscurs, de petits seigneurs, presque des aventuriers que l'on costumera en empereur, à qui l'on mettra le sceptre dans une main et le globe dans l'autre pour leur faire jouer le personnage de Charlemagne dans cette représentation du vieil empire germanique. Mais l'Empire n'est plus qu'un souvenir; c'est un titre qu'il faut donner, une place qu'on ne veut point laisser vide, de crainte que quelque ambitieux puissant ne vienne s'y asseoir, et ne veuille prendre son rôle au sérieux. Comme nous l'avons dit, Charlemagne a révélé la Germanie à elle-même. Au-dessus des différences de tribus et de localité, il a placé la nationalité allemande, représentée elle-même par la dignité impériale. Aucune idée ne fut plus chère à l'Allemagne, quoi qu'elle ait sans cesse combattu contre elle, et aujourd'hui encore elle cherche à la réaliser malgré une expérience contraire de dix siècles. Jamais l'Allemagne n'avait été aussi près de l'unité qu'au temps des Hohenstaufen; mais à peine sont-ils tombés, que le pouvoir impérial disparaît, pour ainsi dire, pendant vingt-trois ans, et si l'on y revient, c'est pour le confier à des mains que l'on croit incapables d'en abuser. Il semble que, si l'on nomme encore des empereurs, ce soit pour faire sanctionner légalement les usurpations que de toutes parts on opère. Ainsi, Albert accorde aux électeurs de Mayence et de Cologne, que personne ne pourra distraire les bourgeois de ces deux villes de la juridiction électorale pour les citer à la cour impériale, tant que l'électeur sera disposé à leur rendre justice. L'empereur abandonne donc la juridiction impériale sur les électorats ecclésiastiques. Plus tard, l'archevêque de Mayence le forcera de renoncer également à la juridiction sur les prêtres. Quant aux villes, Louis de Bavière accroîtra encore les priviléges que leur ont déjà conférés les derniers empereurs, et bientôt leur importance deviendra telle que Lubeck disposera de la couronne impériale. Pour ce qui regarde les électorats séculiers, Charles IV signera dans la bulle d'or leur charte d'indépendance. Ainsi la dissolution de l'Empire ira croissant jusqu'à ce que la maison d'Autriche devienne assez puissante pour menacer l'indépendance de l'Allemagne tout entière au seizième siècle. Mais plus le danger sera grand, plus forte aussi sera la résistance; Luther sera le contemporain, je dirai presque l'adversaire de Charles V, et de la réforme religieuse sortira le royaume de Prusse, protestant et ennemi de la catholique Autriche.

HENRI VII OBTIENT LA BOHÊME POUR SON FILS.

Mais revenons à Henri VII. Ce prince, bien qu'il ne possédât en propre que le petit comté de Luxembourg et la ville de Trèves dont son frère était archevêque, s'était cependant par ses alliances assuré l'appui d'un grand nombre de princes du second ordre. Mais sa réputation, plus que sa puissance, lui valut bientôt une acquisition importante. Il parvint à faire épouser à son fils Jean l'une des filles de Venceslas, roi de Bohême, et à obtenir pour lui, à la faveur de ce mariage, la possession de ce royaume comme héritier de Venceslas. Cet heureux succès l'enhardit, et il aspira à occuper tout le reste des anciennes possessions d'Ottocar. Les États de Bohême, sans doute à son instigation, réclamèrent en faveur de leur nouveau roi, l'Autriche, la Styrie et la Carniole, conformément à l'investiture que Richard de Cornouailles avait donnée à Ottocar. L'empereur ayant fait sommer les possesseurs de rendre ces fiefs, Frédéric, l'un des fils d'Albert, répondit avec fierté : « Dites « à Henri de Luxembourg que, depuis « cinquante ans, l'Autriche a été le « tombeau de cinq princes souverains,

« et qu'il y pourra aussi trouver le « sien, s'il tente de nous ravir notre « héritage. » Ce différend se termina sans recourir à la voie des armes. Frédéric acquiesça à tout ce qui s'était fait en Bohême, et de son côté, l'empereur accorda publiquement aux princes d'Autriche l'investiture de leurs États, et leur transféra les possessions du meurtrier de leur père, contre lequel il proclama une sentence de mort.

HENRI VII SE DISPOSE A PASSER LES ALPES.

La résistance des princes autrichiens fit comprendre à Henri VII la nécessité de distraire l'attention de l'Allemagne, et d'aller chercher ailleurs une gloire et une puissance nouvelle. « L'Italie était devenue en quelque sorte étrangère à l'empire romain. Depuis la déposition de Frédéric II au concile de Lyon, en 1245, l'Église et tout son parti en Italie n'avaient plus reconnu d'empereurs. Depuis trente-cinq ans, il est vrai, des rois des Romains, destinés à recevoir la couronne impériale, régnaient en Allemagne : ce n'était point des candidats, mais des chefs reconnus de l'Empire. Cependant ces chefs eux-mêmes attachaient la plus haute importance à leur consécration par le pape; pour l'accomplir, ils devaient recevoir de lui la couronne d'or dans la ville même de Rome. Parmi les Italiens et les gens d'église, plusieurs croyaient que l'autorité du monarque sur l'Italie dépendait de cette cérémonie, ou plutôt de la présence du souverain en deçà des Alpes. Cette supposition était confirmée par l'abandon de Rodolphe de Habsbourg et de ses successeurs, qui n'avaient eu presque aucune relation avec l'Italie. Dans un espace de soixante-quatre ans, tous les gouvernements de cette contrée s'étaient détachés de l'Empire, comme si l'empereur ne devait plus avoir aucune autorité sur eux.

RÉVOLUTION DANS LES IDÉES POLITIQUES DES ITALIENS.

« C'est un phénomène vraiment étrange que la marche de l'opinion publique pendant ce long interrègne; loin de se prononcer contre l'autorité impériale, la circonscrire ou même de l'anéantir, elle l'étendit au contraire au delà de toutes les limites, et elle abattit devant elle les bornes que d'autres siècles lui avaient opposées.

« Les Henri, les Lothaire, les Conrad et les Frédéric Barberousse étaient les chefs d'une corporation libre; leurs prérogatives étaient bornées par les priviléges des grands et du peuple : le pouvoir législatif était réservé à la nation assemblée dans ses diètes; les devoirs des feudataires, réglés d'après leur tenure, se réduisaient à de certains services bien connus d'eux et de leur chef, et ils avoient enseigné à ce chef à connaître au moins aussi bien quels droits eux-mêmes s'étaient réservés. Après un siècle et demi de guerres, presque toutes désavantageuses à l'Empire, après soixante-quatre ans d'interrègne, cette constitution fut ensevelie dans l'oubli, et l'empereur ne fut plus considéré que comme un monarque absolu. Lorsqu'il était reconnu par l'Église, consacré et couronné par le souverain pontife; lorsqu'il était présent en Italie, et qu'il établissait son tribunal sur une terre de l'Empire, on ne supposait pas qu'il y eût aucun pouvoir sur la terre, celui du pape excepté, qui pût s'élever contre lui; aucun droit, aucun privilége dont il ne fût l'arbitre, et qu'il ne pût confirmer ou anéantir. Toutes les institutions libres des peuples du Nord furent oubliées, et l'*empereur, toujours auguste*, fut considéré comme le vrai représentant des Césars de Rome, anciens maîtres du monde, auxquels l'univers entier était ou devait être soumis.

« Henri de Luxembourg était un prince très-pauvre; il n'avait d'autre force que celle de son caractère noble, généreux et chevaleresque; aussi ne fut-ce pas par une puissance réelle, mais par la force d'une opinion qu'il partageait lui-même, que ce prince réussit à changer la face de l'Italie entière: qu'à son gré, il abaissa ou releva les tyrans et les princes souverains;

qu'il commanda aux républiques et renversa leurs lois et leurs gouvernements; qu'il imposa des contributions énormes, mais payées sans résistance; enfin, qu'il rassembla sous ses étendards des peuples auxquels de tout temps il avait été étranger, et qui se croyaient cependant obligés de le servir à leurs frais. Si trois ou quatre républiques seulement lui résistèrent, ce fut avec le sentiment secret qu'elles manquaient à leur devoir, tandis que leurs historiens, et les écrivains guelfes les plus zélés pour la liberté, partagèrent l'opinion de leur siècle sur les droits illimités de l'empereur.

INFLUENCE DES ÉRUDITS ET DES LÉGISTES.

« Le sentiment de droit et de devoir devient particulièrement remarquable lorsqu'il s'applique à un souverain électif, élu par un peuple étranger, et que la nation, qui se croit liée envers lui, est cependant une nation libre, et accoutumée aux mœurs et aux idées républicaines. Une opinion si contraire aux passions naturelles des hommes, était l'ouvrage des érudits, et surtout des jurisconsultes. L'étude de l'antiquité, qui avait été reprise avec l'ardeur la plus vive dans le treizième siècle, n'avait point produit, comme il semble qu'on aurait dû s'y attendre, des sentiments plus généreux, plus d'élévation dans l'âme, plus d'amour pour la liberté. La Grèce n'était presque pas connue des savants, et il leur restait de Rome bien plus de monuments de l'empire que de ceux de la république. Tous les poëtes latins sont souillés par les lâches flatteries qu'ils ont prodiguées aux empereurs; les historiens, quoique plus fiers et plus libres, avaient cependant rendu hommage aux Césars sous lesquels ils écrivaient. Les philosophes ne s'étaient formés qu'à l'école du malheur et de la tyrannie; bien plus, les écrivains du siècle d'Auguste, encore pleins des souvenirs d'une liberté récente, n'avaient pas, dans le moyen âge, été placés comme aujourd'hui dans une classe supérieure à tout le reste de la littérature latine. Les savants des treizième et quatorzième siècles ne se proposaient guère moins d'imiter Boèce, Symmaque ou Cassiodore, que Cicéron ou Tite-Live; et l'antiquité, qu'aujourd'hui nous nous représentons toujours libre, paraissait à nos ancêtres toujours réunie et asservie sous l'empire des Césars.

« Mais les jurisconsultes, bien plus encore que les érudits, contribuèrent à soumettre l'opinion du treizième siècle aux lois et aux mœurs de la cour des Césars de Rome et de Constantinople. Jamais la jurisprudence n'avait été plus universellement cultivée; jamais elle n'avait mené plus directement et plus sûrement aux honneurs et à la richesse. En étudiant les lois positives de Justinien, les jurisconsultes avaient, peu à peu, renoncé à l'autorité de leur propre raison; ils ne recherchaient jamais ce qu'ordonnait la justice, mais ce qu'avaient prononcé les empereurs. On peut voir dans les ouvrages de Baldo et de Bartole, qui fleurirent au quatorzième siècle, l'immense travail en même temps et la profonde servilité des légistes, s'affectionnant au livre qui leur avait coûté tant de peine: en raison de la peine même qu'il leur avait coûtée, ils manifestaient pour les pandectes et le code un respect qui tenait de l'adoration, et ils voyaient, dans ces lois d'une monarchie étrangère ou détruite, la règle unique du droit public, du droit des nations, comme du droit criminel et civil (*). »

HENRI VII EN ITALIE.

Il n'est pas de notre sujet de raconter cette expédition d'Italie, à laquelle l'Allemagne resta complétement étrangère. Nous dirons seulement que, sitôt qu'il parut en Italie, escorté seulement de deux mille chevaux, tous les seigneurs vinrent au-devant de lui; mais il les força d'abdiquer entre ses mains

(*) Sismondi, Histoire des républiques italiennes au moyen âge, t. IV, p. 289 et suiv.

la souveraineté qu'ils s'étaient arrogée sur leurs villes. Le puissant Guido della Torre de Milan fut lui-même contraint de sortir à pied et sans armes à la tête des citoyens, pour recevoir l'empereur ; puis, après avoir pris à Monza la couronne de Lombardie, il reçut les députés de toutes les villes. « Tous lui prêtèrent serment de fidélité, dit un des compagnons de Henri, sauf les Génois et les Vénitiens, lesquels, pour ne point jurer, dirent beaucoup de choses que je n'ai point retenues, sauf qu'ils sont d'une quinte essence, ne voulant appartenir ni à l'Église, ni à l'empereur, ni à la mer ni à la terre, et pour ce ne vouloient jurer. »

Du reste, une fois entré en Italie, l'empereur se trouva mêlé à une suite d'affaires inextricables. Lorsque le prestige qui l'entourait à son arrivée se fut dissipé, comme les forces matérielles lui manquaient, il ne put soutenir le rôle que les légistes lui avaient préparé, et il mourut en Toscane simple chef de parti, général au service de Pise contre Florence.

Pendant ce temps, l'Allemagne, abandonnée à elle-même, n'en était que plus tranquille ; mais la peste la ravageait impitoyablement. En 1313, treize mille personnes périrent dans Strasbourg, quatorze mille à Bâle, autant à Colmar ; il y eut des villes et des bourgs où il ne resta pas un seul homme : c'était comme l'annonce de l'effroyable épidémie de 1349.

FRÉDÉRIC III
(1314-1325),
et
LOUIS IV DE BAVIÈRE
(1314-1346.)

DOUBLE ÉLECTION DE LOUIS DE BAVIÈRE ET DE FRÉDÉRIC D'AUTRICHE.

La mort prématurée du chef de l'Empire vint bientôt replonger l'Allemagne dans les troubles et la désolation. Les ducs d'Autriche conçurent l'espérance de placer l'un d'eux sur le trône impérial. Après un interrègne de dix mois, les électeurs se rendirent à Francfort ; mais, divisés en deux partis, ils formèrent deux assemblées. Le plus grand nombre proclama Louis de Bavière ; la minorité choisit Frédéric d'Autriche. Les deux compétiteurs coururent aux armes. Durant le cours des hostilités, Frédéric et Léopold célébrèrent leurs noces, l'un avec Élisabeth d'Aragon, et l'autre avec Catherine de Savoie. Au lieu de réunir leurs efforts contre leur ennemi, ils perdirent un temps précieux en fêtes et en tournois. Enfin Frédéric marcha contre Louis, tandis que son frère attaquait les trois cantons suisses, qui avaient épousé les intérêts du prince bavarois.

DÉFAITE DE LÉOPOLD A MORGARTEN.

Léopold s'était mis en marche à la tête de vingt mille hommes, parmi lesquels on remarquait une multitude de chevaliers de l'Helvétie allemande ; il s'avançait avec la certitude du triomphe. A son approche, quatorze cents hommes, la fleur de la jeunesse suisse, saisissent leurs armes et se rassemblent à Schwytz ; ils passent un jour entier à chanter des hymnes, et à demander au Dieu des batailles, agenouillés dans les places publiques, de soutenir leurs efforts, et d'humilier l'insolence de leurs ennemis. Ayant pris poste sur les hauteurs de Morgarten, et enflammés du même courage que les Grecs aux Thermopyles, ils attendent de pied ferme l'armée autrichienne. Cinquante montagnards, bannis de leur patrie par suite des factions qui régnaient dans ce siècle où les procès n'étaient décidés que par la force, et où les guerres intestines amenaient sans cesse de nombreux bannissements, viennent offrir leurs bras pour la défense de la chose publique ; et, quoique refusés, ils occupent une hauteur qui commande l'entrée du défilé, situé entre le lac et des escarpements fort élevés, et aboutissant à un terrain marécageux presque impraticable. Le lendemain, au point du jour (16 novembre 1315), on vit paraître l'ennemi, qui se croyait assuré de la victoire. A peine sa cavalerie pesante et nombreuse se fut-elle engagée dans le défilé, que les cinquante bannis firent rouler sur elle d'énormes troncs d'arbres et des quartiers de rochers qui mirent bientôt le désordre et la confusion dans ses rangs. Au même instant, les Suisses s'élancent de leurs retranchements en poussant de grands cris, et se précipitent sur les Autrichiens, qui, épouvantés de cette attaque audacieuse, et hors d'état d'opposer de la résistance, cherchent à s'enfuir. Les cavaliers se rejettent sur l'infanterie et en écrasent une partie. Les Suisses, avec leurs larges épées, leurs masses à pointe de fer et leurs hallebardes, firent un horrible carnage. Plus de quinze cents cavaliers périrent, et avec eux l'élite de la noblesse; Léopold lui-même ne parvint qu'avec peine à échapper aux vainqueurs.

Cette victoire fut rapidement suivie de plusieurs autres avantages. Assemblés à Brunnen, les Suisses déclarèrent, dans une assemblée publique, « que l'anniversaire du jour où le Dieu « des armées avait visité son peuple, « et lui avait donné la victoire sur ses « ennemis, serait un jour de fête. » Ils rendirent les droits de citoyens aux héroïques bannis qui avaient survécu à la bataille, et perpétuèrent leur alliance, que confirma le chef de l'Empire en sanctionnant aussi leurs antiques franchises dans toute leur étendue. Telle fut l'issue de l'expédition de Léopold. Elle devait anéantir la liberté renaissante des trois cantons, et elle n'eut pour résultat que de l'affermir davantage.

DÉFAITE DE FRÉDÉRIC A MUHLDORF.

Les ducs d'Autriche profitèrent d'un armistice qu'ils conclurent avec les Suisses, pour diriger tout l'effort de leurs armes contre Louis de Bavière. Il y eut une multitude de petits combats et d'invasions réciproques entre les deux compétiteurs, jusqu'à la bataille livrée à Mühldorf, sur l'Inn, où le prince bavarois triompha de tous les obstacles (1322). Les ducs Frédéric et Henri d'Autriche restèrent prisonniers entre ses mains; le premier fut confiné à Trausnitz, château fort, près de Ratisbonne, et son jeune frère fut livré à Jean, roi de Bohême. Cette défaite, qui ruinait les espérances des princes autrichiens, ne fit que susciter à Louis de nouveaux et plus terribles adversaires.

L'un de ses plus chauds partisans avait d'abord été Jean de Luxembourg, roi de Bohême. Ce prince craignait que le duc de Carinthie, à qui aurait dû revenir le royaume de Bohême, à titre d'époux d'une fille aînée de Venceslas, ne transmît ses droits aux princes autrichiens; il avait donc tout intérêt à faire élire un empereur qui lui prêtât son assistance. Louis fut élu, et à la bataille de Mühldorf Jean lui rendit d'importants services; mais l'empereur en montra peu de reconnaissance. Une fille de Jean devait épouser le jeune landgrave de Thuringe, fils de Frédéric le Mordu; les deux enfants étaient même élevés ensemble, en attendant qu'ils fussent en âge d'être mariés. Or Louis désirait vivement pouvoir disposer du maître de cette importante province; il força donc les tuteurs du jeune landgrave à renvoyer la fille du roi de Bohême, pour la remplacer par sa propre fille. Jean, irrité de cet outrage, fit alors la paix avec les princes autrichiens et ne songea plus qu'à se venger; il tourna les yeux vers la France et le saint-siège pour les exciter à faire déposer Louis de Bavière.

Ici nous devons dire quelques mots de la situation nouvelle dans laquelle se trouvait la papauté.

SITUATION NOUVELLE DE LA PAPAUTÉ.

De Grégoire VII à Innocent IV, la papauté avait fourni une brillante carrière. Prétendant, à titre de pouvoir spirituel, dominer sur ce monde grossier et barbare de la société féodale, elle avait successivement humilié les chefs de l'Empire. Grégoire VII avait vu à ses pieds Henri VI; et Alexandre III, Frédéric Barberousse. Innocent III, menacé par les Albigeois, les avait anéantis, et Innocent IV avait poursuivi de sa haine persévérante le grand

Frédéric et sa malheureuse famille. Boniface VIII, qui monta sur le trône pontifical le 24 décembre 1294, fut le dernier de ces grands papes, successeurs et héritiers de Grégoire VII. Boniface se proposa d'achever cette tâche, en faisant courber sous son autorité les rois de la terre; mais à la fin du treizième siècle la situation du monde avait bien changé: la société commençait à sortir de l'anarchie féodale pour se réfugier sous la protection d'un pouvoir fort et capable d'assurer la paix publique. La papauté, qui avait voulu au onzième siècle jouer ce rôle, avait échoué, parce que Grégoire VII était contemporain de l'âge où la féodalité, cette forme que l'humanité avait dû prendre pour passer du monde antique au monde moderne, était dans toute la force d'une organisation jeune encore et irrésistible; l'Europe avait alors résisté, et avait ainsi échappé aux dangers de la théocratie. Cependant, de Grégoire VII à Boniface VIII, du onzième au quatorzième siècle, la féodalité était tombée; mais ce n'était pas à l'Église qu'il appartenait de recueillir son héritage. Quelle que soit la piété des peuples de l'Europe, leur génie est trop contraire aux principes d'un gouvernement sacerdotal, pour que dans aucun temps le clergé puisse concevoir l'espérance d'arriver à la domination suprême; aussi les papes qui conservèrent cet espoir ne firent qu'attirer sur eux d'effroyables calamités, dont la religion elle-même ressentit l'atteinte.

Au quatorzième siècle, l'adversaire du pape n'est plus, comme au douzième et au treizième, l'empereur d'Allemagne, mais le roi de France. En effet, pendant qu'en Allemagne le pouvoir central, l'autorité du roi des Romains, était devenu à peu près nul, tandis que les *nations* nées des vieilles tribus germaniques se séparaient nettement les unes des autres, la France se rapprochait chaque jour davantage de l'unité monarchique : les ducs, les puissants seigneurs, voyaient tomber l'un après l'autre, entre les mains du roi, leurs priviléges et leurs châteaux. Nulle part ailleurs la puissance temporelle n'avait pris de si grands et de si rapides accroissements; aussi Philippe le Bel se trouva-t-il naturellement investi du rôle qu'avaient joué les grands empereurs de la maison des Hohenstaufen.

QUERELLES DE PHILIPPE LE BEL ET DE BONIFACE VIII.

Philippe le Bel et Boniface, tous deux d'un caractère violent et emporté, ne tardèrent pas à se provoquer mutuellement. Philippe était en guerre avec Édouard d'Angleterre; le pape intervint à titre de médiateur, mais avec des paroles qui blessèrent l'orgueil du roi. Quelque temps après, Philippe imposa à tous ses sujets une taxe dont les prêtres eux-mêmes ne furent pas exempts. « Nourris, engraissés, gon-« flés (*incrassati, impinguati et dila-« tati*) de nos présents, pourquoi, disait-« il, les prêtres ne nous assisteraient-ils « pas comme le reste du peuple, eux qui « dépensent le bien des pauvres en his-« trions, en prostituées ou en festins « somptueux? » Ces paroles si énergiques ne firent pas cependant éclater la querelle : Boniface sentait qu'il avait affaire à un rude adversaire; aussi, pour le moment, il céda; mais le roi ayant fait enfermer Bernard Saisset, évêque turbulent, qui prétendait n'avoir d'autre seigneur que Boniface, celui-ci lança la fameuse bulle *Ausculta fili*, qui fût accompagnée d'une autre bulle plus courte, mais qui n'était qu'un résumé de la première; elle était conçue en ces termes : « Boniface, évêque, serviteur « des serviteurs de Dieu, à Philippe, « roi des Français. Craignez le Seigneur « et gardez ses commandements. Nous « voulons que vous sachiez que vous « nous êtes soumis dans le temporel « comme dans le spirituel; que la col-« lation des bénéfices et des prébendes « ne vous appartiennent en aucune ma-« nière, et que, si vous avez la garde « des églises pendant la vacance, ce « n'est que pour en réserver les fruits « à ceux qui seront élus. Si vous avez « conféré quelque bénéfice, nous dé-« clarons cette collation nulle par le

« droit et par le fait; nous révoquons
« tout ce qui s'est passé dans ce genre:
« ceux qui croiront autrement seront
« réputés hérétiques (*). »

Le roi répondit : « Philippe, par la
« grâce de Dieu, roi des Français, à
« Boniface, prétendu pape, peu ou
« point de salut. Que ta très-grande
« fatuité sache que nous ne sommes
« soumis à personne pour le temporel;
« que la collation des bénéfices, les siè-
« ges vacants, nous appartiennent par
« le droit de notre couronne; que les
« revenus des églises qui vaquent en
« régale sont à nous; que les provi-
« sions que nous avons données et
« que nous donnerons sont valides et
« pour le passé et pour l'avenir, et
« que nous maintiendrons de tout notre
« pouvoir ceux que nous avons pourvus
« et que nous pourvoirons : ceux qui
« croiront autrement seront réputés
« fous et insensés. »

BONIFACE VIII PRISONNIER DANS ANAGNI.

La querelle engagée en ces termes
ne pouvait se terminer que par la violence. Un avocat, Guillaume de Nogaret, fut envoyé à Anagni, où le pape
s'était réfugié, pour se saisir de sa personne et le conduire par-devant le concile de Lyon, convoqué par le roi. Là
eurent lieu des scènes indécentes.
Sciarra Colonna, d'une famille de
Rome proscrite par le pape, accompagnait Nogaret. Leurs soldats enfoncè-
rent les portes du palais papal, pillèrent
les trésors de Boniface, et outragèrent
de leurs grossières injures le vieux pontife qui, assis sur son trône, couvert
de ses habits pontificaux, la crosse et
les clefs en main, disait : « Puisque je
« suis trahi comme le Sauveur du monde,
« et livré indignement entre les mains
« de mes ennemis pour être mis à mort,
« au moins je mourrai pape. » Sciarra

(*) On a contesté l'authenticité de cette
bulle; mais tous les auteurs français l'ad-
mettent; Jean André de Bologne, qui rédigea
vers le milieu du seizième siècle la Glose
des décrétales de Boniface VIII, n'a pas
hésité de l'insérer parmi ses autres bulles.

s'emporta même au point de frapper
de son gantelet de fer le pontife au visage; il l'aurait tué, si Nogaret ne
l'eût arrêté. « O toi, chétif pape, disait
« celui-ci, considère et regarde de mon
« seigneur, le roi de France, la bonté
« qui, tant loin est de toi son royaume,
« te garde par moi et défend de tes
« ennemis, ainsi que ses prédécesseurs
« ont toujours gardé les tiens. » (7 septembre 1303).

Boniface ne put survivre à tant d'outrages; la fièvre et la colère l'emportèrent, le 11 octobre 1303. Son successeur,
Benoît XI, homme de probité et de modération, mourut malheureusement
peu de mois après son exaltation. Dès
lors commença la *captivité de Babylone*.
Le rôle de la papauté est achevé. Pendant près d'un siècle que les papes vont
rester sous la férule du roi de France,
on s'habituera à juger leur conduite et
leurs actes. Le représentant et le chef
de l'Église universelle étant devenu
l'instrument d'une puissance temporelle, verra s'élever contre sa toute-
puissance l'examen et le doute; l'Église
elle-même déclarera les conciles supérieurs au pape, et la réforme enlèvera
la moitié de l'Europe à son obédience.

ÉLECTION DE CLÉMENT VII.

Les circonstances qui amenèrent
cette dégradation politique de la papauté sont curieuses à suivre. « Après
la mort de Benoît XI, les cardinaux
avaient été enfermés en conclave à Pe-
rouse, où le pape était mort. Bientôt
ils reconnurent qu'ils se partageaient
en deux partis trop égaux pour qu'il
fût possible qu'aucun candidat obtînt
la majorité de deux tiers de leurs suffrages. D'une part, en effet, se trouvaient les membres du sacré collège,
qui avaient dû leur élévation à Boniface VIII, et qui lui avaient voué leur
reconnaissance; ils étaient dirigés par
le cardinal Gaetani, neveu de ce pape,
et par Matteo Orsini. Ils accusaient la
cour de France de la mort des deux
souverains pontifes; ils regardaient
Philippe le Bel avec horreur, et ils ne
voulaient pas s'exposer à recevoir un

pape de sa main. D'autre part se rangeaient ceux qui devaient leur grandeur à Nicolas IV, le zélé protecteur de la maison Colonna, qui désiraient rappeler au sacré collége les deux cardinaux de cette maison, exclus par Boniface VIII, qui penchaient secrètement pour les Gibelins, et qui recherchaient l'appui de la France. Le cardinal de Prato et Napoléon des Orsini étaient les chefs de ce parti.

« Pendant neuf mois, les cardinaux enfermés au conclave essayèrent successivement de s'accorder en faveur de quelqu'un des membres de leur collége, ou de quelqu'un des prélats plus marquants de l'Italie. Ce fut en vain. Ils acquirent enfin la conviction que tous ceux qu'ils connaissaient s'étaient rangés trop ostensiblement sous l'une ou l'autre bannière, pour laisser aucune sécurité à la minorité, sans le concours de laquelle aucune élection n'était possible, et qui ne voudrait jamais agréer le choix de la majorité dans un moment où tant de ressentiments étaient excités. Cependant les cardinaux languissaient de sortir de leur captivité, de retrouver les jouissances de leur rang, et de remplir leur devoir en donnant un chef à l'Église. Le cardinal de Prato ayant pu avoir en secret une conférence avec le cardinal François Gaetani, lui proposa un arrangement qui satisfit les deux partis. « Que l'un des deux, dit« il, élise trois prélats ultramontains, « et que l'autre s'engage à faire, dans le « terme de quarante jours, son choix « entre les trois : qu'il soit de plus cou« venu que celui qui sera ainsi désigné « aura, dans le scrutin public, les suf« frages de tout le collége. » Gaetani accepta la proposition, sous condition que ce serait lui qui, de concert avec les créatures de Boniface VIII, désignerait les candidats. Le parti qu'il dirigeait fit choix, en effet, de trois archevêques, qui tous trois avaient été promus par Boniface VIII, et qui avaient manifesté leur attachement à sa mémoire et leur aversion pour Philippe. Le cardinal de Prato ne se laissa point décourager par ce choix. Il jugea que, puisque c'était son parti qui donnerait la couronne pontificale, il ne serait pas difficile aux siens de gagner à ce prix la faveur de leur plus ardent ennemi. Il arrêta son choix sur Bertrand de Goth, de la famille des comtes de Lomagne, que Boniface avait élevé, cinq ans auparavant, de l'évêché de Comminges à l'archevêché de Bordeaux. Le cardinal de Prato réussit, par l'entremise de son banquier, à faire expédier en secret un courrier à Philippe IV, pour lui faire connaître quel accord il avait fait avec les autres cardinaux, lui désigner Bertrand de Goth, et lui recommander de tirer tout le parti possible de leurs avantages.

« Le courrier du cardinal de Prato arriva en onze jours à Paris. Philippe IV savait que Bertrand de Goth, créature de Boniface VIII, sujet d'Édouard, roi d'Angleterre, et personnellement offensé par Charles de Valois, dans le temps que celui-ci avait été maître de Bordeaux, était rempli d'animosité contre la France; mais il connaissait la cupidité et l'ambition de ce Gascon, et il lui expédia aussitôt une invitation à venir le trouver en secret à l'abbaye de Saint-Jean d'Angely. Six jours après, ces deux grands personnages, accompagnés seulement par leurs plus affidés serviteurs, se rencontrèrent dans une forêt, à peu de distance de l'abbaye. Philippe, après avoir, pour mieux juger des dispositions du prélat, demandé et obtenu qu'il se réconciliât pleinement avec Charles de Valois, lui communiqua la dépêche du cardinal de Prato, et lui fit voir qu'il pouvait le faire pape, pourvu que Bertrand de Goth lui donnât, en retour, des garanties de sa reconnaissance. Six conditions étaient imposées par Philippe au prélat : sa propre réconciliation pleine et entière avec l'Église, l'absolution de tous les agents qu'il avait employés contre Boniface, les décimes de cinq ans du clergé de France, la condamnation de la mémoire de Boniface, la réinstallation des Colonna dans leur dignité de cardinaux, enfin une sixième grâce secrète, que le roi se réservait de manifester seulement quand il en demanderait l'accomplissement. Bertrand de Goth n'hésita sur aucune condition ; il s'engagea à tout ce que Philippe lui demandait, par un serment prêté sur l'hostie. Mais Philippe savait bien qu'il allait lui conférer le pouvoir de délier de tous les serments ; pour plus de sûreté, l'archevêque donna donc au roi, en otage, son frère et ses deux neveux, que celui-ci emmena à Paris, sous prétexte de les y réconcilier avec Charles de Valois. Cependant ils étaient d'accord sur tous les points ; l'archevêque s'était séparé du roi dans des transports de joie et de reconnaissance, et celui-ci avait expédié au cardinal de Prato un courrier, pour lui dire de nommer Bertrand de Goth en assurance. Tout cela se fit avec tant de diligence, pour un temps où des postes régulières n'étaient point établies, que le trente-cinquième jour le cardinal de Prato avait reçu son courrier de retour, qu'il avait fait confirmer à ses adversaires leur engagement, et que, le 5 juin, Bertrand de Goth avait été proclamé pape, après un interrègne de dix mois et vingt-huit jours (*). »

TRANSLATION DU SAINT-SIÉGE A AVIGNON.

En exécution des promesses faites à Philippe le Bel, Clément V abandonna l'Italie pour la France ; Rome, où il pouvait jouer le rôle de prince indépendant, pour Avignon où il se trouva placé sous la main du roi de France. Toutefois, avant de se fixer dans cette ville qui appartenait au comte de Provence, sous la suzeraineté de l'empire germanique, Clément parcourut une grande partie de la France, ruinant sur son passage évêques et abbés. « Le pape Clément, dit le continuateur de Nangis, quittant Lyon, se retira à Bordeaux ; et, dans son passage par Mâcon, Brioude, Bourges et Limoges, ravagea lui-même, ou par ses satellites, les églises et les monastères des religieux ou séculiers, et leur causa de nombreux et graves dommages ; car il arriva que frère Gilles, archevêque de Bourges, fut réduit par ces pillages à une telle indigence, qu'il fut forcé, comme un de ses simples chanoines, de fréquenter les heures ecclésiastiques pour recevoir les distributions quotidiennes des choses nécessaires à la vie. »

CONDAMNATION DES TEMPLIERS

Cette avidité ne se démentit point un instant durant tout son pontificat ; car Clément faisait de nombreuses dépenses en favoris, en maîtresses, en débauches de tout genre (*). Aussi ne se fit-il point scrupule, pour grossir son trésor, de partager avec Philippe le Bel les dépouilles des templiers. Nous ne nous arrêterons point sur ce drame sanglant, dont les principaux acteurs furent le pape et le roi de France ; les victimes, grand nombre d'innocents, et la scène, toute la France. La proscription de ce glorieux débris des croisades s'étendit à travers l'Europe entière ; partout les princes s'empressèrent de mettre la main sur une proie si riche. C'est un grand signe que cette condamnation du plus grand ordre militaire de la chrétienté ; elle prouve combien s'est éteint l'enthousiasme religieux qui poussait jadis des millions d'hommes à la délivrance du saint sépulcre. Représentants du moyen âge chevaleresque et religieux, les templiers, en mourant, nous annoncent sa ruine. Dès ce moment, une société nouvelle s'élève, qui tourne les yeux vers un avenir encore inconnu de paix et de liberté. L'Église a donné ce qu'elle pouvait fournir : la moralité s'appuyant sur le sentiment religieux. La

(*) Sismondi, Histoire des Français, t. IX, p. 158 et suiv. ; d'après la relation circonstanciée due à Villani, dont le frère fut trésorier de Jean XXII, successeur de Clément.

(*) Pétrarque dans ses Lettres fait un tableau hideux de la corruption qui régnait à la cour d'Avignon. Voyez Ugo Foscolo, *Essais sur Pétrarque*, p. 139 et suiv. de la traduction italienne. Les contemporains prétendaient que la comtesse de Talleyrand coûtait plus à Clément V que la terre sainte, et que quand elle avait une grâce à lui demander, c'était sur son sein qu'elle lui présentait le placet.

féodalité de son côté a rendu à l'homme sa dignité primitive et la conscience de sa force. Ce double sentiment est acquis maintenant à l'humanité ; elle peut donc porter ailleurs ses pas, et chercher à sortir de l'isolement pour constituer enfin de grandes familles. L'Église sans doute s'effrayera de voir l'enfant sortir des langes, et s'émanciper de lui-même ; mais longtemps encore les peuples consoleront par leurs respects cette vieille mère, qui les a si longtemps bercés et nourris de sa parole ; longtemps encore l'Église vivra, malgré les scandales donnés au monde par ses chefs.

JEAN XXII. — SON AMBITION. — SA QUERELLE AVEC LOUIS DE BAVIÈRE.

Le successeur de Clément V, Jacques d'Ossa (de Cahors), qui prit le nom de Jean XXII, était un esprit turbulent, querelleur, ayant foi à son infaillibilité, et se servant volontiers du bras séculier pour amener ses adversaires à reconnaître ses raisons. Jean prétendit à la fois régenter la France et l'Empire. Nous avons vu que la bataille de Mühldorf et le traité qui l'avait suivie, avaient mis fin à la guerre contre l'empereur ; mais Jean XXII ne voulut point accepter cette transaction. Il ne voulut reconnaître aucun des deux compétiteurs, ni Louis de Bavière, ni Frédéric d'Autriche ; et, considérant le trône impérial comme vacant, il prétendit au droit de nommer un vicaire. La prétention était singulière, pour l'Allemagne au moins. Aussi Jean ne fit de tentatives sérieuses que pour l'Italie ; il nomma Robert, roi de Naples, vicaire impérial pour toute la Péninsule. Mais, partout dans la Lombardie et la Toscane, il s'était élevé des familles puissantes qui étaient intéressées à ce que le roi de Naples ne se mêlât pas de leurs affaires. Les Visconti à Milan, les Castrucci à Lucques, les Este à Ferrare, les Scala à Vérone, les Bonaccossi à Mantoue, se déclarèrent aussitôt pour Louis de Bavière. Jean, pour les réduire, envoya en Italie le cardinal du Poyet, qu'il aimait, dit-on, d'un amour tout paternel. Déjà le cardinal, qui songeait à se former à lui-même une principauté indépendante en Lombardie, serrait de près la ville de Milan, quand trois ambassadeurs de Louis l'invitèrent à ne pas attaquer les domaines de l'Empire. Sur son refus, ils se jetèrent dans la place, attirèrent à eux les auxiliaires allemands du légat, et le forcèrent de lever le siége. Ce mauvais succès ne pouvait qu'irriter le pape. Aussi, ne gardant plus de mesure, il fit afficher, le 8 octobre 1323, aux portes des églises d'Avignon, une bulle portant que Louis, duc de Bavière, avait eu la témérité de s'intituler roi des Romains, de conférer l'électorat de Brandebourg à son fils, de prendre les serments, etc., avant que son élection eût été reconnue par le pape. Il lui donna trois mois pour renoncer au titre de roi et à l'administration de l'Empire, déliant en même temps ses sujets de leur serment de fidélité.

Louis se contenta d'abord de protester par-devant un notaire contre l'acte arbitraire du pape, et en appela à un concile général. Sa position était critique : frappé par le pape de l'anathème, sans cesse inquiété par les princes autrichiens, il voyait encore son meilleur allié, Jean de Bohême, se rendre à la cour de France, et promettre à Charles IV l'appui des deux archevêques de Trèves et de Cologne, et celui d'un grand nombre de princes allemands fatigués du népotisme et de la faiblesse de Louis. Mais ce prince avait aussi de puissants auxiliaires : d'abord la grandeur menaçante de la France, qui ferait nécessairement repousser la candidature de Charles IV, puis les ennemis de Jean XXII. Or, les adversaires de ce pape n'étaient pas seulement les amis intéressés du parti impérial en Italie ou en Allemagne, mais encore de puissantes corporations que Jean XXII avait profondément blessées, et des docteurs qu'il voulait traiter en hérétiques.

QUERELLE DU PAPE AVEC LES ORDRES MENDIANTS.

Ce pape, nous l'avons déjà dit, avait

une grande idée de ses lumières ; il aimait les disputes subtiles ; un jour, il s'avisa que les moines mendiants de Saint-François étaient des hérétiques ; et, ne pouvant les convaincre, il les fit brûler en grand nombre. Ces moines, ayant fait vœu de pauvreté, s'engageaient à ne posséder rien, ni en propre ni en commun ; « Mais les aliments « au moins vous appartiennent, disait « le pape, au moment où vous les man-« gez. » Les *Fraticelli* s'entêtèrent dans une subtilité mystique, et nièrent que leur nourriture même leur appartînt. Jean s'obstina de son côté ; il leur soutint qu'ils violaient leur vœu de pauvreté, toutes les fois qu'ils mangeaient, puisqu'ils s'appropriaient ainsi une portion de la richesse commune, à laquelle ils avaient renoncé. Enfin, après d'interminables discussions sur l'*usage* et la *possession*, Jean, qui était pape et qui avait les bûchers à sa disposition, les fit, dès l'année 1316, allumer pour eux. Dès lors, la persécution ne s'arrêta plus pendant toute la durée de son pontificat.

Il est inutile d'ajouter que ces moines secondèrent l'empereur contre l'ennemi commun, et multiplièrent beaucoup le nombre de ses partisans ; car le tiers ordre de Saint-François était alors extrêmement répandu. Aussi des diatribes violentes parurent bientôt contre le pape ; plusieurs chapitres refusèrent de reconnaître leur évêque dévoué au saint-siège. Celui de Freysingen chassa le sien ; les bourgeois de Strasbourg jetèrent dans le Rhin un prêtre qui avait voulu afficher à l'église la sentence du pape contre l'empereur ; ceux de Ratisbonne forcèrent les dominicains à prier pour lui, en ne leur laissant parvenir des vivres qu'à cette condition. Enfin il y eut jusqu'à des docteurs de l'université de Paris qui vinrent lui offrir leurs secours.

LIVRES CONTRE LE PAPE.

« Vers le même temps, dit Guillaume de Nangis (*), vinrent, au nom de Bé-

(*) Page 384 de sa Chronique.

rith, de l'université de Paris, vers Louis, duc de Bavière, qui prenait publiquement le nom de roi des Romains, deux fils du diable, à savoir, maître Jean de Gondouin, Français de nation, et maître Marsil de Padoue, Italien de nation. Comme ils avaient été assez fameux à Paris dans la science, quelques gens de la maison du duc, qui les avaient connus à Paris, les ayant vus et reconnus, ils furent admis non-seulement à la cour du duc, mais bientôt dans sa faveur. Un jour, ledit duc leur adressa, dit-on, cette question : « Pour « Dieu, qui vous a engagés à quitter « une terre de paix et de gloire pour « un pays en guerre, rempli de tribu-« lations et de calamités ? » Ils répondirent : « L'erreur que nous voyons « dans l'Église de Dieu nous a fait « exiler ; et, ne pouvant en bonne cons-« cience la supporter davantage, nous « nous réfugions vers vous, à qui ap-« partient, avec le droit de l'Empire, « l'obligation de corriger les erreurs, « et de rétablir dans l'état convena-« ble ce qui est mal ; car, disaient-ils, « l'Empire n'est pas soumis à l'Église, « puisque l'Empire existait avant que « l'Église possédât quelque domination « ou souveraineté. Il ne doit pas être « réglé par les lois de l'Église, puis-« qu'on trouve des empereurs qui ont « confirmé l'élection des pontifes sou-« verains, et convoqué des synodes « auxquels ils accordaient l'autorité de « statuer, par le droit de l'Empire, sur « des choses qui concernaient la foi. « Ainsi, disaient-ils, si, pendant quel-« que temps, l'Église a ordonné quel-« que chose contre l'Empire et ses « libertés, c'est une injustice non « conforme au droit, et une malicieuse « et perfide usurpation de l'Église sur « l'Empire. » Ils assuraient qu'ils voulaient soutenir contre tout homme cette vérité, comme ils l'appelaient ; et que même enfin, s'il le fallait, ils supporteraient, pour la défendre, tel supplice, telle mort que ce fût. Cependant le Bavarois n'adopta pas entièrement cette opinion, ou plutôt cette folie ; et même ayant, à ce sujet, appelé des hommes experts, il la trouva profane et pernicieuse, parce que, s'il l'avait adoptée, comme il était hérétique, il se serait privé lui-même des droits de l'Empire, et, par là, aurait ouvert au pape une voie pour procéder contre lui. C'est pourquoi on lui conseilla de les punir, puisqu'il appartient à l'empereur, non-seulement de défendre la foi catholique et les fidèles, mais même d'extirper l'hérésie. On dit que le Bavarois répondit à ceux qui lui donnaient ce conseil, qu'il était inhumain de punir ou de tuer ceux qui avaient suivi son camp; qui, pour lui, avaient abandonné leur propre patrie, une heureuse fortune et des honneurs. C'est pourquoi il n'y consentit pas, mais ordonna qu'on les assistât toujours; et les combla, selon leur état et sa magnificence, de dons et d'honneurs. Ce fait ne demeura pas caché au pape Jean; aussi, après avoir à ce sujet fait contre lesdits docteurs beaucoup de procédures, selon les voies du droit, il fulmina contre eux et le Bavarois une sentence d'excommunication, qu'il envoya et fit proclamer publiquement à Paris, et dans d'autres grandes villes. »

Quoi qu'en dise Nangis, Louis ne fut pas aussi réservé; Marsil et Jean de Gondouin écrivirent pour lui (*) avec

(*) Le livre de Marsile, qui avait pour titre le *Défenseur de la paix*, et qui était dédié à l'empereur, fut condamné par le pape, principalement les cinq articles suivants : 1° Que J. C. paya tribut à l'empereur parce que les biens temporels de l'Église appartenaient à l'empereur; 2° que quand J. C. monta au ciel, il ne laissa aucun chef visible à l'Église, qu'il ne s'établit point de vicaire, et que saint Pierre n'a pas eu plus d'autorité que les autres apôtres; 3° que c'est à l'empereur à établir le pape, à le destituer, à le punir, et que Pilate crucifia J. C. comme lui étant sujet; 4° que, selon l'institution de J. C., tous les prêtres, soit pape, soit archevêque, soit simple prêtre, ont une égale autorité et une égale juridiction; 5° que l'Église, même réunie, ne peut punir personne de peine coactive, si l'empereur ne le permet. Cet ouvrage de Marsile se trouve dans un recueil imprimé à Bâle, en 1555, par Wolfgang Wuissenbourg, sous le titre d'*An-

bien d'autres encore, dont les libelles ou les thèses tourmentaient également le pape comme prêtre et comme docteur. Les deux plus célèbres universités du temps, celle de Paris et celle de Bologne, condamnèrent le pape; le célèbre Guillaume Occam et Michel de Cesenna, général de l'ordre des franciscains, parlaient également en faveur de l'empereur.

L'EMPEREUR EST EXCOMMUNIÉ. CANDIDATURE DU ROI DE FRANCE.

Le pape, irrité de tant de récriminations blessantes, ne garda plus de mesure; le 11 juillet 1324, Louis fut définitivement condamné : dans le même temps, le roi de France se chargeait de l'exécution de la sentence. Charles IV, suivi d'une cour nombreuse et brillante, vint à Bar-sur-Aube; il comptait y trouver des électeurs, des princes, etc.; mais Léopold d'Autriche vint seul. Il promit de faire agir l'archevêque de Salzbourg et celui de Cologne, les évêques de Passau, de Munster et de Strasbourg; enfin son frère abdiquerait en faveur du roi de France, qui, en retour de ces secours fort équivoques, donna trente mille marcs d'argent au prince autrichien. D'autres sommes, habilement répandues parmi ces princes d'Allemagne toujours si pauvres et si souvent à vendre, ramenèrent au roi beaucoup de partisans, dont le nombre augmenta encore quand on sut la défaite essuyée par Louis devant Burgau, qu'il assiégeait contre Léopold. Croyant cette défaite décisive et le parti bavarois abattu, plusieurs électeurs se réunirent en diète électorale à Rhens, près de Coblentz : les légats du pape, les envoyés du roi de France, ne manquèrent point de s'y rendre; mais la vue des Français, les craintes qu'inspiraient leur puissance et leur ambition, réveillèrent la nationalité germanique. Berchtold de Bucheck, frère de l'archevêque de Mayence, déclara que

tilogie du pape, et contenant les écrits d'anciens auteurs, depuis le quatrième siècle, sur la corruption du clergé.

l'Allemagne ne manquait pas de princes nés dans son sein et parlant sa langue qui pussent la gouverner, et qu'il s'opposerait toujours et de tout son pouvoir à l'élection d'un étranger, et surtout d'un Français. L'archevêque de Trèves, le roi de Bohême, et bientôt tous les autres électeurs se rangeant à son avis, rompirent l'assemblée. Cependant, malgré le mauvais succès de cette tentative, Louis de Bavière s'effraya; il crut que le parti le plus sage qu'il eût à prendre, c'était de se réconcilier avec les princes autrichiens. En conséquence, Frédéric recouvra sa liberté, mais sous la condition de renoncer à tous ses droits sur la couronne impériale, de restituer toutes les places qu'il avait prises à l'Empire, de soutenir l'empereur contre tous ses ennemis, et de venir reprendre ses fers, s'il ne pouvait exécuter tous les articles de la convention. Mais ses frères, et particulièrement le fier Léopold, refusèrent d'accéder à ce traité, que le pape, de son côté, déclara nul, comme ayant été arraché par la force. Frédéric, ne pouvant remplir ses promesses, se remit en la puissance de Louis, qui, touché d'une telle grandeur d'âme, traita son prisonnier avec une noble générosité. Une chronique rapporte que les deux princes mangèrent à la même table, qu'ils n'eurent qu'un même lit, et que, quand Louis fut appelé dans le Brandebourg pour y étouffer une révolte excitée par son fils, il confia le gouvernement de la Bavière à Frédéric. C'est sous l'empire de ces sentiments de fraternelle bienveillance qu'il offrit à son prisonnier de moins rudes conditions. D'ailleurs sa politique se trouvait d'accord avec sa générosité; il était fatigué des attaques impétueuses et terribles de Léopold, et il espérait désarmer la haine du pape, qui avait fulminé contre lui une sentence d'excommunication et de déposition. On conclut un traité (8 septembre 1325) portant que les deux compétiteurs régneraient conjointement avec une parfaite égalité de droits, et que chacun d'eux aurait alternativement la préséance. Léopold se montra satisfait de cet accord; les électeurs et les princes de l'Empire soutinrent, au contraire, que c'était une violation de leurs priviléges; et le pape, de son côté, le censura comme attentatoire aux prérogatives du saint-siège. Mais tous les efforts du pape, du roi de France et des électeurs, ne purent désunir Louis et Frédéric. Léopold, avec son activité accoutumée, rassemblait sur le Rhin une armée destinée à forcer le consentement des princes de l'Empire, lorsque sa mort (23 février 1326) vint tromper de nouveau les espérances de sa maison.

LOUIS PASSE EN ITALIE ET NOMME UN ANTI-PAPE.

Après la mort de Léopold, l'indolent Frédéric vécut encore obscurément quatre années dans des querelles avec ses frères cadets pour la succession de leur aîné; une maladie de langueur l'emporta enfin le 12 janvier 1330. Pendant ce temps, Louis faisait une expédition en Italie, afin de poser sur sa tête la couronne impériale. Ce n'est plus le temps, il s'en faut, des grandes expéditions de Frédéric II : le roi des Romains passe aujourd'hui les Alpes en aventurier, accompagné seulement d'une escorte de quelques chevaliers. La plus grande confusion régnait toujours dans la Péninsule. L'Italie, qui avait perdu déjà ses grandes et glorieuses municipalités du douzième et du treizième siècle, n'avait pas encore trouvé au moins le repos sous la domination monarchique : l'ère des princes n'était pas encore venue pour elle, et elle se débattait entre les ambitions rivales d'une foule de petits seigneurs qui la désolaient par leurs guerres interminables. Ces mots de Guelfes et de Gibelins, que les Hohenstaufen avaient jetés en Italie, avaient depuis longtemps perdu leur signification primitive; ils restaient encore dans la Péninsule comme des mots de ralliement à l'usage des partis ennemis. Tel était Guelfe parce que son voisin était Gibelin. Cependant, quand à de rares époques arrivait d'au delà des Alpes un empereur allemand, le nouveau venu devenait comme un centre autour duquel accouraient les Gibelins, dans l'espérance que son nom jetterait la terreur parmi leurs ennemis, et qu'à l'abri de son titre ils pourraient exécuter ou consommer des usurpations méditées depuis longtemps.

Lorsque Louis de Bavière parut en Italie, il tint à Trente un congrès de chefs gibelins, qui lui promirent cent cinquante mille florins d'or. Avec cet argent il eut une armée, et, après avoir exécuté quelques actes d'autorité en Lombardie, il se dirigea vers la Toscane, où il se mit à la solde de Castruccio Castracani, capitaine habile qui se formait une principauté dans cette partie de la Péninsule, et qui se chargea de conduire Louis à Rome; mais il exigea de lui un prix humiliant pour ses services, ce fut d'assiéger Pise, la ville la plus gibeline de l'Italie. De là il se rendit à Rome, où le peuple, mécontent de la translation du saint-siége à Avignon, le reçut avec acclamation. Aussitôt que le pape apprit son couronnement par l'évêque de Civita Castellana; il renouvela l'excommunication contre Louis; mais en Italie, et surtout à Rome même, l'autorité pontificale était peu imposante. L'empereur qui avait hésité, tant qu'il était resté en Allemagne, à prendre une mesure rigoureuse contre le pape, se décida enfin. Les syndics de Rome portèrent contre Jean XXII une accusation formelle, et comme il ne se présenta personne pour le défendre, il fut condamné comme hérétique et criminel de lèse-majesté; puis le peuple ayant été convoqué, nomma à sa place un franciscain, qui prit le nom de Nicolas V.

Mais ce n'était pas assez de créer un pape, il fallait pouvoir le soutenir, et Nicolas V, aussi pauvre que Louis, lui demandait chaque jour sa subsistance. L'empereur se trouva bientôt dans une situation difficile. Castruccio était mort; le roi de Naples, que Louis menaçait, s'était emparé d'Ostie et coupait les approvisionnements à la ville; le peuple enfin, auquel il demandait un subside de trente mille florins d'or, le chassa de la ville avec son antipape, qui, réfugié à Pise, s'y tint caché durant une année, jusqu'à ce que Jean XXII fût parvenu à se le faire remettre. Pendant ce temps, Louis s'enfuyait presque seul au delà des Alpes.

L'activité haineuse du pape l'avait prévenu en Allemagne; les princes autrichiens, ayant reçu de Jean XXII cinquante mille florins d'or, prirent les armes et attaquèrent l'empereur, de concert avec les évêques de Strasbourg, Bâle, Constance et Augsbourg. Cependant le roi de Bohême, qui était revenu à des intentions pacifiques, et qui dans ses idées de parfait chevalier ambitionnait l'honneur de donner la paix à l'Allemagne, s'interposa et fit conclure à Haguenau, le 6 août 1330, un traité définitif.

EXPÉDITION DU ROI DE BOHÊME EN ITALIE.

C'était un prince bien singulier que ce roi de Bohême, qu'embarrassaient tant sa couronne et ses sauvages sujets : il ne paraissait que le plus rarement possible dans son royaume, le laissant administrer par sa femme ou par l'archevêque de Mayence; et, pendant qu'ils luttaient péniblement contre l'esprit indisciplinable des Bohémiens, Jean chevauchait sur toutes les grandes routes de l'Europe, pour courir les fêtes et les tournois. Souvent, comme plus tard Maximilien, on ne savait où le trouver. Quand son épouse, la reine Élisabeth, mourut, l'on fut très-embarrassé pour lui faire parvenir cette nouvelle; il fallut envoyer des courriers sur toutes les routes, et on le trouva enfin dans le Tyrol. Jean était en effet attiré en ce moment vers l'Italie par le désir d'en être aussi le pacificateur. Étant à Trente, il reçut des ambassadeurs de Brescia l'offre de la seigneurie de leur ville. Il accepte, se rend à Brescia, prêche au peuple rassemblé l'amour de la paix et l'oubli des injures, et obtient le rappel des exilés. Toutes les villes de la Lombardie se donnent à lui; de toutes parts il y fait rentrer les bannis, Guelfes ou Gibelins. En Toscane, le seigneur de Lucques lui abandonne cette ville. Cependant, malgré son apparente impartialité, son désintéressement, il inspire de vives craintes aux Florentins, qui surprennent des signes d'intelligence entre lui et Bertrand du Poyet. En Allemagne, une ligue puissante se forme contre lui : il la dissout; mais, durant son absence, les seigneurs gibelins de la Lombardie déclarent la guerre à son fils Charles, et trouvent deux auxiliaires dans Robert de Naples et, dans les Florentins. Enfin Jean, après de longues conférences secrètes avec le pape, rentre en Italie avec les soldats que le roi de France lui avait donnés; mais la mésintelligence s'étant élevée entre lui et le légat, il prend tout à coup la résolution d'abandonner la Péninsule, vend à différents seigneurs les villes qu'il y possédait encore, et retourne ensuite briller à Paris, après avoir terni en Italie sa réputation de désintéressement et de justice.

Toutefois ses talents militaires joints à son activité, son alliance intime avec le roi de France, pour lequel il se fit tuer plus tard à Crécy, ses liaisons avec le saint-siége, le rendaient encore redoutable à tous ceux qui auraient voulu l'attaquer. Aussi Louis n'osa montrer trop de mécontentement de ces entreprises du roi de Bohême sur la Péninsule, et se contenta des explications que celui-ci voulut bien lui donner; il songeait d'ailleurs à se servir de son influence sur Jean XXII pour terminer ses différends avec le pape.

LOUIS VEUT ABDIQUER.

En effet, malgré la conscience qu'il avait de son bon droit, Louis, prince religieux, se voyait avec effroi sous le poids de l'anathème. Fatigué de ces querelles, que sa propre faiblesse et celle de ses adversaires avaient changées en d'interminables tracasseries (*), il

(*) Il avait envoyé jusqu'à sept ambassades à Avignon.

se résolut à trancher la question en se démettant lui-même de la pourpre impériale. Mais les électeurs se refusèrent à sanctionner cette honteuse abdication. Le peu d'énergie de l'empereur ne leur inspirait aucun respect; aussi lui dirent-ils un jour : « Sous ton règne, « Bavarois, l'Empire est tombé dans un « tel état, qu'il faudra prendre garde « désormais de le confier à un Bava- « rois. » Cependant ils ne voulurent pas que l'autorité impériale s'humiliât devant la papauté. Par l'union électorale de Rhens, en 1338, ils s'engagèrent par serment à défendre envers et contre tous le saint Empire romain et leur dignité électorale, déclarant que, « comme « le saint Empire romain avait été lésé « dans ses honneurs, droits et biens, « et qu'eux, électeurs, avaient été pa- « reillement lésés, contraints et atta- « qués dans leurs dignités, droits, cou- « tumes et libertés, ils étaient convenus « unanimement de s'unir pour main- « tenir ledit Empire, et leur honneur « de prince dans l'élection de l'empe- « reur et dans ses droits, de même que « dans les leurs; qu'ils les défendraient « et les protégeraient de toutes leurs « forces envers et contre tous; qu'il « ne serait permis à personne de s'ex- « cuser par des dispenses, absolutions, « relaxations et abolitions, et que qui- « conque s'y opposerait serait déclaré « perfide et parjure devant Dieu et « les hommes; que l'élu des électeurs « était roi et empereur, sans qu'il eût « besoin ni de l'approbation, ni de la « confirmation, ni de l'autorité ou du « consentement du pape. » Louis fit alors afficher à une porte de l'église de Francfort sa défense contre le pape, tandis que d'autres personnes affichaient à la même porte les excommunications de Jean XXII. Ainsi c'était de part et d'autre un appel à l'opinion publique, que l'on faisait, en quelque sorte, juge du différend. Louis prit cependant une mesure plus importante, ce fut la publication d'un manifeste par lequel l'interdit dont le pape avait frappé l'Allemagne fut aboli dans tout l'Empire.

Louis semblait remonter à la dignité de son rang. La même année, il fut appelé à distribuer des royaumes et à jouer un instant le rôle des anciens empereurs. Édouard III d'Angleterre, qui prétendait à la couronne de France, vint à Coblentz porter plainte contre Philippe de Valois. Louis lui conféra le titre de vicaire impérial dans les Pays-Bas, et lui adjugea le royaume de France; mais peu après il se réconcilia avec Philippe VI, par l'intermédiaire duquel il espérait toujours faire sa paix avec le pape. En effet, en 1341, l'on vit arriver à Avignon des ambassadeurs français et allemands; mais le pape parut s'indigner de ce que le roi très-chrétien se fût allié à un hérétique excommunié.

HUMILIATION DU PAPE.

Ce n'était plus Jean XXII, mais Benoît XII. Ce pape était plus disposé que son prédécesseur à mettre fin à cette querelle, qui montrait à toute l'Europe que le chef spirituel de la chrétienté n'était plus qu'un instrument dans les mains du roi de France. Lui-même fut contraint d'avouer, un jour que les ambassadeurs de Louis le pressaient de réconcilier leur maître à l'Église, que les menaces du roi de France l'empêchaient de terminer le différend, et en prononçant ces dures paroles, le vieillard frappait la terre de son bâton et versait des larmes abondantes. On raconte encore qu'il dit aux envoyés de France : « Louis de Bavière « n'a rien fait sans avoir été provoqué ; « c'est nous qui l'ayons attaqué les pre- « miers; si j'avais voulu, il serait venu « à Avignon me demander grâce un bâ- « ton à la main. » Jean lui-même fut plus d'une fois blessé de cette humiliante dépendance. Le roi lui écrivit un jour avec grand mépris : « Nous avons des « hommes ici qui savent mieux les choses « de Dieu que vous autres, légistes d'A- « vignon ; » et le pape répondit humblement : « Mon fils, si nous ne sommes « pas forts en théologie, ne prenez pas « garde à la personne qui parle, mais « aux choses qu'elle dit. » Une autre fois, Philippe le menaça de le faire brûler comme hérétique, à propos de sa querelle avec les ordres mendiants. Pour échapper au joug, Benoît aurait voulu quitter la France et retourner en Italie; mais toutes les villes de la Péninsule étaient en proie aux factions, et, faute d'un asile pour abriter sa tiare, Benoît resta à Avignon.

NOUVELLE EXCOMMUNICATION DE L'EMPEREUR.

Son successeur, Clément VI, ancien garde des sceaux de Philippe de Valois, ne pouvait aspirer à une plus grande indépendance : il continua, sur le trône pontifical, à servir ses anciens maîtres. Les procédures contre l'empereur furent reprises avec plus d'animosité que jamais. Philippe VI offrit de s'interposer encore une fois comme médiateur, mais il ne fit qu'envenimer la querelle; et dès ce moment le pape aurait fait procéder à une autre élection, s'il n'avait craint de voir les suffrages se porter sur Philippe de Valois. Enfin, lorsque la France et l'Angleterre furent engagées dans cette guerre de cent ans, marquée par les désastres de Crécy, de Poitiers et d'Azincourt, qui détruisirent cet ascendant formidable que la France avait pris au commencement du quatorzième siècle, le pape crut le moment favorable pour faire déposer Louis de Bavière. Charles de Luxembourg, fils de Jean de Bohême, fut mandé à Avignon : là il promit de casser tous les actes de Louis de Bavière et d'abandonner l'Italie, ou du moins de n'y paraître que pour son couronnement et avec la permission du pape. Ces conventions faites, le pape lança contre l'empereur une nouvelle bulle d'excommunication où étaient accumulées les imprécations les plus formidables. « Afin, dit-il en parlant de « ce prince, afin qu'il reconnaisse avoir « mérité ces punitions, et afin qu'il « n'échappe pas à la colère divine et à « notre malédiction, nous prions en « toute humilité la puissance divine « qu'elle veuille réprimer sa déraison, « abaisser son orgueil, le terrasser par « la force de ses bras, le livrer aux

« mains de ses ennemis et de ses per-
« sécuteurs, et le faire tomber leur
« victime. Qu'un piège inattendu l'en-
« veloppe dans ses filets! que son en-
« trée soit maudite comme sa sortie!
« que le Seigneur le frappe de folie, de
« cécité et de fureur! que le ciel lance
« des foudres sur lui! que la colère de
« Dieu et des apôtres saint Pierre et
« saint Paul s'allume sur sa tête dans ce
« monde et dans l'éternité! quel univers
« se réunisse pour le combattre! que la
« terre s'ouvre pour le dévorer vivant!
« que son nom périsse dans une seule
« génération! que son souvenir dispa-
« raisse! que tous les éléments lui soient
« contraires! que sa maison soit chan-
« gée en solitude! que le mérite de tous
« les saints tourne à sa confusion et
« exerce sur lui dans cette vie une ven-
« geance manifeste! que ses fils soient
« chassés de leurs maisons, et qu'ils
« soient égorgés devant ses yeux par
« ses ennemis! »

Et toutes ces imprécations contre qui étaient-elles vomies? Contre un monarque dont le crime était d'avoir voulu soutenir l'indépendance de sa couronne en résistant à des prétentions qu'aucun souverain catholique ne reconnaîtrait plus aujourd'hui, quand il serait possible qu'un pape les élevât; contre un prince enfin qui se soumettait à toutes les censures de l'Église. Certes de telles paroles ne devaient pas contribuer à augmenter chez les peuples le respect pour l'autorité qui oubliait à ce point son ministère de paix et de charité.

Clément VI écrivit en même temps aux électeurs pour les presser de remplacer Louis de Bavière, excommunié et destitué, par un prince brave, orthodoxe et religieux, non par le margrave de Brandebourg, possesseur illégitime de son électorat, ni par aucun adhérent ou complice de Louis de Bavière. Dans une lettre adressée aux électeurs de Trèves et de Saxe, il recommande nominativement Charles, margrave de Moravie.

ÉLECTION DE CHARLES IV.

Il y eut en effet une réunion électo-rale à Rhens, composée des archevêques de Cologne et de Trèves, du roi de Bohême et de l'électeur de Saxe; enfin du nouvel archevêque de Mayence, récemment nommé à ce siége par le pape, à la place du légitime électeur, Henri de Virnebourg. Comme l'on n'était maître ni de Francfort ni d'Aix-la-Chapelle, on se contenta d'élever Charles sur le trône royal, monument antique qui se trouvait à Rhens. C'était le 11 juillet 1346 qu'avait lieu cette élection, et le 25 août de la même année Charles et son père, au lieu de poursuivre en Allemagne Louis de Bavière, combattaient à Crécy, comme simples chevaliers, dans les rangs de l'armée française, contre Édouard III d'Angleterre. Le vieux roi ne voulait pas manquer à la fête sérieuse (*), après avoir brillé si longtemps dans les tournois de la France. « Le roi de Bohême était à l'arrière-garde, avec le duc de Savoie. On lui rendit compte des événements. « Et où est monseigneur « Charles, mon fils? » dit-il. On lui répondit qu'il combattait vaillamment, en criant : « Je suis roi de Bohême! » qu'il avait déjà reçu trois blessures. Le vieux roi, transporté de paternité et de courage, presse le duc de Savoie de marcher au secours de leurs amis; le duc part avec l'arrière-garde. On n'allait pas assez vite au gré du monarque aveugle, qui disait à ses chevaliers : « Compagnons, nous sommes « nés en une même terre, sous un « même soleil, élevés et nourris à « même destinée; aussi vous proteste « de ne vous laisser aujourd'hui tant « que la vie me durera. » Quand on fut prêt à joindre l'ennemi, il dit à sa suite : « Seigneurs, vous êtes mes amis ; « je vous requiers que vous me meniez « si avant que je puisse férir un coup « d'épée. » Les chevaliers répondirent *que volontiers ils le feraient; et à donc, afin qu'ils ne le perdissent dans la*

(*) Les nobles chevaliers du moyen âge pouvaient dire d'eux-mêmes ce que Béranger dit du soldat plébéien de la révolution et de l'empire :

Heureux celui qui mourut dans ces *fêtes* !

presse, *ils lièrent son cheval aux freins de leurs chevaux et mirent le roi tout devant, pour mieux accomplir son désir, et ainsi s'en allèrent ensemble sur leurs ennemis.* Le roi de Bohême, conduit par ses chevaliers, pénétra jusqu'au prince de Galles. Ces deux héros, dont l'un commençait et dont l'autre finissait sa carrière, essayèrent plusieurs passades de lance, pour illustrer à jamais leurs premiers et leurs derniers coups. La foule sépara ces deux champions, si différents d'âge et d'avenir, si ressemblants de noblesse, de générosité et de vaillance. *Le roi de Bohême alla si avant qu'il férit un coup de son épée, voire plus de quatre, et recombattit moult vigoureusement, et aussi firent ceux de sa compagnie; et si avant s'y boutèrent sur les Anglais, que tous y demeurèrent, et furent le lendemain trouvés sur la place, autour de leur seigneur, et tous leurs chevaux liés ensemble.* Vrai miracle de fidélité et d'honneur. Les muses, qui sortaient alors du long sommeil de la barbarie, s'empressèrent, à leur réveil, d'immortaliser le vieux roi aveugle; Pétrarque le chanta, et le jeune Édouard prit sa devise, qui devint celle des princes de Galles; c'était trois plumes d'autruche avec ces mots tudesques écrits à l'entour : *In riech*, JE SERS. Il n'appartient qu'à la France d'avoir de pareils serviteurs (*). »

Charles fut lui-même blessé et emmené hors de la mêlée par ses compagnons. Après la bataille, il envoya réclamer le corps de son père. Édouard refusa de le rendre; mais il fit lui-même au vieux roi de splendides funérailles, et fit reconduire son corps à Luxembourg par douze chevaliers.

MORT DE LOUIS DE BAVIÈRE.

De retour en Allemagne sans troupes et sans argent, Charles se fait couronner à Bonn par l'archevêque de Cologne, et s'efforce de ranimer la guerre civile; mais Louis meurt tout

(*) Châteaubriand, Études sur l'histoire de France.

3ᵉ *Livraison.* (ALLEMAGNE.) T. II.

à coup d'une attaque d'apoplexie, le 11 octobre 1347. Si Louis avait été un mauvais empereur, au moins il avait fait beaucoup pour la grandeur de sa maison. La maison de Wittelsbach, à laquelle appartenait Louis, s'était divisée, en 1253, en deux lignes, dont l'aînée possédait le palatinat du Rhin et la haute Bavière (Munich, Burghausen, etc.), et la cadette la basse Bavière (Landshut, Straubing, etc.). La ligne aînée s'était subdivisée, en 1294, en deux branches, celle du Palatinat et celle de la haute Bavière. Or Louis ne possédait, quand il parvint au trône, que cette dernière province. D'abord il s'attacha le landgrave de Thuringe, en lui donnant sa fille en mariage; puis la maison électorale de Brandebourg, qui descendait d'Albert l'Ours, investi jadis par Henri III de la Marche du nord, s'étant éteinte en 1320, Louis donna à son fils aîné l'électorat à titre de fief dévolu à l'Empire. En 1340, l'extinction de la seconde ligne de sa maison, celle de la basse Bavière, permit à l'empereur de réunir à la haute Bavière les pays de Landshut et de Straubing. Deux ans plus tard, il rompit le mariage de Marguerite Maultasch avec le fils du roi de Bohême, Jean Henri, et l'unit à son fils Louis, qui, avec sa main, reçut le Tyrol et la Carinthie; enfin, en 1345, sa seconde femme, sœur de Guillaume IV, comte de Hainault, de Hollande, de Seeland et de Frise, hérita de ces quatre comtés à la mort de son frère.

CHARLES IV.
(1346-1378.)

ÉLECTION ET MORT DE GUNTHER DE SCHWARZBOURG.

La mort de Louis de Bavière débarrassait Charles de son plus redoutable adversaire; mais l'autorité impériale était tombée si bas, qu'elle n'imposait à personne. Charles de Luxembourg fut contraint d'aller de ville en ville pour se faire reconnaître. Bientôt il eut un compétiteur redoutable dans Gunther de Schwarzbourg (8 février

1349) (*), pauvre chevalier renommé pour sa loyauté et sa bravoure, que les électeurs contraires au roi de Bohême avaient proclamé. Déjà Gunther marchait contre Charles avec une armée nombreuse, quand il sentit les atteintes d'une maladie mortelle, causée, disent les contemporains, par un breuvage empoisonné que Charles lui avait fait administrer. Comprenant que sa fin était prochaine, il abdiqua cet titre fatal qu'il n'avait pris qu'à regret, et se fit porter à Francfort, où il mourut. On lui fit de splendides funérailles, comme à un roi des Romains; sa bière fut portée par vingt comtes d'Empire, et Charles suivit lui-même à pied le convoi de sa victime.

Cette mort laissait Charles IV seul maître du trône; mais sous la pourpre impériale il resta toujours roi de Bohême. Pour civiliser et embellir son royaume, il mit l'Allemagne et l'Italie au pillage; aussi les historiens de la Bohême ne peuvent lui prodiguer assez d'éloges, ceux de l'Allemagne assez de blâme.

VÉNALITÉ DE CHARLES IV.

Le jour de l'élection de Charles IV, la bannière de l'Empire, attachée au-dessus du Rhin, tomba dans le fleuve, et ne put être retrouvée. Ce sinistre augure annonçait dignement le nouveau règne. D'abord, au mépris des

(*) L'année 1349 est célèbre par cette affreuse peste dont Boccace nous a conservé une si admirable description. La pieuse Allemagne en fut vivement émue; elle mit en campagne des armées de pénitents, et suivant l'usage, s'en prit aux pauvres Juifs du courroux céleste.

«En l'an de grâce Notre Seigneur MCCCXLIX allèrent les pénéants, et issirent premierement d'Allemaigne (*), et furent gens qui faisoient pénitences publiques et se battoient d'escourgies à bourdons et aiguillons de fer, tant qu'ils déchiroient leur dos et leurs épaules, et chantoient chansons moult piteuses de la nativité et souffrance Notre Seigneur; et ne pouvoient par leur ordonnance gésir que une nuit en une bonne ville; et se partoient d'une ville par compagnie tant du plus que du moins; et alloient ainsi par le pays faisant leur pénitence trente-trois jours et demi, autant que Jésus-Christ alla par terre d'ans; et puis retournoient en leurs lieux. Si fut cette chose commencée par grand' humilité et pour prier à Notre Seigneur qu'il volsist refreindre son ire et cesser ses verges : car en ce temps, par tout le monde généralement, une maladie que on clame épidémie couroit, dont bien la tierce du monde mourut (**); et furent faites par ces pénitences plusieurs belles paix de morts d'hommes, où en devant on ne pouvoit être venu par moyens ni autrement. Si ne dura point cette chose long terme; car l'Église alla au devant. Et n'en entra oncques nul au royaume de France; car le roi le défendit, par la inhibition et correction du pape qui point ne voulut approuver que cette chose fût de vaille à l'âme, pour plusieurs grands articles de raison que il y mit, desquels je me passerai assez brie-

vement. Et furent tous bénéficiers et tous clercs qui été y avoient excommuniés; et en convint les plusieurs aller en cour de Rome pour eux purger et faire absoudre.

« En ce temps furent généralement par tout le monde pris les Juifs, et ars, et acquis leurs avoirs aux seigneurs, excepté en Avignon et en la terre de l'Église dessous les clefs du pape. Cits povres Juifs qui ainsi escacés étoient, quand ils pouvoient venir jusques à là, n'avoient garde de mort. Et avoient les Juifs sorti bien cent ans auparavant que, quand une manière de gens parroient au monde qui venir devoient, qui porteroient flaiaus de fer, ainsi le bailloit leur sort, ils seroient tous détruits; et cette exposition leur fut éclaircie quand les dessus dits pénitenciers allèrent eux battant, ainsi que dessus est dit. » (Chroniques de J. Froissard, livre I, part. II, ch. 5.)

(*) Robert d'Avesbury parle de ces pénitents qui venaient, dit-il, pour la plupart de Zélande et de Hollande, et traversaient la Flandre pour se rendre à Londres. Ils parcouraient tout nus de la ceinture en haut, les églises et les lieux publics, en chantant des hymnes en leur langue et en se fouettant jusqu'au sang. Ils portaient toujours des chapeaux marqués d'une croix rouge par devant et par derrière; et après s'être fustigés, ils se jetaient à terre tout de leur long en étendant les bras en forme de croix : ils renouvelaient les mêmes processions pendant la nuit. (Note de M. Buchon.)

(**) Il s'agit de la peste qui ravagea presque toute l'Europe pendant quelques années. C'est celle que Boccace a décrite d'une manière si admirable dans son Décaméron, et dont mourut le célèbre historien Giovani Villani. (Note de M. Buchon.)

engagements les plus formels, il s'empara du trésor et des ornements de l'Empire, et les fit transporter en Bohême; puis il vendit, à ceux qui voulurent les acheter, des lettres de noblesse et le droit d'immédiateté. De la sorte, un simple comte de Saxe ou de Bavière, qui aurait dû relever de son duc, achetait le droit de ne relever que de l'empereur, c'est-à-dire, de personne. C'était une espèce de vol politique que les vassaux inférieurs faisaient aux seigneurs intermédiaires; mais il importait peu à l'empereur qu'on l'accusât de violer les lois féodales, pourvu que son trésor grossît. Ce fut dans la même pensée qu'il organisa en Bohême une cour à la juridiction de laquelle il essaya de soumettre l'Allemagne. Gagné par lui, l'électeur palatin, son beau-père, consentit à reconnaître, pour la plus grande partie du haut Palatinat, l'autorité de cette cour, qui étendit peu à peu sa juridiction depuis Francfort jusqu'au fond de la Thuringe, et de l'extrémité de la Souabe jusqu'à celle de la Franconie. Puis il essaya d'établir une chambre de réunion chargée de ressaisir, à son profit, tous les domaines aliénés, tous les droits féodaux usurpés. Mais pour rendre à la couronne tous ses droits, au fisc impérial tous ses revenus, pour revenir enfin au temps des Othon ou des Frédéric, il aurait fallu déposséder toute l'Allemagne; aussi la chambre de réunion de Charles IV tomba sous le poids des plaintes et des murmures qui éclatèrent dès ses premiers actes.

Mais l'empereur s'en dédommagea en trafiquant des propriétés de l'Empire. Il vendit au roi de Pologne les droits de souveraineté que les empereurs précédents avaient exercés sur quelques-unes des provinces de son royaume; Une expédition en Italie fut pour lui l'occasion de grossir son trésor; et, comme il ne put tout vendre cette première fois, il descendit de nouveau les Alpes, afin de faire argent de ce qui restait encore, arrachant, l'une après l'autre, à l'aigle impériale toutes ses plumes, comme le dit, je crois, un vieux chroniqueur.

DOUBLE EXPÉDITION EN ITALIE.

Dans sa première expédition, il vint seulement avec trois cents chevaux. Fort peu disposé à perdre son temps, en jouant en Italie le rôle d'empereur véritable, il oublia les Guelfes et les Gibelins pour se montrer l'ami de tous ceux qui avaient de l'argent à lui donner. C'est ainsi qu'il tira cent mille florins d'or de Florence. A Rome, il ne resta qu'un jour, selon la promesse qu'il en avait faite au pape. « Cet empereur, dit Pétrarque, aussitôt après avoir reçu la couronne, s'en est retourné en Allemagne; il fuit sans que quelqu'un le poursuive; les charmes de l'Italie lui sont en horreur. Pour se justifier, il dit avoir juré de ne rester qu'un jour à Rome. Ô jour de honte! ô serment déplorable! le pape romain a renoncé à Rome, à ce point qu'il ne veut pas même qu'un autre y demeure. » Sur toute la route, pour regagner l'Allemagne, Charles recueillit les marques du mépris des Italiens. A Sienne, à Pise, à Crémone, les affronts de toute espèce ne lui furent pas épargnés. Dans la haute Lombardie, les Visconti, qu'il avait cependant confirmés dans leurs usurpations, lui fermèrent les portes de leurs villes.

Cependant il eut le courage de reparaître encore une fois au delà des monts en 1368. Il y vint alors avec une armée considérable; c'était à la sollicitation du pape Urbain V, qui voulait opérer une grande révolution en Italie, transférer le saint-siège à Rome, renverser les Visconti qui menaçaient de rétablir l'ancien royaume de Lombardie, et enfin délivrer la Péninsule des nombreuses bandes d'aventuriers qui pullulaient dans son sein. Charles devait aider à l'accomplissement de ces projets. Il commença en effet la guerre contre les seigneurs de Milan. Mais le premier de leurs châteaux qu'il attaqua ayant fait quelque résistance, l'empereur négocia tout à coup avec eux, et leur vendit, par un second traité, la confirmation de tout ce qu'ils possédaient; puis, continuant ce commerce fructueux pour son épargne, il fit de sa cour un comptoir où se marchandaient les États et les villes, qu'il cédait au plus offrant, ou qu'il érigeait, lorsqu'elles payaient mieux, en républiques indépendantes.

De la Lombardie, il passa en Toscane, continuant son négoce; là, il chercha à s'emparer de Sienne et de plusieurs autres villes, pour les vendre au pape. A Sienne, ses intrigues pour se rendre maître de la ville n'ayant pas réussi, il essaya de la force, mais se fit battre par le peuple. Néanmoins, avant de se retirer, il eut encore le courage de mendier des habitants vingt mille florins. Il essaya aussi de prendre Pise, inquiéta Florence, et tira cent mille florins de ces deux villes. Enfin il vendit à Lucques, que le seigneur temporaire de Pise lui avait remise à son arrivée, sa liberté au prix de trois cent mille florins. Avec ces trésors, il retourna en Bohême, et orna Prague de superbes édifices, monuments de la dignité impériale prostituée en Italie.

ACHAT DE DIVERSES PROVINCES.

Du reste, Charles montra plus d'une fois qu'il savait acheter comme il savait vendre; pour l'utilité de la Bohême, pour la grandeur de sa maison, il ne reculait devant aucun sacrifice. Ainsi, en l'année 1352, il sut obtenir, à force de sollicitations et d'argent, la cession de toutes les terres que possédait dans le Nordgau l'électeur palatin Rodolphe. L'année suivante, les margraves de Brandebourg, Louis et Othon, fils du dernier empereur, lui cédèrent la basse Lusace pour prix de son assistance contre le faux Waldemar qui leur disputait leur margraviat. Une autre acquisition importante fut celle de la Silésie, qu'il obtint aussi à force d'intrigues, et qu'il incorpora à la Bohême en 1355.

Quand il ne lui fut plus possible de faire de nouvelles acquisitions, il en prépara dans l'avenir pour sa maison. Ainsi, en confirmant la donation du Tyrol aux ducs d'Autriche, il conclut avec ceux-ci, qui étaient à cette époque sans héritiers, un pacte de confraternité par lequel, au défaut d'héritiers mâles de l'une des deux maisons de Bohême ou d'Autriche, toute la succession appartiendrait à l'autre maison (10 février 1364). Mais l'avenir trompa ses espérances; et, tandis qu'il croyait assurer à ses enfants le précieux héritage de la maison d'Autriche, c'était celle-ci au contraire qui devait profiter un jour de toutes les acquisitions de Charles IV, et placer la couronne de Bohême sur son bonnet archiducal.

Une transaction du même genre lui assura au nord le margraviat de Brandebourg (1363). L'un des deux fils de Louis de Bavière étant mort sans enfant, son frère Othon hérita de l'électorat, et le promit à Charles pour de certains avantages présents que lui fit l'empereur. Mais Charles était pressé de réaliser immédiatement cette éventualité; aussi, sous prétexte qu'Othon négligeait l'administration du Brandebourg, et que même il en cédait certaines portions pour de l'argent, il entra dans le pays à la tête d'une armée, et força Othon à lui résigner sur-le-champ l'électorat en échange d'une pension annuelle. Le Brandebourg fut ainsi réuni à la Bohême, après avoir eu pendant quarante et un ans des princes de la maison de Wittelsbach (*).

TENTATIVES FAITES AUPRÈS DE CHARLES IV POUR L'ENGAGER A UNE CROISADE.

Ce fut cependant à ce prince que s'adressa le pape Grégoire XI, pour qu'il se mît à la tête d'une nouvelle croisade, et délivrât l'empire grec.

(*) La même année il fut conclu un pacte semblable entre les maisons de Misnie et de Hesse. Ce pacte est important parce que la maison de Brandebourg-Hohenzollern en devint en 1437 partie contractante; parce que ce pacte, qui existe encore aujourd'hui, au bout de quatre siècles et demi, réglerait la succession de ces maisons, si l'une d'elles venait à s'éteindre; enfin, parce que Charles IV, en le confirmant, déclara la Hesse, qui jusqu'alors était restée un alleu, fief de l'Empire, et y attacha la dignité de landgrave.

Tout en louant les intentions du pontife, l'empereur répondit que la difficulté n'était pas de lever une bonne armée, mais qu'il y avait beaucoup de périls à passer la mer et à combattre les Sarrasins; que cela ne pouvait se faire d'ailleurs sans répandre beaucoup de sang chrétien; et que, quand même on pourrait conquérir la terre sainte, il serait impossible de la garder longtemps. La réponse était assez leste, et montrait bien peu de ferveur religieuse. Mais aussi c'était se tromper étrangement que de proposer une guerre ruineuse, où il n'y avait qu'un tombeau à gagner, à un prince qui, ne pouvant payer ses dettes, laissait saisir ses équipages par les bouchers de Worms, ou se faisait retenir en otage dans un cabaret, comme il lui arriva une autre fois.

Cependant de nouvelles instances lui furent faites; l'électeur de Saxe lui représenta qu'il y avait plus de cent ans qu'aucun empereur n'avait eu une plus belle occasion de recouvrer la terre sainte. « Il leur manquait, disait-il, « plusieurs choses pour exécuter cette « entreprise, mais surtout de l'argent, « qui est le nerf de la guerre. Vous « n'en manquez pas, et vous avez, outre « cela, les secours de plusieurs nations « puissantes par vos alliances avec la « France, la Hongrie et la Pologne; « vous êtes le maître en Allemagne, « en Bohême et en Italie; de sorte « que, si votre volonté veut mettre « toutes ces forces à profit, il n'y a « nul doute que cette expédition d'Asie « n'ait un heureux succès. » Charles répondit encore que cette entreprise avait été toujours funeste à ses prédécesseurs, et fatale aux chrétiens; qu'il n'y avait nul fonds à faire sur l'empereur grec, puisque, par son traité avec le Turc, auquel il avait donné son fils en otage, il avait ouvert la porte de l'Europe aux infidèles, enfermant ainsi le loup dans la bergerie; puis il ajoutait, pour donner à ce zèle religieux un cours utile à ses intérêts, qu'il n'était pas besoin de deux Césars, et qu'il vaudrait mieux que l'aigle allât donner la chasse au loup, pour posséder l'empire latin et l'empire grec (1373).

.VOYAGE DE CHARLES IV EN FRANCE.

Au lieu de marcher à la croisade, Charles, tournant le dos aux Turcs, alla faire en France un voyage durant lequel il ne songea qu'à se faire défrayer par Charles V. Écoutons le récit naïf que Christine de Pisan fait de cette promenade impériale.

« Avint, en l'an 1377, que l'empereur de Romme, Charles, le quart de ce nom, escripst de sa main au roy Charles qu'il le vouloit venir veoir; de laquelle chose le roy fu moult joyeulx, et en toutes manières se pourpensa comment selon sa digneté le pourroit honnorer et festoyer; et quant il sceut le temps, tantost envoya à Reims, jusques à Mouson et à l'entrée de son royaume, par où l'empereur debvoit venir, le comte de Salebruche (*), etc.

Ci dit comment l'empereur se parti de Saint-Denis pour venir à Paris, et les beaulx chevaulx que le roy lui envoya.

« Le lundi ensuivant, quart jour de jenvier, pour ce que entrer debvoit à Paris, se fist l'empereur en ladicte esglise de Saint-Denis porter devant les corps sains, et se fist porter tout entour les chaces, et baisa les reliques, le chief, le clou et la couronne. Quant ses dévocions ot faictes, demanda à veoir les sépultures des roys, et par espécial du roy Charles et de la royne Jehanne sa femme, du roy Phelippe et de la royne Jehanne sa femme, èsquelz cours, ce dit-il, avoit esté nourris en sa jeunece, et que moult de bien lui avoyent fait; aussi volt veoir le sépulcre du roy Jehan. L'abbé et le couvent pria affectueusement que, en présent, déissent à Dieu recommandacions des ames de ces bons seigneurs et dames qui là gisoyent; laquelle chose fu faicte. Après, quant en sa chambre fu venus, vint en la court, devant ses

(*) Saarbruck.

fenestres, le signeur de la Riviere, et Colart de Tanques, escuyer de corps; et, de par le roy, luy présenterent un bel destrier et un courcier moult richement ensellez, et à moult bel harnois aux armes de France : dont il mercia le roy grandement, et dist qu'il monteroit dessus à entrer à Paris. Se parti de Saint-Denis et vint en littiere jusques à la Chapelle, car grief lui estoit le chevauchier (*). Au-devant lui alerent le prévost de Paris et celluy des marchans, les eschevins, les bourgois, tous vestus de livrée, en bel arroy et bien montez, jusques environ, que d'eulx que (**) des officiers du roy, quatre mille chevaulx; le prévost de Paris, faisant la révérance, dist : « Nous, « les officiers du roy à Paris, le pré- « vost des marchans et les bourgois « de sa bonne ville, vous venons faire « la révérance et nous offrir à faire voz « bons plaisirs; car ainsi le veult le « roy nostre seigneur, et le nous a « commandé; » et l'empereur en mercia le roy et eulx moult gracieusement.

« A la Chapelle descendi l'empereur, et fu montez sur le destrier que le roy lui ot envoyé, lequel estoit morel (***), et semblablement fu montez son filz; et ne fu mie sanz avis envoyé, de celluy poil; car les empereurs, de leur droit, quant ilz entrent és bonnes villes de leur seigneurie, ont accoustumé estre sus chevaulx blancs : si ne voult le roy qu'en son royaume le feist, affin qu'il n'y peust estre noté aucun signe de dominacion.

Ci dit comment le roy Charles ala audevant de l'empereur.

« Adont de son pallais parti le roy, monté sur un grant palefroy blanc aux armes de France, richement abillié; estoit vestu le roy d'un grant mantel d'escarlate, fourré d'ermines; sus sa teste avoit un chapel royal à bec trésrichement couvert de perles. Jusques à my-voye de la Chapelle chevaucha le roy tant, que luy et l'empereur s'entrencontrèrent. Quant vint à l'approchier, l'empereur osta sa barrette, et aussi le roy, et touchierent l'un à l'autre, et luy dist le roy « que trés-bien « fust-il venus, » et aussi à son filz; et chevaucha le roy, ou mislieu des deux, tout le chemin ouquel la sage ordonnance du roy avoit pourvu à l'encombre de celle presse, en telle manière; car, tout premierement, il fist ordonner que ceulx de la ville, pour ce que trop grant quantité estoyent, demourassent dehors, tant qu'il fust entrez à Paris.

« Item, avoit fait crier, le jour devant, que nul ne fust si hardi d'encombrer les rues par où devoyent passer, et ne se bougeast le peuple des places que prises avoyent pour les veoir passer; et, pour garder que ainssi fust faict, furent mis sergens par les rues, qui gardoyent le peuple d'eulx bougier de leur places tant qu'ils fussent passez. A l'entrée de Paris, descendirent à pié trente sergens d'armes, à tout leur maces d'argent et leur espées en escharpes, bien garnies et ouvrées, pristrent le travers de la rue; et comme l'empereur eust fait dire au roy « que, « trés qu'il (*) seroit à Paris, il ne vou- « loit estre servi ne mes (**) des gens « du roy, en laquel garde il se mec- « toit, » le roy luy octroya; et, pour ce, ces dits sergens, pour luy faire honneur et garder de la presse, estoyent environ luy. Le roy fist convoyer devant, par le seigneur de Coucy, les gens de l'empereur, et mener au pallais; et, pour la garde et servise du corps de l'empereur, avoit le roy ordonné six de ses chambellans et quatre de ses huissiers d'armes; c'est assavoir le seigneur de la Riviere, messire Charles de Poitiers, messire Guillaume des Bordes, messire Hutin de Vermelles, messire Jehan de Berguetes, et ne sçay quel autre; et quatre pour le roy des Rommains, et deux huissiers d'armes; lesquels chevaliers et huissiers descendirent à l'entrer à Paris, tous à pié; et à la garde qui commise leur estoit se ordonnerent en moult belle ordonnance.

(*) Car il avait peine à aller à cheval.
(**) Que d'eulx que : Tant d'eux que.
(***) Bai brun foncé.

(*) Dès qu'il.
(**) Ne mes : Sinon, si ce n'est.

ALLEMAGNE.

Ci dit la belle ordonnance et grant magnificence qui fu à l'entrée de Paris, à la venue de l'empereur.

« Derechief encore amenda l'ordonnance à l'entrée de la ville; car, après les gens de l'empereur que le seigneur de Coucy menoit devant, venoit la flote (*) des chevaliers et gentilzhommes de France, dont tant en y avoit et en si bel arroy et monteure, que grant noblece estoit à veoir.

« Aprés, estoit le chancelier de France et les laiz conseilliers (**) du roy; puis estoyent de front, tout à pié, les portiers et varlés de porte, vestus tout un (***), bastons en leur mains; aprés, venoit à cheval le prévost de Paris, puis celluy des marchans; aprés, le mareschal de Blainville; aprés, plusieurs seigneurs, contes et barons, et puis venoyent les escuyers du corps, comme dessus est dit; et, au plus prés de l'empereur et des deux roys, avoit une rengé de chevaliers à pié, bastons en leurs mains, en tel maniere que nulz ne les povoit approchier; aprés, venoyent les freres du roy, et ou mislieu d'eulx deux estoit le duc de Breban, frère de l'empereur, et oncle du roy et le leur; aprés, venoit le liseur (****) de l'empereur, le duc de Saxonne (*****), le duc de Bourbon, le duc de Bar, et autres ducs allemans : aprés ces barons venoyent les gens d'armes du roy à pié, qui pour garde de son corps tout temps estoyent establis, tous armez; et, devant eulx, vingt-cinq arbalestriers serrez ensemble et espées en leur mains, et gardoyent que la foule des gens, dont trop quantité y avoit, ne venist sus les princes; et aprés, venoit si grant quantité de toutes gens, ceulx de Paris et autres, que c'estoit une grant merveille; mais, pour la belle et sage ordonnance, en peu de temps et sanz encombrier fu l'empereur et les roys au pallais; dont maintes gens moult pri-

(*) Multitude, foule.
(**) Les conseillers laïques.
(***) Uniformément.
(****) Peut-être l'*éliseur*, l'électeur.
(*****) De Saxe; du latin *Saxonia*.

sierent la prudence du roy, qui avoit sceu mettre en ordre en si grant quantité de gens, en tel maniere qu'il n'y avoit desroy de presse.

« A la porte du pallais furent faictes barrieres, et à l'entrée des merceries et de la grant sale, et sergens d'armes pour les garder; et fu ordonné que, à l'entrée de la porte du pallais, nulz chevaulx ne s'arrestassent, ains passassent tout oultre ceulx qui là arriveroyent, et s'espandissent par les rues, affin que presse ne fust à l'entrer; et ainssi fu fait : parquoy, quant l'empereur et le roy arriva, il n'entra mie en la court plus de cent chevaulx, et tout à large y entrerent lesdits princes et ainssi arriverent droit au perron de marbre, environ trois heures aprés midy; et pour ce que aisiéement, pour cause de sa goutte, ne se povoit l'empereur soustenir, le roy fit estre preste sus ledit perron une chayere (*) couverte de drap d'or, et là fu porté entre bras, par les susdits chevaliers qui en avoyent la garde, en ladicte chayere, et assis.

Ci dit comment le roy Charles receupt au pallais l'empereur.

« Si comme l'empereur en la chayere seoit, le roy à lui vint, et lui dist : « Que bien fust-il venus, et que onques « prince plus voulentiers n'avoit en son « pallais veu. » Adont le baisa, et l'empereur du tout se deffula et le mercia. Lors fist le roy lever l'empereur à tout sa chayere, et contremont les degrez porter en sa chambre; et aloit le roy d'un costé, et ainssi le convoya en sa chambre de bois d'Irlande, qui regarde sus les jardins et vers la Saincte-Chapelle, qu'il lui avoit fait richement appareillier; et toutes les autres chambres derriere laissa pour l'empereur et son filz; et il fu logié ès chambres et galatois que son père le roi Jehan fist faire.

Ci dit les présens que la ville de Paris fist à l'empereur.

« Lendemain, le prévost des marchans et les eschevins, à l'eure que

(*) Un fauteuil.

l'empereur disnoit, entrerent en la chambre, et, de par le roy, luy presenterent une nef pesant neuf vingts et dis mars d'argent dorez et très-richement ouvrée, et deux grans flacons d'argent esmailliez et dorez, du poix de soixante-dix mars; et à son filz, une fontaine moult bien ouvrée et dorez, du poids de quatre-vingt et treize mars, avec deux grans poz dorez de trente mars; dont l'empereur grandement mercia la ville, et eulx aussi.

« Et fu le souper long et servi de tel foison de divers mes, que longue chose seroit à recorder; et, selon le rapport des hairaus, à celluy souper furent en sale, tant du royaume de France comme d'estrangiers, bien environ mille chevaliers, sans l'autre multitude de gentilzhommes et gens d'Estat, dont si grand presse y avoit que c'estoit merveilles. Après soupper, se retray le roy, avec luy le filz de l'empereur, et tant de barons, comme entrer y pot, en la chambre du parlement; et là jouerent, selon la coustume, les menestriers de bas instrumens si doucement comme plus peut.

Ci dit comment le roy mena l'empereur au Louvre.

« Lendemain de la Tiphaine (c'est-à-dire de l'Épiphanie), volt aler le roy disner au Louvre, et à la pointe du pallais fut porté l'empereur : là estoit le bel batel du roy, qui estoit fait et ordonné comme une belle maison, moult bien paint par dehors et paré dedens; là entrerent et prisa moult ce beau batel l'empereur. Au Louvre arriverent; le roy monstra à l'empereur les beaulx murs et maçonnages qu'il avoit fait au Louvre édifier. L'empereur, son filz et ses barons, moult bien y logia, et partout estoit le lieu moult bien paré.

« Aprés disner, par le commandement du roy, vint l'université de Paris devers l'empereur, et estoient de chascune faculté douze, et des anciens vingt-quatre, vestus en leurs chappes et abis, et la révérance vindrent faire à l'empereur; et la colacion (*) notablement fist maistre Jehan de la Chaleur, maistre en théologie et chancelier de Notre-Dame, et en y celle colacion recommanda (*) moult la personne de l'empereur, ses nobles fais, ses vertus et sa dignité, et aussi recommanda moult et ramena notablement le sens, estat et honneur du roy et du royaume de France, en loüant et approuvant à l'empereur sa venue devers le roy, et enfin recommanda bien et sagement l'université, comme il appartenait. L'empereur, en latin, de sa bouche respondy, en les merciant des honnorables parolles que dictes luy avoyent, et dict la cause que en ce royaume l'avoit amené, qui estoit venir à Saint-Mor veoir les reliques, et principalement l'amour qu'il avoit au roy, dont souverainement et en beau langage loua et recommanda la prudence et sagece.

Ci dit comment l'empereur ala faire son pellerinage à Saint-Mor.

« Le mardy ensuivant, qui fu le douzieme jour de jenvier, faire volt l'empereur son pellerinage à Saint-Mor.

« Au matin, en sa litiere du bois se parti; ainsi que le roy commandé avoit, y fut receu à procession. L'abbé la messe chanta; l'empereur offri cent francs, et les dons de vivres que luy ot fait ledit abbé laissa au couvent; là disna et dormi en bel appareil, que le roy bien et richement luy ot fait apprester, et le lieu parer partout; fu mis en sa litiere et porté à Beaulté-sur-Marne, que il moult prisa, et y amenda de sa goutte, comme il disoit, si que luy mesmes viseta tout l'ostel, qui moult estoit bien parez, et disoit que onques en sa vie n'avoit veue plus belle, ne plus délictable place; et aussi disoyent ses gens, lesquelz on avoit aussi menez en la tour du bois, par tous les estages de léans (**), et monstré les grans garnisons d'icelle et l'artillerie (à**), dont le roy des Rommains

(*) Harangue.

(*) Loua, célébra.
(**) De ce lieu.
(***) Ce mot s'appliquait alors non-seulement aux armes à feu qui étaient peu communes, mais à tous les produits de l'art servant à la guerre, armes, instruments, machines, etc.

ot des arbalestes à son chois, que onques mais n'avoyent veu si merveilleuse chose; et ainsi louoyent le sens, la valeur et haultece du roy de France. A Beaulté fu l'empereur plusieurs jours, et le roy chascun jour l'aloit visiter, et à secret parloyent longuement, puis au giste s'en retournoit au bois; car le très-sage roy, par soing qu'il eut à cause de l'empereur, ne croye nul qu'il laissast à expédier ses autres besoingnes, comme cil qui pourveu estoit en toutes choses.

« L'empereur desira à veoir la belle couronne que le roy avoit fait faire; si luy envoya le roy par Giles Malet, son vallet de chambre, et Hennequin, son orphevre; la tint et regarda moult longuement partout et y prist grand plaisir, puis la bailla, et dist que, somme toute, onques en sa vie n'avoit veue tant de si riche et noble pierrerie ensemble.

« Le jeudi devant la departie de l'empereur, avoit fait le roy tous assembler les gens dudit empereur; car beaulx dons avoit fait apprester pour leur donner; si y mena le roy, ses freres, le seigneur de la Riviere et aultres chevaliers porter ses joyaulx, et de ses varlés de chambre (*).

Ci dit la departie de l'empereur.

« Le vendredi ensuivant, qui fu le jour Saint-Mor et le quinzieme dudit mois, ala l'empereur à Saint-Mor, et chanta l'evesque de Paris, en pontifical, la messe; puis revint disner à Beaulté. Aprés disner, que le roy l'estoit alé veoir, le mercia moult de ses nobles présens, et dit que trop avoit fait de luy, de son filz et des siens, que desservir ne luy pourroit: grant piece furent ensemble à grant conseil, puis revint au giste au bois.

« Lendemain, qui fu le seizieme jour de jenvier, que l'empereur partir devoit pour s'en aler en son pays, ala le roy à Beaulté, et derechief parlerent ensemble; et par grant amistié et doul-

(*) Nous avons déjà cité plus haut, t. I, p. 421, le chapitre où Christine raconte *les beaulx et riches dons que le roy Charles envoya à l'empereur et son filz.*

ces parolles prist un rubis et un dyament l'empereur en son doy, et au roy les donna; et le roy luy redonna un gros dyament, et là, devant tous, s'entr'accollerent et baisierent à grans remerciemens; aussi à son filz. L'empereur monta en sa litiere, et le roy à cheval, et chevaucha le roy, costé de lui, tousjours devisant, et tous les seigneurs, prelas et barons, et grant multitude des gens aveques eulx; et le convoya le roy assez prés de la maison de Plaisance: ce que l'empereur ne vouloit, que tant venist avant; et là prisdrent congié l'un de l'autre, mais si fort ploureren qu'à peine povoyent parler; et le roy au bois s'en retourna, et une piece le convoya le roy des Rommains, puis prist congié; et nos seigneurs les ducs convoyerent l'empereur, qui vint celle nuit à Laignisus-Marne, et lendemain ala au giste à Meaulx, et jusques par delà le convoyerent nos dits seigneurs, puis congié prisdrent, et s'en retournerent.

« Et ainssi le roy le fist convoyer par ses princes, barons et chevaliers, tant qu'il fu hors du royaume; et en toutes les villes où il passa, pareillement, par l'ordonnance du roy, à feste, à solemnité et présens fu receus, ainssi comme au venir avoit esté.

« Et est assavoir que depuis le jour qu'il entra en royaume de France, jusques au jour qu'il en sailly, tout l'estat de la despence de luy et de ses gens fu au despens du roy; de laquel chose, les choses dictes et les dons considérées, monta une trés-grant somme d'or; mais, Dieux mercis, et le grant sens du sage roy, tout fu bel et bien fourni, et largement, tout au despens du roy, sanz quelconques grief à créature.

Ci dit les juridicions que l'empereur donna au daulphin.

« Pour ce que tout ensemble ne se peut mie dire, n'est pas à oublier ce que l'empereur, de son propre mouvement, fist en rétificacion de l'onneur, bonne chiere et amour, qu'il ot du roy receu; pour laquel chose, en faveur du roy, son filz, le daulphin de Vicne, ordonna et fist son lieutenant et vicaire général, ou royaume d'Arle, ledit daulphin à sa vie; dont lectres lui en fist, saelées en sael d'or, par lesquelles lui donnoit si grant et plain povoir, comme faire se povoit, ce que autrefois n'a esté accoustumé; et semblablement le fist son lieutenant et géneral vicaire, par unes autres lectres à pareil povoir, en fiefz, arriere-fiefz et tenemens quelconques, sans riens exepter; et lui donna et bailla le chastel de Pompet (*) en Viene, et aussi un autre lieu appellé Chaneault, et aussi le aagea (**), et suppléa toutes choses qui par enfence de aage pourroyent donner empéchement pour ces graces et gouvernement obtenir audit daulphin.

« Et, pour ces choses et autres faire au gré et prouffit du roy et de ses enfens, laissa son chancelier aprés lui, pour saeler et délivrer lesdictes lectres, lequel chancelier, au chief de trois jours, les apporta au daulphin toutes saellées, dont il mercia l'empereur; aprés fu présenté de par ledit daulphin, par le commandement du roy, vingt mars de vaicelle dorez, et dedens mille frans, pour la peine que eue avoit de sa besoigne. Quànt l'empereur fu hors du royaume, pluseurs contes, barons, chevaliers et seigneurs, prisdrent congié de luy; il les mercia, et s'en retournerent. »

Deux ans avant ce voyage, Charles avait couronné toutes ses acquisitions par celle du titre de roi des Romains pour son fils Venceslas. Pour atteindre ce dernier but de tous ses désirs, il n'épargna pas l'or; chaque électeur donna, dit-on, sa voix en échange de cent mille florins d'or, en outre d'une distribution qu'il fit de ce qui restait encore de domaines impériaux, de péages sur le Rhin; plusieurs villes impériales furent même cédées par lui. Enfin, pour récompenser le pape de l'assentiment qu'il avait bien voulu donner à cette élection, Charles publia la constitution Caroline, qui confirmait et étendait les priviléges du clergé.

(*) Poupet.
(**) Lui donna dispense d'âge.

BULLE D'OR.

Ce fut cependant ce prince indigne qui dota l'Allemagne de sa loi fondamentale. «L'Allemagne n'avait pas une seule loi écrite qui réglât son droit public, et les limites entre la prérogative royale et les priviléges des États; les précédents ou l'observance, comme on disait, et les armes, étaient les seules règles qu'on pût invoquer. Tout ce qui concernait l'élection des monarques, les droits des grands dignitaires et ceux mêmes des électeurs, ne reposait que sur des précédents et des usurpations, et ces bases peu solides avaient été récemment ébranlées par les prétentions des papes. Dans les maisons électorales héréditaires, il régnait la plus grande discorde; on ne savait si la voix électorale appartenait à tous les princes d'une famille conjointement, ou bien si elle était l'apanage du premier né, si elle était attachée à une terre particulière ou à toutes les possessions d'une maison; et, dans le premier cas, quelle était la terre dont la possession donnait cet avantage. La paix publique était troublée par des guerres privées et par des défis continuels, et les lois étaient insuffisantes pour remédier à ce désordre. Charles s'occupait depuis longtemps du projet de déraciner ce mal, et il crut que la dignité impériale dont il était revêtu lui donnait assez d'autorité pour s'ériger en réformateur de l'Allemagne. Il annonçait ce projet dans une lettre qu'il écrivit de Plaisance à la ville de Strasbourg.

« Après son retour d'Italie, il appela les États à une diète à Nuremberg pour le mois de novembre 1355. Il n'était pas facile d'obtenir le consentement des maisons Palatine, de Bavière, de Saxe et de Brandebourg, à la loi qu'il proposait, parce qu'elle froissait les intérêts de plusieurs princes de ces maisons, et décidait des questions depuis longtemps litigieuses. Cependant, en employant tour à tour les moyens de persuasion et l'autorité impériale, Charles IV fit adopter les vingt-trois premiers chapitres d'une loi fondamentale, lesquels furent publiés le 10 janvier 1356. Les autres chapitres furent ajournés à une assemblée composée des sept électeurs, de plusieurs princes et seigneurs, et des députés de quelques villes, qui se réunit vers la fin de l'année. Un légat du pape, le dauphin de France et plusieurs seigneurs français, se trouvaient à cette réunion. Les derniers sept chapitres de la loi, réglant principalement les droits des électeurs et le cérémonial, y furent adoptés et solennellement publiés le 25 décembre. Pour sanctionner cette charte, Charles IV y fit appendre le grand sceau de l'Empire, renfermé dans une boîte d'or; c'est à cette circonstance que la loi fondamentale de 1356 doit le nom de *Bulle d'or*, sous lequel elle est désignée, quoiqu'elle ne soit pas la seule loi munie d'un sceau de ce genre.

« La bulle d'or s'occupe de l'élection de l'empereur ou roi des Romains, des droits et des prérogatives des électeurs, et de quelques objets d'un intérêt général.

« Quant à l'élection de l'empereur, la bulle d'or, en proclamant qu'elle appartient aux sept électeurs, *à ces ceps de vigne de l'Empire, à ces colonnes qui ne pourraient être ébranlées sans renverser tout l'édifice de fond en comble, à ces sept chandeliers d'où part la lumière qui, avec les sept dons du Saint-Esprit, doit éclairer le saint Empire*, détermine que le suffrage électoral et les droits qui en dérivent sont attachés à la terre électorale, en sorte que quiconque est possesseur légitime d'une terre électorale est par cela même électeur; et, pour prévenir toute contestation à cet égard, tout partage d'une terre électorale est défendu.

« La bulle d'or prescrit les qualités que doit réunir l'empereur; elle statue que l'élection se fera à la pluralité des voix, et qu'elle aura toujours lieu dans la ville de Francfort-sur-Mein.

« Elle accorde aux électeurs en corps le droit de se réunir en diète électorale sans avoir besoin de solliciter le consentement du chef de l'Empire, et divers droits régaliens jusqu'alors exclusivement réservés à l'empereur, comme celui d'exploiter les mines et salines dans leur territoire, de frapper monnaie, celui *de non appellando*, en vertu duquel on ne pouvait appeler aux tribunaux généraux de l'Empire des sentences rendues par les cours électorales. « Les électeurs précéderont en « rang, est-il dit, tous les autres princes « de quelque dignité qu'ils puissent être « revêtus; » mais il n'est question que du cas où, à la cour impériale, ils s'acquittent des fonctions de leurs archioffices; enfin la loi de majesté est étendue à leur personne, de manière qu'un attentat contre leur vie ou leur sûreté est réputé crime de lèse-majesté.

« La bulle d'or règle ensuite l'ordre de succession dans les maisons électorales, et établit le droit de primogéniture. Les femmes sont exclues de la succession, à l'exception de la Bohême, où elles succèdent à défaut de tous les mâles.

« Quant à chacun des électeurs en particulier, la bulle d'or confirme à celui de Mayence la dignité d'archichancelier d'Allemagne, à laquelle elle attache des fonctions et prérogatives importantes. L'électeur de Trèves est archichancelier des Gaules et du royaume d'Arles (le mot de Gaule signifie ici la Gaule belgique ou Lotharingie); celui de Cologne est archichancelier d'Italie; c'est à lui qu'appartient le droit de couronner l'empereur. Cette dernière disposition se fonde sur une autre qui veut que le couronnement se fasse à Aix-la-Chapelle, ville du diocèse de Cologne. Comme par la suite le couronnement a eu lieu à Francfort, l'électeur de Mayence a refusé de reconnaître à son confrère le droit de couronner, et s'en est mis en possession.

« L'électeur de Bohême, grand échanson de l'Empire, est déclaré le premier électeur séculier; c'était alors le seul qui portât une couronne. L'électeur palatin est archisénéchal ou grand maître, vicaire de l'Empire pendant la vacance du trône, en sa qualité de comte palatin du Rhin; ce vicariat est restreint aux provinces régies par le droit franc et le droit souabe. La bulle d'or reconnaît au comte palatin le droit de juger l'empereur. L'électeur de Saxe, archimaréchal de l'Empire, est, pendant l'interrègne, vicaire de l'empereur dans les provinces régies par le droit saxon; celui de Brandebourg est archichambellan de l'Empire.

« La bulle d'or donne le détail des fonctions de ces grands officiers, et de ceux à qui ils inféoderont ces charges pour les exercer en leur place.

« Elle restreint le droit des guerres privées, en les défendant aux vassaux contre leurs seigneurs directs, interdit les confédérations et autres associations illicites, et supprime divers abus qui s'y rapportent, laissant néanmoins subsister en général les défis et les guerres privées.

«La bulle d'or est rédigée en latin, dans un style assez barbare : on croit que Charles IV lui-même a eu beaucoup de part à la rédaction.

«Il faut remarquer que cette loi fondamentale ne fait aucune mention du prétendu droit du pape de confirmer l'empereur élu par les princes d'Allemagne. Le passer sous silence, c'était le déclarer non fondé. La bulle d'or se tait aussi sur le vicariat d'Italie, au sujet duquel il y avait eu de si vives contestations entre les papes. Innocent VI ne manqua pas de témoigner à Charles IV son mécontentement de cette double omission. Mais bientôt il s'éleva une contestation plus sérieuse entre les deux princes. Le pape ayant imposé une décime au clergé, une assemblée des princes, tenue à Mayence en février 1359, interdit le payement de cette contribution. L'empereur parla à ce sujet au légat avec une vivacité qui ne lui était pas ordinaire, se plaignant de ce que le pape, au lieu de chercher tous les moyens d'amasser de l'argent, ne réformait pas plutôt le clergé, dont les mœurs étaient excessivement corrompues. Il ordonna à l'électeur de Mayence de se concerter avec les évêques d'Allemagne pour opérer une réformation, puisque le chef de l'Église n'y mettait pas les mains. Cet ordre donna lieu à une correspondance désagréable entre l'empereur et le pape, qui forma le projet de faire déposer Charles IV, et élire à sa place Louis le Grand, roi de Hongrie. Charles IV, qui en eut connaissance, s'en laissa effrayer, et ne donna pas suite à sa réformation (*). »

MORT DE CHARLES IV.

Ce fut peu après son voyage en France que Charles mourut à Prague, le 29 novembre 1378. Il avait auparavant partagé ses États entre ses trois fils. Venceslas l'aîné, son successeur à l'empire, eut la Bohême et la Silésie; l'électorat de Brandebourg devint l'apanage de Sigismond son second fils; le troisième eut la Lusace. Tel était le riche héritage que le petit-fils de Henri VII, ce petit comte de Luxembourg, élu empereur à cause de sa pauvreté, léguait à ses descendants. Un demi siècle avait suffi à cette maison pour faire une aussi brillante fortune.

Le règne de Charles IV est encore remarquable dans l'histoire de la renaissance des lettres par la fondation des universités de Prague et de Vienne; dans l'histoire religieuse par une horrible persécution des juifs, en faveur desquels le pape lui-même se crut obligé d'intervenir; enfin dans les annales de la noblesse allemande, parce que ce prince fut le premier qui donna ou vendit des lettres de noblesse.

VENCESLAS.
(1378-1400.)

«Le règne de Charles IV, dont on se plaignit tant, et qu'on accuse encore, est un siècle d'or en comparaison des temps de Venceslas, son fils. » C'est ainsi que Voltaire commence l'histoire de ce règne, dont sa plume malicieuse semble se plaire à rappeler la honte et le scandale. «Il commence, dit-il, par dissiper les trésors de son père dans des débauches à Francfort et à Aix-la-Chapelle, sans se mettre en peine de la Bohême ravagée par la contagion. Tous les seigneurs bohémiens se révoltent contre lui au bout d'un an, et il se

(*) Schœll, Histoire des États européens, t. VIII, p. 60 et suiv.

voit réduit tout d'un coup à n'oser attendre aucun secours de l'Empire, et à faire venir contre ses sujets de Bohême ces restes de brigands qu'on appelait *grandes compagnies*, et qui couvraient alors l'Europe, cherchant des princes qui les employassent. Ils ravagèrent la Bohême pour leur solde; dans le même temps, le schisme des deux papes divisa l'Europe. »

Les troubles continuent en Bohême; toute la maison de Bavière se réunit contre Venceslas. C'était un crime d'après les lois; mais il n'y avait plus de lois. L'empereur ne peut conjurer cet orage qu'en rendant au comte palatin de Bavière les villes du haut Palatinat, dont Charles IV s'était saisi. Il cède d'autres villes au duc de Bavière, comme Muhlberg et Bernau. Toutes les villes du Rhin, de Souabe et de Franconie se liguent entre elles. Les princes voisins de la France en reçoivent des pensions; il ne restait plus à Venceslas que le titre d'empereur. Les ligues des villes pouvaient former un peuple libre, comme celui des Suisses, surtout sous un règne anarchique, tel que celui de Venceslas; mais trop de seigneurs, trop d'intérêts particuliers, et la nature de leur pays ouvert de tous côtés, ne leur permirent pas, comme aux Suisses, de se séparer de l'Empire.

«Pendant ces horreurs, le grand schisme de l'Église augmente; il pouvait être éteint après la mort d'Urbain, en reconnaissant Clément; mais on élit, à Rome, un Pierre Tomacelli, que l'Allemagne ne reconnaît que parce que Clément est reconnu en France. Il exige des annates: l'Allemagne paye et murmure. Il semble qu'on voulut se dédommager sur les juifs de l'argent qu'on payait au pape. Presque tout le commerce intérieur se faisait toujours par eux, malgré les villes anséatiques. On les croit si riches en Bohême, qu'on les y brûle ou qu'on les égorge. On en fait autant dans plusieurs villes, et surtout dans Spire. Venceslas, qui rendait rarement des édits, en fait un pour annuler tout ce qu'on doit aux juifs. Il crut par là ramener la noblesse et les peuples (1390).

« La ville de Strasbourg est si puissante qu'elle soutient la guerre contre l'électeur palatin et contre son évêque, au sujet de quelques fiefs. On la met au ban de l'Empire; elle en est quitte pour trente mille florins au profit de l'empereur. Trois frères, tous trois ducs de Bavière, font un pacte de famille, par lequel un prince bavarois ne pourra désormais vendre ou aliéner un fief qu'à son plus proche parent; et, pour le vendre à un étranger, il faudra le consentement de toute la maison. Voilà une loi qu'on aurait pu insérer dans la bulle d'or, pour toutes les grandes maisons d'Allemagne.

« Chaque ville, chaque prince pourvoit comme il peut à ses affaires. Venceslas, renfermé dans Prague, ne commet que des actes de barbarie et de démence; il y avait des temps où son esprit était entièrement aliéné. C'est un effet que les excès du vin et même des aliments font sur beaucoup plus d'hommes qu'on ne pense. Charles VI, roi de France, dans ce temps-là même, était attaqué d'une maladie à peu près semblable; elle lui ôtait souvent l'usage de la raison. Des anti-papes divisaient l'Église et l'Europe. Par qui le monde a-t-il été gouverné?

«Venceslas, dans un de ses accès de fureur, avait jeté dans la Moldau et noyé le moine Jean Népomucène, parce qu'il n'avait pas voulu lui révéler la confession de l'impératrice, sa femme (1393). On dit qu'il marchait quelquefois dans les rues, accompagné du bourreau, et qu'il faisait exécuter sur-le-champ ceux qui lui déplaisaient. C'était une bête féroce qu'il fallait enchaîner. Aussi les magistrats de Prague se saisissent de lui comme d'un malfaiteur ordinaire, et le mettent dans un cachot, d'où cependant il échappe. L'Allemagne ne se mêle en aucune façon des affaires de son empereur, ni quand il est à Prague et à Vienne, dans un cachot, ni quand il revient régner chez lui en Bohême.

« (1398.) Qui croirait que ce même Venceslas, au milieu des scandales et des vicissitudes d'une telle vie, proposa au roi de France, Charles VI, de l'aller trouver à Reims en Champagne, pour étouffer les scandales du schisme? Les deux monarques se rendent en effet à Reims, dans un des intervalles de leur folie. On remarque que, dans un festin que donna le roi de France à l'empereur et au roi de Navarre, un patriarche d'Alexandrie qui se trouva là, s'assit le premier à table. On remarque encore qu'un matin qu'on alla chez Venceslas pour conférer avec lui des affaires de l'Église, on le trouva ivre. Les universités alors avaient quelque crédit, parce qu'elles étaient nouvelles, et qu'il n'y avait plus d'autorité dans l'Église; celle de Paris avait proposé la première que les prétendants au pontificat se démissent, et qu'on élût un nouveau pape. Il s'agissait donc que le roi de France obtînt la démission de son pape Clément, et que Venceslas engageât aussi le sien à en faire autant. Aucun des prétendants ne voulut abdiquer. C'étaient les successeurs d'Urbain et de Clément, Boniface IX et Benoît XIII. Ce Benoît siégeant dans Avignon, la cour de France tint la parole donnée à l'empereur: on alla proposer à Benoît d'abdiquer; et, sur son refus, on le tint prisonnier cinq ans entiers dans son propre château d'Avignon. Ainsi l'Église de France, en ne reconnaissant pas de pape pendant ces cinq années, montrait que l'Église pouvait subsister sans pape, de même que les Églises grecque, arménienne, cophte, anglicane, suédoise, danoise, écossaise, augsbourgeoise, bernoise, zürichoise, genevoise, subsistent de nos jours. Pour Venceslas, on disait qu'il aurait pu boire avec son pape, mais non négocier avec lui.

« (1399.) Il trouve pourtant une épouse, Sophie de Bavière, après avoir fait mourir la première à force de mauvais traitements. On ne voit point qu'après ce mariage il retombe dans ses fureurs. Il ne s'occupe plus qu'à amasser de l'argent comme Charles IV, son père. Il vend tout; il vend enfin à Galéas Visconti tous les droits de l'Empire sur la Lombardie, qu'il déclare, selon quelques auteurs, indépendante absolument de l'Empire, pour cent cinquante mille écus d'or. Aucune loi ne défendait aux empereurs de telles aliénations; s'il y en avait eu, Visconti n'aurait point hasardé une somme si considérable.

DÉPOSITION DE VENCESLAS.

«Les ministres de Venceslas, qui pillaient la Bohême, voulurent faire quelques exactions dans la Misnie; on s'en plaignit aux électeurs. Alors ces princes, qui n'avaient rien dit quand Venceslas était furieux, s'assemblent pour le déposer. (1400.) Après quelques assemblées d'électeurs, de princes, de députés des villes, une diète solennelle se tient à Lahnstein, près de Mayence. Les trois électeurs ecclésiastiques, avec le Palatin, déposèrent juridiquement l'empereur, en présence de plusieurs princes qui assistèrent seulement comme témoins. Les électeurs, ayant seuls le droit d'élire, en tiraient la conclusion nécessaire qu'ils avaient seuls le droit de destituer. Ils révoquèrent ensuite les aliénations que l'empereur avait faites à prix d'argent, mais Galéas Visconti n'en dominait pas moins depuis le Piémont jusqu'aux portes de Venise (*). » Quelques jours après, on choisit pour empereur Frédéric de Brunswick; mais ce prince ayant été assassiné par le comte de Waldeck, les électeurs se rassemblèrent dès le lendemain, et proclamèrent l'électeur palatin Robert. Ce choix ne fut pas approuvé par tout l'Empire. Aix-la-Chapelle refusa de recevoir Robert dans ses murs; et il fut contraint de se faire couronner à Cologne. Francfort fit de même. Ayant convoqué à Heilbron les villes impériales de la Souabe, elles refusèrent de lui prêter hommage; et, jusqu'à l'année 1409, elles payèrent à Venceslas le tribut ordinaire. Jamais Venceslas ne quitta le titre de roi des Romains; la plupart des princes étrangers le regardèrent toujours comme tel; au concile de Pise, on ne voulut pas même recevoir les ambassadeurs de Robert.

(*) Voltaire, Annales de l'Empire.

Cependant le roi de Bohême ne fit rien pour renverser son compétiteur; il lui laissa jouer le rôle d'empereur. En effet, Robert déploya une grande activité, comme pour contraster avec l'indolence de son adversaire; il voulut entreprendre une expédition en Italie, et passa les Alpes en l'année 1401, après avoir profité des troubles de la Bohême pour faire restituer à sa maison le haut Palatinat que Charles IV s'était fait céder en 1353.

Il descendit par la vallée de l'Adige, avec le duc d'Autriche et le burgrave de Nuremberg. Mais, attaqué par le duc de Milan, il ne put résister à la supériorité de la cavalerie italienne et à l'habileté des généraux de Visconti. Après quelques vaines tentatives pour se faire donner des subsides par les Florentins, il retourna en toute hâte en Allemagne.

ÉTAT DE L'EMPIRE.

Les deux empereurs furent alors l'un et l'autre dans une bien triste situation; d'un côté, Venceslas fut de nouveau emprisonné par son frère Sigismond, qu'il avait été forcé de nommer régent de Bohême; de l'autre, Robert vit se former contre lui une ligue composée de l'électeur de Mayence, du margrave de Bade, du comte de Wirtemberg, de Strasbourg, et des dix-sept villes de Souabe, dans le but de restreindre et même d'annuler l'exercice de son autorité impériale sur les membres de la ligue. Quelque temps après, il fut même obligé de combattre l'électeur de Mayence, qui, dans sa haine contre lui, s'était déclaré vassal du roi de France. Jamais même, dans ses plus tristes jours, l'Empire n'était tombé aussi bas.

SIGISMOND.

(1410-1437.)

TROIS EMPEREURS ET TROIS PAPES A LA FOIS.

Lorsque Robert mourut, en 1410, après avoir, malgré des talents et de l'activité, montré l'impuissance de l'autorité impériale, on élut Sigismond. Il y eut alors trois empereurs comme trois papes. D'une part, Benoît XIII, Grégoire XII, et Jean XXIII; de l'autre, Venceslas, Sigismond, et son compétiteur Josse de Brandebourg, qui avait été proclamé en même temps. Mais la mort de Josse arrivée en 1411, le désistement de Venceslas en faveur de son frère, rétablirent l'unité dans l'Empire.

DESTINÉES DE SIGISMOND AVANT SON ÉLECTION.

La vie de Sigismond avait été jusqu'alors fort aventureuse. D'abord il est margrave de Brandebourg, et en 1382, Louis le Grand le déclare son héritier à la couronne de Pologne; mais les Polonais le déposent. Il s'en console en épousant Marie de Hongrie, qui lui apporte la couronne de ce royaume. La Croatie et la Valachie veulent se soulever; Sigismond les replace sous sa dépendance. Des conspirations sans cesse renaissantes le rendent cruel et soupçonneux. Un grand nombre de nobles en sont les victimes: en une seule fois, trente-trois gentilshommes eurent la tête tranchée. Puis arrivent les Turcs. Sigismond excite une croisade; mais, vaincu à Nicopolis, il est obligé, pour échapper au massacre de toute son armée, de se jeter dans une barque qui descend le Danube et le porte jusque dans la mer Noire, où il reste plusieurs jours en proie à la faim, et toujours sur le point d'être englouti par les vagues. Enfin il parvient à prendre terre près de Constantinople, et à passer à Venise. Au bout de dix-huit mois, il reparut en Hongrie. Fait prisonnier par les seigneurs mécontents, et mis en garde chez les fils d'un palatin, son ennemi personnel, il est délivré par eux, ressaisit son pouvoir, et s'en sert pour se mêler à toutes les affaires de la Bohême.

PRINCIPAUX ACTES DU RÈGNE DE SIGISMOND.

Sur le trône impérial, Sigismond montra l'activité dont il avait déjà donné tant de preuves. Il fit beaucoup pour rétablir un peu de calme en Allemagne; mais son occupation principale fut de détruire le schisme qui désolait l'Église. Nous dirons seulement que les principaux actes du règne de Sigismond en Allemagne furent 1° la proscription du duc d'Autriche, Frédéric, qui perdit toutes les possessions de sa maison dans la Suisse (1415) (*); 2° la cession à Frédéric de Hohenzollern, burgrave de Nuremberg, de l'électorat de Brandebourg, en échange des sommes qu'il avait fournies à Sigismond (1415) (**); 3° l'élévation du comté de Clèves et de Mark à la dignité ducale; 4° la translation de la dignité électorale de Saxe, après l'extinction de la branche cadette de la maison ascanienne, à Frédéric le Belliqueux, margrave de Thuringe, et descendant de Frédéric le Mordu. Le nouveau duc fut la souche de toute la maison de Saxe, aujourd'hui encore régnante.

TRANSLATION DU SAINT-SIÉGE A ROME.

Après un séjour de soixante et dix ans à Avignon, le saint-siége, en 1376, avait été reporté à Rome par Grégoire XI. Le roi de France, intéressé à tenir toujours le pape sous sa main, s'y était opposé vainement. « Père « sainct, » lui dit le duc d'Anjou, que Charles V lui avait envoyé, « vous vous « en allez en un pays et entre gens où « vous êtes petitement aimé, et laissez « la fontaine de foi et le royaume où « l'Église a plus de foi et d'excellence « qu'en tout le monde, et par votre « fait pourra l'Église cheoir en grand' « tribulation. Car si vous mourez par « delà (ce qui est bien apparent et « comme vos médecins le disent), les « Romains qui sont merveilleux et tra- « histres, seront seigneurs et maistres « de tous les cardinaux, et feront pape « de force, à leur volonté. »

Le pape partit, malgré ces représentations; mais (***) six cardinaux restèrent à Avignon; et lorsque Grégoire mourut à Rome, en 1378, ceux des membres du sacré collége qui l'avaient suivi, contraints par la populace de Rome, élurent en toute hâte Barthélemi Prignano, qui prit le nom d'Urbain VI. « Mais le nouveau pape étoit, dit Froissart, trop fumeux et mélancolieux, si que quand il se vit en prospérité et en puissance de papalité, et que plusieurs rois chrétiens s'étant joints à lui, lui écrivoient et se mettoient en son obéissance et vouloir, il s'en outrecuyda et s'en enorgueillit, et voulut user de puissance et de sa tête, et retrancher aux cardinaux plusieurs choses de leurs droits, et oster leurs accoustumances, dont il leur déplut grandement, et en parlèrent ensemble, et imaginèrent qu'il ne leur seroit ja bien, et qu'il n'étoit pas digne de gouverner le monde. »

ÉLECTION SCHISMATIQUE.

Quatorze cardinaux, retirés à Anagni, déclarèrent illégale l'élection d'Urbain, comme ayant été arrachée par la violence: en conséquence, ils procédèrent à un nouveau choix, et proclamèrent Robert, évêque de Cambrai, qui prit le nom de Clément VII. Alors commença le grand schisme d'Occident, qui devait être si funeste à l'Église, en divisant et ébranlant la foi des peuples. « Bien say, dit Froissard, dès la fin du quatorzième siècle, je say qu'au tems on s'émerveillera de telles choses, et comme l'Église peut cheoir en tels troubles, ne si longuement demourer. Mais ce fut une plaie envoyée de Dieu pour aviser et faire considérer au clergé le grand estat et superfluité qu'ils tenoient et faisoient. Mais les plusieurs n'en tenoient compte; car ils étoient si aveugles d'orgueil et d'outrecuidance, que chacun vouloit ressembler l'un à l'autre : et pour ce, les choses alloient mauvaisement; et si notre foi n'eust été confermée en la main et en la grace du Sainct Esprit qui enlumine les cueurs dévoyés, et les tient fermes en unité, elle eust croslé ou branslé. Car les grans seigneurs

---

(*) Voyez l'Histoire d'Autriche.
(**) Ce burgrave Frédéric est la souche de toute la maison actuelle de Brandebourg.
(***) Froissart.

terriens de qui le bien vient du commencement à l'Église, ne faisoient que rire et jouir au tems où j'escrivy et cronisay ces croniques, l'an de grace 1390; dont moult de peuple commun s'émerveilloit, comment de grans seigneurs n'y pourvoyoient de remède ne de conseil. »

GRAND SCHISME D'OCCIDENT.

L'Europe se divisa selon ses amitiés et ses haines, entre les deux obédiences; Urbain VI fut reconnu par l'Italie, la Sicile, la plus grande partie de l'Allemagne, les pays slaves et scandinaves, enfin l'Angleterre; c'était toute la langue germanique. Clément VII, le pape français, eut pour lui la langue latine (l'Italie exceptée), c'est-à-dire, la France, l'Espagne, le Portugal et la Savoie. L'Écosse, par haine pour l'Angleterre, se réunit à ce dernier parti. Le schisme constitué, les deux royaumes temporels bien distincts, chacun des papes se mit à gouverner de son côté; mais, de part et d'autre, les sujets étaient peu dociles. Pour les affermir dans la soumission, il fallut leur prodiguer des indulgences de toute espèce, qui appauvrirent le trésor des grâces de l'Église. Toutefois de bonne heure les peuples se lassèrent de ce schisme déplorable qui laissait leur foi dans l'incertitude. L'université de Paris, fière de sa science, de l'éclat de son enseignement, de l'autorité dont elle jouissait par toute la chrétienté, provoqua hardiment une réforme, et fit, par l'organe de Nicolas Clémengis, l'un de ses docteurs, des représentations au roi, pour qu'il prît quelques mesures propres à réunir les esprits. « Au lieu d'une ambassade, le duc de Bourgogne fit partir pour Avignon une petite armée, commandée par Boucicaut et Regnault de Roye. Les deux guerriers, entièrement étrangers aux matières ecclésiastiques, arrivèrent au moment où le conclave était assemblé (*). On les abusa par de

(*) Voici la lettre que Charles VI écrivit aux cardinaux d'Avignon :

« Charles, par la grâce de Dieu, roi de
« France, à nos très-chers et spéciaux amis

vaines promesses; et quelques jours après, Pierre de Lune, Aragonais, fut nommé pape. Ce pontife, avant de parvenir à la tiare, avait montré l'esprit le plus conciliant, et ne paraissait guidé par aucun motif d'ambition; il avait même fait plusieurs efforts pour la réunion de l'Église. Aussitôt qu'il fut élu, sa conduite changea, et l'on n'eut plus l'espoir de mettre fin au schisme tant qu'il vivrait. Il prit le nom de Benoît XIII.

LA FRANCE SE SOUSTRAIT A L'OBÉDIENCE DU PAPE.

« L'université, trompée dans son espoir, jeta de grands cris, et exposa les abus nombreux du pontificat d'Avignon. Le prédécesseur de Benoît, privé des tributs d'une grande partie de l'Eu-

« les cardinaux du sacré collège romain,
« estans à Avignon, salut. Très-chers et spé-
« ciaux amis, vous sçavez qu'aussitost que
« nous avons appris la mort de feu notre
« saint père le pape Clément VII, de bonne
« mémoire, dont l'âme jouisse d'un saint
« repos, nous vous avons écrit par l'un de
« nos chevaucheurs d'écurie, pour vous prier
« et requérir instamment et affectueusement,
« pour le bien de la paix universelle de
« l'Église, de ne point procéder à l'élection
« d'un nouveau pape jusques à ce que vous
« eussiez de nos nouvelles par une solen-
« nelle députation d'ambassadeurs que nous
« vous envoyons à cette fin. Or, comme
« vous n'ignorez pas, nos chers amis, que
« cette affaire est d'une extrême conséquence,
« parce qu'elle importe à toute la chrestienté,
« n'en ayans pu encore assez amplement dé-
« libérer par l'absence de nostre très-cher
« oncle le duc de Bourgogne, nous vous
« prions derechef de tout notre cœur, et
« autant que nous pourrons, par l'amour
« de Jésus-Christ, et sur tant que vous avez
« de passion pour la paix et l'union de l'Égli-
« se, de ne faire élection aucune de qui
« que ce soit, que nos ambassadeurs ne
« soient arrivés; car nous jugeons pour cer-
« tain (et il n'y a rien de plus clair) que si
« vous faites autrement, vous continuerez
« d'autant plus cet horrible schisme qui dure
« depuis longtemps; et ce seroit une plaie
« incurable qu'on croiroit avoir droit de
« vous imputer.

« Donné le 24 septembre 1394. »

rope, ne possédant que le petit territoire du comtat Venaissin, et se croyant obligé d'entretenir une cour brillante, avait fait peser sur la France toutes ces dépenses excessives.

« Les réserves, les grâces expectatives, les promotions et collations de bénéfices, la simonie, la vente des prélatures, abolies sous saint Louis par la pragmatique sanction, et rétablies depuis le schisme, avaient excité les plus justes plaintes (*). Une grande assemblée du clergé fut tenue à Paris (2 février 1395) quelque temps après le retour de Boucicaut, et décida que Benoît devait abdiquer. Ce fut là que Jean Charlier, connu depuis sous le nom de Gerson, qui devint chancelier de l'Église de Paris, commença sa glorieuse carrière. Conformément aux décisions de cette assemblée, les ducs de Bourgogne, de Berri et d'Orléans partirent pour Avignon, accompagnés de quelques docteurs de l'université. Ils espéraient que leur présence aplanirait toutes les difficultés. Benoît, qui connaissait la faiblesse du gouvernement français, ne fut point effrayé de cette démarche. Il traîna la négo-

(*) Le moine de Saint-Denis, pag. 22, fait une peinture très-énergique des abus de la cour d'Avignon.

« Clément renversoit, par la souffrance du roi et des grands du conseil, toutes les libertés et l'usage ancien des églises du royaume : il accabloit leurs revenus de décimes continuelles, et ce qu'elles avoient de reste ne servoit qu'à combler les trésors et à grossir les monjoyes de la chambre apostolique et du collège d'Avignon. Les trente-six cardinaux qui le composoient avoient des procureurs partout, garnis de bulles expectatives, qui estoient en embuscade de tous costés pour découvrir s'il vaqueroit quelques gras bénéfices dans les églises cathédrales et collégiales, quelques priorés conventuels, ou quelques offices claustraux dans les abbayes, ou bien quelques commanderies de la dépendance des maisons hospitalières, qui fussent de quelque considération, pour en prendre aussitôt possession au nom de leurs maistres, sans s'enquérir d'autre chose que de ce qu'ils pourroient valoir portés en Avignon. »

ciation en longueur, et finit par soutenir qu'un arrangement convenable ne pourrait avoir lieu qu'à la suite d'une entrevue entre les deux papes. Il prit l'engagement de presser cette entrevue ; et les princes furent obligés de se contenter de cette promesse, qui n'était pas sincère. En effet, après avoir fait en leur présence quelques démarches pour atteindre ce but, aussitôt qu'ils furent partis, il rompit toute relation avec son rival. L'Église de France, comptant sur les promesses de Benoît, fut tranquille pendant trois ans. L'université de Paris qui la dirigeait, voyant que toutes les espérances étaient trompées, et que le schisme prenait de nouvelles forces, provoqua la réunion d'un concile national, qui s'assembla au printemps de l'année 1398 (22 mai). Il y fut décidé, à la majorité de deux cent soixante-cinq voix contre trente-cinq, que la France serait soustraite à l'obédience de Benoît, ne reconnaîtrait point Boniface, pape de Rome, et que l'Église gallicane se gouvernerait selon ses lois et usages, jusqu'à ce que le schisme eût cessé (*). Cette fameuse décision ne trouva quelques contradicteurs que parce que le duc d'Orléans, par opposition au duc de Bourgogne, soutenait secrètement les prétentions de Benoît.

« Les cardinaux qui possédaient des bénéfices en France se séparèrent de ce pontife, qui demeura inflexible, et déclara publiquement qu'il mourrait pape. Boucicaut fut envoyé avec une

(*) Lettres patentes du 27 juillet 1398 :
« Nous Charles, etc., assisté des princes
« de notre sang, et avec nous l'Église de
« notre royaume tant le clergé que le peuple,
« nous nous retirons entièrement de l'obé-
« dience du pape Benoist XIII et de celle
« de son adversaire, dont nous ne faisons
« pas mention, parce que nous ne lui avons
« jamais obéi ni voulu obéir. Nous voulons
« que désormais personne ne paye rien au
« pape Benoist XIII, et à ses collecteurs ou
« autres officiers, des revenus et émolu-
« ments ecclésiastiques ; et nous défendons
« étroitement à nos sujets de lui obéir, ou
« à ses officiers, en quelque manière que
« ce soit. »

armée, non plus pour négocier, mais pour combattre. Il s'empara facilement de la ville d'Avignon ; Benoît se retira dans le château, où, faiblement attaqué, il se maintint jusqu'en 1403, époque à laquelle il trouva le moyen de s'échapper (12 mars) (*). »

CONCILE DE PISE.

Pendant qu'en France on prenait ainsi des mesures énergiques pour rendre la paix à la chrétienté, le roi des Romains, Robert, s'occupait aussi des moyens qui pouvaient conduire au même but ; mais, par haine pour la France, Robert ne voulait pas que l'on forçât les deux papes à abdiquer ; il n'y en avait qu'un, disait-il, de légitime, celui de Rome ; l'autre était l'élu schismatique de quelques cardinaux mécontents. En 1409, le roi des Romains convoqua une diète pour délibérer sur cette affaire importante. La diète, comme la France, se déclara neutre, attendant ce qui allait résulter de la convocation d'un concile à Pise, faite par les cardinaux des deux obédiences, pour la même année 1409. Vingt-deux cardinaux, quatre patriarches, vingt-six archevêques, quatre-vingts évêques, les représentants de cent deux autres, quatre-vingt-sept abbés, les procurateurs de deux cent deux autres, quarante et un prieurs, les députés des universités de Paris, Toulouse, Montpellier, Orléans, Angers, Bologne, Florence, Prague, Vienne, Cologne, Oxford, Cambridge et Cracovie, ceux de cent églises métropolitaines et cathédrales, trois cents docteurs en théologie et droit canon ; enfin les ambassadeurs de France, Angleterre, Portugal, Pologne, Bohême, Sicile et Chypre, de Brandebourg, Thuringe, Bourgogne et Brabant, se réunirent successivement dans la ville de Pise. Le concile, ouvert le 25 mars, fut fermé le 7 août, après avoir déposé Benoît XIII et Grégoire XII, élu en leur place Alexandre V, demandé et obtenu du nouveau pontife la promesse de réformer les abus nombreux de l'Église.

SITUATION DE L'ÉGLISE. — POUVOIR DE L'OR.

Au temps de Grégoire VII, l'Église voulait la domination ; son ambition était de diriger les esprits, de trouver partout autour d'elle une obéissance muette et religieuse. Mais deux siècles plus tard, ce n'est plus d'autorité que la cour de Rome est avide, les efforts impuissants de Grégoire et de Boniface VIII lui ont ôté toute espérance : elle veut au moins des richesses qui procurent des jouissances, et qui donnent aussi du pouvoir et de la force ; il faut aux papes de l'or pour leurs plaisirs, de l'or aussi pour se défendre, pour acheter leurs ennemis et leurs adversaires. « Au quatorzième siècle, dit un historien plein de respect cependant pour l'autorité religieuse, tous les actes des papes ressemblaient tellement à des spéculations financières, qu'il semblait que le pouvoir dont ils étaient revêtus ne leur eût été accordé que comme un moyen d'assouvir leur cupidité. »

Que ce reproche, du reste, ne s'applique pas seulement aux papes de cette époque : l'argent était alors le dieu du monde ; car il y a des temps de désintéressement et de loyauté, des temps d'activité belliqueuse ou littéraire, mais aussi des temps où, toute foi et tout sentiment de dignité étant détruits, toutes les lois renversées et toute position incertaine, toute puissance attaquée et toute autorité méconnue, l'or reste le seul pouvoir certain, immédiat, le seul dieu que l'on encense et qu'on adore. Aussi les princes et les grands de cette époque n'ont qu'un souci, celui d'amasser de riches trésors. Philippe le Bel, le faux monnayeur, Philippe VI, Jean, Édouard III, Charles IV et tous les autres, thésaurisent aussi bien que les papes d'Avignon : ceux-ci avaient de nombreux moyens d'accroître leurs revenus ; les principaux étaient les provisions, les annates, les exemptions et l'extension de la juridiction pontificale.

(*) Petitot, Tableau du règne de Charles VI, d'après les écrivains contemporains. *Collection des mémoires relatifs à l'histoire de France*, t. VI, p. 236 et suiv.

ABUS DE LA PAPAUTÉ.

1° *Provisions*. Honorius III, par un décret de 1220, s'était réservé la nomination à tous les évêchés qui, dans les premières années, seraient vacants dans le midi de la France, provinces infestées du poison de l'hérésie. En 1266, Clément IV, partant du principe que la pleine disposition de tout bénéfice appartient au pape, se réserva la provision de tous les bénéfices vacants en cour de Rome. Dès lors les papes exercèrent ce droit, et les canonistes commentèrent, étendirent le principe de manière à dispenser les pontifes de toute loi dans la collation des provisions. En 1317, Jean XXII ordonna à tous les individus pourvus de plusieurs évêchés de n'en conserver qu'un seul. Le pape se trouva, par cette mesure, pouvoir disposer de la moitié des sièges de la chrétienté; alors il établit qu'on suivrait toujours la hiérarchie pour les promotions, de sorte qu'on ne nommerait jamais archevêque qu'un évêque, évêque qu'un abbé, etc. Par là, une seule vacance d'un bénéfice supérieur donnait lieu à de nombreuses promotions, pour chacune desquelles il fallait payer des droits à la chambre apostolique. A la faveur de ces moyens, Jean XXII amassa, en dix-huit ans, dix-huit millions de florins d'or. Ses successeurs héritèrent de son habileté fiscale. En 1335, Benoît XII consacra toutes les usurpations précédentes; il se réserva de plus tous les bénéfices qui deviendraient vacants par la déposition ou translation du titulaire, ainsi que par la mort d'un des officiers de la cour pontificale, dont la liste alla sans cesse croissant, ces titres d'officiers étant donnés à qui en demandait, et même à qui n'en demandait pas. Or tous ces bénéfices (*) étaient publiquement vendus au dernier enchérisseur, et la plupart des acheteurs étaient obligés de payer, outre le prix du bénéfice, une dispense d'inhabilité.

2° *Annates*. Ce même pape Jean XXII inventa les annates. S'appuyant sur une constitution donnée par lui probablement en 1318, ses successeurs déclarèrent qu'ils se réservaient, pour les besoins de la cour de Rome, le revenu d'une année de tous les bénéfices devenus vacants.

3° *Exemptions*. Quiconque voulait se soustraire à son suzerain spirituel, versait quelque argent dans les caisses du pape, et en obtenait la permission; aussi n'y avait-il point de fondation un peu considérable qui n'eût trouvé moyen de se soustraire à l'obéissance de son évêque.

4° *Juridiction pontificale*. Les papes l'étendirent au point de rendre nulle celle des évêques et d'arrêter le cours de la justice; car le coupable cité au tribunal ecclésiastique put en appeler à Rome, où tout devenait matière exploitable, la justice comme autre chose. Ajoutons encore la vente des indulgences, la prétention de recevoir les revenus des bénéfices durant la vacance, celle de s'arroger les dépouilles des évêques, et enfin le droit abusif d'incorporer les bénéfices pour en faire meilleur trafic, et éluder les lois ecclésiastiques qui défendaient de conférer un bénéfice ayant charge d'âmes à un clerc ou laïque non prêtre, etc.

Mais si par là les papes purent s'enrichir, ils ruinèrent aussi leur puissance morale et préparèrent les hérésies.

LES FRATICELLES. — WICLEF.

Depuis que la grande hérésie albigeoise avait été étouffée sous des flots de sang, l'Église, et le pape, interprète des Écritures, régnaient sans obstacle. Cependant il y avait une grande et sourde fermentation dans tous les esprits; elle éclatait çà et là; mais partout l'Église veillait avec soin sur le dépôt sacré des Écritures, ne permettant à aucun de puiser imprudemment à cette source, dont tous cependant avaient soif; car il semblait dur à beaucoup de ne pouvoir comprendre les

---

(*) Dès le commencement du treizième siècle, le pape s'était réservé la collation des bénéfices qui étaient à la disposition d'évêques, de chapitres, et même de patrons laïques.

prières qu'ils récitaient, de ne pouvoir lire les saints Évangiles écrits dans une langue inconnue. L'imprudente opiniâtreté de Jean XXII fit éclater contre le saint-siége des plaintes et des accusations qui furent comme le commencement de la lente insurrection de l'esprit humain : ce fut une révolution qui mit deux siècles à s'accomplir.

Nous avons dit plus haut (*) comment Jean XXII avait soulevé contre lui une partie du puissant ordre de Saint-François. Les Fraticelles fournirent, dans l'espace de trente-quatre ans, aux bûchers pontificaux deux mille victimes. La papauté, en les comptant, pouvait croire sa victoire complète; mais les vaincus se vengeaient par des pamphlets sanglants, qui peignaient les déréglements de la cour d'Avignon. Bientôt vint un homme qui tira des conséquences pratiques de tous les livres écrits alors contre les papes, particulièrement par Marsile de Padoue, Jean de Gand et Occam, qui disait à l'empereur Louis : « Défendez-moi avec « le glaive, et je vous défendrai avec la « plume. » Jean Wiclef, docteur en théologie à Oxford, répondit d'abord aux demandes des peuples en traduisant le Nouveau Testament en langue vulgaire ; c'était le coup le plus terrible qu'il pût porter à l'autorité du clergé. Puis, après avoir dit ce qui devait être, d'après les Écritures, il montra ce qui existait, et les richesses des prêtres et leur corruption, leur orgueil, et tous les abus que nous avons déjà signalés; enfin, ne s'arrêtant devant aucun nom, il attaqua le pape lui-même et sa suprématie. C'était toucher à la question qui s'était si souvent agitée en Angleterre, celle pour laquelle Henri II avait fait tuer l'archevêque Thomas Becket; aussi Wiclef trouva de nombreux partisans, de puissants protecteurs, qui le défendirent contre la haine des évêques. Wiclef mourut tranquillement à Lutterworth.

Ses doctrines s'étendirent bien vite au dehors de l'Angleterre. Richard II avait épousé une fille de Charles IV :

(*) Page 25 et suiv.

ce mariage donna lieu sans doute à de fréquentes communications entre l'Angleterre et la Bohême; d'ailleurs Prague était la seule université de langue allemande qui existât alors ; c'était donc comme le rendez-vous de toutes les idées nouvelles. Ajoutons que la Bohême n'avait jamais été renommée pour son orthodoxie ; Æneas Sylvius l'appelle l'asile des hérétiques (*velut hæreticorum asilum*).

JEAN HUSS.

Là se trouvait un homme renommé pour sa science et son éloquence, Jean Huss ou Hussinetz, prédicateur de l'université de Prague et confesseur de la reine. Huss prêcha d'abord contre le déréglement des mœurs du clergé; il entrait ainsi dans la voie parcourue par Wiclef. Aussi, quand son ami Jérôme de Prague lui rapporta d'Angleterre les livres du réformateur anglais, Huss les lut avec avidité, et y trouva de nombreux arguments pour fortifier ses thèses théologiques. Un jour, deux écoliers anglais ayant peint dans une maison Jésus-Christ entrant dans Jérusalem sur une ânesse, avec la foule du peuple qui suivait à pied, et en face le pape sur un beau cheval richement caparaçonné, précédé de gens de guerre bien armés, de joueurs d'instruments, de timbales, de tambours, et de cardinaux vêtus et montés aussi magnifiquement, Jean Huss vit ces dessins, les approuva, et en parla même avec éloge dans ses discours publics.

Quelque temps après, Boniface IX envoya des moines en Bohême chargés de vendre des indulgences; Sigismond, qui gouvernait alors en la place de Venceslas, interdit aux moines ce trafic scandaleux. Huss, croyant l'occasion favorable, parla avec violence contre l'abus qu'on faisait des indulgences, et même sur la légitimité du droit que pouvait avoir le pape d'en accorder. L'archevêque de Prague crut devoir intervenir, car ces récriminations commençaient à agiter la foule; mais il le fit d'abord avec prudence, et l'orage n'éclata pas encore. L'université de Prague comprenait quatre nations : la bohémienne, la bavaroise, la polonaise et la saxonne ; mais les voix n'étaient pas également réparties entre elles. Charles IV avait accordé, pour l'élection du recteur et les autres actes académiques, trois voix aux maîtres ès arts allemands, et une seulement aux Bohémiens. Huss s'éleva contre ce privilége, et fit si bien qu'il obtint en 1409, de Venceslas, un édit qui faisait passer le privilége des trois voix à la nation bohémienne. Mais les Allemands refusèrent de s'y soumettre, et tous, maîtres et écoliers, au nombre de vingt-quatre ou même de quarante mille, quittèrent la ville : la plupart allèrent à Leipzig, où l'électeur de Saxe venait d'ériger une université. L'éclat que cette affaire jeta sur son promoteur, Jean Huss, lui valut la dignité de recteur. Dès lors il crut pouvoir parler plus librement ; il attaqua la légitimité des biens du clergé, la primauté du pape, disant qu'il fallait vivre à la grecque, etc. Sur l'ordre d'Alexandre V, l'archevêque Sbinko prit des mesures énergiques : tous les exemplaires des ouvrages de Wiclef furent brûlés, et Jean Huss interdit. Il n'en continua pas moins ses prédications, et la violence de ses partisans devint telle, que Jérôme de Prague brûla au pied du gibet une bulle du pape, qui promettait des indulgences à tous ceux qui l'assisteraient contre le roi Ladislas. Le pape ne pouvait plus temporiser ; en 1412, Huss fut excommunié et la ville de Prague mise en interdit. Il se retira dans son lieu de naissance, auprès du seigneur de Hussinetz, où il continua à prêcher ses doctrines, que l'empereur Sigismond déféra enfin au concile de Constance.

CONCILE DE CONSTANCE.

Ce fut le 16 novembre 1414 que s'ouvrit cette fameuse assemblée, qui était comme les états généraux de la chrétienté. Il y eut, dit-on, dans la ville de Constance jusqu'à cent cinquante mille étrangers et trente mille chevaux : nous devons ajouter, d'après un auteur contemporain, qu'il y avait aussi pour le service du concile trois cent quarante-six comédiens et sept cents courtisanes. Le concile était présidé par Jean XXIII en personne. Ce pape, successeur d'Alexandre et que le concile de Pise avait nommé, espérait que l'abdication forcée de ses deux rivaux, Grégoire XII et Benoît XIII, le laisserait seul en possession de la chaire pontificale. Mais bientôt il s'effraya de la hardiesse des Pères du concile, qui, pour détruire l'influence du pape, avaient décidé qu'on voterait par nation (anglaise, française, allemande, italienne, et plus tard espagnole), et que les simples prêtres, les docteurs, et même les princes ou leurs ambassadeurs, auraient le droit de suffrage ; aussi ne songea-t-il bientôt qu'à sortir de Constance, où il n'était déjà plus libre.

ÉVASION DU PAPE.

Mais il lui fallait l'appui de quelque prince ; il jeta les yeux sur Frédéric d'Autriche, ennemi personnel de Sigismond, et gendre du roi Robert, l'adversaire de la maison de Luxembourg. Le duc d'Autriche possédait dans les environs de Constance un grand nombre de places fortes, qui pouvaient offrir au pape un asile. En conséquence, Jean promit à Frédéric la charge de gonfalonier de l'Église, avec six mille ducats de pension. Le 20 mars, Frédéric, pour distraire l'attention, donna hors de la ville un grand tournoi, et pendant que tout le monde assistait à cette fête, le pape, travesti en piqueur, sortit de la ville et se rendit à Schaffhouse ; le duc, qui était engagé dans la lice, prolongea le combat jusqu'à ce que le pape fût en lieu de sûreté, et, cédant alors une victoire facile, il courut le joindre.

PROSCRIPTION DE FRÉDÉRIC D'AUTRICHE.

Cette évasion causa une consternation générale ; on crut que le concile allait se dissoudre ; mais l'empereur parcourut les rues de la ville pour calmer les esprits, et s'occupa aussitôt, pendant que le concile se déclarait sur la proposition de Gerson supérieur au pape, à punir ceux qui avaient favorisé sa fuite. D'abord Frédéric fut excommunié et mis au ban de l'Empire, comme ennemi de l'Église et traître à l'empereur. « Ses sujets furent déliés de leur serment de fidélité, et les États circonvoisins invités, par la promesse de l'absolution, et par la permission de retenir leurs conquêtes, à s'emparer de ses possessions. En un mois, tout l'Empire fut armé. Trente mille hommes, commandés par le burgrave de Nuremberg, fondirent sur les États de Frédéric, lui prirent Stein et Diessenhofen, et marchèrent contre Schaffhouse.

« A l'approche du danger, le pape et le duc d'Autriche se réfugièrent à Lauffenbourg. Schaffhouse s'étant rendue sans résistance, cette ville fut mise sous la protection de l'Empire. Frauenfeld et la Thurgovie suivirent cet exemple. Le comte de Tockenbourg s'appropria le comté de Sargans, ainsi que les autres terres qui lui étaient engagées, et, de concert avec l'évêque de Coire, il assiégea Feldkirch. Seckingen fut investie par les troupes de Bâle, et une armée d'exécution, commandée par l'électeur palatin, parcourut l'Alsace autrichienne. Frédéric réunissait ses forces dans l'Argovie, lorsqu'il apprit que les Suisses confédérés, ayant cédé aux instances de l'empereur, avaient rompu la trêve et conquis ses États d'Helvétie. Ceux de Berne rassemblèrent leurs cobourgeois de Soleure, de Bienne et de Neufchâtel, levèrent la bannière impériale, et prirent Loffingen, Arberg, Arau, Bruck et Leutzbourg, ainsi que plusieurs châteaux, au nombre desquels était celui de Habsbourg, ce berceau des princes de la maison d'Autriche. En huit jours, et seulement avec une perte de quatre hommes, ils poussèrent leurs conquêtes jusqu'à la jonction de l'Aar et de la Reuss. Ils payèrent, au moyen d'une certaine somme, les services de leurs cobourgeois, et s'approprièrent ainsi un pays étendu, bien cultivé et très-peuplé. Les troupes de Lucerne, avec la même rapidité, prirent Sursée, et les bailliages de Reichensée, de Meyenberg et de Wilmeringen, dans le Wagginthal. Zurich fit occuper la seigneurie de Knonau; et ses troupes, étant jointes par celles des cantons forestiers, conquirent Mellingen et Bremegarten, ainsi que les districts adjacents. Elles assiégèrent ensuite Baden, la meilleure forteresse que les princes autrichiens aient possédée dans l'Helvétie. La place fut défendue vaillamment par Burkard de Mansberg, qui en était gouverneur; mais les assiégeants, ayant reçu des renforts, pressèrent avec vigueur les opérations du siège.

FRÉDÉRIC LIVRE LE PAPE.

« Frédéric, qui durant ces événements s'était retiré de Lauffenbourg à Brisach, parut d'abord déterminé à se défendre jusqu'à l'extrémité. Sa cause n'était pas encore désespérée : Baden, Seckingen et Feldkirch, opposaient une résistance opiniâtre; et un grand nombre de ses vassaux, revenus de leur première consternation, envoyèrent déclarer la guerre à l'empereur même. Les Tyroliens et les habitants de la forêt Noire, peuples fidèles, brûlaient de venger leur souverain outragé. Le pape fournit de grosses sommes au duc d'Autriche; les ducs de Bourgogne et de Lorraine se préparèrent à lui prêter des secours; et il aurait pu espérer que l'influence, sinon les forces d'Ernest, son frère, et d'Albert, son cousin, lui auraient été d'une grande utilité. Mais la mauvaise fortune abattit autant Frédéric que la prospérité lui avait enflé le cœur; il succomba sous le poids du malheur. Sourd à la voix de l'honneur et aux exhortations du pape, il céda à l'avis timide de Louis, duc de Bavière, et consentit à livrer Jean, et à se mettre lui-même à la discrétion de Sigismond.

« Jamais prince de l'Empire ne fut soumis à tant d'humiliations. L'empereur, pour donner plus d'éclat à son triomphe, convoqua, dans le réfectoire des religieux de l'ordre de Saint-François, les ambassadeurs des États de l'Italie, les principaux Pères du concile, et les princes les plus puissants de l'Empire. Sigismond s'étant placé sur son trône, Frédéric, accompagné du burgrave de Nuremberg, son neveu, et de Louis de Bavière, son beau-frère, entra dans la salle et se prosterna trois fois. Tous les regards se fixèrent sur ce prince infortuné, à qui l'empereur dit : « Que demandez-vous ? » Le burgrave répondit : « Très-puissant « monarque, c'est le duc Frédéric « d'Autriche, mon oncle, qui vient im-« plorer votre pardon royal et celui du « concile, pour les offenses qu'il a com-« mises contre vous et contre l'Église. « Il se remet en votre pouvoir, et offre, « à condition que sa personne et ses « États seront en sûreté, de faire con-« duire le pape à Constance. » L'empereur, élevant la voix, reprit : « Duc « Frédéric, vous engagez-vous à tenir « cette promesse ? » Le duc répondit, à voix entrecoupée : « Je m'y engage, « et j'implore humblement votre misé-« ricorde royale. » A ces mots, un sentiment de pitié se répandit dans l'assemblée ; Sigismond lui-même parut ému, et dit : « Je suis fâché qu'il ait « tenu une conduite si répréhensible. » Frédéric abandonna tous ses États depuis le Tyrol jusqu'au Brisgau, pour en recevoir, seulement à titre de grâce, ce que l'empereur voudrait lui rendre, et il se remit lui-même en otage pour l'exécution de ce qu'il avait promis. Sigismond lui prit alors la main, et termina la cérémonie en disant aux prélats italiens : « Révérends Pères, « vous connaissez la puissance des ducs « d'Autriche ; jugez, par ce que vous « venez de voir, de ce que peut un em-« pereur d'Allemagne (*). »

FIN DU SCHISME. DÉCRETS DU CONCILE.

Pendant ce temps, le concile poursuivant, sous la protection et la présidence de Sigismond, le cours de ses travaux, se déclarait le représentant de l'Église militante et supérieur au pape lui-même. Le 29 mai, la déposition de Jean XXIII fut prononcée, et on l'enferma au château de Gottlieben, où Jean Huss attendait sa sentence. Peu après, Grégoire XII abdiqua de lui-même. Restait Benoît XIII. Pour vaincre son opiniâtreté, Sigismond, dont le zèle était infatigable, alla jusqu'à Perpignan pour s'entendre avec Ferdinand d'Aragon ; et, afin de réunir le consentement de tous les princes, il alla encore à Chambéry, puis à Londres et à Paris. Quand il revint, en 1417, à Constance, le concile lassé déposa Benoît XIII. Le schisme paraissait terminé. Malgré les sages remontrances de Sigismond, on voulut procéder à l'élection d'un nouveau pape ; cependant on s'accorda auparavant sur quatre décrets, dont les trois premiers auraient accompli une importante révolution dans l'Église, s'ils avaient été exécutés.

Le premier ordonnait le retour périodique des conciles, dont le plus prochain aurait lieu dans cinq ans, le second sept ans après, et les autres de dix ans en dix ans.

Le second décret statuait qu'à l'avenir le pape, au moment où il serait averti qu'il s'élèverait un anti-pape, convoquerait un concile ; qu'aucun des deux concurrents ne pourrait présider cette assemblée ; que l'un et l'autre s'abstiendraient de toute fonction pontificale du moment où le concile serait ouvert. On espérait par ce moyen prévenir tout schisme futur.

Le troisième décret déterminait dix-huit objets sur lesquels s'étendrait cette fois la réformation : 1° nombre, qualités et nation des cardinaux ; 2° réserves du siége apostolique ; 3° annates, services communs et menus services ; 4° collation de bénéfices et grâces expectatives ; 5° causes ressortissantes de la cour de Rome ; 6° appels en cour de Rome ; 7° offices de la chancellerie romaine ; 8° exemptions et incorporations qui avaient eu lieu pendant le schisme ; 9° commendes ; 10° confirmation des élections ; 11° *fructus medii temporis* ; 12° main-

(*) Coxe, Histoire de la maison d'Autriche, t. I, p. 356 et suiv. de la traduction française.

morte, ou inaliénabilité des biens ecclésiastiques; 13° moyens de corriger un pape; 14° extirpation de la simonie; 15° dispenses; 16° provision du pape et des cardinaux; 17° indulgences; 18° dîmes. La commission de réforme qu'on avait établie avait voulu étendre les opérations du concile sur quelques autres objets, et faire réformer plusieurs abus criants qui ne sont pas compris dans ces dix-huit articles; mais on crut devoir se borner, pour le moment, à ceux qui donnaient lieu aux plaintes les plus fréquentes.

Ces précautions prises, on élut Martin V. On vit bientôt combien avaient été fondées les craintes de Sigismond; Martin, malgré ses promesses, ne publia que sept décrets peu importants, par lesquels il prétendit satisfaire aux plaintes et aux demandes des Pères; puis il déclara l'assemblée dissoute, et indiqua Pavie pour le lieu de réunion du prochain concile. Avant son départ, Sigismond eut soin de lui faire signer au moins pour la nation germanique, un concordat qui devait durer cinq années.

CONDAMNATION DE JEAN HUSS. — SON SUPPLICE.

Il nous reste à parler de la condamnation de Jean Huss, qui fut aussi l'une des plus graves affaires dont les Pères de Constance s'occupèrent.

« Lorsque le concile fut assemblé, l'empereur Sigismond, désirant étouffer l'hérésie en Bohême où il devait régner un jour, ordonna à Huss de se rendre à Constance, pour répondre à l'accusation portée contre lui. L'hérésiarque déclara qu'il obéirait à cette sommation; mais le roi Venceslas et les états de Bohême ne voulurent pas le laisser partir sans avoir pris des précautions pour sa sûreté. Trois seigneurs, Venceslas de Duba, Jean de Chlum, et Henri de Latzenbock, furent députés auprès de Sigismond pour solliciter un sauf-conduit. Sigismond expédia le sauf-conduit à Spire, le 18 octobre 1414, et nomma les mêmes seigneurs commissaires pour accompagner Huss. Le 3 novembre, ils arrivèrent avec celui-ci à Constance. Jean XXIII traita Huss avec bonté, et suspendit provisoirement l'excommunication prononcée contre lui. Mais immédiatement après, deux ennemis acharnés du réformateur, Étienne Palecz, professeur de théologie, et Michel de Causis, ancien prédicateur à Prague, présentèrent aux cardinaux quelques passages tirés des écrits de Huss, qui attaquaient de la manière la plus positive l'autorité du souverain pontife. Peut-être n'avait-on pas bien connu jusqu'alors à Rome la doctrine de ce hardi réformateur; le fait est qu'elle parut produire autant d'étonnement que d'indignation; et, comme Huss, emporté par son enthousiasme, la prêchait jusque dans la maison où il logeait, le pape le fit arrêter le 28 novembre 1414. Jean de Chlum protesta contre cette violation du sauf-conduit impérial, et informa Sigismond de ce qui venait de se passer. Celui-ci ordonna sur-le-champ à ses ambassadeurs d'insister sur la mise en liberté du prisonnier, en menaçant de faire ouvrir la prison de force. Mais le pape prit des mesures pour soustraire la personne de l'hérésiarque aux ordres de Sigismond; et, lorsque celui-ci arriva à Constance, les théologiens lui démontrèrent qu'on n'était pas tenu de garder la foi donnée à un hérétique notoire. Le 1er janvier 1415, l'empereur signa une déclaration donnant au concile liberté entière en matière de foi, et pleine autorité de juger tous ceux qui se seraient rendus coupables d'hérésie. Sigismond perdit dès ce moment toute considération en Bohême; l'attachement qu'on avait eu pour lui se changea en haine, et il eut occasion de l'éprouver. Sa conduite, en cette circonstance, est une tache à sa mémoire; et la postérité ne la lui a pas pardonnée. La probité est la qualité royale par excellence; elle est le fondement de toutes les vertus.

« Après avoir passé six mois en prison, Huss fut interrogé pour la première fois le 5 juin 1415, dans une congrégation générale. Dans le second et le troisième interrogatoire, le 7 et le 8 juin, on lui fit lecture de trente-neuf articles tirés, à ce qu'on assurait, de ses écrits. Huss rejeta la plupart de ces propositions, affirmant qu'il ne les avait jamais enseignées, et qu'elles étaient infidèlement tirées de ses ouvrages. Quant aux autres, il les avoua, se déclarant prêt à y renoncer, si on lui faisait voir qu'il s'était trompé. Le concile ne pouvait avoir l'intention d'entrer dans des discussions théologiques avec un particulier; on exigea de Huss de se soumettre à la décision des Pères, et d'abjurer les thèses qu'ils avaient condamnées. Il répondit qu'il ne pouvait, sans commettre un parjure, abjurer ce qu'il n'avait jamais enseigné; et que, quant aux thèses qu'il croyait vraies, il aimait mieux mourir que de trahir la vérité.

« Dans la quinzième séance du concile, le 6 juillet 1415, le jugement fut prononcé. Il portait que les écrits de Huss seraient brûlés; et que lui-même, comme hérétique manifeste et obstiné, serait dégradé et remis pour sa punition au bras séculier. Huss, qui avait entendu à genoux sa condamnation, après avoir été dépouillé, avec les cérémonies usitées, de la qualité de prêtre, fut remis par l'empereur à l'électeur palatin, pour que celui-ci fît subir au coupable la peine ordinaire de l'hérésie. L'électeur, après s'être dépouillé de son costume, conduisit sur-le-champ Huss à une place hors de la ville, où le bûcher avait été dressé (*). Le patient ne cessa de protester de sa catholicité; il mourut avec le plus grand courage, mais sans ostentation (**). »

INDIGNATION DES BOHÉMIENS. ZISKA.

A la nouvelle du supplice de Jean Huss, que suivit de près celui de Jérome de Prague, son disciple, l'indignation fut générale en Bohême;

(*) Par une singulière antiphrase, cette place s'appelle aujourd'hui le *Paradis*. On montre encore à Constance, dans la salle du concile, le chariot sur lequel Jean Huss fut conduit au supplice.
(**) Schœll, Cours d'histoire des États européens, t. VII, p. 194 et suiv.

les grands du royaume adressèrent au concile des lettres pleines de sanglants reproches, et l'université de Prague écrivit à tous les enfants de la sainte mère l'Église catholique, en faveur de son ancien recteur, homme grand et saint, disait-elle, qui méprisait les richesses et ouvrait ses entrailles aux pauvres. Dans toute la Bohême, les églises retentirent des louanges de Jean Huss; on établit même un jour pour solenniser tous les ans sa fête comme celle d'un martyr : ce fut le 6 juillet, jour de son supplice; enfin on fit frapper des médailles en son honneur.

Pendant que Jean Huss était encore enfermé à Constance, un professeur de Prague, Jacob de Miez, prêcha qu'on ne pouvait, sans commettre un sacrilége, priver les laïques du calice dans le sacrement de l'eucharistie. Les hussites adoptèrent avidement cette opinion, qui effaçait encore un des signes qui distinguaient le prêtre du laïque; et dès lors chacun voulut recevoir la communion sous les deux espèces; l'université elle-même approuva solennellement, le 10 mars 1417, la doctrine de Jacob Miez. Toutes ces réformes étaient populaires en Bohême; la haine contre les Allemands, contre les Romains, allait croissant; mais il fallait un chef aux insurgés, car ils prévoyaient bien que le concile poursuivrait sa vengeance sur les partisans de celui qu'ils avaient brûlé. Jean de Trocznow, surnommé Ziska, qui s'était distingué dans les guerres entre les Prussiens et les Lithuaniens, était chambellan de Venceslas à l'époque de la mort de Jean Huss. De bonne heure, il avait embrassé ses doctrines avec enthousiasme. Lorsqu'il apprit le supplice de son maître, il ne songea plus qu'aux moyens de le venger. Le roi, l'ayant vu souvent plongé dans de profondes méditations, lui demanda la cause d'un état si contraire à son enjouement habituel. « Quel Bohémien, répondit-il, ne pour-« rait être profondément affecté, quand « il pense à l'odieuse exécution de Jean « Huss et de Jérôme de Prague. » Venceslas, ennemi aussi des Allemands qui l'avaient déposé, de Sigismond qui, plus d'une fois, l'avait emprisonné, lui dit : « Que pouvons-nous « faire pour venger cet outrage ? Si tu « en trouves quelque moyen, emploie-« le, je te le permets. »

Encouragé par ces mots, Ziska quitte la cour; son zèle lui gagne la confiance du peuple; et bientôt il se trouve à la tête d'un parti nombreux qui ne respecta pas même Venceslas (*), ne le trouvant pas aussi zélé pour leur parti qu'ils l'espéraient. Ils délibérèrent entre eux pour le déposer. Mais un de leurs prêtres les en dissuada. « Mes « frères, leur dit-il, quoique nous ayons « un roi ivrogne et fainéant, cependant « si nous jetons les yeux sur tous les « autres princes, il ne s'en trouvera « point qui lui soit préférable, parce « qu'il est paisible, bénin, et que, de « plus, il nous aime… C'est son indo-« lence qui fait notre salut. » Selon d'autres, il aurait dit : « Nous avons un « roi, et nous n'en avons pas; il est roi « de nom, il ne l'est pas d'effet. Ce n'est « que comme une peinture sur la mu-« raille, etc. »

FONDATION DE TABOR.

Cependant, enhardis par leur nombre, se voyant quelquefois réunis jusqu'à quarante mille pour la communion, ils se portèrent à des violences inévitables. Ziska, en bon général, comprit qu'il fallait à toute cette foule une retraite assurée. Les hussites avaient déjà pris l'habitude de se réunir, pour entendre leurs prédicateurs, sur quelques montagnes voisines de Prague, principalement sur le mont Horadistie. Ziska résolut d'y bâtir une ville; il ordonna à chaque hussite de construire une maison à l'endroit où avait été placée sa tente. C'est ainsi que prit naissance le fameux Tabor (en bohémien, camp ou tente). Les hussites, qui s'appelaient aussi calixtins (calice), prirent également de leur ville le nom de Taborites. Voici la description que fait

---

(*) C'est vers cette époque 1418, que la plupart des historiens placent l'arrivée en Bohême des Picards. Voici ce qu'en raconte un contemporain, Æneas Sylvius, qui fut pape en 1458 : « Sur ces entrefaites il s'éleva en Bohême une nouvelle hérésie pernicieuse et inouïe jusqu'alors. Un certain Picard de la Gaule Belgique, ayant pénétré d'Allemagne en Bohême, se fit d'abord quelques partisans par ses prestiges, et en peu de temps attira une grande multitude d'hommes et de femmes qu'il appela Adamites, parce qu'il leur ordonnait de marcher nus. S'étant emparé d'une certaine île, baignée par la rivière de Lusinitz, il se disait Fils de Dieu, et se faisait appeler Adam. Les femmes étaient communes parmi eux, quoiqu'il ne fût pas permis d'en prendre sans le consentement d'Adam. Quand quelqu'un se sentait de l'inclination pour une femme, il lui prenait la main pour aller trouver le chef. « Mon esprit, disait-il, s'est échauffé pour celle-ci; » à quoi le chef répondait : « Allez, croissez, multipliez et remplissez la terre. » Il prétendait que tout le reste des hommes étaient des esclaves, et qu'il n'y avait de libres que lui et ceux qui naissaient de sa secte. Il en sortit un jour quarante de l'île, qui, forçant les villages voisins, massacrèrent à coups d'épée plus de deux cents paysans, les appelant enfants du diable. Ziska, tout scélérat qu'il était, en apprenant cette nouvelle en eut horreur. Car tel est le naturel des hommes, qu'ils remarquent mieux les vices des autres que les leurs propres; outre que les grands crimes ne demeurent pas longtemps impunis, et qu'ils trouvent souvent des vengeurs des hommes eux-mêmes fort scélérats. Il se mit donc à la tête d'un corps d'armée, et les ayant assiégés dans leur île, il s'en rendit maître, et passa tous les adamites au fil de l'épée, à la réserve de deux de qui il voulait apprendre quelle était leur superstition. Lorsque j'étais en Bohême, continue Sylvius, j'ai ouï dire à Ulric de Roses, seigneur de mérite, qu'il avait eu chez lui des hommes et des femmes de cette secte, qui avaient été faits prisonniers, et que les femmes disaient publiquement que ceux qui portent des habits, et principalement des caleçons ou des hauts-de-chausses (*femoralia*), ne sont pas libres. Il ajoutait qu'elles avaient accouché chez lui dans la prison, et les ayant tous fait brûler, ils souffrirent le feu en riant et en chantant (*). »

(*) Hist. de Bohême, ch. 41.

Æneas Sylvius de cette ville qu'il vit quelques années après sa fondation (*) : « Quoique cette ville, dit-il, fût défendue par des rochers escarpés, Ziska ne laissa pas de l'enfermer de murailles et d'un avant-mur. Elle est baignée en partie par la rivière de Lusinitz, et en partie par un gros torrent qui, arrêté par un rocher, est contraint de se détourner à droite pour entrer dans la rivière à l'extrémité de la ville. L'espace pour aller dans la ville par terre (car les deux rivières en font une péninsule) est à peine de trente pieds. Là, il y a un fossé fort profond, et une triple muraille si épaisse qu'elle était à l'épreuve de toutes les machines de guerre. Les taborites, maîtres dans l'art de prendre les places, avaient bâti plusieurs tours et plusieurs remparts le long des murailles, dans les endroits les plus nécessaires. C'était là le refuge de tous les hérétiques. Ziska le construisit le premier; ceux qui le suivirent en augmentèrent les fortifications chacun selon son génie. Nous la décrivons telle que nous l'avons vue (**). »

DÉFÉNESTRATION DE PRAGUE. MORT DE VENCESLAS.

Un jour Ziska (***) descendit de Tabor, suivi d'une troupe fanatique, et entra dans Prague. « Ayant trouvé, dit un contemporain (****), l'église de Saint-Étienne fermée, ils en rompirent les portes, y dirent la messe, et communièrent sous les deux espèces.

(*) Selon Pelzel, historien de la Bohême, cette forteresse peut être considérée comme le premier essai de fortification dans le genre moderne.
(**) Histoire de Bohême, ch. 40.
(***) Sa sœur, qui était religieuse, avait été outragée par un prêtre, ou selon d'autres par un moine. Ceci explique peut-être sa cruauté envers les monastères. Dans une tour de Tabor, bâtie par Ziska, on l'avait représenté tenant de la main gauche un moine rasé, et de la droite une massue pour l'assommer. Balbin, *Misc.*, lib. III, ch. IV, § v.
(****) Manuscrit cité par Balbin, *Miscell. boh. sanct.*, liv. IV, p. 117.

En revenant de la procession, ils s'arrêtèrent un peu à la maison de ville, et demandèrent au sénat l'élargissement de quelques gens qui avaient été emprisonnés pour avoir fait usage du calice. Le sénat répondit avec fermeté qu'il ne pouvait le faire. Cependant on jeta du palais une pierre sur un prêtre hérétique, qui, dans la procession, avait porté devant le peuple ce qu'on appelle la *monstrance*. La procession en ayant été troublée, on fit irruption dans la maison de ville, et on se jeta d'abord sur le bourgmestre, et ensuite sur tous les sénateurs, et sur le juge, dont le valet fut assommé dans la cuisine. Tous ces gens-là, et plusieurs autres, furent inhumainement jetés par les fenêtres, et reçus en bas par la populace sur des pointes de javelots, de broches, d'épées et de poignards. Ceux qui tombèrent encore en vie furent tués à coups de fouets ferrés. »

Ils ne faisaient, disaient-ils, que suivre l'exemple de leurs ancêtres, *ex more majorum* (*). Venceslas fut tellement effrayé de cet attentat, qu'à la nouvelle qu'il en reçut il mourut frappé d'apoplexie, le 16 août 1419, « jetant de grands cris et rugissant comme un lion. » « J'ai trouvé, dit Cochlœus dans un ancien manuscrit, qu'un jour son cuisinier lui ayant refusé à manger, il le fit embrocher et rôtir. Il fit jeter à l'eau un docteur en théologie, pour avoir dit qu'il n'y a de vrai roi que celui qui règne bien. On trouve dans le même livre qu'il aimait passionnément un chien, parce qu'il mordait tous ceux qu'il lui montrait du doigt; on dit aussi qu'il avait toujours à son côté un bourreau pour intimider les gens, et qu'il l'appelait son compère. »

La mort de Venceslas, l'absence de Sigismond, son successeur, alors retenu en Hongrie, laissèrent les hussites libres de répandre partout leurs fureurs iconoclastes; nul pays, au témoignage d'Æneas, ne pouvait être comparé à la Bohême pour le nombre

(*) L'année précédente, dit Lenfant, la même scène avait eu lieu à Breslau; c'est ce qu'on appelle la *défénestration*.

et la magnificence des églises et des monastères. Ziska en ruina jusqu'à cinq cent cinquante, entre autres la chartreuse d'où était sortie l'accusation contre Jean Huss; le monastère de la cour royale, où l'on pouvait lire toute l'Écriture sainte, depuis la Genèse jusqu'à l'Apocalypse, écrite sur les murs du jardin en lettres majuscules, qui croissaient en proportion de la hauteur du mur, de sorte qu'on pouvait lire aisément depuis le bas jusqu'en haut. C'est dans ce monastère qu'on enterrait les rois de Bohême; quand les hussites le ruinèrent, ils déterrèrent leurs ossements et les jetèrent dans la Moldau. Les hussites toutefois éprouvèrent dans plusieurs endroits de la résistance et même des revers. Ainsi un jour ils perdirent seize cents hommes faits prisonniers par les mineurs de Kuttenberg, qui les précipitèrent au fond de leurs mines.

CROISADE CONTRE LES HUSSITES.

Cependant, au mois de décembre 1419, Sigismond vint en Moravie, et convoqua à Brünn les seigneurs bohémiens et moraves, les burgraves des places fortes, et les députés des villes. Ceux de Prague ayant comparu en sa présence, implorèrent le pardon de leurs concitoyens, et le reconnurent pour souverain. L'empereur leur commanda de s'en retourner, de renverser les barricades qu'on avait élevées dans les rues, de détruire les ouvrages qu'on avait faits pour s'emparer du château, et de ne point troubler les prêtres catholiques dans l'exercice de leur ministère. Du reste, il n'alla pas lui-même dans la capitale de la Bohême; il tourna vers Breslau, où il fit mourir douze de ceux qui, l'année précédente, avaient jeté le bourgmestre par les fenêtres de l'hôtel de ville. Il se trouvait alors dans la ville un hussite de Prague, qui prêchait la communion sous les deux espèces; Sigismond le fit tirer à quatre chevaux, et fit jurer aux habitants qu'ils le soutiendraient contre les hussites; car, de concert avec lui, le nonce du pape prêchait alors la croisade décrétée par Martin V.

A ces nouvelles, il y eut grand tumulte à Prague; on déclamait contre l'empereur, disant que c'était le cheval roux de l'Apocalypse, etc.; et, le 5 avril 1420, une ligue fut conclue entre les principales villes de la Bohême pour le maintien de leur religion; et toutes jurèrent de ne jamais reconnaître Sigismond.

DÉFAITE DES ALLEMANDS.

Déjà celui-ci réunissait une armée nombreuse; les électeurs de Saxe et de Brandebourg, les ducs de Bavière, les margraves de Misnie et Albert d'Autriche, avaient amené toutes leurs forces, dont l'ensemble se montait, si l'on en croit les historiens contemporains, à cent quarante mille hommes. A Litomeritz, il fit jeter dans l'Elbe vingt-quatre hussites, et parut, le 11 juillet, devant Prague. La ville, vivement attaquée, fit une opiniâtre résistance. Le fanatisme avait armé jusqu'aux femmes. On trouva parmi les morts deux femmes et une jeune fille. Ziska, retranché avec les taborites sur une montagne qui s'élève à l'orient de la nouvelle ville, repoussa tous les efforts des Impériaux, et les força à lever enfin le siège le 30 juillet. Pendant toute sa durée, les Bohémiens, en signe de défi, laissèrent leurs portes ouvertes le jour et la nuit. En se retirant, Sigismond enleva les lames d'or et d'argent dont les tombeaux des saints étaient couverts dans la basilique de Saint-Venceslas.

Le 31 octobre, Sigismond éprouva une nouvelle défaite en voulant faire lever le siège du château de Wishrode. Les Bohémiens, armés, comme les Polonais dans leur dernière lutte, de fléaux de fer, tuèrent trois cents seigneurs de l'armée impériale; presque toute la noblesse de Moravie resta sur le champ de bataille.

ARTICLES DES HUSSITES.

Cependant la division était parmi les Bohémiens; ceux de Prague présentaient quatre articles, comme le résumé de leur foi : 1° la parole de Dieu doit être prêchée librement par les prêtres du

Seigneur; 2° la communion doit être administrée sous les deux espèces; 3° le clergé ne peut rien posséder; 4° tous les péchés mortels commis avec publicité doivent être sévèrement réprimés comme méritant la mort. Les péchés des laïques sont la fornication, les excès de table, le vol, le meurtre, le mensonge, le parjure, la pratique des arts magiques, l'usure, et tout commerce tendant à un gain usuraire, etc. Ceux des prêtres sont la simonie, les demandes d'argent pour la distribution des sacrements, et pour tout autre acte religieux quelconque : la vente d'indulgences, les mœurs corrompues, le concubinage, etc. Chaque fidèle est obligé, en conscience, de poursuivre et punir ces péchés sur tout individu qui, à sa connaissance, en est infecté.

Mais les taborites renchérissaient sur ces articles; ils voulaient qu'on ne tolérât aucun individu qui eût commis un péché mortel; que l'oisiveté fût regardée comme telle; qu'il fût défendu de boire dans des maisons publiques, de porter des habits de drap fin; que toutes les églises superflues, avec les ornements qu'elles renfermaient, et tous les monastères fussent détruits. Dans leurs visions, ces fanatiques croyaient que Jésus-Christ allait venir sur la terre pour venger les péchés; que le monde allait être détruit; que tout fidèle, fût-il même prêtre, qui ne tremperait pas son glaive dans le sang des ennemis de la loi, serait maudit; qu'on n'obtiendrait la sanctification qu'en versant le sang; que toutes les villes, à l'exception de cinq, tous les châteaux et tous les villages, seraient brûlés; qu'enfin les taborites étaient les anges choisis par le Seigneur comme ministres de sa volonté.

DÉVASTATION DES MONASTÈRES.

En conséquence, Ziska, pour mettre ces prédications en pratique, répandit par tout le pays la dévastation. Rencontrant un jour, près de Prague, quelques taborites occupés à détruire un couvent et à en insulter les moines, ces gens lui demandèrent : « Frère Jean, « que vous semble du régal que nous « faisons à ces comédiens oints et sa- « crés? » Il répondit, en leur montrant la basilique de Saint-Venceslas : « Pour- « quoi avez-vous épargné cette boutique « de chauves? » et à l'instant la magnifique chapelle, toute bâtie de jaspe enchâssé dans de l'or, fut pillée et démolie à coups de marteaux et de massues. « Dans ces trois dernières années, dit « un des orateurs du concile de Sienne, « les hussites ont fait périr en Bohême « plus de quinze mille prêtres ou reli- « gieux par divers tourments. Les uns « ont été embrochés comme des poules, « et grillés sur des charbons; on a fait « avaler aux autres du plomb fondu. « Quelques-uns ont été tirés à quatre « chevaux; d'autres ont été lapidés, et « d'autres noyés. »

Cependant, au milieu des dissidences religieuses qui divisaient les calixtins et les taborites, tous étaient réunis par une haine commune contre Sigismond et les Allemands. Cette guerre des hussites ne fut pas seulement une affaire de religion, mais aussi une question de nationalité. Tous, catholiques, calixtins, taborites, orphanites, orébites, habitants de la vieille Prague ou de la nouvelle, tous ces partis, ennemis les uns des autres, concouraient à la défense commune, quand Sigismond et ses Allemands paraissaient sur les frontières. C'est un grand exemple du patriotisme survivant aux querelles religieuses et dominant toutes les sectes.

NOUVELLES DÉFAITES DE SIGISMOND.

Après la seconde défaite de Sigismond, les Bohémiens résolurent d'offrir leur trône à Ladislas Jagellon, roi de Pologne; et, sur son refus, à son neveu, Sigismond Korybut. A cette nouvelle, l'empereur entra avec une armée en Bohême, et assiégea Saaltz; mais le manque de vivres força les Allemands à s'en retourner. Vers la fin de l'année, Sigismond reparut avec soixante mille Hongrois, Autrichiens et Moraves, prit Kuttemberg, et cerna Ziska sur le mont Taurkauk. On croyait que c'en était fait du chef taborite, qui venait encore de perdre le seul œil qui lui restât; mais, durant la nuit, il s'ouvrit un passage à travers l'armée impériale. Après la retraite de Ziska, Sigismond brûla Kuttemberg, où ses Hongrois passèrent tous les habitants, femmes et enfants, au fil de l'épée. Mais Ziska put bientôt se venger de ces cruautés. Comme Sigismond attaquait Deutsahbrad, Ziska l'atteignit, tailla une partie de son armée en pièces, et lui enleva cinq cents chariots. Après la bataille, il y eut une cérémonie étrange : le *redoutable aveugle*, assis sur les étendards impériaux, fit des chevaliers parmi ses taborites.

MORT DE ZISKA.

Cependant Korybut, le nouveau roi, vint à Prague pour se faire couronner. Ce fut l'occasion d'un schisme politique qui amena une guerre ouverte entre ceux de Prague et Ziska. Après plusieurs victoires signalées, Ziska força ses adversaires de se soumettre à ses ordres; et, dès lors, son autorité devint si grande en Bohême, que Sigismond, désespérant de réussir par la force, lui offrit de le nommer son vicaire général, et le commandant de son armée. Mais la mort enleva Ziska au milieu des négociations; il périt de la peste le 11 octobre 1424, en recommandant, si l'on en croit Æneas Sylvius, de faire de sa peau un tambour, pour être encore, après sa mort, l'effroi des Allemands. Il fut enseveli, avec de grands honneurs, dans la cathédrale de Czaslaw; sur son tombeau on plaça sa massue. Balbin, dans ses Mélanges, raconte que l'empereur Ferdinand 1er, passant un jour à Czaslaw, voulut en visiter la cathédrale; et qu'y étant entré, il vit une grande massue de fer pendue près d'un tombeau. Comme ce tombeau lui paraissait être celui de quelque héros de la Bohême, il demanda quel il était. Aucun des courtisans qui étaient avec lui n'osait le lui dire. Cependant l'un d'eux plus hardi nomma Ziska. « Fi, fi, dit l'em-« pereur ; cette mauvaise bête, toute « morte qu'elle est depuis cent ans, fait « encore peur aux vivants. » Là-dessus, il sortit de l'église, et fit atteler pour aller une lieue au delà de Czaslaw, quoiqu'il eût résolu d'y passer la nuit. On voyait encore cette massue en 1619, lorsque Ferdinand II remporta la victoire sur Frédéric V, électeur palatin, que les Bohémiens avaient élu roi.

DIVISIONS PARMI LES HUSSITES. PROCOPE LE GRAND.

Après la mort de Ziska, les taborites se divisèrent en deux partis; l'un prit pour chef Procope le Rasé ou le Grand; l'autre, celui des orphanites, croyant ne pouvoir dignement remplacer le redoutable aveugle, forma un conseil pour veiller sur les intérêts communs; mais, dans ce conseil, un autre Procope, surnommé le Petit, exerça une influence prédominante. Il y avait encore les calixtins de Prague, et les orébites, ainsi nommés d'une montagne où ils s'étaient d'abord réunis, et qu'ils avaient appelée Oreb.

La mort de Ziska n'arrêta pas les progrès des sectaires, qui continuèrent à dévaster tour à tour les pays des Philistins, des Iduméens et des Moabites, c'est-à-dire, la Bavière, la Misnie et la Lusace.

« Ce fut en vain que le pape Martin V prêcha, en 1425, une seconde croisade contre ces hommes féroces auxquels rien ne pouvait résister. Ce fut en vain que Frédéric le Belliqueux, électeur de Saxe, envoya une armée formidable contre eux; le 15 juin 1426, elle fut battue près d'Aussig, dans une affaire sanglante qui lui coûta douze mille hommes. Toute l'Allemagne fut effrayée de cet événement; partout on prit des précautions contre les incursions des taborites.

« Plusieurs fois, en 1422 et 1426, la diète de l'Empire avait délibéré sur les moyens de détruire le volcan qui menaçait de couvrir de ses feux l'Allemagne entière. Enfin, en avril 1427, on convint d'une expédition combinée. Quatre armées devaient entrer à la fois et de divers côtés en Bohême;

l'une, composée de troupes du Rhin, d'Alsace, de Souabe, de Bavière, de Franconie, sous les ordres d'Othon de Ziegenhayn, électeur de Trèves; l'autre, de Saxons, sous les ordres de leur électeur; la troisième, de Silésiens commandés par l'électeur de Brandebourg; les ducs d'Autriche et l'archevêque de Salzbourg devaient rassembler la quatrième armée. Ces troupes se réunirent effectivement à Nuremberg, et entrèrent, en juin 1427, par trois routes dans le royaume. Un de ces corps entreprit le siége de Mies, dans le cercle de Pilsen; à cette nouvelle, les taborites, les orphanites et les calixtins de Prague se mirent en mouvement, sous la conduite de Procope le Grand, pour débloquer cette place. Leur approche répandit une terreur panique parmi les Allemands qui, sans attendre l'ennemi, levèrent le siége le 21 juillet, s'enfuirent, et entraînèrent dans leur fuite les deux autres corps qu'ils rencontrèrent.

« Nous avons, écrivait le duc de Ba-
« vière, attaqué la Bohême par cinq
« fois, et tout autant de fois nous avons
« été défaits avec perte de nos troupes,
« de nos armes, de nos machines et
« instruments de guerre, de nos pro-
« visions, de nos valets d'armée. La
« plus grande partie de nos gens a péri
« par le fer, et l'autre dans la fuite.
« Enfin, par je ne sais quelle maligne
« fatalité, nous avons toujours hon-
« teusement tourné le dos, même sans
« avoir vu l'ennemi. »

DÉVASTATION DE L'ALLEMAGNE.

« Malgré la malheureuse issue de cette campagne, le légat du pape, Henri Beaufort, alors évêque de Winchester, persuada à la diète de Nuremberg, du mois de novembre 1427, d'arrêter encore une expédition contre ces formidables hérétiques. Pour la première fois, en Allemagne, on établit, sous le nom de denier commun, une imposition payable par tous les sujets de l'Empire, sans distinction d'état ni de sexe; mais cette nouveauté et l'organisation d'une armée donnè-rent lieu à tant de délibérations, qu'il se passa des années avant qu'on pût rien exécuter. Les taborites et les orphanites profitèrent de ces délais pour pousser au loin leurs incursions. La Misnie jusqu'à Torgau fut entièrement dévastée; ces hordes de pillards et d'incendiaires allèrent jusque dans la Marche électorale et dans l'archevêché de Magdebourg, en Franconie et en Bavière. Dans la seule campagne de 1430, elles brûlèrent cent villes et châteaux, et près de quatorze cents villages, et emmenèrent un butin pour lequel il leur fallut trois mille voitures attelées de six, huit, douze, et jusqu'à quatorze chevaux. Depuis le dixième siècle, où les Hongrois avaient parcouru l'Allemagne, on n'avait pas vu un pareil désastre (*). »

Erfurt, dit l'historien de la guerre des hussites, fut obligée de se fortifier. Plusieurs autres villes d'Allemagne imitèrent cet exemple, comme Magdebourg, Brunswick, Lunebourg. Il paraît en effet que cette année même les Bohémiens pénétrèrent plus avant qu'ils n'avaient encore fait en Allemagne, à la réserve du Brandebourg, où ils avaient déjà fait quelques courses. De Saxe ils passèrent en Franconie, ravagèrent le duché de Cobourg, brûlèrent les villes de Culembach et de Bareith, massacrant tout le monde sans quartier et sans distinction. De là ils passèrent à Bamberg, dont l'évêque se racheta lui et sa ville moyennant une somme de neuf mille ducats d'or. Plusieurs princes, évêques et villes, en firent autant, entre autres Frédéric, électeur de Brandebourg, Jean, duc de Bavière, le marquis d'Anspach, Albert, évêque de Saltzbourg, Frédéric, évêque d'Eichstätt; la ville de Nuremberg se racheta pour dix mille ducats.

Là où ils pénétraient de force, ils brûlaient et tuaient tout; c'était, disaient-ils, pour faire les funérailles de Jean Huss. Un bouffon, qui était parmi les vaincus, dit là-dessus : « Nous avons

(*) Schœll, Cours d'histoire des États europ., t. VII, p. 214 et suiv.

« rôti l'oie,(*), mais les Bohémiens nous
« ont donné la sauce. »

DERNIÈRE CAMPAGNE DES ALLEMANDS.

Enfin, après que les états de l'Empire se furent beaucoup disputés dans les différentes diètes convoquées par Sigismond à Francfort, à Nuremberg, à Vienne, et même, à cause d'une maladie dont il fut attaqué, à Presbourg en Hongrie, le cardinal de Saint-Ange, Julien Césarini, réussit à faire rassembler une armée qu'on porte à quatre-vingt mille hommes et au delà. A cette nouvelle, les différentes sectes des hussites accoururent de tous les pays voisins où ils faisaient des courses, et suspendirent leurs inimitiés et leurs discordes pour ne penser plus qu'à la défense de leur patrie. « Les grands de Bohême et de Moravie s'unirent étroitement ensemble dans la même vue; les villes renouvelèrent leurs confédérations; petits et grands, on vit tout le monde s'armer avec une allégresse commune; de sorte qu'en fort peu de temps il se trouva la revue qui fut faite à Chotischau, dans le cercle de Pilsen, cinquante mille hommes d'infanterie, et sept mille chevaux sous les armes, avec trois mille six cents chariots. D'un autre côté, on prit soin de bien garder les avenues; les districts de Zatec et de Launi, celui de Gratz et plusieurs villes frontières, avaient l'œil sur la Moravie et sur l'Autriche, pour fermer l'entrée à l'archiduc, ou à Kragi, capitaine de Moravie (**). »

« Au mois d'août 1431, l'armée confédérée entra en Bohême par le cercle de Pilsen et assiégea Tauss; mais on vit se renouveler la scène de 1427. Aussitôt qu'on sut dans l'armée allemande que le terrible Procope approchait, les Bavarois se sauvèrent pendant la nuit en abandonnant leurs équipages; et, à leur exemple, toute l'armée se serait débandée, si le cardinal Julien n'eût ramené les fuyards jusqu'à une lieue de distance de leur ancien camp. Néanmoins, quand Procope se montra, rien ne put les arrêter; le 14 août, toute l'armée se dispersa; les hussites tuèrent près de onze mille hommes, et s'emparèrent de huit mille voitures chargées d'armes.

« La malheureuse issue de cette expédition convainquit enfin tout le monde qu'on ne pouvait réduire les hussites par la force des armes, mais qu'il fallait avoir recours à la voie des négociations. Ce fut le concile de Bâle qu'on chargea de rendre la paix à la Bohême et à l'Allemagne, en corrigeant ce que les Pères de Constance avaient gâté par une sévérité mal placée (*). »

AMBASSADE DES HUSSITES AU CONCILE DE BALE.

En exécution des décrets du concile de Constance, Martin V avait convoqué à Pavie, en 1423, un nouveau concile, que la peste fit transférer à Sienne, et que le pape se hâta de fermer après un petit nombre de sessions, annonçant pour 1431 une assemblée solennelle à Bâle; mais il mourut avant cette époque, et son successeur, Eugène IV, par suite d'une capitulation signée avant l'élection par tous les cardinaux, promulgua une bulle qui, si elle avait été exécutée, aurait changé, au profit des cardinaux, le gouvernement pontifical en un gouvernement aristocratique, où le pape aurait joué à peu près le même rôle que le doge à Venise. Cependant le concile s'assembla, et un de ses premiers soins fut de tenter une franche réconciliation avec les Bohémiens; il les invita à lui envoyer des députés. Ils arrivèrent avec une suite de trois cents personnes. « Quand ils approchèrent, dit Æneas Sylvius, tout le peuple se répandit dans la ville et hors de la ville, pour les voir entrer; il se trouvait même dans la foule plusieurs membres du concile attirés par la réputation d'une nation si

---

(*) *Hus*, signifie oie.
(**) Lenfant, Hist. du concile de Bâle, t. I, p. 344.

(*) Schœll, Cours d'histoire des États europ., t. VII, p. 216, 217.

belliqueuse. Hommes, femmes, enfants, gens de tout âge et de toute condition, étaient ou dans les places publiques, ou aux portes et aux fenêtres, ou même sur les toits pour les attendre ; les uns montraient l'un au doigt, les autres un autre. On était surpris de voir des habits étrangers et jusqu'alors inconnus, des visages terribles et des yeux pleins de fureur ; en un mot, on trouvait que la renommée n'avait point exagéré leur caractère(*) ; surtout on avait les yeux attachés sur Procope. « C'est celui-là, disait-on, qui « tant de fois a mis en fuite les armées « des fidèles, qui a tant renversé de vil- « les, qui a massacré tant de milliers « d'hommes, aussi redoutable à ses « propres gens qu'à ses ennemis, capi- « taine invincible, hardi, intrépide, « infatigable. »

Avant de dire comment se termina l'affaire des hussites, qui nous ramènera directement à l'histoire d'Allemagne, rapportons en quelques mots les événements du concile de Bâle. D'abord Eugène IV, effrayé de la hardiesse des Pères, voulut dissoudre le concile ; mais les Pères maintinrent avec force leur suprématie, accusèrent le pape d'hérésie, le déposèrent, et élurent à sa place Amédée de Savoie(**), qui vivait, après son abdication, dans la retraite, et

---

(*) Voici le portrait qu'il fait ailleurs de ces terribles sectaires : « C'étaient, dit-il, des hommes noirs, endurcis au vent et au soleil, et nourris à la fumée d'un camp. Ils avaient l'aspect terrible et affreux, les yeux d'aigle, les cheveux hérissés, une longue barbe, des corps d'une hauteur prodigieuse, des membres tout velus, et la peau si dure, qu'on eût dit qu'elle pouvait résister au fer comme une cuirasse. »

(**) Æneas Sylvius que nous avons déjà plusieurs fois cité, et qui fut l'un des deux maitres des cérémonies du conclave, nous en a laissé la description. « Il fut tenu dans deux salles, l'une au rez-de-chaussée, manquant de poêle, et l'autre au premier étage d'une maison située à côté de la cathédrale, et appelée à la Mouche (zur Mücken). Ces deux salles avaient été construites pour les bals publics. On en mura les fenêtres, laissant seulement quelques soupiraux pour

prit le nom de Félix V. Mais les Pères allèrent trop loin ; l'exagération de leurs

recevoir l'air extérieur. Les deux salles furent divisées en chambrées par le moyen de rideaux ou tapisseries. Il y régnait la plus parfaite obscurité, et, pour lire, il fallait de la lumière. Toute communication avec le dehors était impossible. Chaque électeur avait un ou deux serviteurs ; ils recevaient leur nourriture par une seule lucarne fermée par deux serrures, une extérieure et une intérieure ; le comte Jean de Thierstein avait la clef de la première, en sa qualité de protecteur du conclave ; la clef pour la serrure intérieure était gardée par le camérier, le cardinal d'Arles, qui ne la confiait qu'aux deux maitres des cérémonies, chargés de recevoir le dîner et le souper des cardinaux, et de faire sortir la desserte, qui était toujours distribuée aux pauvres. Elle ne doit pas avoir été magnifique, puisque les électeurs étaient réduits à la plus chétive pitance. Ils avaient la liberté de se faire donner soit de la viande, soit du poisson ; mais ils ne pouvaient pas réunir, dans un même repas, les deux espèces d'aliments, ni même deux sortes de viandes ou de poissons. Ne voulaient-ils ni viande ni poisson, on leur accordait des œufs et du fromage. Il n'était pas permis aux électeurs de se régaler mutuellement ou de partager leur repas avec un autre : on était moins sévère pour la boisson. Ce régime déplaisait beaucoup à un certain chanoine de Cracovie qui était enfermé au conclave. Son cuisinier lui ayant un jour envoyé trois sortes de viandes, on n'en laissa passer qu'une seule, et lorsqu'il s'en plaignit, on lui dit, pour le consoler, que la même chose était arrivée à un cardinal. « Eh ! ne me comparez donc pas, ré- « pondit-il, à ce cardinal, à ce Français « parcimonieux, sans ventre, et qui, en vé- « rité, est à peine un homme. Pour mon « malheur ma cellule touche à la sienne ; à « travers le rideau, je vois tout ce qu'il fait ; « je ne l'ai pas encore vu manger ni boire « une seule fois, et ce qui me damne, il ne « dort ni nuit ni jour (il est vrai qu'il ne « fait jamais jour chez nous) ; la lecture et « les intrigues sont sa seule occupation. Il « ne pense pas plus à son estomac que s'il « n'en avait pas. Qu'on ne me traite pas « comme cet homme-là ; je suis Polonais, « il est Français ; mon estomac est brûlant, « le sien, à la glace. Jeûner est sa santé ; « pour moi, c'est la mort. Si je ne mange

principes détourna d'eux les princes et les peuples. Peu à peu, l'assemblée de Bâle fut considérée comme une réunion de factieux, et, le 18 mai 1448, le roi des Romains lui retira les saufs-conduits, et ordonna aux Bâlois de renvoyer les Pères, qui se réunirent une dernière fois à Lausanne, où, après avoir fait leur paix avec le successeur d'Eugène, Nicolas V, et proclamé l'abdication d'Amédée, ils se séparèrent.

COMPACTATA.

Ce concile, contre lequel s'élevèrent tant de plaintes, avait pourtant donné la paix à la Bohême. Nous avons dit que les Bohémiens avaient envoyé une ambassade à Rome. Après quelques discussions, elle fût obligée, il est vrai, de partir sans avoir rien conclu; mais le concile désirait tant cette pacification, qu'il la fit suivre par de nouveaux députés. Arrivés à Prague en juin 1433, ils eurent des conférences avec les prêtres calixtins, et ils purent se convaincre que ceux-ci n'insistaient opiniâtrément que sur l'usage du calice dans la communion, et que, pourvu qu'on le leur accordât, ils seraient faciles sur le reste. En effet, après quelques négociations et concessions réciproques, le concile adopta les quatre articles avec des modifications très-sages; il déclara : 1° que les péchés mortels seraient punis, autant que possible, d'après les lois divines et ecclésiastiques, mais sans l'intervention des particuliers, qui ne pourraient s'arroger le droit de les juger; 2° que la parole de Dieu serait prêchée librement par ceux qui y auraient été autorisés, et sauf l'autorité suprême du pape; 3° que le clergé administrerait les biens de l'Église, d'après les préceptes des saints Pères, et qu'on ne pourrait s'emparer de ces biens sans sacrilège; 4° que l'Église et les Pères avaient eu de très-bonnes raisons pour ordonner que les laïques ne communieraient que sous une seule espèce, et que le retranchement du calice ne pouvait être révoqué sans l'autorité de l'Église; mais que l'Église était pleinement autorisée à accorder aux Bohémiens, pour des raisons suffisantes, la communion sous les deux espèces, et qu'elle le faisait à condition que les prêtres inculqueraient aux adultes la nécessité de croire que l'on reçoit le corps de Jésus-Christ également sous chaque espèce. Jean Rokyczana, auquel on avait promis l'archevêché de Prague, ayant engagé les calixtins à approuver cette rédaction, le concile publia, le 30 novembre 1433, la formule qui est connue sous le titre de *Compactata*, et, le 2 janvier 1434, les calixtins, en l'acceptant formellement, promirent obéissance à l'Église. On les appela depuis ce temps *utraquistes*.

RUINE DES TABORITES.

La soumission des hussites modérés déplut aux taborites et aux orphanites, et il y eut scission formelle et guerre civile entre les partis. Les états de Bohême, réunis aux utraquistes, nommèrent Swihowsky de Wrzestiow gouverneur ou régent du royaume, en lui adjoignant un conseil de quatre seigneurs; ils réunirent une armée puissante, dont Meinard de Neuhaus prit le commandement. Le général livra, le 30 mai 1434, près de Bœhmischbrod, une bataille aux taborites et aux orphanites. Ces fanatiques furent entièrement défaits, et les deux Procope tués. Ce qui était échappé au carnage éprouva une seconde défaite à Lomnitz, et le peu qui en resta s'enferma dans les villes et châteaux forts; mais les Bohémiens s'emparèrent de ces places l'une après l'autre, et même de Tabor. Depuis ce temps, il ne fut plus question de cette secte. Ainsi se vérifia ce que Sigismond avait toujours dit : « Que les Bohémiens ne pourraient être vaincus que par des Bohémiens. »

Il se passa encore du temps avant que ce monarque rentrât en possession de son royaume. Ce fut au mois

« copieusement et ne dors largement, je
« périrai. Chez lui c'est tout autrement. Laissez donc jeûner les Français et manger
« les Polonais. »

de février 1435 qu'après quelques pourparlers, les états de Bohême, assemblés à Prague, fixèrent les conditions auxquelles il serait reconnu. « Il con-
« firmera, y est-il dit, les *compactata*,
« souffrira à sa cour les prêtres hus-
« sites, et ne forcera personne à bâtir
« des châteaux sur ses terres, ou à y
« recevoir des moines; il remettra l'u-
« niversité de Prague en son ancien
« état et en augmentera la dotation;
« il ne forcera pas les Bohémiens à re-
« bâtir les églises détruites, rendra au
« royaume ses priviléges et les joyaux
« de la couronne, et permettra qu'on
« prêche en bohémien dans les églises;
« il ne conférera pas à un étranger le
« gouvernement du royaume pendant
« son absence, etc. ».

RETOUR DE SIGISMOND EN BOHÊME.

Tous ces événements préparèrent enfin le retour de Sigismond en Bohême. Accompagné d'Albert d'Autriche, son gendre, il se rendit à Iglaw, et y mit la dernière main au rétablissement de la tranquillité; puis se rendit à Prague, où, assis sur son trône, au milieu de la place publique, il reçut l'hommage de ses sujets. Pour se concilier les hussites, il donna le rang de ville royale à Tabor, joignit à cette faveur divers priviléges, et accorda aux habitants la liberté religieuse pour cinq ans. Cependant la paix ne fut pas de longue durée. Sigismond, poussé par son aversion pour la nouvelle doctrine, usa de beaucoup de rigueur contre les hussites, et, à la suggestion du légat du pape, il entreprit de rétablir le culte catholique dans ses anciens droits. Ces mesures arbitraires et imprudentes blessèrent ses amis, et firent revivre les haines parmi ses sujets. Pour prévenir le retour des troubles, il renonça à ses projets, et fit lire dans toutes les églises, en langue allemande, en langue bohémienne, en langue latine et en langue hongroise, une proclamation où il déclarait que ceux qui professaient l'unité de l'Église catholique, et qui en observaient tous les commandements et les lois, en étaient de vrais fils, et que les personnes qui recevaient la communion sous les deux espèces ne devaient pas être persécutées par celles qui ne communiaient que sous une seule. Cette proclamation, que les calixtins inscrivirent en lettres d'or sur les murs de leurs églises, apaisa les mécontentements et rétablit de nouveau la tranquillité.

BARBE VEUT ENLEVER A ALBERT D'AUTRICHE L'HÉRITAGE DE SIGISMOND.

Sigismond ne survécut que peu de temps à ces événements; mais avant sa mort il fit tout pour procurer à son gendre Albert d'Autriche, qui l'avait puissamment secondé dans la guerre des hussites, les deux couronnes de Bohême et de Hongrie. Il fut traversé dans ce dessein par l'impératrice, que sa conduite avait fait surnommer la Messaline de l'Allemagne, et qui, selon l'expression d'un historien autrichien, ne croyait ni à Dieu ni au diable, ni au ciel ni à l'enfer. Barbe, prévoyant la mort prochaine de son époux, prit des mesures pour procurer à la Bohême un successeur qu'elle pût épouser, et pour éloigner Albert. Dans cette vue, elle assembla secrètement les principaux seigneurs calixtins, et leur représenta combien il serait dangereux de ne se pas pourvoir d'un successeur au trône avant la mort de l'empereur, qui n'avait pas longtemps à vivre. Puis elle leur proposa Ladislas, fils du roi de Pologne, *prince puissant, jeune et bien fait*. La proposition plut aux calixtins, qui appréhendaient le zèle d'Albert pour la religion romaine, et ils promirent de favoriser l'impératrice dans ses desseins. La réussite était douteuse, car Albert était maître de la plus grande partie de la Moravie et de l'Autriche; on l'avait élevé dans l'espérance de régner un jour sur la Bohême, et il était déjà désigné roi de Hongrie; les Turcs d'ailleurs étaient aux portes de l'Empire, et ce n'était pas le moment de jeter des semences de guerre entre les princes chrétiens.

Cette intrigue ne put être si secrète

ALLEMAGNE.

que Sigismond n'en fût informé. Comme on redoutait le pouvoir de l'impératrice en Bohême, le conseil de Sigismond fut d'avis qu'il allât en Moravie, où il serait plus en état de s'opposer aux desseins de sa femme, qui, aveuglée par l'ambition et par une passion honteuse, ne songeait qu'à s'assurer un nouveau mari qui lui mît sur la tête la couronne de Bohême.

SIGISMOND FAIT RECONNAITRE ALBERT POUR SON SUCCESSEUR. SA MORT.

Sigismond se fit porter en Moravie tout malade qu'il était; il voulait, disait-il, voir encore une fois sa fille Élisabeth; mais son véritable motif, c'était d'assurer le royaume à son gendre. L'impératrice le suivit, et espérant que ce voyage hâterait la mort de son époux. Dès qu'on fut arrivé à Znoima, en Moravie, elle fut arrêtée par ordre de l'empereur, et Albert fut mandé avec son épouse en toute diligence. Sigismond avait avec lui les principaux seigneurs catholiques. Les ayant assemblés en particulier, il leur recommanda Albert, son gendre, et Élisabeth, sa fille.

Tous lui promirent fidélité et assistance; mais ils lui conseillèrent d'envoyer promptement une ambassade solennelle en Bohême pour y prévenir les soulèvements, et y porter le testament par lequel il nommait Albert son successeur. Cette ambassade exhorta fortement les états assemblés à se conformer aux dernières volontés de Sigismond, et les seigneurs catholiques s'empressèrent de désigner Albert pour le trône de Bohême. Mais il n'en fut pas de même des seigneurs calixtins qui s'étaient ligués avec l'impératrice: ils déclarèrent qu'ils n'accepteraient pas ce prince sans une bonne capitulation, et ils lui envoyèrent une ambassade.

Cependant l'état de Sigismond allait toujours empirant, et il mourut à Znoima, dans les premiers jours de décembre 1437, à l'âge de soixante et dix ans, après en avoir régné cinquante et un. Ce fut un spectacle lamentable que de voir la reine conduite prisonnière derrière le cadavre de son époux. Après les obsèques, Albert fut élu roi d'une voix unanime, et couronné à Albe-Royale le 1er janvier de l'année suivante.

Avec Sigismond s'éteignit la maison de Luxembourg, sous le gouvernement de laquelle la dissolution du corps germanique était allée si loin, qu'il semblait que l'autorité impériale et l'unité de la nation n'étaient plus qu'un vieux souvenir. Henri VII et Charles IV n'avaient été occupés que de leurs États héréditaires; Venceslas était à peine sorti de la Bohême durant son règne honteux, et Sigismond, malgré des talents et une activité supérieurs, n'avait rien fait pour l'Allemagne. Si par ses efforts il contribua beaucoup à l'extinction du schisme d'Occident, il n'y a pas de règne où le gouvernement de l'Allemagne soit tombé dans une aussi grande nullité, où les diètes de l'Empire aient fait si peu pour maintenir ou rétablir l'ordre. Cet état de choses ira croissant encore pendant un demi-siècle (*).

ALBERT II.
(1437-1439.)

Il y avait cent trente ans, depuis la mort du fils aîné de Rodolphe de Habsbourg, que la couronne impériale était sortie de la maison d'Autriche: elle y rentra en 1438 pour n'en plus sortir. A la dignité impériale, Albert joignait la couronne de Hongrie et de Bohême, que lui avait cédée Sigismond; enfin la Moravie, qu'il tenait du même prince,

---

(*) « Quoique, dit Æneas Sylvius dans « sa célèbre adresse aux Germains, vous re-« connaissiez l'empereur pour votre roi et « votre maître, il ne possède cependant « qu'une autorité précaire; vous ne lui obéis-« sez que lorsqu'il vous plaît, et rarement « vous êtes disposés à obéir. Vous voulez « être indépendants, et ni princes, ni États « ne rendent au chef de l'Empire ce qui lui « est dû. Il n'a point de trésor, point de re-« venus. Il résulte de cet état de choses que « vous êtes engagés en des guerres sans fin « et exposés à tous les maux qui suivent une « autorité divisée. »

et l'archiduché d'Autriche; vaste puissance qui aurait dû effrayer les électeurs, si la dignité impériale avait encore été à craindre, et si la position des États d'Albert ne l'eût pas désigné au choix de l'Allemagne, qu'effrayaient les progrès des Turcs. Albert ne porta que peu de temps la couronne impériale, car il mourut dès le 27 octobre 1439; cependant son règne si court fut marqué par quelques efforts pour établir la paix publique. Il modéra le pouvoir redoutable des tribunaux secrets de la Westphalie, qui furent longtemps la honte de la jurisprudence allemande; il proposa à la diète de supprimer le droit de guerre que possédaient les princes et les villes, et, pour parvenir à ce but, il traça le plan d'une division de l'Empire en cercles, plan qui fut perfectionné par Maximilien.

Dans les affaires de l'Église, Albert suivit la marche de son beau-père. Les électeurs convoqués à Nuremberg, assistés des ambassadeurs de France, de Castille, de Portugal et d'Aragon, examinèrent les griefs réciproques du pape et du concile, et le 26 mars 1439 approuvèrent vingt-six propositions décrétées par les Pères de Bâle touchant la supériorité des conciles généraux sur le pape, l'élection sans simonie des évêques et des prélats, la réforme des mœurs du clergé, les appels en cour de Rome, les annates, les réserves papales, etc. Ce fut ce qu'on appela la pragmatique sanction germanique.

Quant au gouvernement public, Albert ne put montrer que de bonnes intentions, tous ses soins étant portés vers la pacification de la Bohême, où les calixtins refusaient de le recevoir, et vers la défense de la Hongrie. Au moment où il cherchait à arrêter les progrès des Turcs, la dyssenterie s'étant mise dans son armée, il en fut atteint lui-même, et en mourut après un règne de deux ans.

FRÉDÉRIC III.
(1439-1493.)

ÉLECTION DE FRÉDÉRIC D'AUTRICHE.

Trois mois après la mort d'Albert, les électeurs se réunirent à Francfort pour lui donner un successeur. Ils désignèrent d'abord Louis, landgrave de Hesse; mais ce prince n'ayant pas accepté la couronne, le collége électoral choisit Frédéric, duc de Styrie, tuteur de Sigismond, prince du Tyrol, et de Ladislas le Posthume, archiduc d'Autriche. Frédéric hésita à accepter ce lourd fardeau, et il resta trois mois sans notifier son acceptation à la diète. Frédéric n'avait alors que vingt-cinq ans; sa position de chef de la maison de Habsbourg semblait promettre un règne bien rempli; mais sa pusillanimité, son indolence, son goût pour de certaines études, le retinrent loin des événements; il ne régna jamais qu'en duc d'Autriche, et s'il fit quelques efforts, ce fut pour accroître les possessions ou les honneurs de la maison de Habsbourg.

Les premiers actes de son règne montrèrent cette continuelle préoccupation des intérêts de sa maison. Durant la diète même de Francfort, il fit alliance avec Zurich, qui avait été forcée de renoncer à ses droits sur la succession du comte de Tockenbourg, au profit de Schwytz et de Glaris. Trahissant les intérêts communs de la confédération, Zurich mit ses forces au service de Frédéric, qui réclama de son côté tout ce que la maison d'Autriche avait jadis possédé en Suisse. Pour soutenir ses nouveaux alliés, l'empereur sollicita les secours des États de l'Empire; mais ils refusèrent de s'engager dans une affaire qui leur était étrangère. Il s'adressa alors au roi de France, qui, embarrassé du grand nombre de soldats qu'avait laissés libres la paix avec l'Angleterre, saisit cette occasion de se délivrer de ces mercenaires, et les envoya, sous la conduite du dauphin, se faire tuer par les Suisses à la bataille de Saint-Jacques.

L'EUROPE MENACÉE PAR LES TURCS.

Nous laisserons Frédéric poursuivre en Allemagne son règne indolent, dont personne ne s'aperçoit, pour regarder à l'Orient, où s'élève la puissance ottomane. Nous avons donné beaucoup de place jusqu'à présent au récit des faits qui montrent la dissolution de l'empire germanique aux quatorzième et quinzième siècles; nous avons longuement parlé des réclamations contre les abus de l'Église et de la guerre des hussites, indices précurseurs de la réforme religieuse du seizième siècle. Maintenant donc que l'unité politique est détruite, l'unité religieuse fortement ébranlée, il nous faut voir quels dangers vont rendre à l'Allemagne la force et la vie qui semblent s'éteindre en elle; alors enfin nous trouverons de grandes choses et de grands hommes.

C'est de la nécessité d'opposer une barrière à la puissance ottomane que doit sortir le grand empire autrichien; tout le sud-est de l'Allemagne et même les pays slaves qui y touchent se réuniront comme en un faisceau que ne pourra briser l'épée de Soliman. On se rappelle que depuis Charlemagne le mouvement de l'Allemagne est d'occident en orient, et que, tandis qu'elle perd la Lorraine et l'Alsace, elle gagne la Prusse, la Silésie, la Bohême et la Hongrie. De nos jours l'empire autrichien, à si bon droit catholique, a fait reculer le croissant, et possède à l'est de Vienne six ou sept royaumes; l'Allemagne s'étend maintenant jusqu'à la Moldavie et au milieu de la Pologne. La langue allemande suit le progrès des armes de la race germanique, et aujourd'hui les Bohémiens sont obligés d'aller chercher leur histoire comme leur dialecte national dans les vieilles archives; le peuple seul parle encore le slave. Étudions donc ce grand fait de la formation de la puissance autrichienne, qui encore une fois naît de la croisade de l'Allemagne catholique contre les Turcs, comme sa rivale, la Prusse, sortira de la guerre de l'Allemagne protestante contre l'Église romaine.

SITUATION DE L'EUROPE.

Dans la seconde moitié du quinzième siècle, l'Europe n'est pas encore soumise au système d'équilibre qui plus tard liera l'un à l'autre les États européens les plus éloignés. Dans quelques pays, la féodalité est encore assez forte pour lutter contre les rois; dans d'autres, les rois l'attaquent avec avantage et travaillent à laisser un pouvoir sans limites à leurs successeurs. Chaque contrée est donc occupée de ses affaires intérieures; il n'y a point, pour ces États étrangers l'un à l'autre, de maximes de politique générale qui puissent les réunir tous, ou du moins le plus grand nombre, dans une même pensée. Une chose cependant, mais une seule, excitait un intérêt universel, c'était la guerre des Turcs. Ce fut pour délibérer sur les moyens d'arrêter les progrès de cette puissance redoutable, que les papes réunirent plusieurs fois près d'eux les ambassadeurs de tous les princes chrétiens; c'est pour cette guerre que Pie II assemble le congrès de Mantoue, où furent fixés le nombre des troupes et la somme d'argent que chaque pays dut fournir. Ainsi, la croisade exceptée, chaque contrée n'a de relations avec les contrées voisines qu'autant qu'elle y est forcée par sa position géographique et par quelque nécessité politique. L'Europe est alors partagée en groupes de deux ou trois royaumes; l'Angleterre se lie à la France, l'Aragon à la Castille, l'Italie à l'Allemagne, la Turquie à la Hongrie, etc. Entre toutes ces contrées, la Hongrie est celle dont les affaires intéressent immédiatement le plus d'États; elle combat, sur toutes ses frontières, contre les Turcs, les Polonais, les Bohémiens et les Autrichiens; elle règle donc, jusqu'à un certain point, la politique de ces pays; mais pour les contrées avec lesquelles elle ne se trouve pas immédiatement en contact, comme la France, l'Espagne, l'Angleterre, les royaumes du Nord, et même une partie de l'Allemagne, la Hongrie est entièrement étrangère à leur système politique; cependant de toutes parts l'on porte ses regards vers elle, car c'est un intérêt général européen qu'excite sa lutte constante contre l'islamisme.

PROGRÈS DES TURCS. — ORCAN. — AMURATH.

Nous avons vu, à l'époque des croisades, l'établissement d'un royaume seldjoucide dans l'Asie Mineure. Lorsque les empereurs grecs les eurent chassés du mont Olympe, les sultans transférèrent leur résidence à Iconium, dans l'intérieur de la Caramanie; mais bientôt cet empire s'affaiblit. Othman, l'un des émirs du sultan d'Iconium, s'était signalé de bonne heure, en portant le ravage sur les terres des chrétiens. Ses succès ayant attiré sous ses drapeaux un grand nombre d'aventuriers, il força les passages du mont Olympe et attaqua l'empire grec, qui, sous le règne d'Andronic II, était en pleine décadence. Othman conquit une partie de la Bythinie et fixa sa résidence à Pruse.

Orcan, son fils, lui succéda (1326). Ce prince, qui prit le titre de sultan, étendit rapidement ses États. L'établissement de ce corps de troupes permanent, qui porta ensuite le nom de corps des janissaires(*), lui facilita la prise de Nicée, lui permit de pousser ses conquêtes jusqu'aux rivages de l'Hellespont et de la mer Noire. L'Asie ne fut pas le seul théâtre de ses victoires. A la faveur des troubles qui agitaient l'empire des Grecs, il passa l'Hellespont, et, par la prise de Gallipoli, fonda le premier la puissance des Turcs en Europe. Amurath, fils et successeur d'Orcan (1360), ayant subjugué tout le pays qui s'étend jusqu'au mont Hæmus (1362), transféra sa résidence dans la ville d'Andrinople. Ainsi il enveloppa du côté de l'Asie et du côté de l'Europe la capitale de l'empire grec, et l'empereur Paléologue et ses fils devinrent tributaires. Poussant ses avantages vers l'Occident, il marcha contre les Bulgares, les Serviens et les Bosniens, sujets de la Hongrie. Ces peuples belliqueux ayant réuni leurs forces, lui livrèrent bataille dans la plaine de Cassova. Amurath remporta une victoire complète, mais il fut tué après le combat. Un Servien blessé, qui était couché parmi les morts, se leva tout à coup et plongea son poignard dans le sein du vainqueur, qui promenait avec joie ses regards sur ce théâtre ensanglanté.

BAJAZET.

Mais tous ces exploits furent surpassés par ceux de Bajazet, surnommé l'Éclair à cause de la rapidité de ses opérations militaires. En Asie, Bajazet soumit toute cette partie de l'Anatolie qui avait jusqu'alors échappé au joug des Turcs, et il comprit dans ses États Iconium. En Europe, il parcourut la Macédoine et la Thessalie, pénétra dans le Péloponèse, conquit la Bulgarie et la Bosnie; enfin il passa le Danube pour porter ses armes dans la Valachie. Voulant établir une communication entre ses possessions d'Asie et celles d'Europe, il entretint à Gallipoli une puissante flotte qui commandait l'Hellespont. Il se prépara ensuite à se rendre maître de Constantinople, et à renverser ainsi ce qui subsistait encore de l'empire grec.

Les progrès que faisaient les Turcs commencèrent alors à tirer de leur apathie les puissances de l'Europe, et elles prêtèrent l'oreille aux instantes sollicitations de l'empereur Manuel, qui auparavant avait réclamé vainement leur assistance. La Hongrie, cette garde avancée de la chrétienté, crut devoir opposer une digue au torrent, et Sigismond, à la tête d'une armée nombreuse, marcha contre les Ottomans (1396). L'historien de Boucicaut va nous raconter l'issue de cette funeste croisade de Nicopolis, à laquelle le brave *mareschal* prit part, avec le comte de Nevers et la fleur de la chevalerie française.

BATAILLE DE NICOPOLIS.

« Quand le roy de Hongrie avec son

(*) Un dervis célèbre fut chargé de consacrer la nouvelle institution, et de lui donner un nom. « Qu'on les nomme *Janissaires* (jeunes soldats), dit-il. Puisse leur valeur être toujours brillante, leur épée tranchante et leur bras victorieux. » Pendant près de cinq mille ans, les janissaires justifièrent les paroles du dervis.

ost (*) feut arrivé devant la ville de Nicopoli, il se logea par grande ordonnance, et tantost feit commencer deux belles mines par-dessoubs terre, lesquelles feurent faictes et menées jusques à la muraille de la ville, et feurent si larges, que trois hommes d'armes pouvoient combattre tout d'un front. Si demeura à celuy siége bien quinze jours.

« En ces entrefaictes, les Turcs ne muserent mie : ains feirent très-grand appareil pour courir sus au roy de Hongrie; mais ce feut si celément, que oncques le roy n'en sceut rien. Et ne sçay s'il y eut trahison en ses espies, ou comment il en alla; car combien que il eust estably assez de gens pour bien prendre garde au dessein des Sarrasins, n'en avoit-on ouy nouvelles jusques à celuy quinziesme jour que il avoit esté au siége, pour laquelle cause ne se donnoit d'eulx nulle garde. Quand veint le sieziesme jour, à l'heure de disner, viendrent messaiges batans au roy dire que Bajazet avec ses Turcs estoit à merveilleusement grande armée si près d'illec, que à peine seroient jamais à temps armé son ost, et ses batailles mises en ordonnance.

« Quand le roy, qui estoit en son logis, ouyt ces nouvelles, il feut moult esbahy. Si manda hastivement par les logis que chascun s'armast et saillist hors des logis. Si pouvez sçavoir que en peu d'heure feut cel ost moult esmeu. Chascun y courut aux armes, qui mieulx mieulx. Ja estoit le roy aux champs, quand on veint dire au comte de Nevers, qui seoit à table, et aux François, que les Turcs estoyent au plus près de là, et que le roy estoit tout hors des logis en plains champs, en ordonnance pour livrer la bataille. De ce se debvoient tenir aulcunement mal contens le comte de Nevers et les seigneurs françois que plus tost ne leur avoit le roy mandé; mais encores me doubte que il leur face plus mauvais tour.

« Cette nouvelle ouye, tantost saillit le comte de Nevers et les siens en pieds, et vistement s'armerent. Si monterent à cheval, et se meirent en tres-belle ordonnance, et ainsi allerent devers le roy, que ils trouverent ja en très-belle bataille et bien ordonnée, et ja pouvoient veoir devant eulx les bannieres de leurs ennemis. Et est à sçavoir sur ce pas-cy que sauve la grace des diseurs qui ont dict et rapporté du faict de la bataille que nos gens y fuirent, et allerent comme bestes sans ordonnance, puis dix, puis douze, puis vingt, et que par ce feurent occis par troupeaux au feur que ils venoient, que ce n'est mie vray; car, comme ont rapporté à moy, qui apres leurs relations l'ay escript, des plus notables en vaillance et chevaliers qui y feussent, et qui sont dignes de croire, le comte de Nevers et tous les seigneurs et barons françois, avec tous les François que ils avoient menez, arriverent devers le roy tout à temps pour eulx mettre en tres-belle ordonnance : laquelle chose ils feirent si bien et si bel que à tel cas appartient. Et la banniere de Nostre-Dame, que les François ont accoustumé de porter en bataille, bailla le comte à porter à messire Jean de Vienne, admiral de France, pour ce que il estoit le plus vaillant d'entre eulx, et qui plus avoit veu, et feut mis au milieu d'entre eulx comme il debvoit estre; et de toutes choses tres-bien s'habillerent, comme faire on doibt en tel cas.

« Les Turcs, d'autre part, ordonnerent leurs batailles, et se meirent en tres-belle ordonnance à pied et à cheval, et feirent une telle cautele pour decevoir nos gens. Tout premierement une grande tourbe de Turcs, qui à cheval estoient, se meirent en une grande bataille, tout devant leurs gens de pied; et derriere ces gens à cheval, entre eulx et ceulx de pied, feirent planter grande foison de pieux aigus, que ils avoient faict appester pour ce faire; et estoyent ces pieux plantez en biaisant, les pointes tournées devers nos gens, si hault que ils pouvoient aller jusques au ventre des chevaux. Quand ils eurent faict cest exploict, où ils ne meirent pas grand piece (*) (car

---

(*) *Ost*, armée.

(*) Pas *grand piece*, pas longtemps.

assez avoient ordonné gens qui de les ficher s'entremettoient), nos gens, qui le petit pas serrez ensemble alloient vers eulx, estoient ja approchez.

« Quand les Sarrasins les veirent assez pres, adonc toute celle bataille de gens à cheval se tourna serrée ensemble, comme si c'eust esté une nuée derriere ces pieux; et derriere leurs gens de pied, que ils avoient ordonnez en deux belles batailles si loing l'une de l'autre que ils meirent une bataille de gens à cheval entre les deux de pied, en laquelle pouvoit avoir environ trente mille archers. Quand nos gens feurent approchez d'eulx, et qu'ils cuiderent aller assembler, adonc commencerent les Sarrasins à traire vers eulx par si grand randon (*) et si drument, que oncques gresil ne goute de pluye ne cheurent plus espoissément du ciel que là cheoient flesches, qui en peu d'heure occirent hommes et chevaux à grand foison. Quand les Hongres, qui communément, si comme on dict, ne sont pas gens arrestez en bataille, et ne sçavent grever leurs ennemis, si n'est à cheval traire de l'arc devant et derriere tousjours en fuyant, veirent ceste entrée de bataille, pour peur du traict commencerent une grande partie d'eulx à reculer, et eulx traire en sus, comme lasches et faillis que ils feurent.

« Mais le bon mareschal de France Boucicaut, qui ne veoid mie derriere luy la lascheté de ceulx qui se retrayoient (ce qu'il n'eust cuidé en piece), ny aussi ne veoid pas devant eulx et au plus pres les pieux aigus qui là malicieusement estoient plantez, va dire et conseiller, comme preux et hardy qu'il estoit : « Beaux seigneurs, dit-il, que « faisons-nous icy? Nous lairrons-nous « en ceste maniere larder et occire las- « chement? Et sans plus faire, assem- « blons vistement à eulx, et les reque- « rons hardiment, et nous hastons, et « ainsi escheverons (**) le traict de « leurs arcs. » A ce conseil se teint le comte de Nevers à tous ses François; et tantost, pour assembler aux Sarra-

(*) *Randon*, impétuosité.
(**) *Escheverons*, esquiverons.

sins, frapperent avant, et se embatirent incontinent entre les pieux dessus dicts, qui fort estoyent roides et aigus, si qu'ils entroient ès pances des chevaux, et moult occirent et mehaignerent des hommes qui des chevaux cheoient; si feurent là nos gens moult empestrez, et toutesfois passerent oultre.

« Mais ores oyez la grande mauvaistié, felonnie et lascheté des Hongres, dont le reproche sera à eulx à tousjours. Si tost qu'ils veirent nos gens enchevestrez ès pieux, et que traict ne autre chose ne les gardoit que ils n'allassent courir sus aux Turcs, adonc, tout ainsi que Notre-Seigneur feut delaissé de sa gent, si tost qu'il feut ès mains de ses ennemis, ne plus ne moins tournerent les Hongres le dos, et prirent à fuir, si qu'il ne demeura oncques avec nos gens, de tous les Hongres, fors un grand seigneur du pays, que on appelle le grand comte de Hongrie, et ses gens, et les autres estrangers qui estoient venus de divers pays pour estre à la bataille ; mais peu estoient contre si grande quantité. Mais ne croyez que pourtant ils reculassent ne gauchissent ; ains tout ainsi comme le sanglier, quand il est atainct, plus se fiche avant, tant plus se sent envahi, tout ainsi nos vaillans François vainquirent la force des pieux et de tout, et passerent oultre, comme courageux et bons combatans.

« Ah ! noble contrée de François, ce n'est mie de maintenant que tes vaillans champions se monstrent hardis et fiers entre toutes les nations du monde! car bien l'ont de coustume dés leur premier commencement, comme il appert par toutes les histoires qui des faicts de batailles où François ayent esté font mention, et mesmement celle des Romains et maintes autres, qui certifient, par les espreuves de leurs grands faicts, que nulles gens du monde oncques ne feurent trouvez plus hardis ne mieulx combatans, plus constans ne plus chevaleureux, que les François; et peu trouve l'on de batailles où ils ayent esté vaincus, que ce n'ait esté par trahison, ou par la faute de leurs chevetains (*), et par ceulx qui les debvoient conduire.

« Mais, à revenir à mon propos, les nobles François, comme ceulx qui estoyent comme enragez de la perte que ja avoient faicte de leurs gens, tant du traict des Sarrasins comme à cause des pieux, leur coururent sus par si grand vertu et hardiesse, que tous les espouventerent. Si ne fault mie à parler comment ils ferirent sur eulx; car oncques sanglier escumant ny loup enragé plus fierement ne se abandonna. Là feut entre les autres vaillans le preux mareschal de France Boucicaut, qui se fichoit ès plus drus; et s'il eut deuil, bien leur demonstroit; car sans faille tant y faisoit d'armes, que tous s'en esmerveilloient; et si durement s'y conteint, et tant y feit de chevalerie et d'armes diverses, que ceulx qui le veirent dient encores que l'on ne veid oncques nul chevalier ny autre, quel qu'il feust, faire plus de bien et de vaillances pour un jour que il feit à celle journée.

« Aussi feit bien le noble comte de Nevers, qui chef estoit des bons François, qui tant bien s'y portoit que à tous les siens donnoit exemple de bien faire. Le vaillant comte d'Eu ne s'y feignoit mie, ains departoit les grands presses avant et arriere. Si faisoient les nobles freres de Bar, qui de leur jeunesse, qui encores grande estoit, moult s'y conteindrent vaillamment; et le comte de la Marche, qui le plus jeune estoit de tous, ne encore n'avoit barbe, y combatoit tant asseurément, que tous l'en priserent. Là estoit le vaillant seigneur de Coucy, chevalier esprouvé, qui toute sa vie n'avoit finé (**) d'armes suivre, et moult estoit de grand vertu.

« Si demonstroit là sa proüesse, et bien besoing en estoit; car Sarrasins, à grand massues de cuivre que ils portent en bataille, et à gisarmes (***), souvent luy estoyent sur le col. Mais les collées (*) cher leur faisoit achepter; car luy qui estoit grand et corsu, et de grand force, leur lançoit si tresgrands coups que tous les destranchoit. Le chevaleureux admiral de France (**) restoit d'autre part, qui n'en faisoit mie moins. Le seigneur de la Trimouille, qui à merveille estoit beau chevalier, vaillant et bon, faisoit souvent Sarrasins tirer en sus. Iceulx barons et esprouvez chevaliers, et de grand vertu, reconfortoient et donnoient hardiesse de faict et de parole aux nobles jouvenceaux de la fleur de lys qui là se combatoient, non mie comme enfans, mais comme si ce feussent tres-endurcis chevaliers; et besoing leur en estoit, car tousjours croissoit sur eulx la presse et la foule. Les autres vaillans chevaliers et escuyers françois tant bien s'y porterent, que oncques nulles gens mieulx ne le feirent. Si feit le grand comte de Hongrie et tous les siens, à qui moult desplaisoit de la laide et honteuse departie que les Hongres avoient faicte. Aussi moult s'y efforcerent tous les autres estrangers.

« Hélas ! mais que leur valoit ce ? Une poignée de gens estoient contre tant de milliers. Car si peu estoient, que ils ne pouvoient occuper fors seulement le front de l'une des susdictes batailles, où il y avoit de gens plus de trois contre un d'eulx; et toutefois, par leur tres-grand force, vaillance et hardiesse, desconfirent icelle premiere bataille, où moult en occirent. Pour laquelle chose Bajazet feut tellement espouventé, que luy ne sa grand bataille de cheval n'oserent assaillir les nostres; ains s'enfuyoit tant qu'il pouvoit, luy et les siens, quand on luy alla dire que les François n'estoient que un petit de gens qui là ainsi se combatoient, et n'avoient aide de nuls; car le roy de Hongrie, à toute sa gent, s'en estoit fuy et les avoit laissez : si seroit grand honte à luy d'ainsi fuir à tout si grand ost devant une poignée

---

(*) *Chevetains*, capitaines.
(**) *Finé*, cessé.
(***) *Gisarmes*, hallebardes.

(*) *Collées*, coups d'épée donnés sur le cou.
(**) Jean de Vienne.

de gens. Quand Bajazet oüit ce, adonc retourna, à tout moult grande quantité de gens qui frais estoient et reposez. Si coururent sus à nos gens, qui ja estoient foulez, navrez, lassez, et n'estoit mie de merveilles.

« Quand le bon mareschal veid celle envahie, et que ceulx qui les debvoient secourir les avoient délaissé, et que si peu estoient entre tant d'ennemis, adonc cogneut bien que impossible estoit de pouvoir résister contre si grand ost, et qu'il convenoit que le meschef tournast sur eulx; lors feut comme tout forcené, et dict en luy-mesme que puisque mourir avec les autres luy convenoit, que il vendroit chere à ceste chiennaille sa mort. Si fiert le destrier des esperons, et s'abandonne de toute sa vertu au plus dru de la bataille; et à tout la tranchante espée que il tenoit fiert à dextre et à senestre si grandes collées, que tout abatoit de ce qu'il atteignoit devant soy; et tant alla ainsi faisant devant luy, que tous les plus hardis le redouterent, et se prirent à destourner de sa voye; mais pourtant ne laisserent de luy lancer dards et espées ceux qui approcher ne l'osoient; et luy comme vigoureux bien se scavoit deffendre. Si vous poignoit ce destrier qui estoit grand et fort, et qui bien et bel estoit armé, au milieu de la presse, par tel randon qu'à son encontre les alloit abatant; et tant alla ainsi faisant tousjours avant, qui est une merveilleuse chose à racompter (et toutesfois elle est vraye, comme tesmoignent ceulx qui le veirent), que il transpercea toutes les batailles des Sarrasins, et puis retourna arriere parmy eulx à ses compaignons. Ha, Dieu, quel chevalier! Dieu luy sauve sa vertu! Dommaige sera quand vie luy faudra; mais ne sera mie encores, car Dieu le gardera.

« Ainsi se combatirent nos gens tant que force leur peut durer. Ha! quelle pitié! de tant noble compaignée, si esprouvée gent, si chevaleureuse, et si excellente en armes, qui ne peut avoir secours de nulle part, ains cheurent en la gueule de leurs ennemis, si comme est le fer sur l'enclume, car tous les environnerent et envahirent de toutes parts si mortellement, que plus ne se peurent deffendre; et quelle merveille! car plus de vingt Sarrasins estoyent contre un chrestien; et toutesfois en occirent nos gens plus de vingt mille; mais au dernier plus ne peurent forçoyer. Ha! quel dommage et quelle pitié! ne deust-on pendre les desloyaux chrestiens qui ainsi faulsement les abandonnerent? Que male honte leur puisse venir! car si de bonne volonté eussent aidé aux vaillans François et à ceulx de leur compaignée, il n'y feust demeuré Bajazet ny Turc, que tout n'eust esté mort et pris, qui grand bien eust esté pour la chrestienté. Si feurent là morts et occis de ceste chiennaille la plus grande partie des chrestiens, et des barons, le seigneur de Coucy, dont moult feut grand dommage, car vaillant chevalier, saige et esprouvé estoit; aussi feut l'admiral et maints autres.

« Mais nos seigneurs du sang de France, et la plus grande partie des barons, et plusieurs chevaliers et escuyers, feurent retenus prisonniers, qui avant ce moult vigoureusement se combatirent, entre lesquels le mareschal, lequel comme celuy qui tenoit sa vie pour perdue, et cher la vouloit vendre, avoit faict entour luy à force de coups si grand cerne de morts et d'abatus, que nul ne l'osoit approcher pour le prendre; car, comme lyon forcené qui rien ne redoubte, sembloit que il feust entre eulx. Pour laquelle chose moult y eurent grand peine, et plusieurs des Sarrasins y conveint mourir avant qu'il peust être pris; mais au dernier tant le presserent, qu'à force avec les autres l'emmenerent (*). »

DÉFAITE DE BAJAZET PAR TAMERLAN.

Après cette victoire, Bajazet s'empressa d'envoyer de grandes forces dans la Valachie, et reprit le siége de Constantinople. Cependant il conclut une trêve de dix ans avec l'empereur grec, qui se soumit à lui payer un

(*) Livre des faits du maréchal de Boucicaut, ch. xxv.

tribut annuel, et qui désigna dans sa capitale une rue pour la résidence des Turcs. Ce répit fut de peu de durée; Bajazet ne tarda pas à rompre ses engagements; il investit de nouveau Constantinople, et il l'aurait prise, s'il n'avait été arrêté par un redoutable adversaire; c'était Tamerlan, le chef d'une horde de Mongols, qui, quoique d'une origine aussi obscure que les princes de la maison ottomane, s'était avancé plus rapidement encore vers le pouvoir suprême.

Ce conquérant naquit au village de Sebsa, non loin de Samarcande, et hérita du territoire de Cush et d'un commandement de dix mille chevaux. Il se signala d'abord dans le métier des armes; puis il soumit ou gagna les hordes voisines, et étendit avec une étonnante célérité ses conquêtes dans la Perse, dans l'Inde, la Turcomanie, et dans les nombreuses régions qui sont comprises sous le nom indéfini de Tartarie. L'ambition, la rivalité et l'opposition d'intérêt, le portèrent à diriger ses forces contre le tyran de l'Occident. A l'âge de soixante-quatre ans, il quitte Samarcande, sa capitale, et se met à la tête d'une armée nombreuse et aguerrie, dont il inonde la Syrie, la Géorgie et les plaines de l'Anatolie. Bajazet eut tout le temps nécessaire pour faire ses préparatifs de défense. Ayant levé le siége de Constantinople, il marcha contre les Mongols qui assiégeaient Angora, et risqua cette bataille mémorable qui se termina par sa défaite et sa captivité (1402).

AMURATH II RECONSTRUIT L'EMPIRE OTTOMAN ET MENACE LA HONGRIE.

Heureusement pour l'Europe, le manque de vaisseaux arrêta le conquérant sur les bords de l'Hellespont. Les Grecs et les Turcs, méprisant ses promesses et ses menaces, se réunirent pour garder le passage du détroit. Le vainqueur de l'Asie se laissa fléchir par des ambassades et des présents. Deux des fils de Bajazet implorèrent la clémence de Tamerlan, et reçurent de lui, l'un la Romélie, et l'autre des possessions dans l'Anatolie. L'empereur grec s'engagea à lui payer le même tribut qu'au sultan, et prêta serment de fidélité. Tamerlan se retourna alors contre la Chine. Sur son passage, il acheva la réduction de la Géorgie, et, après une absence de cinq ans, il rentra à Samarcande. La défaite et la captivité de Bajazet suspendirent la ruine de Constantinople et faillirent renverser le trône des Ottomans. La plupart des émirs de l'Anatolie recouvrèrent leur indépendance, et le reste des provinces turques fut partagé. Deux des fils de Bajazet périrent en combattant pour recouvrer l'héritage de leur père; enfin ce ne fut que sous son petit-fils, Amurath II, qui en réunit toutes les parties, que l'empire turc recouvra sa force et son éclat.

Le schisme de l'Église, les troubles de l'Allemagne, les guerres de Hongrie, et la guerre entre Sigismond et Venise pour la Dalmatie, concoururent, avec l'état faible et convulsif de l'empire grec, à empêcher les princes chrétiens de profiter des dissensions des infidèles; aussi Amurath ne fut pas plutôt affermi sur le trône, que, reprenant les projets de Bajazet, il assiégea Constantinople. Repoussé par les habitants, il fut rappelé en Asie par la révolte de son frère Mustapha. La défaite et la mort de ce dernier, celle du prince de Caramanie, lui permirent de faire de nouveaux progrès en Europe. Il enleva Thessalonique aux Vénitiens et soumit la plus grande partie de la Grèce; il dévasta aussi la Transylvanie, et rendit tributaire le prince de Valachie; il arracha à George, despote de Servie, la promesse de chasser les Hongrois, et de laisser le passage libre aux Turcs. Pour garant de cette promesse, le despote lui donna sa fille en mariage et un de ses fils comme otage. Cette alliance forcée ne put retenir deux princes ennemis par leurs intérêts et leur religion. George noua des intrigues avec Sigismond, et, par la cession de Belgrade, acheta sa protection. Amurath, de son côté, se prépara à réduire cette place, à soumettre la Servie, se proposant d'attaquer ensuite la Hongrie, affaiblie par les contestations qui s'étaient élevées après la mort de Sigismond. En 1439, il fondit sur la Servie et assiégea Semendria. Le despote, laissant la défense de la place à son fils, implora le secours d'Albert, qui se rendit en toute hâte à Bude, leva des troupes, et marcha à la tête d'une armée considérable contre les Turcs. Il assit son camp entre la Theiss et le Danube ; mais ce fut pour y être témoin de la prise de Semendria et du massacre de la garnison. La réduction de cette place et de celle de Sophie, qui suivit, répandirent la terreur parmi les Hongrois ; ils accoururent alors en foule auprès d'Albert pour défendre leurs frontières. La dyssenterie, qui en enleva un grand nombre, affaiblit aussi l'armée d'Amurath, qui fit enfin sa retraite.

POSITION GÉOGRAPHIQUE ET RÔLE POLITIQUE DE LA HONGRIE.

La Hongrie est délivrée. Mais bientôt les Turcs reviendront et l'histoire de la Hongrie ne sera, pendant plus d'un siècle, que celle d'une longue croisade contre les Turcs. En effet, par sa position géographique (*),

(*) La Hongrie est une vaste plaine environnée au nord et à l'est par la chaine des monts Krapack, coupée par le Danube, qui au sud coule avec la Theiss au milieu d'immenses marais. Ces marais s'étendent aussi dans les larges vallées où coulent la Drave et la Save. On a évalué la surface du terrain envahi par les marais à trois cents lieues carrées. Le continent situé entre la mer Noire et la mer Adriatique comptait sept royaumes sur lesquels la couronne de Hongrie prétendait devoir exercer des droits de souveraineté : la Croatie, la Dalmatie, la Bosnie, la Servie, la Rascie, la Bulgarie et la Transylvanie. Charobert qui régna en Hongrie de 1310 à 1342, rendit tributaires les souverains de Servie, de Transylvanie, de Bulgarie, de Bosnie, de Moldavie, de Valachie et de Croatie. Louis Ier le Grand soumit la Transylvanie, la Valachie et la Croatie, soustraite à son obéissance. En 1357, il s'empara de Zara, réunit toute la Dalmatie à son royaume, et contraignit le roi des Bulgares à lui payer tribut.

la Hongrie est le grand chemin d'orient en occident, la grande route des croisés pour Constantinople, des Turcs pour Vienne. Le rôle des Hongrois, comme peuple chrétien, fut donc de fermer aux Turcs l'entrée de l'Europe civilisée. Leur tâche, comme on l'a vu, commença de bonne heure ; car les Turcs, rebutés bientôt d'avoir à combattre sans cesse les peuplades pauvres et belliqueuses des provinces situées au-dessous du Danube, se contentèrent d'une soumission apparente, et portèrent leurs armes dans les plaines de la Hongrie. Longtemps la victoire

Sigismond, époux de Marie, fille de Louis, soumit le ban de Croatie et le waivode de Valachie en 1387. Quant aux deux royaumes réunis de Rascie et de Servie, ils étaient dans les quatorzième et quinzième siècles gouvernés par la famille des Lazares qui s'intitulaient crales de Servie ; ils tenaient leur royaume, situé entre le Danube, la Save et la Morava, de la générosité d'Étienne, roi des Bulgares ; leur résidence était à Senderova, près de Belgrade. Les Serviens furent de bonne heure attaqués par les Turcs ; leur chef, Lazare Bulcus fut, en 1390, taillé en morceaux devant Bajazet ; son fils Étienne, fut, en 1427, dépouillé par Amurath II ; un de ses fils fut rétabli par les Turcs en 1442. Et enfin, en 1458, Mahomet II s'empara de la Servie.

Bladus Dracula, hospodar de Valachie et de Moldavie, fut attaqué, en 1463, par Mahomet II, qui rencontra près de Praylab un champ destiné par le prince chrétien à ses exécutions. C'était une plaine de dix-sept stades, plantée de pieux ; vingt mille personnes avaient été empalées : c'étaient souvent des vieillards, des femmes, des enfants ; aussi ses sujets l'abandonnèrent pour son frère qui avait vécu dans le sérail de Mahomet II, comme l'un de ses favoris.

La Bosnie, quand la Servie fut soumise, chercha l'appui des chrétiens. Le roi Étienne Thomas, en 1445, se réconcilia à l'Église. En 1458, Mahomet demanda un tribut aux Bosniaques. 1463, la Bosnie abandonnée des chrétiens, fut soumise par Mahomet, qui fit tuer toute la noblesse, et peupla de Musulmans cette province où l'on ne trouve plus aujourd'hui un seul chrétien. La même année ils enlevèrent le ban d'Esclavonie et le mirent à mort avec cinq cents de ses gentilshommes.

leur fut favorable; car au fanatisme religieux et guerrier qui les animait, ils joignaient la discipline militaire. Leurs sultans avaient des troupes réglées, des janissaires et des spahis, lorsque l'Europe ne pouvait leur opposer que des milices féodales, et une cavalerie brillante, mais indisciplinée. Les batailles de Nicopolis (1396), de Semendria (1412), sous Sigismond, celle de Varna que nous allons voir, sous Wladislas, roi de Pologne et de Hongrie, furent pour la Hongrie de sanglantes défaites; mais chaque peuple a toujours au moins une période brillante à inscrire dans ses annales. Pour les Hongrois, cette période fut celle de Jean Huniade et de Mathias Corvin; conduits par leurs chefs nationaux, ils repoussèrent avec un bonheur constant les attaques des Turcs, et, à la mort de leur grand roi Mathias, ils se trouvèrent maîtres de la Silésie, de la Moravie et de l'Autriche.

JEAN HUNIADE. SES SUCCÈS CONTRE LES TURCS.

Jean Corvin, seigneur de Huniade, était un magnat renommé par sa bravoure; dès sa jeunesse, il se distingua dans les guerres d'Italie, à la suite de Sigismond, et Philippe de Comines le célèbre sous le nom du chevalier Blanc de Valachie. A son retour, il reçut de Sigismond la seigneurie de Huniade; puis, comme Waldstein, plus tard, il épousa une dame riche et d'une naissance illustre; enfin il était à la mort d'Albert waïvode de Transylvanie. En mourant, l'empereur avait laissé enceinte sa femme Élisabeth, fille de Sigismond. Or des trois couronnes d'Albert, deux étaient électives, l'autre héréditaire, mais formait un fief masculin. On régla donc que si Élisabeth accouchait d'un fils, il hériterait de l'Autriche, sous la régence de Frédéric de Styrie; que si c'était une fille, l'Autriche passerait à Frédéric et aux autres princes de la maison d'Autriche. En Bohême, les députés consentirent à attendre la délivrance de la reine; mais les Hongrois, craignant les dangers d'une longue minorité, forcèrent Élisabeth d'offrir sa main au roi de Pologne, qui venait de rejeter les offres avantageuses des Turcs. On stipula que si l'enfant qu'elle portait était un fils, les Hongrois aideraient à lui assurer la possession de l'Autriche et celle de la Bohême. Cependant Élisabeth ayant accouché quelque temps après d'un fils, Ladislas le Posthume, elle retira ses offres; mais, abandonnée de la plupart des Hongrois, elle n'eut que le temps de faire couronner précipitamment son fils à Albe-Royale, et se retira auprès de Frédéric III, duc de Styrie et roi des Romains, emportant avec elle la couronne de saint Étienne. L'Autriche et la Bohême restèrent à Ladislas, la Hongrie au roi de Pologne, autour duquel vinrent se ranger les principaux seigneurs du pays. A leur tête, était Jean Huniade (*). Secondé par les despotes de Bosnie et de Servie, et par les Polonais de Wladislas, Huniade chassa de la basse Hongrie les Autrichiens, qui, unis aux Dalmates et aux Croates, voulaient défendre les droits de leur roi enfant. Dans la haute Hongrie, les Bohémiens furent plus heureux; ils s'emparèrent, sous la conduite de Gisera, de quelques châteaux situés dans les montagnes, et les gardèrent. Wladislas avait derrière lui ces restes du parti d'Élisabeth, plus gênants que redoutables. Quand il lui fallut faire face aux grandes attaques des Turcs, ayant refusé de livrer le despote de Servie, réfugié près de lui, et réclamé par Amurath, il vit la Transylvanie dévastée par une armée nombreuse, qui battit même Huniade; mais, pendant qu'elle se retirait emmenant de longues files de prisonniers, Huniade l'attaqua, la tailla en pièces, et envoya au roi, comme trophée de sa victoire, un chariot chargé de têtes, et que dix bœufs pouvaient à peine traîner. Le pacha, son fils et vingt mille Turcs, avaient péri. Huniade faisait sabrer devant lui les prisonniers, pendant qu'il prenait ses repas. Cette victoire fut la première

(*) Il était né d'un Valaque et d'une femme grecque, qui prétendait descendre des empereurs de Constantinople.

qui attira sur lui les regards de la chrétienté.

VICTOIRE D'AMURATH A VARNA.

Mais Wladislas n'en put profiter. Toujours inquiété par les partisans d'Élisabeth, il fut obligé de faire venir en Hongrie une nouvelle armée polonaise. Les Hongrois de son parti ne voulaient de guerre que contre les Turcs. Le pape de Bâle, Félix V, et le pape de Rome, Eugène IV, tentèrent une réconciliation; le légat d'Eugène, le cardinal Julien, fut seul écouté. On convint que Wladislas aurait la régence durant la minorité du jeune roi, et qu'il lui succéderait, si Ladislas mourait sans postérité masculine; il devait épouser Élisabeth, fille d'Albert, et avoir en dot la Silésie. Le traité conclu, la reine Élisabeth mourut subitement, le 24 décembre 1442, à Raab, non sans soupçon de poison. Cette mort prévint l'exécution du traité; Wladislas prit alors le titre de roi. Frédéric, tuteur de Ladislas le Posthume, arma pour son pupille, détacha du parti polonais un grand nombre de Hongrois, et s'empara du comté de Raab. Mais des troubles le rappelant en Styrie, il conclut une trêve avec Wladislas, qui fut libre alors d'agir contre les Turcs. Amurath, irrité de sa dernière défaite, avait envoyé une nouvelle armée de quatre-vingt mille hommes pour châtier les Moldaves et les Valaques, que Huniade avait fait entrer dans l'alliance de la Hongrie. Cette armée fut encore détruite par Huniade, grâce à ses cavaliers armés de lourdes lances et couverts de fer. Amurath, quoique vaincu, demandait Belgrade pour donner la paix. Pour toute réponse, Wladislas passa le Danube à Semendria, entra en Bulgarie, défit une armée turque surprise par Huniade durant la nuit, prit toutes les places de la contrée, et aurait marché sur Philippopolis et Adrianople, si les deux passages de l'Hœmus, pour entrer en Thrace et en Macédoine, n'avaient été fortifiés et gardés par les Turcs. Il battit à son retour une nouvelle armée turque, et fit dans Bude une entrée triomphale. Eugène IV, Venise, Gênes et Philippe le Bon, lui envoyèrent des ambassadeurs; Corvin eut sa part de leurs félicitations. Jean Paléologue, le despote de Servie, le cardinal Julien, voulaient la guerre; mais la Pologne troublée au-dedans et attaquée par les Tartares, le nord de la Hongrie ravagé par les Bohémiens, demandaient tous les soins de Wladislas. Celui-ci cependant ne voulut point laisser échapper l'occasion favorable que lui offrait la guerre d'Amurath contre le prince de Caramanie; soixante-dix galères armées par le pape durent empêcher les Turcs de traverser l'Hellespont. Le sultan effrayé traita avec les Hongrois, rendit la Servie, et reçut la Bulgarie, conquise sur lui dans la campagne précédente. Le traité était à peine signé, que les envoyés de la flotte croisée annoncèrent que le passage de l'Hellespont était fermé; et Wladislas, pressé aussitôt par Julien et les autres partisans de la guerre, entreprit une seconde expédition en Bulgarie, malgré les Polonais, dont les Russes attaquaient les frontières. Cette fois, on négligea les places fortes pour marcher droit vers Gallipoli. Des deux routes, l'une par le milieu de l'Hœmus, l'autre entre l'Hœmus et la mer, Wladislas choisit la dernière, la plus longue, mais la plus sûre. Arrivé devant Varna, après avoir inutilement attaqué Nicopolis, réduit à un petit nombre de troupes, par la retraite de la plupart des croisés, il apprit qu'Amurath avait franchi l'Hellespont. On attendit les Turcs, sans vouloir, par point d'honneur, se garantir par des retranchements. Durant la bataille, Amurath tira de son sein le dernier traité de paix, et demanda au ciel la punition des parjures. Wladislas, Julien, Étienne Bathori, périrent avec une grande partie des troupes; Huniade fit repasser le Danube aux débris de l'armée. Le deuil fut grand en Hongrie, en Pologne et dans toute la chrétienté. Heureusement que les Turcs, affaiblis par la victoire même, ne poursuivirent pas leurs conquêtes.

Corvin, de retour à Bude, après

avoir été quelque temps au pouvoir d'un prince de Valachie qui fut tenté de le vendre aux Turcs, veilla au maintien de l'ordre, et indiqua une diète pour la Pentecôte de 1445, où l'on élirait un roi de Hongrie. En attendant, il arrêta les Turcs sur la Save, et réprima les incursions du comte de Cilly dans la Croatie et l'Esclavonie.

JEAN HUNIADE, RÉGENT DE HONGRIE.
SCANDERBEG.

La diète de Pesth reconnut pour roi Ladislas le Posthume, alors âgé de cinq ans, mais élut pour régent de Hongrie Huniade, qui avait déjà si souvent battu les Turcs. Huniade demanda aussitôt à Frédéric la remise de son pupille et de la couronne de saint Étienne, à laquelle les Hongrois attachaient un caractère sacré. Sur son refus, il ravagea la Styrie, la Carinthie et l'Autriche. Mais la grande affaire de la Hongrie était de se délivrer des attaques perpétuelles des Turcs ; elle ne pouvait commencer aucune guerre sérieuse du côté de l'ouest, avant d'être certaine de ne pas être tout à coup rappelée en arrière par une invasion turque.

L'ennemi le plus intrépide que les Turcs eussent encore rencontré, était un Albanais élevé dans le sérail même du sultan, Georges Castriota, appelé par les Turcs le bey Alexandre (Scanderbeg). En 1442, après la défaite de la Morava, il avait soulevé l'Épire, et la défendit durant vingt-quatre ans contre tous les efforts d'Amurath et de Mahomet. Huniade, l'autre *soldat de Jésus-Christ*, le *diable des Turcs*, s'allia avec le héros de l'Épire. Après avoir employé deux ans à fortifier la Hongrie, il passa le Danube à la tête de vingt-deux mille hommes pour aller le joindre. Mais Georges Brancovitch, despote de Servie, jaloux de Huniade qui l'avait établi dans sa principauté, et effrayé de la puissance des Turcs, avertit Amurath qui, se plaçant entre les Albanais et les Hongrois, attaqua les derniers à Cassovo, avec une effrayante supériorité de nombre. La plaine, dans toute sa largeur de cinq milles, ne pouvait contenir le front serré de l'armée turque. La bataille dura trois jours. Le troisième, l'armée de Hongrie, sans avoir cédé, se trouva presque anéantie. Le frère de Corvin et une foule de magnats étaient parmi les morts. De son côté, Amurath avait perdu trente-quatre mille hommes ; mais, pour cacher sa perte, il fit jeter la plus grande partie de ces cadavres dans la Schithniza, rivière voisine. Huniade, dans sa fuite, courut plusieurs dangers. Deux Turcs l'arrêtèrent ; mais, pendant qu'ils se disputaient la croix d'or suspendue à son cou, il les mit tous deux hors de combat. Puis, à Semendria, il tomba entre les mains de Georges, qui ne le relâcha qu'à la condition que Mathias, fils du régent, épouserait sa fille ; et il garda en otage Ladislas Corvin. Mais Huniade se fit bientôt rendre son fils à main armée, et força Georges à la soumission.

Il le sauva l'année suivante 1449. Amurath, furieux de ce que le Servien ne lui avait pas livré Huniade, l'attaqua. Mais Huniade, à la faveur d'un brouillard, surprit et détruisit l'armée turque. Amurath, découragé, laissa en paix la Hongrie jusqu'à sa mort.

Huniade fut libre alors de tourner son attention vers l'Autriche et le nord de la Hongrie ; il essaya de chasser les frères bohêmes toujours établis dans les montagnes du nord, mais fut battu par eux, peut-être par la trahison de quelques-uns des siens. Cependant il les empêcha de s'étendre, et les repoussa d'Agria dont ils voulaient s'emparer. Cependant Ladislas avançait en âge. La Bohême, comme la Hongrie et l'Autriche, le redemandèrent à Frédéric III. Celui-ci refusa obstinément ; mais quand il vit Ulric Eitzinger, seigneur autrichien, assiéger Neustadt avec seize mille hommes, il fut obligé de céder, et Ladislas fut remis à son oncle maternel, le comte de Cilly. Les principaux seigneurs des Etats de Ladislas se réunirent à Vienne en 1452. Huniade y tint le premier rang après le roi ; il abdiqua ses pouvoirs ; mais Ladislas les lui rendit sur-le-champ, le créa comte de Bistriez, et lui donna pour armes un lion couronné. Les États de Ladislas se trouvèrent encore placés sous trois régents, Huniade, Podiebrad, et le comte de Cilly. Ce dernier, voulant attirer à lui toute l'autorité, chercha à inspirer de la défiance à son neveu, contre les deux régents de Hongrie et de Bohême. Chassé de la cour par les seigneurs autrichiens, il rentra bientôt en faveur; et, après s'être débarrassé en Autriche de tous ceux qui gênaient son autorité, il résolut aussi de faire périr Huniade. Le régent, mandé à Vienne, répondit que son devoir le retenait en Hongrie; il eut cependant près de Vienne, une entrevue avec le comte, qui l'engageait à venir recevoir un sauf-conduit des mains du roi. Mais Huniade prit si bien ses mesures qu'il ne put être enlevé. Alors Ladislas en personne alla à Bude voir Huniade, l'assura de son amitié, et garda auprès de lui le jeune Mathias Corvin, en qualité de page.

MAHOMET II. PRISE DE CONSTANTINOPLE.

Cependant de grandes choses se passaient au sein de l'empire turc : Amurath était mort à Andrinople, de désespoir, dit-on, de n'avoir pu réduire Scanderbeg (1450. Mais son jeune fils, Mahomet II, en faveur duquel il avait abdiqué deux fois, ceignit définitivement le sabre impérial, et se montra encore plus formidable que son père à ses voisins, chrétiens ou musulmans. Il conquit la Caramanie, construisit deux châteaux sur les rives du Bosphore, et prit Constantinople le 29 mai 1453. Puis il tourna vers la Hongrie. Après avoir inondé l'Albanie et la Servie, renfermé Scanderbeg dans ses montagnes, il marcha sur Belgrade avec cent cinquante mille hommes. Toutes les forces de la Hongrie se retirèrent devant une armée si puissante; et des ambassadeurs allèrent en toute hâte solliciter les secours des principaux souverains de l'Europe. Déjà, sur le bruit de la chute prochaine de Constantinople, le pape Nicolas avait envoyé deux franciscains, Jean de Capistran et Jacques du Picentin, prêcher la croisade en Allemagne, en Hongrie et en Pologne. Quoique ces religieux eussent fait avant tout les affaires de leur ordre, ils avaient levé cependant une armée nombreuse dont la prise de Constantinople changea la destination. Au bruit de la chute de l'ancienne capitale de l'empire grec, la terreur fut générale en Europe. Le pape Nicolas V fit un appel à tous les monarques de la chrétienté; il ordonna que l'Église tout entière contribuerait aux frais d'une croisade, en payant le dixième de ses revenus. On tint en Allemagne plusieurs diètes pour délibérer sur le péril commun. « Mais, dit Æneas, les diètes d'Allemagne sont fécondes; chacune est grosse d'une autre qui la remplacera, comme le phénix de l'Arabie qui renaît toujours de ses cendres. » Cependant, dans une assemblée tenue à Francfort en 1454, et à laquelle l'empereur avait solennellement invité les potentats et toutes les républiques de la chrétienté, Æneas prononça un éloquent discours à la suite duquel on décréta d'envoyer en Hongrie dix mille chevaux et trente-deux mille hommes d'infanterie. Malheureusement cette armée resta au fond des cartons, avec vingt autres décrets semblables des diètes germaniques. Car, le premier effroi passé, on oublia que le danger, pour n'avoir pas encore éclaté sur l'Allemagne, n'en était pas moins toujours menaçant. Le Nord et l'Ouest éloignés des infidèles, comptèrent sur l'Autriche, la Hongrie et la Bohême, alors réunies dans les mêmes mains. On ne voyait pas que les pays qui sauvaient maintenant l'Allemagne voudraient un jour la dominer. Cette tiédeur des puissances germaniques de l'Ouest et du Nord était partagée par les princes étrangers. En France, cependant, où toute grande chose à un éclatant retentissement, on parut d'abord prendre au sérieux les invitations du pontife. Ce fut surtout à la cour du duc de Bourgogne que l'on montra le plus d'empressement à se croiser.

LE DUC DE BOURGOGNE FAIT LE VOEU DE SE CROISER.

« Après un beau tournoi, on se rendit dans la salle du banquet ; elle était immense, et tendue d'une belle tapisserie représentant les travaux d'Hercule ; on y avait dressé trois tables chargées de belles décorations. Sur la table du duc étaient : une église avec ses vitraux, ses cloches, son orgue, et des chantres dont la voix accompagnait cet instrument ; une fontaine qui présentait la figure toute nue d'un petit enfant jetant de l'eau de roses ; un navire avec ses mâts, ses voiles, et les matelots grimpant aux cordages, qui faisaient les manœuvres de mer ; une prairie plantée de fleurs et d'arbrisseaux, avec des rochers de rubis et de saphirs : au milieu, une fontaine représentant saint André sur sa croix.

« Sur la seconde table, on voyait : un pâté qui renfermait un concert tout entier de vingt-huit musiciens ; le château de Lusignan, avec ses fossés et ses tours : sur la plus haute se montrait la fée Mellusine, avec sa queue de serpent ; un moulin placé sur un tertre ; un haut était une pie, et des gens de tous états tiraient dessus avec leur arbalète ; un vignoble, au milieu duquel étaient les deux tonneaux du bien et du mal, avec leurs liqueurs douce ou amère : un homme, richement habillé, donnait à choisir ; un désert, où un tigre combattait un serpent ; un sauvage sur son chameau ; un homme qui battait un buisson, d'où s'envolaient de petits oiseaux ; près de là, sous un berceau de roses, un chevalier et sa mie guettaient les oiseaux chassés par l'autre, et les prenaient en se moquant de lui ; un ours, monté par un fou, gravissait une montagne glacée ; un lac, environné de villages et de châteaux, avec une barque qui y voguait.

« La troisième table était plus petite ; elle n'avait que trois décorations : un porte balle, qui apportait sa marchandise dans un village ; une forêt des Indes, avec des animaux féroces ; un lion attaché à un arbre ; et, près de lui, un homme qui battait son chien.

« Le buffet resplendissait de vases d'or, d'argent et de cristal. Il était surmonté de deux colonnes. L'une portait une statue de femme, à demi vêtue d'une draperie blanche, où l'on avait écrit des lettres grecques ; de ses mamelles jaillissait de l'hypocras. Un lion vivant était attaché à l'autre colonne par une forte chaîne de fer. Au-dessus on lisait : « Ne touchez point à « ma dame. » Autour de la salle régnaient des échafauds en amphithéâtre pour les spectateurs. Le duc Philippe était vêtu avec une richesse plus grande encore que de coutume. On assurait qu'il portait sur sa personne des pierreries pour plus d'un million d'écus d'or. Pour la première fois, depuis longues années, ses habillements n'étaient pas tout noirs. Il était mis en noir et gris ; ses gens aussi portaient ces couleurs en leurs livrées.

« Quand chacun fut assis, le service commença. Chaque plat était porté par un chariot d'or et d'azur qui descendait du plafond. En guise de *benedicite*, les musiciens de l'église et du pâté chantèrent une très-douce chanson ; puis commencèrent les intermèdes. Deux trompettes, assis dos à dos sur un beau cheval, jouèrent des fanfares en faisant le tour de la salle. On vit après un sanglier énorme monté par un monstre, moitié homme, moitié griffon, qui, lui-même, portait un homme debout sur ses épaules. Un rideau de soie verte s'ouvrit ensuite, et l'histoire de Jason et de la Toison d'or fut jouée en l'honneur de l'ordre du duc. Les taureaux qui jetaient des flammes, domptés par Jason et attachés à une charrue ; le dragon qu'il tuait, et dont il semait les dents qui se changeaient en soldats, tout cela parut merveilleusement exécuté. On vit ensuite un cerf blanc, aux cornes dorées, qui chantait avec son conducteur ; un dragon de feu qui traversa la salle, et une chasse au vol, où deux faucons abattirent un héron.

« Mais tout cela n'était que des passe-temps mondains ; enfin arriva le véritable intermède. Un géant, coiffé du turban et vêtu d'une longue robe, s'avança, conduisant un éléphant. Une tour s'élevait sur l'animal, et l'on voyait aux créneaux une dame. Elle portait un voile blanc à la façon des religieuses, et un grand manteau noir : c'était le personnage de la sainte Église. Il était représenté par Olivier de la Marche. Cette dame semblait fort éplorée. Quand elle fut devant le duc, elle adressa un triolet au géant qui la menait :

<pre>
Géant, je veux ci arrêter,
Car je vois noble compagnie
A laquelle me faut parler.
Géant, je veux ci arrêter,
Dire leur veux et remontrer
Chose qui doit bien être ouïe.
Géant je veux ci arrêter,
Car je vois noble compagnie.
</pre>

« Puis elle commença une longue complainte sur tous les maux que lui faisaient les infidèles, et implora le secours du duc et des nobles chevaliers ici présents. Alors entra Toison d'or avec deux chevaliers de l'ordre, qui donnaient la main à Iolande, bâtarde de Bourgogne, et à Isabeau de Neufchâtel. Le roi d'armes portait un faisan vivant, orné d'un collier d'or et de pierreries. Il fit une profonde révérence au duc, lui dit que l'ancienne coutume des grands festins était d'offrir aux princes et seigneurs quelque noble oiseau pour faire un vœu; et qu'il venait, avec les dames et les chevaliers, faire hommage du faisan à sa vaillance.

« Le duc dit alors à haute voix : « Je voue à Dieu premièrement, puis « à la très-glorieuse Vierge Marie, aux « dames et au faisan, que je ferai ce « qui est écrit; » et il remit à Toison d'or le billet suivant, en lui ordonnant d'en faire la publique lecture :

« Le plaisir du très-chrétien et très-« victorieux prince monseigneur le roi « est sans doute d'entreprendre et ex-« poser son corps pour la défense de la « foi chrétienne, et pour résister à la « damnable entreprise du Grand Turc « et des infidèles ; alors, si je n'ai loyale « excuse de mon corps, je le servirai « de ma personne et de ma puissance « en ce saint voyage, le mieux que Dieu « m'en donnera la grâce. Si les affaires « de mondit seigneur le roi étaient « telles qu'il n'y pût aller de sa per-« sonne, et que son plaisir fût d'y com-« mettre un prince de son sang, ou « autre chef et seigneur de son armée, « j'obéirai à sondit commis ainsi qu'à « lui-même. Si, pour ses grandes af-« faires, il est disposé à ne pas y aller, « et à ne pas y envoyer, et que des « princes chrétiens entreprennent ce « saint voyage, je les accompagnerai « et m'emploierai avec eux, pourvu « que ce soit le plaisir et le congé de « mondit seigneur, et que les pays que « Dieu m'a confiés soient en paix et « en sûreté. A quoi je travaillerai et « me mettrai en tel devoir, que Dieu « et le monde connaîtront qu'il n'aura « pas tenu à moi d'y aller. Et si, du-« rant ce voyage, je puis, par quel-« que manière, savoir que ledit Grand « Turc a volonté d'avoir affaire avec « moi corps à corps, je le combattrai « avec l'aide de Dieu tout-puissant et « de sa très-douce mère, lesquels j'ap-« pelle toujours à mon aide. »

« La dame sainte Église remercia le duc, et commença à faire le tour des tables, recevant l'un après l'autre le vœu de chaque seigneur et de chaque chevalier.

« Le duc de Clèves, le comte de Saint-Pol, M. de Charolais, le comte d'Étampes, tous les princes et les grands seigneurs vouèrent d'aller à la croisade. C'était un empressement général ; les convives s'animaient; plusieurs commencèrent par ajouter quelque clause particulière à leur vœu, ainsi qu'ils avaient vu dans les histoires de chevalerie où les chroniques. Le seigneur du Pont promit de ne jamais se mettre au lit le samedi jusqu'à l'accomplissement de son vœu; le sire de Hautbourdin de ne pas se désister de son entreprise qu'il ne tînt en son pouvoir le Turc mort ou vif; le sire de Hennequin de ne manger, les vendredis, nulle chose qui eût reçu mort, jusqu'à ce qu'il se fût trouvé main à main avec les ennemis de la sainte foi, et d'aborder, au péril de sa vie, la bannière du Grand Turc. Philippe Pot fit vœu de ne pas s'asseoir à table les mardis, et de ne jamais porter en cette entreprise d'armure au bras droit; sur cela, le bon duc l'arrêta, et lui dit qu'il y fallait au contraire venir bien et suffisamment armé. Antoine Raulin promit de servir dans ce voyage, si son père voulait le lui permettre, et en faire les frais; et son père Nicolas Raulin, le vieux chancelier de Bourgogne, s'engagea à l'y envoyer avec vingt-quatre gentilshommes entretenus à ses frais. Hugues de Longueval voua qu'une fois parti, il ne boirait pas de vin avant d'avoir tiré du sang à un infidèle; et qu'il passerait deux ans à la croisade, dût-il y rester seul, à moins que Constantinople ne fût repris auparavant; Guillaume de Vaudrey s'engagea à ne point revenir sans avoir présenté au duc un Turc prisonnier. Érard et Chrétien de Digoine, de la noble maison de Damas, vouèrent ensemble de faire leur possible pour renverser la première enseigne ennemie qu'ils verraient; et Chrétien, en outre, de faire en revenant entreprise d'armes dans trois royaumes chrétiens; Antoine et Philippe, bâtards de Brabant, demandèrent à être les premiers de l'avant-garde, et promirent de porter en banderole de dévotion une image de Notre-Dame; Antoine de Tournai fit vœu de donner un coup d'épée sur la couronne d'un roi infidèle; Jean de Chassa, de ne jamais faire tourner la tête à son cheval avant d'avoir vu une bannière turque conquise; Louis de Chevalart, de ne porter, dès qu'on serait à quatre lieues des infidèles, ni chaperon ni chapeau, et de combattre un Turc à pied, avec le bras armé du seul gantelet; Guillaume de Montigny, de porter jour et nuit une pièce de son armure, de ne point boire de vin le samedi, et de se vêtir ce jour-là d'une haire. Puis les uns vouaient de combattre corps à corps; les autres, de ne pas revenir avant d'avoir jeté un Turc les jambes en l'air. Chacun enchérissait sur l'autre, l'émulation et le vin les échauffaient: c'était une sorte de folie.

« Quand les vœux furent faits, une dame entra à la clarté des flambeaux;

elle était aussi vêtue en religieuse, mais tout en blanc. De son épaule gauche descendait un petit rouleau où était écrit, en lettres d'or : *Grâce de Dieu:* c'était son nom. Elle amenait douze chevaliers, vêtus de pourpoints cramoisis avec des chausses noires et un manteau noir et gris; le tout couvert des plus riches broderies. Ils donnaient la main à douze dames habillées en satin cramoisi, avec une robe de dentelle par-dessus, et une large frange en or. Chacun avait aussi son nom écrit sur son épaule; c'étaient les douze vertus : la Foi, l'Espérance, la Charité, la Justice, la Raison, la Prudence, la Tempérance, la Force, la Vérité, la Largesse, la Diligence et la Vaillance. Madame Grâce de Dieu s'avança vers le duc, lui expliqua en huit vers le motif de sa venue, et lui remit un billet. Le seigneur de Créqui eut ordre d'en faire la lecture.

« Mon béni créateur a entendu le
« vœu que toi, Philippe, duc de Bour-
« gogne et de Brabant, as fait naguère,
« ainsi que plusieurs autres hommes
« nobles et de vertueux courage. Les-
« quels vœux sont agréables à Dieu et
« à la sainte Vierge Marie, et ils m'en-
« voient par-devers les empereurs,
« rois, ducs, princes, comtes, barons,
« chevaliers, écuyers, et autres bons
« chrétiens, leur présenter ces douze
« dames portant chacune le nom d'une
« vertu. Si eux et toi les voulez croire
« et user de leurs conseils, vous vien-
« drez à bonne et victorieuse conclu-
« sion de votre entreprise, je demeu-
« rerai avec vous, vous acquerrez bonne
« renommée par tout le monde, et le
« royaume de paradis à la fin. »

«Madame Grâce de Dieu se retira après avoir présenté les douze dames; comme le mystère était achevé, elles quittèrent leurs inscriptions, et se mirent à danser avec leurs chevaliers; c'étaient les premières dames et les plus grands seigneurs de la cour qui avaient représenté cet intermède (*). »

(*) De Barante, Histoire des ducs de Bourgogne.

SIÈGE DE BELGRADE. MORT DE HUNIADE.

Mais pendant que ces belles promesses se perdaient dans l'éclat des fêtes, les légats de Nicolas V, et surtout Jean de Huniade, arrêtaient les Turcs. Au moment où Ladislas et le comte de Cilly fuyaient de Bude à Vienne, Capistran, avec quarante mille croisés, la plupart sans vêtements et sans armes, rejoignit Huniade, et tous deux marchèrent vers Belgrade, que Mahomet canonnait sans relâche avec d'énormes pièces fondues sous les murs même de la ville, et dont le fracas s'entendait jusqu'à Szégédin, au confluent de la Theiss et de la Marosch. Quand Huniade approcha, il vit Belgrade foudroyée sans relâche, sa citadelle presque détruite, et la région d'alentour couverte d'une fumée perpétuelle. Les chrétiens enlevèrent à l'abordage (*) toute la flottille turque sur le Danube, et entrèrent dans Belgrade à demi ruinée. Mahomet, qui avait juré de prendre la ville en quinze jours, et qui se moquait de son père, qui n'avait pu l'enlever après un siége de sept mois, donna, le 8 août, un assaut général. Les Turcs pénétrèrent jusqu'au milieu de la place; le croissant fut arboré sur les remparts; mais un Hongrois prit corps à corps le Turc qui l'avait planté, et se jeta avec lui et l'étendard au bas du mur. Huniade fit de prodigieux efforts, rejeta les Turcs hors de la ville, les poursuivit, prit le camp du pacha d'Asie sur la Save, avec toute l'artillerie, qu'il tourna sur-le-champ contre eux. Mahomet, après avoir tué de sa main plusieurs janissaires qui reculaient, fut obligé, blessé lui-même, d'abandonner Belgrade, laissant sous les murs de cette ville les cadavres de trente mille Turcs. Le désespoir de Mahomet fut tel, qu'il voulut, dit-on, s'empoisonner; Capistran et Huniade, au contraire, dans l'ivresse de la victoire, se hâtèrent d'écrire au pape Calixte des lettres où chacun d'eux s'attribuait tout l'honneur de la retraite

(*) Capistran était sur la proue du premier vaisseau le crucifix à la main et répandant les malédictions sur les infidèles.

des Turcs. Mais la joie de la Hongrie fut modérée par la mort de Huniade, qui fut emporté d'une fièvre ardente, causée par les fatigues de corps et d'esprit qu'il avait endurées.

Huniade laissait deux fils, Mathias et Ladislas. Lorsque le roi Ladislas le Posthume voulut entrer dans Belgrade pour visiter cette ville, au pied de laquelle avait échoué toute la puissance mahométane, le fils de Huniade ne voulut recevoir dans la ville ni le comte de Cilly ni aucun soldat autrichien, s'excusant sur ce que sa propre vie était menacée par le comte. S'étant rencontrés par hasard (mars 1457), ils s'adressèrent les reproches et les outrages les plus sanglants; et Cilly, arrachant le sabre de l'un des spectateurs, frappa son ennemi à la tête. Les gens de Ladislas accoururent à son secours et un combat suivit, dans lequel Cilly fut tué (*). Ladislas reçut les excuses de la veuve d'Huniade, jura sur l'eucharistie qu'il pardonnait à son fils; et l'ayant par ces promesses attiré à sa cour avec son frère Mathias, il les fit arrêter, et fit trancher la tête à Ladislas (15 mars 1457). A la nouvelle de cette exécution, une partie de la Hongrie se souleva, et Ladislas fut contraint de fuir à Vienne, emmenant avec lui le dernier fils du grand Huniade.

MORT DE LADISLAS. ÉLECTION DE MATHIAS.

Quelque temps après, Ladislas se rendit à Prague pour y célébrer son mariage avec Madeleine, fille de Charles VII, roi de France; mais, au milieu des préparatifs de la fête, il fut saisi d'une maladie qui l'emporta en trente-six heures (1458). On soupçonna le régent de Bohême, Podiebrad, de l'avoir empoisonné.

A la mort de Ladislas, son empire fut dissous; ses oncles, l'empereur Frédéric III et Albert, se partagèrent l'Autriche; son cousin Sigismond eut la Carinthie; quant à la Bohême et à la Hongrie, ces deux pays si énergiques, l'un par son enthousiasme religieux,

(*) Plusieurs auteurs représentent le comte de Cilly comme tué dans un guet-apens.

l'autre par son enthousiasme guerrier, elles ne voulurent plus rester unies à cette pâle Autriche, qui, indifférente au péril de la chrétienté et ennemie de l'élan religieux, voulait les tenir sous sa domination. En Bohême, Podiebrad, appuyé par les calixtins, fut élu roi de préférence à tous les nobles candidats qui se présentaient, et demeura maître du pays en dépit de tous ses ennemis et des foudres du Vatican.

Sitôt qu'on sut en Hongrie la mort de Ladislas, Ziglag, oncle de Mathias Corvin, réunit une armée, puis indiqua une diète à Pesth pour l'élection d'un roi. Toute la basse Hongrie voulait Mathias; mais plusieurs bans et palatins de la haute Hongrie, qui avaient contribué à la mort du fils de Huniade, ne voulaient pas voir son frère monter sur le trône; Ziglag vainquit leur opposition, en faisant dresser des potences, où il menaça d'attacher les opposants. Mathias fut élu; il se trouvait alors entre les mains de Podiebrad, à Prague, où Ladislas l'avait conduit. Podiebrad, apprenant son élection, lui rendit la liberté, après lui avoir fait promettre d'épouser sa fille, de conclure un traité d'alliance entre les deux royaumes, et de lui payer quarante mille ducats. Arrivé (1458) sur la Morava, qui séparait alors la Hongrie de la Bohême, Mathias vit l'armée hongroise s'agenouiller devant lui, et l'armée de Bohême, qui l'avait escorté, se retirer après le payement de la rançon convenue.

Frédéric voulut dépouiller Mathias, qu'il appelait dédaigneusement un roi enfant (il avait dix-sept ans). Ses espérances semblaient fondées; car il était peu vraisemblable que le jeune roi de Hongrie pût se maintenir à la fois contre Mahomet II, qui avait juré de venger l'affront reçu devant Belgrade; contre les brigands bohémiens(*), maîtres du nord de la Hon-

(*) Ces Bohémiens, appelés par Élisabeth, s'étaient établis dans un district montagneux et voisin de la Pologne, et possédaient Cassovie, Sceputz et plusieurs autres places importantes. Ils avancèrent souvent jusque près de Bude.

grie; enfin contre Frédéric, qui avait un fort parti parmi les Hongrois, et qui retenait la couronne de saint Étienne.

Mathias toutefois obtint des états trois armées; l'une fut battue par les Autrichiens, à Kormond en Styrie; mais Frédéric, engagé dans une guerre civile en Autriche, abandonna les magnats qui l'avaient appelé, et qui firent la paix avec Mathias; lui-même conclut une trêve, et promit de rendre la couronne de saint Étienne pour une certaine somme d'argent. Mathias, à la tête d'une autre armée, fit aux frères bohêmes une guerre atroce qui dura cinq années. Il fallut enlever un à un tous les châteaux que ces bandits avaient fortifiés depuis trente ans. Après chaque défaite, les prisonniers étaient livrés au supplice, et les fuyards massacrés par les paysans hongrois; enfin Mathias reçut la soumission de leur chef Gisera (1458-1463).

Pendant les derniers événements de cette guerre, rien d'important ne s'était passé en Hongrie, si ce n'est que Mathias, prenant ombrage du pouvoir de Ziglag, son oncle, le fit jeter dans les fers, et donna, dit-on, l'ordre de le mettre à mort. Mais Ziglag s'échappa et ne tarda pas à se réconcilier avec son neveu, qui lui devait tout, et qui lui donna le commandement de la basse Hongrie.

Quant à la guerre contre les Turcs, la victoire fut encore favorable à Mathias; Ali-Bey, général de Mahomet, fut chassé des bords de la Save, et vaincu une seconde fois en Transylvanie.

CROISADE CONTRE LES TURCS.

Avant de se tourner contre les Turcs, Mathias conclut une paix définitive avec l'empereur Frédéric III. La couronne de saint Étienne lui fut remise, et il reconnut Frédéric pour son héritier. Alors il put s'occuper de la guerre sacrée. Mahomet avait pris en trahison Étienne, roi de Bosnie et de Servie (1463), et l'avait fait écorcher vif après s'être emparé de ses États. Mathias passa la Save, alors limite des deux empires, recouvra la plus grande partie de la Bosnie, et s'empara de Jaïtz, capitale du royaume. Ce fut alors que la Hongrie étant pacifiée au dedans et victorieuse au dehors, Mathias se fit solennellement couronner à Albe-Royale, avec la couronne de saint Étienne (1464), la sixième année de son règne. Il revint ensuite assister aux fêtes de Bude, sa capitale, où il y eut des tournois, des courses de chars, des combats de lions, etc. Là il reçut les ambassadeurs de Pie II, qui voulait à tout prix délivrer la Grèce, et ceux des Vénitiens qui craignaient pour le Péloponèse, mal défendu par leur muraille de l'isthme. Les Vénitiens promettaient un subside annuel de soixante mille écus d'or. La mort de Pie II, arrivée à Ancône, au moment où il allait mettre à la voile avec les croisés italiens, ne changea rien au traité; Mathias entra en Servie, et marcha vers les mines d'argent qui se trouvent au midi de cette contrée; mais une terreur panique fit rebrousser chemin à son armée; d'ailleurs les *Frangipani* se révoltaient en Croatie, les brigands bohémiens se relevaient, et ravageaient Presbourg et Tirnau. Mathias soumit les uns et les autres, et fit des derniers un terrible exemple : tous les frères bohèmes qu'il saisit furent pendus ou jetés dans le Danube.

Cependant des événements fâcheux avaient lieu sur la frontière (*) ; la Transylvanie se soulevait avec la Moldavie et la Valachie, et un corps hongrois était défait par les Turcs. Ziglag, qui le commandait, avait été pris, et Mahomet l'avait fait sur-le-champ décapiter. Mathias tomba avec tant de rapidité sur la Transylvanie, qu'il trouva encore ouvertes les gorges presque inaccessibles des monts qui séparent la Hongrie de la Transylvanie. Le waivode révolté n'eut plus qu'à se soumettre, et Mathias usa de clémence; mais s'étant enfoncé dans la Moldavie,

(*) En 1466, Scanderbeg était mort. En 1478, tout ce qui restait encore aux chrétiens de l'héritage de Georges Castriota tomba aux mains des Turcs.

il fut surpris dans une petite ville ouverte, par des Valaques, et ne se dégagea qu'avec des peines infinies. Les Valaques se soumirent.

GUERRE DE MATHIAS CONTRE LA BOHÊME.

Une guerre moins honorable fut celle que Mathias soutint contre la Bohême. Depuis Jean Huss et le triomphe des calixtins, la Bohême était odieuse au saint-siége; le légat de Pie II avait déclaré dans une diète de l'Empire, où Podiebrad offrait de marcher contre les Turcs, qu'il serait plus avantageux de combattre contre les hérétiques que de les armer contre les infidèles. Paul II fit plus, il déposa le roi de Bohême, et envoya à Mathias cinquante mille écus d'or pour exécuter la sentence; l'empereur Frédéric lui fournit de l'artillerie, et lui offrit l'investiture de la couronne de Bohême, qu'il aurait redouté cependant de lui voir porter. Mathias n'hésita pas à attaquer son beau-père, un prince, roi au même titre que lui, par l'élection nationale, et son allié naturel contre l'Autriche. Une partie des magnats ne voulait de guerre que contre les Turcs; mais Mathias conclut à la même diète, avec Mahomet II, une trêve, qu'un scrupule religieux l'empêcha d'appeler une paix. (1468) Mathias envahit la Moravie et la Silésie, provinces catholiques qui se soulèvent; Podiebrad est forcé à la retraite. Son fils défend inutilement la Moravie; Brunn et Olmutz se rendent. A son retour, Mathias, en allant prendre ses quartiers d'hiver à Bude, passa près de Vienne, dont les habitants montrèrent une joie qui causa de l'ombrage à Frédéric; Mathias toutefois n'y entra pas. L'année suivante (1469), après avoir reçu la soumission du Spielberg, citadelle de Brunn, il se fit déclarer, à Olmutz, roi de Bohême et margrave de Moravie; puis il entra dans la Silésie, qu'il soumit facilement. Au siége de Wesel, il fit prisonnier le fils de Podiebrad. Ce fut le dernier coup porté au malheureux roi de Bohême, qui mourut de chagrin (1471) (*).

(*) Dans le même temps, succès d'Ussum-

Frédéric III et Mathias réclamèrent près des états la couronne de Bohême. « Quoique roi par le décret du pape, « qui seul fait les rois, disait Mathias, « nous voulons bien nous soumettre à « l'élection. » On élut Wladislas, fils du roi de Pologne, Casimir, qui envahissait déjà la Bohême pour y faire exécuter la sentence du pape, et qui continuait sa marche pour la défendre contre Mathias. Celui-ci vit en même temps éclater contre lui une révolte en Hongrie. Pour faire face aux frais de la guerre, il avait, du consentement du pape, établi la capitation sur tous les Hongrois indistinctement. Des soixante-dix comtes du royaume, neuf seulement lui restèrent attachés; les autres appelèrent Casimir, qui pénétra jusqu'à Agria avec vingt mille hommes. Mais Mathias traita secrètement avec les magnats; et Casimir, second fils du roi de Pologne, tout à coup abandonné, fut obligé de s'enfuir, laissant son armée, qui capitula. La guerre continua avec la Pologne et la Bohême; Mathias ne voulait rendre la Silésie et la Moravie que pour quatre cent mille écus d'or, somme qu'on n'aurait pu trouver dans toute la Pologne et la Lithuanie réunies. Wladislas et Casimir, à la tête tous deux de trente mille hommes, entrèrent en Silésie et assiégèrent Breslau. Mathias forma un camp retranché sous les murs de la place : là les Hongrois combattaient tout le jour à la vue de leurs maîtresses, qui garnissaient le rempart, et, après le combat, trouvaient dans la ville les plaisirs et l'abondance; les ennemis, au contraire, ne pouvaient rien tirer d'une campagne ruinée. Des corps de Hongrois, d'ailleurs, ravageaient la Pologne, incendiaient ses villes de bois et mettaient Cracovie en péril. Il fallut traiter (22 novembre 1474) : Mathias conserva la Silésie et la Moravie, rachetables pour quatre cent mille écus; la Bohême resta à Wladislas, mais il partagea le titre de roi avec Mathias; enfin ils se portèrent pour héritiers l'un de l'autre. Mathias rendit ses prisonniers; sur huit mille, il n'en restait que deux mille, six mille ayant péri étouffés dans les prisons, morts de faim ou jetés dans la Moldau.

La lutte des confédérés contre les Turcs continuait; Ussum-Cassan remportait de grandes victoires; les Vénitiens devenaient maîtres de Chypre par un héritage; toutefois Mahomet II soumettait la Transylvanie, ravageait la Dalmatie et la Croatie, prenait Scutari, bâtissait Szabatch sur la Save, forteresse qui le couvrait du côté de la Hongrie, et d'où il poussait des incursions jusque dans le cœur de l'Autriche. Mais, en 1475, Mathias prit Szabatch, dont il augmenta les fortifications; la chrétienté apprit en même temps la grande victoire d'Étienne Bathori, hospodar de Valachie, qui avait secoué le joug des Ottomans, et qui, secondé par les Hongrois, avait vaincu Mahomet II en personne et son armée de cent mille hommes. Le sénat de Venise et le pape envoyèrent des félicitations et des subsides à Mathias; mais la grande guerre qu'il eut à soutenir alors contre l'Autriche le réduisit à la défensive du côté des Turcs.

GUERRE CONTRE L'AUTRICHE.

Depuis la mort d'Albert, l'Autriche n'avait cessé d'attaquer les Hongrois et d'inquiéter leurs rois nationaux. Ces tracasseries de la politique autrichienne avaient porté au comble la haine des Hongrois; Mathias résolut d'y mettre fin par une guerre ouverte. Dans l'assemblée générale des magnats, il exposa les griefs suivants :

1° L'empereur a retenu six ans la couronne de saint Étienne; il a fallu la force pour la lui arracher; encore a-t-il exigé de l'argent et qu'on le déclarât héritier de la couronne;

2° Podiebrad et les hussites excommuniés ont ravagé l'Autriche et assiégé Vienne; Mathias est venu à son secours, et l'empereur a traité, sans le consulter, avec l'ennemi commun;

Cassan, prince d'Arménie, contre les Turcs. L'amiral vénitien Canale les bat à Patras. Le pape Paul II s'allie aux Vénitiens contre les Turcs. Siège et sac de Négrepont.

3° Quand Mathias a été déclaré roi de Bohême, Frédéric a favorisé le fils du roi de Pologne;

4° Il a sans cesse commis des hostilités sur le territoire hongrois;

5° Il a refusé les subsides convenus pour la guerre de Bohême;

6° Il a refusé de lui donner sa fille;

7° Enfin il l'a accusé d'être l'auteur des soulèvements survenus à Vienne durant son voyage en Italie, et l'aurait fait arrêter, si lui, Mathias, n'avait quitté précipitamment Vienne.

« Les haines, dit Bohflnius, étaient envenimées de part et d'autre; outre les griefs nationaux et particuliers, une guerre était inévitable entre Mathias, généreux, brave, ouvert, ami des plaisirs, humain, et Frédéric, avare, froid, composé, sobre, opiniâtre et dur; Mathias, d'ailleurs, fatigué de ses pénibles guerres contre les Turcs, et de la gloire chèrement achetée dont il s'est couvert, est tenté par la beauté de l'Autriche et les charmes d'un premier séjour à Vienne; *il déteste la rusticité de la Hongrie.* » Les magnats délibérèrent; Étienne Bathori fut favorable à l'Autriche; il représenta la conformité de religion, les difficultés de l'entreprise, et conclut ainsi : « Mon corps est à Mathias, mon âme est à Dieu; que Mathias aille contre l'Autriche, j'irai contre les Turcs. » Les prélats furent de son avis. Paul Kinitz, au contraire, parla pour la guerre, et les magnats l'applaudirent.

Mathias se mit en campagne en 1477, après avoir *consulté les astres*, *car il était astrologue*, ainsi que l'empereur Frédéric (*). Il était suivi de troupes hongroises, bohémiennes et serbes, combattant d'une manière différente et campant séparément. La cavalerie légère des Serbes exerçait d'affreux ravages. Repoussé de Trautersdorf, maître de Petersdorf, il se trouva bientôt

(*) Le doge Christophe Moro, forcé par le conseil de se mettre à la tête de la flotte sur laquelle voulait monter Pie II, en 1464, pour aller attaquer Mahomet II, consulta de même les astrologues afin de choisir l'heure favorable pour le départ.

en face de Vienne. « Les Hongrois, dit Bonfinius, furent scandalisés de voir en Autriche l'ivrognerie presque générale et l'esprit mercantile de la population, qui permettait aux femmes de faire le commerce, et de se trouver ainsi mêlées aux hommes. » Frédéric ne fit rien pour sauver sa capitale; cependant, quand il vit toutes les places des bords du Danube tomber successivement entre les mains des Hongrois, il consentit à les racheter au prix de cent cinquante mille écus d'or.

SUCCÈS ET MORT DE MAHOMET II.

Mathias se trouvait alors en paix avec tous ses voisins; cependant la guerre la plus vive avait lieu sur ses frontières. Mahomet n'attaquait plus la Hongrie, devenue trop redoutable, mais il cherchait à arriver jusque sur les côtes de l'Adriatique par la conquête des provinces du nord de l'ancienne Grèce. Il assiégeait et enlevait Scutari, et sa cavalerie, traversant la Dalmatie sans y causer aucun dommage, ravageait tout le territoire vénitien. Venise, Florence, Milan, s'allièrent; leur armée, conduite par Hercule d'Est, fut détruite, et alors rien ne resta debout entre l'Isonzo et le Tagliamento. En même temps, le petit État de Scanderberg disparaissait de la carte; Croïa était prise et détruite; Venise, abandonnée, laissa au sultan Scutari, le Ténare, Lemnos, et lui paya un tribut de dix mille ducats, dont Bajazet II la dispensa en 1482; de plus, elle se laissa prendre Corfou sans se plaindre (*).

(*) Du haut des tours de Venise, on vit les flammes qui dévoraient les villages et les villes de la terre ferme. En se retirant, les Turcs laissèrent un autre fléau, la peste, qui pénétra dans la ville et y exerça d'affreux ravages; les conseils furent dispersés, etc. Venise, abandonnée de la chrétienté, menacée en Italie d'une ligue du pape, du roi de Naples, de Laurent de Médicis, du duc de Milan et de la république de Gênes, en détache d'abord le pape, puis, pour plus de sûreté, engagea les Turcs à attaquer les anciennes villes grecques de l'Italie. Soixante-

Cependant Frédéric refusait, sous différents prétextes, de payer les cent cinquante mille écus promis à Mathias. Celui-ci, malgré une attaque imminente des Turcs, se jeta sur la Styrie, et força l'empereur de renouveler ses promesses. Mahomet II voulut cette fois faire un dernier et puissant effort; une immense armée fut réunie à Semendria; Bathori, waïvode de Transylvanie, et Paul Kinitz, ban de Temeswar, firent lever en masse toutes les populations transylvaniennes et valaques. Ils rencontrèrent l'ennemi près de la Marosch; les Valaques furent d'abord dispersés et détruits, et le waïvode tomba mortellement blessé; mais Kinitz remporta la victoire, et joncha le champ de bataille de trente mille cadavres turcs. « Après le combat, dit Bonfinius, la table fut mise sur ces cadavres; les vainqueurs y prirent leur repas, et le ban de Temeswar exécuta une valse, devant ses compagnons, en tenant un Turc mort entre ses dents. » En ce même moment, Mathias envoyait deux mille Hongrois, qui contribuaient à la reprise d'Otrante par les princes italiens. Ces deux succès, la mort de Mahomet II en 1481, la guerre entre Bajazet et Zizim, rassurèrent la chrétienté.

DERNIERS SUCCÈS ET MORT DE MATHIAS.

Pour profiter de ces discordes, Mathias s'allia avec le waïvode de Valachie, le fils de Scanderbeg, et son beau-père, Ferdinand de Naples; mais il fut encore arrêté dans ce projet par l'empereur, qui, non content de ne pas remplir ses promesses, attaqua le premier deux villes de la Hongrie, Pres-

---

dix vaisseaux ottomans se dirigèrent vers Otrante, convoyés par la flotte vénitienne. Otrante fut enlevée, 1480. Douze mille soldats ou habitants furent tués, le gouverneur et l'évêque furent sciés par le milieu du corps. Une attaque du roi de Perse et la mort de Mahomet II sauvèrent seules le roi de Naples. A la reprise d'Otrante, les Turcs firent, pour défendre la place contre l'artillerie, des ouvrages que ne connaissaient pas les chrétiens.

bourg et Hambourg. Les succès de Mathias furent moins rapides dans cette guerre que dans la première; ce ne fut qu'après quatre ans d'une guerre de siége qu'il put se trouver maître de la haute et de la basse Autriche, par la prise de Neustadt et de Vienne. Après un séjour de six mois dans la capitale de l'Autriche, Mathias revint à Bude, où il s'occupa de revoir les lois du royaume.

Le roi de Hongrie vécut encore quatre années, qu'il passa dans un glorieux loisir, interrompu seulement par deux combats que livrèrent les Hongrois en Croatie, sous la conduite de son fils Jean Corvin. Il mourut enfin d'apoplexie, au mois d'avril de l'année 1490.

Ainsi se termina ce règne brillant, qui ne fut qu'une longue croisade contre les Turcs, et brisa leur élan, à l'époque où, sous la main vigoureuse et habile du conquérant de Constantinople, ils étaient les plus dangereux ennemis de la chrétienté et de l'Allemagne.

Je me sers ici du mot croisade(*), et tous les documents originaux autorisent en effet à l'employer, car Mathias est à la solde de la chrétienté; il reçoit des subsides continuels des Vénitiens, des princes de l'Italie, et du pape, qui lui envoie les offrandes de tous les fidèles. Derrière la Hongrie qui combat, sont les diètes à Ratisbonne, à Francfort, les congrès en Italie, où l'on délibère; mais la délibération, il faut le dire, n'est sérieuse que pour quelques-uns, pour le pape, pour les Vénitiens, pour le roi de Naples, pour les ducs d'Autriche, tous intéressés à cette guerre. Ce sont eux qui font des ligues avec Mathias et Scanderbeg, qui vont chercher jusque dans l'Arménie et la Perse des alliés contre Mahomet. Mais pour les autres pays, plus éloignés du danger et comptant d'ailleurs sur le courage des Hon-

(*) L'annaliste de l'Église cherche même, comme Bonfinius, l'historien de la Hongrie, à excuser la guerre d'Autriche, et montre Mathias n'attaquant Frédéric que pour être libre désormais de porter toutes ses forces contre les Turcs.

grois, ils restent à peu près étrangers à cette lutte (*).

EFFORTS DE MATHIAS POUR INTRODUIRE LA CIVILISATION EN HONGRIE.

Mathias ne fut pas seulement le plus redoutable adversaire des Turcs, il mérita aussi la reconnaissance des Hongrois par la sagesse de ses lois; c'est à lui qu'ils doivent leur grande charte, *decretum majus*, en quatre-vingt-sept articles, qui fut publiée à la diète de 1486, après la conquête de l'Autriche. Déjà, depuis le commencement de son règne, il avait donné quatre décrets formant quarante-huit articles; le troisième est l'énonciation d'une série de réformes demandées en 1479 par les prélats, barons et nobles de la Hongrie.

Il n'est pas de notre sujet d'entrer dans l'examen de cette législation; nous dirons seulement qu'elle porte principalement sur l'organisation de l'autorité judiciaire, l'appel au roi, les peines pour les différents crimes, qui ne durent plus s'étendre aux parents des coupables, le duel judiciaire; elle défend de paraître en armes aux foires et aux marchés, ordonne que la confiscation des biens soit abolie, etc. Le zèle de Mathias pour la justice est attesté par ce proverbe populaire : « Corvin est mort; depuis lui, plus de justice. »

C'est à ce prince aussi que l'armée hongroise doit son organisation; avant lui, elle ne consistait qu'en cavalerie levée à la hâte; chaque soldat s'armait et s'équipait comme il voulait. Corvin se forma un corps d'infanterie qu'il appela la garde Noire (**). Il sut toujours maintenir parmi ses troupes une exacte discipline; ni fantassin ni cavalier ne purent rien prendre, sans payer, sous peine d'une punition sévère, et le chef qui ne réprimait pas ces désordres devait réparer à ses frais le dégât. La loi veillait encore sur le soldat en mission ou en voyage : celui chez qui il s'arrêtait trop longtemps avait droit à une indemnité.

Peut-être fut-ce à Mathias que Maximilien dut l'idée d'établir une armée permanente en Autriche, et quelques-uns des perfectionnements que ce prince apporta dans les armes et la discipline.

Corvin, dans sa jeunesse, avait été parfaitement instruit; et, à la différence de son père, qui n'était qu'un très-brave chevalier, Corvin avait étudié la science militaire. Il parlait lui-même plusieurs langues, et aimait à s'entourer de savants. Il voulait bâtir une ville pour quarante mille étudiants avec leurs professeurs; ses guerres l'en empêchèrent; mais il fonda à Bude une université, dans laquelle il attira des savants d'Italie, d'Allemagne et de France. Il avait dans les différentes villes de l'Italie trente copistes ou calligraphes; lui-même profita de la dispersion des bibliothèques grecques, après la prise de Constantinople, et réunit cinquante mille volumes, presque tous manuscrits. Il eut un cabinet d'antiques, un observatoire, et il fonda deux sociétés savantes. Tout cela, il est vrai, périt après lui; les Turcs ravagèrent la Hongrie, et sa magnifique bibliothèque fut pillée et détruite. Mais si la civilisation de la Hongrie fut par sa mort ajournée pour plusieurs siècles, son règne garantit du moins la civilisation du reste de l'Europe : les fugitifs de Constantinople trouvèrent un asile en Italie et dans sa cour. Vienne hérita d'une partie des richesses

---

(*) Un petit prince d'Italie, sûr qu'on n'exécuterait aucune des promesses faites au pape, voulut se donner le mérite d'une générosité qui ne devait lui rien coûter : il offrit au congrès de Mantoue pour sa part dans la contribution générale 300,000 flor.

(**) Après la mort de Mathias, dit Bonfinius, l'évêque de Waradin acheta pour cent mille écus d'or l'armée des vétérans, hivernant alors en Moravie, et avec laquelle Mathias avait remporté toutes ses victoires. A cette nouvelle, Jean Corvin fut consterné,

car il sentait que s'il avait pu acheter cette armée, il se serait, en dépit de tous ses compétiteurs, saisi de la couronne. On l'appelait l'armée Noire parce que Mathias ne la faisait hiverner qu'en pleine campagne; il l'endurcissait à toutes les fatigues, au point qu'il n'était rien qu'elle n'osât entreprendre.

littéraires qu'il avait réunies dans sa nombreuse bibliothèque; et le mouvement littéraire qui, au commencement du siècle suivant, se manifesta en Pologne, est peut-être dû en partie aux efforts de Mathias pour introduire en Hongrie la civilisation italienne. La Pologne, dans le commencement du seizième siècle, alla chercher en Italie des savants de toute espèce, et il ne serait pas étonnant qu'elle n'ait fait en cela que suivre l'exemple que lui avait donné la Hongrie, sous Mathias Corvin, et que l'université de Bude ait été le point intermédiaire entre Cracovie et Florence.

Ajoutons que l'influence littéraire de la Hongrie s'étendit plus loin encore, jusqu'au cœur de la Russie. Le grand-duc de Moscou, Ivan III (1462-1505), qui était menacé à l'ouest par les Lithuaniens et les Livoniens, à l'est par les Tartares de la grande horde de Kazan et d'Astrakhan, opposa à la grande horde l'alliance des Tartares de la Crimée, et aux Lithuaniens celle de Mathias. Des ambassades s'échangèrent entre les deux princes, qui s'engagèrent mutuellement à faire la guerre au roi de Pologne, dès que les circonstances le permettraient. A la suite de ce traité, Ivan pria Mathias de lui procurer des artistes à la fois fondeurs de canons et artilleurs; des ingénieurs, des architectes, pour construire des églises, des palais et des villes; des orfévres en état de fabriquer de grands vases d'or et d'argent; des mineurs pour chercher et purifier les métaux. « Nous avons, disait-il, des mines d'or « et d'argent, mais nous ignorons l'art « d'exploiter ces richesses; rendez- « nous ce service, et, à notre tour, « nous mettrons à votre disposition « tout ce qui se trouve dans notre riche « empire. »

PRÉCAUTIONS PRISES PAR L'AUTRICHE POUR S'ASSURER LA COURONNE DE HONGRIE.

Ainsi grandissait, par la civilisation et la guerre, ce royaume de Hongrie, qui devait former le plus beau fleuron de la couronne autrichienne. Mais les temps ne sont pas encore venus où les archiducs pourront trôner à Bude; il faut, pour que la Hongrie tombe entre leurs mains, pour que l'Autriche réunisse les deux royaumes slaves à ses possessions allemandes, que le danger qui les a une première fois réunis sous son sceptre, au temps d'Amurath et de Mahomet II, se renouvelle plus menaçant encore avec Soliman. Maintenant que Mahomet II est mort, et que l'un de ses fils, pour se délivrer d'un frère qu'il redoute, se fait le tributaire du pape où des chevaliers de Rhodes, la Hongrie peut chercher à conserver son indépendance politique; mais que les Ottomans reparaissent, et il faudra bien se serrer de nouveau contre l'Allemagne, se rattacher à l'Autriche, pour obtenir qu'elle emploie ses forces et celles d'une partie du corps germanique à la défense et au salut des Hongrois.

De l'avénement d'Albert II à la mort de Mathias, se passe le premier acte de ce grand drame de la guerre contre les Turcs; qui, aujourd'hui, s'en va finir peut-être par la reprise de Constantinople sur les musulmans. Dans cette première période, l'Autriche ne joue pas, il est vrai, le principal rôle : Frédéric III se cache de Mahomet II derrière Mathias Corvin; mais qu'on ne croie pas cependant qu'elle n'ait fait aucun progrès. Si à la mort d'Albert elle a vu la Bohême et la Hongrie chercher à établir au-dessus d'elle des dynasties nationales, ses princes au moins ont appris le chemin de Prague et de Bude; ils conservent dans leurs archives des pactes de confraternité conclus avec la maison de Luxembourg et même avec Mathias, et ces pactes seront produits quand l'occasion s'en présentera. Que ces royautés bâtardes et décrépites avant d'avoir vécu, malgré et peut-être à cause de l'éclat de deux grands hommes, Podiebrad et Mathias qui les ont fondées, que ces dynasties, dis-je, s'éteignent, et les princes autrichiens se présenteront comme leurs héritiers naturels et légitimes. L'Allemagne ne s'y opposera point, car elle sera de longue date habituée à l'idée de voir ces deux couronnes revenir à la maison de Habsbourg. L'Autriche va donc laisser s'user d'elles-mêmes les dynasties bohémiennes et hongroises. En attendant qu'elle puisse recueillir ce riche héritage, que lui promettent les traités (*) et que les armes des Turcs lui assureront, elle travaille, à l'autre extrémité de l'Allemagne, à augmenter encore sa fortune.

PUISSANCE DE LA MAISON DE BOURGOGNE.

En reconnaissance du courage que Philippe le Hardi avait montré à la bataille de Poitiers, où seul il défendit son père, le roi Jean, contre les Anglais, Jean lui avait inféodé le duché de Bourgogne. Cette maison grandit bien vite d'une manière effrayante, pour la France même qui l'avait dotée. Elle joignit en effet successivement à son apanage primitif, soit par mariage, soit par forme d'achat, le comté de Bourgogne et la plus grande partie des Pays-Bas, savoir : les comtés de Flandre et d'Artois, le margraviat d'Anvers, la seigneurie de Malines, le comté de Namur, les duchés de Brabant et de Limbourg, une partie de la province de Frise, les comtés de Hainault, de Hollande et de Séelande; et le duché de Luxembourg; enfin le dernier duc, Charles le Hardi, ou le Téméraire, comme il est ordinairement nommé par les Français, venait de se faire céder, par la maison d'Egmont, le duché de Gueldre (**) et le comté de Zutphen; de manière qu'indépendamment du duc de Bourgogne,

« En la saison de cette veüe, comme il semble, le duc de Bourgogne estoit allé prendre le païs de Gueldres, fondé sur une querelle qui est digne d'être racontée, pour voir les œuvres et la puissance de Dieu. Il y avoit un jeune duc de Gueldres, appellé Adolphe, le quel avoit pour femme une des filles de Bourbon, sœur de monseigneur de Bourbon père, qui regne aujourd'hui; et l'avoit espousée en cette maison de Bourgogne, et pour cette cause en avoit quelques faveurs. Il avoit commis un cas très-horrible, car il avoit pris son père prisonnier, à un soir comme il se vouloit aller coucher, et mené à cinq lieues d'Allemagne à pied sans chausses, par un temps très-froid ; et le mit au fonds d'une tour, où il n'y avoit nulle clarté que par une bien petite lucarne; et là le tint près de six mois; dont fut grande guerre entre le duc de Cleves (dont ledit duc prisonnier avoit espousé la sœur); et ce jeune duc Adolphe. Le duc de Bourgogne plusieurs fois les voulut appointer; mais il ne pût. Le pape et l'empereur à la fin y mirent fort la main, et sur grandes peines fut commandé audit duc de Bourgogne de tirer ledit duc Arnoul hors de prison. Ainsi le fit; car le jeune duc n'osa denier le luy bailler, pour ce qu'il voyoit tant de gens de bien qui s'en empeschoient, et si craignoit la force du duc de Bourgogne. Je les vis tous deux en la chambre dudit duc par plusieurs fois, et en grande assemblée de conseil, où ils plaidoient leurs causes; et vis le bon homme vieil présenter le gage de bataille à son fils. Le duc de Bourgogne désiroit fort les appointer, et favorisoit le jeune; et fut offert au jeune que le titre de gouverneur ou mambourg du pays luy demeureroit avec tout le revenu, sauf une petite ville assise auprès du Brabant, appellée Grave, qui devoit demeurer au père, avec le revenu de trois mille florins, et autant de pension. Ainsi le tout luy eust valu six mille florins, avec le titre de duc, comme raison estoit. Avec d'autres plus sages je fus commis à porter cette parole à ce jeune duc, lequel fit responce qu'il aimeroit mieux avoir jetté son père teste devant dans un puits, et de s'estre jetté après, que d'avoir fait cet appointement ; et qu'il y avoit quarante et quatre ans que son père estoit duc, et qu'il estoit bien temps qu'il le fût : mais très-volontiers il luy laisseroit trois mille florins

(*) On se rappelle que par un traité de confraternité, conclu en 1364 entre les maisons d'Autriche et de Luxembourg, toute la succession de l'empereur Sigismond, roi de Bohême et de Hongrie, passa à l'archiduc Albert II. Ce pacte fut renouvelé avec Mathias, qui permit même à Frédéric III de porter le titre de roi de Hongrie. Son successeur Wladislas II l'accepta, et, par la paix du 7 novembre 1491, il promit de faire reconnaître le droit éventuel de l'archiduc au trône de Hongrie.

(**) Voici en quels termes Comines raconte la conquête du duché de Gueldre; c'est un curieux tableau des mœurs de l'époque.

ALLEMAGNE.

il n'y avait plus d'autres États dans les Pays-Bas, que Cambray, ville impériale, et quatre évêques, ceux d'Utrecht, de Liége, de Cambray et de Tournay, dont le premier était le plus puissant, parce que, outre la province d'Utrecht, sa domination s'étendait aussi sur celles d'Overyssel et de Groningue; enfin la plus grande partie des Frisons étaient républicains et gouvernés, sous la protection de l'Empire, par leurs propres magistrats, qu'ils nommaient podestats. Aux deux Bourgognes avec leurs appartenances, et aux Pays-Bas, Charles le Téméraire avait encore réuni le Brisgau et les possessions autrichiennes en Alsace, savoir : le Sundgau et le comté de Ferrette, que cette maison lui avait engagés; il espérait y joindre encore la Lorraine et la Suisse. De toutes les possessions de la maison de Bourgogne, le duché de Bourgogne seulement, avec le Mâconnais, l'Auxerrois et quelques autres dépendances, ainsi que les comtés d'Artois et de Flandre, étaient fiefs français; pour tout le reste de leurs domaines, ces princes étaient vassaux de l'empire germanique.

CHARLES LE TÉMÉRAIRE VEUT SE FAIRE NOMMER ROI PAR FRÉDÉRIC III.

Charles le Téméraire, fils de Philippe le Bon, quatrième duc de Bourgogne, aspirait à l'honneur de porter une couronne; honneur auquel l'étendue, mais surtout la richesse de ses États, lui permettaient de prétendre. Il proposa à l'empereur, qu'on regardait comme le suprême dispensateur des dignités dans la chrétienté, d'ériger ses États en royaume, sous la dénomination de royaume de Bourgogne, et d'y joindre la qualité de vicaire général de l'Empire dans les pays d'outre-Meuse; et, avec elle, la souveraineté sur les quatre évêchés de Cambray, Tournay, Liége et Utrecht. A cette condition, il promettait de donner la main de Marie, sa fille unique, à l'archiduc Maximilien, fils de l'empereur.

L'empereur et le duc de Bourgogne eurent, le 1er octobre 1473, une entrevue à Trèves, où cette affaire dut être consommée. Le duc de Bourgogne y parut avec une suite brillante de seigneurs, et avec huit mille chevaux et six mille hommes d'infanterie; il étala un faste avec lequel la pauvreté de l'empereur contrastait fortement, malgré les efforts qu'il avait faits pour paraître magnifique. Le manteau du duc était chargé d'or et de diamants pour plus de deux cent mille ducats; il avait apporté la couronne et tous les emblèmes de la royauté; rien ne manquait que la confiance. Louis XI, roi de France, le plus politique, le plus

par an, par condition qu'il n'entreroit jamais dans le duché; et assez d'autres paroles très-mal sages.

Cecy advint justement comme le roy prit Amiens sur le duc de Bourgogne, lequel estoit avec ces deux dont je parle à Dourlens, où il se trouvoit très-empesché, et partit soudainement pour se retirer à Hesdin, et oublia cette matière. Et ce jeune duc prit un habillement de françois, et partit luy deuxiesme seulement pour se retirer en son païs. En passant un pont auprès de Namur, il paya un florin pour son passage. Un prestre le vit, qui en prit suspicion et en parla au passager, et regarda au visage celui qui avoit payé ledit florin, et le connut; et là fut pris et amené à Namur, et y est demeuré prisonnier, jusques au trespas du duc de Bourgogne, que les Gandois le mirent dehors, et avoient vouloir de luy faire espouser par force celle qui depuis a esté duchesse d'Autriche, et le menèrent avec eux devant Tournay, où il fut tué meschamment et mal accompagné; comme si Dieu n'eust pas esté saoul de venger cet outrage qu'il avoit fait à son père. Le père estoit mort avant le trespas du duc de Bourgogne, estant encores son fils en prison; et à son trespas laissa au duc de Bourgogne sa succession, à cause de l'ingratidude de son fils; et sur cette querelle conquit le duc de Bourgogne, en temps que je dis, le duché de Gueldres, où il trouva résistance : mais il estoit puissant, et en trêve avec le roy, et la posséda jusques à la mort; et encores la possède aujourd'huy ce qui est descendu de luy et tant qu'il plaira à Dieu. Or, comme j'ay dit au commencement, je n'ay conté cecy que pour monstrer que telles cruautez et tels maux ne demeurent point impunis. »

dissimulé des princes, et l'ennemi juré de Charles, avertit l'empereur d'être sur ses gardes contre la duplicité du duc de Bourgogne; et celui-ci, qui était soupçonneux, parce qu'il ne méritait pas qu'on eût confiance en lui, ne voulut pas que le mariage de sa fille eût lieu avant d'avoir reçu l'investiture du vicariat. L'empereur promit au duc la dignité royale, s'il pouvait obtenir le consentement des électeurs. Après avoir perdu deux mois en négociations, Frédéric III, prétextant les troubles de l'électorat de Cologne, quitta furtivement Trèves, en se mettant dans un bateau sur la Moselle, sans prendre congé du duc de Bourgogne.

Ces troubles fournirent à Charles une occasion de se mêler aux affaires d'Allemagne. « Le duc de Bourgogne, dit Comines, estoit retourné en son pays, et avoit le cœur tres-élevé pour cette duché (de Gueldre), qu'il avoit jointe à sa crosse : et trouva goust en ces chôses d'Allemagne, pour ce que l'empereur estoit de tres-petit cœur, et enduroit toutes choses pour ne despendre rien; et aussi de soy, sans l'aide des autres seigneurs d'Allemagne, ne pouvoit-il pas grande chose. Parquoy ledit duc ralongea sa tréve avec le roy, et sembla à aucuns des serviteurs du roy que ledit seigneur ne devoit point ralonger sa tréve, ne laisser venir audit duc si grand bien. Bon sens leur faisoit dire ces mots; mais, par faute d'experience et d'avoir veu, ils n'entendoient point cette matiere.

« Il y en eut quelques autres, mieux entendans ce cas qu'eux, et qui avoient plus grande connoissance pour avoir esté sur les lieux, qui dirent au roy nostre maistre que hardiment prit cette tréve, et qu'il souffrit audit duc d'aller heurter contre ces Allemagnes (qui est chose si grande et si puissante qu'il est presque incroyable), disans quand ledit duc aura pris une place, ou mené à fin une querelle, il en entreprendra une autre, et qu'il n'estoit pas homme pour jamais se saouler d'une entreprise (et en cela estoit opposite au roy, car plus il [le duc] estoit embroüillé et plus s'embroüilloit), et que mieux ne se pourroit venger de luy que de le laisser faire : et avant luy faire un petit d'aide, et ne luy donner nulle suspicion de luy rompre cette tréve; car, à la grandeur d'Allemagne et à la puissance qui y est, n'estoit pas possible que tost ne se consumast, et ne se perdit de tous points; car les princes de l'Empire (*), encore que l'empereur fust de peu de vertu, y donneront ordre; et à la fin finale audit seigneur ainsi en advint.

SIÉGE DE NUYZ.

« A la querelle des deux prétendans à l'evesché de Cologne, dont l'un estoit frere du lantgrave de Hesse, et l'autre parent du comte palatin du Rhin, ledit duc de Bourgogne tint le party dudit palatin, et entreprit de le mettre par force en cette dignité, espérant en avoir quelques places, et mit le siege devant Nuz (**), prés Cologne, l'an 1474; et y estoit ledit lantgrave de Hesse avec quelque nombre de gens de guerre. Ledit duc mit tant de choses en son imagination, et si grandes, qu'il demeura sous le faix; car il voulut en cette saison propre faire passer le roy Édoüard d'Angleterre, lequel avoit grande armée preste, à la poursuite dudit duc. Il feit de grandes diligences pour achever cette entreprise d'Allemagne, qui estoit, s'il eust pris Nuz, la garnir bien, et une autre place ou deux au-dessus de Cologne : parquoy ladite cité de Cologne diroit le mot, et que partant il monteroit contremont le Rhin jusques à la comté de Ferrete, qu'il tenoit lors; et ainsi tout le Rhin seroit sien jusques en Hollande où il fine, et où il y a plus de fortes villes et chasteaux qu'en nul royaume de la

---

(*) Le roi avait ménagé un traité entre Sigismond, duc d'Autriche, et les Suisses. Dans ce traité, qui fut signé le 11 juin 1474, il n'est point fait mention du duc de Bourgogne; mais les Suisses s'engagent, si le duc Sigismond a besoin d'assistance, à lui en donner *autant qu'ils pourront faire honnestement*. (Note de M. Petitot.)

(**) Nuz ou Nuyz, petite ville importante à cause de son passage sur le Rhin. (Idem.)

chrestienté, si ce n'est en France. La tréve qu'il avoit avec le roy avoit esté alongée de six mois, et desja la pluspart estoient passez. Le roy sollicitoit fort de l'alonger, et qu'il fist à son aise en Allemagne; ce que ledit duc ne voulut faire, pour la promesse qu'il avoit faite aux Anglais (*).

« Je me passerois bien de parler de ce fait de Nuz, pour ce que ce n'est pas selon le train de notre matiere (car je n'y estois pas); mais je suis forcé d'en parler pour les matieres qui en dépendent. Dedans la ville de Nuz, laquelle est tres-forte, s'estoit mis le lantgrave de Hesse, et plusieurs de ses parens et amis, jusques au nombre de dix-huit cens hommes de cheval, comme il m'a esté dit, et tres-gens de bien (et aussi ils le monstrerent), et de gens de pied ce qui leur en faisoit besoin. Ledit lantgrave, comme nous avons dit, estoit frere de l'evesque qui avoit esté esleu, lequel estoit la partie adverse de celuy que soustenoit le duc de Bourgogne; et ainsi le duc de Bourgogne mit le siege devant Nuz, l'an 1474.

« Il avoit la plus belle armée qu'il eut jamais, et spécialement pour gens de cheval; car, pour aucunes fins qu'il prétendoit ès Italies, il avoit retiré quelques mille hommes d'armes italiens, que bons, que mauvais, et avoit pour chef d'entre eux un appelé le comte de Campobache, du royaume de Naples, partisan de la maison d'Anjou, homme de tres-mauvaise foy et tres-perilleux. Il avoit aussi Jacques Galeot, gentilhomme de Naples, tres-homme de bien, et plusieurs autres que je passe pour brieveté. Semblablement avoit bien le nombre de trois mille Anglois, tres-gens de bien, et de ses sujets en tres-grand nombre, bien montez et bien armez, qui ja longtemps avoient exercé le fait de la guerre, et une tres-grande et puissante artillerie.

(*) La tréve, qui expirait le 25 mai 1474, fut néanmoins prolongée le 15 juin suivant jusqu'au premier mai 1475. Charles n'avait pas encore signé son traité avec le roi d'Angleterre. (Idem.)

Et tout cecy avoit-il tenu prest pour se joindre avec les Anglois à leur venuë, lesquels faisoient toute diligence en Angleterre (*). Mais les choses y sont longues; car le roy ne peut entreprendre un tel œuvre sans assembler son parlement, qui vaut autant à dire comme les trois estats, qui est chose juste et saincte; et en sont les rois plus forts et mieux servis, quand ainsi le font en semblables matieres, car l'issuë volontiers n'en est pas brieve. Quand ces estats sont assemblez, il déclare son intention, et demande aide sur ses sujets; car il ne se leve nuls aides en Angleterre, si ce n'est pour passer en France ou aller en Escosse, ou autres frais semblables; et tres-volontiers et bien liberalement ils les octroient et accordent, et specialement pour passer en France. Et est bien une pratique que ces roys d'Angleterre font quand ils veulent amasser argent, que faire semblant d'aller en Escosse ou en France, et faire armées : et pour lever grand argent, ils font un payement de trois mois, et puis rompent leur armée, et s'en retournent à l'hostel, et ils ont receu l'argent pour un an. Et ce roy Édouard estoit tout plein de cette pratique, et souvent le fit.

FRÉDÉRIC III ET L'ARMÉE DE L'EMPIRE DEVANT NUYZ.

« Ainsi estoit le duc de Bourgogne

(*) Édouard, roi d'Angleterre, avait déjà proposé aux ducs de Bourgogne, de Bretagne et autres princes, de se réunir pour démembrer la France. La difficulté de satisfaire à toutes les prétentions, avait fait suspendre, mais non pas abandonner l'exécution de ce grand projet. Le duc de Bourgogne et le roi d'Angleterre tombèrent enfin d'accord. Charles, qui venait de signer une tréve d'un an avec Louis le 15, signa le 25 juillet avec Édouard un traité dont voici les principales dispositions : Louis était déclaré ennemi public; on s'engageait à le détrôner. Édouard était reconnu roi de France, et le duc de Bourgogne, en acquérant le duché de Bar, les comtés de Champagne et de Nevers, etc., devenait souverain indépendant et cessait d'être vassal de la couronne. (Idem.)

ja bien empesché devant Nuz, et trouva les choses plus dures qu'il ne pensoit. Ceux de Cologne, qui estoient quatre lieues plus haut sur le Rhin, frayerent chacun mois cent mille florins d'or, pour la crainte qu'ils avoient du duc de Bourgogne; et eux, et les autres villes au-dessus d'eux sur le Rhin, avoient desja mis quinze ou seize mille hommes de pied sur les champs, et estoient logez sur le bord de la riviere du Rhin, avec grande artillerie, du costé opposite du duc de Bourgogne, et taschoient à luy rompre ses vivres, qui venoient par eauë du pays de Gueldres contremont la riviere, et à rompre les bateaux à coups de canon. L'empereur et les princes électeurs de l'Empire s'assemblerent sur cette matiere, et déliberérent de faire armée. Le roy les avoit ja envoyez solliciter par plusieurs messagers. Aussi renvoyerent vers luy un chanoine de Cologne, de la maison de Baviere, et un autre ambassadeur avec luy, et apporterent au roy par roolle l'armée que l'empereur avoit intention de faire, au cas que le roy de son costé s'y voulsist employer. Ils ne faillirent point à avoir bonne réponse, et promesse de tout ce qu'ils demandoient; et davantage promettoit le roy par scellez, tant à l'empereur qu'à plusieurs des princes et villes, que dés que l'empereur seroit à Cologne et mis aux champs, que le roy envoyeroit joindre avec luy vingt mille hommes, sous la conduite de MM. de Craon et de Sallezard.

« Et ainsi cette armée s'apresta de la part d'Allemagne, qui fut merveilleusement grande, et tant qu'il est presque incroyable; car tous les princes d'Allemagne, tant temporels que spirituels, et les evesques, y envoyerent gens, et toutes les communautés (*) et en grand nombre. Il me fut dit que l'evesque de Munster, qui n'est point des grands, y mena six mille hommes de pied, quatorze cens hommes de cheval, et douze cens chariots, et tous vestus de verd: il est vray que son evesché est prés de Nuz. L'empereur mit bien sept mois à faire l'armée, et au bout du terme se vint loger à demie lieuë prés du duc de Bourgogne; et, à ce que m'ont conté plusieurs des gens dudit duc, l'armée du roy d'Angleterre, ne celle du duc de Bourgogne ensemble, ne montoient point plus du tiers que celle dont je parle, tant en gens qu'en tentes et pavillons. Outre l'armée de l'empereur, estoit cette armée de l'autre part de la riviere, vis-à-vis du duc de Bourgogne, qui donnoit grand travail à son ost et à ses vivres.

« Dés que l'empereur fut devant Nuz, et ces princes de l'Empire, ils envoyerent devers le roy un docteur qui estoit de grande authorité avec eux, qui s'appeloit le docteur Hesevare, qui depuis a esté cardinal, lequel vint solliciter le roy de tenir sa promesse, et d'envoyer les vingt mille hommes, ainsi qu'il avoit promis, ou autrement que les Allemans appointeroient. Le roy luy donna trés-bonne espérance, et luy fit donner quatre cens escus, et envoya quand et luy, devers l'empereur, un appellé Jehan Tiercelin, seigneur de Brosse. Toutesfois ledit docteur ne s'en alla pas content, et se conduisoient de merveilleux marchez durant ce siege; car le roy travailloit de faire paix avec le duc de Bourgogne, ou, quoy que soit, d'allonger la tréve, afin que les Anglois ne vinssent point. Le roy d'Angleterre, d'autre costé, travailloit de toute sa puissance à faire partir le duc de Bourgogne de devant Nuz, et qu'il luy vint tenir promesse, et aider à faire la guerre en ce royaume, disant que la saison se commençoit à perdre; et fut ambassadeur par deux fois de cette matiere le seigneur Descalles, neveu du connestable, un trés-gentil chevalier, et plusieurs autres. Le duc de Bourgogne se trouva obstiné, et luy avoit Dieu troublé le sens et l'entendement, car toute sa vie il avoit travaillé à faire passer les Anglois; et à cette heure qu'ils estoient prets, et toutes choses bien disposées pour eux, tant en Bretagne qu'ailleurs, il demeuroit obstiné à une chose impossible de prendre.

(*) Les villes impériales.

« Avec l'empereur y avoit un légat apostolique, qui chacun jour alloit de l'un ost à l'autre pour traiter paix; et semblablement y estoit le roy de Dannemarc, logé en une petite ville prés des deux armées, qui travailloit pour ladite paix; et ainsi le duc de Bourgogne eust bien pû prendre party honorable pour se retirer vers le roy d'Angleterre. Il ne le sceut faire, et s'excusoit envers les Anglois sur son honneur, qui seroit foulé s'il le levoit, et autres maigres excuses; car ce n'estoient pas les Anglois qui avoient régné du temps de son père, et aux anciennes guerres de France, mais estoient ceux-cy tous neufs et ignorans quant aux choses de France; parquoy ledit duc procedoit mal sagement, s'il s'en vouloit aider pour le temps advenir; car il eust esté besoin qu'il les eust guidez pas à pas pour la première saison.

GUERRE DE CHARLES EN LORRAINE ET CONTRE LES SUISSES.

« Estant le duc de Bourgogne en cette obstination, luy sourdit guerre par deux ou trois bouts. L'une fut que le duc de Lorraine, qui estoit en paix avec luy, et encores avoit pris quelques intelligences aprés la mort du duc Nicolas de Calabre, l'envoya defier devant Nuz, par le moyen de monseigneur de Craon, lequel s'en vouloit ayder pour le service du roy, et ne faillit pas à luy promettre qu'on en feroit un grand homme; et incontinent se mirent aux champs ensemble, et firent grand dommage en la duché de Luxembourg, et raserent une place appellée Pierre-Fort, assise à deux lieuës de Nancy, qui estoit de la duché de Luxembourg. Davantage fut conduit par le roy, et aucuns de ses serviteurs qu'il y commist, que une alliance fust faite pour dix ans entre les Suisses et les villes de dessus le Rhin, comme Basle, Strasbourg et autres, qui paravant avoient esté en inimitié.

« Encore fut faite une paix entre le duc Sigismond d'Autriche et les Suisses, tendant à cette fin que ledit duc Sigismond voulsist reprendre la comté de Ferrete, laquelle il avoit engagée au duc de Bourgogne pour la somme de cent mille florins du Rhin; et ainsi fut accordé, fors qu'il demeura un differend entre luy et les Suisses, qui vouloient avoir passage par quatre villes de la comté de Ferrete, forts et foibles, quand il leur plairoit. Ce poinct fut soumis sur le roy, qui le jugea à l'intention desdits Suisses. Et par ce qui est cy-dessus recité pouvez entendre les querelles que le roy suscitoit secrettement audit duc de Bourgogne.

« Tout ainsi comme cecy avoit esté conclu il fut executé; car en une belle nuict fut pris messire Pierre Archambault, gouverneur du pays de Ferrete pour le duc de Bourgogne, avec huict cens hommes de guerre qu'il avoit avec luy, lesquels furent tous délivrez francs et quittes, excepté luy, qui fut mené à Basle, où ils luy firent un procés sur certains excés et violences qu'il avoit faits audit pays de Ferrete, et en fin de conte luy trancherent la teste, et fut mis tout le pays de Ferrete en la main dudit duc Sigismond d'Austriche : et commencerent les Suisses la guerre en Bourgogne, et prindrent Blasmond, qui estoit au mareschal de Bourgogne, qui estoit de la maison de Neuf-Chastel, et assiegerent le chasteau de Herycourt, qui estoit de ladite maison de Neuf-Chastel, où les Bourguignons alerent pour le secourir; mais ils furent deconfits devant un bon nombre. Lesdits Suisses firent un grand dommage au pays, et puis se retirerent pour cette boutée.

« Pour lors avoit le roy envoyé devers l'empereur Jehan Tiercelin, seigneur de la Brosse, pour travailler qu'il ne s'appointast avec le duc de Bourgogne, et pour faire excuse de ce qu'il n'avoit envoyé ses gens d'armes comme il avoit promis, asseurant tousjours le faire, et de continuer les exploits et dommages qu'il faisoit audit duc bien grands, tant au pays et marches de Bourgogne que de Picardie; et outre luy ouvrir un party nouveau, qui estoit qu'ils s'asseurassent bien l'un de l'autre de ne faire paix ni tréves l'un sans l'autre; et que l'empereur prit toutes les seigneuries que ledit duc tenoit de l'Empire, et qui par raison en devoient estre tenuës, et qu'il les fist declarer confisquées à luy: et que le roy prendroit celles qui estoient tenuës de la couronne de France, comme Flandres, Artois, Bourgogne et plusieurs autres. Combien que cet empereur eust esté toute sa vie homme de trés-peu de vertu, si estoit-il bien entendu, et pour le long temps qu'il avoit vescu, il avoit beaucoup d'expérience; et puis ces partis d'entre nous et lui avoient beaucoup duré: aussi estoit las de la guerre, combien qu'elle ne lui coutast rien, car tous ces seigneurs d'Allemagne y estoient à leurs dépens, comme il est de coustume quand il touche le faict de l'Empire.

APOLOGUE ADRESSÉ PAR FRÉDÉRIC III
A LOUIS XI.

« Ledit empereur respondit aux ambassadeurs du roy qu'auprés d'une ville d'Allemagne y avoit un grand ours qui faisoit beaucoup de mal. Trois compagnons de ladite ville, qui hantoient les tavernes, vindrent à un tavernier, à qui ils devoient, prier qu'il leur accreust encore un escot, et qu'avant deux jours le payeroient du tout; car ils prendroient cet ours qui faisoit tant de mal, et dont la peau valoit beaucoup d'argent, sans les présens qui leur seroient faits et donnés des bonnes gens. Ledit hoste accomplit leur demande; et quand ils eurent disné, ils allerent au lieu où hantoit cet ours, et en approchant de la caverne ils le trouverent plus prés d'eux qu'ils ne pensoient. Ils éurent peur et se mirent en fuite. L'un gaigna un arbre, l'autre fuit vers la ville; le tiers, l'ours le prit et le foula fort soubs luy, en luy approchant le museau fort prés de l'oreille. Le pauvre homme estoit couché tout plat contre terre et faisoit le mort. Or cette beste est de telle nature que ce qu'elle tient, soit homme ou beste, quand elle le voit qu'il ne se remuë plus, elle le laisse là, cuidant qu'il soit mort; et ainsi ledit ours laissa ce pauvre homme, sans luy avoir fait gueres de mal, et se retira en sa caverne. Dés que le pauvre homme se veit délivré, il se leva, tirant vers la ville. Son compagnon qui estoit sur l'arbre, lequel avoit veu ce mystere, descend, court, et crie aprés l'autre, qui alloit devant, qu'il attendist; lequel se retourna et l'attendit. Quand ils furent joints, celuy qui avoit esté dessus l'arbre demanda à son compagnon, par serment, ce que l'ours luy avoit dit en conseil, qui si longtemps luy avoit tenu le museau contre l'oreille. A quoy son compagnon luy respondit: « Il me disoit que jamais je « ne marchandasse de la peau de l'ours, « jusques à ce que la beste fust morte. » Et avec cette fable paya l'empereur nostre roy, sans faire autre reponce à son homme, comme s'il vouloit dire: « Venez icy comme vous avez promis, « et tuons cet homme si nous pouvons, « et puis departons ses biens. »

La difficulté de dépouiller Charles le Téméraire n'était pas la seule raison qui portât Frédéric, prince d'ailleurs fort peu belliqueux, à rejeter les offres de Louis XI; il n'avait point perdu de vue le mariage de son fils avec l'héritière de Bourgogne; aussi il accepta enfin la médiation du légat du pape. Charles, à qui cinquante-six assauts, durant un siége de onze mois, avaient coûté quinze mille hommes, ne fut pas fâché d'avoir un prétexte honorable pour se retirer. La paix fut signée le 17 juin 1475. Pendant les négociations, ces deux princes eurent une entrevue secrète, dans laquelle Charles renouvela sa promesse de donner la main de sa fille à l'archiduc Maximilien.

DÉFAITE DE GRANSON.

Ce n'était pas seulement du côté de l'Allemagne, que l'ambition de Charles se voyait arrêtée; d'autres obstacles s'opposaient encore à son projet de constituer un royaume de Bourgogne. Le duc de Lorraine, nous venons de le voir, l'avait envoyé défier devant Nuyz. Charles, sitôt qu'il eut levé le siége de cette ville, se retourna contre René, s'empara en peu de semaines de tout le pays et prit Nancy;

puis, encouragé par ces succès faciles mais importants, il songea à se venger des Suisses et à s'emparer de tout le cours du Rhin.

« Aprés que le duc de Bourgogne, dit Comines, eut rompu aux Suisses l'esperance de pouvoir trouver appointemens avec luy, ils retournerent advertir leurs gens, et s'appresterent pour se deffendre; et luy approcha son armée du pays de Vaux en Savoye, que lesdits Suisses avoient pris sur monseigneur de Romont, comme dit est, et prit trois ou quatre places qui estoient à monseigneur de Chasteau-Guion, que lesdits Suisses tenoient, et les deffendirent mal; et de là alla mettre le siege devant une place appelée Granson, laquelle estoit aussi audit seigneur de Chasteau-Guion, et y avoit pour lesdits Suisses sept ou huict cens hommes bien choisis, pour ce que c'estoit auprés d'eux, et la vouloient bien deffendre. Ledit duc avoit assés grande armée, car de Lombardie luy venoient à toute heure gens, et des subjets de cette maison de Savoye; et il aymoit mieux les estrangers que ses subjets, dont il pouvoit finer assez, et de bons; mais la mort du connestable luy aidoit bien à avoir deffiance d'eux, avec d'autres imaginations. Son artillerie estoit trés-grande et bonne, et estoit en grande pompe en cet ost pour se monstrer à ces ambassadeurs, qui venoient d'Italie et d'Allemagne; et avoit toutes ses meilleures bagues et de sa vaisselle beaucoup, et largement autres paremens; et avoit de grandes fantaisies en sa teste sur le fait de cette duché de Milan, où il entendoit avoir des intelligences. Quand le duc eut assiégé ladite place de Granson et tiré par aucuns jours, se rendirent à luy ceux de dedans à sa volonté, lesquels il fit tous mourir. Les Suisses s'estoient assemblez, non point en grand nombre, comme j'ay ouy conter à plusieurs d'entre eux (car de leurs terres ne se tirent point les gens que l'on pense, et encores moins lors que maintenant; car depuis ce temps la pluspart ont laissé le labeur pour se faire gens de guerre), et de leurs alliez en avoient peu avec eux, car ils estoient contraints se haster pour secourir la place : et comme ils furent aux champs, ils sceurent la mort de leurs gens.

« Le duc de Bourgogne, contre l'opinion de ceux à qui il en demandoit, délibéra d'aller au-devant d'eux à l'entrée des montagnes, où ils estoient encores; qui estoit bien son desavantage, car il estoit bien en lieu advantageux pour les attendre, et clos de son artillerie, et partie d'un lac, et n'y avoit nulle apparence qu'ils luy eussent sceu porter dommage. Il avoit envoyé cent archers garder certain passage à l'encontre de cette montagne, et rencontrerent ces Suisses, et luy se mit en chemin, la pluspart de son armée estant encores en plaines. Les premiers rangs de ses gens cuidoient retourner pour se rejoindre avec les autres; mais les menues gens qui estoient tous derriere, cuidans que ceux-là fuissent, se mirent à la fuite, et peu à peu se commença à retirer cette armée vers le camp, faisans aucuns trés-bien leur devoir. Fin de compte, quand ils vindrent jusques à leur ost, ils n'essayerent point de se deffendre : et tout se mit à la fuite, et gagnerent les Allemans son camp et son artillerie, et toutes les tentes et pavillons de luy et de ses gens, dont il y avoit grand nombre, et d'autres biens infinis; car rien ne se sauva que les personnes, et furent perduës toutes les grandes bagues dudit duc : mais de gens, pour cette fois, ne perdit que sept hommes d'armes. Tout le demeurant fuit, et luy aussi. Il se devoit mieux dire de luy qu'il perdit honneur et chevance ce jour, que l'on ne fit du roy Jehan de France, qui vaillamment fût pris à la bataille de Poictiers.

« Or faut voir maintenant comment changea le monde aprés cette bataille, et comme le courage du duc de Bourgogne et de ses alliés furent muez. » Les ducs de Milan et de Savoie, le roi René, se détacherent de son alliance. « De tous costez en Allemagne se commencerent à déclarer gens contre ledit duc, et toutes ces villes impériales, comme Nuremberg, Francfort et plu-

sieurs autres, qui s'allierent avec ces vieilles et nouvelles alliances contre ledit duc, et sembloit qu'il y eust trésgrand pardon à luy mal faire.

« Les dépouilles de son ost enrichirent fort ces pauvres gens de Suisses, qui de prime-face ne connurent les biens qu'ils eurent en leurs mains, et par espécial les plus ignorans. Un des plus beaux et riches pavillons du monde fut desparty en plusieurs pieces : il y en eut qui vendirent grande quantité de plats et d'escuelles d'argent, pour deux grands blancs la piece, cuidans que ce fust estaing : son gros diamant (*), qui estoit un des plus gros de la chrestienté, où pendoit une grosse perle, fut levé par un Suisse, et puis remis en son estuy, puis rejetté sur un chariot ; puis le revint quérir, et l'offrit à un prestre pour un florin. Celuy-là l'envoya à leurs seigneurs, qui luy en donnerent trois francs. Ils gagnerent trois balais pareils, appellez les Trois-Freres ; un autre grand balais, appellé la Hatte ; un autre appellé la Balle de Flandres (qui estoient les plus grandes et les plus belles pierreries que l'on eut sceu trouver) ; et d'autres biens infinis, qui depuis leur ont bien donné à connoistre ce que l'argent vaut ; car les valeurs et estimations en quoy le roy les mit dès lors, et les biens qu'on leur a faits, leur ont fait recouvrer infiny argent.

« Chacun ambassadeur des leurs, qui vint vers le roy à ce commencement, eut grands dons de luy en argent ou en vaisselle, et par ce moyen les contentoit de ce qu'il ne s'estoit point déclaré pour eux, et les renvoyoit les bourses pleines et revestus de drap de soye, et se prit à leur promettre pension, qu'il paya bien depuis ; mais il vid la seconde bataille avant, et leur promit quarante mille florins de Rhin tous les ans : les vingt mille pour les villes, et les autres vingt mille pour les particuliers qui avoient le gouvernement desdites villes. »

DÉFAITE DE MORAT ET DE NANCY. MORT DE CHARLES LE TÉMÉRAIRE.

Cependant Charles réunissait une nouvelle armée, qui alla, comme la première, se briser contre le courage des Suisses. La bataille de Morat, livrée le 22 juin 1476, coûta la vie à vingt mille Bourguignons. Ce nouveau désastre sembla troubler la raison de l'orgueilleux duc. « Il s'estoit retiré à l'entrée de Bourgogne, en un lieu appelé la Riviere, auquel lieu il séjourna plus de six semaines, ayant encores cœur de rassembler gens. Toutesfois il y besognoit peu, et se tenoit comme un solitaire, et sembloit plus qu'il faisoit par obstination ce qu'il faisoit qu'autrement, comme vous entendrez ; car la douleur qu'il eut de la perte de la premiere bataille de Granson fut si grande et luy troubla tant les esprits, qu'il en tomba en grande maladie, et fut telle, que sa colere et chaleur naturelle estoit si grande, qu'il ne beuvoit point de vin, mais le matin beuvoit ordinairement de la tisanne, et mangeoit de la conserve de roses pour se rafraischir. Ladite tristesse mua tant sa complexion, qu'il luy faloit boire le vin bien fort sans eau : et pour luy faire retirer le sang au cœur, mettoient des estoupes ardentes dedans des ventouses, et les luy passoient en cette chaleur à l'endroit du cœur. Et de ce propos vous, monseigneur de Vienne, en sçavez plus que moy, comme celuy qui l'aidastes à panser cette maladie, et luy fistes faire la barbe, qu'il laissoit croistre : et à mon advis oncques puis ladite maladie ne fut si sage qu'auparavant, mais beaucoup diminué de son sens (*). ». Mais la nouvelle que René, aidé des Suisses, avait reconquis son duché de Lorraine le tira de son apathie ; il marcha aussitôt sur Nancy au milieu de l'hiver 1477, avec une armée faible et peu exercée. René, qui avait réuni huit mille Suisses à ses

---

(*) C'est le diamant connu sous le nom de *Sancy*, parce qu'il fut vendu pour la couronne de France par Nicolas de Harlay, sieur de Sancy, célèbre sous les règnes de Henri III et de Henri IV.

(*) Comines, liv. v.

troupes déjà nombreuses, le défit complétement; Charles lui-même fut tué, et pendant deux jours l'on ne put retrouver son cadavre.

« Dieu luy veuille pardonner ses pechez! dit Comines; je l'ay veu grand et honorable prince... il desiroit grande gloire... or sont finies toutes ces pensées, et le tout a tourné à son prejudice et honte, car ceux qui gagnent ont toujours l'honneur. Je ne sçaurois dire vers qui Nostre-Seigneur s'est monstré plus courroucé, ou vers luy, qui mourut soudainement et en ce champ sans gueres languir, ou vers ses sujets, qui oncques puis n'eurent bien ne repos, mais continuellement guerre, contre laquelle ils n'estoient suffisans de résister aux troubles qu'ils avoient les uns contre les autres, et en guerre cruelle et mortelle. Et ce qui leur a esté plus fort à porter, a esté que ceux qui les deffendoient estoient gens estrangers qui naguères avoient esté leurs ennemis : c'estoient les Allemans.

« Je serois assez de l'opinion de quelque autre que j'ay veu: c'est que Dieu donne le prince selon qu'il veut punir et chastier les sujets, et aux princes les sujets ou leurs courages disposez envers luy, selon qu'il les veut elever ou abaisser. Et ainsi en advint à cette maison de Bourgogne; car après leur longue félicité et grandes richesses, et trois grands princes bons et sages précédens cestuy-cy, qui avoient duré six vingt ans et plus en bons sens et vertu, il leur donna ce duc Charles, qui continuellement les tint en grande guerre, travail et despense, et presque autant en temps d'hiver que d'esté. Beaucoup de gens riches et aisez furent morts et destruits par prisons en ces guerres : les grandes pertes commencerent devant Nuz, qui continuerent par trois batailles, jusques à l'heure de sa mort : et tellement qu'à cette derniere bataille estoit consommée toute la force de son pays. Toutesfois je n'ay connu nulle seigneurie ne pays, tant pour tant, ny de beaucoup plus grande estenduë encores, qui fut si abondant en richesses, en meubles et en edifices, et aussi en toutes prodigalitez, despenses, festoyemens, cheres, comme je les ay veus, pour le temps que j'y estois. Et s'il semble à quelqu'un que je n'y ay point esté pour le temps que je dis, que j'en dis trop, d'autres y estoient comme moy, qui par aventure diront que j'en dis peu.

« Or a Nostre-Seigneur tout à coup fait cheoir si grand et somptueux edifice, cette puissante maison qui a tant soustenu de gens de bien et nourry, et tant a esté honorée et prés et loin, et par tant de victoires et gloires, que nul autre à l'environ n'en receut autant en son temps. Et luy a duré cette bonne fortune et grace de Dieu l'espace de six vingt ans, que tous les voisins ont souffert, comme France, Angleterre, Espagne, et tous à quelquesfois la sont venus requerir. De tous costez ay veu cette maison honorée, et puis tout en un coup cheoir sans dessus dessous, et la plus désolée et deffaite maison, tant en prince qu'en sujets, que nul voisin qu'ils eussent. Et telles et semblables œuvres a fait Nostre-Seigneur mesmes avant que nous fussions nez, et fera encores après que nous serons morts; car il faut tenir pour seur que la grande prosperité des princes ou leur grande adversité procedent de sa divine ordonnance (*). »

MARIAGE DE MARIE DE BOURGOGNE AVEC MAXIMILIEN.

Charles n'avait laissé qu'une fille âgée de vingt ans, Marie de Bourgogne; sa position était difficile. D'abord Louis XI se mit en possession des fiefs masculins de la succession du duc de Bourgogne, et même de l'Artois et des villes de la Somme; d'autre part, les Gantois qui « n'aiment nul prince depuis qu'ils sont seigneurs, mais trés-naturellement les aiment quand ils sont en enfance et avant qu'ils viennent à la seigneurie, comme ils avoient fait de cette demoiselle qu'ils avoient soigneusement gardée et aimée jusques lors qu'elle fut dame, » les Gantois, dis-je, tenaient la princesse comme prison-

(*) Livre v.

nière, destituant ses ministres, et même les condamnant, comme ils firent pour Hugonet et Imbercourt, qui furent décapités sous les yeux mêmes de la duchesse et malgré ses prières. Il n'y avait pour elle d'autre moyen de sortir d'une position si terrible qu'en offrant sa main à un prince capable de la défendre. Louis XI lui proposa le dauphin Charles, alors âgé de sept ans. « Nous avons besoin d'un homme, dit une des femmes de Marie, et non d'un enfant, car la princesse est en âge d'en faire. » Le duc de Clèves prétendait aussi à sa main; mais il fallait à l'héritière de Charles le Téméraire un appui plus solide. Après de longues réflexions, elle se décida pour l'archiduc Maximilien. « Ainsi d'aucuns commencerent à pratiquer le mariage du fils de l'empereur, à présent roy des Romains, dont autrefois avoit esté paroles entre l'empereur et le duc Charles, et la chose accordée entre eux deux. Aussi avoit l'empereur une lettre faite de la main de ladite damoiselle, du commandement de son père, et un anneau où il y avoit un diamant; et contenoit ladite lettre comment, en suivant le bon plaisir de son seigneur et pere, elle promettoit au duc d'Autriche, fils dudit empereur, accomplir le mariage pour-parlé en la maniere et selon le bon plaisir de sondit seigneur et père.

« L'empereur envoya certains ambassadeurs devers ladite damoiselle, laquelle estoit à Gand : et aprés que lesdits ambassadeurs furent arrivez à Bruxelles, il leur fut escrit qu'ils attendissent là encores, et que l'on envoyeroit devers eux; et cela fit le duc de Cleves, qui ne desiroit point ladite venuë, et taschoit à les faire retourner mal contens : mais lesdits ambassadeurs, qui ja avoient intelligence en la maison de ladite damoiselle, et par especial à la duchesse de Bourgogne, doüairiere, laquelle estoit dehors, et séparée de ladite damoiselle, à cause de ces lettres passerent outre; car elle les advertit, comme me fût dit, qu'ils marchassent tousjours, nonobstant leurs lettres; et aussi leur manda ce qu'ils devoient faire quand ils seroient à Gand, et comme ladite damoiselle estoit bien disposée à leur intention, et plusieurs d'auprés elle. A ce conseil se tindrent ces ambassadeurs de l'empereur, et tirerent tout droit à Gand, nonobstant ce que leur avoit esté mandé, dont ledit duc de Cleves en fut fort mal content; toutesfois il ne sçavoit point encores la volonté des dames. Il fut advisé en leur conseil qu'ils seroient ouïs, et fut dit qu'aprés qu'ils auroient dit leur creance ladite damoiselle leur diroit qu'ils fussent les trés-bien venus, et qu'elle mettroit en conseil ce qu'ils luy avoient dit, et puis leur feroit faire response, et qu'elle ne diroit rien plus avant : et ainsi le conclud ladite damoiselle.

« Les ambassadeurs dessusdits presenterent leurs lettres quand il leur fut ordonné, et dirent leur creance, qui estoit comme le mariage dessusdit avoit esté conclud entre l'empereur et le duc de Bourgogne, son père, et du sceu et consentement d'elle, comme apparoissoit par lettres escrites de sa main, qu'ils monstrerent, et aussi le diamant qu'ils disoient avoir esté envoyé et donné en signe de mariage : et requeroient bien fort lesdits ambassadeurs, de par leur maistre, qu'il plût à ladite damoiselle accomplir ledit mariage, en ensuivant le vouloir et promesse de sondit seigneur et pere, et la sienne aussi, et la sommerent, devant les presens, de declarer si elle avoit escrit ladite lettre ou non, et si elle avoit vouloir d'entretenir sa promesse. A ces paroles, et sans demander conseil, respondit ladite damoiselle qu'elle avoit escrit lesdites lettres par le vouloir et commandement de son seigneur et pere, et envoyé ledit diamant, et qu'elle avoüoit le contenu. Lesdits ambassadeurs la remercierent bien fort, et retournerent joyeux en leurs logis.

« Le duc de Cleves fut fort malcontent de cette response, qui estoit opposite de ce qui avoit esté conclu au conseil, et remonstra fort à ladite damoiselle qu'elle avoit mal parlé. A quoy elle respondit qu'autrement elle ne le pourroit faire, et que c'estoit chose promise, et qu'elle ne pourroit aller au contraire.

« Veu ces paroles, et qu'il conneut bien qu'il y en avoit plusieurs leans de l'opinion de ladite damoiselle, il se delibera peu de jours aprés de se retirer en son pays, et de se deporter de cette poursuite. Ainsi se paracheva ce mariage; car ce duc Maximilian vint à Cologne, où aucuns des serviteurs de ladite damoiselle allerent au-devant de luy : et croy bien qu'ils le trouverent mal fourny d'argent, et luy en porterent; car son pere a esté le plus parfaitement chiche homme que prince ny autre qui ait esté de nostre temps. Le dessusdit fils de l'empereur fut amené à Gand, accompagné de sept ou huict cens chevaux : et fut achevé ledit mariage, qui de prime-face ne porta point grande utilité aux subjets de ladite damoiselle; car au lieu d'apporter argent, il leur en falloit bailler. Leur nombre n'estoit point suffisant à une telle puissance que celle du roy, et ne s'accordoient pas fort leurs conditions avec celles des subjets de cette maison de Bourgogne, lesquels avoient vescu sous princes riches, qui donnoient de bons estats, et tenoient honorable maison et pompeuse, tant en meubles qu'en services de tables, et habillemens pour les personnes et serviteurs. Les Allemans sont fort au contraire; car ils sont rudes, et vivent rudement(*). »

Ce mariage, qui devait avoir de si grands résultats, fut célébré le 20 août 1477. Nous n'entrerons point dans le récit des guerres que Maximilien eut à soutenir, soit contre Louis XI, soit contre ses nouveaux sujets, presque toujours révoltés. Rappelons seulement que Marie de Bourgogne étant morte en 1482, d'une chute de cheval, laissa deux enfants, Philippe le Beau et Marguerite. Le premier, qui avait quatre ans, lui succéda sous la tutelle de son père, qui, en 1486, fut élu roi des Romains. En 1496, Philippe le Beau, maître des Pays-Bas, épousa Jeanne la Folle, fille et héritière de Ferdinand d'Aragon et d'Isabelle de Castille. De ce mariage sortit Charles-Quint qui, possesseur de la Flandre, des Pays-Bas et de l'Espagne, de l'Amérique et du royaume de Naples, succéda à son grand-père Maximilien dans la dignité impériale, et dans toutes les possessions autrichiennes. Son frère Ferdinand, auquel il céda l'Autriche, ayant épousé en 1521 Anne Jagellon, sœur et unique héritière de Louis, roi de Bohême et de Hongrie, hérita de ces deux couronnes en 1526; et la maison d'Autriche régna alors sur une plus grande étendue de pays que Charlemagne n'en avait réuni sous son sceptre. Ainsi d'heureuses alliances firent ce que n'aurait jamais pu faire la force des armes. Un distique latin, attribué à Mathias, constate cette fortune singulière :

Bella gerant alii, tu, felix Austria, nube;
Nam, quæ Mars aliis, dat tibi regna Venus.

GUERRES CIVILES EN ALLEMAGNE.
GUERRE DE DONAUWERTH.

Maintenant que nous avons montré la puissance autrichienne croissant d'une manière formidable à l'est et à l'ouest de l'Allemagne, pour peser sur elle du poids de six couronnes, voyons ce qui se passait dans l'intérieur de ce pays. Les événements de l'histoire générale de l'Allemagne sont peu nombreux dans la seconde moitié du quinzième siècle, si on laisse de côté les deux grands faits de la guerre contre les Turcs et de la succession de la maison de Bourgogne. Ainsi nous trouverons en 1458 la guerre de Donauwerth, que Louis le Riche, duc de Bavière-Landshut, assiégea et prit, malgré sa qualité de ville impériale, et vers le même temps une guerre qui divisa toute l'Allemagne méridionale, et faillit enlever à Frédéric sa couronne impériale. Louis, électeur palatin du Rhin, étant mort en 1449, son frère, Frédéric le Victorieux, prit la régence durant la minorité du fils de Louis. Mais le pays étant troublé par des dissensions intestines, Frédéric se fit charger par les états de gouverner en son propre nom, à condition qu'il ne

---

(*) Commes, liv. VI.

se marierait point, et laisserait à son neveu l'électorat après sa mort. Quoique le pape eût approuvé cet arrangement, et que tous les électeurs y eussent donné leur consentement, l'empereur eut l'imprudence d'y refuser le sien, et, de la sorte, il encourut la haine d'un prince ambitieux et entreprenant, qui saisit dès lors toutes les occasions d'affaiblir son autorité. Le mauvais Fritz, comme l'appelait Frédéric III, était un des princes les plus distingués, mais aussi les plus turbulents du quinzième siècle ; son règne fut une suite de guerres avec tous ses voisins, et, pendant les vingt-six années qu'il dura, il ne se passa rien d'un bout de l'Allemagne à l'autre où Frédéric ne fût un des principaux acteurs, et jamais il ne livra de bataille sans y remporter la victoire. D'abord il aida son parent Louis le Riche à prendre Donauwerth. L'empereur ayant porté plainte à la diète, et fait déclarer le prince bavarois ennemi de l'Empire, Albert, margrave de Brandebourg, qu'on surnommait l'Achille allemand, fut mis à la tête d'une armée de vingt mille hommes ; mais l'intervention de Pie II suspendit les hostilités, et Louis consentit à rendre Donauwerth. Ce n'était pas le compte de Frédéric. Pour satisfaire son ressentiment, il gagna les électeurs de Mayence et de Trèves ; il se rendit favorables le landgrave de Hesse, l'évêque de Bamberg et d'autres princes ; enfin il séduisit Georges Podiébrad par l'offre de la couronne de Bohême ; puis il invita les princes de l'Empire à se réunir pour délibérer en commun sur la mauvaise administration de Frédéric III. Deux diètes furent tenues, en février et mars 1461, à Egra et à Nuremberg. Dans une troisième, convoquée à Francfort, ils adressèrent à l'empereur une lettre qui contenait les reproches les plus sanglants, et où l'on attribuait les maux de l'Allemagne à sa faiblesse et à son incapacité ; on lui reprochait de s'être absenté des diètes depuis quinze ans, malgré toutes les prières et toutes les sommations qu'on lui avait faites. Ils exigeaient donc qu'il se rendît à Francfort, et ils le menaçaient, en cas de refus, de prendre les mesures qui seraient jugées nécessaires.

Un danger si pressant tira Frédéric de son indolence ; connaissant les ambitions contraires de chacun de ses adversaires, il les flatta séparément, et obtint leur désistement. C'est ainsi qu'en promettant à Podiébrad sa médiation auprès du saint-siége, pour qu'il pût enfin prendre rang parmi les princes légitimes, il s'assura son appui ; les électeurs de Saxe et de Brandebourg furent également gagnés, et cette ligue formidable tomba d'elle-même.

GUERRE POUR L'ARCHEVÊCHÉ DE MAYENCE.

Bientôt une guerre nouvelle occupa ces princes, aussi incapables de rester en repos que de s'entendre pour une grande et commune entreprise. Thierry d'Isembourg, nommé en 1459 électeur de Mayence, ayant refusé certaines conditions que Pie II voulait lui faire, comme de ne point soutenir que les conciles généraux sont supérieurs au pape, de ne point convoquer de diètes de son autorité privée, enfin de payer de doubles annates, Pie II nomma à sa place, avec le concours de la pluralité du chapitre, Adolphe de Nassau. Thierry trouva de puissants protecteurs dans l'électeur palatin, le duc de Bavière et le landgrave de Hesse-Marbourg. L'empereur, les margraves de Brandebourg et de Bade, Ulric de Wirtemberg, l'évêque de Metz, soutinrent Adolphe. Les troupes impériales fondirent sur le palatinat et le dévastèrent ; mais l'électeur les battit complétement à Seckingen, et fit la plupart des princes prisonniers. Peu de temps après, Louis de Bavière remporta de son côté une importante victoire, à Gingen, sur Albert, qui avait paru jusqu'alors invincible, et qui perdit même la bannière de l'Empire, que Frédéric lui avait confiée.

Malgré ses revers, Adolphe de Nassau se rendit maître de Mayence par stratagème ; et l'électeur palatin, renonçant à ses projets contre l'empereur, abandonna Thierry, pour que le pape confirmât l'élection de son frère Robert à l'archevêché de Cologne. Il se remboursa des frais de la guerre en se faisant céder une partie du territoire de l'archevêché de Mayence, et en exigeant de ses illustres prisonniers d'énormes rançons. Le duc de Bavière suivit bientôt cet exemple; et Thierry, ainsi abandonné, n'eut plus d'autre parti à prendre que d'abdiquer son titre pour de légères concessions.

La guerre civile, après avoir désolé l'Allemagne pendant longues années, fut enfin terminée par diverses conventions signées en 1463. La ville de Donauwerth, dont il sera encore question au sujet de la guerre de trente ans, recouvra son immédiateté. Mais au moment où l'ouest de l'Allemagne se pacifiait, une guerre nouvelle éclatait dans les parties orientales. Frédéric, oubliant qu'en 1462, lorsqu'il était assiégé dans Vienne par les habitants révoltés, à l'instigation de l'archiduc Albert, Podiébrad était venu avec une armée le délivrer, essaya de profiter des querelles du roi de Bohême avec le saint-siége pour le renverser, et s'efforça, mais sans succès, d'engager les états de l'Empire à lui déclarer la guerre. Il fut plus heureux avec Mathias, qui se chargea d'exécuter la sentence du pape contre son beau-père. Nous avons vu plus haut les détails de cette guerre, qui eut pour résultat d'accroître momentanément la puissance du roi de Hongrie, et d'introniser en Bohême une dynastie éphémère, celle de Wladislas, fils de Casimir, roi de Pologne.

MESURES D'INTÉRÊT GÉNÉRAL PRISES PAR FRÉDÉRIC III.

Le reste du règne de Frédéric fut tout occupé de la guerre contre Mathias, qui s'empara d'une partie de l'Autriche; et des secours à fournir à son fils Maximilien pour le tirer des mains des Flamands, qui le gardaient prisonnier à Bruges, ou pour l'aider à soutenir la guerre contre la France. C'est dans cette dernière période de son indolente administration que se placent certaines mesures d'un intérêt général : ainsi, à la diète de Francfort de 1486, où Maximilien fut élu roi des Romains, on publia une paix publique de dix années. Afin de rendre cette proclamation efficace, Frédéric III engagea les villes de Souabe à former une confédération avec la noblesse immédiate de cette province, qu'on appelait la société de Saint-Georges. Dans une assemblée tenue en 1488 à Essling, une ligue fut en effet conclue entre cette société et vingt-deux villes, dans le but de surveiller et de maintenir la paix publique (*).

Les heureux effets de cette mesure ne tardèrent pas à se faire sentir : plus de cent châteaux forts ou retraites de brigands furent démolis; la puissante maison de Bavière fut elle-même humiliée par la ligue; Georges de Bavière-Landshut fut obligé de faire réparation pour un outrage que ses officiers s'étaient permis envers l'abbé de Roggenbourg, membre de la ligue. Albert de Bavière-Munich avait pris possession de la ville impériale de Ratisbonne; l'empereur, sur son refus de se désister de sa conquête, le mit au ban de l'Empire, et le duc se vit subitement menacé par une armée de vingt mille hommes, dont la ligue de Souabe avait fourni la moitié; il lui fallut se soumettre en toute hâte.

Peu de temps après, Frédéric III mourut à l'âge de soixante-treize ans, le 19 août 1493.

L'avénement du successeur de Frédéric III coïncide presque avec la fin du quinzième siècle, qui ouvre une ère nouvelle pour l'Allemagne. Le seizième siècle, celui de Charles-Quint, de François Ier, de Luther, de Calvin, et d'Érasme, le précurseur de Voltaire, est,

(*) Les membres de la ligue étaient vingt-deux villes impériales, treize prélats, douze comtes et trois cents chevaliers. De puissants princes y accédèrent dans la suite, tels que Sigismond, comte du Tyrol, le comte de Wirtemberg, le margrave de Bade, les électeurs de Mayence et de Trèves, et les margraves de Brandebourg.

sous tous les rapports politique, religieux et littéraire, le plus grand siècle de l'histoire européenne. Il a mis fin en effet au moyen âge, en accomplissant la réforme religieuse, en établissant entre tous les États des liens nouveaux, qui ont créé une science inconnue jusque-là, la politique, par laquelle agissent et vivent les sociétés modernes ; enfin il a commencé, excepté pour l'Italie, qui avait Dante dès le treizième siècle, les littératures nationales. Avant donc de voir le rôle important que l'Allemagne joue en Europe à cette époque, il nous est nécessaire de fermer aussi le moyen âge allemand, en examinant quelle était alors la situation de ce pays.

SITUATION DE L'ALLEMAGNE A LA FIN DU QUINZIÈME SIÈCLE.

ÉTENDUE DE L'ALLEMAGNE.

Du treizième au seizième siècle, l'étendue de l'Allemagne avait peu varié. L'époque des conquêtes est passée ; ce n'est pas quand l'autorité des empereurs est à peu près nulle que le corps germanique peut s'unir, comme au temps des Othon, des Henri ou des Frédéric, pour faire des conquêtes au dehors. Il y a bien un corps germanique, mais ce corps n'est pas animé d'un seul esprit qui puisse mettre unité et persistance dans ses mouvements ; sans cesse travaillé en sens contraires par mille passions opposées, il oublie l'intérêt général, et laisse même de toutes parts ses voisins déborder sur lui. Ainsi la Pologne et la Hongrie refusent de reconnaître la suzeraineté de l'Empire, et le premier de ces royaumes a même enlevé la Prusse à l'ordre Teutonique ; ainsi à l'est la frontière allemande se resserre ; il en est de même à l'ouest, Lyon et son territoire sont perdus pour l'Empire ; et Charles IV, en nommant, en 1378, le dauphin Charles vicaire général de l'Empire dans le royaume d'Arles et le Dauphiné, prépare la réunion à la France du Dauphiné d'abord, puis de la Provence. Quant aux ducs de Savoie et à la confédération suisse, ces deux puissances reconnaissent encore, il est vrai, la suzeraineté de l'Empire, mais c'est une supériorité purement nominale, et si l'empereur avait alors essayé de faire valoir le moindre de ses droits, il aurait rencontré une résistance insurmontable.

Ainsi, dans cette période, l'Allemagne s'est rétrécie à l'est comme à l'ouest. Ce n'est que quand de grandes monarchies se seront formées dans son sein qu'elle recommencera ses conquêtes, aux dépens des Slaves ; pour la France, il ne faut plus qu'elle y songe ; la France s'est retournée maintenant vers l'Allemagne ; elle marche sur elle, au nom de Henri IV, de Louis XIV et de Napoléon, qui lui prendront la Flandre, l'Alsace et la Franche-Comté, et sèmeront au delà du Rhin les idées, les mœurs, et les lois françaises.

Maintenant que nous avons examiné les frontières de l'Allemagne, voyons comment se divisait ce grand territoire. Nous y trouverons, à la fin du quinzième siècle, outre un grand nombre de petites républiques, qu'on appelle villes impériales, d'États électifs, qu'on nomme l'archevêché de Mayence, de Cologne, etc. ; outre encore une foule de seigneurs indépendants sous le nom de nobles immédiats, nous y trouverons, dis-je, près de quarante principautés héréditaires. Il serait peu important, si ce n'est pour l'amour-propre de quelques-uns, de connaître les noms et l'origine de la foule des seigneurs immédiats, aussi laisserons-nous le soin de faire connaître ces illustres obscurités aux faiseurs de généalogies. Quant aux villes impériales, nous nous en sommes beaucoup occupés au treizième siècle, et nous ne recommencerons point cette nomenclature ; mais il nous faut nécessairement parler de ces principautés héréditaires, qui joueront un grand rôle au seizième et au dix-septième siècle, et desquelles se formera le corps germanique actuel.

MAISON DE HABSBOURG.

De toutes ces principautés, les plus

puissantes se trouvent à cette époque dans le sud de l'Allemagne; dans la période précédente, elles étaient à l'ouest, dans la Souabe et la Franconie, et antérieurement encore au nord, dans la Saxe. Ainsi passe successivement le pouvoir d'un pays et d'un homme à d'autres contrées et à d'autres hommes. Quand la dignité impériale et la puissance réelle auront ainsi fait le tour de l'Allemagne, s'essayant, si je puis dire, à chaque nation, elles se partageront l'une et l'autre, après le grand pêle-mêle de la guerre de trente ans; et l'opposition politique de la Prusse et de l'Autriche établira un antagonisme fécond pour la civilisation d'abord, et peut-être un jour aussi pour la liberté qui en relève.

Au commencement du seizième siècle, c'est à l'Autriche qu'appartient la prééminence en Allemagne, et que semble réservé le plus riche avenir. En effet, à son archiduché la maison d'Autriche joignait la Carinthie, la Styrie, la Carniole, le Tyrol, le comté de Gœrz, celui de Cilly, la préfecture de Souabe, et les anciennes possessions de la maison de Habsbourg dans l'Alsace. Après la guerre de Landshut, Maximilien s'était adjugé, à titre d'indemnité, les seigneuries de Spietz et Schwallenbach, Rattenberg sur l'Inn, le val Cilarin, Kuffstein, le comté de Neubourg sur l'Inn, les comtés de Kirchberg et Weissenhorn, la préfecture des dix villes impériales d'Alsace, celle de l'Ortenau et des villes d'Offenbourg, Gengenbach et Zell. En 1509, il s'empara de Roveredo et de Riva sur les Vénitiens, qui, en revanche, lui enlevèrent Pordenone; enfin, par son mariage avec Marie de Bourgogne, il procura à sa maison toutes les provinces des Pays-Bas et la Franche-Comté. De si nombreuses possessions assuraient à la maison de Habsbourg le premier rang parmi les maisons princières de l'Allemagne. Ajoutons que dans l'intérieur de ses domaines elle avait une autorité plus absolue que toute autre maison. En effet, tandis que l'on rencontre sous les noms d'évêchés, d'abbayes, comtés seigneuries ou villes libres, une foule d'États immédiats qui se sont formés au moyen âge dans l'intérieur des duchés de Bavière, de Franconie, de Souabe et dans la Hesse, on n'en trouve aucun dans les duchés d'Autriche et de Styrie. Ce n'est pas que ces deux duchés ne renfermassent un grand nombre de familles riches et puissantes d'une naissance égale à celles d'où, dans les autres duchés, sont sortis des États immédiats; ce n'est pas qu'il ne s'y trouvât plusieurs prélats qui pouvaient élever autant de prétentions que les évêques de Ratisbonne et d'Augsbourg, ou les abbés de Kempten et d'Elwangen : tels étaient les comtes de Lambach, Formbach, Clam, Hardeck, Roggendorf, etc.; mais toutes ces seigneuries reconnaissaient la supériorité territoriale des ducs d'Autriche et de Styrie, quoique plusieurs d'entre elles fussent comprises dans la matricule de l'Empire. Les ducs devaient cet avantage, on pourrait presque dire cette anomalie, au privilége, unique en son espèce, que Frédéric Barberousse avait accordé au premier duc d'Autriche. Il y était dit expressément que l'Empire n'aurait aucun fief direct dans le duché d'Autriche, mais que toutes les possessions territoriales situées dans ce duché, et se trouvant fiefs de quelque autre prince ou État, seraient changées en fiefs directs des ducs.

Ce privilége eut une extrême importance, en permettant à la maison d'Autriche d'avoir des États homogènes où son autorité n'était jamais arrêtée par les prétentions à l'indépendance qu'élevaient ailleurs les seigneurs immédiats. Cette circonstance contribua peut-être aussi à leur assurer l'hérédité de la couronne impériale.

MAISON DE WITTELSBACH.

Si la maison d'Autriche était la plus puissante de toutes les maisons princières de l'Allemagne, celle de Wittelsbach en était la plus ancienne et la plus illustre; elle remontait à Luitpold, duc de Bavière au commencement du dixième siècle. En 937, le duché de Bavière sortit de sa maison;

mais son petit-fils obtint la dignité de comte palatin de Bavière, qu'il transmit à ses descendants : ceux-ci prirent, vers 1100, le nom de Wittelsbach, d'un château que l'un d'eux avait bâti. A la chute de Henri le Lion, en 1180, Frédéric rendit le duché de Bavière à Othon de Wittelsbach, qui, aux comtés de Scheyern (Schrobenhausen, Neubourg, Ingolstadt, etc.), de Wartemberg dans l'Erdinggau, et de l'Aitrach, ses domaines héréditaires, joignit ainsi le Sondergau et le burgraviat de Ratisbonne. En 1182, il acheta le comté de Dachau. Son fils, Louis Ier, réunit, en 1185, à ses domaines ceux des burgraves de Ratisbonne, à l'extinction de leur maison. En 1208, Othon IV lui céda la seigneurie de Mœringen, et déclara son duché héréditaire, comme l'était déjà celui d'Autriche. En 1209, Louis réunit à son domaine le comté de Vohbourg et le margraviat de Cham. Son fils Othon II, gendre de Henri Welf, hérita du palatinat du Rhin, dont son beau-père était investi, et le réunit au duché de Bavière, quand son père Louis eut été assassiné, en 1231, sur le pont de Kellheim, par un inconnu qui lui présenta une lettre et le poignarda. Othon réunit, par l'extinction de diverses familles, les comtés de Falley, Bogen, Wasserbourg, Andechs, Wolfrathshausen et Scheerding. Mais ses deux fils partagèrent cet héritage en 1255 : Louis II eut le palatinat du Rhin et la haute Bavière; Henri conserva la Bavière inférieure. Cette division de la maison de Wittelsbach subsista jusqu'à la fin du dix-huitième siècle.

PALATINAT.

Le Palatinat, bien qu'il donnât à son possesseur le premier rang parmi les princes séculiers, n'avait qu'une étendue fort restreinte; il ne comprenait que les grands bailliages de Heidelberg, Lindenfels, Bacharach, Alzey et Neustadt-sous-Hart. Mais le Palatinat s'agrandit bien vite de diverses acquisitions. Les comtés de Deux-Ponts et de Sponheim furent acquis en 1385 et 1410; les bailliages de Mossbach, Ladenbourg, Bozberg, Bretten, Gemersheim, Utzberg, Umstadt, Oppenheim et la ville de Neckargemünde, sont des acquisitions postérieures. Jusqu'à la bulle d'or, il y eut de grandes contestations entre les deux branches de la maison de Wittelsbach, pour savoir à laquelle des deux appartiendrait la dignité électorale. Charles IV, ennemi de la Bavière, prononça en faveur du Palatinat; mais par cette même loi l'électeur palatin perdit le premier rang parmi les princes séculiers, qui fut donné à l'électeur de Bohême. C'est à cette branche de la maison de Wittelsbach qu'appartient l'électeur Robert, élu empereur en 1400, Louis III le Barbu, sous lequel un pacte de famille convint d'attacher la qualité d'électorat aux deux villes d'Heidelberg et d'Amberg, avec leurs territoires et dépendances, Frédéric le Victorieux (1450-1476), et enfin Philippe le Sincère, sous lequel la maison palatine perdit quelques districts, à la suite de la guerre de 1503, mais qui furent compensés, sous Othon-Henri, par l'acquisition des cantons que, depuis cette époque, on nomma le jeune Palatinat, c'est-à-dire, le nouveau Palatinat, et plus tard par l'acquisition des duchés de Neubourg et de Sulzbach.

DUCHÉ DE BAVIÈRE.

Dans le partage de 1255, Henri, frère de Louis II, avait eu la basse Bavière. L'un de ses fils, Othon, s'étant ruiné en Hongrie, où il voulait se faire nommer roi, imagina, pour se procurer de l'argent, de publier une loi fondamentale, par laquelle il vendit à tous les seigneurs ecclésiastiques et laïques la juridiction civile et la basse juridiction criminelle, qu'à l'avenir ils administreraient d'une manière indépendante du duc. Les seigneurs se refusèrent d'abord à payer; mais, sous la minorité des fils d'Othon, ils se mirent, sans bourse délier, en possession des priviléges qu'elle leur accordait. Cette charte a été, jusqu'à ces derniers temps, la base des droits des seigneurs dans toute la Bavière.

En 1340, la descendance de Henri s'éteignit, et Louis III, second fils de Louis le Sévère, acheta de la ligne palatine ses droits à une part de la succession du dernier duc de basse Bavière, et devint ainsi seul maître de toute la Bavière. C'est ce malheureux empereur à qui l'inimitié des papes rendit si lourd le fardeau de l'Empire, et qui pourtant acquit pour sa maison l'électorat de Brandebourg et la Lusace, le Tyrol et les comtés de Hollande, de Zeelande et de Hainaut; mais ces possessions lointaines furent bien vite perdues. Nous avons vu comment Charles de Bohême se fit céder le Brandebourg et la Lusace par le prince bavarois qui en était investi. A la mort d'Albert, qui les avait eues en partage, les provinces des Pays-Bas passèrent dans une autre maison (1425). Dès l'année 1369, le Tyrol appartint à l'Autriche.

De tous les descendants de l'empereur Louis de Bavière, il ne restait plus, en 1425, que les fils d'Étienne *à l'agrafe*, qui formaient trois maisons nouvelles : l'aînée, qu'on appelait branche d'Ingolstadt, s'éteignit en 1447; la seconde, dite de Landshut, en 1503; quant à la troisième, celle de Munich, elle subsiste encore, après avoir réuni successivement l'héritage des deux autres branches, à l'exception des districts qui furent cédés au Palatinat, et qui formèrent, comme nous l'avons dit, les duchés de Neubourg et de Sulzbach. A cette époque, le duc Albert, se rappelant tous les maux que les partages avaient faits à la Bavière, établit que son fils aîné lui succéderait seul dans son duché, et que ses frères cadets ne porteraient que le titre de comte, et ne jouiraient que d'un apanage de quatre cents florins de revenus. C'était le second exemple du droit de primogéniture introduit dans une maison allemande. L'empereur Maximilien avait fourni le premier, en faisant écrire dans le diplôme qui érigea le pays de Wurtemberg en duché, qu'il ne passerait jamais qu'aux aînés.

Cette loi promettait un avenir brillant à la Bavière; mais les ducs de cette province ne rencontraient pas au-dessous d'eux, parmi leurs vassaux, l'obéissance que les ducs d'Autriche trouvaient dans ceux de leurs domaines. Immédiatement après la mort de l'empereur, Louis de Bavière, la noblesse et les ministériels de la basse Bavière, au nombre de quatre-vingt-dix-huit personnes, et les villes et bourgs alors existants dans cette province, formèrent une confédération pour le maintien de tous leurs priviléges; ils entendaient par là surtout la charte d'Othon. Le clergé n'y entra pas ouvertement, mais la confédération stipula ses intérêts. Comme elle était armée, les fils de l'empereur durent accorder tout ce qui leur était demandé. Quelques années plus tard, l'un d'eux, Étienne, s'obligea, pour quelque argent, à ne plus donner de lettres d'engagements sur le corps ou le bien de qui que ce soit, noble ou non noble. Dès ce moment, la classe des ministériels cesse entièrement en basse Bavière. Le même privilége fut étendu au reste de la Bavière. En 1394 et 1396, le clergé accéda à la confédération, et il se forma ainsi un corps puissant, qu'on nommait *Landschaft*, capable de faire tête aux ducs, mais qui ne sut point fonder de libertés durables, parce qu'il n'organisa pas une véritable représentation.

LANDGRAVIAT DE LEUCHTENBERG.

Sur les frontières de la Bavière, dans le Nordgau, existaient encore les landgraves de Leuchtenberg, jadis puissants, mais qui se dépouillèrent successivement, dès la fin du treizième siècle, en vendant leurs fiefs aux princes voisins. La maison de ces landgraves s'éteignit en 1646; mais leur nom devait revivre, au dix-neuvième siècle, dans une illustre famille.

SOUABE ET WURTEMBERG.

Après l'extinction des Hohenstaufen, qui possédaient le duché de Souabe, tous les évêques, abbés, comtes et dynastes de Souabe, se mirent dans le même état d'indépendance où étaient déjà par le fait les villes de ce pays; c'est-à-dire, qu'ils ne reconnaissaient pas d'autre chef que l'empereur; chacun, dans son petit territoire, était une espèce de duc; chacun s'attribua quelques lambeaux des domaines et des droits des anciens ducs. En 1268, il y avait déjà quinze ou vingt comtes, anciens gaugrafs, dont les principaux étaient les comtes palatins de Tubingue, les comtes de Dillingen, maréchaux héréditaires en Souabe, préfets d'Ulm, etc., les comtes de Hohenzollern, Nellenbourg, Kibourg, Hohenberg, Heiligenberg, etc. Une seule de ces maisons existe encore en deux lignes souveraines, dont l'une porte une couronne; toutes les autres ont successivement disparu, et ont accru les possessions de Bade, d'Autriche et de Wurtemberg.

C'est en 1631 seulement que celle de Tubingue s'éteignit, celle de Teck en 1439, celle d'Urach en 1260, de Calw en 1323, de Grœningen en 1336 : les biens de cette maison passèrent dans celle de Wurtemberg. Ces anciens vassaux du duc de Souabe durent à une sage économie, à la fortune de la guerre et à des circonstances heureuses, de devenir des princes puissants. Le peu de penchant des seigneurs de cette maison pour enrichir les couvents, tandis que leurs voisins s'appauvrissaient à l'envi, le hasard, qui a voulu que peu de comtes de Wurtemberg eussent une nombreuse descendance à pourvoir, la longévité de plusieurs d'entre eux, furent autant de circonstances favorables à leur grandeur. En 1495, Maximilien les promut à la dignité ducale.

COMTÉ DE FURSTEMBERG.

Cette maison ne possédait, en 1530, que le landgraviat de Baar, canton où se trouvent les sources du Danube, avec la seigneurie de Hausen dans la forêt Noire. Cette maison s'agrandit dans le seizième siècle.

MARGRAVIAT DE BADE.

D'Étichon descend Berthold, fondateur de la maison de Zœrhingen, qui s'éteignit dans la ligne de ce nom en 1218. Un petit-fils de Berthold portait le titre de margrave de Bade : la nouvelle maison se divisa en 1190 en deux lignes, celle de Hochberg, dont tous les biens passèrent en 1503 à l'autre ligne ; celle de Bade, à l'exception du comté de Neufchâtel, qui passa par mariage au comte de Longueville, petit-fils de Dunois. Sous Christophe Ier toutes les possessions de la maison de Bade furent réunies ; leur étendue donnait au margrave une place importante ; mais deux de ses fils partagèrent sa succession et fondèrent les duchés de Bade-Bade qui s'éteignit en 1771, et celle de Bade-Durlach qui fleurit encore.

DUCHÉ DE FRANCONIE (*).

La Franconie, qui aujourd'hui appartient presqu'en entier au royaume de Bavière, était encore partagée au commencement du dix-neuvième siècle entre quatre princes ecclésiastiques, une vingtaine de princes et comtes héréditaires, six villes immédiates et un assez grand nombre de familles nobles; la Franconie, ancienne partie du royaume des Thuringiens, fut d'abord administrée par de simples gaugrafs; lorsqu'au commencement du dixième siècle, Conrad, comte du Hessgau, eut été nommé duc de France rhénane, son autorité s'étendit sur les comtes et margrave de la Franconie thuringienne. En 1080, Henri IV nomma son gendre Frédéric de Hohenstaufen, duc de Souabe, et créa en même temps pour lui le duché de Franconie; mais le nouveau duché s'éteignit à la mort de Conrad, fils de Frédéric

(*) Le royaume des Thuringiens, qui s'étendait jusqu'au Rhin, au Harz et au Danube, fut divisé après sa ruine par les Francs en deux parties, l'une appartint aux Francs et forma la Franconie : ce sont les gau de Walsassen, Tauber, Wingartweiba, Jagst, Mulach, Necker inférieur, Kocher, Nordgau, Rangau, Iffigau, Hasagau, Grabfeld, Tullifeld, Weringau, Gotzfeld, Saalgau, Badanachgau ; l'autre appartint aux Saxons.

Barberousse, en 1196. L'évêque de Wurtzbourg hérita, mais par usurpation, du titre de duc de Franconie. Du reste cet évêque était le prince le plus puissant de tout le pays; c'est à lui qu'appartenaient les comecies du Rangau, de l'Iphofen et du Waldsassen, le Gotzfeld, le Badenachgau et partie du Grabfeld oriental. L'évêque de Bamberg possédait la meilleure partie du Rednitz, dont plusieurs cantons furent aussi donnés à l'évêque de Wurtzbourg et à diverses familles nobles. L'évêque d'Eichstädt possédait le Sualafeld, celui de Fulde, une partie du Grabfeld occidental; plusieurs familles nobles se partageaient le reste des quinze gau de la province : ainsi l'on trouve les comtés de Castel, de Wertheim, de Rieneck, les seigneurs de Wiesentheid, d'Hohenlohe, de Pappenheim, mais surtout les comtés de Henneberg.

BURGRAVIAT DE NUREMBERG.

Frédéric III de Hohenzollern, que Rodolphe Ier investit en 1282 du burgraviat de Nuremberg, donna à ce fief sa première importance par ses acquisitions en Franconie, soit comme l'un des héritiers des ducs de Méranie, soit par les achats que son économie le mit en état de faire. Ses successeurs imitèrent sa conduite, et parvinrent dans le cours du quatorzième siècle à former les deux importantes principautés de Baireuth et d'Anspach. En 1415, l'empereur Sigismond ne pouvant rembourser à Frédéric VI les sommes que celui-ci lui avait prêtées, l'investit du margraviat de Brandebourg, avec la dignité électorale et la charge d'archicamérier.

Les burgraves de Nuremberg auraient désiré étendre leur autorité sur les nobles franconiens, qui prétendaient à l'immédiateté; mais il leur fallut permettre qu'en 1515 la noblesse des six cantons de la Franconie tînt à Windsheim une assemblée générale, où elle établit un tribunal pour juger tous ses différends.

DUCHÉ OU ÉLECTORAT DE SAXE.

L'ancienne maison ascanienne qui, avec le titre de duc et d'archimaréchal de l'Empire, possédait les pays de Wittemberg et de Lauenbourg, s'éteignit en 1422. Leur dignité électorale fut alors conférée aux margraves de Misnie qui possédaient aussi le landgraviat de Thuringe. Cette nouvelle maison de laquelle sont sortis tous les princes saxons d'aujourd'hui, avait pour auteur Conrad le Grand, seigneur de Wettin, d'une race slave ou sorabe, qui fut investi en 1127 du margraviat de Misnie. Sous son fils Othon le Riche, les mines de Freiberg furent découvertes, et cette province jadis sauvage et déserte devint tout d'un coup florissante. En 1247, la maison de Wettin acquit par investiture le landgraviat de Thuringe. Cette province, après avoir formé primitivement un royaume, puis un duché en 849, avait été réunie en 919 à la couronne : reconstituée en margraviat à la fin du même siècle jusqu'en 1090, elle fut enfin inféodée en 1130, à titre de landgraviat, à un descendant du carlovingien Charles de Lorraine. Cette famille carlovingienne s'éteignit en 1247 dans la personne de l'anti-césar Henri Raspon. Frédéric II donna le landgraviat et le comté palatin de Saxe au margrave de Misnie, Henri l'Illustre. La funeste habitude qu'avaient alors les chefs de famille allemands de partager leurs États entre tous leurs enfants devint pour la maison de Wettin une source de guerres et de désastres, qui occupèrent plus d'une fois l'attention de l'Empire; la cruauté d'Albert le Dégénéré, fils de Henri l'Illustre, les malheurs de sa femme Marguerite, fille de Frédéric II, enfin le courage de Frédéric le Mordu, le dernier rejeton de la race de Hohenstaufen, fournirent matière à maintes légendes aux treizième et quatorzième siècles. Lorsqu'en 1423 la maison ascanienne s'éteignit, Sigismond, qui avait reçu plusieurs services de Frédéric le Belliqueux, margrave de Misnie, lui conféra, avec la dignité électorale, le burgraviat de Magdebourg et le comté de Brême. Mais des partages vinrent encore arrêter le développement de la puissance de la nouvelle maison électorale. Enfin en

8e Livraison. (ALLEMAGNE.) T. II.

1482, il ne resta plus que deux princes de la famille de Wettin; ils se partagèrent leur riche héritage. Ernest l'aîné eut l'électorat et le duché de Saxe (c'est-à-dire le cercle de Wittemberg), avec une vingtaine de villes en Thuringe; Albert garda la Misnie, le margraviat de Landsberg, l'Osterland et le cercle du Voigtland, avec quelques villes en Thuringe.

Ce recez de partage, signé à Leipzig le 26 août 1485, divisa ainsi la maison de Saxe en deux lignes; la ligne Ernestine ou de Thuringe dont la résidence fut à Wittemberg, et la ligne Albertine ou de Misnie qui résida à Leipzig. Le successeur d'Ernest fut son fils aîné, l'électeur Frédéric le Sage, qui joua un rôle si brillant dans les vingt premières années du seizième siècle. Quant au fondateur de la ligne Albertine, il mourut en 1499, après avoir été proclamé par Frédéric III lieutenant général dans les Pays-Bas et stathouder général et héréditaire en Frise, avec l'expectative des duchés de Juliers et de Berg; mais son fils aîné, le duc Georges le Barbu, vendit la Frise à l'archiduc Charles pour une somme de trois cent cinquante mille florins.

COMTÉ DE HENNEBERG.

Aux possessions des anciens landgraves de Thuringe confinaient au midi les terres des comtes de Henneberg, qui formaient anciennement un des gau les plus considérables du duché de Franconie : c'était tout le pays borné au midi par le Mein, depuis Lichtenfels jusqu'à Rattelsdorf, et qui comprenait au nord les principautés de Cobourg et de Saalfeld. Les comtes de Henneberg, burgraves de Wurtzbourg, étaient juges du tribunal provincial du duché de Franconie et étendaient leur autorité sur le Rheingau supérieur; Dornberg et Gross-Gerau leur étaient soumis.

COMTÉ DE MANSFELD.

Parmi les feudataires de la Saxe et du Brandebourg se trouvaient les comtes de Mansfeld, l'une des plus anciennes familles d'Allemagne, et l'une des plus illustres, sinon des plus riches. Leur comté faisait partie de l'ancienne Thuringe, et était situé dans le Schwabengau, canton où Sigebert avait établi des Suèves en 568 pour résister aux Saxons.

PRINCIPAUTÉ D'ANHALT.

Cette principauté fait partie de l'Osterland, c'est-à-dire, de cette partie du royaume de Thuringe qui fut cédée aux Saxons. La maison d'Anhalt descend des anciens comtes de Ballenstædt qui, en 1212, prirent le titre de princes d'Anhalt et de comtes d'Ascanie. En 1510, au couronnement de Maximilien, le prince d'Anhalt obtint la charge héréditaire d'Oberstabelmeister ou de second maréchal adjoint à l'électeur de Saxe, archimaréchal d'Empire.

LE VOIGTLAND.

La terre des avoués que gouvernaient les comtes de Glitzberg, comprenait, outre les possessions de la maison de Reuss d'aujourd'hui, la seigneurie de Ronneberg, le cercle de Voigtland, le cercle de Neustadt et la seigneurie de Hof. Mais des partages et l'extinction de quelques lignes affaiblirent beaucoup cette principauté d'abord importante.

COMTÉ DE SCHWARZBOURG.

Les comtes de Schwarzbourg qui fournirent en 1349 un chef à l'Empire, avaient leurs possessions dans la Thuringe, partie au nord, partie au centre de cette province; aussi eurent-ils constamment à lutter pour leur indépendance contre les landgraves de Thuringe. C'est en 1356 qu'ils obtinrent la seigneurie de Sondershausen et la ville de Greussen. En 1467, ils achetèrent le comté de Kœfernbourg. Ce ne fut du reste que dans la période suivante qu'ils parvinrent à faire reconnaître leur supériorité territoriale.

HESSE.

La Hesse, ancien pays des Cattes, fut divisée en gau et gouvernée par de simples comtes; mais lorsque la maison carlovingienne des landgraves de Thuringe s'éteignit en 1248, Sophie, duchesse de Brabant et nièce du dernier landgrave, réclama la Thuringe pour son fils Henri. Après de longues guerres contre les margraves de Misnie, Henri obtint la Hesse thuringienne, et prit le titre de landgrave. Cette nouvelle maison s'accrut rapidement dans un pays divisé en une foule de petits États; mais le landgraviat ne fut reconnu comme un corps d'État et comme un grand fief d'Empire, équivalent de la Misnie et de la Thuringe, que par le pacte de confraternité héréditaire, conclu en 1375 avec la maison de Thuringe. Les cantons dont il se composa successivement, sont la Hesse des Francs, celle des Saxons, l'Ittergau, l'Oberlahngau avec l'Eirich, le Niederlahngau, les cantons de Germer et de Neter, le Tulingau, la Wettéravie, le Nedgau, le canton de Kœnigsundra et les deux Rheingau. Au commencement du seizième siècle régnait le jeune landgrave Philippe le Magnanime, destiné à jouer un rôle brillant, et qui est la souche de toutes les branches encore florissantes de la maison de Hesse.

COMTÉ DE HANAU.

Il était situé dans la province hessoise de Wettéravie sur les deux rives de la Kintzig. En 1280, les seigneurs de Hanau obtinrent une partie de la succession de Münzenberg, et se partagèrent en 1458 en deux lignes, celle de Hanau-Münzenberg qui s'éteignit en 1642, celle de Hanau-Lichtenberg, ainsi nommée parce qu'elle acquit par mariage la seigneurie de Lichtenberg, qui comprenait cinq petites villes et une centaine de villages en Alsace, renfermant quarante à cinquante mille âmes, et en outre deux bailliages situés en Souabe.

COMTÉ DE NASSAU.

L'origine de cette maison est obscure. Elle remonterait selon les uns à un frère de Conrad, selon d'autres elle appartiendrait à la maison salique, qui a donné quatre empereurs à l'Allemagne. Quoi qu'il en soit, il est certain que ses plus anciennes possessions étaient situées dans le Rheingau supérieur (au sud du Mein jusqu'au Rhin), dans le Kœnigsundra, dans la Wettéravie et le Lahngau supérieur, dans le Westerwald et l'Ittergau. En 1255, cette maison forma deux lignes, celle de Walram, qui aujourd'hui possède le duché de Nassau, et celle d'Othon, qui maintenant porte la couronne de Hollande.

DUCHÉ DE BERG ET DE JULIERS.

Le duché de Berg fut réuni en 1348 à celui de Ravensberg, et en 1423 à celui de Juliers. La maison de Juliers s'éteignit en 1510, et la fille du dernier duc porta ces trois pays à Jean III, duc de Clèves, comte de la Mark et seigneur de Ravenstein.

COMTÉ DE WALDECK.

Il devint feudataire en 1438 de la Hesse, et appartient aujourd'hui à une maison souveraine.

DUCHÉ DE CLÈVES.

Éberhard, second fils du comte de Deisterbant, et qui mourut en 835, fut la souche des comtes de Clèves. En 1368, la ligne masculine s'étant éteinte, le comté de Clèves passa dans la maison de Marck. Les deux comtés réunis furent compris en 1417 sous le titre de duché de Clèves. Ils s'étaient accrus en 1397 de la seigneurie de Ravenstein, et dans la seconde moitié du quinzième siècle de l'importante ville de Soest. Les comtés de Nevers et Rhétel, un instant réunis au duché de Clèves par Jean Ier, en furent séparés en faveur d'un de ses fils cadet, qui les posséda à titre de duché. Sa fille les porta dans la branche de Gonzague qui, en 1628, parvint au duché de Mantoue et de Montferrat.

DUCHÉ DE GUELDRE.

C'était la seule principauté héréditaire qui existât encore au treizième siècle, dans les Pays-Bas, à côté de la maison d'Autriche.

DUCHÉ DE LORRAINE.

Pour distinguer la Lorraine du Brabant, connu autrefois sous le nom de basse Lorraine, on nommait Lorraine Mosellane les pays situés entre la Meuse et les Vosges. La tige des ducs de Lorraine est Étichon, duc d'Alsace, au septième siècle, qui fut la souche des maisons de Bade et de Habsbourg. En 1430, le duché de Bar y fut réuni. En 1506, René fit un testament portant que la loi salique réglerait désormais la succession dans son fief; que les duchés de Bar et de Lorraine, le marquisat de Pont-à-Mousson et le comté de Vaudemont, seraient désormais réunis sous son fils aîné Antoine, dont les descendants portent la couronne impériale depuis 1765; son second fils Claude eut les terres situées en Picardie, Normandie, Flandre et Hainaut, telles que Guise, Aumale, etc. De Claude sortirent deux branches, celle de Guise, éteinte en 1675, celle d'Elbeuf, éteinte en 1825.

LANDGRAVIAT DE LINANGE.

Étichon est aussi la souche de la maison de Dabo, dont les biens passèrent de bonne heure dans la maison de Linange, à laquelle Frédéric III accorda le titre de landgrave et prince d'Empire. Cette maison, divisée au seizième siècle en Linange-Dabo et Linange-Westerbourg, existe encore aujourd'hui.

ÉLECTORAT DE BRANDEBOURG.

En 926, Henri l'Oiseleur créa la Marche de la Saxe septentrionale contre les Wiltizes et les Lutizes. En 1134, Lothaire conféra ce margraviat à Albert l'Ours, comte d'Ascanie et de Ballenstædt, souche des trois lignes de la maison d'Ascanie, dites de Brandebourg, d'Anhalt et de Saxe. Lorsque la ligne de Brandebourg s'éteignit en 1320, les autres branches de la maison ascanienne réclamèrent inutilement cet héritage; Louis de Bavière déclarant l'électorat de Brandebourg fief échu à la couronne, en investit son fils aîné. On a vu comment il était passé ensuite dans la maison de Luxembourg, puis dans celle de Hohenzollern. L'électorat se composait alors de la vieille Marche, de la moyenne qui forme proprement le margraviat de Brandebourg, de celle de Priegnitz avec des parcelles de la Marche ukrainienne et de la nouvelle Marche dont la plus grande partie appartenait à l'ordre Teutonique. En 1442, un traité assura à l'électeur la succession éventuelle de tout le duché de Mecklenbourg - Schwerin et de Mecklenbourg-Stargard, dans le cas où la descendance masculine de cette maison viendrait à s'éteindre. Cette convention subsiste encore. En 1449 l'archevêque de Magdebourg consentit à ce que le comté de Wernigerode devînt un fief brandebourgeois. En 1453, Frédéric II acheta de l'ordre Teutonique la nouvelle Marche pour cent mille florins. En 1462, Frédéric III acquit dans la Lusace les seigneuries de Cottbus, Peitz, Teupitz, Beerfelde, Lübben, comme fiefs bohémiens, et la réversibilité des seigneuries de Beeskow et de Starkow. En 1479, le duc de Poméranie se reconnut vassal de l'électeur, et celui-ci eut le droit à la succession éventuelle. En 1482, Albert fit l'importante acquisition en Silésie de la belle province de Crossen et de Zullichau. En 1490, les seigneurs de Torgau vendirent à Jean aîné, surnommé *le Cicéron*, la seigneurie de Zossen; ce fut ce prince qui fonda l'université de Francfort-sur-l'Oder.

MECKLENBOURG.

Henri le Lion ayant forcé, en 1168, Przibislas, fils de Niclot, dernier roi de Slavonie, à renoncer à ce titre, lui donna, comme fief, les trois quarts du pays des Obotrites avec le titre de prince des Vénèdes. En 1226, cette maison se partagea en quatre branches, dont trois s'éteignirent successivement. En 1436, il ne subsistait plus que celle qui avait pris le nom de seigneurs de Mecklenbourg. L'un d'eux, Henri le Lion, acquit en 1303 la terre de Stargard, et en 1323 la seigneurie de Rostock. En 1347, Charles IV déclara le Mecklenbourg fief immédiat d'Empire, et accorda à ses seigneurs le titre de princes et ducs. En 1352, eut lieu un premier partage, qui fonda la ligne de Stargard éteinte en 1471, et celle de Schwerin qui subsiste encore. Au quatorzième siècle, les ducs de Mecklenbourg furent engagés dans les affaires du Nord; l'un d'eux s'assit même, en 1363, sur le trône de Suède; un autre faillit hériter de la couronne de Danemark et porta le titre de roi.

POMÉRANIE.

Au moyen âge, la Poméranie s'étendait à l'orient jusqu'à la Vistule et la Warta. Lorsque les missionnaires pénétrèrent, au douzième siècle, dans ce pays, ils y trouvèrent des nobles puissants et de grandes villes à peu près indépendantes : parmi celles-ci se trouvait la grande Winnetha, repaire de pirates, dont au seizième siècle on voyait encore les ruines; c'étaient de grosses pierres recouvertes par la mer, et que chaque jour les sables ensevelissaient davantage.

En 1107, à la mort de Suantibor Ier, sa principauté se divisa en deux parties : la Poméranie allemande et la Poméranie de Dantzig. Au temps de Henri le Lion, les princes poméraniens se reconnurent ses vassaux. Après sa chute, Frédéric Barberousse les déclara ducs et princes d'Empire; mais n'ayant pu les défendre contre le Danemark, il conféra au Brandebourg leur vassalité immédiate. Frédéric II confirma cette cession si importante, et le duc Barnim Ier la reconnut en 1250. En 1295, la maison de Poméranie se divisa en deux lignes : celle de Stettin, qui s'éteignit en 1464, et celle de Wolgast, qui, au commencement du seizième siècle, sous Bogislaw X, réunit toute la Poméranie. Ce fut sous ce prince que la Poméranie fut décidément reconnue fief électoral, et que la réversibilité en fut assurée à la maison de Brandebourg, en cas d'extinction de la maison poméranienne.

DUCHÉ DE LAUENBOURG.

Ce duché, qui faisait partie de la Slavie transalbine, était habité par des Vénèdes nommés Polabes. Ses vicissitudes furent nombreuses; les ducs de Saxe, les comtes de Holstein, le disputèrent longtemps; enfin Jean Ier, fils d'Albert Ier, duc de Saxe, de la maison ascanienne, obtint ce duché, qui prit dès lors le nom de Saxe-Lauenbourg. Au commencement du seizième siècle, c'était Magnus Ier qui régnait en ce pays.

COMTÉ DE HOLSTEIN.

En récompense de services que lui avait rendus Adolphe, comte de Mansfeld, l'évêque de Minden obtint de Conrad II qu'il érigeât le Sonnethal (sur le Weser) en fief et comté d'Empire. Adolphe Ier y construisit le château de Schauenbourg, dont il prit le nom. En 1106, le duc de Saxe, Lothaire, forma d'une partie de la Nordalbingie une Marche sous le titre de comté de Holstein, qu'il conféra au comte de Schauenbourg. Celui-ci établit sa résidence à Hambourg, s'empara, en 1131, de la Wagrie; et, pour repeupler et civiliser cette contrée sauvage, il y appela des étrangers, surtout des habitants des Pays-Bas, qui introduisirent dans le pays l'agriculture, l'éducation des troupeaux, et surtout l'art de changer les marais en terres labourables. Ces colons obtinrent des privilèges particuliers, entre autres celui de se transmettre héréditairement leurs biens ruraux. En 1140, le même prince bâtit Lubeck sur la Trave. Mais bientôt cette ville, comme Hambourg, comme les Ditmarses (population des côtes, entre l'Eider et l'Elbe), obtinrent, à la faveur des guerres avec le Danemark, de grands privilèges, qui les constituèrent peu à peu en peuples libres ou en républiques indépendantes. En 1326, les comtes de Holstein reçurent, comme fief héréditaire, le duché de Sleswick ; à la même époque, ils furent investis des îles de Femern, Laland et Falster. En 1459, la famille des comtes de Holstein s'éteignit, à l'exception d'une ligne de Schauenbourg (*); et le comte d'Oldenbourg, neveu, par les femmes, du dernier comte et roi de Danemark, depuis 1458, se fit reconnaître héritier du Sleswick et du Holstein, qui depuis cette époque sont restés attachés à la couronne danoise.

COMTÉ D'OLDENBOURG.

De toutes les maisons allemandes qui prétendent remonter à Witikind, la famille d'Oldenbourg est celle qui peut le mieux prouver sa généalogie ; encore ne paraît-elle en descendre que par les femmes. Son comté se composait des gau d'Ammerland, Rustingen occidental et Steding. Ils y réunirent, en 1436, le comté de Delmenhorst; en 1439, le bailliage de Harpstedt; en 1459, le duché de Sleswick et le comté de Holstein; en 1481, la seigneurie de Varel en Ostfrise; enfin, en 1517 et 1523, les districts frisons appelés Stadtland et Butiadingen.

DUCHÉ DE BRUNSWICK.

Ce fut Louis le Germanique qui donna le duché de Saxe à la famille des Othon. A celle-ci succéda, en 960, celle de Billung, jusqu'en 1106, époque où Henri V conféra le duché à Lothaire, comte de Supplinbourg et de Querfurt, comte palatin de Saxe, et enfin héritier des riches patrimoines des maisons de Nordheim et de Brunswick. Quant aux biens des Billung, la moitié en passa à Henri le Noir, duc de Bavière, dont le fils, Henri le Superbe, devint l'héritier de Lothaire. Mais son fils, Henri le Lion, ne put conserver les vastes possessions de la maison de Guelfe; il fut proscrit, dé-

(*) Les comtes de Schauenbourg étaient aussi seigneurs de Pinneberg; ils s'éteignirent en 1640; la maison qui leur a succédé est aujourd'hui maison souveraine. Il en est de même des comtes de la Lippe, qui règnent aujourd'hui sur un état souverain.

pouillé de son duché de Saxe, et ses fils durent se réduire à la possession du Brunswick. En 1235, Othon le Jeune remit à Frédéric II tout ce qui lui restait des biens de son aïeul, et les reçut à titre de principauté immédiate, sous le nom de duché de Brunswick. Ces princes auraient pu devenir puissants, mais les divisions sans cesse renouvelées qui eurent lieu dans cette maison les empêchèrent de s'agrandir, et même de prendre part aux grands événements des pays voisins ; aussi leur histoire offre-t-elle peu d'intérêt ; ce sont des disputes avec les villes soumises à leur domination, des guerres avec les évêques leurs voisins, ou avec une noblesse turbulente. Au seizième siècle, il en existait encore quatre branches : celle de Grubenhagen, représentée par Philippe Ier; celle de Lunebourg, qui avait pour chef Henri le Moyen; enfin celle de Brunswick, qui, en 1495, se partagea en Brunswick-Wolfenbüttel et Brunswick-Calenberg.

COMTÉ DE DIEPHOLZ.

Les comtes de Diepholz étaient anciennement vassaux de la Saxe; mais Maximilien les créa comtes d'Empire. Ils se placèrent d'eux-mêmes dans le vasselage de la maison de Brunswick-Lunebourg-Celle, et s'éteignirent en 1585.

COMTÉ DE HOYA.

Les comtes de Hoya s'éteignirent en 1543, et la maison de Lunebourg recueillit leur héritage.

COMTÉ D'OSTFRISE.

Au moyen âge, la Frise s'étendait encore, quand la Hollande et l'évêché d'Utrecht cessèrent d'en faire partie, depuis le ruisseau de Kinhem, près d'Alkmaar, jusqu'au Weser. Elle était divisée en sept provinces ou Seeland ; l'Ostfrise, un de ces Seeland, était située entre les deux golfes de l'Iade et du Dollart, formés, en 1218 et 1287, par deux soulèvements de la mer, dont le dernier avait coûté la vie à cinquante mille personnes. Chacun des cantons

ALLEMAGNE.

de l'Ostfrise était gouverné dans l'origine par un gaugraf; mais l'attention des empereurs se détournant de ce pays, il s'y forma de petites républiques qui tenaient leurs assemblées annuelles sous trois chênes plantés sur le monticule de l'Opstalsborn, à une lieue d'Aurich. Mais bientôt il s'éleva des chefs qui s'emparèrent de l'autorité, et firent consacrer leur usurpation par les empereurs; c'est ainsi qu'Ulric, frère du grand chef Edzard Cirksena, se fit donner par Frédéric III, en 1454, le comté d'Ostfrise (entre le Weser et l'Ems occidental); son fils, Edzard le Grand, rédigea, en 1515, l'ancien droit frison.

SEIGNEURIE D'IÉVER.

Les Frisons des cantons de Wangen, d'Ostringen et d'Enstringen, se donnèrent de même, en 1355 et 1359, pour chef un homme fameux dans le pays par sa valeur et sa prudence, Édo Wiemken, de la race de Papinga. Haïo-Hosken, seigneur d'Esenshamm, ayant répudié sa femme, sœur d'Édo, celui-ci l'attaqua, le fit prisonnier, et, après l'avoir fait souffrir de la faim, le fit scier en deux avec une corde de crin. En 1496, il acquit la seigneurie de Kniephausen; mais Christophe étant mort sans enfant en 1515, la seigneurie d'Iéver, après plusieurs guerres héroïquement soutenues par la sœur de Christophe, fut réunie au comté d'Oldenbourg en 1575.

ORGANISATION POLITIQUE DE L'EMPIRE.

L'EMPEREUR.

Voyons maintenant à quelle organisation était soumis ce singulier corps germanique, dont les nombreux éléments se multiplièrent tellement durant les trois siècles qui suivirent, qu'avant la révolution française, on comptait en Allemagne TROIS CENTS ÉTATS, dont cinquante et une villes impériales. Quant à ce qui regarde l'autorité impériale, le nombre et les prérogatives des électeurs, nous en avons longuement parlé dans tout ce qui précède, et particulièrement dans l'exposé de la bulle d'or : ainsi nous savons qu'à la tête de tout le système est l'empereur, prince électif, qui devait à sa nomination par les électeurs un droit incontestable à la dignité de roi d'Italie, et à celle d'empereur romain. Cependant on regardait le couronnement à Rome comme tellement indispensable, que l'empereur élu, mais non couronné par le pape, ne portait que le titre de roi des Romains. Si, du vivant d'un empereur couronné, les électeurs lui nommaient un successeur éventuel, celui-ci ne prenait également que ce titre.

L'empereur avait la haute suzeraineté qui s'exerçait par l'investiture féodale, et par la décision suprême des causes féodales. C'était lui qui, lorsqu'une principauté, un comté ou une seigneurie, un droit même, devenaient vacants, les conférait par investiture à qui il voulait, avec ou sans les droits régaliens. Quant à la décision des causes féodales, l'empereur prononçait rarement seul. Il renvoyait ordinairement le jugement à la diète ou à un tribunal commis exprès, et composé de princes.

L'empereur était législateur souverain. Toutes les lois se publiaient en son nom. Mais cette puissance était limitée par l'obligation de ne publier aucune loi sans le consentement des États; d'où il suit que le droit législatif de l'empereur se réduisait à celui de ratifier ou de rejeter la résolution des états. Son *veto*, du moins, était absolu, et il avait l'initiative des lois.

Il avait aussi le droit d'accorder des priviléges; encore fallait-il, pour les concessions les plus importantes, le consentement des électeurs.

A l'empereur appartenait le droit de haute justice. Toutefois, la bulle de Charles IV reconnaissait l'indépendance absolue des tribunaux des électeurs. L'empereur d'ailleurs, même hors des pays électoraux, était trop faible pour pouvoir exercer cette prérogative; et comme il n'y avait point d'autre force publique capable de maintenir l'ordre dans l'Empire, les désordres allèrent toujours croissant, malgré les édits multipliés des empereurs pour l'observation de la paix publique (*).

L'empereur pouvait faire librement la guerre; mais les États n'étaient tenus à fournir leur contingent que lorsque les hostilités avaient été résolues d'un commun accord. Les États concouraient aussi par des députés à la conclusion de la paix.

Enfin, lui seul pouvait ériger des principautés, des duchés, des comtés, élever, en un mot, d'un degré inférieur de noblesse à un degré supérieur.

On le voit, la puissance de l'empereur était surtout honorifique. De puissance réelle, son titre ne lui en donnait guère : il ne pouvait disposer d'aucunes forces militaires autres que celles que lui confiaient les États; et il ne pouvait en lever lui-même, car ses revenus, qui consistaient d'abord dans le produit des droits régaliens et des domaines impériaux dispersés par tout l'Empire, diminuèrent et devinrent à peu près nuls dans les quatorzième et quinzième siècles, parce que les empereurs en aliénèrent successivement tous les fonds, en les engageant pour une somme d'argent une fois payée. Aussi furent-ils alors constamment forcés, par la ruine de leurs finances, de faire aux États des demandes d'argent qui les mirent encore plus dans la dépendance de la diète. D'ailleurs ces demandes étaient rarement accordées sans de grandes difficultés, et surtout sans laisser échapper le moment opportun d'agir. Aussi avons-nous vu et verrons-nous encore les empereurs, même les plus actifs, constamment arrêtés dans toutes leurs entreprises par le manque d'argent.

ÉLECTEURS.

Au-dessous de ce chef si peu puissant étaient les électeurs. Ils formaient, avec l'empereur, des assemblées particulières, ayant pour objet de délibérer sur les grands intérêts de l'Allemagne, ainsi que sur les intérêts particuliers du corps électoral; à ces assemblées aucun autre prince n'était admis. Le consentement des électeurs était requis dans les affaires les plus importantes, et même était nécessaire pour certains cas réservés cependant à la prérogative impériale. Dans l'intérieur de leurs électorats, ils jouissaient de l'autorité souveraine, et étaient seulement astreints à se soumettre aux décisions de la majorité du collége, à fournir leur contingent en hommes et en argent. Le droit de se faire la guerre les uns aux autres ne leur était pas encore formellement reconnu, pas plus que celui de s'allier en leur propre nom avec les puissances étrangères.

NOBLESSE IMMÉDIATE. SA DIVISION EN CERCLES.

Au-dessous de ce collège des électeurs se trouve la vaste féodalité allemande : tous ces princes, comtes, ducs, margraves, landgraves, etc., dont nous avons énuméré ci-dessus les plus importants; puis des nobles immédiats épars dans tout le sud-ouest de l'Allemagne, et qui s'organisèrent en confédération pour la défense commune. Il y avait trois grandes confédérations de cette espèce : 1° le cercle de Souabe (divisé en sept cantons : du Danube, du Hégau, de l'Algau et du lac de Constance, du Necker, de la forêt Noire et d'Ortenau, du Kocher et du Creichgau); 2° le cercle de Franconie (Odenwald, Steigerwald, Montagnes et Altmühl, Bannach, Rhœn-Werra); 3° cercle du Rhin (haut Rhin, moyen Rhin, bas Rhin). L'immédiateté de cette noblesse fut soutenue par la politique de Charles-Quint et de ses successeurs. Mais elle ne put obtenir voix et séance à la diète que dans de très-graves circonstances.

VILLES LIBRES.

Enfin au-dessous de la noblesse immédiate se trouvaient les villes divisées en banc du Rhin, où siégeaient les

---

(*) Nous nous occuperons plus bas de l'organisation judiciaire et des cours vehmiques, dont nous ferons l'objet d'une digression toute spéciale. Voyez p. 123.

députés des villes du Rhin, d'Alsace, de Thuringe et de Saxe ; et en banc de Souabe, où prenaient place ceux des villes souabes et franconiennes.

DIÈTE.

Toutes les fois qu'il se présentait une affaire d'un intérêt général pour l'Allemagne, l'empereur convoquait la diète ou assemblée de tous les États. Vers la fin du quinzième siècle, elle était divisée en trois chambres, celle des électeurs, celle des princes et comtes ecclésiastiques et séculiers, et celle des villes ; c'était la diète qui avait réellement le droit de paix et de guerre, en refusant ou en accordant le contingent demandé par l'empereur ; c'était elle aussi qui rendait les lois ; en un mot, aucune mesure générale ne pouvait être prise, qu'après avoir été approuvée par la diète.

DIVISION DE L'EMPIRE EN DIX CERCLES.

L'empire d'Allemagne, ainsi constitué, ayant un chef électif, des princes séculiers héréditaires, tels que les électeurs laïques, des princes ecclésiastiques électifs, comme les archevêques de Mayence, de Cologne, etc. ; une aristocratie militaire, comme l'ordre Teutonique(*) ; des républiques, comme quelques villes impériales sur le bord du Rhin ; une république fédérative, comme la Suisse, commerçante, comme la ligue hanséatique (**), traversa ainsi le quatorzième et le quinzième siècle. Mais, au commencement du seizième siècle, il s'y introduisit une innovation importante. Afin de rendre plus facile le maintien du bon ordre et de la police intérieure, l'Empire fut divisé en dix cercles ou cantons. Cet établissement et les lois qui l'accom-

(*) Nous parlerons plus loin de l'ordre Teutonique, lorsqu'il sera question de la sécularisation de la Prusse.

(**) Pour chacune des villes qui composaient la Hanse, voy. t. I, p. 333, 336 et suiv., et pour quelques détails sur l'organisation et l'histoire de cette ligue, voyez plus bas la guerre de trente ans.

pagnèrent introduisirent une combinaison nouvelle dans la constitution de l'Empire. Les cercles devinrent autant de petites républiques fédératives, qui eurent leurs États, leurs lois, leurs troupes et leurs intérêts particuliers, subordonnés, à la vérité, aux lois générales de l'Empire, mais dont le chef suprême se servit quelquefois habilement comme d'une autorité rivale de la diète ; car il arriva plusieurs fois que les empereurs, échouant auprès de la diète, se tournèrent vers les cercles, et obtinrent, par leur moyen, ce qui leur avait été refusé par les États de l'Empire réunis. Les cercles avaient, par leur constitution, des directeurs qui étaient les présidents de leurs États ; des princes convoquants qui les assemblaient, et étaient chargés du maintien de la paix ; des colonels enfin qui commandaient leurs troupes. Ces dix cercles étaient : 1° l'Autriche ; 2° la Bavière ; 3° la Souabe ; 4° la Franconie ; 5° le haut Rhin ; 6° le palatinat du Rhin ; 7° la Westphalie ; 8° la basse Saxe ; 9° la haute Saxe ; 10° la Bourgogne. Mais ce dernier cercle, qui comprenait la Flandre, le Brabant, etc., appartenait en totalité à la maison d'Autriche. Comme il ne paya jamais aucune charge de l'Empire, il n'en faisait, pour ce motif, que nominativement partie.

SUPÉRIORITÉ TERRITORIALE DES ÉTATS.

Tous ces États avaient, outre les droits régaliens, ce que les publicistes allemands appellent la *supériorité territoriale*, laquelle n'atteignit son complet développement qu'après le traité de Westphalie. Ce mot désigne l'ensemble de droits dont ils jouissaient à l'égard de leurs sujets, et qui étaient bien supérieurs aux droits seigneuriaux des nobles de France ou d'Angleterre. C'eût été une complète souveraineté si ces États n'avaient eu audessus d'eux le pouvoir de la diète, c'est-à-dire, l'autorité de leurs voix réunies, et celui de l'empereur, qui, bien que nominal le plus souvent, s'opposait cependant à ce qu'ils pussent se dire États souverains.

« Quand on remonte à l'ancienne constitution de l'Allemagne, on se persuade que l'exercice de la jurisprudence fût la source primitive de la supériorité territoriale. Les ducs étaient chargés de la juridiction dans leurs duchés, les évêques principaux dans leurs diocèses ; successivement elle devint le partage des autres princes ecclésiastiques et séculiers, des comtes et des dynastes, chargés de maintenir la paix publique. Les ducs et les princes de la même catégorie jouissaient de tous les domaines et de tous les droits utiles qui étaient établis dans la province pour subvenir aux frais de la justice et de la haute police : ainsi une partie des droits régaliens devinrent leur partage; ils acquirent la plupart des autres, soit par usurpation dans des temps d'anarchie, soit par concession des empereurs à titre de fiefs. Deux chartes de Frédéric II, accordées, l'une en 1220 aux États ecclésiastiques, l'autre en 1239 aux séculiers, sanctionnèrent toutes les usurpations, et leur concédèrent légalement tout ce qu'ils ne possédaient, selon l'expression d'alors, que par *observance*.

« Ces deux chartes font une distinction entre les villes impériales et les villes épiscopales ou des princes. Quelques droits de souveraineté sont réservés à l'empereur dans ces dernières, pour les cas où il viendrait y résider; pendant le temps de son séjour, ainsi que huit jours avant et huit jours après, toute autorité autre que celle de l'empereur y cessait. Un seul cas excepté, nul officier impérial n'y jouissait d'un droit quelconque, et le prince y exerçait une pleine puissance. « Tout prince, dit la seconde charte, jouira tranquillement des libertés, juridictions, comtés et cens, soit qu'il les possède comme fiefs, soit comme alleu. »

« Depuis ce moment, la qualité d'officier impérial, qui avait été celle des princes, fut entièrement oubliée. Chaque prince, chaque évêque, chaque abbé, chaque comte, fut dès lors une puissance qui aurait été considérée comme suzeraine, si au-dessus de tous ces États n'avait été placé le titre d'empereur. Voici quels étaient les principaux droits qui, vers la fin du quinzième siècle, constituaient la supériorité territoriale des États d'Empire. En vertu de la juridiction civile et criminelle, qui faisait la base de leur pouvoir, ils publiaient des lois et des ordonnances; ils donnaient des statuts à leurs villes; ils avaient le droit du fisc en vertu duquel les fiefs dévolus par félonie ne retournaient point à la couronne, mais leur étaient acquis; ils exerçaient plusieurs droits provenant du *jus circa sacra*, tel que celui de fonder des églises et des couvents, de les munir de priviléges, de publier des règlements en matières ecclésiastiques, de s'approprier la dépouille des prélats; ils avaient des cours féodales, des charges et des dignités de cour; ils étaient les protecteurs des juifs, et en percevaient la capitation ; ils possédaient le *jus collectendi*, c'est-à-dire, le droit de percevoir *la landbethe*, ou l'impôt direct que le paysan payait de sa charrue, et le droit de lever des subsides extraordinaires consentis par les États ; ils construisaient des forteresses, et accordaient la permission d'établir des foires et des marchés.

« L'exercice de ces droits était plus ou moins restreint par le degré d'autorité que l'observance et la coutume accordaient aux États qui, dans une grande partie des principautés, existaient de temps immémorial, et partageaient avec les princes quelques-uns de ces droits (*). »

Mais cette supériorité territoriale des États était, en de certains lieux, limitée par des tribunaux provinciaux. Celui de Rothweil étendait sa juridiction sur la Souabe, la Franconie, les provinces rhénanes d'Alsace et la Franche-Comté; celui de Leutkirch, dont le ressort comprenait une partie de la Souabe; enfin le burgraviat de Nuremberg, et les tribunaux secrets de West-

(*) Schœll, Cours d'histoire des États européens, t. XIII, p. 273.

phalie, qui, si l'on en croyait quelques publicistes, auraient, aux quatorzième et quinzième siècles, dans ces temps si désastreux pour l'autorité impériale, exercé en son nom une juridiction terrible et inexorable envers tous les membres, princes ou bourgeois de l'empire germanique.

Si maintenant nous examinons dans son ensemble la constitution de l'Empire, nous trouverons qu'elle forme une confédération régulière, qui se distingue cependant des associations politiques de ce genre par certains caractères. Ainsi, le corps germanique n'est pas composé de membres absolument distincts et indépendants; tous, anciens sujets de l'empereur, le reconnaissent encore pour leur souverain. Si les anciennes relations féodales sont abolies, la forme au moins subsiste encore, et l'empereur, qui n'est en réalité que le chef nominal d'une association d'Etats libres, semble en apparence, avec ses titres et ses souvenirs, revêtu du pouvoir souverain. Que cet empereur soit Venceslas ou Frédéric III, et il ne conservera que ses titres; qu'il soit Charles-Quint, et à ses titres il joindra une partie de son ancien pouvoir en rendant la vie aux formes anciennes. Dans cette organisation de l'Empire se trouvent ainsi de nombreux germes de troubles, qui sont encore fortifiés par les formes diverses et même opposées établies dans le gouvernement civil des États. L'amour de la liberté et les intérêts du commerce étaient les principes des villes; l'ambition du pouvoir et l'enthousiasme de la gloire militaire étaient les passions des princes et des nobles; quant aux ecclésiastiques, l'esprit de leur état, leurs liaisons avec la cour de Rome leur donnaient un caractère et des intérêts différents de ceux des autres membres du corps germanique. Si l'on ajoute que l'inégale distribution du pouvoir et de la richesse parmi les États de l'Empire, donna naissance à de nouveaux principes de dissensions, les uns étant jaloux, timides et incapables de faire valoir leurs droits, les autres, au contraire, disposés à usurper et à opprimer, on comprendra facilement cet esprit de lenteur, de défiance et d'irrésolution qui caractérise les délibérations du corps germanique.

DIGRESSION SUR LES COURS VEHMIQUES.

Nous avons parlé plus haut des cours vehmiques. Ce sujet est trop curieux et trop important pour ne pas nous y arrêter, car les cours vehmiques ne furent pas moins qu'une inquisition politique qui fonctionna d'une manière terrible durant deux siècles.

On a longuement discuté sur l'origine des tribunaux vehmiques, cette singulière autorité qui, par son organisation mystérieuse, effraya l'Allemagne aux quatorze et quinzième siècles. Les uns en faisaient remonter l'institution à Charlemagne : c'était, disait-on, un reste de ces terribles tribunaux ecclésiastiques établis par lui dans la Saxe contre les Saxons païens; selon d'autres, ces tribunaux n'étaient qu'un reste des commissions extraordinaires envoyées chaque année par Charlemagne dans les provinces, sous le nom de *missi dominici*. Mais les recherches récentes ont établi une opinion qui repose sur une connaissance plus approfondie et plus intelligente du moyen âge : c'est celle de Wigand, adoptée par Grimm et Eichorn, sauf de légères modifications. Ainsi, d'après Grimm, les francs-tribunaux formaient originairement presque tous les tribunaux de Gau ou de Marche, (c'est-à-dire, de cantons ou de districts) ; mais quand la vaste aristocratie allemande eut pris possession du territoire, quand la supériorité territoriale des princes se fut établie, lorsqu'enfin les antiques libertés des hommes libres eurent disparu, et que le nombre des Marches eut diminué, il y eut alors quelques districts seulement qui se maintinrent indépendants, et qui restèrent immédiatement soumis à l'Empire; leurs tribunaux conservèrent le nom de francs-juges, comme les villes impériales, c'est-à-dire immédiates, prirent celui de villes libres. Aussi ces tribunaux ne se trouvent-ils principalement que dans la Westphalie, la Wettéravie et la Franconie, où se rencontrent aussi le plus grand nombre de villes libres. Ces villes et ces tribunaux devant, les unes comme les autres, leur immédiateté à la même cause, c'est-à-dire, à la ruine de l'autorité ducale dans ces provinces, à l'absence enfin de toute supériorité territoriale princière, ces tribunaux n'avaient primitivement que la simple juridiction des anciens *placita liberorum*. Mais, par diverses causes, leurs droits s'accrurent dans la Westphalie, surtout après la chute de Henri le Lion, quand toutes ses possessions se démembrèrent, et que le nord-ouest de l'Allemagne devint comme un immense chaos, où chacun cherchait à saisir quelque lambeau d'autorité et de prérogative. Ces tribunaux, au milieu du bouleversement général, des guerres et des crimes de toute espèce, conservèrent seuls leur antique organisation; mais ils y ajoutèrent, comme cela arrive toujours dans les temps de troubles et de désordres, des formes mystérieuses capables d'effrayer les esprits, et d'ajouter à leur pouvoir celui que donne toujours la crainte superstitieuse que l'on sait inspirer. Ils multiplièrent encore leurs forces en s'associant entre eux et formant ainsi, aux quatorzième et quinzième siècles, une vaste confédération comprenant, au dire de quelques auteurs, cent mille *sachants*.

Cependant, ces francs-tribunaux ne purent échapper à la loi commune. Toute chose au moyen âge devenait fief et avait son seigneur; au moins les cours vehmiques eurent-elles pour suzerain un prince intéressé à étendre leur juridiction plutôt qu'à la restreindre, l'archevêque de Cologne, qui, en sa qualité même de prêtre, n'était point ennemi des formes inquisitoriales du *vehme*. D'ailleurs, l'archevêque de Cologne, depuis la chute de Henri le Lion, prenait le titre de duc de Westphalie et d'Angrie (entre le Rhin et le Weser), et ce titre lui donnait la puissance *comitative*, c'est-à-dire, la haute juridiction sur toute la province. Aussi Charles IV déclarait-il, en 1371, qu'aucun franc-juge ne pouvait exercer son office sans le consentement spécial et l'investiture de l'archevêque.

Il y avait deux espèces de francs-tribunaux : l'un public, pour juger les cas ordinaires; l'autre secret pour les sentences capitales. Le principal de ces tribunaux était à Dortmund en Westphalie; mais il s'en tenait dans beaucoup d'autres endroits, à Waltorff, à Hœspe, Brunighausen, Bedelswingen, Vogelsten, Soest, Eldringshausen, Brunswick, Francfort, Trèves. En 1361, l'archevêque d'Utrecht obtint le droit d'en établir un dans sa ville épiscopale; en 1357 et 1372, les comtes de Bentheim obtinrent le même privilége, de même que six villes de la Lusace. Mais ces tribunaux n'ont joui ni de la puissance, ni de la considération de ceux de Westphalie, qui prétendaient étendre leur juridiction sur tout l'Empire, et avoir seuls le droit de recevoir des francs-juges.

Comme les devoirs des francs-comtes pouvaient les exposer à de nombreuses inimitiés, ils avaient fait établir cette loi, qu'on trouve encore dans la réformation de Cologne : « Tous « francs-comtes et francs-juges ont le « droit d'aller et de venir en sûreté à « pied ou à cheval, quoique désarmés, « pour les affaires de leur association, « suivant l'ancien usage et les lois du « saint-empire.

Pour devenir franc-juge, il fallait être né de mariage légitime et avoir une réputation sans tache. Les francs-juges étaient admis par un franc-comte, mais avec l'assentiment du maître suprême du tribunal. Ces francs-juges formaient deux classes, les loyaux francs-juges, et les véritables francs-juges; ces derniers étaient chargés de faire les citations, d'observer les délits, et de mettre à exécution les sentences des francs-comtes. « Ils doivent « être, dit le code de Dortmund, des « hommes loyaux et justes, et avoir « vu de leurs yeux, entendu de leurs « oreilles, les délits dont ils accusent « les coupables. »

Dès qu'un jugement avait été rendu par le tribunal secret, il n'était plus permis aux francs-juges de s'informer des raisons qui l'avaient motivé. Instruments passifs dans les mains de ceux qui les gouvernaient, ils étaient tenus à une obéissance aveugle ; et quand même ils auraient cru celui qui avait été condamné le plus innocent des hommes, ils devaient le mettre à mort, si on le leur ordonnait. Quant à ceux qu'ils surprenaient en flagrant délit, ils étaient accrochés à l'instant au premier arbre, sans citation ni information préalable. On se contentait de laisser auprès du cadavre un poignard, afin de donner à connaître que le coupable avait été exécuté par ordre du tribunal secret. Lorsqu'un franc-juge se trouvait trop faible pour arrêter et prendre un condamné, il était obligé de le suivre jusqu'à ce qu'il eût rencontré d'autres francs-juges, qu'il sommait alors, sous la peine du ban, de venir à son secours, et qui, sans information ultérieure, étaient contraints d'obéir, s'ils ne voulaient eux-mêmes s'exposer à être punis. Le plus profond mystère couvrait leurs opérations, et l'on ignore encore aujourd'hui les signes ou les paroles auxquels ils se reconnaissaient entre eux. On a cependant trouvé à Herfort, dans un protocole, les quatre lettres suivantes : S. S. G. G., que l'on prétend signifier en allemand *stoch (strich), stein, gras, grein*, en français *corde, pierre, herbe, pleurs*. Il y a des auteurs qui soutiennent que ces quatre paroles mystérieuses étaient les mots de passe des francs-juges.

Lorsqu'on initiait un profane, on exigeait de lui le serment le plus terrible de ne rien révéler des mystères du tribunal secret, de n'avertir personne du danger dont il était menacé, de dénoncer père, mère, frère, sœur, ami ou parent sans exception, s'il venait à sa connaissance qu'ils eussent commis quelques délits qui fussent dans le cas d'être portés devant ce tribunal. Celui qui en trahissait les secrets ou avertissait quelqu'un, était pendu sept pieds plus haut qu'un autre malfaiteur. Le code de Dortmund prescrit contre les traîtres l'horrible supplice que voici : « On doit les arrêter, leur bander les yeux, lier leurs mains derrière le dos, leur mettre une corde au cou, les jeter sur le ventre, leur arracher la langue par la nuque, et les pendre sept fois plus haut qu'un voleur convaincu. » D'un autre côté, le franc-juge qui ne dénonçait pas un délit dont il avait connaissance, était également puni de mort. On trouve à ce sujet la loi suivante : « Si un franc-juge garde le silence sur un délit qui lui est connu, il sera traité comme un profane, c'est-à-dire, puni de mort. » Ils étaient obligés, en vertu de leur serment, de dénoncer les coupables au tribunal secret et de demander leur punition. Lorsqu'ils s'étaient acquittés de cette fonction, ils avaient, dans le langage du tribunal secret, accompli leur serment.

Ils jouissaient de grandes prérogatives avant la réformation de l'empereur Sigismond. Pourvu qu'un franc-juge n'eût pas été pris en flagrant délit, et qu'il n'avouât point son crime, il n'était permis à personne de le lui reprocher ni de l'arrêter. Datt nous en a conservé la preuve, d'après un document authentique du temps, et nous ne trouvons, chez les auteurs anciens, qu'un seul exemple de la punition terrible de quelques francs-juges. En l'année 1402, l'archevêque de Cologne fit crever les yeux, dans cette ville, à tous les francs-juges du tribunal secret. Il n'en excepta qu'un seul, dont il avait tenu le fils sur les fonts de baptême, et auquel il laissa un œil, pour qu'il pût servir de guide à ses confrères et les ramener chez eux. Il finit cependant par faire écorcher celui-ci, à cause d'une sentence injuste qu'il avait provoquée contre une veuve.

Le code de Dortmund nous apprend ce qu'on peut entendre par le mot de *notschape*, qu'on peut traduire par celui de faux francs-juges. C'était, dit-il, un profane qui, ayant surpris frauduleusement les secrets de l'ordre, jouissait de ses priviléges, et trahissait les véritables francs-juges en se parjurant.

On trouve, dans le même code, la peine infligée à ces faux frères : « Ceux « qui deviennent faux francs-juges et « trompent ainsi le saint-empire et le « tribunal secret, s'ils sont pris en fau- « te, doivent d'abord être *palmondés*, « c'est-à-dire, qu'il faut leur passer au « cou une branche de chêne, leur ban- « der les yeux, les mettre pendant neuf « jours dans un obscur cachot; puis, « ce temps écoulé, on les amènera de- « vant le tribunal et ils y seront étran- « glés avec sept mains, ainsi que de « droit; autrement ils pourraient se « justifier du crime. »

Les princes, les villes permettaient encore, dans le quinzième siècle, à leurs conseillers et à leurs magistrats d'être membres des tribunaux secrets de Westphalie; mais cela leur fut défendu par la suite sous peine de mort. Knipschild rapporte à cette occasion qu'en l'année 1468 on décapita deux magistrats à Augsbourg, pour avoir, contrairement à leur devoir, à leur serment et à la liberté de leur ville, voulu citer leurs concitoyens par-devant les tribunaux secrets de Westphalie.

Dans le quatorzième et le quinzième siècle, il y avait même des princes qui se faisaient recevoir francs-juges. Ainsi, Henri, duc de Bavière, le margrave de Brandebourg, Henri, duc de Landshut, le burgrave Frédéric Guillaume de Saxe, et Guillaume, duc de Brunswick, ont été membres du tribunal secret.

Il paraît que le motif qui déterminait tant de gens à s'affilier au tribunal secret venait de ce qu'il était fort difficile de faire le procès à un franc-juge, tandis que celui-ci pouvait impunément perdre le plus honnête homme. Les magistrats des villes avaient encore une autre raison, celle de protéger leurs concitoyens contre les entreprises des francs-juges. C'est ce qui engagea, en 1425, la ville de Spire de faire recevoir, à ses frais, franc-juge Pierre Rutz Rosa de Sneyde, en exigeant de lui des lettres de reversale, par lesquelles il s'obligeait à ne rien entreprendre contre la ville et ses habitants, et même à empêcher d'autres francs-juges de les citer au tribunal secret. On estime que le nombre des francs-juges s'élevait, dans le quatorzième et le quinzième siècle, à près de cent mille individus. Il y avait souvent plus de mille francs-juges présents aux séances du tribunal secret de Dortmund, qu'on appelait le miroir et la chambre du roi des Romains; aussi était-il impossible d'échapper à leurs jugements. Il n'y avait point de crime, pas de coupable qui pussent rester cachés à l'œil pénétrant de ces voyants invisibles. Lorsqu'en Bavière, en Autriche, en Franconie, en Souabe, quelqu'un refusait de comparaître devant ses juges naturels, on avait aussitôt recours à l'un des francs-tribunaux de Westphalie, où l'on rendait une sentence qui, dès qu'elle était connue de l'ordre des francs-juges, mettait en mouvement cent mille assassins, qui avaient juré de n'épargner ni leurs parents, ni leurs meilleurs amis.

Æneas Silvius s'exprime à leur occasion de la manière suivante : « Ceux qui composent ces sortes de tribunaux s'appellent *scabini* (échevins, francs-juges). Ils prétendent que leur juridiction s'étend sur tout l'empire d'Allemagne. Ils ont des coutumes secrètes, des usages mystérieux, d'après lesquels ils exécutent les coupables; et, jusqu'à ce moment, personne n'a encore pu découvrir, ni par la crainte, ni par l'espérance des récompenses, la moindre chose relative à cet objet. La plus grande partie d'entre eux sont inconnus. Ils vont de province en province, tiennent une note des coupables, portent des plaintes contre eux au tribunal secret, et prouvent leurs crimes. Aussitôt, les condamnés sont inscrits dans un registre appelé le livre de sang, et l'on charge les francs-juges de la dernière classe de l'exécution des sentences. Le coupable, qui ignore sa condamnation, est mis à mort partout où on le trouve. »

En 1404, Robert donna au tribunal

secret des statuts réguliers, qui furent réformés trente-trois ans plus tard par Didier, électeur de Cologne, d'après les ordres de Sigismond. On défend dans cette réformation, de la manière la plus expresse : 1° de mettre au ban ou de condamner une personne sans l'avoir auparavant citée légalement, entendue et convaincue, ou sans s'être assuré qu'elle ne pouvait pas se purger par serment; 2° il est ordonné de ne recevoir au tribunal secret que des plaintes de nature à y être portées, et de n'admettre parmi les francs-juges, comme cela se pratiquait anciennement, que des gens bien famés. Toutes les réformations qui eurent lieu depuis celle de Cologne, se firent d'après les mêmes principes.

Frédéric III, en 1442, Maximilien, en 1495, restreignirent encore la juridiction du tribunal ; en 1521, Charles-Quint lui défendit formellement de juger aucune autre affaire que celles qui étaient de sa compétence. Mais ces défenses restèrent à peu près inutiles. Les progrès des mœurs et de la tranquillité publique pouvaient seuls faire tomber en désuétude cette étrange juridiction.

L'empereur était le chef suprême des tribunaux secrets; c'était en son nom qu'ils rendaient leurs sentences; c'était lui qui les investissait du droit de vie et de mort. L'empereur ou son représentant pouvait faire des francs-juges, mais seulement sur la terre rouge, c'est-à-dire, en Westphalie; encore fallait-il que ce fût dans un tribunal franc et avec l'assistance de trois ou quatre francs-juges. L'empereur pouvait donner des sauvegardes aux condamnés ; mais les tribunaux respectaient rarement cette garantie. Ainsi Sigismond ayant pris à son service Conrad de Langen pour le sauver, les francs-juges ne continuèrent pas moins à le poursuivre, et il ne lui resta d'autre moyen d'échapper à leurs poignards que d'appeler de leur jugement au concile de Bâle.

Du reste, cette institution était favorable à l'autorité impériale, car les francs-juges agissaient en son nom et ne respectaient aucun privilége : ils citaient les princes remuants de l'Empire, et les punissaient. C'est ainsi que l'empereur Sigismond porta ses plaintes au tribunal secret contre Louis, duc de Bavière, pour crime de lèse-majesté. Gaspard de Thuringe, qui avait soulevé la noblesse bavaroise contre ce duc, le cita de nouveau, en l'année 1421, après que la guerre civile, occasionnée par ce soulèvement, eut été assoupie par la médiation de l'empereur. Le duc comparut en personne, fut reçu franc-juge, et se mit ainsi à l'abri de toutes poursuites ultérieures. Cette démarche donna un grand lustre au tribunal secret.

Une ancienne chronique de Magdebourg rapporte qu'en l'année 1380, Henri, comte de Wernigerode, fut, sur la demande de l'empereur, condamné à mort, et exécuté par les francs-juges, pour crime de trahison, quoiqu'il fût escorté par l'archevêque Albert de Reinstein, sous la sauvegarde duquel il était.

Le code de Dortmund nous a conservé de nombreux détails relativement au régime intérieur et aux formalités de ces cours de justice. La séance s'ouvrait à l'instant où le franc-comte s'asseyait sur son fauteuil, et où il adressait la parole au fiscal en ces termes : « Je te demande, fiscal, « si c'est bien réellement le moment et « le lieu où je puis, au nom de notre « très-gracieux maître empereur, ou roi « des Romains, juger sur le ban du « roi les causes qui seront portées de- « vant moi ? » Le fiscal répondait : « Puisque vous avez été investi du « franc-comté par le roi des Romains, « vous devez remplir les devoirs de « votre place d'une manière conforme « à la justice. » Le franc-comte reprenait la parole, et disait : « Je me « conforme donc à ce qui vient d'être « décidé. Je promets sûreté et protec- « tion au tribunal sur le ban du roi, « et j'installe en ce siège royal les « loyaux, intègres et féaux N. N. (il « nommait les sept francs-juges qui « siégeaient avec lui), et autres francs- « juges ici présents, ainsi qu'il est de

« droit et sous peine de la hart. » A l'ouverture de la séance, il fallait que tous les francs-juges eussent la tête nue et le visage découvert (pour prouver qu'ils ne couvraient pas la justice du manteau de l'injustice). Il leur était défendu d'avoir des gants, et ils étaient obligés de rejeter leur manteau par-dessus l'épaule.

Quand un profane, c'est-à-dire, quiconque n'était pas membre du tribunal secret, se glissait dans l'assemblée et y était découvert, le code lui infligeait la peine suivante : « Le fis-« cal liera les mains du coupable par « devant, avec une corde attachée à « ses pieds, et le pendra à l'arbre le « plus prochain du lieu de l'audience. »

Si un franc-juge était cité, il avait droit de demander au franc-comte le sujet de la plainte portée contre lui. Le franc-comte le lui communiquait, et lorsque l'accusé se sentait innocent, ou, ce qui revenait au même, qu'il n'y avait pas de preuves suffisantes pour le convaincre, il mettait les deux doigts du milieu de la main droite sur le sabre du franc-comte, et faisait le serment qui suit : « Monsieur le comte, « je suis innocent du fait principal et « du délit dont vous m'avez donné « connaissance et dont on m'accuse; « ainsi je prie Dieu et ses saints qu'ils « me soient en aide. » Après cette formalité, le franc-comte était obligé de lui donner un denier à la croix en témoignage de ce serment.

Celui qui voulait être reçu franc-juge devait se mettre à genoux, la tête nue, poser ses deux doigts les plus près du pouce de la main droite sur le sabre du franc-comte, puis répéter d'après celui-ci le serment suivant :

« Je jure d'être fidèle au tribunal « secret, de le défendre contre moi-« même, contre l'eau, le soleil, la « lune, les étoiles, le feuillage des ar-« bres, tous les êtres vivants, et tout « ce que Dieu a créé entre le ciel et la « terre; contre père, mère, frères, « sœurs, femme, enfants, tous les « hommes enfin, le chef de l'Empire « seul excepté; de maintenir les juge-« ments du tribunal secret, de les exé-« cuter, aider à exécuter, et de dé-« noncer au présent tribunal, ou à « tout autre tribunal secret, les délits « de sa compétence qui viendront à « ma connaissance, ou que j'appren-« drai par des gens dignes de foi, afin « que les coupables y soient jugés com-« me de droit, ou qu'il soit sursis au « jugement avec le consentement de « l'accusateur. Je promets, de plus, « que ni l'attachement, ni la douleur, « ni l'or, ni l'argent, ni père, ni mère, « ni frères, ni sœurs, ni parents, ni au-« cune chose que Dieu ait créée, ne « pourront m'engager à enfreindre ce « serment, étant résolu de soutenir « dorénavant de toutes mes forces et « de tous mes moyens le tribunal se-« cret dans tous les points ci-dessus « mentionnés : ainsi Dieu et ses saints « me soient en aide. »

Le serment prononcé, le franc-comte reprenait la parole en ces termes : « Je te demande, fiscal, si j'ai « bien dicté le serment du tribunal se-« cret à cet homme, et s'il l'a bien « répété ? » Le fiscal répondait : « Oui, « monsieur le comte, vous avez bien « dicté le serment à cet homme, et il « l'a bien répété. » Ce n'est qu'après ces « formalités remplies, dit le code de « Dortmund, que le franc-comte ins-« truira le récipiendaire des signes « mystérieux auxquels les francs-juges « se reconnaissent entre eux, confor-« mément aux anciens usages et sta-« tuts. »

Le souverain chef du tribunal secret recevait de chaque récipiendaire une mesure de vin; le franc-juge chevalier, un marc d'or; le franc-juge de la dernière classe, un marc d'argent. « Chaque franc-comte, dit aussi le code « de Dortmund, doit avoir un registre, « dans lequel se trouvent inscrits les « noms et surnoms de ceux qu'il reçoit « francs-juges, ainsi que leurs cautions « et le pays d'où ils sont. Il doit éga-« lement y faire transcrire les citations, « sentences, compromis, et apporter « annuellement ce registre au chapitre « général. »

On était dispensé de comparaître à citation quand on pouvait alléguer un des motifs suivants : 1° la prison ; 2° une maladie; 3° le service de Dieu, comme un pèlerinage ou une croisade; 4° le service de l'Empire. Toute citation devait porter les sceaux des six francs-juges et celui du franc-comte. Ils représentaient un homme armé de toutes pièces, tenant une épée à la main. L'homme chargé de porter la citation l'attachait à la maison de l'accusé, appelait le garde de nuit ou le premier passant, et lui recommandait de prévenir l'accusé. Il coupait ensuite trois copeaux aux poteaux de la porte ou à un arbre voisin, comme pour prouver qu'il avait accompli sa mission.

Quiconque ne se présentait pas à la première citation était obligé de payer une amende de trente schellings, ou quarante-cinq florins du Rhin. Le défaut de comparution était puni, la seconde fois, d'une amende de soixante schellings, ou quatre-vingt-dix florins du Rhin. Celui qui manquait à la troisième citation était condamné au ban.

Quand on ne pouvait pas payer l'amende encourue, et qu'on se présentait néanmoins à la troisième citation, il fallait poser les deux doigts les plus près du pouce de la main droite sur le sabre nu du franc-comte, et jurer par la mort que Dieu a soufferte sur la croix, qu'on était hors d'état de payer. Ceux qui refusaient de comparaître perdaient leurs priviléges et franchises. « Je le déclare déchu de ses droits, « disait le franc-comte; je le mets au « ban du roi, et le condamne à être « pendu. Que les corbeaux dévorent « son cou; que son corps soit la proie « des oiseaux et de tout ce qui vit dans « l'air; que Dieu ait son âme, son sei- « gneur ses fiefs. Je déclare sa femme « veuve et ses enfants orphelins. »

En disant ces mots, le franc-comte jetait une corde ou une branche de saule au milieu de l'audience, et dès ce moment le proscrit n'avait plus aucun lieu où il pût cacher sa tête.

ÉTAT DE LA LITTÉRATURE ALLEMANDE AU QUATORZIÈME, AU QUINZIÈME ET AU COMMENCEMENT DU SEIZIÈME SIÈCLE.

Nous avons dit, à la fin de la quatrième période, que les nobles poëtes du siècle des Hohenstaufen allaient céder la place aux *maîtres rimeurs*, poëtes du peuple, qui réduisirent la poésie à une sorte de profession mécanique, où le premier mérite était l'observation des règles rigoureuses renfermées dans leurs *tablettes*; aussi le quatorzième et le quinzième siècle sont-ils l'âge de fer de la littérature allemande. Ce fait, combiné avec plusieurs autres, nous amène à faire cette remarque, que l'Europe, sous le rapport politique et littéraire, était plus avancée au treizième siècle qu'à la fin du quinzième. Ces deux siècles sont pour l'Allemagne, la France, l'Angleterre et l'Espagne, des temps de luttes extérieures et de guerres civiles qui arrêtent partout l'essor national. Dès 1300, l'Angleterre a ses libertés et ses garanties, sa grande charte et son parlement, en un mot, son système représentatif. Au temps de Philippe VI, la France est centralisée sous la main du roi; la féodalité est détruite; l'unité monarchique, qui devait être si féconde pour notre pays, est enfin constituée. Quant à l'Allemagne, Frédéric Barberousse et Henri VI semblent devoir aussi lui donner l'unité; et l'Espagne chrétienne, sous Alphonse le Sage, n'a plus rien à redouter des Mores. Partout aussi les poëtes ont paru, et l'Allemagne, en particulier, devra aller jusqu'au dix-huitième siècle, jusqu'à Goethe et Schiller, pour retrouver l'éclat poétique de la période des Hohenstaufen. Mais au quinzième siècle les institutions, comme la littérature, étaient déchues. Tout alors allait s'isolant, peuples, institutions, idées; point de sentiment national au dehors, aucune grande entreprise au dedans, aucun de ces événements qui remuent profondément les populations et font vibrer la fibre poétique qui semble le plus engourdie. Aussi cette époque, si pauvre en grandes circonstances, peut montrer combien l'intérêt que le peuple prend à la vie publique est propre à faire fleurir la poésie; car, là où les citoyens d'une ville, les habitants d'une province, unis par un sentiment de patriotisme, vinrent à se lever contre un danger commun, là se manifesta aussitôt l'inspiration poétique. On trouva dans des expéditions, dans des déclarations de guerre, le sujet de mainte poésie; et les attaques que les Suisses eurent à soutenir contre l'Autriche et la Bourgogne ont donné naissance à un grand nombre de chansons de guerre, dont quelques-unes peuvent être regardées comme ce que cette époque nous a légué de meilleur en poésie.

En Suisse, le chevalier faisait cause commune avec les pâtres des montagnes; la confédération assurait à chacun ses droits, qu'il fût paysan, noble, prélat ou berger; et tous les membres de la république, enflammés d'un même amour pour l'indépendance, s'honoraient mutuellement comme des hommes libres. En Allemagne, la liberté ne prit jamais cet élan poétique, sans doute parce que la paix et la guerre furent là toujours renfermées dans les bornes que posait la politique des princes; mais les actions des Suisses eurent un caractère de grandeur qui réagit heureusement sur leurs poëtes. Dès le temps de la bataille de Sempach, ils avaient les chants du vieux Halbsuter; mais ce fut dans leurs guerres contre Charles le Téméraire qu'ils firent entendre ces chants énergiques que nous a conservés Diebold-Schilling dans sa chronique.

Le plus célèbre de ces Tyrtées des Alpes est Veit Weber, né à Fribourg en Brisgau : il alla offrir aux cantons suisses son enthousiasme guerrier et poétique. On ne connaît point sa vie, mais ses chants mâles peignent une noble confiance dans la bonté de la cause qu'il défend; il aime à placer des détails de simplicité rustique au milieu du récit d'actions héroïques; toujours le détail d'une expédition se lie sans effort au tableau des travaux champêtres. Ainsi, il commence un chant de guerre par ces mots : *L'hiver avait été rigoureux; les oiseaux craintifs qui fuyaient alors sont revenus : ils ont retrouvé leur gaieté; et souvent, sous l'épaisse feuillée des bois, on les entend chanter joyeusement. — Les bourgeons se sont couverts de feuilles, et comblent l'attente du laboureur; les champs ont repris leur verdure, et les hommes d'armes ont quitté leurs rangs : chacun a pris un chemin différent.*

Le succès de la poésie ne dépend pas toujours de l'état de bien-être d'un peuple, de la prospérité de son commerce et de ses manufactures; les villes hanséatiques, par exemple, dominaient les mers du Nord : c'étaient de florissantes républiques; mais l'appât du gain et l'esprit mercantile y étouffèrent l'étincelle poétique. Pour la retrouver, il faut aller dans les villes des bords du Rhin et de la Souabe, dans cette bonne Nuremberg dont les artisans, moins tourmentés que les bourgeois de Lubeck ou de Hambourg par la soif de l'or, se réunissaient après leurs travaux de chaque jour pour parler de cet art, que les nobles chevaliers des temps anciens leur avaient légué, et que leurs descendants dédaignaient maintenant, au milieu des guerres, des chasses et des tournois, qui seuls avaient le privilége de les occuper. Chez aucun peuple, l'esprit d'association, de corporation, ne fut poussé aussi loin que chez les Allemands; là, toutes choses, industrie, commerce, pensée, liberté, art, science, plaisir, etc., tout fut mis en commun. C'est à cette habitude, si profondément enracinée dans le génie germanique, que l'Allemagne doit de s'être si longtemps débattue contre la centralisation et l'unité. C'est un singulier spectacle que celui d'une association d'ouvriers unis pour conserver à leur patrie une poésie nationale. Tout fiers de leurs chants, ces artisans poëtes se gardaient bien de se laisser confondre avec les *spruchsprechern*, espèce d'improvisateurs qui colportaient leur verve bouffonne dans toutes les réunions populaires. Les maîtres chanteurs avaient des armes comme les princes et les chevaliers. C'était, disaient-ils, l'empereur Othon qui les leur avait données; Charles IV légitima ce blason fort suspect par un décret spécial.

Quant à leurs statuts, on y retrouve toute la gravité solennelle des bourgeois du moyen âge. Des commissaires étaient chargés de punir les infractions, et les récipiendaires qui s'étaient montrés fidèles à l'air, au trait et à la cadence, étaient décorés d'une chaîne d'argent et d'un médaillon représentant le psalmiste hébreu. Ce fut à Mayence que ces règlements prirent naissance : là chantaient, au commencement du quatorzième siècle, le docteur Henri, surnommé Frauenlob, et maître Barthel Regenbog, le forgeron. L'institut s'étendit ensuite à Colmar, à Strasbourg. Mais nulle ville ne compta autant de meistersænger que celle de Nuremberg, où ils tenaient leurs séances dans le cœur même de la cathédrale, à l'issue du service divin. En 1558, on comptait dans cette seule ville jusqu'à deux cent cinquante meistersænger. Le plus illustre de ces meistersænger est le cordonnier Hans Sachs : il naquit à Nuremberg, en 1494, dans la boutique d'un pauvre tailleur, comme notre Béranger. A sept ans, il fut envoyé aux écoles latines ; à quinze, il lui fallut choisir une profession. Son père était tailleur ; il se fit cordonnier : c'était presque déroger. Au bout de quelques années, il se mit en route pour faire son tour d'Allemagne, et exerça tour à tour sa profession à Ratisbonne, à Munich, à Francfort, et dans d'autres villes du midi de l'Allemagne. Plus tard, il alla à Cologne et à Aix-la-Chapelle. Dans chaque ville où il faisait un séjour, il assistait assidûment aux séances des écoles de poésie et des maîtres artisans. Enfin, après avoir appris un grand nombre de rhythmes, il revint à Nuremberg, fit son chef-d'œuvre pour être reçu compagnon, se maria en 1519, et vécut quarante ans avec sa Cunégonde qui lui donna sept enfants. Enfin, après un second mariage, en 1561, il mourut lui-même en 1576. Huit ans avant sa mort, il avait dressé l'inventaire de ses œuvres poétiques. Il possédait alors quarante-quatre volumes écrits de sa main, renfermant mille deux cent quatre pièces, selon les règles des meistersænger ; plus de deux cent huit comédies ou tragédies ; mille sept cent sept fables et poésies fugitives ; soixante-treize chansons populaires ou religieuses, etc., en tout dix mille huit cent quarante pièces de vers. Nous n'entrerons pas dans l'examen de cette effrayante compilation, où l'on trouverait cependant quelques morceaux bons à prendre encore aujourd'hui, et certaines pièces importantes sous le rapport historique, parce qu'elles montrent que le cordonnier Hans Sachs et ses auditeurs les bons bourgeois de Nuremberg acceptaient de grand cœur la réforme religieuse, et ne trouvaient point si coupable la révolte des paysans.

La plus grande réputation littéraire du quinzième siècle fut celle de Sébastien Brandt, né à Strasbourg en 1458 et mort en 1520, syndic de sa ville natale. Son poëme satirique, intitulé *La Barque des fous*, a été pendant plus d'un siècle le livre favori de la nation allemande, comme le fut pour la France l'ouvrage du curé de Meudon. C'est un mélange burlesque de satires contre toute espèce de folies ; Brandt, lui-même, se place au milieu de sa barque. Du reste, point d'unité, de plan, de gaieté, de mérite réel, mais des pensées fortes et une bonne philosophie pratique ; le *Narrenschiff* jouit d'une telle réputation, que le célèbre docteur Gailer de Kaisersperg, professeur de théologie à Strasbourg, le prit, du vivant même de l'auteur, pour texte de ses sermons.

Un compatriote de Brandt, Thomas Murner, continua le *Narrenschiff*; mais sa bile est plus âcre, ses diatribes plus violentes, et il injurie lorsque Brandt se borne à blâmer ; *la conjuration des fous* eut le plus grand succès au seizième siècle. A l'exemple de Brandt, Murner se réserve un rôle dans cette satire ; il s'y montre armé d'un fouet, poursuivant les fous et les pervers de toute espèce, s'attachant principalement aux moines, dont il blâme les mœurs scandaleuses. Du reste, « rien n'est plus opposé au genre d'Hans Sachs que celui de Murner. Le cordonnier de Nuremberg vise à l'élégance, parle toujours de fleurs et de bocages, et tombe souvent dans la fadeur. Murner, docteur, prédicateur, poëte lauréat (*), affecte la grossièreté pour se faire entendre du peuple. Ses satires mordantes, inspirées par la corruption mercantile de Strasbourg, n'ont rien qui fasse penser à la vieille Allemagne.

« Il y en a, dit-il, qui veulent décider de ce qui se fait dans l'Empire, juger où l'empereur en est avec l'Allemagne ou l'Italie; et pourtant, à bien examiner, personne ne le leur commande. *A qui les Vénitiens empruntent-ils? comment veulent-ils rendre? Comment le pape tient-il maison? Pourquoi le Français ne reste-il pas dans l'alliance du roi des Romains?* Que nous mangions ou que nous buvions, nous déplorons la puissance de ce *rusé Français* (Louis XII) *qui veut nous faire la queue; le roi d'Aragon ne veut pas trop bien récompenser ceux de Venise; le Turc passe la mer;* ce qui nous chagrine fort le cœur, sans parler des *villes de l'Empire qui nous ont fait ceci et cela; mais ce ne sera point sans vengeance!*... Mon bon ami, songe à tes affaires : laisse les villes impériales pour villes impériales; bois plutôt de bon vin, l'Empire n'en perdra aucune ville. — Avoir peu et dépenser beaucoup, écarter les mouches des seigneurs, fourrer à la dérobée dans son manteau, jeter des pierres dans les fenêtres, écrire de petits libelles anonymes, ne pas se faire faute des mensonges, se grimer dans l'habit de prêtre... Est-ce ma faute, si je les place ici. Je suis pour cette année secrétaire de la *compagnie des fripons.* Qu'ils en choisissent un autre (**). »

Si la poésie avait peu de chances pour prendre un essor élevé, l'esprit du temps n'était pas si défavorable au développement de la prose. Le défaut d'organisation légale, les dangers qui menaçaient les villes et les provinces, produisirent pour la garantie des propriétés et l'exercice de la justice, ce grand nombre de recueils de lois que nous trouvons à cette époque. Puis le sentiment religieux qui ne pouvait se satisfaire par des expéditions lointaines, comme au temps des croisades, fit rentrer l'esprit de l'homme en lui-même, et l'arrêta dans de profondes méditations sur ses rapports avec Dieu. Alors, avec ces hommes que l'on appelait les mystiques et les fils de l'éternelle sagesse, commença à paraître cette éloquence de la chaire et cette parole enseignante qui ouvrit le chemin à la prose religieuse et didactique. Ce furent ainsi que les prédications de Tauler et de ses disciples Ekkard, Othon de Passau, Henri de Nordlingen, façonnèrent la langue allemande à l'argumentation philosophique. Les traductions en prose de romans français, d'anciennes poésies héroïques et de traditions populaires développèrent encore la prose allemande qui s'éleva à la gravité de l'histoire dans les chroniques de Limbourg, d'Alsace (1386) et de Thuringe (au quinzième siècle), dans l'histoire de la guerre de Bourgogne par Jean Rothe, enfin, dans la chronique suisse de Péterman Eterlin.

Les universités qui furent fondées dans cette période en Allemagne lui donnèrent une impulsion nouvelle : Charles IV donna l'exemple en fondant celle de Prague (1348); bientôt s'élevèrent celles de Vienne (1361), d'Heidelberg (1386), de Cologne (1386), d'Erfurt (1392); et, dans les dix premières années du quinzième siècle, celles de Wurtzbourg, Leipzig, Ingolstadt et Rostock. Dans l'origine, l'instruction pratiquée dans ces universités se bornait à la jurisprudence, la théologie, la médecine et la philosophie scolastique; mais bientôt il se forma des hommes qu'anima un vif amour de la belle antiquité, et Rodolphe Agricola, Konrad Weissel, surnommé Celte, Jean Reuchlin, firent fleurir l'étude

---

(*) Il fut couronné par Maximilien, comme Pétrarque l'avait été par le roi de Naples, et comme le fut aussi Ulric von Hutten.

(**) Michelet, Notes à l'Introduction de l'Histoire universelle.

des auteurs classiques. Mais ces hommes et leurs disciples vivaient dans une sphère à part, dédaignant le peuple et sa langue; aussi y avait-il entre eux une immense distance. Pendant que les premiers continuaient hardiment leur route, les autres tombaient toujours plus bas, et il devait se passer des siècles avant que l'on pût voir ces deux éléments former une véritable littérature nationale. Dans les pays, au contraire, qui se rapprochaient davantage de la langue latine, et où les sectateurs les plus zélés des classiques anciens ne dédaignèrent pas d'écrire dans leur langue maternelle, la littérature moderne mûrit beaucoup plus tôt.

Mais à côté des meistersænger qui siégaient gravement dans le chœur des cathédrales; à côté des illustres professeurs des universités, il y avait encore les membres des nombreuses corporations allemandes qui, dans le cabaret du *Père* du métier, jouaient de véritables drames grotesques le jour de la réception de l'un d'eux. Toutefois c'est moins sous le rapport littéraire que nous insérerons ici quelques-uns de ces petits drames populaires, quoiqu'ils aient enrichi la langue de plus d'une expression, que comme tableau des mœurs d'une partie de la population allemande à cette époque (*).

RÉCEPTION D'UN COMPAGNON FORGERON.

« L'apprenti doit paraître devant les compagnons le jour où ils se réunissent à l'auberge. Les discours et les opérations qui ont lieu, sont de trois sortes : 1° souffler le feu ; 2° ranimer le feu; 3° instruire. On place une chaise au milieu de la chambre ; un ancien se passe autour du cou un essuie-main, dont les bouts retombent dans une cuvette placée sur la table. Celui qui veut souffler le feu se lève et dit : Qu'il me soit permis d'aller chercher ce qu'il faut pour souffler le feu... Une fois, deux fois, trois fois,

(*) J'emprunte les trois extraits suivants aux Altd. Wælder de Grimm (III, 3 et suiv.), trad. par M. Michelet dans son Introd. à l'Histoire univ., p. 90-103; 87-90.

qu'il me soit permis d'ôter aux compagnons leurs serviettes et leurs cuvettes... Compagnons que me reprochez-vous?

Réponse. Les compagnons te reprochent beaucoup de choses : tu *boites*, tu *pues;* si tu peux trouver quelqu'un qui *boite et qui pue* davantage, lève-toi et pends-lui au cou tes sales lambeaux. Le compagnon fait semblant de chercher, et l'on introduit celui qui veut se faire recevoir. Dès que l'autre l'aperçoit, il lui pend sa serviette au cou et le place sur une chaise. L'ancien dit alors à l'apprenti : Cherche trois parrains qui te fassent compagnon... Alors on ranime le feu. Le filleul dit à son parrain : Mon parrain, combien veux-tu me vendre l'honneur de porter ton nom? *Réponse*. Un panier d'écrevisses, un morceau de bouilli, une mesure de vin, une tranche de jambon; moyennant quoi nous pourrons nous réjouir....

Instruction. Mon cher filleul, je vais t'apprendre bien des coutumes du métier, mais tu pourrais bien savoir déjà plus que je n'ai moi-même appris et oublié. Je vais te dire en tous cas quand il fait bon voyager. Entre Pâques et Pentecôte, quand les souliers sont bien cousus et la bourse bien garnie, on peut se mettre en route. Prends honnêtement congé de ton maître, le dimanche à midi, après le dîner; jamais dans la semaine; ce n'est pas la coutume du métier qu'on quitte l'ouvrage au milieu d'une semaine. Dis-lui : « Maître, je vous remercie de
« m'avoir appris un métier honorable;
« Dieu veuille que je vous le rende,
« à vous ou aux vôtres, un jour ou
« l'autre. » Dis à la maîtresse : « Maî-
« tresse, je vous remercie de m'avoir
« blanchi gratis; si je reviens un jour
« ou l'autre, je vous payerai de vos
« peines.... » Va trouver ensuite tes amis et tes confrères, et dis-leur :
« Dieu vous garde, ne me dites point
« de mauvaises paroles. » Si tu as de l'argent, fais venir un quart de bière, et invite tes amis et tes confrères..... Quand tu seras à la porte de la ville, prends trois plumes dans ta main, et

souffle-les en l'air : l'une s'envolera par-dessus les remparts, l'autre sur l'eau, la troisième devant toi. Laquelle suivras-tu? Si tu suivais la première par delà les remparts, tu pourrais bien tomber, et tu en serais pour ta jeune vie; ta bonne mère en serait pour son fils, et nous pour notre filleul : ça ferait donc trois malheurs. Si tu suivais la seconde au-dessus de l'eau, tu pourrais te noyer, etc... Non, ne sois pas imprudent, suis celle qui volera tout droit, et tu arriveras devant un étang où tu verras une foule d'hommes sots assis sur le rivage, qui te crieront : « Malheur! malheur! » Passe outre; tu entendras un moulin qui te dira sans s'arrêter : « En arrière! en arrière! » Va toujours jusqu'à ce que tu sois au moulin. As-tu faim, entre dans le moulin, et dis : « Bonjour, « bonne mère! Le veau a-t-il encore du « foin? Comment va votre chien? La « chatte est-elle en bonne santé? Les « poules pondent-elles beaucoup? Que « font les filles, ont-elles beaucoup d'a- « moureux? Si elles sont toujours hon- « nêtes, tous les hommes les recherche- « ront. »—« Eh! dira la bonne mère, c'est « un beau-fils bien élevé, il s'inquiète « de mon bétail et de mes filles! » Elle ira chercher une échelle pour monter dans la cheminée et te décrocher un saucisson; mais ne la laisse pas monter, monte toi-même et descends-lui la perche. Ne sois pas assez grossier pour prendre le plus long et le fourrer dans ton sac; attends qu'elle te le donne. Quand tu l'auras reçu, remercie et va-t'en. Il pourrait se trouver là une buche de meunier, que tu regarderais, en pensant que tu voudrais bien faire un pareil outil; mais le meunier penserait que tu veux la prendre : ne la regarde pas plus longtemps, car les meuniers sont gens inhospitaliers. Ils ont de longs cure-oreilles; s'ils t'en donnaient sur les oreilles, tu en serais pour ta jeune vie; ta bonne mère, etc.

« En allant plus loin, tu te trouveras dans une forêt épaisse, où les oiseaux chanteront petits et grands, et tu voudras t'égayer comme eux. Alors tu verras venir à cheval un brave marchand habillé de velours rouge qui te dira : « Bonne fortune, camarade! pourquoi si gai? »—« Eh! diras-tu, comment « ne serais-je pas gai puisque j'ai sur « moi tout le bien de mon père! » — Il pensera que tu as dans tes poches quelque deux mille thalers, et te proposera un échange. N'en fais rien ni la première ni la seconde fois. S'il insiste une troisième fois, alors change avec lui; mais fais bien attention : ne lui donne pas ton habit le premier, laisse-le donner le sien; car si tu lui donnais le tien d'abord, il pourrait se sauver au galop; il a quatre pieds, tu n'en as que deux, et tu ne pourrais l'attraper. Après l'échange, va toujours et ne regarde point derrière toi : si tu regardais et qu'il s'en aperçût, il pourrait penser que tu l'as trompé; il pourrait revenir, te poursuivre et mettre ta vie en danger. Continue ton chemin : plus loin tu verras une fontaine...; entres-y et ne salis point l'eau, car un autre compagnon pourrait venir qui ne serait pas fâché de boire... Plus loin tu verras une potence : seras-tu triste ou gai?

« Mon filleul, tu ne dois être ni gai ni triste, ni craindre d'être pendu; mais tu dois te réjouir d'être arrivé dans une ville ou dans un village. Si c'est dans une ville, et que l'on te demande aux portes d'où tu viens, ne dis pas que tu viens de loin; dis toujours d'ici près, et nomme le plus prochain village. C'est l'usage en beaucoup d'endroits que les gardes ne laissent entrer personne; on dépose son paquet à la porte, et l'on va chercher le signe. Va donc à l'auberge demander le signe au père des compagnons. Dis en entrant : « Bonjour, bonne fortune! que Dieu « protége l'honorable métier; maîtres « et compagnons, je demande le père. »

Si le père est au logis, dis-lui : « Pè- « re, je voudrais vous prier de me don- « ner le signe des compagnons, pour « prendre mon paquet à la porte de la « ville. » Alors le père te donnera pour signe un fer à cheval ou bien un grand anneau, et tu pourras faire entrer ton paquet. Dans ton chemin, tu rencontreras un petit chien blanc avec une jolie queue frisée. Eh! diras-tu, je voudrais bien attraper ce petit chien et lui couper la queue, ça me ferait un beau plumet. Non, mon filleul, n'en fais rien, tu pourrais perdre ton signe en le lui jetant, ou bien le tuer, et tu perdrais un métier honorable. Quand tu seras revenu chez le père, à l'auberge, dis-lui : « Je voudrais vous prier, en l'honneur du métier, de m'héberger moi et mon paquet. » Le père te dira : « Pose ton paquet, mais prends bien garde, et ne le pends pas au mur, comme les paysans pendent leurs paniers ; place-le joliment sous l'établi. » Si le père ne perd pas ses marteaux, tu ne perdras pas non plus ton paquet....

« Le soir, quand on va se mettre à table, reste près de la porte ; si le père compagnon te dit : « Forgeron, viens et mange avec nous, » n'y va pas si vite ; s'il t'invite une seconde fois, vas-y, et mange. Si tu coupes du pain, coupe d'abord un petit morceau, qu'on s'aperçoive à peine de ta présence ; et à la fin coupe un bon gros morceau, et rassasie-toi comme les autres. Quand le père boira à ta santé, tu peux boire aussi. S'il y a beaucoup à boire, bois beaucoup ; s'il y a peu, bois peu ; mais si tu as beaucoup d'argent, bois tout, et demande si l'on pourrait avoir un commissionnaire ; dis que tu veux aussi payer une canette de bière.... Quand viendra la nuit, demande si le bon père a besoin d'un forgeron qui dorme bien. Le père te répondra : « Je dors bien moi-même, je n'ai pas besoin d'un forgeron pour cela. » Le lendemain, quand tu seras levé de bonne heure, le père te dira : « Forgeron, que signifiait donc ce vacarme (au matin)? » réponds : « Je n'en sais rien ; les chats s'y battent, et je n'ose rester au lit. » L'ancien dira alors : « Celui dont le nom ne se trouve point dans nos lettres, dans les registres de la société, celui-là doit se lever et comparaître devant la table des maîtres et compagnons ; qu'il donne un gros pour frais d'écriture, un bon pour boire au secrétaire, et on l'inscrira comme moi-même, comme tout autre bon compagnon ; parce que tels sont les usages et les coutumes du métier, et que les usages et les coutumes du métier doivent être conservés ; soit ici, soit ailleurs. Que personne ne parle des coutumes et des histoires du métier, de ce qu'ont pu faire à l'auberge maîtres et compagnons, jeunes ou vieux. »

RÉCEPTION D'UN COMPAGNON TONNELIER.

« On demande d'abord la permission d'introduire dans l'assemblée le jeune homme qui doit être reçu compagnon, et qu'on appelle *tablier de peau de chèvre*. Lorsqu'il est introduit, le compagnon qui doit le *raboter* parle ainsi : Que le bonheur soit parmi vous ! que Dieu honore l'honorable compagnie, maîtres et compagnons : je le déclare avec votre permission, quelqu'un, je ne sais qui, me suit avec une peau de chèvre, un meurtrier de cerceaux, un gâte-bois, un batteur de pavés, un traître à la compagnie ; il avance sur le seuil de la porte, il recule, il dit qu'il n'est pas coupable, il entre avec moi ; il dit qu'après avoir été *raboté*, il sera bon compagnon comme un autre ; je le déclare donc, chers et gracieux maîtres et compagnons, *peau de chèvre* ici présent, est venu me trouver, et m'a prié de vouloir bien le *raboter*, selon les coutumes du métier, et de bénir son nom d'honneur, puisque c'est l'usage de la compagnie. J'ai bien pensé qu'il trouverait beaucoup de compagnons plus anciens qui ont plus oublié dans les coutumes du métier que moi, jeune compagnon, je ne puis avoir appris ; mais je n'ai point voulu le refuser. J'ai consenti, car ce refus eût été ridicule, et c'était lui faire commencer bien mal ses voyages. Je vais donc le *raboter* et l'instruire comme mon parrain m'a instruit ; ce que je ne saurai lui dire, il pourra l'apprendre dans ses voyages. Mais je vous prie, maîtres et compagnons, si je me trompais d'un ou plusieurs mots dans l'opération, de ne point m'en savoir mauvais gré, mais de bien vouloir me corriger et m'instruire.

« Avec votre permission, je ferai trois questions : je demande, pour la première fois, s'il est un maître ou compagnon qui sache quelque chose sur moi ou sur *peau de chèvre* ici présent, ou sur son maître? Que celui-là se lève et fasse maintenant sa déclaration; s'il sait quelque chose sur mon compte, je me soumettrai à la discipline de l'honorable compagnie, comme c'est la coutume: s'il sait quelque chose sur *peau de chèvre* ici présent, alors celui-ci ne sera pas tenu digne d'être reçu compagnon par moi et par toute l'honorable compagnie; mais s'il s'agit de son maître, le maître se laissera punir aussi comme c'est la coutume. Avec votre permission, je vais monter sur la table.

« L'apprenti entre alors dans la chambre avec son parrain; il porte un tabouret sur ses épaules, et se place avec le tabouret sur la table. Les autres compagnons s'approchent l'un après l'autre, et lui retirent chacun trois fois le tabouret pour le faire tomber sur la table; mais le parrain lui prête secours et le retient en haut par les cheveux; c'est ce qu'on nomme *raboter;* puis on le consacre à plusieurs reprises avec de la bière.

« Le parrain dit : Vous le voyez, la tête que je tiens est creuse comme un sifflet; elle a pourtant une bouche vermeille qui mange de bons morceaux et boit de bons coups. C'est ici, comme ailleurs, l'usage et la coutume du métier, que celui qu'on *rabote* doit avoir, outre son parrain, deux autres compères *raboteurs :* regarde donc tous les compagnons, et choisis-en deux qui te servent de compères.

« Comment veux-tu t'appeler de ton nom de rabot? Choisis un joli nom court et qui plaise aux jeunes filles. Celui qui porte un nom court plaît à tout le monde, et tout le monde boit à sa santé un verre de vin ou de bière. Maintenant donne pour l'argent de baptême ce qu'un autre a donné, et les maîtres et compagnons seront contents de toi.

« Avec votre permission, maître N., je vous demanderai si vous répondez que votre apprenti sache son métier. A-t-il bien taillé, bien coupé le bois et les cerceaux? A-t-il été souvent boire le vin et la bière, et courir les belles filles? A-t-il bien joué et bien jouté (*geturniret*)? A-t-il dormi longtemps, peu travaillé, souvent mangé et allongé les dimanches et fêtes? A-t-il fait ses années d'apprentissage, comme il convient à un bon apprenti? — *R.* Oui. — As-tu tout appris? — *R.* Oui.

« — Eh! ça n'est pas possible: regarde autour de toi ces maîtres et ces compagnons; il y en a de bien braves et de bien vieux; cependant aucun d'eux ne sait tout, et tu voudrais tout savoir? Tu es loin de ton compte. Prétends-tu passer maître? — Oui. — Tu dois d'abord être compagnon.

« — Veux-tu voyager? — Oui.

« — Sur ton chemin tu verras d'abord un tas de fumier, et dessus des corbeaux noirs qui crieront: il part! il part! Que faire? faudra-t-il reculer ou passer outre? Réponds oui ou non. Tu dois passer outre et dire en toi-même : Noirs corbeaux, vous ne serez pas mes prophètes. Plus loin, devant un village, trois vieilles femmes te regarderont et diront: Ah! jeune compagnon, retournez sur vos pas; car au bout d'un quart de mille vous arriverez dans une grande forêt où vous vous perdrez, et l'on ne pourra savoir où vous êtes. Retourneras-tu? — *R.* Oui. — Eh! non, n'en fais rien, il serait ridicule à toi de t'en laisser conter par trois vieilles femmes. Au bout du village, tu passeras devant un moulin qui dira: en arrière! en arrière! Que feras-tu? Voilà trois espèces de conseillers : d'abord les corbeaux, puis les trois vieilles femmes, et maintenant le moulin; il t'arrivera sans doute un grand malheur. Faut-il reculer ou passer outre? — *R.* Oui. — Poursuis ta route et dis : Moulin, va ton train, et j'irai mon chemin... Plus loin, tu arriveras dans la grande et immense forêt dont les trois vieilles femmes t'ont parlé, forêt immense et sombre; tu pâliras de crainte en la traversant, mais il n'y a pas d'autre chemin; les oiseaux chanteront, grands et petits; un vent piquant et glacial soufflera sur toi; les arbres s'agiteront, *wink et wank, klink et klank,* ils craqueront comme s'ils allaient tomber les uns sur les autres, et tu seras dans un grand danger : Ah! diras-tu, si j'étais resté chez ma mère! Car enfin un arbre pourrait t'écraser en tombant, et tu en serais pour ta jeune vie, ta mère pour son fils, et moi pour mon filleul. Tu seras donc forcé de retourner; ou bien veux-tu passer outre? Tu le dois.

« Au sortir de la forêt, tu te trouveras dans une belle prairie, où tu verras s'élever un beau poirier couvert de belles poires jaunes; mais l'arbre sera bien haut. Reste quelque temps dessous, et tends la bouche; s'il vient un vent frais, les poires tomberont dans ta bouche à foisòn... Est-ce là ce qu'il faut faire? (L'apprenti répond oui, et on le *rabote* en lui tirant les cheveux comme il faut.) N'essaye pas de monter sur l'arbre, le paysan pourrait venir et te rouer de coups; les paysans sont des gens grossiers qui frappent deux ou trois fois à la même place. Écoute, je vais te donner un conseil : tu es un jeune compagnon robuste : prends le tronc de l'arbre et secoue-le fortement, les poires tomberont en grand nombre. Vas-tu les ramasser toutes? — *R*. Oui. — Eh! non pas, tu dois en laisser quelques-unes, et te dire : Qui sait? peut-être, à son tour, un brave compagnon, traversant la forêt, viendra jusqu'à ce poirier; il voudrait bien manger des poires, mais il ne serait pas assez fort pour secouer l'arbre; ce serait donc lui rendre un bon service que de lui préparer des provisions.

« En continuant ton chemin, tu viendras près d'un ruisseau coupé par un pont fort étroit; et, sur ce pont, tu rencontreras une jeune fille et une chèvre; mais le pont sera si étroit que vous ne pourrez manquer de vous heurter. Comment feras-tu? Eh bien, pousse dans l'eau la jeune fille et la chèvre, et tu pourras passer à ton aise : qu'en dis-tu? — *R*. Oui. — Eh! non pas; je vais te donner un autre conseil : prends la chèvre sur tes épaules, la jeune fille dans tes bras, et passe avec ton fardeau : vous arriverez tous trois de l'autre côté; tu pourras alors prendre la jeune fille pour ta femme, car il te faut une femme, et tu pourras tuer la chèvre, sa chair est bonne pour le repas de noce; sa peau te fournira un bon tablier ou une musette pour réjouir ta femme (l'apprenti est *raboté* de nouveau). Plus loin, tu verras la ville; quand tu en seras près, arrête-toi quelques moments; mets des souliers et des bas propres; demande l'auberge tenue par un maître; vas-y tout droit, salue tout le monde, et dis : Père des compagnons, je voudrais vous prier de m'héberger en l'honneur du métier, moi et mon paquet; souffrez que je m'asseye sur votre banc, et que je mette mon paquet dessous; je vous prie, ne me faites pas asseoir devant la porte; je me conduirai selon les usages du métier, comme il convient à un honnête compagnon.

« Le père te dira : Si tu veux être un bon fils, entre dans la chambre et dépose ton paquet au nom de Dieu. Si tu vois la mère en entrant dans la chambre, dis-lui : Bonsoir, bonne mère; si le père a des filles, appelle-les sœurs, et les compagnons frères. En plusieurs endroits ils ont de belles chambres, avec des bois de cerfs attachés au mur; pends ton paquet à l'un de ces bois; s'il a plu, et que tu sois mouillé, pends ton manteau près du poêle, comme aussi tes souliers et tes bas, et fais-les bien sécher pour être le lendemain frais et dispos, prêt à partir. Le feras-tu? — *R*. Oui. — Eh! non pas; si le père a bien voulu t'héberger, entre dans la chambre, dépose ton paquet sous le banc près de la porte, assieds-toi sur le banc, et te tiens coi.

« Quand le soir viendra, le père te fera conduire à ton lit; mais si la sœur veut monter pour t'éclairer, afin que tu n'aies pas peur... prends garde. Quand tu es arrivé en haut, et que tu vois ton lit, remercie-la, souhaite-lui une bonne nuit, et dis-lui qu'elle descende pour l'amour de Dieu, que tu seras bientôt couché.

« Le matin, quand il fait jour, et que les autres se lèvent, tu peux rester au lit jusqu'à ce que le soleil t'éclaire, personne ne viendra te secouer, et tu peux dormir à ton aise : qu'en dis-tu? — *R.* Oui. — Eh! non pas; mais si tu t'aperçois qu'il est temps de se lever, lève-toi ; et quand tu entreras dans la chambre, souhaite le bonjour au père, à la mère, aux frères et aux sœurs. Ils te demanderont peut-être comment tu as dormi : raconte-leur ton rêve pour les faire rire. As-tu envie de travailler en ville; tantôt c'est l'ancien, tantôt c'est le frère, d'autres fois c'est toi-même qui dois te chercher de l'ouvrage, selon l'usage différent des lieux. Va trouver l'ancien, et dis : Compagnon, je voudrais vous prier, selon les usages et coutumes du métier, de vouloir bien me trouver de l'ouvrage, je désire travailler ici : l'ancien répondra : Compagnon, je m'en occuperai; maintenant tu vas sortir pour boire de la bière, ou pour voir les belles maisons de la ville, n'est-ce pas? — *R.* Oui. — Eh! non pas; tu dois retourner à l'auberge jusqu'à ce que l'ancien revienne, car il vaut mieux que tu l'attendes que de te faire attendre par lui. Mais, dans l'intervalle, tu verras sur ton chemin trois maîtres : le premier a beaucoup de bois et de cerceaux; le second a trois belles filles, et donne de la bière et du vin; le troisième est un pauvre maître; chez lequel travailleras-tu? Si tu travailles chez le premier, tu deviendras un vigoureux cercleur; chez le second, qui donne de la bière et du vin et qui a de belles filles, tu serais heureux, comme on dit; on y fait de beaux cadeaux; on y boit bien, on saute avec les belles filles. — Et chez le pauvre maître? — J'entends; tu voudrais faire fortune; chez lequel veux-tu travailler? Tu ne dois mépriser personne; tu dois travailler chez le pauvre comme chez le riche. L'ancien te dira à son retour : Compagnon, j'ai cherché de l'ouvrage et j'en ai trouvé. Réponds : Compagnon, attendez, je vais faire venir une canette de bière. Mais si tu n'as pas d'argent, dis-lui : Compagnon, pour le moment, je ne suis pas en fonds, mais si nous nous retrouvons aujourd'hui ou demain, je saurai bien vous prouver ma reconnaissance. Le maître te donnera ton ouvrage et tes outils. Après avoir travaillé quelques moments, tes outils ne couperont plus. Maître, diras-tu, je ne sais pas si c'est que les outils ne veulent pas couper, ou que je n'ai pas de goût au travail, tournez-moi la meule pour que j'aiguise mes outils. Le feras-tu? — Non pas. Si tu te mets à l'ouvrage, et qu'il y ait avec toi beaucoup de compagnons, tu ne dois pas être piqué de ce que le maître ne te met pas tout de suite au-dessus d'eux : si le maître voit que tu travailles bien, il saura bien te mettre à ta place.

« Demande aux compagnons s'ils vont tous à l'auberge, et ce que le nouveau venu doit mettre à la masse; ils t'en instruiront. L'ancien te dira, un gros ou bien neuf liards, selon la coutume. A l'auberge, l'ancien dira : C'est ici comme ailleurs la coutume du métier qu'on se rassemble à l'auberge tous les quinze jours, et que chacun donne le denier de la semaine. Si ta mère a bien garni ta bourse, prends de l'argent et jette-le sur la table, si bien qu'il saute à la figure de l'ancien, et dis : Voilà pour moi, rendez-moi de la monnaie. Le feras-tu? — *R.* Oui. — Eh! non pas; prends l'argent dans la main droite, place-le bien honnêtement devant l'ancien, et dis : Avec votre permission, voilà pour moi. Ne demande pas la monnaie, l'ancien saura bien te la rendre, si tu as donné plus qu'il ne faut (alors on le *rabote* pour la troisième fois). Ça l'ancien te dit : Compagnon, fais plaisir aux maîtres et compagnons, et va chercher de la bière; tu ne dois pas refuser. Si tu rencontres une jeune fille ou un bon ami, tu lui donneras de la bière, entends-tu. — *R.* Oui. — Eh! non pas; si tu veux faire une honnêteté à quelqu'un, prends ton argent, et dis : Va boire à ma santé; quand les compagnons se seront séparés, j'irai te rejoindre; autrement tu serais puni. A la fin du repas, lève-toi de table, et crie au feu! les autres viendront l'éteindre.

« Le parrain rentre alors et dit: Je le déclare, avec votre permission, maîtres et compagnons, tout à l'heure je vous amenais *une peau de chèvre*, un meurtrier de cerceaux, un gâte-bois, un batteur de pavés, traître aux maîtres et compagnons; maintenant j'espère vous amener un brave et honnête compagnon. Mon filleul, je te souhaite bonheur et prospérité dans ton nouvel état et dans tes voyages ; que Dieu te soit en aide sur la terre et sur l'eau. Si tu vas aujourd'hui ou demain dans un endroit où les coutumes du métier ne soient pas en vigueur, travaille à les établir; si tu n'as pas d'argent, tâche d'en gagner. Fais respecter les coutumes du métier ; ne souffre point qu'elles s'affaiblissent; fais plutôt recevoir dix braves compagnons qu'un mauvais, là où tu pourras les trouver; si tu ne les trouves point, prends ton paquet et va plus loin.

« Alors l'apprenti doit courir dans la rue en criant : *Au feu!* les compagnons viennent et lui font une aspersion d'eau froide assez abondante. Enfin vient le repas ; on le couronne, on lui donne la place d'honneur, et l'on boit à sa santé. »

Chaque corporation, comme on le voit, s'exprime dans une langue à part, qui par ses formules variées et poétiques n'a pas peu contribué à enrichir la langue générale. Les chasseurs, suivant M. Grimm, reconnaissent à la trace, non-seulement l'espèce, mais aussi le sexe, l'âge, la fécondité des animaux, avec une précision qui étonne. Ils avaient soixante-douze signes pour distinguer les traces d'un cerf; la plupart de ces signes avaient un nom. Sous ce rapport extérieur, dit M. Michelet (*), la langue des chasseurs et des bergers allemands est déjà une langue poétique, puisqu'elle a une foule de mots qui sont autant d'images. Les contrées montagneuses du Tyrol, de la Suisse, du Palatinat et de la Souabe, sont les plus riches en pareilles expressions.

(*) *Introduction à l'Histoire universelle*, pag. 86.

FORMULES DES CHASSEURS.

Les compagnons voyageurs et chasseurs ont représenté tout le côté poétique et joyeux de leur genre de vie par des formules régulières, tour à tour instructives et plaisantes, dont le sens profond et sérieux est déguisé par la bonne humeur.

« — Bon chasseur, qu'as-tu senti aujourd'hui ? — *R*. Un noble cerf et un sanglier ; que puis-je désirer de mieux ? — Bon chasseur, dis-moi quel est le meilleur temps pour toi ? — *R*. La neige et le dégel, c'est le meilleur temps. — Dis-moi, bon chasseur, que doit faire le chasseur de bon matin quand il se lève ? — *R*. Il doit prier Dieu pour que la journée soit heureuse, et plus heureuse que jamais ; il doit prendre son limier par la laisse pour découvrir les meilleures traces ; il doit vivre selon Dieu, et jamais il n'aura de malheur. — Bon chasseur, dis-moi pourquoi le chasseur est appelé maître chasseur ? — *R*. Un chasseur adroit et sûr de son coup obtient des princes et des seigneurs la faveur d'être appelé maître dans les sept arts libéraux *(freien Kunst)*.

« — Dis-moi, mon bon chasseur, où donc as-tu laissé ta belle et gentille demoiselle ? — *R*. Je l'ai laissée sous un arbre majestueux, sous le vert feuillage, et j'irai l'y rejoindre. Vive la jeune fille à la robe blanche qui me souhaite tous les jours bonheur et prospérité ! Tous les jours, avec la rosée, je la revois à la même place ; quand je suis blessé, c'est la belle fille qui me guérit. Je souhaite au chasseur (dit-elle) bonheur et santé ; puisse-t-il trouver un bon cerf!

« — Dis-moi, bon chasseur, comment le loup parle au cerf en hiver ? — *R*. Sus, sus, enfant sec et maigre, tu passeras par mon gosier ; je vais t'emporter dans la forêt sauvage.

« — Bon chasseur, dis-moi gentiment ce qui fait rentrer le noble cerf de la plaine dans la forêt ? — *R*. La lumière du jour et la clarté de l'aurore. — Bon chasseur, dis-moi qu'a fait le noble cerf sorti du bois dans la plaine ?

— *R.* Il a foulé l'avoine et le seigle, et les paysans sont furieux.

« — Bon valet de chasse, fais ton devoir, et je te donnerai ton droit de chasseur; sois actif et alerte, tu seras mon valet favori. Debout, traînards et paresseux qui voudriez vous reposer encore! Toi, chasseur prudent, arrange les instruments, fais l'ouvrage de ton père; toi, fier chasseur, tu conduiras ma meute au bois, et toi, jeune piqueur, qu'as-tu senti? — *R.* Bonheur et santé seront notre partage. Je sens un cerf et un sanglier; il vient de passer devant moi : mieux vaudrait l'avoir pris.

« — Bon chasseur, sans te fâcher, où courent-ils donc maintenant? — *R.* Ils courent par la plaine et par les chemins. Tant mieux pour le commun gibier; malheur au noble cerf. Entends-tu la réponse de mon chien? ils chassent par monts et par vaux. Ils sont sur la bonne voie; je les entends donner du cor; ils vont tuer le noble cerf. Oui, que Dieu nous favorise; que le noble cerf soit couché sur son flanc; que leur cor nous annonce la prise du noble cerf, et nous allons y courir à grands cris : que Dieu nous prête vie à tous! Debout, debout, cellerier et cuisinier; préparez aujourd'hui encore une bonne soupe et un baril de vin, afin que nous puissions tous vivre en joie.

« — Dis-moi, gentil chasseur, où trouves-tu la première trace du noble cerf? — *R.* Quand le noble cerf quitte le corps de sa mère, et s'élance dans la feuillée et sur le gazon.

« — Dis-moi, gentil chasseur, quelle est la plus haute trace? — *R.* Quand le noble cerf équarrit sa noble ramure et qu'il en frappe les branches, quand il a renversé le feuillage avec sa noble couronne.

« — Dis-moi, d'une façon gentille et polie, quel est le plus fier, le plus élevé, le plus noble des animaux? — Je vais te le dire : le noble cerf est le plus fier, l'écureil est le plus haut, et le lièvre est regardé comme le plus noble : on le reconnaît à sa trace.

« — Bon chasseur, dis-moi bien vite quel est le salaire du chasseur? — *R.* Je vais te le dire tout de suite : le temps est beau, alors tous les chasseurs sont gais et contents; le temps est clair et serein, alors tous les chasseurs boivent du bon vin : ainsi je reste avec eux aujourd'hui et toujours.

— Dis-moi bien, bon chasseur, quels seraient, pour mon prince ou mon seigneur, les gens les plus inutiles? — *R.* Un chasseur bien mis qui ne rit pas, un limier qui trotte et ne prend rien, un lévrier qui se repose, ce sont là les gens inutiles. — Dis-moi, bon chasseur, ce qui précède le noble cerf dans le bois? — *R.* Son haleine va devant lui dans le bois. — Dis-moi ce que le noble cerf a fait dans l'eau limpide et courante. — *R.* Il s'est rafraîchi, il a ranimé son jeune cœur. — Bon chasseur, dis-moi qui fait au noble cerf sa corne si jolie? — *R.* Ce sont les petits vers qui font au noble cerf sa corne si jolie. — Dis-moi, bon chasseur, ce qui rend la forêt blanche, le loup blanc, la mer large, et d'où vient toute sagesse? — *R.* Je vais te le dire : la vieillesse blanchit le loup et la neige les forêts; l'eau agrandit la mer, et sagesse vient des belles filles. Debout, debout, seigneurs et dames; et plus loin vous toutes, jolies demoiselles, allons voir un noble cerf. Debout, seigneurs et dames, comtes et barons, chevaliers, pages, et vous aussi bons compagnons qui voulez avec moi aller dans la forêt. Debout, au nom de celui qui créa la bête sauvage et l'animal domestique. Debout, debout, frais et bien dispos comme le noble cerf; debout, frais et contents comme des chasseurs; debout, sommelier, cuisinier!

« Voyez-le courir, chasseurs, c'est un noble cerf, j'en réponds; il court, il hésite *(wankt und schwankt)*; le pauvre enfant ne songe plus à sa mère, il court au delà des chemins et des pâturages; Dieu conserve ma belle amie! Le noble cerf traverse le fleuve et la vallée; que j'aime la bouche vermeille de mon amie! Voyez, le noble cerf fait un détour; je voudrais tenir par la main ma belle amie. Le noble cerf court au delà des chemins ; je voudrais reposer sur le sein de ma belle amie. Le noble cerf franchit la bruyère ; que Dieu protége ma belle amie à la robe blanche ! Le noble cerf court sur la rosée ; que j'aime à voir ma belle amie!

« (Les chasseurs boivent après avoir atteint le cerf.) — Chasseur, dis-moi, bon chasseur, de quoi le chasseur doit se garder? — *R.* De parler et de babiller ; c'est la perte du chasseur.

« — Bon chasseur, gentil chasseur, dis-moi quand le noble cerf se porte le mieux ? — *R.* Quand les chasseurs sont assis et boivent la bière et le vin, le cerf a coutume de très-bien se porter.

« (Quand les chasseurs s'informent des chiens.) — Pourrais-tu me dire, bon chasseur, si tu as vu courir ou entendu aboyer mes chiens? — *R.* Oui, bon chasseur ; ils sont sur la bonne voie, je t'en réponds. Ils étaient trois chiens : l'un était blanc, blanc, blanc, et poursuivait le cerf de toutes ses forces ; l'autre était fauve, fauve, fauve, et chassait le cerf par monts et par vaux ; le troisième était rouge, rouge, rouge, et chassait le noble cerf jusqu'à la mort.

« Quand on donne la curée au chien, le chasseur lui dit : Compagnon, brave compagnon, tu chassais bien le cerf aujourd'hui, quand il franchissait la plaine et les chemins, aussi nous a-t-il cédé les droits du chasseur. Oh! oh! compagnon, honneur et merci ! N'est-ce pas un beau début ? Les chasseurs peuvent maintenant se réjouir ; ils boivent le vin du Rhin et du Necker. Grand merci, mon fidèle compagnon, honneur et merci ! »

SIXIÈME PÉRIODE.
DEPUIS MAXIMILIEN ET LUTHER JUSQU'AU TRAITÉ DE WESTPHALIE.

MAXIMILIEN.
(1493-1519.)

Sous le rapport politique, l'histoire moderne commence avec les guerres d'Italie, qui donnent naissance au système d'équilibre européen ; sous le rapport religieux, elle date seulement de la réforme. Or, ces deux grands événements naissent l'un et l'autre sous le règne de Maximilien, qui voit la première expédition des Français au delà des Alpes et les premières protestations de Luther ; c'est donc avec ce prince que commence l'histoire moderne de l'Allemagne, c'est-à-dire notre sixième période. Mais les guerres d'Italie ne sont pour l'Allemagne que d'une importance secondaire à côté de la question religieuse. Aussi, quel que soit l'intérêt qui rattache aux entreprises extérieures de Maximilien, et surtout de son fils Charles V, nous n'en présenterons qu'un résumé rapide pour revenir promptement à la grande affaire de la réforme allemande. Nous ne pouvons passer sous silence la rivalité des deux maisons de France et d'Autriche, qui troubla si longtemps l'Europe, mais nous nous contenterons d'en raconter sommairement les principaux événements, sauf à revenir ensuite plus longuement sur ceux d'entre eux qui ont un double intérêt politique et religieux.

Maximilien avait trente-quatre ans quand la mort de son père lui laissa la couronne impériale, l'archiduché d'Autriche et les duchés de Styrie, de Carinthie et de Carniole, auxquels il joignit, en 1496, le Tyrol, le Brisgau, le Sundgau et le comté de Ferrette, à la mort de son cousin Sigismond. Cette fois, le titre d'empereur était porté par un prince belliqueux et puissant qui avait déjà donné des preuves nombreuses de son activité.

GUERRES SOUTENUES PAR MAXIMILIEN AVANT SON AVÉNEMENT AU TRÔNE IMPÉRIAL.

« Le noble roy Maximilian, dit Olivier de la Marche, en l'aage de dix-neuf ans, releva l'ordre de la noble Toison d'or (qui estoit morte et perie, par la mort de feu de noble memoire le duc Charles de Bourgongne, chef d'icelle ordre), et prestement qu'il eut relevé ladicte ordre pource que le roy Louis de France avoit pris à madame Marie plusieurs viles et chasteaux, il prit les armes, et assembla ce qu'il peut de gens, et se tira aux champs à l'encontre du roy de France, et luy présenta la bataille en plusieurs lieux. Il reconquesta le Quesnoy et Condé; et le roy de France se retira et fut contraint de luy-mesme faire bouter le feu à Mortaigne, qui estoit son propre héritage. Et ainsi de celle première rase il recula le roy de France : et ne sera pas trouvé que, depuis sa venue par deçà, le roy de France gaignast un pié de terre sur luy, ne sur madame son espouse.

« Il soustint la guerre contre les Flamans; et, au plus fort d'icelle guerre, il gaigna sur eux Termonde et Audenarde, et leur fit la guerre par mer et par terre : tellement qu'il vint à paix aveques eux, et entra à Gand le plus-fort. Ce que je n'ay pas trouvé que comte de Flandres fist jamais. Il contraindit ceux de Gand à luy ramener son fils demie lieue hors de la ville, et le luy rendre.

« Il alla courre devant Tournay, où estoyent les gens-d'armes de France, et leur présenta la bataille devant les barrières dudict Tournay. Il déconfit le signeur des Cordes et la puissance des François devant Guignegate : et y eut beaucoup de François, archers, et autres gens-d'armes, morts et tués. Il gaigna Malaunoy, Sainct-Venant et Waurin, tenant le parti de France; et depuis il gaigna Terouenne, et du costé de ceux de Liége, il soustint contre leur mauvaise voulonté, et gaigna sur eux Tongres et Saintron : et sous luy furent déconfits les gens de messire Guillaume d'Aremberch, et depuis s'appaisa le faict de Liége. Du costé d'Utrech, il gaigna la cité par deux fois en un mesme siége, et les fit venir à appaisement : et pour abreger mon escrit, si jeune qu'il estoit, il fist chose digne de mémoire. Il présenta, au Pont-à-Lessan, et plus avant, outre le Pont-à-Vendin, la bataille au roy de France, qui estoit à Arras, fort acompaigné de gens-d'armes. Et de ces choses j'ay veu la plus-part en son service : et du surplus j'en suis si bien acertené que je le puis et doy escrire.

« Et faut entendre que le roy s'en retourna en Allemaigne pour ayder à l'empereur son père à recouvrer les terres que le roy Mathias luy avoit prises, et non pas seulement le royaume de Hongrie; mais avoit conquis la plus-part d'Austriche : et avint que le roy Mathias mourut (auquel le roy des Rommains avoit jà commencé la guerre), et en assez peu de temps le roy des Rommains reconquit toute la duché d'Austriche (où il acquit un grand honneur), et puis se bouta en ce royaume de Hongrie (où il trouva grande résistance), et vint devant la ville d'Alberegale, où il trouva deux des capitaines du roy Mathias, et bien huict cens combatans et gens de guerre, sans y comprendre ceux de la ville qui sont tous gens de deffense. Il fit assaillir Alberegale de toutes pars, et là eut de grandes armes faictes d'une part et d'autre, et là fit on plusieurs chevaliers nouveaux : et y fut chevalier messire Hugues de Salins, signeur de Vincelle, Bourgongnon, et des autres largement : dont je ne scay à parler pour ce que ce sont Alemans et n'en congnoy les noms; et aussi les Alemans ont accoustumé de se faire chevaliers à plusieurs fois et en tous les bons lieux où ils se trouvent : parquoy je me passe de les ramentevoir. Pour conclusion, Alberegale fut gaignée d'assaut par des gens du roy des Rommains (où l'on trouva merveilleusement de biens); et à tant le roy se délibéra de tirer à Bude (qui est la maistresse cité du royaume de Hongrie) et n'y a point de faute qu'il n'eust gaigné la cité de Bude : mais il ne peut avoir ses gens hors d'Alberegale, car le payement estoit falli et est la costume des Alemans que s'ils estoyent payés jusques aujourd'huy, et demain il y avoit assaut ou bataille, ils entendent qu'il leur est deu nouvel argent : et ceux qui croyent le plus haut c'estoient les lansquenets et les gens de pié : et conclusion, ils ne voulurent point marcher avant. Mais s'en revint le roy en Austriche, où il reconquit plusieurs places et chasteaux, que le roy Mathias avoit gaigné sur l'empereur son père : et en moins de six mois, il reconquit tout ce que le roy Mathias avoit mis six ans à conquerir : et pource que le roy de Boesme estoit prochain parent du roy des Rommains, ils firent un apointement que le royaume de Hongrie demeureroit à iceluy roy de Boesme, sa vie durant seulement, sans en pouvoir faire sens ne folie : et denneroit au roy des Rommains tous les ans cent mille ducats de Hongrie. Et ainsi le roy des Rommains s'asseura, pour luy et ses hoirs, du royaume de Hongrie.

« En continuant de parler des vaillances du roy des Rommains, il gaigna viles et chasteaux en la comté de Bourgongne sur le roy de France : et si bien y exploita que ladicte comté est demourée à monsieur son fils comme c'estoit raison. Qui plus est, pour monstrer qu'il estoit homme et chevalier pour rencontrer un autre de sa personne, de son humilité, il fit armes en lices closes, et sous pouvoir de juge, et par emprise levée, à l'encontre de messire Claude de Vaudré, signeur de l'Aigle, un chevalier bourgongnon son sujet, mais homme fort, et expérimenté à faire armes à pié et à cheval : et en icelles armes se gouverna le roy chevaleureusement, et en partit à son honneur. Par-ainsi j'ai récité, en bref, les grandes choses que le roy a faictes : dont les unes j'ay veues et les autres sont venues à ma congnoissance. Ce noble roy, après avoir les guerres dessus dictes achevées, il ne demoura pas oyseux ; il visita son empire jusques à desendre en ce quartier d'embas, et puis remonter es hautes Alemaignes, et travailla à pacifier les débats de l'empire : à sçavoir à appaiser toutes questions qui pouvoyent estre de vile à autre, de signeurs à viles, et de princes à princes : tellement qu'à l'heure que j'escrivy cestes qui fut le treizième jour de juing l'an 1501, l'Empire ne fut onques si paisible qu'il estoit à présent, par la diligence et poursuitte de cestuy noble roy (*). »

(*) Mémoires d'Olivier de la Marche, t. II, p. 465 et suiv.

POLITIQUE INTÉRIEURE. ÉTABLISSEMENT DE LA PAIX PUBLIQUE PERPÉTUELLE ET DE LA CHAMBRE IMPÉRIALE.

Maximilien, bien que toute la durée de son règne ait été, pour ainsi dire, consacrée aux guerres d'Italie et de France, donna aussi ses soins à l'Allemagne et s'efforça de la doter d'une bonne administration. Ainsi, à la diète de Worms (1495), il publia une paix publique, perpétuelle, qui interdisait tout défi, sous peine, pour le coupable, du ban de l'Empire, d'une amende de deux mille marcs d'or et de la perte de ses fiefs, droits et priviléges.

Une des suites de cette loi fut l'établissement d'une cour suprême destinée à punir les violations de la paix publique, ou à les prévenir en jugeant les différends des États entre eux. C'est la chambre impériale qui existe encore de nos jours et siége à Wetzlar, après avoir éprouvé depuis son origine bien des changements dans sa composition et dans sa résidence. Le ban de l'Empire ne fut désormais prononcé que par la chambre impériale ; mais elle ne devait juger en première instance que les procès dont les parties étaient membres immédiats de l'Empire, de sorte que les États conservaient la juridiction sur leurs sujets qui ne pouvaient en appeler à la chambre qu'en passant par les instances légales. Il était réservé aux électeurs et princes de terminer leurs procès par arbitres. Quant à la composition de la chambre impériale, elle dut avoir seize membres inamovibles, et un président, prince d'Empire. Tous étaient nommés par l'empereur, de l'avis des États. Des fonds furent assignés pour subvenir aux dépenses de ce tribunal ; mais les membres de l'Empire ne payant pas les contributions affectées à cet objet, la chambre se trouva dissoute (*) de fait, et l'empereur en profita pour augmenter l'im-

(*) On la réorganisa à plusieurs reprises ; mais ce ne fut qu'en 1530 quelle fut définitivement constituée et rendue sédentaire à Spire. En 1698 elle fut fixée à Wetzlar.

portance de son conseil aulique, tribunal établi à Vienne, et chargé d'administrer la justice suprême dans les pays héréditaires, et de donner son avis sur les affaires de grâce, etc. Maximilien étendit bientôt les attributions de ce tribunal : comme, en établissant la chambre impériale, il s'était réservé le droit de haute juridiction sur tout l'Empire, il fit juger par son conseil aulique, plutôt que par la chambre impériale, indépendante de lui, toutes les causes qui appartenaient à ses *réservats impériaux*, telles, par exemple, que les causes féodales, toutes les affaires d'Italie, ainsi que les appels interjetés par les sujets des princes des sentences de leurs tribunaux. Peu à peu le conseil aulique, par la puissance croissante des empereurs autrichiens, augmenta ses attributions en empiétant sur celles de la chambre impériale; et les envahissements de cette cour de justice furent un des motifs qui amenèrent la guerre de trente ans.

Pour en finir avec cette partie du règne de Maximilien, rappelons encore que c'est à lui que l'Empire dut sa division en dix cercles (*). Il nous reste à parler de ses guerres.

POLITIQUE EXTÉRIEURE.

Le règne de Maximilien ouvre une ère nouvelle dans la politique des empereurs allemands. Au temps des Frédéric, ils ont prétendu au titre et aux droits de rois des rois de l'Europe; sous Rodolphe de Habsbourg, Adolphe de Nassau, Louis de Bavière et Charles de Bohême, ils n'ont eu d'autre soin que d'accroître les revenus et les domaines de leurs maisons aux dépens de l'Empire et de l'autorité impériale elle-même. Sigismond et Albert ont essayé, il est vrai, de ramener cette suprême magistrature dans les voies où elle avait jadis marché, en s'occupant des affaires générales de l'Europe, du schisme et de la guerre contre les Turcs; mais Frédéric III avait recommencé la série des empereurs indolents, et la couronne impériale ne semblait, entre ses mains, qu'un hochet de plus ajouté à tous ceux dont il aimait à se parer. Il n'en fut pas ainsi de Maximilien : ses possessions héréditaires, si vastes qu'elles fussent, ne pouvaient suffire à cette activité qui l'entraîna sans cesse d'un bout à l'autre de l'Allemagne. Nous l'avons vu apporter de notables changements à la constitution de l'Empire, s'inquiéter de la paix publique, de la juridiction impériale, d'une foule de questions auxquelles n'avait jamais songé son père; il se mêla de même, hors de l'Allemagne, à toutes les querelles qui s'agitèrent en Europe, et contribua puissamment, par ses entreprises et ses négociations, par ses alliances avec l'Espagne et l'Angleterre, par ses guerres en Italie et en France, à la formation du système politique qui régla dès lors les destinées de l'Europe, et où les empereurs allemands jouèrent toujours désormais un rôle important.

SITUATION DE L'EUROPE A LA FIN DU QUINZIÈME SIÈCLE.

L'Europe, en effet, entrait dans une carrière nouvelle; elle commençait les temps modernes, dont le caractère actif, novateur et *radical* s'annonçait déjà par de grandes découvertes. Dès l'année 1452, l'imprimerie avait été inventée; c'est-à-dire qu'il avait été enfin découvert un moyen d'assurer une existence durable aux productions du génie, et de faire descendre peu à peu jusque dans les dernières classes les pensées et les ouvrages de ceux qui ont bien mérité du genre humain; c'est-à-dire encore que l'imprimerie allait populariser la science et mettre ainsi la civilisation moderne à l'abri de tout danger. Tandis que l'imprimerie va détruire le monopole de l'intelligence, l'usage de la poudre à canon, de l'artillerie, c'est-à-dire, de l'arme populaire, devient de jour en jour plus fréquent; alors la vigueur du chevalier, la force du dextrier, la bonté de l'armure ne

(*) Voyez p. 121.

suffisent plus pour assurer aux nobles, aux riches, une supériorité incontestée sur les bourgeois et les paysans. Le vassal a désormais entre les mains une arme qui perce la cuirasse la plus épaisse; l'égalité est ainsi rétablie sur les champs de bataille; c'est un signe qu'elle le sera bientôt dans la société. Enfin la boussole, que maintenant tous les navigateurs connaissent, permet d'entreprendre de longs voyages qui amèneront la découverte d'un nouveau monde, et le passage aux Indes par le cap de Bonne-Espérance : c'est dire que bientôt va naître le grand commerce maritime qui donne la richesse et l'amour de l'indépendance, qui créera la république de Hollande, et fera la fortune de la superbe Angleterre.

D'autres signes annoncent encore l'arrivée des temps modernes. La féodalité succombe presque partout; le pouvoir des rois ou des princes s'accroît en se concentrant; l'administration s'organise, la politique devient une science; et enfin quand les rois, après avoir vaincu tous les obstacles qui arrêtaient dans l'intérieur de leurs royaumes l'exercice de leur autorité, s'apprêtent à agrandir leurs domaines par des conquêtes extérieures, ils se trouvent tout à coup arrêtés dans leurs projets par la création du système d'équilibre qui assure l'existence des petits Etats contre l'ambition des grandes monarchies.

Mais quelle était, au moment où apparaît cette force nouvelle, la situation de l'Europe? On y comptait trois races principales : 1° races méridionales, de langues et de civilisation latines : Français, Espagnols, Italiens ; 2° races septentrionales, de langues et de civilisation germaniques : Allemands, Anglais, Scandinaves ; 3° races orientales, la plupart d'origine slave : Polonais, Hongrois et Russes. Ces trois derniers peuples, campés sur les limites de l'Europe et de l'Asie, sont encore occupés à fermer l'Europe aux barbares. Toujours sur les champs de bataille, toujours armés, ils rendent de sanglants combats contre les Turcs, contre les Mongols. Aussi ont-ils peu de loisir pour faire des progrès dans les arts de la paix, et leur civilisation n'est qu'une civilisation d'emprunt, qui, de longtemps, ne pourra avoir toute la force, tout le développement d'un produit indigène. Derrière eux, le reste de l'Europe travaille, étudie, pense, défriche la terre et la science, développe, en un mot, la civilisation qu'elle portera ensuite aux nations les plus éloignées. C'est pour elle le siècle de la *renaissance*, de l'activité intellectuelle, mais aussi des guerres sanglantes que suscitent l'ambition et la rivalité de ses princes; du roi d'Angleterre, qui se donne toujours le titre de roi de France ; de Ferdinand le Catholique, qui voudrait joindre Naples aux Espagnes ; de Charles VIII, qui rêve la conquête de Constantinople et de Jérusalem; de Maximilien, enfin, que ses titres d'empereur, de duc de Bourgogne, de comte de Flandre, d'archiduc d'Autriche, etc., jettent dans des guerres continuelles, pour l'héritage de Charles le Téméraire, la main d'Anne de Bretagne, ou la suzeraineté de l'Italie.

ÉTAT DE L'ITALIE.

C'est cette dernière contrée qui sera alors, comme, dans des temps plus rapprochés de nous, la Belgique et les bords du Rhin, le champ de bataille de toutes les ambitions européennes; c'est là que Maximilien et Charles-Quint livreront leurs plus rudes combats, comme autrefois les Othon et les Frédéric.

Depuis longtemps s'était éteint dans cette contrée l'esprit républicain qui avait fait jouer un si grand rôle à la plupart des villes italiennes durant tout le moyen âge. Milan, Florence étaient entre les mains des Sforza et des Médicis; en vain le génie expirant de la liberté italienne protestait encore par des conspirations : à Florence, les Pazzi, rivaux des Médicis, poignardaient dans une église Julien de Médicis; mais Laurent échappait au fer des assassins, et vivait plus puissant. Olgiati et deux autres massacraient, à Milan, Galéas Sforza; mais la liberté ne pouvait pas renaître par la mort d'un homme, car la servitude était dans les mœurs. Cette civilisation brillante de la péninsule, son culte pour les beaux-arts avaient énervé tous les courages.

Il y avait longtemps en effet que l'Italie avait oublié que jadis chaque bourgeois noble ou non noble suivait son *caroccio* quand il sortait de la ville, et combattait tant qu'il y avait un homme pour sonner la *campanilla*. Ces bourgeois, autrefois si belliqueux, dédaignaient maintenant de servir eux-mêmes dans les armées. Le riche négociant de Florence, le noble de Venise, pensaient que leur vie était trop précieuse pour être exposée comme celle du dernier soldat, surtout quand ils pouvaient, moyennant quelques florins, charger un autre de se battre pour eux. Alors il se forma des bandes d'aventuriers qui se louèrent au plus offrant; toute l'Italie en fut inondée, car l'Italie était riche, et les aventuriers de toutes les nations se hâtaient de passer les Alpes pour venir vendre leur courage. Leurs chefs, les *condottieri*, devinrent maîtres de toute la force militaire qui se trouvait dans le pays, et ils firent de la guerre un jeu lucratif. Ne prenant aucun intérêt aux querelles des villes qui les payaient, ils se battaient les uns contre les autres sans haine et sans fureur; c'étaient des manœuvres stratégiques, des tournois plutôt que des combats. Il y eut telle affaire où seulement trois hommes périrent, non par des blessures, mais étouffés dans leurs armures de fer; dans la plus sanglante bataille du quinzième siècle, dit Machiavel, il y eut seulement mille hommes tués. Ainsi s'affaiblissait le caractère national. D'ailleurs ces mercenaires sans patrie, sans famille, sans religion, étaient exigeants; ils demandèrent d'abord de l'argent, et on n'osa pas leur en refuser, car il eût fallu combattre; et comment les citoyens qui n'avaient jamais manié les armes auraient-ils pu lutter contre ces bandits familiarisés de longue main, je ne dirai point aux dangers, mais aux exercices de la guerre. Quand ils eurent de l'argent ils voulurent des terres; alors on vit les Piccinino et les Sforza devenir les plus grands seigneurs du royaume de Naples, et plus tard un Sforza, le fils d'un paysan, devenu *condottiere*, monter sur le trône ducal de Milan.

Ce qui augmentait encore la faiblesse de l'Italie, c'est que toute cette longue péninsule était divisée en un grand nombre de petits États. D'abord au midi le royaume de Naples, cet antique héritage des Hohenstaufen, venait d'être enlevé à la maison d'Anjou par le brillant Alphonse d'Aragon, prince chevaleresque et lettré, qui ne demanda à Cosme de Médicis, pour se réconcilier avec lui, qu'un beau manuscrit de Tite-Live. Alphonse, soutenu par Venise, chasse les Angevins du royaume de Naples, et attaque les Génois, qui défèrent la seigneurie de leur ville au roi de France. Jean de Calabre, fils de René d'Anjou, est appelé après la mort d'Alphonse, par les barons napolitains, que révoltait la tyrannie de Ferdinand, son fils naturel et son successeur; mais il ne peut lui tenir tête, car Sforza, devenu duc de Milan, et le fameux Scanderbeg, viennent le secourir. Ferdinand, vainqueur, ne sut point s'attacher ses sujets. « Jamais, dit Comines, ce prince n'eut compassion de son pauvre peuple, quant aux deniers. » En effet, il s'était emparé de tout le commerce de son royaume, et, à la faveur de ce monopole, il élevait le prix des denrées, et forçait le peuple à les payer au prix qu'il avait fixé lui-même. En 1485, tous les barons se soulevèrent; mais il les prit au piége d'une paix perfide, égorgea ceux qu'il put atteindre, et les autres, exilés, allèrent implorer la vengeance de tous ses ennemis.

Au centre, l'autorité des papes s'affermissait et s'étendait peu à peu; toutefois, la Romagne était encore partagée entre un grand nombre de petits princes qui faisaient pour la plupart le métier de *condottieri*. Au vénérable Pie II avait succédé, en 1464, Paul II, qui, abandonnant la politique généreuse de son prédécesseur, au lieu de songer à la croisade contre les Turcs, arma Mathias Corvin contre le roi de Bohême Podiébrad, et dissipa les revenus de l'Église dans de petites guerres contre les princes voisins. En 1471, il fut remplacé par Sixte IV, qui, né d'une famille pauvre, n'eut d'autre pensée que celle d'enrichir ses quatre neveux. Innocent VIII resta huit ans sur le trône, de 1484 à 1492. Ennemi de Ferdinand de Naples, il fut le premier à appeler les Suisses dans les guerres d'Italie, et invita les Français à passer les Alpes.

Venise, Gênes, Florence, et quelques villes de la Toscane étaient les seules republiques qui subsistassent encore, si toutefois le nom de république peut être donné au gouvernement oligarchique de Venise et à celui de Florence. Cette dernière cité, après être allée aussi loin que possible dans la démocratie, se laissait doucement gouverner par les Médicis qui exerçaient dans la ville un pouvoir sans titre, encourageant les lettres et les arts, et méritant de donner leur nom à leur siècle. Cosme de Médicis, le père de la patrie, avait administré Florence de 1434 à 1464. Après lui vinrent Pierre Ier, puis Laurent, le père des Muses, et Julien (1478), qui fut tué dans l'église cathédrale par les Pazzi. Laurent échappa aux assassins, et continua à administrer quinze ans encore, jusqu'en 1492. Pendant ce temps il s'efforça de tenir la balance entre les différentes puissances de l'Italie, et de leur faire comprendre qu'elles devaient s'unir toutes dans une même pensée, la haine des étrangers. Pierre II de Médicis le remplaça à la tête de la république florentine; mais ce fut lui qui signa le traité honteux par lequel toutes les places de la Toscane furent remises aux Français, quand ils marchèrent, sous Charles VIII, à la conquête du royaume de Naples.

Gênes avait depuis longtemps cédé l'empire de la Méditerranée à Venise, et loin de songer à réparer ses désastres, elle se laissait déchirer par des factions qui la soumettaient tour à tour au roi de France et au duc de Milan.

Venise, héritière de la puissance maritime de Pise, de Gênes et des anciennes républiques maritimes de l'Italie méridionale, Venise méconnaissait ses véritables intérêts, oubliait qu'elle devait sa puissance au commerce, et cherchait à s'agrandir du côté de la terre ferme. Bâtie au milieu des eaux, elle devait n'avoir d'autre élément que la mer, et se contenter de voir son pavillon dominer du Pont-Euxin au détroit de Gibraltar; mais elle voulut, elle aussi, faire des conquêtes, avoir des provinces. Pour les acquérir, elle dépensa ses revenus, les dépensa encore pour les défendre, et au lieu d'avoir les yeux sans cesse fixés sur l'Égypte et la mer Noire, d'où elle tirait les marchandises qu'elle distribuait ensuite à toute l'Europe, elle se trouva mêlée à toutes les petites querelles des États voisins. Aussi, lorsque les grandes guerres d'Italie commencèrent, il lui fallut consacrer toutes ses forces à la défense de quelques provinces peu importantes.

Son territoire touchait aux frontières du duché de Milan, dont s'était emparé en 1450 le *condottiere* François Sforza. Sforza était mort après un règne brillant (1450 1466). Son fils Galéas, enorgueilli de son mariage avec Bonne de Savoie, belle-sœur de Louis XI, se montra insolent et tyrannique, et les Milanais, fatigués de son joug, se délivrèrent de lui par un assassinat (1476). Il laissait un fils, Jean Galéas, âgé de huit ans, qui fut reconnu duc de Milan sous la régence de sa mère et la direction de l'habile ministre Simonetta; mais son oncle Ludovic, d'abord exilé, parvint à rentrer dans Milan en 1479, chassa, puis fit mettre à mort le ministre, et déclara son neveu majeur, quoiqu'il ne fût âgé que de douze ans. Dès lors Ludovic gouverna sous le nom de Galéas, qui épousa Isabelle, fille d'Al-

10.

phonse, héritier présomptif de la couronne de Naples.

Telle était la situation de l'Italie à la fin du quinzième siècle : une foule d'États jaloux les uns des autres, amollis par le luxe, sans moralité publique, sans force réelle, et disposés à faire intervenir les étrangers dans leurs querelles. « Après avoir attiré les Turcs, les Vénitiens prirent à leur service le jeune René, duc de Lorraine, héritier des droits de la maison d'Anjou sur le royaume de Naples. Dès 1474, Sixte IV avait appelé les Suisses. Ces *barbares* s'habituaient à passer les Alpes, et ils allaient raconter dans leur pays les merveilles de la belle Italie; les uns célébraient son luxe et ses richesses, les autres son climat, ses vins, ses fruits délicieux. Alors s'éleva dans Florence la voix prophétique du dominicain Savonarole, qui annonçait à l'Italie les châtiments de Babylone et de Ninive : « O « Italie, ô Rome, dit le Seigneur, je « vais vous livrer aux mains d'un peu- « ple qui vous effacera d'entre les peu- « ples. Les barbares vont venir, affa- « més comme des lions... et la mortalité « sera si grande, que les fossoyeurs « iront par les rues criant : Qui a des « morts! et alors l'un apportera son « père, et l'autre son fils... O Rome, « je te le répète, fais pénitence! Faites « pénitence! ô Venise, ô Milan (*). »

Le tuteur du jeune duc de Milan, Ludovic le More, se chargea d'accomplir les menaces du moine de Florence. Ce prince, qui voulait enlever à son neveu, Jean Galéas, la couronne ducale, avait besoin d'un bouleversement général pour l'accomplissement de ses desseins; car il ne doutait pas que Ferdinand, roi de Naples, ne défendît les droits de l'époux de sa petite-fille. En conséquence, il se lia avec Alexandre VI, ce pape de scandaleuse mémoire qui désirait former à ses fils des principautés aux dépens du royaume de Naples; avec Venise qui avait besoin, pour son commerce, de quelques places maritimes à l'entrée

(*) Michelet, Précis d'histoire moderne.

de l'Adriatique; avec Maximilien, à qui il donna sa nièce Blanche-Marie avec une dot de 300,000 ducats, et qui en retour consentit à la révolution qu'il méditait. Enfin il sollicita Charles VIII de venir reprendre l'héritage de la maison d'Anjou. Savonarole aussi appelait le roi de France. « Un « homme, disait-il, passera les monts; « à l'exemple de Cyrus, il marchera « en Italie, il s'en emparera en peu de « jours sans tirer l'épée... Ne bâtissez « pas de forteresses, car elles vous « seraient inutiles, elles seraient prises « sans effort. »

Ce prince, qu'appelaient Milan et Florence, que le pape désirait et redoutait à la fois, « ne faisait, dit le mécontent Comines, que saillir du nid; c'estoit une foible personne, plein de son vouloir, peu accompagné de sages gens ne de bons chefs, et n'avoit nul argent contant; car avant de partir ils empruntèrent 100,000 fr. de la banque de Soli à Gennes, à gros intérest... Ils n'avoyent ne tentes ne pavillons, et si commencèrent en hyver à entrer en Lombardie. Une chose avoyent-ils bonne : c'estoit une gaillarde compagnie pleine de jeunes gentilshommes, mais en peu d'obéissance. Ainsi faut conclure que ce voyage fut conduit de Dieu tant à l'aller qu'au retourner; car le sens des conducteurs, que j'ay dit, n'y servit de rien. »

La France, en effet, était prête à commencer les grandes guerres qui allaient mêler les États, les idées, et hâter la civilisation européenne tout en ensanglantant son berceau. Sous Charles VII et son successeur, la royauté avait fait les plus rapides progrès; elle avait reconquis la France, mais pour la placer sous son joug. Engourdie par la politique défiante et soupçonneuse de Louis XI, la France, forte de l'unité politique qu'elle avait retrouvée, s'éveilla ardente et chevaleresque sous son successeur. La diplomatie, les négociations avaient été tout pour le vieux roi; il n'aimait pas à recourir aux armes, et durant son règne de vingt-deux ans, il ne s'était livré que deux batailles, dont la dernière avait eu lieu contre ses ordres. Aussi la noblesse, lasse de ce long repos, se jeta avec joie dans les entreprises aventureuses que Charles VIII offrit à son activité. Nous ne rapporterons point les détails de cette première apparition des Français au delà des Alpes; elle fut terrible. Les Italiens s'effrayèrent en voyant que la guerre devenait une chose sérieuse, que les Français tuaient sur le champ de bataille, et même encore après la victoire. Aussi, après quelques tentatives pour résister, ils laissèrent le chemin libre à l'armée du roi.

EXPÉDITION DE MAXIMILIEN EN ITALIE.

Parti d'Asti le 6 octobre 1494, Charles y était rentré le 15 juillet 1495, après avoir conquis un royaume sans presque tirer l'épée. Dès le 31 mars de la même année une ligue s'était formée entre Maximilien, Venise, le pape, Ludovic et Ferdinand le Catholique, pour arrêter la prépondérance menaçante de la France. En exécution de ce traité, l'empereur passa les Alpes au mois d'août 1496. Afin de stimuler le zèle du corps germanique, il avait déclaré qu'il faisait le voyage de Rome pour y aller prendre la couronne impériale, et qu'il les invitait à remplir leur service féodal. Mais ce langage du douzième siècle ne fut pas entendu; personne ne vint, et Maximilien parut au delà des monts avec cinq cents cavaliers et huit compagnies de fantassins.
Déjà les Français étaient partis et la ligue dissoute. L'empereur, abandonné de tous, ne put qu'assiéger Livourne que les Français ravitaillèrent sous ses yeux. Dès le mois de décembre, il était de retour en Allemagne. Cependant Charles VIII était mort à Amboise, et Louis XII, son successeur, joignant aux prétentions de son prédécesseur sur Naples, celles qu'il avait lui-même sur le Milanais, envahit cette province, fit prisonnier Ludovic qui alla mourir dans un château de France, et, pour s'assurer sa conquête, conclut à Trente (13 oct. 1501) avec Maximilien un traité par lequel celui-ci promettait de donner au roi de France l'investiture du Milanais, à condition que Louis XII l'assisterait contre les Turcs, et emploierait ses bons offices à lui procurer les couronnes de Hongrie et de Bohême.
Par un second traité, conclu à Blois en septembre 1504, Maximilien renouvela la promesse de l'investiture que le cardinal d'Amboise reçut en effet de ses mains à Haguenau, au nom du roi de France (7 avril 1505). L'amitié entre les deux maisons de France et de Habsbourg semblait fermement établie: mais la prépondérance de Louis XII en Italie effraya bientôt le pape et les Vénitiens qui, comme Ludovic, en 1496, représentèrent à Maximilien que l'équilibre de l'Europe allait être rompu si la France prenait ainsi pied dans la péninsule, où aucun État ne serait capable de lui résister. La mobilité de l'empereur lui fit admettre vivement ces considérations; il réunit les Etats de l'Empire à Constance et sollicita leurs secours; mais la diète s'émut faiblement de tous les dangers que lui peignait son chef; elle avait obtenu la seule chose qu'elle demandât, la paix publique et la tacite reconnaissance de l'indépendance de ses membres. Aussi elle s'inquiétait peu de ce qui se passait dans le reste de l'Europe, et laissait l'empereur faire seul de la politique générale et tenter les premiers essais du système de l'équilibre des divers États européens. Cependant la diète promit douze mille hommes pour six mois; mais elle en fournit seulement quatre mille, avec lesquels Maximilien ne put que se montrer sur les frontières.
Les lenteurs de la diète avaient déjà laissé le temps aux affaires de se modifier singulièrement. Gênes, qui, en se soulevant contre Louis XII, avait arboré l'aigle impérial et proclamé Maximilien seigneur de la ville, venait d'être reprise par Bayard. Le loyal chevalier leur avait crié: « Ores marchands, défendez-vous avec vos aulnes, et laissez les piques et lances, lesquelles vous n'avez accoutumées. » Cependant, quoique arrivé trop tard, Maximilien espé-

tait encore ranimer le parti qu'il avait dans la ville. Mais les Vénitiens, qui se croyaient sûrs de la France, lui refusèrent le passage, battirent ses faibles troupes, décernèrent le triomphe à l'Alviane, un de leurs généraux, et firent porter derrière son char les drapeaux de l'empereur. Ils eurent bientôt à se repentir de cette joie insolente.

LIGUE DE CAMBRAI.

Tous les princes s'indignèrent contre cette république à qui tout profitait, et la chute de Ludovic, et l'expulsion des Français du royaume de Naples dont elle conservait les places maritimes, et la ruine de César Borgia qui lui avait livré plusieurs places de la Romagne. Dans la péninsule aucun État n'était capable de lui tenir tête : « Vos seigneuries, disait Machiavel, « m'ont toujours dit que c'étaient les « Vénitiens qui menaçaient la liberté « de l'Italie. » Depuis longtemps il était question d'abaisser son orgueil. « On fera en sorte, avait dit dès 1503 « un ambassadeur de Louis XII, que « les Vénitiens ne s'occupent plus que « de la pêche. » Enfin le 10 décembre 1508 fut signée la ligue de Cambrai, entre le cardinal d'Amboise et Marguerite d'Autriche, fille de Maximilien : les négociations avaient été longues et difficiles. « Nous avons pensé, mon« sieur le cardinal et moi, écrivait Mar« guerite à son père, nous prendre au « poil. »

Ainsi le pape, l'empereur, le roi de France et celui de Hongrie, les ducs de Savoie et de Ferrare, enfin le marquis de Mantoue s'unissaient contre la seule Venise. Louis, le premier prêt, battit l'Alviane au sanglant combat d'Aignadel, et fit voler jusqu'aux lagunes les boulets des batteries françaises. Mais quand il eut ce que lui accordait le traité, il s'arrêta, laissant ses alliés prendre leur part.

Selon sa coutume, Maximilien arriva quand Louis était déjà rentré en France; il reprit toutes les villes du Tyrol et de l'Istrie, dont Venise s'é-

tait emparée, mais assiégea vainement Padoue. Nous rapporterons, d'après les mémoires de Bayard, les circonstances de ce siége qui font connaître la tactique et les mœurs guerrières de cette époque.

SIÉGE DE PADOUE.

« L'empereur se fit longuement attendre, dont il ennuyoit aux François; mais vous devez aussi entendre qu'il arriva en la plaine en empereur; et si sa puissance eust bien voulu faire son debvoir, c'estoit assez pour conquester un monde... Il avoit cent six pieces d'artillerie sur roue, dont la moindre estoit un faulcon, et six grosses bombardes de fonte qui ne se povoient tirer sur affust, mais estoient portées chascune sur une puissante charrette, chargées avecques engins; et quant on vouloit faire quelque batterie on les descendoit ; et quant elles estoient à terre, par le devant avecques ung engin on levoit ung peu la bouche de la piece, soubz laquelle on mettoit une grosse piece de boys; et derriere faisoit-on ung merveilleux taudis, de peur qu'elle ne reculast. Ces pieces portoient bouletz de pierre, car de fonte on ne les eust sceu lever, et ne povoient tirer que quatre fois le jour au plus. Il avoit en sa compaignie que ducz, contes, marquis, et autres princes et seigneurs d'Almaigne, bien six vingtz et environ douze mille chevaulx, cinq ou six cens hommes d'armes bourguignons et hennuyers.

« De gens de pied lansquenetz, ilz estoient sans nombre; mais par estimation on les prenoit à plus de cinquante mille. Le cardinal de Ferrare (*) vint pour son frere au secours dudit empereur, qui amena douze pieces d'artillerie, cinq cens chevaulx et trois mille hommes de pied : et autant ou peu moins en amena le cardinal de Manthoue. Bref, avecques les hommes d'armes françois, on tenoit au camp y avoir cent mille combatans. Ung

(*) Hippolyte d'Este, frère d'Alphonse Iᵉʳ, duc de Ferrare.

grant deffault estoit quant à l'artillerie, car il n'y avoit equipage que pour la moytié; et quant on marchoit, estoit force que partie de l'armée demourast pour la garder jusques à ce que la première bende feust deschargée au camp où on vouloit sejourner, et puis le charroy retournoit querir l'autre, qui estoit grosse fascherie. Ledit empereur se levoit fort matin, et incontinent faisoit marcher son armée et ne se logeoit voulentiers qui ne feust deux ou trois heures apres midy; qui n'estoit pas, veu la saison, pour refreschir les gens d'armes soubz leur armet... Les approuches faictes devant Padoue et l'artillerie assise, chascun se logea en son quartier en trois camps...

« Le lendemain des approuches, commencerent les canonniers à faire leur devoir et sans cesser dura huyt jours la baterie, qui fut la plus impetueuse et terrible que cent ans auparavant avoit esté veue ; car il y fut tiré des trois camps plus de vingt mille coups d'artillerie. Si l'empereur ou ses gens servoient bien d'artillerie ceulx de la ville, croyez que de leur part rendoient bien la pareille et beaucoup mieulx : car pour ung bien qu'on leur faisoit, en rendoient deux. Brief, ladicte ville fut si bien batue, que de toutes les trois berches ne s'en fist que une.

« Or ces trois berches mises en une estoient seullement de quatre à cinq cens pas, qui estoit assez beau passage pour donner l'assault; car quant aux fossez ce n'estoit pas grant chose. Mais le conte Petilano avoit si bien acoustré la ville par dedans, que s'il y eust eu cinq cens mille hommes devant, ilz n'y feussent pas entrez si ceulx de dedans eussent voulu, et vous declaireray comment. Derriere la berche, pour en'rer en la ville, avoit icelluy conte Petilano fait faire une trenchée ou fosse à fons de cuve, de la haulteur de vingt piedz, et quasi autant de largeur : en icelle avoit fait mettre force fagotz et vieil boys, bien enrosez de pouldre à canon ; et de cent pas en cent pas y avoit boulevart de terre garny d'artillerie, qui tiroient le long de ceste trenchée. Apres icelle passée, s'il eust esté possible (comme non sans la grace de Dieu), toute l'armée des Veniciens estant en ladicte ville, se trouvoit en bataille à cheval et à pied ; car il y avoit belle esplanade jusques à mettre vingt mille hommes de pied et de cheval en ordre : et derriere estoient plates formes où on avoit monté vingt ou trente pieces d'artillerie, qui par dessus leur armée eussent tiré, sans leur mal faire, droit à la berche...

« Vous avez entendu cy devant comment l'artillerie de l'empereur, du duc de Ferrare et marquis de Manthoue avoient fait trois berches toutes mises en une, qui contenoit demy mille, ou peu s'en failloit ; ce que par ung matin l'empereur, acompaigné de ses princes et seigneurs d'Almaigne, alla veoir. Dont il s'esmerveilla, et se donnoit grant honte, au nombre de gens qu'il avoit, que plustost n'avoit fait donner l'assault ; car jà y avoit trois jours que les canonniers ne tiroient que à pierre perdue en la ville, pource que à l'endroit où ilz estoient n'y avoit plus de muraille. Parquoy, luy revenu à son logis, qui estoit distant de celluy du seigneur de la Palisse d'ung gect de boulle seulement, appella ung sien secretaire françois, auquel il fist escripre unes lettres audit seigneur, qui estoient en ceste substance : « Mon cousin, j'ay à
« ce matin esté veoir la berche de la
« ville, que je trouve plus que raison-
« nable pour qui vouldra faire son de-
« voir : j'ay advisé dedans aujourd'huy
« y faire donner l'assault. Si vous prie
« que incontinent que mon grant ta-
« bourin sonnera, qui sera sur le midy,
« vous faictes tenir prestz tous les gen-
« tils hommes françois qui sont soubz
« vostre charge à mon service, par le
« commandement de mon frere le roy
« de France, pour aller audit assault
« avecques mes pietons ; et j'espere,
« avecques l'ayde de Dieu, que nous
« l'emporterons. »

Par le mesme secretaire qui avoit escripte la lettre, l'envoya au seigneur de la Palisse, lequel trouva assez es-

trange ceste maniere de proceder; toutesfois il en dissimula. Bien dist au secretaire : « Je m'esbays que l'empe-
« reur n'a mandé mes compaignons et
« moy pour plus asseurement delibe-
« rer de ceste affaire : toutesfois vous
« luy direz que je les vois envoyer que-
« rir, et eulz venuz, leur monstreray
« la lettre. Je croy qu'il n'y aura celluy
« qui ne soit obeissant à ce que l'em-
« pereur vouldra commander. » Le secretaire retourna faire son message, et le seigneur de la Palisse mande tous les cappitaines françois, lesquelz vindrent à son logis. Desja estoit bruyt par tout le camp que l'on donneroit l'assault à la ville sur le midy, ou peu apres. Lors eussiez veu une chose merveilleuse; car les prestres estoient retenuz à poix d'or à confesser, pource que chascun se vouloit mettre en bon estat.

« Les cappitaines françois arrivez au logis du seigneur de la Palisse, leur dist : « Messeigneurs, il fault disner,
« car j'ay à vous dire quelque chose que
« si je vous le disoye devant, par adven-
« ture ne feriez-vous pas bonne chere. »
Il disoit ces parolles par joyeuseté, car assez congnoissoit ses compaignons, qu'il n'y avoit celluy qui ne feust ung autre Hector ou Rolant, et sur tous le bon chevalier (*), qui oncques en sa vie ne s'estonna de chose qu'il veist ne ouyst.

« Apres le disner, on fist sortir tout le monde de la chambre, excepté les cappitaines, à qui le seigneur de la Palisse communicqua la lettre de l'empereur, qui fut leue deux fois pour mieulx l'entendre; laquelle ouye, chascun se regarde l'ung l'autre en riant, pour veoir qui commenceroit la parolle. Si dist le seigneur d'Ymbercourt : « Il ne fault point tant songer,
« monseigneur, dist-il au seigneur de
« la Palisse; mandez à l'empereur que
« nous sommes tous prestz. Il m'en-
« nuie desja aux champs, car les nuytz
« sont froides, et puis les bons vins
« commencent à nous faillir; » dont chascun se print à rire.

(*) Bayard.

« Il n'y eut celluy de tous les cappitaines qui ne parlast devant le bon chevalier, et tous s'accordoient au propos du seigneur d'Ymbercourt. Le seigneur de la Palisse le regarda, et veit qu'il faisoit semblant de se curer les dens comme s'il n'avoit pas entendu ce que ses compaignons avoient proposé. Si lui dist en riant : « Hé puis,
« l'Hercules de France, qu'en dictes-
« vous ? Il n'est pas temps de se curer
« les dens; il fault repondre à ceste
« heure promptement à l'empereur. »
Le bon chevalier, qui tousjours estoit coustumier de gaudir, joyeusement respondit : « Si nous voulons trestous
« croyre monseigneur d'Ymbercourt,
« il ne fault que aller droit à la berche;
« mais pource que c'est ung passe-
« temps assez fascheux à hommes d'ar-
« mes que d'aller à pied, je m'en ex-
« cuserois voulentiers : toutesfois puis-
« qu'il faut que j'en dye mon oppinion,
« je le feray. L'empereur mande en sa
« lettre que vous faciez mettre tous les
« gentilz hommes françois à pied pour
« donner l'assault avecques ses lans-
« quenetz. De moy, combien que je
« n'aye gueres des biens de ce monde,
« toutesfois je suis gentil homme.
« Tous vous autres, messeigneurs,
« estes gros seigneurs, et de gros-
« ses maisons, et si sont beaucoup
« de noz gens d'armes; pense l'empe-
« reur que ce soit chose raisonnable
« de mettre tant de noblesse en peril
« et hazart avecques des pietons, dont
« l'ung est cordoannier, l'autre mares-
« chal, l'autre boulengier, et gens me-
« canicques, qui n'ont leur honneur en
« si grosse recommandation que gen-
« tilz hommes; c'est trop regardé pe-
« titement, sauf sa grace à luy : mais
« mon advis est que vous, monseigneur,
« dist-il au seigneur de la Palisse, deb-
« vez rendre response à l'empereur qui
« sera belle : c'est que vous avez fait
« assembler voz cappitaines suyvant
« son vouloir, qui sont tres-deliberez
« de faire son commandement selon
« la charge qu'ilz ont du roy leur mais-
« tre, et qu'il entend assez que leurdict
« maistre n'a point de gens en ses or-
« donnances qui ne soient gentils hom-

« mes. De les mesler parmy gens de
« pied qui sont de petite condition,
« seroit peu fait d'estime d'eulx : mais
« qu'il a force contes, seigneurs et
« gentilz hommes d'Almaigne, qu'il
« les face mettre à pied avecques les
« gens d'armes de France, et voulen-
« tiers leur monstreront le chemin, et
« puis ses lansquenetz les suyvront,
« s'ilz congnoissent qu'il y face bon. »
Quant le bon chevalier eut dicte son
oppinion, n'y eut autre chose repli-
qué; mais fût son conseil tenu à vertueux et raisonnable. Si fût à l'empereur rendu este response, qu'il trouva
tres-honneste. Si fist incontinent et
tout soubdainement sonner ses trompettes et tabourins, seigneurs et cappitaines, tant d'Almaigne, Bourgongne que Haynault; lesquelz assemblez
l'empereur leur declaira comment il
estoit deliberé d'aller dedans une heure
donner l'assault à la ville, dont il avoit
adverty les seigneurs de France, que
tous estoient fort desirans d'y tres-
bien faire leur debvoir; et qu'ilz le
prioient que avecques eulx allassent le
gentilz hommes d'Almaigne; auxquels
voulentiers, pour eulx mettre les premiers, monstreroient le chemin : « Par-
« quoy, messeigneurs, je vous prie tant
« que je puis les y vouloir acompaigner,
« et vous mettre à pied avecques eulx;
« et j'espere, avecques l'ayde de Dieu,
« que du premier assault nous empor-
« terons nos ennemys. »

« Quant l'empereur eut achevé son
parler, soubdainement se leva ung bruyt
fort merveilleux et estrange parmy ses
Almans, qui dura une demye heure
avant qu'il feust appaisé : puis l'ung
d'entre eulx, chargé de respondre pour
tous, dist qu'ilz n'estoient point gens
pour eulx mettre à pied ny aller à une
berche, et que leur vray estat estoit
de combatre en gentilz hommes à cheval. Et autre responce n'en peut avoir
l'empereur; mais combien qu'elle ne
feust pas selon son desir, et ne luy
pleust gueres, il ne sonna mot, sinon
qu'il dist : « Bien, messeigneurs, il faul-
« dra doncques adviser comment nous
« ferons pour le mieulx; » et puis sur
l'heure appella ung sien gentil homme
nommé Rocandolf, qui d'heure en autre venoit parmy les François comme
ambassadeur (et à vray dire la plus
part du temps estoit avecques eulx),
auquel il dist : « Allez au logis de mon
« cousin, le seigneur de la Palisse;
« recommandez moy à luy et à tous
« messeigneurs les cappitaines fran-
« çois que trouverez avecques luy, et
« leur dictes que pour ce jourd'huy ne
« se donnera pas l'assault. » Il alla
faire son message et chascun par ce
moyen s'en alla desarmer, les ungs
joyeulx, et les autres marrys. Je ne
scay comment ce fut, ne qui en donna
le conseil; mais la nuyt apres ce propos tenu, l'empereur s'en alla tout
d'une traicte à plus de quarante mille
du camp, et de ce logis la manda à ses
gens qu'on levast le siege (*). »

SUITE DES GUERRES D'ITALIE. — TRAITÉ
DE CAMBRAI.

Quelque intérêt qui s'attache à ces
guerres d'Italie, quel que soit l'éclat
des actions qui s'y passent et l'importance des personnages qui y figurent,
nous ne devons point nous y arrêter.
Au temps des Othon et des Frédéric,
les guerres d'Italie appartenaient réellement à l'histoire d'Allemagne ; il
s'agissait de savoir si la péninsule serait une province de l'Empire, ses cités
des villes impériales, ses comtes des
seigneurs allemands; mais au seizième
siècle, les choses sont bien changées :
la guerre de ce côté, sous Maximilien
et Charles-Quint, n'est plus qu'une
affaire d'ambition personnelle, une
simple question de famille. Aussi l'historien de la maison d'Autriche peut
s'en occuper ; mais celui de l'Allemagne, qui entend déjà la voix de Luther,
est trop pressé d'aller écouter le prédicateur de Wittemberg pour se perdre
au milieu des détails infinis de ces
combats amenés par la rivalité des
deux maisons de France et d'Autriche. Nous passerons donc rapidement,
comme nous l'avons déjà dit, sur cette

(*) Extrait de la *Tres joyeuse, plaisante
et recreative hystoire du bon chevalier sans
paour et sans reproche.* Collection de Petitot, t. XV, p. 279 et suiv.

partie de l'histoire extérieure de l'Allemagne.

Nous avons vu Maximilien forcé de lever honteusement le siége de Padoue. Après son départ, la politique des puissances italiennes change tout à coup. Le roi de Naples et Jules II se réconcilient avec Venise; tous n'ont plus qu'un désir, chasser *les barbares de l'Italie*. Maximilien lui-même, oubliant les services et la bonne foi de Louis XII, accède à la sainte ligue; mais Gaston de Foix déconcerte un instant par sa tactique impétueuse les projets des alliés. Le 7 février 1512, il débloquait Bologne, le 19 il enlevait Brescia, et le 11 avril il gagnait la célèbre bataille de Ravennes. Mais sa mort au sein de la victoire ruina les affaires des Français dans la péninsule; les Sforza furent rétablis à Milan, les Médicis à Florence, et la France, attaquée elle-même par les Espagnols et les Suisses au sud et à l'est, par les Anglais au nord, vit une de ses armées détruite par les Suisses à Novarre, et une autre dispersée à Guinegate par Maximilien, qui était venu servir aux gages du roi d'Angleterre pour cent ducats par jour.

Mais au moment où on la croyait accablée, elle se ranime sous son nouveau roi, François Ier, qui traverse les Alpes avec son armée par un défilé qui n'avait jamais été pratiqué que par les chasseurs de chamois. La victoire de Marignan rendit à la France le Milanais et son ancien ascendant en Italie. Tous les efforts de Jules II et de la sainte ligue semblaient inutiles; il fallut recommencer ce qu'on avait fait. De concert avec le roi d'Angleterre, le roi d'Espagne envoya à Maximilien l'argent nécessaire pour solder quinze mille Suisses. L'empereur parut devant Milan; mais la bonne contenance des Français et la mutinerie des Suisses l'obligèrent de renoncer à former le siége de la ville, « et quand il feust près des portes, donna deux coups de canon et puis s'en retourna dans les Allemaignes (*). »

(*) Mém. de Fleurange. Collection Petitot, t. XVI.

Peu après, il conclut à Bruxelles un traité par lequel il renonça à tout ce qu'il possédait encore en Italie, et ce traité, renouvelé le 11 mars 1517 à Cambrai, établit une ligue défensive entre Maximilien, son petit-fils Charles-Quint, maître des Pays-Bas et de l'Espagne, et François Ier.

MORT DE MAXIMILIEN.

Ce traité fut le dernier acte important du règne de Maximilien, qui mourut en janvier 1519. « Ce fut dommaige de sa mort, car il estoit bon prince, et réveilloit toute la chrestienté; car quand il ne pouvoit faire quelque chose, si monstroit le chemin aux aultres, et doibvent toutes gens de guerre estre marris de sa mort. Et feust trouvé à la mort dudit empereur une chose fort estrange: car il avoit toute sa vie faict mener un coffre après lui, et pensait on qu'il feust plein d'argent ou de lettres, ou de quelqu'autre chose de grande importance; et n'estoit que sa sépulture où il vouloit être enseputuré; et partout où il alloit, feust-ce en guerre ou autre part, le faisoit mener; et en la fin y feust mis et y est encore (*). »

Quoique ce prince ait été malheureux dans les expéditions extérieures que la mobilité de son esprit et son peu de prévoyance contribuérent à faire toujours échouer, il n'en a pas moins signalé son règne par des mesures sages et des établissements utiles. L'empereur, disait-il, est vraiment le roi des rois; car les princes de l'Empire font ce qu'ils veulent. Il n'essaya pas de diminuer leur pouvoir; seulement il fit tout, comme nous l'avons vu, pour rétablir la paix, et y réussit. Comme homme, Maximilien est un prince remarquable; il aimait les exercices du corps et de l'esprit; c'était un chevalier intrépide dans les tournois, un hardi chasseur qui poursuivait le chamois jusques sur les crêtes les plus inaccessibles des montagnes. Un chevalier français, célèbre par sa force et son adresse, avait fait publier

(*) Mém. de Fleurange, p. 329 et suiv.

à Worms qu'il tiendrait un pas d'armes contre tout venant; un seul osa se présenter au jour fixé, et après une lutte opiniâtre remporta la victoire. Les applaudissements éclatèrent de toutes parts quand, le vainqueur levant sa visière, on reconnut l'empereur lui-même. Deux fois encore durant ses guerres contre la France, il renversa et tua deux adversaires en combat singulier. Aussi bon général que brave chevalier, il inventa des lances d'une forme nouvelle, dont l'usage devint bientôt général; il perfectionna l'art de fondre les canons, la fabrication des armes à feu, et la trempe des armes défensives. Le premier il établit une armée permanente, au moins pour l'Autriche. Enfin il composa de nombreux traités sur presque toutes les branches des connaissances humaines, sur la religion, la morale, l'art militaire, l'architecture; sur la chasse au tir et à l'oiseau, sur le jardinage, et même sur la cuisine.

Mais cette activité d'esprit, louable dans un savant, lui nuisait, parce qu'elle n'était point accompagnée de patience et de persévérance; prompt à se jeter dans une entreprise, il l'était aussi à l'abandonner pour un projet nouveau, et perdait ainsi en un instant le fruit de plusieurs années d'efforts.

CHARLES-QUINT.

(1519-1556.)

CHARLES-QUINT ET FRANÇOIS Ier SE DISPUTENT LA COURONNE IMPÉRIALE.

La mort de Maximilien devint un événement de la plus haute importance pour la politique générale de l'Europe, car elle fit éclater la sanglante rivalité de Charles-Quint et de François Ier. Le petit-fils de Maximilien venait, par la mort de Ferdinand, d'hériter des trônes d'Espagne et de Naples; celle de son grand-père lui livrait les possessions de la maison d'Autriche. A tant de couronnes, Charles voulut joindre celle de l'Empire. La position de ses États héréditaires, à la défense desquels il consacrait les ressources de ses autres royaumes, le désignait, disaient ses agents, au choix des électeurs comme le seul prince capable de protéger l'Allemagne contre la puissance ottomane, plus menaçante maintenant sous Sélim et Soliman qu'elle ne l'avait jamais été au temps de Mahomet II.

François Ier, de son côté, se rappelait sa récente victoire de Marignan, l'étendue et les ressources de son royaume. Dès le commencement de l'année, « le roy de France (*) prevoyant l'empereur vieil et caduc, fist mener plusieurs pratiques en Allemaigne pour attirer les electeurs à lui et à sa cordette... Ses ambassadeurs avoient toujours avecques eulx quatre cent mille escus, que archers portoient en brigandines et en bougettes; et avoient quatre cent chevaulx, la pluspart aussi allemans, qui les conduisoient... Tous les électeurs assemblés à Francfort et les princes principaux de l'Empire se misrent en conclave pour elire cet empereur qu'ils devoient faire; et se trouverent beaucoup de serviteurs de l'empereur Maximilian, qui aiderent beaucoup à favoriser le roy Catholique. Et quant, par le conseil de M. de Sedan, Francisque de Sikingen, et le marquis de Brandebourg, dict Casimir, qui estoit chef général de la Bonne, amenerent toute la puissance de ladicte Bonne, qui estoit vingt mille hommes de pied et quatre mille chevaulx, et l'artillerie qu'ils fisrent loger à l'entour dudict Francfort à trois ou quatre lieues près, dont feurent merveilleusement estonnés ceulx qui vouloient bien au roi de France, et très-fort joyeux ceulx qui vouloient bien au roi Catholique; et aussi ils scavoient bien toute la pratique. J'avois oublié à mettre que le roy d'Angleterre y faisoit pourchas, aussi bien que le roy de France et le roy Catholique; mais les angelots n'y fisrent non plus de miracles que les escus au soleil. Les electeurs estans en conclave

---

(*) Extrait des Mémoires de Fleurange, p. 315, 331 et 342.

feurent de diverses opinions ; car on en trouvoit autant du costé du roy de France que du costé du roy Catholique, mais du costé du roi d'Angleterre pas un ; et ne voulurent point juger la chose si soudainement, veu les partialités qui y estoient ; et n'eust esté qu'ils sont obligés et tenus, dedans les quarante jours, de prononcer celui qui le doit estre, ce n'eut pas esté de six mois après, et pour deux raisons : l'une, qu'ils ne pouvoient accorder ; l'autre, pour tirer argent de tous les princes chrestiens, soubs ombre de cette election. Le comte palatin, à qui le roy avait faict plus de bien qu'à piece des aultres electeurs, et son parent, avoit une fois donné sa voix au roy ; mais c'est un prince mal nourry, et lui fist-on peur de cette grosse bande tellement, qu'il redonna sa voix au roy Catholique. Et, apres cela faict, est venu le jour que se devoit prononcer ceste election, où feust crié dedans la grande église de Francfort : *Charles, roi Catholique, esleu empereur!* Et quand ce feust faict, menèrent grande joye ceulx qui vouloient le bien du roy Catholique, et grand deuil ceulx qui vouloient bien au roi de France ; et estoient marris, pour ce qu'ils n'avoient plus les deniers qu'ils ont accoustumé d'avoir le temps passé. »

Fleurange ne dit pas tout. S'il faut en croire certaine note qui paraît officielle, Charles aurait dépensé pour son élection 852,189 florins fournis par les Fugger, banquiers d'Augsbourg (*). Cependant, malgré ces prodigalités, la puissance des deux concurrents avait si fort effrayé les électeurs, qu'ils avaient d'abord élu Frédéric le Sage, électeur de Saxe ; mais ce prince refusa et donna sa voix à Charles, qui fut proclamé le 28 juin 1519 et couronné le 23 octobre 1520, après avoir juré l'observation d'une capitulation que les électeurs avaient exigée de ses ministres.

CAPITULATION JURÉE PAR CHARLES-QUINT EN RECEVANT LA COURONNE IMPÉRIALE.

Par cette capitulation, « Charles s'engageait (*) à laisser jouir les États de leur supériorité territoriale, de leur dignité, de leurs droits, et à leur confirmer les droits régaliens, les libertés, les gages et privilèges dont ils avaient été en possession jusqu'alors ; à souffrir que, conformément à la bulle d'or, les électeurs tinssent des assemblées pour délibérer sur leur bien et sur celui de l'Empire ; à supprimer et empêcher toute confédération illicite de la noblesse et des sujets contre les électeurs, princes et États ; à ne conclure en sa qualité de roi des Romains, et pour les affaires de l'Empire, aucune alliance extérieure ou intérieure sans le consentement des électeurs ; à faire recouvrer aux États d'Empire ce que chacun d'eux ou ses ancêtres avaient perdu d'une manière illégale ; à n'aliéner aucune portion du territoire de l'Empire, et à lui faire rendre, s'il était possible, ce qui lui avait été enlevé ; à restituer lui-même, sur l'avertissement des électeurs, ce qu'il pourrait posséder illégalement aux dépens de l'Empire ; à ne commencer aucune guerre d'Empire sans le consentement des États, ou au moins des électeurs ; à ne faire entrer en Allemagne aucune troupe étrangère, excepté quand ce serait pour repousser une agression ; à ne surcharger les États de diètes, taxes de chancelleries, impositions, et, si quelques contributions ou diètes étaient nécessaires, à ne pas les ordonner sans le su et le consentement des électeurs, et à ne pas convoquer de diète hors des frontières de l'Empire ; à ne conférer les dignités et charges impériales et de cour qu'à des

---

(*) Ils auraient été ainsi répartis : l'archevêque de Mayence 104,000, celui de Trèves 22,000, celui de Cologne 40,000, au palatin 138,000, à son frère 37,108, à la Bohême 41,031, au Brandebourg 25,735 ; l'électeur de Saxe refusa de l'argent, mais on paya la moitié de ses dettes, 32,500 ; les ministres et agents reçurent 411,815.

(*) Schœll, Cours d'Histoire des États européens, t. XV, p. 50 et suiv.

Allemands de bonne naissance, et à ne pas diminuer les honneurs, droits et revenus qui y étaient attachés; à ne se servir, pour des actes et des écritures concernant l'Empire, que des langues latine et allemande; à n'évoquer les États et sujets à aucun tribunal étranger; à abolir tout ce que la cour de Rome avait fait contrairement aux concordats, et à faire maintenir ceux-ci; à supprimer les grandes associations de négociants qui gouvernaient le monde par leur argent, et augmentaient arbitrairement les prix des choses; à n'établir ni renforcer aucun péage sans l'agrément des électeurs; à ne pas accorder d'indemnités au préjudice des péages appartenant aux électeurs du Rhin; à laisser leur cours ordinaire aux procès des États entre eux, concernant leurs droits régaliens et autres; à suivre la même marche dans les demandes et réclamations qu'il aurait à former contre l'un d'eux; à ne mettre aucun État au ban de l'Empire sans l'avoir entendu et sans une procédure conforme aux lois; à faire remettre l'Empire en possession des contributions dues par les villes, et qui avaient été aliénées sans le consentement des électeurs; à ne pas disposer des fiefs majeurs qui seraient dévolus à la couronne, mais à les réunir au domaine, pour servir à l'entretien de l'Empire et de son chef; à laisser à l'Empire les conquêtes qui seraient faites avec l'aide des États; à confirmer la gestion des vicaires de l'Empire pendant la vacance du trône; à relever l'état des monnaies; à ne pas s'arroger de droit héréditaire sur l'Empire; à tenir, selon l'usage, la première diète à Nuremberg; enfin à venir promptement en Allemagne pour s'y faire couronner comme roi, et prendre ensuite, à une époque convenable, la couronne impériale, et à résider habituellement en Allemagne. »

Comme nous ne pouvons nous dispenser de parler de la rivalité de Charles-Quint et de François Ier, et que cependant nous avons hâte de nous occuper exclusivement de l'Allemagne, nous rappellerons très-rapidement les principaux faits de l'histoire extérieure de ce nouveau règne.

RIVALITÉ DE CHARLES-QUINT ET DE FRANÇOIS Ier.

« Nous faisons la cour à la même « maîtresse, avait dit François: em- « ployons l'un et l'autre tous nos soins « pour réussir; mais dès que le sort « aura nommé le rival heureux, c'est « à l'autre à se soumettre et à rester « en paix. » Malgré ces belles paroles, l'élection de Charles mortifia cruellement le roi de France, et une rupture fut inévitable. Cependant l'influence pacifique de Chièvres, ancien gouverneur et ministre de Charles-Quint, l'emporta d'abord. Dès le 13 août 1516, il avait fait signer à son maître le traité de Noyon qui devait resserrer les liens des deux monarques; mais Charles se délivra bientôt de l'ascendant que le vieux ministre exerçait sur lui, et conclut en 1521 une ligue avec Léon X, dans le but d'enlever Milan et Gênes aux Français. Les hostilités commencèrent aussitôt dans la Navarre, où les Français arrivèrent trop tard pour donner la main aux insurgés; en Italie Lautrec perdit le Milanais presque sans coup férir, par l'indiscipline et l'avidité des Suisses. Réfugié sur le territoire de Venise, il attendait les 400,000 écus que le roi lui avait promis; mais l'argent destiné à payer ses troupes avait été arrêté par la reine-mère, et les Suisses n'étant point payés le forcèrent de livrer malgré lui le combat de la Bicoque. Sa défaite ne laissa plus aux Français que la citadelle de Crémone.

Cependant François se préparait à passer lui même les Alpes, quand un ennemi intérieur mit la France dans le plus grand danger. Le connétable de Bourbon, mécontent de plusieurs passe-droits qui lui avaient été faits, et de l'inimitié de Louise de Savoie, traita avec l'empereur. Il promit d'attaquer la Bourgogne dès que François aurait paru en Italie, de soulever cinq provinces où il se croyait le maître; le royaume de Provence devait être rétabli en sa faveur, et le reste de la France, partagé entre l'Espagne et l'Angleterre, aurait cessé d'exister comme nation. Mais le complot fut découvert, et Bourbon, réduit à fuir auprès de l'empereur, alla se mettre à la tête de ses armées d'Italie, et défaire Bonnivet au combat de Biagrasse, où Bayard fut tué.

Cette victoire engagea Charles à envahir la France. Bourbon croyait qu'à sa première apparition ses vassaux se soulèveraient en foule; mais les temps où un seigneur de France pouvait impunément combattre son roi étaient depuis longtemps passés. Personne ne remua; les impériaux prirent Toulon et assiégèrent Marseille, mais les dispositions étaient partout si bien prises, qu'ils furent contraints de repasser en Italie, où François les avait déjà devancés. C'est cette malheureuse campagne qui se termina par la bataille de Pavie et la captivité du roi.

Au bout d'une année François sortit de prison après avoir signé un traité qu'il désavoua sitôt qu'il eut passé la frontière d'Espagne. Du reste il trouva sans peine des alliés. La victoire de Charles-Quint effrayait tous ceux qui jusqu'alors l'avaient aidé contre la France. Les divers Etats d'Italie, qui depuis la bataille de Pavie se trouvaient à la merci des armées impériales, ne voyaient plus dans les Français que des libérateurs. Les troupes impériales étaient une soldatesque féroce qui ne reconnaissait aucune autorité, et qui pillait à loisir la vieille Italie. Pendant dix mois, Milan fut abandonnée aux soldats espagnols; puis, dès qu'on sut en Allemagne que l'Italie était au pillage, quatorze mille Allemands vinrent à la curée avec leur chef, le luthérien Frondsberg, et tous ensemble marchèrent sur Rome. Bourbon périt à l'assaut, la ville fut aisément enlevée, et après le premier massacre les vainqueurs organisèrent le pillage; il dura une année sans relâche.

L'indignation fut universelle en Europe. François, croyant le moment favorable, conclut une ligue avec Henri VIII *pour la délivrance du saint-père;* mais sa défaite à Pavie avait brisé son audace et détruit sa confiance en lui-même. Trahissant les intérêts de ses alliés italiens, il conclut avec Charles le traité de Cambrai, par lequel il les abandonnait, eux et les Vénitiens, et tous ses partisans, à la vengeance de l'empereur (1529). Cet odieux traité bannit pour toujours les Français de l'Italie.

A la gloire d'avoir pacifié l'Europe, Charles joignit bientôt celle de la sauver des Turcs. Sélim, ce terrible conquérant de la Syrie, de l'Égypte et de l'Arabie, qui voulait dompter encore les Perses pour tourner ensuite contre les chrétiens toutes les forces des nations musulmanes, était mort l'an 1521, *laissant l'empire du monde à Soliman.* Soliman le Magnifique ceignit le sabre à Stamboul la même année où Charles-Quint recevait à Aix-la-Chapelle la couronne impériale. Il commença son règne par la conquête de Rhodes et de Belgrade, que Mahomet II n'avait pu enlever. Cinq ans après il traversa, à la tête de deux cent mille hommes, le Danube et la Drave, et livra le 29 août 1526 la bataille de Mohack, qui coûta la vie au roi de Hongrie et à 22,000 chrétiens. Soliman eût soumis la Hongrie s'il n'avait été rappelé en arrière, comme autrefois Amurath, par la révolte des princes de Caramanie; mais il emmena avec lui, si l'on en croit les historiens, 200,000 Hongrois en esclavage. Deux rois furent élus en même temps: Ferdinand d'Autriche, et Jean Zapoly, waïwode de Transylvanie. La Bohême reconnut sans contestation le prince autrichien; mais bien qu'il fît valoir près des Hongrois son mariage avec la sœur unique de leurs derniers rois, et plusieurs pactes de famille, Zapoly réunit la plupart des suffrages. Toutefois il ne put tenir contre les forces de Ferdinand, et plutôt que de renoncer à cette couronne, il aima mieux s'unir à Soliman, qui parut avec toutes les forces de l'Asie jusque sous les murs de Vienne, où il livra vingt assauts en vingt jours (*).

La retaite précipitée de Soliman était un affront qu'il avait à cœur de laver. Après deux ans de préparatifs, il reparut, conduisant des hordes innombrables vers la Styrie; mais, arrêté un mois entier devant une bicoque en ruine par le courage de Juritzi, il laissa le temps à Charles-Quint de réunir une armée de quatre-vingt-dix mille fantassins et de trente mille cavaliers. Soliman recula devant ces forces imposantes que l'empereur, pour la première fois, commandait lui-même en personne. Pour achever cette victoire sans combat sur l'islamisme, Charles, qui déjà avait établi à Malte les chevaliers de Rhodes, songea à purger la Méditerranée des barbaresques qui l'infestaient, comme il venait de délivrer l'Allemagne des Tartares de Soliman. Cette glorieuse expédition eut pour résultat la prise de Tunis et la délivrance de vingt mille esclaves chrétiens.

Tandis que Charles se montrait ainsi le protecteur de la chrétienté contre les infidèles, François Ier s'unissait à Soliman (1534), négociait avec les protestants d'Allemagne, avec Henri VIII qui venait de se séparer de l'Église, et attaquait la Savoie. Charles, tout fier de ses derniers succès, oublia alors sa modération accoutumée, prononça à Rome, en face de tous les ambassadeurs de la chrétienté, un discours violent contre le roi de France, déclarant que, s'il n'avait pas plus de ressources que son rival, il irait à l'instant, les mains liées, la corde au cou, se jeter à ses pieds et implorer sa pitié; puis il fit attaquer la France à la fois par la Champagne, la Picardie et la Provence. Mais une nouvelle invasion de Soliman en Hongrie, les ravages des barbaresques sur les côtes de l'Italie, enfin des embarras pécuniaires déterminèrent Charles-Quint à signer la trêve de Nice (1538). Les deux princes restèrent maîtres de leurs conquêtes.

(*) Voyez plus bas, dans l'histoire de la réforme en Allemagne, le récit de ce siége mémorable.

Il semblait qu'une amitié durable allait succéder à une haine si longue, et Charles-Quint passa par la France pour aller soumettre Gand révoltée. François le combla de témoignages d'estime; mais l'amitié chez des princes rivaux est chose peu durable : dès 1541, la guerre recommença. Charles-Quint venait d'échouer dans sa grande expédition contre Alger; ses ennemis crurent l'occasion favorable. François, uni à Soliman, au duc de Clèves, aux rois de Danemark et de Suède, et entretenant des intelligences avec les protestants d'Allemagne, attaqua avec cinq armées le Roussillon, le Piémont, le Luxembourg, le Brabant et la Flandre; mais les succès ne répondirent pas à tant d'efforts. La chrétienté s'indigna de voir les lis unis au croissant; l'Empire, menacé par les Turcs, seconda l'empereur qui, après avoir enlevé au duc de Clèves le duché de Gueldres et le comté de Zutphen, envahit la France avec Henri VIII, et signa, à treize lieues de Paris, une paix dont il avait besoin pour arrêter les progrès des luthériens (1544). Trois ans après mourait François Ier, laissant à son fils Henri II son trône et sa haine pour l'empereur. Henri II fit publiquement alliance avec les princes protestants, s'empara des trois évêchés, Metz, Toul et Verdun; et quand Charles marcha contre lui avec cent mille hommes, le duc de Guise le força de lever le siége de Metz et le battit à Renty; alors Charles, abandonné de la fortune qui n'aime point les vieillards, comme il le disait lui-même, voyant échouer l'un après l'autre tous ses projets, la France intacte, les protestants victorieux de lui-même (*), ses finances ruinées et des germes de révoltes fermentant dans plusieurs provinces, laissa l'Empire à son frère, ses autres couronnes à son fils.

ABDICATION DE CHARLES V.

Ce fut le 3 août 1556 que Charles-Quint résigna l'Empire à son frère, et le 7 septembre qu'il annonça son

(*) Voyez plus bas pour plus de détails.

abdication à tous les États de l'Empire ; cette mesure surprit l'Europe. « Ses ennemis, dit Tavannes, la qualifient un désespoir de ne pouvoir parvenir à ses desseins, ayant le roy Henry pour puissant ennemy, l'Allemagne désobéissante, le traicté de Passau pour regret, les bravades des princes d'Allemagne en défiance, le siége de Metz et le combat de Renty pour ennuy, et que ses maladies luy faisoient céder l'Empire, pour ce qu'il ne le pouvoit plus exercer, ne pouvant porter les charges des affaires. » En effet, il était si faible que quand l'amiral de Coligny vint quelque temps après lui apporter une lettre de Henri II, il le trouva sur une chaise couverte de drap noir, et dans une chambre tendue de même couleur. Charles voulut ouvrir la lettre, mais ses mains étaient tellement douloureuses, que ce ne fut pas sans peine qu'il y réussit. « Que pen-
« sez-vous de moy, monsieur l'admi-
« ral, dit-il, ne suis-je pas un brave
« chevalier pour courir et rompre une
« lance, moy qui ne puis qu'à bien
« grande peine ouvrir une lettre. »

« Oubliant, dit François de Rabutin (*), la sollicitude de tant d'affaires, qu'importe ce tiltre d'empereur, il voulut sortir des tempestueux troubles pour se contenter d'une magnifique maison qu'il avoit fait bastir en un lieu de plaisir, appelé Just (**), et là parachever le surplus de sa vie en repos... Pour cest effect, l'on dit que dès le mois de septembre précédent en cest an (1556), il avoit fait passer d'Angleterre, et retiré rière luy (***), à Bruxelles, le roy Philippes son fils, avec lequel, par l'espace de six semaines ou deux mois, seul à seul, il communiqua de tous advertissemens et memoires, et l'informa de tous poincts qui concernoient le fondement et maintien de sa grandeur, et conservation de ses royaumes, biens et possessions, et l'entretien et amitié des princes, tant estrangers que proches de sa personne, parens, alliez et confederez, qui le pouvoient conseiller, ayder et secourir en tous ses affaires : mesmement luy recommanda, entre autres particularitez, la recognoissance de ses anciens serviteurs et de leurs services, qu'il n'oublieroit ains recompenseroit, leur donnant moyen et occasion de continuer, et ne se degouster et absenter de son service. Après luy conseilla, attendant qu'il fust stabilité et confirmé ès Estats qu'il luy delaissoit, et laissant escouler les nuées et troubles qui regnoient, qu'il s'appoinctast avec le roy de France, ou, pour le moins, temporisast avecques luy à certain temps, pour estre le plus fort ennemy qu'il eust, et auquel de soy seul ne pourroit resister; que si ils ne pouvoient tomber d'accord, surtout il se gardast se desnuer et separer du roy des Rommains son oncle, premier entrant au degré de l'Empire, ny du roy de Boheme son cousin et beau-frère, ny de tous ceux qui le pouvoient soustenir; d'autant que le roy de France, tel et si puissant qu'il le savoit, et son prochain voisin, auroit meilleur accès et entrée à s'avantager et aggrandir sur luy, estant seul et separé, veu que luy estant constitué en toute hautesse et sublimité de pouvoir, et commandant à tant de pays et d'hommes, tant s'en falloit qu'il l'eust peu ranger et matter, que la prosperité de luy entreprenoit sur la sienne. Après avoir fait toutes ces remonstrances, et plusieurs autres qu'un bon et sage père, et qui avoit longue et certaine experience...... de diverses mutations d'accidens, peult remonstrer à un jeune prince succedant à une nouvelle charge; après avoir particulièrement et privément convoqué tous les princes et grands seigneurs de sa maison, et ceux de son service, pour leur declarer sa délibération et leur recommander son fils, leur nouveau seigneur et maistre, feit une assemblee générale à Bruxelles, le vingt troisieme octobre en cest an 1555, de tous les Estats de son Pays-Bas, et là leur

---

(*) *Commentaires de François de Rabutin.* Collection Petitot, t. XXXI, p. 407 et suiv.

(**) Rabutin se trompe, Saint-Just était un monastère situé près de Placentia.

(***) *Rière luy*, près de lui.

feit entiere declaration de l'indisposition de sa santé, pour l'amendement et continuation de laquelle estoit conseillé et contrainct s'absenter et esloigner d'eux et passer en Espagne. Puis, leur ayant deduict de mot à mot les biens et secours qu'ils avoient receus de luy, les requist accepter et recevoir son fils pour leur naturel seigneur, luy aidans tous, d'un commun consentement et union, pour maintenir tousjours le service de Dieu et sa justice, aussi la defense de ce pays. Ce qu'estant accepté et accordé de tout le peuple, avec grandes acclamations et favorables applaudissemens, le roy Philippes se leva de sa chaire, et se vint mettre à genoux la teste nue devant l'empereur son pere, lequel, en luy mettant la main sur le chef, luy dist : « Mon cher fils, je « vous donne absolument tous mes « pays patrimoniaux, vous recomman- « dant le service de Dieu et la justice : « ce faisant, il vous sera tousjours en « aide, auquel je prie vous augmen- « ter de bien en mieux; » et adonc luy donna sa benediction. Puis le prince se leva, faisant la reverance deue à son père et à la royne Marie sa tante : et, se retournant devers le peuple, rendit graces à Dieu, et remercia l'empereur son pere : à Dieu, de l'élection qu'il avoit faite de luy, le faisant naistre en telle hautesse et grandeur, et de la continuation et augmentation de la prosperité qu'il luy plaisoit conceder, luy suppliant ne destourner sa face et sa main de luy, à ce qu'il ne se mescognéust, et, s'oubliant, vînt à commettre cas contre son honneur et ses commandemens, suyvant lesquels luy ottroyast tant de grace que conduire le peuple qui luy estoit commis, a sa gloire et accroissement de sa foy. Et, s'adressant à l'empereur son père, avec une très-grande humilité, le remercia de la sollicitude qu'il avoit euë de luy selon le naturel et affection d'un très-bon et très-humain pere, l'ayant fait nourrir doucement, et delicatement instituer en toutes louables et vertueuses doctrines et enseignemens, puis l'avoir eslevé et maintenu jusques en l'aage qui luy devoit sembler assez fort et robuste, et propre à raison et prudence, auroit eu tant de confidence et bon jugement de luy resigner et donner liberalement tant de biens et patrimoines. Se retournant devers le peuple, le remercia de l'acception qu'il avoit fait de luy, l'asseurant d'une si entiere administration et police, selon l'office d'un bon prince et equitable justice, et le vouloir de Dieu, qu'il ne leur donneroit occasion de se repentir de cest adveu et consentement. Il est facile à croire que tous ces propos et pitoyables harangues ne furent tenues, et ne passerent sans maintes larmes, mesmement la constance de l'empereur ne peust estre adonc si ferme que la reverée reconnoissance de son fils ne luy esmeut tellement les sens et affections paternelles que le contraindre en rendre tesmoignage par larmes qui luy decouloient le long de sa face ternie et pasle, et luy arrousoient sa barbe blanche : ce que pareillement peut esmouvoir la plus part des assistans à pitié et commiseration meslée de joye. La royne Marie, douairiere de Hongrie, à qui l'empereur son frere avoit donné charge et commandement sur tous les Pays-Bays, se leva adonc de son siege, et, dressant sa parolle au peuple, dit que depuis vingt-trois ans qu'il avoit pleu à la Cesarée Majesté luy donner ceste charge et gouvernement, elle avoit employé tout ce que le seigneur Dieu luy avoit presté de grace et de moyen pour s'en acquitter au mieux qu'il luy avoit esté possible : toutefois que si en aucune chose elle avoit fait faute, ce n'estoit à son escient et de malignité, et prioit à chacun luy pardonner, se tenant au surplus l'empereur son frere pour satisfait et content d'elle. Toutes ces cerimonies et circonstances parachevées, l'empereur en public remit et quitta à tous ses subjects les sermens qu'ils luy avoient faits, et s'ostant du throne et siege où il estoit, y feit asseoir le roy Philippes son fils, qui receut dès l'heure les hommages et sermens de tous ses vassaux. Et en la presence et veuë de toute ceste assemblée furent cassez et rompus les premiers seaux de l'empereur, et en mesme instant l'on apporta ceux du roy Philippes, desquels sur-le-champ furent scellées quelques graces et autres despeches. Ainsi commença ce grand empereur à se desmettre et desheriter volontairement de toutes ses amples et opulentes possessions et Estats, pour eslire une pacifique vie, pour l'entretien de laquelle l'on dit que seulement il reserva l'usufruict de Castille et la superintendence de toutes les commanderies (*).

En ce mesme temps se disoit aussi qu'il escrivit lettres fort amples et gracieuses aux electeurs et princes d'Allemagne, les priant et admonestant en parolles fort graves, entremeslées de doulceur et admonition qu'ils eussent à se réconcilier les uns aux autres, leur déduisant les causes injustes qu'ils avoient à se ruiner d'eux-mesmes, et par mesme stile leur alleguoit et proposoit le moyen qu'ils devoient suivre, pour se restituer et faire droict reciproque : que si ils n'y vouloient unanimement entendre et prester la main, il leur prédisoit, et voyoit presque desjà à l'œil, une estrange et très-calamiteuse ruine. Avec ce les advertissoit de la nécessité qu'il avoit de passer en Espagne, et de la cession volontaire qu'il remettoit en leurs mains des Estats et charges de l'Empire, à quoy le contraignoient et l'aage et les maladies : les conseillant toutefois faire election du roy des Romains son frere pour leur empereur (**), prince qu'ils cognoissoient pour avoir longuement conversé avec eux, et lequel estoit desjà meur et parvenu en l'aage qui ayme le repos et la tranquillité, selon aussi que naturellement il y estoit enclin ; ce qui leur estoit adonc nécessaire, d'autant que si ils eslisoient un jeune empereur qui fust de complexion martiale, et qui adjoutast nouvelles guerres à celles qui régnoient et estoient si fort enflammées, ce seroit ouvrir un beau et large chemin au Turc pour entrer encor plus avant sur leurs limites, lequel n'espioit que ceste occasion pour pescher en eaue trouble. Enfin il leur recommandoit et rendoit soubs leur protection Philippes son fils, les remémorant et adjurant que si en sa vie il avoit fait aucune chose pour eux et leur patrie qui meritast estre recogneue, que ce fust à l'endroit de son fils, lequel il delaissoit avec très grandes charges, ayant bon besoing de chercher et employer tous ses amis. Que si leurs affaires ou autres privées et particulières affections les empeschoient et divertissoient de le secourir, au moins qu'ils ne luy fussent contraires et ennemis. Pareillement il envoya vers le roy des Romains, Ferdinand, son frere, un docteur, homme de grande doctrine, nommé Seler, pour prendre congé de luy, et luy déposer de sa part toutes charges et affaires de l'Empire : l'adjmonestant et priant chercher tous moyens d'accord et union entre les princes, esquels consistoit l'appuy et accroissement de cest Empire ; et par la division desquels il menassoit prochaine ruine et décadence. Oultre plus, qu'il ne defaillist de conseil et ayde, non comme oncle seulement, ains comme père et protecteur, au roy Philippes son fils, en considération qu'il luy laissoit sur les bras un trop fort ennemy, non-seulement de luy, mais de toute la maison d'Austriche, le roy de France, auquel de soy seul ne pouroit s'opposer et resister, veu l'heur et la fortune qui avoit toujours esté pour luy en ces dernieres guerres, de sorte que, si les princes n'y remedioient, il luy seroit facile s'investir et recouvrer la pluspart des Italies et des Pays-Bas. »

Après son abdication, Charles-Quint alla achever ses derniers jours dans la solitude de Saint-Just. Poussant les choses plus loin encore que son aïeul Maximilien, il se fit faire de son vivant ses propres funérailles, « image trop

(*) Charles-Quint ne se réserva qu'une pension de cent mille écus.

(**) Il paraît au contraire que Charles-Quint aurait désiré que la couronne impériale fût assurée à son fils Philippe.

fidèle, dit un historien, de cette gloire éclipsée à laquelle il survivait. »

Son fils Philippe II continua la guerre contre la France. Quant à l'Allemagne, nous allons maintenant y rentrer pour n'en plus sortir de longtemps, car durant un siècle nous la verrons livrée à ses propres querelles.

LUTHER ET LA RÉFORME.
PRINCIPES DU DOGME CHRÉTIEN.

Maintenant que nous sommes arrivés au plus grand événement de l'histoire moderne, il faut nous arrêter pour l'étudier dans ses causes et ses résultats. La réforme de Luther avait pour but de ramener le monde aux temps de la primitive église ; mais effacer quinze siècles de l'histoire est chose difficile ; aussi ne croyons-nous pas que ce résultat ait été obtenu. Personne n'a le droit ni le pouvoir de faire ainsi reculer l'humanité. Luther a cru revenir au christianisme du premier siècle, et il n'a fait, en vérité, que développer l'un des principes de la religion. Pour prouver cette assertion, il nous faut aussi, pour un moment, remonter bien loin dans la série des âges.

Les dieux de l'antiquité païenne, ceux de l'Inde et de l'Égypte, n'étaient que des personnifications immorales des forces de la nature ; l'homme lui-même en tant que puissance naturelle pouvait devenir dieu. Ainsi dans l'Inde Brahma vient au désert supplier un richis de cesser ses austérités qui font trembler le ciel ; car, par ses abstinences, il avait obtenu une telle puissance qu'il aurait pu au simple froncement de ses sourcils réduire tous les mondes en poudre.

Dans la Grèce et à Rome, les grands systèmes cosmogoniques de l'Orient n'ont plus qu'un faible écho. Ce sont comme d'anciens souvenirs qui s'effacent peu à peu de la mémoire des hommes. La religion et les dieux prennent des formes plus arrêtées, plus humaines : la Grèce, patrie de l'art, Rome, ville de soldats, rejettent les rêveries mystérieuses de l'Orient et veulent des divinités moins gigantesques, moins insaisissables à l'œil de l'homme, moins cachées sous de bizarres symboles ; la nature dans les deux péninsules n'est pas écrasante, comme sur les bords du Gange, par sa fécondité et sa force ; le sentiment de l'infini n'est pas à chaque instant éveillé en elles, comme il l'est par le ciel sans nuages, ou les terribles ouragans des tropiques, par l'action de cette puissance terrible qui énerve et tue l'habitant des terres équatoriales. Monde du fini et de la beauté, la Grèce voit et touche ses dieux ; pays d'hommes forts et libres, elle ne peut les concevoir qu'à l'image de ses enfants, et ses divinités ne sont autre chose que des personnifications de l'homme : c'est l'agilité, la force, l'intelligence, la beauté de l'homme portées à leur idéal. Mais leur ciel n'est pas assez loin de la terre : Delphes, le mont Ida, l'Olympe, s'élèvent à peine au-dessus des nuages, au-dessus des intrigues et des passions qui s'agitent ici-bas. D'ailleurs l'*homme déifié* emporte toujours avec lui quelques-unes des souillures de la terre, et l'Olympe donne parfois de scandaleux exemples.

Les mœurs se ressentirent de la pernicieuse influence de cette théologie immorale : Rome devint la sentine du monde ; toutes les mauvaises passions y régnèrent sans contrainte ; on n'eut plus d'autres plaisirs que d'impures jouissances, d'autre moralité que l'intérêt, d'autre culte qu'un matérialisme désespérant. Aussi croit-on voir dans les ouvrages des hommes que leur génie sauvait de la corruption générale, dans Juvénal et Tacite par exemple, je ne sais quelle sombre philosophie, quel mépris de l'homme, et quel désespoir de la nature morale qui annoncent la ruine de tout principe et de toute espérance.

Cependant contre ces désordres effrénés il y eut des réactions, car l'esprit humain est de trop noble origine pour laisser prescrire l'immoralité. Les stoïciens proscrivirent les jouissances sensuelles : ils voulurent tuer le corps au profit de l'esprit. Mais cette philosophie solitaire, qui ne relevait que de la raison individuelle, niait la Providence et croyait au destin, était sans élan et sans force; elle pouvait convenir à un petit nombre d'hommes supérieurs, mais elle était impuissante à remuer les masses populaires, et les abandonna dédaigneusement au christianisme naissant. « Le mérite unique de cette philosophie fut d'exalter outre mesure l'individualité, mais sans la féconder. Le stoïcien doit s'abstenir et doit supporter, mais rien ne l'oblige d'agir : il résiste toujours, jamais il ne veut conquérir ; loin d'aimer les autres hommes qu'il ne trouve pas à son point, il les méprise; il se retire dans son orgueil, comme Achille sous sa tente ; il se gonfle, il ne s'épanche pas ; insociable à force d'héroïsme, pour lui toutes les fautes sont égales, tous les manquements à la morale sont de même valeur. Chrysippe faisait ce beau raisonnement : Soyez à cent stades de distance de Canope, ou n'en soyez éloigné que d'un seul, dans les deux cas vous n'êtes pas à Canope; soyez de même à quelques pas de la vertu ou à une distance infinie, dans les deux cas vous n'êtes pas dans la vertu. Quand une doctrine a le malheur d'être aussi logique, elle est antisociale. Toutefois, les stoïciens ne demandaient pas mieux que de se mêler des affaires : leurs sages devaient être des hommes politiques : mais qu'ont-ils fait? quel dévouement pour l'humanité? quelle grande action historique, sauf la protestation et la mort de Caton? Où sont les actes positifs, les institutions durables? Où est la parole et le pain pour l'humanité (*)? » Nous fermons, dit Vico, l'école de la science nouvelle aux stoïciens, qui veulent la mort des sens, aux épicuriens qui font des sens la vie de l'homme. Ceux-là s'enchaînent au destin, ceux-ci s'abandonnent aux hasards : les uns et les autres nient la Providence. Ces deux écoles isolent l'homme, et devraient s'appeler philosophies solitaires.

Après avoir fourni de nombreux exemples de courage et de dévouement, le stoïcisme s'assit avec éclat sur le trône impérial, au temps des Antonins; mais alors sa pure doctrine commença à se corrompre en se mêlant d'intérêts divers. Marc-Aurèle, empereur et stoïcien, s'effraya des progrès du christianisme, et chargea les philosophes de le combattre. C'était pour eux une affaire non-seulement de conscience, mais d'intérêt. Le paganisme s'était si honteusement dégradé, qu'il avait bien fallu le soutenir au moins par des croyances philosophiques. C'était un moyen de le recommander encore par une apparence de gravité, aux classes élevées de la société romaine. De là le grand nombre de philosophes qui fleurirent dans le siècle des Antonins, lesquels, malgré les railleries de Lucien, les favorisèrent. Marc-Aurèle surtout se montra pour eux plein d'égards : il croyait que la morale humaine, qu'il prêchait et qu'il écrivait lui-même dans son livre, suffisait pour régénérer le monde. Il ne comprenait pas qu'une religion seule, c'est-à-dire, une forte et énergique croyance, pourrait descendre assez bas dans le peuple pour attaquer le mal dans sa racine. Marc-Aurèle prodigua aux sophistes les trésors de l'empire ; s'il avait eu moins de guerres à soutenir, son règne aurait été celui des philosophes. En retour, ceux-ci professèrent partout que la première règle de conduite pour un citoyen, en matière de religion, était de se conformer sans examen au culte de l'État, et qu'un petit nombre d'hommes d'une nature supérieure pouvaient seuls être initiés aux mystères de la philosophie. Pour faire impression sur le peuple, les philosophes s'entourèrent d'un certain attirail religieux, de devins, de magiciens; il y eut des prophéties, des oracles, de nouveaux sacrifices ; tous les cultes se réunirent pour couvrir le paganisme mourant de leurs cérémonies et de leurs mystères.

(*) Lerminier, *Philosophie du droit.*

« Mais les professeurs de la sagesse humaine devaient être aussi impuissants que les bourreaux : le christianisme triompha de la force ouverte, comme de la ruse et de l'adresse sophistique des philosophes. Mais quelle était cette doctrine nouvelle descendue du Calvaire pour se répandre sur tout l'empire? Lorsque les conquêtes d'Alexandre eurent mêlé la Grèce et l'Orient, quand les grands systèmes de l'Inde et de l'Égypte, ces doctrines immorales, mais empreintes d'un spiritualisme profond, se rencontrèrent à Alexandrie avec les idées grecques et platoniciennes, il y eut un travail fécond des unes sur les autres. D'une part, l'Orient donna le vif sentiment de la puissance divine; la Grèce, celui de la liberté et de la dignité humaine si contraire au panthéisme asiatique, qui identifie la création avec le créateur. La Judée enfin fournit l'idée de l'unité divine; alors, sous la triple action de ces trois systèmes pris dans leur plus haute généralité, naquit une religion qui admit un seul Dieu, avec les attributs qu'ont donnés à l'Être suprême les doctrines spiritualistes de l'Orient, celles de Bouddha, de Lao-Tseu, du Vyasa-Vâdantia, des Esséniens et des Thérapeutes : *l'homme fait à son image; libre* de choisir entre le bien et le mal, mais *responsable* de ses actions, au jour où, délivré de son corps, son *âme immortelle* vivra, selon ses mérites, dans une éternelle béatitude ou dans les douleurs de l'enfer. L'Orient avait sacrifié l'homme à Dieu, et, comme conséquence dans la vie ordinaire, tué le corps pour l'esprit à force d'austérités; dans la vie politique immolé le peuple au prêtre et constitué le gouvernement sacerdotal. La Grèce, au contraire, avait presque nié les dieux au profit de l'homme, qu'elle déifiait au besoin, qu'elle faisait roi sur la place publique. Le christianisme réconcilia les deux systèmes; Dieu et l'homme furent rapprochés, mais sans se confondre : l'un garda sa toute-puissance et l'autre sa liberté; l'homme, dans son existence indépendante, put agir au gré de ses passions ou de ses idées, mais la divinité garda sur lui ses droits. Cette vie ne fut qu'une vie d'épreuves; la vie réelle éternelle fut réservée pour l'autre monde : au bon le ciel, au méchant l'enfer. C'est à sa mort que Dieu attend l'homme pour lui faire rendre un compte terrible de ses œuvres, de l'usage qu'il a fait de sa liberté, de l'observation exacte ou infidèle des *préceptes* qu'il lui a *révélés* au jour de sa création, et que *son fils Jésus-Christ* le Verbe, c'est-à-dire la parole divine incarnée, est venu *confirmer* et *développer*. Ainsi le chrétien voit toujours au-dessus de lui Dieu dont l'œil suit toutes ses œuvres : dans *le livre révélé* sont les préceptes; dans le *Christ*, le modèle qu'il doit imiter; dans sa *liberté*, le pouvoir de choisir entre le bien ou le mal, et de se rapprocher ou de s'éloigner du Christ. Telle est dans sa plus haute expression le dogme chrétien; le reste n'est plus que la partie extérieure, dramatique, si je puis le dire, de la religion. Par ce dogme se trouve enfin constituée pour la première fois la moralité, qui unit ce qui avait été jusqu'alors séparé, le créateur et la créature, le ciel et la terre; mais aussi dès ce moment fut posé le terrible problème de l'accord de la liberté humaine avec la toute-puissance et la prescience divine. le Christ est à la fois Dieu et homme : ces deux caractères se reproduisent éternellement. Tantôt l'un, tantôt l'autre l'emporte : ce sont comme les deux pôles du christianisme qui, selon les temps, donne une plus large part à la *grâce* ou à la *loi*, à l'*autorité* ou à la *liberté*.

PÉLAGE ET SAINT AUGUSTIN. HINCMAR ET GOTTESCHALK, CALVIN ET LUTHER.

« Dans les trois premiers siècles, l'humanité ayant horreur d'elle-même, et à peine sauvée du sensualisme païen, se réfugia dans l'amour divin : elle embrassa la mort, elle eut soif des supplices qui devaient la réunir plus vite à Dieu. Mais quand les scandales eurent cessé, et que la croix triomphante brilla sur les étendards de l'Empire, la liberté réclama par la voix de Pélage et de son ami l'avocat Celestius (*). Avant d'organiser ce qu'on a appelé hérésie pélagienne, le moine breton avait écrit d'une part un ouvrage sur la Trinité, et de l'autre fait un recueil de la Bible sur la morale. Après cette double étude sur l'essence divine et les devoirs de l'homme, il comprit qu'il fallait pour sauver la moralité, c'est-à-dire, la responsabilité humaine, ne pas dire que l'homme, simple instrument dans les mains de la Providence, ne pouvait être sauvé que par la grâce, mais que ses actes, bons ou mauvais selon la loi, lui mériteraient le ciel ou l'enfer. Toutefois, Pélage, comme tout novateur, alla trop loin, et, en exagérant le principe du libre arbitre, rompit l'équilibre du dogme chrétien (**). » Et puis, la tentative était prématurée : les barbares arrivaient, et ce n'était point de liberté qu'il fallait leur parler, mais bien plutôt de soumission à l'Église; aussi le pélagianisme, combattu d'ailleurs par saint Augustin, disparut au milieu du bruit de l'invasion.

Mais quand les barbares eurent donné naissance à de nouvelles sociétés, quand les royaumes germaniques se furent formés dans les provinces de l'empire romain, l'éternelle querelle recommença. L'Allemand Gotteschalk, l'élève de saint Augustin, soutint la doctrine de la prédestination, accusa son adversaire Rabanus, archevêque de Mayence, de semi-pélagianisme, et mourut dans la prison où Hincmar l'avait fait enfermer (868). Cette fois, la doctrine de la grâce était condamnée; c'était cependant la véritable doctrine de l'Église. Aussi, quand elle eut pris bien fermement possession du monde, lorsque, au onzième siècle, arrivèrent les croisades, l'enthousiasme religieux des peuples poussa l'Église vers l'autre pôle; saint Augustin reprit le dessus, et les hérésiarques qui ne voulaient relever que de la raison humaine, Bérenger de Tours et Abailard, furent condamnés; saint Bernard étouffa les nouveaux pélagiens.

Mais il y avait péril à pencher d'un côté ou d'un autre. Car une logique sévère conduit inévitablement de la grâce au fatalisme et du libre arbitre à la ruine du dogme. Il fallait être inconséquent pour admettre la coexistence des deux doctrines contraires, les combattre l'une par l'autre et sortir des ténèbres métaphysiques pour donner enfin des règles morales à la vie pratique du commun des hommes. Ce fut saint Thomas qui, au milieu du treizième siècle, chercha à tenir la balance, à trouver l'équilibre, à fixer entre ces deux abîmes la doctrine de l'Église. Combattant par le bon sens sa propre logique, il se plaça entre Augustin et Pélage, et établit la règle qui, au dire d'Albert le Grand, devait durer jusqu'à la consommation des temps. Mais en vain l'Église s'efforça de tenir le milieu entre les raisonneurs et les mystiques : les premiers se continuèrent en France par l'université, rivale d'Avignon et de Rome; par les légistes qui, laissant l'Église s'endormir dans la richesse, infiltrèrent goutte à goutte dans l'esprit des peuples l'idée de liberté, jusqu'au conseiller Dubourg, première victime des troubles religieux, jusqu'à Calvin, disciple des jurisconsultes de Bourges et d'Orléans ; les autres, en Allemagne, par les Franciscains et leurs docteurs, par les mystiques des Pays-Bas, Ruysbrok et le grand Tauler, jusqu'au moine Augustin Luther. « Aussi les deux réformes seront-elles essentiellement différentes : l'une, sèchement raisonneuse, détruira tout le symbolisme chrétien; du christianisme, elle ne gardera pour ainsi dire que la morale, et voudra pour l'homme la li-

---

(*) Il est important de remarquer que l'un des chefs de l'hérésie pélagienne était un légiste. Si le prêtre est disposé à tout abandonner à la grâce, c'est-à-dire, à la puissance de Dieu, le jurisconsulte suppose toujours dans l'homme la liberté, car sans elle, il ne pourrait donner à la loi la sanction de la pénalité.

(**) Victor Duruy, *Essais sur la réforme.*

berté politique. La réforme de Genève sera essentiellement démocratique ; celle de Wittemberg, plus théologique, plus désintéressée, moins préoccupée de l'homme et de ses intérêts mondains, que de Dieu et de ses droits, ira jusqu'à prononcer ces terribles paroles : La foi sans les œuvres peut sauver.

« Mais pendant que la Suisse protestante, libre et calme, se couvrira d'écoles et d'académies, l'église luthérienne restera soumise au pouvoir temporel; contre la domination des papes, elle prendra celle des princes, et ses querelles théologiques feront naître une nouvelle scolastique, qui retardera pour plus d'un siècle l'élan littéraire de l'Allemagne. Enfin, en se livrant aux mains de l'autorité royale, elle habituera les princes à tenir la pensée captive, où à la reléguer pour toujours dans les régions paisibles de la philologie et de l'érudition. Et le pays de l'homme qui a ressaisi, nous dit-on tous les jours, les droits de l'esprit humain, qui a fondé la liberté de douter et de publier son doute, le pays de cet homme si révolutionnaire même au sens politique, c'est la Prusse, qui ressemble à une immense caserne soumise au régime militaire! Il faut, ou que l'on se trompe étrangement sur le compte de Luther, ou que l'adresse des princes ait singulièrement perverti les conséquences de sa réforme (*). »

Nous avons montré la filiation d'Augustin à Luther, de Pélage à Calvin ; examinons maintenant comment leurs doctrines purent ébranler si fortement l'Église, et être accueillies avec tant d'avidité par les populations.

MŒURS CORROMPUES DU CLERGÉ.

Ce qui détourna d'abord les peuples de l'Église, c'est ce luxe insolent qu'affichaient les prélats au milieu des misères publiques. Nous ne nous étendrons point sur ce sujet, dont nous nous sommes déjà occupés lors de la querelle

(*) Victor Duruy, ibid.

du pape et de Louis de Bavière ; d'ailleurs assez d'autres ont rappelé ces scandales. Si la manière de vivre du clergé justifiait les plaintes du peuple, les papes eux-mêmes semblaient prendre à tâche d'exciter les justes réclamations des fidèles. Dès le huitième siècle, Rome se déshonorait par la simonie : « La florissante Constanti-
« nople, est-il dit dans une élégie de
« cette époque, s'appelle la nouvelle
« Rome ; et toi, vieille Rome, tes
« mœurs s'écroulent comme tes mu-
« railles. Ton empire a passé ; mais tu
« as gardé ton orgueil. Le culte de l'or
« te domine trop. Tu as autrefois in-
« fligé aux saints, lorsqu'ils vivaient,
« un trépas cruel, et maintenant tu
« enseignes à trafiquer de leurs os. »
Dans une élégie d'Hildebert, évêque de Tours, au commencement du douzième siècle, on lit : « Heureuse ville, si elle
« manquait de maître, ou s'il était
« honteux à ses maîtres de manquer
« de foi. »

Dante lui-même l'appelle la grande prostituée qui flagelle son brutal amant ; quant aux peuples ultramontains, bien qu'éloignés du spectacle de la corruption pontificale, il n'y a qu'à lire les fabliaux du moyen âge pour y trouver à chaque instant des sentiments hostiles et moqueurs contre la cour de Rome, qui prouvent que le bruit de ses scandales passait parfois les monts. Guyot de Provins a écrit dans sa Bible satirique :

Rome nous suce et nous englot,
Rome détruit et occit tot;
Rome est le nid de la malice,
D'où sordent tous les mauvais vices ;
C'est un vivier plein de vermine.

Un légendaire de sainte Léocadie, s'écrie, au milieu de sa légende : « Tout le mont Rome mâche et ronge. » On connaît le *Pardoner* ou vendeur d'indulgences de Chaucer, et le juif de Boccace, qui, après avoir résisté à tous les efforts faits pour le convertir, visite Rome et se fait aussitôt baptiser, par la raison que la religion chrétienne doit être bien certainement divine, puisque les vices et les crimes de ses ministres n'ont pas encore amené sa ruine. « Oui dea, messieurs, dit Rabelais, en parlant des papes, j'en ai vus trois à la vue desquels je n'ai guère profité. »

AMBITION TEMPORELLE DE LA PAPAUTÉ.

Il faut le reconnaître : « Le bruit des scandales de la papauté commençait à passer les Alpes, et déjà se dessillaient les yeux du peuple, qui s'attache plus aux personnes qu'aux choses, à la vie pratique plus qu'à l'orthodoxie du dogme; et tandis que les richesses et la corruption du clergé excitaient ainsi l'envie et la haine des pauvres et des ignorants, le progrès des lumières introduisait dans les classes éclairées un esprit d'examen et d'indépendance qui devait être fatal au dogme et au pouvoir de l'Église. Le temps n'était plus, en effet, où l'Église possédait seule la vertu, les talents et les lumières, où seule elle protégeait le faible contre le fort, maintenait les mœurs, et répandait par toute l'Europe les principes d'une morale commune. Le monde, qu'elle avait si longtemps nourri de sa parole, lui échappait; la science se faisait laïque. L'imprimerie était inventée, la boussole mise en usage, l'Amérique découverte, le vrai système du monde trouvé, et ce n'était point l'Église qui avait fait toutes ces grandes choses. Les peuples s'arrêtaient étonnés devant les tableaux de Raphaël et les statues de Michel-Ange; et le peintre ni le statuaire ne portaient comme jadis le capuchon de saint Dominique où le cilice de saint François. Si la raison et le goût, purifiés par l'étude des anciens, si l'imagination, reprenant enfin leurs droits, donnaient à la parole une vie nouvelle, et ouvraient à l'esprit une carrière jusqu'alors inconnue, l'Église, loin d'y aider, s'indignait presque qu'on sortît des voies qu'elle avait tracées.

« Ainsi le monde, marchant toujours, la laissait loin derrière lui, et il arriva un moment où la distance devint si grande, que l'on sentit de part et d'autre le besoin de régler les rapports qui devaient exister entre l'antique autorité pontificale et la puissance nouvelle de l'esprit. Ce fut l'époque de la crise, du schisme qui sépara de l'Église romaine la moitié de l'Europe, c'est-à-dire tous les pays de langue germanique. Ce ne fut point seulement dans l'obscure ville de Wittemberg, dans ce coin à peine défriché de la Saxe, que le besoin d'une réforme devint si impérieux qu'il prit enfin la voix d'un homme pour se révéler et se satisfaire; il fermentait par tout le monde chrétien, et la question n'était point de savoir s'il éclaterait, mais où et quand serait donné le signal de l'insurrection. Déjà Wiclef et Jean Huss avaient remué l'Angleterre et la Bohême, et ébranlé la domination des prêtres. Le clergé lui-même, effrayé des signes menaçants qui se montraient de toutes parts, avait un instant cherché à prévenir le danger. Constance et Bâle avaient vu comme les états-généraux de la chrétienté, et peu s'en était fallu que le système représentatif ne fût établi dans l'Église par la périodicité des conciles, déclarés supérieurs aux papes. Mais cette importante innovation qui, en diminuant les droits de la monarchie pontificale, pouvait la sauver, ne s'accomplit pas. Les papes évitèrent de convoquer les conciles, et revinrent peu à peu sur les réformes opérées. Si du moins ils avaient suivi d'un œil attentif le mouvement des esprits; s'ils avaient écouté le bruit sourd que rendait le sol, miné sous leurs pas, peut-être leurs yeux se seraient-ils ouverts? mais ils voulurent être princes de la terre. Contre l'autorité qui leur échappait, contre l'amour et le respect des peuples qui s'éloignaient d'eux, ils échangèrent une domination terrestre, ils ceignirent le casque et l'épée; comme Jules II et comme Alexandre IV, ils employèrent le poison et le poignard pour servir leur ambition mondaine, et n'entendirent point au milieu de leurs guerres et de leurs intrigues les lointains murmures de la foule. Aussi quand les réformateurs parurent, ils prirent l'Église comme au dépourvu, et ne trouvèrent parmi leurs adversaires aucun homme qui pût lutter avec eux de talents ou de vertus. Il fallut que le catholicisme attendît plus d'un siècle un champion digne de défendre sa cause ; et quand il vint, ce ne fut pas pour disputer aux novateurs le champ de bataille qui depuis longtemps leur était resté, mais pour raconter les querelles et les misères qu'ils avaient trouvées au sein de la victoire. Triste consolation, que celle de se réjouir des guerres civiles de l'ennemi qu'on n'a pu vaincre! Bossuet triomphe des variations du protestantisme ; il l'écrase de sa magnifique éloquence, et lorsqu'en face de la majestueuse unité de l'Église catholique, qui traverse les siècles appuyée sur les mêmes doctrines, immuable dans son dogme comme l'éternelle sagesse, il peint cette jeune église agitée de tant de discordes et désolée de tant de schismes, il croit l'avoir livrée à la risée des nations. Mais il se serait moins réjoui si, laissant de côté les hommes et leurs vains systèmes, et se refusant au plaisir de montrer les contradictions humaines, il avait embrassé dans son ensemble la révolution qui affranchit peu à peu l'esprit humain du joug de l'autorité. Alors il aurait vu tomber l'une après l'autre toutes les vieilles dominations; il aurait vu saint Thomas, Aristote et la scolastique faire place à des systèmes nouveaux ou reculer même devant le scepticisme; l'art antique, si libre dans ses allures, remplacer l'architecture gothique, que réglait une arithmétique sacrée et invariable; et le génie des grands maîtres italiens faire sortir la peinture de l'imitation servile de certains types religieux. Devant cet imposant spectacle de l'activité humaine se portant sur toutes choses, philosophie, art et religion, pour tout renouveler, il aurait compris qu'il s'était opéré dans ce moment une de ces grandes révolutions où il voyait lui-même le doigt de la Providence (*). »

(*) Victor Duruy, *ibid*.

RENAISSANCE.

On ne parle d'ordinaire que de la renaissance de la littérature au seizième siècle; mais l'Europe moderne compte, si je puis dire, deux époques semblables, qui toutes deux ont leur point de départ en Italie. La première eut lieu au onzième siècle, lorsque Guernerius commença l'illustration de l'école de Bologne, lorsque Constantin l'Africain porta, en 1074, la médecine arabe dans la Péninsule où s'éleva bientôt la célèbre école de Salerne ; cette fois, comme au quinzième siècle, l'Italie envoya au dehors de savantes colonies. Les Lombards, établis au Bec, commencèrent ce mouvement littéraire qui, gagnant de proche en proche, se propagea rapidement de la Normandie en France, en Angleterre et en Allemagne. A cette époque la littérature était indépendante de tout joug, et, pour ainsi dire, démocratique; mais la république des lettres tomba bientôt sous le joug des *sommes*, quand au treizième siècle, les universités eurent *centralisé* la science et fait rédiger, par leurs maîtres les plus célèbres, des traités où chaque science se trouva réduite à un abrégé, qui fut comme un symbole de foi pour les professeurs et les élèves. Dès lors l'esprit spéculatif, les recherches nouvelles, la méditation et la critique furent enchaînés. Il fallut que les médecins suivissent aveuglément la somme de Thaddée dans tous ses préceptes, les légistes, celle d'Azon, les théologiens, le *Liber sententiarum* de Pierre Lombard ou la somme de Thomas d'Aquin. Ces trois sciences, qui régnaient alors sans rivales, furent réduites, la médecine à un art mécanique que ne fécondait jamais l'observation, la théologie à d'obscures discussions scolastiques, sans élan ni grandeur, la jurisprudence enfin à une déduction subtile de quelques axiomes, acceptés pour inattaquables. « Ainsi la science elle-même, ou les sources primitives dans lesquelles on pouvait la puiser furent oubliées; l'esprit humain se traîna péniblement de déduction en déduction, et ne procéda plus que par syllogisme; pendant deux siècles il se rompit ainsi à l'exercice de la logique : effort redoutable, éducation lente et virile de l'homme moderne, qui ne veut relever que de la raison, et prépare ou fortifie l'instrument qui doit lui servir un jour à remuer le monde.

« Quant aux littératures nationales des onzième, douzième et treizième siècles, après quelques essais infructueux, elles périrent de l'impuissance où elles étaient à trouver la forme. Chargé de son lourd bagage d'érudition et de scolastique, élevé à la parole sévère de l'Église et d'Aristote, le monde du moyen âge n'eut point d'enfance. Ses premiers jeux d'esprit furent les abstraites discussions où se perdait la Grèce décrépite et mourante. Son jeune visage porte des rides comme les fils nés dans la vieillesse de leurs pères; jamais il ne connut la grâce, la naïveté qu'on a si grand tort de lui donner; jamais il n'eut le sentiment pur et correct de la beauté qui ne se révèle vivement qu'aux peuples d'une jeunesse forte et féconde. Aussi lui fallut-il, après son éducation logique, une éducation littéraire : après Aristote, Homère, Virgile et Cicéron (*). »

C'est la seconde renaissance qui, comme la première, partit de l'Italie; elle commença par l'étude des beaux modèles de l'antiquité, où l'art tenait une si large place. Pétrarque en est le promoteur; on connaît son zèle pour les littératures anciennes, ses recherches de manuscrits, son culte pour Virgile et Cicéron, sa lettre à Homère, et la gloire qu'il attendait de ses écrits en langue latine.

Il n'y avait pas alors, il le dit lui-même, deux hommes en Italie qui sussent le grec; mais bientôt leur nombre augmenta : Boccace l'apprit; Démétrius Cydone et Manuel Chrysoloras (1397) l'enseignèrent; Léonardo Bruni, surnommé l'Arétin, mort en 1441, Guarino-Guarini de Vérone (mort en 1460), Charles Marsuppini (1452), Traversari (1439), le Pogge (1459), Francesco Barbaro (1454), Francesco Filelfo (1481), enseignèrent ou traduisirent. En même temps la connaissance des originaux se multipliait. Le Sicilien Jean Aurispa (mort en 1460) apportait en Italie Platon, Plotin, Proclus, Lucien, Xénophon, Dion Cassius, Arrien, Diodore, Strabon, Procope, Callimaque, Pindare, Oppien et les poésies orphiques. Chaque année augmentait ces richesses, et pendant un siècle l'Italie, fidèle à son génie, au culte de la forme, fut un immense atelier de traductions élégantes et d'annotations érudites.

SITUATION LITTÉRAIRE ET PHILOSOPHIQUE DE L'ALLEMAGNE AVANT LA RÉFORME.

L'Allemagne prit cette fois une part active au mouvement littéraire; son voisinage de l'Italie, les relations de ses princes avec la Péninsule, la division de son territoire en une foule d'États dont les chefs se faisaient honneur d'élever des universités à l'instar de celles de Prague et de Vienne, favorisèrent le développement rapide des études (*). Mais la renaissance prit dans ce pays une forme particulière qui nous révèle aussi son génie le plus intime, et qu'il importe de constater, puisque, aujourd'hui encore, il nous faut, sous ce rapport, rendre hommage à sa supériorité. Sans doute elle eut, comme l'Italie et la France, des savants illustres; mais nulle contrée n'eut, à côté du haut enseignement universitaire, une instruction populaire, une éducation morale plus développée. Elle devait ce double avantage à ses nombreuses universités et à l'école des frères de Deventer.

Gérard Van Groote, élève de l'université de Paris, mort en 1384, avait fondé une confrérie, dont les membres devaient se rendre utiles selon les facultés que Dieu leur avait données, soit en les exerçant à un métier dont le bénéfice, après qu'on en avait prélevé ce qui était nécessaire à la subsistance des frères, devait être appliqué à l'entretien des pauvres, soit en étudiant une science pour laquelle ils montraient des dispositions, soit enfin en copiant des manuscrits. Cette

(*) Victor Duruy, ibid.

(*) Voyez ci-dessus p. 132.

confrérie qui répondait si bien au caractère mystique et industriel de l'Allemagne, dont la règle, d'ailleurs, convenait à l'esprit du temps, porté vers les exercices de piété, mais estimant, beaucoup moins que l'âge précédent, la vie oisive des cloîtres, cette confrérie se répandit avec une prodigieuse rapidité dans les Pays-Bas, sur les deux rives du Rhin et en Westphalie, en Saxe, en Poméranie, en Prusse et en Silésie.

Partout les maisons *des frères de la vie commune* étaient la retraite de la piété, de l'érudition et des écoles pour l'industrie, la religion, la calligraphie, etc. De là ils allaient enseigner dans leurs collèges le latin, le grec, l'hébreu et les mathématiques, et dans leurs écoles élémentaires ils apprenaient aux enfants des basses classes la lecture, l'écriture, les principes de la religion et quelques arts mécaniques. Des congrégations de sœurs s'établirent sous le nom de *Béguines*, à l'instar de celles des frères, pour rendre les mêmes services aux enfants de leur sexe.

De Deventer sortit Thomas à Kempis, qui fonda, au couvent des Augustins de Sainte-Agnès, près Zwoll, une école semblable à celle de Deventer : Lange, Dringenberg, Ant. Liber, Hegius, Rod. Agricola étaient ses disciples. Hegius fut à Deventer le maître d'Érasme, d'Adrien VI et de Gilbert Longolius, le chef des cicéroniens du seizième siècle. Lange réforma les études à Kempen, à Alcmar et à Amsterdam. Dringenberg créa la fameuse école de Selestadt, d'où sortirent Celtes, Beatus Rhenanus et Bilibald, Pirkheimer, l'ami d'Ulric Von Hutten. Celtes établit, à l'instar des académies d'Italie, la société rhénane, avec le secours de Dalberg, chancelier de l'électeur palatin, qui fonda la bibliothèque d'Heidelberg, la plus riche qui fût au monde avant la guerre de trente ans. A ces savants, joignons Reuchlin, le maître de Mélanchton, et celui qui introduisit en Allemagne l'étude de l'hébreu.

La France fut lente cette fois à imiter le mouvement de l'Italie et de l'Allemagne ; l'importance politique de l'université détourna ses docteurs des études littéraires pour les porter vers les théories politiques. Ils méditaient alors sur la nature et l'étendue des droits de l'Église, et sur les rapports qui doivent exister entre elle et le pouvoir séculier, comme leurs élèves devaient discuter un jour les droits de celui-ci. D'ailleurs, le siècle de la renaissance n'est point encore arrivé pour la France, échappée à peine aux guerres des Anglais et à la sombre politique de Louis XI. La préoccupation de ses intérêts matériels arrête son essor littéraire ; si elle produit alors un grand ouvrage, les mémoires de Comines, c'est une sorte de traité à l'usage des princes. Un peu plus tard, Claude Seyssel écrit son Livre de la monarchie française, le premier ouvrage de ce genre qui existe dans aucune langue. Ainsi se révèle déjà le caractère théorique et pratique de la France, la large part qu'elle donne aux idées politiques. Cependant Nicolas de Clemengis commence l'étude des anciens, continuée par Gaguin et quelques professeurs grecs et italiens qui viennent enseigner en France et ranimer le goût des belles-lettres. Budée, né en 1467, et les Étienne vont, au siècle suivant, faire participer la France au culte de l'antiquité.

Quant à l'Angleterre et à l'Espagne, ces deux pays ressentent moins encore l'influence de l'Italie. Érasme ne put faire qu'un seul élève en Angleterre, et les hellénistes, les *Troyens*, furent honnis et bafoués dans les universités de Cambridge et d'Oxford. L'Espagne n'a qu'un homme, Ant. de Lebridja, qui travailla à la Bible polyglotte d'Alcala, édition critique des textes chaldaïque, hébraïque, grec et latin, qui fut imprimée, de 1502 à 1517, par l'ordre du cardinal Ximenez ; mais la cour de Rome en arrêta la publication ; aussi, lorqu'Érasme donna, en 1519, le texte grec du Nouveau Testament, le monde savant l'accueillit avec empressement ; car le tableau de la corruption du sanctuaire matériel faisait rechercher le sanctuaire spirituel, la Bible, que le clergé cachait avec soin aux yeux des peuples.

ÉTAT PHILOSOPHIQUE DE L'ALLEMAGNE.

« Mais ces lettrés qui, tout en parlant latin comme Tite-Live et grec comme Xénophon, ont tant contribué cependant aux progrès des langues modernes, n'étaient point seulement des *artisans de paroles*, des *ouvriers en beau langage*; ils n'étaient pas tellement préoccupés des belles formes des littératures anciennes, qu'ils en oubliassent le soin de penser par eux-mêmes. Et l'Allemagne qui fournit, comme nous venons de le voir, les chefs des cicéroniens du quinzième et du seizième siècle, compte aussi les plus grands philosophes de cette époque si féconde pour elle. Toutefois il ne faut pas leur demander de doctrine originale. L'esprit humain s'était fait une trop longue habitude de l'emploi des idées traditionnelles pour pouvoir y renoncer brusquement. Aussi voit-on, dans le mouvement rapide qui, au quinzième siècle, entraîne la pensée, dominer toujours l'autorité. Elle ne peut prendre une allure indépendante, et se porte bien moins vers la recherche de ses propres principes qu'elle ne s'attache à déduire et à développer les conséquences d'idées déjà admises. Seulement ces idées sont plus nombreuses, et il y a au moins liberté de choisir, de peser, d'examiner sa croyance philosophique. Le joug pèse toujours, mais il est plus léger; aussi il suffira de moins d'un siècle pour s'en affranchir (*). »

Les divers systèmes de la philosophie grecque furent alors connus et discutés. Ainsi le stoïcisme fut représenté par Juste Lipse et Saumaise, le scepticisme par trois Français, Montaigne, la Boétie et Charron, l'école d'Élée par Giordano Bruno; quant aux doctrines ioniques et atomistiques, elles se confondirent avec l'aristotélisme, comme le platonisme fut le centre auquel vinrent se rattacher la cabale, la doctrine mosaïque et la théosophie. Platon et Aristote avaient, en effet, marqué et ouvert d'une manière si décisive les deux voies principales de la pensée humaine, qu'ils présidèrent longtemps à toutes les révolutions de la philosophie, et que nous les voyons invoqués de nouveau aujourd'hui après les vaines tentatives des philosophes modernes. D'une part, l'étude d'Aristote alimentait l'esprit de critique et d'observation, tandis que les œuvres de l'ami de Socrate, surtout dans la forme néoplatonicienne que leur avaient donnée les philosophes d'Alexandrie, convenaient aux âmes ardentes, aux imaginations exaltées. Le néoplatonisme, joint à de secrètes traditions orientales, devint la nourriture des esprits mystiques, soit dans la religion, soit dans la science. Pour défendre leur naturalisme, les partisans d'Aristote furent contraints d'en appeler souvent à la distinction entre la foi positive et les sciences naturelles, la plus précieuse des conquêtes des temps modernes sur le moyen âge; au contraire son éternel ennemi le platonisme fut contraint par son caractère spiritualiste de s'allier au mysticisme, de fortifier la croyance à l'immortalité de l'âme, de faire, en un mot, équilibre au naturalisme des purs aristotéliciens. Malheureusement il ne sut point s'arrêter, et nourrit la superstition en créant tout un monde d'esprits surnaturels. Ces deux philosophes, moins encore par leurs doctrines spéciales que par la tendance de leur génie, se sont partagé l'Europe : l'un a la France et l'Angleterre, pays de la réflexion et de l'observation, c'est-à-dire, de la philosophie rationnelle, qui ont donné naissance à des penseurs profonds, à d'audacieux sceptiques et à d'habiles sophistes; l'autre règne sur l'Italie et l'Allemagne, pays de l'imagination et des arts, où domina toujours une philosophie plus élevée, plus spiritualiste, mais qui souvent aussi se perd dans les abstraites conceptions de l'Être et de l'Infini. Au quinzième siècle, Aristote régnait dans les vieilles écoles, mais le platonisme s'étendait

(*) Victor Duruy, *ibid*.

chaque jour en Allemagne et en Italie, où il avait été reçu avec tant d'enthousiasme au réveil de l'esprit et de l'imagination, et s'il ne pouvait enlever à son adversaire sa position dans les grandes universités, il prenait possession de toutes les chaires nouvellement fondées dans la Péninsule, s'introduisait dans les nombreuses et récentes écoles du nord de l'Allemagne, et dans les études solitaires des plus grands hommes de ce pays.

On reproche aujourd'hui à l'Allemagne son mysticisme, les doctrines spiritualistes et absolues de Fichte et de Schelling, les livres de Bœhme et de ses imitateurs; mais ce reproche doit remonter plus haut. Dès le temps des Carlovingiens, l'Allemand Gotteschalk sacrifiait l'homme à Dieu, et si l'Italie a fourni le fondateur de l'ordre de saint François, c'est en Allemagne, le long du Rhin, que le mysticisme désordonné des franciscains se disciplina, se régularisa en un corps de doctrines. Depuis le treizième siècle jusqu'à la réformation, on pourrait compter en Allemagne un grand nombre d'hommes et d'écrivains serviteurs de la sagesse, de la céleste *sophia*, qui formaient comme une école secrète où l'on se dévouait à la recherche de la suprême vertu, c'est-à-dire, à la foi la plus exaltée. A leur tête, il faut placer Ruysbrock, et Tauler si célébré par Luther et Melanchthon, et qui fut avant Luther le meilleur écrivain de l'Allemagne.

Ces mystiques des treizième et quatorzième siècles ne connaissaient la vie contemplative que dans sa pureté chrétienne. Tauler est considéré, par Bossuet, comme un saint personnage, et Ruysbrock faillit être canonisé, malgré le reproche fait par Gerson et l'évêque de Meaux à sa doctrine de l'identification de l'âme avec Dieu dans la contemplation parfaite; mais au quinzième et au seizième siècle, le cardinal Nicolas de Cusa (*), Marsile Ficin, Pic de la Mirandole, Jean Reuchlin (**),

(*) Cuss dans le pays de Trèves.
(**) Né à Pforzheim et professeur à Tubingue, mort en 1522.

Cornélius Agrippa de Nettesheim (*), Trithem (**), mêlèrent au côté mystique du christianisme des idées nouvelles empruntées aux doctrines de Pythagore et de Platon, et à l'étude de la cabale. Enfin Luther lui-même s'était longtemps nourri de la lecture des œuvres de Tauler.

« A ces noms si grands dans la philosophie et les lettres, à ces lumières de la fin du quinzième siècle, joignons ceux du poëte lauréat Ulric von Hutten, d'Albert Durer et de ses nombreux élèves, de Lucas Granach, d'Holbein, de Lucas de Leyde, du cordonnier de Nuremberg, de Murner de Brandt, etc., pour bien montrer qu'il ne manquait alors à l'Allemagne aucune des gloires qui annoncent une civilisation brillante et préparent un grand siècle. Mais quand s'élèverent de Wurtemberg ces querelles de théologiens dont les clameurs couvrirent l'Allemagne entière, les cicéroniens, effrayés de la barbarie renaissante, se dispersèrent; Erasme s'enfuit; Hutten s'en alla mourir dans une île du lac de Constance, et Melanchthon lui-même faillit échapper à Luther. La France y gagna; et restée jusque-là en arrière de ses deux voisines, elle offrit un asile, sous François Ier, aux artistes de l'Italie et aux savants de l'Allemagne, chassés, les uns par la guerre, les autres par les querelles théologiques. Et alors seulement commença pour elle le siècle de la renaissance, tandis que l'Allemagne vit s'étendre sur elle ce que ses historiens ont appelé le *siècle de fer* de sa littérature (***). »

LA RENAISSANCE PRÉPARE LA RÉFORME.

Tout le mouvement littéraire du seizième siècle vint aboutir à trois hommes, aux chefs de cette république des lettres, *triumviri rei litterariæ*, comme on les appelait, Érasme, Budée

(*) Né à Cologne en 1486.
(**) Né dans l'électorat de Trèves en 1462.
(***) Victor Duruy, *ibid.*

et Vivès. En examinant leur opinion sur la situation de l'Église, nous aurons celle de tous les lettrés dont ils sont les chefs, et nous pourrons juger de leur influence sur la réforme.

Or, nous n'avons qu'à rappeler quelques-uns de leurs ouvrages : l'Éloge de la folie par Érasme, où Rome et les moines ont tant à souffrir d'une satire spirituelle et incisive ; le traité plus sévère de Vivès (*) qui a pour titre : *De causis corruptarum artium*, dans lequel il bat en ruine Aristote, la théologie scolastique et le latin barbare dont se servaient les docteurs de l'Église. Érasme attaquait les mœurs du clergé et Vivès son érudition. Tous deux, de concert avec les autres cicéroniens, s'efforçaient de réformer la théologie, comme science, de débarrasser l'enseignement religieux des puériles discussions dont les scolastiques l'avaient chargé.

Melanchthon, dont la première éducation, comme celle de Luther, avait été toute littéraire (**), seconda les lettrés des Pays-Bas dans leur réforme, et dès lors les vérités sublimes du christianisme trouvèrent pour s'exprimer un langage plus digne d'elles. Mais aussi les réformateurs soulevèrent contre eux tous les vieux docteurs, rompus aux joutes de l'école, et qui, pour ne pas perdre, à leurs derniers jours, les fruits de leur rude apprentissage, refusaient de renoncer à ce lourd bagage d'arguments et de sophismes qui faussaient l'esprit, et dont la lente étude faisait si longtemps languir de vieux écoliers sur les bancs de l'école.

En rejetant la théologie scolastique, en remontant aux sources plus pures des temps primitifs, les réformateurs avaient rencontré la Bible, l'Ancien et le Nouveau Testament, dont Érasme faisait imprimer une édition dès l'année 1517, et la Bible avait donné, à plusieurs d'entre eux, des doutes sur bien des points de discipline et même de dogme. Aussi Érasme fut-il accusé longtemps d'avoir été le promoteur et le partisan de Luther. Budée lui-même, le grave Budée, fut soupçonné d'hérésie (*). Il censura plus d'une fois les désordres de la cour de Rome et les dérèglements du clergé. « J'ai visité, écrivit-il après son voyage à Rome, j'ai visité la plupart des « monastères qui se sont trouvés sur « ma route, et partout j'ai trouvé la li- « cence des mœurs et le mépris de la « règle. On ne s'occupe point assez de « l'Église et d'une réforme dans ses « coutumes, et je crains bien que tout « cela ne finisse par un coup de ton- « nerre (**). »

Mais écoutons Érasme lui-même, ou mieux l'un de nos critiques les plus distingués, M. Nisard, qui a justement relevé, au nom de la philosophie, ce malheureux homme, lancé malgré lui au milieu des querelles ardentes de son siècle, et qui, placé entre les deux camps, reçut tous les coups que les deux ennemis se portèrent. « Érasme, dit son spirituel interprète (***), homme de paix et d'étude, doux, inquiet, tant soit peu timide, pour ne rien dire de plus, ayant rêvé toute sa vie un monde de disputeurs et de philologues inoffensifs, exploitant en commun le double champ de la philosophie chrétienne et de l'antiquité littéraire, vit au milieu d'un monde qui peut se

---

(*) Né à Valence en 1492, mort en 1540.

(**) À l'âge de seize ans, il publia une grammaire grecque qui ranima, dans le nord de l'Allemagne, l'étude de cette langue.

(*) Sa veuve et une partie de ses enfants allèrent, quelques années après sa mort, faire profession de la nouvelle religion à Genève, quoiqu'il semble être mort dans le sein de l'église catholique.

(**) Budée, lettre 16. — Le cardinal Bellarmin, dont l'aveu n'est certainement pas suspect, dit lui-même : Quelques années avant les hérésies de Luther et de Calvin, il n'y avait plus, suivant les témoignages de tous les auteurs contemporains, ni sévérité dans les tribunaux ecclésiastiques, ni discipline dans les mœurs du clergé, ni connaissance des sciences sacrées, ni respect pour les choses divines : il ne restait enfin presque plus de religion.

(***) *Revue des deux mondes*, 1er août 1835, IVe série, t. III, p. 286 et suiv.

personnifier dans deux classes d'hommes, l'une représentant le désordre matériel et l'autre l'ignorance: le soldat et le moine. Le soldat, brigand armé, voleur de grand chemin enrégimenté, pillant le pays qu'il défend et dépensant son butin dans les mauvais lieux, d'ailleurs fort tranquille sur les suites, pour peu qu'il porte sur lui une image en plomb de sainte Barbe, ou qu'il ait fait une prière au saint Christophe charbonné par lui sur la toile de sa tente; le soldat, partageant avec les collecteurs des indulgences l'argent qu'il a volé, ou, s'il ne lui reste rien pour acheter ces pardons qu'on vend à la foire avec le vin, l'huile et le blé, allant s'agenouiller devant le prêtre qui lui impose les mains, et le renvoie pur et sans tache avec ces deux mots: je t'absous, *absolvo te* (*). Le moine, personnage sans père et sans enfant, sans passé et sans avenir, tout entier au présent et à ses joies matérielles, espèce de pèlerin campé en maître sur une terre étrangère, qui s'y gorge de tous les biens que les peuples apportent à ses pieds, qui ne peut toucher à la femme qu'en la souillant, et accomplir la loi de la nature qu'en violant la loi de la famille et de la société; mélange d'ignorance intolérante, d'astuce, de cruauté, de libertinage, de superstition, d'oisiveté crasse, de piété stupide, dont le capuchon est plus fort que bien des couronnes; le moine, ennemi des livres, parce qu'il n'y sait pas lire, ennemi de la science, parce qu'elle tue son jargon scolastique qui pervertit le sens des peuples (**); inquiet, curieux au milieu de cette universelle renaissance des lettres et des arts, et baissant sa lourde paupière devant la lumière de l'antiquité ressuscitée, comme un oiseau devant le jour; le moine, surpris et démasqué au fond de ses cloîtres qui reçoivent la prostitution par des poternes, ou autour des tables de son réfectoire qui retentit de chansons joyeuses; non pas, prenez-y garde, ce moine austère, grave, abîmé en Dieu, que nous représentent nos illusions de moyen âge, notre érudition de costumiers et notre tolérance indifférente, mais le moine violent, haineux, menacé dans ses priviléges d'ignorance et de libertinage, dans son droit acquis d'adultère et de corruption, par cette presse du seizième siècle qu'Érasme vient de créer; le moine pesant sur le monde du poids de ses mille couvents, et mettant la lumière sous son capuchon pour parodier la parole de Jésus-Christ, personnage bien moindre alors que saint Christophe, saint Benoît, saint François et autres fondateurs d'ordres religieux; le moine, enfin, inutile quand il est pieux et honnête, plus destructeur que la peste et la guerre quand il est intrigant, actif, habile, et qu'il a la conscience de tout ce qu'il peut perdre.

Savez-vous à quoi se réduit sa science religieuse (*)? S'il veut parler de la charité, il débutera par un exorde tiré du Nil, fleuve d'Égypte; — du mystère de la croix, il s'étendra sur Bel, le dragon de Babylone; — du jeûne, il commencera par les douze signes du zodiaque; — de la foi, il préludera par la quadrature du cercle. Leurs habiles expliquent la Trinité par la réunion des lettres et des syllabes du discours, et par l'accord du nom et du verbe, de l'adjectif et du substantif. Écoutez ce faudage monstrueux qui ne repose que sur de vaines subtilités. » — A Bâle, un franciscain fanatique assura ses auditeurs, en pleine chaire, que Scotus avait rendu à l'Église de plus grands services que saint Paul.

(*) Érasme, Μωρίας ἐγκώμιον.

(*) Erasmi *Colloquia confessio militis.*

(**) « Quand on compare, dit Érasme, un saint Chrysostôme, un saint Jérôme, un saint Basile, à nos docteurs modernes, on voit, là un fleuve majestueux qui roule de l'or dans ses flots, ici quelques filets d'une eau bourbeuse qui n'a rien de commun avec la source d'où elle sort. Là on entend les oracles de l'éternelle vérité, ici des inventions humaines qui s'évanouissent comme un songe dès qu'on les examine de près. Là on voit un bel édifice qui s'élève sur la base solide des Écritures divines, ici un écha-

raisonnement d'un de leurs casuistes: toute l'explication du mystère de la Trinité est dans le mot latin *Jésus*, lequel n'a que trois cas, le nominatif, l'accusatif et l'ablatif, premier symbole manifeste de la Trinité; en outre, le premier de ces cas se terminant par S, le second par M et le troisième par U, qui peut douter que ces lettres ne signifient *Summus, Medius, Ultimus*, le premier, le dernier, et celui qui est entre les deux, c'est à savoir le Père, le Fils et le Saint-Esprit? Quant aux dialecticiens, voici quelques-unes de leurs thèses : « Par quel moyen le monde a-t-il été fait et ordonné? — Par quels canaux le péché originel s'est-il répandu sur la postérité d'Adam? — Par quelle manière, dans quelle étendue, en combien de temps le Christ a-t-il été formé dans le sein de la Vierge? — Combien compte-t-on de filiations en Jésus-Christ? — Cette proposition est-elle possible, que Dieu le père hait son fils? » Quels titres les moines invoqueront-ils auprès de Jésus-Christ, au jour de la rémunération éternelle? « L'un montrera, dit Érasme, sa panse tendue de toutes sortes de poissons; l'autre versera cent boisseaux de psaumes; celui-ci comptera ses mille jeûnes, interrompus par des repas où il a manqué de rompre son ventre; celui-là présentera un tas de cérémonies de quoi remplir sept vaisseaux de charge. Un quatrième se vantera de ses soixante années passées sans avoir touché d'argent, si ce n'est avec ses doigts protégés par un double gant, pour être fidèle à la lettre de son institution; un autre étalera son sale capuchon, si usé et si gras qu'un matelot dédaignerait de s'en couvrir; un autre, les onze lustres qu'il a vécu cloué au même lieu comme une éponge; un autre, sa voix enrouée à toujours chanter, ou la léthargie qu'il a gagnée dans la solitude, ou sa langue engourdie par un vœu de silence éternel (*). »

« Longtemps avant que Luther n'éclatât (**), que dis-je, pendant que Lu-

(*) Μωρίας ἐγκώμιον.
(**) *Revue des deux mondes*, 15 août 1835, IVe série, t. III, p. 387 et suiv.

ther, commençant par où commencent la plupart des hommes passionnés, c'est-à-dire, par adorer ce qu'il devait brûler plus tard, se signalait à l'université de Wittemberg par la fougue de son zèle pour le catholicisme d'Alexandre VI et de Jules II, Érasme avait déjà touché à tous les points de croyance par où les protestants devaient se séparer de la mère-Église. Vous savez en quels termes il parlait des moines. Dès le commencement du siècle, il donnait du monachisme cette ironique définition : « Le monachisme n'est pas la piété, mais un genre de vie utile ou inutile, selon le caractère ou le tempérament de chacun; je ne vous conseille ni ne vous dissuade de l'embrasser (*). » Il critiquait le culte rendu aux saints; il se moquait des prières que faisaient les simples à saint Christophe pour éviter un accident mortel, à saint Roch pour n'avoir pas la peste, à sainte Apolline pour être guéris du mal des dents, à Job contre la gale, à saint Hiéron pour retrouver ce qu'ils avaient perdu. S'il n'allait pas jusqu'à vouloir qu'on détruisît les statues et les tableaux, *qui sont les principaux ornements de la civilisation*, il désirait qu'il n'y eût rien dans les églises qui ne fût digne du lieu. « Je ne désapprouve pas l'invocation des saints, dit-il quelque part (**), pourvu qu'elle ne soit pas mêlée de ces superstitions que je blâme, et non sans motif. J'appelle superstition quand des chrétiens demandent tout aux saints, comme si le Christ était mort, quand nous leur adressons nos prières avec la pensée qu'ils sont plus exorables que Dieu; quand nous demandons à chacun en particulier des grâces toutes spéciales, comme si sainte Catherine pouvait nous donner ce que nous n'obtiendrions pas de sainte Barbe; quand nous les invoquons non à titre d'intercesseurs, mais d'auteurs de tous les biens qui nous viennent de Dieu. » Il insinuait que la confession à Dieu

(*) *Enchiridion militis christiani*.
(**) Lettre à Sadolet, p. 1270. D. E.

seul suffisait, tout en ajoutant comme correctif : « Gardons la confession au prêtre, quoiqu'on ne puisse prouver par des raisons solides que ce soit une institution de Dieu. » Le choix des mets, des vêtements, le jeûne, les prières pour pénitence, les solennités publiques des jours de fête lui paraissaient du judaïsme. Il se choquait que, durant le mystère de la consécration, les chantres et le chœur entonnassent une hymne en l'honneur de la sainte Vierge, « comme s'il était séant, remarquait-il, d'invoquer la mère en présence même du fils ! » Il exaltait ces temps de la primitive Église où nulle voix ne se faisait entendre dans le temple à ce moment solennel, où le peuple, courbé vers la terre, silencieux, rendait du fond du cœur des actions de grâces à Dieu, où l'Église n'avait qu'un prêtre pour célébrer le saint sacrifice, au lieu de cette foule d'ecclésiastiques que la religion d'abord, et plus tard le lucre ont tant multipliés. Il mettait la chasteté conjugale au-dessus de celle des prêtres et des religieuses ; il se moquait des vieilles filles, et préférait le mariage à leur virginité. Il osait défendre le divorce. Il ne voulait pas que le peuple baisât les sandales des saints, ce qui est bien, *quod bene fit*, disait la Sorbonne (*), la Sorbonne, grande ennemie d'Érasme, longtemps avant que Luther eût compliqué ses affaires et irrité tous ses *frelons*.

« Quand Luther poussa son premier cri de guerre, déjà les écrits d'Érasme avaient gagné aux idées de la réforme tous les hommes éclairés, tous les prêtres honnêtes gens de l'Allemagne, de l'Angleterre et de la France. Restait la papauté, à laquelle Érasme n'avait pas voulu toucher, malgré le scandale récent des indulgences, soit qu'il prévît qu'une attaque au saint-siége changerait en schisme une polémique inoffensive, soit que les papes, en le louant démesurément de ce qu'il écrivait en faveur des principes de l'unité religieuse, eussent lié sa langue et sa plume sur les abus qu'on en faisait dans l'application. Quoi qu'il en soit, sauf quelques allusions sévères à la manie belliqueuse de Jules II, Érasme avait toujours tenu la papauté en dehors de la discussion. L'œuvre des hommes de plume et de cabinet était accomplie. C'était aux hommes d'action et de main à engager la bataille et à faire intervenir les masses populaires dans un débat qu'Érasme avait voulu circonscrire aux hommes éclairés et compétents (*). »

LUTHER.

Ce besoin d'une réforme dans les mœurs scandaleuses du clergé, dans les abus de Rome, prit une voix, celle de Luther. C'était le fils d'un pauvre paysan, mineur à Mansfeld ; il naquit à Eisleben, le 10 novembre 1483, et fut envoyé à l'école de la petite ville d'Eisenach, où il gagna son pain en chantant des psaumes devant les maisons. « Et moi aussi, dit-il lui-même, j'ai été un pauvre mendiant ; j'ai reçu du pain aux portes des maisons, particulièrement à Eisenach, ma chère ville (**). » La charité d'une femme de la ville lui permit de rester quatre ans à Eisenach. En 1501, son père qui, à force d'économie, était parvenu à réunir un petit capital, put l'envoyer à l'université d'Erfurt. L'étude des classiques, surtout de Cicéron, de Tite-Live et de Virgile, devint sa principale occupation. Les jeunes universités du nord de l'Allemagne, instituées sous l'influence des besoins nouveaux, étaient moins li-

(*) Erasmi *Declarationes ad censuras colloquiorum*.

(*) Une particularité curieuse, c'est que le premier Français qui souffrit pour les nouvelles opinions fut un traducteur d'Érasme. Louis de Berquin, conseiller de François Ier, ayant traduit en français quelques ouvrages d'Érasme, en y insérant, il est vrai, des passages plus hardis que n'en contenaient les originaux, fut censuré à deux reprises par le parlement, la première fois dès l'année 1523, et brûlé en 1529.

(**) Cet usage des pauvres écoliers du quinzième siècle s'est conservé dans la plupart des villes de l'Allemagne.

vrées à la scolastique que celles qui étaient nées au douzième et au treizième siècle, sous l'influence d'Aristote. Les belles-lettres y occupaient une grande place, et la théologie y était enseignée avec les réformes d'Érasme. Luther trouva cependant à Erfurt des scolastiques; mais l'ennui et la fatigue qu'ils lui causèrent firent naître en lui une haine qu'ils durent partager avec leur maître Aristote, *ce comédien*, dit-il, *qui avait trompé l'Église par son masque grec*. « Ils ne font point de docteurs en théologie, dit-il un jour en parlant de l'université de Paris, à moins qu'on n'étudie dix ans dans leur sophistique et futile dialectique. Le répondant doit siéger un jour entier, et soutenir la dispute contre tout venant, de six heures du matin à six heures du soir... Ils disputent, ils crient comme des paysans ivres, en latin, en français... On l'appelle Sorbonne; peut-être, à ce que j'imagine, tire-t-elle ce nom de ces fruits de cormiers (sorbus) qui viennent sur les bords de la mer Morte, et qui présentent au dehors une agréable apparence : ouvrez-les, ce n'est que cendres au dedans... »

Ce fut dans la bibliothèque d'Erfurt que Luther trouva pour la première fois une Bible; il n'en avait jamais vu auparavant, n'en soupçonnait pas même l'existence; il croyait qu'il n'existait d'autre Évangile ni d'autres Épîtres des apôtres que les péricopes qui se trouvaient dans les postilles.

Malgré son application, Luther partageait la vie des étudiants allemands de cette époque, et mainte tradition rappelle sa conduite peu édifiante ; mais ayant vu un jour l'un de ses amis tué à ses côtés par la foudre, cette mort terrible et imprévue frappa vivement son imagination, et il prit dès lors la résolution de changer de vie, d'aller même cacher ses remords et étouffer les tentations de la chair dans la solitude d'un couvent. Le 17 juillet 1505, il entra dans le monastère des Augustins d'Erfurt, n'emportant avec lui du monde que Plaute et Virgile, le poëte bouffon et populaire et le cygne de Mantoue.

Sitôt que les portes du monastère se furent fermées sur lui, les austérités et les terreurs commencèrent : « J'étais malade à l'infirmerie, dit-il(*); les tentations les plus cruelles épuisaient mon corps et le martyrisaient, de sorte que je pouvais à peine respirer et haleter. Aucun homme ne me consolait. Tous ceux auxquels je me plaignais répondaient . Je ne sais pas. Alors je me disais : Suis-je donc le seul qui doive être si triste en esprit. Oh! que je voyais de spectres et de figures horribles ; mais, il y a dix ans, Dieu me donna une consolation par ses chers anges, celle de combattre et d'écrire. »

Cependant il croissait parmi ses frères en réputation et en éloquence. Staupitz, son supérieur, l'envoya à la nouvelle université de Wittemberg pour y remplir la chaire de théologie. Il avait alors vingt-cinq ans. Ses succès furent tels qu'on l'engagea à prêcher dans l'église même, et, dès l'année 1509, il obtint le titre de prédicateur ordinaire. Deux ans après, il fut envoyé à Rome comme député de l'ordre des augustins. Ce voyage, dans l'Italie des Borgia et de Machiavel, dans le pays du crime audacieux et raisonné, de l'impiété et de l'athéisme, ne devait pas raffermir sa foi et mettre un terme à ses doutes. « D'abord, il est reçu à Milan dans un couvent de marbre. Il continue de couvent en couvent, c'est-à-dire, de palais en palais ; partout grande chère, tables somptueuses. Le candide Allemand s'étonnait un peu de ces magnificences de l'humilité, de ces splendeurs royales de la pénitence. Il se hasarda une fois à dire aux moines italiens qu'ils feraient mieux de ne 'pas manger de viande le vendredi. Cette parole faillit lui coûter la vie, il n'échappa qu'avec peine à leurs embûches.

« Il continue, triste, désabusé, à pied, dans les plaines brûlantes de la

(*) *Mémoires de Luther*, traduits par M. Michelet. Pour tout ce qui concerne Luther, j'aurai plus d'une fois occasion de puiser à cette source précieuse.

Lombardie Il arrive malade à Padoue; il persiste, il entre mourant à Bologne. La pauvre tête du voyageur avait été trop rudement frappée du soleil d'Italie, et de tant d'étranges choses, et de telles mœurs et de telles paroles. Il resta alité à Bologne, dans la ville du droit romain et des légistes, croyant sa mort prochaine. Il répétait tout bas, pour se raffermir, les paroles du prophète et de l'apôtre : *Le juste vit de la foi.*

« Il exprime naïvement dans une conversation combien l'Italie faisait peur aux bons Allemands : « Il suffit aux Italiens que vous regardiez dans un miroir pour qu'ils puissent vous tuer. Ils peuvent vous ôter tous les sens par de secrets poisons. En Italie, l'air est pestilentiel. La nuit on ferme exactement les fenêtres et l'on bouche les fentes. » Luther assure qu'il fut malade, ainsi que le frère qui l'accompagnait, pour avoir dormi les croisées ouvertes; mais ils mangèrent deux grenades, par lesquelles Dieu leur sauva la vie.

« Il continua son voyage, traversa seulement Florence, et entra enfin dans Rome. Il descendit au couvent de son ordre, près la *porte du peuple.*

« Lorsque j'arrivai, je tombai à genoux, levai les mains au ciel, et je m'écriai : « Salut, sainte Rome, sancti- « fiée par les saints martyrs et par leur « sang qui y a été versé ! » Dans sa ferveur, dit-il, il courut les saints lieux, vit tout, crut tout. Il s'aperçut bientôt qu'il croyait seul. Le christianisme semblait oublié dans cette capitale du monde chrétien. Le pape n'était plus le scandaleux Alexandre VI; c'était le belliqueux et colérique Jules II. Ce père des fidèles ne respirait que sang et ruine. On sait que son grand artiste, Michel-Ange, le représenta foudroyant Bologne de sa bénédiction. Le pape venait de lui commander, pour lui-même, un tombeau grand comme un temple; c'est le monument dont il nous reste le Moïse, entre autres statues.

« L'unique pensée du pape et de Rome, c'était alors la guerre contre les Français. Luther eût été bien reçu à parler de la grâce et de l'impuissance des œuvres à ce singulier prêtre qui assiégeait les villes en personne, qui récemment encore n'avait voulu entrer à la Mirandole que par la brèche. Ses cardinaux, apprentis officiers, étaient des politiques, des diplomates, ou bien des gens de lettres, des savants parvenus, qui ne lisaient que Cicéron, qui auraient craint de compromettre leur latinité en ouvrant la Bible; s'ils nommaient le pape, c'était le *grand pontife;* un saint canonisé était dans leur langage *relatus inter divos,* et s'ils parlaient encore de la grâce, ils disaient : *Deorum immortalium beneficiis.*

« Si notre Allemand se réfugiait aux églises, il n'avait pas même la consolation d'une bonne messe. Le prêtre romain expédiait le divin sacrifice de telle vitesse, que Luther était encore à l'évangile quand l'officiant lui disait : *Ite, missa est.* Ces prêtres italiens faisaient souvent parade d'une scandaleuse audace d'esprit fort. Il leur arrivait, en consacrant l'hostie, de dire : *Panis es et panis manebis,* tu es pain et resteras pain. Il ne restait plus qu'à fuir en se voilant la tête. Luther quitta Rome au bout de quatorze jours.

« Il emportait en Allemagne la condamnation de l'Italie, celle de l'Église. Dans ce rapide et triste voyage, le Saxon en avait vu assez pour condamner, trop peu pour comprendre. Certes, pour un esprit préoccupé du côté moral du christianisme, il eût fallu un singulier effort de philosophie, un sens historique bien précoce, pour retrouver la religion dans ce monde d'art, de droit et de politique, qui constituait l'Italie. « Je ne voudrais pas, dit-il quelque part, je ne voudrais pas, pour cent mille florins, ne pas avoir vu Rome (et il répète ces mots trois fois); je serais resté dans l'inquiétude de faire peut-être injustice au pape (*). »

De retour à Wittemberg, Luther fut fait docteur en théologie (1512). Dès lors il se mit plus que jamais à étudier la Bible en grec et en hébreu.

(*) Michelet, *Mémoires de Luther,* t. II, p. 14 et suiv.

Passant de là aux Pères, il fit une étude particulière de saint Augustin, de saint Bernard, et du prédicateur mystique, Jean Tauler de Strasbourg. Cette filiation des études de Luther est importante à constater. On le voit, il prend son point de départ dans la Bible; mais, pour l'interpréter, il se sert des docteurs de la grâce, des adversaires du libre arbitre. Cette question de la grâce l'avait longtemps arrêté; il ne pouvait comprendre cette parole de saint Paul dans l'épître aux Romains : *Justitia Dei revelatur in illo* (*). « Je haïssais ce mot, *justitia Dei*, dit-il lui-même; n'est-ce donc pas assez que les malheureux pécheurs, déjà perdus éternellement par le péché originel, aient été accablés de tant de calamités par la loi du Décalogue; il faut encore que Dieu ajoute la douleur à la douleur par son Évangile, et que, dans l'Évangile même, il nous menace de sa justice et de sa colère. Je m'emportais ainsi dans le trouble de ma conscience, et je revenais toujours frapper au même endroit de saint Paul, brûlant de pénétrer ce qu'il voulait dire.

« Comme je méditais nuit et jour sur ces paroles : *La justice de Dieu se révèle en lui*; comme il est écrit : *Le juste vit de la foi*, Dieu eut enfin pitié de moi; je compris que la justice de Dieu, c'est celle dont vit le juste, par le bienfait de Dieu, c'est-à-dire la foi, et que le passage signifiait : l'Évangile révèle la justice de Dieu; justice passive, par laquelle Dieu miséricordieux nous justifie par la foi : alors je me sentis comme rené (*renatus*), et il me sembla que j'entrais, à portes ouvertes, dans le paradis. Je lus plus tard le livre de saint Augustin, *De la lettre et de l'esprit*, et je trouvai, contre mon attente, qu'il entend aussi par justice de Dieu, celle de laquelle Dieu nous revêt en nous justifiant. Je m'en réjouis, quoique la chose soit dite encore imparfaitement dans ce livre, et que ce Père ne s'explique pas complétement ni avec clarté sur la doctrine de l'imputation. »

(*) La justice de Dieu se révèle en lui.

Ainsi Luther est préparé; chaque jour il médite la Bible, et chaque jour, à son insu, le livre de l'Église primitive l'éloigne de celle qu'il a sous les yeux; mais il se tait, content d'avoir au moins mis fin à ses tortures intérieures par la précieuse conquête du dogme de la grâce. Un grand scandale le provoqua à l'action, à la dispute, au schisme.

PRÉDICATION DES INDULGENCES.

Le 14 septembre 1517, Léon X, prince des poëtes et des artistes plutôt que des fidèles, avait promulgué une bulle pour la vente des indulgences, afin de remplir son trésor épuisé par Michel-Ange et Raphaël. Les indulgences étaient une sorte de *wehrgeld* ecclésiastique. Ce fut d'abord la rémission des peines ecclésiastiques pour une œuvre pie, puis pour argent. Mais alors l'Église n'était que le trésor des pauvres, et l'argent qu'elle avait reçu allait soulager leurs misères. Plus tard, au temps des croisades, pour encourager la ferveur des pèlerins, l'Église multiplia ses indulgences; d'ailleurs, elle exigeait encore, pour les rendre efficaces, la contrition et le repentir du pécheur. Mais bientôt l'usage trop fréquent amena l'abus; on inventa des indulgences de toute espèce pour satisfaire tous les besoins. Boniface VIII institua, en 1300, le jubilé, qui devait avoir lieu tous les siècles; et tel fut l'immense concours des fidèles que sous Clément VI, au second jubilé, célébré dès l'année 1350, l'on compta à Rome plus de douze cent mille pèlerins dans une seule année. En 1389, Urbain IV décréta que le jubilé aurait lieu tous les trente-trois ans, et Paul II, en 1470, en établit un pour tous les quarts de siècle. Afin de légitimer les indulgences, la théologie scolastique avait établi la doctrine de la surérogation des mérites de Jésus-Christ et des saints. Ceux-ci avaient plus fait qu'il ne fallait pour gagner la vie éternelle; le surplus de leurs mérites devenait la part de l'humanité, et le pape en était le dispensateur.

Quoi qu'en dise la raison sévère de notre siècle, c'était cependant une touchante doctrine que celle qui unissait ainsi le ciel et la terre, et qui établissait une solidarité entre les morts et les vivants; mais des abus sans nombre déshonorèrent bientôt ce pieux usage. Tetzel, prédicateur *à la voix de stentor*, fut chargé de la vente des indulgences dans le nord de l'Allemagne. « Effronté saltimbanque, il allait à grand bruit, grand appareil, grande dépense, débitant cette denrée dans les églises, dans les places, dans les cabarets. Il rendait le moins qu'il pouvait, et empochait l'argent; le légat du pape l'en convainquit plus tard. La foi des acheteurs diminuant, il fallait bien enfler le mérite du spécifique; il y avait longtemps qu'on en vendait, le commerce baissait. L'intrépide Tetzel avait poussé la rhétorique aux dernières limites de l'amplification. Entassant hardiment les pieuses menteries, il énumérait tous les maux dont guérissait cette panacée. Il ne se contentait pas des péchés connus, il inventait des crimes, imaginait des infamies étranges, inouïes, auxquelles personne ne songea jamais, et quand il voyait l'auditoire frappé d'horreur, il ajoutait froidement : « Eh bien, tout cela est expié, dès que l'argent sonne dans la caisse du pape (*). » « Pour douze sous, di- « sait-il encore, vous pourrez tirer une « âme du purgatoire! » Comment refuser? Aussi tous accouraient, le commerce allait et les caisses du pape s'emplissaient. De la seule petite ville de Freiberg, Tetzel emporta deux mille florins.

Ce succès effraya les ducs de Saxe, surtout l'électeur, prince éclairé et religieux, mais qui voyait avec peine son pays s'appauvrir pour entretenir les désordres de Rome. Cependant rien ne remuait encore; mais Tetzel étant venu établir *sa boutique* (c'est le nom que les contemporains lui donnent) près de Wittemberg, plusieurs personnes de cette ville, dont Luther dirigeait la conscience, achetèrent des indulgences, et vinrent ensuite lui demander l'absolution, mais sans parler ni de contrition ni d'amendement. Luther refusa, leur déclarant qu'elles seraient damnées, malgré leurs indulgences, si elles ne faisaient pénitence; et aussitôt, pour arrêter ces déplorables résultats dont il était lui-même le témoin, il fit afficher aux portes de l'église de Wittemberg quatre-vingt-quinze thèses contre les abus des indulgences. « L'Évangile, y disait-il, est le vrai trésor de l'Église. Quelle est cette étrange compassion de Dieu et du pape, qui, pour de l'argent, changent l'âme d'un impie, d'un ennemi de Dieu en une âme pieuse et agréable au Seigneur! » Tetzel répondit aussitôt, mais de manière à compromettre plus sérieusement sa cause. Un autre dominicain, Sylvestre de Prierio, fit aussi une réponse, mais exagéra tellement l'autorité du pape, que Luther répondit : « Si le pape et les cardinaux approuvent cette doctrine, je serai obligé de déclarer que l'Antechrist siége à Rome. » En même temps, Tetzel, usant de son droit comme inquisiteur de la foi, fit brûler les thèses de Luther. Aussitôt les étudiants de Wittemberg usèrent de représailles pour les siennes, et la querelle s'engagea.

CONFÉRENCE D'AUGSBOURG.

Cependant, durant neuf mois, Rome garda le silence. Léon X, occupé de tous ses grands travaux, n'écoutait point *cette querelle de moines*; à la fin, averti par Maximilien, Léon X cita Luther à comparaître dans soixante jours (juillet 1518); puis, sur les instances de l'électeur de Saxe, il consentit à envoyer son légat Cajetano pour juger l'affaire en Allemagne.

La conférence eut lieu à Augsbourg, du 12 au 20 octobre; Luther arriva dans la ville avec de puissantes recommandations, et l'assurance qu'il serait protégé au besoin par les patriciens de la ville.

A cette époque, il avait déjà dépassé de beaucoup ses premières thèses sur

---

(*) Michelet, ouvrage cité, t. II, p. 20.

les indulgences; il n'en était plus à attaquer des abus, la nécessité de la lutte l'avait contraint d'examiner, et l'étude du droit canonique avait jeté de grands doutes dans son esprit sur l'autorité pontificale et sur toute espèce d'autorité en matière de foi. Cajetano disputa un instant contre lui. Excellent diplomate, mais faible théologien, il compromit son érudition surannée, et depuis longtemps oubliée dans les affaires, avec un jeune lutteur dont la force et la fougue déconcertèrent le vieux théologien. Au bout de quelques conférences, il lui ferma sa porte. « Je ne veux plus, dit-il, parler à cette bête, car sa tête cache des yeux profonds et des regards effrayants : *Ego nolo amplius cum hac bestia loqui; habet enim profundos oculos et mirabiles speculationes in capite suo.* »

Luther nous a conservé le récit de cette conférence. « Lorsque je fus cité à Augsbourg, dit-il lui-même, j'y vins et comparus, mais avec une forte garde, et sous la garantie de l'électeur de Saxe qui m'avait adressé à ceux d'Augsbourg et m'avait recommandé à eux. Ils eurent attention à moi, et m'avertirent de ne point aller avec les Italiens, de ne faire aucune société avec eux, de ne point me fier à eux, car je ne savais pas, disaient-ils, ce que c'était qu'un Welche. Pendant trois jours entiers, je fus à Augsbourg sans sauf-conduit de l'empereur. Dans cet intervalle, un Italien venait souvent m'inviter à aller chez le cardinal. Il insistait sans se décourager. « Tu dois te rétrac« ter, disait-il, tu n'as qu'un mot à « dire, *revoco*. Le cardinal te recom« mandera au pape, et tu retourneras « avec honneur auprès de ton prince. »

Il lui citait entre autres exemples celui du fameux Joachim de Flores, qui, s'étant soumis, n'avait pas été hérétique, quoiqu'il eût avancé des propositions hérétiques.

« Au bout de trois jours arriva l'évêque de Trente, qui montra au cardinal le sauf-conduit de l'empereur. Alors, j'allai le trouver en toute humilité. Je tombai d'abord à genoux, puis je m'abaissai jusqu'à terre et je restai à ses pieds; je ne me relevai que quand il me l'eut ordonné trois fois. Cela lui plut fort, et il espéra que je prendrais une meilleure pensée.

« Lorsque je revins le lendemain et que je refusai absolument de rien rétracter, il me dit : « Penses-tu que le « pape s'embarrasse beaucoup de l'Al« lemagne ? Crois-tu que les princes « te défendront avec des armes et des « gens de guerre? Oh! non! Où veux« tu rester? » — « Sous le ciel, répondis-je.

« Plus tard le pape baissa le ton, et écrivit à l'Église, même à maître Spalatin et à Pfeffinger, afin qu'ils me fissent livrer à lui et insistassent pour l'exécution de son décret.

« Cependant mes petits livres et mes *Resolutiones* allèrent, ou plutôt volèrent en peu de jours par toute l'Europe. Ainsi, l'électeur de Saxe fut confirmé et fortifié; il ne voulut point exécuter les ordres du pape, et se soumit à la connaissance de l'Ecriture.

« Si le cardinal eût agi à mon égard avec plus de raison et de discrétion, s'il m'eût reçu lorsque je tombai à ses pieds, les choses n'en seraient jamais venues où elles sont. Car, dans ce temps, je ne voyais encore que bien peu les erreurs du pape; s'il s'était tu, je me serais tu aisément. C'était alors le style et l'usage de la cour de Rome, que le pape dît dans les affaires obscures et embrouillées : Nous rappelons la chose à nous; en vertu de notre puissance papale, annulons le tout et le mettons à néant. Alors il ne restait plus aux deux parties qu'à pleurer. Je tiens que le pape donnerait trois cardinaux pour que la chose fût encore dans le sac. »

Cajetano voulut contraindre l'électeur à chasser Luther; mais cette fois encore Frédéric demanda qu'on prouvât que Luther avait tort. L'électeur, comme tous les princes séculiers, n'était point fâché en effet de faire entendre de dures vérités à ces ecclésiastiques qui depuis longtemps, en Allemagne surtout, s'étaient placés à côté et même au-dessus d'eux. Tandis que les évêques de France, d'Espagne et d'Angleterre avaient été obligés de courber

ALLEMAGNE.

la tête sous l'autorité royale, en Allemagne ils joignaient au pouvoir spirituel la puissance temporelle ; l'ordre sacerdotal avait dans cette contrée d'immenses possessions, et y jouissait de priviléges qui faisaient retomber toutes les charges publiques sur les laïques. En outre la nomination de prélats étrangers aux bénéfices les plus riches, et les exactions continuelles de la cour de Rome, épuisaient cette vaste contrée et préparaient les esprits à voir favorablement une réforme religieuse.

DISPOSITION DES PRINCES ET DE MAXIMILIEN.

Vers le commencement du seizième siècle, l'Europe, et surtout l'Allemagne, présentaient une situation remarquable : les paysans, les bourgeois commençaient, à la faveur de l'agrandissement du pouvoir *monarchique*, et de la tranquillité publique, à se relever de l'abaissement où les avaient tenus ces nobles turbulents qui ne vivaient jadis que de guerres et de pillages. Le bien-être du peuple s'était accru considérablement, et le commerce, auquel la découverte de l'Amérique avait donné une nouvelle vigueur, répandait l'aisance dans les provinces, avec les lumières et l'esprit de liberté. Cependant les impôts ne s'étaient point accrus en proportion des dépenses qu'entraînaient un luxe et des besoins autrefois inconnus ; aussi la plupart des princes de la chrétienté, mais principalement les petits souverains d'Allemagne, où les ecclésiastiques étaient plus riches que partout ailleurs, jetaient dans leurs embarras financiers des yeux d'envie sur les biens immenses du clergé. Ne nous étonnons donc pas si les paroles de Luther, qui s'élevait avec tant de force contre les richesses du clergé, et qui rappelait sans cesse la pauvreté de l'Église primitive, étaient bien accueillies des princes, et les disposaient, peut-être à leur insu, à passer de la réforme de la discipline à celle du dogme. L'empereur lui-même ne voyait pas avec déplaisir les idées nouvelles. « Ce que fait votre moine, avait-il dit à un conseiller de l'électeur de Saxe, n'est pas à mépriser. Le jeu va commencer avec les prêtres. Prenez soin de lui ; il peut arriver que nous en ayons besoin. » Plus d'une fois il s'était plaint amèrement des prêtres et des clercs. « Ce pape, disait-il en parlant de Léon X, s'est conduit avec moi comme un misérable. Je puis dire que je n'ai trouvé dans aucun pape ni sincérité ni bonne foi ; mais j'espère bien, s'il plaît à Dieu, que celui-ci sera le dernier. » — « Le gouvernement du pape, disait-il encore dans une circulaire aux princes allemands, en 1510, n'offre que dissensions et désordres. Au lieu d'être employées au service de Dieu ou contre les infidèles, les sommes prodigieuses arrachées journellement à l'Allemagne ne servent qu'à des objets de luxe ou à des vues mondaines. En ma double qualité de roi des Romains et de protecteur de l'Église chrétienne, il est de mon devoir de faire examiner de si grandes irrégularités, et comme il est nécessaire de rétablir l'ordre et le gouvernement temporel de l'Église, j'ai résolu de convoquer un concile général, assemblée sans le secours de laquelle on ne peut rien opérer de stable. »

La réunion d'un concile était la marotte des Allemands. « Tous les individus de votre nation, dit Æneas Sylvius en s'adressant au chancelier de Mayence ; tous les individus de votre nation qui prétendent appartenir à la classe des savants sont tourmentés par la passion des conciles, car quand on tient une assemblée de ce genre, vos évêques restent tranquilles chez eux, vous vous rendez au concile, ou vous faites bombance aux frais d'autrui, et, en gouvernant le monde, devenez subitement des grands hommes que le peuple admire. Aussi vous criez sans cesse : l'autorité des conciles est éternelle et salutaire ; le monde doit être régi par des conciles ; tout doit être porté aux conciles ; on ne peut rien faire de bon sans les conciles ! Votre intérêt personnel vous guide, votre ambition vous entraîne. Vous savez très-bien que les assemblées délibérantes sont le meilleur moyen pour bouleverser tout ce qui existe, et que, dans les mouvements populaires, des hommes obscurs deviennent subitement de grands hommes. N'ignorant pas que vous ne pouvez gagner qu'aux dépens des prélats, vous employez la ruse et la finesse pour les porter à demander des conciles ; vous leur dites que c'est pour que la puissance pontificale passe entre leurs mains ; pendant que vous les dégradez, vous leur donnez à ronger le trône apostolique. Quand le concile est fini, les évêques sont très-étonnés d'avoir dépensé leur argent et de n'avoir rien gagné en autorité, tandis que vous autres revenez dans vos foyers riches d'or, comblés de bénéfices, et précédés de la réputation de grands hommes. »

Plus tard Maximilien avait abandonné l'idée d'un concile ; mais pour réconcilier définitivement l'Empire et le saint-siége, il avait voulu se faire élire pape lui-même (*).

(*) Le fait a été contesté ; cependant, on a conservé une lettre que Maximilien a écrite sur ce sujet à Marguerite sa fille. « Demain,
« disait-il à cette princesse, j'enverrai à
« Rome l'évêque de Curck, pour y conclure
« une convention avec le pape, afin que je
« sois nommé coadjuteur de Sa Sainteté, que
« je sois ordonné prêtre, et dans la suite
« canonisé, pour que vous soyez forcés de
« m'adorer, ce dont je serai très-vain. J'ai
« écrit au roi d'Aragon le prier de me
« seconder. Il m'a promis de le faire, à con-
« dition que je résignerais la couronne im-
« périale à Charles, mon petit-fils, ce à quoi je
« consens. Le peuple et la noblesse de Rome
« m'ont offert leur appui contre le parti
« français et le parti espagnol. Ils peuvent
« mettre vingt mille hommes sous les armes,
« et m'ont fait assurer qu'ils sont disposés à
« faire réussir mon projet, et qu'ils ne con-
« sentiront jamais à avoir pour pape ni un
« Français, ni un Espagnol, ni un Véni-
« tien. J'ai déjà commencé à sonder les car-
« dinaux ; et comme ils ont beaucoup de
« bonne volonté pour moi, deux ou trois
« mille ducats me seroient très-utiles en cette
« occasion. Le roi d'Aragon m'a fait dire,

COLLOQUE DE LEIPZIG.

En sortant furtivement d'Augsbourg, où il craignait d'être arrêté, Luther avait laissé un acte par lequel il appelait du pape mal informé au pape mieux informé ; mais déjà Léon X l'avait condamné. Dès le mois d'août, c'est-à-dire avant l'expiration du terme de soixante jours, il avait été déclaré hérétique, et le 9 novembre 1518 parut une décrétale approuvant tout ce qu'avaient fait les prédicateurs d'indulgences. Sitôt que le pape eut fait ce pas, il se repentit d'être allé si loin, et envoya un prélat saxon du caractère le plus pacifique, Miltitz, pour tenter un accommodement. Miltitz n'arrivait point avec l'éclat du cardinal Cajetano ; il devait agir lentement, et, à force de ménagements, obtenir dans l'ombre et le secret une rétractation de l'hérétique. Peut-être cette tactique aurait-elle réussi si les docteurs orthodoxes, vieux scolastiques rompus à toutes les subtilités de l'école, n'avaient espéré engager Luther dans un labyrinthe inextricable, et accabler les nouvelles opinions de tout le poids de leur érudition. Eck, le plus habile théologien de l'Allemagne, personnage fort savant et grand dialecticien, se chargea de ce soin. Il provoqua Luther à une discussion publique qui eut lieu à Leipzig. Luther sentit que si son adversaire était de moins noble condition que celui d'Augsbourg, l'affaire n'en serait pas pour cela moins sérieuse. « Peut-être,

« par ses ambassadeurs, qu'il donnerait aux
« cardinaux espagnols l'ordre de soutenir
« mes prétentions à la papauté. Je vous re-
« commande de tenir la chose secrète, quant
« à présent, quoique je craigne qu'elle ne
« soit bientôt connue ; car il est impossible
« que le secret soit strictement gardé dans
« une affaire pour laquelle il est nécessaire
« de gagner un si grand nombre de per-
« sonnes et d'avoir tant d'argent. Adieu.
« Écrit le 18 septembre de la main de votre
« cher père.
                MAXIMILIEN, futur pape.
« La fièvre du pape a redoublé ; il ne peut
« plus vivre longtemps. »

écrivait-il le 7 février 1519 à l'un de ses amis, sera-ce une occasion de donner une tournure grave à une affaire avec laquelle nous n'avons fait que jouer jusqu'à présent : dans ce cas, la tyrannie romaine finira mal. » Son ami l'ayant exhorté à la prudence : « Je n'ai jamais formé le dessein, répondit-il, de renoncer à l'obéissance du saint-siège; je ne vous dissimulerai pas que j'ai plus d'un scrupule. Je me prépare à la dispute de Leipzig en étudiant le droit canon; mais, soit dit entre nous, plus j'y avance, plus je suis incertain si le pape n'est pas l'Antechrist plutôt que l'apôtre du Christ : je plains la pauvre chrétienté d'être ainsi bafouée sous l'apparence des lois et du nom chrétien. Plus j'avance, plus je me persuade que, hors de la Bible, tout est mensonge. »

Au temps fixé, les deux adversaires arrivèrent à Leipzig. La discussion, commencée d'abord entre Eck et Carlstadt, disciple de Luther, fut ensuite soutenue par le réformateur lui-même; mais il succomba, car il n'osa avouer le principe qui faisait cependant toute sa force, c'est-à-dire, qu'il ne reconnaissait point d'autorité en matière de foi. Un jour seulement, comme Eck l'avait amené à s'expliquer sur la condamnation de Jean Huss, il déclara qu'il ne tenait pas toutes les opinions de Huss pour hérétiques, parce qu'un concile les avait proscrites.

Au sortir du colloque, Eck chanta victoire, et de violents pamphlets attaquèrent Luther et les humanistes, qu'on accusait d'être les auteurs de toutes ces hérésies. C'était une faute grave de la part des théologiens, de mêler ainsi à leur querelle particulière, et de tourner contre eux des hommes qui avaient pour eux le savoir, l'esprit, l'éloquence et la popularité. Aussi Érasme disait-il : « Anciennement, on était hérétique quand on s'écartait des articles de foi, aujourd'hui il suffit de ne pas être de l'avis de Thomas. Ces gens taxent d'hérésie tout ce qu'ils n'entendent pas. C'est une hérésie de savoir le grec, de s'exprimer avec élégance, de faire enfin tout ce qu'ils ne font pas eux-mêmes. »

SATIRES D'ULRIC VON HUTTEN.

Parmi ces lettrés, il y en avait un qui, par sa naissance, se trouvait membre de la noblesse immédiate de l'Empire : c'était Ulric von Hutten. Esprit actif, turbulent, brave de l'épée et de la plume, poëte lauréat couronné par Maximilien, ami d'Érasme et de Luther, Hutten prenait rang parmi les plus élégants et les plus instruits des lettrés. Plus hardi qu'Érasme et presque aussi spirituel, il attaqua les vices du clergé avant même que Luther eût parlé. Quand la querelle s'engagea vivement entre Rome et Wittemberg, Hutten prit chaudement le parti de Luther et l'aida de ses satires contre la papauté. Considérant la réforme sous un point de vue purement politique, il s'efforça d'engager la noblesse à se mettre du côté de Luther contre Rome, qui voulait attenter aux libertés germaniques. C'est cette intention qui lui donna l'idée de publier une édition de la bulle de Léon X, avec des notes et des commentaires, et qui lui inspira sa satire intitulée *la Bulle*. *Bulla* arrive en Allemagne pour enlever aux princes et aux peuples leurs droits et leurs libertés; mais voici qu'elle rencontre un bon et brave chevalier qui, indigné de son insolence, veut la frapper. *Bulla*, si arrogante d'abord, jette les hauts cris et appelle tous les hommes à son secours, leur promettant indulgences pour tous les péchés, et permission de satisfaire leurs passions et leurs désirs. Là se place naturellement une curieuse énumération des vertus de la grande panacée papale et des vices des différents peuples, l'ivrognerie des Hollandais, la rapacité des Polonais, etc. Enfin, aux cris de *Bulla*, arrive une grande foule : c'est l'empereur Charles et les princes protecteurs des libertés germaniques. *Bulla* se plaint des violences du chevalier, celui-ci de ses prétentions et de ses blasphèmes. Les nouveaux venus se constituent aussitôt en tribunal pour écouter les griefs des deux parties, et la sentence est bientôt rendue et exécutée. Un médecin, l'Hippocrate du temps, est chargé d'administrer à *Bulla* une potion calmante et laxative. La médecine opère à merveille; bientôt le ventre énorme de *Bulla* éclate et laisse échapper avec des miasmes pestilentiels tout ce qu'elle renfermait, la luxure, l'avarice, l'orgueil, etc. La Bulle morte, on l'enterre honorablement, et les princes lui font même écrire une épitaphe.

Dans une autre satire, Hutten, dévoilant les désirs de la plupart des nobles de son temps, déclare qu'il faut non-seulement se soustraire à l'obéissance du pape, mais à toute cette race de voleurs (*prædones*) qui dépouillent l'Allemagne depuis tant de siècles ; en d'autres termes, qu'il faut séculariser les biens de l'Église, et le moyen qu'il indique est audacieux. Son pamphlet est un dialogue entre un bourgeois, un paysan, un marchand et un noble, qu'il veut unir pour sa patriotique entreprise. Le nom du chevalier, son interlocuteur, était significatif et menaçant : c'était ce turbulent Franz von Sickingen, dont nous aurons tout à l'heure occasion de parler. « Hutten, dit Luther en septembre 1520, m'a adressé une lettre brûlante de colère contre le pontife romain. Il écrit qu'il va tomber de la plume et de l'épée sur la tyrannie sacerdotale ; il est outré de ce que le pape a essayé contre lui le poignard et le poison, et a mandé à l'évêque de Mayence de le lui envoyer à Rome pieds et poings liés, etc. »

Luther accepta l'assistance de la noblesse allemande; il écrivit même un violent pamphlet intitulé : *Adresse à la noblesse chrétienne de la nation germanique*, où il développait tous les abus de la puissance ecclésiastique, et provoquait la nation, les nobles surtout, à secouer ce joug honteux. Cet écrit, répandu avec la plus grande profusion, accrut considérablement le nombre des ennemis de Rome. Le pape ne voulut pas rester en arrière, et opposa à cette déclaration de guerre une bulle qui le déclarait définitivement hérétique.

BULLE DE LÉON X.

Voici un extrait de la bulle de Léon X, pour la rédaction de laquelle les cicéroniens de la cour pontificale avaient épuisé toute leur littérature (*) :

« LÉON, évêque, serviteur des ser-
« viteurs de Dieu ;
« Pour en conserver le perpétuel
« souvenir,
« Lève-toi, Seigneur, et juge ta
« cause ; souviens-toi des insultes que
« te font chaque jour des insensés ;
« prête l'oreille à nos prières, parce
« que des renards se sont levés,
« cherchant à détruire la vigne dont
« seul tu as foulé le pressoir, et dont,
« avant de monter vers ton père, tu
« as confié le soin, la direction et
« l'administration à Pierre, comme à
« sa tête, comme à ton vicaire, et à
« ses successeurs, afin de rendre ton
« Église triomphante ; un sanglier
« échappé des forêts travaille à la dé-
« truire, et les bêtes féroces la rava-
« gent. Lève-toi, Pierre, et avec la
« vigilance d'un pasteur, prends en
« main la cause de la sainte Église
« romaine, la mère de toutes les égli-
« ses, la régulatrice de la foi, que,
« d'après les ordres de Dieu, tu as
« consacrée de ton sang, et contre la-
« quelle, comme tu as daigné nous
« en avertir, s'élèvent des maîtres
« menteurs introduisant des sectes de
« perdition.

« Lève-toi aussi, nous t'en conju-
« rons, Paul, toi qui par ta science et
« ton martyre as éclairé et illustré
« l'Église ; voici que paraît un nouveau
« Porphyre qui ne craint pas d'atta-
« quer, de déchirer, et, lorsqu'il se
« défie de sa cause, d'insulter, con-
« trairement a ta doctrine, les saints
« pontifes nos prédécesseurs.

(*) Traduit de Raynaldi, cont. des Annales ecclés. de Baronius, ad ann. 1520, t. XII, p. 289 et suiv. de l'édit. de Lucques, 1755, in-fol.; t. XXXI de la collection en 35 vol. in-fol.

« Qu'elle se lève aussi l'Église des
« saints, qu'elle se lève cette Église
« universelle dont quelques hommes
« méprisent la sainte interprétation ;
« quelques hommes dont le père du
« mensonge a aveuglé le cœur, et qui,
« fidèles aux traditions des hérétiques,
« se croient seuls sages, et, pour ac-
« quérir la faveur populaire, altèrent
« et détournent le sens des Écritures,
« de telle sorte, comme le dit saint
« Jérôme, que ce n'est plus l'Évangile
« du Christ, mais celui de l'homme,
« ou, ce qui pis est, l'Évangile du dia-
« ble; qu'elle se lève donc, cette sainte
« Église de Dieu, et intercède avec
« les saints apôtres auprès du Tout-
« Puissant, afin de conserver au
« royaume des fidèles la paix et l'u-
« nité. »

Ici se place l'énumération et la réfutation des hérésies reprochées à Luther et à ses partisans. Le pape détaille et réfute quarante et une propositions extraites des écrits du réformateur, puis il continue :

« Nous donc, désirant fermer la
« voie à cette peste et à cette maladie
« mortelle, afin qu'elle ne s'étende pas
« plus loin, comme une épine nuisible,
« dans le champ du Seigneur, ayant
« avec soin examiné, discuté, pesé,
« approfondi lentement les erreurs
« ci-dessus mentionnées, avec nos
« vénérables frères les cardinaux de
« la sainte Église romaine, les prieurs
« des ordres réguliers, nos ministres
« généraux, et plusieurs professeurs
« ou maîtres très-savants dans la
« sainte théologie et dans l'un et l'au-
« tre droit, nous avons trouvé que
« ces erreurs sont contraires à la doc-
« trine et à la tradition de l'Église
« catholique, dont découle la vraie in-
« terprétation des divines Écritures,
« et dont l'autorité est si grande que
« saint Augustin disait qu'il ne croi-
« rait pas à l'Évangile lui-même, si
« l'autorité de l'Église catholique ne
« lui ordonnait d'y croire; car, de ces
« erreurs ou de quelques-unes d'en-
« tre elles, il résulte ouvertement que
« cette Église, régie par l'Esprit saint,
« se trompe et s'est toujours trom-
« pée, ce qui est contraire à ce que le
« Christ, montant au ciel, promit
« à ses disciples, comme nous le lisons
« dans l'Évangile de saint Matthieu :
« *Je suis avec vous jusqu'à la con-*
« *sommation des siècles ;* et aussi aux
« opinions des saints Pères, aux or-
« donnances ou canons des conciles
« et des souverains pontifes, dont
« l'autorité est telle que le refus de
« leur obéir a toujours été, comme
« l'apprend saint Cyprien, le foyer et
« la cause des hérésies.

« C'est pourquoi, avec le conseil et
« l'assentiment de nos vénérables frè-
« res, après délibération des hommes
« ci-dessus nommés, par l'autorité
« du Dieu tout-puissant et des bien-
« heureux apôtres Pierre et Paul, par
« notre propre autorité, nous con-
« damnons, réprouvons, rejetons en-
« tièrement lesdits articles ou erreurs,
« comme également hérétiques, ou
« scandaleux, ou faux, ou offensants
« pour les oreilles pieuses, ou sédui-
« sants pour les âmes simples, en un
« mot contraires à la vérité catholique,
« et nous décrétons et déclarons qu'ils
« seront tenus pour condamnés et ré-
« prouvés, et rejetés par tous les
« chrétiens de l'un et l'autre sexe. »

Le pape déclare en outre que les juges ecclésiastiques et laïques seront tenus d'employer contre les fauteurs de ces articles toutes les peines décrétées contre les hérétiques, et il continue en ces termes :

« En outre, parce que les erreurs
« susdites et plusieurs autres sont
« contenues dans les livres ou écrits
« de Martin Luther, lesdits livres et
« tous les écrits dudit Martin, aussi
« bien que ses prédications en latin ou
« en toute autre langue, dans lesquels
« cesdites erreurs ou d'autres seraient
« contenues, sont également condam-
« nés, réprouvés, rejetés entièrement;
« et nous voulons qu'ils soient tenus ,
« comme il est dit ci-dessus, pour
« condamnés, réprouvés et rejetés ;
« défendant, en vertu de la sainte
« obéissance et sous les peines susdi-
« tes, à tous et à chacun des chrétiens
« de l'un et l'autre sexe, de lire, ap-

« prouver, prêcher, louer, imprimer,
« publier, soutenir par soi ou par tout
« autre, directement ou indirecte-
« ment, tacitement ou expressément,
« publiquement ou secrètement, et de
« conserver dans leur maison ou dans
« d'autres maisons publiques ou pri-
« vées, ces écrits, prédications, thèses,
« ou les articles qu'ils contiennent,
« ou tout autre livre contenant les
« erreurs sus-mentionnées; enfin nous
« entendons qu'aussitôt la publication
« des présentes, ces écrits soient re-
« cherchés par les juges ordinaires et
« autres, et publiquement brûlés en
« présence du clergé et du peuple,
« sous toutes et chacune des peines
« susdites.

« Pour ce qui concerne Martin lui-
« même, bon Dieu! que n'avons-
« nous pas fait en sa faveur? quelle
« preuve de charité paternelle avons-
« nous oublié de lui donner pour le
« rappeler de ses erreurs? En effet,
« après que nous l'eûmes cité, cher-
« chant à agir plus doucement envers
« lui, nous l'invitâmes et nous l'en-
« gageâmes, tant dans les diverses con-
« férences qu'il eût avec notre légat
« que par nos lettres, à renoncer aux
« erreurs susdites, ou même, en ac-
« ceptant un sauf-conduit et l'argent
« nécessaire pour le voyage, à venir
« sans crainte et sans terreur aucune,
« car notre charité parfaite devait les
« bannir de son esprit, et, à l'exemple
« de notre Sauveur et de l'apôtre Paul,
« à parler, non pas secrètement, mais
« publiquement et en face. S'il avait
« agi ainsi, il serait revenu à lui-même
« et aurait reconnu ses erreurs, ne
« trouvant pas tant de crimes dans
« cette cour romaine qu'il représente,
« avec plus d'acharnement qu'il ne
« convient, comme remplie des vaines
« rumeurs des méchants ; je lui aurais
« fait voir plus clairement que le jour
« que les saints pontifes romains nos
« prédécesseurs, qu'il attaque injuste-
« ment et en dépassant toutes les
« bornes, n'ont jamais erré, soit dans
« leurs canons, soit dans leurs cons-
« titutions qu'il s'efforce de calom-
« nier, parce que, suivant la parole du

« prophète, *jamais la résine ni le*
« *médecin n'ont manqué en Galaad.*
« Mais il a toujours refusé, et, mépri-
« sant cette citation et les conseils ci-
« dessus rappelés, il n'a pas voulu
« venir; et *contumace* jusqu'à ce jour,
« il a soutenu plus d'une année nos
« censures avec un esprit endurci; et,
« ce qui est pis encore, ajoutant les
« maux aux maux, étant prévenu de
« cette citation, il en a témérairement
« appelé au futur concile, contraire-
« ment aux constitutions de Pie II et
« de Jules II, nos prédécesseurs, les-
« quelles ordonnent d'appliquer les
« peines des hérétiques à ceux qui font
« cet appel. Aussi, en vain a-t-il im-
« ploré le secours d'un concile, lui
« qui professe ouvertement ne pas
« croire aux conciles, tellement que
« nous pourrions procéder contre lui
« avec toute la sévérité de toutes et de
« chacune des peines et des censures
« sus-mentionnées, non-seulement
« comme notoirement suspect à l'égard
« de la foi, mais comme hérétique,
« et ainsi, sans citation ultérieure et
« sans retard, lui faire appliquer les
« condamnations et les peines que
« méritent les hérétiques.

« Néanmoins, par le conseil de nos
« mêmes frères, imitant la clémence
« du Dieu tout-puissant qui ne veut
« pas la mort du pécheur, mais plutôt
« qu'il se convertisse et qu'il vive ; ou-
« bliant tous les outrages lancés jus-
« qu'à ce jour contre nous et contre le
« siége apostolique, nous avons résolu
« d'user de toute la pitié possible pour
« le ramener, autant qu'il est en
« nous, à résipiscence, par la voie de
« mansuétude que nous nous propo-
« sons, et pour le détourner des er-
« reurs dont nous avons parlé, afin de
« le recevoir avec bienveillance, comme
« l'enfant prodigue, à son retour dans
« le giron de l'Église. Ainsi donc, au
« nom des entrailles de la miséricorde
« de notre Dieu et de l'aspersion du
« sang de Notre-Seigneur Jésus-Christ,
« rédempteur du genre humain et
« fondateur de notre mère la sainte
« Église, nous exhortons de tout no-
« tre cœur, et nous prions ledit Martin

« et tous ses adhérents quelconques, « de même que ceux qui lui donnent « asile et ses fauteurs, qu'ils cessent « de troubler, par les erreurs si per- « nicieuses dont nous avons parlé, la « paix, l'unité, la vérité de l'Église « pour laquelle le Sauveur a fait de si « instantes prières à son père ; et ils « trouveront en nous, s'ils obéissent « en effet et s'ils montrent par des « preuves légitimes qu'ils ont obéi, un « sentiment d'amour paternel et une « source abondante de mansuétude « et de clémence. Enjoignant toute- « fois, dès aujourd'hui, au même Mar- « tin, de s'abstenir durant ce temps « de toute prédication ou de tout « office de prédicateur; et si l'amour « de la justice et de la vertu ne dé- « tourne pas ledit Martin du péché, et « que l'espoir du pardon ne le ramène « pas à la pénitence, qu'il soit main- « tenu dans les règles de la discipline « par la crainte des châtiments : nous « requérons par la teneur des présen- « tes le même Martin et ses adhé- « rents, complices, fauteurs, et ceux « qui lui donnent asile ; nous les ad- « monestons, en vertu de l'obéissance « qu'ils nous doivent; nous leur or- « donnons sévèrement, au nom de « toutes et chacune des peines susdi- « tes, qu'il doit lui-même encourir, « que dans soixante jours (dont nous « assignons vingt pour le premier, « terme de rigueur, vingt pour le se- « cond, les vingt autres jours pour le « troisième, jours que l'on comptera « à partir de l'affiche des présentes « dans les lieux ci-dessous désignés), « ledit Martin et sesdits complices, « fauteurs et adhérents, et ceux qui « lui donnent asile, se défassent abso- « lument des erreurs dont nous avons « parlé, sans plus les prêcher ni les « discuter en public, et cessent aussi « de défendre leurs livres ou publier « leurs écrits sur les mêmes erreurs « ou quelques-unes d'entre elles ; et « qu'ils brûlent ou fassent brûler tous « et chacun des livres et écrits qui « contiennent, de quelque façon que « ce soit, lesdites erreurs ou quelques- « unes d'entre elles ; et qu'encore ledit

« Martin rétracte entièrement ses er- « reurs et assertions de même sorte, « et qu'il nous rende assuré de sa ré- « tractation par des preuves publiques « dans la forme voulue et efficace ; « lesquelles seront déposées entre les « mains de deux prélats et nous se- « ront transmises dans le délai de « soixante autres jours, ou nous se- « ront apportées par lui-même, s'il « veut venir vers nous, ce qui nous « plairait davantage, au moyen du « plein et entier sauf-conduit dont il « a été question, que nous lui accor- « dons dès cet instant même, afin « qu'il ne puisse rester aucun doute « ni scrupule sur la sincérité de sa « soumission.

« Si au contraire (et loin de nous ce « malheur!) ledit Martin et sesdits « complices, fauteurs, adhérents, et « ceux qui lui donnent asile, venaient « à désobéir, ou ne remplissaient pas « dans le terme prescrit toutes ou cha- « cune de nos ordonnances, imitant « alors la doctrine de l'apôtre, lequel « a enseigné qu'il faut fuir l'hérétique « après la première et la seconde ré- « primande, et usant aujourd'hui des « paroles dont il s'est servi autrefois, « nous déclarons que ledit Martin et « ses complices, adhérents, fauteurs, « et ceux qui lui donnent asile, sont « des rameaux arides séparés du « Christ ; et comme ils enseignent une « doctrine contraire à la foi catholi- « que, une doctrine pernicieuse, scan- « daleuse, condamnée, et cela avec « grande offense de la divine majesté « et au grand détriment et scandale « de l'Église universelle et de la foi « catholique, et qu'encore ils mépri- « sent les clefs de l'Église, nous décla- « rons par la même autorité qu'ils ont « été et sont hérétiques notoires et « opiniâtres, et comme tels nous les « condamnons par les présentes, et « voulons et mandons qu'ils soient « regardés comme tels par tous les fi- « dèles du Christ de l'un et de l'autre « sexe ; et nous les soumettons tous « et chacun d'eux à toutes les peines « susdites et autres portées par la jus- « tice contre de telles gens ; et décrétons

« et déclarons qu'ils ont été et sont
« passibles desdites peines. Faisons en
« outre défense expresse, sous toutes
« et chacune desdites peines qu'il doit
« encourir, à tous et à chacun des
« fidèles du Christ ci-dessus men-
« tionnés, de lire, discuter, prêcher,
« louer, imprimer, publier ou défen-
« dre par soi, par un autre ou par
« d'autres, directement ou indirecte-
« ment, tacitement ou expressément,
« en public ou en secret, soit dans
« sa maison, soit dans d'autres lieux
« publics ou particuliers où ils pour-
« raient se les procurer, tous écrits,
« même ne contenant point les erreurs
« susdites, soit composés ou mis au
« jour par le même Martin, soit à
« composer ou à mettre au jour, de
« quelque façon que ce soit, ou un
« quelconque d'iceux, comme venant
« d'un homme ennemi de la foi ortho-
« doxe et fortement suspects à ce
« titre ; et afin que leur mémoire soit
« entièrement abolie dans la commu-
« nion des fidèles du Christ, leur or-
« donnons au contraire de les brûler
« comme il a été dit ci-devant. Sont
« avertis en outre tous les fidèles du
« Christ, sous peine d'être déclarés
« anathèmes, de fuir lesdits héréti-
« ques, quand le temps prescrit sera
« écoulé, et de s'abstenir de tout com-
« merce avec eux. Ordre est donné
« aux archevêques, évêques, pré-
« lats, rois, septemvirs, princes im-
« périaux et magistrats, d'appréhen-
« der au corps Luther et ses secta-
« teurs ; sont mis sous l'interdit les
« lieux où ils se réfugieraient ; ordre
« est aussi donné aux prélats de les
« déclarer publiquement hérétiques, et
« sont menacés de la censure tous
« ceux qui s'opposeraient à cette décla-
« ration. Donné à Saint-Pierre de
« Rome, l'an 1520 de l'incarnation de
« N. S., le dix-septième jour avant les
« calendes de juin, et de notre ponti-
« ficat la huitième année. »

RÉPONSE DE LUTHER.

La réponse de Luther fut fou-
droyante. Dans son traité de *la Captivité babylonienne de l'Église*, il posa
enfin les bases de sa réforme, en attaquant tous les articles de foi que rejetèrent dans la suite les protestants. Cet
ouvrage fut bientôt suivi d'un autre,
par la composition duquel il s'était
proposé de rendre la cour de Rome
odieuse à l'Allemagne ; il y rappelait
les guerres que les papes avaient susci-
tées ou faites aux empereurs, et y maintenait la supériorité de la puissance
civile sur la puissance ecclésiastique.
Remarquons cette parole du réformateur ; elle fut décisive. L'Église luthérienne, malgré son esprit de doute et
d'examen, c'est-à-dire de liberté, malgré aussi le caractère révolutionnaire
qu'elle eut à son principe, fortifia, en
Allemagne et partout où elle pénétra,
le principe monarchique. Ceci explique
pourquoi la Prusse présente aujour-
d'hui ce singulier contraste de la servitude politique à côté d'une grande
liberté de penser, d'écrire et de professer.

C'est à cette époque que l'électeur
consulta Érasme sur le parti qu'il devait prendre. Le prince des lettrés,
qui avait besoin pour lui-même du respect des opinions, répondit qu'il aurait
fallu convaincre Luther avant de le
condamner ; aussi l'électeur, fort de
ce témoignage, refusa, comme le demandait le pape, de livrer son plus habile professeur, celui qui était l'ornement et la gloire de sa jeune université
de Wittemberg. Encouragé par cette
protection, le réformateur ne garda
plus de mesure. En décembre 1520, il
publia un ouvrage *contre la bulle exécrable de l'Antechrist*, puis une défense de sa doctrine, dans laquelle il
déclarait enfin nettement ne vouloir
s'appuyer que sur la Bible, et tran-
chant lui-même de l'exécuteur des
hautes œuvres, il brûla, le 10 décembre, la bulle du pape. « Aujourd'hui,
écrivit-il à Spalatin, à la neuvième
heure du jour, ont été brûlés à Wittemberg, à la porte de l'Est, tous les
livres du pape, le *Décret*, les *Décrétales*, l'*Extravagante*, de Clément VI,
la *dernière bulle* de Léon X, la
Somme angélique, le *Chrysoprasus*

d'Eck, et quelques autres ouvrages d'Eck et d'Emser. Voilà des choses nouvelles. » Il dit, dans l'acte même qu'il fit dresser à ce sujet : « Si quelqu'un me demande pourquoi j'en agis ainsi, je lui répondrai que c'est une vieille coutume de brûler les mauvais livres ; les apôtres en ont brûlé pour cinq mille deniers. »

Ainsi le dernier lien était rompu ; la tunique sans couture, comme dit l'abbé Suger, était déchirée. Il en coûta beaucoup à Luther, malgré la violence de son caractère ; il le dit lui-même avec une tristesse éloquente. « Sans doute, écrit-il à Érasme, tu te sens quelque peu arrêté en présence d'une suite si nombreuse d'érudits, devant le consentement de tant de siècles où brillèrent des hommes si habiles dans les lettres sacrées, où parurent de si grands martyrs, glorifiés par de nombreux miracles. Ajoute encore les théologiens plus récents, tant d'académies, de conciles, d'évêques, de pontifes. De ce côté se trouvent l'érudition, le génie, le nombre, la grandeur, la hauteur, la force, la sainteté, les miracles ; et que n'y a-t-il pas? du mien, Wiclef et Laurent Valla, et aussi Augustin, quoique tu l'oublies, puis Luther, un pauvre homme né d'hier, seul avec quelques amis qui n'ont ni tant d'érudition, ni tant de génie, ni le nombre, ni la grandeur, ni la sainteté, ni les miracles. A eux tous ils ne pourraient guérir un cheval boiteux... Que sommes-nous, nous autres ? ce que le loup disait de Philomèle : Tu n'es qu'une voix : *vox es, præstereaque nihil ;* une voix et rien de plus.

« Je l'avoue, mon cher Érasme, c'est avec raison que tu hésites devant toutes ces choses ; moi aussi, il y a dix ans, j'ai hésité..... Pouvais-je croire que cette Troie, qui depuis si longtemps avait victorieusement résisté à tant d'assauts, pût tomber un jour? J'en atteste Dieu dans mon âme, j'eusse persévéré dans ma crainte, j'hésiterais encore aujourd'hui, si ma conscience, si la vérité ne m'avaient contraint de parler. Je n'ai pas, tu le penses bien, un cœur de roche ; et quand je l'aurais, battu par tant de flots et d'orages, il se serait brisé, ce cœur, lorsque toute cette autorité venait fondre sur ma tête comme un déluge prêt à m'accabler. »

Il dit ailleurs : « J'ai appris par la sainte Écriture que c'est chose pleine de péril et de terreur d'élever la voix dans l'Église de Dieu, de parler au milieu de ceux que vous aurez pour juges, lorsque, arrivés au dernier jour du jugement, vous vous trouverez sous le regard de Dieu, sous l'œil des anges, toute créature voyant, écoutant, et dressant l'oreille au Verbe divin. Certes, quand j'y songe, je ne désirerais rien plus que le silence, et l'éponge pour mes écrits..... Avoir à rendre compte à Dieu de toute parole oiseuse, cela est dur, cela est effroyable ; » et dans une lettre du 27 mars 1519 : « J'étais seul, et, jeté dans cette affaire sans prévoyance, j'accordais au pape beaucoup d'articles essentiels ; qu'étais-je, pauvre misérable moine, pour tenir contre la majesté du pape, devant lequel les rois de la terre, que dis-je ? la terre même, l'enfer et le ciel tremblaient ? Ce que j'ai souffert la première et la seconde année, dans quel abattement, non pas feint et supposé, mais bien véritable, ou plutôt dans quel désespoir je me trouvais, ah ! ils ne le savent point, ces esprits confiants qui, depuis, ont attaqué le pape avec tant de fierté et de présomption. Ne pouvant trouver de lumière auprès des maîtres morts ou muets (je parle des livres des théologiens et des juristes), je souhaitai de consulter le conseil vivant des églises de Dieu, afin que, s'il existait des gens pieux qu'éclairât le Saint-Esprit, ils prissent compassion de moi, et voulussent bien donner un avis bon et sûr pour mon bien et pour celui de toute la chrétienté. Mais il était impossible que je les reconnusse. Je ne regardais que le pape, les cardinaux, évêques, théologiens, canonistes, moines, prêtres : c'est de là que j'attendais l'esprit, car je m'étais si avidement abreuvé et repu de leur doctrine, que je ne sentais

plus si je veillais ou si je dormais...
Si j'avais alors bravé le pape, comme je
le fais aujourd'hui, je me serais ima-
giné que la terre se fût à l'heure
même ouverte pour m'engloutir vivant, ainsi que Coré et Abiron... Lorsque j'entendais le nom de l'Église, je
frémissais et offrais de céder. En 1518,
je dis au cardinal Cajetano, à Augsbourg, que je voulais désormais me
taire ; seulement, je le priais, en toute
humilité, d'imposer même silence à
mes adversaires et d'arrêter leurs
clameurs. Loin de me l'accorder, il
me menaça, si je ne me rétractais, de
condamner tout ce que j'avais enseigné. J'avais déjà donné le catéchisme,
par lequel beaucoup de gens s'étaient
améliorés ; je ne devais pas souffrir
qu'il fût condamné...

« Je fus ainsi forcé de tenter ce que
je regardais comme le dernier des
maux..... Mais je ne songe pas pour
cette fois à conter mon histoire, je
veux seulement confesser ma sottise,
mon ignorance et ma faiblesse ; je
veux faire trembler par mon exemple
ces présomptueux criailleurs ou écri-
vailleurs qui n'ont point porté la croix
ni connu les tentations de Satan..... »

DIÈTE DE WORMS.

Cependant le pape avait, le 3 janvier
1521, solennellement excommunié Luther, et son légat vint presser le nouvel
empereur Charles-Quint d'exécuter la
sentence apostolique. Mais Frédéric, à
qui son refus de la couronne impériale avait mérité le titre de Sage, et
qui venait d'administrer tout le nord
de l'Allemagne durant l'interrègne,
s'opposa à ce que la diète, acceptant
les haines de Rome, condamnât Luther
sans l'entendre. Son influence était
trop grande pour qu'on méprisât sa
protestation ; aussi un héraut impérial
fut-il chargé d'aller porter à Luther un
sauf-conduit pour se rendre à Worms,
où la diète se tenait. « Plût à Dieu,
disait Hutten, que j'y pusse assister ;
je remuerais les choses, et je saurais
bien exciter quelque tumulte. » Il écrivit même à Luther pour animer son
courage et lui promettre du secours
en cas de besoin. A la diète même se
trouvaient plusieurs seigneurs qui partageaient les sentiments de Hutten.
« Soyez intrépides, lui disaient-ils ;
« parlez en homme et ne craignez rien. »
— « Moine, dit Frondsberg, ce capitaine de landsknechten qui, en 1527,
assiégea Rome avec Bourbon, et y
entra portant au cou une chaîne d'or
destinée, disait-il, à étrangler le pape ;
« moine, dit-il à Luther en lui mettant
« la main sur l'épaule, prends-y garde :
« tu vas faire un pas plus périlleux que
« nous autres n'en avons jamais fait ;
« mais si tu es dans le bon chemin,
« Dieu ne t'abandonnera pas. »

Luther lui-même a fait le récit de ce
qui se passa à la diète : « Lorsque
le héraut, dit-il, m'eut cité le mardi
de la semaine sainte, et m'eut apporté le sauf-conduit de l'empereur
et de plusieurs princes, le même sauf-
conduit fut, le lendemain mercredi,
violé à Worms, où ils me condamnèrent et brûlèrent mes livres. La nouvelle m'en vint lorsque j'étais à
Erfurth. Dans toutes les villes, la condamnation était déjà publiquement af-
fichée, de sorte que le héraut lui-même
me demandait si je songeais encore à
me rendre à Worms ?

« Quoique je fusse effrayé et tremblant, je lui répondis : Je veux m'y
rendre, quand même il devrait s'y
trouver autant de diables que de tuiles
sur les toits ! Lors donc que j'arrivai
à Oppenheim, près de Worms, maître
Bucer vint me trouver, et me détourna
d'entrer dans la ville. Sglapian, confesseur de l'empereur, était venu le
trouver et le prier de m'avertir que je
n'entrasse point à Worms, car je devais y être brûlé ! Je ferais mieux, disait-il, de m'arrêter dans le voisinage,
chez Franz de Sickingen, qui me recevrait volontiers. Les misérables faisaient tout cela pour m'empêcher de
comparaître ; car si j'avais tardé trois
jours, mon sauf-conduit n'eût plus
été valable ; ils m'auraient fermé les
portes, ne m'auraient point écouté,
mais condamné tyranniquement. J'a-
vançai donc dans la simplicité de mon

cœur, et lorsque je fus en vue de la ville, j'écrivis sur l'heure à Spalatin que j'étais arrivé, en lui demandant où je devais loger. Ils s'étonnèrent tous de mon arrivée imprévue; car ils pensaient que je serais resté dehors, arrêté par la ruse et par la terreur.

« Deux de la noblesse, le seigneur de Hirsfeld et Jean Schott, vinrent me prendre, par ordre de l'électeur de Saxe, et me conduisirent chez eux. Mais aucun prince ne vint me voir, seulement des comtes et des nobles qui me regardaient beaucoup. C'étaient ceux qui avaient présenté à Sa Majesté Impériale les quatre cents articles contre les ecclésiastiques, en priant qu'on réformât les abus, sinon qu'ils le feraient eux-mêmes. Ils en ont tous été délivrés par mon évangile.

« Le pape avait écrit à l'empereur de ne point observer le sauf-conduit. Les évêques y poussaient; mais les princes et les États n'y voulurent point consentir, car il en fût résulté bien du bruit. J'avais tiré un grand éclat de tout cela, ils devaient avoir peur de moi plus que je n'avais d'eux. En effet, le landgrave de Hess, qui était encore un jeune seigneur, demanda à m'entendre, vint me trouver, causa avec moi, et me dit à la fin : « Cher « docteur, si vous avez raison, que no« tre seigneur Dieu vous soit en aide! »

« J'avais écrit dès mon arrivée à Sglapian, confesseur de l'empereur, en le priant de vouloir bien venir me trouver, selon sa volonté et sa commodité; mais il ne voulut pas : il disait que la chose serait inutile.

« Je fus ensuite cité, et je comparus devant tout le conseil de la diète impériale, dans la maison de ville, où l'empereur, les électeurs et les princes étaient rassemblés (*). Le docteur Eck, official de l'évêque de Trèves, commença, et me dit : « Martin, tu es

« appelé ici pour dire si tu reconnais « pour tiens les livres qui sont placés « sur la table. » Et il me les montrait. « Je le crois, répondis-je. » Mais le docteur Jérôme Schurff ajouta sur-lechamp : « Qu'on lise les titres. » Lorsqu'on les eut lus, je dis : « Oui, ces livres sont les miens. »

« Il me demanda encore : « Veux-tu « les désavouer? » Je répondis : « Très« gracieux seigneur empereur, quel« ques-uns de mes écrits sont des livres « de controverse, dans lesquels j'atta« que mes adversaires; d'autres sont « des livres d'enseignement et de doc« trine. Dans ceux-ci, je ne puis ni ne « veux rien rétracter, car c'est parole « de Dieu. Mais pour mes livres de « controverse, si j'ai été trop violent « contre quelqu'un, si j'ai été trop « loin, je veux bien me laisser instrui« re, pourvu qu'on me donne le temps « d'y penser. » On me donna un jour et une nuit.

« Le jour d'après, je fus appelé par les évêques et d'autres qui devaient traiter avec moi pour que je me rétractasse. Je leur dis : « La parole de « Dieu n'est point ma parole; c'est pour« quoi je ne puis l'abandonner. Mais « dans ce qui est au delà, je veux être « obéissant et docile. » Le margrave Joachim prit alors la parole, et dit : « Seigneur docteur, autant que je puis « comprendre, votre pensée est de « vous laisser conseiller et instruire, « hors les seuls points qui touchent « l'Écriture? — Oui, répondis-je, c'est « ce que je veux. »

« Ils me dirent alors que je devais m'en remettre à la majesté impériale; mais je n'y consentis point. Ils me demandaient s'ils n'étaient pas euxmêmes des chrétiens qui pussent décider de telles choses? A quoi je répliquai : « Oui; pourvu que ce soit sans « faire tort ni offense à l'Écriture, que « je veux maintenir. Je ne puis aban« donner ce qui n'est pas mien. » Ils insistaient. « Vous devez vous reposer « sur nous et croire que nous décide« rons bien. » — « Je ne suis pas fort « porté à croire que ceux-là décideront « pour moi contre eux-mêmes, qui

(*) Il se trouvait à la diète, outre l'empereur, six électeurs, un archiduc, deux landgraves, cinq margraves, vingt-sept ducs et un grand nombre de comtes, d'archevêques, d'évêques, etc., en tout cent six personnes.

« viennent de me condamner déjà, « lorsque j'étais sous le sauf-conduit. « Mais voyez ce que je veux faire; « agissez avec moi comme vous vou- « drez ; je consens à renoncer à mon « sauf-conduit et à vous l'abandon- « ner. » Alors le seigneur Frédéric de Feilitsch se mit à dire : « En voilà « véritablement assez, si ce n'est trop. »

« Ils dirent ensuite : « Abandonnez- « nous au moins quelques articles. » Je répondis : « Au nom de Dieu, je « ne veux point défendre les articles « qui sont étrangers à l'Écriture. » Aussitôt deux évêques allèrent dire à l'empereur que je me rétractais. Alors l'évêque ***** envoya vers moi, et me fit demander si j'avais consenti à m'en remettre à l'empereur et à l'Empire. Je répondis que je ne le voulais pas, et que je n'y avais jamais consenti. Ainsi je résistais seul contre tous. Mon docteur et les autres étaient mécontents de ma tenacité. Quelques-uns me disaient que si je voulais m'en remettre à eux, ils abandonneraient et céderaient en retour les articles qui avaient été condamnés au concile de Constance. A tout cela je répondais : « Voici mon corps et ma vie. »

« Cochleus vint alors, et me dit : « Martin, si tu veux renoncer au sauf- « conduit, je disputerai avec toi. » Je l'aurais fait dans ma simplicité; mais le docteur Jérôme Schurff répondit en riant et avec ironie : « Oui, vrai- « ment, c'est qu'il faudrait: ce « n'est pas une offre inégale; qui se- « rait si sot !... » Ainsi je restai sous le sauf-conduit ; quelques bons compagnons s'étaient déjà élancés en disant : « Comment! vous l'emmèneriez « prisonnier? Cela ne saurait être. »

« Sur ces entrefaites vint un docteur du margrave de Bade qui essaya de m'émouvoir avec de grands mots : je devais, disait-il, beaucoup faire, beaucoup céder pour l'amour de la charité, afin que la paix et l'union subsistassent, et qu'il n'y eût pas de soulèvement. On était obligé d'obéir à la majesté impériale comme à la plus haute autorité; on devait soigneusement éviter de faire du scandale dans le monde; par conséquent, je devais me rétracter. « Je veux de tout mon « cœur, répondis-je, au nom de la cha- « rité, obéir et tout faire en ce qui « n'est point contre la foi et l'hon- « neur du Christ. »

« Alors le chancelier de Trèves me dit : « Martin, tu es désobéissant à « la majesté impériale ; c'est pourquoi « il t'est permis de partir sous le sauf- « conduit qui t'a été donné. » Je répondis : « Il s'est fait comme il a plu « au Seigneur. Et vous, à votre tour, « considérez où vous restez. » Ainsi, je partis dans ma simplicité, sans remarquer ni comprendre toutes leurs finesses.

« Ensuite ils exécutèrent le cruel édit du ban, qui donnait à chacun occasion de se venger de ses ennemis, sous prétexte et apparence d'hérésie luthérienne, et cependant il a bien fallu à la fin que les tyrans révoquassent ce qu'ils avaient fait.

« C'est ainsi qu'il m'advint à Worms, où je n'avais pourtant de soutien que le Saint-Esprit (*). »

CAPTIVITÉ DE LA WARTBOURG.

Cependant Luther avait quitté Worms ; il avait vingt et un jours pour se mettre en lieu de sûreté, mais il lui était défendu de prêcher sur sa route. Il ne lui fût pas possible d'exécuter l'ordre impérial ; les peuples, surtout ceux de la Saxe, avaient soif d'entendre les

(*) En allant à Worms, Luther, comme pour s'animer au combat, avait composé un cantique. « Ce qui n'est pas moins curieux et significatif que les écrits en prose de Luther, dit le spirituel Henri Heine, ce sont ces poésies, ces chansons qui lui ont échappé dans le combat et dans la nécessité. On dirait une fleur qui a poussé entre les pierres, un rayon de la lune qui éclaire une mer irritée. Luther aimait la musique, il a même écrit un traité sur cet art ; aussi ses chansons sont-elles très-mélodieuses. Sous ce rapport il a aussi mérité son surnom de *Cygne d'Eisleben*. Mais il n'était rien moins qu'un doux cygne dans certains chants, où il ranime le courage des siens et s'exalte lui-même jusqu'à la plus sauvage ardeur. Le chant avec lequel il entra à Worms était un

paroles de l'Évangile. « Tu ne saurais croire, écrit-il à Spalatin, avec quelle civilité m'a reçu l'abbé de Hirsfeld. Il a envoyé au-devant de nous, à la distance d'un grand mille, son chancelier et son trésorier, et lui-même il est venu nous recevoir près de son château avec une troupe de cavaliers, pour nous conduire dans la ville. Le sénat nous a reçus à la porte. L'abbé nous a splendidement traités dans son monastère, et m'a couché dans son lit. Le cinquième jour, au matin, ils me forcèrent de faire un sermon ; j'eus beau représenter qu'ils m'avaient enjoint de ne pas prêcher sur ma route.

véritable chant de guerre. La vieille cathédrale trembla à ces sons nouveaux, et les corbeaux furent effrayés dans leurs nids obscurs à la cime des tours. Cet hymne, la Marseillaise de la réforme, a conservé jusqu'à ce jour sa puissance énergique, et peut-être entonnerons-nous bientôt, dans des combats semblables, ces vieilles paroles retentissantes et bardées de fer.

Notre Dieu est une forteresse,
Une épée et une bonne armure.
Il nous délivrera de tous les dangers
Qui nous menacent à présent.
Le vieux méchant démon
Vous en veut aujourd'hui sérieusement ;
Il est armé de pouvoir et de ruse,
Il n'a pas son pareil au monde.
Votre puissance ne fera rien,
Vous verrez bientôt votre perte ;
L'homme de vérité combat pour nous,
Dieu lui-même l'a choisi.
Veux-tu savoir son nom ?
C'est Jésus-Christ,
Le seigneur Sabaoth ;
Il n'est pas d'autre Dieu que lui :
Il gardera le champ, il donnera victoire,
Quand le monde serait plein de démons,
Et qu'ils voudraient nous dévorer ;
Ne nous mettons pas trop en peine,
Notre entreprise réussira.
Le prince de ce monde,
Bien qu'il nous fasse la grimace,
Ne nous fera pas de mal.
Il est condamné,
Un seul mot le renverse.
Ils nous laisseront la parole,
Et nous ne dirons pas merci pour cela :
La parole est parmi nous
Avec son esprit et ses dons.
Qu'ils nous prennent notre corps,
Nos biens, l'honneur, nos enfants :
Laissez-les faire,
Ils ne gagneront rien à cela ;
A nous restera l'empire.

Henri Heine, Revue des deux mondes,
1ᵉʳ mars 1834.

Je disais pourtant que je n'avais jamais consenti à lier la parole de Dieu, ce qui est vrai.

« Je prêchai également à Eisenach, devant un curé tout tremblant et un notaire et des témoins qui protestaient, en s'excusant sur la crainte de leurs tyrans. Ainsi, tu entendras peut-être dire à Worms que j'ai violé ma foi, mais je ne l'ai pas violée. Lier la parole de Dieu, c'est une condition qui n'est pas en mon pouvoir.

« Enfin, on vint à pied d'Eisenach à notre rencontre, et nous entrâmes le soir dans la ville ; tous nos compagnons étaient partis le matin avec Jérôme.

« Pour moi, j'allais rejoindre ma chair (ses parents) en traversant la forêt, et je venais de les quitter pour me diriger sur Walterhausen, lorsque peu d'instants après, près du fort d'Alenstein, je fus fait prisonnier. Amsdorf savait sans doute qu'on me prendrait, mais il ignore où l'on me garde. Mon frère ayant vu à temps les cavaliers, sauta à bas de la voiture, et sans demander congé il arriva à pied, sur le soir m'a-t-on dit, à Walterhausen. Moi, on m'ôta mes vêtements pour me faire mettre un habit de chevalier, et je me laissai croître les cheveux et la barbe ; tu ne m'aurais pas reconnu sans peine, car depuis longtemps je ne me reconnais pas moi-même. Me voilà maintenant vivant dans la liberté chrétienne, affranchi de toutes les lois du tyran. »

Peu de jours après, le 26 mai, l'empereur mit Luther, ses partisans et ses protecteurs au ban de l'Empire. Les catholiques crurent tout terminé ; mais les esprits clairvoyants ne s'y trompèrent pas ; un Espagnol de la suite de Charles-Quint écrivit à cette époque à l'un de ses amis : « Telle fut, à ce que croient plusieurs personnes, la fin de cette tragédie ; mais il me semble que c'en est le commencement, car je vois que les esprits des Allemands sont excessivement montés contre le siége de Rome. »

De graves événements politiques vinrent, aussitôt après la diète de Worms, occuper toute l'attention de l'empereur; la révolte de la Castille et la guerre avec François Ier empêchèrent Charles-Quint de veiller à l'exécution du ban impérial qui resta, comme tant d'autres, à peu près inutile. Pendant ce temps Luther, enfermé dans le château de Wartbourg, et mis, par cette heureuse précaution de l'électeur, à l'abri de tout danger, put régulariser sa réforme dans le calme de la solitude et de la réflexion. D'abord il fit une traduction du Nouveau et de l'Ancien Testament. C'était agir avec habileté; car, d'une part, il satisfaisait aux besoins des peuples que l'on avait si longtemps sevrés de la parole divine, et de l'autre, cette traduction à la main, il prouvait qu'il n'était question dans la Bible ni de pape, ni de messe, ni de purgatoire, ni de transsubstantiation, ni du célibat des prêtres, ni des vœux monastiques, ni de l'adoration des saints. Et tandis que Luther travaillait ainsi à ranger le peuple de son côté, Mélanchthon publiait ses *Lois communes*, qui renfermaient, dans un ordre systématique et lumineux, toute la nouvelle doctrine fondée sur le principe que la justification de l'homme par-devant Dieu ne se faisait que par la foi, et que celle-ci était produite par la seule grâce divine d'une manière entièrement indépendante de la volonté de l'homme. Ce livre était pour les lettrés ce que la traduction de la Bible et les sermons de Luther étaient pour les basses classes. L'un satisfaisait à l'érudition éclairée et au goût sévère des gens de lettres, les autres au bon sens populaire.

PROGRÈS DE LA RÉFORME.

Cependant, à l'insu de Luther, la réforme marchait, s'étendait. A la fin de décembre 1521, les augustins de la Misnie et de la Thuringe se réunirent à Wittemberg, et votèrent la suppression des messes privées, l'abolition des vœux monastiques et des règles, surtout celles des ordres mendiants. Peu après, l'ancien disciple de Luther, Carlstadt, à la solennité de Noël, célébra la messe en allemand, supprima l'élévation, et distribua, sans confession préalable, le sacrement sous les deux espèces. C'étaient de graves innovations; mais depuis que Luther avait posé en principe la libre interprétation de l'Écriture, partout s'élevaient, à son exemple, de nouveaux prophètes qui, n'ayant ni ce bon sens qui souvent l'arrête, ni cette érudition qui l'éclaire, réveillent chez le peuple le mysticisme auquel furent toujours portées les populations du nord de l'Allemagne : c'est le drapier Stierch, le prêtre Munzer, un autre prêtre de Kemberg qui, dès 1521, donnent l'exemple de se marier. Averti de tous ces mouvements, et des désordres qui avaient éclaté à Wittemberg où les autels avaient été brisés. Luther sentit le besoin de venir arrêter la réforme qui échappait de ses mains et prenait un caractère menaçant. « Les prêtres et les moines qui ont fait leurs folies pendant que j'étais libre, écrit-il, ont tellement peur depuis que je suis captif, qu'ils commencent à adoucir les extravagances qu'ils ont débitées contre moi. Ils ne peuvent plus soutenir l'effort de la foule qui grossit, et ne savent par où s'échapper. Voyez-vous le bras puissant du Dieu de Jacob, tout ce qu'il fait pendant que nous nous taisons, que nous patientons, que nous prions! Ne se vérifie-t-elle pas cette parole de Moïse : *Vos tacebitis, et Dominus pugnabit pro vobis* (*)? Un de ceux de Rome a écrit à une huppe (**) de Mayence : « Luther est perdu comme nous le voulions ; mais le peuple est tellement soulevé, que je crains bien que nous ayons peine à sauver nos vies, si nous n'allons à sa recherche, chandelles allumées, et que nous ne le fassions revenir. »

Le 5 mars 1522, il partit de Wartbourg sans en demander la permission

---

(*) Vous vous tairez, et le Seigneur combattra pour vous.

(**) Cette désignation des dignitaires de l'Église, comme le remarque M. Michelet, fait penser aux oiseaux merveilleux de Rabelais, les *papegots, évêgots, etc.*

à l'électeur. « Si Dieu, écrivit-il à Frédéric, si Dieu m'appelait à Leipzig (*) comme il m'appelle à Wittemberg, j'y entrerais, quand même, pardonnez-moi cette folie, quand même il pleuvrait des ducs George neuf jours durant, et chacun d'eux neuf fois plus furieux. Il prend donc Jésus-Christ pour un homme de paille?... J'écris ceci pour vous faire savoir que je vais à Wittemberg sous une protection plus haute que celle de l'électeur; aussi n'ai-je pas l'intention de demander appui à votre Grâce; je crois même que je la protégerai plus que je ne serai protégé par elle... Votre Grâce me demande ce qu'elle doit faire en ces circonstances... Obéir à l'autorité en bon électeur, laisser régner Sa Majesté Impériale en ses États, conformément aux règlements de l'Empire, et se garder d'opposer quelque résistance à la puissance qui voudra me prendre ou me tuer; car *personne ne doit briser la puissance ni lui résister, hormis celui qui l'a instituée, autrement c'est révolte, c'est contre Dieu.* »

Ainsi, même dans les moments les plus critiques, il prêche l'obéissance aux lois politiques. Partout nous retrouverons ce caractère. Cependant sa fougue l'emporta un moment quand il vit les princes catholiques combattre à leur façon ses doctrines par les prohibitions et les violences. L'un d'eux, Henri VIII, osa même compromettre sa dignité en se mêlant à cette dispute théologique, et en écrivant contre Luther. Celui-ci se retourna contre son royal adversaire avec une audace qui dut singulièrement étonner le puissant roi de la Grande-Bretagne.

RÉPONSE DE LUTHER AUX ATTAQUES DE HENRI VIII.

« Moi, aux paroles des Pères, des hommes, des anges, des démons, j'oppose, non pas l'antique usage ni la multitude des hommes, mais la seule

(*) Capitale du duc George de Saxe, grand ennemi de Luther depuis la dispute avec Eck.

parole de l'éternelle Majesté, l'Évangile, qu'eux-mêmes sont forcés de reconnaître. Là, je me tiens, je m'assieds, je m'arrête; là est ma gloire, mon triomphe; de là, j'insulte aux papistes, aux thomistes, aux henricistes, aux sophistes et à toutes les portes de l'enfer. Je m'inquiète peu des paroles des hommes, quelle qu'ait été leur sainteté; pas davantage de la tradition, de la coutume trompeuse: la parole de Dieu est au-dessus de tout. Si j'ai pour moi la divine Majesté, que m'importe le reste, quand même mille augustins, mille cypriens, mille églises de Henri se lèveraient contre moi? Dieu ne peut errer ni tromper; Augustin et Cyprien, comme tous les élus, peuvent errer et ont erré.

« La messe vaincue, nous avons, je crois, vaincu la papauté. La messe était comme la roche où la papauté se fondait, avec ses monastères, ses épiscopats, ses colléges, ses autels, ses ministres et ses doctrines, enfin, avec tout son ventre. Tout cela croulera avec l'abomination de leur messe sacrilége.

« Pour la cause de Christ, j'ai foulé aux pieds l'idole de l'abomination romaine, qui s'était mise à la place de Dieu et s'était établie maîtresse des rois et du monde. Quel est donc cet Henri, ce nouveau thomiste, ce disciple du monstre, pour que je respecte ses blasphèmes et sa violence? Il est le défenseur de l'Église; oui, de son Église à lui, qu'il porte si haut, de cette prostituée qui vit dans la pourpre, ivre de débauches, de cette mère de fornications. Moi, mon chef est Christ; je frapperai du même coup cette Église et son défenseur qui ne font qu'un; je les briserai...

« J'en suis sûr, mes doctrines viennent du ciel. Je les ai fait triompher contre celui qui, dans son petit ongle, a plus de force et d'astuce que tous les papes, tous les rois, tous les docteurs. Mes dogmes resteront, et le pape tombera, malgré toutes les portes de l'enfer, toutes les puissances de l'air, de la terre et de la mer. Ils m'ont provoqué à la guerre; eh bien! ils l'auront, la guerre. Ils ont méprisé la paix que je leur offrais; ils n'auront plus la paix. Dieu verra qui des deux le premier en aura assez, du pape ou de Luther. Trois fois j'ai paru devant eux. Je suis entré dans Worms, sachant bien que César devait violer à mon égard la foi publique. Luther, ce fugitif, ce trembleur, est venu se jeter sous les dents de Béhémoth. Mais eux, ces terribles géants, dans ces trois années, s'en est-il présenté un seul à Wittemberg? Et cependant ils y seraient venus en toute sûreté, sous la garantie de l'empereur. Les lâches! ils osent espérer encore le triomphe! Ils pensaient se relever, par ma fuite, de leur honteuse ignominie. On la connaît aujourd'hui par tout le monde; on sait qu'ils n'ont point eu le courage de se hasarder en face du seul Luther. »

DIATRIBE CONTRE LE POUVOIR SÉCULIER.

Il fut plus violent encore dans le traité qu'il publia en allemand sur la puissance séculière. « Les princes sont du monde, et le monde est ennemi de Dieu; aussi vivent-ils selon le monde et contre la loi de Dieu. Ne vous étonnez donc pas de leurs violences furieuses contre l'Évangile, car ils ne peuvent manquer à leur propre nature. Vous devez savoir que depuis le commencement du monde, c'est chose bien rare qu'un prince prudent, plus rare encore un prince probe et honnête. Ce sont communément de grands sots ou de maudits vauriens. *Maxime fatui*, *pessimi nebulones super terram*.

« Aussi, faut-il toujours attendre d'eux le pis, presque jamais le bien, surtout lorsqu'il s'agit du salut des âmes. Ils servent à Dieu de licteurs et de bourreaux quand il veut punir les méchants. Notre Dieu est un puissant roi: il lui faut de nobles, d'illustres, de riches bourreaux et licteurs comme ceux-ci; il veut qu'ils aient en abondance des richesses, des honneurs, qu'ils soient redoutés de tous. Il plaît à sa divine volonté que nous appelions ses bourreaux de cléments seigneurs, que nous nous prosternions à leurs pieds, que nous soyons leurs très-humbles sujets. Mais ces bourreaux ne poussent point eux-mêmes l'artifice jusqu'à vouloir devenir de bons pasteurs. Qu'un prince soit prudent, probe, chrétien, c'est là un grand miracle, un précieux signe de la faveur divine; car d'ordinaire il en arrive comme pour les Juifs, dont Dieu disait: Je leur donnerai un roi dans ma colère, je l'ôterai dans mon indignation. *Dabo tibi regem in furore meo, et auferam in indignatione mea.*

« Les voilà, nos princes chrétiens qui protègent la foi et dévorent le Turc. Bons compagnons! fiez-vous-y. Ils vont faire quelque chose dans leur belle sagesse: ils vont se casser le cou, et pousser les nations dans les désastres et les misères... Pour moi, j'ouvrirai les yeux aux aveugles pour qu'ils comprennent ces quatre mots du psaume CVI: *Effundit contemptum super principes* (*). Je vous le jure par Dieu même, si vous attendez qu'on vienne vous crier en face ces quatre mots, vous êtes perdus, quand même chacun de vous serait aussi puissant que le Turc; et alors il ne vous servira de rien de vous enfler et de grincer des dents... Il y a déjà bien peu de princes qui ne soient traités de sots et de fripons; c'est qu'ils se montrent tels, et que le peuple commence à comprendre. Bons maîtres et seigneurs, gouvernez avec modération et justice, car vos peuples ne supporteront pas longtemps votre tyrannie; ils ne le peuvent ni ne le veulent. Ce monde n'est plus le monde d'autrefois, où vous alliez à la chasse des hommes comme à celle des bêtes fauves. »

RÉDACTION DES CENT GRIEFS DE LA NATION GERMANIQUE, ETC.

Ces paroles portèrent leur fruit, et Luther lui-même ne s'y trompa pas: « Le peuple s'agite de tous côtés, écrit-il dès 1522; il me semble voir l'Allemagne nager dans le sang. »
Pendant son absence, Charles-Quint

(*) Il verse le mépris sur les princes.

avait établi une régence à Nuremberg pour l'administration de l'Empire ; mais ce conseil, qui comptait plusieurs secrets partisans de Luther parmi ses membres, ne fit rien pour arrêter les progrès de la réforme : loin de là, il laissa prêcher sous ses yeux, dans la ville même de Nuremberg, la doctrine du réformateur. Bientôt une diète réunie dans la même ville profita de la bonne volonté peut-être imprudente du pape Adrien VI, pour réunir en un corps les cent griefs de la nation germanique. En même temps les évêques et plusieurs princes séculiers, pour faire montre de leur désir d'amener une réforme, décrétèrent solennellement, par une convention signée à Heidelberg le 5 juin 1524, qu'ils s'engageaient à s'abstenir eux-mêmes de tout blasphème et orgie, et à les interdire à leurs officiers et sujets de toute condition ; et, pour mieux assurer l'effet de cette grave réforme et ne point la rendre impraticable par trop de sévérité, ils convinrent qu'on serait dispensé de l'observation de cette règle quand on voyagerait dans les Pays-Bas, en Saxe, Brandebourg, Mecklembourg et Poméranie, pays, est-il dit dans l'acte, où l'ivrognerie est coutumière.

ARMEMENT DE FRANZ DE SICKINGEN.

Laissant la diète énumérer ses griefs et les évêques proscrire les cabarets, un membre de la noblesse immédiate, Franz de Sickingen, zélé luthérien, avait déjà pris les armes. « C'estoit un gentil compaignon, dit Fleurange, le plus beau langageur que je pense en ma vie avoir veu. »

Il n'y avait point d'esprit plus remuant en Allemagne. Il avait eu déjà, quoique Fleurange de la Mark l'accuse de n'être point homme de guerre, je ne sais combien de guerres privées avec tous ses voisins, avec le duc de Lorraine, le landgrave de Hesse, etc. C'est un des derniers modèles de ces preux chevaliers dont l'histoire du moyen âge est si riche. Ce membre de la noblesse immédiate du Rhin, possesseur d'une seigneurie considérable enclavée dans la principauté de Lautern, résidait dans son château de Landstuhl, placé sur une éminence, d'où il surveillait tout ce qui se passait autour de lui, épiant l'occasion de redresser les torts que les tribunaux laissaient impunis, et de venger l'innocence opprimée. En 1514, il s'était érigé en défenseur d'un particulier qui croyait avoir à se plaindre de la ville de Worms ; il avait envahi le territoire de cette république, et quoique Maximilien l'eût proscrit et eût ordonné à tous les vassaux d'Empire de marcher contre un seul chevalier, Sickingen avait continué la guerre pendant trois ans, assiégé la ville à ses frais, et pillé les marchands forains qui allaient à Francfort. Ce qui est singulier, c'est qu'il paraît que Maximilien conçut une certaine estime pour le caractère de Sickingen ; il le releva du ban qu'il avait encouru, le prit à son service, et se chargea de payer à la république de Worms une indemnité de 40,000 florins.

Un tel homme devait apprendre avec joie la déclaration de guerre faite au clergé par les luthériens. Il y répondit en se jetant dès 1522, sous prétexte de quelques griefs, sur les terres de l'électeur de Trèves, y fit pour 200,000 florins de dommage, et ruina le magnifique couvent de Saint-Maximin, la plus ancienne abbaye de l'Allemagne ; mais les princes s'effrayèrent de l'exemple que donnait Franz à tous ces nobles des bords du Rhin, si envieux des richesses du clergé. Ils voulaient bien qu'il y eût sécularisation, mais à leur profit. Aussi prirent-ils les armes pour réprimer cette tentative qu'ils regardaient comme une atteinte portée aux droits qu'ils prétendaient avoir sur les biens de l'Église. Attaqué par l'électeur palatin et le landgrave de Hesse, Franz fut pris et blessé sur la brèche de son dernier château, et mourut trois jours après.

RÉVOLTE DES PAYSANS.

Ainsi Sickingen et les nobles immédiats qui le soutenaient n'avaient pu réussir ; mais derrière eux grondait un orage plus terrible : les paysans de la Souabe venaient de se soulever. Ce ne furent pas seulement, il faut le dire, les principes de liberté spirituelle prêchés par Luther qui amenèrent ce soulèvement : depuis plusieurs années, les révoltes de paysans étaient fréquentes. Ils s'étaient révoltés dans la Souabe en 1491, en 1502 et 1514 ; dans la Carinthie en 1515 ; dans la Carniole en 1517 ; ce fut le 1er janvier 1525 que la grande révolte éclata.

Le signal fut donné par les paysans de l'abbaye de Kempten, dirigés par quelques prêtres, et en particulier par Carlstadt. Ils rédigèrent leurs réclamations en douze articles, qu'ils répandirent par toute l'Allemagne.

« I. En premier lieu, disent-ils dans ce manifeste, c'est notre humble demande et prière à nous tous, c'est notre volonté unanime, que désormais nous ayons le pouvoir et le droit d'élire ou de choisir nous-mêmes un pasteur ; que nous ayons aussi le pouvoir de le déposer s'il se conduit comme il ne convient point. Le même pasteur choisi par nous doit nous prêcher le saint Évangile dans sa pureté, sans aucune addition de précepte ou de commandement humain ; car en nous annonçant toujours la véritable foi, on nous donne occasion de prier Dieu, de lui demander la grâce de former en nous cette même véritable foi et de l'y affermir. Si la grâce divine ne se forme point en nous, nous restons toujours chair et sang, et alors nous ne sommes rien de bon. On voit clairement dans l'Écriture que nous ne pouvons arriver à Dieu que par la véritable foi, et parvenir à la béatitude que par sa miséricorde. Il nous faut donc nécessairement un tel guide et pasteur, ainsi qu'il est institué dans l'Écriture.

« II. Puisque la dîme légitime est établie dans l'Ancien Testament (que le Nouveau a confirmé en tout), nous voulons payer la dîme légitime du grain, toutefois de la manière convenable... Nous sommes désormais dans la volonté que les prud'hommes établis par une commune reçoivent et rassemblent cette dîme ; qu'ils fournissent au pasteur élu par toute une commune de quoi l'entretenir lui et les siens suffisamment et convenablement, après que la commune en aura connu, et ce qui restera, on doit en user pour soulager les pauvres qui se trouvent dans le même village. S'il restait encore quelque chose, on doit le réserver pour les frais de guerre, d'escorte et autres choses semblables, afin de délivrer les pauvres gens de l'impôt établi jusqu'ici pour le payement de ces frais. S'il est arrivé, d'un autre côté, qu'un ou plusieurs villages aient dans le besoin vendu leur dîme, ceux qui l'ont achetée n'auront rien à redouter de nous ; nous nous arrangerons avec eux selon les circonstances, afin de les indemniser au fur et à mesure que nous pourrons. Mais quant à ceux qui, au lieu d'avoir acquis la dîme d'un village par achat, se la sont appropriée de leur propre chef, eux ou leurs ancêtres, nous ne leur devons rien et nous ne leur donnerons rien. Cette dîme sera employée comme il est dit ci-dessus. Pour ce qui est de la petite dîme et de la dîme du sang (du bétail), nous ne l'acquitterons en aucune façon, car Dieu le Seigneur a créé les animaux pour être librement à l'usage de l'homme. Nous estimons cette dîme une dîme illégitime, inventée par les hommes ; c'est pourquoi nous cesserons de la payer. »

Dans leur troisième article, les paysans déclarent ne plus vouloir être traités comme la propriété de leurs seigneurs, « car Jésus-Christ, par son sang précieux, les a rachetés tous sans exception, le pâtre à l'égal de l'empereur. » Ils veulent être libres, mais seulement selon l'Écriture, c'est-à-dire sans licence aucune et en reconnaissant l'autorité ; car l'Évangile leur enseigne à être humbles et à obéir aux puissances *en toutes choses convenables et chrétiennes.*

« IV. Il est contraire à la justice et à la charité, disent-ils, que les pauvres gens n'aient aucun droit au gibier, aux oiseaux et aux poissons des eaux courantes ; de même qu'ils soient obligés de souffrir, sans rien dire, l'énorme dommage que font à leurs champs les bêtes des forêts ; car lorsque Dieu créa l'homme, il lui donna pouvoir sur tous les animaux indistinctement. » — Ils ajoutent qu'ils auront, conformément à l'Évangile, des égards pour ceux d'entre les seigneurs qui pourront prouver par des titres qu'ils ont acheté leur droit de pêche ; mais que pour les autres, ce droit cessera sans indemnité.

« V. Les bois et forêts anciennement communaux, qui auront passé dans les mains de tiers autrement que par suite d'une vente équitable, doivent revenir à leur propriétaire originaire, qui est la commune. Chaque habitant doit avoir le droit d'y prendre le bois qui lui sera nécessaire, au jugement des prud'hommes.

« VI. Ils demandent un allégement dans les services qui leur sont imposés, et qui deviennent de jour en jour plus accablants. Ils veulent servir « comme leurs pères, selon la parole de Dieu. »

« VII. Que le seigneur ne demande pas au paysan de faire gratuitement plus de service qu'il n'est dit dans leur pacte mutuel (*Vereinigung*).

« VIII. Beaucoup de terres sont grevées d'un cens trop élevé. Que les seigneurs acceptent l'arbitrage d'hommes irréprochables, et qu'ils diminuent le cens selon l'équité, afin que le paysan ne travaille pas en vain ; car tout ouvrier a droit à son salaire.

« IX. La justice se rend avec partialité ; on établit sans cesse de nouvelles dispositions sur les peines. Qu'on ne favorise personne, et qu'on s'en tienne aux anciens règlements.

« X. Que les champs et prairies distraits des biens de la commune autrement que par une vente équitable retournent à la commune.

« XI. Les droits de décès sont révoltants et ouvertement opposés à la volonté de Dieu, car c'est une spoliation des veuves et des orphelins. Qu'ils soient entièrement et à jamais abolis.

« XII. S'il se trouvait qu'un ou plusieurs des articles qui précèdent fût en opposition avec l'Écriture (ce que nous ne pensons pas), nous y renonçons d'avance. Si, au contraire, l'Écriture nous en indiquait encore d'autres sur l'oppression du prochain, nous les réservons et y adhérons également dès à présent. Que la paix de Jésus-Christ soit avec tous. *Amen* (*). »

La plupart de ces demandes étaient équitables, mais les paysans firent un tort immense à leur cause par leur cruauté. Donnant libre essor aux sentiments de vengeance qu'ils avaient si longtemps renfermés, ils ne firent grâce ni au sexe, ni à l'âge, et réunirent tout le monde contre eux. L'Allemagne catholique ou protestante s'effraya de cette démagogie religieuse et politique qui annonçait les niveleurs d'Angleterre. Luther lui-même, dont les paysans avaient invoqué le nom, crut devoir intervenir. C'était un moment critique pour la réforme qu'on accusait avec quelque raison de ces troubles. Il fallait que son chef se décidât, qu'il se fît l'homme du peuple ou celui du prince. Luther préféra ce dernier rôle. Déjà il s'était élevé, dans ses disputes avec Carlstadt, contre les faux prophètes, qui, poussés par un prétendu esprit divin, commentaient l'Évangile à l'usage des pauvres et du peuple, comme il l'avait fait lui-même, mais à l'usage des princes et des prêtres. « On doit, disait-il, employer les moyens spirituels pour engager les vrais chrétiens à reconnaître leurs péchés. Mais pour les hommes grossiers, pour *monsieur tout le monde* (Herr omnes), on doit le pousser corporellement et grossièrement à travailler et à faire sa besogne, de sorte que, bon gré mal gré, il soit pieux extérieurement, sous la loi et sous le glaive, comme on tient les bêtes sauvages en cage et enchaînées... Il n'y a pas à plaisanter, dit-il encore, avec *monseigneur tout le monde*, c'est pourquoi Dieu a constitué des autorités, car il veut qu'il y ait de l'ordre ici-bas. »
Cependant il garda d'abord quelque

(*) Traduit par M. Michelet, *Mémoires* de Luther, t. II, p. 165 et suiv.

mesure et essaya le rôle de médiateur en frappant au nom de Dieu sur les uns et sur les autres. « D'abord, nous ne pouvons remercier personne sur la terre de tout ce désordre et de ce soulèvement, si ce n'est vous, princes et seigneurs, vous surtout, aveugles évêques, prêtres et moines insensés, qui, aujourd'hui encore, endurcis dans votre perversité ; ne cessez de crier contre le saint Évangile, quoique vous sachiez qu'il est juste et bon et que vous ne pouvez rien dire contre. En même temps, comme autorités séculières, vous êtes les bourreaux et les sangsues des pauvres gens, vous immolez tout à votre luxe et à votre orgueil effrénés, jusqu'à ce que le peuple ne veuille ni ne puisse vous endurer davantage ; vous avez déjà le glaive à la gorge, et vous vous croyez encore si ferme en selle qu'on ne puisse vous renverser. Vous vous casserez le cou avec cette sécurité impie ; je vous avais exhorté mainte fois à vous garder de ce verset (psaume CIV) : *Effundit contemptum super principes* : il verse le mépris sur les princes. Vous faites tous vos efforts pour que ces paroles s'accomplissent sur vous, vous voulez que la massue déjà levée tombe et vous écrase ; les avis, les conseils seraient superflus. En vérité, si je voulais me venger, je n'aurais maintenant qu'à rire dans ma barbe et regarder les paysans à l'œuvre... »

Pour ceux-ci, ses paroles ne sont pas moins amères ; il leur démontre, d'après la Bible, saint Paul et le droit humain, qu'on doit être soumis à l'autorité en tout respect et honneur, quand même l'autorité est mauvaise, intolérable, car « la vengeance m'appartient, dit le Seigneur, c'est moi qui veux juger.... Si vous étiez chrétiens, vous n'agiriez pas du poing et de l'épée, vous diriez : Délivrez-nous du mal... Que votre volonté soit faite... Oh ! Satan se réjouit ! Dieu est dans son courroux le plus terrible ! et je crains qu'il ne dise comme dans Jérémie : Quand même Noé, Job et Daniel se placeraient devant ce peuple, je n'aurais pas d'entrailles pour lui. »

Puis il conseillait aux deux partis de nommer des députés pour conférer sur les droits de chacun. Mais comment faire tomber les armes des mains de deux cent mille paysans décidés à se faire eux-mêmes justice ? Bientôt, irrité de voir ses exhortations sans effet, Luther s'abandonna à toute sa fougue ; il somma les princes, les chevaliers et les nobles de se lever contre la race exécrable des paysans parjures et homicides, et de la massacrer sans miséricorde. « Je crois, écrivait-il le 30 mai 1525, que tous les paysans doivent périr plutôt que les princes et les magistrats, parce qu'ils prennent l'épée sans autorité divine... Nulle miséricorde, nulle tolérance ne leur est due, mais l'indignation de Dieu et des hommes, car ils sont dans le ban de Dieu et de l'empereur. On peut les traiter comme des chiens enragés. » Ces dures paroles consommèrent la séparation de Luther et du peuple. L'Église nouvelle qui sacrifiait ainsi les libertés populaires devait, comme en punition de sa faute première, rester soumise à toujours aux princes.

Les nobles répondirent à l'appel de Luther ; l'électeur palatin et la ligue de Souabe exterminèrent 20,000 paysans : les révoltes d'Alsace, du Spirgau, du Brisgau, de Salzbourg, furent étouffées dans le sang. Il faut entendre un noble parler de cette exécution ; son langage est plus insultant, plus froid que celui de Luther, où l'on sent à chaque mot la haine acrimonieuse du théologien intolérant.

« En ce temps se leva en Allemagne un populaire qui vouloit maintenir tous les biens estre communs, soubs lequel prétexte se meirent ensemble quatorze ou quinze mille villains pour marcher droit en Lorraine et de là en France, estimant pouvoir tout subjuguer parce qu'ils avoient opinion que la noblesse de France estoit morte à la bataille : lesquels païsans assemblez par-tout où ils passoient, pilloient maisons de gentilhommes, tuoient femmes et afans avecques cruauté inusitée. Pour à quoy obvier, monsieur le duc de Guise et le comte de Vaudemont, son frère, après avoir assemblé toutes les garnisons de la Bourgongne et Champagne, tant de cheval que de pied, et entre autres le comte Ludovic de Belle-Joyeuse, qui avoit deux mille hommes de pied italiens, marchèrent au-devant de la furie de ce peuple, lequel ils rencontrèrent à Saverne, au pied de la montagne, tirant le chemin de Strasbourg ; et encore qu'ils fussent quinze mille contre six mille, se fians, lesdits seigneurs à leur gendarmerie, les chargèrent et les déflrent, et taillèrent tout en pièces, hormis ceux qui se sauvèrent à la montagne ; et y moururent de ce populaire, de huict à dix mille hommes, et des nostres peu et entre autres, de nostre part y furent tuez le capitaine Sainct-Malo et le seigneur de Béthune, capitaine de garde dudict duc de Guise. Onc, depuis ceste deffaicte, ne fut nouvelles que ceste canaille se deust rassembler (*). »

La Thuringe vit la fin de ce drame sanglant. Munzer, chassé de plusieurs villes de la Saxe où il avait osé prêcher contre Luther, était parvenu à fonder un gouvernement théocratique à Mulhausen. Cette fois, la révolte prit un caractère plus radical et surtout plus sanguinaire, on en peut juger par le manifeste de Munzer.

« La vraie crainte de Dieu avant tout.
« Chers frères, jusqu'à quand dormi-
« rez-vous ? Désobéirez-vous toujours
« à la volonté de Dieu, parce que, bor-
« nés comme vous l'êtes, vous vous
« croyez abandonnés ? Que de fois vous
« ai-je répété mes enseignements ! Dieu
« ne peut se révéler plus longtemps. Il
« faut que vous teniez ferme. Sinon,
« le sacrifice, les douleurs, tout aura
« été en vain. Vous recommencerez
« alors à souffrir, je vous le prédis. Il
« faut ou souffrir pour la cause de
« Dieu, ou devenir le martyr du dia-
« ble.

« Tenez donc ferme, résistez à la
« peur et à la paresse, cessez de flat-
« ter les rêveurs dévoyés du chemin,
« et les scélérats impies. Levez-vous, et
« combattez le combat du Seigneur.

(*) Dubellay, t. II, p. 6.

« Le temps presse, faites respecter à
« vos frères le témoignage de Dieu,
« autrement tous périront. L'Allema-
« gne, la France, l'Italie sont tout en-
« tières soulevées ; le Maître veut jouer
« son jeu ; l'heure des méchants est
« venue.

« A Fulde, quatre églises de l'évê-
« ché ont été saccagées la semaine
« sainte ; les paysans de Klegen en
« Hegau, et ceux de la Forêt-Noire,
« se sont levés au nombre de trois cent
« mille. Leur masse grossit chaque
« jour. Toute ma crainte, c'est que ces
« insensés ne donnent dans un pacte
« trompeur, dont ils ne prévoient pas
« les suites désastreuses. Vous ne
« seriez que trois mois confiants en
« Dieu, cherchant son honneur et sa
« gloire, que cent mille ennemis ne
« vous feraient pas peur.

« Sus, sus, sus ! (*dran, dran, dran*) !
« Il est temps. Les méchants tremblent.
« Soyez sans pitié, quand même Esaü
« vous donnerait de belles paroles (Ge-
« nèse XXXIII) ; n'écoutez pas les
« gémissements des impies. Ils vous
« supplieront bien tendrement, ils pleu-
« reront comme des enfants ; n'en soyez
« pas touchés, Dieu défendit à Moïse
« de l'être (Deut. VII), et il nous a ré-
« vélé la même défense. Soulevez les
« villes et les villages, surtout les mi-
« neurs des montagnes.

« Sus, sus, sus ! pendant que le feu
« chauffe. Que le glaive tiède de sang
« n'ait pas le temps de refroidir. For-
« gez Nemrod sur l'enclume, *pink,
« pank*, tuez tout dans la tour : tant
« que ceux-là vivront, vous ne serez
« jamais délivrés de la crainte des
« hommes. On ne peut vous parler de
« Dieu tant qu'ils règnent sur vous.

« Sus, sus, sus ! pendant qu'il fait
« jour. Dieu vous précède ; suivez.
« Toute cette histoire est décrite et
« expliquée dans saint Matthieu, cha-
« pitre XXIV. N'ayez donc pas peur,
« Dieu est avec vous comme il est dit
« chapitre II, paragraphe 2, Dieu vous
« dit de ne rien craindre. N'ayez pas
« peur du nombre ; ce n'est pas votre
« combat, c'est celui du Seigneur, ce
« n'est pas vous qui combattez. Soyez

« hardis, et vous éprouverez la puis-
« sance du secours d'en haut. Amen.
« Donné à Mulhausen en 1525, Tho-
« mas Munzer, serviteur de Dieu con-
« tre les impies (*). »

Le landgrave de Hesse, les ducs de Saxe et de Brunswick marchèrent contre les anabaptistes de Mulhausen, auxquels s'étaient joints huit mille paysans du plat pays. Ces insensés comptaient sur les secours du ciel; mais aux premiers coups de canon, tirés sur leur camp, ils se dispersèrent; cinq mille cependant furent massacrés, et leur chef périt avec lâcheté sur un échafaud.

PREMIÈRE ORGANISATION DE L'ÉGLISE LUTHÉRIENNE.

Pendant que se terminait cette guerre sanglante, qui coûta la vie à cent mille malheureux, que des fanatiques avaient égarés, l'électeur Frédéric le Sage, le protecteur de Luther, celui qui avait fourni un asile à la réforme naissante, qui l'avait protégée à son berceau, mourut après avoir communié sous les deux espèces et reçu l'extrême-onction. Son successeur, Jean le Constant, zélé luthérien, se déclara publiquement pour les nouvelles doctrines, et aida Luther dans l'organisation de la nouvelle Église. Maintenant, en effet, que le triomphe était assuré, il fallait songer à régler la nouvelle société religieuse. C'était peut-être l'œuvre la plus difficile; Luther s'y mit avec courage. Mais les obstacles qu'il rencontra pour ramener aux mêmes opinions tous ceux auxquels il avait donné lui-même l'exemple de la liberté d'examen, la difficulté de satisfaire à tous les besoins, de résoudre les graves questions politiques et religieuses qu'avait soulevées le schisme religieux qui séparait du saint-siége une partie de l'Allemagne; celle enfin de soumettre à la loi, à l'ordre, ce chaos né de l'esprit de révolte et de liberté, font de cette période de la vie de Luther une des plus pé-

(*) Trad. par M. Michelet dans les Mémoires de Luther, t. II, p. 194.

nibles et des plus douloureuses. Car cet homme de lutte et de combat se trouva au-dessous de l'œuvre de paix et de conciliation qu'il lui fallait alors entreprendre.

Toutefois, en 1527, il publia une instruction pour les pasteurs, dans laquelle on retrouve la modération ordinaire de Mélanchthon, qui la rédigea. Luther, qui du moment qu'il se fit législateur, sentit le besoin d'accorder quelque chose à la liberté, et de reconnaître de bonnes et de mauvaises œuvres, permit que son collègue fît une part plus large au libre arbitre; il consentit même à ce qu'on administrât la sainte cène sous une seule espèce à ceux qui le demanderaient. En outre, il abolit la confession, qu'il changea en un ministère de consolation et de bon conseil, le culte des saints, l'exposition des reliques, la doctrine du Purgatoire, la messe en latin (mais en conservant pour les esprits grossiers une partie de l'ancien cérémonial), les vœux monastiques, le célibat, etc. Enfin, pour mettre quelque unité dans la nouvelle Église, on institua des visites annuelles, du moins pour la Saxe. Les visiteurs, nommés par l'électeur, devaient s'informer de la conduite et des doctrines des pasteurs, redresser la foi de ceux qui s'égaraient, et dépouiller du sacerdoce ceux dont les mœurs n'étaient point exemplaires. Telle fut l'origine du consistoire des églises protestantes.

PROGRÈS DE LA RÉFORME. — SÉCULARISATION DE LA PRUSSE.

Cependant, la réforme s'étendait de proche en proche sur toute l'Allemagne; l'électeur de Saxe, le landgrave de Hesse, les ducs de Brunswick-Celle, de Mecklembourg, de Poméranie, Nuremberg, Strasbourg, Francfort-sur-le-Mein, Nordhausen, Magdebourg, Brunswick et Bremen s'étaient séparés de l'église romaine; mais l'événement le plus important pour la réforme, celui qui eut le plus grand retentissement en Allemagne et même en Europe, fut la sécularisation de la Prusse, le 8 avril 1525.

« Pendant que la manie des croisades agitait toute l'Europe dans le douzième et le treizième siècle, plusieurs ordres religieux de chevalerie avaient été fondés dans la vue de défendre la foi chrétienne contre les païens et les infidèles. Un des plus illustres fut l'ordre teutonique, établi en Allemagne. Les chevaliers de cet ordre s'étaient singulièrement distingués dans toutes les expéditions entreprises pour la conquête de la terre sainte. Chassés, à la fin, des établissements qu'ils avaient dans l'Orient, ils furent obligés de revenir dans leur patrie. Leur valeur et leur zèle avaient trop d'impétuosité pour demeurer longtemps dans l'inaction : ils envahirent, sous d'assez mauvais prétextes, la province de Prusse, dont les habitants étaient encore idolâtres ; et, après l'avoir entièrement conquise vers le milieu du treizième siècle, ils la possédèrent plusieurs années comme un fief dépendant de la couronne de Pologne. Pendant cet intervalle, il s'éleva des contestations très-vives entre les grands maîtres de l'ordre et les rois de Pologne : les premiers aspiraient à l'indépendance ; les seconds défendaient avec vigueur leur droit de souveraineté. Albert, prince de la maison de Brandebourg, qui avait été élu grand maître en 1511, s'engagea avec beaucoup de chaleur dans cette querelle, et soutint une longue guerre contre Sigismond, roi de Pologne; mais ayant embrassé de bonne heure les opinions de Luther, son zèle pour les intérêts de son ordre se ralentit par degrés; il profita des troubles qui divisaient l'Empire, et de l'absence de l'empereur pour conclure un traité avec Sigismond, où il ne songea qu'à ses avantages personnels. Par ce traité, la partie de la Prusse qui appartenait à l'ordre teutonique, fut érigée en duché séculier et héréditaire; l'investiture en fut donnée à Albert, qui, en retour, s'engageait à en faire hommage aux rois de Pologne, comme leur vassal. Aussitôt après cet arrangement, il fit profession publique de la religion réformée, et épousa une princesse de Danemark.

Les chevaliers de l'ordre se plaignirent avec tant de hauteur de la trahison de leur grand maître qu'il fut mis au ban de l'Empire ; mais il n'en conserva pas moins la possession de la province qu'il avait usurpée et qu'il transmit à sa postérité. Dans la suite des temps, ce riche héritage passa dans la branche électorale de la famille, qui ne reconnut plus aucune dépendance de la couronne de Pologne; et les margraves de Brandebourg, ayant pris le titre de rois de Prusse, non-seulement se sont élevés au rang des premiers princes de l'Allemagne, mais sont parvenus à se placer parmi les plus grands monarques de l'Europe (*). »

ATTITUDE HOSTILE DES DEUX PARTIS RELIGIEUX.

Cet événement effraya justement l'Allemagne catholique ; car il était à craindre que tant de princes, évêques ou abbés ne fussent tentés de séculariser aussi et de garder pour eux-mêmes et pour leurs enfants ce magnifique héritage que l'Église leur avait confié. Aussi l'empereur s'alarma. Il était alors dans tout l'orgueil de la victoire de Pavie ; quelques paroles menaçantes lui échappèrent, et les protestants, craignant de le voir réunir contre eux toutes les forces restées libres depuis la captivité de François Ier, sentirent le besoin de se rapprocher, de se compter. Le 4 mai 1526, ils formèrent la ligue de Torgau ; et leur attitude força la diète de Spire d'écrire dans son recez qu'il y aurait provisoirement liberté pour tous les États d'Allemagne d'interpréter l'édit de Worms à leur gré.

C'était tout que de gagner du temps; car pendant ces incertitudes, la fortune de Charles-Quint changeait. Ce prince, qui portait tant de couronnes et de titres, mais dont les guerres, toutes nées de son ambition, n'avaient un but national, ni pour ses Espa-

(*) Robertson, Histoire de Charles-Quint, t. II, p. 367 et suiv. de la traduction de Suard. Paris, 1817.

gnols, ni pour ses Flamands, ni pour les peuples de l'empire germanique, était obligé de recourir à l'aide de mercenaires indisciplinés et avides qui mettaient le plus haut prix à leurs services précaires. Aussi était-il toujours dans le besoin d'argent, et jamais il ne se trouvait plus faible qu'après une victoire, car alors il lui fallait payer au poids de l'or la gloire du champ de bataille, et acheter pour ainsi dire la victoire des mains de ses soldats. Après Pavie, Charles, triomphant et tenant un roi de France dans ses prisons, vit ses troupes se révolter contre lui. Comme il ne pouvait satisfaire leurs exigences, elles résolurent de se payer de leurs propres mains, et mirent l'Italie au pillage. Rome elle-même fut prise d'assaut, et les soldats du *roi catholique*, du chef du Saint-Empire, soumirent la capitale de la chrétienté à un pillage régulier de neuf mois. Depuis Alaric, Rome n'avait point souffert autant de désastres.

Cet événement et les embarras toujours croissants des affaires forcèrent Charles-Quint de suspendre ses projets contre les réformés. Les catholiques allemands, abandonnés à eux-mêmes, voulurent alors exécuter ce que leur chef ne pouvait faire. Une nouvelle diète de Spire, réunie en 1529, s'efforça d'arrêter les novateurs; mais ce fut pour amener une éclatante protestation des princes luthériens. Le 19 avril, l'électeur de Saxe, le margrave de Brandebourg, le landgrave de Hesse, le duc de Brunswick, le prince d'Anhalt, et quatorze villes impériales PROTESTÈRENT contre le recez de la diète de Spire, et en gardèrent le nom de protestants.

LES QUERELLES RELIGIEUSES SONT MOMENTANÉMENT SUSPENDUES PAR LA GUERRE CONTRE LES TURCS.

Ainsi les deux partis se posaient nettement en face l'un de l'autre. Tandis que tout le nord de l'Allemagne, qui doit un jour être réuni sous la main de la Prusse, accepte et défend la réforme, le saint-siège retient sous son obédience presque tous les États du midi, et à la tête de cette ligue catholique se place la maison d'Autriche, qui garde pour elle, à tout jamais, la couronne impériale, et qui, ennemie des innovations politiques ou religieuses, conserve tous les titres et tous les droits du temps passé; car Maximilien a fouillé pour elle toutes les bibliothèques de l'Allemagne, afin de retrouver les priviléges que cette prudente maison s'est fait jadis accorder, et qu'elle peut maintenant produire en secouant la poussière de deux siècles qui les couvre, et les rend augustes et vénérables comme tout ce que le temps a touché. L'Autriche se serait peut-être faite protestante si Luther n'avait point prêché à Wittemberg; mais les maisons de Saxe et de Brandebourg s'étant déclarées luthériennes, celles de Habsbourg et de Wittelsbach restèrent catholiques. Cette vieille haine héréditaire qui faisait dire à Maximilien que si l'on faisait bouillir ensemble du sang bavarois et du sang autrichien dans un même vase, on verrait bientôt sauter l'un à droite et l'autre à gauche, s'était alors fort affaiblie. L'Autriche ne regardait plus le sud-ouest de l'Allemagne comme elle le faisait jadis, quand elle avait de si riches possessions dans la Suisse et dans la Souabe; de plus grands intérêts attiraient son attention vers l'est, et elle laissait volontiers la Bavière veiller pour elle sur les nobles si remuants de la Souabe et de la Franconie, et sur tout ce qui se passait dans la basse Allemagne. La guerre des Turcs, la succession aux couronnes de Hongrie et de Bohême, occupaient alors toutes ses forces.

On sait que Charles-Quint avait abandonné à son frère Ferdinand l'administration des possessions autrichiennes. Celui-ci avait épousé Anne, sœur unique de Louis II, qui avait, en 1516, ceint, comme héritier de son père, les deux couronnes de Hongrie et de Bohême. C'était un bien lourd fardeau pour un prince jeune et faible comme Louis II que de porter ce double titre; aussi ne put-il rétablir le calme dans la Bohême, toujours agitée par les troubles de religion, ni dans la Hongrie, où les magnats prétendaient presque à l'indépendance, et qui d'ailleurs était, alors plus que jamais, menacée par les Turcs. Sélim, fils de Bajazet, venait de donner une force nouvelle à la puissance ottomane par la conquête de l'Arménie, de la Syrie, de l'Arabie et de l'Égypte. Son fils Soliman le Magnifique continua ses projets, et par ses attaques contre la Hongrie et l'Autriche, arrêta pour quelque temps les progrès de la maison de Habsbourg.

Soliman commença par la conquête de la Bosnie et de Belgrade, où le souvenir de Jean Huniade ne put prévenir la trahison. Puis, après avoir réduit en poussière les fortifications de Rhodes et soumis l'Égypte révoltée, il revint sur la Hongrie en 1525, et passa le Danube avec deux cent mille hommes. La frivole cour de Bude, effrayée, implore vainement l'assistance du pape et de l'empereur. Louis fait alors revivre un antique usage; un héraut parcourt la Hongrie, un sabre ensanglanté à la main, pour soulever tout le peuple; mais il ne vint que trente mille hommes. Un évêque, mis à la tête de cette armée, refusa d'attendre les troupes de la Bohême et de l'Autriche et les quarante mille hommes qu'amenait Jean de Zapoli, vaïvode de Transylvanie. Des trente mille Hongrois qui combattirent Soliman à Mohats, vingt-deux mille restèrent sur le champ de bataille, et parmi eux sept évêques, vingt-huit magnats, et le roi lui-même.

La reddition de Bude, de Pesth, et de quelques autres places importantes, suivit cette défaite. La Hongrie tout entière allait être conquise, quand Soliman fut rappelé par la révolte des princes de Caramanie. A la nouvelle de la mort de Louis, Ferdinand prétendit à ce sanglant héritage. Louis n'avait point laissé d'enfants, mais il avait épousé une sœur de Ferdinand, comme celui-ci avait épousé une sœur de Louis. Il se présenta donc comme le plus proche héritier du roi. Mais le titre qu'il fit le plus valoir, ce furent les anciens traités de réversibilité conclus à plusieurs reprises entre la maison d'Autriche et celles qui avaient succcessivement régné en Hongrie et en Bohême. Ferdinand fut élu sans peine en Bohême; on ne lui demanda que de confirmer les droits et priviléges des États, de ne nommer aucun étranger aux grandes dignités du pays, de ne frapper que de la monnaie de bon aloi, et de fixer sa résidence à Prague; mais en Hongrie, la couronne lui fut disputée par Jean de Zapoli, comte de Lips et vaïvode de Transylvanie. Comme il avait avec lui les quarante mille hommes qu'il conduisait au roi Louis au moment où fut livrée la bataille de Mohats, il fut élu à Tokai par un parti nombreux, fut couronné par l'archevêque de Gran avec la couronne de Saint-Étienne, et alla résider à Bude; mais il s'en vit bientôt chassé par Ferdinand, qu'une diète convoquée à Presbourg par la veuve de Louis avait proclamé roi. Raab, Comorn, Gran et Albe-Royale ne firent aucune résistance; et Jean, voyant ses troupes vaincues en plusieurs rencontres par celles de Ferdinand, alla chercher un asile en Pologne, laissant son rival maître de la Hongrie.

Ainsi les deux couronnes de Bohême et de Hongrie, un instant possédées par Albert et Ladislas, rentrent dans la maison d'Autriche; mais ce fut cette fois pour ne plus être perdues: elle les conserve encore aujourd'hui.

Tandis qu'elle faisait ces acquisitions importantes, et que la guerre contre les Turcs lui donnait occasion de jouer le rôle héroïque qui avait si longtemps appartenu à la Hongrie, celui d'être le boulevard de la chrétienté; pendant, dis-je, qu'elle se fortifiait dans son orthodoxie par sa lutte acharnée contre l'islamisme, les novateurs effrayés cherchaient à réunir toutes leurs sectes pour opposer l'unité protestante à l'unité catholique.

RÉFORME ZWINGLIENNE.
ÉTAT DE LA SUISSE.

Les deux systèmes qui devaient se

partager l'Europe réformée étaient nés presque dans le même temps, aux deux extrémités de l'Allemagne : à Wittemberg et à Zurich ; Zwingli avait même précédé Luther. Mais avant de dire ce que fut la réforme en Suisse, résumons en peu de mots l'histoire antérieure de ce pays.

Si l'on en croit une vieille tradition, six mille Suédois, chassés par la famine, qui tous les ans désolait la péninsule scandinave, se dirigèrent à travers toute l'Allemagne vers le sauvage pays de Brochenbourg, au pied du Hacken, au-dessous des forêts sombres et impénétrables qui forment l'horizon du lac des quatre cantons. Là, ils bâtirent Schwitz, qui devait donner son nom à toute la Suisse, Uri et Unterwald. Ignorés du monde entier, ils ne reconnaissaient point de seigneur ; cependant une charte de Frédéric II (1248) constate qu'ils s'étaient volontairement soumis à l'Empire. C'était de là, de ces trois cantons de cette petite colonie scandinave, que devait sortir l'indépendance helvétique.

En 1308, le reste du pays était partagé en deux cents comtés ou baronnies, plus quatre villes impériales. On sait les cruautés de Gessler, la vengeance de Tell, et le serment du Rutli, petite colline ombragée et solitaire, où descendaient, en 1308, les hommes des trois cantons dont toutes les vallées s'ouvraient sur le lac. Après Morat (1315), l'alliance solennelle des trois cantons libérateurs fut étendue à Lucerne (1332), à Zurich et Glaris (1351), à Zug et Berne (1352). La victoire de Sempach (1386), gagnée par le dévouement d'Arnold de Winkelried, celle de Nœfels, remportée deux ans plus tard, amenèrent la trêve de Zurich (1389), qui assura l'indépendance des huit cantons. En 1476, l'Autriche, qui avait abandonné toute prétention sur la Suisse, et qui redoutait l'ambition de Charles le Téméraire, conclut une union héréditaire avec les montagnards, ses anciens ennemis ; Morat et Granson (1475 et 1476) renversèrent les projets du duc de Bourgogne, et rendirent célèbre dans toute l'Europe la valeur des guerriers suisses.

Ces deux victoires eurent de funestes résultats pour la moralité des Suisses. Fiers de leurs succès, ils sortirent alors de leurs montagnes pour se mêler à toutes les querelles des princes ; ils voulurent occuper une place parmi les puissances de l'Europe ; ils vendirent à tous, au poids de l'or, leur valeur réputée invincible, se souillèrent par une avarice déhontée, et ternirent leur antique bonne foi dans ces marchés d'argent qu'ils contractèrent avec toutes les puissances, et où ils donnèrent le meilleur de leur sang, leur plus belle jeunesse en échange du luxe et de la corruption (*). Courtisés par toutes les puissances, les Suisses virent arriver chez eux des ambassadeurs qui apportèrent au milieu de leurs montagnes tous les vices des grandes villes. Les nouveaux venus, pour se rendre nécessaires, ne négligèrent aucun moyen d'exciter dans toutes les classes l'amour du plaisir et celui des richesses. Afin d'animer la cupidité, ils étalaient en public les sommes destinées à leurs *partisans*, et des fêtes sans cesse renouvelées arrachaient le peuple à ses travaux. Aussi des crimes inconnus jusqu'alors, et commis, comme l'avouèrent les coupables, à l'instigation des étrangers, vinrent effrayer la Suisse.

Cependant le nombre des cantons s'accroissait. Aux huit qui ont été nommés ci-dessus, se joignirent, en 1477, Fribourg, en 1481, Soleure, en 1501, Bâle et Schaffouse, enfin en 1513, Appenzell, qui forma le treizième et dernier canton. Nommons encore les *associés* des cantons : les Grisons, l'abbé et la ville de Saint-Gall, Mulhouse, Bienne, le Valais, Neufchâtel et Genève.

(*) On a calculé que pendant deux cent trente-cinq ans, de 1480 à 1715, les Suisses reçurent annuellement de la France, en pensions et subsides pour leurs landammans, leurs grands conseils, etc., 4,880,000 f., peut-être même sans compter la solde des troupes.

ALLEMAGNE.

Telle était la situation politique de la Suisse, lorsque la réforme y éclata. Elle partit d'Einsiedeln, le monastère de Notre-Dame des Ermites. Einsiedeln qui, selon la tradition, avait été fondé par les anges, et dont la sainte Vierge n'était pas moins honorée que saint Jacques de Compostelle ou Notre-Dame de Lorette, était le sanctuaire religieux de la Suisse et de tous les pays d'alentour : il était situé tout près des cantons héroïques qui avaient été comme le berceau de l'indépendance helvétique, dans une étroite vallée du canton de Schwitz, entouré de bois de sapin, et dominé par de hautes montagnes. Au neuvième siècle, ce lieu était un désert presque inaccessible, qu'on appelait la *Forêt sombre*.
« Un moine, nommé Meinrad, issu de l'ancienne maison de Hohenzollern, se trouvant trop près du monde dans son couvent de Rapperschwyl, alla construire au milieu de cette forêt un ermitage et une chapelle. Il y vécut pendant vingt-six ans dans les austérités de la plus haute dévotion. Des brigands, espérant trouver dans sa chapelle quelques ornements de prix, l'assassinèrent, et furent découverts d'une manière miraculeuse, si l'on en croit la tradition. Deux corbeaux que l'ermite avait élevés, et qui étaient son unique société, poursuivirent, dit-on, les meurtriers jusqu'à Zurich. Les croassements sinistres de ces oiseaux excitèrent des soupçons contre les deux inconnus ; on les interrogea : ils se troublèrent, et finirent par avouer leur crime. La fin tragique de Meinrad n'empêcha pas d'autres ermites de s'établir dans le même lieu ; et vers la fin du dixième siècle, un chanoine de Strasbourg qui désirait se fixer dans cette solitude, forma le projet de remplacer par un couvent l'ermitage de la *Forêt sombre*. Il enferma l'ancienne chapelle dans la nouvelle église, qu'il dédia à la Vierge et aux martyrs de la légion thébaine. Lorsqu'elle fut achevée, l'évêque de Constance, l'abbé de Saint-Gall, et plusieurs autres prélats des environs se rendirent à Einsiedeln pour faire l'inauguration du nouveau monastère. La veille de la solennité, au milieu de la nuit, l'évêque de Constance crut entendre des chants religieux dans l'intérieur de la chapelle. Le lendemain, il refusa de la consacrer, et lorsque, cédant enfin à des instances réitérées, il voulut commmencer la cérémonie, il entendit trois fois prononcer ces paroles : *Arrête, Dieu l'a déjà consacrée* (*)! La tradition de cet événement est fort ancienne, et l'on célèbre sa mémoire tous les sept ans par une fête appelée la Consécration des anges. Plusieurs bulles pontificales autorisent l'église d'Einsiedeln à accorder, le jour de la fête, indulgence plénière pour tous les péchés, même pour ceux dont l'absolution est réservée au siége apostolique ; et cette grâce spéciale y attire encore de nos jours un grand nombre de pèlerins des cantons catholiques, de la Souabe, de l'Alsace et de la Lorraine (**). »

Ainsi s'élevaient au centre des Alpes les plus sauvages, l'un près de l'autre, le double sanctuaire national, celui de l'indépendance et celui de la religion. Or, à la cure d'Einsiedeln, venait d'être nommé en 1516 un homme déjà célèbre par ses prédications et son patriotisme, Zwingli, ancien curé de

---

(*) *Cessa, cessa, frater, divinitus capella consecrata est.* Hartm. Ann. Eins., p. 51. Cet événement est consigné dans une bulle du pape Léon VIII, citée par les historiens d'Einsiedeln. Dans un livre intitulé : *De secretis secretorum*, on trouve des détails encore plus extraordinaires sur cette consécration. L'auteur prétend qu'elle fut célébrée suivant le rite de l'Église romaine, par le Rédempteur lui-même, assisté des anges, des évangélistes, de plusieurs martyrs et Pères de l'Église, et que, pour en éterniser la mémoire, le Sauveur imprima les cinq doigts de sa main droite dans une pierre au-dessus de l'entrée. C. Hunger, *in libro de Beata Virgine*, p. 61. Ces marques miraculeuses furent pendant trois siècles l'objet de l'adoration des pèlerins, et elles subsistèrent jusqu'en 1802, où une partie de la sainte chapelle fut détruite.

(**) Hesse, Hist. de Zwingli, p. 57 et suiv.

Glaris, et aumônier des Suisses aux sanglantes batailles de Novarre et de Marignan (*).

ZWINGLI.

Zwingli, comme Luther, avait eu une éducation toute littéraire. Ses auteurs favoris étaient Horace, Pline, Sénèque, Aristote, Platon, Salluste et Démosthène. De même encore que Luther, il estimait la musique comme le premier des arts. A peine âgé de 22 ans, Zwingli fut promu à la cure de Glaris. Acceptant sérieusement ses nouvelles fonctions, et poussé par un esprit d'inquiète curiosité, il fit, comme tout homme sérieux le fait plusieurs fois en sa vie, un examen de sa conscience et de ses connaissances. D'abord il revit tous les auteurs classiques de l'ancienne Grèce, pour se familiariser avec leur belle langue ; puis il recommença ses études théologiques par le Nouveau Testament. De là il passa aux Pères, et lut même les hérétiques, entre autres Wiclef et Jean Huss. Ses prédications patriotiques contre la vénalité des Suisses lui ayant fait des ennemis à Glaris, il passa à l'abbaye d'Einsiedeln en 1516, où l'appela, comme prédicateur, le baron de Geroldseck, moine de l'abbaye, chargé de l'administrer en la place de l'abbé, trop âgé pour remplir ses fonctions. Le premier soin de Zwingli fut d'obtenir de l'administrateur de l'abbaye qu'on effaçât l'inscription placée sur la porte du monastère : *Ici l'on obtient rémission plénière de tous les péchés*, et même que l'on enterrât les reliques. La même année, le jour anniversaire de la fondation d'Einsiedeln *par les anges*, au milieu d'une nombreuse assemblée, il attaqua le culte des images, les pratiques de la dévotion extérieure et l'achat des indulgences. Ce langage inattendu indigna les moines, *dont il ruinait le commerce*, étonna les pèlerins et en persuada plusieurs, qui remportèrent leurs offrandes.

Zwingli ne se contenta pas de ces prédications faites cependant devant un immense concours ; quelque temps auparavant il avait écrit à l'évêque de Constance, Hugues de Laudenberg, pour lui demander de faire cesser dans son diocèse une foule de pratiques puériles et dangereuses qui pourraient finir par amener des maux sans remèdes. Peu après il parla dans le même sens au cardinal de Sion, le fameux Mathieu Schinner, prélat ambitieux qui, né dans une chaumière, s'éleva par son goût pour l'étude jusqu'à l'évêché de Sion, dans le Valais. « Il était, dit Bonnivard, savant ès lettres, et si éloquent, qu'il pouvait rendre raison de tout ce qu'il faisait ; sobre, chaste, et de mœurs, sinon bonnes, du moins de bon exemple. » Fait cardinal en 1511 par Jules II, Schinner resta dévoué à la cour de Rome, et lui prouva son zèle par sa haine pour la France. Ses dignités, son éloquence, lui donnaient un grand ascendant sur les Suisses, qu'il conduisit plusieurs fois contre les Français. Schinner avait de bonne heure distingué Zwingli ; c'était lui qu'il avait chargé de distribuer aux Suisses, avant Novarre, les gratifications du pape. Aussi Zwingli, quand il eut commencé ses prédications, ne craignit point de s'adresser au cardinal lui-même. « Les lumières, lui dit-il, ont « affaibli la crédulité populaire. On « commence à blâmer la paresse des « moines, l'ignorance des prêtres, l'in- « conduite des prélats. Qu'on y prenne « garde ; la multitude perdra bientôt « le seul frein qui puisse retenir ses « passions. Il faut, sans perdre de « temps, s'occuper d'une réforme et « commencer par les supérieurs. Mais « une réforme dans les mœurs est im- « possible, si l'on ne fait disparaître ces « essaims de pieux fainéants qui se

---

(*) Je dois rappeler, pour justifier, s'il était besoin, cette excursion en Suisse, que ce pays n'a été formellement séparé de l'Allemagne qu'à l'époque du traité de Westphalie. D'ailleurs ayant voulu présenter un tableau complet de la réforme, le plus grand événement des temps modernes, avant la révolution française, je ne pouvais me taire sur Zwingli et sur la réforme suisse.

« nourrissent aux dépens du citoyen « laborieux ; si l'on n'abolit des céré-« monies superstitieuses et des dogmes « absurdes, également propres à cho-« quer le bon sens des hommes raison-« nables et à effaroucher la piété des « hommes religieux. »

Ces paroles sont remarquables nonseulement par leur date, mais parce qu'elles montrent le véritable caractère de la réforme suisse. « La réforme, pour Luther, est une affaire de théologie ; il s'élève contre les dogmes de l'église romaine, non parce qu'ils sont absurdes, mais parce que les fidèles, en les suivant, se condamneront euxmêmes au feu éternel ; Luther, nous l'avons dit, est avant tout un théologien mystique ; c'est un continuateur de Tauler, un homme du passé, et il remonte si loin dans le cours des siècles, qu'il va jusqu'à l'époque où l'Église, dédaignant le monde, s'était soumise au pouvoir temporel. Zwingli ne sacrifie pas aussi complétement le citoyen, qui a des intérêts, des devoirs ici-bas, et qui doit rendre aussi un culte à Dieu par ses œuvres, par ses efforts pour épurer sa conscience, et par la moralité de ses rapports avec ses semblables ; en un mot, Zwingli a compris que l'homme est, par la volonté même de Dieu, un être sociable et non pas seulement le jouet d'une impérieuse fatalité qui ne lui laisse d'autre devoir que celui d'adorer le Tout-Puissant. Ce n'est point en théologien qu'il attaque l'Eglise romaine ; tous ces dogmes qu'elle a imposés à la piété, toutes ces cérémonies dont elle a chargé le culte, et même l'autorité pontificale, ont été chose utile dans leur temps ; mais aujourd'hui que les ténèbres sont dissipées, que l'homme est assez fort pour se nourrir de la pure parole de Dieu, maintenant qu'il peut, comme Moïse sur le Sinaï, voir Dieu face à face, il faut qu'il monte à son tour la sainte montagne et lise la loi, la parole vivante du Très-Haut. Assez longtemps il est resté dans la plaine, errant dans le désert ; faible, ignorant, et nourri pendant des siècles d'une manne grossière ; il lui faut aujourd'hui le pain de vie, la vraie manne tombée du ciel.

« On le voit, c'est au nom de la dignité humaine que Zwingli réclame ; aussi sa réforme ne peut-elle convenir qu'à un peuple d'élite. Il lui fallait pour éclore, l'air pur des montagnes ; pour être comprise, le bon sens, la raison calme et la moralité des pâtres de la Suisse. Aussi eut-elle d'étranges fortunes quand elle voulut descendre de ses vallées pour courir le monde et pénétrer dans les grandes villes, où un peuple ignorant la reçut comme un signal de ruine et de pillage, comme un culte iconoclaste qui légitimait le vandalisme. Mais si la Suisse n'a point d'art, si la réforme partie de son sein n'aime point les images, c'est que l'art y est impossible devant une nature si majestueuse (*). »

En 1518 (11 décembre), le chapitre de Zurich nomma Zwingli curé de cette ville ; il accepta (**), mais en avertissant qu'il expliquerait successivement tous les livres du Nouveau Testament. Ainsi Zwingli procédait lentement et sans bruit à la réforme des abus les plus criants, lorsque le cordelier Bernard Samson, d'un cynisme aussi révoltant que Tetzel, vint prêcher les indulgences. « Laissez d'a-« bord approcher les riches, disait-il, « car pour eux sont les meilleures in-« dulgences, puisqu'ils peuvent payer « davantage ; aux pauvres on en don-« nera pour leur argent (***). »

Zwingli, qui s'était déjà depuis longtemps prononcé, éclata comme Luther. Il fut même secondé par l'é-

———

(*) Victor Duruy, *Études sur la réforme*.
(**) Le landamman et le grand conseil du canton de Schwitz dans le territoire duquel Einsiedeln est situé, lui adressèrent une lettre conçue dans les termes les plus touchants et les plus honorables.
(***) Le taux des absolutions individuelles était de six sous pour les pauvres, d'une couronne pour les riches. Celles pour les communautés étaient beaucoup plus chères. Jacques de Stein, seigneur bernois, donna un cheval de prix en échange d'une absolution plénière pour ses ancêtres et pour les sujets de sa terre. Setl., chron. r.xr.

vêque de Constance, qui défendit à Bernard l'entrée de son territoire épiscopal. De tous les pasteurs du diocèse, aucun ne montra autant de zèle que le curé de Zurich pour empêcher ses paroissiens d'acheter des indulgences. Quelque temps après il obtint du grand conseil cantonal que dans tout le territoire de Zurich on prêcherait l'Évangile dans sa pureté. Ce pas était décisif et la tactique adroite, car n'engageant aucune polémique, il se contentait de remettre en honneur ce que le bon sens des Suisses ne pouvait refuser : la connaissance de la Bible, du livre primitif sur lequel reposait tout le christianisme, et qui contenait la parole même de Dieu. Quand la vénération pour le saint livre serait établie, la réforme se trouverait elle-même achevée; il n'y aurait plus qu'à montrer comment les hommes avaient falsifié la parole divine.

Le but de Zwingli n'était pas seulement de faire revivre la primitive Église; il voulait aussi réformer les mœurs de ses concitoyens. A la différence de Luther, il poursuivait un double but, une réforme religieuse et une réforme politique. A ses prédications contre les mœurs du clergé, contre les innombrables superstitions qu'il avait introduites, il joignait des prières pour engager les Suisses à cesser ces honteux marchés qu'ils faisaient avec les puissances étrangères, et qui avaient de si désastreux résultats pour la tranquillité du pays. En effet, l'antique concorde des cantons disparaissait; les uns s'attachaient à la France, les autres à l'empereur ou au pape, qui les appelait les *défenseurs de l'Église*, et leur envoyait, comme fit Jules II, quelque temps avant la bataille de Novare, un chapeau ducal, sur lequel était brodée en perles une colombe représentant le Saint-Esprit, une épée bénite, deux bannières aux armes du saint-siège et un drapeau pour chacun des treize cantons. Mais ces affections politiques amenaient des haines qui souvent devenaient héréditaires; la corruption pénétrait dans les conseils. Conrad Hoffmann, qui, pendant les guerres de Milan, occupait à Zurich l'emploi dont Zwingli fut revêtu en 1518, apostropha publiquement les membres du sénat en ces termes : « Malgré vos ser-
« ments, vous faites des alliances, vous
« concluez des traités qui portent le
« trouble dans notre patrie. Et puis,
« personne ne veut en porter l'endosse,
« et chacun dit que ce n'est pas moi
« qui les ai proposés. Il faut donc que
« ce soient des diables qui prennent
« votre forme et siégent à votre place;
« pour vous en assurer, ordonnez que
« l'huissier arrose d'eau bénite ceux
« qui entrent dans le conseil, afin qu'on
« sache s'ils sont des hommes ou des
« diables. »

Les efforts de Zwingli portèrent leur fruit; Zurich refusa d'accéder au traité conclu à Lucerne, en 1521, avec François Ier, et exigea de tous les citoyens le serment de n'accepter d'argent d'aucun prince. En 1522, Schwitz abolit pour vingt-cinq ans toute alliance et tout subside. Dans l'assemblée générale où cette décision avait été prise, Zwingli était venu lui-même pour entraîner les esprits. « Si vous voyiez, disait-il, des
« mercenaires, qui, sans être provo-
« qués par aucune offense, viendraient
« dévaster vos champs, et incendier vos
« demeures, enlever vos troupeaux,
« déshonorer vos filles et vos femmes,
« et massacrer vos fils et vos pères,
« vous appelleriez, sans doute, contre
« eux la vengeance trop lente du maître
« du monde; et ces incendiaires, ces
« meurtriers ne sont autres que vous...
« Je sais qu'on doit employer les ar-
« mes contre ceux qui bravent les lois;
« mais le service d'un mercenaire payé
« pour attaquer des hommes innocents,
« détruire leurs villes et menacer leur
« vie, qu'a-t-il de commun avec les
« droits incontestables d'un pouvoir
« légitime? Vous dites que la stérilité
« de notre sol nous rend les subsides
« nécessaires; oui, depuis que le luxe
« s'est introduit dans nos montagnes
« et que s'est perdue l'antique simpli-
« cité... Vous montrerai-je les funestes
« effets de nos guerres, la violation
« continuelle de la justice, le mépris des

« lois et des magistrats, la corruption « des mœurs, la jalousie et l'envie, « compagnes des faveurs dont on paye « le sang de nos enfants, des haines, « enfin, et des désordres qui exposent « l'indépendance de la commune pa- « trie ! »

En récompense de ces efforts, Zwingli reçut du secrétaire du grand conseil, au nom de tous les cantons, une lettre pleine de remercîments et d'expressions affectueuses. Cependant il continuait aussi ses prédications religieuses. En 1522, quelques individus ayant rompu le jeûne, le magistrat les fit mettre en prison; Zwingli se chargea de les justifier, et publia à cette occasion son premier ouvrage. Il veut qu'on laisse sur ce point chacun libre d'en agir à sa guise. « Une abstinence « réelle, dit-il, et non la substitution « de certains aliments à de certains « autres peut avoir quelques avantages « pour le citadin vivant dans les plai- « sirs et dans les délices : elle est inu- « tile à l'artisan et au laboureur qui « trouvent dans les travaux pénibles « de leur état des *moyens suffisants* « *pour mortifier la chair.* »

Cependant, les catholiques commencèrent à s'alarmer. L'évêque de Constance écrivit au grand conseil et au chapitre de Zurich, contre *les novateurs*. Zwingli, après avoir demandé au chapitre la permission de répondre, composa un traité, dans lequel il établit que l'Écriture seule est une autorité irrécusable, et que les décisions de l'Église ne peuvent être obligatoires qu'autant qu'elles sont fondées sur l'Évangile. C'était nettement trancher la question et rejeter d'un coup toutes les traditions. « Lorsque, pour vous « justifier, dit-il, vous élevez les tra- « ditions humaines au-dessus de l'É- « vangile, vous en appelez à un saint « homme qui dit : *Si l'Église n'avait* « *pas approuvé l'Évangile, je n'y* « *croirais pas;* mais quand vous vou- « drez être sincères, vous avouerez « qu'il y a de la témérité ou du moins « de l'imprudence dans ce propos de « saint Augustin. La parole divine n'a « pas besoin de la sanction des hom- « mes, les Pères de l'Église eux-mê- « mes n'ont fait autre chose que rejeter « les évangiles apocryphes, c'est-à-dire, « ceux dont les auteurs étaient incon- « nus ou supposés; et nous aussi, nous « ne voulons que purger le christia- « nisme de ce qui lui est étranger, le « délivrer de la captivité dans laquelle « le tiennent ses ennemis, et recreuser « les citernes d'eau vive que ceux-ci « ont comblées.

« Vous défendez les traditions hu- « maines en assurant que les écrits des « premiers disciples de Jésus ne conte- « naient pas tout ce qui est nécessaire « au salut; et vous citez à l'appui de « votre opinion ce passage : *J'ai à* « *vous dire encore plusieurs choses;* « *mais vous ne pouvez pas les porter* « *maintenant* (*). Considérez cepen- « dant que Jésus parle aux apôtres, « non à un Thomas d'Aquin, à un Sco- « tus, à un Bartholus, à un Baldus, « que vous élevez au rang de législa- « teurs suprêmes. Quand Jésus ajoute « immédiatement après : *Lorsque l'es-* « *prit de vérité sera venu, il vous* « *conduira en toute vérité*, c'est en- « core aux apôtres qu'il s'adresse, et « non à des hommes faits pour être « appelés disciples d'Aristote plutôt « que disciples du Christ. Si ces fa- « meux docteurs ont ajouté à la doc- « trine évangélique ce qui lui man- « quait, il faut convenir alors que nos « aïeux la possédaient imparfaite, que « les apôtres nous l'ont transmise im- « parfaite, que Jésus-Christ, le fils « de Dieu, l'a enseignée imparfaite. « Quelles paroles blasphématoires ! Et « pourtant, ceux qui égalent ou préfè- « rent à la loi divine les traditions hu- « maines, ou qui prétendent qu'elles « sont nécessaires au salut, ne disent « pas autre chose. Si enfin on ne peut « être sauvé sans de certains décrets « des conciles, ni les apôtres, ni les « premiers chrétiens n'ont été sauvés, « puisqu'ils ne connaissaient pas ces « décrets; voyez jusqu'où vous vous « égarez.

« Vous défendez toutes vos céré-

(*) Saint Jean xvi, 12.

« monies comme si elles étaient néces-
« saires à la religion; et pourtant elle
« exerçait un empire bien plus illimité
« sur le cœur lorsque la lecture de
« livres saints, la prière et les exhor-
« tations mutuelles formaient seules le
« culte des fidèles. Vous m'accusez de
« renverser l'Etat parce que je censure
« hautement les vices du clergé : il
« n'est personne qui respecte plus que
« moi les ministres de la religion, lors-
« qu'ils l'enseignent dans toute sa pu-
« reté, et la pratiquent avec simplicité;
« mais je ne puis contenir mon indi-
« gnation, lorsque je vois des pasteurs
« qui, par leur conduite, semblent dire
« à leur troupeau : *Nous sommes des
« élus, vous des profanes; nous som-
« mes des hommes éclairés, vous des
« ignorants; il nous est permis de vi-
« vre dans l'oisiveté, vous devez man-
« ger votre pain à la sueur de votre
« front; vous devez vous abstenir de
« tout péché, tandis que nous nous
« livrerons impunément à tous les ex-
« cès; vous défendrez l'État au péril
« de votre vie, la religion nous dé-
« fend d'exposer la nôtre.* — Je vais
« vous apprendre maintenant quel est
« le christianisme que je professe et
« que vous cherchez à rendre suspect.
« Il commande à chacun d'obéir aux
« lois et de respecter les magistrats,
« de payer tribut et impositions à qui il
« appartient, de ne rivaliser qu'en bien-
« faisance, de soulager le pauvre, de
« partager les peines du prochain, de
« regarder tous les hommes comme des
« frères; il veut enfin que le chrétien
« n'attende son salut que de Dieu et de
« Jésus-Christ, son fils unique, notre
« maître et notre sauveur, qui donne
« la vie éternelle à ceux qui croient en
« lui. Tels sont les principes dont je
« ne me suis jamais écarté dans ma
« prédication (*). »

Un prêtre des environs de Baden
ayant été à cette époque persécuté pour
la *nouvelle doctrine*, Zwingli adressa
aux cantons suisses un précis de sa
doctrine, avec la prière de *laisser libre*

(*) Zwinglii op., t. I. Traduit par Hesse, Hist. de Zwingli, p. 144 et suiv.

la prédication de l'Évangile. Il leur
demanda aussi de permettre aux prêtres de contracter des unions légitimes.
« Nous ne prétendons pas, ajouta-t-il,
« faire des biens de l'Église un héritage
« pour nos enfants. Nous nous soumet-
« trons en fidèles sujets aux mesures
« que nos magistrats croiront conve-
« nables de prendre.... Ne laissez pas,
« dit-il en terminant, opprimer injus-
« tement par le pontife romain ou les
« évêques, des citoyens qui vous re-
« gardent commes leurs pères. »

Dans le même temps, il écrivit à
l'évêque de Constance pour l'engager
à se mettre à la tête de ceux qui voulaient *qu'on démolit avec précaution
et prudence, ce qui avait été édifié
avec témérité.* Cependant de grands
troubles s'élevaient dans les églises,
et le peuple, voyant ses guides aux prises, perdit sa confiance dans leurs lumières. Zwingli sentit la nécessité de
terminer ces hésitations par une démarche éclatante. Comme ces héroïques communes du moyen âge, qui,
dédaignant les ruses et les surprises,
déclaraient à leurs adversaires qu'elles
se rendraient à tel jour, en tel lieu,
pour les y combattre loyalement et
sous le soleil, Zwingli obtint du conseil de défendre sa doctrine envers et
contre tous, dans un colloque public.
Peu de jours après, le conseil adressa
la circulaire suivante à tous les ecclésiastiques du canton : « Il règne une
« grande discorde parmi les ministres
« chargés d'annoncer au peuple la pa-
« role divine. Les uns assurent qu'ils
« prêchent l'Évangile dans toute sa
« pureté, et accusent leurs adversai-
« res de mauvaise foi et d'ignorance;
« tandis que les autres, à leur tour,
« parlent sans cesse de *faux docteurs,
« de séducteurs, d'hérétiques.* Cepen-
« dant les chefs de l'Église qui re-
« gardent ces choses, se taisent, ou
« s'épuisent en exhortations infruc-
« tueuses. Il faut donc que nous-mêmes
« nous prenions soin de nos sujets, et
« que nous mettions fin aux disputes
« qui les divisent. Dans cette inten-
« tion, nous ordonnons à tous les
« membres de notre clergé de paraître

« à notre maison de ville, le lendemain
« de la fête de Charlemagne ; et là,
« nous voulons que chacun soit libre
« de désigner publiquement les opi-
« nions qu'il regarde comme héréti-
« ques, et puisse les combattre, l'É-
« vangile à la main ; nous assisterons
« à cette assemblée, et nous prêterons
« toute notre attention à ce qui sera
« dit de part et d'autre ; éclairés par
« les lumières de nos principaux théo-
« logiens et prédicateurs, et avec l'as-
« sistance de Dieu, nous prendrons
« des mesures qui puissent faire cesser
« le scandale. Si, dans la suite, quel-
« qu'un refusait de se soumettre aux
« lois que nous dictera l'amour de l'or-
« dre, sans appuyer son refus sur la
« parole divine, nous nous verrions
« forcés de procéder contre lui ; ce dont
« nous désirons pouvoir nous dispen-
« ser. Au reste, nous espérons que le
« Tout-Puissant daignera nous guider
« dans nos jugements, et nous aidera
« à découvrir la vérité. Donné dans le
« mois de janvier 1523 (*). »

THÈSES DE ZWINGLI.

Aussitôt Zwingli publia soixante-sept thèses qui jouent dans la réforme suisse le rôle des quatre-vingt-quinze propositions de Luther. Les principales étaient : Il n'y a point d'enseignement égal ou supérieur à celui de l'Évangile.—Les traditions par lesquelles le clergé justifie son faste, ses richesses, ses honneurs, ses dignités, sont les causes des divisions de l'Évangile.—La messe n'est que la commémoration du sacrifice de J. C. — L'excommunication ne peut avoir lieu que pour des scandales publics, et ne doit être prononcée que par l'Église dont le pécheur est membre. — La puissance du pape et des évêques n'est point fondée sur l'Écriture. — Toute juridiction appartient au magistrat séculier, auquel tout chrétien est soumis. — Dieu n'a point défendu le mariage des prêtres. — La confession au prêtre n'est qu'un examen de conscience.— L'Écriture ne parle point du purgatoire. — Il ne faut inquiéter personne pour ses opinions ; c'est au magistrat à arrêter le progrès de celles qui tendent à troubler la tranquillité publique.

CONFÉRENCE DE ZURICH.

La conférence eut lieu. Jean Faber vint avec plusieurs théologiens au nom de l'évêque de Constance ; mais les deux partis ne pouvaient s'entendre. Faber citait toujours les Pères et les conciles, et Zwingli répondait par l'Écriture : « Vous voulez, disait-il, que je me « soumette aux décisions de l'Église, « parce que, dites-vous, elle ne peut se « tromper. Si, par l'Église, vous enten- « dez les papes avec leurs cardinaux, « comment osez-vous assurer qu'elle ne « peut errer ? Pouvez-vous nier que, « dans le nombre des papes, il n'y en « ait eu plusieurs qui ont vécu dans « le déréglement, qui se sont livrés à « toutes les fureurs de l'ambition, de « la haine et de la vengeance, qui, « pour agrandir leur puissance tempo- « relle, n'ont pas craint de soulever « des sujets contre leurs souverains lé- « gitimes ? Eh ! comment croirais-je « que le Saint-Esprit ait éclairé des « hommes dont la conduite semblait « braver la volonté de Jésus-Christ ? « Si vous entendez par l'Église les con- « ciles, alors vous oubliez combien de « fois ces conciles se sont accusés ré- « ciproquement de mauvaise foi et d'hé- « résie. Sans doute, il est une Église « qui ne peut errer et que dirige le « Saint-Esprit : elle est composée de « tous les vrais fidèles, unis par le lien « de la foi et de la charité ; mais celle- « là n'est visible qu'aux yeux de son « divin fondateur, qui seul connaît les « siens. Elle ne s'assemble pas avec « pompe ; elle ne dicte pas ses arrêts « à la manière des rois de la terre ; « elle n'a point de règne temporel ; « elle ne recherche ni les honneurs ni « la domination. Accomplir la volonté « divine, voilà l'unique soin qui l'oc- « cupe (*). »

Ces belles paroles gagnèrent l'assemblée, le bourgmestre leva la séance,

(*) Bull. Schw. Chr., t. III.

(*) Zwingli, trad. par Hesse, ibid., p. 176.

et le conseil, resté seul réuni, déclara que Zwingli, n'ayant été ni convaincu d'hérésie, ni réfuté, continuerait à prêcher l'Évangile comme il l'avait déjà fait; que les pasteurs de Zurich et de son territoire se borneraient à appuyer leurs prédications sur les témoignages de l'Écriture sainte, et que, des deux côtés, on aurait à s'abstenir de toute injure personnelle. Zwingli n'avait pas besoin de cette recommandation, jamais sa modération ne s'était démentie. Lorsqu'il avait publié en 1522 son traité sur l'observation du carême, qui était comme son manifeste, il l'avait terminé en priant les hommes versés dans l'intelligence des Écritures, de le réfuter, s'ils croyaient qu'il avait fait violence au sens de l'Évangile.

NOUVELLE CONFÉRENCE DE ZURICH.

Quelques troubles ayant éclaté au sujet des images, le grand conseil eut encore recours à un colloque pour décider si le culte des images était autorisé par l'Évangile, et s'il fallait conserver ou abolir la messe. Le 28 octobre 1523, plus de neuf cents personnes de Schaffhouse, de Saint-Gall et de Zurich se réunirent dans la capitale de ce dernier canton. C'est assurément un beau spectacle que ces républicains, hommes de sens et de probité, qui s'assemblent pour discuter froidement et sans emportement, ni passion, ni grossières injures, sur ce que l'homme a de plus cher, sa croyance, et qui se décident, après mûr examen, pour ce qui leur paraît la vérité. Il y a loin de là aux conférences violentes de Luther et d'Eck. La majorité de l'assemblée se laissa persuader (*), mais le grand conseil n'osa encore prononcer : ce ne fut que le 13 janvier 1524, après une nouvelle conférence, qu'il décréta enfin l'abolition du culte des images (**). Il fut or-

(*) Le prieur des Augustins, prédicateur distingué et fort attaché à l'Église romaine, déclara ne pouvoir réfuter Zwingli, à moins qu'on ne lui permît d'avoir recours au droit canonique.

(**) Hottinger, l'auteur des troubles arrivés

donné aux particuliers de retirer des églises les statues et les tableaux consacrés par eux ou par leurs ancêtres.

ORGANISATION DE L'ÉGLISE ZWINGLIENNE.

Ainsi de colloque en colloque, et l'Évangile à la main, Zwingli, sans efforts violents, sans guerre, avait obtenu d'établir la réforme dans l'un des plus importants cantons de la Suisse. Ses prédications pénétraient aussi dans les cantons voisins : Bâle, Schaffhouse, Appenzell, comptaient déjà de nombreux *Zwingliens*, et les députés de ces cantons refusaient de siéger à la diète, qui condamna Wirth et son fils. Les cantons catholiques s'alarmèrent de ces progrès; mais, sentant combien les mœurs du clergé favorisaient la nouvelle doctrine, considérant que le suprême pasteur spirituel se taisait et dormait quand il fallait veiller, ils se réunirent et arrêtèrent un règlement qui devait corriger les mœurs, mettre un terme aux vexations et restreindre la puissance des prêtres. Mais cette légère concession ne pouvait satisfaire aux besoins des peuples.

Quant à l'abolition de la messe, cette *pierre angulaire du catholicisme*, elle n'eut lieu qu'au commencement de 1525. Dès 1524, Zwingli en avait fait la demande au conseil, qui l'avait ajournée à l'année suivante. Dans l'intervalle, il approfondit la question : il voulait d'abord conserver tout l'ancien rite, mais changer seulement le canon; bientôt il alla plus loin. « On n'a point suivi mon premier conseil, écrivit-il à OEcolampade, et j'en rends grâce à Dieu; c'eût été remplacer une erreur par une autre, et le rite nouvellement

à Zurich au sujet des images, avait été banni pour deux années du canton, comme ayant agi sans l'ordre du magistrat et compromis la tranquillité publique; arrêté à Baden pour ses opinions, il fut décapité à Lucerne, malgré les protestations du sénat de Zurich. C'est la première victime des troubles religieux de la Suisse; ceux qui le suivirent furent Wirth, bailli de Stammheim, et son fils aîné.

« établi eût été bien plus difficile à « abolir que celui de nos ancêtres. »
Enfin, le jour de Pâques 1525, Zwingli, avec l'autorisation du conseil, célébra la sainte Cène comme elle est encore aujourd'hui célébrée à Zurich.

« Cette innovation fut suivie de grands changements dans le culte et la discipline. Zwingli ne voulait pas que le clergé formât un État dans l'État. On l'a accusé, sur ce point, d'avoir sacrifié l'Eglise au pouvoir séculier ; mais on a été trompé par l'idée qu'on se faisait du prêtre, qui, alors, prétendait se tenir en dehors de la société dont il était membre, tout en voulant la dominer. Pour Zwingli, le prêtre est un citoyen soumis aux mêmes devoirs que les autres, et qui ne doit se distinguer de ses compatriotes que par une moralité plus pure, une conduite plus irréprochable, et des fonctions plus augustes, celles de dispenser la parole de Dieu. *Pour lui comme pour les autres, il n'y a d'autre loi religieuse que l'Évangile ;* et l'Évangile dit : *Rendez à César ce qui appartient à César.* La religion n'est pas toute la vie, mais ce qui doit la régler, la rendre juste et sainte. Le prêtre, ministre de la religion, est le professeur de la vraie sagesse ; il purifie le cœur comme d'autres éclairent l'esprit ou nourrissent le corps. Aussi, il a sa place bien marquée dans l'État, non plus au premier rang pour jouir et commander, mais au plus épais de la foule, pour lui montrer comment elle doit remplir ses devoirs envers Dieu et la société ; comment elle doit obéir aux lois qu'elle a faites ou qu'elle a acceptées. Zwingli lui-même s'est chargé de répondre à ses détracteurs et d'expliquer le rôle du pouvoir. « S'il s'élève, dit-il, quelque dispute sur un dogme, c'est à chaque Église en particulier à examiner de quel côté se trouve la RAISON et la PAROLE DIVINE ; c'est au gouvernement à diriger les réformes que désire l'Église, afin d'éviter les troubles. Mais dans tous les cas, le gouvernement n'est que l'ORGANE par lequel l'Église manifeste son assentiment ou son opposition, et non point un JUGE qui puisse décider de ce qui est vrai ou faux. — La violence ne doit jamais être employée en matière de religion. — Lorsqu'une secte professe des idées nuisibles à la société, alors seulement le magistrat peut et doit user de son autorité pour prévenir ou punir les désordres. — Il est des hommes, dit-il encore dans le précis de sa doctrine, qu'il écrivit en 1525 pour les pasteurs (*) ; il est des hommes qui, sous prétexte de la liberté évangélique, veulent se soustraire au pouvoir établi : pour les réfuter, il suffit de leur citer les passages nombreux de l'Ancien et du Nouveau Testament, qui ordonnent d'obéir au magistrat ceint du glaive de la justice. On peut dire de même à ceux qui refusent de rembourser leurs dettes et de payer les dîmes et les cens, que l'Évangile les condamne, puisqu'il commande de donner à chacun ce qui lui appartient ; et l'impiété du prétexte dont ils se servent pour justifier leur cupidité ou leur mauvaise foi, les rend encore plus coupables (**). »

Voyons maintenant comment Zwingli appliqua ces préceptes. Il était chanoine de la cathédrale, où le chapitre possédait des fiefs, avait sa juridiction particulière, et administrait ses biens sans en rendre compte à personne ; Zwingli le décida à signer avec le sénat une convention dont voici les principaux articles : « Le chapitre jure obéissance et fidélité au sénat comme à son seul et légitime souverain ; il lui remet ses droits régaliens, ainsi que la haute et basse justice dans ses fiefs ; il renonce aux immunités, privilèges et franchises qu'il avait obtenus successivement de plusieurs empereurs et papes ; il se charge de salarier les pasteurs nécessaires au culte de la ville, et promet de destiner aux fonctions pastorales ceux d'entre ses membres qui seront capables de les remplir. Les chanoines vieux ou infirmes conserveront leurs bénéfices,

(*) Zwinglii opera, t. I, p. 264.
(**) Victor Duruy, *Études sur la réforme.*

mais on ne les remplacera pas; et les revenus desdits bénéfices devenus vacants seront employés à fonder des chaires de professeurs, dont l'enseignement sera gratuit. Le prévôt du chapitre conservera l'administration des revenus, et en rendra compte au sénat. Celui-ci, de son côté, s'engage à maintenir le chapitre dans toutes ses propriétés, et à le protéger si on l'inquiétait au sujet de cette cession (*). »

« L'exemple du chapitre de la cathédrale fut immédiatement suivi par l'abbaye de Fraumünster; l'abbesse, en se réservant des pensions pour elle et ses religieuses, remit au sénat toutes ses propriétés et ses priviléges, avec le droit de nommer le tribunal civil et celui de battre monnaie. Aussitôt que les revenus disponibles de l'abbaye le permirent, le sénat y établit un séminaire, où un certain nombre de jeunes gens destinés à l'état ecclésiastique étaient vêtus, nourris, logés et instruits gratuitement.

« Il restait encore dans la ville plusieurs ordres mendiants, et ces moines n'étaient pas disposés à renoncer à la vie inutile et oisive qu'ils menaient. Ils avaient déjà perdu une grande partie de leur influence, et ils la sentaient diminuer tous les jours; mais l'opposition des autres cantons à toute réforme, leur faisait espérer que Zurich serait obligée de céder aux remontrances de ses alliés ou à la force ouverte, et qu'alors leur autorité serait rétablie. Le conseil anéantit cette espérance, en décidant la suppression des ordres mendiants. Il ordonna aux moines jeunes et robustes d'apprendre des métiers, afin de les rendre utiles à la société; il fournit à ceux qui avaient des dispositions et du goût pour l'étude, les moyens de s'instruire. Quant aux vieillards, on leur accorda une pension alimentaire et une habitation commune dans le couvent des Franciscains. Celui des Dominicains fut transformé en hôpital, et ses revenus consacrés à l'entretien et à la guérison des malades de la ville et du canton; les revenus du couvent des Augustins furent destinés à soulager les pauvres honteux, et à donner quelques secours à de malheureux étrangers qui traversaient Zurich. Les autres maisons religieuses reçurent insensiblement une destination semblable. Partout on laissa mourir tranquillement les religieux d'un âge avancé, en leur conservant leurs bénéfices et leur habitation, et l'on rendit à la société ceux qui avaient encore les moyens de la servir.

« La cupidité n'eut aucune part à cette sécularisation. Les biens du clergé ne furent ni dilapidés par les particuliers ni engloutis par le fisc; seulement on leur donna une destination plus éclairée et plus véritablement pieuse. Salarier des pasteurs et des professeurs, fonder des écoles, doter des hôpitaux, fournir des secours aux pauvres, tel fut, depuis l'époque de la réformation, l'emploi des revenus de l'Église. Afin d'empêcher que dans la suite on ne fît un autre usage de ces fonds, il fut convenu que les biens des couvents ne seraient pas dénaturés, et resteraient réunis sous la gestion d'un seul administrateur. Le désintéressement et la modération qui présidèrent à ces arrangements font honneur à Zwingli. Il eut à lutter, dans cette circonstance, contre une foule de gens peu scrupuleux, qui voyaient dans la suppression des monastères, un moyen facile de s'enrichir, et qui en auraient profité sans doute au détriment du public, si la vigilance et la fermeté du réformateur n'eussent déjoué leurs projets (*). »

Peu après, Zwingli fut chargé d'organiser à Zurich l'instruction publique. Cette ville ne possédait qu'une école élémentaire de langues anciennes : il la releva, encouragea les maîtres, en assistant aux leçons, les élèves, en promettant aux plus zélés d'être un jour instruits aux frais de l'État. Puis, pour les études supérieures, il institua une académie, et fonda deux chai-

(*) Bull. Schw. Chr., t. III, H., traduit par Hesse, ouv. cit., p. 231.

(*) Hesse, ibid., p. 232.

res de littérature grecque et latine ; après quoi les élèves passaient à l'étude de la théologie, représentée par deux professeurs, qui durent prendre pour base de leur enseignement l'Ancien et le Nouveau Testament, les étudier dans leur texte original et les comparer avec les traductions tant en grec qu'en latin, la version des Septante et la Vulgate ; citer les interprétations légitimes des docteurs juifs et des Pères de l'Église ; éclaircir enfin le texte par une critique qui reposât sur une connaissance sérieuse et approfondie de l'histoire : ce fut dans la cathédrale même que ces leçons durent se donner.

Ces chaires étaient fondées ; mais les professeurs manquaient. Zwingli y appela d'illustres étrangers : l'Alsacien Conrad Pellican, élève de Reuchlin, qui avait eu de nombreux doutes, avant même d'avoir lu les œuvres de l'un et l'autre réformateur, du Suisse et du Saxon, obtint une chaire de théologie ; Rodolphe Collinus, de Lucerne, qui avait aussi commencé par des travaux littéraires, et à qui le sénat de Lucerne avait un jour confisqué tous ses philosophes et ses poëtes grecs (*), fut appelé à la chaire de grec.

Au milieu de ces soins pour fonder l'étude de la théologie sur la science et les lumières de la raison, Zwingli eut à combattre contre les mêmes ennemis que Luther, les Anabaptistes, qui se produisirent dans la Suisse aussi bien que dans la Saxe. Voyons comment le réformateur de Zurich traversa cette période difficile, comment il se conduisit, ayant enfin le pouvoir et la force, à l'égard de ceux qu'il considérait comme hérétiques.

ANABAPTISTES DE LA SUISSE.

« Luther, Zwingli, et vingt autres,

(*) Cette confiscation rappelle ces paroles d'un moine dans un sermon : « On a inventé, il y a quelque temps, une nouvelle langue, mère de toutes les hérésies, le grec. C'est dans cette langue qu'est imprimé un livre appelé le Nouveau Testament, qui contient beaucoup de choses dangereuses. A présent il se forme un autre langage, l'hébreu ; quiconque l'apprend devient juif aussitôt. »

avaient, sans se concerter, renversé la tradition, l'autorité du pape, des conciles et des Pères ; de ce joug si lourd qui pesait encore sur l'esprit humain à la fin du quinzième siècle, il ne restait plus que la Bible. Aristote, la scolastique, mille préjugés scientifiques étaient tombés devant la renaissance des lettres et la découverte d'un nouveau monde ; l'infaillibilité de l'Église avait été niée, ses erreurs proclamées, et dans cette réaction violente contre tout un passé de quinze siècles, la raison humaine, si fière de ses récentes lumières, ne s'était arrêtée que devant un nom, celui du Christ, et avait encore consenti à croire sa parole : Luther et Zwingli ne voulurent reconnaître d'autre autorité que celle de l'Écriture. Mais une fois qu'on eût brisé l'un des anneaux de cette longue chaîne qui enlaçait l'humanité, elle se rompit en mille endroits, et dans les mains même de ceux qui voulaient la retenir. Après les deux grands réformateurs de la Saxe et de la Suisse, se levèrent des hommes qui, à la place de la souveraineté de l'Écriture, mirent celle de leur raison (*). »

Luther, qui a dit tant de fois le pour et le contre, avait écrit dans un ouvrage sur la liberté chrétienne : « Le chrétien est maître de toutes choses, et n'est soumis à personne. » Et un peu plus loin : « Le chrétien est l'esclave de tous les hommes. » De ces deux passages qui pouvaient peut-être trouver leur accord dans les profondeurs obscures d'une doctrine mystique, le premier trouva bon nombre de partisans qui, dans la liberté et l'orgueil de leur esprit, rejetèrent la lettre de l'Évangile. « La parole de Dieu écrite, disaient-ils, n'est pas la véritable ; qu'importe le texte : c'est une lettre morte ; la lettre tue, disaient-ils, et l'esprit vivifie. Dieu inspire ceux qui croient en lui ; l'antique révélation a lieu encore tous les jours pour chaque homme qui sent en lui l'esprit divin. » C'était la déma-

(*) Victor Duruy, *Études sur la réforme.*

gogie dans la religion. Cependant, parmi les anabaptistes, il se trouvait des hommes dont les intentions étaient pures et la conduite irréprochable; ils voulaient renouveler les usages des premiers chrétiens, qui vivaient peu nombreux, dans l'exaltation et la solitude, oubliant que le genre de vie de quelques-uns ne peut être celui de tout un grand peuple. Ainsi ils voulaient la communauté des biens, la prédication libre pour quiconque sent descendre en soi l'inspiration. Ils rejetaient, comme indifférentes, les pratiques religieuses, surtout le baptême, et ne voulaient ni magistrats, ni tribunaux, ni gouvernement; les malfaiteurs devant être seulement exclus de la communauté.

L'un de leurs plus célèbres prédicateurs, Muntzer, que nous connaissons déjà, vint en Suisse et gagna deux Zurichois, Grebel et Mantz, qui s'efforcèrent d'attirer Zwingli à leurs sentiments. Le réformateur avait autrefois blâmé le baptême des enfants : « Un plus mûr examen, leur répondit-« il, m'a fait renoncer à cette opinion. « Il y a de graves dangers à ne point « baptiser un enfant; ce n'est d'ail-« leurs pour lui qu'une cérémonie « symbolique; et la présentation du « nouveau-né à l'Église, à la commu-« nion des fidèles, est un engagement « pris par les parents d'élever leur en-« fant dans la religion chrétienne. Le « baptême ne lave point du péché ori-« ginel, qui n'est autre chose que la « disposition, naturelle à l'homme, de « faire le mal, et non un péché véri-« table (*). Mais il met sur le front de « l'enfant le signe de la religion qu'il « doit plus tard étudier. En s'empa-« rant ainsi des enfants au berceau, « l'Église les enlace d'une multitude de « fils invisibles qui ne leur permet-« tent plus de sortir de son sein. »

(*) Zwingli comparait la nature humaine après la chute d'Adam à un cep de vigne frappé par la grêle, qui a perdu une grande partie de sa vigueur naturelle, ou à une plante transportée des climats du Midi, dans ceux du Nord, où elle n'aurait plus la même force de végétation. *Op.*, t. II, fol. 89.

Ne pouvant le mettre à leur tête, les anabaptistes l'attaquèrent. Un jour, les *frères*, comme ils s'appelaient, se rendirent en foule dans la ville, ceints de cordes et de branches de saule, et bizarrement vêtus; ils parcoururent les rues en vomissant des injures contre le *vieux dragon* (Zwingli), exhortant le peuple au repentir, et menaçant la ville d'une prochaine destruction, si elle ne se convertissait.

Partout le canton se passaient des scènes étranges, souvent grotesques, parfois terribles. On les voyait tomber en convulsions et prophétiser en sortant d'un sommeil extatique. «Dans les environs de Saint-Gall, où la secte était fort nombreuse, un riche paysan rassembla les frères le jour du mardi gras et leur donna une fête. Sur la fin du repas, l'un de ses fils tombe en extase; il reste longtemps étendu par terre avec des mouvements convulsifs; tout à coup il se lève, ordonne qu'on lui apporte du fiel de bœuf, et le fait boire à son propre frère, en lui disant d'un ton solennel : *Songe que la mort que tu vas souffrir est amère.* En même temps il lui commande de se mettre à genoux, se saisit d'un couteau, et le lui plonge dans le sein sans qu'aucun des assistants essayât de l'en empêcher. Il s'élance ensuite hors de la maison en criant *que le jour du Seigneur était arrivé.* L'assassin frénétique fut arrêté et subit le supplice dû à son crime; mais les frères le regardèrent comme un martyr qui n'avait fait qu'accomplir la volonté de Dieu (*). »

Bientôt les excès devinrent tels, que le pouvoir dut intervenir; mais son action douce et tolérante d'abord, fut méconnue. Après les avis, les menaces, les amendes, l'exil, la prison, il fallut arriver enfin à prononcer une sentence de mort, et Mantz fut noyé. Cette fermeté, jointe au zèle des ministres, calma l'effervescence. Les *frères* adoucirent peu à peu leur doctrine, et en lui ôtant ce qu'elle avait

(*) Hesse, ibid., p. 266.

d'antisocial et de séditieux, devinrent une secte rigide et inoffensive.

LES RÉFORMATEURS SUISSES SONT EXCOMMUNIÉS. — ALLIANCE DES CANTONS CATHOLIQUES AVEC L'AUTRICHE.

Pendant toute cette tragédie, Zwingli ne démentit pas un instant sa tolérance; ni les invectives, ni les calomnies ne purent l'en faire sortir. Il ne provoqua aucune persécution, ne prit part à aucun jugement, et laissa l'autorité défendre l'ordre et les lois. A peine cette lutte pénible était-elle terminée, que la guerre avec les catholiques recommença. Faber parvint à décider les cantons à un colloque où Zwingli disputerait, à Baden, contre Eck, l'ancien champion de Luther à Leipzig. Le peu de sûreté qu'il y avait pour le réformateur à se présenter dans l'Argovie, l'inutilité dont il prévoyait que serait cette dispute par-devant des hommes décidés à l'avance, l'engagea à refuser le combat, s'offrant du reste à disputer à Zurich, si Eck voulait y venir. Mais au défaut de Zwingli, Haller de Berne et OEcolampade de Bâle rompirent quelques lances avec les catholiques. OEcolampade avait d'abord blâmé la réserve de Zwingli; mais il fut bien vite obligé de lui écrire : « Je remercie Dieu de ce que « vous n'êtes pas ici. La tournure que « prennent les affaires me fait voir « clairement que si vous étiez venu, « nous n'aurions échappé au bûcher ni « l'un ni l'autre (avril 1526). »

Le résultat de cette conférence fut une sentence de la diète défendant la vente des livres de Luther et de Zwingli, et excommuniant Zwingli et ses adhérents. Berne, Glaris, Bâle, Schaffhouse et Appenzell refusèrent d'admettre cette décision; l'année suivante, Berne se déclara. Le conseil voulut à son tour tenir un colloque, et cette fois Zwingli y parut avec OEcolampade, Pellicanus, Collinus, Bullinger, Wolfgang Capito et Martin Bucer, de Strasbourg. Après dix-huit séances, la majorité du clergé bernois signa les thèses soutenues par les réformés. La présence de Zwingli, son éloquence lumineuse gagnèrent le peuple. Un jour, au moment où il montait dans la chaire de la cathédrale, un prêtre qui se préparait à dire la messe sur un autel voisin, s'arrêta pour écouter ce fameux hérétique. Zwingli prêchait sur l'eucharistie : sa parole produisit une telle impression, que le prêtre, se dépouillant de ses vêtements sacerdotaux, embrassa la réforme en présence de tout le peuple.

L'accession de Berne à la réforme, son alliance avec Zurich, effrayèrent les cantons catholiques, surtout Lucerne, Uri, Schwitz, Unterwald et Zug, attachés à la foi comme à la gloire de leurs pères. En 1528, Schwitz brûla un prédicateur protestant qui se trouvait dans un bailliage commun, et les cinq cantons firent alliance avec le frère de Charles-Quint, promettant de laisser à Ferdinand, en cas de guerre, les conquêtes qu'on ferait au delà du Rhin, les cinq cantons se réservant celles qui se feraient en Suisse. La guerre était imminente (*); vingt-quatre mille Suisses étaient prêts à s'égorger, lorsque la

(*) On est heureux de pouvoir rappeler la simplicité naïve et l'indulgence paternelle du curé de Glaris, Tschudi. Voyant ses paroissiens partagés en deux factions acharnées l'une contre l'autre, il monta un jour en chaire, et dit à ses ouailles : « Vos haines, vos querelles au sujet d'une « religion dont l'essence est la charité, m'af« fligent profondément. Tenez-vous-en à l'es« sentiel, et ne vous tourmentez plus pour les « différends qui vous divisent aujourd'hui. « N'abandonnez point votre pasteur; vous « savez s'il vous chérit, s'il vous porte tous « également dans son cœur. Jusqu'à ce « qu'il plaise au Seigneur de nous éclairer « et de dissiper nos doutes, eh bien, ce « matin, je dirai la messe pour ceux qui « veulent la messe ; le soir je prêcherai pour « ceux qui préfèrent le sermon ; et la diver« sité de nos opinions ne nous empêchera « pas de nous aimer. » Dans la suite, ce curé renonça au catholicisme, mais il conserva toujours ses sentiments de tolérance, et il en donna la preuve en engageant ses concitoyens à fonder un hôpital où les malades des deux communions seraient reçus sans aucune distinction et soignés avec le même zèle.

médiation de Glaris, Fribourg, Soleure et Appenzell parvint à faire signer la paix de Cassel, le 25 juin 1529.

SCHISME DES DEUX ÉGLISES RÉFORMÉES.

Pour Zwingli, à cette guerre qui se terminait heureusement par un traité, en succéda une autre plus difficile, qui s'annonçait cependant sous le nom de pacification. C'était un colloque à Marbourg, non plus avec les catholiques cette fois, mais avec Luther. C'était vers la fin de 1519 qu'un des premiers ouvrages de Luther, sa paraphrase de l'oraison dominicale, était parvenu en Suisse; on la trouva tellement semblable à l'explication de la même prière, donnée quelques mois auparavant par Zwingli, qu'on la lui attribua. Dès lors, Zwingli recommanda vivement la lecture des livres du réformateur saxon; mais il se l'interdit à lui-même pour rester maître de son esprit. Quand Luther fut mis au ban de l'Empire, Zwingli lui offrit un asile à Zurich. Les rapports des deux réformateurs semblaient fondés sur une estime et une admiration réciproque jusqu'au moment où Zwingli attaqua, en 1525, le dogme de la présence réelle (*). A peine Luther en fut-il informé, que, rompant avec le nouvel hérétique, il se laissa emporter à sa fougue et à sa violence, mais sans faire perdre à Zwingli sa modération ordinaire. Celui-ci lui écrivit avec douceur pour lui expliquer sa doctrine. La réponse fut plus violente encore, et le schisme fut établi entre les deux nouvelles églises.

Cette désunion pouvait devenir fatale à la réforme. Le landgrave de Hesse le sentit, et voulut réconcilier les deux partis : il les invita à se rendre dans sa ville de Marbourg. Zwingli y vint avec OEcolampade, Bucer, etc. Luther avec Melanchthon, Justin Jo-

(*) A la même époque, OEcolampade publia une explication des paroles de la sainte Cène, suivant les anciens auteurs : « Il y avait, dit Érasme en parlant de ce livre, de quoi séduire, s'il se pouvait et que Dieu le permit, les élus eux-mêmes. »

nas, etc. Le réformateur de la Suisse, dont le génie politique comprenait l'importance de cette réunion, fit tout pour amener la paix; mais Luther se montra dur et intolérant. « Nous avons, « dit-il lui-même, reçu du landgrave « une magnifique et splendide hospita- « lité. Il y avait là OEcolampade, « Zwingli, Bucer, etc.; tous deman- « daient la paix avec une humilité ex- « traordinaire. La conférence a duré « deux jours; j'ai répondu à OEcolam- « pade et à Zwingli, j'ai réfuté toutes « leurs objections. En somme, ce sont « des gens ignorants et incapables de « soutenir une discussion. » — « Les « prières des gens pieux, dit-il dans une « autre lettre, ont fait que nous les « voyons confondus, morfondus, hu- « miliés. »

Zwingli fit tout pour amener une réconciliation; cependant il n'alla point jusqu'à rétracter l'opinion qu'il croyait légitime. D'ailleurs, outre ses raisons théologiques, il en avait d'autres encore pour repousser la présence réelle, comme étant, ainsi que le dit Luther lui-même, le roc sur lequel se fonde toute la puissance du pape et des évêques. Mais il pria, supplia qu'on ne fît point de ce dissentiment théologique un schisme dans la réforme. « Ils nous « suppliaient, dit Luther, de leur don- « ner le nom de frères. Zwingli le de- « mandait au landgrave en pleurant. « Il n'y a aucun lieu sur la terre, di- « sait-il, où j'aimerais mieux passer « ma vie qu'à Wittemberg... Nous ne « leur avons pas accordé ce nom de « frères, mais seulement ce que la « charité nous oblige à donner même « à nos ennemis... Ils se sont en tous « points conduits avec une inconceva- « ble humilité et douceur. C'était, « comme il est visible aujourd'hui, « pour nous amener à une feinte con- « corde, pour nous faire les partisans, « les patrons de leurs erreurs... O rusé « Satan! Mais Christ, qui nous a sau- « vés, est plus habile que toi. Je ne « m'étonne plus maintenant de leurs « impudents mensonges. Je vois qu'ils « ne peuvent faire autrement, et je « me glorifie de leur chute. » Chose curieuse, les deux partis avaient dans ce colloque invoqué l'autorité des Pères. Luther déclarait que son opinion avait leur assentiment unanime ; mais OEcolampade le convainquit d'erreur, et lui montra même un passage de la doctrine chrétienne de saint Augustin, où ce Père ne regarde le corps et le sang que comme de purs symboles.

Le résultat de cette conférence était fâcheux, car il jetait la désunion dans la nouvelle Église. Luther fit chasser de la Saxe les pasteurs qui ne partageaient pas son opinion, et empêcha l'électeur d'entrer dans la ligue protestante, formée par le landgrave, parce qu'il ne pouvait sans péché s'allier aux deux villes hérétiques d'Ulm et de Strasbourg.

SIÈGE DE VIENNE PAR LES TURCS. — L'EMPEREUR SE RAPPROCHE DES PROTESTANTS.

Les Turcs se chargèrent d'amener une réconciliation. L'adversaire de Ferdinand, le comte de Zips, ne pouvant espérer aucun secours de la Pologne, avait fait offrir à Soliman de se reconnaître son tributaire. Ferdinand, de son côté, avait envoyé un ambassadeur à Constantinople sommer le sultan de restituer Belgrade : « Belgrade ! s'écria le sultan indigné ; allez dire à votre maître que je vais me mettre en marche. Je porterai, attachées à ma poitrine, les clefs de mes forteresses de Hongrie, et j'irai jusqu'à cette plaine de Mohatz où Louis a trouvé son tombeau. Que Ferdinand vienne m'y joindre, qu'il m'enlève ces clefs après avoir séparé ma tête de mon corps. Si je ne le trouve pas à Mohatz, j'irai le chercher jusqu'à Vienne. »

Il parut, en effet, bientôt à la tête de trois cent mille hommes dans les environs de Belgrade. Toutes les villes ouvrirent leurs portes sans résistance, à l'exception de Bruck, sur la Leytha, qui déclara au sultan qu'elle ne se rendrait que quand il aurait pris Vienne ; Neustadt résista aussi et soutint sept assauts dans un seul jour. Vienne était mal préparée à soutenir un siège ; derrière ses murs, qui tombaient presque en ruine, se trouvaient seulement vingt mille hommes ; et ce n'était qu'avec peine que Ferdinand avait pu arracher à la diète de l'Empire un secours de huit mille hommes, qui se contenta d'inquiéter les Turcs.

« On plaça, dit la chronique de Vienne, les canons de la manière la plus convenable : il y en avait cent de gros calibre, et plus de trois cents de petit calibre. On en mit même sur les maisons, et particulièrement sur les couvents de Sainte-Claire, de Saint-Jacob et des Dominicains. Après avoir pris toutes ces mesures, on attendit de pied ferme l'ennemi. Il reparut, en effet, le 22 et le 23, en plus grand nombre : on sonna l'alarme en ville, et on envoya cinq cents cuirassiers, sous le commandement du comte de Hardeck, pour l'attaquer. Ils s'avancèrent avec trop de précipitation, et, ne s'apercevant pas que les Turcs s'étaient cachés derrière les ruines du faubourg, ils furent assaillis en même temps, en front et en flanc, par des forces bien supérieures. Bientôt, mis en déroute, ils prirent la fuite sans attendre les renforts qu'on leur envoyait ; cependant ils n'eurent que trois hommes tués et six faits prisonniers. Le nombre des morts paraissant trop petit aux Turcs, ils coupent la tête à quatorze malades qu'ils trouvent dans l'hôpital de Saint-Marc, et les ajoutant aux trois autres, ils les portent sur de longues piques au sultan, qui s'avançait de Bruck sur la Leytha. Soliman interroge les prisonniers sur le nombre des troupes qui étaient à Vienne ; ils lui répondent qu'il y a plus de vingt mille hommes, qui sont tous déterminés à répandre jusqu'à la dernière goutte de leur sang pour leur patrie. Il demande ensuite où était Ferdinand ; et lorsqu'il apprend qu'il était à Lintz : J'irai le chercher, dit le sultan, jusqu'aux extrémités de l'Allemagne. »

« Cependant Soliman commençait à s'apercevoir que les Hongrois l'avaient flatté d'un vain espoir, en l'assurant que Vienne se rendrait sans lui opposer la moindre résistance. Il renvoya quatre prisonniers, après les avoir fait vêtir en soie, et leur avoir fait donner à chacun quatre ducats; il les chargea de dire aux chefs de Vienne qu'il leur accorderait les conditions les plus avantageuses, s'ils consentaient à lui remettre la ville, que même aucun des siens n'y entrerait; mais que, s'ils s'y refusaient, il la prendrait d'assaut, la brûlerait, la raserait, et en ferait passer au fil de l'épée tous les habitants sans exception. On ne daigna pas même répondre à ces propositions et à ces menaces; mais, pour ne pas être moins généreux que le sultan, on lui renvoya également quelques prisonniers turcs, à qui l'on banda les yeux en leur faisant traverser la ville.

« La conduite courageuse de la garnison et des bourgeois de Vienne irrita le sultan, qui s'avançait avec toute son armée. Dès le 24, sa flotte parut sur le Danube : elle consistait en cent soixante bâtiments de guerre et une grande quantité de bateaux chargés de vivres et de munitions; en tout quatre cents voiles. On nommait nassadistes les troupes qui les montaient. Elles brûlèrent tous les ponts, et coupèrent ainsi toute communication. Les assiégés, ne pouvant plus espérer de recevoir ni renforts ni provisions de l'autre rive du fleuve, tentèrent néanmoins de faire une sortie pour s'opposer à ces mesures; mais, trop faibles, ils furent repoussés. On aurait pu prévenir ce funeste événement; mais l'on s'y prit trop tard. Déjà, l'on avait construit vingt-huit vaisseaux; mais les matelots qu'on faisait venir d'Italie n'arrivant point, on fut forcé de les détruire, afin qu'ils ne tombassent pas au pouvoir de l'ennemi. Malgré ce revers, deux compagnies de Nuremberg entrèrent tambour battant dans la ville.

« Ce même jour parurent les janissaires, qui prirent position dans les ruines du faubourg, d'où ils tirèrent sur tout ce qui paraissait sur les murs; les environs furent couverts de plus de trente mille tentes, en sorte que l'œil le plus perçant ne pouvait, même du haut de la tour de Saint-Étienne, embrasser l'étendue du camp. Les tentes du sultan, de la plus grande magnificence, occupaient tout le terrain du village de Simmering jusqu'à Ebersdorf. Autour de la grande tente du sultan, à l'endroit même où Rodolphe II fit bâtir depuis le palais que l'on voit encore, étaient, au rapport d'Ursinus Velius, trois cents canons; cinq cents archers et douze mille janissaires faisaient sa garde : plus près de la ville étaient les camps des principaux pachas.

« Le 27 septembre, Vienne est investie de toutes parts; cinq à six mille janissaires sont successivement employés aux travaux, et envoient sans cesse sur la ville des nuées de flèches : deux de leurs batteries font un feu continuel, dirigé particulièrement sur la tour de Saint-Étienne et sur d'autres églises servant de points d'observation aux Autrichiens. Dans le même temps, ils creusent plus de quarante souterrains, qu'ils couvrent de planches avec du fumier par-dessus; et ils se glissent ainsi, sans pouvoir être aperçus, jusqu'aux fossés, d'où ils essayent, mais sans succès, d'escalader les murs.

« Le 28, quelques compagnies allemandes et espagnoles font une sortie; l'après-midi, huit vaisseaux turcs, ayant à bord quantité d'hommes et de canons, paraissent près de la ville; mais ils sont si maltraités par les Espagnols qu'ils renoncent à leur entreprise, et se retirent très-endommagés.

« Le 29, on tient conseil, et on convient de faire une nouvelle sortie. Deux cents hommes de pied et cinq cents chevaux, commandés par Hector de Rayschach, devaient ruiner les ouvrages des ennemis, et enclouer leurs canons : ces troupes attaquent avec la plus grande intrépidité; mais à peine ont-elles forcé les premiers rangs à plier, que d'autres paraissent, et, par l'extrême supériorité du nombre, les forcent à songer à la retraite. Elle se fait avec ordre et sans perdre plus de trois hommes, tandis que les ennemis en avaient perdu plus de deux cents, parmi lesquels des chefs considérables, à en juger par la magnificence des armes que les Autrichiens rapportèrent. D'un autre côté, le colonel Antonio d'Avalos, voyant les Turcs se répandre dans les vignobles d'alentour, les attaque avec une compagnie espagnole, et en tue un grand nombre ; mais les infidèles ayant reçu des renforts de toutes parts, d'Avalos se retire lentement, n'ayant perdu que son enseigne Antonio Camargo.

« Le 30, un jeune homme et une jeune fille entrèrent heureusement dans la ville ; ils avaient été faits prisonniers l'un et l'autre. On apprit du jeune homme que l'ennemi était très-fort en cavalerie, mais qu'il n'avait pas un nombre proportionné d'infanterie ; la jeune fille, qui était échue en partage à un riche Turc, avait les doigts couverts des bijoux les plus précieux.

« Le 1er octobre, on vit arriver un jeune Turc, qui demandait avec instances d'être reçu dans la ville ; il était chrétien d'origine, et désirait abjurer le mahométisme. Il rendit de grands services aux assiégés : non-seulement il savait au juste le nombre des ennemis, de leurs vaisseaux, de leurs chameaux, etc..., mais il était même instruit des projets des chefs de l'armée, qui tendaient à faire sauter les murs et les tours de la ville, par le moyen de mines, et à s'y frayer ainsi une route. Il indiqua le lieu où ils avaient commencé leurs mines qu'on résolut d'éventer sans délai.

« Dès le 2, on s'occupa à faire des contre-mines, sur le rapport du jeune déserteur. Les mineurs arrivent en effet bientôt au foyer de la mine ennemie, qui était sous la porte de Carinthie, dont elle n'était distante que de quatre pieds, et préviennent ceux qui la chargeaient. Instruits par l'expérience, ils éventent de la même manière plusieurs autres mines de l'ennemi, et tuent plusieurs de ses plus habiles mineurs.

« Le 3, les assiégeants redoublent leur feu qui dure pendant toute la nuit.

« Le 4, la crainte d'un assaut augmente ; l'ennemi parvient à abattre le haut de la porte de Carinthie ; mais on travaille avec ardeur à réparer le dégât.

« Le 5, tous les camps paraissent en mouvement. Les Turcs font un bruit épouvantable, comme pour monter à l'assaut ; mais, voyant tout le monde sous les armes, ils n'osent pas le tenter. On tient conseil de guerre, et il y est résolu que, dès le lendemain, on fera une sortie avec huit mille hommes, pour détruire les ouvrages des assiégeants et chasser les janissaires des faubourgs, où ils s'étaient fortement retranchés.

« Le 6, la sortie eut lieu, d'abord avec quelque succès ; mais un lâche ayant crié qu'on allait être coupé, le désordre se met parmi les troupes qui ne tardent pas à prendre la fuite, malgré l'exemple et les exhortations de leurs officiers. Les Turcs fondant alors de toutes parts sur eux, deux cents hommes furent tués, beaucoup furent blessés ; heureusement le reste put regagner la ville, dont un instant plus tard un corps de dix-huit mille hommes leur coupait le chemin ; peu après, les Turcs font jouer une mine qui fait beaucoup de mal, et renverse un pan de mur de trente pas de long. Ils montent alors avec fureur à l'assaut ; mais la bonne contenance des soldats, le courage des officiers, le feu bien dirigé de l'artillerie, les forcent à se retirer. Cependant le général Rayschach reçoit trois balles, dont heureusement sa cuirasse le garantit. L'ennemi, ayant remarqué que la profondeur du fossé lui était très-préjudiciable, travaille à y jeter des fascines, et fait couper tous les arbres des jardins des environs pour s'abriter contre les boulets.

« Le 7 au soir, on sonne l'alarme dans la ville, afin de tenir toujours la garnison en haleine. Les ennemis l'entendent, et leurs camps, où avait régné le plus profond silence, sont en peu d'instants dans le plus grand mouvement, et paraissent illuminés. On reçoit ce jour-là des lettres de Ferdinand, par lesquelles il annonce au comte palatin Frédéric que, dans huit jours, l'armée de l'Empire arrivera au secours de Vienne, et exhorte les assiégés à faire la plus opiniâtre résistance. Cependant les assiégeants redoublent leurs efforts, et menacent de renverser les murs de la porte de Carinthie; déjà une étendue de plusieurs toises était minée à trois endroits différents; déjà leurs mines étaient chargées, et promettaient le plus éclatant succès; pour l'empêcher, les assiégés étayent les murs avec de grands arbres, et construisent à la hâte, malgré le feu continuel et les traits des ennemis, un bastion flanqué de quelques pièces de canon; ils en avaient fait de même à la porte des Écossais, et de là incommodaient beaucoup le camp que les Turcs avaient du côté de Kalenberg.

« Le 9, au point du jour, il y eut dans tous les camps des ennemis le plus grand mouvement, et tout annonçait qu'ils se disposaient à livrer un assaut général, n'attendant, pour cela, que l'explosion de leurs mines. Heureusement les Autrichiens en avaient découvert les foyers, et eurent encore le temps d'en enlever huit tonneaux de poudre; en sorte que, lorsque les mines éclatèrent, elles ne firent que peu de dégât; quelques terres seulement s'éboulèrent. Cependant, vers le couvent de Sainte-Claire, plusieurs toises de murs furent enlevées, et firent sauter en l'air quelques soldats allemands et espagnols. Ce succès enhardit les Turcs à monter à l'assaut par cette brèche; mais quatre compagnies, commandées par le comte Nicolas de Salm et Jean Kaziano, firent des prodiges de valeur, et forcèrent les assiégeants à se retirer avec une perte considérable. Ils revinrent à la charge, et furent encore repoussés; mais cette fois les Autrichiens perdirent beaucoup de monde.

« Dès l'instant où il y eut un peu de calme, on vit les bourgeois, les soldats, les officiers, tous également occupés, nuit et jour, à réparer le dommage.

« Le 10, on continua d'élever le plus d'ouvrages intérieurs que l'on put; le mur de la ville ayant été endommagé en plusieurs endroits, les parapets furent remplis de terre et soutenus par des poutres; et l'on employa jusqu'aux décombres des maisons pour faire un nouveau mur devant la brèche que les ennemis avaient ouverte.

« Le 11, ils reviennent à l'assaut, vers neuf heures du matin, après avoir fait sauter leurs mines, qui ne firent pas beaucoup d'effet, car les assiégés leur avaient ôté quatre tonneaux de poudre, et avaient eu la précaution d'y creuser de grands trous pour que l'air y passât. Ce ne fut qu'entre les portes de Carinthie et la porte nommée Stubenthor qu'ils firent une brèche au milieu du mur, mais sans parvenir à l'abattre. Les Turcs montent néanmoins à l'assaut avec une telle fureur, qu'on est obligé d'appeler des renforts, et de dégarnir ainsi d'autres points qui restent sans défense. Un Turc avait déjà escaladé le mur et planté son drapeau; mais il est précipité dans le fossé; cet assaut dura de neuf heures jusqu'à midi : les Turcs y perdirent plus de mille hommes, tandis qu'il ne coûta aux assiégés que trente Allemands et huit Espagnols, qui furent ensevelis sous les débris de la mine.

« Le 12 se passe sous les armes de part et d'autre. Les Autrichiens éventent presque toutes les mines des Turcs; ils leur prennent encore huit tonneaux de poudre. L'ennemi parvient cependant à abattre un pan de mur de vingt toises vers la porte dite Stubenthor. Il avait coutume de ranger ses troupes en ordre jusqu'au moment de l'explosion; et alors elles se précipitaient à travers la poussière et la fumée, et escaladaient les murs avant qu'on pût les apercevoir de la ville; les Autrichiens, de leur côté, se présentaient sur-le-champ à la brèche, et tenaient, pour ainsi dire, lieu des matériaux que la poudre avait fait sauter; par ce moyen, ils repoussaient l'ennemi, qui perdit encore tant de monde ce jour-là, que ses soldats n'avaient presque plus le courage de remonter à l'assaut. Les pachas étaient obligés d'user de rigueur pour les y forcer; ce qu'ils firent la même nuit, au clair de la lune, avec aussi peu de succès.

« Le 13, Soliman, furieux de voir que le siége traînait en longueur, assemble un conseil de guerre, et, après avoir fait aux pachas les plus sanglants reproches, il leur ordonne de livrer le lendemain un assaut général. Les assiégés, instruits de ce dessein, travaillent de toutes leurs forces à réparer les ouvrages de la place, éventent encore quelques mines de l'ennemi, et se disposent à le bien recevoir.

« Le 14, le sort de la ville devait être décidé. Les pachas, honteux des reproches du sultan, rangent l'élite de l'infanterie et la moitié de la cavalerie en trois divisions, et les conduisent à l'assaut dès les sept heures du matin; mais les assiégés, qui les attendaient, font sur eux un feu si vif de mousqueterie et d'artillerie, que, voyant leurs premiers rangs culbutés, ils prennent la fuite, sans que ni les menaces ni les coups de leurs chefs puissent les retenir. Ils font un dernier effort dans l'après-midi, et étant parvenus à faire une brèche considérable, ils s'y précipitent; ils escaladaient déjà les murs, lorsque les assiégés, dont les forces et le courage semblaient s'accroître avec le danger, les culbutent avec une perte de quatre cents hommes au moins; alors tous prennent la fuite et regagnent leurs divers camps.

« Soliman, dégoûté de tant d'efforts inutiles, renonça enfin à s'emparer de Vienne; dès le 14, la retraite est résolue; le sultan part avec l'artillerie, les bagages et le butin. Le grand vizir, qui couvrait sa retraite, avait ordre de rester dans les environs de Vienne jusqu'à ce que le sultan n'eût plus rien à craindre. Les Turcs, embarrassés des nombreux prisonniers qu'avaient fait les hordes de Tartares, et sentant qu'il serait dangereux de les traîner à la suite d'une armée en pleine retraite, eurent la barbarie de les faire tous égorger. Les cris de ces malheureux parvinrent jusqu'à Vienne, où l'on ignorait ce qui se passait; et ce ne fut que lorsqu'on put pénétrer dans le camp des ennemis que l'on trouva leurs cadavres nageant dans le sang.

« Après cet horrible massacre, les Turcs dirigent encore une fois toutes leurs bouches à feu contre la ville; et, après cette décharge générale, ils quittent leurs divers camps à onze heures du soir, et mettent le feu à tout ce qui jusqu'alors avait échappé à leur fureur (*). »

De Vienne, Soliman se retira en Hongrie, proclama roi à Bude Jean de Zapoli, lui remit la couronne de Saint-Étienne, reçut son hommage, et laissant une garnison dans la ville, reprit la route de Constantinople avec la foule innombrable de ses captifs. Mais Soliman ne regagnait sa capitale que pour faire les préparatifs d'une attaque plus formidable; aussi Charles-Quint s'empressa-t-il d'ordonner la réunion d'une diète à Augsbourg pour délibérer sur les moyens de s'opposer aux progrès des Turcs et de rétablir la paix dans l'Église.

DIÈTE D'AUGSBOURG.

Les protestants reçurent avec joie cette nouvelle; c'était un moyen de déclarer hautement leurs véritables opinions, et de se distinguer des anabaptistes et des autres sectaires odieux à tous les partis, avec lesquels les papistes se plaisaient à les confondre. Luther, toujours placé sous le coup de l'édit de Worms, ne put paraître à Augsbourg; mais l'électeur de Saxe le conduisit au château de Cobourg, d'où il pouvait entretenir une facile correspondance avec Mélanchthon et les autres théologiens protestants qui assistèrent à la diète. Ce fut le sage Mélanchthon qui rédigea la fameuse confession d'Augsbourg, chef-d'œuvre de clarté et de précision, destiné à

(*) Chronique de Vienne, traduite par M. de Laborde, dans son Voyage en Autriche, t. II, p. 14.

produire une grande impression sur les esprits. Les quatre villes de Strasbourg, Constance, Lindau et Memmingen envoyèrent aussi leur profession de foi, de même que Zwingli, dont la confession était rédigée en termes plus énergiques que les deux premières. Mais on ne s'occupa que des théologiens de Wittemberg; Charles fit lire une réfutation de leurs doctrines, puis on remit la question à une commission particulière, qui parvint presque à s'entendre sur tous les points. Les catholiques accordèrent l'insuffisance des bonnes œuvres, permirent l'usage du calice, le mariage des prêtres, et déclarèrent que dans la messe le sacrifice se faisait *mysterialiter et repræsentative*. Les protestants, de leur côté, promirent de tolérer les couvents et de célébrer les fêtes catholiques; ils reconnurent la juridiction des évêques, que Mélanchthon regardait comme une institution fort utile, et même la primauté de l'évêque de Rome comme existant de fait.

Mais les princes n'allèrent pas si loin que leurs théologiens, et montrèrent que leur foi nouvelle n'était pas sans mélange de quelques intérêts temporels; les ministres de l'électeur de Saxe et les députés des villes impériales s'opposèrent au maintien de la puissance ecclésiastique, que Mélanchthon et Luther lui-même consentaient à reconnaître. Ainsi, comme Luther commençait enfin à le comprendre, une réconciliation n'était pas possible entre les deux doctrines. « Je suis, « écrivait-il le 26 août 1530, contre « toute tentative pour accorder les « deux doctrines ; car c'est chose impossible, à moins que le pape ne « veuille abolir la papauté. C'est assez « pour nous d'avoir rendu raison de « notre croyance et de demander la « paix. »—« J'apprends, écrit-il le même « jour à Spalatin, j'apprends que vous « avez entrepris une œuvre admirable, « de mettre d'accord Luther et le pape. « Mais le pape ne veut pas, et Luther « s'y refuse; prenez garde d'y perdre « votre temps et vos peines. Si vous « en venez à bout, pour suivre votre « exemple, je vous promets de réconcilier Christ et Bélial. »

UNION DE SMALCALDE.

Les princes protestants sortirent d'Augsbourg laissant la diète publier un recez menaçant, qui maintenait l'ancienne foi et l'ancien culte, cassait toute aliénation de biens ecclésiastiques, et en ordonnait la restitution, défendait aux prédicateurs et aux imprimeurs d'aider à la propagation des idées contraires à la religion catholique, et menaçait tout perturbateur du repos public d'être traité selon la rigueur des lois. Ce recez fut suivi de l'élection de Ferdinand comme roi des Romains. Cette nomination était menaçante pour les protestants, car le nouveau roi de Hongrie et de Bohême était connu pour son sincère attachement aux doctrines de l'Eglise romaine; dès lors, durant les fréquentes absences de Charles-Quint, les catholiques avaient toujours en Allemagne un chef intéressé à veiller sur toutes les démarches de leurs adversaires. Les réformés comprirent le danger et se réunirent à Smalcalde le 27 février 1531, pour signer une confédération qui devait durer six années, et dont le but était la défense commune de tous les membres de la ligue.

Ainsi se dessinaient de plus en plus les deux partis religieux et politiques qui se partageaient l'Allemagne; mais le danger dont les Turcs menaçaient les uns et les autres les réconcilia pour quelque temps, et leur fit signer *la paix de religion de Nuremberg*, 1532 (*). Cette paix, on ne peut le dissimuler, était un pas en arrière fait

(*) Cette même année 1532, la diète de Ratisbonne remédia à l'horrible confusion qui régnait dans la législation criminelle, en publiant le code criminel appelé la *Caroline*, pour la rédaction duquel on se servit d'un code rédigé en 1507 par Jean de Schwarzenberg pour l'évêque de Bamberg. Les maisons de Saxe, de Brandebourg et du Palatinat refusèrent d'accepter la *Caroline*, et gardèrent leur législation particulière.

par les protestants; jusqu'alors ils avaient pensé que la réforme devait s'étendre à tout l'univers catholique, et, par la transaction de Nuremberg, ils arrêtaient en quelque sorte ses progrès futurs, en ne faisant profiter du bénéfice du traité que les sept princes et les vingt-quatre villes (les comtes de Mansfeld s'y trouvaient aussi compris) qui avaient depuis longtemps accepté la réforme. Luther avait jusqu'alors répudié, comme un acte de faiblesse et de pusillanimité, toute concession pareille; mais la crainte de voir la question religieuse se transformer en une question purement politique leva tous ses scrupules. Les princes venaient de contracter alliance avec François Ier; déjà, à plusieurs reprises, ils avaient envoyé vers lui pour obtenir promesse de secours en cas de guerre. Après quelques délais, François s'était enfin décidé, et Guillaume du Bellay, son ambassadeur en Allemagne, signa, le 26 mai 1532, un traité dans lequel le roi déclarait vouloir protéger les droits, priviléges et libertés du saint Empire, et promettait de payer une partie des frais de guerre. Ce fut cette alliance avec un prince catholique, ennemi naturel de l'Empire, qui effraya Luther, et l'engagea à presser les protestants de faire au plus tôt la paix avec l'empereur.

RETRAITE DE SOLIMAN DEVANT L'ARMÉE DES CATHOLIQUES ET DES PROTESTANTS RÉUNIS.

Les Turcs s'étaient remontrés; Soliman, furieux de l'échec essuyé par le croissant sous les murs de Vienne, avait passé deux ans à faire d'immenses préparatifs. Vers la fin du printemps, il s'avança vers la Hongrie à la tête d'une armée formidable, et après une marche de vingt-six jours, il parut devant Belgrade, répandant au loin devant lui la terreur et la désolation. Ferdinand, effrayé de se voir réduit à ses seules forces, essaya d'arrêter la marche du sultan en lui envoyant des ambassadeurs. Soliman répondit aux envoyés d'attendre dans son camp la réponse qu'il daignerait leur faire; puis il passa la Save, et, laissant sur la droite le Danube, que remontait une flottille de trois mille barques portant son artillerie, il marcha droit devant lui, comme s'il avait voulu franchir la montagne de Styrie. La petite ville de Guntz, située sur la frontière de cette province, fut le premier obstacle qui l'arrêta. La place, mal fortifiée, n'avait qu'une garnison de huit cents hommes commandés par le brave Jurissitz. Les Turcs, après avoir vainement tenté de faire sauter les murs, dressèrent leurs batteries sur les montagnes environnantes, et élevèrent des chaussées jusqu'à la hauteur des murailles de la place. Les brèches qu'ils ouvrirent, les assauts multipliés qu'ils livrèrent ne purent décourager la garnison. Jurissitz résista à leurs promesses comme à leurs menaces, et le sultan, irrité d'avoir perdu vingt-huit jours devant une bicoque, leva enfin le siége; mais ce retard devait lui être funeste: les habitants des provinces autrichiennes avaient eu le temps de revenir de leur frayeur, et Ferdinand celui de se préparer à repousser l'ennemi.

Pendant que Soliman s'arrêtait devant Guntz, Charles-Quint pacifiait, dans la diète de Ratisbonne, l'Allemagne justement alarmée. Il sut si bien animer le zèle des catholiques et des protestants, qu'ils s'armèrent contre l'ennemi commun avec une promptitude et un accord presque sans exemple. Charles fit venir d'Italie et des Pays-Bas ses vieilles bandes; Ferdinand tira des troupes de la Bohême et des contrées voisines; le pape fournit des subsides et envoya ses officiers les plus habiles; enfin le roi de Pologne permit à ses sujets de s'enrôler pour combattre les Turcs. Toute la jeunesse des contrées qui s'étendent depuis la Vistule jusqu'au Rhin, et depuis l'Océan jusqu'aux Alpes, accourut se ranger sous la bannière du christianisme. Des officiers expérimentés, s'empressant de partager le danger commun, vinrent d'Italie, d'Espagne et des autres parties de l'Europe, pour servir même comme simples soldats. Il y eut presque un réveil de l'ancien esprit qui animait les croisés du onzième siècle. Charles réunit ainsi une armée de plus de quatre-vingt-dix mille hommes de pied et de trente mille chevaux, avec laquelle il alla camper sous les murs de Vienne, que Soliman menaçait. Mais la résistance de Guntz avait averti le sultan de ne pas hasarder une attaque d'une bien autre importance; l'accord qui régnait dans l'Empire et la promptitude avec laquelle on avait mis sur pied une armée si formidable l'étonnèrent; d'ailleurs la flottille qui portait son artillerie et les gros bagages n'avait pas osé s'avancer au delà de Presbourg. Il renonça donc à ses projets contre Vienne, et, après avoir ravagé tous les environs, il se retira à travers les montagnes, par des passages presque impraticables, jusqu'à Gratz, capitale de la Styrie. Charles le suivait avec l'armée de l'Empire, aussi peu disposé, du reste, que Soliman à livrer une bataille décisive; il savait d'ailleurs que l'approche de l'hiver forcerait bientôt l'ennemi à se retirer. La retraite du sultan fut précipitée par une diversion que fit la flotte impériale commandée par André Doria : cet amiral répandit l'alarme sur les côtes de l'Archipel, prit une des forteresses qui commandaient le passage des Dardanelles et menaça même Constantinople. Soliman, à la nouvelle qu'il en reçut, s'éloigna avec une telle rapidité, que sa cavalerie légère, qui avait porté jusqu'à l'Ens le carnage et la dévastation, fut taillée en pièces, dispersée ou faite prisonnière, sans qu'il lui fût possible d'échapper, malgré la rapidité de ses mouvements et la célérité de sa fuite.

La retraite des Turcs rendit l'Allemagne à ses dissensions religieuses. Sous prétexte que la convention de Nuremberg concernait la tolérance des opinions religieuses et non la possession des biens ecclésiastiques, la chambre impériale commença des poursuites contre les protestants. Ceux-ci indignés renouvelèrent la ligue de Smalcalde et leurs engagements avec les puissances étrangères; bientôt un de leurs chefs entreprit une expédition hardie et importante.

LE DUC DE WURTEMBERG RÉTABLI PAR LES PROTESTANTS.

Ulric, duc de Wurtemberg, avait été, en 1519, mis au ban de l'Empire à cause de ses excès, et dépouillé, par la ligue de Souabe, de ses États, qui avaient été donnés à Ferdinand d'Autriche. Mais le sort de son fils Christophe inspirait une juste pitié; le landgrave de Hesse l'avait pris sous sa protection, et avait conçu le dessein de lui faire rendre son héritage. S'il réussissait, la ligue de Smalcalde gagnait un allié puissant; la maison d'Autriche perdait une possession importante, et voyait le protestantisme s'établir au sud de l'Allemagne, au milieu des États catholiques, pour unir peut-être un jour les réformés de la Suisse à ceux du Rhin et de la Saxe. Mais il fallait l'appui de la France. Christophe exposa donc ses griefs dans des lettres circulaires adressées aux rois de France et de Hongrie et à plusieurs princes d'Empire, pour les supplier de faire soutenir sa cause par des ambassadeurs; « car est la coutume, dit Martin du Bellay, en Germanie, qu'en toutes les assemblées qui se font à la requeste d'aucun personnage, et pour ouïr et décider ses propres et particulières affaires, ledit personnage y mène le plus grand nombre qu'il peult assembler de ses familiers, amis et adhérans, ou leurs commis et députez, pour assister à l'audience et décision de sa matière. Lequel nom et tiltre d'assistance est de telle condition, que quiconque assiste à autruy faict la cause et matière sienne, et tacitement s'oblige à luy donner ayde et faveur, et jusques à prendre les armes pour luy en un besoing, en cas de dénégation et maligne dissimulation de justice (*). »

Le landgrave de Hesse vint lui-même à Paris pour s'assurer des secours de François Ier, qui donna en effet l'ordre

(*) Du Bellay, t. II, p. 210.

à son ambassadeur du Bellay de tout faire pour rétablir le duc Ulric. Les efforts de du Bellay « donnèrent grande vigueur à l'affaire du duc Chrestofle de Wittemberg, avec l'affection que desja plusieurs princes y avoient, tant pour la tyrannie dont l'empereur et le roy Ferdinand son frère usoient envers luy innocent, que pour la parenté dont il attouchoit aux plus grands princes de l'assemblée; de sorte qu'en premier lieu la ligue de Suave, laquelle avoit duré soixante et dix ans à l'avantage de la maison d'Autriche, fut dissolvée et annullée; puis après les ducs de Bavière, lansgrave de Hesse, et leurs alliez et confédérez, eurent plusieurs parlemens pour la reintégration du duc de Wittemberg dedans ses païs, détenus et possédez par force par Ferdinand, roy de Hongrie, frère de l'empereur; mais enfin, tout considéré et débatu, ne virent autre moyen, sinon d'y aller par armes, puis que justice n'avoit lieu; chose qui ne se pouvoit faire sans argent. Parquoy, ayant recherché le seigneur de Langey (*) pour cet effect, et pour trouver la seureté de la consignation de cent mille escus, et ledit seigneur de Langey trouvant qu'il n'y pouvoit entrer sans directement aller contre le traicté de Cambray (car ce seroit bailler deniers pour faire la guerre à l'empereur), trouva un expediant qui fut tel, que le duc de Wittemberg estoit seigneur de la comté de Montbelliar, assise aux confins du duché de Bourgogne, de la Franche-Comté et de la comté de Ferrette; laquelle comté de Montbelliar ledit duc de Wittemberg vendroit au roy pour le pris et somme de six cens mille escus, à condition toutefois de rachapt; puis ledit duc de Wittemberg, ayant les deniers siens, en pourroit disposer à son vouloir, ou en guerre ou en paix, sans que le roy contrevînt en aucune chose audit traicté de Cambray. Les choses ainsi proposées furent exécutées, et furent les deniers livrez és mains dudit duc de Wittemberg ou de ses deputez, et le roy mis en possession de la comté de Montbelliar, auquel lieu fut mis pour baillif et gouverneur le seigneur de Cermes.

« Des deniers de ladite vendition fut promptement, et devant que l'empereur et le roy de Hongrie y peussent pourvoir, dressée une armée par les ducs de Bavière, lansgrave de Hesse, et le duc de Wittemberg, et autres leurs alliez, tellement qu'en peu de temps ledit duché fut levé hors de la main dudit roy de Hongrie, et le duc de Wittemberg et son fils remis en possession, et fut chef de ladite entreprise Philippe, lansgrave de Hesse; et, peu de temps après, furent lesdits deniers restituez au roy, à trente ou quarante mille escus pres, dont lesdits ducs de Bavière furent respondans, et par ce moyen laditte comté de Montbelliar remise entre leurs mains (*). »

SCHISME DÉFINITIF ENTRE LES LUTHÉRIENS ET LES ZWINGLIENS. — PROSCRIPTION DES ANABAPTISTES.

Cette guerre semblait devoir amener une lutte générale; le landgrave de Hesse en avait l'espérance; mais les gens modérés, et particulièrement l'archevêque de Mayence, s'interposèrent entre les deux partis, et leur firent signer la paix de Cadan (1534). Le traité de Nuremberg était maintenu; Ferdinand fut reconnu roi des Romains par les protestants; toutes les poursuites de la chambre impériale devaient être suspendues; mais on exclut du bénéfice de la convention les sacramentaires, c'est-à-dire les zwingliens, et l'on proscrivit les anabaptistes qui avaient rétabli leur république à Munster. Nous croyons devoir emprunter à un récit contemporain quelques détails sur cette étrange révolution.

ANABAPTISTES DE MUNSTER.

Comment l'Évangile a d'abord pris naissance à Munster, et comment il y a fini après la destruction des anabaptistes; histoire véritable et bien digne d'être lue et conservée

(*) Du Bellay.

(*) Du Bellay, t. II, p. 264.

dans la mémoire (car l'esprit des anabaptistes de Munster vit encore), décrite par Henricus Dorpius de cette ville (*).

« La réforme commença à Munster, en 1532, par Rothmann, prédicateur luthérien ou zwinglien; elle y eut un si grand succès, que l'évêque, cédant à l'intercession du landgrave de Hesse, accorda aux évangéliques six de ses églises. Plus tard, un garçon tailleur, Jean de Leyde, y apporta la doctrine des anabaptistes, et la propagea dans quelques familles. Il fut aidé dans son œuvre par un prédicateur nommé Hermann Stapraeda, de Moersa, anabaptiste comme lui. Bientôt leurs assemblées secrètes devinrent si nombreuses, que les catholiques et les réformés en furent également alarmés, et chassèrent les anabaptistes de la ville. Mais ceux-ci revinrent plus hardis; ils intimidèrent le conseil, et l'obligèrent de fixer un jour où il y aurait discussion publique, dans la maison commune, sur le baptême des enfants. Dans cette discussion, le pasteur Rothmann passa du côté des anabaptistes, et devint lui-même un de leurs chefs. Un jour, un autre de leurs prédicateurs se met à courir dans les rues, en criant : « Faites pénitence, faites pénitence, « amendez-vous, faites-vous baptiser, « ou Dieu va vous punir! » Soit crainte, soit zèle religieux, beaucoup de gens qui entendirent ces cris se hâtèrent de demander le baptême. Alors les anabaptistes remplissent le marché en criant: « Sus aux païens qui ne veulent « pas du baptême! » Ils s'emparent des canons, des munitions de la maison de ville, et maltraitent les catholiques et les luthériens qu'ils rencontrent. Ceux-ci se forment en nombre et attaquent les anabaptistes à leur tour. Après divers combats sans résultat, les deux partis éprouvèrent le besoin de se rapprocher, et convinrent que chacun serait libre de professer sa croyance.

(*) Traduit par M. Michelet, Mémoires de Luther, t. III, p. 29. Le savant historien s'est contenté de donner un extrait de l'original.

Mais les anabaptistes n'observèrent point ce traité; ils écrivirent sous main à tous ceux de leur secte qui étaient dans les villes voisines, pour les faire venir à Munster : « Quittez ce que vous « avez, écrivaient-ils, maisons, fem-« mes, enfants, laissez tout pour venir « à nous. Tout ce que vous aurez aban-« donné vous sera rendu au décuple. » Quand les riches s'aperçurent que la ville se remplissait d'étrangers, ils en sortirent comme ils purent, n'y laissant de leur parti que les gens du bas peuple (carême de l'année 1534).

« Les anabaptistes, enhardis par leur départ et par les renforts qui leur étaient arrivés, déposèrent aussitôt le conseil de ville qui était luthérien, et en composèrent un d'hommes de leur parti.

« Quelques jours plus tard, ils pillèrent les églises et les couvents, et coururent la ville en tumulte, armés de hallebardes, d'arquebuses et de bâtons, criant comme des furieux : « Fai-« tes pénitence, faites pénitence! » et après : « Hors la ville, impies! hors la « ville ou l'on vous assomme! » Ainsi, ils chassèrent sans pitié tout ce qui n'était pas des leurs. Ni vieillard, ni femme enceinte ne fut exceptée. Un grand nombre de ces pauvres fugitifs tombèrent entre les mains de l'évêque, qui se préparait à assiéger la ville. Sans avoir égard à ce qu'ils n'étaient point du parti des anabaptistes, il les fit emprisonner; beaucoup d'entre eux furent même cruellement mis à mort.

« Les anabaptistes étant maîtres de la ville, leur prophète suprême, Jean de Matthiesen, ordonna que tout le monde mît son avoir en commun, sans rien céler, sous peine de la vie. Le peuple eut peur et obéit. Les biens des fugitifs furent saisis de même. Ce prophète décida encore que l'on ne garderait aucun autre livre que la Bible et le Nouveau Testament. Tous les autres, qu'on put trouver, furent brûlés dans la cour de la cathédrale. Ainsi le voulait le Père du ciel, disait le prophète. On en brûla au moins pour vingt mille florins.

« Un maréchal ferrant ayant parlé injurieusement des prophètes, toute la commune est assemblée sur le marché, et Jean de Matthiesen le tue d'un coup de feu. Peu après, ce prophète court tout seul hors la ville, une hallebarde à la main, criant que le Père lui a ordonné de repousser les ennemis. Il avait à peine passé la porte qu'il fut tué.

« Jean de Leyde lui succéda comme prophète suprême, et il épousa sa veuve. Il releva le courage du peuple abattu par la mort de son prédécesseur. A la Pentecôte, l'évêque fit donner l'assaut ; mais il fut repoussé avec grande perte. Jean de Leyde nomma douze fidèles, parmi lesquels se trouvaient trois nobles, pour être les anciens dans Israël. Il déclara aussi que Dieu lui avait révélé des doctrines nouvelles sur le mariage ; il discuta avec les prédicateurs, qui, enfin, se rangèrent à son avis et prêchèrent trois jours de suite sur la pluralité des femmes. Un assez grand nombre d'habitants se déclarèrent contre la nouvelle doctrine, et firent même prisonniers les prédicateurs avec l'un des prophètes ; mais bientôt ils furent obligés de les relâcher, et quarante-neuf d'entre eux périrent.

« A la saint Jean de l'année 1534, un nouveau prophète, auparavant orfèvre à Warendorf, assembla le peuple, et lui annonça qu'il avait eu une révélation, d'après laquelle Jean de Leyde devait régner sur toute la terre, et occuper le trône de David jusqu'au temps où Dieu le Père viendrait lui redemander le gouvernement. Les douze anciens furent déposés, et Jean de Leyde proclamé roi.

« Plus les anabaptistes prenaient de femmes, plus l'esprit de libertinage augmentait parmi eux ; ils commirent d'horribles excès sur des jeunes filles de dix, douze et quatorze ans. Ces violences barbares et les maux du siége irritèrent une partie du peuple. Plusieurs soupçonnaient Jean de Leyde d'imposture, et songeaient à le livrer à l'évêque. Le roi redoubla de vigilance, et nomma douze ducs chargés de maintenir la ville dans la soumission (jour des Rois 1535). Il promit à ces douze chefs qu'ils régneraient à la place de tous les princes de la terre, et il leur distribua d'avance des électorats et des principautés. Le *noble landgrave* de Hesse est seul excepté de la proscription : ils espèrent, disent-ils, qu'il deviendra leur frère. Le roi désigna le jour de Pâques comme l'époque où la ville serait délivrée.

« L'une des reines ayant dit à ses compagnes qu'elle ne croyait pas conforme à la volonté de Dieu, qu'on laissât ainsi le pauvre peuple mourir de misère et de faim, le roi la conduisit au marché avec ses autres femmes, lui ordonna de s'agenouiller au milieu de ses compagnes prosternées comme elle, et lui trancha la tête. Les autres reines chantèrent : « Gloire à Dieu au « haut des cieux ! » et tout le peuple se mit à danser autour. Cependant il n'avait plus à manger que du pain et du sel ! Vers la fin du siége, la famine fut si grande que l'on y distribuait régulièrement la chair de morts ; on n'exceptait que ceux qui avaient eu des maladies contagieuses. A la saint Jean de l'année 1535, l'évêque apprit d'un transfuge le moyen d'attaquer la ville avec avantage. Elle fut prise le jour même de la Saint-Jean, et, après une résistance opiniâtre, les anabaptistes furent massacrés. Le roi, ainsi que son vicaire et son lieutenant, furent emmenés entre deux chevaux, une chaîne double au cou, la tête et les pieds nus. L'évêque l'interpella durement sur l'horrible désastre dont il était cause ; il lui répondit : « François de Waldeck « (c'était son nom), si les choses « avaient été à mon gré, ils seraient « tous morts de faim avant que je « t'eusse livré la ville. »

On trouve beaucoup d'autres détails intéressants dans une pièce insérée au second volume des œuvres allemandes de Luther (édition de Witt), sous le titre suivant : *Nouvelles sur les anabaptistes de Munster* (*).

« Huit jours après que l'assaut a été repoussé par les anabaptistes, le roi

---

(*) Traduit par M. Michelet, ouvrage cité, t. III, p. 35.

a commencé son règne en l'entourant d'une cour complète, à l'égal d'un prince séculier. Il a institué des maîtres de cérémonies, des maréchaux, des huissiers, des maîtres de cuisine, des fourriers, des chanceliers, des orateurs, des serviteurs pour la table, des échansons.

« Une de ses femmes a été élevée au rang de reine, et elle a également sa cour à elle. C'est une belle et noble femme de Hollande, mariée auparavant à un autre prophète qui a été tué devant Munster, et de qui elle est encore enceinte. Le roi a, en outre, trente et un chevaux couverts de drap d'or. Il s'est fait faire des habits précieux en or et en argent avec les ornements de l'église. Son écuyer est paré comme lui de vêtements superbes pris de ces ornements, il porte en outre des bagues d'or; de même la reine avec ses vierges et ses femmes.

« Lorsque le roi, dans sa majesté, traverse la ville à cheval, des pages l'accompagnent: l'un porte à son côté droit la couronne et la Bible, l'autre une épée nue. L'un d'eux est le fils de l'évêque de Munster. Il est prisonnier, et il sert le roi dans sa chambre.

« Le roi a de même, dans sa triple couronne surmontée d'une chaîne d'or et de pierreries, la figure du monde percée d'une épée d'or et d'une épée d'argent. Au milieu du pommeau des deux épées, se trouve une petite croix sur laquelle est écrit: *Un roi de la justice sur le monde*. La reine porte les mêmes ornements.

« En cet appareil, le roi se rend trois fois par semaine au marché, où il monte sur un siége élevé qu'on a fait exprès. Le lieutenant du roi, nommé Knipperdolling, se tient une marche plus bas: puis viennent les conseillers. Celui qui a affaire au roi s'incline deux fois, se laisse tomber à terre à la troisième, et expose ensuite ce qu'il a à dire.

« Un mardi ils ont célébré la sainte cène dans la cour de la cathédrale; ils étaient à table au nombre de près de quatre mille deux cents. Trois plats furent servis, à savoir: du bouilli, du jambon et du rôti. Le roi et ses femmes, et tous leurs domestiques servirent les convives. Après le repas, le roi et la reine prirent du gâteau de froment; le rompirent et en donnèrent aux autres, disant: « Prenez, mangez, et annoncez la mort du Seigneur. » De même, ils prirent une cruche de vin, disant: « Prenez, buvez-en tous, et « annoncez la mort du Seigneur. »

« Les convives rompirent de même des gâteaux, et se les présentèrent les uns aux autres en prononçant ces paroles: « Frère et sœur, prends et « mange. De même que Jésus-Christ « s'est dévoué pour moi, de même je « veux me dévouer pour toi; et de « même que dans ce gâteau les grains « de froment sont joints, et que les « raisins ont été unis pour former ce « vin, de même nous aussi nous sommes « unis. » Ils s'exhortaient en même temps à ne rien dire de frivole, ni qui fût contraire à la loi du Seigneur. Ensuite ils remercièrent Dieu, d'abord par des prières, et puis par des cantiques, surtout par le cantique: « Gloire « à Dieu au haut des cieux. » Le roi et ses femmes, avec leurs serviteurs, se mirent à table également, ainsi que ceux qui revenaient de la garde.

« Quand tout finit, le roi demanda à l'assemblée s'ils étaient tous disposés à faire et à souffrir la volonté du Père. Ils répondirent tous: « Oui. » Puis le prophète Jean de Warendorf se leva, et dit que Dieu lui avait ordonné d'envoyer quelques-uns d'entre eux pour annoncer les miracles dont ils avaient été témoins. Le même prophète ajouta que, selon l'ordre de Dieu, ceux qu'il nommerait devaient se rendre dans quatre villes de l'Empire, et y prêcher. On donna à chacun un fenin d'or de la valeur de neuf florins, avec de la monnaie ordinaire pour le voyage, et ils partirent le soir même.

« La veille de Saint-Gall, ils parurent dans les villes désignées, faisant grand bruit, et criant: « Convertissez-vous, « et faites pénitence, car la miséricorde « du Père est à sa fin. La cognée frappe « déjà la racine de l'arbre. Que votre « ville accepte la paix, ou elle va périr. »

Arrivés devant le conseil des quatre villes, ils étendirent leurs manteaux par terre, et y jetèrent les susdites pièces d'or, en disant : « Nous sommes « envoyés par le Père pour vous an- « noncer la paix. Si vous l'acceptez, « mettez tout votre bien en commun ; « si vous ne voulez pas faire cela, nous « protesterons devant Dieu avec cette « pièce d'or, et nous prouverons par « elle que vous avez rejeté la paix qu'il « vous envoyait. Il est arrivé mainte- « nant le temps annoncé par tous les « prophètes, ce temps où Dieu ne vou- « dra plus souffrir sur la terre que la « justice ; et quand le roi aura fait « régner la justice sur toute la face de « la terre, alors Jésus-Christ remettra « le gouvernement entre les mains du « Père. » Là-dessus ils furent mis en prison et questionnés sur leur croyance, leur vie, etc. (Suit l'interrogatoire). Ils disaient qu'il y avait quatre prophètes, deux vrais et deux faux ; que les vrais, c'étaient David et Jean de Leyde ; et les faux, le pape et Luther. « Luther, disaient-ils, est pire encore « que le pape. » Ils tiennent aussi pour damnés tous les autres anabaptistes, quelque part qu'ils se trouvent.

« Dans Munster, disaient-ils, les « hommes ont communément cinq, « six, sept ou huit femmes, selon leur « bon plaisir. Mais chacun est obligé « d'habiter d'abord avec l'une d'entre « elles jusqu'à ce qu'elle soit enceinte. « Ensuite il peut faire comme il lui « plaît. Toutes les jeunes filles qui ont « passé douze ans doivent se marier. »

« Ils détruisent les églises et toutes maisons consacrées à Dieu.

« Ils attendent, à Munster, des gens de Groningue et d'autres contrées de la Hollande. Eux venus, le roi se lèvera avec toutes ses forces, et subjuguera la terre entière.

« Ils tiennent aussi qu'il est impossible de bien comprendre l'Écriture, sans que des prophètes l'aient expliquée. Quand on discute avec eux, et qu'ils en viennent à ne pouvoir justifier leur entreprise par l'Écriture, ils disent que le Père ne leur donne pas de s'expliquer là-dessus. D'autres répondent : « Le prophète l'a dit par l'ordre de Dieu. »

« Il ne s'en trouva aucun qui voulût se rétracter, ni qui acceptât sa grâce à ce prix. Ils chantaient et remerciaient Dieu qui les avait jugés dignes de souffrir pour son nom. »

PROGRÈS DES PROTESTANTS.

Les années qui suivent se passent en vaines négociations avec le pape et les protestants, pour la tenue d'un concile que personne ne désirait sérieusement. Cependant tout s'achemine vers une lutte qui semble devoir être décisive. Réunis à Smalcade au mois de février 1537, les protestants renouvellent leur ligue ; et, par la promulgation d'une profession de foi plus précise que celle d'Augsbourg, rendent toute dispute impossible, et semblent jeter le gant aux catholiques. Ceux-ci acceptent ce signal de combat ; et, au mois de juin 1538, Charles-Quint, Ferdinand le Catholique, l'archevêque de Mayence, l'évêque de Salzbourg, les deux ducs de Bavière, Guillaume IV et Louis-George, duc de Saxe, Éric et Henri de la moyenne maison de Brunswick, concluent à Nuremberg une *sainte ligue*, qui se charge de veiller sur les progrès et les desseins des protestants. Ceux-ci chaque jour gagnaient du terrain. En effet, le 9 avril 1538, le roi de Danemark accède à la ligue de Smalcade ; Joachim II, électeur de Brandebourg, se déclare protestant. En 1539, Henri, successeur du duc George de Saxe, professe le luthéranisme, et l'introduit en Misnie et à Leipzig ; Hermand de Wied, archevêque de Cologne, et les évêques de Lubeck, de Camin et de Schwerin, se déclarent pour la réforme ; de sorte qu'en 1540, la moitié de l'Allemagne partage les idées nouvelles, et qu'il ne reste plus dans le Nord, de prince séculier catholique, que le duc de moyen Brunswick. En même temps, la force du parti s'accroît par l'union. Le 25 mai 1536, Luther avait signé avec les théologiens de Strasbourg un *formulaire de concorde* ; et, dans une lettre écrite aux zwingliens le 1er décembre 1537, il s'était exprimé sur la doctrine de la présence réelle d'une manière qui pouvait faire croire qu'il avait adopté leur opinion.

VUES INTÉRESSÉES DES PRINCES.

En voyant s'accroître ainsi les forces du parti, les catholiques désespérèrent d'en venir à bout par la force, et firent trêve à leurs menaces. Ferdinand, qui avait besoin du secours des protestants dans sa guerre contre les Turcs, provoqua un nouveau colloque à Ratisbonne. Déjà les théologiens des deux partis, fatigués de tant de disputes, étaient prêts à s'accorder sur tous les points, quand l'électeur de Saxe, effrayé de la paix, reprocha vivement à Melanchthon sa faiblesse, envoya au colloque le plus intolérant des prédicateurs protestants, et vint lui-même à Torgau recommander la fermeté à Luther. Celui-ci, las et découragé, commençait à voir qu'il n'avait travaillé que pour les princes, et que ceux-ci lui prenaient même parfois son rôle de théologien. « Notre prince, « écrit-il en 1541, apprenant que l'on « venait directement à moi sans s'a-« dresser à lui, accourut avec Pon-« tanus, et tous deux arrangèrent la « réponse à leur façon. »

« Notre excellent prince, dit-il ail-« leurs, m'a donné à lire les condi-« tions qu'il veut proposer pour avoir « la paix avec l'empereur et nos ad-« versaires. Je vois qu'ils regardent « toute cette affaire comme une comé-« die qui se joue entre eux, tandis que « c'est une tragédie entre Dieu et Sa-« tan, où Satan triomphe et où Dieu « est humilié. Mais viendra la catas-« trophe où le Tout-Puissant, auteur « de la tragédie, nous donnera la vic-« toire. Je suis indigné qu'on se joue « ainsi de si grandes choses. »

La réforme, en effet, était maintenant entre les mains des princes; et, tout en protestant au nom de l'Évangile et de la raison humaine contre les abus de la cour de Rome, ils augmentaient par des sécularisations leurs domaines et leurs trésors. Il existait dans la Saxe trois évêchés dont les titulaires étaient princes et États d'Empire, mais sur lesquels cependant les électeurs de Saxe avaient quelques droits de supériorité territoriale : c'étaient les évêchés de Mersebourg, Meissen et Naumbourg-Zeitz. Le titulaire du dernier étant mort, Jean Frédéric nomma à sa place, malgré les remontrances de Luther, le théologien protestant Nicolas Amsdorf, auquel il assigna mille écus de pension.

GUERRE ENTRE L'EMPEREUR ET LES PROTESTANTS.

Il n'y avait plus, nous l'avons dit, dans le nord de l'Allemagne, de princes catholiques que ceux de Brunswick. L'un d'eux, Henri le Jeune, eut l'imprudence d'attaquer les villes de Brunswick et de Goslar, membres de la ligue de Smalcalde. Aussitôt les confédérés, saisissant cette occasion, prirent les armes, chassèrent le duc Henri de son patrimoine, et y établirent la réforme.

Ces entreprises des protestants forcèrent enfin l'empereur à laisser les négociations pour les armes. Un traité fut conclu avec le pape, Paul III, qui lui promit deux cent mille ducats et la solde, pour six mois, de douze mille cinq cents hommes. Le pontife romain lui permit de prendre la moitié du revenu annuel de l'Église d'Espagne, et d'y vendre pour cinq cent mille ducats de biens des monastères. Avec ces subsides, Charles put commencer des préparatifs de guerre.

A ces nouvelles, les confédérés de Smalcalde, réunissant leurs forces avec une merveilleuse promptitude, publièrent une déclaration de guerre; et les troupes de la Saxe et de la Hesse marchèrent sur le Danube, tandis que celles des villes protestantes et celles du Wurtemberg, conduites par Schertel, l'un des meilleurs officiers de son siècle, menaçaient le Tyrol et Ratisbonne, où Charles tenait une diète. Les forces réunies des alliés se montaient à soixante-quatre mille fantassins, sept mille sept cents chevaux et cent douze canons.

Charles se trouva tout à coup dans une position critique; mais les lenteurs de ses ennemis le sauvèrent; d'abord il eut le temps de se retirer dans la forte position de Landshut, d'où il pouvait attendre des secours de l'Italie et des États autrichiens. Il n'avait pas avec lui plus de cinq mille hommes; et, si on l'avait attaqué pendant sa retraite, il était perdu. Les alliés se bornèrent à lui envoyer un cartel où ils l'appelèrent le haut et puissant prince Charles, qui prenait le nom de Charles-Quint. Mais de misérables querelles sur la préséance leur firent consumer un temps précieux en reproches amers et en vaines délibérations. Pendant ce temps, Charles recevait des renforts, d'abord les troupes du pape, puis six mille Espagnols tirés de Naples et de Milan; alors il quitta sa position de Landshut, mit une garnison dans Ratisbonne, et alla se retrancher sous le canon d'Ingolstadt. Lorsqu'enfin les troupes flamandes l'eurent rejoint, il prit l'offensive, et s'empara de Neubourg, de Donauwerth et de Dillenbourg. L'alarme fut telle à Ulm et à Augsbourg que la première de ces villes rappela son contingent, et que les confédérés durent envoyer à Augsbourg une garnison de quatre mille hommes.

DIVERSION DE MAURICE DE SAXE.

Cependant, le manque d'argent et de vivres empêcha l'empereur de poursuivre ses avantages jusqu'à ce qu'une diversion soudaine, qui rompit la ligue, l'eût mis en état de tenir la campagne. L'auteur de cette diversion était Maurice, chef, depuis 1541, de la branche albertine. Maurice était un de ces hommes dont la froide ambition sait calculer toutes les chances d'une entreprise, en préparer de longue main le succès, enchaîner la fortune à force de talent et de prudence, et marcher à son but avec une impitoyable fermeté. De bonne heure, il jeta des yeux d'envie sur la part de la branche ernestine, et principalement sur la dignité électorale. Dès l'année 1542, une querelle, survenue entre lui et l'électeur, faillit leur faire prendre les armes. Les vives représentations de Luther et la médiation du landgrave de Hesse, dont Maurice avait épousé la fille, prévinrent les hostilités. Mais la haine subsista toujours, et Maurice, au lieu de s'unir à ses coreligionnaires et au chef de sa maison, secourut Ferdinand dans ses guerres en Hongrie et rechercha l'amitié de l'empereur.

Charles profita habilement de ces dispositions, et faisant entrevoir à Maurice la possibilité de démembrer l'électorat à son profit, signa un traité secret avec lui. Quand les alliés marchèrent sur Ratisbonne, Maurice refusa de se joindre à eux; et lorsque l'empereur eut repris l'ascendant, et que Ferdinand attaqua la Saxe du côté de la Bohême, Maurice jetant le masque, fondit sur l'électorat sous prétexte d'exécuter le ban de l'Empire et d'empêcher les étrangers de s'emparer des biens de sa maison. En peu de temps, il fut maître de toutes les places, à l'exception de Gotha, Eisenach et Wittemberg. Cette diversion inattendue rompit la ligue. L'électeur courut défendre ses États et surprit Maurice, qui, ne s'attendant pas à une décision si prompte et si fatale en apparence à l'intérêt commun des protestants, avait déjà mis ses troupes en quartiers d'hiver. Il lui fallut moins de temps pour reprendre ses domaines que Maurice n'en avait mis à les lui enlever; Albert l'Alcibiade, margrave de Brandebourg et général de l'empereur, quoique protestant, fut même battu et fait prisonnier. En même temps, des troubles religieux rappelèrent Ferdinand en Bohême; et l'électeur se vit en possession des États de Maurice, à l'exception de Leipzig et de Dresde. Enfin, un traité fut conclu avec François Ier. Le roi de France leva des troupes, remit de fortes sommes à l'électeur et au landgrave, gagna les Vénitiens, excita les Turcs à faire une invasion en Autriche, et s'attacha le pape à qui Charles disputait Parme et Plaisance.

BATAILLE DE MUHLBERG.

Par ce singulier concours de circonstances, l'empereur se vit de nouveau dans une situation difficile. Sûr de la victoire, il avait déjà renvoyé ses troupes flamandes, et Paul III avait rappelé les siennes; mais la mort de François Ier (31 mars 1547), le délivra de la crainte d'être attaqué de tous côtés à la fois. A cette nouvelle, l'empereur se met en marche. Maurice et Ferdinand l'ayant joint à Egra, il s'avance à la tête de trente-cinq mille hommes, contre l'électeur qui avait dispersé ses troupes en divers cantonnements. Aucune ville ne fit résistance, et l'empereur était déjà près de l'électeur que celui-ci ignorait encore son approche. D'abord, Jean Frédéric, retranché à Meissen, voulut faire tête aux Impériaux, puis changeant de dessein, il rompit le pont qu'il avait sur l'Elbe, et marcha sur Wittemberg; mais il renonça encore à cette résolution; et ayant laissé à Muhlberg un détachement destiné à harceler l'ennemi au passage du fleuve, il campa dans les environs de cette ville pour attendre l'événement. Tant de faiblesse et d'indécision devaient amener de terribles malheurs. Charles, qui suivait tous les mouvements de l'électeur, força le passage en face même de Muhlberg. Malgré les Saxons qui occupaient la rive la plus élevée, et malgré le courant du fleuve, qui avait en cet endroit trois cents pas de largeur et quatre pieds de profondeur, il jette, sous le feu de l'infanterie espagnole et italienne, un pont de bateaux; lui-même passe le fleuve à gué avec sa cavalerie et ses gendarmes, et disperse sans peine l'ennemi peu nombreux et effrayé. A ce moment, un brouillard épais, qui avait caché ses mouvements, se dissipe et un soleil brillant lui montre l'électeur fuyant dans la direction de Wittemberg. Charles le poursuit à la tête de sa cavalerie et de ses troupes légères, et, après une escarmouche de trois heures, il le force de s'arrêter dans la forêt de Luchau. Jean Frédéric jugeant qu'il ne peut éviter le combat, fait à la hâte ses dispositions; mais, après un choc furieux, ses troupes furent rompues par l'impulsion irrésistible de la cavalerie impériale, qu'animaient la présence et les efforts de l'empereur. Jean Frédéric tenta vainement, à la tête d'une troupe choisie, de s'ouvrir un passage à travers l'armée ennemie; il fut rejeté dans la forêt, et là, enveloppé de toutes parts, accablé de fatigue et blessé au visage, il se rendit et fut conduit vers l'empereur. S'étant avancé pour lui baiser la main : « Très-puissant et très-gra-
« cieux empereur, dit-il, la fortune
« des armes me fait votre prisonnier, et
« j'espère être traité... — « Je suis donc
« à présent votre gracieux empereur,
« s'écria Charles-Quint en l'interrom-
« pant: il n'y a pas longtemps encore
« que vous ne m'appeliez que Charles
« de Gand, » et lui tournant le dos brusquement, il le remit à la garde d'un général espagnol.

L'ÉLECTEUR DE SAXE ET LE LANDGRAVE DE HESSE PRISONNIERS DE CHARLES-QUINT.

Après être resté deux jours sur le champ de bataille, pour faire reposer ses troupes et recevoir la soumission des villes voisines, l'empereur marcha contre Wittemberg; et comme la place, défendue par l'électrice, résistait, Charles assembla un conseil de guerre, composé d'officiers espagnols, et présidé par le cruel duc d'Albe. Lorsque ce dernier vint annoncer à l'électeur le jugement prononcé contre lui, Jean Frédéric, qui jouait aux échecs, écouta sa sentence de mort sans faire paraître la moindre émotion, et continua sa partie. Cependant, Charles demandait que, pour racheter sa vie, il lui livrât Wittemberg; il refusa longtemps, jusqu'à ce que, attendri par les larmes de sa famille, il consentit enfin à rendre Wittemberg et Gotha, à déposer la dignité électorale, et à se soumettre aux décrets de la chambre impériale.

Charles fit dans Wittemberg une entrée triomphante, et se conduisit avec plus de magnanimité qu'il n'en avait montré auparavant; il parut mécontent de ce qu'on avait suspendu l'exercice du culte luthérien, et dit : « On « s'est trompé, si par là on a cru me « plaire. Il n'y a point eu de change- « ment de la religion dans les autres « États : pour quelle raison y en aurait- « il un ici ? » Il visita la tombe de Luther, que la mort venait de soustraire aux calamités qui affligeaient sa secte et son pays. On excita l'empereur à insulter aux cendres du réformateur : « Je ne fais point la guerre aux morts, » répondit-il, « qu'il repose en paix; il « est déjà devant son juge. »

Restait le landgrave de Hesse; effrayé de la ruine de l'électeur, il déposa les armes et accepta les articles que, sur la médiation de son gendre Maurice et de l'électeur de Brandebourg, Charles consentit à lui faire présenter. Il devait demander pardon à l'empereur, lui prêter serment d'obéissance selon le droit, se soumettre aux jugements de la chambre impériale, renoncer à toute alliance contre l'empereur et le roi des Romains. Il promettait, en outre, qu'il payerait une amende de cent cinquante mille florins d'or, ferait démolir ses forteresses, à l'exception d'une seule, livrerait toute son artillerie, rendrait la liberté au duc de Brunswick son prisonnier, et ordonnerait à la noblesse de la Hesse et à tous ses sujets de promettre par serment que s'il contrevenait à ses engagements, ils l'arrêteraient eux-mêmes et remettraient sa personne au pouvoir de l'empereur.

« Le landgrave ratifia ces articles du traité; mais avec une extrême répugnance, parce qu'il n'y voyait aucune stipulation sur la manière dont on en userait avec lui, et qu'il lui fallait s'abandonner entièrement à la clémence de l'empereur. La nécessité le força à y donner son consentement. Charles, qui, depuis la réduction de la Saxe, avait pris le ton impérieux et hautain d'un conquérant, insista sur une soumission sans réserve, et ne voulut pas souffrir qu'on ajoutât aux conditions qu'il avait imposées aucune modification qui pût limiter la plénitude de son pouvoir, ni le contraindre sur la manière dont il jugerait à propos de traiter un prince qui se trouvait entièrement à sa disposition. Mais, quoiqu'il n'eût pas daigné négocier avec le landgrave sur un ton d'égalité, et permettre qu'on insérât, dans le traité qu'il avait dicté, aucune clause qui pût être regardée comme une stipulation formelle pour la sûreté et la liberté de ce prince, cependant l'électeur de Brandebourg et Maurice obtinrent de lui ou de ses ministres, en son nom, les assurances les plus positives sur ce point; de sorte qu'ils promirent au landgrave qu'il serait traité comme l'avait été le duc de Wurtemberg, et, qu'après avoir fait sa soumission à l'empereur, il aurait la liberté de retourner dans ses États. Mais, comme le landgrave conservait toujours sa première défiance sur les intentions de l'empereur, et refusait de s'en tenir à des déclarations verbales et équivoques sur un objet aussi important que l'était sa propre liberté, ils lui envoyèrent un acte signé de leur main, par lequel ils s'engageaient de la manière la plus solennelle, au cas qu'on lui fît quelque violence lors de son entrevue avec l'empereur, de se mettre sur-le-champ tous deux entre les mains de ses propres fils, pour être traités par eux de la même manière qu'il le serait par l'empereur.

« Cette promesse, jointe à l'obligation indispensable d'exécuter ce qui était contenu dans les articles qu'il avait déjà acceptés, l'emporta enfin sur ses craintes et ses scrupules. Il se rendit au camp impérial à Halle en Saxe, où une circonstance inattendue vint réveiller ses soupçons et redoubler ses terreurs. Comme il était près d'entrer dans la chambre d'audience, où il devait faire sa soumission publique à l'empereur, on lui présenta une copie des articles qu'il avait approuvés pour les ratifier de nouveau. En les lisant, il s'aperçut que les ministres impériaux y avaient ajouté deux nouvelles clauses : l'une portait que, s'il s'élevait quelque dispute sur le sens des premiers articles, l'empereur aurait le droit de les interpréter de la manière qu'il jugerait la plus raisonnable; par l'autre clause, le landgrave était tenu de se soumettre aveuglément aux décisions du concile de Trente. Cet indigne artifice, qui avait pour but d'extorquer par surprise au landgrave un consentement à des conditions qu'il était bien éloigné d'accepter, en les lui présentant dans un moment où son esprit était agité et troublé par la cérémonie humiliante qu'il allait subir, excita dans l'âme de ce prince la plus vive indignation, et il la laissa éclater avec toutes les expressions de fureur que lui suggéra la violence de son caractère. L'électeur de Brandebourg et Maurice obtinrent avec peine des ministres de l'empereur que le premier article serait supprimé comme injuste, et que le second serait expliqué de manière que le landgrave pourrait y adhérer sans renoncer ouvertement à la religion protestante.

« Après avoir levé cet obstacle, le landgrave fut impatient de terminer une cérémonie qui, toute mortifiante qu'elle lui paraissait, était nécessaire pour obtenir son pardon. L'empereur était assis sur un trône magnifique, revêtu de toutes les marques de sa dignité, et environné d'un cortége nombreux de princes de l'Empire, parmi lesquels était Henri de Brunswick, qui se trouvait en ce moment, par un étrange et soudain changement de fortune, spectateur de l'humiliation d'un prince dont il était, quelques jours auparavant, le prisonnier. Le landgrave fut introduit dans la salle avec beaucoup d'appareil; il s'avança vers le trône et se mit à genoux. Son chancelier, qui marchait derrière lui, lut alors, par ordre de son maître, un papier dans lequel ce prince confessait humblement le crime dont il avait été coupable, et pour l'expiation duquel il reconnaissait avoir mérité la plus sévère punition; il se remettait, lui et ses États, à l'entière disposition de l'empereur; il implorait avec soumission sa grâce, ne l'espérant que de la clémence de l'empereur; et il finissait par une promesse de se comporter à l'avenir comme un sujet dont les principes de fidélité et d'obéissance prendraient une nouvelle force dans les sentiments de reconnaissance qu'il conserverait au fond de son cœur. Tandis que le chancelier faisait la lecture de cette humiliante déclaration, les yeux de tous les spectateurs étaient fixés sur l'infortuné landgrave. En voyant un prince si fier et si puissant abaissé à demander grâce dans l'attitude d'un suppliant, il était difficile de n'être pas touché de commisération et de ne pas se livrer à de tristes réflexions sur l'instabilité et le vide des grandeurs humaines. L'empereur vit tout ce spectacle avec une contenance fière, et sans témoigner la moindre sensibilité; il garda un profond silence, et fit seulement signe à un de ses secrétaires de lire sa réponse : elle portait en substance que, quoiqu'il pût avec justice infliger au landgrave la peine rigoureuse qu'il avait méritée, cependant, cédant à un sentiment de générosité, vaincu par les sollicitations de plusieurs princes en faveur du coupable, et touché de ses aveux et de son repentir, il ne le traiterait pas selon la rigueur de la justice, et ne l'assujettirait à aucune peine qui n'aurait pas été spécifiée dans les articles du traité. A l'instant où le secrétaire acheva sa lecture, Charles se releva brusquement et s'éloigna du malheureux suppliant, sans lui donner le moindre signe de pitié ou de réconciliation. Il le laissa même à genoux, sans daigner le faire relever. Le landgrave ayant quitté de lui-même cette posture humiliante, s'avança vers l'empereur pour lui baiser la main, se flattant que son crime étant pleinement expié, cette liberté pouvait lui être permise; mais l'électeur de Brandebourg, craignant que l'empereur ne fût offensé d'une telle familiarité, arrêta le landgrave et l'invita à passer avec lui et Maurice dans l'appartement du duc d'Albe, au château.

« Ce prince fut reçu avec la politesse et les égards dus à son rang; mais après le souper, tandis qu'il était engagé à une partie de jeu, le duc prit à part l'électeur et Maurice, et leur communiqua les ordres de l'empereur, lesquels portaient que le landgrave resterait prisonnier dans ce lieu même, sous la garde d'un détachement de soldats espagnols. Comme ces princes n'avaient eu jusqu'alors aucune défiance sur la sincérité et la droiture des intentions de l'empereur, leur surprise fut extrême, ainsi que leur indignation, en voyant combien ils avaient été trompés, et par quelle infâme trahison on les avait rendus eux-mêmes les instruments de l'opprobre et de la ruine de leur ami. Ils eurent recours aux plaintes, aux raisons, aux prières, pour se dérober à la honte dont ils allaient être couverts, et pour tirer le landgrave de l'abîme où sa confiance en eux l'avait précipité; mais le duc d'Albe resta inflexible, et allégua la nécessité d'exécuter les ordres de l'empereur. La nuit s'avançait; le landgrave, qui ne savait rien de ce qui s'était passé, et qui n'avait aucun soupçon du piége où il était enveloppé, se préparait à partir, lorsqu'on lui signifia l'ordre fatal. L'étonnement lui ôta d'abord l'usage de la parole; mais après quelques moments de silence, il laissa éclater sa fureur avec les expressions les plus violentes que pût lui suggérer son horreur pour un tel excès d'injustice et de fourberie. Il se plaignit, il pria, il s'indigna, tantôt déclamant contre les artifices de l'empereur, comme indignes d'un prince puissant et généreux, tantôt blâmant la crédulité avec laquelle ses amis s'étaient fiés aux promesses insidieuses de Charles, tantôt les accusant de lâcheté de prêter leur secours à l'exécution d'une si honteuse perfidie. Il finit par leur rappeler les engagements qu'ils avaient pris avec ses enfants, et la somma de les remplir à l'instant. L'électeur et Maurice ayant laissé calmer les premiers transports de sa colère, protestèrent de la manière la plus solennelle de leur innocence et de la pureté de leurs intentions dans cette affaire, et encouragèrent le landgrave à espérer que, dès qu'ils auraient vu l'empereur,

ils obtiendraient satisfaction d'une injustice qui intéressait autant leur honneur que sa liberté. En même temps, pour tâcher d'adoucir sa fureur et son impatience, Maurice resta avec lui toute la nuit dans l'appartement où il était enfermé.

« Le lendemain matin, l'électeur et Maurice s'adressèrent conjointement à l'empereur, et lui représentèrent l'infamie dont ils allaient être couverts dans toute l'Allemagne si le landgrave était retenu prisonnier; ils ajoutèrent qu'ils ne lui auraient jamais conseillé une entrevue, et qu'il n'y aurait point consenti lui-même, s'ils avaient pu soupçonner que la perte de sa liberté serait le fruit de sa soumission; qu'ils s'étaient obligés à lui procurer son élargissement, puisqu'ils en avaient donné leur parole et qu'ils avaient engagé leurs propres personnes pour servir de garant de la sienne. Charles écouta leurs représentations avec le plus grand sang-froid. Il sentait qu'il n'avait plus besoin de leurs services, et ils virent avec douleur que ce prince avait oublié leur ancien attachement, et qu'il avait peu d'égard à leur intercession. Il leur dit qu'il ne connaissait point les engagements particuliers qu'ils avaient pris avec le landgrave, que ce n'était pas là ce qui devait régler sa conduite; qu'il savait ce qu'il avait promis lui-même, et que ce n'était pas l'entière liberté du landgrave; mais qu'il ne resterait pas prisonnier pour la vie (*). Après avoir prononcé cette décision d'un ton ferme et absolu, il termina la conférence; l'électeur et Maurice ne voyant plus alors d'espérance de fléchir l'empereur, qui paraissait avoir pris son parti avec

(*) Selon différents historiens de beaucoup de réputation, l'empereur stipula dans son traité avec le landgrave qu'il ne le détiendrait en *aucune* prison. Mais en transcrivant l'acte qui fut écrit en langue allemande, les ministres impériaux substituèrent le mot *ewiger* à celui de *einiger*. Ainsi, au lieu d'une promesse que le landgrave ne serait détenu en *aucune* prison, il se trouve dans le traité qu'il ne serait pas détenu en une prison *perpétuelle*.

réflexion et être déterminé à le soutenir, furent obligés d'annoncer au malheureux prisonnier le peu de succès de leurs efforts en sa faveur. Cette nouvelle excita en lui de nouveaux transports de rage plus violents encore que les premiers ; de sorte que pour l'empêcher de se porter à quelque excès de désespoir, les deux princes promirent de ne pas quitter l'empereur jusqu'à ce que leurs importunités pressantes et multipliées lui eussent arraché son consentement pour mettre le landgrave en liberté. En conséquence, ils renouvelèrent peu de jours après leurs sollicitations ; mais ils trouvèrent Charles encore plus fier et plus inflexible; on les avertit même que s'ils insistaient davantage sur un sujet aussi désagréable et dont il ne voulait plus entendre parler, il donnerait sur-le-champ des ordres pour faire transporter le prisonnier en Espagne. Ils craignirent donc de nuire au landgrave par un zèle excessif ou mal placé, et non-seulement ils se désistèrent de leur demande, ils prirent encore le parti de quitter la cour, et, comme ils ne voulurent pas s'exposer aux premiers mouvements de la fureur qu'éprouverait le landgrave en apprenant la cause de leur départ, ils l'en informèrent par une lettre dans laquelle ils l'exhortaient à exécuter tout ce qu'il avait promis à l'empereur comme le moyen le plus sûr d'obtenir promptement la liberté.

« Quelque violent que fût le désespoir du landgrave en se voyant ainsi abandonné par ces deux princes, l'impatience qu'il avait de recouvrer sa liberté le détermina à suivre leurs avis. Il paya la somme à laquelle il avait été taxé, donna ses ordres pour faire raser ses fortifications, et renonça à toutes les alliances qui pouvaient causer de l'ombrage. Cette prompte déférence aux volontés du vainqueur ne produisit aucun effet. Il continua d'être gardé avec la même vigilance et la même sévérité; on le conduisait, ainsi que le malheureux électeur de Saxe, partout où allait l'empereur ; de sorte que leur opprobre et son triomphe se renouvelaient tous les jours. La grandeur d'âme et la fermeté avec laquelle l'électeur supportait des outrages réitérés, n'étaient pas moins remarquables que la fureur et l'impatience du landgrave, dont le caractère impétueux et bouillant avait peine à se contenir : lorsqu'il se rappelait les honteux artifices par lesquels on l'avait entraîné dans l'état où il se trouvait, et l'injustice avec laquelle on le retenait dans les fers, son indignation redoublait, et le précipitait souvent dans les accès de rage les plus extravagants (*). »

MORT DE LUTHER.

L'auteur de tous les mouvements religieux de l'Allemagne depuis trente ans ne vécut pas assez pour voir le triste résultat de la guerre de Smalcalde; il était mort, comme nous l'avons déjà dit, le 18 février 1546, à Eisleben, son lieu de naissance, à l'âge de soixante-trois ans. Pieux et zélé pour la vérité, qu'il rechercha de bonne foi, il la publia avec un courage intrépide, et la défendit avec science et habileté. S'il mêla souvent la grossièreté et l'insulte à ses querelles théologiques, il faut en accuser son siècle et l'exemple même de ses adversaires; mais la fougue de son caractère, son intolérance, la haute opinion qu'il avait dans l'infaillibilité de ses lumières peuvent lui être justement reprochées. « Luther, dit M. de Karamsin, a établi une nouvelle foi fondée sur la doctrine de l'Évangile, mais rejetant des cérémonies pieuses d'un sens profond qui avaient été introduites dans les premiers siècles du christianisme et qui sans doute avaient leur utilité; car Dieu n'a pas donné à l'homme la seule raison, il lui a départi aussi l'imagination qui opère avec une grande influence sur le cœur. Le hardi réformateur dépouilla le culte de toute pompe, détournant le regard des fidèles de la splendeur des

(*) Robertson, Histoire de Charles-Quint, t. IV, p. 37 et suiv. de la trad. de Suard. Paris, 1817.

autels, du mystère de la messe; et voulant le faire pénétrer dans la clarté du ciel, et par des sermons de morale satisfaire à tous les besoins de son cœur, il montra beaucoup de zèle pour Sion, mais plus de haine pour Rome; s'en référa sans cesse à Jésus-Christ et a ses apôtres, mais n'en imita pas la douceur; soumit les dogmes de l'Église au tribunal de la raison, mais parla le langage de la passion; priva le pape de sa puissance ecclésiastique, mais s'érigea lui-même en chef de l'Église, et triompha non par l'enthousiasme du peuple, mais par l'égoïsme des grands qu'il délivra de la dépendance d'une autorité souvent absolue et de la peur de l'excommunication, tout en enrichissant leur fisc par les revenus des fondations. »

INTERIM D'AUGSBOURG.

Cependant Charles-Quint, profitant de sa fortune inespérée, convoqua à Augsbourg, pour le 1ᵉʳ septembre 1547, une diète où il parla et agit en maître. Le principal objet de cette réunion était, comme celui de toutes les assemblées précédentes, de terminer le schisme religieux; mais cette fois l'empereur, qui tenait dans ses prisons les deux chefs du parti protestant, put espérer de mener à bonne fin cette entreprise si difficile. Paul III s'efforçant d'entraver la réunion du concile de Trente, Charles résolut de trancher du pape, et fit rédiger par ses théologiens un acte destiné, pensait-il, à réconcilier les deux doctrines : c'est l'acte connu sous le nom d'*Intérim* d'Augsbourg. Après l'avoir fait approuver de la diète, il en ordonna l'introduction dans les divers États de l'Allemagne; mais les électeurs du Palatinat et du Brandebourg furent les seuls à l'accepter. Maurice le remplaça par l'*intérim* de Leipzig, rédigé par Melanchthon, et où l'on cédait sur les *adiaphores* ou points moins essentiels. En général, l'*intérim* ne fut introduit que dans les pays occupés par les troupes impériales, dans le Wurtemberg, par exemple, et la Souabe.

La diète d'Augsbourg accepta encore une *réformation ecclésiastique*, rédigée par Charles-Quint, pour les catholiques, comme l'*intérim* l'était pour les protestants; puis la *convention de Bourgogne* qui plaça toutes les possessions dont Charles avait hérité de l'ancienne maison de Bourgogne et ce qu'il avait acquis depuis dans les Pays-Bas, y compris la Flandre, l'Artois et la Franche-Comté, sous la protection de l'Empire, leur possesseur ayant voix et séance à la diète, et contribuant à toutes les charges consenties pour une part égale à celle de deux électeurs, ou à celle de trois en cas de guerre contre les Turcs; toutefois le nouveau cercle devait être indépendant et exempt de la juridiction des tribunaux de l'Empire, si ce n'est en cas de refus du contingent. Par cet arrangement, Charles forçait le corps germanique à prendre part à toutes les guerres que le possesseur du cercle de Bourgogne aurait à soutenir contre la France. Un arrangement semblable avait été conclu, en 1543, par le duché de Lorraine, mais sa part dans les contributions n'avait été fixée qu'aux deux tiers de celle d'un électeur.

CONDUITE DE MAURICE DE SAXE.

Charles semblait au comble de la fortune; mais il suffit pour l'en faire descendre de ce même Maurice qui avait tant contribué à ses succès. Après la bataille de Muhlberg, Charles lui avait conféré la dignité électorale avec les domaines de la branche aînée de la maison de Saxe, à l'exception de la ville de Gotha et de quelques autres domaines qui formèrent ensuite les principautés de Weimar, Eisenach, Cobourg, Gotha et Altembourg. Mais Maurice, devenu chef du parti luthérien et le plus puissant prince de l'Allemagne, s'effraya à son tour de la puissance de Charles-Quint; maintenant que son ambition était satisfaite, il voulait conserver ce qu'il avait acquis et mettre à l'abri du despotisme impérial ses nouveaux droits, son indépendance et sa religion qu'il voyait menacés. Or la chose était difficile, car s'il éclatait sur-le-champ, il serait promptement écrasé par les forces impériales, et n'aurait le temps ni de préparer ses troupes ni de nouer des alliances qui pussent l'aider dans ses desseins. Une heureuse circonstance vint le servir. De tous les membres de la ligue de Smalcalde, deux résistaient encore ; c'étaient les villes de Constance et de Magdebourg. Magdebourg surtout irritait chaque jour l'empereur, en donnant asile aux prédicateurs luthériens qui s'élevaient le plus haut contre son *intérim* ; de là partaient une foule de libelles et de caricatures qui couraient toute l'Allemagne et entretenaient la haine contre Charles. L'empereur mit cette ville au ban de l'Empire, et Maurice se fit charger d'exécuter la sentence ; on lui accorda même une somme de cent mille florins pour ses préparatifs, et soixante mille par mois pour solder ses troupes.

SIÈGE DE MAGDEBOURG.

Il commença au mois d'octobre 1550 le siége de cette place, alors la plus forte de l'Allemagne, et, pendant les treize mois qu'il le fit durer, en entremêlant les négociations aux attaques, personne, ni l'empereur, ni les habitants de Magdebourg, ni son armée, ni ses ministres même ne soupçonnèrent un seul instant qu'il n'agissait pas avec toute bonne foi. Cependant, le 5 octobre 1551, il signa avec le roi de France, le fils aîné du landgrave de Hesse et le duc de Mecklenbourg, un traité secret pour le rétablissement des droits de la nation germanique et pour la délivrance de ses princes captifs. Henri II promit pour le premier mois quatre-vingt mille écus, et pour chacun des suivants soixante mille. On lui abandonnait les villes de l'Empire où l'on ne parlait pas allemand, Cambrai, Toul, Metz et Verdun ; enfin les princes alliés devaient marcher droit contre la personne de l'empereur.

Ces négociations avaient été conduites par les princes eux-mêmes à l'insu de leurs ministres, et ce fut Albert, margrave de Brandebourg-Culmbach, qui alla lui-même porter le traité à Chambord, où Henri II le ratifia.

Maurice avait atteint son but ; il était temps de lever le masque. Magdebourg se rendit. Les conditions étaient dures : ses murailles devaient être démantelées ; mais Maurice, qui voulait en faire sa place d'armes, se garda bien de les abattre, et promit aux habitants la conservation de tous leurs priviléges. Alors, afin de mieux tromper l'empereur, il fit des apprêts sérieux pour se rendre au concile de Trente, qui, convoqué en 1543 par le pape Paul III, avait été depuis prorogé plusieurs fois. Melanchthon rédigea une nouvelle confession, et des ambassadeurs allèrent négocier à Trente l'expédition de saufs-conduits pour les théologiens de Maurice. Cette négociation, à laquelle il paraissait attacher une grande importance, éprouva des difficultés qui n'avaient pas été prévues dans les instructions des envoyés ; il fallut en demander de nouvelles. Enfin les théologiens partirent ; toute l'Allemagne parlait de leur voyage ; mais ils reçurent en route des courriers qui leur portèrent l'ordre de s'arrêter pour attendre le résultat d'une conférence que l'électeur se proposait d'avoir lui-même à Inspruck avec l'empereur. Des ambassadeurs y furent envoyés pour proposer une entrevue, et son logement à Inspruck fut préparé. Pendant ce temps, George, frère du duc de Mecklenbourg, prenait à sa solde les troupes licenciées par la ville de Magdebourg, afin de pouvoir les céder à Maurice, qui retenait lui-même les siennes, sous prétexte de ne pouvoir les congédier faute d'argent pour payer leurs arrérages.

Cependant Charles restait à Inspruck dans une parfaite sécurité, uniquement occupé à contreminer les intrigues du légat du pape dans le concile.

« Cette imprudente sécurité de la part d'un prince que son attention à observer tout ce qui se passait autour de lui conduisit souvent à un excès de défiance, peut paraître inexplicable ; on n'a pu l'attribuer qu'à un aveuglement extraordinaire ; mais, indépendamment de l'adresse singulière avec laquelle Maurice sut déguiser ses démarches, deux circonstances concoururent à tromper l'empereur : peu de temps après son arrivée à Inspruck, la goutte le prit avec un surcroît de violence; son tempérament était affaibli par de si fréquentes attaques; son esprit avait perdu sa force naturelle, et il n'était plus en état de s'occuper des affaires avec sa vigilance et sa pénétration ordinaires. Granvelle, évêque d'Arras, son premier ministre, quoique l'un des politiques les plus déliés de son siècle et peut-être d'aucun siècle, fut en cette occasion dupe de sa propre finesse. Il avait une si haute opinion de son habileté et méprisait si fort les talents politiques des Allemands, qu'il ne fit aucune attention aux avis qu'on lui donna sur les intrigues secrètes et les projets dangereux de Maurice. La sombre défiance du duc d'Albe lui ayant inspiré quelques soupçons sur la sincérité de l'électeur, il proposa de le mander sur-le-champ à la cour pour y rendre compte de sa conduite; mais Granvelle répondit avec dédain que ces soupçons étaient sans fondement, et que la tête d'un Allemand ivre était incapable de former quelque projet qu'il ne lui fût aisé de pénétrer et de faire échouer. Ce n'était pas seulement sa confiance en sa propre sagacité qui lui donnait un ton si décisif, il avait corrompu deux des ministres de Maurice, qui lui envoyaient des avis fréquents et détaillés de tous les mouvements de leur maître; mais ce moyen même, par lequel il espérait de pénétrer tous les desseins et jusqu'aux pensées de Maurice, concourut à le mieux tromper. L'électeur avait secrètement découvert la correspondance de ses deux ministres avec Granvelle; au lieu de les punir de leur trahison, il sut habilement en profiter, et tourna contre Granvelle les artifices mêmes de ce prélat. Il affecta de traiter les deux ministres avec plus de confiance que jamais; il les admit à ses délibérations particulières, et parut leur découvrir ses plus secrètes intentions; mais il avait soin de ne leur laisser apercevoir que ce qu'il était de son intérêt de faire connaître, de sorte que les avis des deux espions ne servaient qu'à confirmer Granvelle dans la persuasion où il était de la sincérité et des bonnes intentions de Maurice. L'empereur lui-même était dans une si parfaite sécurité, qu'il ne tint aucun compte d'un mémoire qui lui fut présenté au nom des électeurs ecclésiastiques, et par lequel on l'avertissait d'être en garde contre Maurice; il n'y répondit que par des démonstrations de son entière confiance dans la fidélité et dans l'attachement de ce prince.

« Enfin les préparatifs de Maurice se trouvèrent achevés, et il jouit du plaisir de voir que ses intrigues et ses projets étaient toujours ignorés; mais, quoiqu'il fût près de commencer les hostilités, il ne voulut pas jeter le masque qu'il avait gardé jusqu'alors, et, par une nouvelle ruse, il sut encore tromper ses ennemis quelques jours de plus. Il annonça qu'il allait faire le voyage d'Inspruck dont il avait si souvent parlé, et il prit pour l'y accompagner un des deux ministres que Granvelle avait corrompus. Après avoir fait quelques postes, il feignit d'être fatigué du voyage, et dépêcha à Inspruck son perfide ministre, en le chargeant de présenter à l'empereur des excuses sur ce délai, et de l'assurer qu'il arriverait à la cour dans peu de jours. Cet espion ne fut pas plutôt parti que Maurice monta à cheval, vola vers la Thuringe, y joignit son armée composée de vingt mille hommes d'infanterie et cinq mille de cavalerie, et la mit sur-le-champ en mouvement.

MANIFESTE DE MAURICE ET DU ROI DE FRANCE.

« Il publia en même temps un manifeste contenant les raisons qu'il avait pour prendre les armes. Il allégua trois motifs : 1° de défendre la religion protestante, menacée d'une destruction prochaine; 2° de maintenir la constitution et les lois de l'Empire, et de préserver l'Allemagne de la domination d'un monarque absolu; 3° de délivrer le landgrave de Hesse des horreurs d'une longue et injuste captivité. Par le premier motif, Maurice soulevait en sa faveur les partisans très-nombreux de la réformation que l'enthousiasme rendait formidables, et que l'oppression excitait à prendre un parti désespéré; par le second motif, il s'attachait tous les amis de la liberté, tant catholiques que protestants, également intéressés à se joindre à lui pour défendre des droits et des priviléges communs aux uns et aux autres; enfin, outre la gloire qu'il s'acquérait par son zèle à remplir ses engagements envers le landgrave, le troisième motif était devenu un objet d'intérêt général, non-seulement par la pitié qu'inspiraient les souffrances de ce prince infortuné, mais encore par l'indignation qu'avaient excitée la rigueur et l'injustice avec lesquelles il avait été traité par l'empereur. Avec le manifeste de Maurice, il en parut un autre au nom d'Albert, marquis de Brandebourg-Culmbach, qui s'était joint à lui avec un corps d'aventuriers qu'il avait rassemblés; il y exposait les mêmes griefs, mais avec un excès d'amertume et de violence analogue au caractère du prince sous le nom duquel cet écrit était publié.

« Le roi de France publia aussi un manifeste en son propre nom; après y avoir rappelé l'ancienne alliance qui subsistait entre les nations française et germanique descendues l'une et l'autre des mêmes ancêtres, et après avoir parlé des ouvertures qu'en conséquence de cette ancienne union quelques-uns des plus illustres princes d'Allemagne lui avaient faites pour lui demander sa protection, Henri déclarait qu'il allait prendre les armes pour rétablir l'ancienne constitution de l'Empire, pour délivrer quelques-uns de ses princes de la servitude, et pour assurer les priviléges et l'indépendance de tous les membres du corps germanique; il prenait dans ce manifeste le titre de *protecteur des libertés de l'Allemagne et de ses princes captifs*, et il avait fait graver en tête un bonnet, l'ancien symbole de la liberté, placé entre deux poignards, pour faire entendre sans doute aux Allemands que la liberté ne pouvait s'acquérir et se conserver que par la force des armes.

PROGRÈS DE MAURICE. — SITUATION DE L'EMPEREUR.

« Maurice avait alors un rôle tout nouveau à jouer, mais son génie flexible était propre à se plier à toutes les situations; dès le moment où il prit les armes, il se montra aussi hardi et aussi entreprenant à la tête de son armée qu'il avait été circonspect et rusé dans le cabinet. Il s'avança par des marches rapides vers la haute Allemagne. Toutes les villes qui se trouvèrent sur sa route lui ouvrirent leurs portes. Il rétablit dans leurs offices les magistrats que l'empereur avait destitués, et remit en possession des églises les ministres protestants qui en avaient été chassés. Il dirigea sa marche vers Augsbourg; la garnison impériale qui y était n'étant pas assez forte pour tenter de se défendre se retira avec précipitation, et Maurice prit possession de cette grande ville, où il fit les mêmes changements que dans celles où il avait déjà passé.

« Il n'y a point de termes pour exprimer l'étonnement et la consternation qui saisirent l'empereur lorsqu'il apprit ces événements si inattendus. Il voyait un grand nombre de princes d'Allemagne armés contre lui, et le reste prêt à les joindre, ou formant des vœux pour leur succès; il voyait en même temps un monarque puissant s'unir étroitement à eux et seconder leurs opérations, commandant en personne une armée formidable; tandis que, par une négligence et une crédulité qui l'exposaient à la fois au mépris public et au plus grand danger, il ne se trouvait en état de prendre aucune mesure efficace ni pour réprimer ses sujets rebelles, ni pour repousser l'invasion d'un ennemi étranger. Une partie de ses troupes espagnoles avait été envoyée en Hongrie pour combattre les Turcs; le reste avait été rappelé en Italie pour la guerre qui se continuait dans le duché de Parme; les bandes des vieilles troupes allemandes avaient été licenciées, parce qu'il ne pouvait plus les payer, et quelques-unes s'étaient mises à la solde de Maurice après le siége de Magdebourg. Charles restait donc à Inspruck avec un corps de troupes à peine suffisant pour garder sa personne. Son trésor était épuisé; depuis quelque temps, il n'avait reçu aucune remise du nouveau monde, et il avait perdu tout son crédit auprès des négociants de Gênes et de Venise, qui, malgré l'offre d'un intérêt exorbitant, refusèrent de lui prêter de l'argent. Ainsi ce prince, sans contredit le plus considérable potentat de la chrétienté, et le plus capable de déployer une grande force, puisque sa puissance n'avait encore souffert aucune diminution, se trouvait cependant hors d'état d'échapper, par un effort assez prompt et assez vigoureux, au danger imminent qui le menaçait.

« Il mit toutes ses espérances dans la négociation, seule ressource de ceux qui sentent leur faiblesse; mais, craignant de compromettre sa dignité en faisant les premières avances à des sujets rebelles, il évita cet inconvénient en employant la médiation de son frère Ferdinand. Maurice, plein de confiance dans ses talents, et ne doutant pas qu'il ne sût tirer parti de cette négociation, espéra que, par une apparence de facilité à écouter les premières ouvertures d'accommodement, il pourrait amuser l'empereur et ralentir l'activité des préparatifs qu'il commençait à faire pour se mettre en défense. Il consentit sans difficulté à une entrevue avec Ferdinand dans la ville de Lintz en Autriche, où il se rendit sur-le-champ, après avoir laissé son armée continuer sa marche sous les ordres du duc de Mecklenbourg.

« Le roi de France exécuta fidèlement tout ce qu'il avait promis à ses alliés; il entra de bonne heure en campagne avec une armée nombreuse et bien payée; et, marchant droit en Lorraine, Toul et Verdun lui ouvrirent leurs portes sans résistance. Les troupes se présentèrent ensuite devant Metz; le connétable de Montmorency, ayant obtenu la permission d'y passer avec un petit détachement pour sa garde, y introduisit autant de troupes qu'il en fallait pour contenir la garnison; et, par ce frauduleux stratagème, les Français se rendirent maîtres de cette ville sans répandre de sang. Henri fit avec beaucoup de pompe son entrée dans toutes ces places; il obligea les habitants de lui prêter serment d'obéissance, et réunit à sa couronne ces acquisitions importantes. Après avoir laissé une forte garnison dans Metz, il s'avança vers l'Alsace pour tenter de nouvelles conquêtes, que les premiers succès de ses armes semblaient lui promettre.

« La conférence de Lintz ne produisit aucun accommodement. Maurice, en consentant à cette entrevue, n'avait vraisemblablement d'autre objet que de tromper l'empereur; car il fit en faveur de ses confédérés et du roi de France, leur allié, des demandes qui ne pouvaient pas être acceptées par un prince trop fier pour se soumettre sur-le-champ aux conditions que lui dictait un ennemi. Mais, quoique Maurice, pendant toute la négociation, parût invariablement attaché aux intérêts de ses associés, et quoiqu'il ne perdît jamais de vue les objets qui lui avaient mis les armes à la main, il montra toujours le désir le plus vif de terminer à l'amiable avec l'empereur tous les différends. Encouragé par cette apparente disposition à la paix, Ferdinand proposa une seconde entrevue pour le 26 mai, et demanda qu'il y eût une trêve qui commencerait de ce même jour et durerait jusqu'au 10 de juin, afin de laisser le temps de décider tous les points contestés.

« Dans ces entrefaites, Maurice rejoignit, le 9 de mai, son armée qui s'était avancée jusqu'à Gundelsingen. Il mit ses troupes en mouvement le lendemain au matin; et, comme il lui restait encore seize jours pour agir avant le commencement de la trêve, il résolut de tenter dans cet intervalle une entreprise dont le succès pourrait être assez décisif pour rendre inutiles les négociations de Passau, et pour le mettre en état d'imposer les conditions qu'il jugerait convenables. Il prévit que l'idée d'une cessation d'hostilités si prochaine et l'empressement adroit qu'il avait montré pour le rétablissement de la paix, ne manquerait pas de donner à l'empereur de fausses espérances qui, en calmant ses inquiétudes, le replongeraient en partie dans la sécurité qui lui avait déjà été si fatale. Plein de confiance dans cette conjecture, Maurice marcha droit à Inspruck, et s'avança du mouvement le plus rapide qu'on put donner à un corps de troupes si considérable. Il arriva le 18 à Fiessen, poste très-important à l'entrée du Tyrol, où il trouva un corps de huit cents hommes bien retranchés, que l'empereur y avait placés pour s'opposer aux progrès des confédérés. Maurice attaqua ces huit cents hommes avec tant de violence et d'impétuosité qu'ils abandonnèrent leurs lignes avec précipitation, et que, se repliant sur un second corps posté près de Ruten, ils lui communiquèrent la terreur panique dont ils étaient saisis, de sorte que tous ensemble prirent la fuite après une faible résistance.

« Maurice, transporté de ce succès qui surpassait toutes ses espérances, marcha à Ehrenberg, château situé sur un rocher très-haut et escarpé, qui dominait le seul passage qu'il y eût à travers les montagnes. Comme ce fort s'était déjà rendu aux protestants au commencement de la guerre de Smalcalde, parce que la garnison était alors trop faible pour le défendre, l'empereur, qui en connaissait l'importance, avait eu soin d'y jeter un corps de troupes suffisant pour repousser les efforts de la plus grande armée; mais un berger, poursuivant une chèvre qui s'était écartée du troupeau, découvrit un sentier inconnu par lequel on pouvait monter au sommet du rocher. Il vint en donner avis à Maurice. Un petit détachement de soldats choisis, ayant à leur tête George de Mecklenbourg, furent à l'instant commandés pour suivre ce guide. Ils se mirent en marche le soir, et, ayant grimpé par un sentier escarpé avec autant de peine que de dangers, ils atteignirent enfin le sommet sans être aperçus. Maurice ayant commencé l'assaut à l'un des côtés du château, ils parurent tout à coup de l'autre côté, au moment et au signal convenus, et se disposèrent à escalader les murs qui étaient faibles en cet endroit, parce qu'on l'avait cru jusqu'alors inaccessible. La garnison, saisie de frayeur en se voyant attaquée par un point où elle se croyait à l'abri de tout danger, mit bas les armes sur-le-champ. Ainsi Maurice, presque sans verser de sang, et, ce qui lui était plus important encore, sans perdre de temps, se trouva maître d'une place dont la réduction aurait pu le retarder longtemps, et aurait demandé les plus grands efforts de valeur et d'habileté.

« Maurice n'était alors qu'à deux jours de marche d'Inspruck, et, sans perdre un seul moment, il y fit avancer son infanterie; la cavalerie ne pouvant être d'aucune utilité dans ce pays montagneux, il la laissa à Fiessen pour garder l'entrée du défilé. Il se proposait d'avancer avec assez de rapidité pour devancer les nouvelles de la perte d'Ehrenberg, et pour surprendre l'empereur avec toute sa suite dans une ville ouverte, incapable de se défendre; mais à peine ses troupes commençaient-elles à se mettre en mouvement, qu'un bataillon de mercenaires se mutina, déclarant qu'ils ne marcheraient qu'après avoir reçu la gratification qui leur était due, suivant l'usage de ce temps-là, pour avoir pris une place d'assaut. Ce ne fut qu'avec beaucoup de peine et de danger, et au prix d'un temps précieux, que Maurice vint à bout d'apaiser cette révolte, et d'engager ses soldats à le suivre vers une ville où ils trouveraient un riche butin qui les récompenserait de tous leurs services.

FUITE DE L'EMPEREUR.

« L'empereur ne dut sa sûreté qu'au délai occasionné par cet accident imprévu. Il n'apprit que vers la nuit le danger qui le menaçait, et, voyant que rien ne pouvait le sauver que la fuite la plus prompte, il quitta sur-le-champ Inspruck, malgré l'obscurité de la nuit et la violence de la pluie qui tombait alors, et quoiqu'il fût si fort affaibli par la douleur de la goutte qu'il ne pouvait souffrir d'autre mouvement que celui d'une litière. Il voyagea à la lumière des flambeaux, prenant sa route à travers les Alpes, par des sentiers presque impraticables. Ses courtisans et ses domestiques le suivaient avec la même précipitation, quelques-uns sur des chevaux qu'ils s'étaient procurés à la hâte, un grand nombre à pied, et tous dans le plus grand désordre. Ce fut dans ce misérable équipage, bien différent de la pompe dont on avait vu le conquérant de l'Allemagne constamment environné pendant les cinq années précédentes, que Charles arriva, avec sa suite découragée et abattue de fatigue, à Villach dans la Carinthie; et à peine se crut-il en sûreté dans ce lieu inconnu et inaccessible.

« Maurice entra à Inspruck quelques heures après que l'empereur et les siens en étaient sortis. Désespéré de voir échapper sa proie au moment où il était près de la saisir, il poursuivit l'empereur jusqu'à quelques milles de distance; mais, regardant comme impossible d'atteindre des fuyards à qui la crainte donnait des ailes, il revint dans la ville, et livra au pillage tous les bagages de l'empereur et de ses ministres. Il défendit en même temps de toucher à tout ce qui appartenait au roi des Romains, soit qu'il eût formé quelques liaisons d'amitié avec ce prince, soit qu'il voulût le faire croire. Maurice avait calculé le temps de ses opérations avec tant de justesse qu'il ne restait plus alors que trois jours jusqu'au commencement de la trêve convenue. Il partit sur-le-champ pour aller trouver Ferdinand à Passau au jour qui avait été fixé. Avant de sortir d'Inspruck, Charles mit en liberté l'électeur de Saxe, qu'il avait dépouillé de son électorat et qu'il traînait depuis cinq ans à sa suite; il espérait peut-être embarrasser Maurice en relâchant un rival qui pourrait lui disputer son titre et ses États, ou peut-être sentait-il l'indécence de retenir ce prince prisonnier tandis qu'il courait le risque de perdre lui-même sa liberté. Mais l'électeur, ne voyant d'autre moyen d'échapper que celui de suivre l'empereur, et, frémissant à la seule idée de tomber entre les mains d'un parent qu'il regardait avec raison comme l'auteur de toutes ses infortunes, prit le parti d'accompagner Charles dans sa fuite, et d'attendre la décision de son sort, de la négociation qui devait s'entamer (*). »

Cependant, Maurice ayant fait revenir son armée en Bavière, rejoignit le 26 mai Ferdinand à Passau, où se trouvait déjà un grand nombre de princes séculiers et ecclésiastiques; mais les négociations éprouvèrent des difficultés inattendues par la fermeté de Charles-Quint, qui rejeta toutes les propositions. Il fallut que Ferdinand se rendît à Villach, et obtînt, par ses pressantes sollicitations, le consentement de son frère. Le landgrave de Hesse devait être réintégré dans ses biens et ses honneurs; tous les proscrits seraient rappelés; les deux religions jouiraient d'une entière liberté, jusqu'à l'extinction du schisme; enfin les troupes seraient licenciées.

TRANSACTION DE PASSAU ET PAIX D'AUGSBOURG.

La transaction de Passau, signée le 2 août 1556, mit fin à toutes ces guerres qui, depuis trente ans, désolaient l'Allemagne, et fut le prélude de la paix d'Augsbourg. Mais il fallut encore quelques années pour arriver à une pacification définitive. Le roi de France avait toujours les armes à la main, et Charles voulait se venger sur lui de toutes ses humiliations. Le 22 octobre 1552, il vint mettre le siége devant Metz, que défendait le duc de Guise. Mais la fortune l'abandonna

(*) Robertson, Histoire de Charles-Quint, t. IV, p. 150 et suiv. de la traduction de Suard.

encore; les mauvais succès se multiplièrent, et il lui fallut signer en 1556 une trêve de cinq années, qui laissait à la France tout ce qu'elle avait acquis.

Un autre événement retarda la pacification de l'Allemagne; ce fut la guerre contre le margrave de Brandebourg-Culmbach, brigand titré dont la défaite aurait été un bien pour l'Allemagne du Nord, qu'il dévastait avec ses bandes mercenaires, si elle n'avait pas coûté la vie à Maurice. Ce fut le 11 juillet 1553 que ce prince termina, à l'âge de 33 ans, une carrière commencée sous de si brillants auspices.

Enfin la diète d'Augsbourg se réunit le 7 mars 1555, et le 26 septembre de la même année fut publiée la paix de religion. Les protestants étaient maintenus dans leurs droits et possessions; si à l'avenir un évêque ou bénéficier ecclésiastique quelconque voulait changer de religion, il perdait ses bénéfices et on lui nommait un successeur (toutefois, les protestants firent insérer dans le recez qu'ils n'avaient pas consenti à cet article). Les biens ecclésiastiques sécularisés, même dans les États non immédiats, devaient rester entre les mains de leurs nouveaux propriétaires; la juridiction ecclésiastique fut suspendue pour toutes les affaires relatives à la religion, au culte, etc., des réformés; les sujets des États de deux religions qui voudraient émigrer pour cause de religion, pourraient librement vendre leurs possessions. Les zwingliens et les anabaptistes furent exclus du bénéfice de la paix.

Ce fut un mois après la tenue de cette diète que Charles se démit de l'empire; il avait été élu au moment où naissait la réforme, il abdiqua après l'avoir vainement combattue, et lorsqu'elle avait enfin conquis une existence légale et atteint le plus haut période, si je puis le dire, de son extension en Allemagne.

QUERELLES THÉOLOGIQUES DANS LE SEIN DE L'ÉGLISE LUTHÉRIENNE.

Depuis l'abdication de Charles-Quint jusqu'aux événements qui amènent directement la guerre de trente ans, l'histoire générale de l'Allemagne est peu féconde en faits curieux et importants; aussi passerons-nous rapidement sur cette période, remplie d'obscures disputes de théologie ou de guerres de successions dans lesquelles ne se trouvent engagés que des intérêts secondaires. La réforme, victorieuse par la défaite et l'abdication de Charles-Quint, ayant dès lors une existence légale, retomba pour ainsi dire sur elle-même, après les grandes luttes qu'elle avait soutenues dans les conciles et sur les champs de bataille, et perdit sa force dans des querelles subtiles où l'on retrouve malheureusement le nom de Melanchthon. Ces débats théologiques dont retentirent toutes les universités protestantes eurent une funeste influence; les esprits ne furent plus occupés, comme aux beaux jours de la scolastique, que de questions puériles et inextricables. D'abord ce fut la querelle des *adiaphores*, puis celle des *synergistes*. Il s'agissait de déterminer la part que l'homme prend à la justification que le Saint-Esprit opère en lui: Luther, comme saint Augustin, prétendait que cette coopération était nulle; Melanchthon mitigea cette doctrine en 1558 par le recez de Francfort, où il soutint que si les bonnes œuvres étaient sans mérite, elles étaient cependant nécessaires, parce que le Saint-Esprit entrait dans le cœur des justifiés pour les en rendre capables. Mais l'université d'Iéna accusa celles de Leipzig et de Wittemberg d'hérésie, et prétendant conserver seule le pur luthéranisme, rejeta toute coopération de l'homme à la justification que le Saint-Esprit opère en lui. Non contents d'anathématiser leurs adversaires, ils excitèrent les ducs de Saxe comme évêques nés de leur territoire, à sévir contre eux; il fut ordonné en effet à tous les théologiens du duché de Saxe de signer, comme règle de foi, le formulaire de l'université d'Iéna, et les récalcitrants furent enlevés par des soldats et emprisonnés. Il fallut que le catholique Maximilien, fils de Ferdinand, prêchât à son tour aux ducs la tolérance.

Quelques années plus tard, un colloque se tint à Weimar par permission de l'autorité, et les deux partis s'excommunièrent. Enfin le duc Jean Guillaume, fatigué de ces disputes inintelligibles, imposa silence aux *synergistes*, aux *accidentaires* et aux *substantialistes* (*); et pour en prévenir le retour, il retira à ses ecclésiastiques toute juridiction, même le pouvoir d'excommunier, et les soumit à l'autorité suprême d'un consistoire tout composé de séculiers et organes de la volonté du prince. Les ministres parlèrent vainement pour l'indépendance du pouvoir spirituel ; le duc voulut être obéi, et chassa les récalcitrants. Brême imita le duc de Saxe ; le bourgmestre y soutint même par-devant le sénat une dispute théologique contre cinq docteurs, et les magistrats chassèrent un ministre qui attribuait aux ecclésiastiques le droit d'excommunier, et professait la doctrine de l'indépendance de la puissance ecclésiastique.

Bientôt les princes ne se contentèrent point de chasser les hérétiques protestants ; les disciples que Mélanchthon avait formés à Wittemberg ayant écrit un livre contre la cène, donnèrent naissance à une doctrine qu'on appela le *crypto-calvinisme*. Ses sectateurs se virent en butte à une persécution violente de la part de l'électeur Auguste ; il fit expirer son propre chancelier dans les tortures, et Peucer, gendre de Mélanchthon, fut condamné à une prison perpétuelle. Puis il fit dresser un formulaire, et quiconque refusa de le signer fut chassé du pays. Enfin le même prince, pour mettre fin à tout ce bruit, fit écrire la *formule de concorde*, qu'on publia le 25 juin 1580, le même jour où cinquante ans auparavant avait été publiée la confession d'Augsbourg. Elle était signée de 3 électeurs, 21 princes, 22 comtes, 4 dynastes, 35 villes impériales, et 8,000 pasteurs. Tout pasteur, professeur ou prédicateur qui refusa de la jurer dut quitter les États qui l'avaient acceptée. Elle comprenait les symboles des apôtres, de Nicée et de saint Athanase, la confession d'Augsbourg, l'apologie de cette confession, le grand et le petit catéchisme de Luther, et une déclaration des points sur lesquels on était en désaccord avec les calvinistes.

Mais ce livre de concorde ne put encore réunir tous les esprits ; il augmenta au contraire la mésintelligence, et forma deux partis hostiles parmi les luthériens, car les théologiens de Hesse, de Brunswick, de Lunebourg, de Poméranie, de Holstein, de Mecklenbourg, de Prusse, de Danemark, du Palatinat, de Bade et de Brême, trouvèrent mauvais que les docteurs de la Saxe et du Brandebourg voulussent leur imposer leurs formules. Ce schisme ne fut pas sans influence sur la haine qui éclata plus tard entre la Saxe restée luthérienne et le Palatinat devenu calviniste (*), et dont les résultats faillirent, au commencement de la guerre de trente ans, compromettre le sort de la religion réformée.

Maintenant que nous avons parcouru, si nous pouvons le dire, les vicissitudes théologiques du protestantisme en Allemagne pendant le seizième siècle, racontons rapidement les faits politiques les plus importants qui se passèrent entre l'avénement de Ferdinand Ier et celui de Ferdinand II.

(*) Cependant la querelle dura encore sourdement plus de trente années, et ne finit que par la lassitude des deux partis qui ne se comprenaient plus et n'étaient compris de personne.

(*) Dès l'année 1563, l'électeur palatin, Frédéric III, avait fait publier sous le titre de Catéchisme d'Heidelberg, une profession de foi calviniste. Toutefois, des deux dogmes qui séparent Genève de Wittemberg, la non présence réelle et la prédestination des élus, le premier seulement se retrouve dans le Catéchisme d'Heidelberg.

FERDINAND Ier.
(1558-1564.)

Le premier événement qui signala le règne du nouvel empereur fut une violente dispute avec le pape Paul IV, qui refusait de reconnaître un empereur nommé par des princes que leur révolte contre le saint-siége avait fait déchoir de leurs prérogatives électorales. Une *consultation de droit*, écrite par le vice-chancelier de Ferdinand, et où le pape était attaqué avec aussi peu de ménagement qu'il l'avait été par les novateurs, rendit le pontife plus docile. Déjà Maximilien, fils aîné de Ferdinand, pressait son père de profiter de cette occasion pour rompre avec la cour de Rome, lorsque Paul IV mourut. Son successeur s'empressa de ratifier l'élection de Ferdinand.

Le règne de Ferdinand comme empereur est peu fécond en événements remarquables. Il réorganisa le conseil aulique, qui, réunissant les fonctions de conseil de régence pour les États héréditaires de l'empereur à celles de cour d'appel pour les sujets des États d'empire, rendait chaque jour des sentences arbitraires. Ferdinand ne lui laissa que les devoirs d'une cour suprême de justice. Quant à ses relations avec les protestants, elles furent toutes réglées par un remarquable esprit de tolérance. Ennemi des innovations religieuses, fermement attaché à la religion catholique, il ne crut pas toute sa vie, comme son frère Charles-Quint, qu'il serait possible de détruire la religion réformée ; de bonne heure, il comprit l'impossibilité de réunir les deux partis, et ne s'occupa que des moyens de les faire vivre en paix l'un à côté de l'autre.

MAXIMILIEN II.
(1564-1576.)

Le nouveau prince qui ceignit en 1564 la couronne impériale, arrivait au trône avec une réputation de prudence et de modération qui était d'un heureux augure pour l'Allemagne. Quoique élevé en Espagne avec Philippe II, Maximilien n'avait jamais pu abdiquer les principes de tolérance que lui avait inculqués son premier maître Jean de Hasenberg. Un autre de ses maîtres, le Silésien Sévérus, était secrètement attaché au luthéranisme. De retour en Autriche, il eut secrètement dans sa maison un prédicateur protestant, et entretint des relations avec Mélanchthon. Aussi les protestants virent-ils avec joie son élévation ; mais il trompa leur attente : fidèle à la religion de ses pères, il se contenta de montrer aux réformés en toute occasion une équitable tolérance. Du reste, ils lui en témoignèrent bientôt leur reconnaissance en lui accordant, pour la guerre contre les Turcs, un triple contingent pendant huit mois de l'année 1566, et un simple pendant huit mois des trois années suivantes.

EMPRISONNEMENT DU DUC DE SAXE.

Un triste événement servit à prouver la sollicitude de l'empereur pour la paix de l'Empire. Un vassal de l'évêque de Wurtzbourg, le seigneur de Grumbach, croyant avoir à se plaindre de l'évêque, était entré à main armée sur son territoire, et l'avait même fait assassiner. Grumbach, mis au ban de l'Empire, avait trouvé asile auprès de Jean-Frédéric II, duc de Saxe-Gotha. Grumbach prit sans peine de l'ascendant sur l'esprit d'un prince crédule, qui regrettait la dignité électorale et son héritage paternel, et qu'il était facile de soulever contre la ligne Albertine et contre la maison d'Autriche. Il lui avait représenté tout l'Empire comme fatigué de la domination autrichienne, et lui avait promis l'appui d'Élisabeth, reine d'Angleterre. Ne jugeant pas ces raisons politiques suffisantes, il fit venir au palais un jeune paysan qui, disait-il, pouvait évoquer les ombres et tirer de leurs réponses la connaissance de l'avenir. Il avait fait espérer de la sorte au prince abusé, la mort de l'empereur et celle de l'électeur de Saxe, ainsi que la découverte de trésors cachés, et il avait terminé cette jonglerie par une scène d'optique où il avait présenté aux regards étonnés du duc sa propre figure vêtue de la robe électorale. Les yeux fascinés par cette illusion, Jean-Frédéric avait consenti à la proposition de faire assassiner Auguste, électeur de Saxe, comme l'unique moyen de recouvrer l'électorat, et même d'obtenir la couronne impériale. Grumbach, croyant ses projets mûrs, fit alors un appel à l'ordre équestre de l'Empire, sur lequel il croyait avoir une grande influence.

Ces machinations devenant de jour en jour plus dangereuses, Maximilien fit tout pour engager le duc de Saxe à abandonner le malheureux qui le précipitait vers l'abîme. Il se rappelait le sort du premier Jean-Frédéric, si maltraité par son oncle Charles-Quint, et il aurait voulu épargner à son fils un sort semblable. Mais une destinée déplorable semblait réservée à cette famille, sous la protection de laquelle la réforme était née et avait grandi. Le duc résista à toutes les sollicitations de l'empereur et de ses proches, qui le pressaient de livrer le coupable; et Grumbach ayant été mis de nouveau au ban de l'Empire avec tous ses adhérents, l'électeur Auguste fut chargé d'exécuter le décret et vint assiéger Gotha. Maximilien engagea un des fils de Jean-Frédéric à se réunir à l'armée d'exécution pour sauver au moins quelques débris de son patrimoine. Gotha, en effet, après une faible résistance, ouvrit ses portes, et Maximilien qui, peut-être, avait pris de secrets engagements avec l'électeur, ou qui était persuadé qu'il fallait un exemple sévère, fit mettre à mort Grumbach et ses complices, et tint Jean-Frédéric dans une prison d'où il ne sortit plus, mais où sa femme vint s'enfermer avec lui. Il y vécut vingt-huit ans. Quant à ses biens, ils furent transférés à ses deux fils, à l'exception de quelques bailliages cédés comme indemnité de guerre à l'électeur de Saxe (1566).

RÉCLAMATION DE L'ORDRE TEUTONIQUE.

Une autre affaire, qui faillit jeter Maximilien dans les plus grands embarras, fut la demande faite par les chevaliers de l'ordre teutonique, d'être remis en possession de la Prusse et de la Livonie, dont ils avaient été dépouillés. Lorsque le grand maître, Albert de Brandebourg, avait embrassé le protestantisme, il s'était approprié la Prusse orientale comme duché relevant de la Pologne, et avait cédé à Sigismond Ier la Prusse occidentale. Dès lors, les chevaliers ne cessèrent de réclamer auprès des diètes germaniques, et, lorsque Albert eut obtenu, en 1569, de la couronne de Pologne, la réversion de son fief pour la branche électorale de sa maison, le grand maître vint à la diète de Spire réclamer l'exécution du ban de l'Empire, prononcé jadis contre le nouveau duc. Il prétendit qu'on avait fait violence aux habitants, qui désiraient repasser sous la domination de leurs anciens maîtres; offrit de payer les frais de la guerre sur les revenus du pays lorsqu'on en aurait fait la conquête, et déclara que son ordre, si on ne venait à son secours, risquerait tout pour se faire justice à lui-même.

En acceptant la couronne impériale, Maximilien, comme tous ses prédécesseurs, avait juré de travailler à recouvrer les fiefs démembrés de l'Empire et à relever l'autorité impériale; aussi la demande des chevaliers teutoniques le mit dans un grave embarras, car il ne voulait point par un refus public compromettre l'honneur et la dignité de l'Empire; mais il était encore moins disposé à offenser, soit la maison de Brandebourg, soit la nation polonaise, à laquelle il voulait, après la mort prochaine de Sigismond, présenter un de ses fils comme candidat à la couronne. D'ailleurs, cette querelle pouvait allumer la guerre civile en Allemagne; aussi mit-il tous ses soins à faire repousser la demande du grand maître et à lui persuader de la retirer.

Quant à la Livonie, l'Esthonie, la Courlande et la Semigalle, autres provinces conquises par l'ordre au quatorzième siècle, elles avaient été usurpées par Walter de Plettenberg, habile capitaine que le duc de Rohan mettait sur la même ligne que César et Alexandre. Plettenberg y avait introduit la réforme, et s'était fait reconnaître prince d'Empire par Charles-Quint. Mais après lui, ces pays, abandonnés à eux-mêmes, se virent en proie aux attaques des Polonais, des Russes et des Danois. Enfin le tzar, Ivan II, s'empara d'une partie de la Livonie; puis Gothard Kettler, maître provincial, suivant l'exemple d'Albert de Brandebourg, acheta, par la cession de la Livonie et de ses dépendances, la protection de Sigismond roi de Pologne, se réservant pour lui-même, à titre de souveraineté héréditaire, la Courlande et la Semigalle. Revel se mit sous la protection de la Suède, et un frère du roi de Danemark, Magnus, évêque de Pilten, obtint du tzar, avec le titre de roi, Wenden et son territoire. Tous ces partages furent cause que durant plus d'un siècle tout le pays fut alternativement conquis par les Russes, les Danois, les Suédois et les Polonais. Cependant, les véritables propriétaires, les chevaliers teutoniques réclamaient comme pour la Prusse; mais, comme pour la Prusse aussi, ils furent éconduits sans bruit. Dans leur simplicité, ils croyaient pouvoir venir se jeter au milieu d'un monde tout occupé d'intérêts matériels, et n'avoir qu'à faire entendre leurs plaintes pour obtenir justice; mais le temps était passé du pouvoir sacerdotal et de la domination des moines guerriers. Créés pour combattre et non pour jouir, pour conquérir à la foi, et non pour posséder et administrer, ils avaient depuis longtemps atteint leur but, et restaient inutiles. Aussi, personne ne s'intéressa à leur ruine; Maximilien, lui-même, les sacrifia à l'intérêt de sa politique, et leurs plaintes n'aboutirent qu'à faire contracter une intime alliance entre l'empereur et le tzar.

MORT DE SOLIMAN.

Nous ne parlerons pas ici de la conduite de Maximilien à l'égard des protestants de ses États héréditaires, auxquels il accorda une pleine liberté religieuse en Hongrie (*), ni de ses guerres contre le prince de Transylvanie et les Turcs; nous mentionnerons seulement la mort de Soliman le Magnifique, l'allié de François Ier, et le plus redoutable ennemi de la maison d'Autriche. Bien qu'accablé par l'âge, il voulut, avant de mourir, frapper encore un dernier coup sur la chrétienté. Au commencement du printemps de 1566, il s'avança, à la tête de ses hordes toujours nombreuses, jusqu'à Belgrade où il reçut Jean Sigismond prince de Transylvanie, qu'il reconnaissait pour roi de Hongrie, avec les honneurs dus aux têtes couronnées. Le sultan lui déclara que, malgré son âge, il avait pris les armes pour le défendre, et qu'il châtierait la maison d'Autriche, ou qu'il périrait sous les murs de Vienne. Il se préparait à remonter le Danube, quand le désir de venger la mort de l'un de ses pachas favoris, qui avait été tué dans une sortie de la garnison de Zigeth, l'arrêta devant les murailles de cette place. Heureusement elle était très-forte, et par sa situation au milieu d'un marais, et par les ouvrages qui l'environnaient. Le comte Zrini la défendait avec quinze cents hommes, qui, suivant l'exemple que leur avait donné la garnison de Guntz, soutinrent durant trente-quatre jours tous les efforts de l'armée ottomane. Après avoir fait un travail prodigieux, pour conduire des chaussées dans le marais et élever des monceaux de terre sur lesquels ils dressèrent des batteries; après avoir livré vingt assauts, les Turcs se rendirent maîtres de la vieille ville. La garnison n'étant plus que de six cents hommes, et le fort intérieur étant réduit en cendres, le brave gouverneur résolut de mourir comme il avait vécu. Ayant pris les clefs de la place, il s'arme du sabre de ses aïeux, fait une sortie avec sa troupe, et trouve une mort glorieuse au milieu des rangs de

---

(*) En Autriche, l'ordre équestre eut seul le privilége de suivre le rit réformé.

l'ennemi. Ses compagnons furent repoussés jusque dans la place. Poursuivis par les Turcs, ils éprouvèrent le même sort que leur chef, à l'exception de quelques-uns, que leur bravoure fit respecter des janissaires. La prise de Zigeth coûta plus de vingt mille hommes à l'armée ottomane. Du reste, le sultan ne vécut pas assez pour voir la fin du siége. La fatigue et le mauvais air des marais lui donnèrent la mort le 4 septembre. Le grand vizir cacha cet événement jusqu'à l'arrivée du nouveau sultan Sélim II, qui, ne voulant point au commencement de son règne continuer la guerre dans un pays éloigné, évacua la Hongrie et retourna à Constantinople.

Avant de mourir, Maximilien reçut une récompense flatteuse de ses efforts pour le maintien de la paix. Le 12 décembre 1575, il fut, après la fuite de Henri de Valois, élu roi de Pologne, par un parti nombreux de nobles du premier rang : le décret d'élection portait qu'il avait rétabli la tranquillité du monde chrétien, troublé avant lui par des dissensions intestines, et qu'il avait acquis plus de gloire par sa conduite pacifique que d'autres monarques par les plus brillants exploits. Mais la crainte de s'engager dans des guerres lointaines, puis sa mort arrivée le 12 octobre 1576, à l'âge de quarante-neuf ans, l'empêchèrent d'accepter cette nouvelle couronne.

Il n'est pas de preuve meilleure des excellentes qualités de ce prince que l'accord des historiens d'Allemagne, de Hongrie, de Bohême et d'Autriche, soit catholiques, soit protestants, à le représenter comme un modèle d'impartialité, de sagesse et de bonté. On a dit de lui que jamais il n'agit contre les règles de la justice la plus stricte, et l'Allemagne a fait revivre en sa faveur le surnom de délices du genre humain, donné jadis au meilleur des empereurs de Rome.

RODOLPHE II.
(1576-1611.)

Le fils de Maximilien n'était pas destiné à marcher sur les traces de son père. Ce fut un prince faible, qui demeura toute sa vie soumis aux jésuites qui l'avaient élevé, et à la cour de Madrid, où Philippe II l'avait fait venir, tout jeune encore, pour lui léguer peut-être un jour sa succession avec la main de sa fille.

Puisque nous rencontrons ici les jésuites, qui ont joué un si grand rôle en Europe, et surtout dans la partie de l'Allemagne restée catholique, nous nous arrêterons un instant sur cet ordre qui vint si à propos au secours de la papauté, et se chargea de combattre pour elle contre les idées nouvelles.

LES JÉSUITES.

« En 1521, au siége de Pampelune, un jeune officier, jusque-là d'une vie assez mondaine, fut blessé. Pendant son inaction forcée, deux livres pieux lui tombèrent entre les mains : c'étaient la *Légende des saints* et la *Vie de notre sauveur*. Il les lut, et, dès lors, comme touché par la grâce, il promit, aussitôt guéri, de vouer toute sa vie au service du Christ. Il tint parole. Le 15 août 1522, après avoir, selon les usages de l'ancienne chevalerie, fait, pendant une nuit, la veillée des armes, il se consacra *chevalier de la Vierge*. Ce jeune homme c'était Ignace de Loyola.

« Aussitôt consacré, il alla s'établir à l'hôpital de Manresa, soignant les malades et se soumettant lui-même aux austérités les plus incroyables, même pour ce temps d'austérités. Cependant il trouvait sans doute ce genre de vie trop doux encore, car il se retira dans une caverne tellement sauvage qu'il faillit y périr de besoin et de maladie. Bientôt changeant son existence d'anachorète pour l'existence de pèlerin, il part pour Jérusalem, revient à Alcala, et essaye, avec trois prosélytes qu'il était parvenu à faire, de fonder un institut. Mais sa manière de vivre, son costume négligé, ses austérités, avaient attiré sur lui l'attention de l'inquisition. Il fut emprisonné, puis relâché, passa en France pour faire ses études, et, à l'âge de trente-trois ans, entra au collège Sainte-Barbe. Là, toujours ferme dans ses résolutions, il tenta de répandre ses doctrines et de s'attirer quelques disciples. Ce fut d'abord Pierre Sarre, son précepteur, puis François-Xavier, Lagnez Salméron, Bobadillas Rodriguez.

« Le 15 août 1534, Loyola et ses amis se réunirent dans un souterrain à Montmartre, afin d'y entendre la messe, et se séparèrent dans le but de prêcher l'Évangile en Palestine et de se mettre au service du pape. Ils se donnèrent rendez-vous pour 1536 à Venise. Pas un n'y manqua. De Venise ils se rendirent à Rome, où le pape, Paul III, approuva leur institut, mais pour soixante membres seulement. Depuis, Jules III confirma définitivement le nouvel ordre.

« Remarquons d'abord en général les services rendus à la religion par les ordres religieux. Quel que soit le mal qui tourmente une époque, ils ont toujours admirablement su y apporter le remède convenable : à la débauche, ils opposent la chasteté; à l'avarice, à l'ambition, la pauvreté; à l'insubordination, l'obéissance. Partout et toujours ils ont pris, pour la combattre, le contre-pied de l'idée dominante. L'institution des jésuites n'est que le résultat de ce travail continuel. C'est au seizième siècle, au moment où Luther crie au monde : « Révoltez-vous! » qu'arrive l'ordre des jésuites disant aux hommes : » Obéissez! » Et ce ne fut pas un léger mérite à Loyola que d'avoir si parfaitement approprié son institut aux besoins de son siècle. A ses sectaires il n'impose ni jeûnes ni austérités. Il ne s'agit, ni de flagellations ni de tortures. C'est la vie ordinaire qu'il faut mener, mais il y faut ajouter l'enthousiasme. Point d'austérité de cloître : de cette façon toute l'énergie se perd au dedans; chez les jésuites, tout au contraire, c'est dans le monde qu'elle doit se disperser. C'est au dehors que doit se répandre toute l'activité de son ordre.

« Quant aux moyens d'exécution, ce furent la prédication, les missions, l'éducation; les missions surtout, c'est là surtout la gloire des jésuites. Ils ont changé le monde, civilisé une partie de la terre et sauvé du protestantisme plus de la moitié de l'Europe. Voyez avec quelle intelligence se développe la première mission. L'Italie septentrionale est la plus menacée, car l'Allemagne est proche; on porte là les plus prompts secours; on soutient les fois chancelantes, on rassure les consciences timorées. On court de là au pied des Alpes; puis, la victoire les suivant, on traverse les Alpes, on va à Vienne, puis en Flandre, puis en Espagne, puis en France, en Sicile, et toutes ces contrées échappent à la contagion du protestantisme. Pour le caractère de leur éloquence, il change selon les temps et les lieux où ils prêchent; mais on peut dire qu'il est toujours de la nature la plus grande et la plus magnifique. On cite plus d'une conversion subitement née de l'anathème ou de l'exhortation d'un jésuite. A Messine il y eut un homme que le sermon d'un jésuite fit renoncer à sa vengeance, la vengeance d'un Italien!

« Les missions, du reste, ne se renfermèrent point en Europe. Avec François-Xavier, elles ne tardèrent pas à se répandre dans les Indes, en Afrique, en Chine, au Paraguay.

« Nous n'en dirons qu'un mot. On connaît celles du Paraguay. Que de peines, que de travaux, quelle puissance de parole, quelles merveilles d'intelligence il leur a fallu pour civiliser tant de peuples sauvages. Leur principal moyen fut le travail. Ce fut en occupant ces peuples qu'ils les gouvernèrent, en les occupant par des travaux agricoles et par les cérémonies du culte catholique.

« Au Paraguay les jésuites étaient dans un pays neuf, où tout était à faire. Suivons-les à présent chez le plus vieux peuple de la terre, en Chine. Pour voir avec quel art incroyable ils se conduisent, comme ils savent admirablement se plier aux mœurs, aux habitudes des contrées qu'ils habitent, aux exigences des hommes auxquels ils ont affaire. Au Paraguay, une société à fonder ; en Chine, une société à réformer, mais une vieille société qui veut qu'on la respecte, à laquelle la moindre critique semble un blasphème, la moindre atteinte un sacrilège. Eh bien! ils changeront, selon la circonstance, de plan, d'esprit, de caractère. Ils procédaient là-bas comme avec les enfants, par le commandement ; ils procéderont ici comme avec les vieillards, par la persuasion.

« Il était impossible, on s'en doute bien, qu'en débutant dans cette vieille société encore inconnue, les jésuites ne fissent point quelques faux pas. François-Xavier, l'un des premiers qui entreprirent les missions en Chine, avait voulu que ces missions ressemblassent à celles du Paraguay. Il les voulait pauvres et mendiantes ; mais les jésuites ne tardèrent pas à s'apercevoir qu'il fallait un tout autre système. Là, le peuple se prenait par les yeux ; le peuple était sensible au luxe : ils égalèrent par leur faste les plus fastueux du pays. Ils quittèrent pour de riches vêtements leur humble et modeste costume ; au lieu de serge, au lieu de bure, c'était de soie et d'or qu'ils s'habillaient ; marcher à pied n'eût point été de mise, ils ne sortaient qu'en chaise à porteurs. Pourquoi ? parce que dans une contrée où le mandarinat était seul considéré, ils voulaient, aux yeux du vulgaire, passer pour des mandarins d'Europe. C'était, ils ne l'ignoraient pas, le moyen le plus sûr d'inspirer à la fois confiance et respect. Mais comme ils savaient bien qu'on s'attache les hommes surtout par le bien qu'on leur fait, ils commencèrent par répandre en Chine les arts ignorés qu'ils apportaient d'Europe.

« Une fois connus et estimés du peuple, ils pensèrent à prêcher l'Évangile et à réformer les mœurs (*). » Les jésuites réussirent parce qu'ils mirent dans cette œuvre leur adresse ordinaire, leur profonde connaissance du pays et des hommes, et leur facilité à choisir les moyens que le but sanctifiait toujours à leurs yeux.

« Ce corps, dit encore le cardinal de Bausset(*), avait été créé pour embrasser, dans le vaste emploi de ses attributs et de ses fonctions, toutes les classes, toutes les conditions, tous les éléments qui entrent dans l'harmonie et la conservation des pouvoirs politiques et religieux... Son but était de défendre l'Église catholique contre les luthériens et les calvinistes, et son objet politique de protéger l'ordre social contre le torrent des opinions anarchiques, qui marchent toujours de front avec les innovations religieuses... Ce corps était si parfaitement constitué, qu'il n'a eu ni enfance ni vieillesse. On le voit, dès les premiers jours de sa naissance, former des établissements dans tous les États catholiques, combattre avec intrépidité toutes les erreurs, fonder des missions dans le Levant et dans les déserts de l'Amérique, se montrer dans les mers de la Chine, du Japon et des Indes. »

Mais ce qui fit surtout la fortune des jésuites en Europe, ce fut que, laissant les membres des autres ordres occupés à assurer leur salut à force d'austérités et de haine pour la terre, ils se jetèrent au milieu de ce monde avec une seule pensée, le retenir aux pieds du pape(**) ; chacun d'eux sacrifia tout à cette pensée, ses passions, son ambition personnelle, et jusqu'à son nom, pourvu que ses travaux contribuassent à la gloire et à la puissance de l'ordre. Ce fut un corps admirablement discipliné, dont l'œil et la tête étaient à Rome, au point central, pour tout voir et décider, et le bras partout pour exécuter. Abandonnant à d'autres les grades et les distinctions de l'Église, ils se glissèrent auprès des femmes et des vieillards à titre de confesseurs, auprès des enfants à titre de maîtres, et, quand ils eurent

(*) Histoire de Fénelon, t. I, p. 15.
(**) Messieurs les Ignatiens, dit Pasquier dans son Catéchisme, vous vous êtes ambitieusement approprié ce nom de jésuite, il faut vous nommer les papelards.

(*) M. Saint-Marc Girardin, Cours de 1835 à la Sorbonne.

ainsi pris l'homme au commencement et à la fin de sa carrière, ils purent compter sur lui pour cette autre partie de la vie où il administre et gouverne.

Dès les premiers temps de leur établissement, ils vinrent prendre position en Autriche et en Bavière pour faire tête de là au protestantisme, qui s'avançait par la Bohême et la Franconie. Ferdinand Ier et Maximilien échappèrent à leur influence; mais Rodolphe II y resta soumis toute sa vie, et sous Ferdinand II ils régnèrent à Vienne. Nous verrons les résultats de leurs conseils.

Nous ne devons pas oublier non plus des conseillers d'une autre espèce, que Rodolphe écoutait presque aussi religieusement que les jésuites, je veux dire les astrologues et les alchimistes dont il s'entourait : les uns voulaient lui apprendre le cours des événements par celui des astres et lui faire étudier la politique au firmament; les autres ruinaient ses finances pour lui fabriquer de l'or. Cependant il faut dire que parmi ses astrologues se trouvaient Kepler et Tycho-Brahé.

AFFAIRE DE COLOGNE.

Ce prince indolent et irrésolu vit se préparer les malheurs qui devaient fondre sur l'Allemagne au dix-septième siècle. Lorsqu'on avait inséré la réserve ecclésiastique dans la paix d'Augsbourg, on s'était bien attendu, de part et d'autre, que des réclamations s'élèveraient sitôt qu'il faudrait en faire l'application. L'occasion se présenta en 1582. Gebhard de Truchsess, archevêque de Cologne en 1577, s'étant épris des charmes d'Agnès de Mansfeld, chanoinesse de Gerresheim, résolut de l'épouser. Le 19 décembre 1582, il annonça publiquement son changement de religion, accorda quelques jours après aux protestants de Cologne le libre exercice de leur culte, et enfin épousa, le 2 février 1583, Agnès de Mansfeld. Mais il s'était déclaré calviniste; aussi, quand, sur les plaintes de la ville et du chapitre de Cologne, le pape eut prononcé la déchéance de Gebhard, et que les troupes espagnoles et bavaroises eurent installé le nouvel archevêque dans Cologne, les luthériens ne firent aucun effort pour soutenir Gebhard, qui alla vivre à Strasbourg, où il possédait un canonicat. Ainsi les catholiques l'emportèrent; mais la malheureuse destinée d'un prince de l'Église resta, aux yeux des protestants, qui par sa déposition perdirent une voix dans le collège électoral, comme un grief qu'ils firent valoir plus tard. Un autre événement du même genre, le schisme de Strasbourg, où les chanoines, partagés entre les deux doctrines, firent, en 1592, une double élection, entretint encore les haines religieuses; car les deux compétiteurs se disputèrent leur ville épiscopale les armes à la main. Ce ne fut qu'en 1604 que le duc de Wurtemberg parvint à faire signer aux deux partis la transaction de Haguenau, qui assura l'évêché à l'élu des catholiques.

UNION PROTESTANTE.

Ces événements servirent de texte aux doléances des protestants, qui, fatigués de répéter des plaintes inutiles, formèrent en 1603, pour la défense des intérêts protestants, une ligue, dont le but était de se défendre contre les procédures iniques de la chambre impériale, et le projet de faire rendre aux catholiques les biens sécularisés. Après la mort du duc de Wurtemberg, zélé luthérien qui avait horreur d'une alliance avec les calvinistes du Palatinat, cette confédération d'OEhringen devint, en 1608, l'union évangélique qui, comme au temps de la ligue de Smalcalde, réunit tout le parti réformé contre les catholiques. Ceux-ci, il faut le dire, provoquèrent par leurs attaques imprudentes, cette confédération menaçante, d'où la guerre devait nécessairement sortir. Excitée par Philippe II, et dirigée par les jésuites, la cour impériale montrait une intolérance à laquelle les prédécesseurs de Rodolphe II n'avaient pas habitué les peuples. Non contente d'abolir en Autriche l'exercice du culte réformé, elle entreprit aussi d'anéantir les priviléges dont jouissaient en matière de religion la Hongrie et la Bohême, et ne négligea aucun moyen pour étendre cette proscription sur tous les religionnaires de l'Empire. Cette fois, les jésuites oublièrent leur adresse ordinaire; au lieu de travailler silencieusement et dans l'ombre à l'accomplissement de leurs desseins, ils se crurent assez forts pour dévoiler hautement leur but, et représentèrent dans leurs écrits et leurs discours la paix de religion comme incompatible avec l'existence de la religion catholique. Ils croyaient leur temps venu, et poussaient aux mesures de rigueur. Dès l'année 1598, ils avaient, au mépris de tous les droits, chassé avec une armée les protestants d'Aix-la-Chapelle, et interdit l'exercice du culte réformé, dans cette ville. En 1607, ils voulurent opérer la même révolution à Donauwerth. Sous prétexte de quelques troubles religieux qui y avaient éclaté, ils firent charger le duc de Bavière de réduire la ville, qui, d'État libre de l'Empire, comme ville impériale, devint une simple municipalité de la Bavière.

AMBASSADE DES PROTESTANTS A RODOLPHE.

Cet événement décida les princes unis à envoyer une ambassade solennelle à l'empereur. Le prince Christian d'Anhalt en fut le chef, et, après avoir lu à Rodolphe la liste des griefs des protestants, il lui représenta les actes arbitraires commis à Donauwerth, les envahissements du conseil aulique, sa propre indolence, qui lui faisait abandonner tout le soin des affaires à des ministres corrompus. Si l'on n'écoutait point leurs réclamations légitimes, ajoutait le prince, les États évangéliques seraient obligés de pourvoir à leur sûreté avec l'aide de Dieu. D'ailleurs un grand feu couvait sous les cendres, même en Bohême, et les ministres que l'empereur s'était choisis n'étaient pas les hommes qui pourraient le sauver du danger. « Que Sa Majesté impériale se rappelle, disait-il encore, l'exemple de Jules César, pour se convaincre de la nécessité de voir par elle-même et de ne pas différer ce qui peut se faire sur-le-champ. Si le grand dictateur avait voulu lire le mémoire qui lui fut remis lorsqu'il alla pour la dernière fois au sénat, la conspiration tramée contre sa vie aurait manqué, et son sang n'aurait pas jailli par vingt-cinq blessures. »

RÉVOLUTION DANS LA FAMILLE IMPÉRIALE.

Cette menaçante péroraison effraya Rodolphe, qui accorda tout ce qui lui était demandé; mais la révolution qui survint dans la maison d'Autriche suspendit toute décision sérieuse. « Rodolphe, par sa conduite bizarre, était devenu un objet de haine pour ses sujets et de mépris pour sa famille. Le dégoût que de tout temps il avait montré pour les affaires s'accrut avec l'âge et devint à la fin insurmontable. Pendant que toute la surface de l'Allemagne et ses pays héréditaires en particulier se couvraient de troubles, l'empereur distillait des eaux spiritueuses, taillait des pierres fines, élevait des édifices et observait le cours des astres. En 1597, il avait pris à son service le célèbre Tycho-Brahé. Ce grand astronome était très-superstitieux; il croyait lire dans les mouvements des planètes sa destinée et celle des autres. Par malheur, il avait lu dans les étoiles que les plus proches parents de l'empereur attenteraient à la vie de ce prince, et il n'avait pas caché sa découverte à Rodolphe, qui, aussi crédule que son maître, fut agité depuis ce moment de terreurs continuelles et se séquestra du monde. Enfermé dans son palais, il devint inaccessible à ses courtisans. Il n'osait plus se rendre à sa chapelle, et, pour ne pas être privé du plaisir de voir ses chevaux, il fit construire une galerie couverte qui, du château, conduisait à l'écurie; elle était éclairée par des fenêtres étroites par lesquelles le jour entrait obliquement, afin que cette galerie pût lui servir de promenade sans qu'il risquât d'être atteint d'un coup de fusil. Après ses chevaux, ce qu'il aimait le mieux, c'étaient ses maîtresses; mais rarement il y en avait une qui sût l'attacher pendant plus de huit jours. Outre ses écuries et son sérail, il avait aussi une ménagerie pleine d'animaux rares qu'il se procurait à grands frais. Quelquefois il était assis, immobile pendant des heures entières, à regarder travailler un peintre ou un horloger. Malheur à qui le dérangeait dans ces moments de jouissance! le premier meuble qui se trouvait sous sa main volait à la tête de l'imprudent. Comme il était naturellement doux, on attribuait à un dérangement d'esprit cette fureur qui le saisissait par moment.

« En 1581, il s'était fiancé à l'infante Isabelle, fille aînée de Philippe II, qui pouvait devenir l'héritière de la monarchie espagnole, parce qu'elle n'avait qu'un seul frère dont la santé était fort délicate; mais il différa ce mariage pendant dix-sept ans, jusqu'à ce que Philippe, offensé de ces retards, fiança l'infante, qui était parvenue à sa trente-troisième année, à l'archiduc Albert, frère de l'empereur. Rodolphe montra beaucoup d'humeur de l'*inconstance* de l'infante. Pour s'en consoler, il rechercha alternativement la main de Marie de Médicis, qui fut ensuite reine de France, celle de ses cousines germaines, les archiduchesses de Styrie, des princesses de Lorraine, d'une princesse russe et d'une fille du vaïvode de la Valachie. Ses émissaires voyageaient d'une cour à l'autre pour voir toutes les princesses nubiles; ils lui envoyaient les portraits des plus belles, et des renseignements sur leur caractère et leur humeur; mais il ne put se résoudre à en épouser aucune. Son avarice ne lui permit pas de donner à ses frères des établissements qui les missent en état de se marier, et ce fut ainsi que la descendance masculine de Maximilien II s'éteignit avec les cinq fils que ce bon prince avait laissés.

« Enfin Mathias, l'un d'eux, résolut de mettre fin à cet état de choses. Le 25 avril 1606, il conclut à Vienne un traité d'union avec l'archiduc Maximilien, son frère, qui était grand maître de l'ordre teutonique, avec Ferdinand, archiduc de Styrie, et Maximilien-Ernest, frère de celui-ci. « Étant
« de notoriété publique, dit ce traité,
« qu'une faiblesse d'esprit, accompa-
« gnée de paroxysmes dangereux, rend
« l'empereur Rodolphe incapable de
« gouverner plus longtemps, ils ont
« jugé nécessaire de déclarer l'archiduc
« Mathias chef de leur maison, pro-
« mettant de l'assister de conseils et de
« faits, nommément s'il était question
« de le faire élire roi des Romains. »
Ils conclurent cet acte en leur nom et en celui de leurs frères et cousins mineurs : l'archiduc Albert, qui était gouverneur des Pays-Bas, y accéda, par un acte particulier, le 11 novembre 1606 (*). »

Fort du consentement de tous les princes de sa maison, Mathias convoqua à Presbourg les états d'Autriche et de Hongrie, qui formèrent une confédération dont le but secret fut la déposition de Rodolphe. Les Moraves y accédèrent, et, le 25 juin 1608, Mathias, qui se trouvait à la tête de vingt mille hommes, força son frère à lui céder la Hongrie, l'Autriche et la Moravie, avec le titre de roi *désigné* de Bohême. Cette révolution de famille eut un contre-coup politique; les états d'Autriche forcèrent Mathias de confirmer aux nobles de l'archiduché l'exercice du culte réformé dans leurs terres; d'un autre côté, les protestants de Bohême, enhardis par l'exemple de leur voisin et par la faiblesse et l'humiliation de Rodolphe, résolurent d'obtenir aussi la liberté de conscience. Rodolphe ayant convoqué une diète au commencement de 1609, les membres protestants qui formaient la majorité montrèrent des dispositions si hostiles, que Rodolphe prorogea la diète; mais elle se réunit d'elle-même le 4 mai, dans Prague, protégée par une garde de douze cents hommes et par dix mille bourgeois armés. L'empereur effrayé s'efforça par des promesses vagues de calmer les esprits. On lui répondit par

(*) Schœll, Cours d'hist. des États europ., t. XV, p. 229.

un décret qui ordonnait la levée d'une armée dont le commandement fut confié au comte de Thurn. Ils établirent en outre un conseil permanent, et conclurent une ligue avec les députés que les états de Silésie avaient envoyés à Prague pour y demander la liberté de conscience.

L'empereur, par une fermeté maladroite, résistait à toutes ces demandes; mais ses conseillers catholiques, et même l'ambassadeur d'Espagne, le conjurèrent de céder à l'orage. Rodolphe signa enfin, le 11 juillet 1609, les *lettres de majesté* qui accordaient à tous les adhérents d'une confession signée en 1575 par les Bohémiens, le libre exercice de leur religion et le droit de fonder des écoles et des églises nouvelles. Ce fut cet article qui devint la cause immédiate de la guerre de trente ans.

SUCCESSION DE JULIERS.

Pendant ces révolutions, un événement important avait lieu dans le nord-ouest de l'Allemagne : Jean-Guillaume, propriétaire des duchés de Juliers, de Clèves et de Berg, des comtés de Mark et de Ravensberg et de la seigneurie de Ravenstein, venait de mourir sans enfant, laissant ce riche héritage comme une pomme de discorde jetée au milieu de tous les princes de l'Allemagne du nord-ouest. En droit, cette succession, puisque ces biens n'étaient pas fiefs féminins, devait revenir à la maison de Saxe qui avait des lettres d'expectative; mais l'électeur de Brandebourg et le duc de Neubourg, fils des sœurs aînées du dernier duc, se portèrent comme héritiers légitimes. La question avait aussi une grande importance politique, car les deux prétendants les plus décidés à se saisir de l'héritage étaient l'électeur de Brandebourg et le comte palatin de Neubourg. Or, la cour de Madrid était bien résolue à ne pas laisser s'établir entre la Meuse et le Rhin, dans le voisinage des Pays-Bas, un prince qui ne fût pas dévoué à l'Espagne et à la religion catholique; et l'empereur, guidé par elle, résolut de donner le tout à l'archiduc Léopold, frère de Ferdinand, duc de Styrie. L'ayant nommé administrateur de la succession séquestrée, il l'envoya secrètement à Juliers, où, soutenu par les Espagnols, il se mit en possession des duchés.

PROJETS DE HENRI IV CONTRE LA MAISON D'AUTRICHE.

Aussitôt les princes *possédants* réclamèrent l'assistance de l'Union évangélique et des rois de France et d'Angleterre. L'Union décida qu'on empêcherait la maison d'Autriche de s'emparer de la succession de Juliers, et conclut une alliance avec Henri IV, qui promit dix mille hommes. Ce prince méditait de grands desseins; il voulait changer le système politique de l'Europe en abaissant la maison d'Autriche. « Il avait conclu des alliances étroites avec les ennemis naturels de cette puissance. Ses magasins étaient remplis de munitions de toute espèce. Cent mille hommes étaient prêts à combattre. Le roi lui-même voulait commander l'armée destinée à attaquer les Pays-Bas; celle qui était contre l'Italie devait marcher sous les ordres de Lesdiguières. Quarante millions amassés par Sully assuraient la solde des troupes jusqu'au moment où les Français victorieux pourraient tirer leurs ressources de leurs conquêtes, et vivre aux dépens des vaincus. La succession litigieuse des États de Clèves et de Juliers devait servir de prétexte aux mouvements de l'armée française. Son entrée dans les États de Clèves eût été le signal de la guerre. Selon toutes les apparences, il aurait facilement triomphé de l'Autriche, et il aurait profité de sa victoire pour déterminer d'une manière équitable les rapports des différentes puissances de l'Allemagne : la guerre de trente ans n'eût probablement pas eu lieu; les causes qui la firent naître, et qui l'alimentèrent, eussent été étouffées dans leur principe. Un détestable parricide changea tout à coup les destinées de la France et de l'Europe (*). »

Si la mort de Henri IV prévint l'exécution des grands desseins qu'il avait conçus, la reine régente accepta au moins le traité fait avec l'Union évangélique, et quatorze mille Français aidèrent les protestants à s'emparer de Juliers. Mais la prise de cette place ne terminait pas la guerre, car la ligue catholique avait armé de son côté, et l'archiduc Léopold se trouvait encore dans son évêché de Passau à la tête de seize mille hommes. Cependant des négociations s'ouvrirent entre l'Union et la ligue, et des deux côtés on convint de déposer les armes. Les catholiques, en effet, avaient un autre but, celui de rendre à Rodolphe le pouvoir dont il avait été dépouillé. Après de vaines négociations entre lui et Mathias, l'armée de Léopold entra tout à coup en Autriche, y commit d'affreux dégâts, et parut bientôt à quelques lieues de Prague, déclarant dans un manifeste qu'elle venait défendre Rodolphe contre les violences de ses ennemis. Les États effrayés recoururent à Mathias, qui accourut avec dix-huit mille hommes. A son approche, les troupes de Léopold s'enfuirent; lui-même courut cacher sa honte dans son évêché de Passau, et Mathias, maître dans Prague, força son frère d'abdiquer la couronne de Bohême (12 avril 1611). En même temps le malheureux empereur entendit les électeurs lui adresser de sévères reproches, et se préparer à élire un roi des Romains. Mais, avant qu'on pût procéder à l'élection, on apprit la mort de Rodolphe (20 janvier 1612). Son frère hérita encore de sa couronne impériale.

MATHIAS.
(1612-1614.)

A l'avénement de Mathias, tout semblait préparé en Allemagne pour une conflagration générale. En face de l'Union protestante s'élevait, comme en France contre les calvinistes, la ligue catholique à laquelle son chef Maximilien, duc de Bavière, avait su donner une force d'unité qui devait assurer son existence, même contre la maison d'Autriche et le pouvoir impérial. Élevé par les jésuites, pénétré de leurs principes, mais assez habile pour se servir d'eux comme d'instruments, Maximilien avait montré de bonne heure sa haine pour les réformés. Dès l'âge de seize ans il avait écrit à sa mère, lors de l'assassinat de Henri III par les ligueurs : « J'ai appris hier avec un plaisir indicible que « le roi de France a été assassiné; j'attends avec impatience la confirmation « de cette nouvelle. » Le membre le plus influent de la ligue, après lui, était l'archiduc Ferdinand de Styrie, qui déclarait aimer mieux mendier son pain et se faire hacher en morceaux que de tolérer l'hérésie dans ses États. Il avait chassé les pasteurs protestants, fait sauter leurs églises avec de la poudre, et brûlé en une fois dix mille Bibles; puis, sur le lieu de l'exécution, il avait posé la première pierre d'un couvent de capucins.

De tels hommes, qui ne songeaient qu'à l'extirpation de l'hérésie, ne devaient qu'attendre une occasion favorable pour prendre les armes et écraser le parti contraire, où ne se trouvait aucun prince renommé pour ses talents, où des haines religieuses entre luthériens et calvinistes, des rivalités d'intérêts (*) et le morcellement des territoires entretenaient la désunion et la faiblesse. Que le sceptre impérial tombe enfin aux mains d'un prince habile et zélé pour la religion, de l'ar-

(*) Ragon, Abrégé de l'hist. générale des temps modernes, t. II, p. 182.

(*) L'électeur de Brandebourg et le duc de Neubourg qui étaient restés possesseurs en commun de la succession de Juliers, n'avaient pas tardé à se brouiller à la suite d'une vive querelle. Le duc de Neubourg avait épousé une sœur de Maximilien de Bavière, et professé le catholicisme. De son côté, l'électeur s'était fait de luthérien calviniste, et avait appelé les Hollandais ses coreligionnaires contre les Espagnols alliés du duc de Neubourg. Le pays fut dès lors en proie aux ravages des deux partis jusqu'en 1624.

chiduc Ferdinand, par exemple, et toutes les chances seront du côté des catholiques. Aux forces de la ligue ils joindront celles de la maison d'Autriche et de l'Espagne, qui attaquera les protestants sur leurs derrières; l'autorité impériale légitimera leurs actes, et celle du pape y maintiendra l'unité.

TROUBLES DE BOHÊME. — COMMENCEMENT DE LA GUERRE DE TRENTE ANS.

Or, ces espérances furent bientôt réalisées ; Mathias, n'ayant pas d'enfant, et l'archiduc Albert, dernier fils de Maximilien II, ayant renoncé à l'héritage de son frère, l'archiduc Ferdinand fut reconnu pour le successeur de Mathias en Autriche, en Hongrie et en Bohême. Aussitôt, et du vivant même de Mathias, les Thurn, les Colonna et les autres seigneurs protestants furent dépouillés de leurs emplois ; les églises des protestants furent démolies et leurs assemblées défendues. Lors de l'entrée de Ferdinand à Olmutz, les jésuites exposèrent sur un arc triomphal un tableau où l'on voyait le lion de Bohême et l'aigle de Moravie unis aux armes autrichiennes ; au-dessous du lion se trouvait un lièvre dormant les yeux ouverts, et l'inscription : *Adsuevi*. Les *defensores* (*), qui naturellement protestèrent contre de tels faits, furent assignés à comparaître devant la chancellerie, où on leur fit entendre qu'ils n'eussent point à s'opposer à la volonté de l'empereur ; et, comme en même temps l'autorité prit quelques mesures militaires dans la ville, les protestants se rendirent, le 23 mai 1618, à l'hôtel de ville pour demander des explications aux gouverneurs. Ceux-ci les ayant refusées, les protestants les jetèrent par les fenêtres, suivant un antique usage de la Bohême. Toutefois les gouverneurs furent tous sauvés, parce qu'ils tombèrent sur des

(*) Par les lettres de majesté, les protestants de la Bohême avaient obtenu le privilége de choisir un certain nombre de personnes chargées de veiller, sous le titre de défenseurs de la foi, à l'exécution de l'édit. Le comte de Thurn était l'un d'eux.

monceaux de papiers que le peuple, dans sa colère, avait lancés par les mêmes issues. C'est ce mouvement révolutionnaire qui est désigné dans l'histoire sous le nom de *Défénestration de Prague*.

On ne sait pas bien si ces événements furent le résultat d'un plan tramé à l'avance, ou s'il faut seulement les attribuer à l'effervescence du moment; mais ce qu'il y a de certain, c'est qu'ils furent le signal des hostilités qui, pendant trente ans, devaient désoler l'Allemagne, et la première explosion de l'orage qui s'amoncelait depuis un siècle. Quoi qu'il en soit, les Bohémiens ne se hasardèrent pas encore à élire un autre souverain ; ils envoyèrent même des plénipotentiaires à Mathias pour se justifier auprès de lui, et pour demander le redressement de leurs griefs.

Mais en même temps les États, avec l'assentiment des catholiques, réorganisaient, avec plus d'équité et d'économie, l'administration intérieure devenue insupportable, et bannissaient les jésuites du royaume, en déclarant que les principes de ces religieux rendaient toute paix impossible. Mathias aurait bien voulu pacifier le pays par des moyens de douceur et de conciliation, mais déjà Ferdinand dirigeait tout à Vienne ; il traita l'empereur comme celui-ci avait naguère traité son frère Rodolphe. Dans un mémoire qu'il fit adresser à la cour d'Espagne, il dit sans détour : « que consentir à ne lever des impôts qu'avec l'agrément du peuple, c'est faire du souverain le serviteur de ses sujets ; et que l'autorité venant de la grâce de Dieu, ce pouvoir du peuple dont on parlait tant ne pouvait être que l'ouvrage du diable ; qu'il fallait prendre des mesures sévères, que sinon l'on aurait bientôt une république; qu'il fallait profiter des circonstances pour rendre l'autorité des princes absolue; que, sans doute, on aurait de grands sacrifices à faire, mais que le résultat dédommagerait amplement les rois de toutes leurs pertes. »

On envoya donc des troupes en

Bohême, mais elles furent battues, et les comtes de Mansfeld et de Thurn chassèrent les partisans de l'empereur de presque toutes les places qui leur restaient encore ; en même temps les États autrichiens refusèrent les subsides. Telle était la situation des affaires, quand Mathias mourut le 20 mars 1619.

FERDINAND II.
(1619-1637.)

Aussitôt après la mort de Mathias, Ferdinand se porta son successeur à la couronne impériale ; et, triomphant des efforts de l'Union protestante qui offrit successivement cette dignité aux ducs de Bavière et de Savoie, au prince d'Orange et au roi de Danemark, il fut élu le 28 août 1619, malgré la vive opposition de l'électeur palatin Frédéric V. Le nouvel empereur ne s'occupa que d'apaiser les troubles qui agitaient ses États héréditaires, avant de tourner ses regards et son ambition vers l'Allemagne.

Il ne songea pas d'abord à attenter à la *lettre de majesté*, mais il continua à lui donner l'interprétation contre laquelle les Bohémiens s'étaient soulevés, et il ne voulut consentir ni à renvoyer les troupes étrangères, ni à chasser les jésuites. Les révoltés, forts de leur côté de quelques succès et enthousiasmés par la fête séculaire de la réforme, n'étaient pas disposés à céder. Quelques-uns d'entre eux parlèrent même de se constituer en république à l'instar des Provinces-Unies des Pays-Bas ; mais la majorité demanda l'élection d'un nouveau roi ; un très-petit nombre seulement consentait à traiter avec la maison d'Autriche. Celle-ci, d'autre part, dirigée par le Père Lamormain, confesseur de Ferdinand, voyait dans la guerre une occasion de supprimer tous les priviléges des Bohémiens ; mais les États de l'Autriche refusant les subsides et demandant l'expulsion de la société, Ferdinand fut obligé, pour arriver à ses desseins, de tourner les yeux vers la ligue. Les révoltés, de leur côté, cherchèrent à se procurer un appui dans l'Union. Les uns et les autres furent d'abord trompés dans leur attente, car l'Union était presque dissoute par suite des querelles survenues entre les luthériens et les calvinistes, et la ligue, loin d'être disposée à appuyer la maison d'Autriche, aurait voulu affaiblir cette famille dans laquelle la dignité impériale était presque devenue héréditaire. Il fallut que le comte de Thurn se montrât aux portes de Vienne, et que Ferdinand ne trouvât que des dispositions hostiles dans la plupart des bourgeois de cette ville, pour décider ce prince à se jeter entièrement dans les bras de la Bavière et de la ligue, et à cimenter ainsi une alliance redoutable entre les princes catholiques (*). Ces événements, qui se passaient avant l'élection de l'empereur, ôtèrent aux protestants, comme nous l'avons vu, le courage de s'opposer à la nomination de Ferdinand ; et, sans l'infatigable activité du prince Christian d'Anhalt et la haine de l'électeur palatin, on eût à peine cherché à l'entraver ; mais, le jour où il fut proclamé, on reçut aussi la nouvelle que, le 19 août, les Bohémiens avaient prononcé sa déchéance comme roi de leur pays.

LES BOHÉMIENS PROCLAMENT ROI L'ÉLECTEUR PALATIN.

Ainsi la Bohême rompait ouverte-

(*) Dans cette circonstance dangereuse Ferdinand montra un courage remarquable : la garnison de Vienne était faible, mal payée et peu dévouée ; cependant le prince, comptant sur les secours du ciel, s'enferma dans la ville, malgré les instances de ses conseillers. De jour en jour le danger devenait plus imminent, le canon des Bohémiens battait en brèche les murs du palais, et il entendait arriver jusqu'à lui des cris sinistres et menaçants. Enfin seize membres des États pénétrèrent jusque dans son cabinet où ils l'accablèrent de reproches, lorsque tout à coup le son de la trompette se fait entendre. C'étaient cinq cents cavaliers de Dampierre qui entraient dans la place. Aussitôt la confiance renaît, les bourgeois s'arment, d'autres secours arrivent, et la défaite de Mansfeld par Bucquoy force le comte de Thurn d'aller défendre la Bohême.

ment avec la maison d'Autriche, et il s'agissait pour elle de se donner un gouvernement. La république avait d'assez nombreux partisans ; mais, comme ils avaient peu d'influence et de considération, ceux de la royauté l'emportèrent, et l'on songea à offrir la couronne royale à quelque prince. Le duc de Savoie et le roi de Danemark furent écartés sans discussion ; l'électeur de Saxe le fut à cause de son ivrognerie et de sa haine contre les réformés. Enfin le comte palatin, Frédéric V, réunit tous les suffrages ; mais ce fut moins son affabilité et l'élégance de ses mœurs qui décida la préférence dont il fut l'objet, que son alliance avec l'Angleterre, la Suède, la France, Venise, et plusieurs autres États.

Frédéric hésita longtemps à accepter la couronne qui lui était offerte et qui devait lui être si funeste; mais les exhortations du duc de Bouillon et de sa femme, fille du roi d'Angleterre, le décidèrent. Il accepta donc, et fut couronné le 4 novembre. Une lettre dans laquelle les électeurs de l'Empire le dissuadaient de la résolution qu'il avait prise, arriva malheureusement trop tard.

Frédéric n'était point fait pour le rôle difficile qu'il avait accepté ; il dépensa en fêtes l'argent qu'il aurait dû employer en préparatifs de guerre, et irrita une partie des Bohémiens par les violences qu'il laissa commettre contre les catholiques et contre les luthériens. Par là aussi il s'aliéna la plupart des princes de l'Union, jaloux d'ailleurs de l'accroissement que venait de prendre la maison palatine.

D'autres dangers le menaçaient encore. Ferdinand avait souscrit à toutes les demandes de Maximilien, qui fit prendre à la ligue la résolution d'armer vingt et un mille hommes ; le pape avait envoyé de l'argent à l'empereur, et l'Espagne des troupes italiennes ; enfin l'électeur de Saxe avait été gagné. En s'adressant à ce dernier, Ferdinand représenta la contestation comme une affaire non de religion mais de politique ; les électeurs catholiques et le duc de Bavière déclarèrent au nom de toute la ligue qu'ils n'avaient pas l'intention d'attaquer le protestantisme, ni de recouvrer les biens de l'Église qui avaient été sécularisés ; Ferdinand promit en outre à l'électeur de lui assurer la succession de Juliers. Cette défection, qui entraîna celle du landgrave de Hesse et des autres princes luthériens, devint fatale au nouveau roi de Bohême, car la France l'abandonnait, l'Angleterre n'envoyait que quatre mille hommes pour la défense du Palatinat, et Bethlem Gabor, que les Hongrois avaient de leur côté reconnu roi, venait de conclure une trêve avec l'empereur. Bientôt un autre traité désarma ceux des protestants d'Allemagne qui avaient pris parti pour le palatin. Effrayée des forces que l'empereur réunissait, l'Union s'engagea à ne point soutenir Frédéric comme roi de Bohême, et la ligue à ne point attaquer le Palatinat.

DÉFAITE ET FUITE DU NOUVEAU ROI.

Frédéric, ainsi abandonné à lui-même, se vit bientôt attaqué en Bohême par cinquante mille hommes, tandis que Spinola, à la tête de vingt mille, prenait possession du Palatinat. Il avait besoin, pour légitimer son entreprise et pour gagner sa couronne, de faire preuve de talent et de courage, mais l'un et l'autre lui manquèrent. De sa royauté nouvelle il ne voyait que les plaisirs, et en oubliait les dangers. Tandis que Maximilien de Bavière enlevait ses places et marchait sur Prague, il s'occupait à briller dans des bals, et donnait un splendide festin à l'ambassadeur d'Angleterre, alors que son armée, qui demandait à grands cris sa présence, mourait à la vue des murailles pour un prince indigne d'un tel dévouement.

La perte de la bataille de la Montagne blanche (8 novembre 1621) coûta à Frédéric sa couronne ; il s'enfuit lâchement sans essayer de défendre Prague ni d'utiliser les forces qui lui restaient : dix-sept bataillons encore entiers, huit mille Hongrois, les troupes du brave Mansfeld, le zèle des protestants et le patriotisme des Bohémiens qui, tant de fois, avaient vu fuir devant eux des armées innombrables ; mais alors ils avaient Ziska ou Procope à leur tête. Honte à l'ambitieux sans courage!

Pendant que l'ex-roi fuyait en Hollande, Ferdinand faisait exécuter vingt-sept Bohémiens en personne, et vingt-neuf en effigie ; seize furent exilés ou condamnés à une prison perpétuelle ; sept cent vingt-huit seigneurs dépouillés de leurs biens en tout ou en partie; les prédicateurs et professeurs calvinistes et luthériens chassés ; l'université de Prague fut donnée aux jésuites ; enfin trente mille familles, et, parmi elles, cent quatre-vingt-cinq des plus illustres, se virent expulsées du pays pour cause de religion. Telles furent les mesures qui signalèrent le triomphe de Ferdinand. La Bohême en fut appauvrie et désolée pour plus de deux siècles (*).

GUERRE CONTRE ERNEST DE MANSFELD ET CHRISTIAN DE BRUNSWICK.

Au commencement de l'année 1622, l'empereur était plus fort que jamais, l'Union dissoute, la Hongrie pacifiée, la Bohême soumise et dépouillée de ses priviléges, la France sans système arrêté relativement aux affaires étrangères, l'Angleterre méprisée par ses amis et par ses ennemis; comment se fit-il donc que la guerre continua? C'est que Ferdinand, poussé par les jésuites, se laissa aller aux réactions les plus violentes et les plus insensées, et donna par là de la popularité et des moyens d'existence à deux partisans protestants qui étaient restés les armes à la main. L'un était Ernest, fils légitimé d'un comte de Mansfeld ; l'autre, Christian, fils puîné du duc de Brunswick, administrateur de l'évêché de Halberstadt. Ces deux capitaines étaient également célèbres par leur bravoure et par la cruauté avec laquelle ils ra-

(*) En 1627 Ferdinand annula les lettres de majesté.

vageaient le pays, cruauté toutefois dans laquelle Tilly et ses Bavarois surent bien les surpasser.

Vers le mois de septembre, on parvint à les chasser du sol de l'Empire, et le Palatinat tomba entièrement entre les mains des Bavarois. C'est à cette occasion que Maximilien envoya au pape la bibliothèque de Heidelberg, qui de Rome vint à Paris au commencement de ce siècle, et retourna à Heidelberg en 1815.

Ferdinand ne voyant plus devant lui d'ennemis en armes, s'occupa à partager ses conquêtes entre ses alliés. Au mois de février 1623, la dignité électorale du prince palatin fut transportée au duc de Bavière, sans égard à l'opposition des électeurs de Brandebourg et de Saxe, qui s'aperçurent, mais trop tard, que les jésuites ne toléreraient pas plus les luthériens que les calvinistes, et de l'Espagne qui, plus clairvoyante que la ligue d'Allemagne, voyait dans les princes de Bavière les alliés naturels de la France contre la maison d'Autriche, et qui, d'ailleurs, ne voulait pas alors offenser Jacques Ier, dans l'espérance de faire asseoir une infante d'Espagne sur le trône d'Angleterre ; mais on ne fit aucune attention à ses remontrances. Quant à l'électeur de Saxe, il fut apaisé par la cession de la Lusace (*).

NÉGOCIATIONS ENTRE DIVERSES PUISSANCES POUR ARRÊTER LES PROGRÈS DE LA MAISON D'AUTRICHE.

Nous voici parvenus à la seconde période de la guerre, que les affaires du Palatinat, ravagé par les Bavarois et par les Espagnols, et la réaction contre les protestants, ne laissèrent point assoupir. Frédéric, dans le but de se faire restituer ses États, eut recours à une double série de négociations : les unes, près de son beau-père Jacques Ier, furent sans résultat ; les autres, près de son beau-frère Christian IV, roi de Danemark, en eurent

(*) L'Union protestante effrayée s'était déclarée dissoute dès le 12 avril 1621.

de très-importants, puisqu'elles amenèrent l'intervention de la Suède.

Christian n'avait jamais reconnu son beau-frère comme roi de Bohême; mais, lorsqu'on le dépouilla du Palatinat et que la réaction catholique devint de jour en jour plus menaçante, il entama des négociations avec les princes de la basse Saxe, qui, détenteurs d'une grande quantité de biens ecclésiastiques, s'effrayaient d'avoir à en rendre compte; avec l'Angleterre qui venait de s'unir à la France contre l'Espagne; avec la Hollande, naturellement ennemie de la maison d'Autriche; avec la Suède enfin, où Gustave-Adolphe commençait à prendre une attitude imposante. Au printemps de l'année 1624, Oxenstierna, le fameux chancelier de Gustave, apaisa les querelles qui existaient entre les deux royaumes scandinaves; mais Gustave, qui était alors occupé en Pologne, et Oxenstierna, qui connaissait à fond le peu de confiance qu'on pouvait accorder aux unions des princes allemands, agissaient avec beaucoup de circonspection, et demandaient des garanties qu'on n'était nullement prêt à leur accorder. Gustave crut faire assez pour le moment en empêchant les Polonais de venir au secours de l'empereur; il débarqua le 30 juin 1625, à l'embouchure de la Duna, et conquit en deux mois toute la Livonie. Christian, *que les lauriers de Gustave empêchaient de dormir*, et qui, d'ailleurs, espérait faire donner à ses fils des évêchés en Allemagne, se décida à céder aux instances de la Hollande, de l'Angleterre et du Brandebourg, et se fit nommer colonel général des troupes du cercle de la basse Saxe. L'union des princes de ce cercle, provoquée par les ravages que Tilly exerçait dans leurs États depuis qu'il en avait chassé Mansfeld et Brunswick, n'était point dirigée contre l'empereur; mais celui-ci s'en effraya avec raison, pensant bien que, si les protestants chassaient Tilly, ils voudraient, eux aussi, profiter de leurs avantages. D'ailleurs sa position était délicate: la France commençait à tenir un langage plus ferme depuis que Richelieu avait repris le plan de Henri IV; et la Bavière, d'un autre côté, paraissait vouloir s'allier à cette dernière puissance, maintenant que l'Autriche, son ancienne ennemie, ne pouvait plus contribuer à son agrandissement. Jusqu'alors Ferdinand n'avait soutenu la guerre en Allemagne qu'avec les troupes bavaroises et celles de la ligue catholique; Tilly commandait au nom du duc de Bavière; tous les ordres pour les opérations militaires émanaient de la cour de Munich, et toute la conduite des affaires était subordonnée aux intérêts de la ligue et non aux vues d'agrandissement de la maison d'Autriche. Ferdinand désirait s'affranchir de cette dépendance; mais le délabrement de ses finances et les troubles qui agitaient ses pays héréditaires semblaient opposer l'obstacle le plus insurmontable à ses désirs: c'est alors que se présenta un simple gentilhomme bohémien, qui offrit de lever sans frais une armée de cinquante mille hommes, et de l'entretenir aux dépens des ennemis de Ferdinand.

WALDSTEIN DONNE A L'EMPEREUR UNE ARMÉE, GUERRE CONTRE LE DANEMARK.

L'empereur accepta, et Waldstein parut en effet bientôt dans la basse Saxe avec une armée innombrable. Il était temps, car les protestants avaient déjà pris l'offensive. Leur plan était de s'emparer du Palatinat. Dès la fin du mois de février 1626, le roi de Danemark était entré dans l'évêché d'Hildesheim, et le duc Bernard, passant le Weser, avait pris, le 14 mars, la ville d'Osnabruck.

« Il pouvoit passer outre jusqu'à Munster, et la prendre en cet effroi que donnoit l'exploit qu'il venoit de faire, ce qui eût ouvert le chemin au roi de Danemark d'aller dans le Palatinat.

« Mais quatre-vingt mille rixdalers dont ils se rachetèrent, l'arrêtèrent et le firent retourner auprès du roi de Danemark.

« En même temps, Mansfeld, ayant

passé l'Elbe, alla jusqu'à Zerbst, qu'il emporta par escalade le 5 mars, et mit au fil de l'épée toute la garnison impériale. Le roi de Danemark, en même temps, surprit Tangermund sur l'Elbe, où il fit dresser un pont de bateaux pour avoir communications avec Brandebourg.

« Jusque-là leurs affaires alloient bien, mais elles ne durèrent guère en ce bon état.

« Mansfeld, pour avoir l'une et l'autre rive de l'Elbe libres, assiégea le port Dessau. Friedland (*) assembla toutes ses troupes qu'il avoit logées là à l'entour; et, le 24 avril, lui donna la bataille, mit toute son infanterie au fil de l'épée, poursuivit les fuyards jusqu'à Zerbst qu'il reprit, et tua tout ce qui étoit là-dedans. Mansfeld, avec sa cavalerie, s'enfuit et se sauva en la Marche de Brandebourg. Là, il rassembla en diligence quelques forces, et ayant, avec le secours que le roi de Danemark lui envoya, et trois mille Écossais qui se joignirent à lui, ramassé neuf à dix mille hommes, il s'achemina vers la Silésie. Friedland le suit; il passe en Hongrie, où Bethlem Gabor le reçoit. A peu de temps de là, ses troupes étant quasi dissipées, il laisse ce qu'il lui en restoit et son canon audit Bethlem Gabor; et, pensant se retirer à Venise, meurt de maladie à Seraïo, qui est la ville capitale de la Bosnie (**). D'autre côté, Tilly, ayant grossi son armée de six mille hommes des Pays-Bas, donne bataille au roi de Danemark, le 27 août, en la plaine de Hutter, taille son infanterie en pièces, prend son canon, soixante drapeaux, force prisonniers, et, entre autres, le prince Maurice, fils du landgrave Maurice. Maurice de Hesse fut tué de sang-froid.

(*) Waldstein, que Maximilien avait nommé duc de Friedland en lui confiant le commandement de l'armée impériale.

(**) Cinq mois auparavant, Christian de Brunswick, le compagnon et le rival de Mansfeld, était également mort de maladie à l'âge de 27 ans.

« Le roi de Danemark s'enfuit avec sa cavalerie au delà de l'Elbe, où il ramassa quelques gens de guerre, et eut bientôt refait une nouvelle armée (*). »

MESURES VIOLENTES DE L'EMPEREUR. — DANGER DE L'ALLEMAGNE.

Dans cette circonstance encore, l'empereur aurait pu imposer la paix à l'Allemagne, quelles qu'eussent été d'ailleurs les conditions qu'il lui eût plu de lui offrir, mais il avait désormais à nourrir des armées dont les généraux et les officiers élevaient très-haut leurs prétentions, et n'étaient nullement disposés à quitter les armes pour donner la paix à leur patrie au détriment de leur fortune; car la plupart ne songeaient qu'à amasser des richesses considérables, soit par des concussions, soit par des ravages de tout genre, dont amis et ennemis se plaignaient également, mais que personne n'avait plus le pouvoir d'empêcher.

Cependant les jésuites faisaient prendre à Ferdinand des mesures de plus en plus violentes contre les protestants de ses États héréditaires; on les dépouilla des droits civils, on les soumit à des amendes; enfin, en 1626, on leur enjoignit de s'expatrier, et l'on institua en Bohême une police particulière pour veiller à l'observation des jeûnes et des autres devoirs prescrits par l'Église catholique. On alla même jusqu'à pendre les prédicateurs sans autre forme de procès, et ces mesures ne se bornèrent pas aux États héréditaires de l'empereur, elles s'étendirent bientôt à toutes les contrées de l'Allemagne, où l'on put se permettre impunément de pareils excès! Dans le cercle de la basse Saxe, par exemple, les protestants furent dépouillés des riches bénéfices dont ils s'étaient emparés; le fils de Ferdinand, Léopold Guillaume, déjà évêque de Strasbourg et de Passau, devint encore évêque d'Halberstadt, archevêque de Magdebourg,

(*) Mém. de Richelieu, t. III, p. 196.

archevêque de Brême et abbé d'Hirschfeld.

Le prince palatin resta dépossédé de ses États, et tous les électeurs, sans exception, furent forcés de reconnaître la translation héréditaire de la dignité électorale à la ligue de Bavière. Le haut Palatinat et la partie du Palatinat du Rhin, située sur la rive droite de ce fleuve, furent même donnés à Maximilien en dédommagement de ses frais de guerre. Bientôt l'empereur se permit de disposer du duché de Mecklenbourg en faveur de Waldstein, bien que les ducs, parents du roi de Suède, ne fussent pas plus coupables que tous les autres princes de l'Allemagne du nord. Mais comment s'étonner de ces abus de pouvoir quand on se rappelle que Waldstein avait déclaré : qu'il ne fallait plus d'électeurs et de princes, et que tout devait être soumis à un seul roi, comme en France et en Espagne.

L'empereur, en conférant à Waldstein le duché de Mecklenbourg, avait eu surtout en vue d'acquérir de l'influence dans les affaires du nord de l'Allemagne. Il voulait occuper les rives de la Baltique, et avoir des flottes qui lui permissent de poursuivre le roi de Danemark jusque dans ses îles, et d'empêcher les puissances du Nord de pénétrer en Allemagne; enfin il voulait renverser Gustave-Adolphe et donner son trône au roi de Pologne, Sigismond, son beau-frère et son allié. Alors enlaçant l'Allemagne au sud et au nord, il l'aurait forcée, avec les cent soixante mille hommes dont se composaient, en 1628, les armées impériales, de se rendre à merci et d'abdiquer son indépendance politique et religieuse. Si la Bavière et la ligue catholique voulaient rompre avec lui, il avait Waldstein et ses cinquante mille hommes pour les maintenir dans son alliance et les mettre peut-être sous son joug. Nous voici donc arrivés encore une fois comme après la bataille de Muhlberg, comme au temps des Frédéric, des Henri et des Othon, à l'une de ces époques où il semble que l'éternel problème de l'histoire allemande va être résolu en faveur de l'unité monarchique; mais la politique de Richelieu, les talents de Gustave-Adolphe et l'ambition de Waldstein vont repousser l'Allemagne vers la solution contraire. Waldstein, en effet, n'était pas homme à sacrifier ses intérêts personnels à ceux de l'empereur. Il ne se vit pas plutôt prince de l'Empire qu'il commença à faire la guerre contre le Danemark pour son propre compte, et assiégea Stralsund, ville hanséatique, contre la volonté formelle de l'empereur qui avait l'intention de se faire de cette ligue de commerçants un appui contre les princes du Nord.

PROGRÈS DE TILLY. PAIX DE LUBECK AVEC LE DANEMARK.

La résistance désespérée des bourgeois de Stralsund ne servit qu'à irriter Waldstein, qui jura de prendre la ville, lors même qu'elle serait attachée au ciel avec des chaînes; mais les bourgeois furent ravitaillés par les autres villes de la Hanse; et, le 25 juin 1628, ils reçurent une garnison de six cents Suédois, à la condition de prêter hommage à la Suède pendant vingt ans. Waldstein dut se retirer le 3 août. L'exemple glorieux du courage déployé par Stralsund donna une force nouvelle aux autres villes et augmenta la haine qu'inspirait Waldstein. Une circonstance fortuite acheva de le rendre odieux; trois cents femmes, qui s'étaient enfuies en Suède, périrent toutes de misère en revenant dans leur patrie.

Durant ce temps, la guerre contre le Danemark durait toujours. Christian, ayant vainement essayé par l'intermédiaire du duc de Saxe de faire la paix avec l'empereur, s'était vu forcé de reprendre les armes.

« Il reçut, en avril 1627, un secours de cinquante enseignes de gens de pied anglais, conduits par le colonel Morgant, et quatre mille volontaires françois levés par divers seigneurs. Avec ce renfort, il fit une armée de quinze mille chevaux et vingt-quatre mille hommes de pied.

« Le comte de Tilly avoit assiégé Nienbourg, et bloqué Northeim, occupant toutes les places qui sont sur le Weser et l'Elbe, et sembloit que Nienbourg ne pouvoit être secouru; mais, le 8 avril, le roi de Danemark, à la faveur des glaces, le rafraîchit d'hommes, de vivres et de munitions de guerre. Et ceux de Northeim firent une sortie si courageuse, qu'ils rasèrent deux des forts de Tilly et lui enlevèrent trois pièces de canon. Sur la fin d'avril, les troupes impériales étant passées au delà de Dassau, Danemark se campa près de la rivière de Weser, fit bâtir trois forts aux deux rivages, et mit huit vaisseaux armés sur l'Elbe et le Weser, pour empêcher le passage aux Impériaux. Tilly en voulut attaquer un d'où il fut repoussé.

« En mai et en juin, se renouvela le pourparler d'accommodement. La proposition en fut faite par le comte d'Oldenbourg de la part de Danemark; mais les conditions qu'il demandoit étoient telles, que l'empereur ne les lui put accorder.

« Peu après la ville de Northeim, qui s'étoit courageusement défendue, soutint un grand assaut, auquel le comte de Furstemberg, qui commandoit à ce siége, perdit quantité d'hommes; mais, ne perdant courage pour cela, et se préparant à en donner un second, les assiégés demandèrent à parlementer le 2 juillet. Leur étant refusé, ils lui mandèrent, par un trompette, que, puisqu'on ne vouloit entendre à aucune composition avec eux, ils leur vendroient leur vie si chère qu'il auroit sujet de s'en repentir.

« Le comte en étant indigné, fit faire, le 5 juillet, une furieuse batterie, qu'il continua tout le jour sans intermission, et fit donner en même temps un autre assaut où il fut repoussé avec perte de six capitaines, huit enseignes, neuf capitaines blessés, et quantité de soldats demeurés morts sur la place.

« Il leur envoya demander à quelque heure la licence d'enterrer les corps morts; ils lui répondirent que, puisqu'il leur avoit dénié tout traité, ils ne vouloient avoir nulle trêve d'armes avec lui. La nuit suivante, ils firent une sortie en laquelle ils dépouillèrent les morts et achevèrent de tuer ceux qui respiroient encore. Cette résolution si déterminée fit que les Impériaux, craignant la perte de leurs hommes, lui offrirent composition, laquelle ils reçurent; ils sortirent enseignes déployées, mèche allumée, et balle en bouche. La perte de cette place fut fort sensible aux Danois, et leur abattit le courage.

« Le comte de Tilly, incontinent qu'elle fut rendue, s'avança vers la rivière d'Elbe où étoit le roi de Danemark, du côté du Holstein, et avoit fortifié le rivage de deçà de bons forts, avec nombre de canons, de soldats, de vivres et munitions de guerre.

« A l'arrivée de Tilly, les Danois, qui étoient dans les forts, les abandonnèrent lâchement, et se retirèrent de l'autre côté de la rivière. Il mena toujours le roi de Danemark battant, avec tant d'effroi des Danois que, tout se rendant devant lui, il dépouilla le roi de Danemark de tout ce qu'il tenoit de terre ferme (*). »

Tilly et Waldstein se trouvèrent maîtres alors des provinces méridionales de ce royaume, et seraient sans doute allés plus loin si les villes hanséatiques, cédant, comme on l'espérait, à une vieille jalousie, eussent consenti à fournir des navires; mais la neutralité des villes hanséatiques et les préparatifs de la Suède forcèrent enfin Waldstein, le 6 juin 1629, à conclure avec le Danemark la paix de Lubeck, qui rétablit les choses dans l'état où elles étaient avant la guerre, à la condition que le roi de Danemark abandonnerait les ducs de Mecklenbourg.

ÉDIT DE RESTITUTION.

Cependant Ferdinand continuait toujours à expulser et à déposséder les protestants. Enfin, le 6 mars 1629, il promulga le fameux édit de restitution, d'après lequel tous les couvents

(*) Mém. de Richelieu, t. III, p. 420.

et tous les biens ecclésiastiques sécularisés depuis la paix de religion, ou appropriés au culte protestant, devaient être rendus à leur destination primitive. La promulgation de cet édit fut une des plus grandes fautes commises par Ferdinand ; car il donna à la guerre qui se faisait depuis dix ans le caractère d'une vraie guerre de religion, et il devint la cause d'une longue suite de malheurs pour la maison d'Autriche. Les catholiques eux-mêmes, d'abord joyeux de cette mesure, se montrèrent bien vite mécontents quand ils virent que l'empereur avait donné cinq évêchés à la fois à l'un de ses fils, et que les biens repris sur les protestants, au lieu d'être restitués à leurs anciens possesseurs, passaient presque tous entre les mains des jésuites. L'empereur, loin d'avoir égard aux plaintes qui s'élevaient de toutes parts, fit exécuter l'édit avec une avidité inexorable. Jamais le système germanique n'avait été en un aussi grand danger. L'électeur palatin dépouillé, ses adhérents affaiblis, le roi de Danemark contraint à une paix humiliante, les ducs de Mecklenbourg privés de leurs domaines, celui de Poméranie, mis dans la dépendance de Waldstein, les princes protestants et les villes impériales soumises à l'édit de restitution, tous les États enfin catholiques ou protestants maintenus dans l'obéissance par une armée formidable, tout annonçait la domination absolue de Ferdinand. Mais il se crut trop sûr de sa fortune, et divisa ses forces en envoyant des troupes considérables en Italie, en Pologne et dans les Pays-Bas. Au même moment, Richelieu entrait en scène ; il engageait les États catholiques à demander le licenciement des troupes qui dévastaient l'Allemagne, et le renvoi de leur général.

RENVOI DE WALDSTEIN.

Sur ces entrefaites, Ferdinand, voulant faire nommer son fils roi des Romains, convoqua une diète à Ratisbonne où il se rendit le 19 juin 1630. Il y trouva plus d'opposition qu'il ne l'avait pensé. Les électeurs de Brandebourg et de Saxe ne parurent point ; la Bavière s'était alliée à la France, et les électeurs ecclésiastiques suivirent son exemple. Le P. Joseph, venu de Paris, paraissait diriger toutes les délibérations, et l'empereur se vit enfin contraint de licencier une partie de ses troupes, et d'ôter à Waldstein le commandement de ce qui restait sous les armes. Tilly réunit dès lors sous ses ordres trente mille soldats de la ligue, et trente-neuf mille Impériaux, tous soldats aguerris. Cette armée parut suffisante pour maintenir l'Allemagne sous la dépendance de l'empereur et de la ligue, et pour assurer l'exécution des projets du P. Lamormain.

Mais la cause des protestants n'était pas désespérée. Dans leur détresse, ils comptaient sur la Saxe, qui n'avait point encore pris part à la guerre, sur les villes hanséatiques qui pouvaient disposer de sommes d'argent considérables, sur la France jalouse de la prépondérance autrichienne, et sur la Suède dont l'étoile s'élevait brillante dans le Nord.

JUGEMENT DE RICHELIEU SUR FERDINAND II.

« L'empereur, dit Richelieu (*), avoit semblé un temps très-juste prince, et l'avoit été jusqu'à ce que les artifices d'Espagne, le détournant de son naturel, l'avoient changé au leur. Il ne désiroit, premièrement, que de remettre l'autorité impériale en sa splendeur ; mais, y ayant été assisté des Espagnols pour leurs intérêts, il s'y laissa, par après, insensiblement porter contre sa propre intention.

« Après la déroute de Mansfeld à Passau sur l'Elbe, et celle du roi de Danemark à Heuter, et que les armes dudit comte de Mansfeld et du duc de Weimar furent dissipées en la Moravie et en Silésie, il fut aisé à l'empereur de se rendre maître de toute l'Allemagne delà l'Elbe et l'Oder,

(*) Mémoires, t. V, p. 120 et suiv.

n'ayant plus d'ennemis qui lui fissent résistance. Le roi de Danemark, qui seul restoit avec quelques corps d'armée, s'étant retiré deçà ces deux rivières, où il se pouvoit facilement fortifier et en empêcher le passage, tant pour l'assiette de ces lieux-là marécageux, qui rendent l'accès des rivières presque impossible, que pour la conjonction qui a été faite, il y a longtemps, de ces rivières par un très-large canal, néanmoins il ne le défendit aucunement, et se retira dans les îles de Danemark, abandonnant toute la terre ferme. Ainsi l'empereur dépouilla à son aise, premièrement, tous ceux qui lui avoient été contraires, puis ceux qui lui avoient été suspects, et après, ceux qui exactement avoient observé la neutralité, et finalement ceux qui lui avoient été très-obéissants. Il avoit commencé par le comte palatin; depuis il chassa le vieux landgrave de Hesse; mais, pour montrer que ce n'étoit pas pour usurper son bien, mais seulement le châtier et rendre la justice à chacun, il attribua partie de son État au landgrave de Darmstadt, catholique et de son parti, et cela sous prétexte de la prétention qu'il en avoit, et dont le procès étoit pendant à la chambre de Spire il y avoit longues années; le reste du landgraviat il le donna au fils aîné du vieux marquis, lui ôta plusieurs terres que les abbés voisins disoient leur appartenir, et avoir été prises sur eux par force. Après cela, il s'adressa au duc de Brunswick, lui ôta le duché de Grubenhagen, et le donna au duc de Lunebourg, sous prétexte de l'ancienne prétention qu'il y avoit; puis il rendit à l'électeur de Cologne un grand et beau pays autour de Midelsheim, qu'il soutenoit être de l'évêché de ladite ville; et, enfin, donna quantité de terres aux évêques et abbés voisins qui les demandèrent, et fit donner la plupart de ces bénéfices-là à ses serviteurs; et, comme cela, il ne demeura rien au duc de Brunswick, qui se vit tellement abandonné qu'il le fut même de sa propre femme. Et l'empereur, en tous les lieux qu'il délaissoit, tant au landgrave qu'à Brunswick, y laissa toujours garnison en son nom, de sorte qu'il en demeuroit le maître.

« Après cela, il chassa l'administrateur de Hall et de Magdebourg, qui étoit de la maison de Brandebourg, et consentit que le fils du duc de Saxe, qui étoit aussi hérétique qu'eux, en fût administrateur; mais, depuis néanmoins, contre sa promesse, il fit nommer son fils par quelques-uns du chapitre.

« De là, il envahit le duché de Meckelbourg, le donna à Friedland son serviteur, bien que les princes dudit duché n'eussent rien fait directement contre lui, mais seulement pource qu'ils étoient du cercle de la basse Saxe, et obligés à la contribution de quelque argent pour la défense dudit cercle, et avoient fourni ledit argent à l'armée du roi de Danemark, qui étoit chef dudit cercle.

« Ledit empereur, ne se contentant pas d'avoir maltraité ceux qu'il prétendoit avoir été ses ennemis, se défiant de la puissance du marquis de Brandebourg, occupa, dans ses États, l'une et l'autre Marche, sous prétexte que le roi de Danemark s'en pourroit saisir, et de là passer en Silésie, comme Mansfeld avoit fait. Depuis, il parla bien de la restituer, et en remettoit l'exécution de mois en mois, mais il ne l'accomplissoit jamais; et passant des ennemis et des suspects à ses propres amis, desquels il ne pouvoit attendre ni ne devoit craindre aucun mauvais effet, il dépouilla un vieux duc de Poméranie, et l'avoit réduit à n'avoir de quoi entretenir le train d'un médiocre gentilhomme, prenant pour prétexte de l'usurpation de son pays la crainte qu'il avoit que le roi de Danemark prît ses places par le moyen de son armée navale; et, depuis que la paix fut faite avec ledit roi, il mettoit en avant l'appréhension de celui de Suède.

« Enfin l'empereur, sous divers prétextes d'apparence spécieuse, mais de nulle solidité, prenoit le train de se rendre maître de l'Allemagne, et la réduire en une monarchie absolue, anéantissant les lois anciennes de la république germanique, sur lesquelles est fondée l'autorité impériale.

« Tous ces princes, offensés et dépouillés, regardaient le roi de Suède en leur misère, comme les naviguants regardent le nord; mais il était occupé en la guerre de Pologne; et, bien qu'il ne manquât pas de courage et d'ambition, il fallait qu'il fût délivré de cet ennemi auparavant que de s'en faire un autre tel qu'étoit la maison d'Autriche. »

RICHELIEU TRAITE AVEC GUSTAVE-ADOLPHE.

Richelieu se chargea de le débarrasser de cette guerre pour le laisser libre d'attaquer l'Autriche. Ce grand ministre venait en effet de rétablir l'unité du royaume en soumettant les huguenots et en abaissant la noblesse, et dès lors il employa toute son énergie à lutter au dehors contre le principal ennemi de la France, contre cette maison d'Autriche qui, depuis Charles-Quint, menaçait toutes ses frontières, et contre laquelle l'ancienne lutte, engagée avec des chances si diverses dans les plaines de la Lombardie, venait de se renouveler au sujet de la succession de Mantoue et de Montferrat. En Italie même, le danger n'était pas moins réel, car les princes de cette contrée et le pape lui-même ne pouvaient se dissimuler qu'une victoire définitive des Autrichiens sur les hérétiques serait le signal de la soumission de Rome et de toute la Péninsule. Enfin le Danemark, bien que jaloux de la Suède, se voyait réduit à un tel état d'épuisement qu'il sollicita lui-même l'intervention de Gustave, afin d'empêcher la maison d'Autriche et Waldstein de former, comme tout semblait le faire prévoir, un établissement solide sur les bords de la Baltique.

Nous avons dit plus haut qu'en 1624 et 1625, Gustave avait cru devoir s'abstenir de toute intervention dans les affaires d'Allemagne; il suffira de rappeler que, par la médiation et les bons offices de la France en 1629, un armistice de six ans avait été conclu entre la Suède et la Pologne, et qu'à l'occasion du siége de Stralsund, un commencement d'hostilités avait eu lieu entre les Suédois et les Impériaux. Aussitôt que la trève avec la Pologne eut été conclue, et que Gustave annonça l'intention d'en profiter pour engager à son service des troupes polonaises, Waldstein devint aussi souple et aussi accommodant envers la Suède qu'il s'était jusqu'alors montré roide et insolent. L'empereur proposa même d'abandonner les côtes de la Baltique et de rétablir les ducs de Mecklenbourg. Mais Gustave ne se laissa pas éblouir par des avances trompeuses, et continua à traiter avec Charnacé, l'envoyé du cardinal de Richelieu. Pendant quelque temps, on put croire que ces négociations resteraient sans résultat, car la cour de France trouvait démesurée la demande d'un subside annuel de six cent mille écus; elle ne voulait pas non plus s'engager à ne finir les affaires d'Italie qu'avec l'intervention de la Suède, et alléguait le désir de séparer la ligue de l'empereur, pour refuser d'entrer en Allemagne par la Champagne. Enfin Gustave se décida à aborder en Allemagne, sans pouvoir toutefois compter beaucoup sur l'appui de la France; seulement il était assuré qu'elle occuperait en Italie une partie des forces de la maison d'Autriche. L'empereur, de son côté, envoya à Dantzick le comte de Dohna, et fit faire à Gustave diverses propositions, afin de gagner le temps nécessaire pour finir les affaires d'Italie; mais les plénipotentiaires suédois demandaient catégoriquement que l'empereur retirât ses troupes du nord de l'Allemagne. L'Autriche aima mieux traiter avec le Danemark, et lui promit l'île de Rugen pour l'engager à prendre parti contre la Suède. Ce nouveau danger et l'impossibilité de nourrir longtemps dans l'inaction les troupes enrôlées en Pologne, décidèrent Gustave à hâter l'exécution de ses desseins; et, pendant que les plénipotentiaires étaient encore assemblés à Dantzick, on apprit soudain qu'une armée suédoise était en Allemagne.

Des vents contraires avaient retenu Gustave quelque temps en mer, et il n'aborda en Poméranie que le 24 juin 1630, le jour même où, cent ans auparavant, avait été présentée la confession d'Augsbourg. Au rapport d'un auteur catholique, la première chose que fit Gustave quand il eut quitté ses vaisseaux, ce fut de s'agenouiller sur le rivage, et de s'écrier : « O Dieu, « toi qui domines sur le ciel et sur la « terre, sur les vents et sur la mer, « combien je dois te remercier de m'a- « voir protégé si efficacement dans ce « voyage périlleux! Oui, je te remer- « cie du fond de mon cœur, et je te « prie de m'accorder toujours ta grâce « et ta bénédiction! car, tu le sais, je « n'entreprends pas cette guerre pour « ma gloire, mais pour la tienne; tu « le sais, je ne veux que consoler et « protéger ta pauvre Église abandon- « née. » Ceux qui accompagnaient le roi ne pouvant s'empêcher de pleurer en entendant ces mots, il leur dit : « Ne pleurez point, mais priez Dieu « avec instance et du fond de votre « cœur; plus il y aura de prières, plus « il y aura de victoires, car bien prier, « c'est victoire à moitié gagnée. »

GUSTAVE-ADOLPHE ENVAHIT L'ALLEMAGNE.

« Et alors Gustave-Adolphe entra dans l'Empire (1630); Ferdinand s'effraya peu d'abord : il disait que ce *roi de neige* allait fondre en s'avançant vers le midi. On ne savait pas encore ce que c'était que ces hommes de fer, cette armée héroïque et pieuse, en comparaison des troupes mercenaires de l'Allemagne. Peu après l'arrivée de Gustave-Adolphe, Torquato-Conti, général de l'empereur, lui demandant une trêve à cause des grands froids, Gustave répondit *que les Suédois ne connaissaient point d'hiver.* Le génie du conquérant déconcerta la routine allemande par une tactique impétueuse qui sacrifiait tout à la rapidité des mouvements, qui prodiguait les hommes pour abréger la guerre. Se rendre maître des places fortes en suivant le cours des fleuves, assurer la Suède en fermant la Baltique aux Impériaux, leur enlever tous leurs alliés, cerner l'Autriche avant de l'attaquer, tel fut le plan de Gustave. S'il eût marché droit à Vienne, il n'apparaissait dans l'Allemagne que comme un conquérant étranger; en chassant les Impériaux des États du nord et de l'occident qu'ils écrasaient, il se présentait comme le champion de l'Empire contre l'empereur (*). »

Les premiers soins de Gustave furent de donner une base solide à ses opérations, en gagnant le duc et les États de Poméranie, qui, voyant dans le duché une armée impériale plus nombreuse que celle de Gustave, eurent beaucoup de peine à se décider. Cependant, par ses manières affables, le roi de Suède s'empara si promptement et à un tel point de tous les cœurs, que la ville de Stettin lui ouvrit volontairement ses portes, et que le vieux duc fit avec lui un traité pour assurer le maintien des lois de l'Empire et la paix de religion. On stipula dans ce traité que, dans le cas où le duc, qui était sans enfants, viendrait à mourir, le pays serait administré par les Suédois jusqu'à ce qu'on eût prononcé sur la succession; en conséquence de cet arrangement, les états accordèrent de l'argent à Gustave, et promirent d'organiser une armée de dix mille hommes, qui prêterait serment au roi, au duc et aux états.

CRUAUTÉS DES IMPÉRIAUX.

Ferdinand et ses conseillers commençaient à s'apercevoir combien ils avaient agi follement en refusant de pacifier l'Empire après la paix de Lubeck; néanmoins ils crurent devoir persévérer dans des mesures de rigueur inouïes : une sentence de mort fut prononcée à l'avance contre tous ceux qui prêteraient assistance aux ennemis de l'empereur. Ces menaces ne furent réalisées qu'avec trop de

(*) Michelet, Précis de l'histoire moderne.

zèle par les lieutenants de ce prince. Il suffira d'un seul exemple. Le 7 septembre 1630, la ville de Pasewalk, en Poméranie, fut reprise sur les Suédois par le colonel Götze, et saccagée par suite de cette reprise. « Les bourgeois, dit un témoin de ces scènes d'horreur, furent massacrés dans les rues ; et, dans l'intérieur de leurs maisons, on les mettait à la torture pour savoir d'eux s'ils avaient de l'argent. A peine un soldat avait-il quitté une maison qu'un autre, survenant, agissait avec la même cruauté. Il est vrai que les capitaines accordaient des sauf-conduits à prix d'argent, mais leurs soldats n'en tenaient aucun compte. Tous les meubles, tous les ustensiles furent brisés, et les femmes, aussi bien que les hommes, se virent dépouillés de leurs vêtements. En sortant de sa maison, on voyait à chaque pas un voisin, un ami blessé, demi-mort, ou impitoyablement massacré. Et, s'il arrivait qu'un citoyen allât secourir ou consoler une de ces trop nombreuses victimes, on lui faisait aussitôt subir le même sort. Mais ce fut surtout sur les femmes que se commirent les crimes les plus révoltants. Quel que fût leur âge, elles étaient violées en plein jour dans les rues, dans les jardins, et jusque dans les cimetières. Les femmes et les filles les plus belles étaient attachées à des chariots ou au pommeau de la selle des cavaliers, et conduites dans le camp où les soldats, après avoir assouvi leurs brutales passions, les vendaient comme un vil bétail.

« Quand il ne resta plus rien à piller et à dévaster, on mit le feu à la ville. « Regardez donc le beau feu, s'écriaient « les soldats, je n'ai jamais vu de feu « si brillant ! » Le colonel, sollicité de mettre fin à tant d'horreurs, donna l'ordre de mettre le feu en d'autres endroits. C'était, disait-il, afin de remplir son serment. Pendant ce temps, les soldats, revêtus de robes qu'ils avaient enlevées à des prêtres, faisaient des processions comme au carnaval, torturaient des petits enfants, et allumaient de la paille devant une cave, dans laquelle dix de ces infortunés s'étaient réfugiés, afin de les faire périr misérablement. Il ne se trouva personne pour enterrer les morts, et des corps encore vivants furent dévorés par les chiens et par les pourceaux ! »

La plupart des chefs de l'armée catholique agissaient ainsi moins par cruauté peut-être que parce qu'il fallait bien que les généraux fermassent les yeux sur les désordres du soldat, puisqu'eux-mêmes, afin de s'enrichir plus promptement, laissaient souvent le soldat sans vivres, sans habits et sans solde.

Le général en chef, Jean Perklaër, natif de Liége, et nommé par l'empereur comte de Tilly en 1623, avait, il est vrai, la réputation de n'avoir jamais touché une femme, et de ne s'être jamais enivré ; mais, à l'exemple du duc d'Albe, son modèle, il permettait tout à ses soldats, et signalait partout son passage par d'horribles dévastations. Bien qu'il acceptât de riches présents de l'empereur et de la ligue, ses contemporains, témoins de la rapacité de Waldstein, l'ont qualifié de désintéressé. Il ne faut pas d'ailleurs, pour être juste, oublier de dire qu'il ne manqua jamais d'entendre deux messes par jour ! A l'arrivée de Gustave en Allemagne, ce général n'avait pas encore été vaincu.

DISCIPLINE DES SUÉDOIS. — CONDUITE ÉQUIVOQUE DES ÉLECTEURS DE SAXE ET DE BRANDEBOURG.

Dans l'armée suédoise, au contraire, et tous les auteurs catholiques s'accordent pour le reconnaître, la discipline était exemplaire ; le roi, par sa bienveillance et son impartialité, savait gagner tous les cœurs sans avoir besoin de fermer les yeux sur les passions du soldat. Aussi, en peu de temps, les Suédois furent-ils considérés dans toute l'Allemagne comme les protecteurs des bourgeois et des paysans.

Toutefois, dans le principe, les menaces de l'empereur et le désir, très-honorable sans doute, de terminer les affaires d'Allemagne sans l'intervention d'une puissance étrangère, engagèrent les électeurs de Saxe et de Brandebourg, ainsi que plusieurs autres princes protestants, à former la confédération de Leipzig, où l'on convint que l'empereur serait sollicité de retirer ses troupes, et qu'en attendant on armerait, afin de pouvoir, au besoin, se défendre. Bien que le langage des confédérés fût d'une grande modération, et qu'ils eussent refusé d'admettre à leurs délibérations des envoyés suédois, l'empereur leur répondit par un ordre de se dissoudre, et une partie de ses troupes étant revenue d'Italie, il s'en servit pour châtier les membres de la confédération de la haute Allemagne.

Cependant Gustave-Adolphe, fatigué du manque de résolution et de la défiance des princes allemands, était sur le point d'abandonner la guerre, lorsque Richelieu, effrayé de cette résolution, se décida enfin à conclure un traité, d'après lequel Gustave devait tenir sur pied une armée de trente-six mille hommes, pour l'entretien de laquelle la France s'engageait à payer un million deux cent mille livres par an. La neutralité fut offerte à la Bavière et à la ligue, et l'on assura aux catholiques le libre exercice de leur culte; mais Gustave refusa d'accorder la neutralité à l'électeur de Brandebourg; et, après avoir pris Colberg et Francfort-sur-l'Oder, il arriva au commencement du mois de mai 1631 devant Berlin. L'électeur, contraint de se décider, reçut une garnison suédoise dans la forteresse de Spandau.

SIÉGE DE MAGDEBOURG.

C'est alors que Tilly retira toutes ses forces derrière l'Elbe, pour s'emparer de Magdebourg, et contraindre les bourgeois à recevoir l'évêque nommé par l'empereur; car ils l'avaient formellement refusé, et prétendaient maintenir les droits de l'administrateur Christian Guillaume de Brandebourg.

Ce prince, par des hostilités peu réfléchies, s'était attiré sur les bras toute l'armée de Tilly, dans un moment où Gustave, retenu par les prétentions de l'électeur de Saxe à garder la neutralité, ne pouvait encore venir lui-même à son secours. Il dut se contenter de lui envoyer un officier expérimenté, Falkenberg, avec quelques troupes. Falkenberg exalta le courage des bourgeois, mais ne put sauver la ville attaquée par toutes les forces réunies de Tilly. Aussi, malgré la défense la plus opiniâtre, les Impériaux s'emparèrent-ils peu à peu de tous les ouvrages extérieurs. Bientôt les assiégés commencèrent à s'apercevoir qu'ils n'avaient plus de secours à attendre ni du roi de Suède, ni des confédérés de Leipzig; la désunion se mit parmi eux; et, comme pour surcroît de maux, la disette se fit sentir, on se vit dans la nécessité de traiter avec Tilly.

SAC DE MAGDEBOURG.

Les Impériaux, accoutumés au pillage, prévoyaient bien qu'il n'y aurait pas de butin à faire si la ville venait à capituler; aussi, au moment où l'on s'y attendait le moins, le comte Pappenheim ordonna une attaque vers la pointe du jour, tandis que les bourgeois, épuisés par une lutte et des veilles continuelles, et rassurés d'ailleurs par les négociations commencées, étaient allés prendre quelque repos. Toutefois, les Impériaux étaient déjà sur le point de se voir rejetés hors des ouvrages qu'ils avaient escaladés, quand Falkenberg fut tué et l'administrateur blessé. En même temps, des renforts arrivèrent aux Impériaux, et Pappenheim ayant fait mettre le feu à une maison, l'incendie s'étendit rapidement sur toute la ville (10 mai 1631).

Les scènes d'horreur qui suivirent la prise de Magdebourg sont depuis longtemps regardées comme les plus déshonorantes pour l'humanité; et pourtant, dans cette circonstance, les Impériaux ne s'écartèrent point de leur façon d'agir habituelle; les excès qu'ils commirent à Magdebourg, ils les commettaient chaque jour dans la campagne : ce qui mit le comble à l'horreur qu'ils inspiraient, c'est qu'ils osèrent exercer leurs fureurs sur une ville aussi importante. A la nouvelle du sac de Magdebourg, il se trouva des protestants qui prétendirent que, si Gustave n'avait pas voulu secourir Magdebourg, c'était afin de mettre les confédérés dans la nécessité de se jeter à tout prix dans ses bras; mais il ne lui fut pas difficile de prouver que l'indécision seule des électeurs de Brandebourg et de Saxe l'avait empêché de se porter en avant.

OPÉRATION DE GUSTAVE. — BATAILLE DE LEIPZIG.

Cependant Tilly ayant quitté le Brandebourg pour aller châtier le landgrave de Hesse, Gustave se replia sur Spandau; mais l'électeur de Brandebourg, qui ne lui avait cédé cette forteresse que jusqu'au déblocus de Magdebourg, et qui se flattait toujours de faire reconnaître par les deux partis la neutralité des pays entre l'Oder et l'Elbe, crut devoir la lui redemander. Gustave, pour tenir la parole qu'il avait donnée, quitta Spandau le 8 juin; mais, le 9, il vint mettre le siége devant Berlin; et, le 11, l'électeur conclut un nouveau traité d'après lequel il restitua Spandau aux Suédois, et leur promit un subside de trente mille écus par mois. En même temps, Gustave reçut la nouvelle de la reddition de Greifswalde, l'unique place de la Poméranie qui fût encore entre les mains des Impériaux; ainsi, bien rassuré sur ses derrières, il passa l'Elbe, et se retrancha dans un camp près de Werben, pour attendre des renforts qui devaient lui arriver de l'Écosse et de la Suède. C'est là que vint le trouver le duc Bernard de Saxe-Weimar, qui, depuis 1627, s'était retiré du théâtre de la guerre; Gustave lui promit les évêchés de Bamberg et de Wurzbourg, avec le titre de duc de Franconie.

Cependant Tilly revint de la Hesse et de la Thuringe dans le dessein d'attaquer le roi de Suède, mais il trouva Gustave dans une position inexpugnable. On reconnut bien de part et d'autre qu'une bataille décisive ne pourrait être plus longtemps différée; mais, de part et d'autre, on chercha à gagner du temps, afin d'attendre la décision de l'électeur de Saxe, qui, enfin, contraint par les menaces intempestives de Tilly, se jeta dans les bras du roi de Suède.

Le 2 septembre, Gustave entra dans Wittenberg : « Messieurs, dit-il aux « étudiants qui vinrent le saluer en cé- « rémonie, c'est de chez vous que la « lumière de l'Évangile nous est venue; « mais ses ennemis l'ayant obscurcie, « il faut que nous venions à notre tour « rallumer le flambeau avec l'aide de « Dieu. » Le lendemain, l'armée saxonne, forte de plus de dix-huit mille hommes, se réunit à celle du roi, qui se montait à vingt-deux mille; ensuite on délibéra s'il convenait de livrer une bataille. L'électeur, indigné de voir tant d'armées étrangères dans son pays, désirait ardemment qu'on en vînt aux mains; Gustave, qui le désirait peut-être non moins ardemment que lui, n'en fit pas moins observer à son nouvel allié qu'une bataille pourrait faire chanceler et peut-être même tomber les bonnets de deux électeurs, tandis que lui, il pourrait toujours se retirer en toute sûreté derrière le large fossé de la Baltique. L'électeur insista, et Gustave se rendit à ses raisons.

Nous n'insisterons pas sur les détails de cette lutte si longue et si acharnée, qui se termina par la victoire des Suédois à Leipzig. Nous avons reproduit ailleurs (*) le brillant récit que nous en a laissé l'illustre historien de la guerre de trente ans? Arrêtons-nous seulement aux résultats. Différents avis furent ouverts pour profiter de cet important succès. Les plus hardis voulaient que les Suédois et les Saxons réunis pénétrassent sur-le-champ par les défilés de la Bohême dans les États héréditaires de l'empereur. Il ne faut pas, disaient-ils, laisser à l'empereur le temps d'occuper ces défilés; il faut lui rendre l'attaque improvisée et soudaine qu'il a tentée contre la Saxe. Les États de la Bohême et de l'Autriche, composés en grande partie de protestants déguisés ou con-

(*) *Univers*, *Europe*, t. IV (Suède et Norwége), p. 100 et suiv.

vertis par la France, ne manqueront point de venir au secours de l'invasion en faisant une levée de boucliers. L'empereur n'a aucune armée à opposer; on fera la guerre aux frais de l'ennemi, et l'on en viendra d'autant plus promptement à une paix équitable, qu'on n'aura pas sur les bras des alliés nombreux ayant tous des intérêts opposés, et que l'adroite politique de la cour de Vienne parviendra tôt ou tard à séduire si on lui en laisse le temps.

A cette proposition hardie on objectait qu'on ne devait point songer à faire des conquêtes, mais à délivrer des coreligionnaires opprimés, et à s'assurer des amis dans l'Allemagne occidentale, afin de pouvoir donner la main à la France; qu'il n'était de la dignité ni d'un roi de Suède, ni d'un électeur de l'Empire de faire la guerre comme des Thurn et des Mansfeld; qu'on ne pouvait, sans se faire illusion, croire que Ferdinand se laisserait amener à une prompte paix; que les ennemis avaient prouvé avec quelle obstination ils savaient supporter des revers sans jamais consentir à aucune concession; que, dans tous les cas, même en admettant la possibilité d'une conquête rapide, on n'aurait pas des forces suffisantes pour garder les pays conquis; que l'Espagne, l'Italie et toute l'Allemagne catholique se lèveraient en faveur de la maison d'Autriche, et que la France, par quelques cessions de territoire sur le haut Rhin, se laisserait facilement attirer dans le parti où le système religieux du cardinal de Richelieu semblait devoir la placer, aussitôt que les intérêts politiques de la France seraient satisfaits; que, d'un autre côté, si les États des pays héréditaires étaient prêts à se soulever, une partie de l'armée suffirait pour les soutenir, et qu'il était important de ne pas donner de relâche à Tilly qui s'occupait déjà à former sur le Wéser le noyau d'une nouvelle armée.

On rejeta donc la proposition de tomber avec toutes les forces réunies sur les provinces autrichiennes; et l'on n'eut plus qu'à décider quelle serait celle des deux armées qui se rendrait en Bohême, tandis que l'autre se dirigerait vers le sud-ouest. Gustave céda sans peine aux Saxons la conquête de la Bohême. Il voulait, lui, être le libérateur de l'Allemagne; il avait peu de confiance dans la bravoure des Saxons et dans les talents de leur chef; et peut-être aussi songeait-il à des acquisitions territoriales. Or, qu'aurait pu faire la Suède des provinces qu'on lui aurait assignées dans les pays héréditaires?

Les Saxons entrèrent donc en Bohême. Ils n'y trouvèrent aucune résistance; les exilés furent rétablis dans leurs biens, et les catholiques furent laissés en possession de presque toutes les églises. Aucune réaction n'eut lieu; l'électeur ayant des vues sur ce pays, pensait sagement que l'équité et la modération seraient les meilleurs moyens pour gagner les cœurs. Gustave, de son côté, pénétra sans rencontrer de résistance jusqu'à Wurtzbourg, où il entra le 2 octobre. Francfort, Mayence, Manheim, Spire, Worms, la plus grande partie du Palatinat et presque toute l'Alsace virent, avant la fin de l'année, se retirer les ennemis qui les occupaient. La Hesse et le Méklenbourg furent délivrés, et un grand nombre de princes et de villes libres furent attachés par des traités à la cause évangélique. Tilly, bien qu'il eût formé une nouvelle armée, évita de se trouver en face de Gustave, et se retira sur les derrières du roi dans la haute Allemagne.

CONDUITE DE L'EMPEREUR APRÈS LA BATAILLE DE LEIPZIG.

A Vienne, une fausse nouvelle du gain de la bataille de Leipzig avait d'abord exalté l'opinion; la consternation n'en fut que plus grande, lorsqu'on connut la vérité. « Je n'aurais jamais « cru, dit un ministre, que Dieu serait « devenu luthérien. » Cette défaite, en effet, était effrayante pour la maison d'Autriche; de toutes parts les princes et les villes se déclaraient contre elle. Lorsque Louis XIII vint peu de temps après à Metz, « il y trouva, dit son ministre (*), des ambassadeurs allemands qui l'y attendoient, et d'autres étoient prêts de l'y venir trouver; car le passage du roi de Suède, qui, comme un éclair, avoit traversé toute l'Allemagne depuis la mer Baltique jusques à Mayence, le ravage qu'il avoit fait dans tous les États de ses ennemis, et la ruine de toutes les puissances qui s'étoient opposées à lui, avoient porté un tel effroi dans les cœurs de tous les peuples de ladite Allemagne, que la plupart des villes et des princes se déclarèrent pour lui de tous côtés, presque en même temps, contre l'empereur, qui ne sembloit pas être assuré dans sa ville de Vienne ni dans ses provinces héréditaires, tant à cause de la grande quantité d'ennemis qui étoient élevés contre lui, que pour ce que ses peuples ne lui étoient pas affectionnés.

« En cette extrémité, on lui donna conseil de se retirer à Gratz en Styrie, tandis qu'il assembleroit de nouvelles forces pour opposer à celles qui venoient fondre sur lui; et plusieurs encore furent d'avis que lui-même, ou le roi de Hongrie, son fils, se missent à la tête de cette armée, pour montrer qu'ils vouloient à l'avenir prendre soin de leurs propres affaires et ne les négliger pas et les remettre entièrement à ses officiers, comme il avoit fait auparavant; donner, par ce moyen, espérance de meilleur traitement à ses sujets, qui se plaignoient de l'avarice de ses ministres, de leur rigueur, et des exactions qu'ils leur faisoient souffrir à son insu. Mais le conseil de se retirer à Gratz lui semblant trop honteux, et celui de commander lui-même à son armée trop hasardeux, il se résolut de demeurer à Vienne, de la faire fortifier en diligence, et faire la guerre par ses lieutenants, comme il avoit toujours fait jusqu'alors, prenant pour prétexte de n'aller pas lui-même à l'armée, que la majesté de loin étoit plus vénérable, et que c'étoit à un dernier remède qui lui resteroit à

(*) Mém. de Richelieu, t. VII, p. 16.

tenter pour l'extrémité. Cette résolution prise, il pensa à faire un autre général d'armée outre Tilly, pour ce qu'ayant deux ennemis en tête, le Suédois et le Saxon, il lui falloit deux armées commandées par deux généraux pour s'opposer à eux.

RAPPEL DE WALDSTEIN. — CONDITIONS QU'IL IMPOSE A L'EMPEREUR.

« Pour cet effet, il jeta les yeux sur Walstein pour l'honorer de cette charge, dont il s'étoit autrefois acquitté si glorieusement et utilement pour son service; mais il l'avoit indisposé à la diète de Ratisbonne, sur les plaintes, ou véritables ou envieuses, qui lui furent lors faites par les états de l'empire, pour les extorsions intolérables qu'il faisoit pour l'entretênement de ses gens de guerre.

« Le dit Walstein fait le renchéri, et, soit qu'il veuille faire acheter la nécessité qu'il voit qu'on a de lui, soit que véritablement le mauvais traitement qu'il a reçu par le passé, et le repos qu'il a commencé à goûter, lui fassent désirer de jouir le reste de sa vie des richesses et de la gloire qu'il a acquises, il propose la faiblesse de son âge qui entroit dans la vieillesse, l'incommodité de ses gouttes qui le travailloient ordinairement, et surtout la haine qu'on lui porte en l'empire; mais voyant que l'empereur ne reçoit point ses excuses en payement, et que plus il recule, plus il le presse d'accepter cette charge et l'y servir, il consent à sa volonté, mais il stipule qu'il aura seul la puissance souveraine non-seulement en l'armée, mais en la guerre. »

Les conditions qu'il fit à l'empereur avant d'accepter sont trop remarquables pour ne pas être rapportées ici : Waldstein, disaient-elles, sera généralissime de toute la maison d'Autriche et de la couronne d'Espagne, *in absolutissima forma*. L'empereur et le roi des Romains ne pourront point se trouver à l'armée, et encore moins récompenser ceux qui la composent. Pour récompense ordinaire, Waldstein aura une hypothèque formelle sur l'un des pays héréditaires de l'empereur, et pour récompense extraordinaire les droits régaliens sur tous les pays conquis. Il pourra exercer librement et souverainement dans tout l'empire le droit de confiscation, *in absolutissima forma*, ainsi que le droit de faire grâce et d'accorder des sauf-conduits. Tout grade accordé par l'empereur, et qui ne serait pas revêtu de la signature de Waldstein, n'aurait aucun effet *quoad bona*, mais seulement *quoad famam*, car autrement l'empereur, dans sa bonté, ne laisserait aucun moyen de récompenser les officiers et les soldats! A la paix, on s'occuperait des droits du général sur le Mecklenbourg, et on lui donnerait tous les moyens et tout l'argent nécessaires pour le reconquérir. Le cardinal de Richelieu entrevit sur-le-champ que des stipulations aussi exorbitantes ne pourraient manquer de perdre celui au profit duquel elles avaient été imposées.

« Il seroit difficile, dit le cardinal dans ses mémoires (*), de juger si ces conditions étoient insolentes pour un serviteur envers un maître, ou nécessaires au service de l'empereur en l'extrémité où se trouvoient ses affaires, en laquelle il a toujours été jugé absolument nécessaire que le prince qui n'agit pas immédiatement par lui-même se remette entièrement de toutes choses en un seul, se confiant en lui totalement. Quoi qu'il en soit, on peut bien dire absolument que lesdites conditions furent la cause de sa ruine ou de sa mort; car l'empereur, ou jaloux de sa nature, ou se laissant aller à la jalousie des grands de sa cour, ne les voudra pas observer; Walstein en témoignera du mécontentement, sur lequel on lui fera croire qu'il est traître, et on le traitera avec toute la cruauté que peut mériter la plus infâme et la plus avérée trahison qui puisse tomber en l'esprit du plus méchant homme du monde. »

ESPÉRANCES AMBITIEUSES DU ROI DE SUÈDE.

Pendant ces négociations, Tilly était

(*) Tome VII, p. 18.

parvenu à ranimer le courage de son armée, et il s'était présenté avec des forces redoutables devant Nuremberg. Gustave, qui se trouvait encore à Francfort, marcha aussitôt à sa rencontre. Tilly était resté si fidèle à ses anciennes habitudes de pillage et de dévastation, que toutes les villes de la Franconie reçurent le roi de Suède comme un libérateur. Maximilien conseilla à Tilly de se retirer vers la Bohême, afin de transporter le théâtre de la guerre sur les possessions de la maison d'Autriche, persuadé que Gustave y suivrait à la piste son adversaire de Leipzig. L'électeur ne tarda pas à être puni cruellement de ce perfide machiavélisme. D'un autre côté, le langage que Gustave commençait à tenir fit réfléchir les protestants, et leur prouva combien il est dangereux de recourir à l'intervention d'une puissance étrangère pour régler les affaires de la patrie; que, quelque désintéressée que cette puissance soit dans le principe, le bruit des armes, l'enivrement de la victoire, ou bien encore le dépit causé par des revers, ne manquent jamais de transformer ce désintéressement en égoïsme. Les habitants de Nuremberg ayant accueilli l'armée suédoise avec empressement, Gustave leur répondit dans le jargon diplomatique de cette époque : qu'il ne prendrait rien à ses amis, qu'il ne demanderait même pour les avoir délivrés que *gratitudinem*, mais que son intention était de garder ce qu'il prendrait à ses ennemis, surtout *pontificiis ;* que l'alliance protestante (il voulait probablement désigner sous ce nom la partie protestante de l'empire) devait se séparer des catholiques et se pourvoir d'un *capo* digne de sa confiance; qu'on ne devait point songer à le satisfaire, comme un partisan, par quelques mois de solde ; que, roi, il pourrait demander des provinces, selon les théories de Grotius et *ex jure gentium*, bien que du reste il ne manquât ni de terres ni de royaumes; que s'il restituait quelques conquêtes, comme, par exemple, la Poméranie et le Mecklenbourg, on ne pourrait lui refuser les *jura superioritatis* qui avaient autrefois appartenu à l'empereur ; que l'ancien édifice de l'empire ne valait plus rien ; que les princes de l'Italie étaient plus indépendans que les princes de l'Allemagne, etc.— Trois siècles plus tard, ces idées furent réalisées. On prétend que Gustave ne les mit en avant que pour se faire élire empereur. Ce qu'il y a de certain, c'est que ses prétentions s'étaient accrues avec le succès. Comment expliquer autrement l'exclamation qui lui échappa, dit-on, en recevant la mort : « A un autre le monde ! »

PASSAGE DU LECH. MORT DE TILLY.

Mais avant que l'empereur eût le temps de profiter du changement qui s'était opéré dans les dispositions des princes protestans, Gustave s'avança par Schwabach et Donauwerth jusqu'au Lech. Là Tilly « se joint aux troupes de l'électeur de Bavière, campe son armée au delà de la rivière, et rompt le pont pour empêcher le roi de Suède de venir à lui, lequel, le suivant, reprit Bamberg et toutes les autres places dont il s'étoit rendu maître, s'assura de Nuremberg, dont il se saisit le 20 mars, et va droit à Donawerth, ville sur le Danube, laquelle, bien que Tilly eût munie de tout ce qui semblait être nécessaire pour sa défense, il emporta en vingt-quatre heures ; et ensuite s'assura de toutes les villes et passages le long de ladite rivière jusques à Ulm, qui étoit déjà à lui. Lors il fait passer son armée au delà le Danube dans la Bavière, poursuivant Tilly, qui, après avoir mis quatre mille hommes dans Augsbourg, s'étoit allé camper au delà la rivière du Leck, près de la ville de Rain, où, ayant rompu le pont, il se retrancha en résolution d'empêcher le passage de la rivière au roi de Suède, qui vint camper vis-à-vis de lui sur l'autre rivage, résolu aussi de la passer. Leurs armées étoient quasi égales, étant composées de trente à trente-cinq mille hommes chacune. Le duc de Bavière étoit en personne en celle de Tilly, et attendoit un secours de quatre mille chevaux et sept mille hommes de pied commandé par Gallas, qui venoit de Bohême. Saint-Étienne étoit près de lui il y avoit longtemps, traitant de la part du roi pour la neutralité ; il l'envoya au roi de Suède avec excuse s'il ne l'avoit encore reçue, et promesse de condescendre à toutes conditions équitables ; mais l'extrémité de l'occasion ne donnoit pas lieu à cette négociation.

« Le roi de Suède voyant qu'il tentoit en vain de passer la rivière du Leck, fit semblant de perdre ce dessein : il logea son armée dans les bourgs et les villes d'alentour ; et, vers le commencement d'avril (1632), remarquant que les troupes ennemies prenoient moins soigneusement garde au rivage, il choisit une nuit obscure accompagnée de pluie, jeta un pont sur la rivière, et eut passé la plus grande partie de son armée avant que le soleil fût levé ; et, à mesure qu'elle passoit, il avoit soin de la mettre en bataille devant le pont, de part et d'autre, laissant le milieu libre pour donner moyen au reste de son armée, qui passoit, de filer toujours et s'y mettre en bataille, et empêcher aussi par cet ordre l'effort des ennemis s'ils le venoient attaquer, contre lesquels il avoit fait braquer son artillerie pour les endommager auparavant qu'ils fussent arrivés à ses gens.

« Tilly en étant averti y court, et, trouvant la plupart de l'armée passée, jugea bien que c'étoit une hardie entreprise à lui de la vouloir combattre ; craignant néanmoins qu'il n'y eût pas moins de péril pour lui de se retirer, en étant venu si avant, il se résout de combattre ; et envoyant sa cavalerie légère essayer d'attaquer les Suédois par derrière et les séparer de leur pont, et, par ce moyen, du reste de leurs troupes qui étoient de là de l'eau, il va avec le reste de son armée l'attaquer de front, anime ses soldats, par la considération de l'armée ennemie qui est moindre que la sienne et divisée, et partant qu'il leur est facile de les vaincre et d'effacer la tache dont ils ont souillé leur gloire en la bataille de Leipsick ; et néanmoins, que s'ils ne sont victorieux, il n'y a point de salut pour eux, ayant affaire à un prince qui les poursuivra avec tant d'ardeur qu'il ne leur donnera pas lieu de se pouvoir retirer nulle part. Le roi de Suède, au contraire, représente aux siens qu'ils sont en possession de vaincre Tilly : la facilité qu'il leur en donne venant à eux, au lieu de les attendre en son camp où il eût eu peine à les forcer ; que les ennemis mêmes leur offrent la victoire ; qu'ils les en doivent remercier, l'acceptant et combattant courageusement. Si l'attaque fut furieuse de la part de Tilly, elle fut soutenue vivement par le roi de Suède ; et enfin, après trois heures de combat, le reste de l'armée suédoise étant passé durant ce temps, les Impériaux, qui étoient venus de loin au combat, commencèrent à se lasser et à lâcher le pied. Tilly allant par tous les rangs, les suppliant de ne pas les abandonner et de mourir avec lui en combattant plutôt que fuyant avec honte, fut blessé d'un coup de fauconneau ; Aldringuer le fut aussi d'un coup de mousquet. Les deux chefs étant blessés, toute l'armée s'enfuit à vau-de-route ; et les chemins étant glissants et fangeux, les soldats harassés ne pouvant presque cheminer, il en fut fait un grand carnage par les Suédois, et eût été plus grand si le duc de Bavière, que Tilly avoit, en partant de son camp, averti de le suivre, ne fût arrivé avec son armée, qui étoit de dix mille hommes, n'eût fait tourner tête aux Impériaux et arrêté les Suédois, contre lesquels néanmoins il n'osa pas hasarder le combat, mais se contenta d'arrêter la déroute des siens, et se retira dans la forteresse d'Ingolstadt, où, peu de jours après, Tilly mourut chargé de victoires durant tout le cours de sa vie, excepté contre le roi de Suède contre lequel il ne put jamais avoir aucun avantage, mais, au contraire, en fut toujours battu en toutes les rencontres, soit que le roi de Suède fût plus habile et plus grand capitaine que lui, et ses soldats meilleurs que les siens, ou que la fortune soit d'ordinaire plus favorable aux jeunes capitaines qu'aux vieux (*). »

LES SUÉDOIS EN BAVIÈRE.

Gustave était sous les murs d'Ingolstadt, lorsqu'un ambassadeur de France, Saint-Étienne, se présenta pour négocier la neutralité de l'électeur de Bavière. « Je connais trop bien, répondit Gustave, l'électeur de Bavière et sa *prêtrise;* il porte une casaque doublée, et, selon les circonstances, il tourne en dehors aujourd'hui le rouge, demain le bleu. Je conçois qu'on puisse le défendre ; à qui voudrait faire l'éloge du pou, cet animal immonde, il se présenterait vingt choses à dire, par exemple, que c'est un animal fidèle et utile qui suce le mauvais sang de l'homme. Mais, pour cette fois, on ne m'y prendra pas, je connais le cœur faux du Bavarois. » Puis il proposa des conditions très-dures que l'électeur refusa comme on s'y attendait, et Ingolstadt opposant une résistance opiniâtre, l'armée suédoise s'empara de Landshut, le jour anniversaire de la prise de Magdebourg, mais, il faut le dire à sa louange, sans songer à exercer aucunes représailles. Le 17 mai, Gustave entra à Munich. On redoutait que les protestants ne se vengeassent, sur la capitale de la ligue, des cruautés exercées dans le nord par leurs ennemis ; mais la discipline de l'armée suédoise était si admirable et tellement connue que, deux heures après l'entrée du roi, toutes les boutiques étaient ouvertes. Gustave, dont l'affabilité ne se démentit pas dans cette circonstance, assura aux bourgeois qu'il n'était pas venu imiter ses aïeux les Goths. Il protégea le culte catholique et y assista même avec recueillement. Toutefois on fit payer à la ville une contribution considérable, et cent quarante canons, que l'on découvrit sous les dalles de l'arsenal, furent déclarés

(*) Mém. de Richelieu, t. VII, p. 52 et suiv.

de bonne prise. *Surgite a mortuis*, dit alors le roi, *et venite ad judicium*.

Dans les campagnes cependant, les choses se passaient d'une manière différente. Les paysans bavarois, qui ne savaient pas encore ce que c'était que l'état de guerre, et qui, d'ailleurs, se sont toujours distingués par leur attachement au catholicisme, prirent les armes aux moindres vexations, massacrèrent tout ce qui tomba sous leurs mains. Ils en furent punis avec une cruelle rigueur.

SUCCÈS DE WALDSTEIN SUR LES SAXONS.

Ces dures représailles n'empêchèrent pas Gustave d'étendre et d'affermir ses armes dans l'Allemagne méridionale, et l'on craignit un instant à Vienne qu'il n'allât s'unir aux Saxons, en Bohême, pour entrer ensuite avec eux en Autriche. Mais Georges de Saxe n'était point fait pour une telle entreprise ; dépourvu de toute fermeté et de toute persévérance, adonné à la chasse et aux plaisirs, envieux et jaloux de Gustave, il se laissa intimider par Waldstein, et retenir par les envoyés de Richelieu. La discipline de son armée se relâcha bientôt, et l'amitié qu'avaient eue d'abord les Bohémiens pour les Saxons fit en peu de temps place à la haine et à l'aversion. Waldstein qui, dès le mois d'avril, disposait d'une armée de 40,000 hommes, tomba soudain sur les Saxons, qui avaient négligé les avis et les conseils du roi de Suède, s'empara de Prague le 4 mai, en abandonna les quartiers les plus riches à sa jeune armée, extorqua des contributions des autres quartiers, chassa rapidement les Saxons de toute la Bohême, et se trouva le 11 juin à Égra, faisant ainsi sa jonction avec l'électeur de Bavière, qui, à la tête de ce qu'il avait pu sauver de ses forces, s'était retiré sur Ratisbonne. Gustave dut regretter alors de n'avoir pas suivi le conseil d'Oxenstierna, qui, après la bataille de Leipzig, voulait qu'on marchât droit sur Vienne, ce qui n'aurait pas, croyait-on, éveillé la jalousie de la France. Désormais il voyait bien que sa position en Bavière était d'autant moins soutenable que Pappenheim, lui faisant la guerre dans la basse Saxe et sur le Rhin, il était en danger de se voir entouré de tous côtés par les ennemis. Il se retira donc en Franconie, et se fortifia le 19 juin près de Nuremberg. Le 30, les Impériaux et les Bavarois se trouvaient en face de lui, avec une armée bien supérieure, et se fortifièrent également. Waldstein n'osa pas attaquer les Suédois avec son armée nouvellement formée. « S'ils sont battus, disait-il, ils trou-
« veront une retraite inattaquable dans
« Nuremberg ; et si nous le sommes,
« rien ne s'opposera plus à leur mar-
« che sur Vienne. »

BATAILLE DE LUTZEN.

Cependant des maladies et une disette se firent sentir dans les deux camps, et Gustave qui avait, au commencement du mois d'août, reçu des renforts considérables, résolut d'attaquer le camp de Waldstein. Le 24 août, il lui donna l'assaut pendant six heures, avec la bravoure et l'opiniâtreté qui distinguaient l'armée suédoise, sans pouvoir cependant obtenir le moindre avantage. Toutefois, il était également impossible aux deux armées de rester plus longtemps dans ce pays épuisé par la guerre, et le 8 septembre, Gustave, après avoir jeté une forte garnison dans Nuremberg, quitta son camp en plein jour, au bruit des fanfares militaires, et se retira dans le meilleur ordre, d'abord sur Neustadt, et puis sur Nordlingen et Donauwerth. Waldstein et Maximilien se séparèrent à Cobourg, l'électeur se rendit par Bamberg à Ratisbonne, le généralissime à Meissen, en forçant Bernard de Weimar à se retirer, et en rappelant auprès de lui, non-seulement toutes les forces qu'il avait laissées en Bohême, mais aussi Pappenheim, qui venait de *traiter en Autrichien* la basse Saxe et la Westphalie.

Le 22 octobre, Waldstein occupa Leipzig et Halle, et Gustave se vit contraint de quitter la haute Allemagne pour venir au secours de la Saxe, et d'interrompre par là les conférences d'Ulm, ainsi que les négociations relatives à la restitution du Palatinat. Gustave, après une marche rapide, se fortifia près de Naumbourg, et trouva dans cette partie de l'Allemagne les affaires bien changées à l'avantage de Waldstein, Arnheim, le général saxon, n'ayant nulle part agi avec la résolution et la promptitude convenable, et s'étant laissé séparer du roi, ainsi que des autres généraux, par l'occupation de Halle et de Leipzig.

Ainsi Gustave se voyait réduit aux forces qu'il amenait avec lui. Waldstein, toutefois, n'osa point attaquer le roi; Pappenheim lui-même, moins impétueux depuis la bataille de Leipzig, déclara la position du roi inattaquable, et soutint qu'il fallait avant tout secourir Cologne, assiégée par le comte Henri de Berg. Aussitôt que Gustave sut que Pappenheim était en marche sur Halle, il quitta son camp le 16 novembre, et se dirigea par Weissenfels sur Lutzen. En route, on fit prisonnier un capitaine impérial qui assura à diverses reprises que Pappenheim s'était de nouveau réuni à Waldstein. Cette assertion engagea le roi à réfléchir sur l'opportunité d'une bataille, et lui fit perdre des heures précieuses pendant lesquelles Waldstein dépêcha courrier sur courrier à Pappenheim, pour l'inviter à rebrousser chemin. Enfin Gustave se décida à engager le combat qui devait être pour lui si glorieux et si funeste. Nous renvoyons encore à Schiller (*) pour les détails de cette lutte, où le génie militaire de Gustave l'emporta sur celui de Waldstein, mais où le roi de Suède périt au milieu de son triomphe.

MORT DU ROI DE SUÈDE.

« La mort du roi de Suède, dit Richelieu, est un exemple mémorable de la misère humaine, ne lui étant pas, à l'instant de sa mort, resté de tant de provinces qu'il avoit conquises sur ses voisins, et tant de richesses qu'il avoit gagnées en Allemagne, une seule chemise pour couvrir son infirmité, l'orgueil de sa naissance et de la réputation de ses armes, qui l'élevoit audessus de plusieurs grands monarques, ayant été battu jusqu'à ce point que d'être foulé aux pieds des chevaux amis et ennemis, et si égal au corps des moindres soldats entre lesquels le sien étoit gisant, meurtri et souillé de sang, que ses plus familiers même eurent peine à le reconnoître pour lui rendre l'honneur de la sépulture. Telle fut la fin de toute sa grandeur.

« Le pape, oyant cette nouvelle, alla en l'église nationale des Allemands, dire une messe basse. Les Espagnols, qui vouloient que ce roi, qui ne faisoit la guerre qu'à leur ambition et en faveur des princes qu'ils avoient opprimés, fût estimé comme si le but de ses armes étoit la destruction de l'Église, se plaignirent hautement de ce que le pape n'avoit point fait chanter le *Te Deum*, et tirer le canon en signe de réjouissance, ce qui fut fait le lendemain, qui étoit un dimanche, à l'issue de la chapelle (*); les uns disoient que c'étoit sur le sujet de ladite mort, les autres, sur celui de l'élection du roi de Pologne, dont l'avis étoit venu au même temps.

« Ils avoient raison de faire tant d'estime de la personne de ce prince, et néanmoins ils furent trompés en l'espérance qu'ils avoient que tout seroit divisé après sa mort; car il avoit eu tant de prévoyance, qu'ayant fait reconnoître en Suède sa fille pour son héritière, il avoit désigné en Allemagne Oxenstierna, au cas qu'il mourût, pour avoir la direction des affaires et le souverain commandement des armes,

---

(*) Nos lecteurs retrouveront dans le volume consacré à la Suède, p. 112 et suiv., l'admirable récit que Schiller fait de cette bataille.

(*) Quelques mois après la mort de Gustave on représenta douze jours de suite à Madrid un drame sur la fin tragique de ce prince. Ce drame avait vingt-quatre actes, et quiconque n'y assistait pas, ou même n'y prêtait pas attention, était tenu pour ennemi de la maison d'Autriche (Jos. Riccius; *de bellis germanicis*, p. 441; Mercure français, t. XIX, p. 743).

de manière que sa mort n'étonnât point en sorte le parti qu'il ne demeurât en état de pouvoir continuer la guerre. Outre que si la mort du roi de Suède ôtoit au parti un si grand capitaine, aussi délivroit-elle tous les princes collègues de la jalousie qu'ils commençoient à avoir de ce conquérant, qui, bien que sage, commençoit néanmoins à s'emporter à quelques paroles insolentes contre ces princes, et les mettoit à une disposition plus affermie de demeurer dans l'union de la ligue de Leipzig, vu principalement qu'ils se voyoient commander dix armées dans l'Allemagne, avoir les deux tiers du pays et les principales villes à leur dévotion, et étoient entrés en connoissance de leurs forces, à faute de laquelle ils avoient reçu, durant quelques années, une dure loi de ceux auxquels ils étoient capables de la donner (*). »

LE CHANCELIER DE SUÈDE OXENSTIERNA CONTINUE LA GUERRE.

Quelques semaines avant la bataille de Lutzen, Gustave avait envoyé son chancelier à Ulm, pour y tenir une diète des cercles de Souabe, de Franconie et des deux cercles du Rhin. Il devait y poser les bases d'une confédération intime, qui, dans les vues du roi, devait s'étendre sur la plus grande partie de l'Allemagne et couper, pour ainsi dire, ce pays en deux empires particuliers: l'un catholique, sous l'influence de l'Autriche, l'autre protestant, sous celle de la Suède. Les évêchés renfermés dans le second devaient être sécularisés, à l'exception de Mayence et de quelques autres que Gustave se réservait sans doute. C'est au milieu de ces négociations qu'Oxenstierna apprit la mort de Gustave; il écrivit sur-le-champ aux généraux suédois et aux confédérés allemands, et prit possession par son ascendant moral de l'autorité que, peu de temps après, on lui confirma pleinement à Stockholm, en lui donnant même des pouvoirs illimités; toutefois, on lui recommandait de tout faire pour arriver à une paix générale qui assurât à la Suède des possessions territoriales en Allemagne et sur les côtes de la Baltique.

Au mois de décembre, Oxenstierna se rendit à Dresde auprès de l'électeur de Saxe, qui ne put se résoudre à prendre aucune détermination (*); mais il fut plus heureux à Berlin, car l'électeur de Brandebourg était gagné par la France, et espérait épouser la jeune reine de Suède; puis il revint à Heilbronn présider une diète des protestants qui devait lui décerner la direction des affaires.

Richelieu, qui s'était enfin décidé à agir avec plus d'énergie et plus de franchise, depuis que l'Autriche n'avait plus pour adversaire le roi de Suède, envoya vers cette époque en Allemagne le marquis de Feuquières, cousin du fameux P. Joseph. Les instructions de Feuquières portaient qu'il devait se rendre à Dresde après s'être abouché en passant avec Oxenstierna, et persuader à l'électeur « de prendre « la direction des affaires et donner « près de lui la même part à Oxen- « stierna, en ce qui concerne ce fait, « qu'il aurait auprès de son maître (**),» le roi de France s'obligeant envers l'électeur aux mêmes subsides qu'il avait payés à Gustave. Mais l'habile négociateur vit bien qu'il était impossible d'exécuter cette partie de ses instructions; il dit donc à Oxenstierna « que Sa Majesté Louis XIII n'esti- « moit pas seulement que la subsistance « du parti jusqu'ici ne lui fût juste- « ment et entièrement due, mais que, « pour l'avenir, elle ne s'en attendoit

---

(*) Mém. de Richelieu, t. VII, p. 261 et suiv.

(*) « Ce prince, dit Richelieu, étoit le plus glorieux des Allemands, qui le sont tous naturellement, et de plus ivrogne, brutal, haï et méprisé de ses sujets et des étrangers. » Le comte de Schwartzenberg, envoyé de l'électeur de Brandebourg à Dresde, écrivait à son maître qu'il lui avait fait le sacrifice de dix ans de sa vie en buvant avec l'électeur de Saxe.

(**) Négociations de Feuquières, t. I, p. 9.

« encore qu'à lui seul, et qu'elle ne
« considéroit les autres que comme des
« Allemands (*). »

L'ambassadeur parvint à faire décider, le 13 avril 1633, à Heilbronn qu'il serait formé une confédération dont Oxenstierna serait nommé directeur, avec le pouvoir de décider seul des affaires de guerre, assisté de six conseillers nommés par les confédérés. En même temps, Feuquières conclut avec le chancelier un nouveau traité entre la France et la Suède.

Cependant Waldstein, retiré en Bohême, réorganisait son armée, punissant avec la plus grande sévérité ceux qu'il croyait n'avoir pas fait leur devoir à la bataille de Lützen, et récompensant avec une générosité non moins grande ceux dont il approuvait la conduite. Il ne fut plus question de paix. On frappa des impôts énormes sur les États héréditaires de la monarchie, et les confiscations servirent à procurer l'argent qui pouvait être encore nécessaire pour recommencer la guerre avec l'ardeur convenable.

OPÉRATIONS MILITAIRES DE L'ANNÉE 1633.

À la tête de l'armée suédoise était Bernard de Weimar, cadet de la maison ducale de ce nom, guerrier habile, ambitieux, actif, digne de succéder à Gustave, et tel enfin qu'Oxenstierna ne put le voir sans quelque jalousie. A côté de Bernard se trouvait le Suédois Gustave Horn, moins ambitieux et plus prudent que le duc de Weimar, dont il sut souvent modérer la fougue et réparer les fautes. En novembre, il obtint quelques succès sur les Impériaux et les Bavarois; en janvier 1633, Bernard prit Bamberg et Höchstedt, qu'il fit saccager; puis, s'étant réuni à Horn, il reprit Munich, que les Bavarois avaient pillé eux-mêmes pour ne rien laisser aux Suédois, et se fit céder à lui personnellement, par Oxenstierna, le duché de Franconie et les évêchés de Wurtzbourg et de Bamberg. L'électeur de Bavière s'était enfui dans le Tyrol. Ses paysans, qui se révoltèrent, furent maltraités par les deux partis, et on en massacra plus de deux mille.

Là ne s'arrêtèrent pas les succès des armes suédoises. En juillet 1633, les Impériaux furent battus près d'Oldendorf sur le Weser. Les Suédois prirent Hameln et Osnabrück, et firent évêque de cette ville le comte de Wasabourg, fils naturel de Gustave; ils parvinrent aussi à chasser les Impériaux de l'Alsace, de la Bavière et de la Souabe. Il est incontestable qu'on doit attribuer une partie de ces succès à l'inaction de Waldstein, qui, ne voulant pas exposer son armée aux risques d'une nouvelle bataille, resta en Bohême pour protéger les États héréditaires de l'empereur, liant des négociations avec la Saxe et la France, et voyant avec plaisir ravager les États de l'électeur de Saxe. Enfin il s'avança vers la Silésie, et conclut un armistice avec la Saxe, négociant toujours avec l'électeur, qu'il espérait séparer de la Suède; mais Oxenstierna ayant mis obstacle à ces projets, il s'élança soudain sur les Saxons, et, le 18 octobre 1633, il fit toute l'armée prisonnière et avec elle le vieux comte de Thurn, qu'il remit aussitôt en liberté.

A Vienne, où l'on commençait à redouter Waldstein devenu moins nécessaire, la mise en liberté du comte de Thurn parut un indice de trahison. Waldstein, dans la conscience de sa force, répondit par des menaces : « Que « vouliez-vous, dit-il, que je fisse de « ce vieux fou? A la tête des armées « ennemies, il nous est plus utile que « dans une prison. » Ensuite, profitant de la défaite des Saxons, il s'empara de toute la Silésie, et s'avança jusqu'à Berlin, où il entra le 11 novembre. Mais, le 4 novembre, *le boulevard de la Bavière était tombé*; Ratisbonne avait été prise par le duc de Weimar; et Waldstein, forcé par les instances réitérées de l'empereur de se rapprocher du midi de l'Allemagne, prit ses quartiers d'hiver en Bohême, fronçant la cour, et maudissant l'électeur de Bavière et les jésuites.

(*) Ibid., p. 41.

MORT DE WALDSTEIN.

Nous voici arrivés à un grand procès historique que nous n'essaierons pas de juger, parce qu'il faudrait de trop longues citations pour apporter la conviction dans l'esprit des lecteurs; nous dirons seulement que Waldstein, condamné jusqu'à présent comme traître par tous les historiens, vient d'être réhabilité par la publication de sa correspondance. En 1828, M. Frédéric Fœrster a publié (*) les lettres de Waldstein, tirées des archives de la famille d'Arnheim, et c'est dans ces lettres, dans celle de Ferdinand adressée au duc de Friedland, que se trouve la preuve irrécusable que plusieurs circonstances imputées à ce général comme crimes doivent être envisagées sous un tout autre point de vue; ajoutons que Richelieu ne croyait pas à la trahison de Waldstein. Nous nous contenterons de rapporter le dénoûment de ce drame sanglant.

Le commencement de la contestation qui s'éleva entre Ferdinand et son général, à la fin de l'année 1633, fut le refus légitime de Waldstein d'envoyer des troupes au secours de la Bavière, où le duc Bernard assiégeait Ratisbonne, et le désir de faire hiverner son armée dans les États héréditaires. D'abord on lui dépêcha Questemberg, pour lui persuader d'éloigner l'armée des États héréditaires de la maison d'Autriche. En même temps, le P. Chiroga fut chargé d'annoncer à Waldstein combien l'empereur était désolé que la goutte et le mauvais état de la santé du duc de Friedland ne permissent pas à ce général d'agir avec assez d'activité; il lui représenta qu'il ferait mieux de renoncer au commandement et de se retirer, alors que sa réputation était dans tout son éclat, que de risquer de la perdre par l'inaction forcée à laquelle sa santé le condamnait; qu'il ne devait point regarder cette démarche comme la preuve d'une disgrâce, et qu'il pouvait être assuré qu'on ne lui donnerait pour successeur

(*) A Berlin, 3 vol. in-8.

que le roi de Hongrie, fils aîné de l'empereur, auquel il pouvait céder le commandement sans déshonneur.

Bien que ces insinuations fussent enveloppées de paroles douces et flatteuses, Waldstein répondit brièvement que l'empereur n'avait qu'à donner ses ordres, qu'il obéirait. Cependant, lorsque le bruit de la retraite prochaine de Friedland se répandit parmi ces hommes qui tenaient tout de lui, et leurs grades et leur fortune, il y eut comme une révolte contre la cour de Vienne, et plusieurs, dans une réunion des officiers supérieurs, s'emportèrent en plaintes contre le général lui-même qui les abandonnait. Illo entreprit avec la plus grande véhémence la justification du duc, et accusa les conseillers impériaux, les jésuites, les Espagnols et autres, de ne songer qu'à renverser Waldstein, de retenir la solde de l'armée, de s'opposer à la paix contre l'avis de Waldstein, etc., etc. Échauffés par ces discours, les colonels assemblés prièrent Waldstein avec instance de ne pas renoncer au commandement, comme il avait annoncé vouloir le faire, et il consentit à rester à la tête de l'armée, à condition que de leur côté les généraux s'engageraient à lui rester fidèles.

Ces nouvelles portées à Vienne, et présentées à l'empereur comme une preuve certaine des desseins coupables du duc de Friedland, le décidèrent à une mesure qui devait prévenir, disait-on, la défection et la révolte de l'armée.

Les généraux Gallas, Altringer et Piccolomini furent gagnés secrètement. Waldstein avait comblé ce dernier d'honneurs et de richesses, et lui accordait la plus entière confiance, parce que, dit Richelieu, on lui avait dit *que sa nativité convenoit avec la sienne;* « ce qui, ajoute le cardinal, lui devoit donner le plus de défiance; car, puisqu'il étoit de naturel si rusé, il devoit croire que Piccolomini n'étoit pas moins trompeur que lui. »

D'abord Altringer se rendit en toute hâte à Vienne pour hâter la perte de Waldstein, avec l'assistance de l'ambassadeur d'Espagne, des jésuites, des confesseurs et des autres ennemis du duc. On agit avec tant de promptitude et l'on garda si bien le secret que ses amis eurent à peine quelque soupçon de ce qui se passait. Le 24 janvier, l'empereur transféra secrètement le commandement en chef à Gallas, délia tous les soldats des serments prêtés à Waldstein, promit une amnistie générale pour le passé, et menaça des peines les plus sévères ceux qui à l'avenir désobéiraient aux ordres envoyés de Vienne. Gallas, dans la conduite qu'il aurait à tenir, ne devait prendre conseil que de sa prudence et des circonstances; on l'invita seulement à agir de manière à exécuter promptement ce dont on était convenu pour le bien public, et à s'emparer de Waldstein mort ou vif.

Celui-ci, s'apercevant bien qu'il se tramait quelque chose contre lui, convoqua de nouveau ses officiers, et, lorsqu'il vit que Piccolomini, Gallas et Altringer ne se présentaient pas, il fit publier le 20 février 1634 un manifeste pour protester contre l'accusation qu'on lui intentait de vouloir abandonner l'empereur et la religion catholique. En attendant, on l'avait, le 18 février, déclaré publiquement à Vienne traître à l'Empire, et le même jour il avait lui-même dépêché le duc de Lauenbourg à Bernard de Weimar pour le presser de se réunir à lui. Waldstein, proscrit par l'homme qu'il avait deux fois sauvé, chercha enfin, à ce dernier moment, son salut dans une alliance véritable avec les ennemis de l'empereur. Il est bon de rappeler ici que Waldstein, devenu prince souverain, n'était plus le sujet de l'empereur, et pouvait traiter de puissance à puissance avec les Suédois, puisqu'on récompensait à Vienne ses services, en lui débauchant des soldats qui lui appartenaient plus qu'à l'empereur, et en mettant sa tête à prix. Malheureusement Bernard craignit que Waldstein ne songeât peut-être qu'à tromper les Suédois, et que même, s'il venait à exécuter sa défection, il n'eût peut-être pas les moyens de la faire réussir. Bernard répondit donc au duc de Lauenbourg qu'il ne pouvait se fier à un homme qui ne croyait point à Dieu. Mais, Illo et Terzki lui ayant envoyé courrier sur courrier, Bernard se mit, avec la plus grande circonspection, en marche vers Egra. Waldstein arriva dans cette ville le 24.

Il n'y avait plus à reculer. Piccolomini avait débauché la plus grande partie de l'armée, et la ville de Prague était au pouvoir de l'empereur. Waldstein se flatta qu'il pourrait se sauver avec quelques fidèles; mais, ceux qui avaient conspiré sa mort, se trouvaient précisément dans le nombre des fidèles qui l'accompagnaient. Buttler, Gordon et Leslie, tous étrangers, étaient les chefs des conspirateurs, qui se composaient de trente soldats, dont deux Écossais, un Espagnol et tous les autres Irlandais. Le 25, pendant un banquet, auquel Gordon invita ceux dont on voulait se défaire, des hommes armés entrèrent dans la salle du festin, et aux cris de *Vive Ferdinand! Vive la maison d'Autriche!* immolèrent Kinski, Illo et Terzki, qui périrent en se défendant vaillamment. Ensuite, comme le duc ignorait encore ce qui s'était passé, on délibéra s'il fallait le faire prisonnier ou le tuer. On se décida pour l'assassinat. Waldstein, réveillé par le bruit qu'occasionna le désarmement de ses gardes, se leva en sursaut au moment où le capitaine Deveraux entrait dans sa chambre : « Voilà, s'écria le capitaine, le lâche « qui veut conduire à l'ennemi l'armée « de l'empereur, et qui espère lui arracher sa couronne. » Waldstein, sans proférer un mot, ouvrit les bras, et, percé d'un coup de pertuisane, tomba mort aux pieds de son bourreau. Dans toute la Bohême, des exécutions et des confiscations sans nombre eurent lieu, et les conspirateurs furent richement récompensés; Leslie et Buttler furent faits comtes, Piccolomini fut élevé au rang de prince.

RÉFLEXIONS DE RICHELIEU SUR LA MORT DE WALDSTEIN.

« C'est, dit Richelieu, une chose bien étrange, et qui montre la faiblesse et l'indignité des hommes, que, de tant d'hommes qu'il avoit obligés, il n'y en eut un seul dans la ville qui s'émut pour venger sa mort; chacun d'eux cherchant des prétextes imaginaires de son ingratitude ou de sa crainte.

« Sa mort est un prodigieux exemple, ou de la méconnoissance d'un serviteur ou de la cruauté d'un maître, car l'empereur, durant sa vie, qui a été traversée d'accidents mémorables, n'a trouvé personne dont les services approchassent de ceux qu'il lui avoit rendus; mais aussi difficilement, les histoires fourniront-elles un exemple d'un serviteur si hautement récompensé de son maître qu'il lui avoit été du sien.

« Néanmoins, nous le voyons terminer sa vie d'une mort violente par le commandement de son maître, et l'ayant si souvent exposée pour son service, lui être ravie par lui-même; son maître se plaint qu'il lui a été infidèle, et qu'ayant tant reçu de sa libéralité qu'il ne lui restoit plus rien à espérer de lui, il le méprise et est las de le servir; mais il faut qu'il avoue qu'il ne peut citer aucun desservice qu'il en ait reçu, et Waldstein lui pourroit compter un million de services qu'il lui a rendus, et si l'empereur lui oppose les jalousies qu'il lui donne sujet d'avoir de lui, il pourroit avec justice lui répondre qu'auparavant que de les croire, il devoit peser en son esprit, dépouillé de passion, quels étoient les plus grands ou les témoignages effectifs de sa fidélité, ou les simples soupçons du contraire. Mais, soit que, ou l'empereur ait été un mauvais maître ou Waldstein infidèle serviteur, c'est toujours une preuve de la misère de cette vie, en laquelle, si un maître a peine de trouver un serviteur à qui il se doive confier entièrement, un bon serviteur a d'autant d'avantages de se fier totalement en son maître, qu'il a près de lui mille envieux de sa gloire et autant d'ennemis qu'il a faits pour son service, qui, par mille flatteries, l'accusent envers lui; que l'esprit d'un prince est jaloux, méfiant et crédule, et qu'il a toute puissance d'exercer impunément sa mauvaise volonté contre lui; que c'est crime à ceux qui demeurent en vie de s'en plaindre, et que, pour lui plaire, chacun lui déguise du nom de justice les actions de sa cruauté ou de son injuste jalousie (*). »

PORTRAIT DE WALDSTEIN PAR RICHELIEU.

« Waldstein, » dit encore Richelieu (**), qui le connaissait bien, « étoit né gentilhomme sur les confins de Bohême et de Moravie; il fut nourri page du marquis de Burgo. En l'an 1617, il étoit en France, avec le rhingrave, simple chevau-léger dans sa compagnie de deux cents maîtres; il fut depuis, en Hongrie, cornette du comte de La Tour, puis capitaine d'infanterie, et dès la fin de l'an 1618, eut un régiment d'infanterie et cavalerie au service des états de Moravie, lesquels étant révoltés contre l'empereur, il les quitta et vint trouver Sa Majesté Impériale avec l'argent qu'il avoit reçu d'eux pour une montre, que l'empereur leur renvoya de peur de les irriter; ce qui ne les empêcha pas néanmoins de se rebeller et confisquer tout le bien qu'il avoit en Moravie.

« L'empereur lui donna en 1621 le commandement de deux régiments de cavalerie qu'il avoit faits à ses dépens; et après la bataille de Prague, le comte de Buquoy le laissa gouverneur de ladite ville; il fit trois régiments nouveaux, et contraignit tout le pays de contribuer, dont il tira force argent.

« L'empereur, dans son extrême nécessité, ayant fait faire une nouvelle monnoie où il y avoit six parts de cuivre et une d'argent, il entra dans le parti, et acheta en Bohême, de cette monnoie, force biens confisqués, desquels il retiroit en six mois plus de bon argent qu'il n'y en avoit en tout ce qu'il avoit donné de principal. Cette monnoie fut depuis décriée et portée

(*) Mém. de Richelieu, t. VIII, p. 100 et suiv.

(**) Mém. de Richelieu, t. VIII, p. 102.

au billon; il acquit par ce moyen 400,000 rixdales de rente en Bohême, fit, à quelque temps de là, en ayant le fonds, une levée de 15,000 hommes à ses dépens pour secourir Tilly contre le roi de Danemarck; puis, avec ses troupes, prit l'évêché de Magdebourg et celui d'Halberstadt; de là fut fait général de l'armée de l'empereur, et Colalte, sous lui, maréchal de camp, mais qui le quitta bientôt après pour quelque querelle qui survint entre eux; et, se retirant en la cour de l'empereur, lui fit tous les mauvais offices qu'il put pendant qu'il étoit en l'armée.

« Incontinent après que Colalte fut séparé de lui, il défit Mansfeld au pont de Dessau, en la basse Saxe, sur l'Elbe, ce qui lui donna grande réputation; passa l'Elbe un an après, contre le roi de Danemarck, et gagna tout le Meckelbourg, Holstein, Jutland, assiégea Stralsund, et lors fut fait généralissime de la mer et de la terre. Depuis, l'empereur l'investit de Meckelbourg en 1629, qui vaut, quant au duché, 400,000 rixdales de rente, outre lesquelles il tire autres 400,000 rixdales de contributions du pays.

« Étant élevé à cette grande fortune, il s'y comportoit et avec une magnificence convenable à sa dignité, et avec une modestie et simplicité bienséantes à sa naissance. Il avoit douze comtes ou barons de l'Empire gentilshommes de sa chambre; avoit, entre ses officiers principaux, un grand écuyer, un grand maître et un grand maréchal; il avoit douze cents gardes de livrées, soixante hallebardiers, deux cents lances, deux cents pistoliers, deux cents carabins, deux cents mousquetaires à cheval, et deux cents croates, commandés par Piccolomini, trente-six carosses, six-vingts chariots; enfin sa cour ordinaire étoit de six mille chevaux; son argent comptant montoit à plusieurs millions de rixdales.

« Avec cela, il étoit homme de bon sens, écoutoit un chacun patiemment, avoit bon jugement, n'étoit point méchant, étoit grand économe, tenu vaillant de sa personne; au reste, simplement vêtu, toujours d'une façon: collet de buffle, pourpoint de toile, et chausses de camelot; mais libéral au dernier point, jusqu'à avoir distribué en présents plus de 10,000,000, ce qui le faisoit aimer des siens, bien qu'il fût extrêmement rigoureux, disant qu'autrement il ne se fût pas maintenu parmi eux. En toute sa fortune, il n'avoit jamais eu adversité que celle qu'il reçut en 1630, quand, par jalousie des électeurs, l'empereur fut obligé de le déposer de son généralat; mais il demeura si plein de biens et de réputation chez lui, que cette affliction lui fut facile à supporter, outre qu'elle fut de bien peu de durée, car il vit incontinent les affaires de son maître prendre un chemin qui le contraignit à le rappeler bientôt, avec beaucoup plus de gloire qu'il n'avoit jamais été employé. Aussi quand l'empereur le rappela, se fit-il acheter avec des conditions bien extraordinaires, mais qu'il estimoit nécessaires pour le bien servir. Il eut l'honneur de remettre les affaires désespérées de son maître en tel état, que l'on commença à en concevoir bonne espérance, et à faire croire que l'effort de l'ennemi, qui avoit été jusqu'alors invincible, pouvoit être soutenu ou surmonté. Enfin il donne la mort en bataille rangée à l'ennemi de son maître, et pour récompense, reçoit la mort de la part de son maître, dans sa maison, par la main de ses serviteurs.

« Il mourut âgé de cinquante ans, bien qu'il parût plus vieux à cause des gouttes qu'il avoit ordinairement; et bien qu'il eût été très-prudent en sa vie, néanmoins il sembla que la félicité où il se voyoit lui eût ôté l'entendement, pour n'avoir su prendre les précautions qui étoient nécessaires pour sa conservation.

« Tel le blâma après sa mort, qui l'eût loué s'il eût vécu : on accuse facilement ceux qui ne sont pas en état de se défendre. Quand l'arbre est tombé, tous accourent aux branches pour achever de le défaire; la bonne ou mauvaise réputation dépend de la dernière période de la vie ; le bien et le mal passent à la postérité, et la malice des hommes fait plutôt croire l'un que l'autre.

« Il ne laissa point d'enfants mâles ; il en avoit eu un qu'il perdit en bas âge, et souffrit sa perte d'un grand cœur, disant qu'il s'estimoit heureux que la mort le lui eût ravi au temps qu'il étoit si jeune qu'il ne pouvoit juger quel il seroit un jour, et qu'il avoit jeté les yeux sur un héritier qui méritoit de l'être. Sa femme et sa fille furent héritières de sa mauvaise et non de sa bonne fortune; elles furent traitées avec toutes sortes de rigueurs de l'empereur, qui disposa de ses biens en faveur d'autres que d'elles. Il fit mourir la plus grande part de ses amis, et la perte des biens fut la moindre des punitions que reçurent ceux qui avoient eu amitié avec lui. »

DÉFAITE DES SUÉDOIS A NORDLINGEN.

Au moment de la mort de Waldstein, les Suédois tenaient toute l'Allemagne en échec; des généraux héritiers du génie de Gustave se trouvaient à la tête de toutes les armées. Banner dominait sur tout le cours de l'Oder ; le maréchal de Horn vers le Rhin ; le duc Bernard de Weimar vers le Danube ; l'électeur de Saxe, dans la Bohême et la Lusace. L'empereur restait toujours dans Vienne. Par bonheur les Turcs ne purent profiter de ces funestes conjonctures : Amurath IV était occupé contre les Persans, et le prince de Transylvanie, Béthlem Gabor, était mort. Libre de ce côté, soutenu par les subsides de l'Espagne, par les troupes de la ligue catholique, par le duc de Bavière, que les Suédois jetaient dans le parti impérial en retenant le Palatinat, pouvant enfin disposer de l'armée de Waldstein, Ferdinand se vit en état de soutenir sa fortune vers le Danube. Pour animer le courage de ses troupes, il mit à leur tête son fils aîné Ferdinand Ernest, roi de Hongrie.

D'abord les Impériaux prirent Ingolstadt et Donauwerth, après avoir enlevé Ratisbonne défendue par six mille Suédois, qui n'en sortirent que lorsqu'ils furent réduits à quinze cents hommes et qu'ils manquèrent de poudre. Le duc Bernard et le comte de Horn tinrent fermes à l'entrée de la Souabe, pour défendre Nordlingen et empêcher les autres villes impériales, effrayées du sort de Ratisbonne, de faire défection. A l'armée austro-bavaroise était venu se joindre le duc de Lorraine, Charles IV, qui, dépouillé de ses États par la France, offrait tantôt à l'empereur, tantôt aux Espagnols sa petite armée de douze mille hommes, qu'il faisait subsister aux dépens des amis et des ennemis. La bataille engagée sous les murs de Nordlingen, le 6 septembre 1634, dura tout le jour et le lendemain encore jusqu'à midi. Ce fut une des plus sanglantes : presque toute l'armée de Weimar fut détruite, et les Impériaux soumirent la Souabe et la Franconie, où ils vécurent à discrétion.

DÉFECTION DE L'ÉLECTEUR DE SAXE. — PAIX DE PRAGUE.

La bataille de Nordlingen eut peut-être pour la cause des confédérés germaniques des résultats moins désastreux que la défection de l'électeur de Saxe ; des négociations entamées dès la fin de 1634 furent terminées par un traité signé à Prague, le 30 mai 1635. « Peu de traités, dit Voltaire (*), font mieux voir combien la religion sert de prétexte aux politiques, comme on s'en joue, et comme on la sacrifie dans le besoin.

« L'empereur avait mis l'Allemagne en feu pour la restitution des bénéfices ; et dans la paix de Prague, il commence par abandonner l'archevêque de Magdebourg et tous les biens ecclésiastiques à l'électeur de Saxe, luthérien, moyennant une pension qu'on paiera sur ces mêmes bénéfices à l'électeur de Brandebourg, calviniste. Les intérêts de la maison palatine, qui

(*) Voltaire, Annales de l'Empire (1635).

avaient allumé cette longue guerre, furent le moindre objet de ce traité. L'électeur de Bavière devait seulement donner une subsistance à la veuve de celui qui avait été roi de Bohême, et au palatin son fils, quand il serait soumis à l'autorité impériale.

« L'empereur s'engageait d'ailleurs à rendre tout ce qu'il avait pris sur les confédérés de la ligue protestante qui accéderaient à ce traité; et ceux-ci devaient rendre tout ce qu'ils avaient pris sur la maison d'Autriche, ce qui était peu de chose, puisque les terres de la maison impériale, excepté l'Autriche antérieure, n'avaient jamais été exposées dans cette guerre.

« Une partie de la maison de Brunswick, le duc de Mecklembourg, la maison d'Anhalt, la branche de Saxe établie à Gotha et le propre frère du duc Bernard de Saxe-Weimar, signent le traité, ainsi que plusieurs villes impériales; les autres négocient encore, et attendent les plus grands avantages. »

Oxenstierna n'avait jamais approuvé la guerre entreprise par Gustave en Allemagne; aussi quand il vit « un électeur se couvrir de déshonneur et les princes s'empresser de prendre part à sa honte par de lâches défections », il se dégoûta d'une cause pour laquelle son roi avait sacrifié sa vie, et sa patrie le meilleur de son sang. Dans son indignation, il conseilla à la France de faire la paix, au landgrave de Hesse-Cassel de s'arranger le mieux qu'il pourrait; et, de son côté, il accepta la médiation du roi de Danemark et envoya des plénipotentiaires à Lubeck. Déjà il se préparait à quitter l'Allemagne pour toujours, lorsque les instances de Richelieu le retinrent. D'ailleurs, les propositions d'Oxenstierna avaient été mal accueillies; il avait reçu pour toute réponse qu'on accorderait aux Suédois la liberté de se retirer dans leur pays.

Ces dures conditions ne pouvaient être acceptées sans déshonneur; aussi ne songeant plus qu'à continuer la guerre, Oxenstierna et Bernard mirent tous leurs soins à former une nouvelle armée sur les bords du Rhin; mais ils se virent bientôt forcés de reculer jusqu'à Metz, et, en avril 1635, le chancelier se rendit lui-même à Paris pour décider Louis XIII à prendre une part plus active à la guerre. Des scrupules religieux retenaient encore le roi, et, d'ailleurs, la bonne harmonie entre les deux couronnes de France et de Suède avait été un peu altérée par la maladresse et la suffisance de Grotius, l'auteur du *Droit de la paix et de la guerre*, qui, forcé de quitter la Hollande comme partisan d'Olden-Barneveld, s'était réfugié à Stockholm, et avait été, pendant toute cette époque, ambassadeur de Suède à Paris.

NÉGOCIATIONS DE RICHELIEU.

On a vu que Richelieu s'était surtout proposé d'acquérir les places les plus importantes de l'Alsace, d'affaiblir l'empereur et de tenir la Saxe et la Suède en échec l'une par l'autre. Cette politique, bien qu'elle ruinât les alliés de la France en Allemagne, eut les résultats que le cardinal de Richelieu voulait obtenir. Déjà, avant la bataille de Nordlingen, on avait cédé Philipsbourg à la France. Bientôt après, et sans aucune autorisation, plusieurs gouverneurs lui vendirent les places qu'ils commandaient; mais sans préjudice des droits de l'Empire et de la religion, ajoutaient-ils ordinairement, comme pour se moquer de ceux qu'ils trahissaient. Oxenstierna ne se laissant pas éblouir par les vaines promesses qu'on lui prodiguait à Paris, demanda formellement un nouveau traité, des subsides, et la médiation de la France pour la continuation de la trêve conclue avec la Pologne. Tout fut accordé; mais la trêve ne put être obtenue sans que la Suède cédât aux Polonais toute la Prusse polonaise, cette conquête si chèrement achetée par Gustave-Adolphe.

Cependant les armes de l'empereur continuaient à être victorieuses, et la perte des Suédois parut inévitable lorsque la Saxe lui déclara la guerre en octobre (1635). Richelieu profita de cette circonstance pour faire avec Bernard de Weimar un traité qui assurait à ce général des ressources considérables, mais aussi qui le soumettait presque entièrement aux ordres du cardinal. La France alors envoya des armées sur le Rhin, sans toutefois déclarer la guerre à l'Autriche, et, pendant quelque temps, on combattit sur ce point sans autre résultat que l'entière dévastation du pays.

Cependant Richelieu sentit enfin la nécessité de faire entrer la France en ligne. « Après avoir longtemps lutté contre la guerre, dit-il lui-même, à laquelle l'ambition d'Espagne vouloit nous obliger depuis quelques années, par sa mauvaise volonté contre cet État, lequel, comme une forte montagne qui resserre le cours d'un torrent impétueux, empêche que leur monarchie n'inonde toute l'Europe... enfin cette année il nous est impossible de reculer davantage... Nous ne voulons plus souffrir la guerre couverte qu'ils nous font, et qu'ils déguisent devant le monde du nom trompeur de paix, laquelle, à bien prendre, n'a point été commencée de leur part entre nous, depuis la fin que le traité de Vervins imposa à la dernière rupture qui étoit entre Henri IV et eux.

« Depuis ce temps-là, nous avons toujours été par leur malice plutôt en guerre défensive que non pas en paix avec eux ; ce qui a été avec beaucoup de désavantage de notre part, vu que faire la guerre de cette manière est proprement ressembler à un apprenti en l'art de l'escrime, lequel, dès qu'il se sent frappé de son antagoniste, porte incontinent la main à la plaie et la couvre, fait de même à tous les autres coups qu'il reçoit, sans penser à prévenir son adversaire, et, l'attaquant, lui ôter le moyen de lui faire du mal. Il n'étoit pas raisonnable que nous fussions toujours ainsi ; il vaut mieux une guerre ouverte des deux côtés, qu'une paix mauvaise et frauduleuse d'une part ; et s'il est de la justice et modération chrétienne d'endurer beaucoup de choses avant que d'entrer en rupture ouverte avec quelque ennemi que ce soit, ce n'est pas moins le propre d'un prince chrétien généreux, quand il se voit attaqué avec une malice pour pensée, de changer la paix en guerre, pourvu qu'il soit toujours prêt à s'accommoder, quelque heureux succès que Dieu lui donne, et qu'on puisse dire qu'il ne s'élève point en la prospérité non plus qu'il ne se relâche dans les délices du repos, à souffrir les injures de son ennemi (*). »

Richelieu venait de signer avec le chancelier suédois le traité de Wismar, par lequel il avait été convenu que l'on rétablirait les choses en Allemagne sur le pied où elles étaient en 1618 ; que la France attaquerait sur le Rhin, et la Suède en Silésie et en Bohême ; que la première payerait un subside annuel d'un million, et qu'on ne traiterait que conjointement avec l'ennemi commun.

CAMPAGNE DE 1636

Nous raconterons brièvement tous ces combats, pour nous occuper ensuite des négociations. En 1636, la France attaqua avec cinq armées à la fois : du côté du Piémont, pour combattre l'influence toute-puissante de l'Espagne en Italie ; vers le Rhin, pour soutenir le duc Bernard ; sur les frontières de la Flandre, pour partager avec les Hollandais les Pays-Bas espagnols ; sur celles de la Franche-Comté, pour enlever cette frontière importante à la cour de Madrid ; enfin dans les Pyrénées pour la conquête du Roussillon. Depuis François Ier, la France n'avait pas déployé autant de ressources. Cependant ses premiers efforts furent malheureux. Les Espagnols entrèrent dans le Languedoc après avoir pris les îles Sainte-Marguerite, délivrèrent la Franche-Comté, menacèrent la Bourgogne, et, du côté des Pays-Bas, pénétrèrent jusqu'à Pontoise. Mais dans le même temps, Banner battait l'électeur de Saxe à Wittstock ; et depuis Torgau, en Thuringe, jusqu'en Poméranie, sur une longueur de 100 lieues, à travers deux grands fleuves, l'Elbe

(*) Mém. de Richelieu.

et l'Oder, avec 14,000 hommes, 90 canons et tous ses bagages, sans autre perte que quelques malades et quelques déserteurs, il faisait devant une armée de 60,000 hommes une retraite qui appartient aux plus glorieuses marches militaires. D'un autre côté, Bernard et le cardinal de la Valette chassèrent Galas au delà du Rhin, et Turenne alla tenir tête dans les Pays-Bas au cardinal infant.

Ce fut en l'année 1637 que mourut Ferdinand, deux mois après avoir obtenu de la diète de Ratisbonne la nomination de son fils Ferdinand comme roi des Romains.

FERDINAND III.
(1637-1657.)

DERNIÈRE PÉRIODE DE LA GUERRE DE TRENTE ANS. — CAMPAGNES DE 1638 A 1648.

L'année 1638 devint remarquable par les victoires du duc Bernard, et le fruit qu'en retira la France. Weimar avait besoin, pour la sûreté de la principauté que la France lui avait promise, d'être en possession de Brissach, forteresse qui domine l'Alsace et le Brisgau ; il vint l'assiéger, et s'en assura la conquête par quatre victoires gagnées en moins de quatre mois, deux contre Jean de Wert, célèbre général de l'empereur, qui fut fait prisonnier ; la troisième, où il fut secondé par Guébriant et Turenne, contre Goetz ; la quatrième enfin contre le duc de Lorraine. La prise de Brissach (18 décembre) fut le résultat de ces victoires.

Le comte Palatin, encouragé par ces brillants succès, était parvenu à réunir quelques troupes, et avait pénétré en Westphalie ; mais les Impériaux défirent sa petite armée. Ce faible avantage ne put compenser ceux de Bernard, ni les conquêtes de Banner en Poméranie, et cette première année du règne de Ferdinand ne fut presque signalée que par des disgrâces.

Mais le 19 juillet de l'année suivante, le duc Bernard mourut. Richelieu acheta son armée, et se trouva ainsi maître de l'Alsace et de la plus grande partie du Brisgau. Sur les autres points les succès des confédérés continuèrent. Banner chassa d'abord les Impériaux de la Poméranie, les battit le 30 avril 1639 à Chemnitz, et ravagea encore une fois la Bohême. L'année 1640 fut peu féconde en événements, les deux partis ayant à leur tête d'habiles tacticiens qui, comme les *condottieri* italiens, ne se laissaient jamais entamer, et luttaient entre eux de talent dans les marches savantes qu'ils opéraient. En 1641, Banner forma le projet d'un coup de main hardi. Réuni au comte de Guébriant, il part de la Franconie, et marche au milieu de l'hiver sur Ratisbonne, où l'empereur avait réuni une diète. Espérant y entrer par surprise, il passa le Danube sur la glace, et fit tant de diligence, qu'il faillit enlever Ferdinand à la chasse. Un dégel étant survenu, Banner fit sa retraite après avoir bombardé Ratisbonne, traversa la Bohême, et arriva le treizième jour en Misnie. Là il tomba malade, et se fit transporter à Halberstadt, où il mourut.

Torstenson, élève de Gustave-Adolphe, succéda à Banner dans le commandement de l'armée suédoise, qui n'était plus réellement composée que d'Allemands. Le nouveau général, aidé de Guébriant, défit les Impériaux à Wolfenbüttel. Cependant, malgré tant de victoires, l'Autriche ne fut jamais entamée. L'Allemagne, du Mein à la Baltique, était couverte de ruines, mais les États héréditaires, excepté la haute Autriche et la Bohême, ne voyaient jamais l'ennemi. C'est que les armées n'étaient pas assez nombreuses, et que toutes ces victoires si vantées n'avaient pour tout résultat que le massacre des hommes tués sur le champ de bataille, et le pillage du pays par le vainqueur ; c'est qu'aussi, en allant vers le sud, les armées rencontraient des contrées montagneuses où il était plus difficile de pénétrer que dans les plaines de la basse Allemagne ; c'est que là, elles avaient devant elles cette masse des provinces autrichiennes qu'il est toujours si difficile d'entamer, et où le catholicisme s'était réfugié, comme dans le dernier asile qui lui restât en Allemagne.

La mort de Richelieu (4 décembre 1642), celle de Louis XIII (14 mai 1643), celle de Guébriant, tué au siége de Rothweil, enfin la défaite de Rantzau à Dutlingen, ranimèrent les espérances des Impériaux ; mais Turenne vint prendre le commandement de l'armée du Rhin, tandis que Condé détruisait à Rocroi cette célèbre infanterie castillane et vallone qui, depuis un siècle, n'avait pu être vaincue ; puis, livrant, près de Fribourg, trois combats au général Mercy, et vainqueur chaque fois, il s'emparait de tout le pays depuis Mayence jusqu'à Landau. En même temps, Mazarin, successeur de Richelieu, continue sa politique, encourage Ragotski, souverain de Transylvanie depuis 1626, à lever enfin l'étendard contre Ferdinand ; il lui ménage l'alliance de la Porte, et lui fournit des subsides.

De son côté, Torstenson, plusieurs fois vainqueur en Silésie et en Saxe, poursuivait ses succès : il chasse d'abord Galas de la Franconie, poursuit en Bohême l'armée impériale, l'atteint et la détruit à Tabor ; puis marche sur Brunn, l'assiége, et voit ouverte devant lui la route de Vienne. Les dangers dont Ferdinand II s'était vu menacé après la victoire de Gustave à Leipzig semblaient revenus, mais plus redoutables encore. Heureusement, le siége de Brunn traîne en longueur, et Turenne, qui aurait dû marcher aussi sur Vienne par la Bavière et donner la main aux Suédois, est battu à Mariendal par Mercy. Condé, il est vrai, vint réparer, par la victoire de Nordlingen, la seule faute commise par Turenne ; mais l'empereur avait eu le temps de traiter avec Ragotski et de tirer ses troupes de la Hongrie pour les opposer aux Français. Vienne était sauvée (1645).

Cependant l'empereur, fatigué, songea sérieusement à la paix ; il relâcha l'électeur de Trèves, qu'il avait fait enlever en 1635 comme partisan de la France. Cette mesure ne lui profita pas ; l'électeur, rétabli dans Trèves par la France, lui resta fidèle. Dans le même temps, l'électeur de Saxe, sur qui retombait la plus grande partie du poids de la guerre, fit une trêve avec les Suédois. Ferdinand n'avait donc plus pour lui que la Bavière ; épuisée elle-même comme la Saxe ; les Turcs, d'autre part, alliés de Ragotski, menaçaient d'attaquer la Hongrie. L'empereur se hâta de reconnaître Ragotski pour souverain de Transylvanie, prince de l'Empire, et de lui rendre tout ce qui avait été donné à son prédécesseur Béthlem Gabor.

En 1646, Turenne pénétra jusqu'à Munich, et les Suédois allèrent encore ravager la Silésie. L'année suivante, Maximilien de Bavière et l'électeur de Cologne signèrent, à l'exemple du duc de Saxe, un traité de neutralité avec la France, et Turenne força l'archevêque de Mayence de suivre aussi ce parti. Le landgrave de Hesse-Darmstadt, si fidèle jusqu'alors, imita ces princes, et l'empereur resta seul à soutenir une lutte commencée aussi contre lui seul.

Nous approchons de la fin de cette guerre, et les coups que les adversaires se portent n'en sont que plus terribles. A Torstenson avait succédé Wrangel, qui s'empara d'Egra et ravagea la Bohême. Le danger parut si grand, que l'électeur de Bavière, malgré son grand âge et le péril où il mettait ses États, ne put laisser le chef de l'Empire sans secours, et rompit la trêve qu'il avait signée. Wrangel, forcé alors de quitter la Bohême, se retire jusqu'au Weser, laissant les Impériaux mettre la Hesse à feu et à sang ; mais, s'étant réuni l'année suivante, 1648, à Turenne, il attaque les Bavarois dans les environs d'Augsbourg. La Bavière, à son tour, est impitoyablement dévastée jusqu'à l'Inn, Munich est assiégée, et l'électeur contraint de se retirer à Salzbourg. Lorsqu'après le départ de l'armée franco-suédoise, Maximilien revint à Munich, il retrouva des ruines et des déserts dans un pays que cinquante ans auparavant son père lui avait transmis florissant et couvert d'habitants. Ainsi le zèle imprudent de ce prince pour le maintien de la religion catholique, et plus encore peut-être le désir ambitieux qu'il avait conçu de porter la couronne électorale, avaient dépeuplé la Bavière, et réduit en cendres les villes et les villages de cette malheureuse contrée.

Un heureux coup de main, la surprise de Prague par les Suédois, fut le dernier acte de la guerre de trente ans, qui se termina dans la ville où elle avait commencé. Le comte de Kœnigsmark, détaché par Wrangel pour ravitailler Égra, avait surpris, dans la nuit du 25 juillet, la petite ville et le château de Prague où se trouvaient de grands trésors; et pour défendre sa conquête, il appelait à lui des forces nombreuses, dont les Suédois pouvaient alors disposer, lorsqu'il reçut la nouvelle que l'empereur avait donné l'ordre à ses ministres de signer la paix.

PRÉLIMINAIRES DE PAIX.

Nous n'avons rien dit jusqu'à présent des négociations relatives à cette paix, afin de les présenter ici dans leur ensemble.

Il est sans doute des circonstances où la guerre est inévitable et préférable cent fois à une paix avilissante; mais, pour l'ami de l'humanité, il n'est pas de plus triste spectacle que cet entraînement qui s'empare des esprits après de longues guerres, alors que le but et la cause des hostilités commencent à s'oublier, et que l'on continue à se battre uniquement parce qu'on espère des succès plus importants que ceux qu'on a obtenus, ou bien encore, parce qu'on croirait manquer à l'honneur si l'on consentait à la paix après avoir essuyé un revers. Ce fut ce qui eut lieu durant cette guerre. Combien ne se présenta-t-il pas d'occasions favorables pour terminer la lutte sanglante qui désolait l'Allemagne! on les laissa toutes échapper. De part et d'autre on parlait sans cesse d'une paix générale, mais aucune puissance ne la voulait sincèrement. Chacun ne songeait qu'à une paix particulière, au moyen de laquelle il pourrait satisfaire ses prétentions aux dépens de ses ennemis ou même de ses alliés.

A la diète de Ratisbonne, qui eut lieu en 1641, tout le monde demanda la prompte conclusion d'une paix quelconque; mais les faibles seuls la voulaient franchement; cent cinquante-deux séances et des protocoles sans fin n'amenèrent la solution sérieuse d'aucune question. Les grandes puissances étaient trop animées les unes contre les autres pour sentir combien elles achetaient chèrement la gloire de vaincre ou de montrer de la fermeté dans les revers. Ce ne fut en quelque sorte que malgré elles qu'elles signèrent à Hambourg, le 25 décembre 1641, non pas les articles préliminaires de la paix, mais une simple convention pour l'ouverture d'un congrès.

Les conférences devaient commencer le 25 mars suivant; mais la convention ne fut ratifiée qu'au commencement de l'année 1643, et l'Allemagne devait encore être huit ans en proie à la misère, avant de pouvoir arracher la paix aux passions, à l'égoïsme et à une politique odieuse. La proposition faite par le pape Urbain VIII, de commencer par la conclusion d'un armistice, fut écartée par les Français, et il est juste de reconnaître que, dans le dessein qu'ils avaient conçu de s'étendre vers le Rhin, ils devaient souhaiter la continuation de la guerre; mais l'opposition que les princes d'Allemagne apportèrent constamment à un arrangement définitif, ne peut s'expliquer que par l'abaissement, la démoralisation sans exemple, l'ignorance et le ridicule égarement où de trop longues dissensions intestines les avaient fait tomber. En général, toutes les puissances croyaient que c'était le comble de l'adresse que de paraître vouloir la paix et de la retarder par tous les moyens possibles.

C'était dans les villes de Munster et d'Osnabruck, en Westphalie, que devaient se tenir les conférences. Le comte de Nassau, ambassadeur de l'empereur, y arriva le premier, en juillet 1643; l'arrivée des plénipotentiaires français n'eut lieu qu'au mois de mars de l'année suivante, et seize mois s'écoulèrent avant qu'on eût terminé l'examen des pouvoirs. On employa un temps précieux à se quereller sur le cérémonial, et le titre d'*excellence* faillit faire rompre le congrès. En même temps, une guerre de brochures, aussi violente qu'absurde, s'alluma et acheva d'anéantir ce que la guerre matérielle avait laissé d'honnêteté dans les cœurs. La cause des Suédois ne resta pas sans défenseurs, et il parut dans leur intérêt un livre dont nous allons nous occuper un instant, parce qu'il a eu une influence immense sur la dissolution de la constitution germanique.

LIVRE DE CHEMNITZ.

« Ce livre, dit Schœll (*), a fait plus de mal à la maison d'Autriche que plusieurs batailles perdues, et fait époque, sinon dans l'histoire d'Allemagne, au moins dans celle de son droit public. Depuis l'origine du royaume d'Allemagne, nous avons vu que sa constitution était monarchique ; le gouvernement n'était pas, il est vrai, absolu, et moins encore despotique : cette forme n'était pas connue aux peuples germaniques ; mais le chef de l'Etat jouissait d'un pouvoir aussi étendu que le système féodal pouvait l'admettre. Nous avons vu successivement les officiers du roi rendre leurs charges héréditaires, s'arroger un droit régalien après l'autre, acquérir ainsi une espèce de souveraineté imparfaite pour laquelle on a créé le terme de *quasi-souveraineté*; partager avec le roi diverses branches de pouvoir, et faire sanctionner leurs usurpations par des confirmations qui les changèrent en droits. Personne jusqu'alors ne s'était avisé de regarder cette constitution comme républicaine, quoique la monarchie y fût tempérée par le principe républicain ; encore moins avait-on pensé que le corps germanique fût une association d'Etats souverains, soit monarchiques, soit aristocratiques, soit démocratiques, ayant un chef auquel on eût confié pour le maintien du bon ordre quelques parcelles de l'autorité souveraine. Un Poméranien au service de Suède osa le premier avancer un tel système. Bogislaw Philippe de Chemnitz publia en 1640, en latin, un ouvrage intitulé : Des intérêts des princes d'Allemagne (*De ratione status in imperio romano-germanico*). S'il s'était contenté de prouver que l'empire germanique n'était pas une monarchie dans le sens que l'était l'empire romain, c'est-à-dire une monarchie absolue ; que les droits et les prérogatives du chef n'avaient pas la même source que le pouvoir de l'empereur Justinien, et que le code de ce prince ne peut pas être cité pour les établir, on ne pourrait que l'approuver, parce qu'il n'est jamais inutile de répéter aux princes des vérités reconnues, afin que les prestiges de la grandeur, la basse flatterie des courtisans et le penchant des ministres pour le pouvoir arbitraire ne les leur fassent pas oublier. Mais Chemnitz avait un but intéressé : il voulait fonder en droit les prétentions des princes à l'indépendance politique. Il prétend que la constitution d'Allemagne est proprement aristocratique, et que la vraie souveraineté appartient aux États assemblés, et non à l'empereur ; que celui-ci a successivement usurpé le pouvoir et soumis les États à son despotisme. Chemnitz écrivit ce livre sous le nom d'*Hippolytus a lapide*, qui est une traduction du mot slave de *chamen*, pierre. « Aucune production littéraire, dit le célèbre Pütter, l'historien philosophe du droit public germanique, n'a peut-être eu une si grande influence sur les événements politiques que l'ouvrage de Chemnitz. Dans le moment même où il parut, il fit manquer le projet qu'avait l'empereur d'engager les États à réunir leurs efforts contre les puissances étrangères, afin de chasser les Français et les Suédois du sol de la Germanie. Dans la suite, il a fait époque dans l'étude du droit public. Les prin-

(*) Cours d'histoire des États européens, t. XXV, p. 223.

ces et leurs ministres commencèrent à voir leurs rapports politiques sous un tout autre jour qu'anciennement, et les nouveaux principes se sont propagés d'une génération à l'autre. » — En effet, nous verrons depuis cette époque les principes de Chemnitz prendre de jour en jour plus de faveur, influer sur les délibérations de la diète, sur la conduite des États, sur les négociations d'Osnabruck. Insensiblement ils furent adoptés par tous les publicistes protestants du second rang (car les Pütter, les Selchow, les Pfeffel, les Koch, les Haeberlin, les Klüber, quoique zélés protestants et adversaires de la maison d'Autriche, durent résister au torrent); c'est à leur influence qu'on doit le renversement du système germanique et le remplacement d'une autorité tutélaire par trente-neuf États jouissant d'une pleine souveraineté.»

Voici quelques extraits du second chapitre intitulé : *Domus Austriacæ* .... ; ils prouveront mieux que tout ce que nous pourrions dire l'irritation extrême qui s'était emparée des esprits pendant ce congrès destiné à rétablir la paix, et les prétentions exagérées qu'élevaient les différents partis.

« Que les armes de tous se tournent contre les enfants du tyran défunt, contre toute cette famille si funeste à notre Empire et à l'antique liberté, en un mot, contre la maison d'Autriche, qui n'a jamais été fidèle qu'à elle-même; qu'on la chasse, comme elle l'a mérité, de l'Allemagne entière; qu'on vende au profit du trésor de l'Empire les biens considérables qu'elle a acquis en fief de l'Empire, et qu'elle possède sous sa suzeraineté. Si ce que Machiavel a écrit est vrai, que dans toutes les républiques il y a des familles fatales qui naissent pour la ruine de la patrie, cette famille est vraiment fatale à notre Allemagne, elle qui, si faible à son origine, est parvenue à un tel degré de puissance, qu'elle est redoutable, nuisible même à tout l'Empire. — Et nous, est facile de prouver qu'ils ont abusé des ressources et

forces de l'Empire pour établir leur puissance, et que plus ils ont accru leur force et leur puissance, plus on a vu décroître la majesté de l'Empire, l'autorité des différents ordres de l'État, et la liberté commune. Ainsi, dit-on, quand la rate grossit, tout le reste du corps diminue. — Le titre d'archiduc n'a été pris par les Autrichiens que par pure arrogance, afin de l'emporter en quelque chose sur les autres familles de princes beaucoup plus anciennes que la leur. — Les Polonais qui ont éprouvé l'ambition des Autrichiens ont autrefois, dans leurs diètes, défendu, sous peine d'infamie, de jamais, lors de l'élection d'un nouveau roi de Pologne, nommer un membre de la maison d'Autriche, voire même de lui donner son suffrage. — Et qu'on n'objecte pas les vertus et les qualités de ...... qui, à ce qu'on prétend, ont illustré cette famille; qu'on ne parle pas surtout de cette réputation de *clémence* dont ils jouissent auprès de beaucoup de gens, qui vont disant partout qu'il n'y a jamais eu de tyrans dans cette famille; car bien que certains faux-semblants de vertu puissent s'offrir ... au premier aspect, ces vertus ne sont pas moins nuisibles que des vices, toutes les fois qu'on s'en pare pour acquérir un trône. Et si la réputation de clémence est utile à ceux qui fondent un nouvel empire, l'affectation de clémence dans cette famille n'étant qu'un leurre pour acquérir un nouvel empire, n'en doit être que plus suspecte. Que les Autrichiens vantent qu'ils voudront leur clémence et leur mansuétude; nous qui sommes nés et qui avons été élevés dans la liberté, nous approuvons cette parole généreuse de Démosthène, qui, entendant louer l'humanité et la douceur d'Antipater, s'écria : *Nous repoussons un ......, quelque doux qu'il soit. .... que la saignée et la purgation enlèvent au malade ...... de bon sang. Il faut cependant s'y ré-signer sous peine de perdre la vie*. De même, notre Empire doit éviter cette famille puissante, et redou-

pour tous, lors même qu'elle ne serait pas entièrement mauvaise. — Ainsi donc que tous ceux qui ont horreur de la servitude réunissent leurs forces et conspirent contre cette race de vipères; car c'est avoir presque vaincu les tyrans que de ne plus vouloir souffrir la tyrannie. »

NÉGOCIATIONS POUR LA PAIX.

La thèse de Chemnitz parut aux négociateurs français bonne à soutenir, et, le 20 août 1644, ils adressèrent à tous les États d'Empire des lettres circulaires, pour les inviter à envoyer leurs ministres au congrès, afin d'y travailler avec les puissances étrangères à affermir leur liberté civile et religieuse contre les attentats réitérés que la maison d'Autriche, aspirant, disaient-ils, à la monarchie universelle, y avaient portés. Dans cette pièce, le comte d'Avaux avait établi en principe les droits des États que la cour impériale contestait; les conseillers autrichiens se contentèrent de répondre par des pamphlets et des satires, où les Français étaient représentés d'une manière grotesque comme les champions de la liberté germanique.

Cependant, les ambassadeurs de presque toutes les puissances de l'Europe se trouvaient réunis dans les deux villes westphaliennes de Munster et d'Osnabruck. Après de longues discussions sur les titres de *majesté* et *d'excellence*, on songea enfin aux questions sérieuses. La première était de savoir qui devait assister aux conférences et de quelle manière les voix seraient comptées. L'Autriche prétendait, ce qui pouvait être vrai dans des temps ordinaires, que les membres de l'Empire n'avaient point à s'immiscer dans les négociations avec des puissances étrangères, et que l'ambassadeur de l'empereur les représentait tous; mais on abandonna bientôt cette prétention insoutenable dans les circonstances présentes et contraires même aux intérêts de l'Autriche, puisque, éliminer les envoyés des princes de l'Empire, c'était accroître l'influence des Suédois et de la France. On convint enfin que les membres de l'Empire voteraient en trois sections (*curiæ*), et que dans certains cas on formerait des commissions. Une autre question préjudicielle, c'était celle de savoir si l'on s'occuperait d'abord du rétablissement de la paix dans l'Empire ou de ses relations avec les puissances étrangères; les patriotes allemands demandèrent naturellement qu'on s'occupât avant tout du premier point, mais ne purent obtenir une décision formelle à cet égard. La politique extérieure prédomina pendant presque toute la durée du congrès.

On perdit beaucoup de temps en tâtonnements, car personne ne voulait faire de propositions dans la crainte de demander trop peu. Enfin, en juin 1645, on apprit avec une joie qui fut universelle que la France et la Suède avaient fait des propositions sérieuses; mais quelle fut l'indignation générale lorsqu'on sut en quoi elles consistaient! A côté de conditions qui pouvaient être fortement contestées, comme, par exemple, l'amnistie générale sans aucune exception, le rétablissement du *statu quo ante bellum*, la réforme de l'Empire à peu près dans le sens de Chemnitz, la Suède demandait la Silésie, la Poméranie, presque toutes les villes importantes sur la Baltique, et vingt millions d'écus. Quant à la France, elle se contentait d'acquérir Metz, Toul, Verdun, la Lorraine, l'Alsace, l'Artois, la Flandre, le Roussillon, la Catalogne et des avantages en Italie; encore l'une et l'autre se réservaient-elles expressément le droit de présenter d'autres demandes dans le courant des négociations.

Les Impériaux répondirent que les Suédois, pour prix de leur intervention désintéressée, demandaient deux fois plus que toute la Suède ne valait, et que le cœur royal de Louis XIII, qui l'avait porté à se faire le protecteur de la liberté germanique, devait être vivement affligé de voir qu'on cherchât ainsi à démembrer l'Empire. « Pour peu, ajoutaient-ils, qu'on vienne

« encore une fois du sud et du nord pour
« nous protéger, il ne restera bientôt
« plus rien au centre de l'Allemagne. »
La Suède répondit qu'elle ne demandait la Silésie que pour pouvoir prêter un secours efficace à l'Allemagne contre les Turcs ; les Français déclarèrent qu'ils ne réclamaient toutes les places nommées plus haut que par pur désintéressement, et qu'ils ne voulaient les occuper que pour être plus à portée de secourir l'Allemagne. Ces prétentions exagérées eurent l'effet qu'elles devaient avoir ; presque tous les Allemands se rattachèrent à la maison d'Autriche.

« Nous devons présenter à Votre Ex-
« cellence, écrivaient d'Avaux et Ser-
« vien au cardinal Mazarin, que l'in-
« clination des princes allemands est
« très-différente de celle des princes
« italiens. Ceux-ci, pleins de prévoyan-
« ce et bien conseillés, approuvent et
« désirent tout ce qui peut contribuer
« à les rendre indépendants ; en con-
« séquence, ils se réjouissent beau-
« coup que la France conserve quel-
« ques places en Italie pour leur tendre
« la main en cas de besoin. Les princes
« allemands, au contraire, sont mus
« surtout par l'amour de la patrie ; ils
« ne peuvent consentir à ce que les
« étrangers morcellent l'Empire, et ils
« préfèrent, par une politique digne du
« climat, l'existence d'un corps poli-
« tique dont ils sont membres aux avan-
« tages que chacun d'eux pourrait re-
« tirer de la division de l'Allemagne.
« En un mot, ils désirent bien d'être
« rétablis dans leurs anciens droits, et
« que l'autorité de l'empereur soit res-
« treinte par les constitutions, mais
« ils ne veulent pas obtenir ce bienfait
« au prix d'une séparation des divers
« États de l'Empire, ni que des prin-
« ces étrangers, sous prétexte de mieux
« les aider par la suite, s'agrandissent
« à leurs dépens. Nous ne négligerons
« pas de leur faire comprendre dans
« l'occasion que, dans l'intérêt de leur
« propre conservation, ils devraient
« adopter une tout autre maxime ;
« mais il sera difficile de leur persua-
« der ce que nous désirons, ni d'em-
« pêcher qu'ils ne préfèrent au fond
« nous voir rendre toutes nos conquê-
« tes, que de nous les voir conserver. »

Telle était la situation des affaires quand Trautmansdorf, pour réunir les Allemands, fit quelques concessions aux protestants ; mais à peine en eut-on connaissance, que, dans leur zèle catholique, les ambassadeurs du pape et des Espagnols, et même ceux des Français, poussèrent des cris d'indignation. Mazarin, qui avait pour principe qu'on doit cacher ses intentions quand on veut atteindre son but, trouvait intérêt à retarder la paix, puisque, par là, il détournait l'attention des Français de l'état malheureux de leur patrie. D'Avaux, qui voulait passer pour un homme religieux, conseilla de faire durer les dissensions religieuses en Allemagne, afin d'avoir toujours un prétexte d'intervenir et de conquérir. Toutefois, ils s'aperçurent qu'ils avaient mal pris leurs mesures, et qu'ils avaient excité le mécontentement non-seulement des Allemands, mais aussi des Suédois, par la brusquerie de leurs prétentions. On revint donc au système que Richelieu, ou plutôt le P. Joseph, avait déjà pratiqué avec tant de succès en Allemagne, c'est-à-dire, à corrompre les ministres des petits États, et l'on y parvint si bien, que l'Autriche perdit en peu de temps tous ses avantages. Ils trouvèrent, du reste, le prince « prévoyant et bien avisé » qui devait entrer dans leurs vues pour faire réussir les siennes. Ce fut le digne Maximilien de Bavière qui, par l'entremise du nonce Bagni, révéla les plans de l'empereur à Mazarin. En même temps qu'il obsédait l'empereur pour l'engager à ne céder sur aucun point aux protestants et aux Suédois, il négociait avec la France l'échange du Palatinat contre une partie des États héréditaires de l'Autriche.

Dès lors, la question de savoir si la France et la Suède seraient indemnisées aux frais de l'Allemagne fut bientôt abandonnée, et il ne s'agit plus que de décider comment elles le seraient. Les Suédois étaient d'avis qu'on devait séculariser les évêchés, de rendre par là les princes plus puissants en enlevant à l'influence de l'empereur la nomination aux prébendes; d'autres présentaient d'autres plans; mais, en définitive, les possesseurs des provinces frontières eurent à supporter la plus grande partie des pertes, et l'on convint peu à peu des places et des provinces qui seraient cédées définitivement à la France et à la Suède, au pouvoir desquelles elles étaient alors presque toutes.

SOMMAIRE DU TRAITÉ DE WESTPHALIE. — SES CONSÉQUENCES.

Le nonce Chigi, envoyé par le pape pour être l'arbitre de cette paix solennelle, « ne fut là, dit Voltaire (*), que pour voir l'Église sacrifiée. Il vit donner à la Suède luthérienne les diocèses de Brême et de Verden; ceux de Magdebourg, d'Halberstadt, de Menden, de Camin, à l'électeur de Brandebourg. Les évêchés de Ratzebourg et de Schwerin ne furent plus que des fiefs du duc de Meckelbourg. Les évêchés d'Osnabruck et de Lubeck ne furent pas, à la vérité, sécularisés, mais alternativement destinés à un évêque luthérien et à un évêque catholique : règlement délicat qui n'aurait jamais pu avoir lieu dans les premiers troubles de religion, mais qui ne s'est pas démenti chez une nation naturellement tranquille, dans laquelle la fureur du fanatisme était éteinte. La liberté de conscience fut établie dans toute l'Allemagne. Les sujets luthériens de l'empereur, en Silésie, eurent le droit de faire bâtir de nouvelles églises, et l'empereur fut obligé d'ad-

(*) Annales de l'Empire (année 1648). — Encore une fois on oublie trop aujourd'hui le mérite de Voltaire comme historien. Robertson, qui était bon juge en pareille matière, disait de lui « qu'il était un historien savant et profond. » Son érudition était immense et sûre, et dans toutes choses il portait la lucidité ordinaire de son esprit. Ainsi le traité de Westphalie, qui d'ordinaire se présente comme un amas confus d'articles incohérents, est présenté par lui de la manière la plus nette.

mettre des protestants dans son conseil aulique.

« Les commanderies de Malte, les abbayes, les bénéfices dans les pays protestants, furent donnés aux princes, aux seigneurs qu'il fallait indemniser des frais de la guerre.

« Ces concessions étaient bien différentes de l'édit de Ferdinand II, qui avait ordonné la restitution des biens ecclésiastiques dans le temps de ses prospérités. La nécessité, le repos de l'Empire, lui firent la loi. Le nonce protesta, fulmina. On n'avait jamais vu encore de médiateur condamner le traité auquel il avait présidé; mais il ne lui seyait pas de faire une autre démarche. Le pape, par sa bulle, « casse de sa pleine puissance, annule « tous les articles de la paix de West- « phalie, concernant la religion; » mais s'il avait été à la place de Ferdinand II, il eût ratifié le traité qui subsista malgré les bulles du pape.

« Cette révolution pacifique dans la religion était accompagnée d'une autre dans l'État. La Suède devenait membre de l'Empire : elle eut toute la Poméranie citérieure, et la plus belle, la plus utile partie de l'autre, la principauté de Rugen, la ville de Wismar, beaucoup de bailliages voisins, le duché de Brême et de Werden. Le duc de Holstein y gagna aussi quelques terres.

« L'électeur de Brandebourg perdait, à la vérité, beaucoup dans la Poméranie citérieure, mais il acquérait le fertile pays de Magdebourg, qui valait mieux que son margraviat. Il avait Camin, Halberstadt, la principauté de Minden. Le duc de Meckelbourg perdait Wismar, mais il gagnait le territoire de Ratzebourg et de Schwérin.

« Enfin, on donna aux Suédois cinq millions d'écus d'Allemagne, que sept cercles devaient payer. On donnait à la princesse landgrave de Hesse six cent mille écus; et c'était sur les biens des archevêchés de Mayence, de Cologne, de Paderborn, de Munster et de l'abbaye de Fulde, que cette somme devait être payée. L'Allemagne, s'appauvrissant par cette paix comme par la guerre, ne pouvait guère payer plus cher ses protecteurs.

« Ces plaies étaient adoucies par les règlements utiles qu'on fit pour le commerce et pour la justice, par les soins qu'on prit de remédier aux griefs de toutes les villes, de tous les gentilshommes, qui présentèrent leurs droits au congrès, comme à une cour suprême qui réglait le sort de tout le monde; le détail en fut prodigieux.

« La France s'assura pour toujours la possession des Trois-Évêchés et l'acquisition de l'Alsace, excepté Strasbourg; mais, au lieu de recevoir de l'argent comme la Suède, elle en donna: les archiducs de la branche du Tyrol eurent trois millions de livres pour la cession de leurs droits sur l'Alsace et sur le Sundgau. La France paya la guerre et la paix, mais elle n'acheta pas cher une si belle province; elle eut encore l'ancien Brisach et ses dépendances, et le droit de mettre garnison dans Philipsbourg. Ces deux avantages ont été perdus depuis; mais l'Alsace est demeurée, et Strasbourg, en se donnant à la France, a achevé d'incorporer l'Alsace à ce royaume.

« Il y a peu de publicistes qui ne condamnent l'énoncé de cette cession de l'Alsace, dans ce fameux traité de Munster; ils en trouvent les expressions équivoques : en effet, céder *toute sorte de juridictions et de souverainetés,* et céder *la préfecture de dix villes libres impériales,* sont deux choses différentes. Il y a grande apparence que les plénipotentiaires virent cette difficulté et ne voulurent pas l'approfondir, sachant bien qu'il y a des choses qu'il faut laisser derrière un voile que le temps et la puissance font tomber.

« La maison palatine fut enfin rétablie dans tous ses droits, excepté dans le haut Palatinat, qui demeura à la branche de Bavière. On créa un huitième électorat en faveur du palatin. On entra avec tant d'attention dans tous les droits et dans tous les griefs, qu'on alla jusqu'à stipuler vingt mille écus que l'empereur devait donner à la mère du comte palatin, Charles Louis, et dix mille à chacune de ses sœurs. Le moindre gentilhomme fut bien reçu à demander la restitution de quelques arpents de terre; tout fut discuté et réglé; il y a eu cent quarante restitutions ordonnées. On remit à un arbitrage la restitution de la Lorraine et l'affaire de Juliers. L'Allemagne eut la paix après trente ans de guerre, mais la France ne l'eut pas. »

Ajoutons quelques détails relatifs aux règlements intérieurs; car le traité de Westphalie n'est pas seulement un traité de pacification, mais une loi constitutionnelle et fondamentale qui a régi l'empire germanique jusqu'à sa dissolution définitive, de même que ses stipulations diplomatiques ont, jusqu'en 1789, servi de base à toutes les négociations. Le traité de Westphalie, en sanctionnant les usurpations successives des princes et des villes d'Allemagne, a consolidé le changement qu'avaient éprouvé les formes du gouvernement de ce pays. La participation des États à l'administration générale et à la puissance législative, leur souveraineté sur *leurs sujets qui, dans l'origine, n'étaient que leurs justiciables ou leurs administrés,* le droit de faire la paix et la guerre, enfin celui de conclure des alliances avec les puissances étrangères, furent constitutionnellement reconnus.

« Les États jouiront, dit l'article 8, du droit du suffrage dans toutes les affaires d'Empire, lorsqu'il s'agira de faire ou d'interpréter une loi, de résoudre une guerre au nom de tout l'Empire, d'imposer une contribution, d'ordonner des levées et logements de troupes, de construire de nouvelles forteresses ou de mettre des garnisons dans les anciennes, de faire la paix ou des traités d'alliance, et autres choses semblables. Aucune de ces mesures ne sera prise, si ce n'est du libre consentement des États d'Empire assemblés en diète. »

Par suite des plaintes adressées au congrès de Westphalie, la diète fut rendue permanente à Ratisbonne en 1663; dès lors l'Empire devint réellement un gouvernement fédératif, toute

ALLEMAGNE.

l'autorité étant entre les mains d'une diète ou dans beaucoup de cas la voix d'une ville libre et immédiate valait autant que celle d'un électeur.

Un autre article porte que « dans les questions où l'universalité des États ne pourra être considérée comme formant un seul corps, dans les questions de religion, par exemple, on décidera par voies amiables, et non par la pluralité des suffrages. » — Par là se trouvait assurée l'indépendance du corps évangélique.

On régla la composition de la chambre impériale, où durent se trouver deux présidents protestants et vingt-quatre assesseurs de la même religion; les catholiques en eurent vingt-six; le conseil aulique dut aussi fournir toujours, dans les mêmes cas où les parties étaient de religion différente, un nombre de juges égal des deux religions.

Dans tout ce qui regarde la religion, toutes choses durent être rétablies sur l'état et la possession de l'*année normale* 1624; c'est-à-dire que celui qui avait possédé dans l'année normale fut à jamais assuré de la possession de ses droits ou biens. L'année normale pour le Palatinat, Bade, Wirtemberg, et pour les maisons d'OEttingen et de Lœwenstein-Wertheim, fut fixée à 1618. Cet article était moins avantageux qu'il ne sembla d'abord aux protestants, car il arrêtait à jamais les sécularisations. Les évêchés et les chapitres restés aux catholiques offrirent dès lors aux familles de cette religion, pour l'établissement de leurs cadets, une ressource qui manqua aux protestants.

A la différence des paix de religion précédentes, les calvinistes furent admis avec les luthériens au bénéfice du traité, et les deux partis furent compris sous la dénomination générale de protestants.

Le *droit de réformer*, c'est-à-dire, le droit de régler l'exercice des différents cultes, fut confirmé à tous les membres immédiats, y compris la noblesse immédiate et les villes libres.

La juridiction ecclésiastique, de même que le droit diocésain, furent suspendus d'État catholique à État protestant, et de protestant à protestant. Là où l'évêque exerçait sa juridiction durant l'année normale, il dut continuer de la posséder, mais seulement sur les catholiques. En enlevant ainsi aux évêques la juridiction ecclésiastique sur les protestants, le traité ne disait point par qui cette juridiction serait dorénavant exercée; mais les sujets protestants la laissèrent volontiers passer entre les mains des princes qui jouissaient déjà du droit de réformer. Les princes la déléguèrent à des consistoires composés le plus souvent de jurisconsultes, quelquefois aussi de membres ecclésiastiques. Chaque pays eut à cet égard sa constitution particulière. Ainsi, pour remonter de six siècles en arrière, se trouvèrent renversés à la fois et dans le même temps les desseins des deux grandes puissances du moyen âge, le pape et l'empereur, qui voulaient, l'un affranchir l'Église du pouvoir temporel, et l'autre soumettre les ducs à n'être que ses officiers. L'Église est maintenant la vassale des princes, et l'empereur n'a plus que son titre. Ce fut cette double révolution qu'accomplit en Allemagne le traité de Westphalie; ajoutons encore qu'il ouvrit ce grand corps à toutes les influences étrangères. Ainsi, la Suède, maîtresse des embouchures de l'Elbe et de l'Oder, se mêla à toutes les affaires de l'Allemagne; et la France, en garantissant l'exécution du traité, en y faisant écrire que tout État pourrait faire des alliances hors de l'Allemagne, obtint le droit d'intervenir dans tous les démêlés de princes de l'Empire, et d'en gouverner les États les plus faibles en paraissant soutenir leur indépendance. Dans les traités de Munster et d'Osnabruck fut réellement signée la ruine de l'Empire comme corps politique. Dès lors il y a, en Allemagne, trois cents États souverains, la plupart faibles et pauvres, et que les étrangers peuvent désormais soudoyer selon leurs intérêts. Aussi l'Allemagne, qui, jusqu'au dix-septième siècle, n'a pas vu la guerre étrangère dépasser ses frontières, l'aura maintenant presque toujours dans son sein. Elle expiera, par une guerre éternelle, sa haine pour l'unité politique; elle deviendra le champ de bataille de l'Europe : Russes, Anglais, Français s'y donneront comme rendez-vous pour vider leurs querelles et s'indemniser, s'ils le peuvent, à ses dépens. Ce sera là le prix de l'ambition de ses mille princes qu'elle n'a pas voulu réduire de bonne heure au rang de gentilshommes sans armée ni forteresse. Ses riches bourgeois ont voulu faire figure de comtes, avoir, eux aussi, des armoiries et des créneaux, dire de leur ville qu'elle était libre et impériale, et, moyennant certaines franchises et certaines libertés accordées à leur étroit égoïsme, laisser le reste du pays à la merci des seigneurs. Qu'ils soient récompensés maintenant de leur prudence et de leur sagesse : les princes ont étendu sur eux aussi leur main avide; ils ont brisé leurs écussons bourgeois, foulé aux pieds leurs inutiles parchemins, et découronné leurs villes des vieilles tours qui devaient à jamais les défendre.

ÉTAT DES ARMÉES.

Le tableau de la guerre de trente ans et de ses résultats immédiats serait incomplet si, après avoir retracé les principaux événements qui la signalèrent, nous n'ajoutions pas quelques mots sur l'état des mœurs dans les armées et chez tous ceux qui étaient en rapport avec elles. On suppléera agréablement à ce que notre exposé aura d'incomplet en relisant *le Camp de Waldstein*, la première partie de cette admirable trilogie que le génie de Schiller a consacrée au duc de Friedland.

Remarquons d'abord que, durant la guerre de trente ans, la guerre devint à la fois un métier et une science. Depuis, en effet, que l'Allemagne s'était transformée en un champ de bataille où venaient se rencontrer les armées de toutes les puissances européennes, on avait oublié dans cet immense pêle-mêle d'intérêts si divers le point d'où l'on était parti et les motifs de la guerre; le résultat le plus clair ne fut d'abord que la ruine du fanatisme religieux dans les soldats, et du sentiment de nationalité dans les généraux. Entre les mains des successeurs de Gustave-Adolphe, la guerre était devenue une affaire de tactique et de science; au-dessus de toutes les questions politiques et religieuses, les généraux plaçaient l'art militaire, et que ce fût Waldstein, Gustave-Adolphe, Tilly ou le duc de Saxe, un catholique ou un protestant, ils applaudissaient toujours aux coups les mieux portés. Ainsi se forma l'école moderne des tacticiens qui étudiaient les uns sous les autres, et allaient ensuite porter leur épée là où ils trouvaient les meilleurs grades. L'art militaire, devenu une science, ne connaîtra plus, jusqu'à la révolution française, de nationalité; il deviendra, si je puis parler ainsi, *cosmopolite* comme la science elle-même, et formera cette classe des officiers de fortune qu'on retrouvera dans les guerres de tous les pays, et que Walter Scott a si bien dépeints.

« L'Allemagne et les Pays-Bas, dit M. Guizot dans son étude historique sur Monk, étaient à cette époque le rendez-vous des jeunes Anglais que leur goût ou la situation de leur fortune poussait au métier des armes, et aussi de ceux dont l'activité languissait dans une patrie en paix avec l'Europe et que n'agitait point encore sa propre liberté. Quiconque était tourmenté du besoin d'agir l'allait satisfaire dans des guerres lointaines, sans autre intérêt pour lui que le jeu de la guerre, ses émotions et ses chances. Quiconque se sentait capable d'arriver à la fortune par sa bravoure l'allait vendre, à prix de solde, au lieu où s'en tenait le marché. Ainsi se formait une race d'hommes hardis aux dangers, prudents sur leur intérêt, soumis en toute occasion à ces habitudes de calcul qui faisaient de leur vie une marchandise, mêlant des actions brillantes à des sentiments vulgaires, indifférents au bien et attachés à certains devoirs, dressés par leur état à se passer de vertus, en se préservant de beaucoup de vices. Tels étaient la plupart de ces officiers que l'Angleterre envoyait alors s'instruire et s'avancer dans les guerres étrangères, et qui, un peu plus tard, sous le nom d'officiers de fortune, jouèrent dans ses guerres civiles un assez grand rôle. Dénués de principes, ils ne manquaient pas d'un certain honneur; et, quand le sort les lança au milieu des vicissitudes des partis, on les vit ne rompre qu'avec peine l'engagement qu'ils avaient contracté d'abord, et se résoudre rarement à quitter avant le terme le drapeau auquel ils avaient loué pour un temps leur courage et leur fidélité. Peu préoccupés de la patrie, mais animés d'un vif sentiment de fraternité pour les hommes dont ils avaient partagé les périls, c'étaient des citoyens peu sûrs et d'excellents camarades. Indifférents aux souffrances du peuple, ils savaient épargner celles du soldat; et, réguliers même dans la violence, ils n'y ajoutaient point le mal du désordre. Leur brutalité était dure, mais non emportée; leur avidité se soumettait aux lois de la discipline, et cette honteuse ardeur du pillage, qui fit des nobles cavaliers la terreur de l'Angleterre, a été rarement reprochée aux officiers de fortune. »

Quant aux soldats, ils formèrent, en Allemagne du moins, une sorte de corporation, une jurande, comme les métiers plus pacifiques, et se procurèrent des diplômes de confirmation et des privilèges de la part des empereurs. Pour entrer comme cavalier ou reître dans une *glève* ou peloton formant une *lance*, il fallait avoir passé par les grades inférieurs de *valet* et d'*écuyer* (*bube* et *knappe*). De même, pour être reçu fantassin ou lansquenet, il était nécessaire d'être muni d'un certificat qui prouvait qu'on avait été instruit de tout ce qu'il fallait savoir pour porter les armes dans une troupe régulière. On observait la même précaution pour les artilleurs (*).

Les lansquenets et les reîtres jouissaient, par privilége impérial et par une condition de leur engagement, du droit de mendier après l'expiration de leur engagement. Cette manière de mendier presque à la pointe de l'épée était nommée *garden*, et ces mendiants, à qui il n'était pas permis de refuser, étaient appelés *gardenbrüder*. Pour exercer leur privilége, ils se réunissaient, et ces associations devenaient une nouvelle méthode de piller impunément. Le *gardenbruder* enlevait au paysan tout ce que le soldat lui avait laissé.

DÉSOLATION DE L'ALLEMAGNE APRÈS LA GUERRE DE TRENTE ANS.

De tous les capitaines que la guerre de trente ans mit en évidence, Gustave-Adolphe fut le seul qui maintint dans son armée l'ordre et la discipline; et toutefois, dès la seconde année de la campagne, il se vit forcé de recourir à une sévérité cruelle pour prévenir les désordres, qui, après sa mort, devinrent aussi communs dans l'armée suédoise que dans toutes les autres. Il ne faut pas s'en étonner: toutes les armées de cette époque étaient uniquement composées de soldats mercenaires qui mettaient un prix très-élevé à leurs services; et comme souvent les événements de la guerre rendaient impossible le payement exact de leur solde, ils se croyaient autorisés à commettre des excès de tout genre. Souvent aussi les généraux favorisaient les exactions des soldats, afin d'attirer auprès d'eux les hommes qui ne voyaient que ce seul but dans le métier des armes. Ce fut le principal mobile employé par Waldstein. Son armée était encombrée de chariots remplis d'objets provenant du pillage, et un auteur assure que dans son camp, devant Nuremberg, il n'y avait pas moins de quinze mille femmes. On sait d'ailleurs quelles richesses énormes il avait amassées.

Les autres généraux suivaient son exemple; ainsi Altringer, indépendamment de l'or, de l'argent et des pierres précieuses dont il s'était emparé, avait déposé huit cent mille couronnes dans

---

(*) Voy. Lunig, corp. jur. milit., p. 58.

les banques de Gênes et de Venise. L'officier qui avait obtenu une terre en dotation ou qui se l'était arrogée, se regardait comme souverain et au-dessus des lois; il ne payait aucun impôt et exigeait des paysans tout ce que lui suggérait son bon plaisir. Il est inutile d'ajouter qu'au milieu d'un pareil désordre les disettes étaient fréquentes, car on brûlait ou l'on détruisait tout ce qui ne pouvait être immédiatement consommé. En 1630, on fit du pain en Silésie avec des racines et des écorces d'arbres. Le nombre de ceux qui moururent de faim fut si considérable, qu'on vit des parents tuer leurs enfants pour diminuer le nombre des consommateurs. A Brisach, pendant le siége de 1639, on donna un florin pour une souris, et jusqu'à sept florins pour un quartier de chien; des enfants furent volés et tués pour être mangés; les cadavres de ceux qui mouraient dans les prisons étaient déchirés et dévorés par leurs compagnons d'infortune. Dans plusieurs provinces, on enleva les cadavres jetés à la voirie ou suspendus à la potence; il fallait placer des sentinelles dans les cimetières, pour empêcher que les morts ne fussent déterrés et mangés. Il se forma des bandes qui chassaient les hommes comme la bête fauve, et l'on surprit dans les environs de Worms des malheureux qui, après une pareille chasse, s'étaient accroupis autour d'un chaudron dans lequel on trouva des bras, des mains et des jambes d'hommes!

On conçoit facilement que d'affreuses épidémies durent éclater très-souvent; des armées entières périrent sans avoir vu l'ennemi, et ces fléaux, au lieu de ramener les esprits à la modération et à la vertu, ne servirent qu'à augmenter la démoralisation générale.

Pour les malheureux habitants de l'Allemagne, il était devenu assez indifférent que ce fût une armée amie ou ennemie qui traversât leurs propriétés, car ils étaient sûrs de ne trouver qu'un désert après le départ des troupes. Les Croates furent de tous les corps de l'armée impériale celui qui commit les atrocités les plus révoltantes; mais il faut convenir aussi, pour être juste, que les soldats suédois, sous Bernard et sous Banner, se portèrent à des extrémités dont heureusement on n'a plus d'idée aujourd'hui.

Dans les dernières années de la guerre, ce fut surtout des excès commis par les armées françaises qu'on eut généralement à se plaindre. En 1642, on vit le corps de Guébriant se dissoudre entièrement en petites bandes qui pillaient, incendiaient et tuaient tout ce qui se présentait sur leur passage. Quand on les menaçait, dit un auteur allemand contemporain, de la sévérité de leur roi ou de leur prince, ils s'écartaient, dans leurs réponses, du respect *que tout sujet doit à son gracieux souverain :* « Les choses, disaient-ils se passent ainsi même en France. » Les ordonnances rendues à cette époque ne témoignent que trop de cette démoralisation de l'armée française. Pour empêcher les troupes de se débander, on se vit contraint de placer des piquets de cavalerie autour des camps, et l'ordonnance qui prescrit cette mesure prouve que les officiers ne désertaient pas moins que les soldats.

L'appauvrissement des villes et des campagnes dépassa de bien loin tout ce qu'on a pu voir dans les guerres qui ont eu lieu de nos jours; des villages qui comptaient quatre cents habitants avant la guerre n'en comptaient plus que vingt dans les derniers temps, et l'on vendit soixante et dix florins des terres qui en avaient valu deux mille. Il ne resta dans la Hesse qu'un quart de la population; celle d'Augsbourg tomba de quatre-vingt mille habitants à dix-huit mille. Il n'était plus question d'écoles ni de professeurs; des curés se virent forcés de se faire cordonniers et musiciens ambulants pour ne pas mourir de faim. D'un autre côté, le système de spoliation adopté par Mummius en Grèce fut, pour la première fois, appliqué dans l'Europe chrétienne : la bibliothèque de Heidelberg fut envoyée à Rome, et les Suédois firent passer la

Baltique à d'autres trésors de ce genre.

La Bavière fut l'un des pays qui eurent le plus à souffrir dans la dernière période de la guerre; dans la seule année 1646, les Français y incendièrent plus de cent villages. Lorsque le pays eut été pillé, dévasté et dépeuplé, au point que des bandes de loups le parcouraient librement en tous sens, Maximilien, le principal auteur de la guerre, dit qu'il s'en consolait en songeant qu'il avait combattu pour la cause de Dieu, qu'il n'y avait plus d'hérétiques dans son duché, et que la foi y était entièrement épurée! Malgré le ton d'assurance de cette réponse, il jeûnait, se macérait et se mortifiait sans cesse pour se délivrer des angoisses dont la sagesse éternelle ne manque jamais d'obséder les âmes superstitieuses. Les crânes de saint Cosme et de saint Damien, qui furent envoyés de Brême à Munich, lui parurent un ample dédommagement de la misère qui accablait ses États; et, pour apporter remède à la démoralisation qui avait pénétré dans tous les rangs de la société, il força le peuple à aller à l'église, à suivre des processions, à porter des chapelets bénits, etc. La danse, les jeux et toutes les réjouissances furent sévèrement interdits. Défense inutile! car la tristesse et le dégoût de la vie étaient parvenus à ce point, que Maximilien fit publier une ordonnance qui enjoignait aux hommes mariés de ne pas s'abstenir des plaisirs du mariage. On ne s'étonnera pas d'après tout ce qui précède, de voir que les malheurs de la guerre n'aient jamais empêché le pieux électeur de faire rechercher les livres défendus, tandis que d'un autre côté, dans l'armée de la ligue, les soldats assuraient qu'il était fort salutaire de réciter tous les matins l'alphabet où étaient contenues toutes les prières, entre lesquelles Dieu n'aurait qu'à choisir. L'état général de la religion et des croyances religieuses, à la suite d'une lutte aussi passionnée, est assez bien caractérisé par le distique suivant de Logau, poëte allemand de cette époque : *J'ai bien vu des luthériens, des papistes et des calvinistes, mais pour des chrétiens je ne vois pas où il s'en trouve* (*)!

Tel était le résultat d'une guerre entreprise de part et d'autre sous le prétexte de défendre la religion!

SEPTIÈME PÉRIODE.
DEPUIS LE TRAITÉ DE WESTPHALIE JUSQU'A NOS JOURS.

Ire SECTION.
DEPUIS LE TRAITÉ DE WESTPHALIE JUSQU'A L'ABOLITION DE L'EMPIRE D'ALLEMAGNE.
(1648-1806.)
LIGUE DES ÉTATS DU RHIN.

Par le traité de Westphalie, la France avait enfin mis entre elle et la maison d'Autriche une barrière que celle-ci ne devait plus franchir, non pas qu'elle eût diminué beaucoup l'étendue de ses possessions territoriales, puisqu'elle ne lui avait enlevé que l'Alsace, mais parce qu'elle l'avait entourée d'une foule de petits souverains jaloux de leurs droits, et toujours prêts à se liguer contre elle avec la France. Il ne s'était pas en effet écoulé dix années, que Mazarin, profitant du bénéfice de l'article 8, avait conclu avec les trois électeurs ecclésiastiques, l'évêque de Munster, le comte palatin de Neubourg, la Suède, les ducs de Brunswick-Lunebourg et le landgrave de Cassel, l'alliance connue sous le nom de Confédération rhénane. L'article 1er disait qu'elle avait été formée dans le but de conserver les droits des États, de maintenir la liberté germanique et la paix de Westphalie contre tout acte de violence, logement de gens de guerre, passage de troupes, levée de contributions, etc., et contre toute attaque quelconque. L'article 3 détermina les contingents que chaque confédéré devait tenir prêts pour marcher à la première réquisition. Ainsi s'introduisait l'usage des armées permanentes. Les ducs de Wurtemberg et des Deux-Ponts, ainsi que l'électeur

---
(*) Dix glauben
Luth'risch, Papstisch und Calvinisch, diese Glauben
alle drei
Sind vorhanden, doch ist Zweifel wo das Christenthum denn sei!

de Brandebourg accédèrent dans la suite à cette ligue, qui fut prorogée jusqu'au 15 août 1667.

SITUATION DE L'EUROPE AVANT LES GRANDES GUERRES DE LOUIS XIV EN ALLEMAGNE.

Ainsi s'accroissait chaque jour l'importance politique de la France. Tandis qu'elle se formait dans le silence l'armée la mieux administrée, la plus nombreuse et la plus aguerrie de l'Europe, commandée par les plus grands généraux du siècle, les acquisitions qu'elle avait faites lui ouvraient l'Espagne (*), l'Italie (**), l'Allemagne (***), et les Pays-Bas (****). La maison d'Autriche était donc abaissée dans ses deux branches, et la France avait acquis en Europe cet ascendant que sa rivale y avait possédé au temps de Charles-Quint et de Philippe II.

L'Espagne, qui naguère était la monarchie la plus puissante de l'Europe, se voyait déjà en pleine décadence. Condé avait détruit à Lens et à Rocroy son infanterie jadis si redoutable; la Hollande et l'Angleterre avaient ruiné sa marine et son commerce et enlevé ses colonies; ses finances étaient épuisées, sa population diminuée; enfin le traité des Pyrénées avait entamé son territoire, et elle avait vu le Portugal ressaisir son indépendance.

L'Italie était toujours faible et divisée; Naples et le Milanais étaient des provinces espagnoles; le pape, Venise et le duc de Savoie conservaient seuls quelque puissance. Une brillante fortune était réservée au *portier des Alpes*.

La Suisse, fatiguée de s'être mêlée jadis à trop de querelles étrangères, conservait son indépendance et sa neutralité; ses capitulations avec la France, l'Espagne, Venise, la Savoie et la Hollande entretenaient l'esprit belliqueux

(*) Acquisition du Roussillon en 1659.
(**) Acquisition de Pignerol en 1648.
(***) Acquisition de l'Alsace, des Trois-Évêchés et de Philipsbourg en 1648.
(****) Acquisition de l'Artois et de plusieurs villes de la Flandre, du Hainaut et du Luxembourg, en 1658; achat de Mardick et de Dunkerque.

de sa jeunesse. Menacés au sud et au nord-est par l'Espagne et l'Autriche, les Suisses restaient fidèles à leur vieille amitié pour la France.

Le fanatisme du duc d'Albe avait profité à la Hollande. Après avoir acheté sa liberté au prix des plus grands efforts, elle se voyait indépendante de l'Empire et de l'Espagne; ses flottes régnaient dans la Baltique et sur l'Océan; toutes les colonies portugaises étaient tombées entre ses mains, et elle possédait le monopole du commerce avec le Japon et la Chine. Les établissements des Hollandais au Cap et à Batavia étaient comme les capitales de l'immense empire qu'ils avaient élevé dans l'Inde.

l'Angleterre, portée à un haut degré de puissance par le génie de Cromwell, perdait son ascendant et sa force sous le règne honteux de Charles II, qui vendait à Louis XIV les armées et les flottes de son royaume.

Frédéric III, en détruisant l'aristocratie danoise, en établissant à la place d'une monarchie féodale, élective et limitée, une monarchie héréditaire et absolue, en réformant les abus de l'administration, avait rendu au Danemark une influence qu'il avait depuis longtemps perdue. L'affaiblissement de la Suède, l'alliance de la maison d'Autriche, qui n'était pas encore revenue des terreurs que lui avaient inspirées Gustave-Adolphe, Banner et Torstenson, tout assurait une domination tranquille au monarque danois.

La gloire de la Pologne pâlissait, tandis qu'à l'est s'élevait l'astre menaçant de la Russie. Après avoir été la terreur du nord de l'Europe, la Pologne, en déclarant la monarchie élective et en refusant de désigner le successeur du roi avant la mort du prince régnant, avait vu naître la discorde et l'anarchie, qui la livrèrent sans défense aux coups de ses voisins. La Prusse fut déclarée indépendante; la Suède s'appropria la Livonie et l'Esthonie; la Russie enfin, alors gouvernée par le père de Pierre le Grand, lui enleva l'Ukraine et ses provinces orientales.

Quant à la Turquie, Constantinople avait été depuis le seizième siècle le théâtre de troubles perpétuels. Des révolutions sans cesse renaissantes, des guerres malheureuses contre les Polonais et les Persans avaient empêché les sultans de tourner, comme jadis, leurs armes contre l'Allemagne; ils s'étaient bornés à fomenter en secret les troubles de la Hongrie, et à exciter l'humeur turbulente des princes transylvaniens. Mais tout récemment l'administration vigoureuse des grands vizirs Mahomet et Kiouprouli avait rendu à l'empire son ancienne énergie. En 1663, la Hongrie avait été de nouveau envahie, Vienne et Olmütz même menacés; mais l'habileté de Montecuculli, la valeur de six mille Français, envoyés par Louis XIV, avaient arrêté, par la victoire du Saint-Gothard, les progrès des Turcs, et une trêve de vingt ans avait été conclue.

Telle était la situation politique de l'Europe au moment où allaient commencer les grandes guerres de Louis XIV. Avant de les raconter, arrêtons-nous pour examiner plus particulièrement la situation de l'Allemagne.

LÉOPOLD Ier.
(1658-1705.)

SITUATION POLITIQUE DE L'ALLEMAGNE.

Ferdinand III était mort en 1657, après avoir vu mourir son fils Ferdinand IV, pour lequel il avait obtenu, après de nombreuses instances, le titre de roi des Romains. Son successeur avait été, malgré les efforts de la France, Léopold d'Autriche, qui, à la mort de son cousin Sigismond-François, hérita du Tyrol, et réunit ainsi toutes les possessions de sa famille. Dans l'Autriche, la Bohême et leurs dépendances, l'autorité de Léopold était assise sur des bases solides, et l'uniformité du culte, dont l'établissement avait tant coûté à ses prédécesseurs, y étouffait l'esprit de révolte; mais ce qu'il possédait de la Hongrie lui était plus onéreux qu'utile, et sans cette couronne, qui lui coûtait tant d'hommes et d'argent et l'exposait aux attaques des Turcs, il aurait eu une bien autre influence sur la politique européenne. Quant à ses droits comme empereur, ils n'étaient plus guère qu'honorifiques; car la diète qu'il assembla à Ratisbonne, en 1662, ayant obtenu d'être déclarée permanente, lui enleva sa dernière prérogative sérieuse (*), celle de dissoudre cette assemblée, comme il pouvait le faire jadis lorsque la discussion prenait une tournure dangereuse pour son autorité. Dès lors, au lieu d'être composée de l'empereur, des électeurs et des princes en personne, la diète fut une réunion de représentants qui ne purent décider aucune question sans l'avoir communiquée à leurs commettants. Les opérations n'en devinrent que plus lentes, et l'intervention des puissances étrangères plus facile. En même temps, la séparation des États d'Empire en corps des évangéliques et corps des catholiques, délibérant chacun sur les intérêts de leur parti (1653), le droit conféré aux protestants d'empêcher la décision à la pluralité des suffrages dans toute affaire de religion, leur fournirent constamment un prétexte de traverser les vues du chef de l'Empire. Il y eut ainsi, comme nous nous exprimerions aujourd'hui, une forte opposition légalement constituée contre l'empereur.

Mais ce fut, ainsi que nous l'avons dit déjà, le droit d'alliance accordé aux États qui restreignit le plus la prérogative impériale. Ce fatal privilège faillit réduire l'Allemagne à l'état déplorable où elle était au temps des guerres privées. Ses princes les plus puissants tinrent dès lors des armées sur pied pour mettre à profit la faiblesse de leurs voisins, ou subjuguer les villes impériales enclavées dans leurs États.

(*) Les princes avaient obtenu de l'empereur qu'il ne dissoudrait pas la diète avant que les points laissés indécis par le traité de Westphalie fussent réglés. La diète fut donc prolongée, et à la fin rendue permanente par un décret qui autorisa les princes et les États à lever des taxes sur leurs sujets pour subvenir aux frais des légations.

Des villes allemandes, les unes étaient indépendantes ou impériales, d'autres sujettes ou municipales; d'autres enfin, se plaçant entre les villes libres et les villes sujettes, jouissaient d'une masse de droits qui les plaçaient presque au rang des villes immédiates. Mais les princes ne se firent aucun scrupule de violer leurs priviléges, dès qu'ils en eurent les moyens, par l'établissement d'une milice permanente. Ainsi l'évêque de Munster, soutenu par l'Autriche, soumit sa ville épiscopale, et la força de reconnaître sa souveraineté. L'archevêque de Mayence fit de même pour la ville d'Erfurt, l'électeur de Brandebourg pour Magdebourg, les ducs de Brunswick pour la ville de ce nom. Si Brême, Cologne et Hambourg échappèrent aux attaques de la Suède, de l'électeur de Cologne et du Danemark, elles ne le durent qu'à de puissantes médiations. Ainsi tombait peu à peu l'indépendance de ces villes si fières autrefois de leurs priviléges. Au seizième siècle, on disait qu'un roi d'Écosse serait heureux d'être logé comme un bourgeois de Nuremberg, ville qui renfermait alors cinquante-deux mille âmes; Strasbourg et Aix-la-Chapelle pouvaient mettre chacune vingt-mille hommes sous les armes; la ligue hanséatique, qui régnait dans la Baltique et concentrait dans l'Allemagne tout le commerce du Nord et de l'Orient, comptait dans son alliance soixante et douze villes opulentes ; mais la guerre de trente ans avait été pour toutes ces villes une époque de désastres; leur population et leurs richesses avaient été épuisées; plusieurs ne purent sortir de leurs ruines, et d'autres subirent le joug de différents princes. La décadence du commerce de Venise, et l'essor que prit celui de l'Angleterre, de la Hollande et du Portugal, empêchèrent que l'Allemagne restât, comme au moyen âge, le centre du grand commerce européen, et les villes que l'industrie n'alimentait plus virent encore s'élever dans les États des princes qui les environnaient de nombreuses manufactures dont la concurrence acheva leur ruine. Jusqu'alors les empereurs avaient toujours protégé les villes libres, pour s'en aider ensuite eux-mêmes contre les seigneurs; mais depuis la paix de Westphalie, il leur fallut les abandonner à leur sort, et perdre ce moyen puissant dont leurs prédécesseurs s'étaient servis tant de fois pour contre-balancer le pouvoir des princes.

Examinons rapidement encore l'état des principaux États de l'Empire qui vont se mêler aux guerres de France. Les électeurs ecclésiastiques, exposés aux premiers coups, étaient bien déchus de leur puissance; ils avaient eu de bien mauvais jours depuis que les sécularisations avaient commencé. La paix de 1648 n'est pour eux qu'un moment d'arrêt, leur perte est prononcée; mais ils dureront encore un siècle et demi, bafoués, humiliés par toutes les puissances temporelles, réduits à choisir entre la France et l'Autriche. Chassés par l'une, rétablis par l'autre, ils n'ont plus qu'un rôle secondaire et rempli de tristes vicissitudes.

Parmi les puissances séculières, la Bavière, augmentée du haut Palatinat et du comté de Cham, prémunie contre les démembrements par le rétablissement du droit de primogéniture, aurait pu paraître au premier rang sans la faiblesse de Ferdinand-Marie, qui fut le successeur de Maximilien, et qui, bien qu'attaché à l'empereur par les liens du sang, resta l'allié de la France.

La maison palatine avait, il est vrai, recouvré la moitié de son héritage et la dignité électorale, mais elle avait perdu son ancienne influence en laissant l'électeur de Saxe se mettre de nouveau à la tête des protestants. Du reste, l'électeur palatin, Charles-Louis était naturellement partisan de la France, qui l'avait rétabli, et ennemi de l'Autriche, qui avait fait le malheur de sa famille. Quant aux branches collatérales de la maison palatine, il suffira de nommer le comte palatin de Neubourg, zélé catholique, beau-père de Léopold, des rois de Portugal et d'Espagne, du duc de Parme et du fils aîné de Sobieski, et le duc de Deux-Ponts, qui monta sur le trône de Suède, après l'abdication de Christine, sous le nom de Charles XI.

Jean-George, électeur de Saxe, était mort en 1656, et ses États avaient été démembrés pour former des apanages à ses fils; l'aîné, l'électeur Jean-George II, était attaché à l'Autriche, mais il s'efforça de se tenir en dehors de la rivalité des deux puissances. La branche albertine avait perdu toute influence; elle était alors divisée en onze lignes: celle d'Altenbourg, de Weimar, d'Eisenach, d'Iéna, de Gotha, de Cobourg, de Memmingen, de Rœmhild, d'Eisenbourg, de Hilburghausen et de Saalfeld.

Toutes les possessions de la maison de Brandebourg étaient alors réunies entre les mains de Frédéric-Guillaume. A son avénement, en 1640, son électorat était dévasté par la présence continuelle des troupes suédoises et impériales; ses forteresses de Spandau et de Custrin étaient au pouvoir de l'empereur, et il ne tirait pas de tous ses biens plus de deux millions cinq cent mille livres. Mais son habileté changea bientôt la face des choses; les places de Custrin et de Spandau furent recouvrées; les Suédois évacuèrent la Marche de Brandebourg; un accommodement conclu avec le prince palatin de Neubourg lui assura le duché de Clèves, et les comtés de la Mark et de Ravensberg. Plus tard, il affranchit la Prusse de la dépendance où elle était de la Pologne, et compensa par son économie la modicité de ses revenus. Quoique ses États fussent épars depuis la Vistule jusqu'au Rhin, et ne communiquassent que difficilement les uns avec les autres, il fit respecter sa puissance et rechercher son amitié. Il fut un des premiers à dévoiler l'ambition de Louis XIV et à s'opposer à ses desseins.

L'ancienne et illustre maison de Brunswick, qui avait la préséance sur toutes les maisons princières, à l'exception des électeurs et de l'archiduc d'Autriche, s'était illustrée durant la guerre de trente ans. Elle était alors divisée en deux branches: celle de Wolfenbutten, amie de la France, et re-

présentée, depuis 1665, par Rodolphe-Auguste, et celle de Lunebourg, alliée de l'Autriche, qui avait pour chef George-Guillaume, l'ami et le conseil de Guillaume d'Orange. George avait deux frères, Jean-Frédéric et Ernest-Auguste, qui furent successivement ducs de Hanovre : ce dernier épousa la petite-fille de Jacques Ier d'Angleterre, et obtint de Léopold qu'il créât en sa faveur un neuvième électorat.

PREMIÈRE GUERRE DE LOUIS XIV CONTRE L'EMPIRE.

On voit par l'esquisse rapide qui vient d'être tracée, quelle situation nouvelle la paix de Westphalie avait créée pour l'Allemagne. Aussi lorsque Louis XIV, donnant cours à son ambition, inonda les Pays-Bas de ses armées, pour s'emparer, disait-il, de la part qui revenait à sa femme de la succession de Philippe IV, Léopold, que la cour d'Espagne sollicitait d'armer en sa faveur, fut réduit à l'inaction par l'attitude des princes de l'Empire, et les Pays-Bas, ainsi que la Franche-Comté, tombèrent au pouvoir du roi de France. Ce que n'avait point fait l'empereur, la petite république des Provinces-Unies le fit; elle s'unit avec l'Angleterre et la Suède pour arrêter les conquêtes de Louis XIV. Toutefois ce ne fut pas ce traité de la triple alliance qui força le roi de France à demander la paix : dès le 19 janvier 1668, Louis avait signé avec Léopold un traité par lequel les deux potentats se partageaient la monarchie espagnole. Louis devait avoir les Pays-Bas, la Franche-Comté, la Navarre et ses dépendances, la ville de Roses, les Philippines et les places d'Afrique; Léopold se réservait le reste de la monarchie espagnole. Ce traité rendait la guerre inutile; aussi le roi de France aima mieux se contenter pour le moment d'une partie de ces provinces, plutôt que de conquérir les armes à la main ce qui devait lui échoir quelques années plus tard d'une manière paisible. La paix d'Aix-la-Chapelle, signée le 2 mars 1668, assura à Louis toutes ses conquêtes, à l'exception de la Franche-Comté.

Louis n'oublia point le mauvais vouloir des Hollandais à son égard, et à peine la guerre de *dévolution* fut-elle terminée, qu'il se prépara à attaquer les Provinces-Unies. Il conclut un traité avec l'électeur de Cologne (16 février 1669), acheta de Charles II, qui se fit son pensionnaire, l'alliance de l'Angleterre (2 janvier 1671), se réconcilia avec la Suède (janvier 1672), et gagna l'évêque d'Osnabruck, celui de Munster et le duc de Brunswick-Lunebourg. En même temps, il occupa Léopold en fomentant des troubles en Hongrie, acheta quelques-uns des ministres de la cour de Vienne, et, sous prétexte qu'il n'en voulait qu'à la religion protestante, il engagea l'empereur à ne point s'opposer aux progrès de ses armes.

Une circonstance vint favoriser encore ses projets; le duc de Lorraine fit avec les états généraux une ligue offensive et défensive. Aussitôt Louis envahit son duché, et se mit ainsi en communication directe avec l'Alsace. « Contre Turenne, Condé, Luxembourg, Vauban, cent trente mille combattants, une artillerie prodigieuse, et de l'argent, avec lequel on attaquait la fidélité des commandants des places ennemies, la Hollande n'avait à opposer qu'un jeune prince d'une constitution faible, qui n'avait vu ni siéges, ni combats, et environ vingt-cinq mille mauvais soldats, en quoi consistait alors toute la garde du pays (*). » Quant aux alliés, les Hollandais n'avaient que l'Espagne, qui ne fit rien pour eux, et le grand électeur de Brandebourg, qui se sauva. Tandis que Louis traversait l'électorat de Cologne, enlevait presque sans résistance toutes les places fortes du duché de Clèves, et s'avançait jusqu'à trois lieues d'Amsterdam, Frédéric-Guillaume, à la tête de vingt mille hommes, marchait seul à leur secours; mais les électeurs de Trèves et de Mayence s'opposèrent à ce qu'il passât par leurs territoires, et Montécuculli, que l'empereur lui avait envoyé avec seize mille hommes, malgré son dernier traité avec la France, l'empêcha par ses avis de franchir le Rhin à Nierstein dans le Palatinat. Réduit à l'inaction par la duplicité de la cour de Vienne et les dispositions de la plupart des États de l'Empire, abandonné des Hollandais, qui ne lui envoyaient ni un écu ni un soldat, menacé par Turenne, qui avait trente mille hommes sous ses ordres, il se décida à faire un accommodement avec la France (16 juin 1673).

Mais la diversion opérée par l'électeur avait porté ses fruits; l'armée d'invasion avait été contrainte de se diviser; les Hollandais, moins vivement pressés, étaient revenus de leur premier effroi, et, ce qui était pour eux d'un prix inestimable, ils avaient gagné du temps. Déjà la coalition formée contre eux menaçait de se dissoudre; et Léopold, effrayé de voir les Français au milieu de l'Allemagne, se décida à suivre une ligne de politique plus convenable à ses intérêts et à ceux du corps germanique.

Au mois d'août 1673, Louis avait fait envahir l'électorat de Trèves, occuper les dix villes impériales d'Alsace, et démolir les fortifications de Schelestadt et de Colmar, « qui se croyait, dit Louis dans ses mémoires, considérable, et paraissait trop fière pour avoir affaire à un homme comme moi. » A ces nouvelles, une armée autrichienne, commandée par Montécuculli, s'avança par Nuremberg vers le Rhin, repoussa Turenne jusque dans le Palatinat, et, s'étant réunie au prince d'Orange, enleva la ville de Bonn. Ces succès, l'alliance conclue entre l'Espagne, l'empereur, la Hollande et plusieurs États d'Empire, notamment l'électeur de Brandebourg, contraignirent les Français à évacuer les Provinces-Unies, où ils ne conservèrent que Maestricht et Grave.

Malgré cette coalition menaçante, la campagne de 1674 fut heureuse pour la France; Louis attaqua en personne la Franche-Comté, qui n'opposa point de résistance. Dans les Pays-Bas, Condé fit tête au prince d'Orange,

---

(*) Voltaire, Siècle de Louis XIV, chapitre x.

qui, malgré la bataille de Senef, enleva la place de Grave; mais tous les honneurs de la campagne furent pour Turenne.

CAMPAGNES DE 1674 ET 1675 SUR LE RHIN. — PAIX DE NIMÈGUE.

« Turenne, qui ne faisait que défendre les frontières du côté du Rhin, déployait ce que l'art de la guerre peut avoir de plus grand et de plus habile. L'estime des hommes se mesure par les difficultés surmontées; et c'est ce qui a donné une si grande réputation à cette campagne de Turenne.

« (Juin 1674.) D'abord il fait une marche longue et vive, passe le Rhin à Philipsbourg, marche toute la nuit à Sintzheim, force cette ville, et, en même temps, il attaque et met en fuite Caprara, général de l'empereur, et le vieux duc de Lorraine, Charles IV, ce prince qui passa toute sa vie à perdre ses États et à lever des troupes, et qui venait de réunir sa petite armée avec une partie de celle de l'empereur. Turenne, après l'avoir battu, le poursuit et bat encore sa cavalerie à Ladenbourg; (juillet) de là il court à un autre général des Impériaux, le prince de Bournonville, qui n'attendait que de nouvelles troupes pour s'ouvrir le chemin de l'Alsace; (octobre) il prévient la jonction de ces troupes, l'attaque, et lui fait quitter le champ de bataille.

« L'Empire rassemble contre lui toutes ses forces; soixante et dix mille Allemands sont dans l'Alsace : Brisach et Philipsbourg étaient bloqués par eux. Turenne n'avait plus que vingt mille hommes effectifs tout au plus. (Décembre) Le prince de Condé lui envoya de Flandre quelques secours de cavalerie; alors il traverse, par Tanne et par Béfort, des montagnes couvertes de neige; il se trouve tout d'un coup dans la haute Alsace, au milieu des quartiers des ennemis, qui le croyaient en repos en Lorraine, et qui pensaient que la campagne était finie. Il bat, à Mulhausen, les quartiers qui résistent; il en fait deux prisonniers. Il marche à Colmar, où l'électeur de Brandebourg, qu'on appelle le grand-électeur, alors général des armées de l'Empire, avait son quartier. Il arrive dans le temps que ce prince et les autres généraux se mettaient à table; ils n'eurent que le temps de s'échapper; la campagne était couverte de fuyards.

« (5 janvier 1675) Turenne, croyant n'avoir rien fait tant qu'il restait quelque chose à faire, attend encore auprès de Turckheim une partie de l'infanterie ennemie. L'avantage du poste qu'il avait choisi rendait sa victoire sûre : il défait cette infanterie. Enfin une armée de soixante et dix mille hommes se trouve vaincue et dispersée presque sans grand combat. L'Alsace reste au roi, et les généraux de l'Empire sont obligés de repasser le Rhin.

« Toutes ces actions consécutives, conduites avec tant d'art, si patiemment digérées, exécutées avec tant de promptitude, furent également admirées des Français et des ennemis. La gloire de Turenne reçut un nouvel accroissement quand on sut que tout ce qu'il avait fait dans cette campagne, il l'avait fait malgré la cour et malgré les ordres réitérés de Louvois, donnés au nom du roi. Résister à Louvois tout-puissant, et se charger de l'événement, malgré les cris de la cour, les ordres de Louis XIV et la haine du ministre, ne fut pas la moindre marque du courage de Turenne, ni le moindre exploit de la campagne.

« Il faut avouer que ceux qui ont plus d'humanité que d'estime pour les exploits de guerre, gémirent de cette campagne si glorieuse. Elle fut célèbre par les malheurs des peuples autant que par les expéditions de Turenne. Après la bataille de Sintzheim, il mit à feu et à sang le Palatinat, pays uni et fertile, couvert de villes et de bourgs opulents. L'électeur palatin vit, du haut de son château de Manheim, deux villes et vingt-cinq villages embrasés. Ce prince, désespéré, défia Turenne à un combat singulier par une lettre pleine de reproches. Turenne, ayant envoyé la lettre au roi, qui lui défendit d'accepter le cartel, ne répondit aux plaintes et au défi de l'électeur que par un compliment vague, et qui ne signifiait rien. C'était assez le style et l'usage de Turenne de s'exprimer toujours avec modération et ambiguïté.

« Il brûla avec le même sang-froid les fours et une partie des campagnes de l'Alsace, pour empêcher les ennemis de subsister. Il permit ensuite à sa cavalerie de ravager la Lorraine. On y fit tant de désordre que l'intendant, qui, de son côté, désolait la Lorraine avec sa plume, lui écrivit et lui parla souvent pour arrêter ces excès. Il répondait froidement : « Je le « ferai dire à l'ordre. » Il aimait mieux être appelé le père des soldats qui lui étaient confiés, que des peuples, qui, selon les lois de la guerre, sont toujours sacrifiés. Tout le mal qu'il faisait paraissait nécessaire ; sa gloire couvrait tout ; d'ailleurs les soixante et dix mille Allemands qu'il empêcha de pénétrer en France y auraient fait beaucoup plus de mal qu'il n'en fit à l'Alsace, à la Lorraine et au Palatinat...

« Cependant, avec sa petite armée, Turenne continuait des progrès qui étaient le fruit de son génie. Le conseil de Vienne, n'osant plus confier la fortune de l'Empire à des princes qui l'avaient mal défendu, remit à la tête de ses armées le général Montécuculli, celui qui avait vaincu les Turcs à la journée de Saint-Gothard, et qui, malgré Turenne et Condé, avait joint le prince d'Orange, et avait arrêté la fortune de Louis XIV après la conquête de trois provinces de Hollande.

« On a remarqué que les plus grands généraux de l'Empire ont souvent été tirés d'Italie. Ce pays, dans sa décadence et dans son esclavage, porte encore des hommes qui font souvenir de ce qu'il était autrefois. Montécuculli était seul digne d'être opposé à Turenne. Tous deux avaient réduit la guerre en art. Ils passèrent quatre mois à se suivre, à s'observer dans des marches et dans des campements plus estimés que des victoires par les officiers allemands et français. L'un et l'autre jugeait de ce que son adversaire allait tenter, par les démarches que lui-même eût voulu faire à sa place, et ils ne se trompèrent jamais. Ils opposaient l'un à l'autre la patience, la ruse et l'activité ; enfin ils étaient près d'en venir aux mains, et de commettre leur réputation au sort d'une bataille, auprès du village de Saltzbach, lorsque Turenne, en allant choisir une place pour dresser une batterie, fut tué d'un coup de canon, le 27 juillet 1675 (*). »

La perte que fit la France par la mort de Turenne ne put être compensée par la conquête de Liége, de Givet, de Dinant, de Huy et de Limbourg. La campagne sur la Meuse se termina même d'une manière funeste : le maréchal de Créqui se fit battre à Consarbruck, et Trèves, qu'il défendit avec courage, capitula malgré lui.

Une diversion des Suédois alliés de la France ne fit qu'attirer sur eux de tristes revers ; ayant attaqué le Brandebourg, l'électeur, qui, fidèle aux intérêts de l'Allemagne, avait conduit ses troupes jusqu'en Alsace après la mort de Turenne, revint, au milieu de l'hiver, défendre ses possessions, surprit et battit les Suédois lorsqu'ils ignoraient encore son arrivée, leur prit Anclam, Stettin, Stralsund, et fit une descente dans l'île de Rugen. Prévenu que le comte de Horn était entré en Prusse par la Livonie avec seize mille Suédois, il partit de Berlin avec neuf mille hommes, fit faire à ses troupes sept milles en traîneaux sur les glaces du Frisch-Haff, et termina cette étonnante expédition par la déroute des ennemis. Pendant ce temps, l'évêque de Munster et les ducs de Brunswick-Lünebourg prenaient Brême et Verden, et le roi de Danemark, Wismar.

Ces revers des alliés de la France ne furent que faiblement balancés par les succès de Créqui en Allemagne, de Luxembourg dans les Pays-Bas, et de Duquesne dans les parages de la Sicile. Cependant la France garda son ascendant. A la paix de Nimègue (1678), elle échangea Philipsbourg contre Fri-

(*) Voltaire, siècle de Louis XIV, ch. XII.

bourg, rendit ce qu'elle avait pris à la Hollande, mais retint la Franche-Comté et douze places fortes des Pays-Bas, que Vauban fortifia, et qui devinrent, de ce côté, une barrière qu'il était difficile de franchir. Le grand-électeur, resté seul en armes, hésitait encore, et proposait à l'empereur de lever une armée de quatre-vingt mille hommes, dont il s'engageait à fournir le quart, lorsque le maréchal de Créqui, pénétrant dans le duché de Clèves et jusque dans la principauté de Minden, le força de montrer des sentiments plus pacifiques, et d'abandonner, par le traité de Saint-Germain, tout ce qu'il avait enlevé aux Suédois. Le roi de Danemark fut de même contraint, par l'arrivée d'une armée française dans les comtés d'Oldenbourg et de Delmenhorst, d'accepter la paix; et Louis se vit l'arbitre de l'Europe.

Pour dédommager l'électeur de Brandebourg de ses sacrifices, l'empereur lui accorda l'expectative de la principauté d'Ostfrise. Ce fut en vertu de cette concession qu'en 1744 le roi de Prusse, à la mort de Charles Edzard, dernier prince d'Ostfrise, prit possession de ce pays.

ENVAHISSEMENTS DE LOUIS XIV, APRÈS LA PAIX, DANS L'ALSACE, LE LUXEMBOURG, ETC.

Tous les ennemis de la France avaient posé les armes; Louis conserva les siennes, et commença même alors une nouvelle série de conquêtes, d'autant plus odieuses qu'elles étaient colorées d'une légalité apparente. Des chambres de réunion furent instituées dans les parlements de Metz et de Besançon, et dans le conseil souverain d'Alsace, pour retrouver et faire valoir ses titres de souveraineté sur les domaines dépendant des terres qui lui avaient été cédées par les traités de Westphalie, des Pyrénées et de Nimègue, c'est-à-dire, sur les fiefs mouvants des deux landgraviats d'Alsace et de la préfecture de Haguenau, des trois évêchés, Metz, Toul et Verdun, et du comté de Bourgogne. Fidèles à ses instructions, les procureurs royaux découvrirent que les comtés de Veldenz, Vaudemont, Deux-Ponts, Saarbruck, Saarwerden, les domaines de Saarbourg, Salm, Hombourg, et beaucoup de seigneuries du Luxembourg, étaient fiefs ou dépendances des trois évêchés; que l'Alsace inférieure, Bergzabern, Germersheim, Fleckenstein, les dix villes impériales d'Alsace, le prieuré de Wissembourg et Strasbourg, appartenaient aux deux landgraviats; qu'enfin le comté de Montbéliard faisait partie de la Franche-Comté.

Ces conquêtes faites dans le silence, à l'ombre de la paix, auraient dû amener une guerre générale; mais telle était, par suite de sa constitution vicieuse, la faiblesse de l'Allemagne, que cette grande nation se crut trop heureuse d'obtenir du roi de France une trêve de vingt ans, et l'on crut avoir mis un obstacle à de nouvelles usurpations, en concluant, le 9 juillet 1686, la ligue d'Augsbourg, par laquelle l'empereur, les deux lignes de la maison d'Autriche, le roi de Suède, la maison de Saxe, les cercles de Bavière et de Franconie et une partie des princes du haut Rhin, s'allièrent pour le maintien des traités de Westphalie et de Nimègue.

DIVERSION FAITE DANS L'ALLEMAGNE ORIENTALE PAR LES HONGROIS ET LES TURCS.

Ce qui explique cette hésitation de l'empereur à se commettre avec la France, c'était la nécessité de réprimer la révolte de la Hongrie et de tenir tête aux Turcs. Le supplice des magnats et les mesures prises par Léopold n'avaient fait qu'exaspérer les Hongrois, qui, excités par les émissaires secrets de Louis XIV, soutenus par le prince de Transylvanie et encouragés par la Porte ottomane, accouraient en foule sous les drapeaux du jeune comte de Tékély.

« C'étoit le fils d'Étienne Tékély de Kesnarch, comte et grand officier héréditaire d'Avowa, baron de Schaiffoire, qui étoit fort attaché à la confession d'Augsbourg, et qui possédoit plus de trois cent mille livres de rente. Comme ce seigneur avoit eu beaucoup de part à la première révolte de Hongrie, l'empereur envoya les généraux de Spork et de Heister assiéger Avowa, qui étoit le lieu de sa résidence. En vain il offrit de se justifier; et il eut beau protester qu'il n'avoit jamais rien su de la conjuration de Hongrie, on lui déclara que l'empereur souhaitoit qu'il reçût garnison dans ses forteresses, avec menace, s'il le refusoit, de le traiter en rebelle. Tékély ne voulut pas exposer cette place à être rasée s'il attendoit qu'elle fût prise, et il se soumit à la volonté de l'empereur. Il fit cependant évader le comte Émeric Tékély, son fils unique, en habit de paysan, et le confia à deux gentilshommes déguisés de la même façon. On le fit passer au travers des bois pour le conduire en Transylvanie, d'où il gagna la Pologne en habit de fille. Son père étant mort peu de temps après, l'empereur confisqua tous ses biens, et on enleva de ses châteaux des trésors immenses en or, en argent, en pierreries et en meubles précieux. Le jeune comte Tékély ne sauva des débris de sa fortune que les biens de la comtesse de Thurlo, sa mère, fille et héritière d'Émeric de Thurlo, palatin de Hongrie, seigneur fort riche. Tékély professoit la religion calviniste; il avoit beaucoup d'esprit et une grande facilité de parler. Après une retraite de plusieurs années en Pologne, il retourna en Transylvanie, où le prince Abaffy lui donna de l'emploi dans ses troupes (*). »

Lorsque le mécontentement des Hongrois fut arrivé à son comble, Tékély parut au milieu d'eux, se mit à leur tête, battit plusieurs corps d'Impériaux, et étendit ses courses jusqu'en Moravie et même en Autriche.

La cour de Vienne sentit que le temps des concessions était venu; on assembla une diète hongroise à OEdenbourg : la charge de palatin fut rétablie, un gouvernement conforme aux anciennes lois fut formé. Alors Tékély, abandonné par beaucoup de magnats, se vit contraint de se retirer chez les Turcs. Ceux-ci parurent encore une fois sous les murs de Vienne, le 14 juillet 1683, conduits par le grand vizir Kara-Mustapha. Vaincus le 12 septembre par Charles IV de Lorraine et le roi de Pologne Sobiesky, chassés de Neuhäusel, de Bude et de toutes les places qu'ils occupaient en Hongrie, défaits une seconde fois à Mohatz (1687), ils furent contraints de laisser l'Autriche affermir sa domination sur la Hongrie. La diète de Presbourg reconnut en effet que la Hongrie étoit un État héréditaire de l'Autriche. Quant au prince de Transylvanie, il conserva cette province à titre héréditaire, en se reconnaissant toutefois le vassal de l'empereur. Ainsi était consolidée, après deux siècles d'efforts d'une part, et de résistance de l'autre, l'union de la Hongrie et de l'Autriche. Attachés à leurs nouveaux princes autant qu'à leurs vieilles libertés, les Hongrois sauveront au siècle suivant la monarchie autrichienne, menacée sous Marie-Thérèse d'un entier démembrement.

Cependant la guerre contre les Turcs continua : Emmanuel, électeur de Bavière, leur enleva Belgrade (1688), et l'année suivante les Impériaux pénétrèrent en Servie, en Bosnie et jusqu'en Bulgarie. Repoussés, en 1690, par Kiouperli-Mustapha, qui enleva Belgrade d'assaut, ils furent de nouveau vainqueurs à Salankèmen, en 1691, sous le commandement du prince Louis de Bade. Mais l'empire ottoman, qui depuis trente ans cherchait à retrouver l'énergie qu'il avait eue au temps de Sélim et de Soliman, redoubla d'efforts. Le sultan Mustapha II vint lui-même à l'armée (1695), et pendant quelque temps les succès furent partagés; mais le prince Eugène ayant reçu, en 1697, le commandement de l'armée impériale, écrasa l'armée turque le 11 septembre à Zeutha, et conquit la Bosnie; battus d'ailleurs par les Russes, les Polonais et les Vénitiens, les Turcs

---

(*) Mémoires de M. de *** dans la collection de MM. Petitot et Montmerqué, t. 59, p. 5.

signèrent, le 26 janvier 1699, la paix de Carlowitz; ils ne conservèrent en Hongrie que la seule place de Temeswar, dans l'Esclavonie que le district compris entre le Bossuth et Salankemen, et dans la Croatie la contrée située au delà de l'Unna. La même année, Michel Apafi cédait à l'empereur ses prétentions sur la Transylvanie, moyennant une pension. Mais deux ans plus tard, la Hongrie remua une dernière fois. Soutenu par la France, Ragoczy s'empara des villes les plus importantes du royaume, et s'avança, en 1704, jusqu'à Vienne. Deux défaites qu'il éprouva à Raab et à Tyrnau n'empêchèrent pas les mécontents hongrois et transylvaniens de déclarer, en 1707, le trône vacant; mais leurs défaites à Trentschin (1708) et à Romhany (1710) les forcèrent d'accepter les traités de Nagy-Karoly et de Szathmar, qui confirmèrent aux Hongrois et aux Transylvaniens leurs priviléges, aux protestants le libre exercice de leur culte, rétablirent pour longtemps la tranquillité dans ces deux provinces, et laissèrent à l'Autriche la liberté de tourner ailleurs ses forces et son ambition. Mais ces guerres contre la Turquie et les Hongrois révoltés, qui avaient duré presque sans interruption pendant tout le règne de Louis XIV, avaient fait pour ce prince, comme les attaques de Soliman pour François Ier, une utile diversion. D'une autre part, l'électeur de Brandebourg, en se mêlant, ainsi que la Saxe, à toutes les querelles de la Suède, du Danemark, de la Pologne et de la Russie, oublia, pour les intérêts de sa maison, la sûreté de l'empire germanique, qui d'ailleurs, depuis le traité de Westphalie, n'existait plus que de nom. Tout occupé de fonder une nouvelle dynastie royale, d'ériger son électorat et ses nombreuses possessions en royaume, l'électeur, bientôt roi de Prusse (1701), ne prêtait qu'une attention secondaire aux événements qui se passaient dans l'Europe occidentale.

Il est important de ne pas oublier que les deux États les plus puissants de l'Allemagne, la Prusse et l'Autriche, avaient ainsi des intérêts complexes, et qu'ils ne purent que rarement disposer de toutes leurs forces contre la France. Revenons maintenant à l'Allemagne occidentale, c'est-à-dire, aux guerres de la France et de l'Empire.

NOUVELLE GUERRE ENTRE L'EMPIRE ET LA FRANCE (1688-1697.)

Sans être provoqué, Louis dénonça les hostilités, le 24 septembre 1688, par un manifeste portant que l'empereur ayant dessein de l'attaquer aussitôt qu'il aurait fait la paix avec les Turcs, il était de son droit de le prévenir, et que la ligue d'Augsbourg était une menace pour la France. Aussitôt une armée française s'empara de Philipsbourg, de toutes les villes des bords du Rhin et du Palatinat, qui fut de nouveau dévasté, et dont toutes les villes furent démantelées et incendiées; Worms et Spire furent brûlées en un même jour; les tombeaux des empereurs ensevelis à Spire, violés, et leurs ossements dispersés.

Louvois avait voulu mettre un désert entre l'Allemagne et la France: il réussit; mais l'indignation universelle de l'Europe le punit de la cruelle dévastation qu'il avait ordonnée, et une ligue formidable se forma pour en tirer vengeance. L'empereur, les rois d'Angleterre et d'Espagne, l'électeur de Brandebourg, promirent chacun vingt mille hommes, la Hollande trente-cinq mille, la Savoie et Milan réunis vingt mille, l'électeur de Bavière dix-huit mille, celui de Saxe douze mille, le palatin quatre mille, Hesse-Cassel huit mille, les cercles de Franconie et de Souabe dix mille, Wirtemberg six mille, Munster sept mille, Brunswick-Wolfenbuttel seize mille; en tout deux cent vingt-deux mille hommes.

La campagne de 1689 fut favorable aux alliés, qui reprirent Mayence, bravement défendue par le marquis d'Uxelles, et Bonn, enlevée par l'électeur de Brandebourg; mais, en 1690, Luxembourg vainquit les Hollandais à

Fleurus, et Catinat le duc de Savoie à Staffarde. En 1691, le maréchal de Lorge fit échouer une invasion en Alsace tentée par les Impériaux, et Louis XIV s'empara de Mons. La prise de Namur, et la victoire de Luxembourg à Steinkerque, en 1692, celle de Neerwinden et de Marsaglia, en 1693, l'impossibilité où se trouvèrent les alliés, dans les campagnes suivantes, de faire aucun progrès, la lassitude de toutes les puissances, fatiguées d'une guerre de siéges ne profitant qu'à la réputation des généraux qui défendaient les villes ou savaient les prendre, enfin la mort prochaine de Charles II, qui ne laissait point d'héritier, engagèrent les puissances belligérantes à cesser les hostilités, qui, de part ni d'autre, n'amenaient pas de sérieux résultats. Les paix de Westphalie et de Nimègue servirent de base au traité de Ryswick (1697), dont la France dicta les conditions, et qui lui conserva son ascendant en Europe. Louis rendit les villes du Brisgau, Fribourg, Brisach, et démolit les fortifications construites sur la rive droite du Rhin, en face de Huningue et du fort Louis; mais il força l'Empire de reconnaître définitivement l'Alsace pour une province française. Enfin, le duc de Lorraine rentra en possession de son duché, à l'exception de la ville de Sarre-Louis et de la préfecture de Longwy, qui furent cédées au roi.

UN TIERS PARTI ESSAYE INUTILEMENT DE SE FORMER EN ALLEMAGNE.

La mort de Charles II, son testament en faveur du second fils du dauphin de France, l'acceptation de ce testament par Louis XIV, l'envoi de Philippe d'Anjou en Espagne, enfin l'occupation des Pays-Bas espagnols par les troupes françaises, amenèrent une nouvelle guerre européenne, dans laquelle l'empereur, principal adversaire de Louis XIV, comme archiduc d'Autriche et prétendant à la succession de Charles II, parvint à entraîner les divers États de l'Allemagne. Les princes allemands étaient cependant à cette époque disposés peu favorablement pour l'empereur. Léopold, en érigeant, le 27 mai 1692, un neuvième électorat en faveur de la maison de Brunswick-Lunebourg-Hanovre, avait mécontenté vivement les autres électeurs, principalement les archevêques de Trèves et de Cologne, le comte palatin, et tout le collége des princes, dont plusieurs membres formèrent contre le nouvel électeur l'*union* de Ratisbonne, puis l'*alliance* de Nuremberg. Par ce dernier traité, les ducs de Saxe-Cobourg, de Saxe-Gotha, de Brunswick-Wolfenbuttel, et de Holstein-Gluckstadt, le landgrave de Hesse-Cassel, les margraves de Brandebourg-Culmbach et de Bade-Bade, et les évêques de Munster, Bamberg et Eichstædt, résolurent de mettre sur pied une armée de vingt-quatre mille hommes, et de réclamer l'appui de la France et de la Suède qui avaient garanti le maintien de la paix de Westphalie. Mais, comme presque toutes les ligues allemandes, celle-ci resta sans effet. Il y eut tant d'incertitudes dans les vues des confédérés, tant de mollesse et de lenteur dans les mesures qu'ils prirent, que survinrent d'importants événements qui créèrent pour eux de nouveaux intérêts. Pendant que cette ligue n'aboutissait qu'à de vains projets, Léopold voyait se former un nouvel orage; mais il agit, contre les habitudes de la cour impériale, avec promptitude et énergie, et ne gagna pas seulement un allié puissant dans le nord-ouest de l'Allemagne, en s'attachant le duc de Hanovre, il prévint encore une coalition menaçante de ce prince, de l'électeur de Saxe, et d'un certain nombre de maisons protestantes qui voulaient former en Allemagne, entre l'Autriche et la France, un tiers parti neutre dont l'influence et l'action auraient pu avoir de sérieux résultats, si la cour de Vienne n'était parvenue à le rompre en détachant de la ligue l'un de ses membres les plus influents (*).

(*) La formation de ce tiers parti ne fut accomplie que par l'établissement de la con-

GUERRE POUR LA SUCCESSION D'ESPAGNE.

Malgré le mécontentement qui fermentait en Allemagne, et dont l'alliance de Nuremberg était le symptôme, Léopold parvint à entraîner les cercles dans la guerre contre Louis XIV. Profitant de l'usage des armées permanentes qui commençait alors à s'introduire, et de l'ambition qu'avait tout prince de conserver une armée sur pied, il encouragea et excita les cercles à s'organiser militairement. Dès le 23 novembre 1700, ceux de Souabe et de Franconie se confédérèrent et mirent sur pied dix-huit mille hommes; le cercle d'Autriche et les deux cercles du Rhin accédèrent successivement à cette ligue, et promirent, l'un, seize mille hommes, les deux autres, neuf mille cinq cents hommes. L'archevêque de Trèves et le cercle de Westphalie suivirent cet exemple. Presque tous les États de l'Allemagne occidentale ayant ainsi mis sur pied des forces respectables, l'empereur s'efforça de les employer à sa querelle particulière avec la France. Il réussit à former à la diète de Ratisbonne une majorité favorable à ses desseins, et le 30 septembre 1701, l'Empire en corps se décida à déclarer la guerre à la France. Toutefois les deux électeurs de Cologne et de Bavière protestèrent et firent des traités particuliers avec Louis XIV. Mais Léopold contre-balança cette défection par une alliance avec Frédéric Ier, qu'il reconnut en qualité de roi de Prusse (18 janvier 1701). La même année il conclut un traité avec l'Angleterre et la Hollande, qui fut comme la base de la grande alliance contre la France, à laquelle accédèrent le roi de Prusse (30 décembre 1701), les deux cercles du Rhin, ceux de Franconie et de Souabe, celui d'Autriche, le 22 mars 1702, celui de Westphalie, le 8 mai suivant, le roi de Portugal, 16 mai 1703, la Suède, le 16 août, et le duc de Savoie le 25 octobre. Dès le mois de mai 1702, la guerre fut déclarée à la France. Cette première campagne fut peu importante; elle ne fut marquée sur le Rhin que par la prise de Landau, où les Impériaux entrèrent le 10 septembre, et par la victoire de Friedlingen gagnée sur le prince de Bade par Villars, que ses soldats proclamèrent maréchal sur le champ de bataille; mais Louis XIV se promit pour l'année suivante de brillants succès. Villars devait s'avancer à travers la Souabe et la Bavière jusqu'aux frontières de l'Autriche, tandis que l'armée française d'Italie, pénétrant à travers le Tyrol, viendrait joindre Villars, réuni au duc de Bavière sur les bords de l'Inn, pour marcher de là sur Vienne, que Ragoczy et les Hongrois révoltés menaçaient par le bas Danube. C'est la même opération que Napoléon devait, près d'un siècle plus tard, exécuter avec tant de bonheur et d'audace. L'électeur de Bavière, secondé par Villars, entreprit en effet une expédition dans le Tyrol, prit Kuffstein et Insprück (18 et 26 juin), et s'avança rapidement vers le Trentin; mais l'insurrection des Tyroliens sous la conduite du brave Sterzinger, les événements qui se passèrent en Piémont, et qui obligèrent Vendôme à retourner en toute hâte sur ses derrières, firent échouer ce plan de campagne. L'électeur chassé du Tyrol, après y avoir perdu la moitié de son armée, fut contraint de regagner la Bavière; mais il y trouva Villars, qui, en battant le général autrichien Styrum, par une marche habile, à Hochstædt, renouvela tous les dangers de la maison impériale. A la suite de cette victoire, gagnée malgré l'électeur, Augsbourg, puis Passau, la clef de l'Autriche, furent enlevés. La route de Vienne était ouverte, et l'empereur délibérait déjà dans son conseil s'il quitterait sa capitale. Ses armées ou celles de ses alliés étaient en effet partout battues. La même année, le duc de Bourgogne avait enlevé la ville de Brisach regardée comme imprenable; Tallard avait vaincu à Spire le prince héréditaire de Hesse-Cassel, et repris Landau; enfin,

fédération du Rhin; mais la trop grande influence que s'attribua sur elle Napoléon la rendit inutile à l'Allemagne.

sur le bas Rhin, le maréchal de Boufflers avait vaincu les Hollandais à Eckeren.

Ces succès de la France forcèrent les puissances maritimes à faire sur le continent les plus sérieux efforts pour sauver l'empereur menacé jusque dans sa capitale, d'une part, par l'armée franco-bavaroise, et, de l'autre, par le jeune Ragoczy et les Hongrois mécontents. C'est alors que parurent deux hommes, Eugène et Marlborough, qui, étrangers à l'Allemagne, vinrent la sauver, après avoir appris sous Turenne et Condé, dans les armées de la France, l'art de vaincre sur les champs de bataille. Unis d'amitié et d'intentions, les deux héros accoururent, l'un de l'Italie, l'autre des Pays-Bas, se rencontrèrent à Grossasbach sur le Rems, avec le margrave Louis de Bade, le seul général allemand qui, dans toute cette guerre, fit preuve de quelque talent, et concertèrent un plan de campagne qui commença les malheurs de la France.

PORTRAIT DU PRINCE EUGÈNE.

« Le premier général qui balança la supériorité de la France, dit Voltaire (*), fut un Français; car on doit appeler de ce nom le prince Eugène, quoiqu'il fût petit-fils de Charles-Emmanuel, duc de Savoie. Son père, le comte de Soissons, établi en France, lieutenant général des armées et gouverneur de la Champagne, avait épousé Olympe Mancini, l'une des nièces du cardinal Mazarin (octobre 1663). De ce mariage, d'ailleurs malheureux, naquit à Paris ce prince si dangereux depuis à Louis XIV, et si peu connu de lui dans sa jeunesse. On le nomma d'abord en France le chevalier de Carignan. Il prit ensuite le petit collet. On l'appelait l'abbé de Savoie. On prétend qu'il demanda un régiment au roi, et qu'il essuya la mortification d'un refus accompagné de reproches. Ne pouvant réussir auprès de Louis XIV, il était allé servir l'empereur contre les Turcs, dès l'an 1683. Les deux princes de Conti allèrent le joindre en 1685. Le roi fit ordonner aux princes de Conti, et à tous ceux qui faisaient avec eux le voyage de revenir. L'abbé de Savoie fut le seul qui n'obéit point. Il avait déjà déclaré qu'il renonçait à la France. Le roi, quand il l'apprit, dit à ses courtisans : « Ne trouvez-vous pas que j'ai fait là une grande perte? » et les courtisans assurèrent que l'abbé de Savoie serait toujours un esprit dérangé, un homme incapable de tout. On en jugeait par quelques emportements de jeunesse, sur lesquels il ne faut jamais juger les hommes. Ce prince, trop méprisé à la cour de France, était né avec les qualités qui font un héros dans la guerre et un grand homme dans la paix; un esprit plein de justesse et de hauteur, ayant le courage nécessaire et dans les armées et dans le cabinet. Il a fait des fautes comme tous les généraux; mais elles ont été cachées sous le nombre de ses grandes actions. Il a ébranlé la grandeur de Louis XIV et la puissance ottomane; il a gouverné l'Empire, et, dans le cours de ses victoires et de son ministère, il a méprisé également le faste et les richesses. Il a même cultivé les lettres, et les a protégées autant qu'on le pouvait à la cour de Vienne. Agé alors de trente-sept ans, il avait l'expérience de ses victoires remportées sur les Turcs, et des fautes commises par les Impériaux dans les dernières guerres, où il avait servi contre la France. »

PORTRAIT DU DUC DE MARLBOROUGH.

« Churchil, comte et ensuite duc de Marlborough, déclaré général des troupes anglaises et hollandaises dès l'an 1702, fut l'homme le plus fatal à la grandeur de la France qu'on eût vu depuis plusieurs siècles. Il n'était pas comme ces généraux auxquels un ministre donne par écrit le projet d'une campagne, et qui, après avoir suivi à la tête d'un armée les ordres du cabinet, reviennent briguer l'honneur de servir encore. Il gouvernait alors la reine d'Angleterre, et par le besoin qu'on avait de lui, et par l'autorité

(*) Voltaire, siècle de Louis XIV, ch. 18.

que sa femme avait sur l'esprit de cette reine. Il menait le parlement par son crédit et par celui de Godolphin, grand trésorier, dont le fils épousa sa fille. Ainsi, maître de la cour, du parlement, de la guerre et des finances, plus roi que n'avait été Guillaume, aussi politique que lui, et beaucoup plus grand capitaine, il fit plus que les alliés n'osaient espérer. Il avait, pardessus tous les généraux de son temps, cette tranquillité de courage au milieu du tumulte, et cette sérénité d'âme dans le péril, que les Anglais appellent *cold head*, tête froide. C'est peut-être cette qualité, le premier don de la nature pour le commandement, qui a donné autrefois tant d'avantage aux Anglais sur les Français dans les plaines de Poitiers, de Crécy et d'Azincourt (*). »

SITUATION DES DEUX ARMÉES.

Villars, rappelé en France, avait été remplacé par Tallart et Marsin. Celui-ci campait avec l'électeur entre Dillingen et Lauingen, et avait fortifié le Schellenberg jusqu'au Danube, afin de couvrir la Bavière jusqu'à ce que Tallart lui eût amené des renforts. Pour prévenir l'arrivée de celui-ci, Marlborough attaqua avec vigueur les retranchements franco-bavarois, les força, et s'ouvrit, par cette importante victoire, l'entrée de la Bavière. L'électeur se retira sur Augsbourg; mais, rejoint bientôt par Tallart, il reprit l'offensive et marcha sur Donawerth à la rencontre des Impériaux. Ainsi tous les généraux et toutes les armées se trouvaient réunis sur ce petit coin de l'Allemagne : Eugène et Marlborough, avec l'armée impériale; Tallart, Marsin et l'électeur, avec l'armée franco-bavaroise; derrière les Impériaux, manœuvrait Villeroi, pour leur couper les communications et les vivres; enfin le margrave de Bade menaçait Ratisbonne et Ingolstadt. Le moment était critique, et un coup décisif allait être nécessairement porté. Si Marlborough

(*) Voltaire, siècle de Louis XIV, ibid.

était vaincu, l'empereur, attaqué par les Hongrois, ne pouvait éviter une ruine complète, la liberté de l'Allemagne et de l'Italie tombait à la merci de la France, et Louis XIV, redevenu plus puissant qu'il ne l'avait jamais été, serait descendu au tombeau non plus avec les mépris de l'étranger et la haine de ses peuples, mais dans toute sa gloire et avec l'éclat du maître et de l'arbitre de l'Europe.

Les deux armées se rencontrèrent assez près de Donawert, dans les mêmes lieux où le maréchal de Villars avait remporté une victoire un an auparavant. Il était alors dans les Cévennes. « Je sais, dit Voltaire, qu'ayant reçu une lettre de l'armée de Tallart, écrite la veille de la bataille, par laquelle on lui mandait la disposition des deux armées, et la manière dont le maréchal de Tallart voulait combattre, il écrivit au président de Maisons, son beau-frère, que, si le maréchal de Tallart donnait la bataille en gardant cette position, il serait infailliblement défait. On montra la lettre à Louis XIV, elle a été publique.

BATAILLE DE HOCHSTAEDT.

« (13 auguste 1704). L'armée de France, en comptant les Bavarois, était de quatre-vingt-deux bataillons et de cent soixante escadrons, ce qui faisait à peu près soixante mille combattants, parce que les corps n'étaient pas complets. Soixante-quatre bataillons et cent cinquante-deux escadrons composaient l'armée ennemie, qui n'était forte que d'environ cinquante-deux mille hommes; car on fait toujours les armées plus nombreuses qu'elles ne le sont. Cette journée, si sanglante et si décisive, mérite une attention particulière. On a reproché bien des fautes aux généraux français : la première était de s'être mis dans la nécessité de recevoir la bataille, au lieu de laisser l'armée ennemie se consumer faute de fourrage, et de donner au maréchal de Villeroi le temps de tomber sur les Pays-Bas dégarnis, ou de s'avancer en Allemagne. Mais il faut considérer, pour réponse à ce reproche, que l'armée française, étant un peu plus forte que celle des alliés, pouvait espérer de la défaite, et que la victoire eût détrôné l'empereur. Le marquis de Feuquières compte douze fautes capitales que firent l'électeur, Marsin et Tallart avant et après la bataille. Une des plus considérables était de n'avoir point un gros corps d'infanterie à leur centre, et d'avoir séparé leurs deux corps d'armée.

« Le maréchal de Tallart était à l'aile droite, l'électeur avec Marsin à la gauche. Le maréchal de Tallart avait dans le courage toute l'ardeur et la vivacité française, un esprit actif, perçant, fécond en expédients et en ressources. C'était lui qui avait conclu les traités de partage. Il était allé à la gloire et à la fortune par toutes les voies d'un homme d'esprit et de cœur. La bataille de Spire lui avait fait un très-grand honneur, malgré les critiques de Feuquières; car un général victorieux n'a point fait de fautes aux yeux du public, de même que le général battu a toujours tort, quelque sage conduite qu'il ait eue.

« Mais le maréchal de Tallart avait un malheur bien dangereux pour un général; sa vue était si faible qu'il ne distinguait pas les objets à vingt pas de lui. Ceux qui l'ont bien connu m'ont dit encore que son courage ardent, tout contraire à celui de Marlborough, s'enflammant dans la chaleur de l'action, ne laissait pas à son esprit une liberté assez entière.

« Le maréchal de Marsin n'avait jusque-là jamais commandé en chef; et, avec beaucoup d'esprit et un sens droit, il avait, disait-on, l'expérience d'un bon officier plus que d'un général.

« Pour l'électeur de Bavière, on le regardait moins comme un grand capitaine que comme un prince vaillant, aimable, chéri de ses sujets, ayant dans l'esprit plus de magnanimité que d'application.

« Enfin la bataille commença entre midi et une heure. Marlborough et ses Anglais, ayant passé un ruisseau, chargeaient déjà la cavalerie de Tallart. Ce général, un peu avant ce temps-là, venait de passer à la gauche pour voir comment elle était disposée. C'était déjà un assez grand désavantage que l'armée de Tallart combattît sans que son général fût à sa tête. L'armée de l'électeur et de Marsin n'était point encore attaquée par le prince Eugène. Marlborough entama l'aile droite française près d'une heure avant qu'Eugène eût pu arriver vers l'électeur à la gauche.

« Sitôt que le maréchal de Tallart apprend que Marlborough attaque son aile, il y court : il trouve une action furieuse engagée; la cavalerie française trois fois ralliée et trois fois repoussée. Il va vers le village de Bleinheim, où il avait posté vingt-sept bataillons et douze escadrons. C'était une petite armée séparée : elle faisait un feu continuel sur celle de Marlborough. De ce village, où il donne ses ordres, il revole à l'endroit où Marlborough, avec de la cavalerie et des bataillons entre les escadrons, poussait la cavalerie française.

« M. de Feuquières se trompe assurément, quand il dit que le maréchal de Tallart n'y était pas, et qu'il fut fait prisonnier en revenant de l'aile de Marsin à la sienne. Toutes les relations conviennent, et il ne fut que trop vrai pour lui qu'il y était présent. Il y fut blessé; son fils y reçut un coup mortel auprès de lui. Toute la cavalerie est mise en déroute en sa présence. Marlborough vainqueur perce d'un côté entre les deux armées françaises; de l'autre, ses officiers généraux percent aussi entre ce village de Bleinhem et l'armée de Tallart, séparée encore de la petite armée qui est dans Bleinhem.

« Le maréchal de Tallart, dans cette cruelle situation, court pour rallier quelques escadrons. La faiblesse de sa vue lui fait prendre un escadron ennemi pour un français. Il est fait prisonnier par les troupes de Hesse, qui étaient à la solde de l'Angleterre. Au moment que le général était pris, le prince Eugène, trois fois repoussé, gagnait enfin l'avantage. La déroute était déjà totale, et la fuite précipitée dans le corps d'armée du maréchal de Tallart. La consternation et l'aveuglement de toute cette droite étaient au point qu'officiers et soldats se jetaient dans le Danube sans savoir où ils allaient. Aucun officier général ne donnait d'ordre pour la retraite, aucun ne pensait ou à sauver ces vingt-sept bataillons et ces douze escadrons des meilleures troupes de France enfermés si malheureusement dans Bleinhem, ou à les faire combattre. Le maréchal de Marsin fit alors la retraite. Le comte du Bourg, depuis maréchal de France, sauva une petite partie de l'infanterie, en se retirant par les marais d'Hochstædt; mais ni lui, ni Marsin, ni personne, ne songea à cette armée qui restait encore dans Bleinhem, attendant des ordres, et n'en recevant point. Elle était de onze mille hommes effectifs; c'étaient les plus anciens corps. Il y a plusieurs exemples de moindres armées qui ont battu des armées de cinquante mille hommes, ou qui ont fait des retraites glorieuses; mais l'endroit où on se trouve posté décide de tout. Ils ne pouvaient sortir des rues étroites d'un village, pour se mettre d'eux-mêmes en ordre de bataille devant une armée victorieuse, qui les eût à chaque instant accablés par un plus grand front, par son artillerie et par les canons mêmes de l'armée vaincue, qui étaient déjà au pouvoir du vainqueur. L'officier général qui devait les commander, le marquis de Clairambault, fils du maréchal de Clairambault, courut pour demander les ordres au maréchal de Tallart; il apprend qu'il est pris: il ne voit que des fuyards: il fuit avec eux, et va se noyer dans le Danube.

« Sivières, brigadier, qui était posté dans ce village, tente alors un coup hardi: il crie aux officiers d'Artois et de Provence de marcher avec lui; plusieurs officiers même des autres régiments y accourent: ils fondent sur l'ennemi comme on fait une sortie d'une place assiégée; mais, après la sortie, il faut rentrer dans la place.

Un de ces officiers, nommé des Nonvilles, revint à cheval un moment après dans le village avec milord Orknay, du nom d'Hamilton: « Est-ce un Anglais prisonnier que vous nous amenez? » lui dirent les officiers en l'entourant. « Non, messieurs, je suis prisonnier moi-même, et je viens vous dire qu'il n'y a d'autre parti pour vous que de vous rendre prisonniers de guerre. Voilà le comte d'Orknay qui vous offre la capitulation. » Toutes ces vieilles bandes frémirent; Navarre déchira et enterra ses drapeaux. Mais enfin il fallut plier sous la nécessité, et cette armée se rendit sans combattre. Milord Orknay m'a dit que ce corps de troupes ne pouvait faire autrement dans sa situation gênée. L'Europe fut étonnée que les meilleures troupes françaises eussent subi en corps cette ignominie. On imputait leur malheur à lâcheté; mais, quelques années après, quatorze mille Suédois se rendant à discrétion aux Russes en rase campagne ont justifié les Français.

« Telle fut la célèbre bataille qui, en France, a le nom d'Hochstædt, en Allemagne, de Pleintheim, et en Angleterre, de Bleinhem. Les vainqueurs y eurent près de cinq mille morts et près de huit mille blessés, et le plus grand nombre du côté du prince Eugène. L'armée française y fut presque entièrement détruite. De soixante mille hommes, si longtemps victorieux, on n'en rassembla pas plus de vingt mille effectifs.

« Environ douze mille morts, quatorze mille prisonniers, tout le canon, un nombre prodigieux d'étendards et de drapeaux, les tentes, les équipages, le général de l'armée et douze cents officiers de marque au pouvoir du vainqueur, signalèrent cette journée. Les fuyards se dispersèrent; près de cent lieues de pays furent perdues en moins d'un mois. La Bavière entière, passée sous le joug de l'empereur, éprouva tout ce que le gouvernement autrichien irrité avait de rigueur, et ce que le soldat vainqueur a de rapacité et de barbarie. L'électeur, se réfugiant à Bruxelles, rencontra sur le chemin son frère, l'électeur de Cologne, chassé comme lui de ses États; ils s'embrassèrent en versant des larmes. L'étonnement et la consternation saisirent la cour de Versailles, accoutumée à la prospérité.

« La nouvelle de la défaite vint au milieu des réjouissances pour la naissance d'un arrière-petit-fils de Louis XIV. Personne n'osait apprendre au roi une vérité si cruelle. Il fallut que madame de Maintenon se chargeât de lui dire qu'il n'était plus invincible (*). »

L'EMPEREUR SE VENGE SUR LES ALLIÉS DE LA FRANCE DANS L'EMPIRE.

Pendant quelque temps, l'on put craindre que la victoire gagnée par l'Anglais Marlborough et le prince Eugène, cet autre étranger qui écrivait son nom en trois langues, *Eugenio von Savoie*, pour rappeler ses trois patries, ne devînt fatale aux libertés de l'Allemagne, qu'ils venaient, disait-on, de sauver. Les deux électeurs de Bavière et de Cologne furent mis au ban de l'Empire. Les quatre fils du Bavarois, conduits à Klagenfurth, ne portèrent plus que le titre de comtes de Wittelsbach; puis la Bavière fut démembrée : partie en fut donnée aux États voisins, partie aux favoris et aux généraux de l'empereur, à Marlborough entre autres, qui obtint le titre de prince d'Empire et la seigneurie de Mindelheim. L'empereur lui-même prit tout le pays situé entre Salzbourg et Passau, bien, disait-il, qu'il eût eu le droit d'étendre le territoire autrichien jusqu'à l'Inn, véritable frontière de deux États. Enfin la dignité électorale fut rendue au comte palatin qui l'avait perdue depuis la guerre de trente ans, avec le haut Palatinat et le comté de Cham; et la Bohême forma un nouvel électorat au profit de l'empereur. En même temps, plusieurs maisons nouvelles furent dotées et admises au collège des princes. L'Italie eut aussi ses exécutions : le duc de Mantoue, allié de la France, fut mis au ban de l'Empire, et dépouillé de ses États, qui furent partagés entre les princes de Guastalla et le duc de Savoie. Le duc de la Mirandole éprouva le même sort, et le pape lui-même entendit de la part des ambassadeurs impériaux un langage inaccoutumé.

JOSEPH Ier.
(1705 - 1711.)

VUES AMBITIEUSES DE L'AUTRICHE.

C'était le nouvel empereur Joseph Ier, couronné depuis le 6 mai 1705, qui avait pris toutes ces mesures. L'Empire s'en émut; il y avait si longtemps que l'on avait perdu l'habitude de voir le chef de l'Empire agir avec vigueur, qu'une crainte secrète se répandit parmi tous les États, et éclata enfin en accusations d'attentats à la constitution de l'Empire. Le Danemark, la Suède, la Hesse, la Saxe, etc., firent des protestations formelles contre les actes de Joseph Ier, et l'accusèrent d'aspirer au pouvoir absolu. Ces plaintes étaient fondées; le prince Eugène lui-même voyait se réveiller lentement, au bruit de ses victoires, la vieille et tenace ambition de l'Autriche. « J'ai toujours cru, écrivait-il à cette époque, « que l'idée d'une monarchie univer- « selle était la folie de la France; mais « je vois aujourd'hui que les Allemands « y pensent aussi. Dieu leur pardonne; « car, depuis la paix de Westphalie, « ils ne savent ce qu'ils font, ni ce « qu'ils veulent, encore moins ce qu'ils « sont. »

CAMPAGNES DE 1705 A 1711.

Cependant les opérations militaires continuaient : l'Allemagne étant délivrée, on songea à envahir la France, et Sarre-Louis fut assiégé pour ouvrir aux alliés l'entrée de la Champagne; mais Villars, rappelé des Cévennes, vint occuper la forte position de Sierck, qui couvrait Luxembourg, Thionville et Sarre-Louis. La faiblesse de l'armée impériale, où les cercles n'avaient envoyé qu'une partie des contingents

(*) Voltaire, siècle de Louis XIV.

promis, l'empêcha de rien entreprendre de ce côté ; et Marlborough, fatigué des lenteurs apportées dans tous les mouvements, et de la hauteur du margrave de Bade, quitta les frontières de la Lorraine pour les Pays-Bas, où il pouvait d'ailleurs être plus utile aux intérêts réels de la Hollande et de l'Angleterre. Les deux victoires de Hildesheim, 18 juin 1705, et de Ramillies, 13 mai 1706, remportées sur l'incapable Villeroi, firent perdre à la France toute la Flandre espagnole jusqu'aux portes de Lille. Vendôme, rappelé d'Italie où il avait battu le prince Eugène à Cassano, arrêta, il est vrai, les progrès de Marlborough dans les Pays-Bas, et sauva Douai, Tournai et Valenciennes ; mais son départ d'Italie fit perdre le Modenois, le Mantouan, le Milanais, le Piémont, et le royaume de Naples. En Espagne, enfin, où le frère de l'empereur était allé revendiquer l'héritage de Charles II, les provinces d'Aragon, de Catalogne et de Valence l'avaient reconnu. Ainsi, à la fin de 1706, les Français, chassés d'Italie, des Pays-Bas et de l'Allemagne, étaient réduits partout à se tenir sur la défensive. Cependant, l'année suivante, Villars, impatient d'un rôle qui convenait peu à son activité, reprit un instant l'offensive. Il paraissait depuis longtemps oublier la guerre à Strasbourg, au milieu de tous les plaisirs ; mais un matin, à la sortie d'un bal, les Français prirent les armes, attaquèrent à l'improviste les lignes du margrave de Baireuth à Stollhofen, et les forcèrent. Les Impériaux s'enfuirent jusqu'à Ellwangen, abandonnant toute la Souabe, où Villars leva neuf millions de contributions. Mais, faute de vivres et de troupes, il lui fallut bientôt repasser le Rhin.

L'année 1708 fut marquée par une nouvelle défaite des Français à Oudenarde, et par la prise de Lille. Encouragés par ces succès, les alliés firent les plus grands efforts pour la campagne de 1709. L'électeur de Hanovre, commandant l'armée des cercles, devait pénétrer dans la haute Alsace et rejoindre le duc de Savoie dans la Franche-Comté, pour envahir avec lui la Bourgogne, tandis que cent dix mille hommes, réunis sous Marlborough et le prince Eugène dans les Pays-Bas, menaçaient la Flandre et la Picardie. A Vienne, on avait conçu les plus grandes espérances ; mais la victoire que le comte du Bourg remporta en Alsace, sur l'électeur de Hanovre, fit échouer l'invasion de cette province, et Villars par sa glorieuse défaite de Malplaquet, où il abandonna aux alliés un champ de bataille couvert de vingt mille morts anglais et allemands, et de douze mille Français seulement, arrêta dans la Flandre les progrès de Marlborough et d'Eugène.

L'année suivante s'écoula sans événements importants dans les Pays-Bas et sur le Rhin ; mais la chute du ministère whig en Angleterre, les succès de Philippe d'Anjou en Espagne, la mort de l'empereur Joseph Ier, arrivée au mois d'avril 1711, enfin l'élection comme empereur de l'archiduc Charles, l'ancien prétendant à la couronne d'Espagne, changèrent la face des choses et les dispositions des parties belligérantes.

CHARLES VI.
(1711-1740.)

BATAILLE DE DENAIN.

A l'avènement de Charles VI, de secrètes négociations s'ouvrirent entre les cabinets de Versailles et de Saint-James ; Marlborough, partisan de la guerre, fut destitué, et les troupes anglaises rappelées. Eugène, voulant montrer qu'il pouvait vaincre sans elles avec les troupes de l'Empire, investit Landrecies.

« Landrecies ne pouvait pas tenir longtemps. Il fut agité, dans Versailles, si le roi se retirerait à Chambord, sur la Loire. Il dit au maréchal d'Harcourt qu'en cas d'un nouveau malheur, il convoquerait toute la noblesse de son royaume, qu'il la conduirait à l'ennemi malgré son âge de soixante et quatorze ans, et qu'il périrait à sa tête.

« Une faute que fit le prince Eugène délivra le roi et la France de tant d'inquiétudes. On prétend que ses lignes étaient trop étendues ; que le dépôt de ses magasins dans Marchiennes était trop éloigné ; que le général Albemarle, posté à Denain, entre Marchiennes et le camp du prince, n'était pas à portée d'être secouru assez tôt s'il était attaqué.

« Ceux qui savent qu'un curé et un conseiller de Douai, nommé le Fèvre d'Orval, se promenant vers ces quartiers, imaginèrent les premiers qu'on pouvait aisément attaquer Denain et Marchiennes, serviront mieux à prouver par quels secrets et faibles ressorts les plus grandes affaires de ce monde sont souvent dirigées. Le Fèvre donna son avis à l'intendant de la province ; celui-ci au maréchal de Montesquiou, qui commandait sous le maréchal de Villars ; le général l'approuva, et l'exécuta. Cette action fut en effet le salut de la France plus encore que la paix avec l'Angleterre. Le maréchal de Villars donna le change au prince Eugène. Un corps de dragons s'avança à la vue du camp ennemi, comme si l'on se préparait à l'attaquer ; et, tandis que ces dragons se retirent ensuite vers Guise, le maréchal marche à Denain, avec son armée, sur cinq colonnes (24 juillet 1712). On force les retranchements du général Albemarle, défendus par dix-sept bataillons : tout est pris ou tué. Le général se rend prisonnier avec deux princes de Nassau, un prince de Holstein, un prince d'Anhalt et tous les officiers. Le prince Eugène arrive à la hâte, mais à la fin de l'action, avec ce qu'il peut amener de troupes ; il veut attaquer un pont qui conduisait à Denain, et dont les Français étaient maîtres : il y perd du monde, et retourne à son camp après avoir été témoin de cette défaite. Tous les postes vers Marchiennes, le long de la Scarpe, sont emportés l'un après l'autre avec rapidité (30 juillet 1712) : on pousse à Marchiennes défendue par quatre mille hommes ; on en presse le siège avec tant de vivacité, qu'au bout de trois jours on les fait prisonniers, et qu'on se rend maître de toutes les munitions de guerre et de bouche amassées par les ennemis pour la campagne. Alors toute la supériorité est du côté du maréchal de Villars (septembre et octobre 1712). L'ennemi déconcerté lève le siége de Landrecies, et voit reprendre Douai, le Quesnoy, Bouchain. Les frontières sont en sûreté ; l'armée du prince Eugène se retire diminuée de près de cinquante bataillons, dont quarante furent pris depuis le combat de Denain jusqu'à la fin de la campagne. La victoire la plus signalée n'aurait pas produit de plus grands avantages (*). »

TRAITÉ DE RASTADT.

La victoire de Denain et les succès qui la suivirent rompirent les derniers liens de la grande alliance. Les traités particuliers se succédèrent : l'Angleterre, le Portugal, le roi de Prusse, le duc de Savoie, la Hollande, signèrent leurs conventions avec la France, et, en 1714, l'Empire se trouva seul en armes. La France en eut bientôt raison : Villars prit Landau, le 21 août, et Fribourg, le 16 novembre. En vain le prince Eugène voulut organiser une levée en masse de deux cent mille hommes : on le laissa parler seul de la dignité de l'Empire. « Je me trouve « sur le Rhin, écrivait-il, comme une « sentinelle avancée ; et en voyant ces « contrées ravissantes, je pense souvent « combien les Allemands pourraient vi-« vre heureux et tranquilles s'ils sa-« vaient user de leurs forces. » Mais, ainsi que nous l'avons déjà dit, depuis la paix de Westphalie, l'Empire n'existait plus que de nom, et la diète, ou, comme disait Marlborough, la *chambre des formalités*, était sans action sur les États. La nombreuse armée qu'elle avait promise ne fut pas réunie, car les cercles éloignés n'envoyèrent point de contingents, et, au lieu de quarante millions de thalers votés par la diète pour les frais de la guerre, on n'en avait réuni à la fin de

(*) Voltaire, siècle de Louis XIV, ch. 23.

ALLEMAGNE.

la campagne que deux cent soixante et dix mille. Aussi Eugène, bientôt convaincu de son impuissance, prêta l'oreille aux propositions de Villars, et le traité de Rastadt, signé le 6 mars 1714, mit enfin un terme aux hostilités. Eugène fut obligé, comme il le disait, *d'apposer son sceau sur les péchés des puissances maritimes.* Grâce en effet à leur défection, l'empereur, demeuré le seul adversaire de Louis XIV, fut obligé d'accepter des conditions qu'il aurait rejetées bien loin quelques années plus tôt. Le royaume de Naples, les duchés de Mantoue et de Milan, la Sardaigne et les Pays-Bas lui furent conservés; il obtint la restitution du vieux Brisach, de Fribourg et de Kehl; mais Louis XIV garda Huningue et le nouveau Brisach qu'il avait offert de raser, et Landau qu'il venait de conquérir; enfin il fit rétablir dans leurs États ses deux alliés les électeurs de Cologne et de Bavière. Marlborough et tous ceux qui avaient partagé leurs dépouilles furent contraints de les restituer. L'empereur lui-même rendit les territoires qu'il avait réunis à l'Autriche.

GUERRE DU NORD ET GUERRE DES TURCS.

L'Allemagne n'eut pas encore la paix quand la guerre de France fut terminée. Charles XII et Pierre le Grand mêlaient depuis longtemps à leurs querelles les États du nord de l'Allemagne, et ce ne fut qu'en 1720, après la mort du héros suédois, que la paix fut aussi rétablie de ce côté. Mais elle coûta à la Suède presque toutes les possessions d'outre-mer qu'elle avait gagnées par la paix d'Osnabruk et celle d'Oliva. La Russie s'accrut de la Livonie, de l'Esthonie, de l'Ingrie et d'une partie du gouvernement de Wiborg, et Pierre le Grand, comme aujourd'hui le czar Nicolas, fit tout pour obtenir voix et séance à la diète germanique, offrant même de remettre la Livonie sous la suzeraineté de l'Empire. A la même époque, l'empereur eut de nouveau à combattre les Turcs, qui attendirent la fin de la grande guerre européenne et la soumission de la Hongrie pour prendre les armes; mais ils trouvèrent devant eux le prince Eugène et une armée nombreuse, composée de vieilles bandes qui les battirent à Peterwaradin et à Belgrade, et les forcèrent à signer le 21 juillet 1728, la paix de Passarowitz, qui donnait à l'empereur le bannat de la Servie et une partie de la Valachie, de la Bosnie et de la Croatie. Nous ne faisons que mentionner cette guerre à laquelle l'Empire en corps ne prit aucune part, si ce n'est par la concession faite à l'empereur de cinquante mois romains (*).

GUERRE POUR L'ÉLECTION DU ROI DE POLOGNE.

Depuis la paix de Passarowitz jusqu'à sa mort, Charles VI ne fut occupé que de faire accepter par l'Empire et les diverses cours de l'Europe la pragmatique sanction, qui assurait sa succession à sa fille aînée Marie-Thérèse. Pour y parvenir, il se jeta dans un dédale de négociations, qui aboutirent enfin à la reconnaissance de l'ordre de succession établi par lui dans ses États héréditaires. La Bavière, la Saxe et la France, seules de toutes les puissances européennes, refusèrent jusqu'en 1782, d'accorder leur garantie. Vers cette époque, la mort d'Auguste II, électeur de Saxe et roi de Pologne, ranima tout d'un coup la guerre d'une extrémité à l'autre de l'Europe. Charles VI ayant favorisé la nomination de Fré-

---

(*) Lorsqu'en 1521 l'Empire accorda à Charles-Quint pour son expédition romaine un secours de 4,000 cavaliers et de 20,000 fantassins, on dressa un bordereau (*matrikel*) sur lequel chaque État était taxé pour le montant de sa contribution. Par la suite on estima que l'entretien mensuel d'un cavalier coûtait douze florins et celui d'un fantassin quatre; d'où l'on conclut que l'armée fournie à Charles-Quint aurait coûté cent vingt-huit mille florins. Cette somme reçut le nom de *mois romain*, et depuis, toutes les fois que l'on accorda des subsides à l'empereur, le montant fut évalué en mois romains. Les cinquante mois romains accordés à Charles VI s'élevaient donc à la somme de 6,400,000 flor.

déric-Auguste, Louis XV se plaignit hautement de l'injure que lui faisait la cour impériale en repoussant son beau-père Stanislas Leczinski, et déclara la guerre, qui eut comme toujours les bords du Rhin et l'Italie pour théâtre. Dans cette péninsule, les succès des armées françaises furent rapides, et l'empereur perdit en deux campagnes tout ce qu'il possédait sur les bords du Rhin. Berwick prit Kehl et Philipsbourg, malgré le prince Eugène, qui pouvait sauver la place par une bataille, mais n'osa compromettre à soixante-dix ans une gloire acquise sur dix-huit champs de bataille. Une prompte paix arrêta ces revers; mais il en coûta à l'Empire les duchés de Bar et de Lorraine, qui furent cédés à Stanislas Leczinski, pour être réunis à sa mort à la France.

« Après ce traité, dit Voltaire, tout fut paisible entre les princes chrétiens. » Cependant l'empereur avait une nouvelle guerre à soutenir contre les Turcs; mais l'ambassadeur de France à la Porte ottomane conclut, en 1739, avec le grand vizir, un traité que les succès des Ottomans rendaient nécessaire à Charles VI, et l'Allemagne se trouva encore une fois en paix sur toutes ses frontières.

Ce repos fut de courte durée. Charles VI mourut le 20 octobre 1740, et l'œuvre auquel il avait travaillé pendant tout son règne, sa pragmatique sanction fut presque aussitôt attaquée. « Au lieu de tant d'efforts auprès des « cours étrangères pour la faire accep« ter, préparez, lui disait Eugène, « une bonne armée et de grandes res« sources financières, alors l'Europe « acceptera vos volontés. »

CHARLES VII.
(1740 - 1745.)

GUERRE POUR LA SUCCESSION D'AUTRICHE. — PUISSANCE DE LA PRUSSE.

Charles VI n'avait pas suivi les conseils d'Eugène; il laissa au contraire une armée désorganisée et les finances en désordre (*). Aussi, à peine le

(*) Toute la monarchie, y compris Naples

dernier descendant mâle de Rodolphe de Habsbourg eut-il fermé les yeux, que plusieurs prétendants se mirent sur les rangs pour revendiquer son héritage. Cette riche succession se composait de la Hongrie, de la Bohême, de la Souabe, de la haute et basse Autriche, de la Styrie, de la Carinthie, de la Carniole, de la Silésie, de la Moravie, des Pays-Bas, du Brisgau, du Frioul, du Tyrol, du Milanais, du Mantouan, enfin des duchés de Parme et de Plaisance. L'électeur de Bavière, descendant d'une fille de Ferdinand Ier, l'électeur de Saxe et roi de Pologne, Auguste III, époux de la fille aînée de Joseph Ier, contestaient à Marie-Thérèse tous les biens que son père lui avait laissés. Le roi d'Espagne revendiquait seulement la Bohême et la Hongrie, et celui de Sardaigne le Milanais. Enfin Frédéric II, qui venait de monter sur le trône de Prusse, réclamait les quatre duchés silésiens de Iægerndorf, Liegnitz, Brieg et Vohlau.

De tous ces prétendants, celui qui affichait le plus hautement ses prétentions était l'électeur de Bavière. Son ministre à la cour de Vienne osa même,

et Milan avant la dernière guerre, donnaient environ quarante millions de revenus par an. Cette somme fut payée en 1794 par la Hongrie et l'Autriche seules (sans y compter la Styrie et la Carinthie), et elles n'en furent pas accablées. L'*Histoire de Marie-Thérèse* cite des faits qui montrent que cet argent était singulièrement employé. La masse des financiers, proprement dits, ou des gens qui, outre les employés de la juridiction ou de l'administration, vivaient du salaire de l'empereur, comprenaient quarante mille personnes des deux sexes, et coûtaient une somme de neuf millions et demi. Dans les notes de cuisine, on trouvait la somme de quatre mille florins dépensés pour du persil; dans les notes de cave, entre autres articles, le suivant : donné à l'impératrice veuve Amélie Wilhelmine, pour boire avant de se coucher, tous les soirs, douze pintes de vin de Hongrie; fourni douze pièces de vin de Tokai pour tremper le pain des perroquets de l'empereur; pour un bain, quinze sceaux de vin. La fauconnerie seule coûtait quarante mille écus. (*Schlosser Geschichte des XVIII^{ter} Jahrhunderts*).

aussitôt après la mort de Charles VI, donner l'ordre à tous les ministres de l'empereur de se rendre près de lui ; mais on ne répondit pas à ses lettres, et la populace de Vienne faillit le massacrer. Frédéric, plus hardi encore, résolut de se faire justice par les armes, et ne craignit pas d'attaquer avec ses seules forces la monarchie autrichienne.

C'est à peine si le royaume de Prusse comptait alors quarante ans d'existence. Composé de provinces longtemps étrangères les unes aux autres, sans frontières naturelles, de toutes parts ouvert et entouré de voisins jaloux, mal peuplé et peu fertile, le nouvel État semblait ne pouvoir s'élever de longtemps à une puissance respectable. Mais l'énergie d'un homme avait triomphé de tant d'obstacles. Frédéric-Guillaume attira des paysans souabes et franconiens qui peuplèrent et défrichèrent les cantons incultes ; les protestants, chassés de France par l'édit de Nantes, apportèrent dans ces contrées une industrie déjà savante ; enfin une sévère économie permit au roi de mettre chaque année en réserve huit cent mille écus, tout en entretenant une armée de soixante mille hommes qu'il rompit à la plus sévère discipline, et que Frédéric II trouva toute prête quand il voulut attaquer l'Autriche.

Ses premiers coups furent des victoires. En quelques jours la Silésie fut conquise, la Moravie entamée, et sa capitale Olmutz occupée. Dans le même temps, une armée franco-bavaroise, aidée de vingt mille Saxons, envahit la Bohême, et assiégea Prague qui fut enlevée d'assaut par le comte Maurice de Saxe ; l'électeur de Bavière y prit la couronne de Bohême, et, peu après, reçut à Francfort celle de l'Empire sous le nom de Charles VII.

Il semblait difficile que Marie-Thérèse pût échapper à tant d'ennemis, et elle écrivait à l'impératrice mère que bientôt il ne lui resterait peut-être pas une ville où elle pût mettre au monde l'enfant qu'elle portait. Mais les choses changèrent de face : le cardinal de Fleury, ministre de France, n'avait pas accepté franchement la guerre. Ne comptant pas sur la Bavière, il n'avait envoyé que deux corps d'armée formant ensemble cinquante mille hommes, et prétendait, tandis que nos soldats prenaient Prague, n'être pas en guerre avec l'Autriche, mais soutenir seulement l'électeur de Bavière comme son allié. D'autre part, le roi de Sardaigne, qui désirait moins s'emparer du Milanais qu'en chasser les Espagnols, fut, selon sa coutume, le premier à trahir ses alliés, et traita, dès le 1er février 1742, avec Marie-Thérèse ; enfin, le roi de Prusse, content de ses conquêtes, se retira, le 11 juin 1742, de la coalition, en se faisant céder par les préliminaires de Breslau et le traité de Berlin la haute et la basse Silésie en toute souveraineté, avec la principauté de Glatz. Quelques légers avantages firent accéder à cette paix l'électeur de Saxe, roi de Pologne. Alors Marie-Thérèse n'ayant plus rien à craindre au sud-ouest et au nord-ouest pour ses États d'Italie, et pour ceux de Bohême et de Moravie, soutenue par les subsides de l'Angleterre et de la Hollande, par le dévouement surtout de la nation hongroise, poussa la guerre avec vigueur. Tout le poids, par suite de ces défections, en retomba sur la France, et les désastres se multiplièrent. Le général autrichien Menzel pénétra d'abord dans la Bohême à la tête d'une nuée de Croates et de Pandoures, qui répandirent partout la dévastation. « Si la milice, » disait Menzel dans une proclamation tendant à prévenir la levée en masse, « osait s'armer et agir hos-
« tilement envers moi, je ne la recon-
« nais plus pour milice, et je ne la ferai
« point punir d'après les lois de la
« guerre, attendu qu'elle n'est compo-
« sée que d'un vil rebut, de gens misé-
« rables et odieux, qui n'auront d'autre
« traitement ou d'autre pardon à atten-
« dre de moi que d'être condamnés à
« se couper les uns les autres le nez et
« les oreilles, et d'être livrés ensuite à la
« juridiction civile pour être pendus. »

La Bavière étant ainsi contenue par la terreur, les généraux autrichiens purent opérer librement contre les

Français. Segur, cerné près de Lintz par deux armées supérieures, dut capituler; Munich fut prise, et le maréchal de Broglie, qui commandait l'armée française de Bohême, se vit bientôt contraint, après des manœuvres hardies et savantes, à s'enfermer dans Prague, où il fut assiégé par le comte de Kœnigseck.

Pour le dégager, Fleury envoya une armée sous le maréchal de Maillebois. « Si on lui avait donné carte blanche, disait Frédéric II, le destin de la Bohême aurait pu changer; mais de Versailles le cardinal le menait à la lisière. » Maillebois avait ordre, en effet, de ne pas engager d'action décisive. Cet ordre funeste rendit inutile sa marche sur Prague, et il fut bientôt obligé de se retirer sur le haut Palatinat, laissant le maréchal de Belle-Isle enfermé dans la capitale de la Bohême.

La prise de Prague et la retraite des Français (*), qui furent bientôt obligés de repasser le Rhin, laissaient l'empereur Charles VII dans une triste position; chassé de ses États héréditaires, il était réduit à solliciter de la diète et de la France non-seulement des subsides pour ses troupes, mais un secours alimentaire pour sa personne. Le maréchal de Noailles dit lui-même, dans ses Mémoires, qu'il crut devoir lui procurer au moins de quoi ne pas mourir de faim, et il lui fit toucher quarante mille écus sur une lettre de crédit qu'il avait.

Tandis que Charles VII vivait à Francfort des aumônes de la France, et était forcé de demander cinquante mois romains à la diète de l'Empire pour entretenir le conseil aulique et les ambassades, au nord-ouest de l'Allemagne se formait contre lui un nouvel orage. George II ayant enfin déterminé la nation anglaise à la guerre, se mit à la tête d'une armée d'Anglais, de Hanovriens et de Hessois, et gagna la bataille de Detlingen, perdue pour les Français par la témérité des ducs d'Harcourt et de Grammont, qui déconcertèrent les plans du maréchal de Noailles en attaquant avant d'en avoir reçu l'ordre.

Mais ces succès de l'Autriche et de ses alliés effrayèrent le roi de Prusse. Craignant avec raison de voir Marie-Thérèse, victorieuse de Charles VII, revendiquer la Silésie, il reprit les armes, et conclut avec l'empereur, la France, l'électeur palatin et le roi de Suède, un traité qui avait pour objet le maintien de la constitution germanique. Aussitôt les Prussiens envahirent la Bohême, et Prague fut prise (14 septembre 1744) après dix jours de siège. L'effroi repassait du côté des Autrichiens; toutes les forces qu'ils avaient sur le Rhin furent rappelées; la Bavière elle-même fut évacuée, et Charles VII put revoir une dernière fois sa capitale. A peine y était-il rentré qu'il y mourut le 20 janvier 1745.

FRANÇOIS Ier.
(1745-1765.)

FIN DE LA GUERRE POUR LA SUCCESSION D'AUTRICHE.

« On crut, dit Voltaire, que la cause de la guerre ne subsistant plus le calme allait être rendu à l'Europe. On ne pouvait offrir l'Empire au fils de Charles VII, âgé de dix-sept ans; on se flattait, en Allemagne, que la reine de Hongrie rechercherait la paix comme un moyen sûr de placer enfin son mari,

---

(*) « Si j'osais attaquer le préjugé, dit Voltaire (Dict. philos. au mot Xénophon), j'oserais préférer la retraite du maréchal de Belle-Isle à celle des dix mille. Il est bloqué dans Prague par soixante mille hommes, il n'en a que treize mille. Il prend ses mesures avec tant d'habileté, qu'il sort de Prague dans le froid le plus rigoureux avec son armée, ses vivres, son bagage et trente pièces de canon, sans que les assiégeants s'en doutent. Il a déjà gagné deux marches avant qu'ils s'en soient aperçus. Une armée de trente mille combattants le poursuit sans relâche l'espace de trente lieues. Il fait face partout; il n'est jamais entamé; il brave, tout malade qu'il est, les saisons, la disette, les ennemis. Il ne perd que les soldats qui ne peuvent résister à la rigueur extrême de la saison. Que lui a-t-il manqué? une plus longue course et des éloges exagérés à la grecque. »

le grand-duc, sur le trône impérial; mais elle voulut et ce trône et la guerre. Le ministère anglais, qui donnait la loi à ses alliés, puisqu'il donnait l'argent, crut qu'il y avait à perdre avec la France par un traité, et à gagner par les armes. La guerre générale se continua parce qu'elle était commencée. »

Cependant le fils de l'électeur, se séparant de la France qui avait soutenu la cause de son père au prix de tant de sacrifices, fit une paix particulière avec Marie-Thérèse; et cette puissance, qui n'avait eu d'abord qu'un intérêt indirect dans cette guerre, se trouva seule à la soutenir. Le roi de Prusse en partageait cependant les dangers et la gloire; mais c'était un allié peu sûr. Déjà, en 1742, il avait fait défection au moment décisif; en 1746, il donna une preuve nouvelle de sa politique égoïste. Ayant écrasé les Saxons et les Autrichiens à Friedberg, à Sorr, à Kesseldorf, conquis la Lusace et pris Dresde, il força Marie-Thérèse de signer une nouvelle paix dans cette ville, pour éviter la ruine totale de son allié, l'électeur-roi Auguste III. La Silésie et le comté de Glatz furent formellement cédés à la Prusse, qui s'engagea à adhérer à l'élection, comme empereur, de François Ier, époux de Marie-Thérèse.

Cette paix changeait la face des affaires. La guerre de la succession d'Autriche, entreprise pour faire sortir la couronne impériale de cette maison et démembrer ses possessions, n'avait plus maintenant ni but ni raison, et s'était transformée en une guerre soutenue par la France et l'Espagne contre l'Autriche, qui voulait s'agrandir en Italie, et contre l'Angleterre, à qui toute guerre continentale profitait; car, tandis que le fils d'un électeur allemand, le maréchal de Saxe, gagnait les brillantes victoires de Fontenoy, de Raucoux et de Lawfeld, elle enlevait les colonies de la France, ruinait son commerce et détruisait ses flottes.

Ainsi l'Allemagne n'est plus qu'un champ de bataille où l'Angleterre pousse sans cesse les nations afin de les affaiblir les unes par les autres, et de profiter de leurs préoccupations ou de leurs désastres pour saisir l'empire des mers. C'est la politique qu'imitera bientôt la Russie : quand elle voudra partager la Pologne et dépouiller la Turquie, elle excitera, elle aussi, des troubles sur le Rhin, et se mêlera de toutes les affaires de l'Allemagne. Triste condition d'un pays qui n'a jamais su trouver l'unité politique, et qui, dans ses craintes puériles contre l'ambition de la France, ne désire que son abaissement, et laisse croître, à l'orient et à l'occident de l'Europe, deux vastes empires, dont l'un menacera peut-être un jour son indépendance, et dont l'autre bloque ses ports et limite son commerce.

TRAITÉ D'AIX-LA-CHAPELLE.

Le traité d'Aix-la-Chapelle fut glorieux pour la France, non par les conquêtes qu'il lui assura, mais par la modération dont elle y fit preuve. Elle restitua les Pays-Bas à l'Autriche, Berg-Op-Zoom et Maestricht aux Hollandais, la Savoie et le comté de Nice au roi de Sardaigne; mais elle obtint pour don Philippe, gendre de Louis XV, les duchés de Parme, de Plaisance et de Guastalla; le duc de Modène, son allié, fut rétabli; la république de Gênes recouvra ce que les Autrichiens lui avaient enlevé; enfin la pragmatique-sanction autrichienne fut de nouveau garantie. Après sept années d'une guerre sanglante, l'Europe se trouvait à peu près au même point où elle était en 1740. Cependant l'Autriche avait recouvré la dignité impériale, la Prusse s'était accrue de la Silésie, et la Sardaigne d'une partie du Milanais.

GUERRE DE SEPT ANS.

Frédéric II, odieux à Marie-Thérèse qu'il avait dépouillée de la Silésie, observé avec défiance par le gouvernement français qu'il avait deux fois trompé, haï de George II et de l'impératrice de Russie qu'il avait blessée par ses saillies, se trouvait sans appui en Europe lorsque éclata la nouvelle guerre entre la France et l'Angleterre, au sujet des limites des deux territoires en Amérique. Une armée française étant entrée dans le Hanovre, Frédéric, qui redoutait le voisinage de la France, entreprit de défendre ce pays. Mais l'Autriche et la Saxe, toujours secrètement unies contre lui, profitèrent de cette prise d'armes pour se liguer, avec la France et la Russie, contre la Prusse. Ainsi était changé tout le système politique suivi par Henri IV, Richelieu et Louis XIV. La France, ennemie depuis François Ier de la maison d'Autriche, s'alliait avec elle; car l'orgueilleuse Marie-Thérèse avait consenti à faire des avances à la marquise de Pompadour, et la favorite, flattée par l'impératrice, lui livrait en retour toutes les forces de la France.

L'Allemagne fut encore le théâtre de cette guerre impolitique; et l'Autriche sut y entraîner l'Empire, qui pouvait rester indifférent aux démêlés particuliers de la Prusse, du Hanovre et de l'Autriche. Au mois de septembre 1756, le conseil aulique ordonna à tous les princes et membres d'Empire de quitter le service de Prusse; puis la diète résolut d'aider l'électeur de Saxe par une armée d'exécution. « Mais, dit Schœll, jamais, dans l'histoire des guerres, on n'a vu un corps aussi mal, aussi ridiculement organisé. » Les Prussiens en firent prompte justice à Rosbach et à Freyberg; et, non contents de l'avoir dispersée, ils résolurent de faire sentir aux États d'Empire l'inconvénient de se mêler aux querelles des grands. Kleist, à la tête de dix mille hussards, envahit le cercle de Franconie; Bamberg paya un million d'écus; Nuremberg un million et demi, plus, tout ce que son arsenal renfermait, et douze canons qu'elle venait de faire fondre. Toutes les villes furent ainsi mises à contribution. « Des détachements de hussards prussiens parcouraient le pays et se présentaient aux portes des villes, descendaient de cheval, et se mettaient en train d'en forcer l'entrée si les paisibles habitants ne s'empressaient pas de leur en ouvrir les portes. Ce fut ainsi que les bourgeois de la république de Rothembourg, sur le Tauber, qui, à l'approche de vingt-cinq hussards, avaient garni leurs remparts pour les défendre contre l'ennemi, effrayés de la menace d'un assaut, se soumirent à payer cent mille écus. L'effroi se répandit parmi tous les princes de l'Allemagne méridionale; mais nulle part la consternation ne fut plus grande qu'à Ratisbonne, lorsqu'un détachement de hussards prussiens approcha de cette ville renfermant une population de vingt mille âmes. Les ministres qui y étaient assemblés, emballèrent leurs effets et les embarquèrent sur le Danube : la diète allait se dissoudre. Le ministre de Prusse, depuis sept ans l'objet de l'animosité des petits princes et de leurs représentants, se vit tout à coup recherché, fêté comme un protecteur; le magistrat lui envoya une députation pour implorer par lui la grâce du monarque irrité. Le ministre, qui était muni de pouvoirs étendus, envoya ordre aux hussards de s'éloigner (*). »

Découragés par ces calamités, les États d'Empire se plaignirent de l'Autriche, qui, selon l'usage, les abandonnait; et Frédéric, ayant fait déclarer qu'il cesserait de traiter en ennemis les États qui rappelleraient leur contingent, les défections éclatèrent aussitôt, et, au commencement de 1763, l'armée avait cessé d'exister. La même année, fut signée, entre l'Autriche et la Prusse, la paix de Hubertsbourg, dans laquelle l'Empire fut expressément compris, et qui mit fin à la guerre de sept ans. Cette guerre, qui appartient à l'histoire particulière de la Prusse, eut pour résultat de prouver à l'Autriche qu'il n'était plus possible de détruire ce royaume de Prusse qu'elle avait tant contribué elle-même à former; et Frédéric II, vainqueur des Autrichiens, des Français, des Saxons et des Russes, conserva tout ce qu'il

(*) Schœll, Cours d'histoire des États européens, t. 42, p. 146.

possédait avant le commencement de la lutte.

Deux ans après, François I*er*, le chef de la maison de Habsbourg-Lorraine, acheva son règne inutile comme empereur. Ce prince, bon et savant, ne joua jamais qu'un rôle secondaire. Frédéric II prétend que, pour aider Marie-Thérèse dans le rétablissement des finances de l'Autriche, il se fit banquier et fournisseur ; qu'il avait pris à ferme les douanes de Saxe ; qu'il s'était associé à Schimmelmann pour faire des fournitures à la Prusse, même en 1756, pendant que son épouse, à laquelle il prêtait sur gages, faisait la guerre à cette puissance.

JOSEPH II.
(1765-1790.)

A la mort de François I*er*, son fils, Joseph II, qu'il avait fait élire roi des Romains, fut proclamé empereur. De la succession paternelle, Joseph II n'eut que le comté de Falkenstein ; cependant sa mère se l'associa dans le gouvernement des États héréditaires, mais ne lui laissa, comme à son père, qu'une autorité purement nominale. Le long règne de ce prince, comme empereur, ne fut marqué que par des règlements d'administration intérieure relative à la visitation de la chambre impériale, à l'établissement de sénats permanents dans la même chambre, aux discussions soulevées par l'ouvrage pseudonyme de Fébronius (*) sur la suprématie papale, etc. ; mais, à part de légères modifications dans la constitution de l'Empire, et d'interminables discussions dans le sein de la diète, l'Empire ne fut troublé, dans cet espace de vingt-cinq ans, que par la courte guerre suscitée, en 1778, pour la succession de Bavière.

GUERRE POUR LA SUCCESSION DE BAVIÈRE.

L'électeur Maximilien-Joseph étant mort le 30 décembre 1777, sans lais-

(*) L'auteur de ce livre était Jean-Nicolas de Hontheim, évêque suffragant de la métropole de Trèves.

ser d'enfant, la ligne cadette ou ludovicienne de la maison de Wittelsbach se trouva éteinte, et la branche aînée ou palatine prétendit succéder à tous ses domaines : elle fut en effet confirmée dans la possession de l'électorat et de la charge d'archi-grand maître de l'Empire ; mais l'empereur revendiqua plusieurs parties de la succession ; et le roi de Prusse ayant pris parti pour l'électeur palatin, une guerre s'engagea entre ces deux puissances, dans laquelle l'avantage resta à la Prusse, car il maintint le palatin dans la possession de la Bavière, et fortifia ainsi, dans le sud-ouest de l'Allemagne, un État qui était l'ennemi naturel de l'Autriche. Celle-ci ne reçut pour toute cession que le district nommé le quartier de l'Inn.

Joseph, devenu maître des États autrichiens par la mort de sa mère Marie-Thérèse, espéra obtenir par des négociations ce qu'il n'avait pu saisir par les armes. Il fit secrètement proposer au nouvel électeur de lui céder la Bavière en échange des Pays-Bas. Cette proposition, bientôt connue de Frédéric II, alarma le vieux roi, et il fit faire, par ses ambassadeurs, à Saint-Pétersbourg et à Versailles, les plus vives remontrances contre ce projet. L'attitude prise par la Prusse et les refus des princes de la maison palatine obligèrent l'empereur à retirer sa proposition. Elle eut toutefois un résultat, celui de donner naissance à une confédération des princes germaniques formée par le roi de Prusse, les électeurs de Saxe et de Brunswick-Lunebourg, les ducs de Saxe-Weimar et Gotha, ceux de Deux-Ponts et de Mecklenbourg, la maison de Hesse, l'évêque d'Osnabruck, les princes d'Anhalt, le margrave de Bade et l'archevêque de Mayence, dans le but de prévenir les empiétements de l'autorité impériale et le maintien de la constitution de l'Empire. Ainsi, à la veille de la révolution française, l'Allemagne en était encore à ses vieilles et inutiles confédérations contre la maison d'Autriche, et parlait de la constitution de l'Empire que la révolution française allait enfin briser. Mais cette constitution n'était plus qu'un mot ; les divers États qui se partageaient l'Allemagne avaient peu à peu usurpé tous les droits de la souveraineté, et les prérogatives de la diète n'étaient pas autres que celles d'un congrès où seraient réunis les députés des diverses puissances. Nous donnerons plus bas l'indication des plus importants d'entre ces États ; il nous reste à parler auparavant de l'un des grands événements qui signalèrent la seconde moitié du dix-huitième siècle.

PARTAGE DE LA POLOGNE.

Ce fut sous le règne de Joseph II que fut accompli l'acte le plus inique de la diplomatie moderne. Le 12 février 1772, la Russie et la Prusse conclurent un traité auquel l'Autriche accéda quelques mois plus tard, et dont le résultat fut le premier démembrement de la Pologne. Trois armées, chacune de dix mille hommes, occupèrent simultanément les provinces que leurs souverains respectifs s'étaient attribuées ; puis les trois généraux sommèrent la diète polonaise de sanctionner par un décret cette odieuse usurpation. Abandonnée de tous les États européens, même de la France, où régnait encore le gendre de Stanislas, qui, sans doute, trouvait, lui aussi, la Pologne trop loin, la diète se soumit.

La Russie obtint pour sa part un accroissement d'un million cinq cent mille *sujets*; l'Autriche, deux millions cinq cent mille, et la Prusse, huit cent soixante mille. Vingt ans plus tard, ce qui subsistait encore sous le nom de royaume de Pologne avec une liberté dérisoire, fut partagé entre les trois puissances ; et cette fois la Russie prit pour elle presque tout. Ainsi disparut à la honte de l'Europe un ancien royaume qui l'avait longtemps défendue contre les Mongols et les Turcs, et qui peut-être protégerait aujourd'hui la Prusse et l'Autriche elles-mêmes contre la Russie, dont ce vaste et redoutable empire touche et menace toutes les frontières orientales.

Mais, espérons-le, malgré les récents désastres de ce malheureux pays, malgré les outrageantes précautions que la crainte de l'avenir suggère à un tyran insensé, *la nationalité polonaise ne périra pas* (*).

DIVISION TERRITORIALE DE L'ALLEMAGNE EN 1789.

1. 2. CERCLE D'AUTRICHE ET CERCLE DE BOURGOGNE.

Les possessions de la maison d'Autriche étaient le royaume de Gallicie et de Lodomérie au nord-est ; la Hongrie à l'est avec la Buchovine (partie de la Moldavie) ; la Transylvanie, les bannats de Temeswar, de Croatie et d'Esclavonie au nord-est ; la Moravie au nord ; la Bohême, l'archiduché d'Autriche au centre ; la Styrie, la Carinthie, la Carniole, une partie du Frioul, de l'Istrie et du littoral vénitien, enfin le Tyrol au sud ; à l'ouest, les quatre seigneuries de Voralberg (Feldkirch), Bregenz, Pludenz et Sonneberg, situées au sud-est du lac de Constance, et la Souabe autrichienne, c'est-à-dire, Constance, le comté de Hohenberg, la préfecture d'Altdorff et de Ravensbourg, le landgraviat de Nellembourg, le margraviat de Burgau ; le Brisgau autrichien (partie de la forêt Noire) ; Fribourg, Brisach, et le haut quartier du Rhin renfermant les quatre villes forestières, Laufenbourg, Rhinfeld, Seckingen et Waldshut.

Dans l'ancien cercle de Bourgogne, l'Autriche possédait encore le Brabant autrichien (quartiers de Louvain, de Bruxelles, d'Anvers) ; la seigneurie de Malines ; une partie du Limbourg, du Luxembourg, de la Gueldre (Ruremonde) ; la Flandre autrichienne (quartiers de Gand, d'Alost), pays de Tournai, de Waës, quartiers de Bruges, d'Ypres, terre franche (Ostende) ; le Hainaut autrichien (Mons), et le comté de Namur.

Enfin, en Italie, l'Autriche possédait le duché de Milan, ou Milanais

(*) Discours de la couronne à l'ouverture de la session de 1831.

proprement dit ; une partie du comté de Pavie et d'Anghiera, en deçà du Pô et du Tésin ; les territoires de Côme, de Lodi, de Crémone, et le duché de Mantoue.

Ainsi, sans compter ses domaines d'Italie, de Souabe et des Pays-Bas, ses possessions s'étendaient d'une manière non interrompue de l'Adriatique à la Vistule, et de la Salza aux montagnes de la Transylvanie.

3. 4. CERCLE DE HAUTE SAXE ET CERCLE DE BASSE SAXE.

Le nouveau royaume de Prusse comprenait l'ancien duché de Prusse, sous le nom de Prusse orientale; la Prusse polonaise, ou palatinats de Marienbourg et de Culm, avec l'évêché de Warmie ; la Poméranie, moins Thorn et Dantzig; la Poméranie ultérieure jusqu'à l'Oder, et la partie de la Poméranie antérieure, comprise entre l'Oder et la Peene; la Silésie (*) ; les Marches de Brandebourg, anciennes possessions de la maison, c'est-à-dire : 1° la vieille Marche à la gauche de l'Elbe ; 2° la Marche de Pregnitz, à la droite de l'Elbe; 3° la moyenne Marche, où se trouvaient Brandebourg, Potsdam, Berlin ; 4° la Marche ukrainienne, en deçà de l'Oder ; 5° les seigneuries de Beeskow et de Storkow, entre la Sprée et la Dahme ; 6° la nouvelle Marche au delà de l'Oder (Custrin, etc.), et le duché de Crossen. Dans la basse Saxe : le duché de Magdebourg, la principauté d'Halberstadt, avec les seigneuries de Lora et de Klettenberg ; une partie du comté de Mansfeld, Quedlembourg, etc. Dans le cercle de Westphalie, l'Ostfrise, les comtés de Teckenbourg et de Lingen; la principauté de Minden; les duchés de Clèves (Clèves, Wesel et Emmerick), de la Mark (Hamm, Hærde, Altena, Wetter, avec la moitié de la ville de Lippstadt) ; le comté de Ravensberg ; la principauté de Meurs (Meurs, Creveldt). Une partie de la Gueldre (Gueldre, Kessel) appartenait à la Prusse, aussi bien que Neufchâtel et Valingen sur les confins de la Suisse. Ainsi les domaines de la Prusse s'étendaient du Rhin à la Netze, affluent de la Vistule; mais ses États ne présentaient de masse compacte qu'à l'est, dans le cercle de haute Saxe. Dans celui de Westphalie elle ne possédait que des domaines épars.

Dans la haute Saxe même, la maison de Saxe, que celle de Prusse venait de déposséder du rôle de chef du parti protestant et de principal adversaire de la maison d'Autriche, se partageait toujours en deux lignes.

La ligne Albertine ou Électorale possédait les cercles de Voigtland, la Misnie, le nord de la Thuringe, la Lusace, Mersebourg, et une partie des domaines de la maison de Mansfeld, éteinte en 1780.

La ligne Ernestine ou Saxe ducale était divisée en cinq branches : celle de Weimar (une partie du duché d'Iéna et la principauté d'Eisenach) ; celles de Gotha, de Meiningen, d'Hilbourghausen, et de Cobourg-Saalfeld.

La maison d'Anhalt, au nord de la Saxe, était divisée en quatre branches : Dessau, Bernbourg, Coethen, et Zerbst.

Au sud de la Saxe étaient les possessions des maisons de Reuss, de Schwartzbourg, etc.

Dans le cercle de basse Saxe, les maisons de Schwérin et de Strelitz se partageaient le Mecklenbourg.

Au sud-ouest du Mecklenbourg s'étendaient les domaines des maisons de Brunswick-Wolfenbuttel, et de Brunswick-Lunebourg, qui possédait aussi Zell et le Hanovre, et régnait sur l'Angleterre (*).

(*) La basse Silésie renfermait les sept principautés immédiates de Breslau, de Brieg, de Schweidnitz, de Iauer, de Lignitz, de Wolau, de Glogau.

(*) L'électorat de Hanovre comprenait le duché de Brême, que l'Elbe sépare du Holstein; la principauté de Lunebourg, celle de Grubenhagen, le duché de Saxe-Lauenbourg, la principauté de Verden, les comtés de Hoya et de Diepholz; enfin la principauté de Calemberg, comprenant 1° le quartier de Hanovre; 2° celui de Hameln et de Lauenau; celui de Gœttingen.

Au nord de ces possessions, les trois villes hanséatiques, Lubeck, Hambourg et Brême, restaient toujours indépendantes. Le Holstein, à l'ouest du Mecklenbourg, appartenait au Danemark; les comtés d'Oldenbourg et de Delmenhorst, dans le cercle de Westphalie, à l'ouest du Wéser, appartenaient au prince-évêque de Lubeck.

5. CERCLE DU HAUT-RHIN.

Dans le cercle du Haut-Rhin dominait la maison de Hesse, divisée en ligne de Cassel, comprenant la branche landgraviale de Cassel, et les branches dépendantes de Philippsthal et de Rothenbourg ou Rheinfelds; et en ligne de Darmstadt, avec la branche dépendante de Hombourg (*).

Au nord-ouest de ce cercle se trouvaient les deux lignes de la maison de Waldeck; au sud, les branches diverses de Nassau, la maison de Hanau-Mainzenberg et le duc de Deux-Ponts, dont les possessions se composaient de l'ancien comté de Deux-Ponts (Deux-Ponts, Neucastel, Cleebourg), entre l'Alsace, la Lorraine, l'électorat de Trèves et le bas Palatinat; d'une partie du comté de Veldenz, de la moitié du comté ultérieur de Sponheim, dont il partageait la juridiction avec le duc de Bade.

6. CERCLE DE FRANCONIE.

Les margraves d'Anspach et de Baireuth; les principautés de Schwartzemberg, etc.; les villes libres de Nuremberg, de Schweinfurth, etc.; les évêchés de Wurtzbourg, de Bamberg et d'Eichstädt, se partageaient le cercle de Franconie.

7, 8. CERCLE DU BAS-RHIN ET CERCLE DE WESTPHALIE.

Dans celui du Bas-Rhin, l'on trou-

(*) Le landgraviat de Cassel comprenait les districts de Fulde, avec l'Hersfeld, de Werra, de Diemel dans la basse Hesse; de Schwalm, de la Lahn, et le comté de Ziegenhain dans la haute Hesse, une partie de Schauenbourg et de Henneberg. Le landgraviat de Darmstadt comprenait la régence de Giessen et celle de Darmstadt avec le Hanau-Lichtenberg.

vait, outre les anciens duchés de Berg et de Juliers, partagés entre la Prusse et la maison Palatine, l'électorat de Cologne, comprenant les bailliages de Bonn, de Linz, d'Andernach et de Brauweiler; le comté de Reckinghausen (entre Munster, Clèves et la Mark); le duché de Westphalie, entre Paderborn et la Hesse, à l'est; Munster et le comté de la Lippe au nord; le duché de Berg et le comté de la Mark à l'ouest, et la principauté de Nassau au sud (Cologne était une ville libre); l'électorat de Trèves au sud de Cologne, au sud-est du Luxembourg, à l'ouest des domaines de la maison Palatine, au nord de la Lorraine (villes: Trèves, Ehrenbreitstein, Coblentz, etc.); l'électorat de Mayence, à l'est des précédents, dont les domaines plus dispersés comprenaient l'Eichsfeld dans le cercle de haute Saxe (villes: Heiligenstadt, Duderstadt); la Bergstrasse; Kœnigstein, en Wétéravie, dans le cercle du Haut-Rhin.

9. CERCLE DE BAVIÈRE.

La maison de Wittelsbach, réduite à la ligne de Deux-Ponts, se divisait en branche de Sulzbach et de Birkenfeld ou de Deux-Ponts. Nous avons vu plus haut quels étaient les domaines de la dernière. La première possédait le palatinat du Rhin, qui couvrait presque toute la partie orientale du cercle du Bas-Rhin; la partie occidentale du cercle du Haut-Rhin; les principautés de Simmern, de Rautern; les bailliages de Veldenz et de Lautereck, Creuznach et Sponheim, la haute et basse Bavière (Munich, Ingolstadt, Donawerth, Landshut, Straubing, etc.); le haut Palatinat; le landgraviat de Leuchtenberg; le comté de Haag; les seigneuries de Salzbourg et Pyrbaum, de Hohen-Waldeck, de Breiteneck, etc. L'archevêché de Salzbourg, l'évêché de Ratisbonne et la ville impériale du même nom n'appartenaient pas à la maison de Bavière.

10. CERCLE DE SOUABE.

Dans le cercle de Souabe, le duc de Wurtemberg avait réuni le comté de

Montbéliard au duché de Wurtemberg proprement dit (Stuttgard, Tubingen), au comté de Lœwenstein et à la seigneurie de Justingen.

A l'ouest du Wurtemberg, la branche de Dourlach avait réuni le margraviat de Bade-Dourlach (Carlsruhe, Dourlach, Forsheim), et celui de Bade-Bade (Bade, Rastadt). On trouvait encore dans ce cercle trente villes impériales ; les évêchés d'Augsbourg et de Constance ; les prieurés de Kempten et d'Ellwangen ; les comtés de Hohenzollern, d'OEttingen, de Lichtenstein, etc., etc.

Ainsi, en 1789, l'Empire germanique, divisé en dix cercles : Autriche, Bavière et Souabe au sud ; Franconie, Haut-Rhin et Bas-Rhin au milieu ; Westphalie, Haute-Saxe et Basse-Saxe au nord ; enfin Bourgogne à l'ouest (*) ; renfermant plusieurs autres pays placés en dehors des cercles, comme la Bohême, la Silésie, la Moravie, la Lusace et des provinces appartenant à des monarques étrangers, comme le Hanovre au roi d'Angleterre, la Poméranie antérieure à la Suède, le Holstein au Danemark ; comptant parmi ses membres des princes dont les États s'étendaient dans des contrées étrangères à l'Allemagne, comme le roi de Prusse, l'archiduc d'Autriche, le duc de Wurtemberg, etc.; partagé enfin en trois cent soixante et dix Etats, dont cinquante et une villes impériales qui étaient autant de républiques ; l'Empire, dis-je, formait un corps dont les diverses parties, n'ayant pas de vie commune, étaient sans force réelle, si ce n'est dans quelques-uns de ses membres, assez puissants par eux-mêmes pour suivre leurs destinées particulières. Cependant ce corps avait un chef *électif* qui était *toujours* l'archiduc d'Autriche, avec le titre d'empereur d'Allemagne ; et une diète permanente qui veillait sur les intérêts généraux de l'Empire. La révolution française mit fin à ce long

(*) Il ne restait de ce cercle que les Pays-Bas autrichiens.

mensonge qui durait depuis la paix de Westphalie.

LÉOPOLD II.
(1790-1792.)

IMPRESSION PRODUITE EN ALLEMAGNE PAR LA RÉVOLUTION FRANÇAISE. — RÉCLAMATIONS DES PRINCES POSSESSIONNÉS.

Pendant les années 1789, 1790 et 1791, l'Allemagne suivit avec soin la marche des réformes opérées en France, les peuples pour s'en applaudir, les princes pour s'en effrayer. Les principes établis par l'assemblée nationale, et mis bientôt par elle en pratique, la proclamation des droits de l'homme, l'abolition de tous les priviléges des provinces, des droits féodaux et des dîmes ecclésiastiques ; toute cette révolution enfin qui s'opérait sur la rive gauche du Rhin, agitait vivement les esprits sur la rive droite.

Un grand nombre de membres de la noblesse et du haut clergé d'Allemagne avaient conservé dans les provinces allemandes, successivement cédées à la France, des possessions et des priviléges importants que la couronne de France avait solennellement reconnus dans les traités : ainsi des archevêques et des évêques allemands exerçaient en France des pouvoirs ecclésiastiques ; des barons, des comtes et des ducs en tiraient des revenus, et y jouissaient de nombreux priviléges comme dans le reste de leurs domaines ; car la France n'avait conquis que la suzeraineté sur les provinces cédées, et non la propriété, le domaine utile, réel, du territoire demeuré aux anciens possesseurs. Or, dans cette régénération de la France qu'opéraient les députés de l'assemblée nationale, on ne respecta pas plus les priviléges des étrangers que ceux des nationaux. La féodalité et tous ses droits fut abolie dans l'Alsace comme dans le reste de la monarchie ; les juridictions anciennes furent détruites, les biens ecclésiastiques confisqués comme dans les autres provinces. Aussi les princes *possessionnés* firent-ils éclater leurs plaintes dans l'Empire. D'abord ils adresèrent à Paris des réclamations qui n'y furent point écoutées; ils les renouvelèrent à Ratisbonne, puis à Francfort, auprès des électeurs réunis pour l'élection de Léopold, et pressèrent le nouvel empereur de prendre des mesures énergiques pour garantir les droits des membres de l'Empire.

ENTREVUE DE PILNITZ. — PROMESSES FAITES AUX ÉMIGRÉS.

La disposition dangereuse des esprits, la récente révolte de la Belgique et de Liége plutôt comprimée que détruite, faisaient un devoir à l'empereur de temporiser. Cependant, le 27 août 1791, il eut, à Pilnitz, avec le roi de Prusse, Frédéric-Guillaume, une entrevue, à laquelle assistèrent le prince de Nassau, au nom de la Russie, le comte d'Artois et le marquis de Bouillé. Ils convinrent de faire un appel aux autres puissances, pour les engager à rétablir en France, de concert avec eux, une constitution fondée sur le bon droit et la justice.

A la suite de cette convention, des notes de jour en jour plus hostiles furent échangées entre les cours de Vienne, de Berlin et de Paris; et lorsqu'enfin Léopold II mourut et fut remplacé par le jeune François II en 1792, la guerre était devenue inévitable.

FRANÇOIS II.
(1792-1806.)
MANIFESTE DE BRUNSWICK. — INVASION DE LA FRANCE.

L'avénement d'un nouvel empereur ne changea rien à la situation des affaires, et Louis XVI, poussé par l'assemblée, déclara la guerre le premier, le 20 avril. Aussitôt une armée composée de Prussiens, de Hessois, d'Autrichiens, etc., marcha sur la frontière, précédée du fameux manifeste de son général, le duc de Brunswick, qui menaçait d'effacer Paris de la surface de la terre si le roi venait à y souffrir le plus léger outrage. La réponse à cet imprudent manifeste fut la journée du 10 août, qui rendit captif le roi au nom duquel d'aussi insolentes menaces étaient proférées; et le jour même où le duc de Brunswick, ayant dépassé de trente lieues la frontière de France, vint attaquer à Valmy la seule armée qui couvrit la capitale, le roi fut solennellement déposé et la république proclamée.

CAMPAGNES DE 1793-1795. — DÉFECTION DE LA PRUSSE.

L'Empire jusqu'au moment où le duc de Brunswick, forcé de battre en retraite, repassa la frontière de France, ne prit aucune part à la guerre; mais la France ayant dirigé, après la libération de son territoire, une attaque vers le centre de l'Allemagne, et pris Spire, Worms, Mayence, Francfort et Kœnigstein, la diète déclara que l'intérêt de l'Empire exigeait la mise sur le pied de guerre du triple des troupes des cercles; et, le 22 mars 1793, elle déclara la guerre à la nouvelle république. Les opérations militaires de cette année parurent d'abord devoir être fatales à la France. Mayence fut repris par les Impériaux, tandis que les Anglais surprenaient Toulon, et que les Espagnols paraissaient sur la frontière des Pyrénées. Enfin les communications entre la France et l'Allemagne furent si sévèrement interdites qu'on put espérer, avec l'aide de l'Angleterre qui bloquait tous nos ports, d'affamer le pays, qui avait encore à soutenir une guerre intérieure dans la Vendée, la Bretagne et les provinces du Midi. Dans ce pressant danger, le comité de salut public ordonna une levée en masse (16 août) et *décréta la victoire*. Dix-huit cent mille gardes nationaux furent à l'instant sur pied; et les armées ennemies, reculant devant ces masses imposantes, repassèrent presque aussitôt le Rhin.

Les princes allemands comprirent alors que les vieux généraux formés à l'école de Frédéric, et l'ancienne tactique qui se contentait de petites armées et de mouvements méthodiques, étaient déconcertés par le nombre, la fougue et l'enthousiasme de leurs adversaires. On voulut essayer du même système qui avait si bien réussi au comité du salut public, et organiser des levées en masse : le duc Louis Eugène de Wurtemberg parvint même à armer dans le cercle de Souabe quarante mille paysans ; mais cette mesure effraya les princes : on craignit de mettre les armes aux mains du peuple, et l'on continua la guerre avec les moyens dont on s'était servi jusqu'alors, c'est-à-dire, que les armées prussiennes et autrichiennes, avec les auxiliaires anglais, restèrent seules chargées de faire tête aux Français. Quant aux États de l'Empire, la plupart avaient mis leurs contingents au service de l'Angleterre dans les Pays-Bas ; les Saxons combattaient dans l'armée prussienne ; les autres contribuaient en argent, ou, sous divers prétextes, n'envoyaient ni hommes ni écus. Un tel état de choses ne pouvait longtemps durer. La Prusse, qui, la première, avait donné le signal de la guerre contre la France, fit aussi la première défection, et conclut avec la France un traité qui laissait ses possessions sur la rive gauche du Rhin entre les mains de cette puissance. Invitant ses co-États à suivre son exemple, elle obtint la fixation d'une ligne de démarcation qui séparait du théâtre de la guerre une grande partie du cercle de Westphalie, les deux cercles saxons, et une partie de celui du Haut-Rhin (17 mai 1795).

CAMPAGNE DE 1796. — PRÉLIMINAIRES DE LÉOBEN.

Ainsi le nord de l'Allemagne se détachait, sous le protectorat de la Prusse (*), du reste de l'Empire. Celui-ci avait déjà perdu près de neuf cent millions depuis le commencement d'une guerre entreprise en apparence pour rétablir dans leurs droits féodaux quelques barons allemands. Néanmoins les États du Sud, subissant l'influence de l'Autriche et aidés des subsides de l'Angleterre, votèrent la continuation des hostilités pour 1796. Mais, dire que durant cette campagne, Bonaparte était à la tête des Français en Italie, que Moreau commandait l'armée du Rhin, et que Carnot était ministre de la guerre, c'est faire prévoir tous les revers des Impériaux. Rappelé en Italie par les succès de Bonaparte, l'archiduc Charles déclara ne pouvoir défendre les États allemands du Sud, qui furent réduits à acheter un armistice. Wurtemberg paya quatre millions ; Baden deux ; le cercle de Franconie douze ; les corporations ecclésiastiques sept ; en tout vingt-cinq millions de francs (25 juillet). Le même jour, les cercles de Bavière et de Souabe conclurent un armistice que le premier paya au prix de seize millions, le second au prix de dix, sans compter des indemnités en nature, et l'obligation pour la Bavière de donner vingt de ses plus précieux tableaux.

Aussitôt après la conclusion de l'armistice, les États des cercles furent contraints d'envoyer à Paris des plénipotentiaires qui, le 22 août, signèrent la paix pour Bade et le Wurtemberg. La Franconie et la Bavière y accédèrent en renonçant à leurs possessions au delà du Rhin. Ces traités étaient déjà conclus quand l'archiduc Charles, repoussant l'armée du général Jourdan, força Moreau à faire cette belle retraite à laquelle il dut toute sa gloire militaire. La rive droite du Rhin retombait donc encore une fois au pouvoir des Autrichiens ; mais Bonaparte pénétrait, dans le même temps, jusqu'aux portes de Vienne, et forçait l'empereur à signer les préliminaires de Léoben. Quant à l'Empire, pour régler les conditions de la paix, il fallut réunir un congrès, qui, pressé par la France, consentit d'abord à la cession de la rive gauche du Rhin, et à indemniser par des sécularisations les princes dépossédés ; mais ce dernier point menaçait d'entraîner d'interminables discussions, lorsqu'au mois de mars suivant la guerre générale, en recommençant, dissipa le congrès.

(*) La Prusse avait besoin de cette paix pour porter ses forces vers l'Est et opérer le partage définitif de la Pologne.

CAMPAGNE DE 1799.

Les Autrichiens et les Russes ayant recommencé les hostilités en Italie et en Suisse, l'empereur chercha à engager l'Empire dans cette nouvelle guerre. Les États ecclésiastiques y étaient disposés, car ils la regardaient comme le seul moyen d'éviter la sécularisation dont ils étaient menacés; les États du Sud, à l'exception de Bade, si maltraités dans la guerre précédente, voulaient aussi tenter encore une fois le sort des armes; mais les États du Nord firent encore défection, et, pour remplacer les contingents qu'ils refusaient, on reprit le projet d'une levée en masse qui avait déjà réussi pour l'Autriche dans le Tyrol. « L'ennemi, disait l'archi-
« duc Charles dans une circulaire, con-
« tinuera ses pillages jusqu'à la levée en
« masse. Il pressure ce malheureux pays:
« des mesures de vigueur peuvent seules
« porter remède à ces malheurs. La per-
« suasion de cette nécessité a engagé le
« peuple allemand à s'armer de son
« propre mouvement dans les pays de
« Mayence, de Wurtzbourg et du grand
« maître teutonique; dans l'Odenwald,
« Ortenau et ses environs. Mais ce n'est
« que quand ces armements se feront
« partout, et d'accord avec les forces
« impériales, que nous pourrons espérer
« qu'un succès durable couronnera nos
« efforts. » Et, pour régulariser cette levée, il offrit d'envoyer des officiers autrichiens; mais, en 1799 comme en 1793, les peuples restèrent muets à un appel fait dans l'intérêt des princes. L'or de l'Angleterre fit mieux. Pitt solda douze mille Bavarois, sept mille Wurtembergeois, dix mille huit cents hommes du cercle de Souabe, et quatre mille de Mayence, qui servirent plutôt les intérêts de la Grande-Bretagne que ceux de leur patrie. La même puissance prit aussi à sa solde l'armée de Condé, qui avait été successivement payée par l'Empire et par la Russie.

Une courte et remarquable campagne, où les alliés eurent en tête Bonaparte et Moreau qui gagnèrent, le premier, la bataille de Marengo, le second, celle de Hochstædt, termina cette guerre; et la paix de Lunéville qui fut signée le 9 février 1801, ramena pour quelques années le repos en Europe.

PAIX DE LUNÉVILLE.

Épaminondas se vantait d'avoir contraint les Spartiates de renoncer à leur laconisme; Bonaparte fit plus, il força la diète (chose inouïe) à voter un traité en une seule séance; les articles 6 et 7 de ce traité portaient:

Art. VI. S. M. l'empereur et roi, tant en son nom qu'en celui de l'Empire germanique, consent à ce que la république française possède désormais en toute souveraineté et propriété, les pays et domaines situés à la rive gauche du Rhin, et qui faisaient partie de l'empire germanique, de manière qu'en conformité de ce qui avait été expressément consenti au congrès de Rastadt, la députation de l'empire et approuvé par l'Empereur, le thalweg (*) du Rhin soit désormais la limite entre la république française et l'empire germanique, savoir depuis l'endroit où le Rhin quitte le territoire helvétique, jusqu'à celui où il entre dans le territoire batave. En conséquence de quoi la république française renonce formellement à toute possession quelconque sur la rive droite du Rhin, et consent à restituer à qui il appartient, les places de Dusseldorf, Ehrenbreitstein, Philipsbourg, le fort de Cassel et autres fortifications vis-à-vis de Mayence à la rive droite, le fort de Kehl et le vieux Brisach, sous la condition expresse que ces places et forts continueront à rester dans l'état où ils se trouveront lors de l'évacuation.

Art. VII. Et comme par suite de la cession que fait l'Empire à la république française, plusieurs princes et États de l'Empire se trouvent particulièrement dépossédés en tout ou en partie, tandis que c'est à l'Empire germanique, collectivement, à supporter les pertes résultantes des stipulations du présent traité, il est convenu entre S. M. l'empereur et roi, tant en son nom qu'au nom de l'Empire germanique, et la république française, qu'en conformité des principes formellement établis au congrès de Rastadt, l'Empire sera tenu de donner aux princes héréditaires, qui se trouvent dépossédés à la rive gauche du Rhin, un dédommagement, qui sera pris dans le sein dudit

(*) Le milieu du fleuve.

empire, suivant les arrangements qui, d'après ces bases, seront ultérieurement déterminés.

Cette nécessité d'indemniser aux dépens de l'Empire les princes dépossédés amena une crise nouvelle. Les États ecclésiastiques, contre lesquels le mot terrible de *sécularisation* avait été prononcé, tournaient leurs regards vers l'empereur comme vers leur dernier protecteur. Les petits États, au contraire, craignant, dans ce grand remaniement du corps germanique, d'être dépouillés au profit des États plus puissants, cherchèrent un appui auprès de Bonaparte, qui se présenta comme médiateur, ainsi que la Russie, et exerça une grande influence sur les délibérations de la diète. Après deux ans de discussions, un plan d'indemnité, conçu à Paris et dirigé dans l'intérêt de la Prusse, depuis cinq ans alliée de la France, fut adopté par la diète et sanctionné par l'empereur.

« L'Allemagne perdait, en perdant la rive gauche du Rhin, plus de douze cent milles carrés, formant presque la neuvième partie de son territoire, et même la septième, eu égard à la fertilité du sol, à la population et aux revenus. Environ quatre millions d'habitants sur trente se virent enlever le nom d'Allemands, sans parler des suites funestes qu'eut pour le commerce de l'Allemagne le partage du cours du Rhin. Les frontières furent également réglées avec la Suisse.

« Dans cette circonstance si funeste pour toute l'Allemagne, les princes dont le pouvoir était héréditaire, et les seigneurs qui avaient des terres et des possessions dans les pays cédés, reçurent seuls des indemnités. On pourvut aux indemnités qui toutes furent prises dans le sein de l'Empire, au moyen de la sécularisation et de la médiatisation.

« Furent sécularisés les trois électorats ecclésiastiques, comprenant cent milles carrés chacun; neuf grands chapitres possédant chacun vingt milles carrés, ainsi que les vingt-trois plus petits, parmi lesquels Coire fut cédé à la Suisse; on y ajouta les biens des chapitres des cathédrales, avec les domaines épiscopaux, et tous les évêchés, abbayes et couvents qui n'étaient pas nominalement désignés dans l'acte d'indemnité, avec la faculté de comprendre dans cette mesure tous les biens des fondations de ce genre existant dans les possessions tant anciennes que nouvelles de l'une et l'autre confession religieuse, comme aussi de séculariser tous les couvents d'hommes sans exception, et les couvents de religieuses cloîtrées, après s'en être entendu avec l'évêque diocésain. Il ne resta plus dans l'Empire que trois dignitaires ecclésiastiques seulement, l'archichancelier, le grand maître de l'ordre de Saint-Jean et celui de l'ordre teutonique.

« Furent médiatisées : quarante-cinq villes libres, dont quatre (Aix-la-Chapelle, Cologne, Worms et Spire) furent cédées à la France; six des plus considérables restèrent immédiates : Augsbourg, Nuremberg, Francfort, Brême, Lubeck et Hambourg.

« Comme cette quantité de territoire ne suffisait pas au partage qui lui fut fait sans équité, plusieurs États furent dédommagés par des rentes, qui devaient être prélevées sur les possessions déjà partagées, ou sur l'octroi de la navigation rhénane, dénomination sous laquelle on rétablit les anciens péages du Rhin qu'on avait déclarés abolis. Quelques-uns des intéressés, qui n'étaient pas activement immédiats (*landsässig*), durent se contenter de la souveraineté de couvents et de diocèses qui étaient dans la même position.

« Le partage eut lieu de la manière suivante : le grand-duc de Toscane obtint Salzbourg et Berchtolsgaden, et partagea Passau et Eichstädt avec la Bavière; le Brisgau et l'Ortenau, en Souabe, furent cédés au duc de Modène par l'Autriche, qui reçut en compensation les évêchés de Trente et de Brixen. La Bavière reçut en outre la plus grande partie de l'évêché de Wurtzbourg(*), Bamberg, Freisingen et Augsbourg, avec les prélatures et les villes

(*) Le reste, avec les bailliages mayençais situés dans le voisinage, fut employé à indemniser les maisons de Lœvenstein, d'Hohenlohe et de Linange.

impériales, situées entre ces différentes villes, en Franconie et en Souabe. Le palatinat du Rhin fut en échange abandonné à Bade, qui reçut en outre l'évêché de Constance, les droits des évêchés de Spire, Bâle et Strasbourg, deux bailliages de Darmstadt, d'autres villes impériales et des abbayes avantageusement situées; en un mot cet État fut si richement pourvu qu'il doubla presque son territoire.

« Il resta encore assez de villes libres et de prélatures dans la riche Souabe pour arrondir convenablement le Wurtemberg et même les comtes de l'Empire qui restaient à indemniser. Dans le nord de l'Allemagne, la Prusse eut en partage les évêchés de Paderborn, Hildesheim, la Thuringe mayençaise, une partie du territoire de Munster, les abbayes de Hervorden, Quedlinbourg, Elten, Essen, Werden et Kappenberg, avec les villes impériales de Mulhausen, de Nordhausen et de Goslar; le reste de Munster fut donné en dédommagement aux maisons de Salm, Aremberg, Croy et Looz, à l'exception des bailliages de Vechte et de Kloppenbourg, qui échurent au duc d'Oldenbourg. Celui-ci obtint aussi l'évêché de Lubeck et le bailliage hanovrien de Wildeshausen; mais il fut privé des droits de navigation sur le Wéser à Elsfleth, dans l'intérêt du commerce de Brême. Le Hanovre reçut, en échange de cette perte et de quelques autres droits et possessions, l'évêché d'Osnabruck. Ce qui restait de l'archevêché de Cologne (en tant que n'appartenant pas à Aschaffenbourg) et de ceux de Trèves et de Mayence fut partagé entre les maisons de Hesse et de Nassau, de la branche de Walram. Le duché de Westphalie échut à Darmstadt. Les évêchés de Fulda et de Corvey, la ville de Dortmund, et quelques abbayes, devaient servir de compensation au prince d'Orange-Nassau, pour la perte du stathoudérat héréditaire, et des domaines qu'il possédait en Hollande ainsi qu'en Belgique (*). »

(*) Pfister, Histoire d'Allemagne, t. V, p. 614 et suiv. La traduction de M. Paquis

Ainsi l'Empire se transformait une dernière fois avant de se dissoudre. Les puissances ecclésiastiques étaient supprimées, et tous les États de la rive gauche du Rhin soumis aux lois françaises. Sur la rive droite, un grand nombre de principautés et de villes libres avaient perdu leur immédiateté. Dix électeurs, dont six protestants et quatre catholiques, formaient le collége électoral; le collége des princes, porté de cent voix à cent vingt-sept, avait soixante et dix-sept suffrages protestants au lieu de quarante-cinq, et cinquante catholiques au lieu de cinquante-cinq; enfin, des deux cent quarante voix qui formaient la diète de l'Empire après la paix de Westphalie, on n'en comptait plus maintenant que cent quarante-deux. Les évêques, au lieu d'être princes souverains, recevaient un traitement et ne conservaient que leurs fonctions spirituelles; le titre d'empereur était plus que jamais un titre purement honorifique; et, par la ruine de l'autorité impériale, par celle des villes libres, par l'assujettissement de la noblesse équestre aux nouvelles maisons princières, tous les vieux germes de liberté qui existaient encore en Allemagne disparurent; et, ce qu'il y eut de plus dégradant encore pour les peuples, c'est qu'ils furent partagés comme des troupeaux en lots différents, dont le tarif était à Paris, dans le cabinet de M. de Talleyrand, alors ministre des affaires étrangères. Pour satisfaire aux exigences des puissances, quelques petits princes furent même assez lestement traités et transportés du nord de l'Allemagne au sud, ou de l'est à l'ouest, sans qu'on tînt compte des habitudes contractées par eux avec leurs anciens sujets. Toutes choses, anciens souvenirs, patriotisme, attachement au sol natal, aux châteaux de ses pères, étant estimées en argent, toutes choses aussi se ressemblaient, disait-on, comme un florin ressemble à un autre; et des statisticiens igno-

(t. X, p. 324 et suiv.) présente ici, comme dans beaucoup d'autres passages, une longue suite de contre-sens et de non-sens.

rants, taxant les principautés à tant par mille carré, bouleversaient toute la surface de l'Allemagne.

GUERRE D'AUTRICHE ET PAIX DE PRESBOURG.

Huit jours s'étaient à peine écoulés depuis celui où la diète de l'Empire avait promulgué son décret, que la guerre générale recommençait. L'Allemagne garda pendant deux ans une prudente neutralité; mais enfin entraînée par l'Angleterre et par la Russie, l'Autriche reprit les armes en 1805. La reddition d'Ulm et la bataille d'Austerlitz, où l'armée autrichienne et l'armée russe furent écrasées par Bonaparte, ne laissèrent pas le temps à la Prusse de se déclarer, et amenèrent la paix de Presbourg (26 décembre 1805). L'Autriche céda tout le territoire vénitien au royaume d'Italie formé par Napoléon; le Tyrol et le Burgau à la Bavière; Hohenberg, Nellenbourg, etc., au Wurtemberg; le Brisgau à Bade, etc., et s'engagea en outre à reconnaître le titre de roi aux ducs de Bavière et de Wurtemberg.

DISSOLUTION DE L'EMPIRE GERMANIQUE. CONFÉDÉRATION DU RHIN.

Après cette paix, on résolut de détruire les anciennes formes qui subsistaient encore, bien qu'elles ne revêtissent rien de réel. Le 1er août 1806, six mois après la paix de Presbourg, le ministre de France présenta la note suivante à la diète de Ratisbonne.

« Le soussigné, chargé d'affaires de « Sa Majesté l'empereur des Français « et roi d'Italie près la diète générale « de l'Empire germanique, a reçu de « Sa Majesté l'ordre de faire à la diète « les déclarations suivantes :

« Leurs Majestés le roi de Bavière « et de Wurtemberg, les princes sou- « verains de Ratisbonne, de Bade, de « Berg, de Hesse-Darmstadt, de Nas- « sau, et les autres principaux princes « du midi et de l'ouest de l'Allemagne, « ont pris la résolution de former « entre eux une confédération qui les « mette à l'abri de toutes les incerti- « tudes de l'avenir, et ils ont cessé « d'être États de l'Empire.

« La situation dans laquelle le traité « de Presbourg a placé directement les « cours alliées de la France et indirec- « tement les princes, qu'elles entourent « et qui les avoisinent, étant incompa- « tible avec la condition d'un État « d'Empire, c'était pour elles et pour « ces princes une nécessité d'ordonner « sur un nouveau plan le système de « leurs rapports, et d'en faire dispa- « raître une contradiction qui aurait « été une source permanente d'agita- « tion, d'inquiétude et de danger.

« De son côté, la France, si essen- « tiellement intéressée au maintien de « la paix dans le midi de l'Allemagne, « et qui ne pouvait pas douter que, « du moment où elle aurait fait repas- « ser le Rhin à ses troupes, la dis- « corde, conséquence inévitable de re- « lations contradictoires ou incertaines, « mal définies ou mal connues, aurait « compromis de nouveau le repos des « peuples, et rallumé peut-être la « guerre sur le continent, obligée d'ail- « leurs de concourir au bien-être de « ses alliés, et de les faire jouir de « tous les avantages que le traité de « Presbourg leur assure, et qu'elle « leur a garantis, la France n'a pu voir, « dans la confédération qu'ils ont for- « mée, qu'une suite naturelle et le com- « plément nécessaire de ce traité.

« Depuis longtemps, des altérations « successives, qui, de siècle en siècle, « n'ont été qu'augmenter, avaient « réduit la constitution germanique à « n'être plus qu'une ombre d'elle-même. « Le temps avait changé tous les rap- « ports de grandeur et de force qui « existaient primitivement entre les di- « vers membres de la confédération, « entre chacun d'eux et le tout dont « ils faisaient partie. La diète avait « cessé d'ailleurs d'avoir une volonté « qui lui fût propre. Les sentences des « tribunaux suprêmes ne pouvaient être « mises à exécution. Tout attestait un « affaiblissement si grand, que le lien « fédératif n'offrait plus de garantie à « personne, et n'était, entre les puis- « sants, qu'un moyen de dissension et

« de discorde. Les événements des trois « coalitions ont porté cet affaiblisse- « ment à son dernier terme. Un élec- « torat a été supprimé par la réunion « du Hanovre à la Prusse ; un roi du « Nord a incorporé à ses autres États « une des provinces de l'Empire ; le « traité de Presbourg a attribué à leurs « Majestés les rois de Bavière et de « Wurtemberg, et à Son Altesse Séré- « nissime l'électeur de Bade, la pléni- « tude de la souveraineté, prérogative « que les autres électeurs réclame- « raient sans doute, et seraient fondés « à réclamer, mais qui ne peut s'ac- « corder ni avec la lettre, ni avec « l'esprit de la constitution de l'Em- « pire.

« Sa Majesté l'empereur et roi est « donc obligé de déclarer qu'il ne re- « connaît plus l'existence de la consti- « tution germanique, en reconnaissant « néanmoins la souveraineté entière et « absolue de chacun des princes dont « les États composent aujourd'hui l'Al- « lemagne, et en conservant avec eux « les mêmes relations qu'avec les au- « tres puissances indépendantes de l'Eu- « rope.

« Sa Majesté l'empereur et roi a ac- « cepté le titre de *protecteur de la* « *confédération du Rhin.* Il ne l'a fait « que dans des vues de paix, et pour « que sa médiation, constamment in- « terposée entre les plus faibles et les « plus forts, prévienne toute espèce de « dissension et de troubles.

« Ayant ainsi satisfait aux plus chers « intérêts de son peuple et de ses voi- « sins, ayant pourvu, autant qu'il était « en lui, à la tranquillité future de « l'Europe, et en particulier à la tran- « quillité de l'Allemagne, qui a été « constamment le théâtre de la guerre, « en faisant cesser la contradiction « qui plaçait les peuples et les princes « sous la protection apparente d'un « système réellement contraire à leurs « intérêts politiques et à leurs traités, « Sa Majesté l'empereur et roi espère « qu'enfin les nations de l'Europe fer- « meront l'oreille aux insinuations de « ceux qui voudraient entretenir sur le « continent une guerre éternelle ; que

« les armées françaises qui ont passé « le Rhin l'auront passé pour la der- « nière fois, et que les peuples d'Alle- « magne ne verront plus que dans « l'histoire du passé l'horrible tableau « des désordres de tout genre, des dé- « vastations et des massacres que la « guerre entraîne toujours avec elle.

« Sa Majesté a déclaré qu'elle ne por- « terait jamais les limites de la France « au delà du Rhin. Elle a été fidèle à « sa promesse. Maintenant son unique « désir est de pouvoir employer les « moyens que la Providence lui a con- « fiés pour affranchir les mers, rendre « au commerce sa liberté, et assurer « ainsi le repos et le bonheur du « monde.

« Ratisbonne, le 1ᵉʳ août 1806.
« *Signé :* BACHER. »

Cette note était la déclaration du traité conclu, dès le 12 juillet précédent, entre l'empereur Napoléon et plusieurs membres de l'ancien Empire germanique. Cet acte, qui établissait la confédération du Rhin, était ainsi conçu :

Art. I. Les États de Leurs Majestés les rois de Bavière et de Wurtemberg, de leurs Altesses Sérénissimes les électeurs archichancelier et de Bade, le duc de Berg et Clèves, le landgrave de Hesse-Darmstadt, les princes de Nassau-Usingen et Nassau-Weilbourg, les princes de Hohenzollern-Hechingen et Hohenzollern-Sigmaringen, les princes de Salm-Salm et Salm-Kyrbourg, le prince d'Isenbourg-Birstein, le duc d'Aremberg, le prince de Liechtenstein et le comte de la Leyen, seront séparés à perpétuité du territoire de l'Empire germanique, et unis entre eux par une confédération particulière sous le nom d'États confédérés du Rhin.

Art. II. Toute loi de l'Empire germanique, qui a pu jusqu'à présent concerner et obliger Leurs Majestés et leurs Altesses Sérénissimes les rois et princes et le comte dénommés en l'article précédent, leurs sujets et leurs États ou partie d'iceux, sera à l'avenir, relativement à leurs dites Majestés et Altesses et audit comte, à leurs États et sujets respectifs, nulle et de nul effet ; sauf néanmoins les droits acquis à des créanciers et pensionnaires par le recez de mil huit cent trois, et les dispositions du paragraphe trente-neuf dudit recez, relatives à l'octroi de navigation du Rhin, lesquelles continueront d'être exécutées suivant leur forme et teneur.

Art. III. Chacun des rois et princes confédérés renoncera à ceux de ses titres qui expriment des rapports quelconques avec l'Empire germanique, et le premier août prochain il fera notifier à la diète sa séparation d'avec l'Empire.

Art. IV. S. A. S. l'électeur archichancelier prendra les titres de prince primat et d'altesse éminentissime.

Le titre de prince primat n'emporte avec lui aucune prérogative contraire à la plénitude de la souveraineté, dont chacun des confédérés doit jouir.

Art. V. Leurs Altesses Sérénissimes l'électeur de Bade, le duc de Berg et Clèves et le landgrave de Hesse-Darmstadt prendront le titre de grand-duc. Ils jouiront des droits, honneurs et prérogatives attachés à la dignité royale. Le rang et la prééminence entre eux sont et demeureront fixés conformément à l'ordre dans lequel ils sont nommés au présent article.

Le chef de la maison de Nassau prendra le titre de duc, et le comte de la Leyen le titre de prince.

Art. VI. Les intérêts communs des États confédérés seront traités dans une diète, dont le siége sera à Francfort, et qui sera divisée en deux colléges, savoir : le collége des rois et le collége des princes.

Art. VII. Les princes devront nécessairement être indépendants de toute puissance étrangère à la confédération, et ne pourront conséquemment prendre du service d'aucun genre que dans les États confédérés ou alliés à la confédération. Ceux qui, étant déjà au service d'autres puissances, voudront y rester, seront tenus de faire passer leurs principautés sur la tête d'un de leurs enfants.

Art. VIII. S'il arrivait qu'un desdits princes voulut aliéner en tout ou en partie sa souveraineté, il ne le pourra faire qu'en faveur de l'un des États confédérés.

Art. IX. Toutes les contestations qui s'élèveront entre les États confédérés, seront décidées par la diète de Francfort.

Art. X. La diète sera présidée par son Altesse Éminentissime le prince primat, et lorsqu'un des deux colléges, seulement, aura à délibérer sur quelque affaire, Son Altesse Éminentissime présidera le collége des rois, et le duc de Nassau le collége des princes.

Art. XI. Les époques où, soit la diète, soit un des colléges séparément, devra s'assembler, le mode de leur convocation, les objets qui devront être soumis à leurs délibérations, la manière de former les résolutions et de les faire exécuter, seront déterminés par un statut fondamental, que Son Altesse Éminentissime proposera dans le délai d'un mois, après la notification faite à Ratisbonne, et qui devra être approuvé par les États confédérés. Le même statut fixera définitivement le rang entre les membres du collége des princes.

Art. XII. Sa Majesté l'empereur des Français sera proclamé protecteur de la confédération, et en cette qualité, au décès de chaque prince primat, il en nommera le successeur.

Art. XIII. Sa Majesté le roi de Bavière cède à Sa Majesté le roi de Wurtemberg la seigneurie de Wiesensteig, et renonce aux droits qu'à raison de la préfecture de Burgau il pourrait avoir ou prétendre sur l'abbaye de Wiblingen.

Art. XIV. Sa Majesté le roi de Wurtemberg cède à Son Altesse Sérénissime le grand-duc de Bade le comté de Bondorf, les villes de Breunlingen et de Willingen, avec la partie du territoire de cette dernière, située à la droite de la Brigach, et la ville de Tuttlingen avec les dépendances du bailliage de ce nom, situées à la droite du Danube.

Art. XV. Son Altesse Sérénissime le grand-duc de Bade cède à Sa Majesté le roi de Wurtemberg la ville et le territoire de Biberach, avec ses dépendances.

Art. XVI. Son Altesse Sérénissime le duc de Nassau cède à son Altesse Impériale le grand-duc de Berg, la ville de Deutz ou Duytz, avec son territoire, la ville et le bailliage de Kœnigswinter et le bailliage de Willich.

Art. XVII. Sa Majesté le roi de Bavière réunira à ses États, et possédera en toute propriété et souveraineté la ville et le territoire de Nuremberg, et les commanderies de Rohr et de Waldstetten de l'ordre teutonique.

Art. XVIII. Sa Majesté le roi de Wurtemberg réunira à ses États et possédera en toute souveraineté et propriété la seigneurie de Wiesensteig, et les ville, territoire et dépendances de Biberach, en conséquence des cessions à lui faites par Sa Majesté le roi de Bavière et Son Altesse Sérénissime le grand-duc de Bade; la ville de Waldsée, le comté de Schelklingen, la commanderie de Kapfenbourg ou Lauchheim, et la commanderie d'Alschhausen, distraction faite des seigneuries d'Achberg et Hohenfels; et l'abbaye de Wiblingen.

Art. XIX. Son Altesse Sérénissime le grand-duc de Bade réunira à ses États, et possédera en toute propriété et souveraineté le comté de Bondorf, les villes de Braunlingen, Willingen et Tuttlingen, les parties de leurs territoires et leurs dépendances spécifiées en l'article XIV, et tels qu'ils lui ont été cédés par Sa Majesté le roi de Wurtemberg.

Il possédera en toute propriété la principauté de Heitersheim, et toutes celles de ses dépendances situées dans les possessions de Son Altesse, telles qu'elles seront en conséquence du présent traité.

Il possédera également en toute propriété les commanderies teutoniques de Benggen et de Fribourg.

Art. XX. Son Altesse Impériale le grand-duc de Berg possédera en toute souveraineté et propriété la ville de Deutz ou Duytz avec son territoire, la ville et le bailliage de Kœnigswinter et le bailliage de Willich, en conséquence de la cession à lui faite par S. A. S. le duc de Nassau.

Art. XXI. Son Altesse Sérénissime le grand-duc de Hesse-Darmstadt réunira à ses États le burgraviat de Friedberg, pour le posséder en souveraineté seulement, pendant la vie du burgrave actuel, et en toute propriété après le décès dudit burgrave.

Art. XXII. Son Altesse Éminentissime le prince primat réunira à ses États, et possédera en toute propriété et souveraineté la ville et le territoire de Francfort.

Art. XXIII. Son Altesse Sérénissime le prince de Hohenzollern-Sigmaringen possédera en toute propriété et souveraineté les seigneuries d'Achberg et de Hohenfels, dépendantes de la commanderie d'Alschhausen, et les couvents de Klosterwald et de Habsthal.

Son Altesse Sérénissime possédera en souveraineté les terres équestres situées entre ses possessions actuelles et les territoires au nord du Danube, sur lesquels sa souveraineté doit s'étendre en conséquence du présent traité, et notamment les seigneuries de Gamertingen et de Heittengen.

Art. XXIV. Leurs Majestés les rois de Bavière, de Wurtemberg; Leurs Altesses Sérénissimes de Bade, de Berg et de Hesse-Darmstadt; Son Altesse Éminentissime le prince primat; Leurs Altesses Sérénissimes les duc et prince de Nassau-Usingen et de Weilbourg, de Hohenzollern-Sigmaringen, de Salm-Kyrbourg, d'Isenbourg-Birstein, et le duc d'Aremberg, exerceront tous les droits de souveraineté, savoir :

Sa Majesté le roi de Bavière, sur la principauté de Schwarzenberg, le comté de Castell, les seigneuries de Speckfeld et Wiesentheid, les dépendances de la principauté de Hohenlohe, enclavées dans le margraviat d'Ansbach et dans le territoire de Rothenbourg, nommément les grands bailliages de Schillingsfürst et de Kirchberg, le comté de Sternstein, les principautés d'OEttingen, les possessions du prince de la Tour et Taxis, au nord de la principauté de Neubourg, le comté d'Edelstetten, les possessions des prince et comtes de Fugger, le burgraviat de Winterrieden, et enfin les seigneuries de Buxheim et de Tannhausen, et sur la totalité de la grande route allant de Memmingen à Lindau.

Sa Majesté le roi de Wurtemberg, sur les possessions des prince et comtes Truchsess-Waldbourg, les comtés de Baindt, d'Egloff, de Guttenzell, de Heybach, d'Isny, de Kœnigseck-Aulendorf, d'Ochsenhausen, de Roth et de Schussenried et Weisenau; les seigneuries de Mitingen et Sulmengen, Neu-Ravensbourg, Thannheim, Warthausen et Weingarten, distraction faite de la seigneurie de Hagnau; les possessions du prince de la Tour et Taxis, à l'exception de celles qui sont situées au nord de la principauté de Neubourg et de la seigneurie de Strasberg et du bailliage d'Ostrach; les seigneuries de Gundelfingen et de Neufra ; les parties du comté de Limbourg-Gaildorf non possédées par sadite Majesté; toutes les possessions des princes de Hohenlohe, sauf l'exception faite au paragraphe précédent, et enfin la partie du bailliage ci-devant mayencais de Krautheim, située à la gauche de la Yaxt.

Son Altesse Sérénissime le grand-duc de Bade, sur la principauté de Furstemberg (étant exceptées les seigneuries de Gundelfingen, Neufra, Trochtelfingen, Jungnau et la partie du bailliage de Mœskirch, située à la gauche du Danube), la seigneurie de Hagnau, le comté de Thengen, le landgraviat de Klettgau, les bailliages de Neidenau et Billigheim, la principauté de Linange, les possessions des princes et comtes de Lœwenstein-Wertheim, situées à la rive gauche du Mein (étant exceptés le comté de Lœwenstein, la partie du Limbourg-Gaildorf, appartenant aux comtes de Lœwenstein, et les seigneuries de Heubach, de Breuberg et de Habizheim); et enfin les possessions du prince de Salm-Reiferscheid-Krautheim, situées au nord de la Yaxt.

Son Altesse Impériale le grand-duc de Berg, sur les seigneuries de Limbourg-Styrum, de Bruck, de Hardenberg, de Gimborn et Neustadt, de Wildenberg, les comtés de Hombourg, de Bentheim, de Steinfourt, de Horstmar, les possessions du duc de Looz, les comtés de Siegen, de Dillenbourg (les bailliages de Wehrheim et Burbach exceptés), et de Hadamar, les seigneuries de Westerbourg, de Schadeck et de Beilstein, et la partie de la seigneurie de Runken proprement dite, située à la droite de la Lahn; et pour les communications entre le duché de Clèves et les possessions susdites au nord de ce duché, Son Altesse Impériale aura l'usage d'une route à travers les Etats des princes de Salm.

Son Altesse Sérénissime le grand-duc de Darmstadt, sur les seigneuries de Breuberg, de Heubach, sur la seigneurie ou bailliage d'Habizheim, le comté d'Erbach, la seigneurie d'Ilbestadt, la partie du comté de Kœnigsheim possédée par le prince de Stolberg-Gedern, les possessions des barons de Riedesel enclavées dans les États de sa dite Altesse Sérénissime, ou qui leur sont contiguës, nommément les juridictions de Lauterbach, de Stockhausen, de Moos et de Freienstein, les possessions des princes et comtes de Solms en Wettéravie (à l'exception des bailliages de Hohensolms, Braunfels et Greifenstein), et enfin les comtés de Wittgenstein et Berlebourg, et le bailliage de Hesse-Hombourg, possédé par la branche de ce nom, apanagée de Hesse-Darmstadt.

Son Altesse Éminentissime le prince primat, sur les possessions des princes et comtes de Lœwenstein-Wertheim, situées à la droite du Mein, et sur le comté de Rineck.

Leurs Altesses Sérénissimes le duc de Nassau-Usingen et prince de Nassau-Weilbourg sur les bailliages de Dierdorf, Altenwied, Neuerbourg et la partie du comté du Bas-Isembourg appartenant au prince de Wied-Runkel, les comtés de Wied-Neuwied et de Holzapfel, la seigneurie de Schaumbourg, le comté de Diez et ses dépendances, la partie du village de Münzfelden appartenant au prince de Nassau-Fulde, le bailliage de Wehrheim et de Burbach, la partie de la seigneurie de Runken située à la gauche de la Lahn, la terre équestre de Grausberg, et enfin les bailliages de Hohensolms, de Braunfels et de Greifenstein.

Son Altesse Sérénissime le prince de Hohenzollern-Sigmaringen, sur les seigneuries de Trochtelfingen, de Jungnau, de Strasberg, le bailliage d'Ostrach, et la partie de la seigneurie de Moeskirch située à la gauche du Danube.

Son Altesse Sérénissime le prince de Salm-Kyrbourg, sur la seigneurie de Gehmen.

Son Altesse Sérénissime le prince d'Isenbourg-Birstein, sur les possessions des comtes d'Isenbourg - Budingen, Wæchtersbach et Meerholz, sans que les comtes apanagés de sa branche puissent se prévaloir de cette stipulation pour former aucune prétention à sa charge.

Et Son Altesse Sérénissime le duc d'Aremberg, sur le comté de Dulmen.

Art. XXV. Chacun des rois et princes confédérés possédera en toute souveraineté les terres équestres enclavées dans ses possessions; quant aux terres équestres interposées entre deux des États confédérés, elles seront partagées, quant à la souveraineté entre les deux États, aussi également que faire se pourra, mais de manière à ce qu'il n'en résulte ni morcellement, ni mélange de territoire.

Art. XXVI. Les droits de souveraineté sont ceux de législation, de juridiction suprême, de haute police, de conscription militaire ou recrutement, et d'impôts.

Art. XXVII. Les princes ou comtes actuellement régnants conserveront chacun, comme propriété nationale et privée, tous les domaines sans exception qu'ils possèdent maintenant, ainsi que tous les droits, seigneuriaux et féodaux, non essentiellement inhérents à la souveraineté, et notamment les droits de basse et moyenne juridiction en matière civile et criminelle, de juridiction et de police forestière, de chasse, de pêche, de mines, d'usines, de dîmes et prestations féodales, de patronage et autres semblables, et les revenus provenant desdits domaines et droits.

Leurs domaines et biens seront assimilés, quant à l'impôt, aux domaines et biens des princes de la maison sous la souveraineté de laquelle ils doivent passer, en vertu du présent traité; ou si aucuns des princes de ladite maison ne possédaient d'immeubles, aux domaines et biens de classe la plus privilégiée. Ne pourront lesdits domaines et droits être vendus à un souverain étranger à la confédération, ni autrement aliénés, sans avoir été préalablement offerts au prince sous la souveraineté duquel ils se trouvent placés.

Art. XXVIII. En matière criminelle, les princes et comtes actuellement régnants et leurs héritiers jouiront des droits d'austrègues ; c'est-à-dire, d'être jugés par leurs pairs ; et dans aucun cas la confiscation de leurs biens ne pourra être prononcée ni avoir lieu, mais les revenus pourront être séquestrés pendant la vie des condamnés.

Art. XXIX. Les États confédérés contribueront au payement des dettes actuelles des cercles, non-seulement pour leurs possessions anciennes, mais aussi pour les territoires qui doivent être respectivement soumis à leur souveraineté.

La dette du cercle de Souabe sera à la charge de Leurs Majestés les rois de Bavière, de Wurtemberg, de Son Altesse Sérénissime le grand-duc de Bade, et de Leurs Altesses Sérénissimes les princes de Hohenzollern-Hechingen et Sigmaringen, de Lichtenstein et de la Leyen ; et divisée entre eux dans la proportion de ce que chacun desdits rois et princes possédera dans la Souabe.

Art. XXX. Les dettes propres de chaque principauté, comté ou seigneurie passant sous la souveraineté de l'un des États confédérés, seront divisées entre ledit État et les princes et comtes actuellement régnants, dans la proportion des revenus que ledit État doit acquérir et de ceux que les princes ou comtes doivent conserver d'après les stipulations ci-dessus.

Art. XXXI. Il sera libre aux princes et comtes actuellement régnants, et à leurs héritiers, de fixer leur résidence partout où ils le voudront, pourvu que ce soit dans un des États membres ou alliés de la confédération du Rhin, ou dans les possessions qu'ils conserveront en souveraineté hors du territoire de la confédération, et de retirer leurs revenus ou leurs capitaux, sans pouvoir être assujettis pour cette cause à aucun droit ou impôt quelconque.

Art. XXXII. Les individus employés dans l'administration publique des principautés, comtés ou seigneuries, qui doivent, en vertu du présent traité, passer sous la souveraineté de l'un des États confédérés, et que le souverain ne jugerait pas à propos de conserver dans leurs emplois, jouiront d'une pension de retraite égale à celle que les lois ou règlements de l'État accordent aux officiers du même grade.

Art. XXXIII. Les membres des ordres militaires ou religieux qui pourront être, en conséquence du présent traité, dépossédés ou sécularisés, recevront une pension annuelle et viagère proportionnée aux revenus dont ils jouissaient, à leur dignité et à leur âge, et hypothéquée sur les biens dont ils étaient usufruitiers.

Art. XXXIV. Les rois, grand-ducs, ducs et princes confédérés renoncent, chacun d'eux pour soi, ses héritiers et successeurs, à tout droit actuel qu'il pourrait avoir ou prétendre sur les possessions des autres membres de la confédération, telles qu'elles sont et telles qu'elles doivent être, en conséquence du présent traité ; les droits éventuels de succession demeurant seuls réservés, et pour le cas seulement où viendrait à s'éteindre la maison ou la branche qui possède maintenant, ou doit, en vertu du présent traité, posséder en souveraineté les territoires, domaines et biens sur lesquels les susdits droits peuvent s'étendre.

Art. XXXV. Il y aura entre l'empire français et les États confédérés du Rhin, collectivement et séparément, une alliance, en vertu de laquelle toute guerre continentale, que l'une des parties contractantes aurait à soutenir, deviendra immédiatement commune à toutes les autres.

Art. XXXVI. Dans le cas où une puissance étrangère à l'alliance et voisine armerait, les hautes parties contractantes, pour ne pas être prises au dépourvu, armeront pareillement, d'après la demande qui en sera faite par le ministre de l'une d'elles à Francfort.

Le contingent que chacun des alliés devra fournir, étant divisé en quatre quarts, la diète déterminera combien de quarts devront être rendus mobiles ; mais l'armement ne sera effectué qu'en conséquence d'une invitation adressée par Sa Majesté l'empereur et roi à chacune des puissances alliées.

Art. XXXVII. Sa Majesté le roi de Bavière s'engage à fortifier les villes d'Augsbourg et de Lindau, à former et entretenir en tout temps dans la première de ces deux places, des établissements d'artillerie, et à tenir dans la seconde une quantité de fusils et de munitions suffisante pour une réserve, de même qu'à avoir à Augsbourg des boulangeries, pour qu'on puisse confectionner une quantité de biscuits, telle qu'en cas de guerre, la marche des armées n'éprouve pas de retard.

Art. XXXVIII. Le contingent à fournir, par chacun des alliés pour le cas de guerre, est fixé comme il suit : la France fournira deux cent mille hommes de toutes armes, le royaume de Bavière trente mille hommes de toutes armes, le royaume de Wurtemberg douze mille, le grand-duché de Bade huit mille, le grand-duc de Berg cinq mille, le grand-duc de Darmstadt quatre mille. Leurs Altesses Sérénissimes les duc et prince de Nassau avec les autres princes confédérés fourniront un contingent de quatre mille hommes.

Art. XXXIX. Les hautes parties contractantes se réservent d'admettre par la suite dans la nouvelle confédération d'autres princes et États d'Allemagne qu'il sera trouvé de l'intérêt commun d'y admettre.

Art. XL. Les ratifications du présent traité seront échangées à Munich, le vingt-cinq juillet de la présente année.

Fait à Paris, le 12 juillet 1806.

Suivent les signatures.

Ainsi, tout le sud-ouest de l'Allemagne, accomplissant un schisme politique commencé, après le traité de Westphalie, par la confédération rhénane, se séparait du nord, où dominait la Prusse, et de l'est tout entier au pouvoir de l'Autriche. Napoléon avait voulu qu'il y eût dans l'Allemagne même *une alliance permanente* contre l'Autriche et contre la Prusse, et il réussit à la former. Mais la division de cette ligue entre seize princes allemands empêchait qu'elle n'eût une force qui leur fût propre, et, par suite, une véritable indépendance; aussi ne fut-elle qu'un instrument entre les mains de la France, au lieu d'être une puissance capable de maintenir l'équilibre germanique.

FRANÇOIS II ABDIQUE LE TITRE D'EMPEREUR D'ALLEMAGNE.

François II, qui, depuis le 10 août 1804, avait pris le titre d'empereur héréditaire d'Autriche, comprit la nécessité d'abdiquer de bonne grâce son titre d'empereur d'Allemagne. En conséquence, il fit publier, à Ratisbonne et à Vienne, l'acte suivant :

« Depuis la conclusion de la paix de
« Presbourg, toute notre attention et
« toute notre sollicitude ont tendu à
« remplir avec une fidélité scrupuleuse
« les obligations qui résultaient de ce
« traité, à conserver à nos peuples le
« bonheur de la paix, à consolider
« partout les rapports d'amitié heureusement rétablis, et à attendre pour
« nous assurer si les changements occasionnés par cette paix dans l'empire germanique nous permettraient
« à l'avenir de satisfaire aux devoirs
« importants que la capitulation consentie par nous à notre avénement,
« nous imposait comme chef de l'Empire.

« Mais les conséquences tirées de
« quelques articles du traité de Presbourg, immédiatement après sa publication et encore à présent, et les
« événements généralement connus qui
« ont eu lieu ensuite dans l'empire germanique, nous ont convaincu qu'il
« serait impossible, dans de pareilles
« circonstances, de remplir désormais
« les obligations contractées par la capitulation d'élection; et si, d'après
« les chances que peuvent offrir les
« complications politiques, il était encore possible de s'attendre à une modification dans l'état des choses, la
« convention de plusieurs États considérables de l'Allemagne, signée à
« Paris le 12 juillet et approuvée ensuite par les parties contractantes,
« relativement à leur entière séparation de l'Empire et à leur réunion en
« une confédération particulière, a entièrement détruit toute espérance.

« Étant par là convaincu de l'impossibilité de pouvoir plus longtemps
« remplir les devoirs de nos fonctions
« impériales, nous devons à nos principes et à notre dignité de renoncer
« à une couronne qui n'a eu de valeur
« à nos yeux que tant qu'il nous a été
« possible de répondre à la confiance
« des princes électeurs, des États et des
« autres membres de l'empire germanique, et de satisfaire aux devoirs
« dont nous nous étions chargés. Nous
« déclarons donc par la présente, que
« nous considérons comme dissous les
« liens qui jusqu'à présent nous ont
« attachés au corps d'État de l'empire
« germanique; que nous considérons
« comme abolie par la confédération
« des États du Rhin la dignité de chef
« de l'Empire; et que nous considérant par là quitte de tous nos

« devoirs envers l'empire germanique,
« nous déposons la couronne impé-
« riale et le gouvernement impérial.
« Nous dégageons en même temps les
« électeurs, princes et États, et tout
« ce qui appartient à l'Empire, parti-
« culièrement les membres du tribu-
« nal suprême et autres magistrats de
« l'Empire, des devoirs auxquels ils
« étaient tenus envers nous comme
« chef légal de l'Empire d'après la
« constitution.

« Nous dégageons également toutes
« nos provinces allemandes et pays de
« l'Empire, de leurs devoirs récipro-
« ques envers l'empire germanique, et
« nous tâcherons, en les incorporant à
« nos États autrichiens, comme em-
« pereur d'Autriche, de les porter, en
« maintenant les rapports d'amitié sub-
« sistant avec toutes les puissances et
« États voisins, à cette hauteur de
« prospérité et de bonheur qui est le
« but de tous nos désirs et l'objet de
« nos plus doux soins.

« Fait dans notre résidence, sous
« notre sceau impérial.

« Vienne, le 6 août 1806.

« *Signé* : FRANÇOIS. »

Il y avait 1006 ans que Charlemagne avait renouvelé l'empire romain, transmis par ses successeurs aux rois de Germanie.

DEUXIÈME SECTION.

DEPUIS L'ABOLITION DE L'EMPIRE D'ALLEMAGNE JUSQU'A NOS JOURS.

(1806-1838.)

L'ALLEMAGNE DU NORD-OUEST ACCÈDE A LA CONFÉDÉRATION DU RHIN.

De 1806 à 1813, Bonaparte lutta contre la Prusse et l'Autriche ; étendit la confédération dont il était le chef, en y faisant entrer de nouveaux membres, et remania le nord-ouest de l'Allemagne, comme il avait déjà fait dans le sud-ouest, en y créant un royaume pour un de ses frères. En effet, le 25 septembre 1806, l'archiduc grand-duc de Wurtzbourg accéda à la confédération du Rhin ; le roi de Saxe, le 11 décembre 1806 ; les ducs de Saxe-Weimar, de Saxe-Gotha, de Saxe-Meinungen, de Saxe-Hildbourghausen et de Saxe-Cobourg ; de Mecklenbourg-Schwerin et de Mecklenbourg-Strélitz ; de Holstein-Oldenbourg ; d'Anhalt-Dessau, d'Anhalt-Bernbourg et d'Anhalt-Coethen ; de Lippe-Detmold et de Lippe-Schaumbourg ; de Reuss-Greiz, de Reuss-Schleiz, de Reuss-Lobenstein et de Reuss-Ebersdorf ; de Schwarzbourg-Rudolstadt, de Schwarzbourg-Sondershausen, et de Waldeck, le 15 décembre 1806. Ces accessions étaient le résultat de la défaite des Prussiens à Iéna (14 octobre 1806), et à Auerstadt, suivie de la reddition de toutes leurs forteresses.

GUERRE DE PRUSSE ET D'AUTRICHE. PAIX DE VIENNE.

Frédéric-Guillaume, qui avait tant gagné en laissant l'Autriche et les États du Sud lutter seuls contre la révolution française, s'était enfin effrayé des accroissements de la puissance de Napoléon, et avait espéré pouvoir former une confédération des États du Nord pour l'opposer à la confédération du Rhin. La Russie, la Prusse, la Suède et l'Angleterre s'étaient réunies ; mais la monarchie despotique de Frédéric II tomba au premier coup de l'épée de Napoléon ; et les Russes, ses auxiliaires, écrasés à Friedland, ne purent qu'intercéder auprès du vainqueur en faveur de Frédéric-Guillaume. Bonaparte lui rendit la moitié de ses États ; le reste fut donné à la Saxe érigée en royaume ; et la Westphalie, accrue du Hanovre, forma un nouvel État dont fut doté un frère de Bonaparte, Jérôme, avec le titre de roi de Westphalie.

Trois ans plus tard, l'Autriche, qui avait vu peut-être avec une secrète joie l'humiliation de la Prusse, reprit les armes au moment où les meilleures légions de la France luttaient contre les Espagnols ; mais Bonaparte, aidé des contingents de la confédération rhénane, poursuivit la guerre avec son même bonheur, prit Vienne une seconde fois, et termina la campagne par la sanglante bataille de Wagram. Comme la Prusse, l'Autriche paya sa défaite par la cession de plusieurs provinces; et le royaume de Saxe, dont Bonaparte voulait faire une puissance respectable (il lui avait fait donner à la paix de Tilsitt le duché de Varsovie), s'accrut encore de ses dépouilles. Sa Majesté l'empereur d'Autriche, porte le paragraphe IV de l'article 3 de la paix de Vienne (14 octobre 1809),

Cède et abandonne à Sa Majesté le roi de Saxe, pour être réunis au duché de Varsovie, toute la Gallicie occidentale ou nouvelle Gallicie, un arrondissement autour de Cracovie sur la rive droite de la Vistule, qui sera ci-après déterminé, et le cercle de Zamosc dans la Gallicie orientale. — L'arrondissement autour de Cracovie sur la rive droite de la Vistule, en avant de Podgorze à Wielieczka ; la ligne de démarcation passera par Wielieczka et s'appuiera à l'ouest sur la Skavina, et à l'est sur le ruisseau qui se jette dans la Vistule à Brzdegy. — Wielieczka et tout le territoire des mines de sel appartiendront en commun à l'empereur d'Autriche et au roi de Saxe; la justice y sera rendue au nom de l'autorité municipale. Il n'y aura de troupes que pour la police, et elles seront en égal nombre de chacune des deux nations. Les sels autrichiens de Wielieczka pourront être transportés sur la Vistule, à travers le duché de Varsovie sans être tenus à aucun droit de péage. Les grains provenant de la Gallicie autrichienne pourront être exportés par la Vistule. — Il pourra être fait entre S. M. l'empereur d'Autriche et S. M. le roi de Saxe une fixation de limites, telle que le San, depuis le point où il touche le cercle de Zamosc jusqu'à son confluent dans la Vistule, serve de limite aux deux États. »

L'ALLEMAGNE EST SOUMISE A NAPOLÉON.

Dès lors, la puissance de Napoléon et l'insignifiance politique des membres de la confédération du Rhin allèrent toujours croissant. Un mariage avec une archiduchesse d'Autriche, la naissance d'un fils qui fut, plus tard, le duc de Reichstadt, augmentèrent encore ses espérances, et parurent consolider son trône.

De tous ses ennemis, un seul lui avait échappé, mais c'était l'Angleterre, que sa position insulaire et ses flottes mettaient hors de ses atteintes. Pour la frapper cependant, et la ruiner sans combat, Napoléon voulut fermer à son commerce tous les ports de l'Europe, et établit le blocus continental. Tous les États soumis à son sceptre ou à son influence durent renoncer à toute relation commerciale avec l'Angleterre. Mais ce décret, qui blessait les intérêts les plus chers des États du midi et du nord de l'Europe, et qui, pour amener un résultat, devait être rigoureusement observé sur tout le continent, entraîna Bonaparte dans une suite de mesures violentes, qui se terminèrent par la campagne de Moscou.

CAMPAGNE DE RUSSIE.

Un ukase impérial de la fin de l'année 1811 avait rouvert les ports de la Russie aux produits coloniaux de l'Angleterre : c'était une déclaration de guerre faite à Bonaparte, dont la maxime était : « Ceux qui ne sont pas avec moi sont contre moi ; » et une armée de quatre cent mille combattants, dont vingt mille Italiens, trente mille Polonais, trente mille Autrichiens, vingt mille Prussiens, et quatre-vingt mille hommes fournis par la confédération du Rhin, s'apprêta à franchir le Niémen.

DISPOSITIONS DE L'AUTRICHE ET DE LA PRUSSE AU MOMENT DE LA CAMPAGNE DE MOSCOU. — TUGENBUND.

Quelle était la situation de l'Allemagne au moment de cette lutte terrible? Il ne peut être ici question des petits États de la confédération rhénane, que leur faiblesse n'appelle pas même à jouer un rôle dans le grand drame qui se prépare, mais de l'Autriche et de la Prusse, puissances encore respectables malgré leurs revers.

L'Autriche, qui avait dû donner en mariage à Napoléon une de ses archiduchesses, se tenait alors dans un calme prudent ; sollicitée par l'empereur des Français d'entrer dans son alliance contre la Russie, elle consentit, parce qu'un refus eût été une déclaration de guerre, et donna quelques troupes en échange de vagues promesses d'agrandissement. Située entre les deux colosses de l'Orient et de l'Occident, elle les voyait aux prises avec un secret plaisir, et réparait lentement ses forces pour être prête à tout événement, et pouvoir occuper la Gallicie si Bonaparte triomphait, ou tourner ses armes contre lui s'il était vaincu, et reconstruire son empire détruit à Rivoli, à Marengo et à Wagram.

Quant à la Prusse humiliée et conquise, elle fermentait d'un sourd mécontentement. « Les étincelles d'une haine jalouse et impatiente échappaient à la jeunesse prussienne qu'exaltait une éducation patriotique, libérale et mystique. C'est au milieu d'elle que s'était élevée une puissance formidable contre celle de Napoléon : elle se composait de tout ce que sa victoire avait dédaigné ou offensé; elle avait toutes les forces des faibles et des opprimés, le droit naturel, le mystère, le fanatisme, la vengeance! La terre lui manquant, elle s'appuyait du ciel, et ses forces morales échappaient à la puissance matérielle de Napoléon. Animée de cet esprit de secte ardent, dévoué, infatigable, elle épiait tous les mouvements de son ennemi, tous ses côtés faibles, se glissait dans tous les intervalles de sa puissance; et, se tenant prête à saisir toutes les occasions, elle savait attendre avec ce caractère patient et flegmatique des Allemands, cause de leur défaite, et contre lequel s'usait notre victoire.

« Cette vaste conspiration était celle des *Amis de la vertu* (*). Son chef,

(*) « En 1808, plusieurs hommes de lettres de Kœnigsberg, affligés des maux qui désolaient leur patrie, s'en prirent à la corruption générale des mœurs; elle avait, selon ces philosophes, étouffé le véritable patriotisme dans les citoyens; la discipline dans l'armée, le courage dans le peuple. Les hommes de bien devaient donc se réunir pour régénérer la nation par l'exemple de tous les sacrifices. En conséquence, ceux-ci formèrent une association qui prit le nom d'*Union morale et scientifique*. Le gouverne-

c'est-à-dire, celui qui vint à propos pour donner une expression précise, une direction et de l'ensemble à toutes ces volontés, fut *Stein*. Peut-être Napoléon eût-il pu le gagner, il préféra le punir. Son plan venait d'être découvert par l'un de ces hasards auxquels la police doit la plupart de ses miracles; mais, quand les conjurations sont dans les intérêts, dans les passions, et jusque dans les consciences, on ne peut en saisir les fils : chacun s'entend sans se communiquer, ou plutôt tout est communication, c'est une sympathie générale et simultanée.

« Ce foyer répandait ses feux, gagnait de proche en proche; il attament l'approuva, en lui interdisant toutefois la politique. Cette résolution, toute noble qu'elle était, se serait peut-être perdue, comme tant d'autres, dans le vague de la métaphysique allemande; mais, vers le même temps, le prince Guillaume, dépossédé du duché de Brunswick, s'était retiré dans sa principauté d'Oels, en Silésie. On dit que, du sein de ce refuge, il aperçut les premiers progrès de l'union morale dans la nation prussienne. Il s'y affilia, et, le cœur tout rempli de haine et de vengeance, il conçut l'idée d'une autre ligue : elle devait se composer d'hommes déterminés à renverser la confédération du Rhin et à chasser les Français du sol de la Germanie. Cette union, dont le but était réel et plus positif que celui de la première, l'attira tout entière dans son sein, et de ces deux associations se forma celle des *Amis de la vertu*.

« Déjà vers le 31 mai 1809, trois entreprises, celles de Katt, de Dœrnberg et de Schill, avaient signalé son existence. Celle du duc Guillaume commença le 14 mai. Les Autrichiens la soutinrent d'abord. Après des fortunes diverses, ce chef, abandonné à lui-même au milieu de l'Europe soumise, et seul avec deux mille hommes contre toute la puissance de Napoléon, ne céda pas; il lui tint tête : il se jeta sur la Saxe et sur le Hanovre; mais, n'ayant pu les soulever, il se fit jour à travers plusieurs corps français qu'il battit, joignit la mer à Elsfleth, et s'échappa du continent sur des vaisseaux anglais qui l'attendaient là pour recueillir sa haine et la gloire qu'il venait d'acquérir. » (*Note du comte de Ségur.*)

quait la puissance de Napoléon dans l'opinion de toute l'Allemagne, s'étendait jusqu'en Italie, et menaçait toute son existence. Déjà l'on avait pu voir que, si les circonstances nous devenaient contraires, les hommes ne manqueraient pas pour les seconder. En 1809, même avant le malheur d'Eslingen, c'étaient des Prussiens qui, les premiers, avaient osé lever contre Napoléon l'étendard de l'indépendance. Il les avait fait jeter dans les fers destinés aux galériens : tant ce cri de révolte, qui répondait à celui des Espagnols, et pouvait devenir général, lui avait paru important à étouffer (*). »

PRÉCAUTIONS PRISES PAR NAPOLÉON POUR PRÉVENIR UN SOULÈVEMENT EN PRUSSE.

Au bruit des armements de Napoléon, Frédéric-Guillaume songea un instant à s'unir à la Russie; mais, menacé par Davoust qui pouvait en quelques marches s'emparer de sa capitale, il ratifia le traité du 24 février 1812.

«Cette soumission(*) n'a point encore rassuré Napoléon. A sa force il ajoute la feinte; les forteresses que, par pudeur, il laisse à Frédéric, sa défiance en convoite encore l'occupation ; il exige que ce monarque n'entretienne que cinquante ou quatre-vingts invalides dans les unes; il veut qu'il souffre la présence de plusieurs officiers français dans les autres; toutes doivent lui envoyer leurs rapports et recevoir ses ordres. Sa sollicitude s'étend à tout. «Spandau, dit-il dans « ses lettres au maréchal Davoust, est « la citadelle de Berlin, comme Pillau « est celle de Kœnigsberg ; » et déjà des troupes françaises ont l'ordre de se tenir prêtes à s'y introduire au premier signal : il en indique même la manière. A Potsdam, que le roi s'est réservé, et qui est interdit à nos troupes, il veut que les officiers français se

(*) Hist. de Napoléon et de la grande armée, pendant l'année 1812, par le général comte de Ségur, liv. I, chap. 2.
(**) Ibid.

montrent souvent pour observer, et pour accoutumer le peuple à leur vue. Il recommande les plus grands égards pour Frédéric et ses sujets; mais il exige en même temps qu'on leur enlève tout ce qui pourrait leur servir dans une révolte : il désigne tout, jusqu'à la moindre arme; et, prévoyant la perte d'une bataille et des Vêpres prussiennes, il ordonne que ses troupes soient, ou casernées, ou campées, et mille autres précautions d'un détail infini. Enfin, dans le cas d'une descente des Anglais entre l'Elbe et la Vistule, et quoique Victor, et, plus tard, Augereau, dussent occuper la Prusse avec cinquante mille hommes, il s'est assuré d'un secours de dix mille Danois.

« Au milieu de toutes ces précautions, sa défiance subsiste encore : quand le prince d'Hatzfeld est venu lui demander un secours de 25,000,000 pour les frais de la guerre qui se prépare, il a répondu à Daru « qu'il se « garderait bien de donner à un en- « nemi des armes contre lui-même. »

« C'est ainsi que Frédéric, enlacé dans un réseau de fer, qui l'environne et le ceint de toutes parts, s'est résigné à mettre vingt à trente mille hommes et la plupart de ses forteresses et de ses magasins à la disposition de Napoléon (*) »

CAMPAGNE ET RETRAITE DE MOSCOU. — BATAILLES DE LUTZEN ET DE BAUTZEN.

Ce fut le 24 et le 25 juin 1812 que

(*) « Par ce traité, la Prusse s'engageait à fournir deux cent mille quintaux de seigle, vingt-quatre mille de riz, deux millions de bouteilles de bière, quatre cent mille quintaux de froment, six cent cinquante mille de paille, trois cent cinquante mille de foin, six millions de boisseaux d'avoine, quarante-quatre mille bœufs, quinze mille chevaux, trois mille six cent voitures attelées, conduites, et portant chacune 1500 pesant; enfin, des hôpitaux pourvus de tout pour vingt mille malades. Il est vrai que toutes ces fournitures devaient être faites en déduction du reste des taxes imposées par la conquête. » (*Note du comte de Ségur.*)

l'armée de Napoléon franchit le Niémen. On sait le succès de cette campagne tant que Napoléon n'eut à combattre que des généraux ennemis, et les affreux désastres qui suivirent, quand un hiver prématuré et plus rigoureux que n'en voit d'ordinaire la Russie, vint chasser les Français de Moscou.

Avec nos revers commencèrent de toutes parts les défections: les Prussiens donnèrent l'exemple; les Autrichiens suivirent, et la grande armée, découverte sur son flanc droit et son flanc gauche, se serait vue exposée à de sérieux dangers, si le prince Eugène Beauharnais n'était parvenu à rétablir l'ordre dans cette masse confuse.

Cependant Napoléon, qui s'était rendu en toute hâte à Paris pour y précéder la nouvelle de ses revers, franchit le Rhin une dernière fois avec une armée de conscrits; entraîna les contingents que purent fournir les États de la Confédération rhénane, et retrouva à Lutzen, le 30 avril 1813, Eugène et les restes de la grande armée. Reprenant alors avec audace l'offensive, il bat les alliés à Lutzen, à Bautzen et à Wurchen; et ceux-ci, étonnés de tant de vigueur, s'arrêtent et négocient. Cet armistice, qui dura du 12 juillet au 9 août, devint funeste à Napoléon; il donna le temps aux alliés de se reconnaître; à l'Autriche de se joindre à eux; à Charles-Jean d'arriver de Suède avec un corps d'armée, et de faire adopter aux conférences de Trachenberg le plan de campagne dont l'exécution amena la bataille de Leipzig, l'invasion de la France et la chute de Napoléon.

PLAN DE CAMPAGNE DES ALLIÉS.

Voici quel était le plan des alliés:

« Avant l'expiration de l'armistice, les armées combinées doivent être rendues aux points ci-dessous énoncés, savoir:

« Une partie de l'armée en Silésie, forte de quatre-vingt-dix à cent mille hommes, se portera, quelques jours avant la fin de l'armistice, par la route de Landshut et de Glatz, par Iungbanzlau et Brandeis, pour se joindre, dans le plus court délai, à l'armée autrichienne, afin de former avec elle, en Bohême, un total de deux cent à deux cent vingt mille combattants. L'armée du prince royal de Suède, laissant un corps de quinze à vingt mille hommes contre les Danois et les Français en observation vis-à-vis de Lubeck et de Hambourg, se rassemblera, forte d'environ soixante-dix mille hommes, vers Frenenbritzen, pour se porter, au moment de l'expiration de l'armistice, vers l'Elbe, et passer le fleuve entre Torgau et Magdebourg, en se dirigeant sur Leipzig. Le reste de l'armée alliée en Silésie, forte de cinquante mille hommes, suivra l'ennemi vers l'Elbe. Cette armée évitera d'engager une affaire générale, à moins qu'elle n'ait toutes les chances de son côté. En arrivant sur l'Elbe, elle tâchera de passer le fleuve entre Torgau et Dresde, afin de se joindre à l'armée du prince royal de Suède; ce qui fera monter celle-ci à cent vingt mille combattants. Si cependant les circonstances exigeaient de renforcer l'armée alliée en Bohême avant que l'armée de Silésie fût jointe à celle du prince royal de Suède, alors l'armée de Silésie marchera sans délai en Bohême. L'armée autrichienne, réunie à l'armée alliée, débouchera, d'après les circonstances, ou par Egra et Hoff, ou dans la Saxe, ou dans la Silésie, ou du côté du Danube. Si l'empereur Napoléon, voulant prévenir l'armée alliée en Bohême, marchait à elle pour la combattre, l'armée du prince royal de Suède tâchera, par des marches forcées, de se porter, aussi vite que possible, sur les derrières de l'armée ennemie. Si, au contraire, l'empereur Napoléon se dirigeait contre le prince royal de Suède, l'armée alliée prendrait une offensive vigoureuse, et marcherait sur les communications de l'ennemi, pour lui livrer bataille. Toutes les armées coalisées prendront l'offensive, et le camp de l'ennemi sera leur rendez-vous. L'armée de réserve russe, sous les ordres du général Benigsen, s'avancera de la Vistule, par Kalisch, sur l'Oder, dans la direction de Glogau, pour être à portée d'agir suivant les mêmes principes, et de se diriger sur l'ennemi, s'il est en Silésie, ou de l'empêcher de tenter une invasion en Pologne. Le blocus des places de Dantzig, Stettin, Custrin, Glogau; l'observation de Magdebourg, Wittemberg, Torgau et Dresde, seront faites par la landwehr prussienne et la milice russe (*). »

DÉFAITES DES LIEUTENANTS DE NAPOLÉON.

Ce plan fut aussitôt mis à exécution, et trois armées manœuvrèrent en face de Napoléon : celle de Bohême, sous Schwarzemberg ; celle de Silésie, sous Blücher ; l'armée du Nord, sous Bernadotte, à Berlin. Les forces ennemies présentaient une masse de cinq cent mille hommes, auxquels Napoléon ne pouvait opposer que trois cent mille hommes de nouvelles levées, en comptant encore les Bavarois, dont le roi traitait alors avec l'Autriche ; les Saxons, qui firent défection à Leipzig même, et les Wurtembergeois prêts à les imiter. Cependant là où l'empereur commande en personne, il triomphe. Ainsi, sous les murs de Dresde, les alliés sont vaincus, et Moreau, venu d'Amérique pour diriger les opérations des armées combinées, y est blessé à mort ; mais partout ailleurs les lieutenants de Napoléon, ayant à lutter contre des forces supérieures, éprouvent défaites sur défaites: Oudinot est battu à Grosberen, et Ney à Dennewitz, par Charles-Jean; Macdonald essuie une défaite à la Katzbach. Ces succès isolés rapprochent les deux grandes armées coalisées des montagnes de la Bohême et des bords de l'Elbe. Elles s'avancent à la rencontre l'une de l'autre; mais, se trouvant alors arrivées sur la circonférence du cercle dont l'armée française occupait la ligne intérieure, elles ne marchent plus qu'avec d'extrêmes précautions, craignant de voir Napoléon déboucher à l'improviste et en masse supérieure sur quelque point de leur système. C'était, en effet, le dessein de l'empereur. Quittant Dresde, où il séjournait depuis le 26 août, il alla prendre sur l'Elbe une ligne d'opérations dont le centre fut établi entre Magdebourg et Torgau : il espérait tromper l'ennemi.

NAPOLÉON EST FORCÉ DE CHANGER SON PLAN DE CAMPAGNE.

« Son projet était de repasser l'Elbe à Wittemberg, et de marcher sur Berlin. Plusieurs corps étaient déjà arrivés à Wittemberg, et les ponts de l'ennemi à Dassau avaient été détruits, lorsqu'une lettre du roi de Wurtemberg, justifiant les inquiétudes déjà conçues sur la fidélité de la cour de Munich, annonça que le roi de Bavière avait subitement changé de parti, et que, sans déclaration de guerre ou avertissement préalable, et en conséquence du traité de Reid, les deux armées autrichienne et bavaroise, cantonnées sur les bords de l'Inn, s'étaient réunies en un seul camp; que ces quatre-vingt mille hommes, sous les ordres du général de Wrède, marchaient sur le Rhin; que le Wurtemberg, contraint par la force de cette armée, était obligé d'y joindre son contingent, et qu'il fallait s'attendre que bientôt cent mille hommes cerneraient Mayence.

« A cette nouvelle inattendue, Napoléon crut devoir changer le plan de campagne qu'il avait médité depuis deux mois, pour lequel on avait disposé les forteresses et les magasins : ce plan était de jeter les alliés entre l'Elbe et la Saale, et, manœuvrant sous la protection des places et magasins de Torgau, Wittemberg, Magdebourg et Hambourg, d'établir la guerre entre l'Elbe et l'Oder (l'armée française possédait sur l'Oder les places de Glogau, Custrin, Stettin), et, selon les circonstances, de débloquer les places de la Vistule, Dantzig, Thorn et Modlin. Il y avait à espérer un tel succès de ce vaste plan, que la coalition en eût été désorganisée, et tous les princes de l'Allemagne confirmés dans leur fidélité et dans l'alliance de la France.

(*) Histoire de Charles XIV, par Touchard-Lafosse, t. II, p. 343.

Si, comme on avait dû le penser, la Bavière eût tardé quinze jours à changer de parti, on était assuré qu'elle n'en eût pas changé (*). »

BATAILLE DE LEIPZIG.

Mais cette défection dont l'effet allait être si contagieux, forçait Napoléon à frapper un coup décisif et rendait une grande bataille nécessaire. Les alliés, confiants dans la supériorité de leur nombre n'avaient pas d'autre désir. Les armées ennemies se rencontrèrent à Leipzig : cinq cent mille hommes, foudroyés par quatre cent pièces de canon, étaient sur le point d'en venir aux prises : c'était le *combat des nations*, et le prix de la victoire allait être, disait-on, la liberté de l'Allemagne.

La bataille de Leipzig, où toutes les nations de l'Europe eurent des représentants dans les rangs des deux armées, dura quatre jours, les 16, 17, 18 et 19 obtobre. C'est à Napoléon qu'il faut laisser le soin de retracer cette lutte qui devait lui être si funeste.

16 OCTOBRE. BATAILLE DE VACHAU.

« A neuf heures du matin, le canon, qui se fait entendre au sud de Leipzig, annonce que Schwartzenberg engage la bataille de ce côté. L'empereur s'y trouve déjà ; il est sur la hauteur, près de la bergerie de Meisdorff. Sa garde arrive derrière lui, et prend position entre la vieille tuilerie et le village de Probstheyda.

« Les alliés développent leur attaque de la manière la plus imposante, et deux cents pièces de canon la soutiennent. Ils croient prendre Napoléon au dépourvu, et s'avancent, espérant enlever Leipzig avant que nos forces aient eu le temps de se concentrer devant cette ville.

« A notre gauche, le corps de Klenau débouche de Gross-Possna et marche sur Liebertwolkwitz. Il est flanqué par les Cosaques de Platoff, qui manœuvrent pour s'étendre dans la plaine.

(*) Mémoires pour servir à l'histoire de France sous Napoléon, par le comte de Montholon, t. 11, p. 125.

« L'armée de Wittgenstein est partagée en trois fortes colonnes qui s'élancent des environs de Gossa sur notre centre. Gorzakoff se rapproche de Klenau pour soutenir l'attaque de Liebertwolkwitz ; le prince Eugène de Wurtemberg se dirige droit sur Vachau, et le général prussien Kleist, descendant la rive droite de la Pleiss, se porte sur Markkleeberg.

« A notre droite, le corps autrichien de Merfeldt, soutenu par les réserves du prince de Hesse-Hombourg, pénètre à travers les marais qui sont au delà de la Pleiss, et menace de franchir la rivière.

« L'impétuosité de l'ennemi est telle, qu'il faut d'abord plier devant lui. L'empereur lui-même se voit force de rétrograder de quelques pas. Voyant avec quelle vigueur la bataille s'engage, et n'entendant rien du côté du nord, il ne croit pas devoir laisser plus longtemps sur la Partha des troupes qui paraissent devoir y rester inutiles. C'est alors qu'il se décide à appeler le corps de Souham. Après avoir mis pied à terre derrière la tuilerie, il continue à suivre le progrès de l'ennemi.

« Le général Kleist vient de nous enlever le village de Markkleeberg ; il marche sur Dolitz, que les Autrichiens attaquent déjà par la rive gauche. Mais, arrêté de front par les troupes de Poniatowski, sabré par la cavalerie du général Milhaud, et repoussé par l'infanterie du duc de Castiglione, il est bientôt forcé de se replier sur Markkleeberg, où des renforts lui permettent de se maintenir.

« Au centre, quels que soient les efforts des assaillants, leurs attaques n'obtiennent aucun succès. Le prince Eugène de Wurtemberg est arrêté devant Vachau : c'est le duc de Bellune qui défend ce village. La division Gorzakoff et le corps de Klenau ne peuvent pénétrer dans Liebertwolkwitz : c'est le général Lauriston qui en barre l'entrée. En vain les alliés s'obstinent sur ces deux points ; ils y perdent la matinée.

« Les alliés s'étant épuisés dans

leurs entreprises, c'est maintenant notre tour d'attaquer. L'empereur ordonne au duc de Tarente, qui est sur la gauche avec la cavalerie Sébastiani, de déboucher par Holzhausen, et de s'avancer vivement dans la plaine pour déborder le corps de Klenau et dégager le village de Liebertwolkwitz.

« La jeune garde reçoit en même temps l'ordre de marcher. Deux divisions, sous le duc de Trévise, descendent à gauche pour soutenir le général Lauriston, Deux autres descendent à droite, sous le duc de Reggio, pour soutenir le duc de Bellune. Une troisième colonne, commandée par le général Curial, descend du côté de Dolitz pour soutenir le prince Poniatowski. Ces dispositions faites, le centre de l'armée française s'ébranle. La colonne du général Lauriston et celle du duc de Trévise sortent de Liebertwolkwitz, la baïonnette en avant. Les ducs de Bellune et de Reggio s'élancent de Vachau, et cent cinquante pièces d'artillerie de la garde, que le général Drouot a placées au milieu de ce grand mouvement, le protégent au loin par des masses de feux.

« Il est midi. En ce moment le canon répond de tous les points de l'horizon aux décharges d'artillerie qui tonnent du côté de Vachau. Blücher est arrivé sur le duc de Raguse; on le soupçonne à la vivacité des coups qui se font entendre au delà de la Partha. Bientôt on n'en peut plus douter. Des aides de camp viennent à bride abattue redemander les deux divisions du général Souham.

« Du côté de Lindenau, le général Bertrand est aux prises avec le général Giulay, et l'action paraît vivement soutenue.

« Ainsi l'engagement est général; trois batailles se livrent en même temps à une lieue d'intervalle.

« Cependant, du côté de Vachau, les troupes de Schwartzenberg ont été rejetées, en moins d'une heure, sur toutes les positions d'où elles étaient parties le matin. Les colonnes du duc de Bellune et du duc de Reggio sont arrivées devant Gossa, et menacent d'enlever la bergerie d'Auenheim. Lauriston et le duc de Trévise ont poussé Klenau jusqu'à Gross-Possna. Macdonald a fait enlever la redoute suédoise, et la cavalerie Sébastiani se distingue au loin dans la plaine par des charges heureuses. Enfin sur les bords de la Pleiss, Poniatowski est resté inébranlable.

« Ces nouvelles, transmises au roi de Saxe, circulent bientôt dans la ville. Les temples s'ouvrent pour invoquer le Dieu des armées, et le bruit de toutes les cloches, qui se fait entendre au milieu de ce grand tumulte, est accueilli par les habitants et par nos blessés comme un prélude d'espérance et de victoire.

« Tandis que les alliés sont réduits sur tous les points à la défensive, l'empereur se prépare à leur porter des coups décisifs. Il s'agit de percer leur centre, et de les culbuter de Gossa sur Magdeborn.

« Le roi de Naples a reçu l'ordre de lancer la cavalerie. Latour-Maubourg et Kellermann se jettent aussitôt à droite et à gauche pour déborder la ligne ennemie. Ils écrasent tout ce qu'ils rencontrent. Dans le même instant, nos colonnes d'infanterie se précipitent sur la bergerie d'Auenheim. On a pris Gossa; on enlève la bergerie; on s'empare de vingt-six pièces de canon. Le général russe Rajewski accourait avec les réserves; il tombe blessé au milieu de ses grenadiers. Enfin l'ennemi, enfoncé de toutes parts, est sur le point de chercher son salut dans la fuite, lorsque notre élan vient expirer sur le dernier obstacle, le plus faible peut-être qui nous restât à surmonter.

« Le brave Latour-Maubourg a eu la cuisse emportée; le général Maison est tombé blessé; nos troupes sont dans le désordre d'un succès chèrement obtenu; Napoléon est encore loin. Tout à coup l'empereur Alexandre, qui n'a plus sous la main qu'une faible partie de son escorte, la lance sur nos soldats hors d'haleine, et la victoire nous échappe au moment même où nos bras ensanglantés semblaient l'avoir saisie le plus fortement. Les Cosaques de la garde russe nous reprennent vingt-quatre pièces de canon. Troubeskoï parvient à ramener au combat les grenadiers de Rajewski. Le comte de Nostiz, franchissant la Pleiss à la tête des réserves de la cavalerie autrichienne, prend nos troupes de revers et achève de dégager les Russes.

« Cependant nos réserves arrivent; nous parvenons encore une fois à rentrer dans Gossa, et tout se préparait pour en finir glorieusement sur ce point, quand de nouveaux événements surviennent.

« L'empereur avait quitté la hauteur du centre pour se diriger vers Gossa; il descendait de la bergerie de Meusdorf sur Vachau, lorsque tout à coup il aperçoit sur la droite des colonnes autrichiennes qui débouchent en force par Markkleeberg. L'attaque est si furieuse, elle est accompagnée de cris si terribles, que chacun en est frappé. Napoléon s'arrête. En attendant qu'on puisse reconnaître les vrais desseins de l'ennemi, il fait avancer les grenadiers de la garde, qui ne sont qu'à cent pas, et leur fait former le carré, le front tourné vers Markkleeberg.

« Le corps de l'ennemi qui fixe en ce moment l'attention est celui de Bianchi; il a relevé les Prussiens fatigués du général Kleist. Il se jette sur le flanc droit de nos attaques. Ses nombreuses batteries prennent d'écharpe les colonnes françaises qui reviennent à la charge sur la bergerie d'Auenheim. Enfin, c'est une vigoureuse diversion que les Autrichiens opèrent en faveur des Russes; mais le duc de Castiglione parvient à en arrêter l'essor.

« Ce n'était, au surplus, que le commencement d'une opération plus sérieuse que Schwartzenberg avait préparée. A peine le combat de Markkleeberg s'est-il ralenti, qu'une autre attaque se démasque plus à droite, dans le vallon de la Pleiss, et presque sur nos derrières.

« Schwartzenberg veut forcer le passage de la rivière du côté de Dolitz. Son plan est de percer ainsi la ligne qui couvre nos camps et nos parcs, de pénétrer par cette trouée entre Leipzig et l'armée française, et de prendre à dos toutes nos positions. C'est pour rendre infaillible le succès de cette combinaison qu'il a entassé depuis le matin tant de troupes dans l'angle marécageux qui recule le confluent de l'Elster et de la Pleiss jusqu'aux premières maisons de Leipzig. Poniatowski a su rendre jusqu'à présent tant d'efforts inutiles. Mais Schwartzenberg espère en triompher par le nombre; il croit toute l'attention de l'empereur fixée sur Gossa, toutes nos réserves engagées dans la plaine; le moment favorable lui semble arrivé, et Merfeldt reçoit l'ordre de se jeter à corps perdu au delà de la Pleiss.

« C'est le canon de Merfeldt, ce sont les cris de ses soldats qu'on vient d'entendre. Cette attaque s'annonce avec non moins de fureur que celle de Bianchi. Bientôt on apprend que notre aile droite est forcée, que les Polonais plient sous le nombre, et que Merfeldt a franchi la Pleiss. Le plan de Schwartzenberg est au moment de réussir.

« L'empereur revient aussitôt sur ses pas avec tout ce qu'il a de troupes disponibles. Mais déjà les chasseurs de la vieille garde, qu'il a laissés en réserve du côté de Dolitz, sont accourus. En peu d'instants, cette poignée de vétérans a rétabli le combat. Dolitz est repris; tout ce qui a passé la Pleiss est rejeté dans la rivière ou fait prisonnier, et le général Merfeldt lui-même, tombé sous son cheval au milieu de nos baïonnettes, est forcé de remettre son épée au capitaine Pleineselve, de la division Curial.

« Ainsi, de ce côté, la victoire nous est restée; mais ces attaques successives nous ont trop vivement occupés sur la droite pour n'avoir pas jeté une grande indécision dans nos manœuvres du centre. Les alliés en ont profité; ils sont parvenus à rentrer dans Gossa.

« La nuit qui s'approche, et l'extrême fatigue des combattants, ne permettent plus de songer pour le moment à de nouvelles entreprises. On se sépare. Une forte canonnade retarde encore quelque temps la fin du combat. A six heures, on n'entend plus rien, et les bivouacs des deux lignes se rallument à peu près dans les mêmes positions où le matin ils se sont éteints.

« Les tentes de l'empereur ont été dressées dans un carré profond qui se trouve un peu en arrière de la bergerie de Meusdorf : c'est un étang desséché, autour duquel la garde impériale vient établir ses bivouacs. L'empereur passe la soirée à recueillir les différents rapports de la journée. Il reçoit d'abord les aides de camp du prince de la Moscowa.

COMBAT DE LA PARTHA.

« Au nord de Leipzig, la bataille a été soutenue avec non moins d'acharnement que dans la plaine du midi ; et, quoique le résultat en soit défavorable, l'extrême disproportion du nombre jette ici un nouvel éclat sur les armées françaises. On s'est battu vingt contre soixante.

« Dépourvus de l'appui des deux divisions Souham, appelées sur un autre point, et du secours du corps du général Reynier, qui n'était pas encore arrivé, le prince de la Moscowa et le duc de Raguse n'ont pas craint de tenir tête, avec leur faible armée, aux trois armées réunies de Blücher, et la lutte a duré toute la journée.

« La division Delmas était encore en arrière, escortant, sur la route de Düben, le parc du troisième corps, et formant l'arrière-garde. Se retirer, c'eût été abandonner cette division au milieu des armées de Blücher et de Bernadotte. Il n'y avait pas à délibérer ; il fallait tenir jusqu'à ce qu'elle arrivât.

« Nos braves ont tenu en effet avec une telle vigueur dans les villages de Mockern et de Gross-Weteritz, que les armées d'Yorck et de Langeron, lasses d'attaquer, ont fini par appeler le secours de Sacken et de sa troisième armée.

« Vers le milieu du combat, la division Delmas est arrivée.

« Le prince de la Moscowa annonce à l'empereur qu'il profite de la nuit pour faire replier tout son monde derrière la Partha. Le duc de Raguse va border la rivière du côté de Schœnfeld ; le duc de Padoue et la division polonaise de Dombrowski vont s'établir dans la position de Pfaffendorf, à l'entrée du faubourg de Halle ; les deux divisions du général Souham sont définitivement rentrées sous les ordres du prince de la Moscowa. Ainsi, après avoir été appelées de la Partha sur la Pleiss, elles ont été rappelées de la Pleiss sur la Partha. Il en est résulté que ce corps d'armée a passé tout le jour à flotter entre les deux batailles sans verser ni d'un côté ni de l'autre le poids que quinze mille braves pouvaient mettre dans la balance. C'est, aux yeux de l'empereur, le malheur de la journée.

« Cependant les détails qu'il reçoit des pertes du duc de Raguse sont d'une gravité affligeante. Cette armée est restée pendant cinq heures sous le feu de plus de cent pièces de canon. L'élite de nos régiments de marins a péri ; les généraux Compans et Frederich, et le duc de Raguse lui-même, ont été blessés. »

COMBAT DE LINDENAU.

« Aux rapports du prince de la Moscowa succèdent ceux du général Bertrand.

« De ce côté, le salut de l'armée a été un instant compromis. Giulay, repoussant les attaques de notre avant-garde, l'a fait reculer d'abord jusqu'au bras de l'Elster qu'on appelle *la Luppe*. Alors les ponts de Lindenau étaient au pouvoir des Autrichiens : c'en était fait si Giulay les eût fait sauter !.... Mais Bertrand, n'écoutant plus que la nécessité de vaincre, a ramené ses troupes à la charge, et la victoire, dont le regard est maintenant si sévère pour les Français, a fini par sourire à tant d'efforts. Nous sommes rentrés en possession de Lindenau ; nous occupons les ponts ; Giulay nous a abandonné la route d'Erfurth ; il s'est retiré, par Klein-Zscocher, sur le gros de l'armée autrichienne.

« La route de France est donc libre ! Cette nouvelle se répand aussitôt dans le camp, et le nom du général Bertrand est dans toutes les bouches.

« Dans cette journée sanglante, tout le monde a fait son devoir : généraux et soldats, tous, également animés du plus noble dévouement, étaient décidés à vaincre ou à périr. Augereau, Ney, Victor, Marmont et Macdonald ont soutenu leur renommée; Lauriston s'est montré leur émule, et Poniatowski a gagné son bâton de maréchal. Cédant à je ne sais quel pressentiment, l'empereur, comme s'il n'avait pas de temps à perdre pour acquitter sa dette envers Poniatowski, lui fait remettre sur le champ de bataille même de Dolitz les insignes de maréchal de l'empire.

« En résumé, nous avons vaincu à Vachau, mais notre victoire n'a pas été achevée. Sur la Partha, le nombre a accablé la valeur; il a fallu céder la plaine aux Prussiens, et cependant rien n'est encore décidé. Ce n'est que du côté de Lindenau que nous avons un résultat : l'armée française a conquis sa retraite.

« Dans l'état où sont les affaires, même pour couvrir un mouvement rétrograde et le protéger jusqu'aux défilés de la Saale, il faut recommencer la bataille, et cette nécessité achève de prouver et de mettre en évidence tous les avantages de la position que l'armée française occupe en ce moment.

« La plaine fournit à peine quelques racines à cette foule d'hommes affamés que les alliés font arriver de toutes parts, et qui se voient forcés d'y prolonger leur séjour. Mais derrière nos lignes sont les magasins et les ressources de la ville la mieux approvisionnée de la Saxe. Les blessés sont en grand nombre dans les deux camps; mais, tandis que ceux de l'ennemi restent étendus dans les sillons de la plaine ou dispersés dans les décombres des villages voisins, les nôtres sont recueillis dans les maisons de Leipzig. Notre infériorité va toujours croissant sous le rapport du nombre; mais ici, le terrain y remédie mieux que partout ailleurs. Nos ailes sont appuyées sur le cours de deux rivières; la Pleiss et la Partha nous enveloppent et nous protégent : notre centre occupe les positions dominantes de la plaine, et nous sommes adossés à l'enceinte d'une grande ville dont les portes sont à nous. Enfin, si les masses de l'ennemi parvenaient à enfoncer des lignes si bien appuyées, nous pourrions tenir encore derrière des murs, des défilés et des marais, assez de temps du moins pour que le gros de l'armée se retirât avec sécurité par la route de Lutzen et de Weissenfelds.

« Complètement rassuré sur ses vivres, sur ses blessés et sur sa retraite, l'empereur peut donc encore une fois disputer la victoire.

« Cependant, plus la lutte se prolonge, plus les alliés reçoivent d'auxiliaires. Notre camp n'attend plus que le faible corps du général Reynier. Chez l'ennemi, le nombre des combattants va presque doubler par l'arrivée de trois nouveaux corps d'armée. Bernadotte couche à Landsberg, Colloredo arrive à Borna, et Benigsen à Naunhof.

« L'empereur balançait dans son esprit les diverses chances de cette situation difficile, lorsqu'on amène devant lui le général autrichien Merfeldt.

« Le général Merfeldt est une ancienne connaissance; c'est lui qui est venu demander le célèbre armistice de Léoben; c'est lui qui, négociateur à Campo-Formio, a rapporté à Vienne la paix qui sauvait la maison d'Autriche des ressentiments du Directoire; enfin c'est lui qui, dans la nuit d'Austerlitz, a envoyé le billet au crayon et les premières paroles d'armistice auxquelles le salut des deux empereurs était peut-être attaché.

« La singulière destinée du général Merfeldt le ramène en présence de Napoléon dans le moment même où celui ci aurait besoin à son tour d'armistice et de paix. L'empereur sourit de ce nouveau jeu de la fortune, qui semble, dit-il, se plaire à donner aux alliés tous les moyens de prendre avec lui leur revanche, même en générosité.

« Napoléon accepte l'occasion, et veut essayer encore une fois s'il est possible de s'entendre.

« On a rendu à M. de Merfeldt son épée ; il a partagé avec les généraux de la maison le repas frugal du camp. L'empereur le prévient qu'il va le renvoyer sur parole, et le charge de porter à l'empereur d'Autriche des nouvelles offres de conciliation.

«Cette guerre devient bien sérieuse,» dit-il à M. de Merfeldt, après lui avoir adressé quelques paroles consolantes sur le malheur qu'il a eu d'être fait prisonnier. « Vous voyez comme on
« m'attaque et comme je me défends.
« Votre cabinet ne pense-t-il pas à
« prévenir les suites d'un tel acharne-
« ment? S'il est sage, il peut y songer;
« il peut encore tout arrêter, il le peut
« ce soir : mais demain peut-être ne
« le pourra-t-il plus ; car, qui sait les
« événements de demain?
« Notre alliance politique est rom-
« pue ; mais entre votre maître et moi
« une autre alliance subsiste, et celle-
« ci est indissoluble. C'est elle que
« j'invoque ; car j'aurais toujours con-
« fiance dans les sentiments de mon
« beau-père. C'est à lui que je ne ces-
« serai d'en appeler de tout ceci. Allez
« le trouver, et répétez-lui ce que je
« lui ai déjà fait dire par Bubna.
« On se trompe sur mon compte ; je
« ne demande pas mieux que de me re-
« poser à l'ombre de la paix, et de rêver
« le bonheur de la France, après avoir
« rêvé sa gloire... et cependant votre
« politique sacrifie à la peur qu'elle se
« fait de moi, non-seulement les affec-
« tions les plus naturelles, mais ses
« plus chers intérêts. Vous craignez
« jusqu'au sommeil du *lion* ; vous
« croyez ne pouvoir jamais être tran-
« quille qu'après lui avoir arraché les
« griffes et coupé la crinière. Eh bien !
« quand vous l'aurez réduit à ce triste
« état, quelles en seront les suites ?
« les avez-vous prévues? Tourmentés
« par le désir avide de recouvrer d'un
« seul coup tout ce que vous avez
« perdu par vingt ans de malheur,
« vous n'avez que cette idée, et vous
« ne remarquez pas que depuis vingt
« ans tout a changé autour de vous ;
« que vos intérêts ont changé de même,
« et que désormais, pour l'Autriche,
« gagner aux dépens de la France, c'est
« perdre. Vous y réfléchirez, général
« Merfeldt ; ce n'est pas trop de l'Au-
« triche, de la France et même de la
« Prusse, pour arrêter sur la Vistule
« le débordement d'un peuple à demi
« nomade, essentiellement conquérant,
« et dont l'immense empire s'étend de-
« puis nous jusqu'à la Chine.
« Au surplus, je dois finir par faire
« des sacrifices : je le sais ; je suis prêt
« à les faire. »

« L'empereur entre alors dans le détail des conditions auxquelles il souscrit d'avance. Ici, comme à Prague, Napoléon renonce à la Pologne, à l'Illyrie, à la confédération du Rhin. Toujours dans les mêmes dispositions relativement à l'Espagne, à la Hollande et aux villes hanséatiques, il consent à leur rendre leur indépendance ; mais il désire renvoyer cette stipulation à la négociation de la paix maritime, pour s'en servir comme moyen de compensation avec l'Angleterre. Quant à l'Italie, il se borne à demander l'indépendance et l'intégrité de ce royaume ; il est prêt à traiter des intérêts italiens sur ces deux bases. Enfin, pour prix de l'armistice à conclure dans les vingt-quatre heures, il offre d'évacuer sur-le-champ l'Allemagne, et de se retirer derrière le Rhin. « Adieu, général, ajoute-t-il en
« congédiant M. de Merfeldt ; lorsque
« de ma part vous parlerez d'armistice
« aux deux empereurs, je ne doute
« pas que la voix qui frappera leurs
« oreilles ne soit pour eux bien élo-
« quente en souvenirs. »

« M. de Merfeldt est aussitôt conduit aux avant-postes. Il passe au camp des alliés ; et, dans le moment où ses amis déploraient son malheur et sa captivité, il reparaît au milieu d'eux décoré d'une mission que tout vainqueur aurait ambitionnée.

JOURNÉE DU 17.

« Le 17 au matin, le temps est pluvieux et sombre. L'arrivée du jour n'interrompt pas le calme morne qui règne dans le camp. On s'attend à voir l'ennemi recommencer le combat ; nos troupes sont sur la défensive ; mais personne ne se présente, et la journée entière se passe sans que le canon se fasse entendre. L'ennemi est-il si fatigué qu'il ait besoin de reprendre haleine ? Les corps d'armée qu'il attend ne sont-ils pas encore arrivés ? ou bien délibère-t-on sur le message de M. de Merfeldt ?

« L'empereur, qui est en mesure de recevoir la bataille, perdrait trop d'avantages en allant l'offrir. Il faut donc attendre, et se contenter de mettre à profit le temps que l'ennemi nous laisse.

« Tandis que les caissons vides vont se remplir, que le soldat répare ses armes, et que de tous côtés on se prépare avec calme et activité à la reprise du combat, l'empereur passe la journée dans sa tente, disposant le nouvel ordre de bataille dans lequel il veut recevoir l'ennemi.

« La nuit arrive sans qu'on ait aucune nouvelle de M. de Merfeldt. La pluie tombe à verse sur les bivouacs. Un profond silence règne autour des tentes du quartier général, jusqu'au moment où le lever de la lune vient dissiper l'obscurité de la plaine. Alors le mouvement prescrit commence à s'exécuter.

« Les équipages et les caissons se mettent en route pour traverser Leipzig et gagner Lindenau. On brûle çà et là des caissons vides qu'on ne peut emmener, et les explosions qui en résultent sur divers points achèvent de réveiller le camp.

« L'empereur quitte son bivouac à une heure du matin, et se porte d'abord dans la direction de Leipzig. Arrivé à l'embranchement des deux routes de Rocklitz et de Grimma, il cherche à reconnaître le plateau qui va devenir le centre de notre nouvelle position. Un moulin à tabac qui se trouve en arrière de Probstheyda, sur une éminence appelée *le Thonberg*, lui paraît un emplacement favorable pour son état-major.

« L'empereur se fait ensuite conduire à Reudnitz, où le prince de la Moscowa a son quartier général. Il le réveille et lui donne ses ordres pour le lendemain. Continuant sa tournée, il traverse la ville et se rend à Lindenau, auprès du général Bertrand. Il ordonne à celui-ci de se mettre en marche pour Lutzen, et de gagner, sans perdre de temps, les défilés de la Saale, dont il doit rester maître.

« En revenant, il visite les ponts de Lindenau, donne des ordres pour qu'on établisse dans les marais voisins quelques nouveaux passages qui puissent faciliter la traversée de ce long défilé, et fait relever les postes du général Bertrand à Lindenau par deux divisions de la garde sous le commandement du duc de Trévise. Enfin, à huit heures, l'empereur revient à Stœtteritz, où son quartier général s'est établi dans la nuit. Mais, à peine a-t-il mis pied à terre, que le canon de Schwartzenberg se fait entendre. Aussitôt il remonte à cheval pour se porter à la position du moulin. Tout l'état-major de l'armée le suit. »

JOURNÉE DU 18.

« Dès la pointe du jour, l'ennemi, encouragé par l'arrivée de nombreux renforts, s'est mis en mouvement ; mais il n'a plus trouvé l'armée française sur l'emplacement de la veille. Les ruines silencieuses de Vachau et de Liebertwolkwitz n'ont plus opposé de résistance ; tous nos postes avaient reculé d'une lieue.

« Au moment où l'empereur vint se placer sur le Thonberg, les alliés avançaient à grands pas, poussant leurs têtes de colonnes sur toutes les directions : la plaine en est couverte ; elle retentit sous cette multitude d'hommes et de chevaux, et sous les roues ferrées de tant de canons.

« A droite, dans le vallon de la Pleiss, la grande armée autrichienne marche sur le maréchal Poniatowski. Ce sont les corps de Hesse-Hombourg, de Lichtenstein, de Bianchi, de Colloredo, et les restes de l'armée de

Merfeldt. L'armée polonaise ne compte plus que sept mille baïonnettes ; mais, avec le secours de la division Lefol, elle suffit d'abord pour arrêter l'avant-garde autrichienne à Dosen.

« Au centre, les Russes de Barclay de Tolly et de Wittgenstein, et les Prussiens de Kleist, arrivent l'arme au bras sur le village de Probstheyda, où le roi de Naples, le duc de Bellune, le duc de Castiglione et le général Lauriston les attendent. Ce village forme maintenant l'angle saillant de la ligne française ; deux formidables batteries, établies sur ses flancs, en défendent l'accès.

« Sur notre gauche, le corps prussien de Ziethen, l'armée autrichienne de Klenau, l'armée russe de Benigsen et les Cosaques de Platoff manœuvrent pour déborder le duc de Tarente, qui est resté à Holzhausen ; mais celui-ci, voyant que le moment est venu d'exécuter ses instructions, rentre dans le mouvement général de retraite, et vient prendre la place qui lui est désignée à Stœtteritz.

« Du côté du nord, Blücher et Bernadotte se disposent à franchir la Partha ; le prince de la Moscowa et le duc de Raguse sont en position de leur disputer le passage. Le général Reynier, placé en avant de Reudnitz, observe les deux routes d'Eilenbourg et de Dresde, et couvre la communication du prince de la Moscowa avec l'empereur.

« La bataille devient terrible du moment où l'ennemi aborde la ligne qui forme la position définitive de l'armée française. On se heurte avec furie ; mais, quelques efforts que fassent les assaillants, ils trouvent partout une résistance invincible.

« Le prince de Hesse-Hombourg, qui dirigeait les attaques contre Poniatowski, est tombé blessé ; mais Bianchi et Colloredo, qui l'ont remplacé, font reculer les Polonais. L'empereur envoie le duc de Reggio, avec deux divisions de la garde, pour les soutenir. Il descend lui-même du côté de Dolitz ; il est témoin de l'acharnement des Autrichiens et des prodiges que fait la valeur polonaise pour en triompher.

« L'empereur est rappelé sur la hauteur de Probstheyda. Il y arrive dans le moment où les alliés attaquent ce village avec le plus de fureur. Le général Pirch et le prince Auguste de Prusse y ont pénétré. Les chevaux de main, les blessés, tous les hommes inutiles se retirent en désordre. Le brouillard et la fumée permettent à peine de se reconnaître. Le tumulte de la mêlée couvre le bruit de l'artillerie. Napoléon, calme au milieu d'un tel bouleversement, pousse jusqu'aux rangs les plus avancés ; il dispose lui-même les réserves de la vieille garde pour remplir les vides, et ne revient à sa position du moulin qu'après avoir rétabli le combat.

« Partout l'action se soutient avec un acharnement qu'il est impossible de décrire. Benigsen attaque Stœtteritz et ne peut parvenir à l'enlever au duc de Tarente ; Wittgenstein et Barclay de Tolly reviennent à la charge contre Probstheyda, y pénètrent de nouveau, perdent ce village, le reprennent et le perdent encore. Bellune, Castiglione et Lauriston ont juré de ne pas abandonner la position.

« Mais, comme si ce n'était pas assez d'avoir à soutenir de pareilles attaques, il faut tourner la tête du côté opposé, et parer à des incidents plus impérieux encore. Blücher nous attaquait au nord avec non moins de vivacité que Schwartzenberg au midi ; mais son canon restait stationnaire sur la Partha. Tout à coup des feux plus rapprochés éclatent presque derrière nous, entre nos deux lignes, du côté de Reudnitz : *C'est le canon de Bernadotte !* L'indignation fait passer ce cri de bouche en bouche, et les défenseurs de Probstheyda le répètent en déchirant leurs cartouches avec plus de fureur.

« Mais contenons les sentiments qui pourraient éclater dans ces lignes ; nous n'en sommes pas aux derniers traits de ce genre : c'est maintenant la honte d'une armée tout entière qu'il nous faut raconter.

« Bernadotte marchait sur Reudnitz ; l'armée saxonne du général Reynier lui faisait face ; l'empereur suivait des yeux leurs mouvements ; soudain un vide s'ouvre au centre de notre ligne : l'armée saxonne et la cavalerie wurtembergeoise du général Normann ont passé du côté des Suédois ; douze mille hommes et quarante pièces de canon, qui tout à l'heure tiraient contre les alliés, tirent maintenant contre nous.

« Pour tout autre que Napoléon, la bataille était perdue ; mais, pour lui, rien n'est encore décidé : il observe avec sang-froid l'événement, et il ne désespère pas du salut de l'armée ni de l'honneur de ses armes. Il prend son parti, s'élance au grand galop à travers la plaine, se dirigeant sur Reudnitz ; les réserves de la garde y accourent sur ses pas.

« Bernadotte s'avançait, n'ayant plus en tête que la division Durutte. Le prince de la Moscowa avait détaché la division Delmas pour barrer le passage aux Suédois à Kolgarten. Le général Delmas et des files entières viennent de tomber sous les coups de l'artillerie saxonne. Leur sang tachera longtemps la plaine de Reudnitz !

« L'empereur arrive pour rallier les divisions Delmas et Durutte. L'avantgarde de Bernadotte pénétrait dans Reudnitz ; elle n'était plus qu'à un quart de lieue de Leipzig, et les Suédois allaient faire leur jonction avec les Russes de Benigsen. Mais Nansouty, avec la cavalerie de la garde et vingt pièces d'artillerie, se jette à travers les feux du général Bubna, qui forme la droite de Benigsen, et ceux du prince Louis de Hesse-Hombourg, qui forme l'extrême gauche de Bernadotte. Des charges réitérées sur le flanc des colonnes suédoises ralentissent le mouvement des alliés. La vieille garde achève de remplir la trouée.

« Le duc de Raguse et le prince de la Moscowa, restés en l'air sur les bords de la Partha, n'en ont pas moins résisté à toutes les attaques ; ils tiennent toujours dans le village de Schœnfeld.

« La promptitude du secours a donc remédié à une partie du mal. Maintenant l'empereur, inquiet de ce qui se passe à Probstheyda, remonte au moulin. Il y retrouve toutes nos positions intactes. Autant de fois le village de Probstheyda a été enlevé par l'ennemi, autant de fois le roi de Naples est parvenu à le reprendre. A Stœtteritz et à Connewitz les alliés n'ont pas été plus heureux... L'ennemi dira luimême combien ses attaques lui ont coûté cher. Il se décide enfin à y renoncer. Déjà, en remontant au moulin, Napoléon venait de remarquer qu'un grand mouvement s'opérait dans les positions de l'ennemi. Leur première ligne reculait sur une étendue immense, et la plus grande partie de leurs forces semblait se porter de notre gauche sur notre droite. Cette manœuvre avait fait un moment supposer que leur intention était de passer la Pleiss, pour essayer encore une fois de nous couper la route de France à Lindenau. Mais les alliés ont trop souffert pour être si entreprenants ; ils ne songent plus qu'à faire replier toutes leurs colonnes ; ils abandonnent à l'artillerie le soin de finir la journée. L'empereur établit batteries contre batteries : si les feux de l'ennemi sont plus nombreux et plus convergents, les nôtres, qui dominent et plongent sur des colonnes plus profondes, ne font pas moins de ravages. Pendant une heure, les deux armées se foudroient, et les boulets sillonnent les deux lignes sans pouvoir les ébranler.

« Auprès de Napoléon lui-même, plus de douze pièces sont démontées en un instant, et des rangs qui l'entourent, plus d'un millier de blessés sortent pour être portés à la ville. La nuit vient enfin mettre un terme au carnage. Elle nous retrouve à Probstheyda, à Stœtteritz et à Connewitz. Du côté de Reudnitz, l'armée suédoise a été arrêtée sur le ruisseau qui couvre le village. Du côté de la Partha, le prince de la Moscowa a fini par abandonner Schœnfeld pour rentrer dans une ligne plus resserrée qui suit le ruisseau de Reudnitz. Enfin, aux portes de Rosenthal et de Pfaffendorf, l'armée de Blücher n'a pu gagner un pouce de terrain.

« Quant au général Bertrand, il a exécuté ses ordres avec une grande exactitude : depuis midi il est maître de Weissenfels et du pont de cette ville, sur la Saale.

« Ainsi les alliés, forts de plus de trois cent mille hommes, n'ont pu rien gagner encore sur l'armée française, réduite à moins de cent mille combattants.

« Le canon ne grondait plus : quelques coups de fusil éclataient seulement de loin à loin. La terre et le ciel étaient éclairés par les feux innombrables qui s'allumaient de tous côtés Napoléon s'était approché du feu de son bivouac. Assis sur un pliant, il y dictait au major général des ordres pour la nuit, lorsque les commandants de l'artillerie Sorbier et Dulauloy se présentent : ils viennent rendre compte de l'épuisement des munitions. On a tiré dans la journée quatre-vingt-quinze mille coups de canon ; depuis cinq jours on en a tiré plus de deux cent vingt mille. Les réserves sont vides ; il n'y reste pas plus de seize mille coups : c'est à peine de quoi entretenir le feu pendant deux heures. Le grand parc, séparé de l'armée par suite du mouvement sur Leipzig, s'est retiré dans Torgau. On ne peut se réapprovisionner qu'à Magdebourg et à Erfurth, qui sont les dépôts les plus voisins.

« Cet état de choses ne permet pas de songer à rester plus longtemps sur le champ de bataille. L'empereur se décide à la retraite, et, sous ses yeux, le major général expédie tous les ordres à la lueur du feu de garde (*). »

La retraite devait s'effectuer par le pont de l'Elster. Un ordre trop tôt exécuté le fit sauter avant que toute l'armée l'eût franchi, et douze mille hommes renfermés dans Leipzig, soixante pièces de canon encore attelées, tombèrent au pouvoir des alliés. Il leur fallut toutefois soutenir encore, le 19, un vif combat pour entrer dans Leipzig. Nombre d'hommes, qui voulurent franchir l'Elster, périrent dans ses flots, et parmi eux le brave Poniatowski, regretté des deux armées.

Cependant Bonaparte opérait sa retraite sur Erfurt, et de là sur Mayence, escorté par les Cosaques de Czernicheff, de Platoff et d'Orloff-Denisoff. A Hanau, quarante mille Bavarois, commandés par de Wrède, voulurent l'arrêter ; il n'avait que dix mille hommes sous sa main, mais ils lui suffirent pour couper l'armée ennemie et s'ouvrir la route de Francfort.

Ainsi, après avoir pénétré, en 1812, jusqu'au centre de la Russie, l'armée française, toujours combattant, avait, durant l'année 1813, reculé du Niémen jusqu'au Rhin. La ligne du Niémen avait été livrée par le général Yorck, celle de la Vistule par le prince de Schwartzenberg, celle de l'Oder par le général Buloff. L'empereur d'Autriche, en se réunissant, contre son gendre et son petit-fils, à la coalition, avait compromis ensuite la position de l'armée française dans la Saxe : les défections des Bavarois, des Wurtembergeois, des troupes de Bade et de Darmstadt, c'est-à-dire, de tous les États du sud de l'Allemagne, contraints par l'Autriche de se réunir à elle, avaient rendu nécessaire une retraite sur le Rhin. Pour l'assurer, Bonaparte avait besoin d'une bataille, et livra, avec cent trente mille hommes contre trois cent mille, celle de Leipzig, que l'indigne trahison des troupes saxonnes lui fit perdre. « Mais, sur l'étroit chemin où tant de défections éclatantes et de sourdes trahisons resserraient sa marche et gênaient ses mouvements, des trophées encore signalèrent son retour (*). »

Ainsi, l'Allemagne était perdue pour la France. A mesure, en effet, que nos troupes se retiraient, tous les membres de l'ancienne confédération du Rhin adhéraient à la coalition, à l'exception toutefois du roi de Saxe, *le plus honnête homme qui ait jamais porté une couronne*, et qui, depuis

---

(*) Manuscrit de 1813, par le baron Fain, t. 11, p. 392 et suiv.

(*) De Fontanes.

la bataille de Leipzig, était comme prisonnier à Berlin; à l'exception aussi du grand-duc de Francfort et de Berg, des princes d'Issembourg et de la Leyen, et du roi de Westphalie, Jérôme, qui depuis longtemps avait fui de sa capitale. Dès le commencement de la guerre de 1813, on avait établi un département central d'administration pour les pays allemands qui seraient occupés par les alliés : quand la bataille de Leipzig eut livré l'Allemagne entière aux armées coalisées, les cinq puissances principales décrétèrent, le 21 octobre, l'érection d'un conseil suprême d'administration, chargé de fournir les vivres nécessaires aux armées, de répartir les contributions de guerre entre les divers États, de lever de nouvelles troupes, etc. Le baron de Stein, proscrit jadis par Napoléon, fut mis à sa tête. Quant à la Saxe, elle fut traitée en pays conquis.

Le besoin que les alliés éprouvaient de réorganiser leurs armées, d'en appeler de nouvelles du fond de la Russie, et de faire de nombreuses levées dans toutes les provinces de la Prusse, de l'Autriche et de l'ancienne confédération rhénane ralentissait les opérations militaires. Cependant Bernadotte continuait la guerre dans le nord de l'Allemagne, où nous conservions encore quelques places, et cherchait à conquérir la Norwége en se rendant maître du Holstein. Le Danemark, abandonné à lui-même par la retraite de Davoust sur Hambourg, et effrayé par la prise de Lubeck, conclut la paix de Kiel, par laquelle il cédait à l'Angleterre une partie des îles et des colonies que cette puissance lui avait enlevées, et à la Suède, la Norwége tout entière. Ainsi, le premier traité signé par la coalition démentait toutes ses promesses de modération et de désintéressement. Son premier acte était le démembrement d'un antique royaume; triste présage des injustices qui allaient suivre.

CAMPAGNE DE 1814.

Tandis que Bernadotte opérait contre le Danemark, des corps isolés enlevaient l'une après l'autre toutes les forteresses restées aux Français sur l'Elbe, sur l'Oder et la Vistule. Dresde, Stettin, Zamosk, Modlin, Dantzig, où le général Rapp signala son opiniâtre bravoure et son admirable sang-froid au milieu des plus grands dangers, Torgau, Wittemberg, tombèrent successivement aux mains des confédérés. La Hollande fut vers ce même temps envahie. Enfin, le 30 décembre; la frontière de France fut franchie. Cent cinquante mille Russes, Autrichiens, Wurtembergeois, Bavarois, Badois, débouchèrent par la Suisse; les Anglais et les Espagnols franchirent les Pyrénées. Cent trente mille Prussiens arrivèrent de Francfort; enfin cent mille Suédois et Allemands du Nord, conduits par Bernadotte, pénétrèrent en Belgique, et la campagne de 1814 commença.

Nous n'avons pas à raconter les merveilles de cette campagne, où Bonaparte retrouva ses plus belles inspirations militaires, à Champ-Aubert, à Montmirail, à Château-Thierry, à Montereau, où plutôt dans les marches qui précédèrent et amenèrent ces batailles. Son dernier mouvement sur Saint-Dizier, pour manœuvrer sur les derrières de l'armée ennemie, allait les livrer à sa merci, quand la faiblesse de Joseph, qui devait défendre Paris, et qui capitula; la trahison de Marmont, qui traita avec les alliés et leur livra son corps d'armée; le découragement enfin de ses maréchaux, le forcèrent de signer un acte d'abdication.

Du côté des alliés, les honneurs de la campagne avaient été pour Blücher et l'armée prussienne; Schwartzenberg, qui commandait les Autrichiens et les contingents de Bavière, de Wurtemberg, de Bade, de Darmstadt, etc., avait été battu à Montereau, où le corps Wurtembergeois avait été presque entièrement détruit, et s'était replié sur Troyes, d'où il sollicitait déjà un armistice, quand une heureuse diversion de Blücher permit à Schwartzenberg de reprendre l'offensive. C'est alors que Napoléon, trompant tous leurs calculs et comptant sur la résistance de Paris, fit cette marche audacieuse sur Saint-Dizier qui pouvait sauver la France. Mais Paris fut livré !

TRAITÉ DE PARIS.

Le traité de Paris, conclu après l'abdication de Napoléon, réduisit la France aux frontières qu'elle occupait le 1er janvier 1792 ; quant à l'Allemagne, le traité reconnaissait l'indépendance de tous les États de cette contrée et maintenait l'abolition de l'Empire, mais il déclarait en même temps que ces États formeraient une confédération dont les rapports seraient déterminés par un congrès assemblé à Vienne, deux mois après l'époque du traité.

CONGRÈS DE VIENNE.

Ce congrès fut en effet réuni le 9 juin 1815. Il n'osa pas revenir sur la question que l'épée de Napoléon avait tranchée. L'Empire germanique resta détruit, l'unité politique de la nation allemande dissoute, et les nombreux États qui se partageaient le territoire de l'Empire furent déclarés souverains. Seulement ils furent réunis par un lien fédératif. L'acte qui consacrait cet état de choses fut promulgué. Les articles LIII-LXIII portaient :

Art. LIII. Les princes souverains et les villes libres de l'Allemagne, en comprenant dans cette transaction L. M. l'empereur d'Autriche, les rois de Prusse, de Danemark et des Pays-Bas, et nommément l'empereur d'Autriche et le roi de Prusse, pour toutes celles de leurs possessions qui ont anciennement appartenu à l'empire germanique ; le roi de Danemark pour le duché de Holstein ; le roi des Pays-Bas pour le grand-duché de Luxembourg, établissent entre eux une confédération perpétuelle qui portera le nom de Confédération Germanique.

Art. LIV. Le but de cette confédération est le maintien de la sûreté extérieure et intérieure de l'Allemagne, de l'indépendance et de l'inviolabilité des États confédérés.

Art. LV. Les membres de la confédération, comme tels, sont égaux en droits ; ils s'obligent tous également à maintenir l'acte qui constitue leur union.

Art. LVI. Les affaires de la confédération seront confiées à une diète fédérative, dans laquelle tous les membres voteront par leurs plénipotentiaires, soit individuellement, soit collectivement, de la manière suivante, sans préjudice de leur rang : 1° Autriche 1 voix ; 2° Prusse 1 ; 3° Bavière 1 ; 4° Saxe 1 ; 5° Hanovre 1 ; 6° Wurtemberg 1 ; 7° Bade 1 ; 8° Hesse Électorale 1 ; 9° Grand-duché de Hesse 1 ; 10° Danemark, pour Holstein, 1 ; 11° Pays-Bas, pour Luxembourg, 1 ; 12° Maisons grand-ducales et ducales de Saxe 1 ; 13° Brunswick et Nassau 1 ; 14° Mecklenbourg-Schwerin et Strélitz 1 ; 15° Holstein-Oldenbourg, Anhalt et Schwarzbourg 1 ; 16° Hohenzollern, Liechtenstein, Reuss-Schaumbourg-Lippe, Lippe et Waldeck 1 ; 17° les villes libres de Lubeck, Francfort, Brême et Hambourg 1 ; total, 17 voix.

Art. LVII. L'Autriche présidera la diète fédérative. Chaque État de la confédération a le droit de faire des propositions, et celui qui préside est tenu à les mettre en délibération dans un espace de temps qui sera fixé.

Art. LVIII. Lorsqu'il s'agira des lois fondamentales à porter, ou de changements à faire dans les lois fondamentales de la confédération, de mesures à prendre par rapport à l'acte fédératif même, d'institutions organiques ou d'autres arrangements d'un intérêt commun à adopter, la diète se formera en assemblée générale, et, dans ce cas, la distribution des voix aura lieu de la manière suivante, calculée sur l'étendue respective des États individuels. L'Autriche aura 4 voix, la Prusse 4, la Saxe 4, la Bavière 4, le Hanovre 4, le Wurtemberg 4, Bade 3, Hesse Électorale 3, grand-duché de Hesse 3, Holstein 3, Luxembourg 3, Brunswick 2, Mecklenbourg-Schwerin 2, Nassau 2, Saxe-Weimar 1, Saxe-Gotha 1, Saxe-Cobourg 1, Saxe-Meinungen 1, Saxe-Hildbourghausen 1, Mecklenbourg-Strélitz 1, Holstein-Oldenbourg 1, Anhalt-Dessau 1, Anhalt-Bernbourg 1, Anhalt-Kothen 1, Schwarzbourg-Sondershausen 1, Schwarzbourg-Rudolstadt 1, Hohenzollern-Hechingen 1, Liechtenstein 1, Hohenzollern-Siegmaringen 1, Waldeck 1, Reuss, branche ainée, 1, Reuss, branche cadette, 1, Schaumbourg-Lippe 1, Lippe 1, la ville libre de Lubeck 1, la ville libre de Francfort 1, la ville libre de Brême 1, la ville libre de Hambourg 1 ; total 69 voix.

La diète, en s'occupant des lois organiques de la confédération, examinera si on doit accorder quelques voix collectives aux États de l'empire médiatisés.

Art. LIX. La question, si une affaire doit être discutée par l'assemblée générale, conformément aux principes ci-dessus établis, sera décidée dans l'assemblée ordinaire, à la pluralité des voix.

La même assemblée préparera les projets de résolution qui doivent être portés à l'assemblée générale, et fournira à celle-ci tout ce qui lui faudra pour les adopter ou les rejeter. On décidera par la pluralité des voix, tant dans l'assemblée ordinaire que dans l'assemblée générale, avec la différence toutefois que, dans la première, il suffira de la pluralité absolue, tandis que, dans l'autre, les deux tiers des voix seront nécessaires pour former la pluralité. Lorsqu'il y aura parité de voix dans l'assemblée ordinaire, le président décidera la question. Cependant chaque fois qu'il s'agira d'acceptation ou de changement de lois fondamentales, d'institutions organiques, de droits individuels ou d'affaire de religion, la pluralité des voix ne suffira pas, ni dans l'assemblée ordinaire, ni dans l'assemblée générale.

La diète est permanente; elle peut cependant, lorsque les objets soumis à sa délibération se trouvent terminés, s'ajourner à une époque fixe, mais pas au delà de quatre mois.

Toutes les dispositions ultérieures, relatives à l'ajournement et à l'expédition des affaires pressantes qui pourraient survenir pendant l'ajournement, sont réservées à la diète, qui s'en occupera lors de la rédaction des lois organiques.

Art. LX. Quant à l'ordre dans lequel voteront les membres de la confédération, il est arrêté que, tant que la diète sera occupée de la rédaction des lois organiques, il n'y aura aucune règle à cet égard, et, quel que soit l'ordre que l'on observera, il ne pourra ni préjudicier à aucun des membres, ni établir un principe pour l'avenir. Après la rédaction des lois organiques, la diète délibérera sur la manière de fixer cet objet par une règle permanente, pour laquelle elle s'écartera le moins possible de celles qui ont eu lieu à l'ancienne diète, et notamment d'après le recez de la députation de l'Empire de 1803. L'ordre que l'on adoptera n'influera d'ailleurs en rien sur le rang, et la préséance des membres de la confédération hors de leurs rapports avec la diète.

Art. LXI. La diète siégera à Francfort-sur-le-Mein. Son ouverture est fixée au premier septembre 1815.

Art. LXII. Le premier objet à traiter par la diète, après son ouverture, sera la rédaction des lois fondamentales de la confédération, et de ses institutions organiques relativement à ses rapports extérieurs, militaires et intérieurs.

Art. LXIII. Les Etats de la confédération s'engagent à défendre non-seulement l'Allemagne entière, mais aussi chaque État individuel de l'union, en cas qu'il fût attaqué, et se garantissent mutuellement toutes celles de leurs possessions qui se trouvent comprises dans cette union.

Lorsque la guerre est déclarée par la confédération, aucun membre ne peut entamer des négociations particulières avec l'ennemi, ni faire la paix ou un armistice sans le consentement des autres.

Les États confédérés s'engagent, de même, à ne se faire la guerre sous aucun prétexte, et à ne point poursuivre leurs différends par la force des armes, mais à les soumettre à la diète. Celle-ci essayera, moyennant une commission, la voie de la médiation; si elle ne réussit pas, et qu'une sentence juridique devienne nécessaire, il y sera pourvu par un jugement austrégal (austrægal-instanz) bien organisé, auquel les parties litigantes se soumettront sans appel.

RECEZ TERRITORIAL DE FRANCFORT.

Le congrès de Vienne n'avait fait en quelque sorte que poser les bases de la pacification de l'Allemagne, trop de questions restaient encore en litige pour être aussi promptement décidées, aussi fallut-il cinq années de discussions pour terminer tous ces différends. Le recez territorial de Francfort, du 20 juillet 1819, fixa d'une manière précise les démarcations des divers États.

Art. Ier. S. M. I. et R. A., pour elle, ses héritiers et successeurs, possédera, en toute propriété et souveraineté, les pays suivants, rétrocédés par S. M. le roi de Bavière, en vertu du traité signé à Munich le 14 avril 1816, lequel est annexé au présent traité général, savoir :

1° L'Innviertel et les parties du Hausruchviertel, tels que ces pays ont été cédés par l'Autriche en 1809;

2° Le duché de Salzbourg, tel qu'il a été possédé par l'Autriche en 1809, à l'exception des bailliages de Waging, Tittmaning, Teisendorff et Lauffen, en tant qu'ils sont situés sur la rive gauche de la Salzach et

ALLEMAGNE.

de la Saale ; ces bailliages, tels qu'ils viennent d'être désignés, resteront à la Bavière.

3° Le bailliage tyrolien de Vils.

Art. II. En retour des rétrocessions désignées dans l'art. I du présent traité général, S. M. le roi de Bavière, pour lui, ses héritiers et successeurs, possédera, en toute propriété et souveraineté, les pays suivants, cédés par S. M. I. et R. A., savoir :

I. Sur la rive droite du Rhin :

a) Les bailliages ci-devant fuldois de Hammelbourg, y compris Tulba et Saleh, de Bruchenau avec Motten, celui de Weihers, à l'exception des villages de Melters et Hattenrodt, lequel bailliage, ayant appartenu, d'après l'art. 40 de l'acte du congrès de Vienne, à la Prusse, a été échangé contre celui de Saalmunster ; Uerzel, Sannerz et le Huttensoh-Grund, qui ont été passés à la Hesse Electorale, ainsi que la partie du bailliage de Bieberstein, qui renferme les villages de Batten, Brand, Dietges, Findlos, Liebhardt, Melperz, Ober-Bernhardt, avec les hameaux de Steinbach, Saiffert et Thaiden;

b) Le bailliage de Redwitz, enclavé dans les États bavarois, et cédé par S. M. I. et R. A.

c) La partie du bailliage de Wertheim, située au nord de la route de Lengfourth à Wurzbourg, telle qu'elle a été cédée par S. A. R. le grand-duc de Bade, en vertu du traité du 10 juillet 1819, annexé au présent recez.

II. Sur la rive gauche du Rhin :

a) Du ci-devant département du Mont-Tonnerre :

1° Les arrondissements de Deux-Ponts, de Kaiserslautern et de Spire; ce dernier à l'exception des cantons de Worms et de Pfeddersheim ;

2° Le canton de Kirchheim-Poland, dans l'arrondissement d'Alzey.

b) Du ci-devant département de la Sarre : les cantons de Waldmohr et Bliescastel, celui de Kusel, à l'exception de Schwarzerden, Reichweiler, Pfeffelbach, Ruthweiler, Burg-Lichtenberg et Thal-Lichtenberg ; dans le canton de Saint-Wendel : Saale, Niederkirchen, Bubach, Marth, Hoff et Osterbruken ; dans le canton de Grumbach, Eschenau et Saint-Julien.

c) Les cantons de Landau, Bergzabern et Langenkandel, ainsi que toute la partie du département du Bas-Rhin, cédée par la France sur la rive gauche de la Lauter par le traité de Paris du 20 novembre 1815.

Il est entendu que toutes les communes désignées ci-dessus sont censées être cédées avec leurs banlieues.

Art. III. La ville de Landau est déclarée, sous le rapport militaire, une des forteresses de la Confédération germanique, sans que cette disposition puisse altérer en rien le droit de souveraineté qui est dévolu à S. M. le roi de Bavière sur ladite ville.

Art. IV. S. M. le roi de Bavière réunira également à sa monarchie les bailliages de Miltenberg, Amorbach, Heubach et Alzenau, tels qu'ils ont été cédés par suite des négociations de la commission territoriale de Francfort, par S. A. R. le grand-duc de Hesse, en vertu du traité du 30 juin 1816, lequel est annexé au présent recez.

Art. V. La ligne de démarcation entre les États bavarois sur la rive gauche du Rhin et la France suit les limites qui, d'après le traité de Paris du 20 novembre 1815, séparent l'Allemagne des départements de la Moselle et du Bas-Rhin, jusqu'à la Lauter, qui sert ensuite de frontière jusqu'à son embouchure dans le Rhin. Toutefois la ville de Weissenbourg, traversée par cette rivière, reste tout entière à la France, avec un rayon sur la rive gauche, qui ne peut pas excéder mille toises.

Art. VI. Il sera établi une route militaire dans la direction de Wurzbourg vers les provinces bavaroises sur la rive gauche du Rhin, à travers les États de S. A. R. le grand-duc de Bade. Elle sera tracée de manière à être aussi peu onéreuse que possible au grand-duché, et les arrangements à faire à cet égard sont réservés à une convention particulière entre S. M. le roi de Bavière et S. A. R. le grand-duc de Bade.

Art. VII. Les stipulations, cessions, rétrocessions, conditions et clauses, portées au traité de Munich du 14 avril 1815, ayant été ratifiées, et les ratifications ayant été confirmées par la prise de possession et la paisible jouissance des pays acquis ou échangés, à l'exception de la partie du bailliage de Wertheim, désignée dans l'art. 2 du présent recez, qui dépendait de la négociation commise à la commission de Francfort, les articles qui composent ce traité ont été annexés au présent recez. L'art. 4 dudit traité a dû motiver une détermination particulière. Il est de la teneur suivante :

« La contiguïté des acquisitions que fait la Bavière, en échange des rétrocessions susmentionnées, étant une stipulation du traité de Ried, S. M. l'empereur d'Autriche reconnaît le droit de S. M. le roi de Bavière à une indemnité pour le désistement du principe de contiguïté.

« Cette indemnité sera fixée à Francfort, en même temps et de la même manière que les autres arrangements territoriaux de l'Allemagne.

« A cet effet, S. M. l'empereur d'Autriche s'engage à donner à S. A. M. le roi de Bavière un dédommagement, qui a été réglé de gré à gré, jusqu'à l'époque du résultat efficace de la négociation de Francfort, et que la Bavière ait pu être mise en possession de l'indemnité pour la renonciation de contiguïté. »

Les négociations de Francfort ont eu en conséquence pour objet de réaliser, en faveur de la Bavière, un dédommagement pour son désistement de la contiguïté de ses possessions. Mais l'indemnité obtenue à la suite de ces négociations ayant été rejetée par la Bavière, quoiqu'elle fût un juste équivalent de l'objet donné, les hautes parties contractantes se considèrent comme entièrement libérées envers la Bavière, attendu que les engagements pris envers cette cour n'ont jamais été que conditionnels, et qu'ils ont reçu de leur part tout l'accomplissement dont ils étaient susceptibles. En conséquence, l'art. 4 précité, et, par suite du même principe, les articles additionnels, qui pourraient avoir été annexés audit traité de Munich, cessent d'être obligatoires, et ne pourront plus l'être dans aucun cas, ni à aucune époque, dans aucune relation ou corrélation pour ou contre une partie quelconque, l'état de possessions tel qu'il ressort du présent recez étant formellement reconnu par les parties contractantes.

S. M. I. et R. A. change toutefois en une rente perpétuelle, en faveur de la Bavière, la rente conditionnelle et temporaire de 100,000 florins, qu'elle lui paye en suite des négociations qui ont eu lieu à Munich en 1816.

Art. VIII. S. M. I. et R. A. pour elle, ses héritiers et successeurs, cède à S. A. R. le grand-duc de Bade, le comté de Geroldseck, dévolu à l'Autriche en vertu de l'art. 51 de l'acte du congrès de Vienne du 9 juin 1815. En échange de cette cession, S. A. R. le grand-duc de Bade met à la disposition de S. M. I. et R. A. la partie du bailliage de Wertheim désignée dans l'art. 2 du présent recez.

Art. IX. Les articles additionnels du traité de Francfort du 20 novembre 1813, renfermant une clause onéreuse à la charge du grand-duché de Bade, sont révoqués. S. A. R. le grand-duc, ses héritiers ou successeurs, en sont libérés à jamais, et l'état de possession du grand-duché, tel qu'il existe aujourd'hui, est formellement reconnu.

Art. X. Le droit de succession, établi dans le grand-duché de Bade en faveur des comtes de Hochberg, fils de feu le grand-duc Charles-Frédéric, est reconnu pour et au nom des puissances contractantes. Le traité renfermant les deux articles ci-dessus, 9 et 10, est annexé au présent recez.

Art. XI. S. M. le roi de Prusse, pour lui, ses héritiers et successeurs, possédera, en toute souveraineté et propriété, dans les départements de la Sarre et de la Moselle, les districts qui, en vertu du traité conclu à Paris le 20 novembre 1815, ont été cédés par S. M. très-chrétienne aux puissances signataires dudit traité.

Art. XII. S. M. l'empereur d'Autriche ayant cédé à S. M. le roi de Prusse, les districts que S. M. I. et R. A. possédait, en vertu de l'art. 51 de l'acte du congrès de Vienne du 9 janvier 1815, dans le département de la Sarre, y compris les parcelles sur la rive droite de la Moselle, qui appartenaient autrefois à Luxembourg, ainsi que les districts du département de la Moselle, cédés par S. M. très-chrétienne par le traité de paix du 30 mai 1814, à l'exception toutefois de ceux de ces territoires qui, suivant l'art. 2 du présent recez, passent sous la domination de S. M. le roi de Bavière, S. M. Prussienne possédera lesdits districts pour elle, ses héritiers et successeurs, en toute propriété et souveraineté, en tant qu'elle n'en a pas disposé suivant les articles 27, 28 et 29 du présent recez, pour remplir les engagements contractés par les articles 49 et 50 de l'acte du congrès de Vienne.

Art. XIII. Conformément à cette double disposition, et par suite des cessions faites, la frontière des États prussiens sera désormais la suivante :

En quittant le confluent de la Moselle avec la Sarre, qui formait l'extrémité des limites prussiennes désignées par l'art. 25 de l'acte du congrès de Vienne, elle remontera la Moselle jusque près de Perle, qui passera à la Prusse, se dirigera de là sur Launsdorf, Wallwich, Schardorf, Niederweiling, Pellweiler, tous ces endroits restant, avec leurs banlieues, à la France, jusqu'à Houvre, et suivra de cet endroit les anciennes limites du pays de Sarrebruck, en laissant Sarrelouis et le cours de la Sarre avec les endroits situés à la droite de la ligne ci-dessus désignée (c.-à-d. situés du côté du ci-devant département de la Sarre), et leurs banlieues, à la monarchie prussienne. Des limites du pays de Sarrebruck, la ligne de démarcation continuera à être la même que celle qui, d'après l'art. 1er du traité de paix conclu à Paris le 20 novembre 1815, sépare la France de l'Allemagne jusqu'à Blies-Rauschbach, de sorte que tout ce qui jusqu'à ce point fait, d'après l'article cité, partie de l'Allemagne, sera possédé désormais par S. M. prussienne.

Du point où, près de Blies-Rauschbach, appartenant à la Prusse, finit la frontière de la France, jusqu'au village de Braitenbach, qui se trouvera sous la domination bavaroise, la frontière qui sépare les cantons d'Arneval, d'Ottweiler et de Saint-Wendel, sur la ligne prussienne, des cantons de Bliescastel et Waldmohr, faisant partie du territoire bavarois, formera la limite entre les Etats de L. M. les rois de Prusse et de Bavière.

Les frontières des ci-devant cantons qui, d'après ce qui vient d'être stipulé, forment les limites entre le territoire prussien et le bavarois, sont entendues telles qu'elles étaient à l'époque de la conclusion du traité de paix de Paris du 30 mai 1814.

De Braitenbach, la nouvelle frontière passera à travers les cantons d'Ottweiler, de Tholey et de Saint-Wendel, de façon qu'elle laisse du premier les communes de Werschweiler, Dœrrenbach, la métairie de Werthshausen, ainsi que les communes de Steinbach, Niederlinxweiler, Remesweiler, Mainzweiler et Urexweiler, et du second les communes de Namborn, Gnidesweiler, Gronig, Ossenbach avec Oberthal, Immweiler, Elmeren, Bliesen, Niederhofen, Winterbach, Alzweiler et Marpingen, toutes avec leurs banlieues, à S. A. S. le duc de Saxe-Cobourg, et que le reste de ces cantons demeure sous la domination prussienne; mais que du canton de Saint-Wendel les seules communes de Hasborn, Dautweiler et Tholey, avec leurs banlieues, fassent partie du territoire prussien, le reste de ce canton appartenant, en partie à celui de Saxe-Cobourg et en partie à celui d'Oldenbourg.

De là, la frontière traversera les cantons de Wadern et de Hermeskeil, en laissant du premier les communes de Neunkirchen, Sellbach, Gonnesweiler et Eyweiler, du second celles de Sœtern, Boosen et Schwartzenbach, toutes avec leurs banlieues, à S. A. R. le grand-duc d'Oldenbourg, le reste de ces cantons formant partie du territoire prussien; elle passera ensuite entre le canton de Hermeskeil et de Birkenfeld, ce dernier appartenant en entier au territoire d'Oldenbourg, et coupera le canton de Herrstein et de Rhaunen, de manière que le premier appartienne à S. A. R. le grand-duc d'Oldenbourg, à l'exception des communes de Hottenbach, Hellertshausen, Asbach, Schauren, Kempfeld et Bruckweiler, qui, avec leurs banlieues, demeurent à la Prusse, et que le second (celui de Rhaunen) reste à S. M. prussienne, à l'exception de la commune de Bondenbach, qui, avec sa banlieue, fait partie du territoire d'Oldenbourg.

Lorsque la nouvelle limite aura ainsi atteint celle qui séparait, à l'époque du 30 mai 1814, le département de la Sarre du département de Rhin-et-Moselle, elle suivra cette limite vers le confluent de la Glan avec la Nahe, en séparant du territoire prussien une partie du canton de Herrstein, laquelle, comme il vient d'être dit, appartient au grand-duc d'Oldenbourg, et le canton de Meisenheim, qui passe à S. A. R. le landgrave de Hesse-Hombourg. Au confluent des deux susdites rivières, la nouvelle frontière retombera dans les limites fixées par l'art. 25 de l'acte du congrès de Vienne, et admises au présent recez.

Art. XIV. S. M. le roi de Prusse réunit à son grand-duché du Bas-Rhin tous les districts et territoires compris dans les limites décrites dans l'article précédent.

Art. XV. Le droit de garnison, dans la forteresse de Mayence, est commun à S. M. l'empereur d'Autriche et à S. M. le roi de Prusse. La garnison de cette place sera composée d'un nombre égal de troupes autrichiennes et de troupes prussiennes. S. A. R. le grand-duc de Hesse participera au même droit pour un bataillon d'infanterie.

Art. XVI. Par suite de l'article ci-dessus, L. M. l'empereur d'Autriche et le roi de Prusse exerceront le droit de nommer le gouverneur et le commandant de la place de Mayence, alternativement des cinq ans en cinq ans, et de manière que, lorsque le poste de gouverneur sera occupé par un général autrichien, celui de commandant le sera par un général prussien, et ainsi réciproquement. Il est également convenu que la direction d'artillerie appartiendra, comme jusqu'ici, à l'Autriche, et celle du génie à la Prusse.

Art. XVII. S. A. R. le grand-duc de Hesse cède à S. M. le roi de Prusse le duché de Westphalie, tel qu'il a été possédé par S. A. R. à l'époque de la signature de l'acte final du congrès de Vienne du 9 juin 1815, pour appartenir à S. M., ses descendants et successeurs, en toute propriété et souveraineté.

Art. XVIII. S. A. R. le grand-duc de Hesse renonce, en faveur de S. A. R. le roi de Prusse, pour lui, ses descendants et successeurs, à tout droit de souveraineté et de féodalité sur les comtés de Wittgenstein-Wittgenstein et Wittgenstein-Berlebourg.

Ces possessions seront placées, envers la monarchie prussienne, dans les relations établies par la constitution fédérale de l'Allemagne pour les territoires médiatisés.

Art. XIX. En retour des cessions et renonciations faites par le grand-duc de Hesse, S. A. R. possédera pour elle, ses héritiers et successeurs, 1° *en toute souveraineté*, les territoires du prince et des comtes d'Isenbourg, y compris les villages de Heusenstamm et d'Eppertshausen, à l'exception, toutefois, des districts cédés à S. A. R. l'électeur de Hesse, en vertu de l'art. 25 du présent recez; de même, en toute souveraineté, les possessions du comte de Solms-Rœdelheim et du comte d'Ingelheim, qui ont fait partie du ci-devant département de Francfort; lesquelles possessions et villages seront placés envers le grand-duché de Hesse dans les relations établies par la constitution fédérative de l'Allemagne pour les territoires médiatisés.

Les rapports des comtes d'Isenbourg, vis-à-vis du prince d'Isenbourg, seront rétablis sur le pied sur lequel ils existaient avant la confédération rhénane; bien entendu que tous les droits de souveraineté appartiendront uniquement à L. A. R. l'électeur et le grand-duc de Hesse, conformément à l'article 25 ci-dessus mentionné;

2° *En propriété*, les salines situées dans la banlieue de Kreuznach, ainsi que les sources salées qui y appartenaient à l'époque de la signature du congrès de Vienne du 9 juin 1815. La saline dite de Munster, qui est une propriété particulière, est expressément exceptée. La souveraineté de toutes ces salines restera à S. M. le roi de Prusse.

Art. XX. S. A. R. le grand-duc de Hesse, ses héritiers et successeurs, posséderont en toute propriété et souveraineté :

1° Le cercle d'Alzei, à l'exception du canton de Kirchheim-Poland, et les cantons de Pfeddersheim et de Worms, dans le cercle de Spire, tels que ces pays se trouvaient à l'époque du 3 novembre 1815, sous l'administration établie à Worms, et de façon que les limites des États prussiens, là où ceux-ci confinent au cercle d'Alzei, restent telles qu'elles sont fixées par l'art. 25 de l'acte du congrès de Vienne du 9 juin 1815.

2° La ville et le territoire de Mayence, y compris Cassel et Kostheim, à l'exception de tout ce qui constitue la forteresse, laquelle est déclarée forteresse de la Confédération germanique.

Art. XXI. Tous les ouvrages, édifices, terrains et revenus, qui appartenaient à la forteresse à l'époque de la remise faite aux troupes alliées, en exécution de la convention du 23 avril 1814, soit que ces revenus fissent partie de sa dotation, soit qu'ils fussent affectés à d'autres objets, resteront exclusivement à la disposition du gouvernement de la forteresse, et leur produit fera partie de sa dotation.

Art. XXII. Le droit de souveraineté, dans la ville de Mayence, appartenant à S. A. R. le grand-duc de Hesse, l'administration de la justice, la perception des impositions et contributions de toute espèce, ainsi que toute autre branche de l'administration civile, restera exclusivement entre les mains des employés de S. A. R., et le gouverneur et le commandant leur prêteront secours et assistance en cas de besoin. Toutefois le gouvernement militaire de la forteresse sera nanti de tous les pouvoirs nécessaires pour lui assurer, conformément à la responsabilité qui repose sur lui, l'exercice libre et indépendant de ses fonctions.

Les autorités civiles et locales lui seront subordonnées pour tout ce qui concerne la défense de la place et les rapports militaires. Il aura, à ce même égard, nommément, la direction de la police, de manière cependant qu'un employé civil de S. A. R. le grand-duc prendra part aux conférences du gouvernement aussi souvent qu'il s'agira d'objets de cette nature. Les ordonnances et règlements de police seront publiés par le gouvernement, sous l'intervention du président de la police de la ville. La garde bourgeoise de la ville sera, ainsi que cela se pratique dans toutes les forteresses, placée sous les ordres du gouvernement militaire, et ne pourra se rassembler que de son consentement. Il ne sera mis aucun obstacle à la levée de la conscription dans la ville. Le gouvernement militaire étant responsable de la défense de la place et du maintien de l'ordre intérieur, et jouissant du droit de prendre, dans ce but, toutes les mesures nécessaires, il pourra aussi placer des avant-postes au dehors de la forteresse. En temps de guerre, ou lorsque l'Allemagne sera menacée d'une guerre, et la forteresse déclarée en état de siége, les pouvoirs du gouvernement militaire seront illimités, et n'auront d'autres bornes que la prudence, les usages et le droit des gens.

Art. XXIII. S. A. R. le grand-duc de Hesse consent à ce que la Prusse ait une route militaire par ses États pour les troupes qui passent d'Erfurt par Eisenach, Hersfeld, Giessen et Wetzlar à Coblentz, et que celles qui viennent de Mayence, ou qui y sont destinées, prennent la route de Coblentz, par Bingen.

Le règlement d'une route d'étapes pour les troupes autrichiennes, destinées à faire partie de la garnison de Mayence, est réservé à une convention particulière entre les gouvernements respectifs.

S. A. le grand-duc de Hesse consent également à ce que la Bavière ait une route militaire par ses États, pour les troupes qui passent des provinces bavaroises à la rive droite du Rhin dans celles nouvellement acquises sur la rive gauche de ce fleuve. Quant aux places d'étapes, aux moyens d'entretien et de transport, et d'autres objets d'administration, ces objets seront réglés par une convention particulière entre S. M. le roi de Bavière et S. A. R. le grand-duc de Hesse.

Art. XXIV. Les engagements pris par S. A. R. le grand-duc de Hesse dans les articles additionnels du traité de Francfort du 23 novembre 1813, cessent; et la clause onéreuse que ces articles renfermaient ne pourra plus, dans aucun cas ni à aucune époque, devenir obligatoire pour S. A. R., ses héritiers et successeurs.

Art. XXV. S. A. R. le grand-duc de Hesse remet S. A. R. l'électeur de Hesse en possession du bailliage de Dorheim, et lui cède, en échange des bailliages de Rodheim, Ortenberg et Babenhausen, de la moitié de Vilbel appartenant à S. A. R. l'électeur, et des communautés de Münzenberg, Traismünzenberg, Assenheim, Heuchelheim et Burggräfenrode, les territoires suivants, savoir :

1° Les endroits de Grossauheim, Grosskrotzenbourg et Oberrodenbach, et la moitié de Praunheim appartenant au grand-duché;

2° Une partie du pays d'Isenbourg, composée des bailliages (*Gerichte*) de Diebach, Langenselbold, Meerholz, Lieblos, Wächtersbach, Spielberg et Reichenbach, et du village de Wolfenborn.

Art. XXVI. S. A. R. le grand-duc de Hesse réintègre, en exécution de l'art. 48 de l'acte du congrès de Vienne du 9 juin 1815, S. A. S. le landgrave de Hesse-Hombourg dans les possessions, revenus, droits et rapports politiques, dont il a été privé par la Confédération rhénane.

Il sera conclu entre S. A. R. le grand-duc de Hesse et S. A. S. le landgrave de Hesse-Hombourg un arrangement de famille, à l'effet de concilier les rapports résultant de la présente stipulation avec les pactes et recez de famille existants.

Art. XXVII. L'article 49 de l'acte du congrès de Vienne ayant reservé dans le ci-devant département de la Sarre un district pour L. A. R. les grand-duc d'Oldenbourg, prince de Lubeck et de Mecklembourg-Strélitz, L. A. S. le duc de Saxe-Cobourg, le landgrave de Hesse-Hombourg et le comte de Pappenheim, lequel district a reçu plus tard de S. M. Prussienne une plus grande extension en faveur de S. A. S. le duc de Saxe-Cobourg, et S. M. le roi de Prusse s'étant engagé, en considération des cessions qui lui ont été faites à l'art. 12 du présent recez par S. M. l'empereur d'Autriche, à mettre lesdits princes, ainsi que le comte de Pappenheim, en possession des territoires qui doivent leur appartenir, S. M. Prussienne, de concert avec S. M. I. et R., S. M. le roi du royaume uni de la Grande-Bretagne et d'Irlande, et S. M. l'empereur de toutes les Russies, cède :

1° A S. A. R. le grand-duc d'Oldenbourg, prince de Lubeck : le canton de Herrstein, à l'exception des communes de Hottenbach, Hellertshausen, Asbach, Schauren, Kempfeld et Bruchweiler; le canton de Birkenfeld; du canton de Hermeskeil, les communes de Soetern, Boosen et Schwarzenbach; du canton de Wadern, les communes de Neunkirchen, Sellbach, Gonnesweiler et Eyweiler; du canton de Saint-Wendel, les communes d'Asweiler, Eizweiler, Imsbach, Hirrstein, Reichweiler et Mosberg, Steinberg et Deckenhard, Wallhausen et Schwarzhoff; du canton de Rhaunen, la commune de Bondenbach; et du canton de Baumholder, les communes de Nohen, Nohefelden, Gimbweiler et Wolfersweiler.

Art. XXVIII. 2° A S. A. S. le duc de Saxe-Cobourg ; le canton de Grumbach, à l'exception des communes de Bärenbach, Becherbach, Ottweiler, Hoppstädten, Saint-Julian et Eschenau ; le canton de Baumholder, à l'exception de Nohen, Nohefelden, Gimbweiler et Wolfersweiler; le canton de Saint-Wendel, à l'exception des communes de Bubach, Saal, Niederkirchen, Marth, Hoff, Osterbruken, Hasborn, Dautweiler, Tholey, Aweiler, Eizweiler, Hirrstein, Reichweiler et Mosberg, Steinberg et Deckenhard, Wallhausen, et Schwarzhoff et Imsbach ; du canton de Kusel, les communes de Burg-Lichtenberg, Thal-Lichtenberg, Ruthweiler, Pfeffelbach, Reichweiler et Schwarzerden; du canton de Tholey, les communes de Namborn, Gnjdesweiler, Gronig, Ossenbach avec Oberthal, Immweiler, Elmeren, Bliesen, Niederhofen, Winterbach, Alzweiler et Marpingen ; et du canton d'Ottweiler, les communes de Werschweiler et Dörrenbach, la métairie de Werthshausen, ainsi que les communes de Steinbach, Niederlinxweiler, Remesweiler, Mainzweiler et Urexweiler.

Art. XXIX. 3° A S. A. S. le landgrave de Hesse-Hombourg : le canton de Meisenheim ; et du canton de Grumbach, les communes de Bärenbach, Becherbach, Otzweiler et Hoppstädten.

Art. XXX. S. A. R. le grand-duc d'Oldenbourg, prince de Lubeck, L. A. S. le duc de Saxe-Cobourg et le landgrave de Hesse-Hombourg, posséderont lesdits districts et territoires, pour eux, leurs héritiers et successeurs, en toute souveraineté et propriété, et d'après les clauses et stipulations énoncées dans les actes dressés entre les parties intéressées lors de la remise desdits territoires.

S. A. S. le landgrave de Hesse-Hombourg, pour lui, ses héritiers et successeurs, jouira également d'une pleine et entière souveraineté à l'égard des possessions dans lesquelles il a été réintégré par l'art. 48 de l'acte du congrès de Vienne ; il prendra le titre de landgrave souverain de Hesse.

Art. XXXI. Il est entendu que les communes renfermées dans les districts désignés dans les articles 27, 28 et 29 du présent recez, sont censées être cédées avec leurs banlieues qui ne seront nulle part coupées par les nouvelles limites.

Art. XXXII. La Prusse jouira du droit d'une route militaire par la principauté de Birkenfeld pour conserver la communication nécessaire avec le pays de Sarrebruck et la forteresse de Sarre-Louis.

Il a été fait à cet égard une convention particulière entre S. M. le roi de Prusse et S. A. R. le grand-duc d'Oldenbourg.

Art. XXXIII. S. A. R. le grand-duc d'Oldenbourg, prince de Lubeck, L. A. S. le duc de Saxe-Cobourg et le landgrave souverain de Hesse, ayant été mis en possession des territoires qui leur étaient destinés, S. A. R. le grand-duc de Mecklembourg-Strélitz ayant fait un arrangement particulier avec S. M. le roi de Prusse, et le comte de Pappenheim ayant obtenu une indemnité en domaines dans la monarchie prussienne; et ces derniers arrangements ayant été notifiés à la commission territoriale, S. M. Prussienne est entièrement libérée des engagements qu'elle a voulu prendre par l'art. 49 de l'acte du congrès de Vienne.

Art. XXXIV. S. M. le roi des Pays-Bas, grand-duc de Luxembourg, possédera pour lui, ses héritiers et successeurs, en pleine propriété et souveraineté, tous les districts qui, ayant fait partie en 1790 des provinces belgiques, de l'évêché de Liége et du duché de Bouillon, ont été cédés par la France aux puissances alliées, en vertu du traité conclu à Paris le 20 novembre 1815, ainsi que les territoires enclavés de Philippeville et Marienbourg, avec les places de ce nom, cédés par le même traité. Par suite de cette disposition, les limites des États de S. M. le roi des Pays-Bas, grand-duc de Luxembourg, resteront telles qu'elles ont été fixées entre la France et les pays cédés aux puissances alliées par le traité de paix de Paris du 30 mai 1814, à commencer de la mer du Nord jusque vis-à-vis de Quiévrain. De Quiévrain, la ligne de démarcation suivra les anciennes limites des provinces belgiques, du ci-devant évêché de Liége et du duché de Bouillon, jusqu'à Villers près d'Orval, comme elles étaient en 1790, conformément aux stipulations de l'art. 1er dudit traité de Paris du 20 novembre 1815, de sorte que tous les pays qui se trouvent à la gauche de ladite ligne de démarcation, en y comprenant les territoires enclavés de Philippeville et Marienbourg, avec les places de ce nom, le ci-devant évêché de Liége et tout le duché de Bouillon, appartiennent aux Pays-Bas.

Art. XXXV. L'article 3 du traité conclu à Vienne le 31 mai 1815, et l'art. 67 de l'acte

ALLEMAGNE.

du congrès de Vienne ayant stipulé que la forteresse de Luxembourg serait considérée comme forteresse de la Confédération germanique, cette disposition est maintenue et expressément confirmée par le présent recez.

Cependant S. M. le roi de Prusse et S. M. le roi des Pays-Bas, agissant en sa qualité de grand-duc de Luxembourg, voulant adapter le reste des dispositions desdits articles aux changements survenus par le traité de Paris du 20 novembre 1815, et pourvoir de la manière la plus efficace à la défense combinée de leurs États respectifs, L. M. sont convenues de tenir garnison commune dans la forteresse de Luxembourg, sans que cet arrangement, fait uniquement sous le rapport militaire, puisse altérer en rien le droit de souveraineté de S. M. le roi des Pays-Bas, grand-duc de Luxembourg, sur la ville et la forteresse de Luxembourg.

Art. XXXVI. S. M. le roi des Pays-Bas, grand-duc de Luxembourg, cède à S. M. le roi de Prusse le droit de nommer le gouverneur et le commandant de cette place, et consent à ce que, tant la garnison en général que chaque arme en particulier, soit composée pour les trois quarts de troupes prussiennes, et pour un quart de troupes des Pays-Bas, renonçant ainsi au droit de nomination que l'art. 67 de l'acte du congrès de Vienne assurait à S. M.

Les troupes seront soldées et équipées aux frais de leurs gouvernements respectifs. Il en sera de même pour leur nourriture lorsque la forteresse ne sera pas déclarée en état de siège. Dans ce cas, la garnison se nourrira des magasins de la forteresse, et il sera suppléé à son approvisionnement d'après les principes établis dans le traité conclu entre S. M. le roi de Prusse et S. M. le roi des Pays-Bas, grand-duc de Luxembourg, à Francfort-sur-le-Mein, le 8 novembre 1816, annexé au présent recez.

Art. XXXVII. Le droit de souveraineté appartenant dans toute sa plénitude à S. M. le roi des Pays-Bas, grand-duc de Luxembourg, dans la ville et forteresse de Luxembourg, comme dans tout le reste du grand-duché, l'administration de la justice, la perception des impositions et contributions de toute espèce, ainsi que toute autre branche de l'administration civile, restera exclusivement entre les mains des employés de S. M., et le gouverneur et le commandant leur prêteront secours et assistance en cas de besoin.

De l'autre côté, le gouverneur sera nanti de tous les pouvoirs nécessaires pour lui assurer, conformément à la responsabilité qui repose sur lui, l'exercice libre et indépendant de ses fonctions, et les autorités civiles et locales lui seront subordonnées pour tout ce qui concerne la défense de la place.

Pour éviter, néanmoins, tout conflit entre l'autorité militaire et civile, S. M. le roi des Pays-Bas, grand-duc de Luxembourg, nommera un commissaire spécial qui servira d'intermédiaire entre le gouverneur et les autorités civiles, et recevra les directions du gouverneur dans les affaires de police, en tant qu'elles se lient aux rapports militaires et à la défense de la place.

Le gouverneur pourra, pour le même objet, et toujours dans les limites qui viennent d'être énoncées, déléguer de sa part une personne à son choix, et ces deux employés formeront une commission mixte.

Mais en cas de guerre, ou si l'une ou l'autre des deux monarchies de Prusse ou des Pays-Bas était menacée d'une guerre, et que la forteresse fût déclarée en état de siége, les pouvoirs du gouverneur seront illimités, et n'auront d'autres bornes que la prudence, les usages et le droit des gens.

Si, finalement, la diète de la Confédération germanique venait à décider que les gouverneurs et commandants des forteresses de la ligue devront être assermentés, le gouverneur et le commandant de la forteresse de Luxembourg prêteront le serment d'après la formule qui sera adoptée par la diète.

Art. XXXVIII. Une partie des indemnités pécuniaires que S. M. Très-Chrétienne s'est engagée à payer par l'art. 4 du traité de Paris du 20 novembre 1815, étant destinée, en vertu des arrangements faits à Paris entre les puissances alliées, à renforcer la ligne de défense des États limitrophes de la France, cette somme est distribuée de la manière suivante :

S. M. le roi de Prusse en recevra, pour être employés aux ouvrages destinés à la défense du bas Rhin, vingt, S. M. le roi de Bavière, quinze, S. M. le roi des Pays-Bas, soixante, et S. M. le roi de Sardaigne, dix millions de francs. Cinq millions de francs sont destinés pour être employés à achever les fortifications de la forteresse de Mayence, et vingt millions pour la construction d'une place fédérale sur le haut Rhin. L'emploi de ces différentes sommes sera fait conformément au système qui a été adopté par les puissances signataires du traité de paix conclu à Paris le 20 novembre 1815, et qui a été consigné au protocole de la conférence de leurs ministres du 21 novembre 1815, annexé au présent recez.

CAMPAGNE DE 1815.

Ce n'était pas seulement la difficulté de concilier tant d'intérêts différents qui avait retardé les négociations de Francfort, mais aussi les graves événements politiques qui avaient eu lieu depuis 1814. Tandis que le congrès de Vienne était encore assemblé, les rois alliés avaient appris la nouvelle du débarquement de Napoléon en France, et une nouvelle coalition avait été nécessaire. Mais avant de se séparer, les rois voulurent montrer ce que l'Allemagne avait à attendre des princes ; et leur congrès, réuni, disait-on, pour assurer le repos de la commune patrie, en prenant la modération, le désintéressement et le respect des droits légitimes pour bases de ses transactions, renouvela la grande iniquité du partage de la Pologne, en démembrant la Saxe au profit de la Prusse; c'était comme le prix des efforts faits par cette puissance durant la campagne de 1814, et un encouragement pour ceux qu'elle allait tenter encore durant les cent jours. Blücher, en effet, à la tête de l'armée prussienne, pénétra dans les Pays-Bas et rejoignit, le soir de Waterloo, l'armée anglaise de Wellington que Bonaparte allait écraser. On sait comment l'arrivée imprévue des Prussiens qui avaient échappé au général Grouchy chargé de les contenir, changea la face des choses et amena le plus grand de nos désastres. La campagne de 1815 s'acheva, comme la première, sous les murs de Paris, qui capitula le 3 juillet. Cette fois la France expia durement l'assistance qu'elle avait une dernière fois prêtée à Napoléon, et Paris se rappelle encore l'insolence des Prussiens tout fiers d'avoir vaincu le grand peuple avec l'aide de l'Europe.

RÉSULTATS DE LA CAMPAGNE DE 1815.

La campagne de 1815, en donnant aux rois une haute idée de leur puissance, devint fatale à l'Allemagne; car depuis qu'ils eurent enchaîné la France, ils perdirent, avec la crainte, le souvenir de leurs promesses. Les petits États de la confédération, intéressés à trouver dans l'affection de leurs peuples des garanties pour leur propre indépendance, donnèrent, il est vrai, des constitutions. Dès l'année 1816, les princes de Lippe-Schauenbourg, de Schwarzbourg-Rudolstadt, de Saxe-Weimar et de Waldeck introduisirent dans leurs États le système représentatif. Les royaumes de Wurtemberg et de Bavière, le grand-duché de Bade, voisins de la France et redoutant l'ambition de l'Autriche, suivirent bientôt (1817) cet exemple, imité successivement dans les principautés de Cobourg-Saalfeld, de Lichtenstein (1818), de Lippe-Detmold (1819), de Brunswick, de Hesse (1820), de Saxe-Meinungen (1824), etc. Mais les grands États rejetèrent toute concession, ou n'accordèrent que des libertés partielles et illusoires. Ainsi la Prusse, habile dans le despotisme, favorisa le développement des institutions municipales, c'est-à-dire, cet esprit étroit de localité, ce patriotisme de clocher, comme nous disons en France, qui renferme la patrie tout entière dans une petite ville, et qui, en mettant le pouvoir en présence, non pas d'une nation redoutable par son union, mais de mille petites sociétés faibles et jalouses les unes des autres, lui permet d'employer partout l'arbitraire.

FORMATION DE LA SAINTE ALLIANCE.

Non contentes de manquer à leurs promesses, la Prusse et l'Autriche s'effrayèrent de voir leurs confédérés s'y montrer plus fidèles, et ne tardèrent pas à combattre l'esprit libéral des petites cours par des remontrances qui valaient des injonctions. Dès l'année 1815, l'empereur de Russie Alexandre, entraîné par son mysticisme vers une politique où la religion se confondait avec les doctrines de l'absolutisme, avait conclu avec le roi de Prusse et l'empereur d'Autriche le traité de la sainte alliance, dont telle était la teneur :

Au nom de la très-sainte et indivisible Trinité.

Leurs Majestés l'empereur d'Autriche, le roi de Prusse et l'empereur de Russie, par suite des grands événements qui ont signalé en Europe le cours des trois dernières années, et principalement des bienfaits qu'il a plu à la divine Providence de répandre sur les États dont les gouvernements ont placé leur confiance et leur espoir en elle seule, ayant acquis la conviction intime qu'il est nécessaire d'asseoir la marche à adopter par les puissances dans leurs rapports mutuels sur les vérités sublimes que nous enseigne l'éternelle religion du Dieu sauveur,

Déclarent solennellement que le présent acte n'a pour objet que de manifester à la face de l'univers leur détermination inébranlable de ne prendre pour règle de leur conduite, soit dans l'administration de leurs États respectifs, soit dans leurs relations politiques avec tout autre gouvernement, que les préceptes de cette religion sainte, préceptes de justice, de charité et de paix, qui, loin d'être uniquement applicables à la vie privée, doivent au contraire influer directement sur les résolutions des princes et guider toutes leurs démarches, comme étant le seul moyen de consolider les institutions humaines et de remédier à leurs imperfections.

En conséquence, Leurs Majestés sont convenues des articles suivants :

Art. Ier. Conformément aux paroles des saintes Écritures, qui ordonnent à tous les hommes de se regarder comme frères, les trois monarques contractants demeureront unis par les liens d'une fraternité véritable et indissoluble, et, se considérant comme compatriotes, ils se prêteront, en toute occasion et en tout lieu, assistance, aide et secours; se regardant envers leurs sujets et armées comme pères de famille, ils les dirigeront dans le même esprit de fraternité dont ils sont animés pour protéger la religion, la paix et la justice.

Art. II. En conséquence, le seul principe en vigueur, soit entre lesdits gouvernements, soit entre leurs sujets, sera celui de se rendre réciproquement service, de se témoigner, par une bienveillance inaltérable, l'affection mutuelle dont ils doivent être animés, et de ne se considérer tous que comme membres d'une même nation chrétienne, les trois princes alliés ne s'envisageant eux-mêmes que comme délégués par la Providence pour gouverner trois branches d'une même famille, savoir : l'Autriche, la Prusse et la Russie ; confessant ainsi que la nation chrétienne dont eux et leurs peuples font partie, n'a réellement d'autre souverain que celui à qui seul appartient en propriété la puissance, parce qu'en lui seul se trouvent tous les trésors de l'amour, de la science et de la sagesse infinie, c'est-à-dire, Dieu, notre divin sauveur Jésus-Christ, le Verbe du Très-Haut, la Parole de la vie. Leurs Majestés recommandent en conséquence avec la plus tendre sollicitude à leurs peuples, comme unique moyen de jouir de cette paix qui naît de la bonne conscience et qui seule est durable, de se fortifier chaque jour davantage dans les principes de l'exercice des devoirs que le divin Sauveur a enseignés aux hommes.

Art. III. Toutes les puissances qui voudront solennellement avouer les principes sacrés qui ont dicté le présent acte, et reconnaîtront combien il est important au bonheur des nations trop longtemps agitées que ces vérités exercent désormais sur les destinées humaines toute l'influence qui leur appartient, seront reçues avec autant d'empressement que d'affection dans cette sainte alliance.

Fait triple et signé à Paris l'an de grâce 1815, le 14/26 septembre.

(*Signé*) François.
Frédéric-Guillaume.
Alexandre.

Conforme à l'original,
Alexandre.

A Saint-Pétersbourg le jour de la naissance de notre Sauveur, le 25 décembre 1815.

La plupart des souverains de l'Europe accédèrent successivement à ce traité. L'application des lieux communs de morale qui s'y trouvent développés ne tarda pas à être faite au profit des rois et au détriment des peuples. Pour établir cette bienveillance universelle, cette charité évangélique que le czar avait prêchées, on voulut prévenir tout mouvement, tout changement politique qui aurait troublé l'ordre, et les princes furent indirectement invités à endormir leurs peuples, à apaiser les clameurs de la presse, à détourner l'ardeur des étudiants vers les innocents et pacifiques travaux de la philologie et de la botanique.

TENTATIVES DÉMOCRATIQUES.

Cependant ce cri de liberté qui était parti, en 1813, de toutes les universités allemandes retentissait encore sourdement sous les voûtes des académies et des gymnases, et ces souvenirs de la vieille Germanie évoqués par Klopstock, accueillis par les princes comme un moyen de soulever les populations contre la France, étaient religieusement conservés par toute la jeunesse allemande. Mais les Germains, au temps d'Hermann, étaient libres, et l'idée de patriotisme, si utile aux rois vaincus ou détrônés de 1813, entraînait à sa suite celle de liberté si odieuse aux souverains victorieux de 1815 et 1816. Aussi ceux-ci se virent-ils obligés de commencer, dès 1817, au nom de la sainte alliance, une croisade contre les étudiants, leurs anciens auxiliaires. Dès le commencement de cette année la guerre commença; M. de Stourdza dénonça formellement les universités allemandes comme autant de foyers de révolutions incendiaires; et des menaces se firent entendre. Les étudiants s'y montrèrent sourds d'abord, et la fête solennelle du troisième siècle de la réforme ayant été célébrée le 18 octobre 1817, à la Wartbourg, des discours contre les gouvernements qui n'avaient pas encore accordé de constitutions représentatives furent prononcés avec chaleur et accueillis avec enthousiasme. Trois siècles auparavant Luther avait brûlé les bulles du pape : à son exemple, les étudiants livrèrent aux flammes les écrits des avocats du pouvoir absolu; car l'Antechrist du dix-neuvième siècle, n'est plus, disaient-ils, le pape comme au seizième, mais le despotisme monarchique.

Ces violences effrayèrent l'autorité; une enquête sévère fut faite, des proscriptions furent prononcées, et dans la Prusse, principal foyer de l'agitation, on supprima les universités de Munster, d'Erfurt, de Paderborn et de Duisbourg. Peu après, les champs d'exercices gymnastiques où se réunissait une jeunesse nombreuse furent fermés à Berlin et dans tout le royaume, et au lieu d'une constitution, la Prusse, comme l'a dit un écrivain, eut une consigne.

Lorsqu'un besoin se fait sentir d'une manière impérieuse au sein d'une population, on ne peut l'étouffer par des mesures de police. La discussion publique étant interdite et les réunions ostensibles supprimées, les sociétés secrètes se reformèrent comme durant la domination française. La Burschenschaft remplaça alors le Tugendbund, et l'étudiant Sand assassina, au cri de *Vivat Germania*, l'espion russe Kotzebue, le 25 mars 1819.

Cet assassinat politique força les souverains à redoubler de sévérité et de vigilance. Leurs ministres, réunis à Carlsbad, arrêtèrent la formation d'une commission d'enquête contre les menées démagogiques, et le 20 septembre, la diète fédérale publia à Francfort un édit qui établissait la censure pendant cinq années dans les États allemands, et plaça les universités sous la surveillance spéciale de procureurs extraordinaires investis des pleins pouvoirs des gouvernements. En même temps une commission d'une triste célébrité fut instituée à Mayence, avec mission de condamner la foule des étudiants que la commission d'enquête lui envoyait comme coupables de menées secrètes et révolutionnaires.

Pendant toute l'année 1820 les enquêtes et les condamnations se poursuivirent; Sand, après une longue procédure, fut exécuté; et la presse étant muette, les sociétés secrètes dispersées, les universités rendues dociles par une active surveillance, enfin la terreur planant sur toute l'Allemagne libérale, et un espionnage habilement organisé pénétrant la société tout entière, les souverains crurent en avoir fini, en Allemagne, avec le génie des révolutions. Et cependant, au dehors, il se relevait; à Naples, à Turin, en Espagne, les rois étaient presque détrônés. Mais la sainte alliance leur rendit leurs couronnes : les Autrichiens étouffèrent les révolutions de

Naples et du Piémont, et une armée française ramena Ferdinand VII dans Madrid. Peu après Louis XVIII mourut, et Charles X promit de rendre la France assez docile au joug, assez soumise à la double aristocratie des émigrés et des prêtres, pour faire cesser les craintes de l'Europe absolutiste et les espérances des patriotes allemands. C'est alors que la diète, obéissant à l'influence de l'Autriche, empiéta sur la souveraineté des États confédérés, en déclarant qu'elle maintiendrait le principe monarchique dans tous les États de la confédération. Ainsi les patriotes de chaque État allaient avoir à combattre non-seulement les forces de leurs souverains respectifs, mais celles mêmes de toute la confédération. En même temps la loi provisoire sur la presse fut prorogée, et une commission fut établie pour examiner les vices de l'enseignement, et préparer, pour les jeunes générations de l'Allemagne, une éducation monarchique. Les débats mêmes de la diète fédérale furent rendus secrets.

Pour occuper les esprits et les détourner des spéculations dangereuses de la politique, on encouragea la culture des arts et des sciences, on renouvela surtout les querelles théologiques. Le prince de Hohenlohe fit des cures miraculeuses parmi les catholiques, tandis que le roi de Prusse dressait un rituel et tâchait de réunir les deux principales sectes protestantes, les luthériens et les calvinistes.

INFLUENCE DE LA RÉVOLUTION DE JUILLET EN ALLEMAGNE.

Trois jours de combat entre le peuple de Paris et les gardes de Charles X vinrent troubler la quiétude de la diète. La révolution de juillet renversait non-seulement une dynastie, mais elle forçait, par toute l'Europe, l'absolutisme de reculer et de formuler plus nettement ses prétentions. Au bruit du canon de l'hôtel de ville la Pologne se relevait pour retomber bientôt brisée, mais non détruite; la Belgique devenait un royaume satellite de la France; en Suisse, les vieux gouvernements aristocratiques s'écroulaient; en Espagne, en Portugal s'élevaient des gouvernements représentatifs, et l'Angleterre opérait sa réforme électorale. Ainsi tout l'ouest de l'Europe, Angleterre, France, Belgique, Suisse, péninsule espagnole, entraient dans les voies constitutionnelles. L'Allemagne ne pouvait rester immobile devant ce grand mouvement. A Elberfeld, à Leipzig, à Brunswick, à Hambourg, à Dresde, à Gotha, à Altenbourg, à Iena, à Schwerin, à Weimar, à Cassel, à Hanau, à Manheim, à Berlin même, des troubles éclatèrent dans les mois de septembre et d'octobre 1830; mais, grâce à la déplorable inaction de la France, ils furent partout réprimés. Cependant il en résulta quelque avantage pour la cause constitutionnelle. Les habitants de Brunswick chassèrent leur duc, et la diète consacra cette expulsion. Ceux de Dresde forcèrent le roi de Saxe de leur concéder une constitution, ceux de Gotha obtinrent d'importantes réformes, ceux de Cassel la formation d'une garde civique et la promulgation d'une constitution. Le grand-duc d'Oldenbourg en promit une, et le duc de Cobourg vint lui-même à Gotha opérer les réformes que les circonstances exigeaient. L'année suivante le Hanovre et le duché de Hesse-Cassel eurent leurs chartes. Enfin, le 27 mai 1832, à la fête de Hambach, anniversaire de la constitution bavaroise, Siebenpfeiffer, Wirth et d'autres patriotes invitèrent l'Allemagne entière à suivre l'exemple de la France.

Mais ces mouvements qui agitaient les petits États du sud et de l'ouest ne pouvaient troubler le calme intérieur de la Prusse, et surtout celui de l'Autriche, et ces deux puissances prépondérantes, voyant le gouvernement français trop occupé de ses propres intérêts pour se mêler d'une manière énergique des intérêts de ses voisins, firent agir la diète germanique. Le 28 juin parut un décret portant que les princes n'avaient besoin de la coopération des États que pour l'exercice de certains droits ; que les États ne devaient pas refuser les voies et moyens nécessaires pour l'exécution des mesures qui intéressaient la confédération tout entière, et qu'en cas de révolte la diète devait intervenir aussitôt par ses décrets et ses armées ; enfin, une commission fut instituée pour surveiller partout les délibérations des États. Un autre règlement du 5 juillet restreignit encore la liberté de la presse, interdit toute association politique, et surtout la Burschenschaft des universités, toute fête populaire, tout signe de ralliement, et ordonna aux princes de se prêter une assistance mutuelle et de se livrer les prévenus politiques.

C'était une déclaration de guerre faite aux principes qui avaient triomphé en France, et une nouvelle atteinte à l'indépendance des cours allemandes. Cependant il n'y eut de réclamation que de la part de quelques patriotes. Pfizer attaqua violemment, dans la chambre basse de Wurtemberg, le décret du 28 juin, et l'effet de sa motion fut de faire dissoudre les deux chambres. A Francfort, des troubles éclatèrent, et, bien qu'ils eussent été apaisés par la garde civique de cette ville, la diète n'en fit pas moins occuper Francfort par des troupes de Mayence. En même temps les divers gouvernements déployèrent une grande sévérité contre les étudiants et contre la presse. En Prusse, un ordre du cabinet défendit d'employer les membres de la Burschenschaft, interdit aux étudiants prussiens la faculté d'étudier dans les universités étrangères, et chassa du pays tous les réfugiés polonais. Bade, la Bavière, le Wurtemberg prirent, à l'imitation du cabinet de Berlin, des mesures rigoureuses contre ces malheureux débris d'un grand peuple. Enfin, partout les cours essayèrent d'étouffer par la force l'esprit révolutionnaire. Des condamnations sévères, des sentences de bannissement furent prononcées, et il y eut en France un parti nombreux de réfugiés allemands, comme il y avait des réfugiés polonais, italiens et espagnols. Enfin, un tribunal central, composé par l'Autriche, la Prusse et la Bavière, fut institué par la diète le 8 août 1833, avec l'unique mission de s'opposer aux tentatives révolutionnaires. Puis, les congrès de ministres et de souverains se multiplièrent ; des garanties mutuelles furent échangées entre la Prusse, l'Autriche et la Russie, et le mensonge de l'indépendance des petits États devint chaque jour plus évident.

ÉTAT PRÉSENT DE L'ALLEMAGNE.

Aujourd'hui les craintes de Vienne et de Berlin s'apaisent, car l'ébranlement donné à l'Europe par la révolution de juillet semble ne plus se faire sentir. La France a renoncé à la propagande à main armée ; mais, quelque pacifiques que soient les dispositions de son gouvernement, les principes de ses institutions, les idées de progrès que font circuler les mille bouches de la presse, le calme, la modération même à laquelle se résigne le pays, font aux monarchies absolues une sourde guerre qui tôt ou tard éclatera. Maintenant tous les regards se tournent vers l'Orient ; on oublie, dans Francfort, cette diète sans dignité et sans puissance, pour s'occuper de plus grandes questions qui compromettent la paix du monde, depuis les bords du Gange jusqu'à ceux de la Tamise. L'Angleterre fait équilibre à la Russie, la France à l'Autriche et à la Prusse, la Belgique à la Hollande, et tout ce qui ne compte pas des sujets par millions, s'efface devant ces vastes combinaisons de la nouvelle diplomatie. Cependant, entre l'Autriche, la Prusse et la France, se trouvent vingt millions d'hommes, sans force parce qu'ils sont divisés, mais auxquels la France peut donner, en cas de guerre universelle, une redoutable unité. Quelque part en effet que la guerre commence, à Constantinople, en Syrie, dans la Perse ou sur les bords de l'Indus, l'incendie éclatera aussitôt sur les rives du Rhin, et là seront portés les coups les plus sérieux ; là, peut-être, la Pologne sera reconquise, le czar humilié, et la nation allemande enfin reconstituée.

Ce n'est pas que nous espérions jamais voir l'Allemagne former un seul État purement germanique. Cette unité que Charlemagne a un instant réalisée, qu'Othon le Grand, Henri III, Henri VI, Frédéric Barberousse, Charles-Quint et Ferdinand III ont été sur le point de rétablir, est maintenant impossible. La patrie allemande existe encore dans la langue et la littérature, mais elle a disparu dans l'ordre politique. Voulez-vous enlever à la France l'Alsace et la Lorraine, à la Belgique, à la Hollande, toutes leurs provinces, au Danemark, à la Prusse, à l'Autriche, toutes leurs populations allemandes, à la Suisse les trois quarts de ses cantons, réunir enfin tous les peuples de langue germanique sous un même sceptre constitutionnel? De toutes les utopies ce serait la moins sensée. Préférez-vous ne comprendre, dans cet empire de vos rêves, que les membres actuels de la confédération germanique? mais que faire alors des éléments si divers qui composent l'empire d'Autriche? où sera la capitale? où sera le chef de cette nouvelle nation? nation nouvelle en effet qui n'aurait de commun que de vagues souvenirs, qu'une sorte de sentimentalité patriotique pour le vieux nom de Germanie, qui ne retentit plus maintenant dans les vallées des Alpes, du Jura et des Vosges, et que diviseraient tant d'intérêts positifs contraires, sans parler des haines religieuses entretenues par trois siècles d'irritation. Non, l'Allemagne ne retrouvera point cette unité qu'elle a vainement cherchée pendant dix siècles à constituer. S'il a fallu la réforme et la main de Napoléon pour réduire ses États de trois cent quatre-vingt-dix à quarante, ces quarante subsisteront longtemps encore, à moins qu'une conflagration générale n'amène un nouveau remaniement des territoires européens. Alors, peut-être, la vieille maison de Saxe s'agrandirait-elle au centre de l'Allemagne, entre la Prusse et l'Autriche; et dans le sud-ouest, la France voudrait peut-être former quelque royaume puissant qui fît contre poids aux deux puissances absolutistes et réalisât l'idée qu'avait conçue Napoléon, quand il établit la confédération du Rhin.

APPENDICE.

STATISTIQUE.

LIMITES ET DIVISIONS.

L'on comprend aujourd'hui sous le nom d'Allemagne, ou plutôt sous le titre officiel de *confédération germanique*, les contrées de l'Europe centrale, bornées au nord par la mer Baltique, le Danemark et la mer du Nord, à l'ouest par la Hollande, la Belgique et la France; au sud par la Suisse et l'Adriatique; au sud-est et à l'est par les pays qui, tout en appartenant à la monarchie prussienne et à la monarchie autrichienne, sont étrangers à la confédération germanique, par le royaume actuel de Pologne et la république de Cracovie.

Cette contrée, dont la plus grande longueur, prise depuis l'extrémité occidentale du grand-duché de Luxembourg dans les Pays-Bas, jusqu'à l'extrémité orientale du duché d'Auschwitz dans la Galicie autrichienne, est de cinq cent quatre-vingt-huit milles, et la plus grande largeur, depuis l'extrémité méridionale du Tyrol jusqu'à l'extrémité septentrionale du duché de Holstein, est de cinq cent vingt milles, est divisée entre quarante princes souverains.

ALLEMAGNE MÉRIDIONALE.

1° Une partie de l'EMPIRE D'AUTRICHE, c'est-à-dire, l'archiduché d'Autriche (Lintz et Vienne), les duchés de Salzbourg (Salzbourg), de Styrie (Gratz), de Carinthie et de Carniole, le Frioul, le territoire de Trieste, le comté du Tyrol avec le Vorarlberg, le royaume de Bohême, le margraviat de Moravie, la Silésie autrichienne. Population, environ 10,600,000 habitants.

2° Le ROYAUME DE BAVIÈRE entre la Hesse électorale et les États des maisons de Saxe et de Reuss au nord;

l'extrémité du royaume de Saxe, le royaume de Bohême, et la haute Autriche à l'est; le Tyrol et le Vorarlberg autrichiens avec une partie du lac de Constance au sud; enfin le royaume de Wurtemberg et les grands-duchés de Bade et de Hesse à l'ouest. Les pays dont se compose ce royaume, sont : l'ancien cercle de Bavière, moins l'archevêché de Salzbourg, et les districts situés à la droite de l'Inn, depuis son confluent avec la Salza, les évêchés de Bamberg, d'Eichstædt et de Wurzbourg, les anciennes principautés prussiennes de Baireuth et d'Anspach, les villes impériales de Nuremberg, de Rotenbourg, de Schweinfurt, etc., dans le cercle de Franconie; l'abbaye de Kempten, l'évêché d'Augsbourg, le magraviat du Burgau, ancienne possession autrichienne, les villes impériales de Kempten, d'Augsbourg, de Memmingen, de Kaufbeuern, de Lindau etc., dans la partie orientale du cercle de Souabe jusqu'à l'Iller; une partie des évêchés de Fulde, de Spire et de Worms, le duché de Deux-ponts, etc., dans le cercle du haut Rhin; une partie de l'électorat de Mayence avec Aschaffenbourg, Miltenberg, partie du bas Palatinat, dans le cercle du bas Rhin, avec la forteresse fédérale de Landau. Population, 4,070,000 habitants; capitale Munich.

3° Le ROYAUME DE WURTEMBERG, dans le cercle de Souabe, dont il possède la partie moyenne, est situé entre le grand-duché de Bade, le royaume de Bavière et le lac de Constance; capitale Stuttgard; population, 1,520,000 habitants.

4° Le GRAND-DUCHÉ DE BADE entre le Rhin à l'ouest et au sud, les royaumes de Bavière et de Wurtemberg, et la principauté de Hohenzollern à l'est, enfin le royaume de Bavière et le grand-duché de Hesse au nord; capitale Carlsruhe; population, 1,130,000 habitants.

5° La PRINCIPAUTÉ DE HOHENZOLLERN-HECHINGEN, près du Necker; capitale Hechingen; population, 15.000 habitants.

6° La PRINCIPAUTÉ DE HOHENZOLLERN-SIGMARINGEN sur le Danube; capitale Sigmaringen; population, 38,000 habitants.

7° La PRINCIPAUTÉ DE LICHTENSTEIN sur le Rhin, entre la confédération suisse et le Tyrol; capitale Lichtenstein; population, 6,000 habitants.

ALLEMAGNE CENTRALE.

8° Le ROYAUME DE SAXE entre la Prusse au nord, la Bohême à l'est, la Bavière au sud, les possessions de la maison de Reuss et de la maison ducale de Saxe; capitale Dresde sur l'Elbe; population, 1,400,000 habitants.

9° GRAND-DUCHÉ DE SAXE-WEIMAR à l'ouest du royaume de Saxe; capitale Weimar à l'ouest d'Altenbourg; population, 222,000 habitants.

10° DUCHÉ DE SAXE-COBOURG-GOTHA; capitale Gotha au sud-ouest de Weimar; population, 125,000 habitants.

11° DUCHÉ DE SAXE ALTENBOURG; capitale Altenbourg, à l'ouest de Dresde; population, 107,000 habitants.

12° DUCHÉ DE SAXE-MEININGEN-HILDBURGHAUSEN; capitale Hildburghausen au sud-ouest de Gotha; population 130,000 habitants.

13° PRINCIPAUTÉ DE SCHWARTZBOURG-RUDOLSTADT au sud des possessions de la maison de Saxe; capitale Rudolstadt sur la Saale au sud de Weimar; population, 57,000 habitants.

14° PRINCIPAUTÉ DE SCHWARZBOURG-SONDERSHAUSEN, capitale Sondershausen au nord-est de Weimar; population, 48,000 habitants.

15° PRINCIPAUTÉ DE REUSS-GREITZ, au sud des possessions de la maison de Saxe; capitale Greitz au sud d'Altenbourg; population, 24,000 habitants.

16° PRINCIPAUTÉ DE REUSS-SCHLEITZ; capitale Schleitz à l'ouest de Greitz; population, 30,000 habitants.

17° PRINCIPAUTÉ DE REUSS-LOBENSTEIN-EBERSDORF; capitale Lobenstein au sud-ouest de Schleitz; population, 27,500 habitants.

18° DUCHÉ D'ANHALT-DESSAU au nord des possessions de la maison de Saxe; capitale Dessau, près du confluent de la Mulde avec l'Elbe; population, 56,000 habitants.

19° DUCHÉ D'ANHALT-BERNBOURG; capitale Bernbourg à l'ouest de Dessau; population, 38,000 habitants.

20° DUCHÉ D'ANHALT-CŒTHEN; capitale Cœthen au sud de Dessau; population 34,000 habitants.

ALLEMAGNE OCCIDENTALE.

21° HESSE ÉLECTORALE OU HESSE-CASSEL entre la Prusse, le Hanovre, la principauté de Waldeck, la Bavière et le duché de Saxe-Weimar; capitale Cassel; population, 592,000 habitants.

22° GRAND-DUCHÉ DE HESSE-DARMSTADT; capitale Darmstadt; population, 700,000 habitants.

23° LANDGRAVIAT DE HESSE-HOMBOURG; capitale Hombourg, vor der Hœhe; population, 21,000 habitants.

24° DUCHÉ DE NASSAU; capitale Wiesbaden; population, 337,000 habitants.

25° PRINCIPAUTÉ DE WALDECK; capitale Corbach; population; 54,000 habitants.

26° PRINCIPAUTÉ DE LIPPE-DETMOLD; capitale Detmold; population, 76,000 habitants.

27° PRINCIPAUTÉ DE LIPPE-SCHAUENBOURG; capitale Buckebourg; population, 26,000 habitants.

28° RÉPUBLIQUE DE FRANCFORT; population, 54,000 habitants.

29° Le GRAND-DUCHÉ DE LUXEMBOURG appartenant au roi de Hollande; population, 300,000 habitants.

ALLEMAGNE SEPTENTRIONALE.

30° PAYS PRUSSIENS faisant partie de la confédération : les provinces de Brandebourg, de Silésie, de Saxe, de Westphalie et du Rhin; population, 9,300,000 habitants.

31° PAYS DANOIS faisant partie de la confédération : les duchés de Holstein et de Lauenbourg; population, 440,000 habitants.

32° ROYAUME DE HANOVRE entre la mer d'Allemagne, les provinces allemandes du Danemark et le Mecklembourg au nord, la Prusse à l'est et au sud, et la Hollande à l'ouest; population, 1,550,000 habitants.

33° DUCHÉ DE BRUNSWICK enclavé presque tout entier dans la province prussienne de Saxe; capitale Brunswick; population, 242,000 habitants.

34° GRAND-DUCHÉ D'OLDENBOURG au nord du Hanovre qui l'entoure au sud, à l'est et à l'ouest; capitale Oldenbourg; population, 241,000 habitants.

35° SEIGNEURIE DE KNIPHAUSEN. Cet État, le plus petit de tous les États européens, dont l'armée est de vingt-huit hommes, les revenus de 40,000 francs, et la capitale un château fortifié renfermant cinquante habitants, est enclavé dans le grand-duché d'Oldenbourg; population, 2,859 habitants.

36° RÉPUBLIQUE DE BRÈME sur le Weser, dans le Hanovre; population, 50,000 habitants.

37° RÉPUBLIQUE DE HAMBOURG, sur l'Elbe; population, 148,000 habitants.

38° RÉPUBLIQUE DE LUBECK, sur la Trave; population, 46,000 habitants.

39° GRAND-DUCHÉ DE MECKLEMBOURG-SCHWERIN, capitale Schwerin; population, 431,000 habitants.

40° GRAND-DUCHÉ DE MECKLEMBOURG-STRELITZ; capitale Neu-Strelitz; population, 77,000 habitants.

Outre ces quarante États souverains, il existe encore un nombre considérable de principautés, restes informes de l'ancienne constitution féodale de l'Empire, et dont la condition politique est désignée par le nom d'*États médiatisés*. Plusieurs d'entre eux dépassent même, pour l'étendue, la population et les revenus, plusieurs des États souverains de la confédération. Nous croyons devoir en donner ici le tableau d'après Malte-Brun (*).

(*) Précis de géographie universelle, t. V, p. 747, 3ᵉ édition.

TABLEAU DES ÉTATS MÉDIATISÉS DE L'ALLEMAGNE.

NOMS des ÉTATS MÉDIATISÉS.	TITRES des princes.	Population.	Revenu en florins de convention.	ÉTATS auxquels ils sont agrégés.
Autriche-Schaumbourg	Archiduc	3,581	30,000	Nassau.
Aremberg	Duc	79,171	750,000	Prusse, Hanovre.
Bentheim-Tehlenburg	Prince	10,493	60,000	Prusse.
Bentheim-Bentheim	Prince	26,109	160,000	Hanovre, Prusse.
Bentink	Comte	8,129	150,000	Oldenbourg.
Bœnelberg	Baron	2,800	20,000	Prusse.
Castell	Comte	9,449	60,000	Bavière.
Colloredo	Prince	1,894	20,000	Wurtemberg.
Croy	Duc	9,533	150,000	Prusse.
Dietrichstein	Prince	2,235	250,000	Wurtemberg.
Erbach-Erbach	Comte	15,614	110,000	Hesse, Wurtemberg.
Erbach-Furstenau	Comte	10,715	75,000	Hesse.
Erbach-Schœnberg	Comte	11,914	75,000	Hesse.
Erdœdy-Aspremont	Comtesse	281	70,000	Wurtemberg.
Esterhazy	Prince	830	1,800,000	Bavière.
Furstenberg	Prince	85,071	600,000	Bade, Wurtemberg, Hohenzollern.
Fugger-Kirchberg	Comte	11,980	60,000	Bavière, Wurtemberg.
Fugger-Glœtt	Comte	3,912	40,000	Bavière.
Fugger-Kirchheim	Comte	2,334	35,000	Bavière.
Fugger-Nordendorf	Comte	600	15,000	Bavière.
Fugger-Babenhausen	Prince	11,005	100,000	Bavière.
Giech	Comte	12,000	80,000	Bavière.
Gœrz	Comte	6,898	60,000	Hesse.
Grote	Baron	518	15,000	Prusse.
Hohenlohe-Langenbour	Prince	17,500	90,000	Wurtemberg.
Hohenlohe-Ingelfingen	Prince	20,000	115,000	Wurtemberg.
Hohenlohe-Kirchberg	Prince	16,500	70,000	Wurtemberg.
Hohenlohe-Bartenstein	Prince	23,000	100,000	Wurtemberg.
A reporter		404,060	5,160,000	

ALLEMAGNE.

NOMS des ÉTATS MÉDIATISÉS.	TITRES des princes.	Population.	Revenu en florins de convention.	ÉTATS auxquels ils sont agrégés.
Report....		404,066	3,160,000	
Hohenlohe-Jaxtberg.......	Prince.....	10,800	80,000	Wurtemberg.
Hohenlohe-Schillingfurst...	Prince.....	17,698	100,000	Wurtemberg.
Isenburg-Birstein..........	Prince.....	25,957	180,000	Hesse électorale.
Isenburg-Budingen.......	Comte.....	10,960	60,000	Hesse.
Isenburg-Wachtersrach....	Comte.....	5,530	30,000	Hesse électorale, Hesse.
Isenburg-Meerholz........	Comte.....	6,998	45,000	Hesse électorale, Hesse.
Kœnigsegg-Aulendorf.....	Comte.....	4,828	100,000	Wurtemberg.
Leiningen................	Prince.....	87,010	568,000	Bade, Bavière.
Leiningen-Bulligheim......	Comte.....	1,963	15,000	Bade.
Leiningen-Neudenau.......	Comte.....	1,860	15,000	Bade.
Leiningen-Westerbourg....	Comte.....	4,751	25,000	Nassau.
Leyen...................	Prince.....	5,000	100,000	Bade.
Lœwenstein-Freudenberg..	Prince.....	21,708	170,000	Bavière, Wurtemberg, Bade.
Lœwenstein-Rosenberg.....	Prince.....	28,352	400,000	Bavière, Wurtemberg, Bade.
Looz et Corswaren........	Duc.......	20,967	175,000	Prusse.
Neipperg	Comte.....	3,175	45,000	Wurtemberg.
OEttingen-OEttingen.......	Prince.....	14,933	115,000	Bavière, Wurtemberg.
OEttingen-Wallerstein.....	Prince.....	41,954	350,000	Bavière, Wurtemberg.
Ortenburg	Comte.....	2,300	25,000	Bavière.
Pappenheim	Comte.....	7,117	50,000	Bavière.
Plettenberg..............	Comte.....	1,250	86,000	Wurtemberg.
Puckler..................	Comte.....	5,255	40,000	Wurtemberg.
Quadt-Isny..............	Comte.....	2,000	70,000	Wurtemberg.
Rechberg	Comte.....	38,164	85,000	Wurtemberg.
Rechtern-Limpurg........	Comte.....	6,695	15,000	Wurtemberg.
Salm-Salm...............	Prince.....	8,875	400,000	Prusse.
Salm-Kirbourg	Prince.....	18,442	190,000	Prusse.
Salm-Horstmar.	Prince.....	45,779	200,000	Prusse.
Salm-Krautheim.........	Prince.....	13,005	80,000	Wurtemberg, Bade.
A reporter..		869,392	8,974,000	

NOMS des ÉTATS MÉDIATISÉS.	TITRES des princes.	Population.	Revenu en florins de convention.	ÉTATS auxquels ils sont agrégés.
Report		869,392	8,974,000	
Schaesberg	Comte	1,200	50,000	Wurtemberg.
Schœnborn-Wiesentheid	Comte	10,330	250,000	Bavière, Hesse.
Schœnburg-Waldenbourg	Prince	42,500	150,000	Saxe.
Schœnburg-Bochsbourg	Comte	6,500	20,000	Saxe.
Schœnburg-Penigk	Comte	15,000	40,000	Saxe.
Schwarzenberg	Comte	20,000	45,000	Saxe.
Solms-Braunfels	Prince	12,085	300,000	Bavière, Wurtemberg.
Solms-Braunfels	Prince	27,743	110,000	Prusse, Wurtemberg, Hesse.
Solms-Lich	Prince	9,033	35,000	Prusse.
Solms-Laubach	Comte	5,490	30,000	Hesse.
Solms-Rœdelheim	Comte	5,681	30,000	Hesse.
Stadion, ligne de Frédéric	Comte	2,060	30,000	Wurtemberg.
Stadion, ligne de Philippe	Comte	1,478	90,000	Bavière.
Sternberg	Comte	3,497	50,000	Wurtemberg.
Stolberg-Wernigerode	Comte	16,736	325,000	Prusse, Hanovre, Hesse.
Stolberg-Stolberg	Comte	5,205	50,000	Prusse, Hanovre.
Stolberg-Rosla	Comte	10,990	75,000	Prusse, Hesse.
Thurn et Taxis	Prince	30,746	500,000	Bavière, Wurtemberg, Hohenzollern.
Tœrring	Comte	1,938	30,000	Wurtemberg.
Waldbott-Bassenheim	Comte	620	40,000	Wurtemberg.
Waldburg-Waldssée	Prince	15,000	70,000	Wurtemberg.
Waldburg-Trauchbourg	Prince	9,700	40,000	Wurtemberg.
Waldburg-Wurzach	Prince	6,900	30,000	Wurtemberg.
Wied	Prince	38,898	230,000	Prusse, Hesse.
Windischgraetz	Prince	2,235	100,000	Wurtemberg.
Witgenstein-Berlebourg	Prince	6,845	100,000	Prusse.
Witgenstein-Witgenstein	Prince	10,777	130,000	Prusse.
Total		1,188,559	11,924,000	

A ces quarante États *immédiats* souverains, à ces quatre-vingt-quatre États *médiatisés*, il faut joindre encore un certain nombre de familles princières ou comtales, qui, ayant été autrefois États d'empire, ont conservé des droits et des titres qui en forment une classe privilégiée : tels sont les princes d'Auersberg, de Kaunitz-Rietberg, de Kevenhuller, de Lobkowitz, de Metternich, de Rosenberg, de Salm-Reifferscheid-Ray, de Schonbourg-Hartenstein, de Stharenberg, de Trautmansdorf, domiciliés en Autriche; les comtes de Harrach, de Kusstein, de Platen-Hallermund, de Schonborn-Bechheim, de Wurmbrand, également domiciliés en Autriche ; d'Isenbourg-Philippeick résidant dans la Hesse; de Leiningen-Westerbourg dans le duché de Nassau ; de Schonbourg-Rochsbourg dans la Saxe ; de Waldeck-Pyrmont dans le Wurtemberg, et de Walmoden-Gimborn dans le Mecklembourg.

II. CONSTITUTION POLITIQUE.

Nous n'avons rien à ajouter à ce qui a été dit ci-dessus (*) touchant la constitution politique de la confédération ; nous nous contenterons de citer le résumé fait par M. Balbi, des droits de la diète, relativement au gouvernement intérieur des États confédérés.

« Dans l'intérieur de chacun des États confédérés, le maintien de l'ordre et de la tranquillité appartient aux gouvernements seuls. La confédération ne leur prête sa coopération pour ce but que dans le cas d'une négligence formelle de la part d'un gouvernement, dans celui d'une révolte ouverte, ou de mouvements dangereux menaçant à la fois plus d'un État de la confédération. Le gouvernement qui a reçu un pareil secours doit informer la diète de la cause des troubles, et indiquer les mesures prises pour affermir l'ordre légal rétabli. En cas de déni de justice dans un des États de la confédération, la diète reçoit les plaintes, et amène le gouvernement à y faire droit par les voies judiciaires et légales. Il doit y avoir des assemblées d'État dans

(*) p. 367.

tous les pays de la confédération ; mais il appartient aux princes de régler cette affaire de législature intérieure dans l'intérêt de leurs pays respectifs. Les constitutions d'État existantes, reconnues comme étant en vigueur, ne peuvent être changées que par des voies constitutionnelles ; mais comme, par le principe fondamental de la Confédération, tous les pouvoirs de la souveraineté doivent rester réunis dans le chef suprême de chaque gouvernement, le souverain ne peut être tenu par une constitution d'admettre la coopération des États que dans l'exercice des droits spécialement déterminés. Aucune constitution particulière ne peut ni arrêter, ni restreindre les princes souverains confédérés dans l'exécution des devoirs que leur impose l'union fédérale. Aucune assemblée d'État ne peut refuser à son prince les moyens pécuniaires nécessaires pour l'accomplissement de ses devoirs fédéraux, et pour l'administration du gouvernement conforme aux lois du pays. Les votes de budget conditionnel sont inadmissibles. La législation intérieure des États confédérés ne peut point être en opposition avec le but de la confédération. Dans les pays où la publicité des délibérations est reconnue par la constitution, il doit être pourvu à ce que ni dans les discussions, ni lors de leur publication par la presse, la tranquillité du pays ne puisse être compromise, ou l'autorité de la confédération attaquée (*). »

Qu'on se rappelle que la diète est sous l'influence des grands États, qu'ils dirigent ses délibérations, lui dictent ses décrets, et qu'on se demande alors quelle est l'indépendance des membres peu puissants de la confédération (**).

ORGANISATION MILITAIRE.

Un décret du mois de février 1822 a organisé l'armée fédérale. Cette armée, qui se compose du contingent de chacun des États confédérés, à rai-

(*) Balbi, Abrégé de géographie, 3ᵉ édition, p. 287 et suiv.
(**) Le président de la diète est toujours un représentant de l'Autriche.

son d'un homme sur 100, s'élevait en 1822 à 301,637 hommes; mais l'augmentation qu'a éprouvée la population en 1832, l'a portée, en 1833, à 362,815.

Cette armée est commandée par un général que désigne la diète ; elle est divisée en dix corps :

          hommes.

Le 1ᵉʳ, le 2ᵉ et le 3ᵉ sont fournis par l'Autriche et forment un total de...... 109,643

Le 4ᵉ, le 5ᵉ et le 6ᵉ, fournis par la Prusse, s'élèvent à.................. 100,812

Le 7ᵉ, fourni par la Bavière, est de... 42,382

Le 8ᵉ, composé des contingents du royaume de Wurtemberg, des grands-duchés de Bade et de Hesse, du landgraviat de Hesse-Hombourg, des principautés de Hohenzollern et de Lichtenstein, et de la république de Francfort, forme trois divisions :

1° Wurtemberg............ 15,947
2° Bade.................. 12,236
3° Les autres principautés.... 8,944

Sa force totale est de........ 37,127, ci 37,127

Le 9ᵉ est formé de deux divisions :

La 1ʳᵉ, fournie par le royaume de Saxe, les duchés de Saxe-Cobourg-Gotha, Meiningen, Altenbourg, et les principautés de Reuss, est de............... 19,276

La 2ᵉ, composée des contingents de la Hesse électorale, des grands-duchés de Luxembourg et de Saxe-Weimar, des duchés de Nassau et d'Anhalt, et des principautés de Schwarzbourg, présente un effectif de................... 18,144

Sa force totale est de........ 37,420, ci 37,420

Le 10ᵉ est formé de deux divisions :

La 1ʳᵉ, fournie par le royaume de Hanovre, le duché de Brunswick, et les principautés de Waldeck et de Lippe, est de...... 20,678

La 2ᵉ, composée des contingents des grands-duchés de Holstein-Oldenbourg et de Mecklembourg, des duchés de Holstein et de Lauenbourg, de la principauté de Kniphausen et des villes libres de Brême, Lubeck et Hambourg, est de....................... 14,753

Sa force totale est de........ 35,431, ci 35,431

D'où il suit que l'effectif de l'armée fédérale doit être de.... 362,815

La confédération possède plusieurs places fortes, dont les principales sont Luxembourg, dans le grand-duché de ce nom; Mayence, dans le grand-duché de Hesse ; Landau, dans la Bavière rhénane ; Germersheim, dans la vieille Bavière, et Ulm, dans le royaume de Wurtemberg. Hombourg, dans la Bavière rhénane, est destiné aussi à compléter le système des forteresses fédérales.

COMMERCE.

Au moyen âge, l'Allemagne était le centre de tout le commerce européen; c'est par elle que s'écoulaient, vers le sud et l'ouest, les produits du nord et de l'est de l'Europe; c'est par elle que les soieries de Venise, les sucres de la Syrie, toutes les denrées de l'Orient, tous les produits de l'industrie italienne étaient portés en France, en Angleterre et dans les États scandinaves; mais la découverte d'un nouveau passage aux Indes par le cap de Bonne-Espérance, qui livra aux Portugais le commerce de l'Orient dont les Vénitiens avaient été jusqu'alors en possession, les troubles qui suivirent la réforme, la guerre de trente ans, la multiplicité des douanes que chaque petit État élevait entre ses frontières et celles de ses voisins, les habitudes routinières des manufacturiers qui se contentaient de fabriquer toujours les mêmes produits, les guerres continuelles dont l'Allemagne fut le théâtre, enfin la concurrence redoutable de la Grande-Bretagne, ruinèrent son commerce en faisant disparaître la sécurité des routes, ou en les couvrant de douaniers. Le système continental établi par Napoléon rendit aux villes industrielles de l'Allemagne une activité qu'elles conservent encore, et qui releva son commerce ; mais les efforts gigantesques que l'Angleterre avait faits pour se passer des matières premières tirées du continent, et donner au plus bas prix possible les produits de ses manufactures, réussirent au delà de ses espérances, et, la paix venue, elle vida ses magasins encombrés depuis vingt ans, inonda tous les marchés de l'Allemagne, substitua partout ses capitaux à ceux des négociants allemands, et, par la supériorité de sa marine marchande, arrêta le développement de celle des États maritimes qui essayèrent d'en créer une. A cette concurrence écrasante vint se joindre encore celle de la France, qui s'empara d'une partie du commerce de transit que l'Allemagne aurait pu faire, celle des États-Unis et de la Suède, dont les vaisseaux remplirent les ports de toutes les places de commerce.

Cependant, grâce à son heureuse position, à la fertilité de son sol et à la variété de ses productions, grâce à ses grandes foires de Francfort et de Leipzig, l'Allemagne conserva encore une assez grande activité commerciale; puis les princes finirent par comprendre que les prohibitions de toute espèce dont ils entravaient le commerce étaient un mauvais revenu, et se décidèrent à abolir quelques-unes des douanes dont l'Allemagne était hérissée. La Prusse se mit à la tête de ce mouvement, et dans ces dernières années la grande fédération des douanes prussiennes a compris tous les États de la confédération germanique, excepté le royaume de Hanovre, les grands-duchés de Mecklembourg-Schwerin, de Mecklembourg-Strelitz et d'Oldenbourg, le duché de Brunswick, les villes hanséatiques Lubeck, Hambourg et Brême, et la principauté de Lichtenstein; en outre, tous les pays de la confédération dépendants de l'empire d'Autriche et des monarchies danoise et hollandaise (*).

« L'Allemagne a vu naître de nos jours deux compagnies commerciales, savoir : la Compagnie rhénane des Indes occidentales (*Rheinisch-Westindische Compagnie*), fondée à Elberfeld, en 1821 : elle favorise déjà puissamment le débit des productions du sol et de l'industrie de l'Allemagne septentrionale et occidentale; la Compagnie américaine de l'Elbe (*Elb-Amerikanische Compagnie*), fondée à Leipzig, en 1825 : elle offre surtout un grand débouché aux fabriques de la Saxe et de la Bohême.

« Outre les meilleurs produits des fabriques et des manufactures(**),les principaux articles exportés par l'Allemagne

(*) Tout récemment l'Angleterre vient de signer avec l'Autriche un traité de commerce dirigé contre la grande fédération des douanes prussiennes à laquelle la Hollande ne paraît pas devoir tarder à s'unir.
(**) Voyez plus bas pag. 390.

sont : laine, grains, bois de construction, fer, plomb, étain, vitriol, miel, cire, cuirs, chevaux, bestiaux, soie de porc, et autres articles bruts. Les principaux articles importés sont : vins, eaux-de-vie et liqueurs, poissons secs et salés, fromage, peaux, goudron, huile de poisson, suif, cuir, potasse, cuivre, fer, lin, et autres produits bruts; sucre, café, thé, cacao, vanille, rhum, riz, épices, drogueries, coton et soie. Le commerce de transit est très-considérable, et procure des bénéfices immenses aux villes qui l'exercent.

« Les principales places maritimes commerçantes sont : Hambourg, Lubeck, Brême, Emden; les principales places commerçantes de l'intérieur sont : Francfort, Leipzig, Augsbourg, Nuremberg, Brunswick, Hanovre, Cassel, Munich, Carlsruhe, Darmstadt, Weimar, etc. La foire de Leipzig n'a pas d'égale sous le rapport du commerce de la librairie, et le commerce de Hambourg est si important qu'il rivalise déjà avec celui des plus grandes places commerciales du monde (*). »

Lorsque l'industrie de l'Allemagne aura pris un plus grand essor, son commerce trouvera de grandes facilités dans le grand nombre de fleuves navigables qui la traversent dans tous les sens et en font un des pays les mieux arrosés du monde(**). De bonne heure des canaux avaient été ouverts, surtout dans les provinces du nord; et l'exemple donné par la ligue hanséatique, dès le quatorzième siècle, est maintenant suivi dans tous les pays de la confédération. L'Autriche, la Prusse et le Danemark renferment encore, il est vrai, presque tous les canaux que compte la confédération; mais partout l'élan est donné, et l'on travaille en ce moment même à réaliser le projet de Charlemagne, en joignant par un canal la Rednitz, qui se jette dans le Mein, affluent du Rhin, avec l'Altmuhl, affluent direct du Da-

(*) Balbi, ouvrage cité, p. 229.
(**) L'Allemagne compte environ cinq cents fleuves ou rivières dont soixante, sont navigables.

nube; d'autre part, on s'occupe en France de mettre la Seine en communication avec le Rhin ; une immense voie navigable sera donc bientôt ouverte entre l'Océan et la mer Noire, entre Paris et Constantinople ; un autre canal, partant de Cannstatt sur le Necker, affluent du Rhin, viendrait joindre, à travers le Rauhe-Alp, le Danube à Ulm.

L'établissement des chemins de fer servira encore puissamment les intérêts du commerce ; déjà celui de Nuremberg à Furth est ouvert ; on travaille avec activité à celui qui doit joindre Dresde et Leipzig, et plusieurs autres sont projetés. Si de pressantes nécessités, si le besoin de suivre au plus tôt les autres États commerçants, l'Angleterre, la France et la Belgique, dans les voies nouvelles où ils sont entrés, peuvent triompher de la lenteur allemande, bientôt peut-être seront exécutés les chemins de fer projetés entre Hambourg et Lubeck, entre Brême et Hanovre, entre Francfort, Cassel, Darmstadt, Mayence et Manheim ; entre Manheim et Bâle, entre Munich et Lindau sur le lac de Constance, par Augsbourg et Kempten ; enfin entre Stuttgard et Friedrickhafen, sur le même lac, par Ulm et Biberach.

INDUSTRIE.

En Allemagne comme en France, la durée du système continental fut une ère de prospérité pour l'industrie manufacturière. Avant que Bonaparte eût déclaré cette guerre à mort à l'industrie anglaise, celle de l'Allemagne, si florissante au moyen âge, comme son commerce, allait dépérissant chaque jour. En 1789, en effet, l'Angleterre, maîtresse du Portugal, grâce aux traités de commerce qu'elle avait imposés à cette puissance, exerçait, sous le rapport industriel, sur les autres États de l'Europe, une prépondérance incontestée. La France et l'Espagne, grâce à leur position géographique, à leurs colonies et à leur marine marchande, pouvaient y échapper ; mais l'Allemagne, divisée entre une foule de petits princes, en était écrasée, d'autant plus que les marchands de Londres se vengeaient sur elle par des mesures prohibitives, de ce qu'ils ne pouvaient faire contre la France. Si Napoléon n'était venu en aide aux États de la confédération du Rhin, leurs manufactures auraient été complétement ruinées. Le système continental lui rendit une vie nouvelle, en excluant de tous les marchés du continent les produits de l'Angleterre. Mais, après la chute de Bonaparte, l'Angleterre rentra en concurrence avec l'Allemagne, et regagna bientôt sur elle tout ce qu'elle avait perdu. D'ailleurs, par le perfectionnement des machines et des procédés de travail, l'Angleterre en était venue à livrer ses produits à très-bas prix, et pouvait les substituer aux anciens produits, toujours d'un prix comparativement élevé, de l'industrie allemande. Ainsi elle était parvenue à donner à ses étoffes de coton presque la force de la toile ; et voilà pourquoi au lieu de tirer annuellement de Silésie, comme elle le faisait au dix-septième siècle, quarante-cinq mille neuf cent vingt-six quintaux de fil de lin, elle n'en achète plus aujourd'hui que six mille ; et cette province, qui, au commencement de ce siècle, livrait dès toiles pour environ soixante millions de francs, en fabrique maintenant pour trois millions seulement. Les draps ont eu la même fortune, et la concurrence des manufactures de France, de Belgique et d'Angleterre, a fait tomber celles de la Bavière ; l'Autriche n'a conservé les siennes qu'à la faveur de ses règlements de douanes ; et la Saxe, parce que ses fabricants ont su se tenir au courant des perfectionnements de tout genre introduits depuis vingt ans. Dans la fabrication des tabacs et des cuirs, dans les ouvrages en acier, en cuivre, en or, en bois et en paille, les Allemands ont conservé leur ancienne réputation ; mais ces produits sont d'une valeur peu élevée, que les caprices de la mode diminuent encore, et la quincaillerie fine de Nuremberg, par exemple, jadis fort en vogue, n'a plus maintenant de débouchés. Cepen-

ALLEMAGNE.

dant les toiles de la Lusace et de Brunswick, les cotonnades, les draps et les dentelles, les porcelaines, les faïences, les verreries et les aciers de la Saxe, les raffineries de Hambourg, qui, avant la révolution de 1789, étaient au nombre de plus de quatre cents, les ouvrages en bois de Nuremberg, etc., mais surtout le commerce de librairie de Leipzig, Munich, Stuttgard, Gotha, Weimar, Carlsruhe, Iéna, Dresde, Gœttingue, Hanovre, etc., font encore une part assez belle à l'industrie allemande.

REVENUS ET DETTES.

Nous empruntons au tableau statistique de l'Europe, donné par M. Balbi (*), les chiffres suivants, qui peuvent donner d'utiles renseignements sur la force respective des divers États de la confédération, mais qui ne permettent pas de présenter des résultats généraux, l'auteur n'ayant pas distingué la part de la confédération dans les sommes qu'il indique pour les quatre dernières monarchies.

(*) Ouvrage cité, p. 636.

TABLEAU STATISTIQUE DE LA CONFÉDÉRATION GERMANIQUE.

ÉTATS ET TITRES.	Superficie en milles carrés.	POPULATION Absolue.	POPULATION Relative.	REVENU en francs.	DETTE en francs.	Armée ou contingent.
Royaume de Bavière	22,120	4,070,000	184	69,733,000	355,200,000	35,800
Royaume de Wurtemberg	5,720	1,520,000	266	20,000,000	60,000,000	13,955
Royaume de Hanovre	11,125	1,550,000	139	27,000,000	64,000,000	13,054
Royaume de Saxe	4,341	1,460,000	314	28,000,000	70,000,000	12,000
Grand-duché de Baden	4,480	1,130,000	252	29,000,000	39,000,000	10,000
Grand-duché de Hesse	2,826	700,000	248	12,600,000	27,000,000	6,195
Hesse-Électorale	3,344	592,600	177	11,000,000	5,000,000	5,679
Grand-duché de Saxe-Weimar	1,070	222,000	204	4,913,000	16,291,000	2,100
Grand-duché de Mecklenbourg-Schwerin	3,582	431,000	120	6,000,000	20,500,000	3,580
Grand-duché de Mecklenbourg-Strelitz	578	77,000	133	1,500,000	8,000,000	717
Grand-duché de Holstein Oldenbourg	1,880	241,000	128	3,800,000	»	2,178
Duché de Nassau	1,446	337,000	233	6,000,000	9,500,000	3,028
Duché de Brunswick	1,126	242,000	215	6,300,000	8,000,000	2,096
Duché de Saxe-Cobourg-Gotha	571	125,000	299	2,500,000	11,600,000	1,394
Duché de Saxe Meiningen-Hildebourghausen	591	130,000	188	1,939,000	8,000,000	1,268
Duché de Saxe-Altenbourg	397	107,000	270	1,526,000	3,000,000	1,026
Duché d'Anhalt-Dessau	261	56,000	215	4,400,000	1,600,000	529
Duché d'Anhalt-Bernbourg	253	38,000	150	1,100,000	1,700,000	370
Duché d'Anhalt-Kœthen	240	34,000	142	630,000	3,103,000	324

ÉTATS ET TITRES.	Superficie en milles carrés.	POPULATION Absolue.	POPULATION Relative.	REVENU en francs.	DETTE en francs.	Armée ou contingent.
Principauté de Reuss-Greitz......	109	24,000	221	362,000	517,000	206
Principauté de Reuss-Schleitz......	156	30,000	191	336,000	»	280
Principauté de Reuss-Lobenstein-Ebersdorf..................	128	27,500	»	621,000	1,810,000	260
Principauté de Schwarzbourg-Rudolstadt.................	306	57,000	187	800,000	600,000	539
Principauté de Schwarzbourg-Sondershausen..................	270	48,000	178	600,000	540,000	451
Principauté de Lippe-Detmold......	330	76,000	230	1,267,000	1,500,000	691
Principauté de Lippe-Schauenbourg.	157	26,000	166	556,000	1,034,000	240
Principauté de Waldeck..........	347	54,000	156	1,034,000	3,103,000	518
Principauté de Hohenzollern-Sigmaringen..................	293	38,000	130	500,000	2,600,000	356
Principauté de Hohenzollern-Hechingen..................	82	15,000	183	310,000	700,000	145
Principauté de Lichtenstein.......	40	6,000	150	50,000	»	55
Landgraviat de Hesse-Hombourg...	125	21,000	168	400,000	1,146,000	200
République de Francfort.........	69	54,000	783	1,634,000	17,000,000	473
République de Brême............	51	50,000	980	1,034,000	7,800,000	385
République de Hambourg.........	114	148,000	1,302	5,600,000	40,000,000	1,298
République de Lubeck............	88	46,000	523	1,034,000	9,000,000	406
Seigneurie de Kniphausen.........	13	2,859	220	40,000	»	28
Empire d'Autriche...............	194,500	32,000,000	165	440,000,000	1,700,000,000	271,404
Monarchie prussienne............	80,450	12,164,000	155	215,000,000	726,680,000	192,452
Monarchie hollandaise...........	9,780	3,558,000	262	85,000,000	2,838,000,000	36,000
Monarchie danoise..............	16,500	1,050,000	119	33,000,000	280,000,000	36,838

POPULATION.

D'après les chiffres qui précèdent, et en ne comptant que la partie des États autrichiens, prussiens, hollandais et danois, qui font partie de la confédération, c'est-à-dire 10,600,000 Autrichiens, 9,300,000 Prussiens, 440,000 Danois du Holstein et de Lauenbourg, et 295,000 Luxembourgeois qui depuis la révolution belge n'appartiennent plus à la Hollande, la population des États réunis de la confédération germanique s'élevait, en 1826, au chiffre de 34,500,000 âmes, habitant 2,390 villes, dont 100 ont une population de plus de 8000 âmes ; 2,340 bourgs, 88,619 villages, et 100,000 hameaux ou métairies. Dans ce chiffre de 34,500,000 habitants, on compte 27,700,000 âmes appartenant à la race germanique, 5,325,000 Slaves, 292,500 juifs, 300,000 Français et Wallons, quelques Grecs, Bohémiens et Arméniens, etc.

RELIGION (*).

PUISSANCE ET RICHESSES DE L'ÉGLISE ALLEMANDE.

S'il est une vérité politique qui ressorte clairement des enseignements de l'histoire, c'est que tout excès dans un sens amène à sa suite une réaction inévitable. Quelle Église était aussi florissante par le nombre et la puissance de ses membres que l'Église d'Allemagne? Nulle part dans la chrétienté le clergé n'avait été aussi richement doté des biens de ce monde. Ses chefs avaient armées et forteresses, et leur cour pouvait rivaliser d'éclat avec celle des papes eux-mêmes. Mais aujourd'hui toute cette puissance est tombée ; l'archevêque de Cologne, autrefois archichancelier de l'Empire, le deuxième en rang des princes électoraux, duc de Westphalie et d'Angorie, possesseur d'un immense territoire, de Cologne, d'Aix-la-Chapelle, l'antique métropole de l'Allemagne, etc., n'est plus maintenant qu'un pauvre vieillard qui emporte pour tout bien dans sa captivité, comme au temps de la primitive Église, son livre de prières et l'humble vêtement qui le couvre.

Dans les autres parties de la chrétienté, le clergé avait péniblement gagné ses honneurs par plusieurs siècles de sacrifices et de dévouement ; il n'était arrivé à la richesse qu'après avoir passé huit cents ans dans la pauvreté et les travaux dangereux de la prédication. Le clergé allemand n'eut point tant à faire pour trouver le repos et la puissance ; l'espace d'une vie d'homme, celle de saint Boniface, lui suffit presque pour conquérir tout un peuple à la foi catholique et régner sur lui par le droit du double glaive. C'est que ce ne furent point de pauvres moines qui s'en allèrent au nom du Christ briser les vieilles idoles des Germains et trouver le martyre dans leurs sombres forêts. Plusieurs, sans doute, parmi les apôtres de l'Allemagne, périrent en prêchant la foi dans la Thuringe ou la Saxe ; mais d'ordinaire, leur mission, œuvre de politique autant que de religion, se faisait sans péril ; c'est à la suite des armées franques qu'ils venaient à Paderborn ou à Minden baptiser par milliers les Saxons que Charlemagne forçait de se convertir sous peine de mort.

Charles avait en effet compris que la religion était son plus puissant auxiliaire, et que ceux qui désertaient le culte d'Herta et d'Hermansäul pour obéir au Christ se soumettraient plus aisément à ses capitulaires. Aussi lorsqu'après vingt années de combats il fut parvenu jusqu'à l'Elbe, qui séparait alors les Germains des Slaves, il établit un système régulier de conversion, et envoya une armée de prêtres commencer la conquête religieuse qui devait affermir et consolider la conquête politique. Mais cette armée, il eut soin de l'organiser avant de la lancer sur le terrain ennemi. A sa tête furent placés les évêques qu'il institua à Minden, Halberstadt, Verden, Bremen, Munster, Hildesheim, Osnabruck et Paderborn ; pour la recruter, de nombreuses abbayes s'élevèrent dans tout le nord-ouest de l'Allemagne ; d'immenses dotations multiplièrent ses ressources et ses moyens d'action ; enfin, à la juridiction spirituelle il ajouta, par son capitulaire *in partibus saxonicis*, une sorte de pouvoir inquisitorial défendu par de nombreux privilèges (*).

Ce qui était plus dur encore que cette législation sévère, c'était la nécessité pour les vaincus de voir vivre au mi-

---

(*) J'emprunte l'article qui suit à un excellent travail publié l'an dernier par mon jeune ami M. Victor Duruy, à l'occasion des événements religieux survenus à Cologne.

(*) Voyez t. I, p. 173 et suiv., les articles 1, 3, 4, 5, 8, 10, 14, 15, 16, 17, de ce capitulaire.

lieu d'eux, riches de leurs dépouilles, ces prêtres qui avaient préparé leur ruine et qui épiaient encore jusqu'à leurs moindres actions; car l'application de ces lois qui multipliaient comme à plaisir la peine de mort, fut mise sous la surveillance du clergé. « Les prêtres, est-il dit à l'article 35, veilleront à ce qu'il n'en soit pas fait autrement. » L'Allemagne de l'ouest et du nord fut donc soumise à une véritable inquisition exercée par le clergé au profit du pouvoir temporel.

Pour récompenser les services nombreux que le clergé leur rendit les empereurs multiplièrent les priviléges de l'Église. Les bornes dans lesquelles la juridiction ecclésiastique avait été jusqu'alors resserrée furent levées. Les clercs eurent le droit de ne reconnaître d'autre juge que leur évêque, et tout ce qui était sous la protection du clergé jouit du même avantage. On ordonna que les comtes, les juges subalternes et tout le peuple obéiraient avec respect aux évêques. Les justices temporelles ou seigneuriales qu'ils possédaient dans leurs terres n'eurent pas une compétence moins étendue que celle des autres seigneurs, et leurs juges purent condamner à mort. Aussi l'aristocratie épiscopale qui, à l'avénement des Carlovingiens, était dans une complète dissolution, se trouva reconstituée à la fin du règne de Charlemagne. Sous sa main, dit M. Guizot, elle reprit la régularité, l'ensemble qu'elle avait perdus, et devint pour des siècles le régime dominant de l'Église.

En France, au neuvième et au dixième siècle, le pouvoir des évêques fut si grand, qu'il constitua, au dire de quelques historiens, une véritable théocratie; plus tard il leur fallut partager d'abord avec les seigneurs temporels, puis avec le roi et le peuple, deux puissances nouvelles, qui se donnèrent la main pour renverser la double aristocratie religieuse et féodale qui pesait également sur eux. La victoire fut longuement disputée; mais, après Philippe-Auguste, saint Louis et Philippe le Bel qui, par des moyens contraires, atteignirent le même but,

prêtres et nobles, évêques et barons, se trouvèrent devenus les fidèles et loyaux sujets du roi. Si la guerre des Anglais remit en question l'existence même de la royauté, Louis XI recommença Philippe le Bel, emprisonna ou fit mourir ducs et cardinaux; et le clergé de France, humble vassal du pouvoir temporel, en fut réduit à se dédommager de son indépendance perdue, en guerroyant contre la papauté au nom des libertés de l'Église gallicane.

Mais l'Allemagne, qui ne sut jamais trouver l'unité politique et qui se débattit sans cesse entre l'autorité absolue des empereurs et l'indépendance de ses mille princes, laissa au clergé et ses biens immenses et ses nombreux priviléges. A l'exemple de Charlemagne, les empereurs voulurent s'aider des prêtres, non plus contre les nations païennes, mais pour asservir les grands, rebelles à leur autorité. Arnulf fit ainsi des ministres impériaux les exécuteurs aveugles des sentences de l'Église. Les comtes, est-il dit au troisième article de l'édit de Tribur (année 895), les comtes se saisiront de ceux qui, ayant été excommuniés par les évêques, refuseront de faire la pénitence qui leur aura été imposée par l'Église. Les comtes devront les présenter au roi; et s'ils résistent pour ne point venir en la cour du roi, ceux qui les tueront ne seront sujets à aucune amende, ni à aucune pénitence. Les parents de ceux qu'on aura tués de la sorte seront même contraints de jurer qu'ils ne vengeront pas leur mort (*).

Les Ottons, qui furent si près de saisir l'autorité souveraine, n'oublièrent pas cette antique alliance de l'Église et du pouvoir royal; ils fondèrent de nouveaux évêchés à Kavelberg, Oldenbourg, Brandebourg, Meissen, Mersebourg, Posen, etc. Non contents de multiplier ainsi les alliés

(*) Cette prétention du clergé de faire exécuter par le bras séculier et sans examen préalable les sentences ecclésiastiques était si odieuse en France que le pieux saint Louis lui-même refusa de la reconnaître.

naturels du pouvoir central, ils conférèrent aux évêques des villes, des comtés avec la juridiction temporelle, et tous les droits régaliens.

Cet exemple fut imité de tous leurs successeurs, et le clergé, qui en France avait été entraîné dans la ruine de la féodalité, subsista à côté d'elle en Allemagne. Tantôt auxiliaire des empereurs, il se fit récompenser de son assistance aux dépens des nobles; tantôt allié des princes, il se plut à nommer comme eux des hommes obscurs, des aventuriers que l'on costumait en empereurs, à qui l'on mettait le sceptre dans une main et le globe dans l'autre, pour leur faire sanctionner les usurpations que tous, nobles et prêtres, opéraient à l'envi. Ainsi, Albert dut abandonner le droit d'exercer la juridiction impériale sur les électorats ecclésiastiques; et bientôt l'archevêque de Mayence le contraignit à renoncer encore, pour prix de son alliance, à toute juridiction sur les prêtres.

Ces archevêques de Mayence, qui se trouvèrent souvent plus puissants que les papes, jouèrent en Allemagne le rôle de patriarches, surtout quand la France eut confisqué la papauté à son profit et la tint prisonnière dans Avignon. A leur autorité religieuse ils joignaient la possession d'un vaste et riche territoire qui élevait leur importance politique au-dessus de celle de presque tous les princes séculiers. L'un d'eux, Siegfrid, était représenté sur son tombeau entre les deux empereurs Henri Raspon et Guillaume de Hollande, la main placée sur leurs couronnes. Un autre, chassant un jour avec un empereur qu'il songeait à faire déposer, Albert, le chef de la puissante maison de Hapsbourg, lui disait en face: « Je n'ai besoin que de sonner du « cor pour faire sortir de terre un au- « tre roi des Romains. »

Il faut voir aussi comme le fougueux Luther parle avec crainte et respect, dans le commencement de la lutte, au cardinal-archevêque de Mayence et de Magdebourg; comme l'éclat de cette Église nationale l'éblouit et l'étonne malgré son audace. Car ce n'étaient pas seulement quelques dogmes auxquels il fallait donner une interprétation nouvelle. L'esprit est fort contre l'esprit, et les novateurs ne redoutaient point les combats de parole; mais c'était aussi une domination temporelle couvrant presque un tiers de l'Allemagne de ses possessions, qu'il s'agissait de renverser. La Franconie, la Thuringe, la Westphalie, ces antiques duchés des Hohenstaufen et des Welf, avaient été partagés entre les abbés et les évêques. Au sud, les évêchés de Bâle, de Constance, de Salzbourg, d'Augsbourg et de Ratisbonne; au nord, ceux de Magdebourg, de Brême, etc., les abbayes de Quedlenbourg, de Kempten, d'Elwangen, de Gandesheim, de Billich, d eMourbach, et mille autres, formaient des États souverains aussi riches, aussi étendus que ceux de plusieurs maisons princières de l'Allemagne actuelle. Aussi la réforme ne fut-elle pas moins qu'une révolution sociale tout entière. La religion et la politique s'étaient unies pour faire la fortune du clergé allemand; huit siècles plus tard, la politique et la religion s'unirent encore une fois, mais pour le dépouiller.

Au plus fort de la querelle des investitures, un des successeurs de Grégoire VII, Paschal II, avait essayé de mettre fin au différend par une proposition inattendue: il voulait que l'Église abandonnât tous ses biens, qu'elle redevînt comme aux premiers jours, pauvre, plébéienne, vivant des seules offrandes des fidèles; il comprenait que le clergé, resté seulement puissance spirituelle, vivant au milieu du peuple, associé à ses souffrances et à ses misères, aurait dominé le monde de sa pauvreté et de son humilité; mais les évêques ne purent consentir à abandonner leurs palais somptueux et toutes les jouissances du luxe. La proposition du pape fut traitée d'hérétique, et il s'en fallut peu qu'on ne le déposât.

PREMIÈRES SÉCULARISATIONS OPÉRÉES PAR
LA RÉFORME.

Mais ce qu'il n'avait pu faire, la

réforme le fit; commencée par Luther au nom de la vérité du dogme jusqu'alors méconnue, elle fut continuée par les princes au nom de l'intérêt personnel; et quand Luther, fatigué de vingt années de combats, laissait, au colloque de 1541, Melanchthon se rapprocher de concession en concession de l'Église romaine, le duc de Saxe, effrayé, vint lui-même en toute hâte ranimer la haine pour la papauté, et remplaça le doux et pacifique Melanchthon par Amsdorf, le plus intraitable de ses prédicateurs. Aux yeux des princes, en effet, la révolution ne pouvait paraître consommée que lorsqu'ils auraient ramené le clergé chrétien à la pauvreté de l'Église primitive. Luther s'attaqua au dogme, les princes à la discipline; il voulait réformer, ils sécularisèrent.

Investis des droits du prêtre et du seigneur féodal, les abbés et les évêques allemands exerçaient sur leurs terres tous les genres d'autorité. A la juridiction de l'Église ils joignaient celle du pouvoir temporel; au cens, aux corvées, aux péages, aux droits de toute espèce qu'ils exigeaient comme suzerains, il fallait joindre encore la dîme des troupeaux et des fruits de la terre qui leur était due comme ministres de l'Évangile, et l'argent pour les messes, les prières et les indulgences, pour la naissance, le mariage et la mort, pour tous les actes enfin de la vie religieuse. Aussi ne faut-il point s'étonner si dans l'ouest et le nord de l'Allemagne, où ils étaient en plus grand nombre que partout ailleurs, de terribles insurrections éclatèrent quand Luther eut prêché la liberté évangélique et les *Droits de l'homme chrétien*. Le signal, donné le 1er janvier 1525 par les serfs du puissant abbé de Kempten, fut bien vite entendu des paysans de la Souabe et des évêchés de Spire, de Salzbourg, de l'Alsace et du Brisgaw. Les bourgeois des villes impériales sentirent se réveiller leur vieille jalousie contre les clercs, et les nobles eux-mêmes se mêlèrent au mouvement populaire, ils se firent chefs des pauvres pour s'enrichir par leurs mains du pillage de l'Église. Les comtes de Wertheim et de Henneberg endossèrent le sarreau de paysan; Franz von Sickingen, le chef de la noblesse franconienne; Gœtz de Berlichingen *à la main de fer*, le dernier chevalier de l'Allemagne, dirigèrent leur inexpérience militaire; tandis que Ulrich von Hutten, qui, longtemps avant Luther, avait livré les moines à la risée publique dans ses *Litteræ obscurorum virorum*, s'efforçait de réunir les nobles et les bourgeois contre les *prædones*.

Mais cette sédition violente, cette révolte démagogique, cette jacquerie religieuse ne pouvait réussir; elle alarma les princes eux-mêmes par le caractère d'indépendance politique qui s'y mêlait; ils s'armèrent pour sauver l'Église des mains brutales ou avides des paysans et des nobles. Cent mille paysans périrent. Franz mourut de ses blessures trois jours après avoir été pris sur la brèche de son dernier château fort. Berlichingen fut enfermé pour dix ans dans une prison où il écrivit des mémoires dont Goethe fit sa première tragédie; Hutten enfin, proscrit et fugitif, alla mourir misérablement dans une petite île du lac de Constance.

Cependant les princes ne tardèrent pas eux-mêmes à comprendre le but de la réforme. Le seizième siècle, en introduisant dans les cours le goût des arts et du luxe, en substituant aux armées féodales, qui se levaient sans frais et s'entretenaient elles-mêmes, des armées permanentes de mercenaires chèrement payés, avait créé pour les princes des dépenses nouvelles auxquelles ne pouvaient suffire les anciennes ressources. Aussi, dans leur détresse, jetaient-ils des yeux d'envie sur les immenses dotations de l'Église qui auraient si vite comblé le déficit de leurs trésors, et que les réformateurs leur présentaient comme la tentation à laquelle avait succombé la vertu des clercs. Pour leur rendre plus facile la pratique de la pauvreté évangélique, ils les déchargèrent de toutes ces richesses au sein desquelles ils avaient perdu l'antique simplicité. Partout les cloîtres furent fermés, les cures et les évêchés dépouillés de leurs biens; et une fois qu'on eut entrevu cette conséquence des nouvelles doctrines, la réforme, placée sous la protection intéressée des princes, prit un essor si rapide que, dans l'espace de quinze années, de 1525 à 1540, elle s'étendit sur la moitié de l'Allemagne. Rencontrant alors ses limites naturelles dans les limites mêmes de la puissance épiscopale, elle s'arrêta et ne fit plus depuis que reculer.

Née dans la Saxe électorale, la réforme se propagea, en effet, dans toutes les parties de l'Allemagne où se trouvaient les riches fondations religieuses de Charlemagne et de ses successeurs, dans la Misnie, la Thuringe, la Hesse, le Brunswick, le Mecklembourg, la Poméranie, le Brandebourg, le Holstein; dans toutes les villes libres du nord et un grand nombre de cités impériales des bords du Rhin et de la Souabe. Partout les sénats et les princes se mirent à la place des évêques et des abbés dépossédés, sauf quelques restrictions que nous ne pouvons indiquer dans cette rapide esquisse. Ainsi, Albert de Brandebourg, grand maître de l'ordre Teutonique, fit de la Prusse, qu'il administrait comme une propriété collective de l'ordre, un duché héréditaire à titre de fief de la couronne de Pologne. Ainsi, encore, l'évêque de Naumbourg-Zeitz, dans la Saxe électorale, qui était prince d'empire et souverain à peu près indépendant, étant mort en 1541, l'électeur Jean-Frédéric nomma à sa place son prédicateur Armsdorf, saisit les nombreux revenus de l'évêché, et se contenta de faire au nouveau pasteur une modique pension de mille écus.

Dans l'Allemagne méridionale, la réforme, loin d'être favorisée par les princes, rencontra de leur part une vive opposition. Cette partie de l'Allemagne n'était pas, en effet, morcelée, comme le nord et l'ouest, entre une foule de petits princes portant la crosse ou l'épée, et jaloux les uns des autres depuis des siècles. Là dominaient les prudentes maisons de Hapsbourg et de Wittelsbach, dont les États formaient déjà presque des royaumes, au sens moderne de ce nom. En Autriche, surtout, les archiducs, grâce au privilége de Frédéric Barberousse, qui leur accordait de ne laisser subsister dans leurs États aucune juridiction rivale ou indépendante de la leur, avaient soumis évêques, nobles et peuple à une autorité presque absolue. Possesseurs de la Styrie, du Tyrol, de la Carniole et de la Carinthie; maîtres de la Hongrie et de la Bohême, enrichis tout récemment encore de l'héritage de Charles le Téméraire, et habitués à porter presque par droit héréditaire la couronne impériale, ils voulaient rester fidèles à un passé qui avait tant fait pour eux, plutôt que de se jeter dans des voies nouvelles et hasardeuses.

En Bavière comme en Autriche, la réforme était, sous le rapport politique, moins nécessaire que partout ailleurs, parce que le clergé, moins puissant et moins riche, était plus à l'abri des censures des réformateurs, de la haine du peuple et de la jalousie des grands. D'ailleurs, il suffisait que le duc de Saxe eût accepté la réforme pour que celui de Bavière la repoussât; car cette obscure querelle, si grave pour les théologiens, se produisit le plus souvent aux yeux des princes comme une question d'intérêt politique, et réveilla les vieilles haines qui, si longtemps, avaient divisé le nord et le sud de l'Allemagne, et qui dormaient assoupies depuis le long règne de l'indolent Frédéric III.

Cet antagonisme, aussi ancien que le royaume même de Germanie, et dont les principales périodes sont marquées par la lutte des Guelfes et des Gibelins, la ruine de la maison de Brunswick et celle des Hohenstaufen, la rivalité d'Adolphe de Nassau et d'Albert d'Autriche, etc., s'appela, au seizième siècle, la guerre de religion; au dix-septième, la guerre de trente ans; au dix-huitième, la lutte de Frédéric II et de Marie-Thérèse; au dix-neuvième, la haine de la Prusse protestante et de l'Autriche catholique. Chacune de ces périodes se termina par des traités qui assurèrent d'abord, à Passau, l'existence de la religion réformée; à Munster et à Osnabruck, le triomphe des États protestants; à Hubertsbourg, la puissance de la Prusse; enfin sa prépondérance, en 1815 et depuis, par ses alliances avec la Russie, son système de douanes et ses efforts pour se faire regarder comme le seul grand État vraiment germanique.

La paix de Passau (1555), que la trahison et le génie de Maurice de Saxe arrachèrent à Charles-Quint, fugitif après le plus éclatant triomphe, assura aux protestants le libre exercice de leur religion. « L'empereur, y est-il dit, le roi des Romains et les États catholiques, promettent de ne molester aucun État de la confession d'Augsbourg, pour cause de religion; de laisser les États réformés changer l'organisation de l'Église et les cérémonies du culte. » Il fut convenu que la juridiction ecclésiastique serait pour eux suspendue jusqu'à l'accommodement définitif; qu'enfin ils resteraient en possession des biens ecclésiastiques dont ils s'étaient emparés, et que les sujets protestants d'un prince catholique, et réciproquement les sujets catholiques d'un prince protestant, pourraient émigrer avec leurs biens dans un État de leur religion.

Cette transaction célèbre portait en germe la guerre de trente ans. Les princes évangéliques avaient en effet refusé d'admettre la réserve ecclésiastique qui, tout en permettant aux bénéficiers de l'Église catholique de professer la foi luthérienne, les obligeait à se démettre des charges et des revenus que l'Église leur avait conférés le jour de leur élection. De 1555 à 1618 de nombreuses dérogations furent faites à ce principe, et les catholiques pouvaient craindre de voir séculariser tous les domaines ecclésiastiques, à mesure que se multiplieraient les conversions si vivement sollicitées, par l'attrait si séduisant de rendre héréditaires des charges et des bénéfices qui jusqu'alors avaient été viagers.

SÉCULARISATIONS OPÉRÉES PAR LE TRAITÉ DE WESTPHALIE.

Après trente années de combats et de vicissitudes, tantôt favorables et tantôt contraires au parti protestant, les traités de Westphalie vinrent mettre enfin un terme à la désolation de l'Allemagne et fonder pour plus d'un siècle et demi son droit en matière de religion. L'égalité des deux religions fut écrite dans l'*instrument* de la paix; mais un principe fut en quelque sorte posé alors : c'est que les biens de l'Église qui n'appartenaient à personne par droit héréditaire, serviraient à indemniser les princes dépossédés ou à arrondir les États de ceux que la guerre avait favorisés. La Suède eut les diocèses de Brême et de Verden; ceux de Magdebourg, d'Halberstadt, de Minden, de Camin, furent donnés à l'électeur de Brandebourg. Les évêchés de Ratzbourg et de Schwerin devinrent des fiefs du Mecklembourg. Les évêchés de Lubeck et d'Osnabruck ne furent pas à la vérité sécularisés, mais alternativement destinés à un évêque luthérien et à un évêque catholique. Enfin les commanderies de Malte, les abbayes, les bénéfices existant dans les pays protestants, furent donnés aux princes, aux seigneurs qu'il fallait indemniser des frais de la guerre; et les archevêques de Cologne et de Mayence, les évêques de Paderborn et de Munster, l'abbé de Fulde, durent se cotiser pour payer à la Hesse six cent mille écus.

Cependant l'Église catholique était riche encore; les électorats ecclésiastiques de Mayence, de Trèves et de Cologne, l'archevêché de Salzbourg, les évêchés de Bamberg, de Passau, de Wurtzbourg, de Worms, de Spire, de Constance, de Bâle, de Coire, de Freysing, de Brixen, de

ALLEMAGNE.

Trente, d'Eichstædt, d'Augsbourg, de Ratisbonne, de Fulde, de Hildesheim, de Paderborn, de Liége, de Munster, d'Osnabruck, de Corvey, l'ordre Teutonique et celui de Saint-Jean, enfin une foule d'abbayes et de prieurés, réunis aux archevêchés, évêchés et abbayes placés sous la souveraineté de l'Autriche et des autres États de l'Empire, donnèrent encore beaucoup d'éclat et de puissance à l'Église catholique d'Allemagne.

L'ordre de choses établi par le traité de Westphalie subsista malgré d'importantes modifications, jusqu'à la révolution française. Mais alors eurent lieu d'immenses bouleversements qui changèrent la face de l'Allemagne. Vingt fois la carte de ce pays fut remaniée au gré des passions politiques et des événements militaires. Comme malgré toutes ses pertes depuis trois siècles, l'Église y conservait encore des biens territoriaux d'une grande étendue, tout prince dépossédé par les armées françaises fut renvoyé à la diète germanique pour obtenir des indemnités aux dépens de l'Église ; ainsi le grand maître de l'ordre de Malte, le grand-duc de Toscane, le duc de Modène, l'archiduc Ferdinand, etc., durent recevoir des évêchés et des abbayes en échange de leurs souverainetés dans l'île de Malte, la Toscane, la Lombardie et l'Alsace. Le principe de la sécularisation, pratiqué déjà à la paix de Westphalie, fut de nouveau admis, mais avec une extension qu'il n'avait jamais eue; car la tendance vers l'unité politique qui s'était montrée en France avec tant de force, s'était fait enfin sentir au sein même de l'Allemagne. Embarrassée de ses quatre cents États que lui avaient légués le moyen âge et la féodalité, elle commença à chercher la force dans la concentration et l'unité du pouvoir, et se hâta de faire disparaître de la liste si longue de ses États souverains toutes ces villes impériales et ces principautés ecclésiastiques qui la couvraient encore au sud-ouest et à l'ouest, et dont l'indépendance gênait tous ses mouvements dans la grande lutte qu'elle avait à soutenir.

DERNIÈRES SÉCULARISATIONS OPÉRÉES PAR LA PAIX DE LUNÉVILLE.

Le traité de Lunéville acheva ce qu'avait commencé celui de Westphalie. L'Église allemande, dépouillée des immenses dotations qui faisaient jadis de ses chefs les princes les plus puissants de l'Empire, ne fut plus, comme celle de France, qu'une réunion de pasteurs rétribués par l'État. De propriétaire le clergé catholique devint salarié et, contre le titre d'*État immédiat et souverain* que portaient plusieurs de ses membres, il échangea celui de sujet; au lieu de régner, il obéit ; au lieu de commander la soumission au nom de la double autorité du prêtre et du prince, il fut à son tour en butte aux humiliations et à l'intolérance, et ce qu'il y eut de plus dur dans cette dernière et définitive spoliation, c'est qu'il se vit dépouillé par les mains mêmes qui le soutenaient autrefois ; c'est que les catholiques aussi bien que les luthériens et les calvinistes accoururent à cette curée. Le grand duc de Toscane obtint l'archevêché de Salzbourg, et partagea avec la Bavière les évêchés de Passau et d'Eichstædt ; l'Autriche eut ceux de Trente et de Brixen; la Bavière celui de Wurtzbourg, dont une partie, augmentée de quelques districts enlevés à l'ancien électorat ecclésiastique de Mayence, servit à *indemniser* les maisons de Löwenstein, Hohenlohe et Leiningen. Les évêchés de Bamberg, de Freysingen, d'Augsbourg et la plupart des riches fondations de la Souabe et de la Franconie accrurent encore la part de la Bavière. Bade eut ceux de Constance, de Spire, de Bâle, ce qui restait à la droite du Rhin des anciennes propriétés de l'évêque de Strasbourg et une foule d'abbayes; son territoire se trouva ainsi doublé aux dépens de l'Église. Les riches domaines ecclésiastiques d'Ellwangen, de Ziefalten, de Schönthal, de Comburg, de Rothenmünster, de Heiligenkreuzthal, Oberstenfeld et Margrethenhausen passèrent dans la maison de Wurtemberg. A la Prusse furent cédés les évêchés de Paderborn et d'Hildesheim, la partie de la Thuringe autrefois possédée par l'archevêque de Mayence, c'est-à-dire, Eichsfeld et Erfurt, une partie de l'évêché de Munster et les abbayes d'Hervorden, de Quedlinburg, la plus ancienne et la plus riche de l'Allemagne, d'Elten, d'Essen, de Werden et de Kappenberg avec Mulhausen, Nordhausen et Goslar. Le reste des domaines du puissant évêque de Munster fut donné comme indemnité aux maisons de Salm, Aremberg, Croy et Looz. Le Hanovre eut l'évêché d'Osnabruck; les maisons de Hesse et de Nassau-Walram se partagèrent ce qui n'avait pas encore été pris des archevêchés de Mayence, de Trèves et de Cologne. Le duché de Westphalie, possédé par l'électeur de Cologne, fut donné à la maison de Darmstadt. Nassau-Orange obtint les évêchés de Fulde, de Corvey et plusieurs abbayes; la république helvétique, l'évêché de Coire.

Les paragraphes 34, 35, 36, etc., du recez de la diète (*Deputationsschluss*) déclarèrent que les biens des chapitres, les domaines épiscopaux, les cloîtres, les abbayes et les biens ecclésiastiques de toute espèce, qui n'avaient pas été expressément compris dans les indemnités, appartiendraient aux princes indemnisés dans les domaines desquels ils se trouveraient placés. Il fut aussi permis de séculariser toutes les fondations religieuses qui existeraient dans les anciennes ou dans les nouvelles possessions des catholiques et des protestants, de fermer les couvents d'hommes et ceux de femmes, mais en se concertant pour ces derniers avec l'évêque diocésain.

Pour que la révolution fût complète, on ne laissa subsister que provisoirement l'ancienne division de l'Allemagne catholique en diocèses, et il fut arrêté qu'une nouvelle répartition des juridictions épiscopales serait faite d'une manière régulière et par voie légale. C'est ainsi qu'en agit la Convention lorsqu'elle divisa la France par départements, pour faire oublier aux diverses provinces leur ancienne histoire.

Quant au gouvernement des pays sécularisés, il dut rester ce qu'il était avant la paix; on laissa seulement aux nouveaux possesseurs la liberté *d'améliorer* l'administration civile et militaire (§ 60 de la *Deput.-schl.*) Rien ne dut être changé dans l'exercice de la religion des pays cédés, et chaque parti resta en possession et en jouissance de ses églises et de ses écoles; mais le prince eut le droit d'accorder aux autres églises tolérance et protection, et à leurs membres la jouissance des droits civils (*Deput.-schl.* § 68).

Les divers traités qui se succédèrent depuis 1803 jusqu'à la paix de Paris et au congrès de Vienne en 1815, apportèrent sans doute de notables changements à la paix de Lunéville. Mais ce ne furent que des déplacements de limites, des échanges de territoires entre les divers États de l'Allemagne; et l'Église, placée désormais en dehors des questions politiques, y resta complétement étrangère.

Ainsi disparut en un instant cette Église *princière*, que dix siècles de ferveur religieuse avaient dotée plus qu'aucune autre de richesses et de pouvoir, et qui, malgré les pertes essuyées depuis la réforme, possédait encore, avant 1803, dans les trois électorats ecclésiastiques seulement, des domaines d'une étendue de plus de cent mille carrés. Elle tomba trois ans avant que l'épée de la France eût renversé le vieil empire germanique. Nés ensemble, ils devaient périr ensemble et du même coup, car ils étaient l'une et l'autre des puissances du temps passé, dont l'heure était venue depuis longtemps.

Il y avait cependant justice dans cette rénovation de l'Allemagne; car le temps n'était plus où le monde avait besoin de trouver dans l'Église un asile contre les tyrannies féodales, et la civilisation, un abri pour échapper à la grossièreté et à l'ignorance du moyen âge. L'enfant, si longtemps soumis à une active surveillance, avait enfin grandi et s'avançait hors de l'enceinte sacrée vers un monde nouveau. « Les liens des nations sont rompus, disait alors Schiller, et le monde rejette ses formes antiques; la guerre gronde sur l'Océan; et le Rhin et le Nil la voient à la fois sur leurs rives, etc. (*).» Mais la guerre ne fait point que détruire. Quand les armées françaises eurent traversé l'Allemagne dans tous les sens, élevé et renversé des États, formé des ligues, créé des royaumes, changé les antiques limites, déchiré le pacte national, alors une ère nouvelle commença pour la Germanie. Débarrassée par les mains de la France de toutes ces ruines du moyen âge, féodales et ecclésiastiques, qui la couvraient encore à la fin du dix-huitième siècle, elle put réduire le nombre de ses maisons souveraines et entrer dans des voies nouvelles où elle marche sans doute encore au hasard, mais où elle finira peut-être par trouver un brillant avenir.

Dans ce nouveau système de gouvernements absolus et constitutionnels, où toute chose tendit à la centralisation administrative, le clergé catholique a pris auprès de l'autel la seule place que le dix-neuvième siècle lui accorde. Pour lui les jours de puissance et de loisir sont passés; il n'a plus maintenant qu'à remplir les devoirs difficiles du ministère évangélique, qu'à donner l'exemple de la soumission aux lois et de la pratique des vertus chrétiennes. Qu'il oublie les querelles de sectes, les vaines disputes théologiques pour rappeler au sentiment religieux l'homme qui chaque jour s'éloigne davantage du temple et n'écoute que la voix de ses intérêts matériels. Déjà les protestants lui ont donné l'exemple. Dès l'année 1817, les luthériens et les calvinistes du duché de Nassau se sont réunis en une seule et même église sous le nom d'Église évangélique. A Francfort-sur-le-Mein, dans presque toute la monarchie prussienne, dans une grande partie du royaume de Bavière, dans le grand-duché de Bade, dans la Hesse électorale, dans le duché d'Anhalt-Bernebourg,

(*) Schiller, Antritt des neuen Jahrhunderts.

dans la principauté de Waldeck, et ailleurs encore, la même réunion a eu lieu. Ainsi s'apaisent les vieilles inimitiés scolastiques, l'esprit de troubles fait place à la tolérance, et le titre de chrétien l'emporte sur celui de sectaire (*). Si les princes restent étrangers à ce mouvement; si l'Autriche force les Tyroliens protestants d'émigrer; si le roi de Bavière rétablit les couvents supprimés et sépare les gymnases mixtes pour ne point faire participer les protestants à ses royales faveurs; si enfin le roi de Prusse fait emprisonner l'archevêque de Cologne, c'est qu'il se cache sous ces actes d'intolérance religieuse des intérêts politiques, c'est que ce sont comme autant de manifestes de cette guerre sourde qui gronde toujours entre l'Allemagne du midi et celle du nord.

Nous avons vu le clergé de l'Allemagne catholique perdre ses riches domaines et son autorité temporelle, voyons s'il sauva au moins du naufrage tous ses droits comme pouvoir spirituel.

EMPIÉTEMENTS DE L'AUTORITÉ CIVILE SUR L'AUTORITÉ RELIGIEUSE.

Au moyen âge et au quinzième siècle encore, nous l'avons déjà dit, les évêques allemands étaient presque aussi indépendants du pape que de l'empereur; mais au seizième la nécessité de

(*) Remarquons toutefois que, si les calvinistes et les luthériens se sont rapprochés au point de ne plus former dans presque toute l'Allemagne protestante qu'une seule Église, l'Église évangélique, les premiers, en modifiant et adoucissant le dogme de la prédestination, les seconds, en abandonnant presque l'opinion mystique émise par Luther sur la présence réelle; cette réunion n'a pu se faire qu'au détriment de la liberté, les calvinistes ayant dû y sacrifier leur organisation toute républicaine pour adopter l'organisation toute monarchique des luthériens. Nous comprendrons alors pourquoi cette réunion s'est opérée si vite en Allemagne: c'est que les princes y trouvaient leur compte.

lutter contre les réformateurs raffermit la monarchie pontificale. Il fallut alors se serrer autour du chef de l'Église pour la mieux défendre, et, tandis que le concile de Constance avait failli introduire le système représentatif dans l'Église, celui de Trente étendit les droits du pape aux dépens des priviléges épiscopaux. Depuis Charles-Quint, un nonce apostolique résidait à la cour impériale ; les décrets du concile lui fournirent l'occasion de faire déférer à sa juridiction des affaires nombreuses et importantes qui étaient restées jusque-là dans le ressort de la juridiction épiscopale (*). Les papes comprirent vite de quel avantage il était pour eux de multiplier ces nonces *résidents*. En 1586, il en fut établi un à Lucerne pour les cantons catholiques de la Suisse, et bientôt, au nonce de la cour impériale furent ajoutés sous Clément VIII (1591-1605) ceux de Cologne et de Bruxelles, qui devaient d'abord ne connaître que des réserves pontificales, mais qui, peu à peu, se mirent en possession d'une juridiction égale à celle qu'exerçaient les ordinaires et les archevêques eux-mêmes. Les empiétements des nonces allèrent si loin, qu'à l'exception des cas expressément réservés aux évêques par le droit canonique, si favorable d'ailleurs au saint-siége, toute dispense dut être accordée par le pape ou ses délégués.

Mais avec le dix-huitième siècle se manifesta une vive réaction contre les envahissements de l'autorité pontificale. On voulut examiner de près l'origine et la légitimité de ces droits. Le Hollandais Van Espen (né en 1646 et mort en 1728) commença l'attaque dans son *Jus ecclesiasticum*, etc., imprimé à Cologne en 1702, et se rapprocha du système épiscopal plus que n'avait encore osé le faire, depuis le concile de Trente, aucun écrivain allemand. Quelques années plus tard, Van Hontheim, vicaire de l'archevêque de Trèves, développa la même thèse dans un ouvrage *Sur l'état de l'Église et la puissance légitime du pontife de Rome.*, Les publicistes profitèrent des travaux des théologiens, et, du temps même de Marie-Thérèse, les écrivains autrichiens parlèrent dans le sens d'Espen et de Hontheim. Aussi quand Joseph II commença ses réformes, surtout celles qui avaient pour but de limiter les droits du pape, l'opinion publique se prononça pour lui, non-seulement dans la partie éclairée de son clergé, mais encore dans la plus grande partie des catholiques allemands. Il convenait à ses vues politiques, aussi bien qu'à ses réformes religieuses, de rendre indépendants du pape les évêques de ses États héréditaires, et même, s'il était possible, ceux de l'Allemagne entière. Il enjoignit donc aux premiers de n'accepter aucune bulle pontificale qui ne leur aurait pas été transmise par le gouvernement et ne porterait pas les mots *placitum regium*, sous le bon plaisir royal. Défense fut faite aux ordres religieux d'obéir aux généraux établis à Rome ; ils furent soumis à la juridiction des évêques. Toute dispense dut être demandée aux évêques et non plus au nonce ; tout appel des tribunaux ecclésiastiques du pays, à celui du nonce ou au saint-père, fut interdit. En même temps il érigea lui-même quelques évêchés, en réunit d'autres, réduisit les revenus des plus riches, supprima (*) un grand nombre de monastères et tous les couvents

---

(*) Une décision du concile de Bâle avait chargé des *judices in partibus* de statuer sur la validité des appels en cour de Rome. C'est en s'appuyant sur ce décret que les papes avaient établi des nonces chargés de résoudre les cas réservés à l'autorité pontificale ; mais les évêques allemands étant aussi princes temporels, et leur tribunal jugeant également les affaires temporelles et spirituelles, on prit l'habitude favorisée par les nonces d'appeler à Rome des uns aussi bien que des autres.

(*) En 1780, il y avait dans les États autrichiens 2,724 couvents renfermant 36,000 religieux des deux sexes. Joseph n'en conserva que 700, contenant 2,700 religieux.

de femmes, à l'exception de ceux des Ursulines et des dames de la Visitation, qui s'occupaient de l'éducation de la jeunesse. Les couvents supprimés furent transformés en hôpitaux, en maisons d'instruction et en casernes pour les troupes, etc. Ce zèle, qui mérita à Joseph, de la part du grand Frédéric, le surnom de *mon frère le sacristain*, alarma si vivement le saint-père, qu'il entreprit en 1782 son mémorable voyage à Vienne et à Munich.

Les quatre archevêques de Mayence, de Trèves, de Cologne et de Salzbourg, secondèrent les plans de Joseph, et dans les célèbres *ponctuations* d'Ems combattirent toutes les prétentions de l'autorité pontificale (1786); mais les évêques allemands qui préféraient voir s'accroître les droits de la cour de Rome, éloignée et peu dangereuse, plutôt que de tomber sous la juridiction immédiate, absolue et sans contrôle de leurs archevêques; la révolte des Pays-Bas autrichiens qui modifia les idées réformatrices de Joseph; les dispositions de la cour de Bavière, contraires à toute innovation, enfin l'importance des événements politiques qui se préparaient, firent échouer toutes les réformes, et il n'y eut plus de préoccupation que pour les intérêts politiques et purement temporels. Nous avons dit comment partout les sécularisations s'opérèrent; les évêchés situés sur la rive gauche du Rhin furent supprimés, et il fallut songer à un remaniement général de tous les diocèses. L'ex-prince électeur de Mayence, devenu prince primat de la confédération du Rhin, fut reconnu comme souverain et investi des débris du territoire de Mayence situé sur la rive droite du Rhin, augmenté des domaines de l'évêque de Ratisbonne. Sa juridiction ecclésiastique s'étendit sur toute l'Allemagne catholique transrhénane, et il fut chargé de réorganiser l'Église allemande; mais tous les biens ecclésiastiques ayant été confisqués par les princes, les évêques restèrent dans la détresse, et moururent les uns après les autres, sans qu'on s'occupât de les remplacer, car les grands événements qui se succédèrent empêchèrent les États de donner leur attention aux affaires de l'Église, malgré les promesses formelles du *conclusum* de 1803. Ainsi s'écoulèrent douze années, durant lesquelles l'Église catholique vécut dans un douloureux provisoire. Lorsque la campagne de 1814 eut délivré le territoire et rendu au pape la liberté, celui-ci voulut obtenir aussi du congrès de Vienne une *restauration* en sa faveur; mais la Prusse, la Russie et l'Angleterre, puissances protestantes ou schismatiques, portaient peu d'intérêt aux vieux droits ultramontains du saint-siége, et la crainte d'empiéter sur les droits des souverains respectifs fit laisser les choses sur le pied où elles se trouvaient. Cependant l'article 16 de l'acte fédéral consacra l'égalité civile et politique de toutes les sectes religieuses, et abolit dans l'usage officiel les mots d'Église dominante et d'Église tolérée. Les princes restèrent investis du droit de surveiller les églises de leurs États et de régler toutes les affaires ecclésiastiques de leurs sujets, et peu s'en fallut alors que les princes catholiques, à l'exemple des princes protestants, ne se déclarassent *évêques-nés*. « Déjà, en Autriche, Marie-Thérèse, dans son code criminel, obligeait les tribunaux ecclésiastiques à renvoyer devant le tribunal civil le prêtre accusé d'un crime qui entraînait un châtiment corporel ou la peine de mort. La législation postérieure soumit les prêtres aux juges séculiers pour tous les délits civils, et ne laissa aux évêques que le soin d'exécuter la sentence dans le cas où elle donnait lieu à la dégradation. Joseph II, dans ses lois, considéra toutes les affaires relatives au mariage comme rentrant dans la législation civile, pour tout ce qui se rapportait à la validité de l'union conjugale et aux conséquences civiles qui en dérivent. Les obstacles au mariage déterminés par ces lois furent abandonnés au jugement du tribunal civil, qui eut aussi le droit d'accorder les dispenses, et les empêchements canoniques ne furent considérés que comme une affaire de conscience. Néanmoins ces dispositions furent mitigées dans la pratique, c'est-à-dire que pour les cas de dispense, les magistrats civils s'entendaient avec les juges ecclésiastiques; et s'il arrivait qu'une dispense ecclésiastique fût nécessaire, d'après les dispositions du droit canonique, elle était donnée par l'entremise de l'*ordinarius*, et il était même permis de s'adresser à Rome. L'instruction des prêtres ne fut plus abandonnée exclusivement aux ordonnances des évêques et aux séminaires établis en vertu des prescriptions du concile de Trente : elle fut placée sous la direction et la surveillance du gouvernement. Comme rien n'empêcha les autres gouvernements d'acquérir les mêmes droits et de les conserver lorsqu'ils renouèrent les négociations avec le Vatican pour un nouveau règlement des diocèses, ils se bornèrent à fixer les rapports ecclésiastiques, sans entrer dans aucune discussion sur les limites de la législation et de la juridiction de l'État, ou sur l'étendue des réserves du pape (*). » Cependant quelques-uns firent leurs conditions. Ainsi la Bavière, par le concordat de 1817, obtint que les anciens droits d'élection attachés aux chapitres fussent supprimés au profit de l'autorité royale chargée seule de nommer aux évêchés; mais en même temps la Bavière promit le rétablissement des couvents, et laissa au clergé une influence assez étendue sur les affaires matrimoniales et sur l'instruction publique. La Prusse, qui conclut aussi, en 1821, une convention avec le saint-siége pour régler les rapports des trois mille deux cents paroisses catholiques renfermées dans les États prussiens, laissa au contraire les chapitres élire les évêques et les archevêques, accorda au pape la nomination aux places de prévôts et de chanoines vacantes dans les mois d'obédience, et abandonna aux archevêques et évêques celles des vicaires, des doyens et des autres chanoines, sauf quelques droits de surveillance et d'approbation réservés au roi. En même temps fut déterminé le taux des annates, des deniers de confirmation et de pallium. Un archevêque dut payer pour son investiture 1,000 florins d'or, l'évêque de Breslau 1,166 florins 2/5, les autres évêques chacun 666 2/3, et les autres dignitaires de l'Église à proportion de l'importance de leurs charges. Mais aucun article ne détermina quelles seraient les limites de l'influence des évêques sur les affaires matrimoniales, l'instruction publique, etc. Aussi est-ce par là que s'est élevée la vive querelle qui agite en ce moment toute la Prusse catholique. Habitué à l'obéissance et à la réserve de son clergé luthérien, le roi n'a pu voir sans colère l'esprit de prosélytisme, les désirs d'indépendance des chefs de l'Église catholique. Il n'a pu comprendre que ceux-ci ne peuvent être liés, quand ils acceptent religieusement leurs fonctions, par aucun traité, par aucune considération politique. Le clergé luthérien ou calviniste a son chef spirituel dans le prince temporel; toutes querelles peuvent donc être apaisées par celui-ci au nom et du droit de sa double autorité; mais le chef des catholiques est à Rome; c'est le pape, c'est le droit canonique, les bulles, les décrétales, les conciles qui règlent leur conduite, et non les ordonnances royales. Aussi, après être restés quelque temps en paix en face l'un de l'autre, ces deux principes opposés en sont venus aux prises, et l'archevêque de Cologne a déclaré le premier la guerre. Aujourd'hui il languit prisonnier; mais, dans les provinces catholiques placées aux deux extrémités de la monarchie prussienne, fermente un sourd mécontentement. Sans doute une guerre civile et religieuse n'en éclatera point pour cela dans les États prussiens; mais que des solutions pacifiques ne soient pas données aux grandes questions qui agitent le monde en ce moment, et qu'une guerre politique commence en Asie ou en Europe, et peut-être la

---

(*) Eichhorn, Histoire de l'Empire et du droit germanique, t. IV, p. 756.

Prusse trouvera-t-elle difficile de tenir sous le joug, en présence de l'Autriche et de la Belgique, pays profondément catholiques, les populations du même rite qui habitent dans le duché de Posen et les provinces rhénanes. Au reste, voici la statistique religieuse de l'Allemagne :

En Autriche, le catholicisme est la religion dominante; cependant des réformés se trouvent en grand nombre dans la Transylvanie, la Hongrie, la Galicie et les provinces allemandes. La Bavière, le grand-duché de Bade, les principautés de Hohenzollern, Hechingen, de Hohenzollern-Siegmaringen et de Lichtenstein, sont catholiques. Les royaumes de Hanovre, de Wurtemberg et de Saxe, les grands-duchés de Meklembourg-Schwerin et Strelitz, d'Oldenbourg, de Hesse, de Saxe-Weimar, les duchés de Saxe-Cobourg-Gotha, de Saxe-Meiningen, de Saxe-Altembourg et de Brunswick, les principautés de Lippe-Schauenbourg, de Schwarzbourg-Rudolstadt, de Schwarzbourg-Sondershausen, de Reuss-Greitz, Reuss-Schleitz, Reuss-Lobenstein-Ebernsdorf, et de Waldeck; enfin les républiques de Lubeck, Hambourg, Brême, Francfort et la seigneurie de Kniphausen sont luthériens. Les duchés de Nassau, d'Anhalt-Dessau, d'Anhalt-Bernbourg et d'Anhalt-Kœthen, la principauté de Lippe-Detmold, la Hesse électorale, le landgraviat de Hesse-Hombourg, sont calvinistes. En Prusse, les trois cinquièmes de la population professent la religion évangélique, et les deux autres cinquièmes la religion catholique. La grande majorité des habitants des provinces de Westphalie et du Rhin, et du grand-duché de Posen, appartiennent à ce culte.

LITTÉRATURE.

Nous avons laissé la littérature allemande au commencement de la réforme; quelles révolutions a-t-elle subies depuis cette époque? c'est ce que nous nous proposons d'examiner rapidement.

Après avoir été chevaleresque au moyen âge, la poésie allemande devint, comme nous l'avons dit, entre les mains des Meistersænger, plus morale, plus sérieuse, mais aussi plus terne et plus prosaïque. La réforme acheva de détruire ce qui restait encore d'esprit poétique ; les bourgeois, qui, avant cette révolution, n'avaient rien de mieux à faire, durant leurs loisirs, que de s'occuper de leurs *tablatures*, eurent dès lors à lire les pamphlets, à écouter les controverses violentes des deux partis. Devant les clameurs scolastiques qui s'élevèrent d'une extrémité à l'autre de l'Allemagne, la pauvre poésie, bien faible déjà et peu sûre d'elle-même, s'enfuit effrayée, redoutant presque l'accusation d'hérésie. La philosophie avait appris par le sort d'Érasme, maltraité des deux partis, qu'il lui convenait de se retirer prudemment d'un champ de bataille où les coups que se portaient les adversaires la frappaient toujours avant de les atteindre. L'histoire attendait, pour paraître, des temps plus calmes, ou bien se travestissait en pamphlet pour servir les intérêts des uns et des autres; les arts enfin se retiraient d'un pays qui retournait à la barbarie, et qui semblait livré désormais aux docteurs et aux soldats étrangers. La théologie régnait donc sans rivale, avec la science qui lui est le plus nécessaire, la philologie ; et, grâce au sens mystique que Luther avait attaché à ces paroles : *Ceci est mon corps, et ceci est mon sang*, grâce à l'incompréhensible explication de son dogme obscur de la prédestination, la théologie protestante avait été jetée dans la voie des subtilités que Luther avait si vivement reprochées lui-même à la philosophie de l'École. Les querelles sur les *adiaphores* et le *synergisme* créèrent une nouvelle scolastique qui, sans l'intervention brutale, mais heureuse cependant pour les lettres, des princes temporels, aurait continué le *siècle de fer* de la littérature allemande au delà des limites où il s'arrêta.

Après les querelles des controversistes, vinrent les ravages de la guerre de trente ans; et l'Allemagne, inondée de soldats étrangers, couverte de sang et de débris, songeait à repeupler ses villes et ses campagnes, plutôt qu'à chanter sur des ruines. Quand la paix de Westphalie mit fin à cette guerre désastreuse, l'Allemagne, restée longtemps le jouet des étrangers, se trouva avoir perdu tout sentiment de dignité, toute confiance, toute estime en elle-même. Aussi rien de grand, de spontané, ne sortit de cette nation toujours désunie intérieurement, et plongée, à la suite de maux si nombreux et si longs, dans un affaissement déplorable et une honteuse apathie. Telle fut alors sa défiance d'elle-même, son incurie pour sa propre gloire, et sa coupable indifférence pour les intérêts généraux du pays, que, dans les guerres qu'elle soutint durant le long règne de Léopold Ier, contre les Turcs et contre la France, elle se contenta de fournir des soldats et des hommes, mais sans pouvoir à peine produire un seul général doué de quelque talent militaire. Il fallut qu'un roi étranger, Sobieski, vînt sauver Vienne; que des Italiens, des Anglais, des Français même, se missent à la tête des soldats allemands pour leur faire remporter quelques victoires. Lorsqu'une nation est arrivée à un tel degré de marasme politique, comme nous dirions aujourd'hui, qu'elle peut confier à des mains étrangères le soin de son honneur et celui de son salut même, quand la guerre pour la défense du territoire et les intérêts les plus chers trouve tout un peuple insensible, il n'y a pas à espérer que de cette foule inerte puisse sortir l'élan poétique: aussi, jusqu'au milieu du dix-huitième siècle, l'Allemagne resta sans littérature. Tandis que l'appauvrissement et les misères des classes inférieures allaient croissant, les princes et les nobles, dédaignant les mœurs d'un peuple grossier, adoptaient celles de la France; et leurs nombreuses cours devinrent autant de foyers d'où l'influence française se répandit sur toute l'Allemagne. La langue de Louis XIV devint celle de toute la noblesse; et le plus grand des princes allemands du dix-huitième siècle, aussi bien que le génie le plus universel de l'Allemagne, Frédéric II et Leibnitz, dédaignèrent également leur idiome maternel comme un dialecte informe. L'intervalle qui séparait les grands du peuple s'en augmenta; et celui-ci, que tous oubliaient, princes et poëtes de cour, n'eut plus que ses chants religieux, ou les restes informes des auteurs du moyen âge. Quant aux premiers, ils s'entourèrent d'écrivains qui crurent faire pour la langue nationale plus qu'elle ne méritait, en s'efforçant de la transformer en un dialecte composé de mauvais allemand, de français, de latin et d'italien.

Cependant l'imitation servile de l'étranger ne pouvait durer toujours: Haller en Suisse, Hagedorf dans l'Allemagne du nord, donnèrent une impulsion nouvelle à la littérature nationale. S'ils ne méritèrent pas encore le nom de poëtes originaux, du moins ils firent effort pour entrer dans des voies meilleures. Hagedorf était un esprit sage de l'école de Boileau, de Pope et d'Horace; mais, de même que Haller qui, au titre de grand naturaliste, voulut joindre celui de poëte, il tournait les yeux vers la cour de la reine Anne d'Angleterre; aussi, ce qui domine dans leurs ouvrages, c'est l'influence de la littérature anglaise, reflet elle-même de celle de la France. Toutefois, c'était un progrès que de se soustraire à l'imitation de la France pour accepter celle de l'Angleterre: c'était faire un pas vers la nationalité germanique.

La Suisse, qui avait déjà produit Haller, un des plus grands esprits des temps modernes, mais dont la poésie, bien que ne manquant pas d'élévation et d'une certaine fermeté dans l'expression, n'est pas à la hauteur de son génie scientifique, vit peu à peu s'élever, à Zurich, une école qui ne resta pas sans influence sur la littérature allemande. Son chef fut Bodmer, qui, animé du désir énergique de pousser la littérature allemande dans la voie d'un développement original, s'efforça de se soustraire à toute influence étrangère, et attira le premier l'attention sur les anciennes traditions germaniques. C'est de lui que date le commencement d'un retour poétique vers les antiquités nationales. Mais Bodmer, doué d'une piété vive et sincère, tendit à donner à l'Allemagne une direction contemplative vers laquelle elle était d'ailleurs poussée par son génie le plus intime.

Dans le même temps se formait à Leipzig, pour l'Allemagne du nord, un autre centre d'activité littéraire; cette école était sous la direction de Gottsched (*), qui s'efforçait au contraire de faire prévaloir, mais avec goût, l'imitation de la littérature française, surtout celle du théâtre; mais il voulait aussi purifier la langue, assouplir cet instrument jusqu'alors si rebelle, et le fortifier en lui donnant pour modèle les chefs-d'œuvre de la scène où étaient représentées les plus belles tragédies de l'art moderne. Cette tentative, conduite avec beaucoup de zèle et un certain goût naturel qui réprouvait les grossièretés et la barbarie des productions indigènes, suivait une tendance toute différente de l'école suisse; aussi la lutte éclata entre elles, et cette lutte, qui renversa les deux écoles, fut favorable au mouvement littéraire, car on prit de l'une et de l'autre ce qu'elles avaient de bon, de l'école de Zurich l'esprit religieux et le goût des traditions nationales par lesquelles l'esprit public pouvait se relever, de l'autre la pureté et la mesure de son style.

Pendant quelque temps il y eut encore des efforts individuels sans but déterminé, sans caractère national; c'étaient des essais, des tâtonnements plus ou moins heureux, mais qui ne pouvaient fonder encore une littérature allemande. Telle était la situation des esprits quand, tout à coup, apparurent Klopstock et Lessing. Le premier se rapprochait par sa piété de l'école suisse; chrétien ardent, enthousiaste, la religion fut sa plus puissante et sa meilleure inspiration. Étant encore aux universités, il conçut le plan et écrivit quelques chants de la *Messiade* (*). L'école de Zurich accueillit son livre avec enthousiasme; le succès fut immense, et la littérature allemande, ayant désormais un grand modèle national, ne chercha plus ses inspirations au dehors, et se lança dans cette route indépendante qu'elle devait parcourir avec tant d'éclat dans la seconde moitié du dix-huitième siècle. Klopstock ne s'arrêta pas à la *Messiade* et n'obéit pas seulement à l'influence des souvenirs bibliques; tous les sentiments qu'il éprouva participèrent de l'enthousiasme naturel de son esprit, et rien de ce qui est noble, élevé, généreux, ne lui fut étranger. Le culte de l'Allemagne qu'il aimait tant ne pouvait se rapporter à l'Allemagne de son temps, car il n'y avait là rien qui répondît à ce qu'il cherchait. Obligé de se reporter sur le passé, il remonta jusqu'à l'ancienne Germanie, jusqu'à Hermann, et peignit l'Allemagne telle que son imagination, ses désirs et ses espérances la lui montraient. C'est pour celle-là qu'il composa ses poésies patriotiques, ne se doutant guère que son Hermann deviendrait le héros de

---

(*) Dans une excellente brochure, intitulée : *Réflexions sur les réformes à faire dans la langue allemande*, Gottsched dit : « On apprend par les décrets de l'Empire et par d'autres actes allemands, quel fut le sort de cette langue. Elle était parlée assez correctement dans le siècle de la réforme, mais mêlée de quelques mots italiens et même de mots espagnols qui s'y étaient glissés en dernier lieu par la cour impériale et par quelques serviteurs étrangers; mais lors de la guerre de trente ans, l'Allemagne fut inondée de peuples étrangers et indigènes, la langue en souffrit ainsi que le pays, et on voit les actes de l'Empire de ce temps remplis de mots que nos aïeux auraient démentis. Après les traités de paix de Munster et des Pyrénées, la langue et la puissance française dominèrent chez nous. La France fut, pour ainsi dire, proposée comme modèle de toute élégance, etc. »

(*) Les premiers chants de la Messiade furent publiés en 1746.

ses concitoyens, et que le souvenir de cette antique patrie réveillerait un jour les jeunes générations, et les armerait, comme les vainqueurs de Varus, pour délivrer leur territoire de l'étranger. Aujourd'hui l'Allemagne évoquée par le poëte est retournée au pays des rêves d'où il l'avait appelée; il ne faut plus dire *Vivat Germania*; les historiens dans le passé, les rois dans le présent et peut-être pour un long avenir, ont tué l'unité, la liberté et l'indépendance de l'Allemagne.

Le côté critique de la littérature allemande, mais dans la plus haute acception du mot, est représenté par Lessing. Toute sa vie fut employée à la recherche du vrai dans toutes les sphères d'idées. Il poursuivit l'exagération et le ridicule partout et jusque sur le théâtre; sa *Dramaturgie*, ouvrage passionné et plein d'audace, fit pour l'art dramatique ce que les œuvres de Klopstock avaient fait pour la poésie. L'esprit français avait envahi le théâtre allemand; pour repousser son influence qui menaçait d'arrêter sur ce point l'élan de la littérature nationale, Lessing lui déclara la guerre, et encouragea par ses préceptes et son exemple les poëtes dramatiques à oser enfin marcher seuls dans cette voie, et à rivaliser avec leurs anciens maîtres.

Klopstock par son enthousiasme, Lessing par son esprit judicieux et spirituel, ouvrent dignement le siècle littéraire de l'Allemagne; à leur suite parurent Wieland, qui, par la facilité, la grâce et l'élégance de son style, rappelait presque les qualités littéraires du patriarche de Ferney; Herder, qui développa l'un des côtés dominants du génie de l'Allemagne, la sympathie, et répandit sur l'histoire universelle, considérée des hauteurs de la philosophie, tout le charme d'un poëme; Jean-Paul Richter, dont les romans terribles, pathétiques ou plaisants, offraient une originalité puissante dans ses inventions, dans ses pensées et son style; Burger, dont l'ambition fut d'être un poëte populaire, et qui chercha, par des poésies savamment travaillées, à atteindre, saisir et élever jusqu'à lui l'âme de la multitude; s'attachant aux superstitions populaires du moyen âge, il nourrit par ses ballades l'instinct des Allemands pour les choses surnaturelles et mystérieuses. Sa Lénor est populaire dans toute l'Europe. Stollberg, Voss, Hœlty, Matthisson multiplièrent les chefs-d'œuvre; les frères Schlegel portèrent la critique aussi haut qu'elle peut atteindre; Jean de Muller trouva une manière nouvelle d'écrire l'histoire; Winkelmann, dans son Histoire de l'art, montra l'antiquité sous un nouveau point de vue, et, dans ses travaux archéologiques, ouvrit une route plus large à l'interprétation des monuments figurés. Schlœzer, Eichhorn, Heeren soumirent les antiquités à une critique historique jusqu'alors inconnue, et portèrent, si je puis dire, dans le passé un esprit inventif et créateur. J. M. Gessner, J. A. Ernesti, Heyne, Wolf, Jacobs Hermann, firent pour les monuments littéraires des anciens, ce que les précédents avaient fait pour les documents historiques; Creuzer réunit dans son livre, qui semble une magnifique épopée, les mythologies de tous les peuples; Niebuhr, enfin, emporté par cet esprit de rénovation universelle, crut avoir retrouvé les annales véritables de Rome et avoir renversé le roman de Tite-Live.

Deux hommes, Schiller et Goëthe, dominèrent ce grand mouvement de toute la hauteur de leur génie.

Schiller naquit le 10 novembre 1759, à Marbach, petite ville du Wurtemberg; ses premières inclinations furent pour l'état de ministre, mais la nécessité le força de choisir une profession plus lucrative, et il fallut qu'il se décidât entre la médecine et la jurisprudence; il opta pour la première, et fut attaché par le duc de Wurtemberg à la suite d'un régiment comme officier de santé. Malgré des fonctions si contraires à l'ardeur de son esprit et à ses tendances poétiques, Schiller s'acquitta régulièrement pendant deux années des devoirs qui lui étaient imposés comme chirurgien du régiment d'Augé; il composa même deux dissertations médicales, mais où la partie spéculative l'emportait de beaucoup sur celle de l'observation, et où il inséra même, à l'appui de quelques réflexions psychologiques, plusieurs passages de ses *Brigands*. Au milieu de ses cures, Schiller songeait en effet à la poésie; la Bible, Homère et Shakspeare, étaient ses ouvrages favoris; leur lecture assidue échauffa tellement son esprit, que, laissant enfin de côté la médecine, il acheva sa tragédie des *Brigands*, et, n'ayant pu trouver d'éditeur, la fit imprimer à ses frais en 1781. Le théâtre de Manheim se chargea l'année suivante de la représenter, et le succès en fut immense. Mais les craintes bienveillantes du duc de Wurtemberg firent perdre au poëte ses premières, ses plus délicieuses jouissances; il ne put obtenir la permission d'assister à la première représentation, et il fallut qu'il s'échappât secrètement pour voir la seconde. A son retour, il fut mis aux arrêts pour quinze jours, puis le duc le fit venir, lui parla avec une bonté toute paternelle, mais lui défendit de publier autre chose que des ouvrages de médecine. L'excellent prince voulait à tout prix en faire un chirurgien, et, pour corriger ou prévenir les erreurs du jeune homme, il lui déclara qu'il voulait voir d'avance tout ce qu'il aurait envie de publier. En 1782, Schiller se délivra par la fuite de ce patronage incommode, et, pour éviter les recherches de son Mécène, se cacha sous un nom emprunté dans les environs de Bauerbach. L'année suivante, il se rendit à Manheim pour y suivre les représentations théâtrales; en 1785, il se rendit à Leipzig, et visita, en 1787, la cour de Weimar, alors la résidence de tous les grands talents. Wieland, Herder lui firent un accueil encourageant, et il ne tarda pas à se lier avec Goethe, qui lui fit obtenir du duc de Weimar la place de professeur extraordinaire d'histoire à l'université d'Iéna (1789). Alors, sa position étant assurée, il put se livrer librement à ses études favorites, et commença enfin ses grands ouvrages,

sa tragédie de *Don Carlos*, la satire la plus énergique de la tyrannie; son *Histoire de la révolte des Pays-Bas*, son *Histoire de la guerre de trente ans* (1790), tableau brillant d'une époque effroyable, et où il rassemblait les matériaux de son chef-d'œuvre *Wallenstein*, représenté à Weimar en 1798. A *Wallenstein* succédèrent à de courts intervalles, *Marie Stuart*, *Jeanne d'Arc*, *la Fiancée de Messine*, et enfin *Guillaume Tell*, que plusieurs auteurs regardent comme la meilleure production de son génie dramatique. *Guillaume Tell* avait été joué en 1804. A cette époque, Schiller, âgé seulement de quarante-cinq ans, était dans toute la puissance de son talent; objet d'une admiration générale comme grand poëte, comme homme de bien, comme représentant de toutes les pensées nobles et généreuses, il était l'orgueil et l'espérance de sa nation, lorsqu'une maladie de poitrine vint le ravir à l'Allemagne, le 9 mai 1805. Goethe, qui l'avait précédé dans la carrière et qui lui survécut vingt-cinq années, resta le seul chef de la littérature allemande.

Jean Volfgang Goethe naquit à Francfort sur le Mein, le 28 août 1749. Son père, docteur en droit et conseiller impérial, qui aimait les arts avec goût et même avec passion, encouragea d'abord les dispositions précoces de son fils; mais il comprit bien vite qu'il fallait combattre la trop grande vivacité de son esprit par une éducation sévère. L'enfant fut donc contraint d'apprendre le grec, le latin, les langues vivantes, le droit, etc. Mais les études philologiques ne purent satisfaire et enchaîner son esprit. L'aspect de Francfort, vieille cité pleine des souvenirs du moyen âge, et où un empereur vint encore sous les yeux de Goethe se faire couronner avec tout le cérémonial antique, jetèrent son imagination vers le temps passé, et bientôt toutes ces choses se pressèrent tellement dans sa jeune tête qu'il se mit à écrire des narrations, des descriptions; il essaya même un roman par lettres en sept langues différentes; puis, enthousiasmé, à quelque temps de là, par les récits bibliques, il entreprit un poëme épique en l'honneur de Joseph, le fils de Jacob. Cependant il fallut quitter Francfort pour l'université de Leipzig; son père l'y envoyait pour achever ses études en droit. Mais Goethe, tout entier au charme des poésies de Klopstock et de Wieland, au plaisir de suivre les belles discussions critiques sur l'art ancien et moderne de Winkelmann et de Lessing, oublia la jurisprudence pour la poésie et écrivit deux pièces, *les Caprices de l'Amoureux* et *les Complices*. Mais la poésie elle-même ne put lui suffire, il voulut devenir artiste, peintre, graveur. Après quelques essais entrepris avec le zèle et l'ardeur qu'il mettait à toutes ses passions du moment, il quitta le burin pour l'alchimie et les sciences occultes ; mais le goût du théâtre et de la poésie revint bientôt, et il publia son *Gœtz de Berlichingen*. « Ce grand drame, dit M. le baron d'Eckstein (*), offre un tableau esquissé à grands traits de la vie sociale, telle qu'elle se développait en Allemagne vers la fin du quatorzième siècle. L'Empire offrait alors l'image de la plus complète anarchie : les Turcs, d'une part, les paysans révoltés, de l'autre, tumultueusement guidés par des hordes d'anabaptistes, précurseurs de la réforme, ébranlaient au midi comme au nord le sol de l'Allemagne. Il faut joindre à ce tableau celui des prétentions rivales des villes à constitutions républicaines et de la noblesse féodale, jalouse de ses droits héréditaires qu'elle cherchait à maintenir envers et contre tous, et, pour comble d'infortune, les envahissements du droit romain au sein des institutions germaines, envahissements appuyés par les chefs de l'Empire, afin d'agrandir la sphère de leur puissance. Le tribunal secret (*la Vehme*) était sur son déclin, des bandes de Bohémiens se montraient sous un aspect neuf et original, les moines étaient populaires, les évêques se faisaient craindre ; telle était, en peu de mots, la situation du pays au moment où le chevalier Gœtz de l'illustre maison de Berlichingen y apparut pour rompre la dernière lance en faveur de la féodalité expirante. Il était aimé du peuple, adoré des nobles, recherché par les moines, redouté des évêques et craint des princes. Sa franchise était haute, son âme intrépide ; lui-même, dans sa captivité, a décrit la majeure partie des événements de sa vie. Lorsque Goethe entreprit de mettre en action les plus importantes circonstances de la vie de son héros, et de l'offrir au public avec son siècle pour cortége, le poëte allemand n'était pas encore maître absolu de son génie, ni par conséquent de son sujet. Il ne sut pas resserrer son cadre, ce qui est le grand art de Shakspeare, et placer en première ligne tout ce que les situations lui offraient de plus saillant et de plus pathétique. L'art lui était encore étranger, ou du moins il n'en avait que l'instinct, cet instinct qui s'allie aux inspirations d'un naturel vigoureux et d'une raison puissante. De là les disproportions, premier défaut de la pièce de Goethe..... Ne demandons à la tragédie historique, telle que Shakspeare l'a conçue et telle que Goethe l'a traitée d'après lui, ni les proportions d'une tragédie de Sophocle, ni l'élégance achevée de Racine. Son but, c'est la vivante peinture des mœurs, des habitudes, des croyances d'une époque, telles qu'elles se révèlent à nous au milieu d'une grande commotion dont le héros tragique est l'âme et le premier moteur. Nous louons Goethe d'avoir su s'introduire, par son imagination poétique, jusqu'au sein d'un temps si différent du nôtre ; d'avoir été constamment vrai, franc, et, si l'on peut dire, *local* dans son tableau, sans qu'on y remarque jamais, comme cela s'aperçoit trop souvent dans les romans de Walter Scott, la peine que l'auteur s'est donnée pour être historique et vrai. Goethe semble être bien réellement un contemporain du quinzième siècle, et non pas un antiquaire qui en dispose laborieusement les traits distinctifs en véritable mosaïque..... Gœtz est cependant

---

(*) Dans le *Catholique*, n° 5.

dans cet ouvrage le seul héros que Goethe ait dépeint sous des couleurs dignes de lui ; encore remarque-t-on dans l'esquisse de sa physionomie une sorte d'insouciance peu tragique..... Tous les amis, les écuyers, les soldats même de Gœtz, Lers spécialement, sont dignes de figurer à ses côtés. La droiture de leurs caractères, la franchise de leurs opinions les font reconnaître pour pères de leurs œuvres et pour enfants d'un siècle turbulent mais vigoureux. Élisabeth, épouse de Gœtz, est à la fois simple, modeste et élevée ; Marie, sa belle-sœur, est touchée d'un pinceau délicat. Le peuple, les Bohémiens, les juges secrets, le clergé d'alors, les jurisconsultes, les poètes errants, tout cela vit, se meut, s'agite dans ce grand tableau, qui, tout imparfait qu'il est, révélait déjà dans Goethe, jeune encore, un talent du premier ordre.

« *Faust*, continue le critique que nous citons, est le chef-d'œuvre de Goethe. C'est un ouvrage allégorique, comparable pour la forme aux *Artos sacramentalos* des Espagnols, aux mystères des anciens et du moyen âge, et, quant au fond, à la *Divina Comedia* du grand Alighieri. Une seule œuvre dramatique offre quelque ressemblance éloignée avec *Faust*, non par rapport au sujet, mais par sa conception philosophique : c'est *Hamlet*. Là aussi c'est un homme d'un esprit indécis et profond dans le cours de ses idées et dans le continuel retour sur lui-même, mais inactif, sans énergie; là aussi les *idées* et non pas l'*action* constituent le véritable sujet ; là aussi l'action est comme fortuite, et semble plutôt due au hasard qu'à la détermination des personnages. Quant à la partie comique et populaire de *Faust*, elle ressemble au théâtre d'Aristophane. Selon la tradition reçue, Faust fut un des auteurs de l'art de l'imprimerie, et devint (dans sa patrie même, peut-être durant sa vie) une espèce d'être mythologique, un magicien qui, abreuvé de science et n'éprouvant plus qu'un dégoût infini, après avoir puisé à toutes les sources du savoir, se laissa entraîner par le tentateur des hommes ; le diable l'enivra de plaisirs jusqu'à satiété, et s'empara finalement de son âme. Goethe se tient strictement à la croyance populaire, sans la modifier en rien ; et, en effet, c'était une heureuse idée que de représenter comme abîmé dans le vide, l'homme qui, rassasié de science et de plaisir, inventa l'imprimerie pour profaner le savoir et rendre les esprits à la fois présomptueux et futiles.

« Il y a deux parties très-distinctes dans l'ouvrage du poëte qui a chanté Faust; une partie où il nous semble s'être fait l'organe du siècle, et nous osons ne pas l'approuver à cet égard ; et une partie où il est l'homme des anciens jours, l'homme national, le poëte vraiment populaire; nous osons alors le louer sans restriction. Un plus grand reproche qu'on peut adresser à Goethe, c'est d'avoir introduit comme intermède dans l'action de *Faust*, une sorte d'opéra-féerie, où le poète fustige les hommes du jour, des écrivains modernes. Reste maintenant à louer ce qui fera constamment de *Faust* une des plus étonnantes conceptions du génie. Le quinzième siècle, le peuple, les femmes, les écoliers, les soldats, les sorcières et leur sabbat, tout cela existe au vrai dans ce grand tableau où tout est de même, où le plus brillant coloris s'unit à la touche la plus délicate ; où le comique, la folie, la terreur, tout est porté à son comble, sans exagération, sans enflure, enfin sans rien de ce que l'on appelle en France le *romantisme*. Que dire de Marguerite, l'amante de Faust, après tout ce qu'elle a inspiré de vrai à madame de Staël ? On ne saurait la comparer qu'à ces portraits naïfs de la peinture du moyen âge, avant l'école de Raphaël. Le poëme de *Faust* est riche en romances, en chansons populaires, en hymnes religieux, en chœurs où Goethe parcourt tous les tons de la poésie, depuis ses accents les plus simples, les plus naïfs, jusqu'à ses inspirations les plus magnifiques, les plus sublimes.

« *Egmont* est, avec *Goetz de Berlichingen*, la pièce la plus dramatique de notre auteur, et encore ne l'est-elle qu'à un faible degré. Le poëte dédaigne les illusions et effets de scène, et aucun de ses nombreux ouvrages n'offre, sous ce rapport, de véritable intérêt. Goethe peint les passions, et spécialement l'amour, avec une chaleur entraînante; ses scènes populaires sont des chefs-d'œuvre de verve et de vérité; ses caractères vivent et meurent; mais l'action n'est nulle part assez forte et assez puissante pour captiver l'attention du spectateur, pour intéresser à l'intrigue et pour exciter les émotions d'une curiosité impatiente qu'on cherche surtout au théâtre. Ce qu'il y a d'admirable dans *Egmont*, c'est la peinture naïve et vraie du peuple des Pays-Bas à l'époque de l'action de la tragédie. Jean Goethe n'a que Shakspeare pour rival; et on peut dire qu'il s'y élève à la hauteur des scènes populaires de la pièce de Henri IV, où le poëte anglais, par la vigueur et la vivacité de ses peintures, nous fait assister au spectacle d'anarchie dont Jean Cade est le héros. *Clavigo* et *Stella* sont, à tous égards, des drames d'une grande médiocrité. Le style en est constamment facile, souvent inspiré; il y a çà et là des mouvements de passion et de grâce; mais l'ensemble est défectueux, les caractères sont faux, nuls ou exagérés; le but, assez moral dans *Clavigo*, est, dans *Stella*, d'une immoralité choquante. Ces deux drames ont été écrits dans le goût sentimental que *Werther* introduisit en Allemagne; Goethe, le premier, a persiflé ce goût et les habitudes corruptrices qui en résultèrent. Il nous reste à examiner trois autres genres de composition qui complètent le théâtre de ce grand poëte : nous voulons parler des pièces conçues dans le système de la régularité grecque et française, *Iphigénie*, *le Tasse*, *la Fille naturelle*, ainsi que ses opéras et ses vaudevilles, *Claudine de Villa-Bella*, *Jery et Baeteli*, etc., etc.; et, enfin, des pièces dans le goût d'Aristophane et des fabliaux, qui se rapprochent un peu de *Faust*. *Iphigénie* est vraiment grecque, et *le Tasse* est véritablement italien; mais l'une et l'autre de ces pièces se meuvent dans une sphère de simplicité qui exclut la peinture animée et énergique des passions : de là les jugements erronés que les traducteurs de ces drames ont portés sur leur ensemble. Déjà madame de Staël avait totalement méconnu le véritable esprit du *Tasse* de Goethe, en accordant à notre auteur le don de peindre les orages domestiques d'une cour du Nord, mais non pas les passions qui agissaient fortement à Ferrare. Madame de Staël ne s'est pas souvenue de Pétrarque, du ton élégiaque des poésies du Tasse lui-même, de la philosophie néoplatonicienne cultivée au quinzième siècle à Florence, lorsqu'elle a blâmé Goethe d'avoir manqué à la vérité historique en faisant le Tasse subtil, rêveur et métaphysicien. Nous osons le dire, l'auteur de *Corinne*, toute femme de génie qu'elle était, jugeait les peuples et les époques à travers le prisme de son imagination. D'ailleurs, le Tasse de Goethe, poëte sublime, s'emporte aussi avec toute l'ardeur et la véhémence méridionale. *Claudine de Villa-Bella*, *Erwen et Elvire*, *Jery et Baetely*, brillent surtout par la facilité et la grâce du dialogue, par la richesse et la souplesse du rhythme, par la naïveté des détails; ce qu'on appelle *esprit*, le trait saillant dominant, le seul capable de réussir sur la scène française, ne s'y rencontre pas. En général, il serait impossible de donner au lecteur français une idée claire et précise de l'imagination de Goethe dans ses pièces satiriques, où le poëte, variant ses tons à l'infini, est toujours vrai, toujours naïf, constamment pittoresque et souvent sublime sous des formes extravagantes. Goethe offre, dans ces petits poëmes, quelque ressemblance avec la Fontaine, et surtout avec Rabelais, mais c'est Rabelais purgé de son égoïsme révoltant; c'est un Rabelais poétique. »

Nous ne pouvons citer tous les ouvrages de Goethe; ajoutons cependant encore à ses titres, comme grand poëte dramatique, celui de peintre de mœurs que lui méritent son *Wilhem Meister*, composition bizarre que nous ne savons comment apprécier en France, et surtout son *Werther*. « Ce petit livre, dit Goethe lui-même, fit une impression prodigieuse ; et la raison en est simple, il parut à point nommé. Qu'une mine soit fortement chargée, et la plus légère étincelle suffira pour l'embraser : *Werther* fut cette étincelle. Les prétentions exagérées, les passions mécontentes, les souffrances imaginaires tourmentaient tous les esprits. Werther était l'expression fidèle du malaise général ; l'explosion fut donc rapide et terrible. On se laissa même entraîner par le sujet, et son effet redoubla sous l'empire de ce préjugé absurde qui suppose toujours à un auteur, dans l'intérêt de sa dignité, l'intention d'instruire. On oubliait que celui qui se borne à raconter n'approuve ni ne blâme, mais qu'il tâche de développer simplement la succession des sentiments et des faits. » Goethe est trop indulgent pour lui-même. Un auteur qui raconte doit nécessairement se proposer un but ; et, quand même il n'ambitionnerait que le mérite de peintre exact, il doit savoir que son tableau, surtout si le talent s'y montre, exercera certainement une influence bonne ou mauvaise. Aussi Werther, considéré comme l'apologie du suicide et de la sentimentalité, n'enfanta pas seulement une foule d'auteurs qui marchèrent dans cette double voie, mais devint l'exemple d'un assez bon nombre de jeunes fous, qui, croyant dans leur orgueil que le monde ne faisait pas une part assez grande à leur mince individualité, lui jetèrent, comme ils disaient, leur sang à la face, et tombèrent, drapés en victimes d'une société qui n'avait pu comprendre ni respecter les profondeurs où s'abîmait leur génie. L'excès fut poussé si loin que Goethe lui-même se vit obligé de combattre par le ridicule, dans sa comédie intitulée : *la Manie du sentiment*, le mouvement qu'il avait, sinon produit, du moins si puissamment contribué à propager.

Dans sa vieillesse, Goethe, devenu depuis longtemps M. de Goethe, et président de la chambre de Weimar, etc., etc., retourna aux études de sa jeunesse, vers les sciences naturelles et les arts plastiques. Ce fut dans ce but que, d'une part, il fonda le journal intitulé : *Art et Antiquité*, et que, de l'autre, il composa un traité sur les couleurs ; et, ce qu'il y a de plus singulier, c'est que ses travaux scientifiques furent, pour le mérite et l'importance, à peine au-dessous de ses œuvres poétiques. Ce fut le 22 mars 1832 que Goethe s'éteignit, à la fin de sa quatre-vingt-troisième année.

Nous n'avons point parlé jusqu'à présent de la philosophie allemande, qui eut cependant une si puissante influence sur le mouvement littéraire, et qui modifia même souvent d'une manière sensible le talent des plus grands poëtes, comme on le voit par l'exemple de Schiller. La philosophie allemande date de la fin du dix-septième siècle, et commence avec Leibnitz ; ce génie universel sentit le besoin de donner à toutes les sciences secondaires une unité qu'il chercha dans les hautes régions de la métaphysique, où il constitua un principe suprême duquel tout émanait. Wolf, son continuateur, se chargea d'ordonner dans un vaste ensemble toutes les sciences philosophiques ; mais, ne croyant pouvoir trouver la vérité que par des définitions et des démonstrations, il engendra une foule de philosophes, ses élèves, qui poussèrent jusqu'à la licence la manie des formules. Il n'y avait d'ailleurs, dans le système de Wolf, rien de simple ni de net. Aussi sa philosophie, lourde, pédante, embarrassée et obscure, resta renfermée dans les vingt-quatre énormes in-quarto où il la consigna, sans pouvoir devenir populaire. De toutes parts on chercha un maître moins aride ; les uns adoptèrent le cartésianisme, d'autres les idées de Locke, d'autres encore essayèrent de coordonner, par un éclectisme prématuré, les divers systèmes qui s'étaient produits depuis le dix-septième siècle en France, en Angleterre et en Allemagne. L'anarchie enfin la plus complète régnait dans le camp philosophique; et la science elle-même semblait prête à tomber dans le discrédit, car, par l'influence de Locke, elle arrivait, d'une part, au fatalisme dans Priestley, de l'autre, au scepticisme dans David Hume. C'est alors que parut Emmanuel Kant, qui se résolut à tout examiner sans prévention, sans parti pris à l'avance, sans respect aveugle pour l'autorité d'autrui, et avec le seul désir de ne se rendre qu'à l'évidence. La tentative était belle et hardie, mais le succès difficile; et le philosophe de Kœnigsberg comprit bien vite qu'avant tout il lui fallait trouver un *criterium* de vérité, et poser la certitude humaine sur des bases inébranlables. De là son livre de la *Critique de la raison pure*, où il chercha à fixer les bornes de l'entendement humain, et à examiner la manière dont procède la raison dans le raisonnement. Le résultat de ces méditations qui s'agitaient dans les profondeurs les plus obscures de la métaphysique, fut que l'entendement humain ne peut prétendre à aller au delà des faits de conscience et d'intuition; que tout ce qui est surnaturel échappe à notre connaissance, ou, du moins, que nous ne pouvons en démontrer l'existence, bien que la raison pratique l'accepte sans démonstration. Ainsi, la science de l'homme est exclusivement bornée au domaine des perceptions sensibles; l'illusion et l'erreur commencent dès que, non contents de vouloir connaître les rapports des choses avec nous, nous voulons les connaître en elles-mêmes. Ce qu'il nous est permis de connaître, dit Kant, est comme renfermé dans une île riante et féconde, mais environnée d'un océan brumeux et d'écueils insurmontables; dès que la *pensée pure* veut s'élancer vers d'autres régions, et croit, en pilote habile, pouvoir franchir cette mer orageuse, elle retombe bientôt, affaissée sous le poids de ses erreurs, sur cette terre où elle est enfermée par le Créateur.

La doctrine de Kant s'éloignait sans doute beaucoup du sensualisme qui, à la même époque, dominait en France dans les écrits de Condillac; mais elle n'était pas non plus un idéalisme absolu. Fichte, penseur profond et hardi, la poussa à cette conséquence : il détruisit la réalité même des objets dont Kant s'était contenté de dire qu'ils ne pouvaient être connus que dans le rapport avec le *moi*. Pour Fichte, toute science, toute vérité dériva d'un seul principe, le *moi*, *sujet* de la conscience qui devint l'activité absolue produisant l'objet lui-même; ainsi, la matière, la création tout entière était détruite. Schelling revendiqua ses droits, non par un retour aux doctrines matérialistes de la sensation, mais en constituant une philosophie naturelle, une sorte de panthéisme spiritualiste dans lequel on s'élève de la nature jusqu'au *moi*. Dieu, dit-il, c'est-à-dire, le principe universel, l'âme, dort dans la pierre, rampe dans l'herbe, rêve dans l'animal, et est éveillé dans l'homme. Mais c'est partout et toujours le même principe à des états différents; partout il y a *identité*, la *pensée* et l'*être* étant la même chose.

Arrivée à cette hauteur, la philosophie allemande s'arrêta, étonnée elle-même d'avoir enfanté tous ces systèmes qui faisaient un si étrange sacrifice du *fait*, et bientôt la mêlée recommença entre tous les élèves des grands maîtres. Quand finira-t-elle? Depuis vingt ans Schelling, qui a survécu comme Goethe à tous ses contemporains, examine les coups que de toutes parts on se porte, mais n'ose plus descendre dans l'arène. Depuis vingt ans il se tait, ébranlé peut-être dans sa foi pour la philosophie, belle science sans doute dans les jours de repos et de loisir, mais qui se sent peut-être aujourd'hui fatiguée de tant d'efforts inutiles et veut laisser le champ libre à d'autres plus confiants dans leurs moyens.

Durant la période contemporaine, le mouvement littéraire continue en s'affaiblissant sans amener cependant une décadence précoce. « Dans la poésie dramatique on n'a point vu, il est vrai, reparaître de Goethe et de Schiller, mais après ces deux grands hommes, des talents distingués se sont cependant montrés sur la scène. Parmi ceux qui ont obtenu le plus de célébrité, je citerai d'abord Uhland, pour son *Louis de Bavière*; Raupach, dont la fécondité rappelle celle de Kotzebue, pour ses pièces tirées de l'histoire des Hohenstaufen; Grillparzer, pour sa *Sapho*; Th. Koerner, pour quelques-unes de ses comédies, entre autres, sa *Fiancée*; Müllner, pour son 23 *Janvier*; Werner, pour les *Fils de la Vallée*, et *Luther*; Grabbe, que quelques critiques élevèrent au premier rang des poëtes dramatiques actuels, Immermann, qui lui dispute ce titre, et Holtei, qui joint à une grande force d'invention une sensibilité profonde et souvent un art de composition tout à fait philosophique. Maintenant il est encore assez méconnu, mais un jour on apprendra à apprécier ses tentatives courageuses. Il est bien entendu qu'à la tête de tous ces poëtes dramatiques il faut garder la place de Tieck, qui, par ses pièces sérieuses, comme *Geneviève* et l'*Empereur Octavien;* par ses pièces humoristiques et comiques, comme le *Monde renversé*, la *Barbe bleue*, le *Chaperon rouge* et le *Chat botté*, s'est fait un genre à lui dans lequel il aura des imitateurs, mais jamais d'égaux. Je ne connais que deux pièces qui soient en parenté assez étroite avec les pièces sérieuses de Tieck : c'est le *Faust* et le *Robert le Diable* de Charles de Holtei.

« La poésie épique a été dans les derniers temps peu cultivée, et depuis le roman du *Renard* et le *Hermann et Dorothée* de Goethe, je ne sais rien de mieux en ce genre que la *Cecilia* d'Ernest Schulze, ouvrage un peu long et ennuyeux, quoique renfermant de grandes beautés, et la *Rose enchantée*, le dernier laurier sur lequel s'est endormi ce jeune et intéressant poëte. La poésie lyrique a de tout temps été chère aux Allemands, et aujourd'hui encore elle se maintient à une hauteur qui ne laisse rien à envier aux siècles précédents. Là brille particulièrement Uhland avec ses poésies vraies, prises au fond du cœur, et son expression toujours franche et naturelle ; là aussi Tieck, par ses pures et suaves chansons, espèces de mélodies que l'on dirait puisées au milieu du bruissement des bois et du murmure des eaux; là aussi Gustave Schwabe, qui se rapproche le plus de la manière vraiment originale de Uhland ; Heine, qu'il faut placer au premier rang.; Eichendorf, Chamisso, Streckfuss, Holtei, Ruckert, Charles Meyer, Veit, Stieglitz, qui, tout jeune encore, a, dans ses images de l'Orient, manifesté les germes d'une belle vocation de poëte.

« Le roman est sans contredit le genre de littérature qui, en Allemagne, est à présent le plus cultivé et qui offre aussi la réunion des talents les plus remarquables. Le chef de tous les romanciers actuels est bien certainement L. Tieck, auquel personne ne peut disputer la prééminence, ni pour les sensations intimes qu'il s'applique à développer, ni pour les caractères et les portraits qu'il dessine avec tant de finesse, pour l'art tout plastique qu'il tient à sa disposition. Après lui je citerai Hoffmann, le créateur d'un genre tout nouveau ; Zschocke, pour le roman de fantaisie et la nouvelle ; Spindler, qui s'est surtout exercé dans le roman historique; Tromlitz; Willibald-Alexis (Haering), Eichendorf, Chamisso, François Horn, madame Schoppenhauer, madame Pichler ; et, entre eux tous, Scheffer et Steffens, dont les nouvelles se recommandent par une observation vraie et bien suivie du cœur humain, et par une teinte philosophique qui ne dépare nullement ce que leurs peintures empruntent aux réalités de la vie.

« La littérature critique a toujours été aussi l'un des genres favoris des Allemands. Lessing, Goethe, Schiller, Herder, les deux Schlegel, ont pris à tâche de la cultiver. Aujourd'hui elle compte parmi ses écrivains les plus remarquables, les rédacteurs des Iahrbücher de Vienne, de Berlin et de

Iena; les Savigny, les Ancillon, Raumer, Hirt, Vander Hagen, Adolphe Wagner, W. Menzel, O. L. B. Wolf, Heine, Willibald-Alexis, Schubart, et enfin l'auteur du *Manuel de la littérature nationale allemande*, Aug. Koberstein.

« La philosophie a perdu ses grands maîtres; Hegel est mort, Schelling semble avoir renoncé à écrire. L'école de Hegel compte parmi ses partisans Henning, Michelet, Weiss; celle de Schelling a eu Ritter et Schweiger; Steffens et Schubart en ont aussi fait partie; mais ils peuvent être maintenant placés à la tête d'un système de philosophie qui se rapproche plus du piétisme que de leur ancienne doctrine. Il faut mentionner aussi Herbart de Kœnigsberg, qui se signale par ses idées neuves et hardies.

« En histoire, l'école philosophique de Herder compte peu de disciples; en revanche, l'école de Jean Müller a rallié à elle un grand nombre d'écrivains distingués. Parmi les historiens actuels justement célèbres, on citera d'abord Savigny, pour la science avec laquelle il a pénétré dans les profondeurs du droit ancien; Eichhorn, pour son histoire aussi savante que judicieuse des États allemands; Raumer, pour son histoire des Hohenstaufen, et les premiers jets de son histoire générale des trois derniers siècles; Wilken, pour son grand ouvrage sur les croisades; Menzel, pour sa belle histoire des Allemands; Luden, pour un ouvrage du même genre, dont nous ne connaissons encore que les premières parties; Gans, pour les larges et généreuses idées qu'il a développées dans son cours des deux dernières années à l'université de Berlin; enfin Ancillon, Hammer, Léo, Ranke.

« Comme on peut le voir d'après ce bref aperçu, l'Allemagne n'est pas pauvre encore en talents, et, bien qu'elle ait perdu ses grands hommes de génie, le mouvement littéraire qui lui a été imprimé ne se ralentit point. Nous ne la voyons plus, il est vrai, produire ces œuvres de création originale, comme on le vit dans son beau siècle de Weimar; mais pourtant la mine de richesses scientifiques et littéraires qu'elle nous a ouverte n'en est pas moins variée, précieuse et abondante (*). »

Cette énumération est loin d'être complète. Il faudrait y ajouter pour l'histoire les noms de MM. Schlosser, K. O. Muller, Pfluge, Wachsmuth et Droysen; pour la philologie orientale MM. Bopp et Gesenius; pour la philologie classique MM. Jacobs, Hermann, Creuzer, Thiersch, Bekker, Dindorf, Berr et Bothe; pour l'épigraphie MM. Bœckh et Osann; pour l'archéologie MM. Creuzer, Bœckh, K. O. Muller, Welker, Gerhard et Panofka; enfin pour l'étude du droit grec MM. Meier, Schœmann, Platner, Heffter, etc.

Terminons cette rapide esquisse par quelques observations générales. La tendance principale de l'esprit allemand est sérieuse, mais parfois enfantine, et quelque peu naïve, malgré les dehors inabordables de leurs systèmes philosophiques, hérissés, pour la plupart, d'une terminologie qui en défend soigneusement les approches aux étrangers. Dans leurs doctrines, ils remuent ciel et terre, et montrent parfois une audace qui effrayerait, de l'autre côté du Rhin, les plus hardis penseurs. Mais ces révolutions se passent dans une sphère si haute, que ceux qui les font perdent de vue cette terre étroite où leur corps est attaché, et restent insensibles aux événements qui s'y passent. Sans doute, il y a quelque chose qui plaît et qui charme dans cette innocence politique, dans cette horreur des *affaires*, et, quand nous voyons la corruption que celles-ci engendrent parmi ceux qui les traitent, nous sommes prêts à trouver bonne l'indifférence de nos voisins. Qu'ils se souviennent cependant qu'à cette apathie héréditaire ils doivent tous leurs maux. Qu'ils regardent autour d'eux, et ils verront que leur pays, peut-être le plus et le *mieux* civilisé de l'Europe, leur

(*) X. Marmier, Préface de sa traduction du Manuel de l'histoire de la littér. nationale allem., par Koberstein, p. XIII et suiv.

pays, où tous, grands et petits, ont une éducation religieuse et une instruction littéraire, est, sous le rapport politique, un des plus arriérés de l'Europe. Leur noblesse, la plus nombreuse et la plus vaniteuse du monde, conserve encore une foule de privilèges féodaux, et leurs quarante roitelets les placent dans la dépendance de l'Autriche ou dans celle de la Prusse, sans leur donner l'avantage de former une nation. Aussi n'y a-t-il plus de véritable patriotisme sur ce territoire morcelé, et, comme par le passé, l'Allemagne sera tous les quarts de siècle ravagée par la guerre, parce qu'elle prête à toutes les intrigues et n'est pas assez forte pour se protéger elle-même. Que les Allemands cessent donc de nous envoyer de dogmatiques et pédantesques accusations de légèreté et d'activité turbulente. Si les intérêts présents soulèvent en nous de trop fortes préoccupations, nos doctes voisins peuvent, tout en restant par prudence quelque peu en arrière de nous, descendre parfois des régions sereines et pacifiques de la science, suspendre leurs travaux incessants de philologie, d'exégèse, de critique, etc., en un mot laisser de temps à autre dormir le vieux monde, qu'ils agitent de tant de façons, pour s'occuper quelquefois de celui-ci. Qu'à l'exemple du Hanovre ils mêlent enfin l'action à la pensée, en corrigeant l'une par l'autre; toutes deux y gagneront, et alors seulement ils pourront se dire nos maîtres.

ARTS (*).

Vers la fin du treizième siècle, quand Rodolphe de Habsbourg fut élu empereur, les arts, les sciences et l'industrie avaient fait en Allemagne des progrès d'autant plus remarquables que, dans ce pays, la différence et la barbarie des races, le peu de contact avec Rome, dont les colonies, en petit nombre d'ailleurs, établies toutes sur les frontières, n'avaient pu étendre bien loin leur influence, enfin l'état presque entièrement sauvage de l'intérieur, étaient autant de causes qui semblaient opposer des difficultés insurmontables à la civilisation. Il ne s'agissait pas là, comme en Italie, de retirer les sciences et les arts de l'antiquité des ruines qui les couvraient, de rattacher les anneaux rompus de la chaîne intellectuelle; il s'agissait de tout créer, ou, du moins, de tout transformer, les hommes et les choses. Mais, quand le christianisme eut établi en Allemagne l'unité religieuse, l'unité politique suivit de près. Les guerres des races entre elles devinrent moins fréquentes et moins acharnées. Les conquêtes de Charlemagne firent le reste, et l'*empire d'Allemagne* comprit dès lors les Bavarois, les Souabes, les Francs, les Lorrains, les Thuringiens, les Saxons et les Autrichiens, et les réunit sous une même domination. Le règne de Charlemagne ne borna pas là ses bienfaits; il mit encore le Nord en relation avec le Midi, opposa ainsi la civilisation renaissante à la barbarie, et le triomphe de la civilisation devint inévitable. Les arts et les sciences de l'Italie et de Byzance, que le rénovateur de l'empire introduisit dans ses Etats germaniques, y trouvèrent des populations douées d'une grande profondeur de pensée et de sentiment, d'un caractère patient et ferme, qui les adoptèrent bientôt.

Les nombreux monastères dont l'Allemagne se couvrit à cette époque, secondèrent puissamment ce mouvement civilisateur. La plupart de ces communautés religieuses s'établirent dans des déserts incultes et stériles, ou bien au milieu d'épaisses forêts; elles les défrichèrent, les cultivèrent, y construisirent des édifices, les transformèrent en lieux habitables où accoururent de nombreux colons qui, sous la protection des lieux saints, élevèrent bientôt des bourgades et des villes. Les abbés de ces monastères, appelés souvent à Rome, rapportaient

---

(*) J'ai cru devoir confier la rédaction de ce dernier chapitre à mon ami Sébastien Albin, connu déjà par plusieurs articles remarquables sur la littérature et sur les arts de l'Allemagne et de l'Italie, où il a fait un long séjour.

d'Italie des connaissances qui venaient s'ajouter à celles que l'Allemagne avait déjà acquises, et en étendaient insensiblement le cercle. La culture des sciences et des arts faisait partie des règles prescrites par saint Benoît et saint Boniface aux ordres monastiques. Saint Boniface avait même institué parmi les moines une classe à part appelée *Operarii* ou *Magistri operum*, qui devait exclusivement s'occuper de travaux d'art. Au dixième siècle, Ermenrich parle en ces termes des bénédictins de Saint-Gall : « Nulle part
« je n'ai trouvé d'architectes si habiles
« qu'ici. Le proverbe : Tel est l'oiseau,
« tel est son nid, s'y vérifie complète-
« ment. Qu'on regarde l'église, le
« monastère, et on ne s'étonnera pas
« de ce que j'avance. Pour ne citer que
« quelques-uns de ces artistes, Win-
« hart n'est-il pas un vrai Dédale,
« Isenrich un vrai Bezaleel? Ils ne
« quittent le rabot qu'à l'autel; et leur
« grande humilité se montre en ce que,
« malgré leurs perfections, ils culti-
« vent encore la terre de leurs mains.
« Que dirais-je du sage et honnête
« Amalgar et de l'œuvre qu'il exécute
« à l'autel d'or, et à laquelle il tra-
« vaille sans relâche (*)? »
L'influence des ordres monastiques sur le développement des arts ne tarda pas à se faire grandement sentir. Après la mort de Charlemagne, les guerres civiles, les incursions des Huns qui désolèrent l'Allemagne jusqu'à l'avénement de la dynastie de Saxe, auraient infailliblement étouffé le germe encore si faible de la civilisation, si les moines ne l'eussent recueilli dans leurs asiles, que la consécration religieuse faisait respecter. Aussi, à cette époque, poésie, architecture, peinture, sculpture, mosaïque, n'existaient que là, et tous les artistes de ce temps furent des moines. Au dixième et au onzième siècle, on cite Ratgar, Rachcholf, Bonosus, Isenbert,

tous de Fulde; Immo Walto, de Saint-Gall, ainsi que Notker, qui fut plus tard évêque de Liége, où il porta le goût des arts; enfin Tutilo, regardé alors comme un génie universel, peintre, sculpteur, poëte, orateur, musicien.

Les monastères qui servaient ainsi de pépinières à la civilisation, étaient, après ceux de Fulde et de Saint-Gall, ceux d'Hirschau, de Lorsch, d'Hildesheim, de Mayence, d'Osnabruck, de Brême, de Saint-Emmeran de Ratisbonne, de Maulbronn, de Pfullingen, de Trèves, de Quedlingbourg, etc. Les nobles et les princes mettaient leur orgueil à posséder un monastère dit de *famille*, qu'ils dotaient richement et ornaient des objets les plus précieux. Une circonstance singulière vint encore accroître les richesses du clergé. Les prophéties avaient condamné le monde à mourir en l'an mil; à l'approche de ce terme fatal, une terreur panique s'empara des chrétiens; et, pour se réconcilier avec Dieu, beaucoup d'entre eux crurent n'avoir rien de mieux à faire que de léguer leurs biens aux églises et aux communautés religieuses. Les prêtres et les moines se trouvèrent alors possesseurs de grands trésors, et c'est ce qui explique en partie la somptuosité des édifices religieux élevés postérieurement en Allemagne, en France et en Italie (*).

Vers cette même époque, le règne des empereurs de la maison de Saxe ouvrit une voie plus large encore aux arts et à l'industrie. Henri l'Oiseleur, après avoir, en 919, recueilli tout l'héritage germanique de Charlemagne, mis fin aux incursions des Huns et soumis les Serviens, chercha à rétablir l'ordre et la prospérité dans son vaste empire. Il releva les villes renversées, en fonda de nouvelles, ordonna que le neuvième des habitants des campagnes vînt s'y fixer, bâtit des églises et des cloîtres. Son œuvre fut continuée par ses trois descendants, Othon Ier, Othon II et Othon III.

(*) *Fragmentum ex libro Ermenrici Augiensis, De grammaticâ*, dans Mabillon, *Analecta*, t. IV, p. 333, rapporté par Fiorillo, Histoire des arts du dessin en Allemagne, t. I, p. 283.

(*) Fiorillo, Histoire des arts, du dessin, t. II, pag. 90.

Othon Ier, en faisant exploiter les mines du Harz, donna à l'Allemagne une surabondance de métaux qui contribua grandement aux progrès de la fonte, de l'orfèvrerie et de la ciselure; devenu conquérant de l'Italie, il rattacha de nouveau le Nord au Midi. Trois alliances matrimoniales aidèrent encore alors au développement de l'art : celle d'Othon Ier avec Adélaïde, reine d'Italie; celle d'Othon II avec Théophanie, princesse grecque; et, plus tard, celle de Philippe de Hohenstauffen avec Irène, fille d'Isaac l'Ange. Toutes trois, amenant avec elles des artistes grecs et italiens, introduisirent à la cour impériale les usages de leurs pays, et répandirent en Allemagne le goût et le style de Byzance et de l'Italie.

La dynastie de Franconie eut une action civilisatrice moins immédiate que celle de la maison de Saxe; la querelle des investitures, en rallumant les haines des princes, ralluma en même temps les troubles civils; mais de ces dissensions devait sortir un grand bien, l'accroissement du pouvoir des communes. Henri IV, afin de se créer des appuis, accorda des privilèges et des franchises aux villes devenues populeuses. Dès lors, le commerce, l'industrie et les arts s'y développèrent. Les empereurs de la maison de Souabe, toujours guidés par le même calcul politique, confirmèrent et étendirent encore ces libertés. Derrière de solides murailles, qui résistaient aux incursions et empêchaient les brigandages des nobles, protégée par les lois municipales qui n'avaient au-dessus d'elles que la suzeraineté presque nominale de l'empereur, la civilisation avait trouvé un nouvel asile où le cercle de son activité pouvait s'élargir, et ne plus rester limité à une seule classe de la société. Il en était temps, car les monastères avaient bien dégénéré. Par leur travail et par leurs talents, les moines avaient acquis de la considération, de la puissance et des richesses, mais peu à peu, renonçant à la sévérité de leurs principes, ils étaient devenus oisifs et vicieux. Non-seulement ils avaient cessé de cultiver la terre de leurs propres mains, de manier le rabot, comme du temps d'Ermenrich, mais ils en étaient même venus à profaner l'autel par leurs désordres. Quand Rodolphe de Habsbourg monta sur le trône, le foyer de la civilisation avait donc changé de place, des cloîtres il avait passé dans les villes libres, et désormais ce furent les mains des bourgeois, les mains plébéiennes qui continuèrent les œuvres d'art et leur donnèrent un nouvel essor.

ARCHITECTURE.

Il a été dit dans le premier volume (*) de cet ouvrage, que vers la fin du treizième siècle, l'Allemagne se couvrit; non-seulement de magnifiques cathédrales, mais qu'elle établit même un système d'architecture qui fut appelé *gothique*, et serait plus justement qualifié de *germanique*. On n'a pas voulu par là affirmer que ce système avait été spécialement, et dans son entier, inventé par les Allemands, car il est évident qu'on peut le rattacher à des temps et à un art antérieurs. Et d'ailleurs, dans les arts comme dans les sciences, les idées appelées neuves ne surgissent pas tout à coup, elles procèdent successivement les unes des autres ; le grand mérite de l'artiste ou du savant consiste à s'en approprier les éléments déjà existants, et à les développer, en unissant aux efforts de son génie l'expérience des siècles passés. C'est à ce titre que l'Allemagne peut prétendre à la gloire de donner son nom à l'architecture du moyen âge. Que l'arc en tiers point, qui forme la base de son système, se retrouve, d'après d'Agincourt, et dans le Meqyàs ou nilomètre du Caire bâti en 861, et dans les restes d'un palais des soudans d'Égypte de la même ville et de

---

(*) Le premier volume s'arrêtant au treizième siècle, alors précisément que l'architecture prenait en Allemagne une direction toute particulière, il a paru nécessaire de revenir sur les idées dont elle était l'expression, afin d'en faire apprécier plus immédiatement les développements.

la même époque, et jusque dans les palais d'Ispahan; qu'à Palerme on en voie des exemples fournis par les Arabes; que l'abbaye de Subiaco en Italie, élevée au neuvième siècle, l'ait déjà employé, alors qu'en Allemagne Charlemagne et ses artistes grecs et italiens avaient répandu le goût byzantin : toujours est-il que l'arc ogival, dès qu'il parut en Allemagne, y fut bientôt généralement adopté, perfectionné, et que ce fut là qu'il remplaça entièrement l'arc plein cintre, alors que la France et l'Italie le conservaient encore. Ce qui dut déterminer surtout à adopter cette forme aiguë et différente de la forme plane ou ronde de l'antiquité, ce fut probablement la nature même du climat des régions septentrionales. Les neiges fréquentes et épaisses qui tombent dans ces contrées devaient nécessairement détériorer tout monument bâti d'après le système d'architecture propre aux pays méridionaux. Cette propriété de l'arc aigu avait déjà été sentie dès les premiers essais qu'on en fit en Europe, et en avait sans doute motivé l'emploi ; du moins la chronique de Subiaco semble l'indiquer, en parlant de l'usage qu'on en fit dans les voûtes de l'église du cloître (*).

Si l'on suppose que l'arc aigu des Arabes et celui de Subiaco, qui pourrait encore être attribué à cette nation (**), n'a pu être connu en Allemagne malgré les rapports fréquents de ce pays avec l'Italie, il faudra chercher l'origine de ce système en Allemagne même. Des hommes éminents dans la science et dans l'art ont cru l'avoir trouvé dans l'imitation de la bâtisse en charpente. Effectivement, si l'on considère les moyens de construction et de soutènement employés par la charpenterie, moyens indiqués du reste par la forme même du bois, qui en est la matière, on verra que la ligne droite ou perpendiculaire y joue le premier rôle ; de plus, que c'est elle qui, devenant oblique, et se rencontrant avec une ligne semblablement placée, forme l'angle aigu, qui est le principe de l'arc ogival. L'art grec est dérivé de l'imitation de la charpente plane ; l'art gothique a pu, dans un autre temps, et sous d'autres circonstances, renouveler au moins en partie cette imitation de la nature. Cette idée, déjà développée par d'Agincourt dans son histoire de l'architecture, et seulement indiquée ici, acquiert un certain degré de certitude, quand on considère que, lors de l'introduction du christianisme en Germanie, les églises primitives furent construites en bois, et avec toute la simplicité, ou plutôt toute la grossièreté des peuplades barbares qui composaient la nation. Schad, dans sa description de la cathédrale de Strasbourg (*), dit qu'au sixième siècle, Clovis fit faire cette église *en bois, à la bonne manière franque et avec un énorme toit*. Stieglitz, qui rapporte ce fait dans son histoire de l'architecture, remarque judicieusement à cette occasion, que le style caractéristique de l'architecture du Nord, la tendance à s'élever, à devenir perpendiculaire, se fait déjà sentir en cette circonstance. Il est vrai que le style byzantin, introduit par Charlemagne, remplaça cette architecture barbare ; mais comme il ne la détruisit point partout, puisque dans le onzième siècle il est encore parlé d'églises de bois, surtout en Thuringe et en Silésie, il se pourrait que plus tard les avantages de la forme aiguë, se faisant sentir aux architectes allemands, ils l'aient adoptée de préférence à la forme ronde et horizontale du style byzantin. Quoi qu'il en soit, ce nouveau système n'offrait pas seulement des avantages, sous le rapport du climat, mais par ses combinaisons il permet-

---

(*) *Chronicon Subiacense*, citée par d'Agincourt, t. I, pag. 59.

(**) Au neuvième siècle, Léon IV ayant fait beaucoup de Sarrasins prisonniers, leur assigna pour demeure la montagne de Vicovaro, près de Subiaco ; et comme ils étaient réputés bons maçons, il les employa dans beaucoup de constructions. D'Agincourt, t. I, pag. 60.

(*) Schad, *Summum Argentorat. templum*.

tait encore d'élever le monument à une hauteur plus qu'ordinaire, de diminuer la force des murs ou des piliers de soutenement, par le peu de poussée de ses voûtes, et conséquemment de faire plus avec moins de matériaux, circonstances d'un grand intérêt dans la construction des cathédrales. Dès que l'arc ogival eut été adopté, le sentiment de l'harmonie porta les Allemands à modifier tout l'ancien système, et même la décoration architectonique ; aussi bientôt la ligne perpendiculaire vint couper en tous sens, et à chaque instant, la ligne horizontale. De là cette multitude d'aiguilles, de pointes, de pyramides, en un mot ces formes gothiques tendant toujours à s'élever, et dans lesquelles les poëtes ont vu la figure symbolique de l'élan religieux du moyen âge.

Mais quelque grande que fût la multiplicité de détails qui devint propre au style gothique, une grande sévérité géométrique semble avoir présidé au plan des cathédrales. Une unité mère se divisant ou se multipliant déterminait la mesure de l'ensemble et de ses parties, la longueur, la largeur, la hauteur, le nombre des colonnes, des fenêtres, etc., de l'édifice. Cependant on rencontre des exceptions à cette règle ; mais elles proviennent toujours d'infractions à l'ordonnance primitive ; ce qui pouvait facilement arriver durant le long intervalle de temps qui s'écoulait entre le commencement et la fin de la construction des églises, ou bien encore par suite de la diminution des ressources dont on disposait pour l'entreprise. La donnée première du style gothique fut donc vraiment la géométrie, et non pas, comme on l'a avancé plus tard, l'imitation des bois et des forêts. Si la ressemblance de certaines formes avec les objets de la nature a pu prêter à cette opinion, il faut reconnaître que cette ressemblance fut simplement l'effet de la reproduction inévitable des formes géométriques qui existent partout. L'arc en tiers point des voûtes devait nécessairement ressembler aux arcs que font entre eux les arbres d'une forêt, en s'inclinant les uns vers les autres ; les faisceaux des colonnettes ne furent autre chose que l'idée d'un artiste, qui imagina de rompre la lourdeur des piliers sur lesquels s'appuient les arêtes des voûtes, en faisant sentir la forme perpendiculaire et légère qui correspond à chacune de ces arêtes et qui lui sert de soutien. Les fleurs et les feuillages enfin qui décoraient les colonnes et les murs n'étaient qu'un ornement adapté après coup, pour plus de richesse, et dont les anciens avaient d'ailleurs donné l'exemple dans leurs frises et leurs chapiteaux. L'imitation végétale ne fut donc pas dans la pensée des architectes allemands, et lorsqu'au seizième siècle ils semblèrent l'avoir adoptée, elle leur fit abandonner les formes si pures de l'art gothique pour des formes bizarres et fantastiques, ainsi qu'on peut le voir dans l'église de Saint-Gilles à Prague, dans celle de Sainte-Marie à Zwikau, d'Hetzfeld, au château de Chemnitz, etc. (*), où les ornements affectent l'imitation végétale jusqu'à figurer des branches dépouillées et les formes maigres et décharnées de la nature morte.

Jusqu'à la fin du douzième siècle, l'architecture byzantine avait entièrement prévalu en Allemagne. La civilisation peu avancée des Allemands forcait les princes et les évêques à appeler de toutes parts des artistes italiens et grecs ; les papes même envoyaient souvent des colonies d'architectes et de maçons pour construire les églises du Nord (**). Les cathédrales de Spire, de Worms, de Mayence, de Bamberg, de Bâle, de Wurtzbourg, de Limbourg, de Memmingen, de Paulinzell, d'Erfurt, de Memleben, de Trèves, de Saint-Sébald à Nuremberg, etc., sont toutes, dans leurs parties primitives, conformes au pur style byzantin ; elles ont même, pour la plupart, la crypte ou église souterraine des temps anté-

(*) Stieglitz, Histoire de l'architecture, pag. 416.
(**) Le même, Encyclopédie d'architecture civile, t. I, p. 195.

rieurs. Mais, vers le douzième siècle, le gothique commença à se montrer; on rencontre dès lors l'arc ogival mélangé avec l'arc plein cintre. Les restaurations des monuments se faisaient déjà toutes dans le *nouveau style*, comme on l'appelait, et qui fut bientôt employé dans l'achèvement des édifices commencés. Enfin, au treizième siècle, l'art allemand remplaça tout à fait l'art du Midi. Les églises d'alors portent toutes le caractère du gothique pur. Telles furent d'abord la cathédrale de Meissen, celle de Magdebourg, de Schulpforte et de Sainte-Élisabeth de Marbourg (*). Leurs formes élancées et perpendiculaires sont encore simples, dépourvues d'ornements, ou, du moins, ceux qui s'y trouvent ne consistent qu'en découpures faites d'après des données géométriques; on n'y rencontre encore aucun feuillage. A ce premier style en succéda un second non moins grand, mais plus orné et plus élégant. La cathédrale de Fribourg ouvre cette nouvelle ère de l'architecture allemande. Elle fut fondée en 1122 par un duc de Zæhringen, et en 1272, on vit s'élever la tour de sa façade, premier exemple d'une aiguille à jour; mais ce fut seulement en 1513 que la cathédrale fut entièrement finie, grâce à l'assistance des bourgeois de la ville, qui acquirent ainsi la gloire d'avoir donné à l'Allemagne le monument le plus complet qu'elle possède, celui où l'ensemble et les parties offrent les proportions les plus parfaites.

Après la cathédrale de Fribourg vient celle de Cologne. L'église primitive qui en occupait la place datait du neuvième siècle, lorsque Frédéric Barberousse ayant enlevé à Milan, en 1162, les corps des trois rois, les envoya en présent à Cologne. Ces reliques distinguées attirèrent dans la ville une foule de pèlerins empressés de leur faire des offrandes; le trésor ecclésiastique s'étant trouvé, par ce moyen, considérablement enrichi, les archevêques de Cologne pensèrent à élever une église qui témoignât de leur puissance. En 1248, l'archevêque Conrad de Hochstædt posa les fondements de ce monument, qui, par ses proportions gigantesques, devait surpasser tous les édifices religieux de cette époque. L'ensemble devait avoir cinq cents pieds de long, cent quatre-vingts de large au chœur et à la nef, et deux cent quatre-vingt-dix dans la partie transversale, tandis que les combles se seraient élevés à plus de deux cents pieds de hauteur, et les tours à cinq cents, sur une base de cent pieds (*). Ce projet ne put recevoir son entière exécution. Grâce aux bulles des papes qui accordaient des indulgences à tous ceux qui, soit par des dons pécuniaires, soit par leur travail manuel, concouraient à l'érection des églises, l'entreprise, dans les premières années, marcha avec rapidité. Mais le zèle se ralentit; les archevêques dissipèrent leurs trésors, les travaux traînèrent en longueur, furent interrompus, et, au commencement du seizième siècle, ils cessèrent tout à fait. Le chœur seul avait été achevé; des deux tours qui devaient orner la façade, l'une ne fut montée qu'à la hauteur du troisième étage; l'autre s'éleva à peine au-dessus de terre. Quant à la nef, elle fut couverte avant d'avoir atteint son élévation projetée. Heureusement pour la gloire de cet édifice resté ainsi mutilé, le dessin original d'après lequel il devait être construit, et tel qu'il fut fait par l'architecte lui-même, existe dans les archives de la ville; et, en le voyant, on est frappé de l'audace et du génie qu'il fallut pour le concevoir. Et pourtant le nom du grand artiste qui en fut l'auteur ne se trouve indiqué nulle part. Mais, comme dans un compte rendu à cette époque, et également déposé aux archives de la ville, on trouve que « neuf ans après la fon-
« dation de la cathédrale, le chapitre
« prenant en considération les services
« rendus par *maître Gérard, tailleur*

(*) Stieglitz, Histoire de l'architecture, pag. 369.

(*) Sulpice Boisserée, Description de la cathédrale de Cologne.

ALLEMAGNE.

« *de pierres, dirigeant les travaux du*
« *dôme*, lui fait présent de l'emplace-
« ment sur lequel il avait élevé à ses
« frais, et pour lui, une grande mai-
« son toute bâtie en pierres (*), » il est
à supposer que ce Gérard était l'auteur du plan en question ; autrement il faudrait croire que l'artiste auquel est due cette admirable création était mort dans l'intervalle des neuf années qui s'étaient écoulées depuis la fondation de l'édifice jusqu'à la date du compte rendu, ce qui est assez peu probable. Et d'ailleurs ce Gérard devait être un homme éminent et considéré pour obtenir une telle récompense, car, au moyen âge, les artistes *tailleurs de pierres*, titre sous lequel on comprenait les architectes et les sculpteurs, n'étaient rétribués qu'à la journée ; et quoique, par un privilége particulier à eux octroyé par les papes, ils eussent le droit de fixer le prix de cette journée, leur salaire devait être modeste, puisque, dans une chronique d'Ulm, de l'année 1497, à l'occasion d'une récompense accordée à l'architecte Engelberger d'Augsbourg, qui éleva la tour du dôme, on trouve que : « le *généreux* et *honorable* con-
« seil d'Ulm accorde audit tailleur de
« pierres, en sus de sa solde régulière,
« quatre cents florins, une fois payés,
« et lui assure pour toute sa vie une
« pension annuelle de cinquante flo-
« rins, comme *argent de grâce* (**). »
La donation faite à maître Gérard était donc un acte peu commun de générosité, et dut être motivée par quelque grand service ; or, comme il n'y avait pas, pour motiver cette largesse, assez de temps qu'il était simple conducteur des travaux, en admettant qu'il n'eût été que cela, il est probable qu'on récompensait en lui, pour des services plus éminents, l'auteur de l'idée sublime révélée par le beau plan de la cathédrale. Les autres architectes, qui travaillèrent au monument durant l'intervalle de plus de deux siècles, sont pour la plupart restés inconnus (*) ; et cependant, attendu la difficulté de l'exécution, ils durent tous être des hommes remarquables.

La cathédrale de Strasbourg, réédifiée à la même époque que celle de Cologne, doit son origine à Cloyis qui, en 504, bâtit sur cet emplacement une église en bois. Charlemagne y ajouta un chœur en pierre ; mais l'édifice ayant été brûlé dans un sac de Strasbourg, l'évêque Werner résolut, en 1015, de le réédifier plus solidement ; il posa les fondements de sa cathédrale sur une substruction en pilotis, nécessitée par un terrain sablonneux et mouvant. En 1275 la nef fut entièrement terminée. Il s'agit alors d'élever les tours : Erwin de Steinbach entreprit de le faire ; et s'il ne put conduire celle du nord que jusqu'au second étage, sa mort étant survenue avant l'achèvement, il laissa du moins le dessin de son admirable conception. Erwin fut aussi architecte de la chapelle Sainte-Marie et du portail du midi, dont sa fille Sabine fit les sculptures qui passaient alors pour très-remarquables. Son fils lui succéda dans ses travaux, et commença la seconde tour. Après lui, le plan primitif subit quelques modifications qui n'empêchèrent pas que l'harmonie, l'élégance, la solidité, en un mot, la beauté de l'œuvre d'Erwin, n'aient placé son auteur au premier rang des artistes du moyen âge (**). Les autres architectes de la cathédrale, qui par leurs travaux méritent d'être cités, sont : Jean Hulz de Cologne, lequel termina, en 1439, la tour du sud ; Jodocus Dot-

---

(*) Sulp. Boisserée, Description de la cathédrale de Cologne, p. 7.

(**) Fiorillo, Histoire des arts du dessin en Allemagne, t. I, p. 129.

(*) Nicolas de Buren est seul nommé en 1440.

(**) En 1723, un fort tremblement de terre qui se fit sentir à Strasbourg ne nuisit en rien à la cathédrale. D'après Grandidier, on prétendit avoir vu la tour dévier d'un pied de sa direction perpendiculaire, puis s'y replacer d'elle-même. Ce qu'il y a de positif, c'est que l'eau d'un réservoir établi sur la plate-forme fut lancée à dix-huit pieds au loin. Quelle solidité dans le monument qui resta intact après une telle secousse !

zinger, auteur du baptistère; Hammerer, de la chaire; Jean de Landshut, de la chapelle Saint-Laurent; enfin les deux Heckler, Jean et Georges, célèbres architectes du dix-septième siècle, qui rétablirent, à deux reprises, la tour endommagée par la foudre. La cathédrale de Strasbourg offre une particularité qui la rend très-intéressante pour l'histoire de l'art, c'est que la marche de l'architecture en Allemagne y est indiquée dans toutes ses phases, depuis le lourd style byzantino-lombard du temps de Charlemagne, le byzantin plus élégant des onzième et douzième siècles, les premières traces du gothique au commencement du treizième siècle, son plus beau développement sous l'inspiration d'Erwin de Steinbach, jusqu'au passage de cette beauté majestueuse à un raffinement dans l'art qui finit par la dégénérescence. Malgré quelques traces de mauvais goût dues aux siècles postérieurs, la cathédrale de Strasbourg fut réputée, au moyen âge et à l'époque de la renaissance, le plus beau monument de l'Allemagne. Æneas Sylvius Piccolomini l'appelle *une œuvre admirable qui cache sa tête dans les nues;* et en 1481, Jean Galeaz Marie Visconti Sforza demanda aux magistrats de Strasbourg un architecte capable d'achever son dôme de Milan. Cette admiration des étrangers pour la cathédrale de Strasbourg ne l'emportait pas sur la vénération dont tous les Allemands étaient pénétrés pour cet édifice, vénération qui valut à la loge des architectes de Strasbourg l'honneur de la grande maîtrise de toutes les loges de l'Allemagne.

Lorsqu'au onzième et au douzième siècle l'art fut déplacé, et passa des mains des moines dans celles des laïques, ces derniers, à l'exemple de leurs devanciers, liés entre eux dans tous les pays par une confraternité qui leur assurait aide et secours, ou bien encore, à l'imitation des artistes byzantins et arabes qui avaient continué les corporations romaines, s'unirent entre eux, formèrent une confrérie qui se reconnaissait à certains signes, et cachait au vulgaire les règles de son art. En Allemagne, cette association, déjà commencée par les architectes de la cathédrale de Cologne (*), ne se répandit généralement que du temps d'Erwin de Steinbach à la fin du treizième siècle. Les membres qui la composaient se divisaient en *maîtres* et en *compagnons,* et se donnaient le nom de *francs-maçons,* à cause de certains priviléges dont jouissait le métier de maçon. Cette association se divisait à son tour en associations particulières qui portaient le titre de loges, du nom donné à l'habitation de l'architecte près de chaque édifice en construction. Les statuts de la franc-maçonnerie étaient tenus secrets; avant d'être reçus, les frères s'engageaient, sous serment, à l'obéissance, et à garder un silence absolu sur tout ce qui concernait leur union. Les maximes de l'art ne devaient jamais être écrites; elles étaient exprimées par des figures symboliques empruntées à la géométrie ou bien aux instruments d'architecture et de maçonnage, et la connaissance de ces symboles n'était communiquée qu'aux seuls initiés. Cette absence de toute leçon écrite avait le double avantage de conserver l'art, comme une chose sacrée, au-dessus de la portée du vulgaire, qui l'eût profanée et affaiblie, et de forcer à l'apprentissage pratique tous ceux qui voulaient devenir artistes. On n'était reçu franc-maçon qu'après avoir fait des preuves de maîtrise dans un examen d'autant plus sévère et d'autant plus scrupuleux, que la confrérie répondait du talent de ses membres, désignant souvent les maîtres, les conducteurs, les compagnons qui devaient entreprendre un édifice, les encourageant, les réprimandant et les punissant selon le mérite de leur ouvrage. L'esprit mathématique des architectes du moyen âge ne voyant le bien et le beau de l'ensemble que dans la symétrie, l'ordre et l'harmonie des parties, avisa de soumettre à des règles inviolables non-seulement la conduite de

--
(*) Sulpice Boisserée, Description de la cathédrale de Cologne, p. 8.

l'artiste, mais encore la conduite morale des francs-maçons. La vie de chacun devait être religieuse, honnête et tranquille. Un règlement maçonnique fait à Torgau, en 1462, par les maîtres de Magdebourg, d'Halberstadt, d'Hildesheim, et conservé de nos jours à Rochlitz (*), est resté comme un curieux monument des statuts de l'association. Les rapports les plus importants comme les plus insignifiants en apparence des architectes et des ouvriers, y sont strictement réglés, sous menace incessante de punition; et cette punition n'était rien moins, en plusieurs cas, que de se voir expulsé de la confrérie comme *mauvais sujet*, ou déclaré *sans honneur*. Le mensonge, la calomnie, l'envie, une vie débauchée, étaient, chez les compagnons, punis par le renvoi, et tout porte à croire qu'une pareille condamnation les privait de leur métier. Chez les maîtres, ces mêmes fautes amenaient le même résultat : ils étaient aussi déclarés *sans honneur*. La moindre négligence dans le travail, et jusque dans l'entretien des instruments et des outils, était également punie de peines déterminées. Deux tribunaux, l'un supérieur, l'autre inférieur, connaissaient des délits, et jugeaient tous les différends. Le premier de ces tribunaux siégeait, tous les trois ans, dans le chef-lieu de chaque confrérie particulière; le second se tenait dans la loge de l'architecte qualifiée de *lieu sacré;* enfin la grande loge de Strasbourg prononçait en dernier ressort sur toutes les causes. Les figures symboliques ne servaient pas seulement à exprimer les maximes de l'art en général, elles étaient encore employées comme signatures par les maîtres et les ouvriers, qui devaient signer de leur marque particulière chaque pièce d'ouvrage, afin d'en faire connaître l'auteur. Les mêmes signes, variés à l'infini, servaient de clef à l'explication de tout édifice. On les employait encore dans la décoration,

aux fenêtres, aux rosaces, aux balustrades, etc., de telle sorte que, pour l'initié, chaque monument était une leçon parlante (*); mais malheureusement le sens de ces figures est entièrement perdu pour la postérité. Par l'étude constante des lois de la nature, les francs-maçons s'élevèrent peu à peu à une connaissance plus épurée des vérités physiques, morales et religieuses, et se dépouillèrent insensiblement des superstitions grossières de l'époque. Peut-être la confirmation de cette opinion se trouverait-elle dans les représentations sculpturales qu'offrent souvent les grandes églises, et qui témoignent d'un esprit au-dessus des préjugés. Au reste, si, comme tout porte à le croire, une croyance plus élevée que celle du vulgaire avait été admise par la franc-maçonnerie du moyen âge, elle seule a survécu à l'objet principal et primitif de l'association, et s'est continuée jusqu'à nos jours dans l'institution uniquement morale de la franc-maçonnerie moderne.

Les statuts des francs-maçons acquirent d'autant plus de force, qu'ils furent souvent confirmés et approuvés par les papes et les empereurs; aussi furent-ils longtemps religieusement observés, et leur sévérité, en maintenant un lien commun entre les maîtres et les compagnons, ne contribua pas moins que ce lien même à donner à l'Allemagne cette foule de talents solides, élevés et modestes, qui, dans ce pays, portèrent l'architecture à un si haut degré de perfection.

L'association franc-maçonnique comptait quatre loges principales : la loge de Strasbourg, la loge de Cologne, la loge de Vienne et celle de Zurich. La première avait vingt-deux loges du midi de l'Allemagne sous sa dépendance; la seconde, toutes les loges des pays du Rhin; la troisième, celles d'Autriche, de Bohême et de Hongrie; enfin la quatrième, les loges de la Suisse. La loge de Strasbourg avait en même temps la suprématie

---

(*) Stieglitz, Pièces relatives à l'histoire de l'architecture.

(*) Stieglitz, Histoire, etc., p. 434.

générale sur toutes les autres, et l'architecte en chef de la cathédrale était toujours le grand maître des francs-maçons d'Allemagne. Mais, au seizième siècle, l'esprit qui avait animé la confrérie s'était peu à peu retiré d'elle avec la science qu'elle avait été amenée à négliger tant par sa propre faute que par suite des événements politiques. Le style de la renaissance qui vint s'opposer au style gothique alors dans sa période décroissante, et qui fut favorablement accueilli en Allemagne, fit bientôt regarder les préceptes de l'art du moyen âge et de la franc-maçonnerie comme ruinés et usés; et quand à la fin du dix-septième siècle une décision de la diète impériale rompit les relations des loges d'Allemagne avec la loge de Strasbourg, parce que cette ville était devenue française, l'association se trouva sans chef et ne se hâta pas d'en choisir un autre. Enfin, en 1731, une autre décision de la diète ayant défendu de tenir les règles de l'art secrètes, comme par le passé, la franc-maçonnerie se trouva dissoute de fait, puisqu'elle n'avait plus de but, et elle disparut entièrement, en tant qu'institution ayant l'art pour objet.

Après les cathédrales de Fribourg, de Cologne et de Strasbourg, le quatrième chef-d'œuvre de l'architecture allemande est Saint-Étienne de Vienne. Fondée au milieu du douzième siècle, cette église ne fut sérieusement continuée qu'en 1359 par Rodolphe IV, Georges Hauser en fut le premier architecte; il éleva la tour du midi, ou du moins il en fit le plan qui existe encore, car lui-même mourut durant la construction, et la tour ne fut achevée qu'en 1423 par Antoine Pilgrand, qui décora aussi l'église et auquel est due sa magnifique chaire. Jean Buxbaum fut le dernier architecte du vaisseau et commença la tour du nord, qui est restée inachevée. Saint-Étienne de Vienne est regardé comme la dernière expression du gothique pur; les ornements y sont peut-être déjà prodigués, mais ils sont encore tous exécutés avec la rare perfection des beaux temps du moyen âge.

Parmi les autres belles églises de l'Allemagne, on remarque, à Nuremberg, celle de Saint-Laurent, celle de Saint-Sébald, dont la partie gothique offre cette singularité que les ornements y sont dans le goût arabe; et enfin Sainte-Marie, œuvre de George et de Fritz Ruprecht; Sainte-Catherine d'Oppenheim, la cathédrale de Goslar, Sainte-Marie de Kœnigsberg, etc., toutes de la belle époque.

Le quatorzième et le quinzième siècle virent s'élever la grande cathédrale d'Ulm, par Mathieu d'Ensingen, continuée par Boblinger et Engelberger, et restée inachevée; le dôme de Ratisbonne, fondé antérieurement, mais terminé seulement alors; la cathédrale d'Augsbourg, Saint-Ulrich de la même ville, et la belle église de Landshut, par Jean Steinmetz; l'épitaphe de cet architecte le qualifie de *maître des églises de Hall, de Salzbourg, d'Œttingen, de Straubing et de Landshut*; il était également célèbre comme sculpteur en pierre et sur bois. Citons encore l'église d'Eslingen, d'un travail si élégant et si fini; celle de Dunkelsbühl, par Nicolas Eseller; celle de Waiblingen, par Jean d'Ulm; Saint-Gilles de Prague, bâtie par Pierre d'Arler et Mathieu d'Arras, Français; Sainte-Marie de Wurzbourg; la tour de Sainte-Élisabeth à Breslau, l'une des plus colossales entreprises de l'art allemand, et qui n'a que trente-quatre pieds de moins que celle de Strasbourg; les cathédrales d'Inspruck, de Salzbourg, de Bamberg, de Brême, de Magdebourg, de Dantzig, de Constance, de Berne, par Jean Heinz; d'Augsbourg, de Zürich, de Fribourg en Suisse, de Bâle, de Lausanne, chefs-d'œuvre de l'architecture allemande.

Parmi les monastères les plus remarquables, il faut placer celui de Saint-Gall, que l'architecture, la peinture, la sculpture, l'orfévrerie du moyen âge s'étaient plu à orner; ceux de Fulde, de Hirschau, de Lindau, de Lorsch, d'Alpirsbach, de Trèves, d'Hildesheim, de Saint-Emmeran, de Tegernsee, de Scheyrn, de Haïna, de Quedlingbourg, de Saint-Blaise dans la forêt Noire, d'Einsiedeln en Suisse, etc.

L'architecture civile s'éleva peu après l'architecture religieuse. Les villes, en parvenant à la liberté, parvinrent aussi aux richesses; et, après avoir songé à élever des églises somptueuses, car il est à remarquer que la plupart des cathédrales furent bâties, ou, du moins, achevées par des villes libres, elles se bâtirent des palais communaux ou maisons de ville, des entrepôts de marchandises (*Kaufhäuser*), des ponts, des fontaines, des portes, des hôpitaux, etc. Tous ces monuments se distinguent par des formes simples et belles, appropriées à leur usage particulier; ils prouvent que l'architecture civile de l'époque possédait à un haut degré la qualité d'être *rationnelle*. Les maisons de ville et les entrepôts de Dresde, d'Ulm, de Goslar, de Brême, de Nuremberg, de Cologne, de Mayence, etc., en font foi. Les quatre grands ponts de Lucerne, le beau pont de Ratisbonne, celui de Dresde, qui a huit cents pas de long et est soutenu par vingt-quatre piliers, celui de Prague avec ses seize arches, prouvent encore les progrès de l'art allemand. Un dicton populaire caractérise ainsi ces trois derniers monuments: « Parmi « les ponts allemands, celui de Ratis- « bonne est le plus fort, celui de « Dresde le plus beau, et celui de « Prague le plus long. » La plupart de ces édifices durent leur existence à la confrérie des ponts (*Brückenbrüder*), qui se dévouait à la construction et à l'entretien des ponts, des bacs, des pontons, des routes et des hospices. N'oublions pas non plus les fameux aqueducs de Marienbourg, les canaux, les puits que les chevaliers de l'ordre Teutonique firent creuser en Prusse, monuments qui, par leur immensité et leur longue durée (*), se rapprochent des travaux des Romains, et qui, pour compléter la ressemblance, furent exécutés par des prisonniers ou esclaves lithuaniens et polonais, souvent au nombre de soixante et dix mille. En général, toutes les entreprises de l'ordre Teutonique portent un cachet de grandeur: témoin le célèbre château de Marienbourg, demeure du grand maître, avec ses salles immenses, et ses souterrains voûtés qui s'étendaient sous tous les châteaux de l'ordre, et qui servaient de lieux de refuge aux habitants des campagnes, qui s'y retiraient avec leurs meubles et même avec leur bétail lors des incursions des païens (*).

L'architecture allemande acquit au moyen âge une prépondérance qui, pendant trois siècles, fit presque oublier en Europe les architectures antérieures. A la fin du treizième siècle, la France adopta le style gothique; la Suède, l'Angleterre, la Hollande, la Flandre en firent autant; le Portugal et l'Espagne chrétienne eurent aussi leurs monuments gothiques dans les églises de Batalha, de Ségovie, de Tolède, et dans celle de Burgos, qui fut l'œuvre de Jean et de Simon de Cologne, ainsi que la belle chartreuse de Miraflores. L'Italie se montra moins empressée à accepter la nouvelle méthode. L'architecture antique, si bien appropriée à son climat, et dont il restait encore tant de monuments, conserva toujours chez elle une suprématie qui n'admit le gothique que comme exception. L'église d'Assise, bâtie, d'après les chroniques, par un Allemand nommé Jacob, est ainsi que la cathédrale de Milan, le monument de l'Italie qui rappelle plus particulièrement le style de l'architecture allemande. Selon les historiens, le dôme de Milan, fondé en 1386 par Galéas Visconti fut, du moins quant à son plan primitif, l'œuvre de Henri Arler de Gemunden, que les Italiens appelèrent Gamodeo (**). Deux autres architectes allemands, Jean Fernach et Ulrich de Freysingen, travaillèrent encore à cette cathédrale; et, en 1486, le conseil de Strasbourg, requis par le duc

---

(*) Ils servent encore aujourd'hui.

(*) Fiorillo, Histoire des arts, du dessin, t. II, p. 264.

(**) Stieglitz, Histoire de l'architecture, pag. 415.

de Milan, envoya maître Hammerer pour couvrir l'église. Les dômes de Sienne, de Spolète et d'Orvietto portent encore en eux quelques traces de gothique. Des artistes allemands durent être employés à la construction de ce dernier édifice, car on trouve qu'un architecte allemand, Pierre Jean de Fribourg, devint maître de la loge d'Orvietto.

Mais les beaux temps de l'architecture gothique eurent un terme. Dès le commencement du quinzième siècle, le sentiment religieux perdit de sa ferveur; la réformation de la Bohême commença à détruire l'unité de croyance et refroidit la piété. Dès lors, non-seulement on cessa d'élever de nouveaux monuments, mais on n'acheva même plus ceux qui étaient commencés. La guerre des Hussites, qui portait avec elle le meurtre, le pillage et l'incendie, arrêta tout élan chez les artistes, et ne laissa que des ruines partout où elle passa. Bientôt après, Luther, reprenant l'œuvre de la réformation, l'étendit, l'éleva au rôle de nouvelle religion, et, par là, partagea l'Allemagne en deux camps et en deux armées qui ne posèrent les armes qu'en 1648, à la paix de Westphalie. L'organisation politique de l'Allemagne subit alors une transformation; le pouvoir des princes acquit une grande force; la plupart des villes libres passèrent sous leur domination; et, de petits États indépendants, elles devinrent des villes de province au-dessus desquelles prima une capitale, qui, propriété du souverain, fut soumise à son caprice individuel, et ne put s'élever à la fierté bourgeoise et patriotique des villes libres, fierté à laquelle on avait dû tant de chefs-d'œuvre.

Au milieu de toutes ces convulsions politiques, l'architecture, qui demande tant de ressources et tant de persévérance, dut souffrir plus qu'aucun autre art; aussi la pratique vint-elle bientôt à manquer; et, comme les maximes des grands architectes n'avaient été propagées que par ce moyen, elles se perdirent petit à petit, et le mauvais goût fit de rapides progrès. Les règles qui se conservaient encore, n'étaient plus cachées aussi soigneusement que par le passé; des écrivains les recueillirent, se créèrent un mérite littéraire en les publiant, les expliquèrent, y ajoutèrent ou en retranchèrent à leur gré, et d'après les inductions si souvent trompeuses de la simple théorie.

Vers le même temps où l'Allemagne voyait ainsi décroître son art gothique, l'Italie entrait dans l'ère dite de la *renaissance*; et l'Allemagne, par suite de ses relations avec ce pays, devenues plus fréquentes depuis les troubles religieux et l'établissement des jésuites qui mêlaient Rome dans toutes les affaires, par suite aussi de l'accroissement qu'avait reçu la puissance de la maison impériale d'Autriche, et peut-être enfin parce qu'il existe une certaine solidarité entre les grandes nations, l'Allemagne, dis-je, adopta bientôt le nouvel art qu'on vit apparaître alors et qu'elle appela *italique*. Ce dernier, moins original, et exigeant par cela même moins d'individualité que l'art gothique, avait l'avantage immense d'être plus facile à apprendre. Pourtant quelques formes anciennes survécurent pour un temps au système entier, et s'allièrent à l'architecture nouvelle; telles furent les voûtes en ogives qu'on employa dans la construction des églises jusqu'au dix-septième siècle. Mais la simplicité des monuments civils disparut tout à fait; la ligne perpendiculaire fut défigurée par des découpures bizarres tourmentées outre mesure; et les ornements furent prodigués. Les princes allemands, qui étaient devenus riches, et chez lesquels les puérilités de la mode avaient remplacé l'ancien patriotisme, n'employèrent désormais, dans les monuments qu'ils firent élever, que des architectes italiens ou formés par les écoles d'Italie. Déjà, en 1507, Wolfgang Muller avait bâti à Munich l'église des Jésuites, où l'ordre corinthien se mélange avec l'ordre ionique. En 1600, le riche duc de Bavière, Maximilien Ier, fit construire par Pierre de Witte, Flamand italianisé sous le nom de *Candido*, une résidence si somptueuse qu'elle passait pour une merveille, et que Gustave Adolphe eût désiré pouvoir la faire transporter à Stockholm. En 1675, un Bolognais, Barella, éleva également à Munich l'église des Théatins, en style italique. Pourtant, en 1620, Élie Holl fit la maison de ville d'Augsbourg, regardée comme l'une des plus belles de toute l'Allemagne ; la tour de Perlach et l'arsenal de cette ville libre sont encore de cet artiste, le plus célèbre de son époque, et celui qui sut imprimer le plus d'originalité nationale à la nouvelle architecture importée. Après lui, il faut encore citer Goldmann, Sturm, et, plus tard, Fischer d'Erlach, qui décora Vienne de somptueux palais et des églises de Saint-Charles et de Saint-Pierre ; cette dernière élevée d'après le modèle du grand Saint-Pierre de Rome. Toutes les capitales de l'Allemagne s'embellirent, à cette époque, de monuments remarquables par le grandiose, sinon par le bon goût. L'exemple de Louis XIV excita les princes à faire bâtir ; et, comme alors la morgue et l'autorité princière atteignirent leur apogée, les électeurs, les ducs, les margraves d'Allemagne s'efforcèrent à l'envi de s'élever des résidences magnifiques, en disproportion avec le peu d'étendue de leur territoire particulier. Stuttgardt, Rastadt, Manheim eurent des imitations plus ou moins grandes, plus ou moins fidèles, du château de Versailles. Berlin, qui, par la politique persévérante de ses électeurs, devenait peu à peu la capitale de tout le nord de l'Allemagne, ne resta pas en arrière sous le rapport des monuments. Frédéric-Guillaume, premier roi de Prusse, s'y fit bâtir, par Schluter, un palais vraiment royal, terminé en 1716.

Mais l'architecture empruntée à la renaissance tomba aussi : le mauvais goût finit par l'envahir complétement. Le style baroque, qui fut le triste résultat de cette décadence, se propagea d'Italie en Allemagne, et l'art ne faisait plus que se traîner dans un état de dégradation honteuse, lorsque, vers la fin du dix-huitième siècle, trois hommes éminents, Raphaël Mengs, Lessing, Winkelmann, cherchèrent à le relever, en lui donnant pour base la science archéologique. Grands admirateurs de l'antiquité, ils propagèrent leur foi par des écrits estimés qui firent révolution parmi les artistes. Un architecte badois, Weinbrenner, animé de leur esprit, aida puissamment à cette régénération. Il devint le chef d'une école qui, malgré son principe qui était l'imitation de l'antique, et par conséquent malgré son manque d'originalité, donna à l'Allemagne actuelle un grand nombre d'architectes instruits et éclairés. Hansen en Danemark et à Hambourg, Fischer à Munich, unirent leurs efforts à ceux de Weinbrenner, et élevèrent plusieurs monuments remarquables. Fischer, pour sa part, construisit le théâtre de Munich. Quant à Hansen, ses nombreux travaux imitent plutôt l'architecture pure du seizième siècle que l'architecture antique. Après eux, Léon de Klenze mit en pratique les maximes de leur école, qualifiée en Allemagne d'*école archéologique et esthétique*. Dans les édifices qu'il a élevés à Munich, on retrouve une connaissance approfondie des différents styles. Sa glyptothèque est en style ionique ; l'immense résidence royale, qui semblerait destinée à être la demeure du souverain de toute l'Allemagne, est en style florentin ; l'église de tous les Saints en byzantin ; l'entrepôt en vénitien. Dans sa pinacothèque, il a copié les loges du Vatican ; et enfin dans le Walhalla de Ratisbonne, sorte de panthéon élevé aux grands hommes, il est remonté, par l'imitation, jusqu'aux murs cyclopéens. Contemporain de Klenze, Gaertner est l'auteur de l'église Saint-Louis, de la bibliothèque, de l'université, monuments dans le style de la renaissance. Ohlmuller a construit Sainte-Marie du Secours et sa tour haute de deux cent soixante et dix pieds en style gothique ; Ziebland imite dans Saint-Boniface les basiliques byzantines du cinquième siècle ; Pertsch bâtit l'église protestante et la prison ; Probst le nouveau pont de l'Isar, etc. Tous ces édifices, qui s'élèvent à Munich et qui exercent le talent de tant d'artistes, doivent leur fondation au roi Louis de Bavière, qui semble viser au titre de régénérateur des arts, et vouloir laisser à son pays une ville monumentale. Au nord de l'Allemagne, le roi de Prusse partage ce goût, au reste, héréditaire dans sa famille. Malgré ses entreprises guerrières et politiques, Frédéric le Grand avait déjà donné une attention suivie à l'embellissement de Berlin qui lui doit des églises et des établissements d'utilité publique. En 1793, Frédéric II éleva à la gloire de son glorieux prédécesseur la porte de Brandebourg, imitation des propylées d'Athènes et œuvre de Langhaus; enfin, sous Frédéric III, Berlin n'a plus rien à envier aux autres capitales de l'Europe : ses monuments témoignent d'un État parvenu à un haut degré de prospérité. Les plus beaux de ces édifices modernes ont Schinkel pour auteur. Quoique formé à l'école archéologique, il a peut-être mieux su déguiser l'imitation sous un caractère propre qui est chez lui le résultat d'une originalité native. Ses œuvres principales sont l'église de Werder, le théâtre, le musée, le conservatoire, le pont du château, la grande garde. D'autres architectes, tels que Moller, qui a bâti le beau théâtre de Darmstadt, Châteauneuf, Ludolf, Worstmann, Thurmer, Thouret, figurent encore parmi les principaux artistes dont s'honore l'Allemagne.

Ainsi, pour nous résumer en peu de mots, l'architecture allemande a eu trois phases bien distinctes : l'époque gothique où cet art atteignit sa grande gloire et qui exerça son influence sur presque toute l'Europe; l'époque de la renaissance, où l'Italie réagit à son tour sur l'Allemagne et lui imposa ses idées; enfin, l'époque actuelle où un système basé sur l'imitation cherche à réunir comme dans un faisceau tous les styles des temps antérieurs. Peut-on espérer que de cet éclectisme il sortira un art nouveau? C'est ce que l'expérience seule doit nous apprendre.

PEINTURE.

Les miniatures dont les moines ornèrent les livres saints dès le huitième siècle, furent, en Allemagne, les premiers essais de la peinture. Exécutées dans le recueillement des cloîtres et sous l'inspiration d'une foi vive, elles devinrent bientôt des modèles de travail patient et consciencieux, d'expression pieuse et naïve. Mais peu à peu au quatorzième siècle, l'invention du papier qui remplaça le parchemin, et plus encore la paresse et l'ignorance des moines, mirent un terme à cet usage qui avait produit de si importants résultats, eu égard au peu de progrès qu'avait fait alors la science du dessin. Alors l'architecture, qui avait pris un grand développement, eut recours à la peinture et à la sculpture pour décorer et perfectionner ses créations; et comme en toutes choses l'esprit humain ne reste jamais en arrière des besoins qui viennent à se manifester, la peinture et la sculpture monumentales parurent dès que l'architecture leur eut préparé des surfaces à couvrir ou à orner. Dans le principe, la peinture en mosaïque, importée par les Grecs avec le style byzantin, fut généralement employée à la décoration monumentale; mais, comme l'architecture qu'elle était destinée à embellir, elle n'eut qu'une durée passagère. L'art gothique, dans sa tendance à l'élévation et à la légèreté, devait peu s'accommoder de la peinture en mosaïque, massive de sa nature; il la remplaça donc par la peinture proprement dite, que la matière première n'alourdissait pas. Mais en disparaissant, la mosaïque donna naissance à la peinture sur vitraux, qui, par sa transparence et son éclat, ajouta à l'effet sublime des cathédrales. Cette nouvelle branche de l'art, plus limitée dans ses moyens, exigeant moins de ressources dans l'esprit et de science dans le dessin que la peinture sur mur ou sur panneau, se trouva bientôt comparativement plus avancée que celle-ci. Bien que les premières traces de son existence se fassent voir en France, et qu'elle ne se soit montrée que postérieurement en Angleterre, puis en Allemagne, ce fut dans ce dernier pays qu'elle se développa le plus rapidement. Déjà au onzième siècle le monastère de Tegernsée avait des vitraux de couleur, et l'abbé Gotzbert y établit une verrerie qui fut la première de l'Allemagne. Toutes les églises, tous les monastères s'ornèrent de peintures sur verre. Ceux de l'abbaye de Königsfelde, en Suisse, qui représentaient les princes de la maison de Habsbourg, ceux de la cathédrale de Strasbourg, sur lesquels se trouvaient peints les soixante-quatorze ancêtres du Christ, les mystères, le jugement dernier, la gloire de Dieu dans la Jérusalem céleste, des saints, des martyrs et des vierges; ceux de Freybourg et surtout ceux d'Augsbourg, d'Ulm et de Nuremberg, étaient les plus célèbres et remontaient au quinzième, quatorzième et même treizième siècle. Parmi les noms des peintres sur vitraux, les plus illustres sont ceux de Saint-Jean l'Allemand, qui orna les églises d'Italie de ses œuvres; de Paul et de Christophe, qui travaillèrent à la cathédrale de Tolède; de Judmann d'Augsbourg, de Pierre Baker de Nordlingen, de Jean de Kirchheim, auteur des vitraux de Strasbourg, de Volckhamer, de Hirschvogel de Nuremberg, de Jean Wild et de Jean Cramer de Munich, qui tous vécurent à la fin du quatorzième siècle ou au quinzième.

La peinture proprement dite, bien qu'avançant lentement, vu les difficultés que présente son exécution et le degré supérieur d'idéalité qu'elle exige, se répandit pourtant de bonne heure en Allemagne. Vers la fin du neuvième siècle, l'église de Mayence avait été décorée de peintures faites d'après les dessins de son archevêque, le célèbre abbé de Fulda, Rabanus Maurus, artiste lui-même, et qui contribua grandement au développement de l'art. De cette même époque datent les peintures de Sainte-Marie de Cologne; celles des palais de Mersebourg et de Magdebourg représentant les victoires de Henri l'Oiseleur et d'Othon le Grand; enfin, celles de l'église de Memleben, qui toutes, sans doute, furent faites dans le goût byzantin, et peut-être même par les artistes grecs ou italiens qui étaient alors fort nombreux en Allemagne. Après Rabanus Maurus, le plus grand protecteur des arts fut saint Bernard, évêque d'Hildesheim, précepteur d'Othon III, auquel il avait inspiré son goût pour les arts. Ce saint homme, peintre lui-même, sculpteur et orfévre, fut le premier qui fonda à Paderborn une espèce de musée, en rassemblant toutes les œuvres d'art que possédaient alors les empereurs: telles que tableaux, mosaïques, pièces d'orfévrerie, de sculpture, etc. (*).

Au onzième et au douzième siècle, les églises, les monastères et les palais des princes se décorèrent de peintures; sans doute l'état peu avancé de l'art à cette époque doit faire supposer que ce furent plutôt des ébauches informes que des peintures réelles, mais elles témoignaient, par leur nombre, à quel point le goût des arts était devenu général en Allemagne. Or on sait que ce symptôme ne manque jamais d'être suivi de progrès remarquables. Déjà au treizième siècle il existait à Cologne une école de peinture qui devait avoir un grand renom, puisque Wolfram d'Eschenbach, dans son poëme de Parcival (**), compare son héros aux peintures des *maîtres de Cologne et de Maëstricht* :

Von Cölln noch von Mastricht
De kein schättere entwurfen bass
Denn als er uf dem rose sass.

« Aucun peintre de Cologne ni de Maës« tricht ne fera une peinture plus belle « que n'était Parcival monté sur son « coursier. »

Ce passage démontre d'autant plus la célébrité attachée à l'école de Cologne, que Wolfram appartenait au midi de l'Allemagne qui alors était, comme il le fut toujours, en rivalité avec le nord. D'un autre côté, il est très-remarquable en ce que dans l'histoire il n'est fait aucune mention de l'existence de cette école, dont les productions ont

---

(*) *Annales paderbornenses*, t. IV, p. 333.
(**) Vers 4705.

presque toutes disparu, à l'exception de quelques peintures qui ont été retrouvées (*) de nos jours, et font actuellement partie de la belle galerie de Munich. Quant aux noms des artistes qui illustrèrent cette époque, ils sont encore plus inconnus que leurs ouvrages; deux seulement nous sont parvenus, ce sont ceux de Jean et de Wilhelm ou Guillaume. La longue existence de Cologne, l'une des plus anciennes colonies romaines et la plus importante, ses franchises municipales qui précédèrent celles des autres villes, sa proximité du siége de l'empire du temps de Charlemagne et des Othon, sa situation géographique, qui en faisait le passage et l'entrepôt du commerce du nord et du midi de l'Allemagne et des Pays-Bas; toutes ces circonstances firent de cette ville un centre politique, où de grands moyens devaient amener de grands résultats, et sa suprématie dans l'art en fut la conséquence. D'après ce qui s'en est conservé, il est évident que l'école de Cologne, comme les écoles italiennes de Sienne, de Pise et de Florence, se forma d'après les principes de l'art byzantin introduit en Allemagne par les empereurs.

L'arrangement symétrique, le fond d'or, l'absence de perspective, le style des poses et de l'ajustement des peintures byzantines, se retrouvent dans les peintures de Cologne; mais là, comme dans les compositions italiennes de la même époque, on remarque une tendance manifeste à sortir des limites du caractère typique dans lesquelles le style byzantin avait renfermé l'art. L'imitation de la nature s'y fait déjà sentir, l'exécution y cherche manifestement le cachet individuel, afin de le substituer au caractère de convention. Mais là s'arrête la communauté de tendance de l'école allemande et de l'école italienne, et là aussi commence leur point de séparation. Le génie italien, guidé par les exemples de l'antiquité, par le goût de la belle forme, de la *forme héroïque*, qui est inné aux peuples du midi et tient à leur pays même, imprima à la peinture italienne, dès qu'elle eut une existence indépendante, une grandeur, une élévation qui est bien la nature, mais la nature idéalisée et poétisée. Le génie allemand au contraire resta fidèle à son principe d'imitation pure et sans choix. Les formes moins belles de son pays, l'absence totale de chefs-d'œuvre antiques qui pussent guider son goût, son essence plus intime, moins extérieure, moins portée vers l'imagination, le menèrent à imprimer à ses œuvres un caractère bien plutôt simple et naïf qu'idéal et héroïque. Aussi les tableaux de l'école de Cologne portent-ils dans leurs figures l'empreinte d'une individualité tellement caractérisée, qu'ils doivent presque tous avoir été des portraits. Le chef-d'œuvre de cette école se trouve dans la cathédrale de Cologne; il représente les patrons de la ville, les mages en adoration, sainte Ursule, saint Géron, saint Ether, saint Kunibert et saint Servinus. Ce tableau, qui par le fond d'or, et quelques détails symétriques, rappelle encore le style byzantin, s'en éloigne beaucoup par la composition et l'exécution, qui annoncent un art bien plus avancé. Le nom de l'auteur de cette œuvre, qui de nos jours fait l'admiration de tous les artistes, est resté inconnu; mais comme le panneau porte la date de 1410, et que dans les annales des moines dominicains de Francfort on trouve que vers la *fin du quatorzième siècle, vivait à Cologne un maître excellent qui n'avait pas son pareil dans l'art, qui se nommait Wilhelm, et peignait les hommes comme s'ils étaient vivants* (*), il est plus que supposable

---

(*) Par les soins et le patriotisme des frères Boisserée et de leurs amis Walraff et Bertram, qui en ont formé une collection que le roi de Bavière a acquise.

(*) « Eodem tempore (1380), Coloniæ erat « pictor optimus, cui non fuit similis in arte « sua, dictus fuit Wilhelmus; depingit enim « homines quasi viventes. » (Annales Domique ce grand peintre dut être l'auteur de ce chef-d'œuvre, auquel on n'a pas trouvé de pareil, et qui marque la transition de l'antique école byzantine de Cologne à l'école flamando-allemande qui la suivit.

Celle-ci commença dès la première moitié du quinzième siècle, et Van Eyck ou Jean de Bruges lui donna naissance. Cet artiste célèbre, abandonnant entièrement le style byzantin, et poussant l'étude et la recherche de la nature plus loin encore que ses prédécesseurs ne l'avaient fait, fraya la route qui n'avait été qu'indiquée par eux. L'invention de la peinture à l'huile qui lui est attribuée, et qui présentait tant d'avantages aux peintres, jusque-là obligés de se servir de couleurs à la détrempe avec lesquelles ils peignaient sur des murs, sur des panneaux ou sur des toiles enduites de plâtre, accéléra encore la marche de l'art, en facilitant et en perfectionnant les moyens d'exécution. Bientôt des écoles de peinture se montrèrent en Silésie, en Bohême où, dès 1387, Charles IV, ami et protecteur des arts, avait appelé des artistes allemands, entre autres Nicolas Wurmser de Strasbourg, pour décorer ses églises de Prague et son magnifique château du Karlstein. Mais ce furent Nuremberg et Augsbourg qui devinrent les deux sièges principaux de l'art. Là comme à Cologne la liberté municipale à laquelle ces deux villes durent leur prospérité; leurs relations commerciales avec l'Italie, et leur proximité de cette contrée où la peinture entrait alors dans la période de sa plus grande gloire, furent autant de causes qui durent amener ce résultat. Augsbourg et Nuremberg virent donc paraître une foule d'artistes qui portèrent l'art allemand à son apogée. Vers cette même époque, l'invention des cartes à jouer avait conduit à l'invention de l'imprimerie

et de la gravure sur bois. Les cartes à jouer, dont la France et l'Allemagne se disputent l'origine, se faisaient avec des formes qui représentaient les figures convenues, et s'imprimaient en noir sur du papier. Ceux qui faisaient ce métier s'appelaient *tailleurs de formes ;* après eux les *peintres de cartes* étaient chargés d'enluminer les empreintes noires. D'après les résultats satisfaisants de ce nouveau procédé, et le moyen qu'il offrait de multiplier à l'infini ses produits, on conçut l'idée de copier ainsi les peintures qui décoraient les églises et, surtout celles des vitraux, qui, par leurs formes nuancées, présentaient de la facilité à être taillées en bois. Vasari, et après lui les historiens de l'Italie, attribuent la première idée de cette espèce de gravure à Ugo da Carpi, et la lui font concevoir d'après la gravure sur cuivre, dont les premiers essais n'eurent lieu que dans la seconde moitié du quinzième siècle, tandis que l'Allemagne, qui réclame pour elle la gloire de cette invention, et la donne à Ulrich Vilgrim, produit comme preuve irrécusable de la justice de ses prétentions, une image de saint Christophe qui porte la date de 1423, et se trouvait dans l'abbaye de Buxheim d'où elle est passée en Angleterre; et, chose digne de remarque, à l'imitation complète des figures des vitraux qui étaient toutes accompagnées de sentences, de devises ou de noms, cette gravure porte deux lignes de texte allemand imprimées avec la figure, et pourtant ce fut seulement en 1430, d'après les Hollandais, que Laurent Samson de Harlem inventa l'imprimerie, et en 1449, que Guttenberg fit paraître son livre, qui, d'après l'opinion généralement adoptée, fut le premier exemple d'impression en Europe. D'après l'antériorité de la date, l'origine de l'imprimerie ou plutôt le fait qui lui donna naissance, semblerait donc établi. Quoi qu'il en soit, la gravure sur bois fut aussitôt employée et encouragée par le clergé, comme un moyen précieux de répandre parmi le peuple les représentations des choses saintes, et

nicanorum francofurtensium ab anno 1306-1500 apud Senkenberg *selecta juris et historiarum*, t. II, p. 17. Ce passage est rapporté par Fiorillo, t. I, p. 418, Histoire des arts du dessin).

28ᵉ *Livraison.* (ALLEMAGNE.)

les bibles à images ou *biblia pauperum*, c'est ainsi qu'on les appelait, de rares qu'elles avaient été, alors qu'elles n'étaient autre chose que de riches manuscrits ornés de miniatures, devinrent populaires, et servirent à perpétuer, par la gravure, les anciens monuments de la peinture, que le temps où les révolutions ont détruits sur les murs et sur les vitraux.

Presque à la même époque que la gravure sur bois, naquit la gravure sur cuivre, et l'art du guillochage, alors poussé à un assez haut degré de fini, paraît en avoir donné l'idée. Dès le quinzième siècle, les orfèvres italiens avaient l'habitude de couler du soufre dans leurs travaux de nielle, afin d'en prendre des empreintes; un peu plus tard, ils se servirent à cet effet de la couleur noire. C'est dans cette circonstance qu'on a cru voir l'origine de la gravure sur cuivre, que les Italiens attribuent à Maso Finiguerra, célèbre ciseleur et guillocheur de Florence (*), dont l'une des empreintes porte la date de 1452 (**). Quatorze ans plus tard, cette nouvelle manière de graver était connue en Allemagne, soit qu'elle y eût été importée d'Italie ou qu'elle y fût devenue la conséquence de la gravure sur bois; car, en 1466, un artiste dont le nom est resté inconnu et qui avait pour monogramme les lettres *E*, *S*, publia des gravures remarquables par leur exécution et l'effet de clairs et d'ombres qui en résultait, qualités que n'avaient pas les simples empreintes de nielle de Maso Finiguerra. Cette nouvelle manière qui, par sa douceur et sa finesse, donnait des résultats satisfaisants pour l'œil, fut aussitôt adoptée par les peintres, qui s'en emparèrent comme ils s'étaient emparés de la gravure sur bois, si propre, elle aussi, à rendre l'énergie et la force de leurs compositions; et se servant de toutes deux pour propager

(*) Vasari, Introduction aux trois arts du dessin, page 172, édition de Florence de 1822.

(**) Elle se trouve à la Bibliothèque royale de Paris.

leurs œuvres, ils les eurent bientôt perfectionnées. Martin Schœn de Colmar, célèbre peintre de la fin du quinzième siècle, le même qui introduisit la perspective dans la peinture allemande, fit faire à la gravure les premiers et les plus remarquables progrès. Ses œuvres excitèrent même en Italie, où elles parvinrent, l'admiration générale, et Michel-Ange, dans sa jeunesse, ne dédaigna pas de les copier et de les étudier.

Les peintres contemporains de Martin Schœn qui se rattachaient à l'école flamando-allemande, furent Hans Traut, Jean Bauerlein de Nuremberg, Heinz de Kulembach et la famille des Herlen de Nordlingen; puis Michel Wohlgemuth de Nuremberg qui fraya la route de l'invention libre, où les peintres entrèrent après lui, et excella dans plusieurs parties de l'art, surtout dans l'ajustement des figures. Comme le Pérugin, auquel son style ressemble, il eut le mérite d'avoir formé à son école, et par ses préceptes, le plus grand artiste de son pays, Albert Durer, que Vasari appelle *très-admirable peintre*, et dont il dit que *s'il eût vu le jour en Italie et se fût inspiré des antiques et des maîtres antérieurs, il fût devenu le premier entre tous*. Cet homme, doué d'un génie extraordinaire, fut en même temps peintre, graveur, architecte, ingénieur, sculpteur, lapidaire, mathématicien et écrivain. Outre ses œuvres d'art, il publia des traités de perspective, d'anatomie, de fortifications qui firent loi et furent aussitôt regardés comme des modèles littéraires. Mais le plus grand titre de gloire d'Albert Durer fut son talent comme artiste et sa prodigieuse fécondité. Non-seulement il orna Nuremberg, sa patrie, de ses peintures, parmi lesquelles il faut citer avant tout le triomphe de Maximilien Ier, mais il fit une si grande quantité de tableaux à l'huile et de portraits, qu'il n'est pas de galerie en Europe, et surtout en Allemagne, qui n'en possède plusieurs. Ses gravures seules sont au nombre de douze cent cinquante-quatre, et prouvent une telle puissance d'invention, d'expression et d'exécution, que Raphaël lui-même, à qui Albert Durer en fit hommage, les admirait, en ornait son atelier, et les donna pour modèles à Marc-Antoine Raimondi son élève, qui devint à cette époque le premier graveur de l'Italie. Mais si Albert Durer, dans toutes ses œuvres, déploie un génie d'invention et un fini d'exécution surprenants, comme tous les artistes allemands il se montre peu familiarisé avec la beauté de la forme, et ne l'exprima que rarement, se contentant des données ordinaires de la nature et les exagérant quelquefois jusqu'au bizarre et au maniéré. Les voyages qu'il fit à Venise, où il laissa de ses œuvres dans l'église de Saint-Barthélemy et dans la salle du conseil des Dix, ne lui furent guère profitables et ne changèrent en rien sa manière, d'autant plus que, selon Vasari dont l'autorité doit toujours être invoquée quand il s'agit de la peinture de cette époque, *les peintres de ce pays* (de Venise) *manquant de choses antiques à étudier, avaient l'habitude, et ne faisaient même rien autre que de copier entièrement la nature d'une manière crue, sèche et pénible.*

Les progrès qu'Albert Durer fit faire à l'art par ses ouvrages qui sont encore aujourd'hui un objet d'étude, se seraient étendus beaucoup plus loin et eussent produit les plus brillants résultats pour l'Allemagne, si des circonstances extérieures ne fussent venues les entraver et les arrêter. Non-seulement ce grand artiste introduisit dans la peinture allemande, sous le rapport de la pensée et de l'expression, une manière plus franche et plus libre, qui donnait plus de latitude à l'originalité, mais il étendit l'influence de son génie jusqu'en Italie et sur de grands maîtres. Jean Bellin, Andrea del Sarto, Pontormo, ne dédaignèrent pas dans leurs tableaux de s'inspirer de ses œuvres, et même quelquefois de les copier presque entièrement (*). Albert Durer,

(*) Vasari, Vies de Titien, d'Andréa del Sarto et du Pontormo.

que sa ville natale, et avec elle toute l'Allemagne considérait comme l'expression de sa plus grande gloire, dans la carrière des arts, dont Luther, Érasme et Mélanchton se disaient fiers d'être les amis, que les empereurs Maximilien Ier, Charles-Quint, Ferdinand et tous les princes allemands s'empressèrent d'honorer, mourut vers la même époque que Raphaël. Jeune encore (*), il succomba à des chagrins intérieurs.

Après Albert Durer il faut citer Lucas Kranach, Scheuffelin, Aldegrever, Altdorfer, Beham, Pens, Grunewald de Nuremberg, Manuel de Berne, Gutlinger et Burgmaier d'Augsbourg. Pour la plupart ils imitèrent le grand maître, et perfectionnèrent surtout la gravure sur bois, qui, après eux, dégénéra sensiblement. Nommons encore les Holbein également d'Augsbourg, et, au-dessus de tous, Hans ou Jean Holbein, qui illustra la ville de Bâle autant qu'Albert Durer avait illustré celle de Nuremberg, et atteignit à la même hauteur que son devancier. Comme Albert Durer, il prit la nature pour modèle, mais il la vit plus belle, et arriva à un fini d'exécution inconnu avant lui. Ses portraits sont presque tous des chefs-d'œuvre. Quant aux compositions historiques dont il décora le palais du roi Henri VIII d'Angleterre, ou que l'on conserve à Bâle et à Dresde, elles se distinguent par leur grand style et une richesse extraordinaire de pensée et d'expression. Comme graveur sur bois, Holbein marche l'égal d'Albert Durer, s'il ne le surpasse pas; ses compositions, inspirées tant par l'Ancien Testament que par l'Apocalypse, et surtout sa danse des morts, sont les plus célèbres de ses œuvres en ce genre.

Ce sujet de la danse des morts qu'Holbein traita le dernier et avec le plus de succès, avait depuis cent ans occupé les artistes, et était devenu fort en vogue à cette époque; on en décorait

(*) Tous deux moururent, le sept d'avril, Raphaël en 1520 et Albert Durer en 1528, l'un âgé de trente-sept ans et l'autre de cinquante-sept.

28.

les murs des cloîtres, des églises et jusqu'aux ponts, ainsi que le pont de Lucerne en offrait un exemple. Ces représentations bizarres figuraient une espèce de procession de tous les rangs, de tous les âges, avec leurs attributs, conduits par la mort qui semblait les mener à la danse, sans doute pour marquer l'entraînement irrésistible avec lequel elle emporte tous les hommes. Un spectre jouant de la flûte ouvrait ordinairement la marche: derrière lui, d'autres spectres ou plutôt d'autres squelettes conduisaient ou saisissaient le pape, l'empereur, le paysan, l'artiste, la femme et l'enfant. Ces représentations peintes ou sculptées s'appelaient danse des morts ou *danse macabre*, nom dont l'origine n'a pas encore été nettement établie. Suivant l'opinion la plus probable, il vient du mot arabe *maqbarah* ou *maqabir*, qui signifie *cimetière*. D'autres le dérivent du nom de deux poëtes, Macabrus et Macabrée, l'un allemand, l'autre français, qui tous deux chantèrent la mort, et qui, à raison du sujet qu'ils avaient choisi, reçurent, peut-être comme simple qualificatif, le nom qu'ils ont conservé. Quoi qu'il en soit, cette idée de la danse macabre dut prendre naissance dans ces grandes mortalités, telles que les pestes ou la mort noire qui désolèrent souvent l'Europe au moyen âge. Dès le quatorzième siècle, il était d'usage de suspendre dans les églises des toiles, sur lesquelles étaient représentés d'un côté une jeune fille et de l'autre le spectre de la mort (*); le vent, en agitant ces peintures, présentait successivement ces deux images aux fidèles: c'était un *memento mori* d'autant plus expressif, que par les yeux il frappait vivement l'imagination. Au quinzième siècle cette idée fut développée et devint un vaste poëme philosophique, où furent représentées la vie, ses agitations, ses douleurs, ses vicissitudes, qui toutes mènent à un même et dernier but. La plus célèbre danse macabre est celle du cimetière de Bâle; elle date de 1448: sans doute elle fut commandée par le conseil de la ville en souvenir de la peste qui y régna en 1439, durant le concile présidé par l'empereur Sigismond et le pape Eugène IV. Cette peinture, dont il n'existe plus que le dessin dans les archives de la ville de Bâle, fut l'œuvre d'un artiste inconnu; elle a été faussement attribuée à Holbein, qui naquit cinquante ans plus tard que l'époque dont elle portait la date. Son auteur probable fut Bock ou Klauber, nommés tous deux dans les chroniques comme y ayant travaillé. Cet usage des peintures de danses macabres se répandit bientôt dans tous les pays du nord de l'Europe. Berne, Zurich, Lucerne, Gandersheim, Landshut, Erfurt, Dresde, Lubeck, eurent leur danse des morts; ce sujet funèbre décora aussi le cloître de Saint-Paul de Londres, et, dès l'année 1425, le marché des Innocents de Paris. L'Espagne même en offrit un exemple, ouvrage du Flamand Bos, dans le palais de Saint-Ildefonse. L'Italie seule n'en fournit pas.

Comme Albert Durer l'avait fait à Nuremberg, Holbein ouvrit en Suisse une ère nouvelle pour l'art de la peinture; et là encore se trouve justifiée l'opinion que les grands maîtres font les écoles, et que les écoles font à leur tour les bons peintres. Asper, le premier des peintres suisses après Holbein, égala presque la finesse de son maître. Stimmer, Amman, Meyer, la famille des Füsli se distinguèrent après lui. Au reste, il est à remarquer qu'Augsbourg, Nuremberg et la Suisse, qui donnèrent naissance à presque tous les artistes de cette époque, étaient trois États libres; tandis que le reste de l'Allemagne, presque entièrement soumis à des princes, restait de beaucoup en arrière dans les arts; nouvelle preuve que l'esprit public est bien plus capable que la protection des rois,

---

(*) Fiorillo, Histoire des arts du dessin, etc., t. IV, p. 122, d'après Gregorius Stringenitius et Reinhardt; Bakius, Comment. in psalm. 59; et enfin Sachse, Préface de la chronique impériale.

non pas de projeter de grandes choses, mais de produire des grands hommes pour les exécuter.

Cependant l'Allemagne allait voir disparaître la peinture nationale ; deux écoles étrangères y faisaient irruption : d'un côté, l'école italienne alors à son apogée ; de l'autre, l'école flamando-hollandaise, dont le caractère principal était, selon les errements de l'ancienne école, la vérité de la nature, mais unie à une exécution plus large et plus moelleuse, à une entente d'effet tout à fait nouvelle, et à une perfection de couleur qui, comme on l'a remarqué, semble être l'apanage de tous les pays situés près de la mer, parce qu'on y jouit du spectacle du ciel, du soleil et des eaux. Les artistes allemands, abandonnant donc leur manière nationale, se divisèrent en deux camps, et suivirent les deux écoles, mais ne purent s'y élever qu'à une hauteur secondaire. Parmi ceux qui allèrent s'inspirer en Italie, les plus remarquables furent : Schwartz, élève du Titien ; Goltzius, Rottenhammer, Heinz, Elzheimer, Sandrart, qui cherchèrent à introduire le grand style en Allemagne, mais auxquels le génie manqua pour y réussir. Les artistes dans le genre flamand furent : Zingelbach, Kneller, etc.

Mais l'époque de l'art était passée en Allemagne, la réformation était venue l'arrêter. Austère par principes, barbare par fanatisme, elle défendit la représentation des choses saintes, et détruisit toutes celles qu'elle trouva sur son passage. C'est ainsi que la plupart des œuvres du moyen âge furent perdues pour la postérité, et que l'inspiration qui tire sa force de l'exemple et de la tranquillité disparut entièrement. Nuremberg était devenue protestante, la Suisse calviniste, c'est-à-dire, encore plus opposée à l'art ; Augsbourg avait vu décroître sa prospérité par le changement de direction que prit alors le grand commerce, et l'influence que Charles-Quint acquit sur elle par l'entremise de la faction aristocratique. La grande famille des Fugger, qui, de l'état de tisserand, s'était élevée par son industrie et ses richesses à la dignité de comtes de l'empire, commençait aussi à s'y affaiblir en s'étendant et en se multipliant. Les Fugger avaient joué à Augsbourg une moitié du rôle des Médicis à Florence, embrassant dans leur commerce toutes les parties du monde connu, encourageant les arts et les sciences plus que tous les princes de l'Allemagne réunis. Leurs palais étaient de somptueux monuments où l'architecture, la peinture, la sculpture avaient déployé tout le luxe de leurs ressources. Titien même avait été appelé pour en décorer les salles ; tandis que cette même famille faisait élever dans un des faubourgs de la ville, pour y loger des pauvres, cent six maisons ceintes de murailles et de portes, et appelées la ville des Fugger.

Ainsi, depuis l'établissement de la réformation, l'art de la peinture allait s'affaiblissant de plus en plus. C'est à peine si, de la moitié du dix-septième siècle jusqu'à la moitié du dix-huitième, l'Allemagne a quelques noms d'artistes à citer. L'école française, qui acquit la suprématie sous Louis XIV, vint à son tour augmenter la confusion qui régnait dans la peinture allemande. Brandmuller, Rugendas et Huber se distinguèrent en l'imitant. Enfin, au dix-huitième siècle, parut Raphael Mengs, qui, connaisseur habile et admirateur éclairé de l'antiquité et du grand style, prépara la régénération de l'art, surtout par ses écrits, car il ne lui fut pas donné assez de force pour l'amener par ses productions. Ses efforts semblèrent même un instant perdus : après lui, son école dégénéra en une imitation mal entendue de l'antiquité, le style académique prévalut, et produisit des œuvres entièrement fausses de caractère. Tischbein, Carsstens, Fugger, Schick, Hetsch, Kugelgen et Langer, firent cependant exception, et montrèrent de l'originalité, mais ne furent pas assez puissants pour entraîner les peintres allemands dans une meilleure voie.

La fin du dix-huitième siècle était arrivée ; la littérature nationale qui, de même que l'art, s'était perdue dans les troubles, dans l'épuisement de l'Allemagne et sous l'influence étrangère, venait de se réveiller après un long et pénible travail. La philosophie, la poésie, la critique, dont les œuvres se multipliaient, donnèrent à l'esprit un nouvel essor; l'art subit aussi cette généreuse influence. Toutefois, dans l'absence inévitable de toute théorie littéraire appliquée à l'art de la forme, il se trouva encore une fois engagé dans une fausse route, qui ne le conduisant qu'à l'imitation exclusive et servile des œuvres nationales, c'est-à-dire, des œuvres du moyen âge, le fit rétrograder jusqu'à l'insuffisance des moyens d'exécution, jusqu'au style resserré des époques antérieures. L'antiquité et sa forme si simple et si pure furent dédaigneusement repoussées; les œuvres du moyen âge où les Allemands voyaient l'idéal de leur gloire, devinrent les seuls modèles à suivre. L'esprit catholique pur prit le dessus, avec tout son caractère ascétique et exclusif. Les écrits de Guillaume Schlegel, ceux de Wackenroder, la collection des anciens maîtres allemands, formée par les frères Boisserée, et enfin la résistance que l'Allemagne opposait alors à la France, hâtèrent cette marche rétrograde vers l'art gothique. Mais l'esprit ne pouvait reculer ainsi pendant longtemps, et se laisser renfermer dans le cercle limité d'une époque, dont le travail et l'expérience de trois siècles le séparaient. La philosophie l'emporta sur l'exaltation poétique et catholique; aidée de la philologie qui montrait l'antiquité sous un aspect vrai et nouveau, elle imprima une nouvelle direction à la littérature et aux beaux-arts. L'imitation servile des temps antérieurs fut abandonnée; mais elle avait servi à les faire connaître, à les faire étudier; et désormais la vérité de caractère, l'expression bien sentie de chaque sujet, devinrent l'étude des artistes.

Deux grands peintres de l'époque contemporaine, Cornélius et Overbeck, se sont faits les chefs de l'école qui se propose ce but : le premier adoptant le système dans son entier, sans restriction; le second avec moins d'abandon, porté qu'il est par son individualité même à se rapprocher du style gothique, tout en le perfectionnant. Ce sont encore ces deux maîtres qui ont fait revivre la grande peinture monumentale, la peinture à fresque entièrement oubliée depuis longtemps. Les essais qu'ils firent en commun à Rome, Cornélius les continua en Allemagne, dans sa belle décoration de la Glyptothèque de Munich. Aujourd'hui il se surpasse dans les œuvres colossales dont il orne l'église de Saint-Louis de la même ville, et parmi lesquelles son Jugement dernier l'élève, en tant qu'invention, au-dessus des artistes de son époque, à l'exception toutefois d'Overbeck, dont la belle composition des *arts sous l'invocation de la Vierge*, destinée à la ville de Francfort, mérite aussi d'être placée au premier rang. Après ces deux grands peintres, et dans la route qu'ils ont tracée, s'avancent Schadow, Veit, Koch, Reinhardt, Schnoor, l'auteur des grandes fresques tirées du poème des Nibelungen, exécutées dans le palais royal de Munich; puis un grand nombre de peintres plus jeunes, tels que Anschütz, Forster, Goetzenberger, Stilke, Sturmer, Hermann, et Hübner; Zimmerman, Eberle, Hess, Kaulbach, Neureuther, Schlottauer, et d'autres qui tous déploient, dans leurs peintures à fresque des palais et des églises de Berlin et de Munich, une inspiration, un talent de composition qui leur assigneront une place distinguée dans l'histoire de l'art, quelle que soit leur infériorité comparative sous le rapport de la couleur, et surtout du rendu de la forme, défauts qu'ils tiennent de leur école trop spiritualiste, et que semblent vouloir éviter quelques nouveaux peintres, tels que Bendemann, Lessing, Hiltebrandt, dans leurs tableaux à l'huile; et Amsler, Kruger, Barth, Ruschweyh, qui ont régénéré la gravure, et s'efforcent de la rattacher aux beaux temps de Marc-Antoine.

SCULPTURE.

C'est encore dans les travaux des

moines qu'il faut chercher l'origine de la sculpture en Allemagne ; les ornements et les figures qu'ils gravaient, bosselaient ou sculptaient sur les vases saints, les couvertures en ivoire des manuscrits, les cassettes à reliques, les tableaux et les devants d'autel, furent les premiers essais dans cet art. L'exploitation des mines du Harz, entreprise par les Othon, ayant fourni à l'Allemagne une grande quantité de métaux communs et précieux, les ouvrages d'orfévrerie se multiplièrent alors, et acquirent aux Allemands une réputation qui se répandit à l'étranger. Cette même profusion de métal donna aussi naissance à la fonte ; et, dans cette branche de l'art, l'Allemagne obtint aussi un renom universel. Au dixième et au onzième siècle, il est parlé de colonnes, de portes, de statues coulées en bronze. Quant à ces dernières, elles ne devaient être que de grossières ébauches ; car les progrès dans la grande sculpture ne pouvaient s'opérer que lentement dans un pays qui n'avait aucune trace de civilisation antérieure, aucun modèle antique à suivre, où l'art en était réduit à se développer de lui-même, sans s'appuyer sur l'expérience du passé, sans la prendre pour guide dans l'exécution matérielle, et dans la manière de concevoir et d'exprimer l'idée.

La sculpture resta donc presque stationnaire durant les premiers siècles du moyen âge. Mais le règne des empereurs de la maison de Souabe ayant rapproché plus que jamais l'Allemagne de l'Italie, amena une sorte de fusion entre l'art allemand et l'art italique. On vit des artistes allemands à Pise, à Assise, où ils bâtirent la tour et l'église de Saint-François ; à Milan, à Orvietto, où ils travaillèrent aux sculptures de la cathédrale avec Nicolas de Pise ; et il faut que leur mérite ait été grand, puisque Vasari, qui cite ce fait, ajoute, pour faire l'éloge de Nicolas : *Non-seulement* (dans cette œuvre du Jugement dernier) *il surpassa les Allemands qui travaillaient là, mais il se surpassa lui-même.* Dans un autre passage, en parlant des progrès remarquables de la sculpture au treizième siècle, il les attribue *à André, à Jean de Pise, à Augustin, à Agnolo de Sienne, et aux artistes allemands qui exécutèrent la façade du dôme d'Orvietto*. Il est vrai de dire ici que, selon lui, tous ces artistes s'inspirèrent du Giotto et sortirent de son école (*). Un maître de Cologne travailla également à Florence ; et ses sculptures, qui ont disparu aussi bien que son nom, excitèrent l'admiration de Ghiberti lui-même (**).

Mais, si l'Italie s'enrichissait des œuvres des Allemands qu'elle attirait, et dont elle développait peut-être le génie par son influence, en revanche elle entraînait l'Allemagne, et surtout l'Allemagne méridionale, dans sa marche progressive. Le foyer de la culture des arts s'établit donc dans les provinces du Midi, et principalement en Souabe. La sculpture y fit des progrès rapides qui laissèrent bien loin derrière eux les essais tentés dans le Nord. L'architecture gothique, par la richesse d'ornements qui caractérise son style, contribua aussi à ce développement ; et le travail consciencieux, le fini que les règles de la franc-maçonnerie exigeaient des membres de son association, à laquelle appartenaient les sculpteurs et les architectes, sous la dénomination de *tailleurs de pierres*, eurent bientôt formé des artistes qui, du moins dans la sculpture d'ornements, ne le cédèrent à ceux d'aucune nation. La pierre de grès, le bronze et le bois étaient les matières employées par les sculpteurs allemands ; le bois surtout, plus facile à travailler, obtenait leur préférence. Des statues, des tabernacles, des calvaires, où la Passion était souvent représentée par des centaines de figures sculptées en ronde bosse ; enfin des chaires et des stalles, tels sont les monuments dans lesquels les sculpteurs en bois prouvèrent leur habileté merveilleuse.

Les noms des sculpteurs du dou-

(*) Vasari, Proemio, t. II, p. 9, édition de Florence, 1822.

(**) Cicognara, Histoire de la sculpture, t. I, p. 368.

zième; du treizième et du quatorzième siècle ne sont pas parvenus jusqu'à nous; Jean de Cologne, dont la réputation se répandit partout, Bertolt d'Isenach, et Sabine de Steinbach, fille d'Ervin, qui travailla à la cathédrale de Strasbourg, sont à peu près les seuls noms à citer au quatorzième siècle. La statue colossale de Rodolphe IV à Neustadt, l'un des plus beaux monuments de cette époque; le portail de l'église Saint-Laurent, les sculptures de la maison de ville à Nuremberg, les statues de l'église de Weilheim, qui marquent la régénération de la sculpture sous la période des Hohenstaufen; le maître-autel de Marbourg, les statues du duc de Zæhringen et de Guillaume Tell à Zurich, les sculptures de la Chartreuse de Buxheim, le tabernacle et le baptistère de Lubeck, le tombeau en bronze de Rodolphe de Souabe, à Mersebourg; la corne à boire du comte Othon, le baptistère en cuivre de Saint-Sébald à Nuremberg, la célèbre table d'or de Lunebourg, les tombeaux de l'église Saint-Barthélemy à Francfort, ceux de la cathédrale d'Inspruck, le calvaire de Spire, qui passe pour une merveille, etc., etc.; toutes ces œuvres si remarquables sont d'auteurs restés entièrement inconnus.

Au quinzième siècle, Jean Syrlin sculpta les belles stalles et les autels de la cathédrale d'Ulm; Henri Eichlern, la chaire de Sainte-Anne à Augsbourg; Jean Creitz, le tabernacle de Nordlingen; Nicolas d'Haguenau le maître-autel de Strasbourg; Nicolas Lersch le tombeau de Frédéric III à Saint-Étienne de Vienne.

Mais Nuremberg vint surpasser la gloire de tous ces artistes par le nombre et le talent de ceux qu'elle produisit. Déjà, en 1361, les architectes George et Fritz Ruprecht, et le sculpteur Sébald Schonhoffer, avaient élevé, à Nuremberg, la fontaine de Sainte-Marie, appelée de préférence *la Belle fontaine*, et l'un des plus beaux monuments du moyen âge. Dans le siècle suivant, Jean Decker donna à ses ouvrages, tels que le Jugement dernier, la Passion et la déposition de la Croix, une expression que la sculpture n'avait pas encore atteinte. Adam Kraff, architecte et sculpteur, fit la chapelle Saint-Laurent, et la décora de l'histoire de la Passion sculptée en bois; Veit Stoss, Sébastien Lindenast, se distinguèrent dans la sculpture et dans la fonte. Enfin, dans les dernières années du quinzième siècle, parut Pierre Vischer, qui se plaça au-dessus de tous ses devanciers, et n'eut pas de successeur. Après avoir longtemps voyagé en Allemagne, en France, et surtout en Italie, après avoir étudié dans ce dernier pays les modèles antiques et les œuvres des grands maîtres de son époque, après s'être pénétré de leur esprit et de leur style, il revint à Nuremberg sa patrie, et y coula en bronze le mausolée d'Ernest, évêque de Magdebourg, la grille de la maison de ville de Nuremberg, le crucifiement de l'église de Saint-Égidius, et son œuvre principale, celle qui l'a placé si haut dans l'admiration de tous les temps, le tombeau de saint Sébald dans l'église du même nom. Ce monument est décoré d'une grande quantité de figures représentant des anges, des vertus, des génies, les Pères de l'Église, les miracles de saint Sébald, les douze apôtres, saint Sébald, et Pierre Vischer lui-même, dans son costume d'atelier. Ce sont surtout ces dernières figures qui, par le style élevé et simple dans lequel elles sont conçues, par la beauté de leur exécution, l'expression caractéristique de chaque personnage, ont non-seulement élevé Vischer au-dessus des artistes de son temps, mais en ont même fait le plus grand sculpteur du moyen âge de l'Allemagne.

Le monument de Saint-Sébald coulé en bronze pèse cent vingt quintaux, et, d'après les comptes du temps, Vischer fut payé à raison de *vingt et un florins* le quintal; il avait travaillé treize ans à ce monument, lui et ses cinq fils. Quoique l'argent eût à cette époque une valeur comparative trois fois plus grande que de nos jours, le prix minime donné à un travail aussi long, et surtout aussi beau, prouve toute la simplicité de mœurs et de caractère des artistes de cette époque. C'était cette même simplicité qui, les tenant éloignés de toute agitation extérieure, les portait à se renfermer dans leur art comme dans un sanctuaire, à lui consacrer toutes leurs forces et toutes leurs facultés. L'art se confondait pour eux avec le culte de la religion et de la morale, et plus leur œuvre approchait du beau, plus ils la croyaient méritoire pour cette vie et pour l'autre. La sainteté de ce but excluait la vaine gloire, et c'est ce qui explique l'absence de signatures dans les plus beaux monuments du moyen âge, et l'oubli où sont tombés les noms de ces artistes qui s'efforçaient de bien faire pour l'amour de Dieu et l'amour de l'art, sans s'inquiéter des jugements de la postérité.

Avec Pierre Vischer se termine la belle époque de la sculpture allemande. Contemporain d'Albert Durer, et comme lui le plus grand dans son art, il resta isolé à la hauteur où il s'était placé. Désormais la sculpture qui n'existe et qui ne s'élève que par le genre monumental, allait voir arrêter violemment ses progrès. Le protestantisme, car c'est toujours à lui qu'il faut rapporter la décadence des arts à cette époque, le protestantisme, en arrêtant la construction des cathédrales, arrêta aussi les efforts de la sculpture, cet auxiliaire inévitable de l'architecture religieuse. Sa haine pour les images, qui le porta à suivre les errements des iconoclastes, à briser, à fondre les statues, à détruire les peintures, lui fit alors ériger en précepte qu'aucune représentation figurée ne serait tolérée dans les monuments du culte. De leur côté, les pays catholiques, engagés dans des guerres de religion, se trouvèrent trop pauvres et trop agités pour s'appliquer aux arts. D'ailleurs l'esprit humain était entré dans une autre voie, dans la voie de l'examen, et il fallait qu'il la parcourût tout entière.

Durant le temps qui s'écoula depuis Pierre Vischer jusqu'à la fin du dix-huitième siècle, c'est à peine si l'Allemagne compta quelques sculpteurs. Le seul d'entre eux qui obtint une grande réputation et qui la mérita, fut Matthieu Collin, Tyrolien; il orna le tombeau de l'archiduc Maximilien d'Autriche à Salzbourg de sculptures fort remarquables. Quant aux ouvrages qui furent faits pour décorer les grandes résidences que les princes allemands se bâtirent alors, ils étaient tous conçus dans le goût corrompu de l'école italienne du dix-septième et du dix-huitième siècle, et surpassaient encore leurs modèles en mauvais style, sans toutefois avoir cette apparence de grandeur que ne perdit jamais l'art italien, même à l'époque de sa décadence. On peut donc hardiment établir qu'alors la sculpture était tombée en Allemagne au dernier degré de la médiocrité, lorsque les écrits de Raphaël Mengs, de Lessing, et surtout ceux de Winckelmann, vinrent la relever de cet état d'abaissement. Les ouvrages de ce dernier écrivain, qui expliquaient avec tant de science et d'inspiration la statuaire de l'antiquité, préparèrent une révolution dans l'art. Canova, vers la même époque, et sous l'influence de Winckelmann, retournait le premier à l'étude approfondie de l'antique, et ajoutait ainsi l'exemple au précepte. Thorwaldsen, après lui, donna plus de véritable grandeur au style sculptural. L'exemple de ces deux maîtres, l'un Italien et l'autre Danois, encouragea les artistes allemands à entrer dans une nouvelle route, et bientôt le succès répondit à leurs efforts. Dannecker, le plus célèbre sculpteur après Thorwaldsen, fit sa belle statue du Christ; Ohmacht décora l'église Saint-Thomas de Strasbourg de ses sculptures, et fit revivre la sculpture en bois et en ivoire; Schadow, Rauch et Tieck, devinrent les chefs de l'école de Berlin, d'où sont sortis et d'où sortent encore des hommes formés par leurs préceptes et par leurs exemples à donner une expression vraie et profonde aux différents sujets qu'ils traitent. La Bavière, à son tour, a produit Eberhardt, qui a décoré de belles statues l'église de tous les Saints à Munich; Wagner, auteur de la frise du Walhalla, où il a représenté l'histoire des anciens Germains avec une grande richesse d'invention et de style; enfin Schwanthaler, le plus jeune de tous ces sculpteurs, qui, inspiré par une connaissance approfondie de l'antiquité, a débuté par des œuvres empreintes de grandeur, de grâce et de pureté. Dans ses frises et ses bas-reliefs représentant l'histoire de Bacchus, ou des scènes tirées de Pindare, d'Hésiode et d'Homère, il s'est élevé jusqu'à la hauteur de l'épopée grecque. Mais, en général, la tendance spiritualiste qui se manifesta dans la peinture, à la suite de la régénération opérée par Winkelmann, et qui prit sa source dans les théories littéraires de l'époque, se manifesta bientôt dans la sculpture; la beauté de la forme y fut également sacrifiée à la pensée et à la vérité d'expression. Mais, là aussi, commence à se faire sentir une réaction qui, si elle parvient à contre-balancer la trop grande préoccupation de l'idée, conduira, sans nul doute, l'art allemand à un haut degré de perfection.

MUSIQUE.

C'est à un Allemand Françon de Cologne, qui vivait au onzième ou au douzième siècle (*), que la musique moderne doit ses premiers progrès. Ainsi qu'il a été dit dans le premier volume de cet ouvrage, il développa, s'il ne les inventa, les principes de la musique mesurée, et donna des signes à la division musicale. On a de lui un traité intitulé l'Art du chant mesuré (*Ars cantus mensurabilis*).

Ses préceptes ouvrirent pour l'Europe l'ère de la musique. Marchetti de Padoue, Italien, et Jean de Muris, Français, les appliquèrent successivement, les étendirent, fixèrent la théorie de la mesure, et commencèrent à établir la science de l'harmonie. Après eux, la France et la Flandre apportèrent leur tribut au progrès de l'art, et ce progrès fut considérable, car, au quatorzième et au quinzième siècle, ces deux pays, et surtout la Flandre, fournirent des maîtres à l'Italie même, où la musique semble innée. L'Allemagne seule, depuis Francon de Cologne, était restée stationnaire; toute sa musique se bornait aux chants simples, mais expressifs, de ses *chanteurs d'amour* (Minnesænger), et de ses *maîtres chanteurs* (Meistersænger), tout à la fois poëtes et musiciens; les premiers de l'époque aristocratique et galante de la chevalerie, les seconds de l'époque bourgeoise et morale des villes libres. Quant à la musique sacrée et au contre-point, dans lesquels résidait alors toute la science musicale, l'Allemagne ne les développa en rien. « Chez nous, dit « Kiesewetter (*), jusqu'à la fin du « quinzième siècle, on ne trouve pas « même d'harmonie. Le chant populaire, introduit de fort bonne heure « dans beaucoup de diocèses d'Allemagne et de Bohême, était, comme le « choral romain, tout à l'unisson. On « n'a aucune donnée sur des écoles « allemandes qui auraient enseigné le « *déchant* ou la musique figurée; et « quelques-uns des maîtres, comme « Jérôme de Moravie et Jean Godendag, maître de Franchino Gaffurio, « en supposant qu'il fût Allemand, « n'acquirent leurs connaissances que « dans des monastères étrangers où ils « avaient vécu. » Cependant, vers la fin du quinzième siècle, l'Allemand Henri Isaac fut maître de chapelle à Florence. Il mit en musique, à trois voix, des poëmes composés par Laurent de Médicis, et fut regardé comme le premier compositeur de musique profane. Mahu fut à peu près le seul qui l'approcha dans ce dernier genre. A la même époque, Bernard l'Allemand, organiste de Saint-Marc à Venise, ajouta les pédales à l'orgue; invention qui, selon Burney, fait le plus grand honneur aux organistes de l'Allemagne, puisqu'elle amenait à des combinaisons d'harmonie et à des effets au-dessus du pouvoir du jeu des mains (**).

(*) Kiesewetter, Histoire de la musique moderne, p. 44.

(**) Burney, Histoire générale de la musique, t. III, p. 247.

(*) Voyez t. I, p. 415.

Au reste, si dans ce temps la science de la musique était peu florissante en Allemagne, le nombre des instruments était grand. Les plus usités étaient l'épinette, le clavicorde, deux espèces d'instruments à clavier, l'orgue d'église, le clavecin, l'orgue portatif, le monocorde, le rebec ou violon à trois cordes et la viole *di gamba*, la vielle, le luth, la harpe, le dulcimer, le cornet, le chalumeau, différentes sortes de flûtes, parmi lesquelles se distingue la flûte traversière ou flûte allemande, des cors d'espèces particulières, tels que les cors de chamois, les cors courbés, enfin des trompettes et des tambours. Conrad Paulmann l'aveugle était le premier exécutant de l'époque; il excellait dans le jeu de presque tous ces instruments; ce fut lui qui inventa la tablature du luth.

Le seizième siècle vit paraître en Allemagne plusieurs théoriciens qui étendirent les préceptes que Franchino Gaffurio venait d'émettre en Italie dans son traité de la théorie de l'harmonie et dans ses cours sur la musique. Les plus estimés furent Calvisius, Finck, André Ornithoparchus qui publia le micrologue, Reischins et Henri Lorit, surnommé Glareanus, de Glaris sa ville natale, poëte, philosophe, mathématicien, historien, géographe, théologien. Il écrivit un ouvrage musical qu'il intitula Dodécachordon, à cause des douze modes qu'il y établit. Malgré la célébrité que lui acquit cette publication, Glareanus ne put parvenir à faire adopter ses opinions, l'Église s'opposant alors avec opiniâtreté à toute innovation qui eût changé l'ancienne routine des huit modes.

Mais le moment était arrivé où l'Allemagne allait produire cette foule de grands musiciens, qui, depuis deux siècles et demi, ont valu à ce pays une gloire non interrompue. La même cause qui avait arrêté tout progrès dans les autres arts, la réformation, était destinée, en popularisant la musique en Allemagne, à développer tout le génie musical de cette contrée. Luther, en réglant les cérémonies du culte protestant, y admit avec le sermon le chant des psaumes, auquel tous les fidèles devaient prendre part. Ce qui avait porté à faire ainsi du chant une partie essentielle du service divin, c'était et l'exemple de Jean Huss et ses propres convictions sur les effets de la musique, et son talent particulier dans cet art. « La musique, » dit-il dans une lettre adressée à son ami Senfl de Zurich, appelé *le prince des musiciens*, « la musique est un grand « présent de Dieu; elle est l'alliée de la « Divinité; après la théologie, c'est à « elle que je donne la première place, « c'est elle que j'honore le plus parmi « les sciences et les arts. Satan en est « grand ennemi, car elle chasse les tri- « bulations et les mauvaises pensées ; « elle soulage l'esprit en proie à la tris- « tesse; elle rafraîchit le cœur et y « ramene la paix, ainsi que l'a dit Vir- « gile. Il faut absolument introduire la « musique dans les écoles. Un magister « doit la connaître et la savoir, sinon « je ne puis l'estimer, et nous ne « devrions ordonner prêtres que ceux « qui se sont bien exercés dans cette « étude et ont pratiqué cet art(*). » Fidèle à ces idées, Luther introduisit l'enseignement de la musique dans toutes les écoles protestantes; il institua aussi dans les villes qui suivaient sa doctrine les *musiques municipales*, les *sonneurs de cornet* (stadtzinkenisten) qui jouaient à certaines occasions, et les sonneries en musique des tours et des clochers (thurmblasen) qui annonçaient les heures. Tel était son amour pour l'art, et la puissance pénétrante qu'il lui attribuait sur le moral de l'homme, que non-seulement il fit mettre tous les psaumes en musique, mais encore la confession d'Augsbourg et jusqu'à son cathéchisme. Cette dernière composition fut l'œuvre de Henri de Gœttingen(**). Lui-même composa plusieurs chants, entre autres le célèbre choral *Notre Dieu est un château fort*. Ils sont encore en usage de nos jours

---

(*) Hawkins, Histoire de la musique, t. III, p. 80.
(**) Burney, Histoire générale de la musique, t. III, p. 32.

dans toutes les communautés protestantes, et l'élévation et l'énergie qui les distinguent n'ont guère été surpassées depuis. Aidé par son ami Senfl, Luther réforma aussi le style général de la musique, le dépouillant des ornements mondains et surchargés que le goût de la renaissance y avait introduits, à tel point que le concile de Trente voulut alors bannir la musique des églises comme n'excitant plus que des sensations profanes. Il est vrai de dire que Luther introduisit en même temps la psalmodie métrique, c'est-à-dire, une symétrie, une uniformité de valeurs dans les notes et dans les syllabes, qui excluaient toute cadence et tout passage simplement mélodieux, limitant presque ainsi la musique du choral à l'harmonie pure; pourtant les interludes d'orgue, qui suivaient chaque strophe ou remplissaient chaque pause, formaient comme une espèce de répons varié, et ramenait ainsi de la mélodie dans le chant. Ces interludes excitèrent même l'admiration de Montaigne, qui voyageait alors en Allemagne, et il en parle comme d'une chose nouvelle, et dont la musique catholique ne semble pas lui avoir offert d'exemple (*). Le calvinisme poussa à l'extrême l'austérité musicale des protestants. « Calvin « le sombre, le sévère, l'inflexible, « dont les doctrines étaient si rigides, « si dénuées de consolations, qu'il « semblait n'avoir réformé les monas- « tères particuliers qu'afin de faire une « grande chartreuse du genre hu- « main (**), » Calvin trouva la musique de Luther encore trop ornée et trop agréable à l'oreille; il lui ôta tout rhythme, tout accent et même toute harmonie, la réduisant à un simple unisson, donnant par amour pour l'égalité une même valeur à toutes les notes, le tout sans aucun accompagnement ni d'orgue ni d'aucun autre instrument; aussi le génie musical favorisa-t-il très-peu dorénavant les pays qui embrassèrent le calvinisme (*).

La musique devenant l'élément indispensable de la religion et de l'éducation protestante, devait fortement impressionner l'Allemand dès sa plus tendre enfance, réveiller et développer en lui les moindres dispositions musicales qu'il pouvait avoir reçues de la nature, et même lui en créer par l'habitude. Ainsi popularisée dans la moitié de l'Allemagne, elle devait forcément amener l'autre moitié à l'adopter à son tour. Aussi les pays catholiques ne restèrent-ils pas longtemps en arrière; eux aussi introduisirent l'enseignement musical dans l'éducation publique; les prêtres et jusqu'aux jésuites se prêtèrent à cette innovation, qui, si elle eût été repoussée, laissait l'art et son influence bienfaisante du côté du protestantisme. Les princes allemands suivirent le mouvement général, et le hâtèrent encore en lui accordant une protection toute spéciale, dans laquelle ils rivalisèrent entre eux. Des chapelles furent établies dans toutes les capitales catholiques; celle de Munich, la plus célèbre de la fin du seizième siècle, eut le fameux Orlando di Lasso (**), Flamand, pour maître; il introduisit le premier des passages chromatiques dans ses compositions musicales, afin d'éviter la monotonie et de donner plus de richesse aux modulations. Il eut encore le mérite de simplifier la mesure très-compliquée jusqu'à cette époque. Le nombre de ses œuvres publiés ou restés inédits (***) est considérable. Après lui, les plus grands musiciens de l'épo-

(*) Montaigne, Journal d'un voyage, t. I, p. 106.

(**) Burney, Histoire générale de la musique, t. III, p. 39.

(*) D'après le même auteur, il paraîtrait qu'il l'expulsa entièrement de l'Islande où la doctrine calviniste s'introduisit, et qui à dater de cette époque ne produisit plus ni poëte, ni musiciens; elle est la patrie des Scaldes.

(**) Son véritable nom était Roland de Lattre. Voyez la *Notice biographique sur Roland de Lattre connu sous le nom d'Orland de Lassus,* par H. F. Delmotte, brochure remplie de recherches neuves et du plus haut intérêt.

(***) La bibliothèque de Munich en conserve une collection très-riche.

que furent Senfl, l'ami de Luther et de Mélanchton, et qui, avec eux, perfectionna le chant du choral, Jean Crespel, Practorius, Aichinger, Walther, maître de chapelle de l'électeur de Saxe, Jean Knefel, qui fit des chants à cinq, à six et à sept voix avec accompagnement d'instruments, premier exemple de morceaux concertants en Allemagne, Jacques Gallus ou Hændl, selon d'autres Hænel, l'un des meilleurs contre-pointistes du siècle, Osiander, Agricola, Amerbach, Eccard et plusieurs autres. En 1538, le savant musicien Rhaw publia à Wittenberg *des harmonies à quatre voix*, contenant des passions, des messes, des lamentations, des motets, par Galliculus, Obrecht, Lewis, Senfl, Walther, Dux, Eckel, Lembin, et Mélanchton fit la préface de ce recueil, alors unique en son genre. Quelques années plus tard, le même éditeur fit paraître cent vingt-trois chants sacrés à quatre et cinq voix, composés par seize différents auteurs, à l'usage des écoles. Il faut remarquer, en passant, que l'impression de la musique, inventée en 1502, par Petrucci de Fossembrone, avait été très-perfectionnée en Allemagne à cette époque, et ne contribua pas peu à faciliter l'étude de l'art, et à en augmenter le goût en multipliant les partitions des maîtres.

A toutes ces circonstances heureuses vint se joindre l'apparition de Palestrina en Italie. Ce grand maître, détruisant le mauvais goût par la clarté de son style, l'observance sévère de l'harmonie, la grâce et la vérité d'expression, et la simplicité de ses modulations, fut, à bon droit, surnommé *le père et le régénérateur de la musique sacrée*.

Le dix-septième siècle vit commencer en Allemagne la série des grands musiciens. Citons parmi les compositeurs Kerl, maître de la chapelle de Munich, qu'il maintint à la hauteur où elle s'était élevée sous la direction d'Orlando di Lasso et la protection du duc Albert V; Hammerschmidt et Reincke, excellents organistes, auteurs de chants chorals très estimés; Stolzel, Gassman, Pasterwitz, Éberlin; puis dans la première moitié du dix-huitième siècle Sébastien et Emmanuel Bach, ces deux grands maîtres dans l'oratorio et les motets, ces compositeurs aux idées si profondes, si graves et si majestueuses; enfin Hændel, Hasse et Graun. De grands théoriciens développèrent alors les principes de l'art: Fux, auteur du *Gradus ad Parnassum*, qui fit texte de loi dans la science musicale; Marpurg, qui publia l'*Histoire de la musique*; Kirnberger, qui composa un système d'harmonie, sans compter les nombreux auteurs qui puisèrent à ces sources fécondes.

La musique dramatique, née en Italie vers la moitié du siècle précédent, ouvrit aux Allemands une nouvelle route dans cet art. Dès l'année 1628, le poëte Martin Opitz ayant traduit en allemand l'opéra italien de *Daphné*, Schütz le mit en musique, et le représenté sur le théâtre de Dresde. En 1678, Thile, maître de chapelle de Hambourg, fit exécuter un autre opéra de sa composition. Ces essais furent suivis, en 1692, de l'établissement régulier d'un théâtre lyrique à Hambourg, et Keiser, qui en fut le directeur et le compositeur, est généralement regardé comme le père de la musique dramatique en Allemagne. Il fit cent dix-huit opéras qui se sont perdus; mais ils durent avoir beaucoup de mérite, puisque le célèbre Hasse disait de Keiser, que c'était un des plus grands musiciens que le monde eût jamais vus (*). Cousser, Mattheson et Télémann marchèrent sur ses traces et jouirent de beaucoup de réputation; mais Hœndel les surpassa tous dans ce genre de composition. Ce grand musicien fit des opéras qui eurent un succès prodigieux dans son pays, en Italie et en Angleterre, où il fixa sa résidence. Pourtant ses œuvres les plus beaux, ceux qui le placent le plus haut dans l'admiration de la postérité, sont ses oratorios du *Messie*, que Herder appelait une épopée chrétienne en mu-

---

(*) Burney, de l'État présent de la musique en Allemagne, t. I, p. 350.

sique; de *Samson*, de *Judas Machabée*, de *Josué* et de *Jephté*, qui réunissent l'originalité, la richesse de pensée, à un style toujours beau et toujours soutenu. Graun, tendre et doucement passionné comme Pergolèse, commença sa carrière par la musique dramatique. Plus tard, il fit des oratorios dont le plus célèbre est *la mort de Jésus*. Ce fut lui qui organisa l'école de musique fondée à Berlin, où il avait été appelé par Frédéric le Grand, protecteur de l'art et admirateur de ce grand maître.

Cependant la musique italienne avait été introduite en Allemagne par l'empereur Léopold Ier, qui la faisait exclusivement exécuter par sa chapelle; il avait en outre établi, à Vienne, un opéra italien, auquel il attacha les premiers compositeurs lyriques de l'Italie. L'exemple de Léopold fut contagieux pour les princes allemands; les cours secondaires même, celles de Munich, de Stuttgardt et de Manheim voulurent avoir leur théâtre italien; et bientôt ce fut en Allemagne que se trouva transféré le siége de la composition italienne. Cette mode influa sur la musique allemande, qui renonça presque entièrement à son élévation et à sa gravité, pour adopter le goût plus tendre, plus passionné de l'école rivale. Graun avait déjà en partie adopté cette nouvelle manière : Agricola alla plus loin encore ; et enfin Hasse, cité par l'Italie comme le modèle du style le plus élégant et le plus pur, et qu'elle appelait *Il Sassone*, abandonna presque tout à fait les errements de l'école allemande; mais, au moins, perfectionna-t-il le style en vogue. Sa gloire, contre laquelle Wanhall, Ditters, Stamitz, Wagenseil, Schrœter, ne purent lutter, fut pourtant entièrement éclipsée par Gluck, le plus grand et le véritable génie créateur de son époque, le Michel-Ange de la musique. Les grands sentiments qu'il exprima, sa belle déclamation, la variété et l'originalité de ses situations dramatiques, s'opposant à la routine italienne, la firent reculer, et douèrent la musique théâtrale d'une grandeur et d'une énergie qu'elle n'avait jamais fait pressentir. Ses opéras d'*Orphée*, d'*Alceste*, d'*Iphigénie*, d'*Armide*, sont autant de chefs-d'œuvre qui, dans le style pathétique, n'ont pas été surpassés.

Enfin, la seconde moitié du dix-huitième siècle vit encore paraître Haydn, Mozart et Beethoven. Ces trois grands maîtres ont nationalisé la musique allemande dans toute l'Europe, en lui prêtant une force d'expression, une richesse d'harmonie et de mélodie extraordinaire. Haydn, dans ses oratorios de *la création* et *des saisons*, dans ses graduels et ses offertoires, dans ses symphonies et ses quatuors, assura à la musique instrumentale le rôle élevé qu'elle remplit aujourd'hui. Mozart réunissant toutes les qualités, l'harmonie, la mélodie, l'originalité, la grâce et l'énergie, devint l'expression la plus parfaite du génie musical. Il s'exerça dans la musique sacrée et dans la musique profane; et partout ses chefs-d'œuvre se distinguent par le charme de la mélodie et la richesse de l'instrumentation. Ses partitions d'*Idoménée*, de *la clémence de Titus*, de *la Flûte enchantée*, de *Don Juan*, du *Mariage de Figaro*; ses messes, son requiem, ses symphonies, ses quatuors, sa musique de piano, portent le cachet d'un admirable talent.

Beethoven marcha sur les traces de ces deux grands compositeurs. Par ses symphonies, il éleva la musique instrumentale jusqu'au sublime. Outre leur rare mérite sous le rapport de l'harmonie, ses œuvres ont une puissance qui leur est propre, et qui consiste à saisir l'esprit de vive force, à le dégager de la matière, l'élevant, l'abaissant selon leur volonté. La musique sacrée et la musique dramatique furent peu cultivées par Beethoven; dans ce dernier genre, ce génie puissant ne produisit qu'un seul ouvrage, mais un chef-d'œuvre à jamais immortel, *Fidelio*.

Autour de ces trois grands maîtres vinrent se grouper d'autres talents distingués, tels que l'abbé Vogler, le plus savant musicien de l'époque; Pierre Winter, auteur de belles messes et du *Sacrifice interrompu*; Weigl, que Haydn appelait *maître dans l'expression et dans l'élévation*; Mayer, qui fit *Médée*; Naumann et Schicht, grands compositeurs de musique sacrée. Puis, tout à fait dans l'époque contemporaine, Charles Maria de Weber, l'auteur du Freyschütz (*Robin des bois*), dont la musique et le nom retentirent en peu d'années par toute l'Europe, et s'y popularisèrent. L'expression la plus sentie, la plus exaltée forme le caractère principal de son talent. Spohr, son rival dans la musique dramatique, cherche, dans ses belles symphonies, à allier la forme pure de Mozart avec ses idées pleines d'originalité et de mélancolie. Meyerbeer, comme Weber, élève de Vogel, emprunte dans ses opéras quelque chose du caractère étranger, et se détache de la manière particulière des Allemands, plus sentie qu'ornée. Après eux on doit citer avec éloge Marschner, Gallenberg, Kreutzer, Ruser et Lindpaintner. Dans le genre de la symphonie se distinguent Romberg, Ries, Kalliwoda, Mendelsohn, Tæglichsbeck, Lachner, et surtout Hummel. Dans la musique de chant ou de *chansons* (Liedermusik, et, sous ce nom, l'Allemand entend tous les genres de chansons gaies, tristes ou guerrières, les ballades et les romances), il faut citer Zumsteg, Zelter, Schütz, Hiller, Reichardt, Lœve, Berger, Wiedebein, Schubert, le dernier et le plus célèbre. La musique d'église compte de nos jours Seyfried, Eybler, Klein, qui a fait les oratorios de *Jephté* et de *David*, et Schneider, auteur du *Jugement dernier*, œuvre qui le place parmi les premiers compositeurs de musique sacrée en Allemagne.

Une institution qui date de 1810, a remis de nos jours la grande musique en vogue, et fait un contre-poids salutaire au dilettantisme qui s'attache aux opéras italiens et français. Ce sont les *sociétés musicales* (Musikvereine) établies à l'instar de sociétés semblables qui existent depuis longtemps en Suisse. Toutes les grandes villes en ont formé, et, chaque année, elles ont des solennités musicales où des musiciens, souvent au nombre de cinq à six cents, exécutent les œuvres des anciens maîtres, tels que Bach, Hændel, Graun, etc., et ceux des compositeurs modernes, qui ont pour but de faire revivre le grand style. D'un autre côté, les *tables de chant* (Liedertafeln) et les *cercles de chant* (Liederkrænze) répandent et perfectionnent le goût du chant. Les premières, qui existent dans le Nord, sont des réunions fort nombreuses, quoique privées; leur étude et leur exercice est le choral protestant. Les secondes ont pour objet le développement et le perfectionnement de la musique populaire. Elles ont surtout lieu dans le Midi. *La fête du chant* de la Souabe est la plus remarquable de ces réunions. Elle se célèbre tous les ans dans les prairies d'Enslingen, sur les bords du Necker; les populations des environs, des députations des sociétés particulières viennent y prendre part; et toute cette masse de peuple exécute des chorals et des chants de toute espèce, dont il est facile de concevoir l'effet grandiose et imposant. Ces réunions nombreuses et souvent répétées, jointes à l'enseignement musical qui fait partie de tous les degrés de l'éducation allemande, depuis les écoles primaires des villages, les collèges, les séminaires, les universités des villes, jusqu'aux écoles de soldats et aux écoles du dimanche, ouvertes aux jeunes paysans et aux ouvriers; cette universalité, qui fait de la musique la compagne du riche et celle du pauvre, qui l'associe, pour ainsi dire, à toutes les situations de la vie, à toutes les sensations de l'âme, depuis le recueillement jusqu'à la gaieté, doit, outre les avantages moraux qu'on peut en attendre, promettre à l'Allemagne de nouveaux talents, qui soutiendront sa gloire musicale, et reculeront peut-être encore les bornes d'un art auquel elle a su donner une si puissante impulsion.

EXPLICATIONS DES PLANCHES

CONTENUES DANS LES DEUX VOLUMES

DE L'ALLEMAGNE.

N° 1. FRONTISPICE. — ANCIEN AUTEL PRÈS D'ALBERSDORF. — Il n'y a d'authentique, dans ce premier sujet, que les pierres amoncelées, dans lesquelles les antiquaires ont généralement reconnu un autel (*). La forêt et les trophées d'armes romaines sont de l'invention de l'artiste qui, oubliant qu'Albersdorf est en Alsace, en a fait un lieu voisin de la forêt de Teutebourg, qui fut le théâtre de la défaite de Varus.

N° 2. LE DANUBE PRÈS DE LINTZ, d'après les vues du capitaine Batty. — Le Danube, le plus grand fleuve de l'Europe après le Volga, a ses sources dans le grand-duché de Bade; mais il ne prend le nom de Danube (en allemand Donau) qu'après la réunion des trois branches qui le forment, la Brege, la Brigach, et une troisième beaucoup plus petite, qui sort de terre dans la cour du château de Donaueschingen, appartenant au prince de Furstemberg. Avant d'arriver à Lintz, le Danube baigne les villes de Sigmaringen, d'Ulm, de Ratisbonne et de Passau. A Lintz, c'est déjà un fleuve immense et si rapide, que, malgré la distance de soixante lieues qui sépare cette ville de Vienne, un jour et demi suffit aux bateliers pour faire ce trajet. A quelque distance au-dessous de Lintz, le Danube s'augmente encore des eaux de la Traun qu'il reçoit sur la rive droite. Lintz elle-même est la capitale de la haute Autriche; cette ville assez bien bâtie, mais ayant, comme Vienne, des faubourgs beaucoup plus considérables que la ville elle-même, renferme une population de 24,000 âmes. Les tours maximiliennes et les autres fortifications qui forment son enceinte, en font une place fort importante. Sur la grande place se trouve une colonne élevée par Charles IV à la sainte Trinité, entre deux fontaines qui portent l'une un Neptune, l'autre un Jupiter. Lintz est la porte de la haute Autriche du côté de la Bavière; c'est là ce qui a rendu nécessaires les travaux qui y ont été récemment exécutés. D'ailleurs elle commande une partie de la ligne militaire de la Traun.

N° 3. ANCIENS PEUPLES GERMAINS. D'après Cluvérius. Livre I, p. 148 et 360.

N° 4. BATAILLE. ROMAINS, DACES ET GERMAINS. — Sujet emprunté aux bas-reliefs de la colonne Trajane. *Voyez* t. 1, p. 32.

N° 5. CÉNOTAPHE DE DRUSUS A MAYENCE, d'après Ferrario (t. IV, p. 346), qui lui-même a suivi Eichelstein, Serrario, Patin, Blümberg et Eckhart. — Le monument dont cette gravure présente les restes est celui que les légions élevèrent à Drusus, sur les bords du Rhin. Ce général romain, fils de Livie, beau-fils d'Auguste et père de Germanicus, avait fait plusieurs campagnes brillantes en Germanie. Après avoir soumis la Rhétie, apaisé les troubles de la Gaule, et battu une armée formidable de barbares dont une partie avait déjà franchi le Rhin, il pénétra sur les terres des Usipètes et des Sicambres, détruisit leurs bourgades, et subjugua les Frisons. Au printemps suivant il s'avança

(*) Voyez Louis Bossi dans Ferrario, Costume ancien et moderne, t. IV, p. 239.

jusqu'au Weser, puis jusqu'à l'Elbe, en soumettant toutes les peuplades du nord-ouest de l'Allemagne. Ce fut au milieu de sa gloire qu'une fièvre violente ou une chute de cheval vint lui donner la mort. Ses soldats, dont il était l'idole, lui élevèrent un cénotaphe monumental; mais Auguste, qui vint exprès de Rome en Gaule pour prononcer son oraison funèbre, fit déposer ses cendres dans le propre tombeau qu'il s'était construit pour lui-même de son vivant.

N° 6. TRIOMPHE DE TIBÈRE. — Chargé, comme Drusus, de combattre les Germains, Tibère (l'an 8 av. J.-C.) eut les mêmes succès que son frère; et, pour forcer au repos ces peuples remuants, il transporta 40,000 Suèves ou Sicambres au delà du Rhin dans la Gaule. (*Voy.* t. I, p. 19). A son retour de cette expédition, Auguste lui décerna l'ovation ou petit triomphe, mais avec la permission de revêtir les ornements qui étaient portés dans le grand triomphe. Dix-sept ans plus tard Tibère, vainqueur des Pannoniens et des Dalmates (*voyez* t. I, p. 22), mérita de nouveau les honneurs du triomphe; mais il ne les reçut qu'après avoir réparé, autant qu'il était possible, les désastres de la bataille de Teutberg. C'est à ce dernier triomphe que se rapporte la pierre gravée que nos lecteurs ont sous les yeux. Voici la description qu'en donne Millin, dans sa Galerie mythologique (*).

« Auguste, sous les traits de Jupiter, est assis sur un trône; il tient un lituus, et il s'appuie sur une haste; un bouclier lui sert de marchepied, c'est peut-être un symbole de la souveraineté. L'aigle est sous le trône; et au-dessus de l'empereur est le signe du Capricorne, qui présida à sa naissance, et qui est entouré de rayons pour indiquer que ce signe céleste est en même temps celui de la prospérité de l'empire. Derrière le trône est Neptune, qu'on reconnaît à sa chevelure, à sa barbe épaisse, et à son regard un peu sombre; et Cybèle, avec la couronne tourelée et le voile qui couvre le derrière de sa tête, et qui retombe sur les côtés; elle pose une couronne de chêne sur la tête d'Auguste, pour indiquer la fin des troubles civils qui avaient coûté la vie à tant de citoyens. Ces deux divinités font allusion à l'empire qu'Auguste exerça sur la terre et sur la mer. A côté d'Auguste, et sur le même trône, est assise Livie, avec les attributs de la déesse Rome; elle est coiffée d'un casque à trois crêtes; dans sa main droite elle tient une lance; sa main gauche est négligemment posée sur le pommeau de l'épée qui est suspendue à un baudrier; son bouclier est adossé contre son genou; ses pieds et un autre casque reposent sur une cuirasse. Debout, près de Livie, est Germanicus en habit militaire; il touche, ainsi que Livie, le pommeau de son épée avec la main gauche; derrière lui est Tibère, vêtu de la toge, couronné de laurier, et tenant dans sa main gauche un long sceptre, et dans l'autre probablement un bâton de commandement; il descend d'un char de triomphe, traîné par plusieurs chevaux conduits par une Victoire ailée qui tient un fouet; un casque est entre les roues du char. A la gauche d'Auguste est Agrippine, femme de Germanicus, sous les traits de quelque divinité allégorique, telle que l'Hilarité, la Félicité, ou l'Abondance; elle est couronnée de lierre, et tient un rhyton ou une corne d'abondance. Auprès d'elle sont deux enfants nus, dont l'un porte des épis. Dans le plan inférieur, des soldats romains érigent un trophée, sous lequel on voit un homme habillé en barbare, qui a les mains liées sur le dos, et une femme qui appuie sa tête sur ses bras. De l'autre côté, deux soldats entraînent un homme agenouillé, et une femme par les cheveux; ce sont des symboles des victoires qu'Auguste a remportées sur plusieurs peuples, et particulièrement de celle de Tibère sur les Pannoniens. Un des soldats est coiffé d'une espèce de chapeau semblable à la *causia* (casque macédonien). Ce serait donc la Macédoine qui réunit ses forces à celles

(*) T. II, p. 122.

des Romains pour réduire cette nation belliqueuse, dont une partie s'était jetée sur la Macédoine, pendant que l'autre allait envahir l'Italie. Cette pierre appartenait à l'abbaye de Poissy, d'où elle a été enlevée pendant les guerres civiles, et portée à Vienne, où elle est dans le cabinet de l'empereur (*Voyez* Eckhel, Choix de pierres gravées du cabinet impérial de Vienne). »

N° 7. TRIOMPHE DE GERMANICUS. — Auguste avait déjà donné les ornements du triomphe à Germanicus, fils de Drusus, après ses premières campagnes en Dalmatie et en Pannonie; mais ce ne fut qu'après sa grande expédition de Germanie contre Hermann (*voyez* vol. I, page 20) qu'il entra dans Rome en triomphe, ayant ses cinq enfants sur son char.

C'est ce triomphe que retrace l'agate de la Sainte-Chapelle, conservée aujourd'hui au cabinet des antiques de la bibliothèque du roi. Nous croyons devoir reproduire ici la description qu'en donne Millin (*). « Germanicus, de retour de sa campagne glorieuse contre les Germains, est reçu et adopté par Tibère, qui est assis, avec sa mère Livie, sur un même trône; l'empereur est nu jusqu'aux reins; l'égide de Minerve, entourée de serpents, couvre la partie inférieure de son corps; c'est un signe de paix. Dans la main droite il tient un long sceptre, symbole de sa toute-puissance; et il appuie l'autre sur un grand lituus qui fait allusion au suprême pontificat que les empereurs romains réunissaient au pouvoir civil. Il est couronné de laurier. Livie, également couronnée de laurier, tient des têtes de pavots, symbole de la fécondité, et qui la caractérisent comme Cérès. Germanicus, armé d'un casque, d'un bouclier, et d'une cuirasse sur laquelle est jeté un paludamentum, est devant eux; et peut-être Tibère médite-t-il déjà sa mort. Sa mère Antonia, fille de Marc-Antoine et d'Octavie, porte une main à son casque, comme pour le lui ôter et l'inviter à se reposer des fatigues de la guerre; mais il le raffermit sur sa tête, ce qui indique que de nouveaux exploits l'attendent dans l'Asie. Derrière lui est son épouse Agrippine; elle tient un rouleau, et s'appuie sur un bouclier pour rappeler l'esprit guerrier qui lui avait mérité le nom de mère des camps. Près d'elle est son fils Caligula, né et élevé dans les camps, à quoi son armure et son air guerrier font allusion. Derrière Livie, on voit Drusus César, propre fils de Tibère, qui est armé et vêtu comme Germanicus, et qui tient un bâton de commandement. A côté de lui est son épouse Livie, la jeune sœur de Germanicus, et qu'on a souvent nommée Livilla, pour la distinguer de l'impératrice; le siége à supports, en forme de sphynx, sur lequel elle est assise, est un meuble élégant, qui est peut-être en rapport avec son goût pour la mollesse et le luxe, et qui forme un contraste frappant avec le bouclier d'Agrippine. La figure assise à terre à côté de Livie, vêtue d'un habit barbare, et coiffée d'un bonnet phrygien, doit être l'Arménie, qui supplie Livie d'envoyer Germanicus à son secours contre les Parthes et les Pannoniens; ce qui pourrait faire croire que le véritable sujet de ce camée est plutôt le départ de Germanicus pour l'Asie. L'artiste a figuré dans le plan supérieur l'apothéose d'Auguste: ce prince est transporté dans le ciel par Pégase, et il laisse tomber sur terre sa cuirasse pour indiquer qu'il n'a plus rien de mortel; un génie ailé conduit Pégase par les rênes: Énée, qu'on reconnaît à son ancien costume phrygien, présente à Auguste le globe, symbole de l'empire du monde. De l'autre côté, Jules-César, armé d'un bouclier, et sous les traits de Mars, s'apprête à recevoir son fils adoptif. Celui qui tient un lituus, et dont la tête est ceinte d'un diadème radié, paraît être Romulus; le voile, dont la tête est couverte par derrière, s'expliquerait alors par l'usage des anciens Sabins de faire monter la toge au-dessus de la tête. Les figures du plan inférieur représentent diverses nations vaincues et suppliantes (*Voyez* Mo-

(*) Ouvrage cité, t. II, p. 124.

rand, Histoire de la Sainte-Chapelle).»

N° 8. LIONS JETÉS DANS LE DANUBE. Sujet emprunté à la colonne Antonine.—*Voyez* t. I, p. 32, col. 1.

N° 9. LES GERMAINS DISPUTENT LE PASSAGE DU DANUBE A MARC-AURÈLE. Ibid. —*Voyez* ibid.

N° 10. COMBAT ENTRE LES GERMAINS ET LES ROMAINS. — Sujet emprunté à la colonne Trajane. *Voy.* ibid.

N°ˢ 11 et 12. DIVINITÉS GERMANIQUES, d'après Ferrario, planch. 33, 54, 61, 62, 63. L'authenticité de toutes ces figures est loin d'être prouvée. —*Voyez* t. I, p. 38.

N° 13. ANCIENS MONUMENTS SÉPULCRAUX DE L'ALSACE, d'après Ferrario, pl. 38. —*Voy.* t. I, p. 49.

N° 14. CAMP DES ANCIENS GERMAINS, d'après Cluverius, *Germania antiqua*, t. I, p. 364 et 384. — *Voy.* t. I, p. 47.

N° 15. ARMES TROUVÉES DANS LES TOMBEAUX, d'après Ferrario, pl. 39 et 58. — *Voyez* t. I, p. 48.

N° 16. CAVALIERS. 1. *Germain*. 2. *Sarmate*. 3. *Chaussetrape*. La figure 1 est empruntée à la colonne Antonine; la fig. 2, à la colonne Trajane. — *Voyez* t. I, p. 47.

N° 17. PONT POUR LE PASSAGE DES TROUPES, d'après les planches du célèbre Palladio, destinées à orner une traduction des commentaires de César, et reproduites dans la belle édition de Thompson. *Voyez* Ferrario, pl. 60.

N° 18. COMBAT DE CAVALERIE. Sujet emprunté à la colonne Antonine. — *Voy.* t. I, p. 32.

N° 19. SOLDATS GERMAINS COMBATTANT. Sujet emprunté à la colonne Trajane. — *Voyez* ibid.

N° 20. VILLE GERMANIQUE ASSIÉGÉE PAR LES ROMAINS. Ibid.

N° 21. ROMAINS ASSIÉGÉS PAR DES GERMAINS. Ibid.

N° 22. COMBAT DES ROMAINS CONTRE LES GERMAINS. Sujet emprunté à l'arc de Constantin.

N° 23. CONFLUENT DE L'ILLER ET DU DANUBE, d'après les vues du capitaine Batty.—L'Iller descend des Alpes entre le Lech et le lac de Constance, passe près de Kempten et de Memmingen, et se jette dans le Danube, à quelque distance au-dessus d'Ulm, dans le royaume de Wurtemberg. L'Iller forme une des lignes militaires qui couvrent la Bavière, et se termine au nord, comme celle de la Traun, par une place forte. Ulm a joué presque toujours un rôle important dans les guerres dont l'Allemagne méridionale a été le théâtre.

N° 24. URE, BŒUF DE LA GERMANIE, d'après les planches du César de Thompson. *Voyez* Ferrario, pl. 52 et page 388.

N° 25. LE RHIN ET LE LURLEYBERG, PRÈS SAINT-GOAR, tiré de Tombleson, *Wiews of the Rhine from Cologne to Mayence*, page 163.

N° 26. CORNE A BOIRE, DÉSIGNÉE SOUS LE NOM DE TUNDBRENSE. *Voyez* Ferrario, pl. 55 et page 439.

N° 27. TOMBEAU DE THÉODORIC A RAVENNE, d'après Clochard, *Architecture italienne*. — Ce tombeau, élevé par Amalasonthe à son père le grand Théodoric (*voyez* tome I, page 99), est une imitation du mausolée d'Adrien. C'est une rotonde à deux étages, dont le premier est enterré. Il est transformé actuellement en une église nommée Sainte-Marie de la Rotonde, et qui se trouve hors de l'enceinte actuelle de Ravenne, vers l'ancien port. Ce monument est remarquable à deux titres, d'abord comme indice de ce qu'étaient encore au sixième siècle, l'architecture et les arts mécaniques, car la coupole qui le couronne est formée d'un seul bloc de pierre d'Istrie, de 34 pieds de diamètre hors d'œuvre; en second lieu, parce que c'est le seul monument qui nous reste de l'architecture des Goths, qui n'a rien de commun avec l'architecture du moyen âge si improprement appelée architecture gothique, l'une étant aussi lourde, aussi écrasée que l'autre fut élancée, légère et hardie; l'une, mauvaise imitation de l'art romain dans sa décadence; l'autre, production originale d'une civilisation et d'une société nouvelles.

N° 28. HLODOWIG, d'après la statue

29.

qui existait à Notre-Dame de Corbeil. — *Voyez* t. I, p. 105.

N° 29. INAUGURATION SUR UN BOUCLIER. *Voyez* Montfaucon, Origines de la monarchie française.

N° 30. COURONNES ROYALES DES DIFFÉRENTES DYNASTIES. Ibid.

N° 31. SCEPTRES ET TRONES DE DIFFÉRENTES ÉPOQUES. Ibid.

N° 32. ARMES ET OBJETS DIVERS TROUVÉS DANS LE TOMBEAU DE CHILDÉRIC. Ibid.

N° 33. LE DANUBE PRÈS DE RATISBONNE, d'après le capitaine Batty. — Ratisbonne, que les Romains nommaient *Castra regina*, fut la capitale des Bavarois, et la résidence de leurs ducs de la race des Agilolfings. A la chute de Henri le Lion, lorsque Frédéric Barberousse inféoda le duché de Bavière à la maison de Wittelsbach, il déclara Ratisbonne ville impériale. Depuis 1663 jusqu'à la destruction de l'empire germanique en 1806, elle fut le siége permanent de la diète impériale. Trois ans auparavant, elle avait été choisie pour être la résidence de l'électeur de Mayence qui prit le titre d'électeur archichancelier. A partir de 1806 elle fit partie de la Bavière. Elle s'élève dans une plaine fertile sur la rive méridionale du Danube qui la sépare de la petite ville nommée Stadt-am-Hof. Ce faubourg, le *Riparia* des Romains, était au dixième siècle une possession de la riche abbaye de Saint-Emmeran; plus tard elle fut acquise par les bourgraves de Ratisbonne. Entièrement détruite durant la guerre des villes et des princes de Bavière en 1388, Ratisbonne fut rebâtie et prise de nouveau par les Autrichiens et les Anglais réunis en 1704, durant la guerre pour la succession d'Espagne. Enfin les Autrichiens l'incendièrent une dernière fois en 1809, pour couvrir leur retraite sur Cham et la Bohême, après la perte des batailles d'Abensberg, d'Eckmühl et de Ratisbonne. Aujourd'hui, cette ville est la capitale du cercle de Regen dans le royaume de Bavière, et le siége d'un commissariat général. Elle renferme 1639 maisons et 26,000 habitants. C'est dans le voisinage de Ratisbonne que le roi Louis de Bavière a fait élever aux grands hommes de l'Allemagne un temple, désigné sous l'antique nom de Walhalla (*voy*. t. II, pag. 431).

Le grand pont de pierre, qui réunit Stadt-am-Hof à Ratisbonne, est un curieux monument de l'architecture du moyen âge.

Il paraît que ce fut en 1135, durant une sécheresse extraordinaire qui mit à sec le fond du Danube, que ce pont fut commencé, à la place même où, en 792, Charlemagne avait fait jeter un pont de bateaux. Il fut achevé dès 1146. Il est probable qu'il fut construit à frais communs par la bourgeoisie de Ratisbonne et par le duc de Bavière Henri le Superbe (ou le Généreux), en vue des avantages communs qui devaient résulter de cette entreprise. C'est ce que paraît indiquer la ligne bizarre que présente ce point, et qui provient sans doute de ce que la construction ayant été commencée des deux extrémités à la fois, on s'écarta peu à peu de la ligne droite. En effet, ce pont forme un angle obtus dont les plans inclinant l'un vers l'autre se rencontrent dans le point central de la septième arche. Le rayon le plus court de cet angle monte de dix-huit pieds à trente-huit, tandis que le plus long descend de cette élévation à dix-neuf pieds. Le lion sculpté découvert en 1827, du côté de l'est, quand on détruisit la loge de péage, indiquait sans doute jusqu'où était parvenue la partie construite par le duc, tandis que la tour centrale qui s'élevait tout à côté devait marquer les limites du travail exécuté par la commune. Au reste, comme aucun renseignement précis n'indique l'origine du pont, il serait encore permis de l'attribuer à la *confrérie des ponts* (Brückenbrüder), et alors les anciens moines qui desservaient la chapelle Saint-Jean en auraient été les véritables auteurs et les surveillants. Les chapelles construites sur les deux rives, tout en prouvant l'esprit religieux qui présida à la construction du monument, viendraient encore corroborer cette opinion.

ALLEMAGNE.

Un administrateur particulier était chargé de veiller à l'entretien et à la conservation du pont; il avait en même temps l'inspection de ses revenus, de son octroi et de ses employés : cette charge, purement honorifique, était confiée à un membre du conseil.

Ce pont a seize arches rondes dont quinze seulement étaient visibles; la seizième ne fut découverte qu'en 1825, lorsqu'on voulut creuser un puits sur le rivage. Sa plate-forme entièrement dallée a mille pieds de longueur et vingt-quatre de large. La tête et l'extrados des arches sont seuls en pierre de taille; le reste est en moellons bruts. La largeur des arches les plus étroites est de trente-cinq pieds six pouces, celle des plus larges de cinquante-sept. Les piliers non entièrement achevés sont arrondis en pointe et pourvus d'énormes ouvrages avancés, dont quelques-uns ont une longueur de cent quatre-vingt-douze pieds sur soixante-quatre pieds de largeur. Les entourages des piliers sont de cinq pieds plus hauts que l'eau la plus basse, et leurs ouvertures pratiquées de deux en deux piliers n'ont que de treize à dix-huit pieds; en sorte que la navigation en amont est presque impossible, tant à cause du peu de largeur de ces ouvertures, que des terribles tourbillons qu'on rencontre dans ce passage. Mais si ce pont colossal laisse beaucoup à désirer, et sous ce rapport et sous celui de sa pente rapide, il est regardé comme un chef-d'œuvre du genre, principalement à cause de sa solidité, qui a résisté à une épreuve de sept cents ans (*).

En 1732, les dalles de ce pont furent renouvelées, et on le garnit de balustrades et de trottoirs élevés qui permettent de jouir de la vue du fleuve. Des trois tours qui ornaient ce monument, celle de l'extrémité du nord et celle du milieu ont été détruites, l'une en 1785, l'autre en 1809. La dernière, qui s'élève encore au-dessus de la porte du midi, était jadis décorée des armes impériales, et d'une inscription relative à l'entrée de Rodolphe II en 1595; mais l'inscription et les armes furent effacées en 1648. Cette tour s'appelait autrefois *la tour des Dettes*, parce qu'on y renfermait tous les débiteurs déloyaux, jusqu'à ce que les aumônes des passants leur eussent fourni le moyen d'acquitter leurs engagements. Il existait encore au milieu du pont un emplacement d'où l'on précipitait à l'eau ceux qui étaient condamnés à ce genre de mort, particulièrement réservé aux usuriers.

Le pont avait, d'après la coutume du temps, ses signes maçonniques; c'étaient : 1° un lézard qui grimpait du côté de l'ouest sur l'un des piliers; 2° un chien sans tête, ou, selon d'autres, un lion mutilé; 3° un homme nu tourné vers la cathédrale, tenant une main devant ses yeux comme pour se préserver du soleil, de l'autre portant un écriteau sur lequel étaient ces mots : *Quelle chaleur!* Peut-être cette figure indiquait-elle uniquement que pendant la construction du pont il avait fait une chaleur excessive; mais la tradition y rattache un événement qui, du reste, est chronologiquement impossible. On prétend que l'architecte du pont et celui de la cathédrale, qui, soit dit en passant, ne fut commencée que cent ans plus tard, avaient parié à qui terminerait le premier son ouvrage. L'architecte du pont ayant fini bien avant l'autre, se retourna du côté de son rival, qui, de dépit, se précipita du haut de l'édifice. 4° Les autres signes étaient la plus grande pierre et la plus petite; c'est-à-dire, une grande pierre dans laquelle s'en trouvait soudée une petite. Lorsqu'en 1785 on abattit la tour du milieu, on fut forcé d'enlever cette pierre, et l'on trouva au-dessous un manuscrit, malheureusement effacé, où se trouvait sans doute le nom de l'architecte et l'histoire de la fondation du monument; 5° une sculpture représentant le pont et ses trois tours; 6° un combat de coqs portant la date de 1582 : cet emblème, s'il ne rappelait pas un fait arrivé sur le pont, pouvait indiquer l'ardeur belliqueuse des habitants des

---
(*) Voyez plus haut, p. 429, le dicton populaire auquel il a donné lieu.

deux rives. La tradition a rattaché ce symbole à celui du chien, et les a réunis dans un même récit. L'architecte du pont, dit ce vieux conte, n'avait gagné son pari qu'avec l'aide du diable, et en lui promettant l'âme des trois premières personnes qui passeraient sur le pont. Quand le moment de tenir sa parole fut venu, il y fit passer un chien, un coq et une poule, que le diable furieux mit aussitôt en pièces. Viennent ensuite : 7° une tête de jeune homme avec de la barbe et les cheveux tombants; 8° trois têtes, que l'on croit être celles d'un maître, d'un compagnon et d'un apprenti : la première est tournée vers le couchant, les deux autres vers le levant; 9° enfin un quadrupède avec une tête d'oiseau, un cou de cygne et un bec recourbé.

De chaque côté du pont se trouvent deux îles qui appartiennent à la banlieue de Ratisbonne, et qui sont réunies par une digue passant sous la cinquième arche. L'île inférieure est rattachée à la ville par un pont de bois; l'île supérieure tenait également à Stadt-am-Hof par un pont de bois, qui fut détruit en 1500, et maintenant elle communique avec le grand pont par un ponton sur pilotis.

N° 34. MONUMENT DE CLOVIS ET DE SES FILS. *Voyez* Montfaucon, Origines de la monarchie française.

N° 35. FIGURES DE BOIS, d'après les sculptures d'ivoire conservées au trésor de la cathédrale de Troyes.

N° 36. 1. ANCIENNES SÉPULTURES. 2. URNES SÉPULCRALES, d'après Ferrario, pl. 57.

N° 37. STATUES DE CHILDEBERT ET DE LA REINE ULTROGOTE, d'après les figures sculptées sur leur tombeau.

N° 38. PÉPIN. *Voyez* au cabinet des estampes de la Bibliothèque royale, l'*Histoire de France par estampes*.

N° 39. ANCIENNES MONNAIES, d'après Ferrario, pl. 80, qui lui-même les a empruntées au livre de Dœrdelin sur les *monnaies germaniques du moyen âge*. (*Voy.* Ferrario, p. 660).

N° 40. L'ISER A MUNICH, d'après les vues du capitaine Batty. — L'Iser descend des Alpes tyroliennes, traverse la Bavière méridionale en baignant Landshut et Munich, et se jette dans le Danube en face de Deggendorf. Près de Munich, l'Iser, qui a le caractère capricieux et torrentueux des rivières de montagne, coule en grondant au pied du Gasteigberg, et envoie plusieurs bras au travers du magnifique jardin anglais qui s'étend derrière le Palais-Royal, une des plus vastes résidences royales de l'Europe.

N° 41. CHARLEMAGNE, d'après l'allégorie gravée par Sperling, conservée au cabinet des estampes de la Bibliothèque royale, Voyez t. I, p. 167.

N° 42. ÉPÉE, CEINTURE ET CHAUSSURES DITES DE CHARLEMAGNE. *Voy.* Willemin, *Monum. fr. inédits*.

N° 43. PORCHE DU MONASTÈRE DE LORSCH. Ibid. — Ce monument est important, comme marquant la transition entre l'architecture romaine et l'architecture gothique. Au premier étage, en effet, sont des arcades séparées par des colonnes dont les chapiteaux portent encore la feuille d'acanthe; mais au second étage, les fenêtres sont surmontées de triangles qui, se combinant bientôt avec l'arcade, donneront l'ogive.

N° 44. ÉGLISE DES APÔTRES, A COLOGNE, d'après Tombleson. — Cologne, une des plus anciennes cités de l'Allemagne, est bâtie sur la rive droite du Rhin, en forme de croissant, et fortifiée par une épaisse muraille que protégent de distance en distance des tours massives. L'emplacement de la ville actuelle fut primitivement occupé par une colonie des Ubiens. Durant les campagnes de Germanicus en Allemagne, sa fille Julia Agrippina naquit dans la colonie des Ubiens; lorsqu'elle eut épousé l'empereur Claude, celui-ci visita les bords du Rhin, et, pour honorer le lieu de naissance de l'impératrice, donna à la cité ubienne le nom de Colonia Agrippina, d'où s'est formé le nom moderne de Cologne. Vers 462, Cologne tomba au pouvoir des Francs; en 747, elle devint la résidence d'un archevêque. Les abbayes, les églises qui, depuis cette époque, s'y élevèrent, furent si nombreuses et si richement dotées, que Cologne en fut nommée la cité sainte. Sa piété, célèbre au loin, ne l'empêcha pas de profiter de son heureuse position au centre de la Germanie occidentale, pour faire un commerce étendu; et elle forma, en 1260, une ligue avec Lubeck, Dantzig et Bruges. Mais à Cologne, comme dans toutes les villes commerçantes des bords du Rhin, les juifs étaient nombreux; et là, comme partout, leur génie mercantile faisait tomber entre leurs mains la meilleure partie des profits du négoce; aussi les habitants, jaloux à la fin de leur supériorité, firent passer, en 1425, un décret qui chassa tous les juifs de Cologne. Cet édit fut une des premières causes de la ruine de cette ville; son commerce, comme celui du reste de toutes les villes de la Hanse, ne fit plus dès lors que déchoir, car les familles les plus riches de la ville se retirèrent à Muhlheim, à Dusseldorf, à Elberfeld, etc., qui s'enrichirent à ses dépens. Cette haine de la *cité sainte* contre l'hérésie qui s'était montrée d'une manière si déplorable en 1425, se renouvela en 1618. Un nouveau décret expulsa de Cologne les protestants comme des novateurs et des citoyens dangereux. Depuis ce temps, la décadence de Cologne fut rapide; et, grâce à sa piété, cette ville, qui pouvait au moyen âge armer 30,000 combattants, ne compte aujourd'hui qu'environ 50,000 habitants. Cependant, par ses souvenirs et par l'importance stratégique que lui donne sa position sur le Rhin, entre Wesel et Coblentz, et au point où aboutissent plusieurs grandes routes, Cologne est aujourd'hui considérée comme la capitale de la partie occidentale de la monarchie prussienne. On entre à Cologne par 24 portes, sur plusieurs desquelles on lit encore les initiales C. C. A. A., Colonia, Claudia, Agrippina, Augusta.

Autrefois elle renfermait dans son enceinte de sept milles anglais, 2 abbayes, 2 églises collégiales, 49 chapelles, 39 monastères, 2 couvents de femmes qui, toutes, devaient faire preuve de noblesse; un séminaire archiépiscopal, plusieurs commanderies de l'ordre Teutonique et de l'ordre de Malte, etc. La cathédrale aurait été, si on l'eût achevée (*voy.* p. 468, *note*), le plus beau monument gothique de toute la chrétienté. Quant à l'église des Apôtres qui fait le sujet de notre gravure, elle est située près du marché neuf, et offre un exemple de la construction architecturale du neuvième et du dixième siècle.

N° 45. WITIKIND, d'après la statue sculptée sur son tombeau à Paderborn. *Voyez* les *Monuments de Paderborn*, et *Ferrario*, ouvrage cité, tom. IV, pag. 622, fig. 79. — Sur Vitikind, *voyez* tom. I, pag. 171.

N° 46. SAINT PIERRE DONNANT LE PALLIUM AU PAPE LÉON ET LA BANNIÈRE A CHARLEMAGNE. — Cette mosaïque, exécutée par ordre de Léon III, est conservée dans l'église de Saint-Jean de Latran à Rome. Elle a été souvent reproduite. L'une des copies les plus exactes est celle qu'en donne Spon dans ses *Miscellanea eruditæ antiquitatis*, p. 284. Le tableau carré à fond d'azur, que le pape et l'empereur ont derrière la tête, et auquel le graveur a eu tort de donner la forme d'un cube, se retrouve sur plusieurs autres monuments de la même époque. Il indique que les personnages sont encore vivants et exerçant les quatre vertus cardinales. *Voyez* Joh. Diacon., *Vit. Gregor. Magni*, lib. V; et Durant, *Rational.*, lib. I, cap. 3. — Sur les rapports de Charlemagne et du pape Léon III, *voyez* tom. I, pag. 182.

N° 47. LE PAPE LÉON ET L'EMPEREUR CHARLEMAGNE, d'après des mosaïques du temple de Sainte-Suzanne à Rome. — Sur la copie publiée par Spon (loc. cit.), le pape et l'empereur ont derrière la tête la tablette à fond d'azur dont nous avons parlé à l'occasion du numéro précédent. La pose de Charlemagne, si l'on eût reproduit le monument avec exactitude, eût été beaucoup plus roide et beaucoup plus gauche; mais le goût des artistes se soumet difficilement à l'exactitude archéologique. Les montagnes sur lesquelles les deux figures sont placées ne se trouvent pas non plus sur la mosaïque de Sainte-Suzanne.

N° 48. COUVENT DE LAACH, d'après Tombleson. — C'est dans la sauvage contrée d'Eifel, derrière une ligne de sombres montagnes et de forêts, que se trouve Laach, avec sa vieille abbaye de bénédictins et son beau lac. Le haut des montagnes qui l'entourent est chargé de blocs de granit et de lave, et leurs flancs de produits volcaniques. Ce paysage sévère, abrupte, a cependant une beauté singulière. On y sent partout la main de la nature, et nulle part celle de l'homme. La surface du lac occupe un espace de 827 acres anglais; sa plus grande longueur est de 8,677 pieds anglais; sa plus grande largeur de 7875; sa profondeur de 220. On ne peut douter que ce lac ne soit le cratère d'un volcan éteint, car tous les environs montrent des traces évidentes de l'action des feux souterrains; sur la rive orientale du lac, il s'échappe d'une ouverture profonde des vapeurs méphitiques qui rappellent la fameuse grotte du Chien, près du lac d'Anagni en Italie. Les naturalistes Deluc, Nose, Collini, Forster, Humboldt et Noggerath, ont écrit d'intéressantes dissertations sur ce district si curieux aussi pour les géologues.

C'est dans cette contrée pittoresque et romantique que fut fondée, en 1093, une abbaye de bénédictins par Henri II de Laach, comte palatin de basse Lorraine, et premier comte palatin du Rhin. L'église bâtie dans le style gothique renferme les restes du fondateur et ceux de plusieurs barons et comtesses de la maison de la Leyen. Autrefois les moines de cette abbaye, qui avaient d'ailleurs été richement dotés, furent célèbres par leur science et leur hospitalité. Une des ailes du monastère était réservée pour les étrangers qui pouvaient y résider aussi longtemps qu'il leur plaisait; dans une autre étaient reçus les pauvres et les infirmes. La partie habitée par les moines, dont le nombre était ordinairement de 40 ou 50, renfermait toutes les choses nécessaires à une vie agréable et studieuse. La bibliothèque était riche et renfermait même une collection de tableaux; mais aujourd'hui l'abbaye, faute de réparations, est dans un triste état de délabrement; cependant elle a été achetée dans ces derniers temps, avec toutes ses dépendances, au prix de 100,000 francs.

N° 49. CATHÉDRALE DE WORMS, d'après les *Vues originales des principales villes d'Allemagne,* par Louis Lange et Ernest Rauch, Darmstadt, 1833 et suivantes. — Worms, jadis ville impériale, florissante par son commerce, riche de tous les souvenirs du moyen âge allemand, résidence enfin d'un évêque puissant, est aujourd'hui tombée au second rang des villes du grand-duché de Hesse, avec 8,326 habitants seulement, répartis dans 963 maisons. Aussi Worms, comme dit le poëte, n'est plus qu'un monument du temps passé. « Tu as vu, « ô Worms, la force de la vieille Ger- « manie, la domination de Rome, l'éclat « du saint-empire, et cet homme dont « l'audace a rendu la liberté à la cons- « cience humaine ; tu as vu toutes ces « choses, et de ces temps glorieux il ne « te reste rien que l'orgueil de ton « dôme, et la magnificence de ton « église. »

Cette ville, située dans une plaine découverte et sans accidents de terrains, mais extraordinairement fertile, se trouve à quelque distance du Rhin, qui ne fait que baigner le faubourg placé sur la route de Mayence. Dès l'année 638, une basilique consacrée à saint Pierre fut élevée sur l'emplacement occupé aujourd'hui par la cathédrale, mais elle fut réduite en cendres en 872, et les incursions des Northmands empêchèrent longtemps de la relever. Ce ne fut qu'à la fin du dixième siècle que l'évêque Burchardt reprit avec un peu de zèle l'ouvrage si souvent interrompu, et activa si bien les travaux, que dans l'espace de vingt ans la cathédrale fut achevée (996-1016); il fallait alors plusieurs demi-siècles pour élever ces gigantesques monuments ; aussi les populations crurent-elles au miracle, quand elles virent l'église terminée en si peu de temps. Il est vrai de dire que deux ans après la solennelle consécration que l'empereur Henri II vint en faire, au milieu d'un grand concours de princes ecclésiastiques et séculiers, tout un pan de muraille s'écroula, et que ce ne fut qu'au commencement du douzième siècle qu'on cessa définitivement les travaux. Cette église, construite dans le style byzantin, est longue de 470 pieds, et large de 110.

N° 50. CHARLEMAGNE RECEVANT LES AMBASSADEURS DE CONSTANTINOPLE, d'après l'histoire de France en estampes, du cabinet de la Bibliothèque du roi. — *Voyez* t. I, p. 194.

N° 51. TOMBEAU DE CHARLEMAGNE A AIX-LA-CHAPELLE. — C'est dans le Dôme ou Munster, bâti par Charlemagne en l'honneur de la sainte Vierge au milieu d'Aix-la-Chapelle qui de son temps n'était encore qu'une grande résidence royale, que se trouve le tombeau de l'empereur des Francs (voy. t. I, p. 198). Ce dôme, qui présente la forme d'un octogone, est d'une hauteur considérable et d'un caractère sévère; mais plusieurs chapelles, bâties à différentes époques, sont adossées contre l'église dont l'intérieur est séparé en deux étages. Au centre du premier est placé le tombeau; un escalier en pierre conduit au second appelé Hochmunster. Outre le monument de Charlemagne, le dôme renferme encore le siége royal de pierre sur lequel étaient assis les empereurs durant la cérémonie du couronnement; mais alors on le recouvrait de lames d'or, et les parties inférieures étaient chargées de bas-reliefs qui étaient rapportés dans la sacristie après le couronnement. Cette curieuse église conserve les petites et les grandes reliques. Celles-ci, qui n'étaient montrées au peuple que tous les sept ans, attiraient un concours immense de pèlerins. En 1496 on en vit réunis en un seul jour 142,000, et, comme de pieuses offrandes accompagnaient toujours ce pieux pèlerinage, on trouva à la fin de l'exposition, dans le tronc de la grande châsse, 80,000 florins d'or, somme énorme pour le temps. En 1832, 60,000 pèlerins ou curieux assistèrent encore à ces solennités du moyen âge. Remarquez que l'urne qui renferme les cendres de Charlemagne est un sarcophage représentant Cérès à la poursuite de Proserpine enlevée par Pluton, sujet qu'on retrouve assez souvent sur les monuments funéraires de l'époque païenne. *Voyez* Visconti, *Museo Pio-Clem.*, V, 5, et Millin, *Galerie Mythol.*, t. I, p. 84, n° 339.

N° 52. BONN, d'après Tombleson. — Bonn, charmante ville située sur la rive gauche du Rhin, dans une délicieuse position, est aussi ancienne que Cologne et appartient comme elle aux Ubiens dont elle portait le nom, *Ara Ubiorum*. Les Romains l'appelèrent successivement *Verona*, puis *Bonnensia castra*, nom qu'elle avait reçu de la seizième légion qui y resta longtemps campée. Drusus Germanicus y éleva un des cinquante châteaux qu'il construisit le long du Rhin, et Julien entoura d'une muraille la ville qui s'était formée autour du château de Drusus. Deux fois prise par les Northmands et incendiée par eux, elle ne se releva que par degrés. Enfin, en 1240, Conrad de Hochstædt l'entoura de nouveau de murailles, et donna à ses habitants une charte qui leur assura des droits étendus. En 1254 ou 1256, Bonn entra dans la ligue hanséatique. Engelbert, électeur de Cologne, ayant été chassé en 1268 de sa ville archiépiscopale par les citoyens, se fixa à Bonn qui devint la résidence favorite de ses successeurs. La guerre qui s'éleva au sujet de l'abjuration de l'archevêque Gebhard en 1584 (voy. t. II, p. 258), et qui dura jusqu'en 1585, fut fatale à la ville de Bonn dont une grande partie fut réduite en cendres. Depuis cette époque, elle eut à souffrir dans toutes les guerres entre la France et l'Allemagne, et comme on s'aperçut à la fin que la ville était dominée par le Kreuzberg, on abandonna l'idée d'en faire une place forte. Elle appartient aujourd'hui à la Prusse et fait partie du gouvernement de Cologne. Sa population est d'environ 11,000 âmes. C'est le siége d'une université que les noms de Niebuhr et de Welcker ont rendue célèbre.

N° 53 TOMBEAU DE LOUIS LE DÉBONNAIRE A SAINT ARNOULD DE METZ, d'après l'*Histoire de France en estampes*. — C'est encore un sarcophage de l'époque romaine, qui sert de sépulture à un roi franc.

N°° 54 et 55. CATHÉDRALE DE BONN, d'après Tombleson. — Ce vaste édifice, nommé le Munster, fut construit au douzième siècle avec toute l'élégance de l'architecture gothique, sur l'emplacement d'un temple élevé au quatrième, par l'impératrice Hélène, dont la statue en bronze est placée dans l'intérieur de l'église.

N° 56. CHARLES II DIT LE GROS. D'après le recueil de Willemin. — *Voy.* t. I, p. 220.

N° 57. CONRAD, d'après la collection conservée au cabinet des estampes, sous le titre de portraits des empereurs d'Allemagne. — *Voyez* t. I, p. 232.

N° 58. SAINT-MARTIN DE COLOGNE, d'après Tombleson. — Cette église mérite une attention particulière comme offrant un exemple très-remarquable du style architectural de l'Europe qui suivit l'ère romaine.

N° 59. CATHÉDRALE DE WURTZBOURG, tiré des *Vues originales des principales villes de l'Allemagne*. — Wurtzbourg, autrefois capitale de l'évêché souverain, puis du grand-duché du même nom, à présent chef-lieu du cercle bavarois du Bas-Mein, et résidence d'un évêque suffragant du métropolitain de Bamberg, Wurtzbourg s'élève sur les bords du Mein qui la divise en deux parties inégales, et dans une vallée fertile dont les deux flancs sont couverts de vignobles. La forteresse de Marienberg placée sur une des montagnes voisines, commande toute la place et renferme une nombreuse garnison. La cathédrale de Wurtzbourg, construite en 746 par le premier évêque de cette ville, saint Burcard, fut incendiée en 844. Ce ne fut que vers la fin du dixième siècle que Reinhard, comte de Rothenbourg, éleva sur la place de l'ancienne église une chapelle, que vers l'an 1,000 un autre comte de Rothenbourg, Henri Ier, changea en une vaste cathédrale. Mais de ce nouvel édifice, qui marquait le passage du style byzantin au style gothique, il ne subsiste plus que quelques parties du chœur, de la croix et de la tour; des réparations ont renouvelé tout le reste au commencement du dix-huitième siècle.

N° 60. CHATEAU DE RHEINECK, d'après Tombleson. — C'est en arrivant au village prussien de Breisig qu'on aperçoit, sur le haut d'une colline escarpée, le château de Rheineck; celui qui existe maintenant a été bâti sur les ruines de l'ancien dont il ne reste plus qu'une tour mutilée, mais couverte de lierre. A la mort du dernier comte de Rheineck, en 1548, l'archevêque de Cologne essaya de réunir ce château à son électorat; mais la diète impériale, loin de faire droit à ses prétentions, l'adjugea au baron de Warsberg qui avait épousé une héritière de la famille de Rheineck. En 1654, il passa au comte de Sinzendorf pour 35,000 florins. Ce château souffrit considérablement dans toutes les guerres qui eurent lieu sur les rives du Rhin. Conrad III, oncle de Frédéric Barberousse, l'incendia en 1150. Les Français en 1689 lui firent subir le même sort. Détruit de nouveau en 1785, il fut rebâti par les comtes de Sinzendorf auxquels il resta jusqu'à la cession à la France de la rive gauche du Rhin. C'est un membre de cette famille qui se fit le patron des Herrenhuter. En 1722 il bâtit dans la Saxe un petit village nommé Herrenhut, pour les frères Moraves qui vivaient alors dispersés sur tout le continent, et dont ce bourg devint comme la capitale. Les frères prirent depuis lors le nom de Herrenhuter, de celui du village situé sur le penchant d'une colline nommée Hutberg. Des jardins du château qui descendent vers le Rhin, on embrasse un charmant paysage. Les deux villages de Breisig et de Hönningen s'étendent en face l'un de l'autre sur les deux rives opposées du Rhin. Sur la droite la vue est arrêtée par les montagnes qui entourent Andernach, et sur la gauche par les Siebenburg. Mais en face du spectateur se déploie une riche et belle contrée, et le regard s'arrête longtemps sur la charmante vallée de Pfengsbach dont le fond est occupé par une petite rivière qui vient se jeter dans le Rhin.

N° 61. HENRI III, tiré du même recueil que le n° 57. — *Voyez* t. I, p. 261.

N° 62 CATHÉDRALE DE BAMBERG, tiré des *Vues originales*, etc. — Bamberg, simple évêché autrefois, est aujourd'hui le siége d'un archevêché. Mais si ses honneurs se sont accrus, sa puissance a diminué. L'évêque de Bamberg au moyen âge était prince souverain et maître d'une partie considérable de la Franconie : l'archevêque de Bamberg n'est maintenant qu'un métropolitain bavarois privé de toute juridiction temporelle. La ville est située sur la Rednitz qui, se partageant en deux bras en cet endroit, la divise en trois parties. La cathédrale, un des plus beaux monuments du style byzantin, renferme une statue colossale en bronze du dernier prince-évêque. Quant au palais épiscopal, il est maintenant la demeure du duc de Bavière Guillaume.

N° 63. ÉGLISE SAINT-PAUL A WORMS, ibid. — Cette église, bâtie en 923, occupe l'emplacement d'un château fort appartenant à une ancienne et puissante famille de ducs franconiens qui, de leurs possessions situées sur le territoire de Worms et dans la ville même, prenaient le nom de *Wormatiensis*. Les brigandages que plusieurs membres de cette famille exercèrent contre la ville, engagèrent l'empereur Henri II, sur les plaintes de l'évêque Burcard, à contraindre le duc Othon, chef de cette famille, à échanger ses possessions dans Worms et ses alleux situés sur le territoire de cette ville, contre d'autres domaines. Aussitôt le château maudit fut renversé, et de ses débris, l'évêque construisit une église consacrée à saint Paul.

N° 64. SAINT-JACOB, CLOITRE DE BÉNÉDICTINS ÉCOSSAIS A RATISBONNE, CONSACRÉ EN 1120 PAR HENRI V, ibid.

N° 65. CONRAD III. — Tiré de la collection intitulée : *Portraits des empereurs d'Allemagne.* — *Voyez* tome I page 283.

N° 66. ÉGLISE A BOPPART, tiré de Tombleson. — Boppart est situé sur le Rhin, dans le gouvernement de Coblentz ; c'est le Bodabriga ou Boperdia des Romains. Cette petite ville, de 3000 habitants, doit son origine à l'un des châteaux élevés par Drusus. Les rois allemands y bâtirent ensuite un palais dont on voit encore les ruines, et un petit cours d'eau a même gardé le nom de Ruisseau-Royal. Boppart fut érigé en ville impériale ; mais Henri VII l'inféoda, en 1312, à son frère Baudouin, archevêque de Trèves, qui l'annexa à son électorat, et elle y resta malgré ses efforts pour recouvrer son indépendance ; aujourd'hui elle appartient à la Prusse. La ville elle-même est d'un aspect triste et sombre, mais elle est comme perdue dans la verdure qui l'entoure ; derrière elle s'élèvent lentement trois rangs de collines chargées de vignobles, de champs cultivés et de terrasses. La principale église, nommée Ottosbourg, est l'édifice le plus intéressant de la ville.

N° 67. SAINT-JEAN PRÈS DE NIEDER-LAHNSTEIN, ibid. — Près de l'endroit où le Lahn se jette dans le Rhin, s'élève la petite ville de Nieder-Lahnstein qui compte à peine 1800 habitants, mais dont la position pittoresque attire l'attention du voyageur. *Voyez* n° 72.

N° 68. FRÉD. BARBEROUSSE, d'après une agate onyx dont la gravure se trouve dans la collection ayant pour titre : *Portraits des empereurs d'Allemagne.* — *Voyez* tome I, page 297.

N° 69. FRÉDÉRIC II. Tiré de la même collection. — *Voyez* tome I, page 317.

N° 70. RUINES DE LA FORTERESSE DE SAINT-GOAR ET RHEINFELS, tiré de Tombleson. — Lorsqu'on remonte le Rhin de Coblentz à Mayence et que l'on a déjà dépassé Boppart, une vue magnifique se présente, le Rhin se borde de montagnes d'un aspect sévère : à droite s'élèvent les fortifications démantelées du château de Rheinfels; à gauche se voient les belles ruines du Katze; et près de la montagne sur laquelle elles se trouvent, les petites villes de Saint-Goarshausen et de Neubruckhausen, tandis que, sur l'autre rive, la ville de Saint-Goar s'étend presque jusqu'aux ruines du Rheinfels. Ce château, bâti au-dessus du fleuve, semble plonger sur lui comme un roc suspendu, aussi en a-t-il pris le nom qu'il porte : c'est le *Rocher du Rhin*. Sa masse imposante projette sur les eaux la forme de ses créneaux et de ses tours, et toute la montagne semble cachée sous ses fortifications étendues. Originairement un monastère s'y élevait; mais, en 1245, le comte de Katzenellenbogen, Diether le Riche, convertit ce séjour de paix et de religieux en un lieu de rapines et de violences; il le fortifia, et contraignit tous les bateaux qui remontaient ou descendaient le fleuve à lui payer un péage. Exaspérées par ces exactions, six villes des bords du Rhin réunirent leurs forces et assiégèrent pendant quinze mois le château, sans pouvoir le réduire. Ce fut là l'origine de la confédération du Rhin. Cependant la forteresse à la fin capitula, et la plus grande partie des châteaux des autres barons qui avaient soutenu le comte, et comme lui pillé les marchands, fut détruite par les confédérés. En 1472, le chapelain du comte de Katzenellenbogen essaya d'empoisonner la comtesse, en mêlant du poison dans le vin du sacrifice de la messe, crime qu'il expia par le supplice du feu à Cologne. En 1692, les Hessois, maîtres de ce fort, y furent assiégés par le maréchal de Tallard qui ne put le prendre et fut contraint de se retirer en brûlant son camp; mais, en 1795, les Français s'en emparèrent et l'incendièrent.

Quant à la jolie ville de Saint-Goar, qui s'étend le long des bords du fleuve et ne compte que 1200 habitants, elle s'éleva peu à peu autour de la chapelle que saint Goar avait construite en 570 ou 600, à la place qu'occupe aujourd'hui l'église bâtie par le comte Henri de Katzenellenbogen, en 1400, ou, selon Winkelmann, par le comte Philippe, en 1441.

N° 71. SAINT-GOARSHAUSEN, ET RUINES DU KATZE, ibid.— Nous avons dit plus haut (n° 70) quelle est la situation de Saint-Goarshausen. C'est sur la rive opposée du Rhin, en face de Saint-Goar, que s'élève cette ville au fond d'une baie formée par le fleuve. Sa population n'excède pas maintenant 700 habitants. Derrière la ville sont les ruines du château de Katzenellenbogen, surnommé le Neuf pour le distinguer du vieux château du même nom situé entre Hohenstein et Dietz; par abréviation il est souvent appelé le Katze. Les anciens habitants de ce canton étaient les Cattes établis sur les montagnes de Malchenberg, le *Melibocum* des Romains, qui donnèrent à tout le pays environnant le nom de Kattemelibocum, d'où s'est formé le nom moderne. Ce pays appartient d'abord et pendant de longues années à la famille des comtes de Katzenellenbogen; mais cette famille s'étant divisée, la plus grande partie de ses possessions passa aux princes de Hesse-Darmstadt et le reste aux landgraves de Hesse-Rheinfels. Le château fut bâti en 1393 par Jean, troisième comte de Katzenellenbogen; mais, en 1807, il fut détruit par l'ordre de Napoléon.

N° 72. CHATEAU DE LAHNECK, ibid. — A quelque distance au-dessus de Coblentz le Rhin reçoit la Lahn, qui sort de la forêt de Westerwald à dix milles environ de la ville de Siegen, dans la principauté de ce nom, et coule vers le Rhin à travers les sites les plus romantiques, en baignant Marbourg, Giessen, Wetzlar, Vilmer, Runckel, Limbourg, Dietz, où elle commence à être navigable, Nassau et Lahnstein. Près de la petite ville de Nieder-Lahnstein (voy. n° 67), placée sur la rive droite, on voit le château de Lahneck, qui, après avoir appartenu aux templiers, n'est plus aujourd'hui qu'une masse de ruines pittoresques.

N° 73. ADOLPHE DE NASSAU, tiré des *Portraits des empereurs d'Allemagne.* — *Voyez* tome II page 9.

N° 74. MAISON DE NASSAU A NUREMBERG, d'après les *Vues originales des principales villes de l'Allemagne.* — Cet édifice est l'un des plus curieux monuments de l'architecture civile au moyen âge. On prétend qu'Adolphe de Nassau, avant de devenir empereur, habita ou fonda cette maison vers l'an 1283.

N° 75. ÉGLISE A SINZIG, d'après Tombleson. — La ville de Sinzig est bâtie non loin de l'embouchure de l'Aar, dans le Rhin. L'Aar, qui vient de l'Eisfel, traverse dans la plus grande partie de son cours une vallée étroite et tortueuse qui produit un vin excellent appelé l'Aarbleichert, et reconnu comme le meilleur *vin du Rhin* après l'Assmannhaüser. Le courant de l'Aar est très-rapide, et souvent ce petit fleuve cause des dégâts en sortant de son lit. Un pont le traverse et conduit à Sinzig, qui appartint longtemps au duc de Juliers, depuis que l'empereur Charles IV l'eut donné, en 1348, à Wilhelm, huitième comte de Juliers. Cette petite ville, qui renferme 15 à 1,600 habitants, est l'ancien *Sentiacum* des Romains, construit, selon toute probabilité, par Sentius, général d'Auguste. Au temps de Frédéric Barberousse, Sinzig avait un château royal; son église, bâtie en forme de croix, n'a rien de remarquable.

N° 76. CHATEAU DE RHEINSTEIN, ibid. — C'est au-dessus de Bacharach, à quelque distance du Rhin, que s'élèvent, sur une masse de rochers qui semblent inaccessibles, les ruines du château de Rheinstein, Rechenstein ou Konigstein, car il porte ces trois noms. C'était un des nombreux châteaux élevés sur les bords du fleuve par les nobles du voisinage, pour être en mesure de rançonner les navires qui descendaient ou remontaient le Rhin, et les marchands qui s'en approchaient pour embarquer leurs denrées. Ces habitudes de rapine et de maraudage, prises par les chevaliers voisins des riches villes dont le fleuve facilitait le commerce, durèrent jusqu'à la formation de la ligue hanséatique, c'est-à-dire, jusque vers la fin du treizième siècle. A cette époque, le château de Rheinstein fut pris, brûlé, et son propriétaire pendu par l'ordre de Rodolphe de Habsbourg.

N° 77. VUE DE NUREMBERG PRISE DE SAINT-LAURENT, d'après les *Vues originales des principales villes de l'Allemagne.* — Nuremberg, autrefois ville impériale (*Voyez* tome I, page 337), a été en 1806 réunie au royaume de Bavière, et est aujourd'hui la ville la plus importante du cercle du Rezat. Elle est bâtie sur la Pegnitz, dans une plaine sablonneuse que la culture a rendue fertile. Peu de villes de l'Europe rappellent plus que Nuremberg, par la forme de ses édifices, par l'ameublement de ses maisons, les mœurs et la manière de vivre du moyen âge. A cette époque Nuremberg était une des villes les plus riches, les plus industrieuses et les plus commerçantes de l'Europe. Bien que différentes circonstances aient contribué à la dépouiller de son antique splendeur, et à réduire sa population de 90,000 âmes à environ 38,000, elle conserve encore un rang distingué par son commerce, par son industrie, et surtout par ses souvenirs.

La vue que retrace le n° 77, est prise de la galerie de la tour septentrionale de l'église Saint-Laurent; la balustrade à jour de cette galerie en forme le premier plan. De cette hauteur qui permet d'apercevoir les tours, les tourelles, les aiguilles, les pignons pointus et crenelés, Nuremberg apparaît dans tout son caractère de ville gothique. A droite se présente d'abord l'église Notre-Dame. Un peu en avant, le Plobenhof où habitait, en 1331, le préfet impérial Conrad Hainz, surnommé le Grand. En regard de la balustrade, la maison ou plutôt le palais de la famille Rosch, actuellement la maison des Hammerbach, et l'aiguille de la *belle Fontaine*. Tous ces monuments se trouvent sur la place du marché qu'entourent les plus belles maisons patriciennes. La plupart de ces bâtiments, presque tous parfaitement conservés, ont de trois à cinq étages de haut; leur façade sur la rue est ordinairement étroite, tandis qu'ils sont tous très-profonds. Deux corps de bâtiments réunis par une cour, et donnant chacun sur une rue, formaient au moyen âge une demeure occupée par une seule famille. Les rez-de-chaussée étaient destinés aux magasins. Les étages supérieurs servaient d'habitation aux maîtres. Au premier, étaient les grandes salles ornées et décorées à l'italienne; puis des escaliers étroits à rampes sculptées, conduisaient à des chambres spacieuses, mais obscures et basses, lambrissées, souvent artistement sculptées, et pour la plupart dépourvues de moyens de chauffage; enfin des corridors à arcades ouvertes tournaient autour de la cour. La beauté de ces vastes bâtiments excita de tout temps l'admiration des étrangers qui visitaient la ville. Æneas Sylvius Piccolomini, plus tard pape sous le nom de Pie II, disait que les bourgeois de Nuremberg étaient mieux logés que les rois d'Écosse.

A gauche du tableau s'élève l'église Saint-Sébald; en face de celle-ci est l'hôtel de ville avec ses corps de bâtiments de diverses époques. Sa façade, construite de 1616 à 1619 en style italien, par Charles Holzschuher, a deux cent soixante-quinze pieds de longueur, trente-six fenêtres de front, et deux étages d'élévation : trois grandes portes sculptées y donnent entrée. Dans l'intérieur on remarque la grande salle du conseil; elle a quatre-vingts pieds de haut sur trente de large, et est ornée de sculptures, de boiseries, de peintures exécutées par les grands artistes que Nuremberg produisit au quinzième et au seizième siècle. Le triomphe de l'empereur Maximilien par Albert Durer, qui couvre tout le mur du nord de cette salle, est considéré comme le chef-d'œuvre de l'art allemand. N'oublions pas de mentionner avec cette belle peinture la joute de 1446, sculptée pour la voûte de la galerie supérieure qui entoure la cour, et dont l'auteur est inconnu.

L'espace compris entre Saint-Sébald, et le château qui termine la rue, est rempli par des maisons presque toutes de l'époque du moyen âge. Les rues sont droites et régulières, mais généralement rendues obscures par la hauteur et la couleur sombre des bâtiments qui les garnissent des deux côtés. Enfin à l'extrémité de la ville s'élève le château impérial d'une construction irrégulière, et présentant, avec ses tours et ses donjons, un aspect des plus pittoresques.

N° 78. SAINT-LAURENT A NUREMBERG, tiré du même ouvrage. — Cette église, la plus grande et la plus belle de Nuremberg, fut, à ce qu'il paraît, bâtie en 1140 sur l'emplacement d'une très-ancienne chapelle du Saint-Sépulcre; en 1162 elle portait déjà le nom de Saint-Laurent. Les comtes de Nassau ont été faussement regardés comme ses fondateurs : un seul comte de Nassau Emich habita Nuremberg, mais ce fut seulement en 1326, et à cette époque l'église était déjà fort avancée.

Saint-Laurent est presque entièrement bâti dans le style gothique; l'arc en tiers-point y règne presque partout; pourtant le vaisseau primitif, celui du milieu, conserve dans les arcs plein-cintre de ses portes latérales, des traces du style byzantin. La construction du portail et de la façade paraît dater de 1332, époque où l'art gothique atteignait sa plus grande élégance; l'une des tours est du même temps, l'autre du commencement du quinzième siècle; enfin, de 1435 jusqu'en 1477, l'église fut augmentée d'un second vaisseau et d'un chœur spacieux, d'après les plans de Conrad Roritzer. L'ensemble de l'édifice, qui forme un carré oblong, a trois cent quinze pieds de long sur cent cinq pieds de large. Les deux tours ont sept étages depuis leur base jusqu'à la galerie qui se trouve au pied de l'aiguille.

N° 79. CHASSE AUX OISEAUX, tiré du manuscrit 7,266 de la Bibliothèque royale de Paris, contenant un recueil de Minnesænger. — *Voyez* tome I, page 483.

N° 80. Le prix du tournoi, tiré du même manuscrit. — *Voyez* tome I, page 432.

N° 81. Otton, marquis de Brandebourg, jouant aux échecs, ibid. — *Voyez* tome I, page 482.

N° 82. Amant visitant sa fiancée, ibid. — *Voyez* tome I, p. 429.

N° 83. Pont sur la Pegnitz à Nuremberg, dit Chemin du Bourreau, d'après les *Vues originales des principales villes allemandes.* — La singulière dénomination de Chemin du bourreau a été donnée à ce pont parce qu'autrefois le bourreau avait sa demeure sous le passage couvert, conduisant à la tour qui est située à l'extrémité de la partie construite en pierre, et qui appartenait aux anciens remparts de la ville.

N° 84. Tour des Païens a Nuremberg. Ibid. — L'une des parties les plus anciennes et les plus remarquables du château impérial est la tour dite des Païens, qui date au moins du onzième siècle, et qu'on a ainsi appelée à cause de quelques figures grossières qu'on avait prises pour des divinités païennes. On a même prétendu, mais à tort, que cet édifice n'était autre chose qu'un ancien temple de Diane. Dans l'intérieur de la tour sont deux chapelles superposées : la chapelle inférieure est consacrée à sainte Marguerite; celle qui se trouve au-dessus porte le nom de Chapelle impériale.

N° 85. Église de Saint-Sébald, a Nuremberg. Ibid. — Cette église, sous le rapport de la perfection et de la beauté, ne peut être, surtout dans sa partie extérieure, comparée à celle de Saint-Laurent; elle offre néanmoins un grand intérêt aux amis des arts et aux archéologues, en ce que, de tous les monuments de Nuremberg, c'est le seul où l'on peut suivre les progrès de l'architecture allemande depuis son origine byzantine jusqu'au quatorzième siècle, où elle acquit son plus grand développement.

Élevée dans le voisinage du château impérial, l'église de Saint-Sébald est située dans le centre de la partie la plus ancienne de Nuremberg, et fut vraisemblablement fondée à la même époque que cette ville. L'origine et l'histoire de cette église, aussi bien que celles de son patron saint Sébald, sont en grande partie fabuleuses. S'il fallait en croire les chroniques manuscrites de Nuremberg, saint Boniface aurait bâti, au pied de la montagne sur laquelle s'élève aujourd'hui le château, une chapelle consacrée à saint Pierre. Il voulait, par là, détourner les habitants de l'idolâtrie, les convertir à la foi chrétienne, et indiquer en même temps que cette église et ses fidèles relevaient du siége pontifical. Lorsque, vers le milieu du neuvième siècle, saint Sébald eut choisi cette chapelle pour y être enseveli, et que de nombreux miracles se furent opérés sur son tombeau, cette chapelle aurait été, dit-on, démolie pour faire place à une église capable de contenir les nombreux pèlerins qui y affluaient. Ce qu'il y a de certain, c'est que la partie antérieure de l'église, qui se trouve comprise entre les deux tours, et que l'on appelle la chapelle de Saint-Pierre ou de Löffelsholz, est certainement la plus ancienne, et date du dixième siècle, comme le prouve d'une manière presque certaine son architecture byzantine. Il est probable que peu après, et même à la même époque, on joignit à cette construction les deux ou trois premiers étages des deux tours qui devaient se trouver en avant des collatéraux. La tour méridionale fut achevée en 1300 ; celle du Nord en 1345. En 1361, la population de la paroisse s'étant considérablement accrue, on démolit le chœur de l'église; et, à partir de cette année jusqu'en 1377, on en construisit un nouveau. Cette partie de l'église offre, dans tous ses détails, cette élégance et cette délicatesse de forme qui caractérisent l'architecture allemande à sa plus belle époque, c'est-à-dire, à la fin du quatorzième siècle. Il est à regretter qu'en 1561 les arcs-boutants, qui soutenaient les murs du chœur, aient dû être démolis comme menaçant ruine, et aient été remplacés par une toiture d'un aspect lourd et disgracieux, qui a fait disparaître les frontons ornés d'élégants chapiteaux dont les fenêtres étaient surmontées. C'est en 1482 et 1483 que les deux tours, d'une forme si simple et si élancée, reçurent les aiguilles qui les surmontent, et parvinrent ainsi à une hauteur de deux cent soixante-quatre pieds. Quelques années plus tard, en 1496, on y ajouta deux élégantes galeries percées à jour. Entre ces deux tours et de la fenêtre centrale de l'ancienne chapelle de Löffelholz, on voit pendre un crucifix colossal en laiton, pesant dix-huit quintaux, qui, placé en 1482 par Jean et George Stark, a été réparé en 1625 et 1680.

N° 86. Tourelle de la maison du curé de Saint-Sébald, a Nuremberg, ibid. — La tourelle est pour les Allemands ce qu'est le balcon pour les Italiens; mais en Italie le balcon est à découvert; en Allemagne, la tourelle est soigneusement fermée; et, de là, commodément assis à l'abri du soleil, de la pluie et du vent, les habitants de chaque maison peuvent voir ce qui se passe dans la rue, et rompre ainsi la monotonie de la vie de province. Dans presque toutes les villes d'Allemagne, même dans les plus petites, il n'est guère de maison qui n'ait pas sa tourelle; mais c'est surtout à Nuremberg que cet usage a été plus particulièrement adopté; et, là, le chef-d'œuvre du genre est incontestablement la tourelle du presbytère de Saint-Sébald, avec ses gracieuses colonnettes, ses fenêtres élégamment découpées, ses vitraux de couleur, ses sculptures en haut relief, représentant cinq actes différents de la vie de Marie, depuis l'Annonciation jusqu'au couronnement de la reine du ciel.

N° 87. Marchand ambulant, tiré du manuscrit des Minnesænger. — Voy. tome I, page 340.

N° 88. Secours aux pauvres et aux infirmes, ibid. — Voyez t. I, page 482.

N° 89. Navigation. — Ibid. Voyez tome I, page 463.

N° 90. Walter von der Vogelweide, ibid. — Voyez tome I, p. 405.

N° 91. Église Notre-Dame, a Nuremberg, d'après les Vues originales, etc. — Ce monument, plus élégant que grandiose, mais dont la pensée et l'exécution sont également admirables, doit sa fondation à l'empereur Charles IV. Ce prince, en 1349, permit au conseil de la ville de démolir la synagogue des juifs qui s'élevait dans ce lieu, et de la remplacer par une église consacrée à la Vierge Marie. Cet édifice fut élevé, de 1355 à 1361, à l'époque la plus brillante de l'architecture gothique, par les architectes George et Frédéric Rupprecht, et par le sculpteur Sébald Schonhofer. L'année même de son achèvement il fut consacré sous le nom de *Demeure de Notre chère Dame* (Unserer lieben Frauen Saal), en présence même de l'empereur, qui, à cette occasion, avait fait apporter de Prague des reliques qui furent montrées au peuple du haut de la galerie du porche. On trouve réunies, et peut-être même prodiguées, dans la partie antérieure de ce monument, toutes les richesses de l'ancien style allemand. Cette église, aujourd'hui la seule qui soit consacrée au culte catholique, s'est vue malheureusement dépouillée de tous les chefs-d'œuvre de peinture et de sculpture qui y étaient conservés. On y trouve cependant encore quelques beaux vitraux.

N° 92. Place du Marché. Église Notre-Dame. La Belle Fontaine a Nuremberg. Ibid. — L'église de Notre-Dame, dont nous venons de parler, n'est pas le seul ornement de la place du Marché. On y admire encore la Belle Fontaine bâtie, à la même époque, par les mêmes architectes, et l'un des monuments les plus précieux de la délicatesse et de l'élégance qui caractérisent l'art du moyen âge. Au-dessus de ses trois étages, qui vont tous en se rétrécissant, s'élève une pyramide couverte de boutons de fleurs, et couronnée par deux lis. A droite et à gauche des huit piliers de l'étage inférieur, on a placé seize figures de quatre pieds de haut, savoir : les sept électeurs, et neuf héros, dont trois chrétiens, trois juifs et trois païens : Godefroi de Bouillon, Clovis, Charlemagne ; Judas Machabée, Josué, David ; Jules César, Alexandre, Hector. Au-dessus sont huit figures de trois pieds, Moïse et les sept prophètes. Le dessin et l'exécution de ces statues, toutes en pierre, sont également remarquables. Dans le principe, la Belle Fontaine était peinte et dorée. Un monument d'un travail aussi délicat a dû promptement souffrir des ravages du temps ; aussi, de 1447 à 1586, a-t-il été restauré au moins cinq fois. Dans ces derniers temps, de 1822 à 1824, comme il menaçait entièrement ruine, des artistes de Nuremberg, sous la direction de Reindel, l'ont remis entièrement à neuf ; et, bien qu'il reste à peine un sixième de l'ancien édifice, on peut, tel qu'il est maintenant, le considérer comme l'ancien édifice lui-même, tant on a mis de conscience à reproduire le caractère de l'art au quatorzième siècle.

N°s 93 et 94. CHATEAU DE NUREMBERG. Ibid. — Le château de Nuremberg, fondé au dixième siècle, probablement sous l'empereur Conrad Ier, fut bâti sous sa forme actuelle du temps de Frédéric 1er, et augmenté, à différentes époques, par les successeurs de ce prince. Il était destiné à servir d'habitation aux empereurs, lorsque, dans le cours de leurs voyages, ils établissaient leur résidence à Nuremberg. Albert Ier, Louis IV, Charles IV, y vinrent presque tous les ans. Frédéric III, en 1483, y séjourna près d'un an, et y couronna le célèbre poëte Conrad Celtes. Depuis lors, les chefs de l'Empire abandonnèrent entièrement cet usage, et le château devint le séjour du plus ancien magistrat de la ville, portant le titre de châtelain. Au commencement de ce siècle, une académie de peinture a été établie dans la partie qu'occupait ce fonctionnaire ; mais, tout récemment, cette partie a été rendue à sa destination première, et consacrée à recevoir le roi et la reine de Bavière. Le château, dont les dépendances sont très-nombreuses, renferme une collection de tableaux très-précieuse et un puits d'une grande profondeur.

N° 95. CONGRÈS DE LA WARTBOURG. Tiré du manuscrit des Minnesænger. — *Voyez* tome I, page 406.

N° 96. ULRICH DE LICHTENSTEIN. Ibid. — *Voyez* tome I, page 404.

N° 97. ÉCOLE. Ibid. — *Voyez* tome I, page 362.

N° 98. CONCERT. Ibid. — *Voyez* tome I, page 412.

N° 99. ANDERNACH. N° 100. RUINES A ANDERNACH. Tiré de Tombleson. — Andernach, entre Bonn et Coblentz, est citée par Ammien Marcellin, sous la date de 359, et nommée par lui Antunnacum ; d'autres, reculant moins loin son origine, disent qu'elle dut son nom à ce qu'elle était la seconde cité de l'électorat de Trèves (Die Andere Darnach), ou la première après Trèves. Il paraît cependant que sa fondation doit remonter à Drusus, qui bâtit sur son emplacement un des cinquante châteaux qu'il éleva le long du Rhin. Bien que Civilis l'eût détruite, elle se releva et devint même la résidence d'un préfet militaire. Les rois d'Ostrasie s'y firent bâtir un palais. Au moyen âge, Andernach brilla parmi les villes commerçantes du Rhin, jusqu'à l'époque où elle tomba au pouvoir de l'archevêque de Trèves, et resta, depuis lors, sous sa juridiction. Suivant une coutume singulière, chaque année, au jour de la Saint-Barthélemy, on prêchait un sermon sur la place du marché, dans lequel toute espèce d'injures étaient adressées aux habitants de Lintz. Durant cette solennité, la colère des bourgeois d'Andernach était si violente, que, si quelque citoyen de Lintz se fût trouvé dans ce moment dans la ville, il aurait pu en devenir la victime. L'origine de cette inimitié remonte, dit-on, à un engagement qui eut lieu sous Charles V entre les habitants de Lintz et ceux de Rheineck et d'Andernach, engagement dans lequel les derniers ayant été vaincus, avaient été tous massacrés, à l'exception d'un petit nombre qui furent renvoyés chez eux les oreilles coupées. En 1632, Andernach fut prise par les Suédois ; en 1688, les Français la pillèrent, et un incendie qui s'éleva la même année ne laissa subsister, de toute la ville, que 74 maisons. Elle compte aujourd'hui 2,500 habitants. L'église paroissiale, consacrée à sainte Geneviève, est d'une haute antiquité; mais les réparations qu'elle subit à diverses époques nuisirent à l'aspect de l'ensemble. La porte de Coblentz est regardée comme un ouvrage des Romains. Près de cette porte sont les ruines pittoresques du palais épiscopal, qui sont représentées sur la planche n° 100; à l'autre extrémité de la ville, près du Rhin, sont deux vieilles tours rondes, dont l'une porte encore les anciennes armoiries de la ville.

N° 101. LOUIS IV LE PIEUX, d'après une gravure de Sperling. — *Voyez* tome II, page 19.

N° 102 et 103. FRANCFORT-SUR-LE-MEIN, d'après les *Vues originales des principales villes allemandes.*—Francfort-sur-le-Mein est aujourd'hui la capitale de la confédération germanique et l'une des quatre républiques qui en font partie. Cette cité industrieuse et commerçante est située dans la terre des Francs (Franconie) sur le Mein, au cœur de la vieille Allemagne. Son origine remonte aux temps les plus anciens (Louis le Débonnaire y avait, dit-on, bâti un palais, le *Saalhof*, qui existe encore après maintes réparations, mais est devenu une propriété particulière), et une foule de souvenirs historiques s'y rattachent. C'était là que se faisait l'élection des empereurs, que le collége électoral se réunissait pour les affaires importantes ; c'était là qu'une foire annuelle attirait plus de cinquante mille étrangers. C'est là enfin, au milieu de tous les monuments qui lui rappelaient le moyen âge allemand, que Goethe trouva ses premières inspirations. Les plus beaux édifices de cette ville sont l'hôtel de ville nommé le *Römer*, qui se fait moins remarquer par son architecture que comme renfermant la salle où les électeurs se réunissaient pour élire l'empereur, et où le sénat de Francfort tient aujourd'hui ses séances, celle où se voient les bustes de tous les rois de Germanie depuis Conrad Ier, et qu'on appelle pour cette raison la salle des empereurs. On y montre comme une curieuse relique l'original de la fameuse bulle d'or de Charles IV (voyez t. II, p. 43), qui fut longtemps la loi organique de l'Empire. C'est au milieu de la partie ancienne de Francfort que se trouve la cathédrale consacrée à saint Barthélemy, et élevée, dans le cours du treizième et du quatorzième siècle, sur l'emplacement d'une église dédiée au Sauveur, lequel, à cette époque, cédait partout la place à ses saints dans les temples et dans les croyances du peuple. Cet édifice de la bonne époque de l'architecture gothique renferme le tombeau de Gonther de Schwartzbourg, ce roi de Germanie compétiteur de Charles IV qui s'en débarrassa par le poison (voyez page 34).

N° 104. FRÉDÉRIC IV, d'après les *portraits des empereurs d'Allemagne.* — *Voyez* tome II, page 70.

N° 105. ELDFELD, d'après Tombleson. — Eldfeld, l'*Alta Villa* des Romains, et plus tard la capitale du Rheingau, compte environ deux mille habitants. Elle resta une simple bourgade jusqu'au quatorzième siècle, époque où l'empereur Louis de Bavière la constitua en cité. Ce qui la rend remarquable, c'est sa position sur le Rhin plutôt que ses édifices.

N° 106. LANDSHUT, d'après les *Vues originales*, etc. — Landshut, jadis une des villes les plus importantes de la Bavière, et réduite aujourd'hui à une population de huit mille habitants, s'élève sur les bords de l'Iser dans une délicieuse position, et au milieu d'une campagne fertile. Cependant, lorsqu'on arrive à Landshut, du côté de Pfaffenhausen, on rencontre un défilé très-étroit et des plaines marécageuses qui furent fatales à l'armée autrichienne en 1809, quand le corps du général Hiller, rejeté par Napoléon sur cette ville, dut traverser ce défilé et ces plaines encombrées de caissons et de bagages. L'Iser, qui traverse Landshut, la sépare en deux parties : l'une nommée le faubourg de Seelingthal, l'autre formée de la ville même. Un pont réunit ces deux parties. Derrière la ville s'élèvent des hauteurs qui la commandent. Le principal monument de Landshut est l'église de Saint-Martin, dont la tour renommée dans toute l'Allemagne est une des plus hautes de l'Europe ; son élévation est de quatre cent quarante-huit pieds (*).

N° 107. MAXIMILIEN, ARCHIDUC D'AUTRICHE, ET MARIE DE BOURGOGNE, d'après la collection du cabinet des estampes. — *Voyez* tome II, page 103.

N° 108. MAXIMILIEN Ier, d'après le triomphe de Maximilien par Albert Durer. *Voyez* tome II, p. 434 et 462.

Cet ouvrage, entièrement gravé sur bois, d'après les dessins d'Albert Durer, et sous sa direction, est composé de quatre-vingt-douze planches de différentes dimensions, qui, jointes ensemble, formeraient un tableau de dix pieds et demi de hauteur sur neuf de largeur. Nous réunissons ici le titre

(*) Voici la hauteur de quelques édifices :
mètres.
La plus haute des pyramides d'Égypte. 146
Le Munster de Strasbourg......... 142
La tour de Saint-Étienne à Vienne... 138
La coupole de Saint-Pierre à Rome... 132
La tour de Saint-Michel à Hambourg. 132
La flèche de l'église d'Anvers...... 120
La tour de Saint-Pierre à Hambourg.. 119
La tour de Saint-Paul à Londres.... 110
Le dôme de Milan................ 109
La tour des Asinelli à Bologne...... 107
La flèche des Invalides à Paris...... 105
Le sommet du Panthéon.......... 79
La balustrade de la tour Notre-Dame à Paris...................... 66
La colonne de la place Vendôme.... 43
La mâture d'un vaisseau français de 120 canons au-dessus de la quille...... 73

On voit qu'à part les pyramides d'Égypte, les édifices de l'Allemagne sont les monuments les plus élevés de l'Europe. Quant à la tour de Landshut, en admettant que sa hauteur a été mesurée en pieds bavarois, elle aurait environ 130 mètres, et se placerait par conséquent entre la tour de Saint-Michel à Hambourg et la flèche de l'église d'Anvers.

des différents sujets qu'on a cru devoir emprunter à cet œuvre remarquable.
N° 109. MAXIMILIEN Ier ET MARIE DE BOURGOGNE.

N° 110. Jérôme de Herenberg conduisant des paysans sujets de Maximilien.

N° 115. Conrad Zuberle, capit. des chasses au chamois. Jean Teuschel, capitaine du vol.

N° 116. Guillaume Von Greissen, chef du vautrait. Conrad Von Rat conduisant l'équipage de chasse au cerf.

N° 117. Diebold Von Schlanderberg conduisant l'équipage de chasse à l'ours.

N° 118. Les officiers de la bouche et de la garde-robe, l'échanson, le cuisinier, le barbier, le tailleur, le cordonnier.

N° 123. Paul Hoffaner, organiste, dans un char traîné par un dromadaire.

N° 124. Bouffons de la cour, dans un chariot traîné par des ânes.

N° 125. 126. Combattants.
N° 131. Combattants. — Hongrois.
N° 132. 133. 134. Champions.
N° 139. 140. Nations avec lesquelles Maximilien a été en guerre.
N° 141. 142. Cavaliers portant les étendards des provinces.
N° 145. 146. Cavaliers portant des étendards des villes.
N° 147. Musiciens.
N° 109. 110. Voyez n° 108.

N° 111. CATHÉDRALE DE FRIBOURG, d'après une lithographie allemande. — La ville de Fribourg (Freyburg), anciennement capitale du Brisgau et maintenant chef-lieu du cercle du Haut-Rhin, grand-duché de Bade, n'était autrefois qu'un simple évêché ; mais depuis la réorganisation des diocèses de l'Allemagne, elle a été élevée au rang d'archevêché, son métropolitain ayant pour suffragants les évêques de Mayence, de Fulde, de Rothenbourg et de Limbourg. La cathédrale, une des plus belles de l'Europe, doit surtout sa réputation à la tour qui s'élève à son entrée, et dont la flèche est un chef-d'œuvre d'architecture. Fribourg ne compte cependant que quinze mille habitants.

N° 112. NOTRE-DAME, CATHÉDRALE DE MUNICH, d'après les *Vues originales*, etc. — Munich (München), capitale moderne de la Bavière et siège d'un archevêché, est placée sur l'Iser entre deux collines qui bornent à l'est et à l'ouest la plaine où elle est située. Grâce aux immenses constructions entreprises par le roi régnant, Munich est devenue une des plus belles villes de l'Allemagne.

Munich n'avait d'abord été qu'un domaine appartenant à des moines, et l'on voit encore en souvenir de cette origine un moine dans les armes de la ville. Ce ne fut qu'au onzième et au douzième siècle, qu'elle commença à avoir quelque importance. Othon IV, successeur de Henri le Lion, et le fondateur de la maison ducale de Wittelsbach, l'entoura d'un fossé et d'une muraille. Aujourd'hui elle compte environ 95,000 habitants répartis dans 35,000 maisons.

Avant l'année 1271, une chapelle dédiée à la Vierge s'élevait sur l'emplacement de la cathédrale moderne; mais l'accroissement de la population força, en 1468, le duc Sigismond de jeter les fondements d'une église plus vaste. La construction en fut confiée aux soins d'un habile architecte, Iorg Gankoffen de Halspach, qui l'acheva dans l'espace de vingt années, et le 14 avril 1494 on en fit la consécration. Sa longueur est de trois cent trente-six pieds, sa largeur de cent vingt-huit, sa hauteur de cent quinze. Des deux côtés de l'édifice s'élèvent deux tours, hautes de trois cent trente-trois pieds et couronnées par une coupole. Cette forme nous annonce le voisinage de l'architecture byzantine adoptée par les Slaves de l'Autriche, de la Pologne et de la Russie, et conservée par les Turcs.

N° 113. RUINES DU CHATEAU DE SAYN, d'après Tombleson. — A quelque distance au-dessus d'Andernach, près du lieu où le Sambach et le Pretschbach se jettent dans le Rhin, se montre le joli village de Muhlhofen, derrière lequel s'élèvent sur une hauteur les ruines du château des comtes de Sayn, qui exercèrent, à une époque reculée, une grande influence dans ces cantons. La vue qu'on a du haut de ces ruines est d'une grande magnificence : c'est d'abord une contrée riche et fertile, coupée de vignobles, de jardins et de parcs; puis la ville de Bendorf entourée de montagnes; enfin le Rhin, large et tranquille, embrassant de ses flots les petites îles de Grasworth et Niederworth. A côté de ses beautés naturelles sont les ouvrages de l'homme, les uns en ruine, comme le château, les autres animés de toute la vie de l'industrie, comme les fonderies royales de Sayn, en avant du village de Muhlhofen.

N° 114. NOTRE-DAME DE WURTZBOURG, d'après les *Vues originales*, etc. — Cette église, fondée sur l'emplacement occupé d'abord par une synagogue de juifs, puis par une chapelle dédiée à la Vierge, fut commencée en 1377, et terminée en 1479, après cent deux ans de travail et d'efforts, auxquels avaient concouru tous les *maîtres* (Werkmeister) de la Franconie. Le haut de la tour unique qui accompagne cette église a été reconstruit au commencement du dix-huitième siècle, mais avec tout le mauvais goût de l'époque. Au lieu d'une flèche élancée, c'est une petite rotonde surmontée d'une statue colossale de la Vierge. Au milieu de la place du Marché, voisine de l'église, s'élève un obélisque dont la base sert de fontaine publique.

N° 115-118. *Voyez* n° 108.

N° 119. TOUR PRÈS D'ANDERNACH, d'après Tombleson. *Voyez* n° 99.

N° 120. COLOGNE ET DEUTZ; n° 121, CATHÉDRALE DE COLOGNE; et n° 122, INTÉRIEUR DE LA CATHÉDRALE DE COLOGNE; d'après Tombleson. — Nous avons plus haut (voyez n° 44) parlé déjà de Cologne et de l'église des Apôtres, un des principaux monuments de cette ville. Nous ajouterons ici quelques détails sur sa magnifique cathédrale. Commencée en 1248, elle fut continuée jusqu'en 1499; et bien qu'elle n'ait jamais été complétement achevée (*), elle présente cependant un des exemples les

(*) Le roi de Prusse a chargé en 1838 M. Schinkel, architecte distingué, dont il a été question plus haut, p. 432, de terminer ce vaste monument.

plus curieux de l'habileté avec laquelle les artistes du moyen âge savaient allier la légèreté et l'élégance à l'effet imposant des grands massifs de pierre. Du côté de l'ouest sont deux tours qui devaient avoir cinq cents pieds d'élévation, mais qui sont malheureusement restées inachevées. Du haut de la plus grande, on aperçoit, du côté de la Hollande, les clochers de Dusseldorf, tandis qu'au sud, le regard s'étend jusqu'à Bonn. Dans l'intérieur, des ailes spacieuses sont séparées par une quadruple rangée de colonnes colossales dont les chapiteaux sont travaillés avec goût, et dont le nombre est de cent environ. C'est toute une forêt. Derrière le grand autel est placée une chapelle construite dans l'ordre ionique, et qui renfermait, dit-on, les reliques *authentiques* des trois rois mages : *Caspar, Melchior* et *Balthazar*. Ce riche et précieux monument a été restauré dans ces dernières années. La cathédrale de Cologne, toute inachevée qu'elle est, n'en est pas moins l'un des plus magnifiques monuments de l'architecture gothique, et domine de sa masse énorme tous les édifices de la ville, parmi lesquels on peut citer encore l'église de Saint-Géréon, remarquable par la hardiesse de sa coupole; celle de Saint-Pantaléon, bâtie au dixième siècle avec les débris d'un pont en pierre qui joignait Cologne et Deutz; enfin celle de Saint-Cunimond, dont la tour est tombée en 1830. Parmi les édifices civils les plus curieux, est l'hôtel de ville que décore un beau portail et qui renferme, comme les hôtels de ville de toutes les grandes communes du moyen âge, une salle immense où s'assemblait le *magistrat*, comme disent les Allemands, ou la municipalité, comme nous disons en France. C'est dans cette salle que se réunissaient aussi parfois les députés de la Hanse.

Cologne, siége d'un archevêque catholique, peut être regardé comme la capitale de la partie occidentale des États prussiens ou des provinces rhénanes ; aussi est-il entouré de fortifications respectables. Deutz, placé sur la rive droite du Rhin, mais qui est joint à Cologne par un pont de bateaux, est considéré comme un de ses faubourgs, et est compris dans le même système de fortification. Sa population est de 3,700 habitants; les quatre grands ateliers d'artillerie qu'il renferme lui donnent beaucoup d'activité et d'importance.

N° 123-126. *Voyez* n° 108.

N° 127. MAYENCE; n° 128, CATHÉDRALE DE MAYENCE, d'après Tombleson. — Mayence (Mainz ou Mentz), aujourd'hui la principale ville du duché de Hesse-Darmstadt, est située sur une petite élévation au bord du Rhin et dans un district fertile, en face du confluent du Mein avec le Rhin. Sa cathédrale qui s'élève majestueusement au centre de la ville; à droite, le palais électoral près de la rive du Rhin, et le château électoral à quelque distance sur la gauche, produisent un effet imposant auquel ajoutent encore les collines qui forment, dans le lointain autour de la ville, comme un immense amphithéâtre. Agrippa, le lieutenant d'Auguste, construisit le premier quelques fortifications à cet endroit. Drusus y bâtit un château fort nommé *Moguntiacum* ou *Moguntia*. Aujourd'hui encore, l'on trouve un monument de cette époque, c'est le Eichelstein ou le Drususstein dont nous avons déjà parlé. Il est situé sur les remparts et près de l'aqueduc Zahlbach (voyez n° 5), en face de Moguntiacum. Sur l'autre rive du Rhin, Drusus construisit aussi un château, *Castellum,* encore aujourd'hui nommé Cassel. En l'an 70, Mayence reçut pour garnison la 22ᵉ légion, qui avait coopéré au siége de Jérusalem par Titus; et saint Crescentius, qui accompagnait cette légion, passe pour avoir le premier répandu l'Évangile parmi les habitants des bords du fleuve. Trajan, quelques années après, éleva, sur la langue de terre que forment le Mein et le Rhin avant leur jonction, un fort qui, sous le règne des Carlovingiens, devint le château royal de Kufstein. C'est maintenant Gustavsbourg. Détruite par les Germains malgré deux nouvelles tours qu'Adrien y avait construites, Mayence fut rebâtie par les Francs; Charlemagne fonda sur l'Albannsberg un couvent et une école, et unit les deux rives du fleuve par un pont de bois, ouvrage magnifique, dit Éginhard, mais qui, détruit par un incendie quelque temps avant la mort de l'empereur, fut considéré comme un présage de sa fin prochaine. Ce pont reposait sur des piles en pierre dont les restes sont encore visibles. Devenue, durant l'épiscopat de saint Boniface, la métropole de l'Allemagne et, plus tard, le siége du premier des électeurs, Mayence vit s'accroître rapidement sa population. Au treizième siècle, elle devint le séjour favori des Minnesænger; et, en 1318, le plus célèbre d'entre eux, Henri Frauenlob, y mourut et fut enseveli dans la cathédrale. C'est aussi à Mayence qu'au quinzième siècle fut inventée l'imprimerie, qu'on définit alors *ars memoriæ et mors oblivionis*. Laurence Coster, de Harlem en Hollande, avait le premier, vers 1430, trouvé le moyen d'imprimer avec des caractères en bois; mais ce fut Guttemberg de Mayence, qui, entre les années 1438, 1440 et 1450, inventa les caractères de métal mobiles. En 1824, une colonne et une statue furent élevées à Guttemberg, en souvenir de son invention. Un monument plus important encore lui a été consacré dans ces dernières années.

La cathédrale est un vaste édifice gothique, bâti en pierres rouges, et où se mêlent différents styles d'architecture; le chœur du côté de l'est, et l'entrée, paraissent avoir été élevés vers 900; la nef est de l'an 1000, et le chœur, du côté de l'ouest, de l'an 1100. L'église à deux chœurs, deux coupoles et quatre tours. Parmi les monuments sépulcraux qu'elle renferme, on compte celui de Fastrade, quatrième femme de Charlemagne, et celui de Frauenlob. Après la cathédrale et les autres églises, les édifices dignes d'attention sont : la maison des chevaliers de l'ordre Teutonique, aujourd'hui le palais du grand-duc de Nassau, et qui servait de résidence à Napoléon quand il venait à Mayence; le palais de justice, l'arsenal, la bibliothèque, où l'on voit un psautier de 1459, un Catholicon de 1460, une Bible de 1462; le pont qui joint Mayence à Cassel, et qui est long de 766 pieds anglais mérite aussi d'être vu. La population de Mayence s'élève à environ 30,000 âmes, plus 6 ou 7,000 Prussiens qui en forment la garnison. Mayence est, en effet, la première forteresse fédérale de la confédération germanique; ses fortifications, qui ont été beaucoup augmentées dans ces dernières années, en font une des plus fortes places de l'Europe. Outre sa vaste citadelle, on peut citer les constructions faites sur la hauteur de Weisenau, le Kreuzschanze, le fort de Gibraltar sur le Hardenberg, enfin les travaux exécutés autour de Cassel, et qui entrent dans le même système de fortification.

N°s 129 et 130. OBER-LAHNSTEIN, d'après Tombleson. — Au-dessus de Nieder-Lahnstein (voyez n° 67), le Rhin décrit une courbe à droite, et passé près de Ober-Lahnstein, ville de 1500 habitants, et la première place du duché de Nassau que l'on rencontre en remontant le Rhin, de Cologne à Mayence. Ausone, dans son poëme sur la Moselle, parle déjà de la situation charmante de cette ville. Du vieux château qui est maintenant habité par le bailli, on jouit surtout d'une vue délicieuse. C'est de là que fut daté le décret des électeurs qui déposa le débauché Venceslas, le 20 août 1400 (voyez t. II, p. 46). La résolution avait été prise dans une assemblée des sept électeurs, tenue dans une chapelle voisine de la ville et après une longue délibération au *Kœnigstuhl* ou siége royal.

N° 131-134. *Voyez* n° 108.

N° 135. HÔTEL DE VILLE DE RATISBONNE, tiré des *Vues originales*, etc. — Parmi les monuments les plus remarquables de Ratisbonne, on cite l'ancien hôtel de ville, dont la bibliothèque servait aux assemblées de la diète. Cet édifice, fondé au seizième siècle, n'offre extérieurement rien de remarquable que les figures allégoriques qui décorent son portail, sa tourelle gothique et les deux anges qui s'élèvent au-dessus de son toit, portant les armes de Ratisbonne.

N° 136. CATHÉDRALE DE RATISBONNE. Ibid. — Cet édifice gothique, d'une architecture tout à la fois massive et élégante, et dont le portail rappelle celui de Notre-Dame de Nuremberg, a été en 1830 embelli, par le roi Louis, de nouveaux vitraux coloriés. Le prince primat Charles de Dalberg est enterré dans cette église, où son neveu lui a fait élever un tombeau magnifique, et où lui-même avait consacré un monument au célèbre astronome Kepler, mort à Ratisbonne en 1630.

N° 137. BACHARACH-SUR-LE-RHIN ET CHAPELLE DE SAINT-WERNER, d'après Tombleson. — Bacharach est une ville ancienne et sombre, entourée de murailles et défendue par douze tours; l'un des angles de ses vieux murs touchait au château de Stahleck. En preuve de l'antiquité de cette ville on cite l'étymologie de son nom que l'on tire de *Bacchi ara*, en souvenir de l'autel élevé en ce lieu par les Romains au dieu du vin. L'autel était, dit-on, placé sur un roc que le Rhin ne laisse à sec que dans les étés très-chauds. Aussi quand il commence à paraître au-dessus des eaux, les habitants regardent-ils cette circonstance comme un présage certain d'une bonne vendange. Lorsque la ville de Nuremberg offrit à Venceslas 10,000 florins pour obtenir que ses priviléges lui fussent rendus, l'empereur changea les 10,000 florins en quatre tonneaux du vin de Bacharach. Le pape Pie II, qui avait longtemps vécu en Allemagne, en faisait venir tous les ans une tonne à Rome pour son usage particulier. Un des monuments les plus curieux des environs de Bacharach est la chapelle de Saint-Werner construite dans le style gothique de la meilleure époque.

N° 138. CHATEAU DE PFALZ ET RUINES DE GUTENFELS. Ibid. — En arrivant à Caub, ville située sur le Rhin à quelque distance au-dessus d'Oberwesel et appartenant au duc de Nassau, on est tout à coup frappé par le singulier aspect du château de Pfalzgrafenstein communément appelé le Pfalz, et qui repose sur un roc isolé s'élevant du milieu des eaux. Il présente la forme d'un polygone, et fut construit par un comte palatin pour servir de bureau de péage; c'est maintenant une prison d'État. Derrière la ville de Caub se voient les belles ruines du château de Gutenfels qui étonnent par leur masse et leur force.

N° 139-142. *Voyez* n° 108.

N° 143. PONT-A-COBLENTZ SUR LA MOSELLE, d'après Tombleson. — Coblentz, située au confluent de la Moselle et du Rhin, au point de rencontre de deux grands fleuves, s'élève à l'extrémité d'une plaine que sa fertilité a fait appeler le jardin de Coblentz, et en face du roc d'Ehrenbreitstein, le Gibraltar du Rhin, couvert aujourd'hui de fortifications menaçantes. Derrière Coblentz, les montagnes, que leur prétendue ressemblance avec une tête de chien a fait nommer le Hundsruck, viennent se réunir à celles de l'Eifel, tandis que de l'autre côté du Rhin les hauteurs du Westerwald ferment ce magnifique panorama.

Coblentz, bâtie sur une pointe triangulaire, fut nommée par les Romains *Confluentes*. Trente ans environ avant Jésus-Christ, Drusus éleva sur cette place un château, et fortifia en même temps Ehrenbreitstein. Sous les Francs Coblentz fut une des résidences royales. En 806, un grand concile y fut tenu dans l'église de Saint-Castor. Henri II la donna, en 1018, à Pappo, archevêque de Trèves; mais les habitants secouèrent fréquemment le joug de l'autorité électorale, et les archevêques habitèrent plus souvent la forteresse bâtie à Ehrenbreitstein que le palais qu'ils avaient élevé dans cette cité turbulente. Mais en 1280, Henri de Vintingen construisit, près du pont de la Moselle, un château qui imposa quelque réserve à l'esprit remuant des bourgeois. A l'époque de la révolution française, Coblentz fut l'asile de tous les émigrés; mais le général Marceau s'en empara après une attaque de quelques heures, et sous Napoléon elle devint le chef-lieu du département de l'Eifel.

Au premier rang des beaux édifices de Coblentz, il faut mettre le palais électoral bâti par le prince Clément. La longueur de sa façade que décore un élégant portique d'ordre ionique, est, en y comprenant les deux ailes, de cinq cent quarante pieds. L'ancien pont de la Moselle a été détruit; celui qu'on voit aujourd'hui fut construit par l'électeur Baudouin de Lavanstein, et a cinq cents pas de long.

La Moselle, qui prend naissance dans le département des Vosges, vient, après un long cours de 390 milles, se jeter dans le Rhin. Flottable depuis Dommartin dans les Vosges, elle devient navigable à Frouard; de Metz à Thionville, elle coule sans obstacle dans une large vallée, mais près de cette dernière ville la vallée se rétrécit, et laisse à peine au fleuve un étroit passage : il devient alors rapide et dangereux; mais il reprend plus loin son cours tranquille, et c'est un large fleuve à Coblentz.

Depuis que la Prusse possède Coblentz, elle a fait exécuter d'immenses travaux dans cette ville pour en faire le boulevard de l'Allemagne contre la France, et la rendre capable de devenir un camp retranché susceptible de recevoir dans ses lignes une armée de cent mille hommes. Ces immenses fortifications réunissent les deux systèmes de Carnot et de Montalembert combinés ensemble. Elles consistent en quatre parties principales, savoir : la ville; la Chartreuse, appelée aujourd'hui Fort de l'empereur Alexandre; le mont Saint-Pierre, connu maintenant sous le nom de Fort de l'empereur François, et Ehrenbreitstein, appelé depuis peu le Fort Frédéric Guillaume. La Chartreuse domine la route de Mayence et celle de l'Hundsruck ; le Petersberg ou mont Saint-Pierre, celle de Trèves et de Cologne; enfin Ehrenbreitstein domine le Rhin et la route de Nassau. Deux forts séparés, l'un sur le Nellenkopf dans la direction de Neuendorf; l'autre sur la hauteur de Pfaffendorf, nommée Bonacken, ajoutent une nouvelle force à ces superbes fortifications. La population de Coblentz n'est que de 12,000 âmes environ.

N° 144. RUINES DE EHRENFELS, d'après Tombleson. — Ces ruines se trouvent près du Rhin, à quelque distance au-dessous de Bingen.

N° 145-147. *Voyez* n° 108.

N° 148. MAISON D'ALBERT DURER A NUREMBERG, tiré des *Vues originales*, etc. — La plus grande gloire de Nuremberg, c'est d'avoir donné le jour au plus grand artiste de l'Allemagne, à Albert Durer. La maison qu'il habitait, et qui est située au coin de la rue qui porte aujourd'hui son nom, méritait donc de figurer parmi les monuments les plus intéressants de cette ville; elle est d'ailleurs curieuse, en ce qu'elle nous offre une image exacte des habitations bourgeoises du seizième siècle.

N° 149. JEAN LE CONSTANT, ÉLECTEUR DE SAXE, d'après Lucas Kranach. — Jean le Constant succéda, dans le duché de Saxe, à son frère Frédéric V le Sage, mort sans postérité en 1525. Ce prince s'occupa avec ardeur des affaires religieuses et soutint vivement la doctrine de Luther. Il fut le père de Jean Frédéric Ier, qui lui succéda en 1532, et dont nous avons raconté les malheurs au tome II, p. 238.

N° 150. VOYAGEURS, d'après Lucas Kranach. — Ce peintre allemand naquit en 1470 à Kranach, près de Bamberg. Il fut attaché pendant plus de soixante ans au service des électeurs de Saxe : mais vers la fin de sa carrière il adopta la réforme et se retira auprès de Luther. La manière de ce peintre est encore roide et mesquine, comme celle des peintres antérieurs à la renaissance; mais le soin de l'exécution et la finesse de la pensée rendent les productions de cet artiste fort curieuses. Lucas de Kranach mourut en 1553, le 16 octobre.

N° 151. ÉGLISE DE LA VIERGE MARIE A OBERWESEL, d'après Tombleson. — Oberwesel, nommé par les Romains *Vesalia superior*, *Vesania*, et même *Ficelia*, et peuplé aujourd'hui de 2,500 habitants, prétend avoir reçu le christianisme dès le règne de l'empereur Alexandre Sévère. Vers le milieu du treizième siècle, il fut déclaré ville impériale; en 1312, il fut donné par l'empereur Henri VII à son frère Baudouin, archevêque de Trèves; mais il résista quelque temps aux forces de l'électeur. Lorsqu'il eut fait sa soumission, Baudouin y bâtit l'église collégiale de Notre-Dame, qui n'a de remarquable que le chœur. Près des murs démantelés de la ville et sur les bords du Rhin se remarquent les ruines pittoresques de la chapelle gothique de Saint-Werner, consacrée à un jeune homme de ce nom mis à mort par les juifs. Le pilier auquel il fut attaché porte cette inscription : *Anno 1287 hat Werner von Wammenraid den Tod gelitten* 13 *kal. mai.* Au-dessus de la ville s'élèvent encore, sur un large roc, les restes du noble château de Schönberg. Cette famille, qui prétendait faire remonter son origine jusqu'au temps de Charlemagne, a fourni au dix-septième siècle le comte de Schomberg, maréchal de France, et le meilleur des généraux de Louis XIV après Condé et Turenne.

N° 152. BIBERICH, d'après Tombleson. — Ce magnifique château, résidence d'été des ducs de Nassau-Usingen, est situé près du Rhin, à quelque distance de Mayence, mais sur la rive opposée. Sa terrasse, ses jardins, son parc immense, sa belle architecture, sa situation sur un beau fleuve et au milieu d'un pays charmant en font un séjour délicieux. Quant à la ville de Biberich, voisine du château, elle est petite, mais extrêmement propre et jolie. Dans le parc du palais se trouve un petit château féodal, qui, par sa construction et son ameublement, imite parfaitement les demeures des chevaliers du moyen âge. Ces souvenirs du vieux temps, où la diplomatie n'était pas encore née, plaisent à l'imagination des princes allemands, et plusieurs d'entre eux ont consacré de grandes sommes à restaurer et presque à faire revivre les édifices du moyen âge.

N° 153. MONUMENT DE GUTTENBERG, A MAYENCE, tiré de Tombleson. — *Voy.* n° 127.

N°* 154, 155. CHARLES-QUINT, d'après Lucas Kranach. — *Voyez* t. II, pag. 155 et suivantes.

N° 156. FERDINAND Ier. Ibid. — *Voyez* tom. II, pag. 252.

N° 157. ENTRÉE DE CHARLES-QUINT A BOLOGNE. — Lorsque, par le honteux traité de Cambrai, François Ier eut laissé Venise, Florence et Ferrare à la merci de Charles-Quint, ce dernier vint se montrer en Italie avec toute la pompe et tout l'appareil d'un conquérant, et se rendit à Bologne où il devait avoir une entrevue avec le pape Clément V. « A son entrée publique dans cette ville, dit Robertson, il affecta de joindre toute la magnificence et la majesté d'un empereur à l'humilité d'un enfant soumis de l'Église; et à la tête de vingt mille soldats, qui le mettaient en état de donner des lois à toute l'Italie, il baisa à genoux les pieds de ce même pape qui, quelques mois auparavant, était son prisonnier. »

C'est cet événement que Lucas Kranach a retracé dans la série de gravures auxquelles on a emprunté les sujets suivants :

N° 157. Troupes de l'Allemagne et de l'Espagne.

N° 158. Hérauts d'armes jetant de l'argent au peuple.

N° 159. L'Eucharistie entourée des patriciens de Bologne. — La mule du saint-père.

N° 161. Le bâton pastoral, la tiare, les candélabres d'or.

N° 162. Charles-Quint et le pape Clément V.

N° 163. Étendards de l'Empire et de l'Église.

N° 165. L'étendard de la ville de Bologne.

N° 166. Troupes de l'Allemagne et de l'Espagne; Antonio Daliva, capitaine général.

N° 167. Distribution du pain et de vin. Bœuf farci de divers animaux.

N° 158-159. *Voyez* n° 157.

N° 160. HÔTEL DE VILLE DE CO-

Logne, d'après Tombleson. — L'hôtel de ville de Cologne est un curieux exemple de l'architecture de la renaissance. Le portail est en marbre, et toute la façade présente un double étage d'arcades, avec des colonnes corinthiennes et composites. C'est le seul monument de Cologne bâti d'après les principes de l'art grec. Les différentes inscriptions gravées sur la façade rappellent des événements relatifs à l'histoire de la cité. Au-dessus de l'arcade centrale on voit un bas-relief représentant un homme combattant un lion, en commémoration, dit la tradition, d'un bourgmestre nommé Hermann Grein, qui, en défendant les droits de ses concitoyens, encourut la disgrâce de saint Engelbert. Celui-ci, pour se défaire de son ennemi, fit lâcher un lion contre lui; mais le bourgmestre se défendit courageusement, et tua même son redoutable adversaire.

N° 161-163. *Voyez* n° 157.

N° 164. Vue de Coblentz, près d'Ehrenbreitstein, tiré de Tombleson. — *Voyez* N° 143.

N° 165-167. *Voyez* 157.

N° 168. Ehrenbreitstein, d'après Tombleson. — Un pont de barques unit Coblentz (voy. n° 143) à Ehrenbreitstein, petite ville de 2,400 habitants, appelée Thal-Ehrenbreitstein, ou Ehrenbreitstein dans la vallée, et communément regardée comme un des faubourgs de Coblentz ; c'est au-dessus de la ville que s'élève le roc sur lequel se trouve le fort Frédéric-Guillaume. Voyez n° 143.

N° 169. Jean Frédéric, dépouillé par Charles-Quint, d'après l'œuvre de Lucas Kranach. — *Voyez* t. II, p. 238.

N° 170. Jean, fils de Jean Frédéric. Ibid. — *Voyez* t. II, p. 252.

N°° 171 et 172. Heidelberg. — Cette ville, ancienne capitale du Palatinat, et qui eut tant à souffrir durant le double incendie ordonné par Louvois, est une ville de médiocre étendue, mais renferme une des plus savantes universités de l'Allemagne ; aujourd'hui elle appartient au grand-duc de Bade, et est la seconde ville du cercle badois du Bas-Rhin dont Manheim est la capitale. Son pont sur le Necker et les bâtiments de l'université, le château, de la terrasse duquel on jouit d'une vue charmante, sont les édifices les plus remarquables. Tout près de la ville, sur le Geisberg, on voit les restes du château des électeurs brûlé au milieu du dernier siècle : dans ses caves on montre encore l'immense tonneau dont étaient autrefois pourvus tous les châteaux et monastères. Celui-ci est d'une contenance de 440,000 litres.

N° 173. Martin Luther, d'après Lucas Kranach. — *Voyez* t. II, p. 177.

N° 174. Chambre de Luther, a Erfurth. — *Voyez* t. II, p. 178.

N° 175. Place du Marché, et église Saint-Martin a Bamberg, d'après les *Vues originales*, etc. — Nous avons déjà parlé plus haut (n° 62) de l'antique ville de Bamberg. L'église de Saint-Martin se trouve dans la partie centrale de la ville, entre les deux bras de la Rednitz, sur la place du Marché Vert. Cette place n'est, à vrai dire, qu'une large rue bordée de belles maisons. Quant à l'église, regardée comme la plus belle de la ville, elle ne fut bâtie qu'au dix-septième siècle, en grande partie par les jésuites, appelés à Bamberg en 1610 par l'évêque de la ville. Dans cette église, comme dans toutes celles qu'ils élevèrent, les jésuites abandonnèrent tout à fait le style gothique pour ce genre lourd et bâtard, mauvaise imitation de l'ancienne architecture gréco-romaine, dans lequel furent construits presque tous les édifices des deux derniers siècles. Aujourd'hui, du moins, les architectes avouent leur impuissance à créer un style nouveau, et se contentent d'imiter l'élégance grecque, sauf quelques ornements qu'on dirait renouvelés de l'architecture florentine du seizième siècle.

N° 176. Fontaine a Mayence, d'après Tombleson.

N° 177. Melanchthon, d'après Lucas Kranach. — *Voyez* t. II, p. 196 et suivantes.

N° 178. Hôtel de ville a Augs-

BOURG, d'après les *Vues originales*, etc. — Augsbourg, au confluent du Lech avec la Wertach, une des plus vieilles cités de l'Allemagne, fut colonisée par les Romains sous le règne d'Auguste, et prit le nom d'*Augusta Vindelicorum;* dès lors elle devint la capitale de la seconde Rhétie. Plus tard elle s'éleva par son commerce et son industrie au rang d'une des villes les plus florissantes de l'empire germanique ; alors elle fut ville impériale, c'est-à-dire, investie d'un régime presque républicain, et le siége d'un puissant évêché. Aujourd'hui elle est la capitale du cercle bavarois du Haut - Danube. Sa population de 37,000 âmes habite environ 4000 maisons. L'arsenal qu'elle renferme est le principal dépôt d'armes du royaume. L'édifice le plus remarquable de cette ville est son hôtel de ville réputé le plus beau de l'Allemagne. C'est dans une des salles de l'évêché que fut présentée à Charles-Quint la fameuse confession d'Augsbourg. — Voyez sur l'hôtel de ville d'Augsbourg, t. II, p. 430.

N° 179. FONTAINE A AUGSBOURG, d'après les *Vues originales*, etc. — C'est la fontaine d'Auguste, ouvrage de Chirardi. On cite encore avec éloges celles de Mercure et d'Hercule.

N° 180. PLACE SAINT-CLÉMENTIUS, A COBLENTZ, d'après Tombleson. — *Voyez* n° 143.

N° 181. RODOLPHE, FILS DE MAXIMILIEN II. Tiré des portraits d'empereurs d'Allemagne. — *Voyez* t. II, p. 255.

N° 182. EXPOSITION DU CORPS DE RODOLPHE APRÈS SA MORT, tiré de l'*Histoire d'Allemagne par estampes*, collection conservée à la Bibliothèque royale. — *Voyez* t. II, p. 262.

N° 183. LINTZ, d'après le capitaine Batty. — *Voyez* n° 2, et Autriche, p. 12.

N° 184. SALZBOURG. Ibid. — Salzbourg, qui sous les Romains porta successivement les noms de Juvavium, Hadriana et Petena, fut ruinée par Attila en 448 ; mais elle fut rebâtie dans la suite par les ducs de Bavière, à la recommandation de saint Rupert, et devint la capitale d'un archevêché souverain. Sa porte principale est taillée dans un roc sur une longueur de cent cinquante pieds, et une largeur de vingt à vingt-quatre. Sa cathédrale, bâtie sur le modèle de Saint-Pierre de Rome et son palais archiépiscopal en sont les principaux édifices. Les hautes montagnes qui l'environnent ou qui se laissent apercevoir du haut de ses tours, la Salza qui baigne ses murs, ajoutent à sa situation pittoresque. Sa population est d'environ 14,000 âmes. Ses fortifications en font une des principales places de la haute Autriche.

N° 185. FRÉDÉRIC IV, d'après une statue du château de Heidelberg.

N° 186. GUERRIERS DU DIX-SEPTIÈME SIÈCLE, d'après l'œuvre de Golzius, vol. II, supplément. — *Voyez* t. II, p. 304.

N° 187. ARGENFELS, d'après Tombleson. — En remontant le Rhin au-dessus de Sinzig, on aperçoit sur la gauche un massif de montagnes rocheuses avec les villages de Leubsdorf et d'Argendorf ; ce dernier appartenait jadis à l'archevêque de Trèves, et le petit ruisseau qui passe entre les deux villages marquait la limite des deux territoires des électeurs de Trèves et de Cologne. En avançant davantage, on découvre les ruines du château d'Argenfels, tandis que sur la rive droite se montre le castel de Rheineck. Les rochers qui portent le château d'Argenfels appartenaient primitivement aux comtes d'Isenbourg, des mains desquels ils passèrent aux comtes de la Leyen. Du haut de ces rochers on jouit d'une vue magnifique ; à gauche c'est le bourg de Honningen, et plus loin celui de Rheinbrohl ; en face s'élèvent Breisig, Rheineck et Brohl, et, dans le lointain, les tourelles des châteaux d'Olbruck et de Landskron se perdent dans les nues.

N° 188. RÉSIDENCE DE L'ÉVÊQUE A WURTZBOURG, d'après les *Vues originales*, etc. — Cet édifice, le plus beau de tous ceux qui décorent la ville de Wurtzbourg, s'élève dans la partie orientale de la ville sur une grande place où il se présente majestueusement. Ce fut le prince évêque Jean Philippe Franz de Schœnborn qui le fit commencer en 1720; et son second successeur, Frédéric Carl de Schœnborn, l'acheva en 1744. L'architecte qui en dressa le plan, Jean Balthazar Neumann, visita auparavant tous les palais de France, d'Italie, de Hollande, d'Autriche, etc. La longueur de la façade est de 571 pieds; les deux côtés en ont 316. C'est, au témoignage de plusieurs artistes, une des plus belles résidences princières de l'Europe.

N° 189. MARIE THÉRÈSE. — Voyez tome II, page 328.

N° 190. JOSEPH II. — Voyez t. II, page 333.

N° 191. LE KURSAAL A WIESBADEN, d'après Tombleson. — Ce bel édifice, récemment élevé dans la ville de Wiesbaden, capitale du duché de Nassau, n'est cependant qu'un simple établissement de bains publics. Au reste, il était juste qu'une contrée, qui doit en quelque sorte sa prospérité aux eaux minérales de toute espèce que son territoire renferme, et qui attirent une foule d'étrangers, fît d'un établissement de bains le principal ornement de sa capitale.

N° 192. MONUMENT DU GÉNÉRAL HOCHE à NEUWIED. Ibid. — Général en chef à vingt-quatre ans, pacificateur de la Vendée, vainqueur des Autrichiens, et surnommé le Bonaparte du Rhin, Hoche mourut empoisonné peut-être par les agents du directoire. Sa mort rompit l'équilibre, et laissa Bonaparte sans adversaire redoutable. Quant à Neuwied, jolie petite ville du gouvernement prussien de Coblentz, il est placé sur la rive droite du Rhin, et compte 5,200 habitants. C'est dans ses environs que Hoche avait remporté une de ses victoires.

N° 193. GŒTTINGUE, d'après le capitaine Batty. — Gœttingue est une jolie ville du royaume de Hanovre dans la préfecture de Hildesheim, sur un canal de la Leine, et au pied du Heimberg. Bien que sa population ne soit que de 11,000 âmes, son université est une des plus célèbres de l'Europe, et ses professeurs sont presque tous connus du monde lettré, et placés au premier rang des savants européens.

N° 194. TROUPES ALLEMANDES. — (infanterie). Bavarois, Saxons, Wurtembergeois.

N° 195. TROUPES ALLEMANDES. — (cavalerie). Bavarois, Saxons, Wurtembergeois.

N° 196. TOUR DE L'ISSAR, A MUNICH, d'après les *Vues originales*, etc. — Ce monument de l'ancienne architecture allemande, respectable par son antiquité, a été, dans ces derniers temps, restauré avec beaucoup de goût par le professeur Gærtner, et orné par Bernard Neher, de peintures à fresque dont la principale est une frise de soixante et quinze pieds bavarois de long sur huit de haut, représentant l'empereur Louis de Bavière au moment de son entrée à Munich, après la victoire qu'il remporta à Ampfing sur Frédéric le Beau, son compétiteur.

N° 197. SCHILLER. — *Voyez* t. II, p. 408.

N° 198. GOETHE. — *Voy.* ibid., p. 409.

N° 199. BATIMENT ROYAL ET THÉATRE A MUNICH. — *Voyez* t. II, p. 130 et suiv., et Bavière.

N° 200. GLYPTOTHÈQUE ET PYNACOTHÈQUE A MUNICH. — *Voyez* t. II, p. 431, et Bavière.

Addition à la page 367. Note relative à l'article LVIII du congrès de Vienne.

La maison de Saxe-Gotha s'étant éteinte depuis 1815, la voix qu'elle avait à la diète est possédée maintenant par les princes de la maison de Saxe qui ont hérité de ses domaines.

Le landgrave de Hesse-Hombourg, qui en 1815 se trouvait encore dépouillé de ses États, réunis à ceux du grand-duc de Hesse-Darmstadt, en obtint la restitution avec une voix à la diète.

La seigneurie de Kniphausen, bien que reconnue Etat souverain, n'eut pas de voix à la diète, et les deux principautés indépendantes de Reuss-Schleitz et de Reuss-Lobenstein-Ebersdorf durent se réunir pour former un suffrage. — Le total des voix est donc aujourd'hui, par l'accession de Hesse-Hombourg, de 70.

TABLE DES MATIÈRES
CONTENUES DANS CE VOLUME.

CINQUIÈME PÉRIODE.

	Pages.
Depuis l'élection de Rodolphe de Habsbourg jusqu'à la réformation.	1
Rodolphe de Habsbourg.	ibid.
Puissance des archevêques de Mayence.	ibid.
Élection de Rodolphe de Habsbourg.	2
Guerre contre Ottocar.	3
Conquête de l'Autriche.	4
Soumission d'Ottocar.	5
Nouvelle guerre contre Ottocar.	ibid.
Défaite et mort d'Ottocar.	6
Rodolphe prend possession de l'Autriche.	ibid.
Guerre contre la Savoie.	7
Guerre contre la Bourgogne.	ibid.
Guerre avec Berne.	8
Rodolphe prépare la grandeur de sa maison par des alliances.	ibid.
Mort de Rodolphe.	9
Portrait de Rodolphe.	ibid.
Adolphe de Nassau.	ibid.
Élection d'Adolphe de Nassau.	10
Conduite arbitraire d'Adolphe de Nassau.	ibid.
Griefs allégués contre Adolphe.	11
Guerre d'Adolphe contre Albert.	ibid.
Albert Ier.	12
Élection d'Albert.	ibid.
Albert traite avec Philippe le Bel.	ibid.
Réconciliation avec Boniface VIII.	ibid.
Guerres d'Albert pour la possession de la Bohême, de la Hongrie, de la Misnie et de la Thuringe.	13
Insurrection des Suisses.	14
Assassinat d'Albert.	ibid.
Portrait d'Albert.	15
Henri VII.	ibid.
Prépondérance menaçante de la France, élection de Henri VII.	ibid.
Nouveaux principes de conduite adoptés par les électeurs.	16
Henri VII obtient la Bohême pour son fils.	ibid.
Henri VII se dispose à passer les Alpes.	17
Révolution dans les idées politiques des Italiens.	ibid.
Influence des érudits et des légistes.	18
Henri VII en Italie.	ibid.
Frédéric III et Louis IV de Bavière.	19
Double élection de Louis de Bavière et de Frédéric d'Autriche.	ibid.
Défaite de Léopold à Morgarten.	ibid.
Défaite de Frédéric à Muhldorf.	20
Situation nouvelle de la papauté.	ibid.
Querelles de Philippe le Bel et de Boniface VIII.	21
Boniface VIII prisonnier dans Anagni.	22
Élection de Clément V.	ibid.
Translation du saint-siége à Avignon.	24
Condamnation des templiers.	ibid.
Jean XXII. — Son ambition. — Sa querelle avec Louis de Bavière.	25
Querelle du pape avec les ordres mendiants.	ibid.

	Pages.
Livres contre le pape.	26
L'Empereur est excommunié. Candidature du roi de France	27
Louis passe en Italie et nomme un anti-pape.	28
Expédition du roi de Bohême en Italie.	29
Louis veut abdiquer.	30
Humiliation du pape.	31
Nouvelle excommunication de l'Empereur.	ibid.
Élection de Charles IV.	32
Mort de Louis de Bavière.	33
Charles IV.	ibid.
Élection et mort de Gunther de Schwarzbourg.	ibid.
Vénalité de Charles IV.	34
Double expédition en Italie.	35
Achat de diverses provinces.	36
Tentatives faites auprès de Charles IV pour l'engager à une croisade.	ibid.
Voyage de Charles en France.	37
Mort de Charles IV.	44
Venceslas.	ibid.
Déposition de Venceslas.	46
État de l'Empire.	47
Sigismond.	ibid.
Trois empereurs et trois papes à la fois.	ibid.
Destinées de Sigismond avant son élection.	ibid.
Principaux actes du règne de Sigismond.	ibid.
Translation du saint-siége à Rome.	48
Élection schismatique.	ibid.
Grand schisme d'Occident.	49
La France se soustrait à l'obédience du pape.	ibid.
Concile de Pise.	51
Situation de l'Église. — Pouvoir de l'or.	ibid.
Les fraticelles. — Wiclef.	52
Jean Huss.	53
Concile de Constance.	54
Évasion du pape.	ibid.
Proscription de Frédéric d'Autriche	ibid.
Frédéric livre le pape.	55
Fin du schisme. — Décrets du concile.	56
Condamnation de Jean Huss. — Son supplice.	57
Indignation des Bohémiens. — Ziska.	58
Fondation de Tabor.	59
Défénestration de Prague. — Mort de Venceslas	60
Croisade contre les hussites.	61
Défaite des Allemands.	ibid.
Articles des hussites.	ibid.
Dévastation des monastères.	62
Nouvelles défaites de Sigismond.	ibid.
Mort de Ziska.	63
Divisions parmi les hussites. — Procope le Grand.	ibid.
Dévastation de l'Allemagne.	64
Dernière campagne des Allemands.	65
Ambassade des hussites au concile de Bâle.	ibid.
Compactata.	67
Ruine des taborites.	ibid.
Retour de Sigismond en Bohême.	68
Barbe veut enlever à Albert d'Autriche l'héritage de Sigismond.	ibid.

TABLE DES MATIÈRES

	Pages
Sigismond fait reconnaître Albert pour son successeur. — Sa mort.	69
Albert II.	ibid.
Frédéric III.	70
L'Europe menacée par les Turcs.	ibid.
Situation de l'Europe.	71
Progrès des Turcs. — Orcan. — Amurath.	72
Bajazet.	ibid.
Bataille de Nicopolis.	ibid.
Défaite de Bajazet par Tamerlan.	76
Amurath II reconstruit l'empire ottoman et menace la Hongrie.	77
Position géographique et rôle politique de la Hongrie.	78
Jean Huniade. — Ses succès contre les Turcs.	79
Victoire d'Amurath à Varna.	80
Jean Huniade, régent de Hongrie. — Scanderbeg.	81
Mahomet II. — Prise de Constantinople.	82
Le duc de Bourgogne fait le vœu de se croiser.	83
Siége de Belgrade. — Mort de Huniade.	86
Mort de Ladislas. — Élection de Mathias.	ibid.
Croisade contre les Turcs.	87
Guerre de Mathias contre la Bohême.	88
Guerre contre l'Autriche.	89
Succès et mort de Mahomet II.	90
Derniers succès et mort de Mathias.	91
Efforts de Mathias pour introduire la civilisation en Hongrie.	92
Précautions prises par l'Autriche pour s'assurer la couronne de Hongrie.	93
Puissance de la maison de Bourgogne.	94
Charles le Téméraire veut se faire nommer roi par Frédéric III.	95
Siége de Nuyz.	96
Frédéric III et l'armée de l'Empire devant Nuyz.	97
Guerre de Charles en Lorraine et contre les Suisses.	99
Apologue adressé par Frédéric III à Louis XI.	100
Défaite de Granson.	ibid.
Défaite de Morat et de Nancy. — Mort de Charles le Téméraire.	102
Mariage de Marie de Bourgogne avec Maximilien.	103
Guerres civiles en Allemagne.	105
Guerre de Donauwerth.	ibid.
Guerre pour l'archevêché de Mayence.	106
Mesures d'intérêt général prises par Frédéric III.	107
Situation de l'Allemagne à la fin du quinzième siècle.	108
Étendue de l'Allemagne.	ibid.
Maison de Habsbourg.	ibid.
Maison de Wittelsbach.	109
Palatinat.	110
Duché de Bavière.	ibid.
Landgraviat de Leuchtenberg.	111
Souabe et Wurtemberg.	ibid.
Comté de Furstemberg.	112
Margraviat de Bade.	ibid.
Duché de Franconie.	ibid.
Burgraviat de Nuremberg.	113
Duché ou électorat de Saxe.	ibid.
Comté de Henneberg.	114
Comté de Mansfeld.	ibid.
Principauté d'Anhalt.	ibid.
Le Voigtland.	ibid.
Comté de Schwarzbourg.	ibid.
Hesse.	ibid.
Comté de Hanau.	115
Comté de Nassau.	ibid.

	Pages
Duché de Berg et de Juliers.	115
Comté de Waldeck.	ibid.
Duché de Clèves.	ibid.
Duché de Gueldre.	ibid.
Duché de Lorraine.	116
Landgraviat de Linange.	ibid.
Électorat de Brandebourg.	ibid.
Mecklenbourg.	ibid.
Poméranie.	117
Duché de Lauenbourg.	ibid.
Comté de Holstein.	ibid.
Comté d'Oldenbourg.	118
Duché de Brunswick.	ibid.
Comté de Diepholz.	ibid.
Comté de Hoya.	ibid.
Comté d'Ostfrise.	ibid.
Seigneurie de Iéver.	119
Organisation politique de l'Empire.	120
L'Empereur.	ibid.
Électeurs.	ibid.
Noblesse immédiate. — Sa division en cercles.	ibid.
Villes libres.	ibid.
Diète.	121
Division de l'Empire en dix cercles.	ibid.
Supériorité territoriale des États.	ibid.
Digression sur les cours vehmiques.	123
État de la littérature allemande au quatorzième, au quinzième et au commencement du seizième siècle.	129
Réception d'un compagnon forgeron.	133
Réception d'un compagnon tonnelier.	135
Formules des chasseurs.	139

SIXIÈME PÉRIODE.

Depuis Maximilien et Luther jusqu'au traité de Westphalie.

	Pages
	141
Maximilien.	ibid.
Guerres soutenues par Maximilien avant son avénement au trône impérial.	ibid.
Politique intérieure. — Établissement de la paix publique perpétuelle et de la chambre impériale.	143
Politique extérieure.	144
Situation de l'Europe à la fin du quinzième siècle.	ibid.
État de l'Italie.	145
Expédition de Maximilien en Italie.	149
Ligue de Cambrai.	150
Siége de Padoue.	ibid.
Suite des guerres d'Italie. — Traité de Cambrai.	153
Mort de Maximilien.	154
Charles-Quint.	155
Charles-Quint et François Ier se disputent la couronne impériale.	ibid.
Capitulation jurée par Charles-Quint en recevant la couronne impériale.	156
Rivalité de Charles-Quint et de François Ier.	157
Abdication de Charles V.	159
LUTHER ET LA RÉFORME.	163
Principes du dogme chrétien.	ibid.
Pélage et saint Augustin. Hincmar et Gottschalk, Calvin et Luther.	165
Mœurs corrompues du clergé.	167
Ambition temporelle de la papauté.	168
Renaissance.	169
Situation littéraire et philosophique de l'Allemagne avec la réforme.	170
État philosophique de l'Allemagne.	172
La renaissance prépare la réforme.	173
Luther.	177

CONTENUES DANS CE VOLUME.

	Pages.
Prédication des indulgences.	180
Conférence d'Augsbourg.	181
Disposition des princes et de Maximilien.	183
Colloque de Leipzig.	184
Satires d'Ulric von Hutten.	185
Bulle de Léon X.	186
Réponse de Luther.	190
Diète de Worms.	192
Captivité de la Wartbourg.	194
Progrès de la réforme.	196
Réponse de Luther aux attaques de Henri VIII.	197
Diatribe contre le pouvoir séculier.	198
Rédaction des cent griefs de la nation germanique, etc.	ibid.
Armement de Franz de Sickingen.	199
Révolte des paysans.	ibid.
Première organisation de l'église luthérienne.	204
Progrès de la réforme. — Sécularisation de la Prusse.	ibid.
Attitude hostile des deux partis religieux.	205
Les querelles religieuses sont momentanément suspendues par la guerre contre les Turcs.	206
Réforme zwinglienne.	207
Zwingli.	210
Thèses de Zwingli.	215
Conférence de Zurich.	Ibid.
Nouvelle conférence de Zurich.	216
Organisation de l'Église zwinglienne.	ibid.
Anabaptistes de la Suisse.	219
Les réformateurs suisses sont excommuniés. — Alliance des cantons catholiques avec l'Autriche.	220
Schisme des deux Églises réformées.	222
Siège de Vienne par les Turcs. — l'Empereur se rapproche des protestants.	223
Diète d'Augsbourg.	227
Union de Smalcade.	228
Retraite de Soliman devant l'armée des catholiques et des protestants réunis.	229
Le duc de Wirtemberg rétabli par les protestants.	230
Schisme définitif entre les luthériens et les zwingliens. — Proscription des anabaptistes.	231
Anabaptistes de Munster.	ibid
Progrès des protestants.	235
Vues intéressées des princes.	236
Guerre entre l'Empereur et les protestants.	ibid.
Diversion de Maurice de Saxe.	237
Bataille de Muhlberg.	238
L'électeur de Saxe et le landgrave de Hesse prisonniers de Charles-Quint.	ibid.
Mort de Luther.	242
Intérieur d'Augsbourg.	243
Conduite de Maurice de Saxe.	ibid.
Siège de Magdebourg.	244
Manifeste de Maurice et du roi de France.	245
Progrès de Maurice. — Situation de l'Empereur.	246
Fuite de l'Empereur.	248
Transaction de Passau et paix d'Augsbourg.	249
Querelles théologiques dans le sein de l'Église luthérienne.	250
Ferdinand Ier.	252
Maximilien II.	ibid.
Emprisonnement du duc de Saxe.	253
Réclamation de l'ordre Teutonique.	254
Mort de Soliman.	255
Rodolphe II.	ibid.
Les jésuites.	258
Affaire de Cologne.	ibid.
Union protestante.	ibid.
Ambassade des protestants à Rodolphe.	259

	Pages.
Révolution dans la famille impériale.	259
Succession de Juliers.	261
Projets de Henri IV contre la maison d'Autriche.	ibid.
Mathias.	262
Troubles de Bohême. — Commencement de la guerre de trente ans.	263
Ferdinand II.	264
Les Bohémiens proclament roi l'électeur palatin.	ibid.
Défaite et fuite du nouveau roi.	265
Guerre contre Ernest de Mansfeld et Christian de Brunswick.	266
Négociations entre diverses puissances pour arrêter les progrès de la maison d'Autriche.	ibid.
Waldstein donne à l'Empereur une armée. — Guerre contre le Danemark.	267
Mesures violentes de l'Empereur. — Dangers de l'Allemagne.	268
Progrès de Tilly. — Paix de Lubeck avec le Danemark.	269
Édit de restitution.	270
Renvoi de Waldstein.	271
Jugement de Richelieu sur Ferdinand II.	ibid.
Richelieu traite avec Gustave Adolphe.	273
Gustave Adolphe envahit l'Allemagne.	274
Cruautés des Impériaux.	ibid.
Discipline des Suédois. — Conduite équivoque des électeurs de Saxe et de Brandebourg.	275
Siège de Magdebourg.	276
Sac de Magdebourg.	ibid.
Opérations de Gustave. — Bataille de Leipzig.	277
Conduite de l'Empereur après la bataille de Leipzig.	278
Rappel de Waldstein. — Conditions qu'il impose à l'Empereur.	279
Espérances ambitieuses du roi de Suède.	280
Passage du Lech. — Mort de Tilly.	281
Les Suédois en Bavière.	282
Succès de Waldstein sur les Saxons.	283
Bataille de Lutzen.	ibid.
Mort du roi de Suède.	284
Le chancelier de Suède Oxenstierna continue la guerre.	285
Opérations militaires de l'année 1633.	286
Mort de Waldstein.	287
Réflexion de Richelieu sur la mort de Waldstein.	288
Portrait de Waldstein par Richelieu.	289
Retraite des Suédois à Nordlingen.	291
Défection de l'électeur de saxe. — Paix de Prague.	ibid.
Négociations de Richelieu.	292
Campagne de 1636.	293
Ferdinand III.	294
Dernière période de la guerre de trente ans. Campagne de 1638 à 1648.	ibid.
Préliminaires de paix.	296
Livre de Chemnitz.	297
Négociations pour la paix.	299
Sommaire du traité de Westphalie. — Ses conséquences.	301
État des armées.	304
Désolation de l'Allemagne après la guerre de trente ans.	305

SEPTIÈME PÉRIODE.

DEPUIS LE TRAITÉ DE WESTPHALIE JUSQU'A NOS JOURS.

1re SECTION.

Depuis le traité de Westphalie jusqu'à l'abolition de l'empire d'Allemagne.	307

TABLE DES MATIÈRES CONTENUES DANS CE VOLUME.

	Pages.
Ligue des États du Rhin.	307
Situation de l'Europe avant les grandes guerres de Louis XIV en Allemagne.	308
Léopold Ier.	309
Situation politique de l'Allemagne.	ibid.
Première guerre de Louis XIV contre l'Empire.	311
Campagne de 1674 et 1675 sur le Rhin. — Paix de Nimègue.	313
Envahissements de Louis XIV après la paix, dans l'Alsace, le Luxembourg, etc.	315
Diversion faite dans l'Allemagne orientale par les Hongrois et les Turcs.	ibid.
Nouvelle guerre entre l'Empire et la France.	317
Un tiers parti essaye inutilement de se former en Allemagne.	318
Guerre pour la succession d'Espagne.	319
Portrait du prince Eugène.	320
Portrait du duc de Marlborough.	ibid.
Situation des deux armées.	321
Bataille de Hochstædt.	ibid.
L'empereur se venge sur les alliés de la France dans l'Empire.	324
Joseph Ier.	ibid.
Vues ambitieuses de l'Autriche.	ibid.
Campagne de 1705 à 1711.	ibid.
Charles VI.	325
Bataille de Denain.	ibid.
Traité de Rastadt.	326
Guerre du Nord et guerre des Turcs.	327
Guerre pour l'élection du roi de Pologne.	ibid.
Charles VII.	328
Guerre pour la succession d'Autriche. — Puissance de la Prusse.	ibid.
François Ier.	330
Fin de la guerre pour la succession d'Autriche.	ibid.
Traité d'Aix-la-Chapelle.	331
Guerre de sept ans.	ibid.
Joseph II.	333
Guerre pour la succession de la Bavière.	ibid.
Partage de la Pologne.	334
Division territoriale de l'Allemagne en 1789.	ibid.
Léopold II.	337
Impression produite en Allemagne par la révolution française. — Réclamation des princes possessionnés.	ibid.
Entrevue de Pilnitz. — Promesses faites aux émigrés.	338
François II.	ibid.
Manifeste de Brunswick. — Invasion de la France.	ibid.
Campagne de 1793-1795. — Défection de la Prusse.	ibid.
Campagne de 1796. — Préliminaires de Léoben.	339
Campagne de 1799.	340
Paix de Lunéville.	ibid.
Guerre d'Autriche et paix de Presbourg.	343
Dissolution de l'empire germanique. — Confédération du Rhin.	ibid.
François II abdique le titre d'empereur d'Allemagne.	349

2e SECTION.

Depuis l'abolition de l'empire d'Allemagne jusqu'à nos jours.

	Pages.
L'Allemagne du nord-ouest accède à la confédération du Rhin.	350
Guerre de Prusse et d'Autriche. Paix de Vienne.	350
L'Allemagne est soumise à Napoléon.	351
Campagne de Russie.	ibid.
Dispositions de l'Autriche et de la Prusse au moment de la campagne de Moscou. — Tugendbund.	ibid.
Précautions prises par Napoléon pour prévenir un soulèvement en Prusse.	353
Campagne et retraite de Moscou. — Batailles de Lutzen et Bautzen.	ibid.
Plan des campagnes des alliés.	354
Défaites des lieutenants de Napoléon.	355
Napoléon est forcé de changer son plan de campagne.	ibid.
Bataille de Leipzig.	356
Bataille de Vachau.	ibid.
Combat de la Partha.	359
Combat de Lindenau.	ibid.
Journée du 17.	361
Journée du 18.	362
Campagne de 1814.	366
Traité de Paris.	367
Congrès de Vienne.	ibid.
Recez territorial de Francfort.	368
Campagne de 1815.	376
Résultats de la campagne de 1815.	ibid.
Formation de la sainte alliance.	ibid.
Tentatives démocratiques.	378
Influence de la révolution de juillet en Allemagne.	379
État présent de l'Allemagne.	380
APPENDICE.	381
Statistique.	ibid.
Limites et divisions.	ibid.
Allemagne méridionale.	ibid.
Allemagne centrale.	382
Allemagne occidentale.	383
Allemagne septentrionale.	ibid.
Tableau des États médiatisés.	384
Constitution politique.	387
Organisation militaire.	ibid.
Commerce.	388
Industrie.	390
Revenus et dettes.	391
Population.	392
Religion.	393
Puissance et richesses de l'Église allemande.	ibid.
Premières sécularisations opérées par la réforme.	395
Sécularisations opérées par le traité de Westphalie.	398
Dernières sécularisations opérées par la paix de Lunéville.	399
Empiétements de l'autorité civile sur l'autorité religieuse.	401
LITTÉRATURE.	405
ARTS.	405
Architecture.	417
Peinture.	419
Sculpture.	432
Musique.	438
Explications des planches.	442
Table des matières.	448
	477

FIN DE LA TABLE.

www.ingramcontent.com/pod-product-compliance
Lightning Source LLC
Chambersburg PA
CBHW052336230426
43664CB00041B/1852